MW01709356

espagnol

français-espagnol
espagnol-français

le Robert Collins

HarperCollins Publishers
Westerhill Road
Bishopbriggs
Glasgow
G64 2QT
Great Britain

Cinquième édition/Quinta edición
2009

© William Collins Sons & Co. Ltd.
1980
© HarperCollins Publishers 1999,
2003, 2006, 2009

Collins Gem® is a registered
trademark of HarperCollins
Publishers Limited

www.collins.co.uk
www.collinsdictionary.com

Dictionnaires Le Robert
25, avenue Pierre-de-Coubertin
75211 Paris cedex 13
France

www.lerobert.fr

ISBN Mini+ 978-2-32100-483-7
ISBN Mini 978-2-32100-480-6

Dépôt légal janvier 2014
Achevé d'imprimer en janvier 2014

Grupo Editorial
Random House Mondadori, S.L.
Travessera de Gràcia 47-49
08021 Barcelona

www.diccionarioscollins.com

ISBN 978-84-253-4314-8

Le contenu consultable depuis le site www.lerobert.fr vous est offert pour l'achat du **Mini+ espagnol**. Cependant, l'accès à ce contenu peut être payant. Il dépend de votre connexion Internet, variable selon votre fournisseur d'accès, de votre opérateur et de votre type d'abonnement. Les Dictionnaires Le Robert ne peuvent être tenus responsables de la qualité ni du coût de la connexion au réseau, au serveur ou au site. Ils ne garantissent pas l'absence de virus, de bogues ou de défauts dans les contenus proposés en consultation depuis le site www.lerobert.fr. Ils ne peuvent être tenus responsables d'éventuelles difficultés d'accès à ces contenus. Le contenu proposé est destiné à votre usage personnel. Il est propriété des Dictionnaires Le Robert.

Photocomposition/Fotocomposición
WORDCRAFT, GLASGOW

Imprimé en Italie par/
Impreso en Italia por
La Tipografica Varese

Tous droits réservés/
Reservados todos los derechos

DIRECTION ÉDITORIALE/
DIRECCIÓN EDITORIAL
Catherine Love

CHEF DE PROJET/DIRIGIDO POR
Gaëlle Amiot-Cadey

COORDINATION/COORDINACIÓN
Sabine Citron

RÉDACTION/REDACTORES
Teresa Alvarez García
Jean-Benoît Ormal-Grenon
Christine Penman
Christian Salzedo
Genevieve Gerrard

INFORMATIQUE ÉDITORIALE/
INFORMÁTICA
Thomas Callan

COLLECTION DIRIGÉE PAR/
COLECCIÓN DIRIGIDA POR
Rob Scriven

Índice

Table des matières

MARCAS REGISTRADAS

Las marcas que creemos que constituyen marcas registradas las denominamos como tales. Sin embargo, no debe considerarse que la presencia o la ausencia de esta designación tenga que ver con la situación legal de ninguna marca.

MARQUES DÉPOSÉES

Les termes qui constituent à notre connaissance une marque déposée ont été désignés comme tels. La présence ou l'absence de cette désignation ne peut toutefois être considérée comme ayant valeur juridique.

Abreviaturas		Abréviations
abreviatura	*abr*	abréviation
adjetivo	*adj*	adjectif
administración	*Admin*	administration
adverbio	*adv*	adverbe
agricultura	*Agr*	agriculture
alguien	*algn*	quelqu'un
América Latina	*Am*	Amérique Latine
anatomía	*Anat*	anatomie
Andes	*And*	Andes
Antillas	*Ant*	Antilles
Argentina	*Arg*	Argentine
arquitectura	*Arq, Archit*	architecture
artículo	*art*	article
astrología	*Astrol*	astrologie
astronomía	*Astron*	astronomie
el automóvil	*Auto*	automobile
auxiliar	*aux*	auxiliaire
aviación	*Aviat*	aviation
biología	*Bio(l)*	biologie
botánica	*Bot*	botanique
Caribe	*Carib*	Caraïbes
Chile	*Chi*	Chili
química	*Chim*	chimie
cine	*Cine, Ciné*	cinéma
Colombia	*Col*	Colombie
comercio	*Com(m)*	commerce
conjunción	*conj*	conjonction
construcción	*Constr*	construction
Cono Sur	*CSur*	Argentine, Paraguay Chili et Uruguay
Cuba	*Cu*	Cuba
cocina	*Culin*	cuisine
definido	*def, déf*	défini
demostrativo	*demos*	démonstratif
determinante	*det, dét*	déterminant
eletricidad, economía	*Econ, Écon*	économie
electrónica	*Elec, Élec*	électricité, électronique

escolar	*Escol*	enseignement
España	*Esp*	Espagne
especialmente	*esp*	surtout
etcétera	*etc*	et cetera
exclamación	*excl*	exclamation
femenino	*f*	féminin
lengua familiar	*fam*	familier
vulgar	*fam!*	vulgaire
ferrocarril	*Ferro*	chemins de fer
figurado	*fig*	figuré
finanzas	*Fin*	finance
filosofía	*Filos*	philosophie
física	*Fís*	physique
fisiología	*Fisiol*	physiologie
fotografía	*Foto*	photographie
generalmente	*gen, gén*	en général, généralement
geografía	*Geo, Géo*	géographie
geometría	*Geom, Géom*	géométrie
Guatemala	*Guat*	Guatemala
storia	*Hist*	histoire
humorístico	*hum*	humoristique
industria	*Ind*	industrie
indefinado	*indef, indéf*	indéfini
informática	*Inform*	informatique
interrogativo	*interrog*	interrogatif
invariable	*inv*	invariable
irónico	*iron*	ironique
jurídico	*Jur*	juridique
lingüística	*Ling*	linguistique
literatura	*Lit(t)*	littérature
literario	*litt*	littéraire
masculino	*m*	masculin
matemáticas	*Mat(h)*	mathématiques
masculino/femenino	*m/f*	masculin/féminin
medicina	*Med, Méd*	médecine
meterología	*Météo*	météorologie
México	*Méx, Mex*	Mexique
militar	*Mil*	militaire

música	*Mús, Mus*	musique
nombre	*n*	nom
náutica	*Náut, Naut*	nautisme
Nicaragua	*Nic*	Nicaragua
número	*num*	nombre
Panamá	*Pan*	Panama
Perú	*Pe*	Pérou
peyorativo	*pey, péj*	péjoratif
filosofía	*Philos*	philosophie
fotografía	*Photo*	photographie
física	*Phys*	physique
fisiología	*Physiol*	physiologie
plural	*pl*	pluriel
política	*Pol*	politique
participio de pasado	*pp*	participe passé
prefijo	*pref, préf*	préfixe
preposición	*prep, prép*	préposition
pronombre	*pron*	pronom
psicología	*Psico, Psych*	psychologie
algo	*qch*	quelque chose
alguien	*qn*	quelqu'un
química	*Quím*	chimie
ferrocarril	*Rail*	chemins de fer
religión	*Rel*	religion
relativo	*rel*	relatif
escolar	*Scol*	enseignement
singular	*sg*	singulier
subjuntivo	*subj(un)*	subjonctif
sufijo	*suf*	suffixe
sujeto	*suj*	sujet
también	*tb*	aussi
técnica, tecnología	*Tec(h)*	technique
telecomunicaciones	*Telec, Tél*	télécommunications
tipografía	*Tip, Typo*	typographie
televisión	*TV*	télévision
universidad	*Univ*	université
ver	*v*	voir
verbo	*vb*	verbe
Venezuela	*Ven*	Venezuela

verbo intransitivo	*vi*	verbe intransitif
verbo pronominal	*vpr*	verbe pronominal
verbo transitivo	*vt*	verbe transitif
zoología	*Zool*	zoologie
marca registrada	®	marque déposée
indica un equivalente cultural	≈	indique une équivalence culturelle

suffire **1** suffisant **2** suffi **3** suffis, suffisons **4** suffisais **7** suffise

suivre **1** suivant **2** suivi **3** suis, suivons **4** suivais **7** suive

taire **1** taisant **2** tu **3** tais, taisons **4** taisais **7** taise

tenir **1** tenant **2** tenu **3** tiens, tenons, tiennent **4** tenais **5** tiendrai **7** tienne

vaincre **1** vainquant **2** vaincu **3** vaincs, vainc, vainquons **4** vainquais **7** vainque

valoir **1** valant **2** valu **3** vaux, vaut, valons **4** valais **5** vaudrai **7** vaille

venir **1** venant **2** venu **3** viens, venons, viennent **4** venais **5** viendrai **7** vienne

vivre **1** vivant **2** vécu **3** vis, vivons **4** vivais **7** vive

voir **1** voyant **2** vu **3** vois, voyons, voient **4** voyais **5** verrai **7** voie

vouloir **1** voulant **2** voulu **3** veux, veut, voulons, veulent **4** voulais **5** voudrai **7** veuille *imperativo* veuillez

Los números		Les nombres
un(o)(-a)	1	un(e)
dos	2	deux
tres	3	trois
cuatro	4	quatre
cinco	5	cinq
seis	6	six
siete	7	sept
ocho	8	huit
nueve	9	neuf
diez	10	dix
once	11	onze
doce	12	douze
trece	13	treize
catorce	14	quatorze
quince	15	quinze
dieciséis	16	seize
diecisiete	17	dix-sept
dieciocho	18	dix-huit
diecinueve	19	dix-neuf
veinte	20	vingt
veintiun(o)(-a)	21	vingt et un(e)
veintidós	22	vingt-deux
treinta	30	trente
treinta y uno(-a)	31	trente et un(e)
treinta y dos	32	trente-deux
cuarenta	40	quarante
cincuenta	50	cinquante
sesenta	60	soixante
setenta	70	soixante-dix
setenta y uno(-a)	71	soixante et onze
setenta y dos	72	soixante-douze
ochenta	80	quatre-vingts
ochenta y uno(-a)	81	quatre-vingt-un(e)
noventa	90	quatre-vingt-dix
noventa y uno(-a)	91	quatre-vingt-onze
cien(to)	100	cent
ciento un(o)(-a)	101	cent un(e)
ciento cincuenta y seis	156	cent cinquante-six

doscientos(-as)	**200**	deux cents
trescientos(-as) uno(-a)	**301**	trois cent un(e)
quinientos(-as)	**500**	cinq cents
mil	**1 000**	mille
cinco mil	**5 000**	cinq mille
un millón	**1 000 000**	un million

primer(o)(-a), 1^{o}(1^{a})	premier (première), 1er (1ère)
segundo(-a), 2^{o}(2^{a})	deuxième, 2e, 2ème
tercer(o)(-a), 3^{o}(3^{a})	troisième, 3e, 3ème
cuarto(-a)	quatrième
quinto(-a)	cinquième
sexto(-a)	sixième
séptimo(-a)	septième
octavo(-a)	huitième
noveno(-a)	neuvième
décimo(-a)	dixième
undécimo(-a)	onzième
duodécimo(-a)	douzième
decimotercero(-a)	treizième
decimocuarto(-a)	quatorzième
decimoquinto(-a)	quinzième
decimosexto(-a)	seizième
decimoséptimo(-a)	dix-septième
decimoctavo(-a)	dix-huitième
decimonoveno(-a)	dix-neuvième
vigésimo(-a)	vingtième
vigésimo primero(-a)	vingt et unième
vigésimo segundo(-a)	vingt-deuxième
trigésimo(-a)	trentième
centésimo(-a)	centième
centésimo primero(-a)	cent-unième
milésimo(-a)	millième

La hora	L'heure
¿qué hora es?	quelle heure est-il ?
es/son ...	il est ...
es la una	il est une heure
son las cuatro	il est quatre heures
es la medianoche/son las doce de la noche	il est minuit
la una (de la madrugada)	une heure (du matin)
la una y cinco	une heure cinq
la una y diez	une heure dix
la una y cuarto	une heure et quart
la una y veinticinco	une heure vingt-cinq
la una y media *o* treinta	une heure et demie, une heure trente
las dos menos veinticinco	deux heures moins vingt-cinq
las dos menos veinte	deux heures moins vingt, une heure quarante
las dos menos cuarto	deux heures moins le quart, une heure quarante-cinq
dos menos diez	deux heures moins dix
mediodía, las doce (de la mañana)	midi
las dos (de la tarde)	deux heures (de l'après-midi)
las siete (de la tarde)	sept heures (du soir)
¿a qué hora?	à quelle heure ?
a medianoche	à minuit
a las siete	à sept heures
a la una	à une heure
en veinte minutes	dans vingt minutes
hace diez minutos	il y a dix minutes

La fecha	La date
hoy	aujourd'hui
mañana	demain
pasado mañana	après-demain
ayer	hier
antes de ayer, anteayer	avant-hier
la víspera	la veille
el día siguiente	le lendemain
por la mañana	le matin
por la tarde	le soir
esta mañana	ce matin
esta tarde	cet après-midi
esta tarde	ce soir
ayer por la mañana	hier matin
ayer por la tarde	hier soir
mañana por la mañana	demain matin
mañana por la tarde	demain soir
en la noche del sábado al domingo	dans la nuit de samedi à dimanche
vendrá el sábado	il viendra samedi
los sábados	le samedi
todos los sábados	tous les samedis
el sábado pasado	samedi dernier
el sábado que viene, el próximo sábado	samedi prochain
del sábado en ocho días	samedi en huit
del sábado en quince días	samedi en quinze
de lunes a sábado	du lundi au samedi
todos los días	tous les jours
una vez a la semana	une fois par semaine
una vez al mes	une fois par mois
dos veces a la semana	deux fois par semaine
hace una semana *o* ocho días	il y a une semaine *ou* huit jours
hace quince días	il y a quinze jours
el año pasado	l'année passée *ou* dernière
dentro de dos días	dans deux jours
dentro de ocho días *o* una semana	dans huit jours *ou* une semaine
dentro de quince días	dans quinze jours
el mes que viene, el próximo mes	le mois prochain
el año que viene, el próximo año	l'année prochaine

¿a qué *o* a cuántos estamos?	quel jour sommes-nous ?
el 1/24 octubre de 2006	le 1er/24 octobre 2006
nací el 22 octubre de 1967	je suis né le 22 octobre 1967
Barcelona, a 24 octubre de 2006	Barcelona, le 24 octobre 2006 (*lettre*)
en 2006	en 2006
mil novecientos noventa y seis	mille neuf cent quatre-vingt-seize
dos mil y tres	deux mille six
44 a. de J.C.	44 av. J.–C.
14 d. de J.C.	14 apr. J.-C.
en el (siglo) XIX	au XIXe (siècle)
en los años treinta	dans les années trente
érase una vez ...	il était une fois ...

FRANÇAIS - ESPAGNOL | FRANCÉS - ESPAÑOL

a

a [a] *vb voir* **avoir**

MOT-CLÉ

à [a] (*à + le =* **au**, *à + les =* **aux**) *prép*
1 (*endroit, situation*) en; **être à Paris/au Portugal** estar en París/en Portugal; **être à la maison/à l'école/au bureau** estar en casa/en el colegio/en la oficina; **être à la campagne** estar en el campo; **c'est à 10 km/à 20 minutes (d'ici)** está a 10 km/a 20 minutos (de aquí); **à la radio/télévision** en la radio/televisión
2 (*direction*) a; **aller à Paris/au Portugal** ir a París/a Portugal; **aller à la maison/à l'école/au bureau** ir a casa/al colegio/a la oficina; **aller à la campagne** ir al campo
3 (*temps*) a; **à 3 heures/à minuit** a las tres/a medianoche; **à demain/lundi/la semaine prochaine!** ¡hasta mañana/el lunes/la semana que viene!; **au printemps/au mois de juin** en primavera/el mes de junio; **à cette époque-là** en aquella época; **nous nous verrons à Noël** nos veremos por Navidad; **visites de 5 h à 6 h** visitas de 5 a 6
4 (*attribution, appartenance*) de; **le livre est à lui/à nous/à Paul** el libro es suyo/nuestro/de Paul; **un ami à moi** un amigo mío; **donner qch à qn** dar algo a algn
5 (*moyen*): **se chauffer au gaz/à l'électricité** calentarse con gas/con electricidad; **à bicyclette** en bicicleta; **à pied** a pie; **à la main/machine** a mano/máquina; **pêcher à la ligne** pescar con caña
6 (*provenance*) de; **boire à la bouteille** beber de la botella
7 (*caractérisation, manière*): **l'homme aux yeux bleus/à la veste rouge** el hombre de ojos azules/de la chaqueta roja; **café au lait** café con leche; **à sa grande surprise** para su gran sorpresa; **à ce qu'il prétend** según pretende (él); **à l'européenne/la russe** a la europea/la rusa; **à nous trois nous n'avons pas su le faire** no hemos sabido hacerlo entre los tres
8 (*but, destination: de choses ou personnes*): **tasse à café** taza de café; **"à vendre"** "se vende"; **à bien réfléchir** pensándolo bien; **problèmes à régler** problemas por solucionar
9 (*rapport, évaluation, distribution*): **100 km/unités à l'heure** 100 km/unidades por hora; **payé au mois/à l'heure** pagado por mes/por hora; **cinq à six** cinco a seis; **ils sont arrivés à quatre** llegaron cuatro

abaisser [abese] *vt* bajar; (*fig*) rebajar
abandon [abɑ̃dɔ̃] *nm* abandono;

être à l'~ estar abandonado(-a); **laisser à l'~** abandonar
abandonner [abɑ̃dɔne] *vt* abandonar ▷ *vi* (*Sport*) abandonar; (*Inform*) salir; **~ qch à qn** entregar algo a algn
abat-jour [abaʒuʀ] *nm inv* pantalla
abats [aba] *vb voir* **abattre** ▷ *nmpl* (*Culin*) menudos *mpl*
abattement [abatmɑ̃] *nm* (*déduction*) deducción *f*; **abattement fiscal** deducción fiscal
abattoir [abatwaʀ] *nm* matadero
abattre [abatʀ] *vt* (*arbre*) talar; (*mur, maison, avion*) derribar; (*tuer*) matar; (*déprimer*) desanimar; **s'abattre** *vpr* (*mât, malheur*) caerse; **s'~ sur** caer sobre; **~ du travail** *ou* **de la besogne** trabajar duro
abbaye [abei] *nf* abadía
abbé [abe] *nm* (*d'une abbaye*) abad *m*
abcès [apsɛ] *nm* absceso
abdiquer [abdike] *vi* abdicar ▷ *vt* (*pouvoir, dignité*) renunciar a
abdominal, e, -aux [abdɔminal, o] *adj* abdominal; **abdominaux** *nmpl* abdominales *mpl*; **faire des abdominaux** hacer abdominales
abeille [abɛj] *nf* abeja
aberrant, e [abeʀɑ̃, ɑ̃t] *adj* aberrante
aberration [abeʀasjɔ̃] *nf* aberración *f*
abîme [abim] *nm* abismo
abîmer [abime] *vt* estropear; **s'abîmer** *vpr* estropearse; (*fig*) abismarse
aboiement [abwamɑ̃] *nm* ladrido
abolir [abɔliʀ] *vt* abolir
abominable [abɔminabl] *adj* abominable
abondance [abɔ̃dɑ̃s] *nf* abundancia
abondant, e [abɔ̃dɑ̃, ɑ̃t] *adj* abundante; **abonder** *vi* abundar
abonné, e [abɔne] *adj* (*à un journal*) suscrito(-a); (*au téléphone*) abonado(-a) ▷ *nm/f* (*au téléphone, à l'opéra*) abonado(-a); (*à un journal*) suscriptor(a)
abonnement [abɔnmɑ̃] *nm* (*à un journal*) suscripción *f*; (*transports en commun, théâtre*) abono
abonner [abɔne] *vt*: **~ qn à** (*revue*) suscribir a algn a; **s'abonner** *vpr*: **s'~ à** (*revue*) suscribirse a; (*téléphone*) abonarse a
abord [abɔʀ] *nm*: **être d'un ~ facile/difficile** ser de fácil/difícil acceso; **abords** *nmpl* (*d'un lieu*) alrededores *mpl*; **d'~** primero, en primer lugar; **de prime ~, au premier ~** a primera vista
abordable [abɔʀdabl] *adj* (*personne*) accesible; (*prix, marchandise*) asequible
aborder [abɔʀde] *vi* abordar ▷ *vt* abordar
aboutir [abutiʀ] *vi* tener éxito; **~ à/dans/sur** (*lieu*) dar a
aboyer [abwaje] *vi* ladrar
abréger [abʀeʒe] *vt* acortar
abreuver [abʀœve] *vt* abrevar; (*fig*): **~ qn de** (*injures*) colmar a algn de; **s'abreuver** *vpr* (*fam*) beber hasta reventar; **abreuvoir** *nm* abrevadero
abréviation [abʀevjasjɔ̃] *nf* abreviatura
abri [abʀi] *nm* refugio; **à l'~** (*des intempéries, financièrement*) a cubierto; (*de l'ennemi*) a salvo; **à l'~ de** (*fig: erreur*) protegido(-a) contra
abricot [abʀiko] *nm* albaricoque *m*, damasco (*Am*)
abriter [abʀite] *vt* (*lieu*) resguardar; **s'abriter** *vpr* resguardarse
abrupt, e [abʀypt] *adj* abrupto(-a); (*personne, ton*) rudo(-a)
abruti, e [abʀyti] (*fam*) *nm/f* tonto(-a)
absence [apsɑ̃s] *nf* ausencia
absent, e [apsɑ̃, ɑ̃t] *adj, nm/f* ausente *m/f*; **absenter**: **s'absenter** *vpr* ausentarse
absolu, e [apsɔly] *adj* absoluto(-a);

absolument *adv* (*oui*) sí, por supuesto
absorbant, e [apsɔʀbɑ̃, ɑ̃t] *adj* absorbente
absorber [apsɔʀbe] *vt* absorber; (*manger, boire*) tomar
abstenir [apstəniʀ]: **s'~** *vpr* abstenerse; **s'~ de qch/de faire** privarse de algo/de hacer
abstrait, e [apstʀɛ, ɛt] *adj* abstracto(-a)
absurde [apsyʀd] *adj* absurdo(-a)
abus [aby] *nm* abuso; **abuser** *vi* abusar; **abuser de** abusar de; **abusif, -ive** *adj* abusivo(-a)
académie [akademi] *nf* academia; (*Univ*) ≈ distrito universitario

ACADÉMIE FRANÇAISE

La **Académie française** fue fundada por el cardenal Richelieu en 1635 durante el reinado de Luis XIII. Consta de cuarenta eruditos y escritores electos a los que se conoce como "les Quarante" o "les Immortels". Una de las funciones de la Academia es regular el desarrollo de la lengua francesa y sus recomendaciones son con frecuencia objeto de encendido debate. Ha publicado varias ediciones de su conocido diccionario y concede diversos premios literarios.

acajou [akaʒu] *nm* caoba
acariâtre [akaʀjɑtʀ] *adj* desabrido(-a)
accablant, e [akɑblɑ̃, ɑ̃t] *adj* (*témoignage, preuve*) abrumador(a); (*chaleur, poids*) agobiante
accabler [akɑble] *vt* (*physiquement*) agobiar; (*moralement*) abatir; (*suj: preuves, témoignage*) inculpar; **~ qn d'injures/de travail** colmar a algn de injurias/de trabajo
accalmie [akalmi] *nf* calma, tregua
accaparer [akapaʀe] *vt* acaparar
accéder [aksede]: **~ à** *vt ind* (*lieu*) tener acceso a; (*fig*) acceder a
accélérateur [akseleʀatœʀ] *nm* acelerador *m*
accélérer [akseleʀe] *vt, vi* acelerar
accent [aksɑ̃] *nm* acento; **mettre l'~ sur** (*fig*) hacer hincapié en; **accent aigu/circonflexe/grave** acento agudo/circunflejo/grave; **accentuer** *vt* acentuar; **s'accentuer** *vpr* acentuarse
acceptation [aksɛptasjɔ̃] *nf* aceptación *f*, admisión *f*
accepter [aksɛpte] *vt* aceptar; **~ de faire** aceptar hacer
accès [aksɛ] *nm* acceso ▷ *nmpl* (*routes, entrées*) accesos *mpl*; **accès de colère** arrebato; **accessible** *adj* accesible; (*prix, objet*) asequible; (*livre, sujet*): **accessible (à qn)** accesible (a algn)
accessoire [akseswaʀ] *adj* secundario(-a) ▷ *nm* accesorio
accident [aksidɑ̃] *nm* accidente *m*; (*événement fortuit*) incidente *m*; **par ~** por accidente; **accidenté, e** *adj* accidentado(-a); (*voiture*) estropeado(-a), dañado(-a); **accidentel, le** *adj* accidental; (*fortuit*) casual
acclamer [aklame] *vt* aclamar
acclimater [aklimate] *vt* aclimatar; **s'acclimater** *vpr* aclimatarse
accolade [akɔlad] *nf* abrazo
accommoder [akɔmɔde] *vt* (*Culin*) aliñar; **s'accommoder** *vpr*: **s'~ de** contentarse con
accompagnateur, -trice [akɔ̃paɲatœʀ, tʀis] *nm/f* acompañante *m/f*
accompagner [akɔ̃paɲe] *vt* acompañar
accompli, e [akɔ̃pli] *adj*

consumado(-a)
accomplir [akɔ̃pliʀ] *vt* cumplir
accord [akɔʀ] *nm* (*entente*) acuerdo; (*consentement, autorisation*) consentimiento; (*Mus*) acorde *m*; **se mettre d'~** ponerse de acuerdo; **être d'~ (pour faire/que)** estar de acuerdo (en hacer/en que); **d'~!** ¡de acuerdo!
accordéon [akɔʀdeɔ̃] *nm* acordeón *m*
accorder [akɔʀde] *vt* (*faveur, délai*) conceder; (*Mus*) afinar; **~ de l'importance/de la valeur à qch** dar importancia/valor a algo
accoster [akɔste] *vt* (*Naut*) acostar ▷ *vi* acostar
accouchement [akuʃmɑ̃] *nm* parto
accoucher [akuʃe] *vi, vt* dar a luz
accouder [akude] *vb*: **s'~ à/sur** acodarse en/sobre; **accoudoir** *nm* brazo
accoupler [akuple]: **s'~** *vpr* aparearse
accourir [akuʀiʀ] *vi* precipitarse
accoutumance [akutymɑ̃s] *nf* (*au climat*) adaptación *f*
accoutumé, e [akutyme] *adj* acostumbrado(-a)
accoutumer [akutyme] *vb*: **s'~ à qch/à faire** acostumbrarse a algo/a hacer
accroc [akʀo] *nm* (*déchirure*) desgarrón *m*; **sans ~s** (*fig*) sin contratiempos
accrochage [akʀɔʃaʒ] *nm* (*accident*) choque *m*
accrocher [akʀɔʃe]: **~ à** *vt ind* (*vêtement, tableau*) colgar en; (*véhicule*) chocar con; (*déchirer: robe, pull*) rasgar; (*fig: regard, client*) atraer; **s'accrocher** *vpr* (*Mil, se disputer*) pelearse; **s'~ à** (*agripper*) agarrarse a; (*personne*) pegarse a
accroissement [akʀwasmɑ̃] *nm* aumento
accroître [akʀwatʀ]: **s'~** *vpr* acrecentarse
accroupir [akʀupiʀ]: **s'~** *vpr* ponerse en cuclillas
accru, e [akʀy] *adj* acrecentado(-a)
accueil [akœj] *nm* acogida; **centre/comité d'~** centro/comité *m* de recepción; **accueillir** *vt* (*recevoir, saluer*) acoger; (*loger*) alojar
accumuler [akymyle] *vt* acumular; **s'accumuler** *vpr* acumularse
accusation [akyzasjɔ̃] *nf* acusación *f*; **l'~** (*Jur*) la acusación; **mettre qn en ~** iniciar causa en contra de algn
accusé, e [akyze] *adj, nm/f* acusado(-a); **accusé de réception** *nm* acuse *m* de recibo
accuser [akyze] *vt* acusar; (*fig: souligner*) acentuar; **~ qn de qch** acusar a algn de algo; **~ réception de** acusar recibo de
acéré, e [aseʀe] *adj* acerado(-a)
acharné, e [aʃaʀne] *adj* encarnizado(-a)
acharner [aʃaʀne] *vb*: **s'~ contre/sur** ensañarse con
achat [aʃa] *nm* compra; **faire des ~s** ir de compras
acheter [aʃ(ə)te] *vt* comprar; **~ qch à qn** comprar algo a algn; **acheteur, -euse** *nm/f* comprador(a)
achever [aʃ(ə)ve] *vt* acabar, finalizar; **s'achever** *vpr* acabarse
acide [asid] *adj* ácido(-a) ▷ *nm* ácido; **acidulé** *adj* ácido(-a); **bonbons acidulés** caramelos *mpl* ácidos
acier [asje] *nm* acero; **acier inoxydable** acero inoxidable; **aciérie** *nf* acería
acné [akne] *nf* acné *f*
acompte [akɔ̃t] *nm* (*arrhes*) señal *f*; (*sur somme due*) adelanto
à-côté [akote] *nm* (*point accessoire*) cuestión *f* secundaria; (*argent: aussi pl*) dinero extra *inv*
à-coup [aku] *nm*: **sans ~s** sin interrupción; **par ~s** a tirones

acoustique [akustik] *nf* acústica
acquéreur [akeʀœʀ] *nm* comprador(a)
acquérir [akeʀiʀ] *vt* comprar
acquis, e [aki, iz] *pp de* **acquérir** ▷ *nm* (*savoir, expérience*) conocimientos *mpl*; **acquis** *nmpl*: **les ~ sociaux** los logros sociales
acquitter [akite] *vt* (*accusé*) absolver
âcre [ɑkʀ] *adj* acre
acrobate [akʀɔbat] *nm/f* acróbata *m/f*
acrobatie [akʀɔbasi] *nf* acrobacia
acte [akt] *nm* (*Théâtre, action*) acto; (*document*) acta; **actes** *nmpl* (*compte-rendu*) actas *fpl*; **faire ~ de candidature** presentar una candidatura
acteur, -trice [aktœʀ, tʀis] *nm/f* actor/actriz
actif, -ive [aktif, iv] *adj* activo(-a) ▷ *nm* activo; **l'~ et le passif** el activo y el pasivo
action [aksjɔ̃] *nf* acción *f*; (*déploiement d'énergie*) actividad *f*; **une bonne/ mauvaise ~** una buena/mala acción; **actionnaire** *nm/f* accionista *m/f*; **actionner** *vt* accionar
activer [aktive] *vt*: **s'~** *vpr* (*se presser*) apresurarse; (*s'affairer*) trajinar
activité [aktivite] *nf* actividad *f*
actrice [aktʀis] *nf voir* **acteur**
actualité [aktɥalite] *nf* actualidad *f*; **actualités** *nfpl*: **les ~s** las noticias; **l'~ politique/sportive** la actualidad política/deportiva
actuel, le [aktɥɛl] *adj* actual; **actuellement** *adv* actualmente
acupuncture [akypɔ̃ktyʀ] *nf* acupuntura
adaptateur [adaptatœʀ] *nm* (*Élec*) adaptador *m*
adapter [adapte] *vt*: **~ à** adaptar a; **s'adapter** *vpr* (*personne*): **s'~ (à)** adaptarse (a)
addition [adisjɔ̃] *nf* (*Math*) adición *f*; (*au restaurant*) cuenta; **additionner** *vt* sumar
adepte [adɛpt] *nm/f* (*d'une religion*) adepto(-a); (*d'un sport*) partidario(-a)
adéquat, e [adekwa(t), at] *adj* adecuado(-a)
adhérent, e [adeʀɑ̃, ɑ̃t] *adj* adherente ▷ *nm/f* miembro *m/f*
adhérer [adeʀe] *vi* adherirse; **~ à** *vt ind* (*coller*) adherir a; (*devenir membre de*) afiliarse a; **adhésif, -ive** *adj* adhesivo(-a) ▷ *nm* adhesivo
adieu [adjø] *excl* ¡adiós! ▷ *nm* adiós *msg*; **dire ~ à qn** decir adiós a algn
adjectif [adʒɛktif] *nm* adjetivo
adjoint, e [adʒwɛ̃, wɛ̃t] *nm/f* adjunto(-a); **directeur ~** director *m* adjunto; **~ au maire** teniente *m* alcalde
admettre [admɛtʀ] *vt* admitir; (*candidat*) admitir, aprobar; **admettons que ...** admitamos que ...
administrateur, -trice [administʀatœʀ, tʀis] *nm/f* administrador(a)
administration [administʀasjɔ̃] *nf* administración *f*
administrer [administʀe] *vt* administrar
admirable [admiʀabl] *adj* admirable
admirateur, -trice [admiʀatœʀ, tʀis] *nm/f* admirador(a)
admiration [admiʀasjɔ̃] *nf* admiración *f*
admirer [admiʀe] *vt* admirar
admis, e [admi, iz] *pp de* **admettre**
admissible [admisibl] *adj* (*candidat*) admitido(-a); (*comportement*: *gén nég*) admisible
ADN [adeɛn] *sigle m* (= *acide désoxyribonucléique*) ADN *m*
adolescence [adɔlesɑ̃s] *nf* adolescencia
adolescent, e [adɔlesɑ̃, ɑ̃t] *nm/f* adolescente *m/f*

adopter [adɔpte] *vt* (*projet de loi*) aprobar; (*politique, enfant*) adoptar; **adoptif, -ive** *adj* adoptivo(-a)
adorable [adɔʀabl] *adj* adorable
adorer [adɔʀe] *vt* adorar
adosser [adose] *vt*: **s'~ à/contre** respaldarse en/contra
adoucir [adusiʀ] *vt* suavizar; (*peine, douleur*) aliviar
adresse [adʀɛs] *nf* (*habileté*) habilidad *f*; (*domicile*) dirección *f*
adresser [adʀese] *vt* (*expédier*) enviar; (*écrire l'adresse sur*) poner la dirección en; (*injure, compliments*) dirigir; **s'adresser** *vpr*: **s'~ à** dirigirse a; (*suj: livre, conseil*) estar dirigido(-a) a; **~ la parole à qn** dirigir la palabra a algn
adroit, e [adʀwa, wat] *adj* hábil
adulte [adylt] *nm/f* adulto(-a)
adverbe [advɛʀb] *nm* adverbio
adversaire [advɛʀsɛʀ] *nm/f* adversario(-a)
aération [aeʀasjɔ̃] *nf* (*circulation de l'air*) ventilación *f*
aérer [aeʀe] *vt* (*pièce, literie*) ventilar
aérien, ne [aeʀjɛ̃, jɛn] *adj* aéreo(-a); **ligne ~ne** línea aérea
aéro... [aeʀɔ] *préfixe*: **aérogare** *nf* terminal *f*; (*en ville*) estación *f* terminal; **aéroglisseur** *nm* aerodeslizador *m*; **aéronaval, e, -aux** *adj* aeronaval ▷ *nf*: **l'Aéronavale** las Fuerzas aeronavales; **aérophagie** *nf* aerofagia; **aéroport** *nm* aeropuerto; **aérosol** *nm* aerosol *m*
affaiblir [afebliʀ] *vt* debilitar; **s'affaiblir** *vpr* debilitarse
affaire [afɛʀ] *nf* (*problème, question*) asunto; (*scandale*) escándalo; (*criminelle, judiciaire*) caso; (*entreprise, magasin*) negocio, empresa; (*marché, transaction*) negocio; (*occasion intéressante*) ganga; **affaires** *nfpl* negocios *mpl*; (*objets, effets personnels*) cosas *fpl*; **ce sont mes/tes ~s** (*cela me/te concerne*) es asunto mío/tuyo; **ceci fera l'~** esto bastará; **avoir ~ à qn/qch** (*comme contact*) estar en relación con algn/algo; **c'est une ~ de goût/d'argent** es una cuestión de gusto/dinero; **les A~s étrangères** Asuntos Exteriores; **affairer**: **s'affairer** *vpr* afanarse
affamé, e [afame] *adj* hambriento(-a)
affecter [afɛkte] *vt* (*toucher, émouvoir*) conmover, afectar; (*feindre*) fingir
affectif, -ive [afɛktif, iv] *adj* afectivo(-a)
affection [afɛksjɔ̃] *nf* afecto, cariño; **affectionner** *vt* querer; **affectueux, -euse** *adj* afectuoso(-a)
affichage [afiʃaʒ] *nm* anuncio; (*électronique*) marcador *m*; **"~ interdit"** "se prohibe fijar carteles"
affiche [afiʃ] *nf* cartel *m*, afiche *m* (*Am*); (*officielle*) anuncio
afficher [afiʃe] *vt* anunciar; (*électroniquement*) marcar; (*fig, péj*) ostentar
affilée [afile]: **d'~** *adv* de un tirón
affirmatif, -ive [afiʀmatif, iv] *adj* (*réponse*) afirmativo(-a)
affirmer [afiʀme] *vt* afirmar
affligé, e [afliʒe] *adj* afligido(-a); **~ d'une maladie/tare** aquejado(-a) por una enfermedad/tara
affliger [afliʒe] *vt* afligir
affluence [aflyɑ̃s] *nf* afluencia; **heure/jour d'~** hora/día *m* de afluencia
affluent [aflyɑ̃] *nm* afluente *m*
affolant, e [afɔlɑ̃, ɑ̃t] *adj* enloquecedor(a)
affolement [afɔlmɑ̃] *nm* pánico
affoler [afɔle] *vt* asustar; **s'affoler** *vpr* asustarse
affranchir [afʀɑ̃ʃiʀ] *vt* (*lettre, paquet*) franquear; (*esclave*) libertar; **affranchissement** *nm* (*Postes*)

franqueo
affreux, -euse [afʀø, øz] *adj* horrible
affront [afʀɔ̃] *nm* afrenta; **affrontement** *nm* enfrentamiento
affronter [afʀɔ̃te] *vt* (*adversaire*) afrontar, hacer frente a; (*tempête, critiques*) afrontar
affût [afy] *nm*: **à l'~ (de)** al acecho (de)
afin [afɛ̃]: **~ que** *conj* a fin de que; **~ de faire** a fin de hacer, con el fin de hacer
africain, e [afʀikɛ̃, ɛn] *adj* africano(-a) ▷ *nm/f*: **A~, e** africano(-a)
Afrique [afʀik] *nf* África; **Afrique australe/du Nord/du Sud** África austral/del Norte/del Sur
agacer [agase] *vt* molestar
âge [ɑʒ] *nm* edad *f*; **quel ~ as-tu?** ¿qué edad tienes?; **troisième ~** tercera edad; **âgé, e** *adj* de edad; **âgé de 10 ans** de 10 años de edad; **les personnes âgées** los ancianos
agence [aʒɑ̃s] *nf* agencia; (*succursale*) sucursal *f*; **agence immobilière/matrimoniale** agencia inmobiliaria/matrimonial
agenda [aʒɛ̃da] *nm* agenda
agenouiller [aʒ(ə)nuje]: **s'~** *vpr* arrodillarse
agent [aʒɑ̃] *nm* (*Admin*) funcionario(-a); (*élément, facteur*) agente *m*, factor *m*; **agent (de police)** policía *m*, agente (*Am*); **agent immobilier** agente inmobiliario
agglomération [aglɔmeʀasjɔ̃] *nf* aglomeración *f*; **l'~ parisienne** el área metropolitana de París
aggraver [agʀave] *vt* agravar, empeorar; **s'aggraver** *vpr* agravarse
agile [aʒil] *adj* ágil
agir [aʒiʀ] *vi* actuar; (*avoir de l'effet*) hacer efecto; **s'agir** *vpr*: **il s'agit de faire** se trata de hacer; **il s'agit de** se trata de; **de quoi s'agit-il?** ¿de qué se trata?
agitation [aʒitasjɔ̃] *nf* agitación *f*
agité, e [aʒite] *adj* (*gén enfant*) revoltoso(-a); (*vie, personne*) agitado(-a); **une mer ~e** un mar agitado *ou* revuelto
agiter [aʒite] *vt* agitar; (*personne*) inquietar
agneau [aɲo] *nm* cordero
agonie [agɔni] *nf* agonía
agrafe [agʀaf] *nf* (*Méd, de bureau*) grapa; **agrafer** *vt* (*des feuilles de papier*) grapar; **agrafeuse** *nf* grapadora
agrandir [agʀɑ̃diʀ] *vt* agrandar, ampliar; **s'agrandir** *vpr* agrandarse; **agrandissement** *nm* (*Photo*) ampliación *f*
agréable [agʀeabl] *adj* agradable
agréé, e [agʀee] *adj*: **magasin/concessionnaire ~** establecimiento/concesionario autorizado
agréer [agʀee] *vt*: **veuillez ~ ...** le saluda ...
agrégation [agʀegasjɔ̃] *nf* oposición *f*; **agrégé, e** *nm/f* catedrático(-a)
agrément [agʀemɑ̃] *nm* (*accord*) consentimiento
agresser [agʀese] *vt* agredir; **agresseur** *nm* agresor(a); **agressif, -ive** *adj* agresivo(-a); (*couleur, toilette*) provocador(a)
agricole [agʀikɔl] *adj* agrícola; **agriculteur, -trice** [agʀikyltœʀ, tʀis] *nm/f* agricultor(a); **agriculture** *nf* agricultura
agripper [agʀipe] *vt* agarrar; **s'agripper** *vpr*: **s'~ à** agarrarse a, aferrarse a
agro-alimentaire [agʀoalimɑ̃tɛʀ] (*pl* **~s**) *adj* agroalimenticio(-a)
agrumes [agʀym] *nmpl* agrios *mpl*
aguets [agɛ] *nmpl*: **être aux ~** estar al acecho
ai [ɛ] *vb voir* **avoir**
aide [ɛd] *nf* ayuda ▷ *nm/f* ayudante

m/f; **à l'~ de** con (la) ayuda de; **appeler (qn) à l'~** pedir ayuda (a algn); **aide-éducateur, -trice** (*pl* **aides-éducateurs, -trices**) *nm/f* ayudante *m/f* de clase; **aide judiciaire** *nf* ayuda judicial; **aide-mémoire** *nm inv* memorándum *m*

aider [ede] *vt* ayudar; **s'aider de** *vpr* ayudarse de, servirse de; **~ à** (*faciliter, favoriser*) ayudar a; **aide-soignant, e** (*pl* **aides-soignants, es**) *nm/f* auxiliar *m/f* de enfermería

aie *etc* [ɛ] *vb voir* **avoir**

aïe [aj] *excl* ¡ay!

aigle [ɛgl] *nm* águila

aigre [ɛgʀ] *adj* agrio(-a); **aigre-doux, -douce** (*pl* **aigres-doux, -douces**) *adj* agridulce; **aigreur** *nf* acidez *f*; (*d'un propos*) acritud *f*; **aigreurs d'estomac** acidez de estómago

aigu, ë [egy] *adj* (*objet, arête*) afilado(-a); (*voix, note, douleur*) agudo(-a)

aiguille [egɥij] *nf* aguja; **aiguille à tricoter** aguja de tejer

aiguiser [egize] *vt* afilar; (*fig*) aguzar

ail [aj] *nm* ajo

aile [ɛl] *nf* ala; (*de voiture*) aleta; **ailier** *nm* extremo

aille *etc* [aj] *vb voir* **aller**

ailleurs [ajœʀ] *adv* en otra parte; **partout/nulle part ~** en cualquier/en ninguna otra parte; **d'~** además; **par ~** por otra parte

aimable [ɛmabl] *adj* amable

aimant, e [ɛmɑ̃, ɑ̃t] *adj* afectuoso(-a) ▷ *nm* imán *m*

aimer [eme] *vt* (*d'amour*) querer, amar; (*d'amitié, affection*) querer; (*chose, activité*) gustar; **bien ~ qn/qch** querer mucho a algn/algo; **je t'aime** te quiero; **j'aimerais autant** *ou* **mieux y aller maintenant** preferiría ir ahora

aine [ɛn] *nf* ingle *f*

aîné, e [ene] *adj* mayor ▷ *nm/f* primogénito(-a)

ainsi [ɛ̃si] *adv* (*de cette façon*) de este modo; (*ce faisant*) así ▷ *conj* entonces; **~ que** (*comme*) así como; (*et aussi*) y también; **et ~ de suite** y así sucesivamente

air [ɛʀ] *nm* aire *m*; (*expression, attitude*) aspecto; **prendre l'~** tomar el aire; **avoir l'~** parecer, verse (*Am*); **il a l'~ de manger/dormir/faire** parece que está comiendo/durmiendo/haciendo; **avoir l'~ d'un homme/clown** parecer un hombre/payaso

airbag [ɛʀbag] *nm* airbag *m*

aisance [ɛzɑ̃s] *nf* (*facilité*) facilidad *f*

aise [ɛz] *nf* (*confort*) comodidad *f*; (*financière*) desahogo; **aises** *nfpl*: **prendre ses ~s** instalarse a sus anchas; **être à l'~** *ou* **à son ~** estar a gusto; (*pas embarrassé*) estar a sus anchas; (*financièrement*) estar desahogado(-a); **se mettre à l'~** ponerse a gusto; **être mal à l'~** *ou* **mal à son ~** estar a disgusto; **aisé, e** *adj* (*facile*) fácil; (*assez riche*) acomodado(-a)

aisselle [ɛsɛl] *nf* axila

ait [ɛ] *vb voir* **avoir**

ajonc [aʒɔ̃] *nm* aulaga

ajourner [aʒuʀne] *vt* (*débat, décision*) aplazar, postergar (*Am*)

ajouter [aʒute] *vt* añadir, agregar (*esp Am*)

alarme [alaʀm] *nf* (*signal*) alarma; **donner l'~** dar la alarma; **alarmer** *vt* alarmar; **s'alarmer** *vpr* alarmarse; **alarmiste** *adj* alarmista

album [albɔm] *nm* álbum *m*; **album à colorier/de timbres** álbum para colorear/de sellos

albumine [albymin] *nf* albúmina; **avoir** *ou* **faire de l'~** tener albúmina

alcool [alkɔl] *nm*: **l'~** el alcohol; **un ~** un licor; **alcool à 90°** alcohol de 90°; **alcool à brûler** alcohol de quemar; **alcoolique** *adj, nm/f* alcohólico(-a); **alcoolisé, e** *adj* alcoholizado(-a);

alcoolisme *nm* alcoholismo; **alco(o)test®** *nm* (*objet*) alcohómetro; (*épreuve*) prueba del alcohol; **faire subir l'alcootest à qn** hacer la prueba del alcohol a algn

aléatoire [aleatwar] *adj* aleatorio(-a)

alentour [alɑ̃tuʀ] *adv* alrededor; **alentours** *nmpl* alrededores *mpl*; **aux ~s de** en los alrededores de

alerte [alɛʀt] *adj* vivo(-a) ▷ *nf* (*menace*) alerta; **alerter** *vt* alertar

algèbre [alʒɛbʀ] *nf* álgebra

Alger [alʒe] *n* Argel *m*

Algérie [alʒeʀi] *nf* Argelia; **algérien, ne** *adj* argelino(-a)

algue [alg] *nf* alga

alibi [alibi] *nm* coartada

aligner [aliɲe] *vt* alinear; (*idées*) ordenar; **s'aligner** *vpr* alinearse; **s'~ (sur)** (*Pol*) estar alineado(-a) (con)

aliment [alimɑ̃] *nm* alimento; **alimentation** *nf* alimentación *f*; (*en eau, en électricité*) provisión *f*; **alimenter** *vt* alimentar; (*en eau, électricité*): **alimenter (en)** alimentar (con), abastecer (con)

allaiter [alete] *vt* (*femme*) dar el pecho a

alléchant, e [aleʃɑ̃, ɑ̃t] *adj* (*odeur*) atrayente; (*proposition etc*) tentador(a)

allécher [aleʃe] *vt* (*odeur*) atraer; **~ qn** engatusar a algn

allée [ale] *nf* (*de jardin, parc*) paseo, sendero; (*en ville*) avenida

allégé, e [aleʒe] *adj* (*yaourt etc*) bajo(-a) en contenido graso

Allemagne [almaɲ] *nf* Alemania; **allemand, e** *adj* alemán(-ana) ▷ *nm* (*Ling*) alemán *m* ▷ *nm/f*: **Allemand, e** alemán(-ana)

MOT-CLÉ

aller [ale] *nm* ida; **aller (simple)** ida ▷ *vi* **1** ir; **aller à la chasse/pêche** ir a cazar/pescar, ir de caza/pesca; **aller au théâtre/au concert/au cinéma** ir al teatro/a conciertos/al cine; **aller à l'école** ir al colegio

2 (*situation, moteur, personne etc*) andar, estar; **comment allez-vous?** ¿qué tal está usted?; **comment ça va?** ¿qué tal?; **ça va? – oui, ça va/non, ça ne va pas** ¿qué tal? – bien/mal; **ça ne va pas très bien (au bureau)** las cosas no van muy bien (en la oficina); **ça va bien/mal** anda bien/mal; **ça va** (*approbation*) bien; **tout va bien** todo va bien; **il va bien/mal** está bien/mal; **il n'y est pas allé par quatre chemins** (*fig*) no se anduvo con rodeos; **tu y vas un peu (trop) fort** exageras un poco; **aller à** (*suj: forme, pointure etc*) adaptarse a; **cette robe te va très bien** este vestido te sienta muy bien; **cela me va** (*couleur, vêtement*) esto me sienta *ou* va bien; **aller avec** (*couleurs, style etc*) pegar con; **ça ira** (*comme ça*) está bien así; **se laisser aller** (*se négliger*) abandonarse; **aller jusqu'à Paris/100 euros** (*limite*) llegar hasta París/100 euros; **ça va de soi** se cae por su propio peso; **ça va sans dire** ni qué decir tiene; **il va sans dire que ...** ni qué decir tiene que ...

3 (*fonction d'auxiliaire*): **je vais me fâcher/le faire** voy a enfadarme/hacerlo; **aller chercher/voir qn** ir a buscar/a ver a algn; **je vais m'en occuper demain** voy a ocuparme de ello mañana

4: **allons-y!** ¡vamos!; **allez!** ¡venga!; **allons donc!** ¡anda ya!; **aller mieux** ir mejor; **aller en empirant** ir empeorando; **allez, fais un effort** vamos, haz un esfuerzo; **allez, je m'en vais** bueno, me voy; **s'en aller** irse

allergique [alɛʀʒik] *adj* alérgico(-a); **~ à** alérgico(-a) a

alliance [aljɑ̃s] *nf* alianza
allier [alje] *vt* aliar; (*fig*) unir; **s'allier** *vpr* aliarse
allô [alo] *excl* dígame, aló (*Am*)
allocation [alɔkasjɔ̃] *nf* asignación *f*; **allocation (de) chômage** subsidio de desempleo; **allocations familiales** ayuda *fsg* familiar
allonger [alɔ̃ʒe] *vt* (*objet, durée*) alargar; (*bras*) estirar; **s'allonger** *vpr* (*personne*) tumbarse
allumage [alymaʒ] *nm* encendido
allume-cigare [alymsigaʀ] *nm inv* encendedor *m*
allumer [alyme] *vt* encender, prender (*Am*); (*pièce*) alumbrar; **s'allumer** *vpr* encenderse
allumette [alymɛt] *nf* cerilla
allure [alyʀ] *nf* (*d'un véhicule*) velocidad *f*; (*d'un piéton*) paso; (*démarche, maintien*) presencia; (*aspect, air*) aspecto; **avoir de l'~** tener buena presencia; **à toute ~** a toda velocidad
allusion [a(l)lyzjɔ̃] *nf* (*référence*) referencia; (*sous-entendu*) alusión *f*; **faire ~ à** hacer referencia a; (*avec sous-entendu*) hacer alusión a

MOT-CLÉ

alors [alɔʀ] *adv* (*à ce moment-là*) entonces; **il habitait alors à Paris** vivía entonces en París
▷ *conj* (*par conséquent*) entonces; **tu as fini? alors je m'en vais** ¿has acabado? entonces, me voy; **et alors?** (*pour en savoir plus*) ¿entonces?; (*indifférence*) ¿y qué?
alors que *conj* **1** (*au moment où*) cuando; **il est arrivé alors que je partais** llegó cuando me iba
2 (*pendant que*) cuando, mientras; **alors qu'il était à Paris, il a visité ...** mientras estaba en París, visitó ...
3 (*tandis que, opposition*) mientras que; **alors que son frère travaillait dur, lui se reposait** mientras que su hermano trabajaba duro, él descansaba

alourdir [aluʀdiʀ] *vt* hacer pesado(-a)
Alpes [alp] *nfpl*: **les ~** los Alpes
alphabet [alfabɛ] *nm* alfabeto; **alphabétique** *adj* alfabético(-a); **par ordre alphabétique** por orden alfabético
alpinisme [alpinism] *nm* alpinismo, andinismo (*Am*); **alpiniste** *nm/f* alpinista *m/f*, andinista *m/f* (*Am*)
Alsace [alzas] *nf* Alsacia; **alsacien, ne** *adj* alsaciano(-a) ▷ *nm/f*: **Alsacien, ne** alsaciano(-a)
altermondialiste [altɛʀmɔ̃djalist] *adj, nm/f* antiglobalizador(a)
alternateur [altɛʀnatœʀ] *nm* alternador *m*
alternatif, -ive [altɛʀnatif, iv] *adj* alternativo(-a); **alternative** *nf* alternativa; **alterner** *vt* (*choses*) alternar ▷ *vi* alternar; **alterner avec qch** alternar con algo
altitude [altityd] *nf* (*par rapport à la mer*) altitud *f*
alto [alto] *nm* (*instrument*) viola ▷ *nf* (*chanteuse*) contralto *f*
aluminium [alyminjɔm] *nm* aluminio
amabilité [amabilite] *nf* amabilidad *f*
amaigrissant, e [amegrisɑ̃, ɑ̃t] *adj*: **régime ~** régimen *m* de adelgazamiento
amande [amɑ̃d] *nf* almendra; **amandier** *nm* almendro
amant [amɑ̃] *nm* amante *m*
amas [ama] *nm* montón *m*; **amasser** *vt* amontonar
amateur [amatœʀ] *nm* aficionado(-a); **en ~** (*péj*) como aficionado(-a)
ambassade [ɑ̃basad] *nf* embajada;

ambassadeur, -drice *nm/f* (*Pol, fig*) embajador(a)
ambiance [ɑ̃bjɑ̃s] *nf* ambiente *m*
ambigu, -uë [ɑ̃bigy] *adj* ambiguo(-a)
ambitieux, -euse [ɑ̃bisjø, jøz] *adj, nm/f* ambicioso(-a)
ambition [ɑ̃bisjɔ̃] *nf* ambición *f*
ambulance [ɑ̃bylɑ̃s] *nf* ambulancia; **ambulancier, -ière** *nm/f* conductor(a) de una ambulancia
âme [ɑm] *nf* (*spirituelle*) alma
amélioration [ameljɔʀasjɔ̃] *nf* mejoría
améliorer [ameljɔʀe] *vt* mejorar; **s'améliorer** *vpr* mejorarse
aménager [amenaʒe] *vt* acondicionar; (*installer*) habilitar
amende [amɑ̃d] *nf* multa
amener [am(ə)ne] *vt* llevar; (*occasionner*) provocar; **s'amener** (*fam*) *vpr* venirse; **~ qn à qch/à faire** incitar a algn a algo/a hacer
amer, amère [amɛʀ] *adj* amargo(-a)
américain, e [ameʀikɛ̃, ɛn] *adj* americano(-a) ▷ *nm/f*: **A~, e** americano(-a)
Amérique [ameʀik] *nf* América; **Amérique centrale/du Nord/du Sud/latine** América central/del Norte/del Sur/latina
amertume [amɛʀtym] *nf* amargura
ameublement [amœbləmɑ̃] *nm* mobiliario
ami, e [ami] *nm/f* amigo(-a); (*amant/maîtresse*) amante *m/f*; **pays/groupe ~** país *m*/grupo aliado
amiable [amjabl] *adj* (*gén*) amistoso(-a); **à l'~** amistosamente
amiante [amjɑ̃t] *nm* amianto
amical, e, -aux [amikal, o] *adj* amistoso(-a); **amicalement** *adv* amistosamente; (*formule épistolaire*) cordialmente
amincir [amɛ̃siʀ] *vt* (*suj*: *vêtement*) hacer más delgado(-a); **s'amincir** *vpr* (*personne*) adelgazar
amincissant, e [amɛ̃sisɑ̃, ɑ̃t] *adj* adelgazante
amiral, -aux [amiʀal, o] *nm* almirante *m*
amitié [amitje] *nf* amistad *f*; **prendre en ~** tomar afecto a; **faire** *ou* **présenter ses ~s à qn** dar *ou* enviar recuerdos a algn; **~s** (*formule épistolaire*) cordialmente
amonceler [amɔ̃s(ə)le] *vt* (*objets*) amontonar; **s'amonceler** *vpr* amontonarse; (*fig*) acumularse
amont [amɔ̃] *nm*: **en ~** (*d'un cours d'eau*) río arriba
amorce [amɔʀs] *nf* (*sur un hameçon*) cebo; **amorcer** *vt* (*hameçon, munition*) cebar; (*fig*: *négociations*) emprender
amortir [amɔʀtiʀ] *vt* (*choc, bruit*) amortiguar; (*Comm*) amortizar; **~ un abonnement** amortizar un abono; **amortisseur** *nm* amortiguador *m*
amour [amuʀ] *nm* (*sentiment, goût*) amor *m*; **faire l'~** hacer el amor; **amoureux, -euse** *adj* amoroso(-a) ▷ *nmpl* (*amants*) amantes *mpl*; **amour-propre** (*pl* **amours-propres**) *nm* amor *m* propio
ampère [ɑ̃pɛʀ] *nm* amperio
amphithéâtre [ɑ̃fiteɑtʀ] *nm* anfiteatro
ample [ɑ̃pl] *adj* amplio(-a); **amplement** *adv* ampliamente; **amplement suffisant** más que suficiente; **ampleur** *nf* amplitud *f*; (*de vêtement*) anchura
amplificateur [ɑ̃plifikatœʀ] *nm* amplificador *m*
amplifier [ɑ̃plifje] *vt* (*son, oscillation*) amplificar; (*importance, quantité*) acrecentar
ampoule [ɑ̃pul] *nf* (*Élec*) bombilla, foco (*Am*), bombillo (*Am*); (*de médicament, aux mains*) ampolla
amusant, e [amyzɑ̃, ɑ̃t] *adj*

divertido(-a)
amuse-gueule [amyzgœl] *nm inv* tapas *fpl*
amusement [amyzmɑ̃] *nm* diversión *f*
amuser [amyze] *vt* divertir; **s'amuser** *vpr* divertirse; (*péj: manquer de sérieux*) estar de juerga
amygdale [amidal] *nf* amígdala
an [ɑ̃] *nm* año; **le jour de l'~, le premier de l'~, le nouvel ~** el día de año nuevo, el año nuevo
analphabète [analfabɛt] *adj, nm/f* analfabeto(-a)
analyse [analiz] *nf* análisis *m inv*; **analyser** *vt* analizar
ananas [anana(s)] *nm* piña, ananá(s) *m* (*Am*)
anatomie [anatɔmi] *nf* anatomía
ancêtre [ɑ̃sɛtʀ] *nm/f* (*parent*) antepasado(-a)
anchois [ɑ̃ʃwa] *nm* anchoa
ancien, ne [ɑ̃sjɛ̃, jɛn] *adj* antiguo(-a), viejo(-a); (*de jadis, de l'antiquité*) antiguo(-a); (*précédent, ex-*) antiguo(-a), ex- ▷ *nm/f* anciano(-a); **un ~ ministre** un ex-ministro; **mon ~ne voiture** mi antiguo coche; **ancienneté** *nf* antigüedad *f*
ancre [ɑ̃kʀ] *nf* ancla; **jeter/lever l'~** echar/levar anclas; **ancrer** *vt* (*câble*) fijar
Andorre [ɑ̃dɔʀ] *nf* Andorra
andouille [ɑ̃duj] *nf especie de embutido*
âne [ɑn] *nm* burro
anéantir [aneɑ̃tiʀ] *vt* (*pays, récolte, espoirs*) aniquilar
anémie [anemi] *nf* anemia
anémique [anemik] *adj* anémico(-a)
anesthésie [anɛstezi] *nf* anestesia; **anesthésie générale/locale** anestesia general/local
ange [ɑ̃ʒ] *nm* ángel *m*
angine [ɑ̃ʒin] *nf* angina; **angine de poitrine** angina de pecho
anglais, e [ɑ̃glɛ, ɛz] *adj* inglés(-esa) ▷ *nm* (*Ling*) inglés *m* ▷ *nm/f*: **A~, e** inglés(-esa); **les A~** los ingleses
angle [ɑ̃gl] *nm* (*coin*) esquina; (*Géom, fig*) ángulo; **angle droit** ángulo recto
Angleterre [ɑ̃glətɛʀ] *nf* Inglaterra
anglophone [ɑ̃glɔfɔn] *adj, nm/f* anglófono(-a)
angoisse [ɑ̃gwas] *nf* angustia; **avoir des ~s** estar angustiado(-a); **angoissé, e** *adj* angustiado(-a)
anguille [ɑ̃gij] *nf* anguila
animal, e, -aux [animal, o] *adj* animal ▷ *nm* animal *m*; **animal domestique/sauvage** animal doméstico/salvaje
animateur, -trice [animatœʀ, tʀis] *nm/f* animador(a); (*de spectacle*) presentador(a)
animation [animasjɔ̃] *nf* animación *f*
animé, e [anime] *adj* (*rue, lieu*) animado(-a)
animer [anime] *vt* animar; **s'animer** *vpr* animarse
anis [ani(s)] *nm* anís *m*
ankyloser [ɑ̃kiloze]: **s'~** *vpr* anquilosarse
anneau, x [ano] *nm* (*de rideau*) argolla; (*de chaîne*) anilla
année [ane] *nf* año
annexe [anɛks] *adj* (*problème*) anexo(-a); (*document*) adjunto(-a); (*salle*) contiguo(-a) ▷ *nf* anexo
anniversaire [anivɛʀsɛʀ] *nm* (*d'une personne*) cumpleaños *m inv*; (*d'un événement, bâtiment*) aniversario
annonce [anɔ̃s] *nf* anuncio; **les petites ~s** anuncios *mpl* por palabras
annoncer [anɔ̃se] *vt* anunciar; **s'annoncer** *vpr*: **s'~ bien/difficile** presentarse bien/difícil
annuaire [anɥɛʀ] *nm* anuario; **annuaire téléphonique** guía telefónica
annuel, le [anɥɛl] *adj* anual

annulation [anylasjɔ̃] *nf* anulación *f*
annuler [anyle] *vt* anular
anonymat [anɔnima] *nm* anonimato; **garder l'~** mantener el anonimato
anonyme [anɔnim] *adj* anónimo(-a)
anorak [anɔʀak] *nm* anorak *m*
anormal, e, -aux [anɔʀmal, o] *adj* (*exceptionnel, inhabituel*) anormal; (*injuste*) injusto(-a); (*personne*) subnormal
ANPE [aɛnpe] *sigle f* (= *Agence nationale pour l'emploi*) ≈ INEM *m* (= *Instituto Nacional de Empleo*)
antarctique [ɑ̃taʀktik] *adj* antártico(-a) ▷ *nm*: **l'A~** la Antártida; **le cercle/l'océan ~** el círculo polar antártico/el océano Antártico
antenne [ɑ̃tɛn] *nf* antena; (*poste avancé, succursale, agence*) unidad *f*; **avoir l'~** estar en conexión; **prendre l'~** conectar, sintonizar
antérieur, e [ɑ̃teʀjœʀ] *adj* anterior
anti... [ɑ̃ti] *préf* anti...; **antialcoolique** *adj* antialcohólico(-a); **antibiotique** *nm* antibiótico; **antibrouillard** *adj*: **phare antibrouillard** faro antiniebla
anticipation [ɑ̃tisipasjɔ̃] *nf* anticipación *f*, previsión *f*; **livre/film d'~** libro/película de ciencia ficción
anticipé, e [ɑ̃tisipe] *adj* (*règlement, paiement*) por adelantado
anticiper [ɑ̃tisipe] *vt* (*événement, coup*) anticipar; (*en imaginant*) prever ▷ *vi*: **~ sur** anticiparse a
anti...: anticorps *nm* anticuerpo; **antidote** *nm* antídoto; **antigel** *nm* anticongelante *m*; **antihistaminique** *nm* antihistamínico
antillais, e [ɑ̃tijɛ, ɛz] *adj* antillano(-a) ▷ *nm/f*: **A~, e** antillano(-a)
Antilles [ɑ̃tij] *nfpl*: **les ~** las Antillas; **les grandes/petites ~** las grandes/pequeñas Antillas
antilope [ɑ̃tilɔp] *nf* antílope *m*
anti...: antimite(s) *adj*, *nm*: **(produit) antimite(s)** antipolilla *m*; **antipathique** *adj* antipático(-a); **antipelliculaire** *adj* anticaspa
antiquaire [ɑ̃tikɛʀ] *nm/f* anticuario(-a)
antique [ɑ̃tik] *adj* (*gréco-romain, très vieux*) antiguo(-a); (*démodé*) anticuado(-a); **antiquité** *nf* (*objet ancien*) antigüedad *f*; **l'Antiquité** la Antigüedad; **magasin d'antiquités** tienda de antigüedades
anti...: antirabique *adj* antirrábico(-a); **antirouille** *adj inv*: **peinture/produit antirouille** pintura/producto antioxidante; **antisémite** *adj*, *nm/f* antisemita; **antiseptique** *adj* antiséptico(-a); **antivirus** *nm* (*Inform*) antivirus *m inv*; **antivol** *nm* antirrobo
anxiété [ɑ̃ksjete] *nf* ansiedad *f*
anxieux, -euse [ɑ̃ksjø, jøz] *adj* ansioso(-a)
AOC *sigle f* (= *appellation d'origine contrôlée*) denominación *f* de origen

AOC

AOC es la categoría más alta de los vinos franceses. Indica que cumple con los criterios más estrictos en lo referente a cepa de origen, tipo de uva cultivada, método de producción y volumen alcohólico.

août [u(t)] *nm* agosto; *voir aussi* **juillet**
apaiser [apeze] *vt* tranquilizar; **s'apaiser** *vpr* tranquilizarse
apercevoir [apɛʀsəvwaʀ] *vt* (*voir*) distinguir; (*constater, percevoir*) percibir; **s'~ de/que** darse cuenta de/de que
aperçu, e [apɛʀsy] *pp de* **apercevoir**

▹ *nm* visión *f* de conjunto; (*gén pl: intuition*) idea
apéritif, -ive [apeʀitif, iv] *adj* aperitivo(-a) ▹ *nm* aperitivo
à-peu-près [apøpʀɛ] (*péj*) *nm inv* aproximación *f*
apeuré, e [apœʀe] *adj* atemorizado(-a)
aphte [aft] *nm* afta
apitoyer [apitwaje] *vt* apiadar; **s'~ (sur qn/qch)** apiadarse (de algn/algo)
aplatir [aplatiʀ] *vt* aplastar; **s'aplatir** *vpr* aplastarse; (*fig*) tumbarse
aplomb [aplɔ̃] *nm* (*équilibre*) equilibrio; (*sang-froid*) aplomo; **d'~** (*en équilibre*) verticalmente; (*Constr*) aplomo
apostrophe [apɔstʀɔf] *nf* (*signe*) apóstrofe *m*
apparaître [apaʀɛtʀ] *vi* aparecer; (*avec attribut*) parecer
appareil [apaʀɛj] *nm* aparato; **~ digestif** aparato digestivo; **qui est à l'~?** ¿quién está al aparato?; **appareil photographique, appareil photo** cámara de fotos; **appareiller** *vi* zarpar ▹ *vt* emparejar
apparemment [apaʀamɑ̃] *adv* aparentemente, dizque (*Am*)
apparence [apaʀɑ̃s] *nf* apariencia
apparent, e [apaʀɑ̃, ɑ̃t] *adj* (*visible*) aparente; (*évident*) evidente; (*illusoire, superficiel*) ilusorio(-a)
apparenté, e [apaʀɑ̃te] *adj*: **~ à** emparentado(-a) con
apparition [apaʀisjɔ̃] *nf* aparición *f*
appartement [apaʀtəmɑ̃] *nm* piso, departamento (*Am*)
appartenir [apaʀtəniʀ]: **~ à** *vt ind* pertenecer a
apparu, e [apaʀy] *pp de* **apparaître**
appât [apɑ] *nm* cebo
appel [apɛl] *nm* llamada, llamado (*Am*); (*nominal*) lista; (*Mil*) alistamiento a filas; **faire ~ à** (*invoquer*) apelar a; (*avoir recours à*) recurrir a; (*nécessiter*) necesitar; **faire ~** (*Jur*) apelar; **faire l'~** pasar lista; **appel d'offres** llamada a licitación; **appel (téléphonique)** llamada (telefónica)
appelé [ap(ə)le] *nm* (*Mil*) recluta *m*
appeler [ap(ə)le] *vt* llamar; (*nécessiter*) requerir; **s'appeler** *vpr* llamarse; **être appelé à** (*fig*) ser llamado a; **comment ça s'appelle?** ¿cómo se llama esto?
appendicite [apɛ̃disit] *nf* apendicitis *f*
appesantir [apəzɑ̃tiʀ]: **s'~ sur** *vpr* (*fig*) insistir en
appétissant, e [apetisɑ̃, ɑ̃t] *adj* apetitoso(-a)
appétit [apeti] *nm* apetito; **bon ~!** ¡buen provecho!
applaudir [aplodiʀ] *vt, vi* aplaudir; **applaudissements** *nmpl* aplausos *mpl*
application [aplikasjɔ̃] *nf* aplicación *f*
appliquer [aplike] *vt* aplicar; **s'appliquer** *vpr* aplicarse
appoint [apwɛ̃] *nm* (*fig*) ayuda; **chauffage/lampe d'~** calefacción *f*/lámpara suplementaria
apporter [apɔʀte] *vt* (*amener*) traer; (*soutien, preuve*) aportar; (*soulagement*) procurar
appréciable [apʀesjabl] *adj* apreciable
apprécier [apʀesje] *vt* apreciar
appréhender [apʀeɑ̃de] *vt* (*craindre*) temer; (*Jur, aborder*) aprehender; **appréhension** *nf* aprehensión *f*
apprendre [apʀɑ̃dʀ] *vt* aprender; (*nouvelle, résultat*) conocer; **~ qch à qn** (*informer*) informar de algo a algn; (*enseigner*) enseñar algo a algn; **~ à faire qch** aprender a hacer algo; **~ à qn à faire qch** enseñar a algn a hacer

algo; **apprenti, e** *nm/f* aprendiz(a);
apprentissage *nm* aprendizaje *m*
apprêter [apʀete]: **s'~** *vpr*: **s'~ à faire qch** disponerse a hacer algo
appris, e [apʀi, iz] *pp de* **apprendre**
apprivoiser [apʀivwaze] *vt* domesticar
approbation [apʀɔbasjɔ̃] *nf* (*autorisation*) aprobación *f*, conformidad *f*
approcher [apʀɔʃe] *vi* acercarse, aproximarse ▷ *vt* (*vedette, artiste*) relacionarse con; (*rapprocher*): **~ qch (de qch)** acercar algo (a algo); **s'approcher de** *vpr* acercarse a; **~ de** (*but, moment*) acercarse a, estar más cerca de; (*nombre, quantité*) rozar
approfondir [apʀɔfɔ̃diʀ] *vt* (*sujet, question*) profundizar (en)
approprié, e [apʀɔpʀije] *adj* apropiado(-a), adecuado(-a)
approprier [apʀɔpʀije]: **s'~** *vpr* apropiarse de, adueñarse de
approuver [apʀuve] *vt* (*autoriser*) aprobar; (*être d'accord avec*) estar de acuerdo con
approvisionner [apʀɔvizjɔne] *vt* (*magasin, personne*) abastecer, proveer; (*compte bancaire*) cubrir; **s'~ en** proveerse de
approximatif, -ive [apʀɔksimatif, iv] *adj* aproximativo(-a)
appt *abr* = **appartement**
appui [apɥi] *nm* apoyo; (*soutien, aide*) apoyo, sostén *m*
appuyer [apɥije] *vt* (*personne, demande*) apoyar, respaldar; **~ qch sur/contre/à** apoyar algo en/contra/en
après [apʀɛ] *prép* después de ▷ *adv* después; **2 heures ~** 2 horas después; **~ qu'il est** *ou* **soit parti/avoir fait** después de que marchó/de haber hecho; **d'~** según; **~ coup** posteriormente; **~ tout** después de todo; **et (puis) ~!** ¿y qué?;
après-demain *adv* pasado mañana;
après-midi *nm ou nf inv* tarde *f*;
après-rasage (*pl* **après-rasages**) *adj*: **lotion après-rasage** loción *f* para después del afeitado; **après-shampooing** *nm inv* acondicionador *m*; **après-ski** (*pl* **après-skis**) *nm* botas *fpl* "après-ski"
apte [apt] *adj*: **~ à qch/à faire qch** apto(-a) para algo/para hacer algo
aquarelle [akwaʀɛl] *nf* acuarela
aquarium [akwaʀjɔm] *nm* acuario
arabe [aʀab] *adj* árabe ▷ *nm* (*Ling*) árabe *m* ▷ *nm/f*: **A~** árabe *m/f*
Arabie [aʀabi] *nf* Arabia; **l'~ saoudite** Arabia Saudita
arachide [aʀaʃid] *nf* (*plante*) cacahuete *m*; (*graine*) cacahuete, maní *m*
araignée [aʀeɲe] *nf* araña; **araignée de mer** araña de mar
arbitraire [aʀbitʀɛʀ] *adj* arbitrario(-a)
arbitre [aʀbitʀ] *nm* (*Sport*) árbitro; (*Jur, Tennis, Cricket*) juez *m*; **arbitrer** *vt* (*Sport*) arbitrar
arbre [aʀbʀ] *nm* árbol *m*
arbuste [aʀbyst] *nm* arbusto
arc [aʀk] *nm* arco
arcade [aʀkad] *nf* (*Archit*) arcada; **arcades** *nfpl* (*d'une rue*) soportales *mpl*
arc-en-ciel [aʀkɑ̃sjɛl] (*pl* **arcs-en-ciel**) *nm* arco iris *m*
arche [aʀʃ] *nf* arco; **arche de Noé** arca de Noé
archéologie [aʀkeɔlɔʒi] *nf* arqueología; **archéologue** *nm/f* arqueólogo(-a)
archet [aʀʃɛ] *nm* arco
archi- [aʀʃi] *préf* archi-
archipel [aʀʃipɛl] *nm* archipiélago
architecte [aʀʃitɛkt] *nm* arquitecto(-a)
architecture [aʀʃitɛktyʀ] *nf* arquitectura
archives [aʀʃiv] *nfpl* (*documents*)

archivos *mpl*; (*local*) archivo *msg*
arctique [aʀktik] *adj* ártico(-a) ▷ *nm*: **l'A~** el Ártico
ardent, e [aʀdɑ̃, ɑ̃t] *adj* ardiente; (*feu, soleil*) ardiente, abrasador(a); (*prière*) fervoroso(-a)
ardoise [aʀdwaz] *nf* pizarra
ardu, e [aʀdy] *adj* arduo(-a)
arène [aʀɛn] *nf* arena
arête [aʀɛt] *nf* (*de poisson*) espina; (*d'une montagne*) cresta
argent [aʀʒɑ̃] *nm* (*métal, couleur*) plata; (*monnaie*) dinero; **argent de poche** dinero para gastos menudos; **argent liquide** dinero líquido; **argenterie** *nf* plata
argentin, e [aʀʒɑ̃tɛ̃, in] *adj* argentino(-a)
Argentine [aʀʒɑ̃tin] *nf* Argentina
argile [aʀʒil] *nf* arcilla
argot [aʀgo] *nm* argot *m*, jerga; **argotique** *adj* argótico(-a)
argument [aʀgymɑ̃] *nm* argumento
argumenter [aʀgymɑ̃te] *vi* argumentar
aride [aʀid] *adj* (*sol, pays*) árido(-a); (*texte, sujet*) árido(-a), aburrido(-a)
aristocratie [aʀistɔkʀasi] *nf* aristocracia; **aristocratique** *adj* aristocrático(-a)
arithmétique [aʀitmetik] *adj* aritmético(-a) ▷ *nf* aritmética
arme [aʀm] *nf* arma; **arme à feu/blanche** arma de fuego/blanca
armée [aʀme] *nf* ejército; (*fig*) nube *f*, ejército; **armée de l'air/de terre** ejército del aire/de tierra
armer [aʀme] *vt* armar; (*arme à feu, appareil photo*) montar
armistice [aʀmistis] *nm* armisticio; **l'A~** el armisticio
armoire [aʀmwaʀ] *nf* armario, closet *ou* clóset (*Am*); (*penderie*) ropero
armure [aʀmyʀ] *nf* armadura; **armurier** *nm* armero
arnaquer [aʀnake] *vt* (*fam*) timar
arobase [aʀobaz] *nf* arroba
aromates [aʀɔmat] *nmpl* hierbas *fpl* aromáticas
aromatisé, e [aʀɔmatize] *adj* aromatizado(-a)
arôme [aʀom] *nm* aroma *m*
arracher [aʀaʃe] *vt* arrancar; (*clou, dent*) sacar, extraer; (*par explosion, accident*) desgarrar; **s'arracher** *vpr* (*personne, article très recherché*) disputarse
arrangement [aʀɑ̃ʒmɑ̃] *nm* (*compromis*) acuerdo
arranger [aʀɑ̃ʒe] *vt* (*appartement*) arreglar, disponer; (*voyage*) organizar; (*rendez-vous*) concertar; (*problème, difficulté*) arreglar, solucionar; **s'arranger** *vpr* (*se mettre d'accord*) ponerse de acuerdo; (*querelle, situation*) arreglarse; **je vais m'~** voy a arreglarme; **cela m'arrange** eso me conviene
arrestation [aʀɛstasjɔ̃] *nf* detención *f*
arrêt [aʀɛ] *nm* detención *f*, interrupción *f*; (*Jur*) fallo; **sans ~** (*sans interruption*) sin parar; (*très fréquemment*) continuamente; **arrêt de travail** permiso de trabajo
arrêter [aʀete] *vt* (*projet, maladie*) parar, interrumpir; (*voiture, personne*) detener, parar; (*chauffage*) parar; (*date, choix*) fijar, decidir; (*suspect, criminel*) detener; **s'arrêter** *vpr* pararse; **~ de faire (qch)** dejar de hacer (algo)
arrhes [aʀ] *nfpl* arras *fpl*, señal *f*
arrière [aʀjɛʀ] *adj inv* (*Auto*) trasero(-a) ▷ *nm* (*d'une voiture, maison*) parte *f* trasera; (*Sport*) defensa; **siège ~** asiento trasero; **à l'~** detrás; **en ~** hacia atrás; **arrière-goût** (*pl* **arrière-goûts**) *nm* regusto; **arrière-pays** *nm inv* interior *m*, tierra adentro; **arrière-pensée** (*pl* **arrière-pensées**) *nf* (*raison intéressée*) segunda intención *f*; **arrière-plan** (*pl* **arrière-plans**) *nm*

segundo plano; **à l'arrière-plan** en segundo plano; **arrière-saison** (*pl* **arrière-saisons**) *nf* final *m* del otoño

arrimer [aʀime] *vt* estibar

arrivage [aʀivaʒ] *nm* arribada

arrivée [aʀive] *nf* (*de bateau*) arribada; (*concurrent, visites*) llegada, arribo (*esp Am*); (*ligne d'arrivée*) línea de llegada; **arrivée d'air/de gaz** entrada de aire/de gas

arriver [aʀive] *vi* (*événement, fait*) ocurrir, suceder; **~ à qch/faire qch** lograr algo/hacer algo; **il arrive à Paris à 8 h** llega a París a las 8; **il arrive que** ocurre que; **il lui arrive de faire** suele hacer

arrogance [aʀɔgɑ̃s] *nf* arrogancia, prepotencia (*esp Am*)

arrogant, e [aʀɔgɑ̃, ɑ̃t] *adj* arrogante, prepotente (*esp Am*)

arrondissement [aʀɔ̃dismɑ̃] *nm* distrito

arroser [aʀoze] *vt* regar; (*fig*) mojar; **arrosoir** *nm* regadera

arsenal, -aux [aʀsənal, o] *nm* arsenal *m*; (*Naut*) arsenal, astillero

art [aʀ] *nm* arte *m*; (*expression artistique*): **l'~** el arte

artère [aʀtɛʀ] *nf* arteria

arthrite [aʀtʀit] *nf* artritis *f*

artichaut [aʀtiʃo] *nm* alcachofa

article [aʀtikl] *nm* artículo

articulation [aʀtikylasjɔ̃] *nf* articulación *f*

articuler [aʀtikyle] *vt* articular

artificiel, le [aʀtifisjɛl] *adj* artificial; (*jambe*) ortopédico(-a); (*péj*) artificial, fingido(-a)

artisan [aʀtizɑ̃] *nm* artesano(-a)

artisanal, e, -aux [aʀtizanal, o] *adj* artesanal; **artisanat** *nm* artesanía

artiste [aʀtist] *adj* artista ▷ *nm/f* artista *m/f*; **artistique** *adj* artístico(-a)

as [ɑs] *vb voir* **avoir** ▷ *nm* as *m*

ascenseur [asɑ̃sœʀ] *nm* ascensor *m*, elevador (*Am*)

ascension [asɑ̃sjɔ̃] *nf* ascensión *f*; **l'A~** (*Rel*) la Ascensión

ASCENSION

La **fête de l'Ascension** es una festividad francesa, que suele caer en Mayo. Como se celebra en jueves, muchos se toman el viernes libre para hacer puente y disfrutar de un largo fin de semana.

asiatique [azjatik] *adj* asiático(-a) ▷ *nm/f*: **A~** asiático(-a)

Asie [azi] *nf* Asia

asile [azil] *nm* asilo

aspect [aspɛ] *nm* aspecto, apariencia; (*fig*) aspecto; **à l'~ de ...** a la vista de...

asperge [aspɛʀʒ] *nf* espárrago

asperger [aspɛʀʒe] *vt* rociar

asphalte [asfalt] *nm* asfalto

asphyxier [asfiksje] *vt* asfixiar

aspirateur [aspiʀatœʀ] *nm* aspiradora

aspirer [aspiʀe] *vt* aspirar; (*liquide*) absorber; **~ à qch** aspirar a algo

aspirine [aspiʀin] *nf* aspirina

assagir [asaʒiʀ]: **s'~** *vpr* sosegarse, aplacarse

assaisonnement [asɛzɔnmɑ̃] *nm* aliño; (*ingrédient*) condimento

assaisonner [asɛzɔne] *vt* aliñar, condimentar

assassin [asasɛ̃] *nm* asesino(-a); **assassiner** *vt* asesinar

assaut [aso] *nm* asalto; **prendre d'~** tomar por asalto

assécher [aseʃe] *vt* desecar

assemblage [asɑ̃blaʒ] *nm* ensamblaje

assemblée [asɑ̃ble] *nf* asamblea

assembler [asɑ̃ble] *vt* (*Tech, gén*) ensamblar, juntar; **s'assembler** *vpr* reunirse

atterrir [ateʀiʀ] *vi* aterrizar; **atterrissage** *nm* aterrizaje *m*
attestation [atɛstasjɔ̃] *nf* certificado; **attestation de paiement** comprobante *m* de pago
attirant, e [atiʀɑ̃, ɑ̃t] *adj* atractivo(-a)
attirer [atiʀe] *vt* atraer; **~ qn dans un coin/vers soi** llevar a algn a un rincón/hacia sí; **~ l'attention de qn sur qch** llamar la atención de algn sobre algo; **s'~ des ennuis** acarrearse problemas
attitude [atityd] *nf* (*comportement*) actitud *f*, conducta; (*position du corps*) postura; (*état d'esprit*) actitud, disposición *f*
attraction [atʀaksjɔ̃] *nf* atracción *f*; (*de cabaret, cirque*) atracción, número
attrait [atʀɛ] *nm* (*de l'argent, de la gloire*) atractivo, incentivo
attraper [atʀape] *vt* (*saisir*) atrapar, coger, agarrar (*Am*); (*voleur, animal*) atrapar, agarrar; (*train, maladie, amende*) pillar; (*fam: réprimander*) reñir; (*: duper*) engañar
attrayant, e [atʀɛjɑ̃, ɑ̃t] *adj* atrayente
attribuer [atʀibɥe] *vt* (*prix*) otorgar; (*rôle, tâche*) asignar
attrister [atʀiste] *vt* entristecer
attroupement [atʀupmɑ̃] *nm* aglomeración *f*
attrouper [atʀupe]: **s'~** *vpr* aglomerarse, agolparse
au [o] *prép* + *dét voir* **à**
aubaine [obɛn] *nf* (*avantage inattendu*) suerte *f*; (*Comm*) ganga, chollo (*fam*)
aube [ob] *nf* alba, madrugada, amanecer *m*; **à l'~** al alba, de madrugada, al amanecer
aubépine [obepin] *nf* espino
auberge [obɛʀʒ] *nf* posada, mesón *m*; **auberge de jeunesse** albergue *m* de juventud
aubergine [obɛʀʒin] *nf* berenjena
aucun, e [okœ̃, yn] *dét* ningún(-una) ▷ *pron* ninguno(-a), nadie; **il n'a ~ sens** no tiene ningún sentido, no tiene sentido alguno
audace [odas] *nf* audacia; (*péj*) descaro; **audacieux, -euse** *adj* audaz
au-delà [od(ə)la] *adv* más allá ▷ *nm inv*: **l'~** el más allá; **~ de** más allá de
au-dessous [odsu] *prép* abajo, debajo; **~ de** (*dans l'espace*) debajo de; (*dignité, condition, somme*) por debajo de
au-dessus [odsy] *adv* arriba, encima; **~ de** (*dans l'espace*) arriba de, encima de; (*limite, somme, loi*) por encima de
au-devant [od(ə)vɑ̃]: **~ de** *prép* al encuentro de; **aller ~ de** (*personne*) ir al encuentro de; (*danger*) hacer frente a; (*désirs de qn*) adelantarse a
audience [odjɑ̃s] *nf* (*auditeurs, lecteurs*) auditorio, público; (*entrevue, séance*) audiencia
audiovisuel, le [odjovizɥɛl] *adj* audiovisual ▷ *nm* (*techniques*) técnicas *fpl* audiovisuales; (*méthodes*) métodos *mpl* audiovisuales; **l'~** los medios audiovisuales
audition [odisjɔ̃] *nf* audición *f*; (*Jur*) audiencia; (*Mus, Théâtre*) prueba, audición
auditoire [oditwaʀ] *nm* auditorio
augmentation [ɔgmɑ̃tasjɔ̃] *nf* (*action, résultat*) aumento; (*prix*) subida; **augmentation (de salaire)** aumento (del salario)
augmenter [ɔgmɑ̃te] *vt* aumentar; (*prix*) subir; (*employé, salarié*) subir el sueldo a ▷ *vi* aumentar
augure [ogyʀ] *nm*: **de bon/mauvais ~** de buen/mal augurio
aujourd'hui [oʒuʀdɥi] *adv* hoy; (*de nos jours*) hoy en día
aumônier [omonje] *nm* capellán *m*
auparavant [opaʀavɑ̃] *adv* antes

auprès [opʀɛ]: **~ de** *prép* al lado de, cerca de; (*en comparaison de*) comparado(-a) con
auquel [okɛl] *prép + pron voir* **lequel**
aurai *etc* [ɔʀe] *vb voir* **avoir**
aurons *etc* [ɔʀɔ̃] *vb voir* **avoir**
aurore [ɔʀɔʀ] *nf* aurora
ausculter [ɔskylte] *vt* auscultar
aussi [osi] *adv* también; (*de comparaison: avec adj, adv*) tan; (*si, tellement*) tan ▷ *conj* (*par conséquent*) por lo tanto; **~ fort/rapidement que** tan fuerte/rápidamente como
aussitôt [osito] *adv* enseguida, inmediatamente; **~ que** tan pronto como
austère [ostɛʀ] *adj* austero(-a)
austral, e [ɔstʀal] *adj* austral
Australie [ostʀali] *nf* Australia; **australien, ne** *adj* australiano(-a) ▷ *nm/f*: **Australien, ne** australiano(-a)
autant [otɑ̃] *adv* (*tant, tellement*) tanto; (*comparatif*): **~ (que)** tanto (como), tan (como); **~ (de)** tanto(-a), tantos(-as); **~ partir/ne rien dire** mejor marchar/no decir nada; **~ dire que ...** eso es tanto como decir que ...; **d'~ plus/moins/mieux (que)** tanto más/menos/mejor (cuanto que)
autel [otɛl] *nm* altar *m*
auteur [otœʀ] *nm* autor(a)
authenticité [otɑ̃tisite] *nf* autenticidad *f*
authentique [otɑ̃tik] *adj* auténtico(-a); (*récit, histoire*) auténtico(-a), cierto(-a)
auto [oto] *nf* coche *m*, carro (*Am*), auto (*esp Am*)
auto...: autobiographie *nf* autobiografía; **autobus** *nm* autobús *m*, camión *m* (*Mex*); **autocar** *nm* autocar *m*
autochtone [ɔtɔktɔn] *adj, nm/f* autóctono(-a)
auto...: autocollant, e *adj* autoadhesivo(-a) ▷ *nm* autoadhesivo; **autocuiseur** *nm* olla a presión; **autodéfense** *nf* autodefensa; **groupe d'autodéfense** grupo de autodefensa; **autodidacte** *nm/f* autodidacta *m/f*; **auto-école** (*pl* **auto-écoles**) *nf* autoescuela; **autographe** *nm* autógrafo
automate [ɔtɔmat] *nm* autómata *m*
automatique [ɔtɔmatik] *adj* automático(-a); (*réflexe, geste*) automático(-a), mecánico(-a); **automatiquement** *adv* automáticamente
automne [ɔtɔn] *nm* otoño
automobile [ɔtɔmɔbil] *nf* coche *m*, automóvil *m*; **l'~** la industria automovilística; **automobiliste** *nm/f* automovilista *m/f*
autonome [ɔtɔnɔm] *adj* autónomo(-a); **autonomie** *nf* autonomía
autopsie [ɔtɔpsi] *nf* autopsia
autoradio [otoʀadjo] *nm* autorradio
autorisation [ɔtɔʀizasjɔ̃] *nf* (*permission*) autorización *f*, permiso; (*papiers*) licencia, permiso
autorisé, e [ɔtɔʀize] *adj* autorizado(-a)
autoriser [ɔtɔʀize] *vt* autorizar, permitir; (*justifier, permettre*) autorizar
autoritaire [ɔtɔʀitɛʀ] *adj* autoritario(-a)
autorité [ɔtɔʀite] *nf* autoridad *f*; **les ~s** las autoridades
autoroute [otoʀut] *nf* autopista
auto-stop [otostɔp] *nm inv*: **l'~** el autostop; **faire de l'~** hacer autostop; **auto-stoppeur, -euse** (*pl* **auto-stoppeurs, -euses**) *nm/f* autostopista *m/f*
autour [otuʀ] *adv* alrededor, en torno; **~ de** (*en cercle*) alrededor de, en

torno de *ou* a

MOT-CLÉ

autre [otʀ] *adj* **1** (*différent*) otro(-a); **je préférerais un autre verre** preferiría otro vaso
2 (*supplémentaire*): **je voudrais un autre verre d'eau** querría otro vaso de agua
3 (*d'une paire, dans une dualité*) otro(-a); **autre chose** otra cosa; **penser à autre chose** pensar en otra cosa; **autre part** (*aller*) a otra parte; (*se trouver*) en otra parte; **d'autre part** (*en outre*) además; **d'une part ..., d'autre part ...** por una parte ..., por otra parte ...
▷ *pron*: **un autre** otro; **nous autres** nosotros(-as); **vous autres** vosotros(-as); (*politesse*) ustedes; **d'autres** otros(-as); **les autres** los/las otros(-as); (*autrui*) los demás; **l'un et l'autre** uno y otro; **se détester l'un l'autre/les uns les autres** detestarse uno a otro/unos a otros; **d'une minute à l'autre** de un momento a otro; **entre autres** entre otros(-as); **j'en ai vu d'autres** (*indifférence*) estoy curado de espanto; **à d'autres!** ¡cuéntaselo a otro!; **ni l'un ni l'autre** ni uno ni otro; **donnez-m'en un autre** deme otro; **de temps à autre** de vez en cuando; *voir aussi* **part, temps, un**

autrefois [otʀəfwa] *adv* antaño, en otro tiempo
autrement [otʀəmɑ̃] *adv* (*d'une manière différente*) de otro modo; (*sinon*) si no, de lo contrario; **je n'ai pas pu faire ~** no he podido hacer otra cosa; **~ dit** en otras palabras
Autriche [otʀiʃ] *nf* Austria; **autrichien, ne** *adj* austríaco(-a)
autruche [otʀyʃ] *nf* avestruz *m*
aux [o] *prép +dét voir* **à**
auxiliaire [ɔksiljɛʀ] *adj* auxiliar ▷ *nm/f* auxiliar *m/f*
auxquelles [okɛl] *prép + pron voir* **lequel**
auxquels [okɛl] *prép + pron voir* **lequel**
avalanche [avalɑ̃ʃ] *nf* avalancha
avaler [avale] *vt* tragar; (*fig*) devorar; (*croire*) tragarse
avance [avɑ̃s] *nf* avance *m*; (*d'argent*) adelanto, anticipo; (*opposé à retard*) adelanto; **(être) en ~** (*sur l'heure fixée*) (estar) adelantado(-a); **à l'~, par ~** de antemano; **d'~** por anticipado; **payer d'~** pagar por adelantado
avancé, e [avɑ̃se] *adj* avanzado(-a); (*travail*) adelantado(-a)
avancement [avɑ̃smɑ̃] *nm* (*professionnel*) ascenso; (*de travaux*) progreso
avancer [avɑ̃se] *vi* avanzar; (*travail, montre, réveil*) adelantar ▷ *vt* adelantar; (*hypothèse, idée*) proponer, sugerir; **s'avancer** *vpr* (*s'approcher*) adelantarse, acercarse; (*se hasarder*) aventurarse
avant [avɑ̃] *prép* antes de ▷ *adj inv*: **siège ~** asiento delantero ▷ *nm* (*d'un véhicule, bâtiment*) delantera, frente *m*; (*Sport*) delantero; **~ qu'il (ne) parte/de faire** antes de que marche/de hacer; **~ tout** ante todo; **à l'~** (*dans un véhicule*) en la delantera; **en ~** (*marcher, regarder*) hacia adelante; **en ~ de** (*en tête de, devant*) delante de
avantage [avɑ̃taʒ] *nm* (*supériorité*) ventaja; (*intérêt, bénéfice*) ventaja, beneficio; **avantages sociaux** beneficios *mpl* sociales; **avantager** *vt* favorecer; **avantageux, -euse** *adj* ventajoso(-a); (*portrait, coiffure*) favorecedor(a)
avant...: avant-bras *nm inv* antebrazo; **avant-coureur** (*pl* **~s**) *adj*: **signe ~** signo anunciador;

avant-dernier, -ière (*pl* **~s, -ières**) *adj, nm/f* penúltimo(-a); **avant-goût** (*pl* **~s**) *nm* anticipo; **avant-hier** *adv* anteayer; **avant-première** (*pl* **avant-premières**) *nf* preestreno; **avant-veille** (*pl* **avant-veilles**) *nf*: **l'avant-veille** la antevíspera

avare [avaʀ] *adj, nm/f* avaro(-a)

avec [avɛk] *prép* con; (*contre: se battre*) con, contra; (*en plus de, en sus de*) además de

avenir [avniʀ] *nm*: **l'~** el porvenir, el futuro; **à l'~** en el futuro; **métier/politicien d'~** trabajo/político con futuro

aventure [avɑ̃tyʀ] *nf* aventura; **aventurer** *vt* aventurar, arriesgar; **s'aventurer à faire qch** arriesgarse a hacer algo; **aventureux, -euse** *adj* (*personne*) aventurado(-a), arriesgado(-a)

avenue [avny] *nf* avenida

avérer [aveʀe]: **s'~** *vpr* (*avec attribut*): **s'~ faux/coûteux** revelarse falso/costoso

averse [avɛʀs] *nf* aguacero, chaparrón *m*

averti, e [avɛʀti] *adj* entendido(-a)

avertir [avɛʀtiʀ] *vt*: **~ qn de qch/que** prevenir a algn de algo/de que; (*renseigner*) advertir; **avertissement** *nm* advertencia; (*blâme*) amonestación *f*; **avertisseur** *nm* bocina

aveu [avø] *nm* confesión *f*, declaración *f*

aveugle [avœgl] *adj, nm/f* ciego(-a)

aviation [avjasjɔ̃] *nf* aviación *f*

avide [avid] *adj* ávido(-a); (*péj*) codicioso(-a)

avion [avjɔ̃] *nm* avión *m*; **par ~** por avión; **aller (quelque part) en ~** ir (a algún sitio) en avión; **avion à réaction** avión de *ou* a reacción

aviron [aviʀɔ̃] *nm* remo; (*sport*): **l'~** el remo

avis [avi] *nm* (*point de vue*) opinión *f*; (*conseil*) opinión, consejo; (*notification*) aviso; **changer d'~** cambiar de opinión

aviser [avize] *vt* (*informer*): **~ qn de qch/que** avisar a algn de algo/de que ▷ *vi* (*réfléchir*) reflexionar

avocat, e [avɔka, at] *nm/f* abogado(-a) ▷ *nm* (*Bot, Culin*) aguacate *m*, palta (*Am*); **avocat général** fiscal *m*

avoine [avwan] *nf* avena

MOT-CLÉ

avoir [avwaʀ] *vt* **1** (*posséder*) tener; **elle a 2 enfants/une belle maison** tiene dos niños/una casa bonita; **il a les yeux gris** tiene los ojos grises; **vous avez du sel?** ¿tiene sal?; **avoir du courage/de la patience** tener valor/paciencia; **avoir du goût** tener gusto; **avoir horreur de** tener horror a; **avoir rendez-vous** tener una cita

2 (*âge, dimensions*) tener; **il a 3 ans** tiene 3 años; **le mur a 3 mètres de haut** la pared tiene 3 metros de alto; *voir aussi* **faim, peur** *etc*

3 (*fam: duper*) pegársela a algn; **on vous a eu!** ¡le han engañado!

4: **en avoir après** *ou* **contre qn** estar enojado(-a) con algn; **en avoir assez** estar harto; **j'en ai pour une demi-heure** tengo para media hora

5 (*obtenir: train, tickets*) coger, agarrar (*Am*)

▷ *vb aux* **1** haber; **avoir mangé/dormi** haber comido/dormido; **hier, je n'ai pas mangé** (*verbe au passé simple quand la période dans laquelle se situe l'action est révolue*) ayer no comí

2 (*avoir + à + infinitif*): **avoir à faire qch** tener que hacer algo; **vous n'avez qu'à lui demander** no tiene más que preguntarle; (*en colère*) pregúntele a

él; **tu n'as pas à le savoir** no tienes porqué saberlo
▷ *vb impers* 1: **il y a** (+ *sing, pl*) hay; **qu'y a-t-il?** ¿qué ocurre?; **qu'est-ce qu'il y a?** ¿qué pasa?; **il n'y a rien** no pasa nada; **qu'as-tu?** ¿qué tienes?; **qu'est-ce que tu as?** ¿qué te pasa?; **il doit y avoir une explication** tiene que haber una explicación; **il n'y a qu'à recommencer ...** no hay más que volver a empezar ...; **il ne peut y en avoir qu'un** no puede haber más que uno; **il n'y a pas de quoi** no hay de qué
2 (*temporel*): **il y a 8 ans** hace 8 años; **il y a 10 ans/longtemps que je le sais** hace 10 años/mucho tiempo que lo sé; **il y a 10 ans qu'il est arrivé** hace 10 años que llegó
▷ *nm* haber *m*

avortement [avɔʀtəmɑ̃] *nm* aborto
avouer [avwe] *vt* confesar, declarar
▷ *vi* (*se confesser*) confesar; (*admettre*) confesar, reconocer; **~ avoir fait/être/que** confesar haber hecho/ser/que
avril [avʀil] *nm* abril *m*; *voir aussi* **juillet**

POISSON D'AVRIL

La broma o inocentada típica del 1 de abril en Francia es pegarle en la espalda un pez de papel, **poisson d'avril**, a alguien sin ser visto.

axe [aks] *nm* eje *m*; (*fig*) orientación *f*; **axe routier** carretera general
ayons *etc* [ɛjɔ̃] *vb voir* **avoir**
azote [azɔt] *nm* nitrógeno

b

bâbord [babɔʀ] *nm*: **à** *ou* **par ~** a babor
baby-foot [babifut] *nm inv* futbolín *m*
bac[1] [bak] *nm* (*bateau*) transbordador *m*; (*récipient*) cubeta
bac[2] [bak] *nm* = **baccalauréat**
baccalauréat [bakalɔʀea] *nm título que se obtiene al finalizar BUP y COU*

BACCALAURÉAT

En Francia el **baccalauréat** o **bac** es un título que se obtiene al terminar los estudios de enseñanza secundaria superior a la edad de diecisiete o dieciocho años y que permite el ingreso en la universidad. Se pueden escoger distintas combinaciones de asignaturas de entre un amplio plan de estudios.

bâcler [bɑkle] *vt* hacer de prisa y corriendo
baffe [baf] *(fam) nf* bofetada, torta
bafouiller [bafuje] *vi, vt* farfullar
bagage [bagaʒ] *nm (gén pl)* equipaje *m*; **bagages à main** equipaje de mano
bagarre [bagaʀ] *nf* pelea; **bagarrer**: **se bagarrer** *vpr* pelearse
bagnole [baɲɔl] *(fam) nf* coche *m*; *(vieille)* cacharro
bague [bag] *nf* anillo, sortija; **bague de fiançailles** sortija de pedida; **bague de serrage** casquillo
baguette [bagɛt] *nf (bâton)* varilla; *(chinoise)* palillo; *(de chef d'orchestre)* batuta; *(pain)* barra; **baguette magique** varita mágica
baie [bɛ] *nf* bahía; *(fruit)* baya; **baie (vitrée)** ventanal *m*
baignade [bɛɲad] *nf* baño
baigner [beɲe] *vt* bañar; **se baigner** *vpr* bañarse; **baignoire** *nf* bañera, tina *(Am)*
bail [baj] *(pl* **baux**) *nm* (contrato de) arrendamiento
bâillement [bɑjmɑ̃] *nm* bostezo
bâiller [bɑje] *vi* bostezar
bain [bɛ̃] *nm* baño; **se mettre dans le ~** *(fig)* meterse en el asunto; **prendre un ~** tomar un baño; **bain de soleil** baño de sol; **bain moussant** baño de espuma; **bain-marie** *(pl* **bains-marie**) *nm* baño (de) María; **faire chauffer au bain-marie** calentar al baño (de) María
baiser [beze] *nm* beso ▷ *vt* besar; *(fam!)* tirarse a *(fam!)*, coger *(fam!) (Am)*
baisse [bɛs] *nf (de température, des prix)* descenso, baja
baisser [bese] *vt* bajar ▷ *vi (niveau, température)* bajar, descender; **se baisser** *vpr* inclinarse, agacharse
bal [bal] *nm* baile *m*; **bal costumé** baile de disfraces
balade [balad] *nf (à pied)* paseo, vuelta; **balader** *vt* pasear; **se balader** *vpr* pasearse; **baladeur** *nm* walkman® *m*
balai [balɛ] *nm* escoba
balance [balɑ̃s] *nf* balanza; *(Astrol)*: **la B~** Libra; **être (de la) B~** ser Libra; **balance commerciale** balanza comercial
balancer [balɑ̃se] *vt* balancear; *(lancer)* arrojar; *(renvoyer, jeter)* despedir; *vpr*: **se balancer** balancearse, mecerse; **je m'en balance** *(fam)* me importa un pito; **balançoire** *nf (suspendue)* columpio; *(sur pivot)* balancín *m*, subibaja *m*
balayer [baleje] *vt* barrer; *(suj: radar, phares)* explorar; **balayeur, -euse** *nm/f* barrendero(-a)
balbutier [balbysje] *vi, vt* balbucear
balcon [balkɔ̃] *nm* balcón *m*; *(Théâtre)* principal *m*
baleine [balɛn] *nf* ballena
balise [baliz] *nf* baliza; **baliser** *vt* balizar; *(fam)* tener miedo
balle [bal] *nf (de fusil)* bala; *(de tennis, golf)* pelota
ballerine [bal(ə)ʀin] *nf* bailarina
ballet [balɛ] *nm* ballet *m*
ballon [balɔ̃] *nm (de sport)* balón *m*; *(Aviat, jouet)* globo; **ballon de football** balón de fútbol
balnéaire [balneɛʀ] *adj* termal, balneario(-a) *(Am)*
balustrade [balystʀad] *nf* balaustrada
bambin [bɑ̃bɛ̃] *nm* niño(-a), chiquillo(-a)
bambou [bɑ̃bu] *nm* bambú *m*
banal, e [banal] *adj* trivial; **banalité** *nf* trivialidad *f*
banane [banan] *nf* plátano, banana *(esp Am)*
banc [bɑ̃] *nm* banco; **banc d'essai** *(fig)* banco de prueba; **banc de sable** banco de arena
bancaire [bɑ̃kɛʀ] *adj* bancario(-a)

bancal, e [bɑ̃kal] *adj* cojo(-a)
bandage [bɑ̃daʒ] *nm* vendaje *m*
bande [bɑ̃d] *nf* banda; (*de tissu*) faja; (*pour panser*) venda; (*motif, dessin*) banda, franja; **une ~ de ...** (*copains, voyous*) una pandilla de ...; **faire ~ à part** hacer rancho aparte; **bande dessinée** (*dans un journal*) tira cómica, historieta; (*livre*) cómic *m*; **bande sonore** banda sonora

BANDE DESSINÉE

La **bande dessinée** o **BD** goza de gran cantidad de seguidores entre los niños y los adultos en Francia. Todos los años en enero se celebra en Angulema el Salón Internacional del Cómic. Astérix, Tintín, Lucky Luke y Gaston Lagaffe son algunos de los personajes de tebeo más famosos.

bandeau [bɑ̃do] *nm* venda; (*autour du front*) cinta, venda, vincha (*And, CSur*)
bander [bɑ̃de] *vt* (*blessure*) vendar
bandit [bɑ̃di] *nm* bandido
bandoulière [bɑ̃duljɛʀ] *nf*: **en ~** en bandolera
banlieue [bɑ̃ljø] *nf* suburbio; **quartier de ~** barrio suburbano; **lignes/trains de ~** líneas *fpl*/trenes *fpl* de cercanías
banlieusard, e [bɑ̃ljøzaʀ, aʀd] *nm/f* habitante *m/f* de los suburbios
bannir [baniʀ] *vt* desterrar
banque [bɑ̃k] *nf* banco; (*activités*) banca; **banque d'affaires** banco de negocios
banquet [bɑ̃kɛ] *nm* banquete *m*
banquette [bɑ̃kɛt] *nf* banqueta
banquier [bɑ̃kje] *nm* banquero
banquise [bɑ̃kiz] *nf* banco de hielo, banquisa
baptême [batɛm] *nm* (*sacrement*) bautismo; **baptême de l'air** bautismo del aire
baptiser [batize] *vt* bautizar
bar [baʀ] *nm* bar *m*, cantina (*esp Am*)
baraque [baʀak] *nf* barraca; (*fam*) casucha; **baraque foraine** barraca de feria; **baraqué, e** (*fam*) *adj* plantado(-a)
barbare [baʀbaʀ] *adj, nm/f* bárbaro(-a)
barbe [baʀb] *nf* barba; **au nez et à la ~ de qn** en las barbas de algn; **quelle ~!** (*fam*) ¡qué lata!; **barbe à papa** algodón *m* de azúcar
barbelé [baʀbəle] *nm* alambrada
barbiturique [baʀbityʀik] *nm* barbitúrico
barbouiller [baʀbuje] *vt* (*couvrir, salir*) embadurnar; **avoir l'estomac barbouillé** tener el estómago revuelto
barbu, e [baʀby] *adj* barbudo(-a)
barder [baʀde] *vi* (*fam*): **ça va ~** se va a armar la gorda ▷ *vt* enalbardar
barème [baʀɛm] *nm* (*des prix, des tarifs*) baremo, tabla
baril [baʀi(l)] *nm* barril *m*
bariolé, e [baʀjɔle] *adj* abigarrado(-a)
baromètre [baʀɔmɛtʀ] *nm* barómetro
baron [baʀɔ̃] *nm* barón *m*
baroque [baʀɔk] *adj* (*Art*) barroco(-a); (*fig*) estrambótico(-a)
barque [baʀk] *nf* barca
barquette [baʀkɛt] *nf* (*en aluminium*) envase *m*
barrage [baʀaʒ] *nm* pantano, embalse *m*
barre [baʀ] *nf* barra; (*Naut*) timón *m*; (*écrite*) raya
barreau, x [baʀo] *nm* barrote *m*; (*Jur*): **le ~** el foro, la abogacía
barrer [baʀe] *vt* (*route*) obstruir; (*mot*) tachar; (*chèque*) cruzar; (*Naut*) timonear; **se barrer** (*fam*) *vpr* largarse, pirarse

barrette [baʀɛt] *nf (pour les cheveux)* prendedor *m*
barricader [baʀikade] *vt (rue)* levantar barricadas en; *(porte, fenêtre)* atrancar
barrière [baʀjɛʀ] *nf* barrera
barrique [baʀik] *nf* barrica, tonel *m*
bas, basse [bɑ, bɑs] *adj* bajo(-a); *(vue)* corto(-a); *(action)* bajo(-a), vil ▷ *nm (de femme)* media; *(partie inférieure)*: **le ~ de ...** la parte de abajo de... ▷ *adv* bajo; **au ~ mot** por lo menos, por lo bajo; **en ~** abajo; **en ~ de** debajo de, en la parte baja de; **"à ~ la dictature/l'école!"** "¡abajo la dictadura/la escuela!"
bas-côté [bakote] (*pl* **~s**) *nm (de route)* arcén *m*
basculer [baskyle] *vi (tomber)* volcar; *(benne)* bascular ▷ *vt (gén: faire basculer)* volcar
base [bɑz] *nf* base *f*; **jeter les ~s de** sentar las bases de; **à la ~ de** *(fig)* en el origen de; **sur la ~ de** *(fig)* tomando como base; **principe/produit de ~** principio/producto de base; **à ~ de café** a base de café; **base de données** *(Inform)* base de datos; **baser** *vt*: **baser qch sur** basar algo en; **se baser sur** basarse en
bas-fonds [bɑfɔ̃] *nmpl (fig)* bajos fondos *mpl*, hampa *fsg*
basilic [bazilik] *nm* albahaca
basket [baskɛt] *nm* = **basket-ball**
basket-ball [baskɛtbol] (*pl* **~s**) *nm* baloncesto
basque [bask] *adj, nm/f* vasco(-a)
basse [bɑs] *adj f voir* **bas** ▷ *nf* bajo; **basse-cour** (*pl* **basses-cours**) *nf (cour)* corral *m*
bassin [basɛ̃] *nm (pièce d'eau)* estanque *m*; *(de fontaine)* pila; *(Géo)* cuenca; *(Anat)* pelvis *f*
bassine [basin] *nf* balde *m*
basson [basɔ̃] *nm (instrument)* fagot *m*
bat [ba] *vb voir* **battre**
bataille [bataj] *nf* batalla
bateau, x [bato] *nm* barco ▷ *adj (banal, rebattu)* típico(-a); **bateau-mouche** (*pl* **bateaux-mouches**) *nm* golondrina
bâti, e [bati] *adj (terrain)* edificado(-a); **bien ~** *(personne)* bien hecho(-a), fornido(-a)
bâtiment [batimɑ̃] *nm* edificio; *(Naut)* navío
bâtir [batiʀ] *vt* edificar, construir
bâtisse [batis] *nf* construcción *f*
bâton [batɔ̃] *nm* palo, vara
bats [ba] *vb voir* **battre**
battement [batmɑ̃] *nm (de cœur)* latido, palpitación *f*; *(intervalle)* intervalo; **10 minutes de ~** 10 minutos de intervalo; **battement de paupières** parpadeo
batterie [batʀi] *nf* batería; **batterie de cuisine** batería de cocina
batteur [batœʀ] *nm (Mus)* batería *m/f*; *(appareil)* batidora
battre [batʀ] *vt* golpear; *(suj: pluie, vagues)* golpear, azotar; *(vaincre)* vencer, derrotar; *(tapis)* sacudir ▷ *vi (cœur)* latir; *(volets etc)* golpear; **se battre** *vpr* pelearse, luchar; **~ de: ~ des mains** aplaudir; **~ la mesure** llevar el compás; **~ son plein** estar en su apogeo
baume [bom] *nm* bálsamo
bavard, e [bavaʀ, aʀd] *adj* parlanchín(-ina); **bavarder** *vi* charlar, platicar *(Mex)*; *(indiscrètement)* charlatanear, irse de la lengua
baver [bave] *vi* babear; **en ~** *(fam)* pasar las de Caín, pasarlas negras
bavoir [bavwaʀ] *nm* babero
bavure [bavyʀ] *nf* rebaba, mancha; *(fig)* error *m*
bazar [bazaʀ] *nm* bazar *m*; *(fam)* leonera; **bazarder** *(fam) vt* liquidar
BCBG [besebeʒe] *sigle adj (= bon chic bon genre)*: **une fille BCBG** ≈ una chica

bien vestida
BD *sigle f* (= *bande dessinée*) *voir* **bande**; (= *base de données*) base *f* de datos
bd *abr* (= *boulevard*) Blvr. (= *bulevar*)
béant, e [beɑ̃, ɑ̃t] *adj* abierto(-a)
beau, bel, belle, beaux [bo, bɛl] *adj* (*gén*) bonito(-a); (*plus formel*) hermoso(-a), bello(-a), lindo(-a) (*esp Am*) (*fam*); (*personne*) guapo(-a) ▷ *nm*: **avoir le sens du ~** tener sentido estético ▷ *adv*: **il fait ~** hace buen tiempo; **le temps est au ~** el tiempo se anuncia bueno; **un ~ geste** un gesto noble; **un ~ salaire** un buen salario; **un ~ gâchis/rhume** (*iro*) un buen despilfarro/resfriado; **en faire/dire de belles** hacerlas/decirlas buenas; **le ~ monde** la buena sociedad; **un ~ jour ...** un buen día ...; **de plus belle** más y mejor; **bel et bien** de verdad; **le plus ~ c'est que ...** lo mejor es que ...; **"c'est du ~!"** "¡qué bonito!"; **on a ~ essayer ...** por más que se intente ...; **faire le ~** (*chien*) ponerse en dos patas; **beau parleur** hombre *m* de labia
beaucoup [boku] *adv* mucho; **il boit ~** bebe mucho; **il ne rit pas ~** no ríe mucho; **il est ~ plus grand** es mucho más grande; **il en a ~** tiene mucho(s) (-a(s)); **~ trop de** demasiado(s)(-a(s)); **(pas) ~ de** (no) mucho(s)(-a(s)); **~ d'étudiants/de touristes** muchos estudiantes/turistas; **~ de courage** mucho valor; **il n'a pas ~ d'argent** no tiene mucho dinero; **de ~** con mucho; **~ le savent** (*emploi nominal*) muchos lo saben
beau...: beau-fils (*pl* **beaux-fils**) *nm* yerno; **beau-frère** (*pl* **beaux-frères**) *nm* cuñado; **beau-père** (*pl* **beaux-pères**) *nm* suegro; (*remariage*) padrastro
beauté [bote] *nf* belleza; **en ~: finir en ~** terminar brillantemente
beaux-arts [bozaʀ] *nmpl* bellas artes *fpl*
beaux-parents [bopaʀɑ̃] *nmpl* suegros *mpl*
bébé [bebe] *nm* bebé *m*
bec [bɛk] *nm* pico; (*d'une clarinette etc*) boquilla; **bec de gaz** farola
bêche [bɛʃ] *nf* pala; **bêcher** *vt* (*terre*) cavar
bedaine [bədɛn] *nf* barriga
bedonnant, e [bədɔnɑ̃, ɑ̃t] *adj* barrigudo(-a)
bée [be] *adj*: **bouche ~** boquiabierto(-a)
bégayer [begeje] *vi, vt* tartamudear
beige [bɛʒ] *adj* beige
beignet [bɛɲɛ] *nm* buñuelo
bel [bɛl] *adj m voir* **beau**
bêler [bele] *vi* balar
belette [bəlɛt] *nf* comadreja
belge [bɛlʒ] *adj* belga ▷ *nm/f*: **B~** belga *m/f*
Belgique [bɛlʒik] *nf* Bélgica
bélier [belje] *nm* (*Zool*) carnero; (*Astrol*): **le B~** Aries *m*
belle [bɛl] *adj f voir* **beau** ▷ *nf* (*Sport*): **la ~** el desempate; **belle-fille** (*pl* **belles-filles**) *nf* nuera; (*remariage*) hijastra; **belle-mère** (*pl* **belles-mères**) *nf* suegra; (*remariage*) madrastra; **belle-sœur** (*pl* **belles-sœurs**) *nf* cuñada
belvédère [bɛlvedɛʀ] *nm* mirador *m*
bémol [bemɔl] *nm* bemol *m*
bénédiction [benediksjɔ̃] *nf* bendición *f*
bénéfice [benefis] *nm* (*Comm*) beneficio; (*avantage*) beneficio, provecho; **bénéficier** *vi*: **bénéficier de** (*jouir de, avoir, obtenir*) disfrutar de; (*tirer profit de*) beneficiarse de, aprovecharse de; **bénéfique** *adj* benéfico(-a)
bénévole [benevɔl] *adj* (*personne*) benévolo(-a); (*aide etc*) voluntario(-a)
bénin, -igne [benɛ̃, iɲ] *adj* benigno(-a)

bénir [beniʀ] *vt* bendecir; **bénit, e** *adj* bendito(-a); **eau bénite** agua bendita
benne [bɛn] *nf* (*de camion*) volquete *m*; (*de téléphérique*) cabina
béquille [bekij] *nf* muleta; (*de bicyclette*) soporte *m*
berceau, x [bɛʀso] *nm* cuna
bercer [bɛʀse] *vt* acunar, mecer; (*suj: musique*) mecer; **~ qn de** ilusionar a algn con; **berceuse** *nf* (*chanson*) canción *f* de cuna, nana
béret (basque) [berɛ (bask)] *nm* boina
berge [bɛʀʒ] *nf* (*d'un cours d'eau*) ribera
berger, -ère [bɛʀʒe, ʒɛʀ] *nm/f* pastor(a)
berner [bɛʀne] *vt* estafar
besogne [bəzɔɲ] *nf* tarea, faena
besoin [bəzwɛ̃] *nm* necesidad *f*; (*pauvreté*): **le ~** la necesidad, la estrechez ▷ *adv*: **au ~** si es menester; **faire ses ~s** hacer sus necesidades; **avoir ~ de qch/de faire qch** tener necesidad de algo/de hacer algo
bestiole [bɛstjɔl] *nf* bicho
bétail [betaj] *nm* ganado
bête [bɛt] *nf* (*gén*) animal *m*; (*insecte, bestiole*) bicho ▷ *adj* (*stupide*) tonto(-a), bobo(-a); **chercher la petite ~** ser un chinche; **bête noire** pesadilla, bestia negra; **bêtes sauvages** fieras *fpl*, animales *mpl* salvajes
bêtement [bɛtmɑ̃] *adv* tontamente; **tout ~** simplemente, sin rodeos
bêtise [betiz] *nf* (*défaut d'intelligence*) estupidez *f*, tontería; (*action, remarque*) tontería
béton [betɔ̃] *nm* hormigón *m*; **en ~** (*alibi, argument*) sólido(-a); **béton armé** hormigón armado
betterave [bɛtʀav] *nf* remolacha, betarraga (*Chi*)
Beur [bœʀ] *nm/f joven árabe nacido en Francia de padres emigrantes*
beurre [bœʀ] *nm* mantequilla, manteca (*Am*); **beurre noir** mantequilla requemada; **beurrer** *vt* untar con mantequilla; **beurrier** *nm* mantequera
bi- [bi] *préf* bi-
biais [bjɛ] *nm* (*d'un tissu*) sesgo; (*moyen*) rodeo, vuelta; **en ~, de ~** (*obliquement*) al sesgo; (*fig*) con rodeos
bibelot [biblo] *nm* chuchería
biberon [bibʀɔ̃] *nm* biberón *m*
bible [bibl] *nf* biblia
biblio... [bibl] *préfixe*: **bibliobus** *nm* biblioteca ambulante, bibliobús *m*; **bibliothécaire** *nm/f* bibliotecario(-a); **bibliothèque** *nf* biblioteca; **bibliothèque municipale** biblioteca municipal
bicarbonate [bikaʀbɔnat] *nm*: **~ (de soude)** bicarbonato (sódico)
biceps [bisɛps] *nm* bíceps *m inv*
biche [biʃ] *nf* cierva
bicolore [bikɔlɔʀ] *adj* bicolor
bicoque [bikɔk] (*péj*) *nf* casucha
bicyclette [bisiklɛt] *nf* bicicleta
bidet [bidɛ] *nm* bidé *m*
bidon [bidɔ̃] *nm* (*récipient*) bidón *m* ▷ *adj inv* (*fam*) amañado(-a)
bidonville [bidɔ̃vil] *nm* chabolas *fpl*
bidule [bidyl] *nm* trasto, chisme *m*

MOT-CLÉ

bien [bjɛ̃] *nm* **1** (*avantage, profit, moral*) bien *m*; **faire du bien à qn** hacer bien a algn; **faire le bien** hacer el bien; **dire du bien de qn/qch** hablar bien de algn/algo; **c'est pour son bien** es por su bien; **mener à bien** llevar a buen término; **je te veux du bien** te quiero bien
2 (*possession, patrimoine*) bien; **son bien le plus précieux** su bien más preciado; **avoir du bien** tener fortuna; **biens de consommation** bienes *mpl* de consumo
▷ *adv* **1** (*de façon satisfaisante*) bien;

elle travaille/mange bien trabaja/ come bien; **vite fait, bien fait** pronto y bien; **croyant bien faire, je ...** creyendo hacer bien, yo ...
2 (*valeur intensive*) muy, mucho; **bien jeune** muy joven; **bien mieux** mucho mejor; **bien souvent** muy a menudo; **c'est bien fait!** (*tu le mérites*) ¡te está bien empleado!; **j'espère bien y aller** sí espero poder ir; **je veux bien le faire** (*concession*) me parece bien hacerlo; **il faut bien le faire** hay que hacerlo; **il faut bien l'admettre** hay que admitirlo; **il y a bien 2 ans** hace 2 años largos; **Paul est bien venu, n'est-ce pas?** Paul sí ha venido, ¿verdad?; **tu as eu bien raison de dire cela** hiciste muy bien en decir eso; **j'ai bien téléphoné** sí llamé por teléfono; **se donner bien du mal** molestarse mucho; **où peut-il bien être passé?** ¿dónde se habrá metido?; **on verra bien** ya veremos
3 (*beaucoup*): **bien des gens** mucha gente
▷ *excl*: **eh bien?** bueno, ¿qué?
▷ *adj inv* **1** (*en bonne forme, à l'aise*): **être/se sentir bien** estar/ sentirse bien; **je ne me sens pas bien** no me siento bien; **on est bien dans ce fauteuil** se está bien en este sillón
2 (*joli, beau*) bien; **tu es bien dans cette robe** estás bien con este vestido
3 (*satisfaisant, adéquat*) bien; **elle est bien, cette maison** está bien esta casa; **elle est bien, cette secrétaire** es buena esta secretaria; **c'est bien?** ¿está bien?; **mais non, c'est très bien** que no, está muy bien; **c'est très bien (comme ça)** está muy bien (así)
4 (*juste, moral, respectable*) bien *inv*; **ce n'est pas bien de ...** no está bien ...; **des gens bien** gente bien
5 (*en bons termes*): **être bien avec qn** estar a bien con algn; **si bien que** (*résultat*) de tal manera que; **tant bien que mal** así, así
6: **bien que** *conj* aunque
7: **bien sûr** *adv* desde luego

bien-aimé, e [bjɛ̃neme] *adj, nm/f* bienamado(-a)
bien-être [bjɛ̃nɛtʀ] *nm* bienestar *m*
bienfaisance [bjɛ̃fəzɑ̃s] *nf* beneficencia
bienfait [bjɛ̃fɛ] *nm* favor *m*; (*de la science*) beneficio
bienfaiteur, -trice [bjɛ̃fɛtœʀ, tʀis] *nm/f* bienhechor(a)
bien-fondé [bjɛ̃fɔ̃de] *nm* legitimidad *f*
bientôt [bjɛ̃to] *adv* pronto, luego; **à ~** hasta luego
bienveillant, e [bjɛ̃vɛjɑ̃, ɑ̃t] *adj* benévolo(-a)
bienvenu, e [bjɛ̃vny] *adj* bienvenido(-a); **bienvenue** *nf*: **souhaiter la bienvenue à** desear la bienvenida a; **bienvenue à** bienvenida a
bière [bjɛʀ] *nf* cerveza; (*cercueil*) ataúd *m*; **bière blonde/brune** cerveza dorada/negra; **bière (à la) pression** cerveza de barril
bifteck [biftɛk] *nm* bistec *m*, bisté *m*, bife *m* (*Arg*)
bigorneau, x [bigɔʀno] *nm* bígaro
bigoudi [bigudi] *nm* bigudí *m*
bijou, x [biʒu] *nm* joya, alhaja; **bijouterie** *nf* (*bijoux*) joyas *fpl*; (*magasin*) joyería; **bijoutier, -ière** *nm/f* joyero(-a)
bikini [bikini] *nm* biquini *m*
bilan [bilɑ̃] *nm* balance *m*; **faire le ~ de** hacer el balance de; **déposer son ~** declararse en quiebra
bile [bil] *nf* bilis *f*; **se faire de la ~** (*fam*) hacerse mala sangre
bilieux, -euse [biljø, jøz] *adj* bilioso(-a); (*fig*) bilioso(-a), colérico(-a)

bilingue [bilɛ̃g] *adj* bilingüe
billard [bijaʀ] *nm* billar *m*
bille [bij] *nf* bola; *(du jeu de billes)* canica
billet [bijɛ] *nm* billete *m*; *(de cinéma)* entrada; **billet aller retour** billete de ida y vuelta; **billetterie** *nf* emisión *f* y venta de billetes; *(distributeur)* taquilla; *(Banque)* cajero (automático)
billion [biljɔ̃] *nm* billón *m*
bimensuel, le [bimɑ̃sɥɛl] *adj* bimensual, quincenal
bio [bjo] *adj (fam)* orgánico(-a)
bio... [bjɔ] *préf* bio...; **biochimie** *nf* bioquímica; **biodiversité** *nf* biodiversidad *f*; **biographie** *nf* biografía; **biologie** *nf* biología; **biologique** *adj* biológico(-a); *(produits, aliments)* orgánico(-a); **biologiste** *nm/f* biólogo(-a)
Birmanie [biʀmani] *nf* Birmania
bis¹, e [bi, biz] *adj* pardo(-a)
bis² [bis] *adv*: **12 ~** 12 bis ▷ *excl* ¡otra! ▷ *nm* bis *m*
biscotte [biskɔt] *nf* biscote *m*
biscuit [biskɥi] *nm (gâteau sec)* galleta; *(gâteau, porcelaine)* bizcocho
bise [biz] *adj f voir* **bis¹** ▷ *nf (baiser)* beso; *(vent)* cierzo
bisou [bizu] *(fam) nm* besito
bissextile [bisɛkstil] *adj*: **année ~** año bisiesto
bistro(t) [bistʀo] *nm* bar *m*, café *m*, cantina *(esp Am)*
bitume [bitym] *nm* asfalto
bizarre [bizaʀ] *adj* raro(-a)
blague [blag] *nf (propos)* chiste *m*; *(farce)* broma; **"sans ~!"** *(fam)* "¡no me digas!"; **blaguer** *vi* bromear
blaireau, x [blɛʀo] *nm (Zool)* tejón *m*; *(brosse)* brocha de afeitar
blâme [blɑm] *nm (jugement)* reprobación *f*; *(sanction)* sanción *f*; **blâmer** *vt (réprouver)* reprobar
blanc, blanche [blɑ̃, blɑ̃ʃ] *adj* blanco(-a) ▷ *nm/f* blanco(-a) ▷ *nm* blanco; *(linge)*: **le ~** la ropa blanca; *(aussi*: **~ d'œuf)** clara; *(aussi*: **~ de poulet)** pechuga; **à ~** *(chauffer)* al rojo vivo; *(tirer, charger)* con munición de fogueo; **chèque en ~** cheque *m* en blanco; **~ cassé** color *m* hueso; **blanche** *nf (Mus)* blanca; **blancheur** *nf* blancura
blanchir [blɑ̃ʃiʀ] *vt (gén, argent)* blanquear; *(linge)* lavar; *(Culin)* escaldar; *(disculper)* rehabilitar ▷ *vi* blanquear; *(cheveux)* blanquear, encanecer; **blanchisserie** *nf* lavandería
blason [blazɔ̃] *nm* blasón *m*
blasphème [blasfɛm] *nm* blasfemia
blazer [blazɛʀ] *nm* blázer *m*
blé [ble] *nm* trigo; **blé noir** trigo sarraceno
bled [blɛd] *nm (péj)* poblacho
blême [blɛm] *adj* pálido(-a)
blessant, e [blesɑ̃, ɑ̃t] *adj* hiriente
blessé, e [blese] *adj* herido(-a); *(offensé)* ofendido(-a) ▷ *nm/f* herido(-a)
blesser [blese] *vt* herir; *(suj: souliers)* hacer daño a; *(offenser)* ofender; **se blesser** *vpr* herirse; **se ~ au pied** *etc* lastimarse el pie *etc*; **blessure** *nf* herida; *(fig)* herida, ofensa
bleu, e [blø] *adj* azul; *(bifteck)* poco hecho ▷ *nm* azul *m*; *(contusion)* cardenal *m*; *(vêtement: aussi*: **~s)** mono, overol *m (Am)*; **bleu marine** azul marino; **bleuet** *nm* aciano
bloc [blɔk] *nm* bloque *m*; *(de papier à lettres)* bloc *m*; *(ensemble)* montón *m*; **serré à ~** apretado a fondo; **en ~** en bloque; **bloc opératoire** quirófano; **blocage** *nm (aussi Psych)* bloqueo; **bloc-notes** *(pl* **blocs-notes)** *nm* bloc *m* de notas
blog, blogue [blɔg] *nm* blog *m*
bloguer [blɔge] *vi* bloguear
blond, e [blɔ̃, blɔ̃d] *adj* rubio(-a); *(sable, blés)* dorado(-a) ▷ *nm/f*

rubio(-a); **~ cendré** rubio ceniciento
bloquer [blɔke] *vt* bloquear
blottir [blɔtiʀ]: **se ~** *vpr* acurrucarse
blouse [bluz] *nf* bata
blouson [bluzɔ̃] *nm* cazadora; **blouson noir** (*fig*) gamberro
bluff [blœf] *nm* exageración *f*, farol *m*; **bluffer** *vi* exagerar, farolear ▷ *vt* engañar
bobine [bɔbin] *nf* (*de fil*) carrete *m*; (*de film*) carrete, rollo; (*Élec*) bobina
bocal, -aux [bɔkal, o] *nm* tarro (de vidrio)
bock [bɔk] *nm* jarra (de cerveza)
body [bɔdi] *nm* body *m*; (*Sport*) malla
bœuf [bœf] *nm* buey *m*; (*Culin*) carne *f* de vaca
bof! [bɔf] (*fam*) *excl* ¡bah!
bohémien, ne [bɔemjɛ̃, jɛn] *nm/f* bohemio(-a)
boire [bwaʀ] *vt* beber, tomar (*Am*); **~ un coup** echar un trago
bois¹ [bwɑ] *vb voir* **boire**
bois² [bwa] *nm* (*substance*) madera; (*forêt*) bosque *m*; **de ~, en ~** de madera; **boisé, e** *adj* arbolado(-a)
boisson [bwasɔ̃] *nf* bebida
boîte [bwat] *nf* caja; (*de fer*) lata; **il a quitté sa ~** (*fam*: *entreprise*) ha dejado el curro (*fam*); **aliments en ~** alimentos *mpl* en lata; **boîte à gants** guantera; **boîte aux lettres** buzón *m*; **boîte d'allumettes** caja de cerillas; **boîte de conserves** lata de conservas; **boîte (de nuit)** discoteca; **boîte de vitesses** caja de cambios; **boîte postale** apartado de correos
boiter [bwate] *vi* cojear, renguear (*Am*)
boîtier [bwatje] *nm* (*d'appareil-photo*) cuerpo
boive *etc* [bwav] *vb voir* **boire**
bol [bɔl] *nm* tazón *m*; **un ~ d'air** una bocanada de aire; **en avoir ras le ~** (*fam*) estar hasta la coronilla
bombarder [bɔ̃baʀde] *vt* (*Mil*) bombardear; **~ qn de** bombardear a algn con, acosar a algn con
bombe [bɔ̃b] *nf* bomba; (*atomiseur*) atomizador *m*

MOT-CLÉ

bon, bonne [bɔ̃, bɔn] *adj* **1** (*agréable, satisfaisant*) bueno(-a); (*avant un nom masculin*) buen; **un bon repas/restaurant** una buena comida/un buen restaurante; **vous êtes trop bon** es usted demasiado bueno; **avoir bon goût** tener buen gusto; **elle est bonne en maths** se le dan bien las matemáticas
2 (*bienveillant, charitable*): **être bon (envers)** ser bueno (con)
3 (*correct*) correcto(-a); **le bon numéro** el número correcto; **le bon moment** el momento oportuno
4 (*souhaits*): **bon anniversaire!** ¡feliz cumpleaños!; **bon voyage!** ¡buen viaje!; **bonne chance!** ¡(buena) suerte!; **bonne année!** ¡feliz año nuevo!; **bonne nuit!** ¡buenas noches!
5 (*approprié, apte*): **bon à/pour** bueno(-a) para; **ces chaussures sont bonnes à jeter** estos zapatos están para tirarlos; **c'est bon à savoir** está bien saberlo
6 **de bonne heure** temprano; **bon marché** barato(-a); **bon sens** sentido común; **c'est un bon vivant** le gusta la buena vida
7 (*valeur intensive*) largo(-a); **ça m'a pris deux bonnes heures** me llevó dos horas largas
▷ *nm* **1** (*billet*) bono, vale *m*; **bon cadeau** vale regalo; **bon à rien** inútil *m/f*; **bon mot** ocurrencia
2: **avoir du bon** tener ventajas; **pour de bon** de verdad, en serio; **il y a du bon dans ce qu'il dit** lo que dice tiene sentido ▷ *adv*: **il fait bon** hace bueno; **sentir bon** oler bien; **tenir bon**

resistir; **à quoi bon?** ¿para qué?; **juger bon de faire ...** juzgar oportuno hacer ...; **le bus/ton frère a bon dos** (*fig*) siempre es el autobús/tu hermano
▷ *excl*: **bon!** ¡bueno!; **ah bon?** ¿ah, sí?; **bon, je reste** bueno, me quedo; *voir aussi* **bonne**

bonbon [bɔ̃bɔ̃] *nm* caramelo
bond [bɔ̃] *nm* (*saut*) salto; (*d'une balle*) bote *m*; (*fig*) salto, avance *m*; **faire un ~** dar un salto
bondé, e [bɔ̃de] *adj* abarrotado(-a)
bondir [bɔ̃diʀ] *vi* saltar, brincar
bonheur [bɔnœʀ] *nm* felicidad *f*; **porter ~ (à qn)** dar buena suerte (a algn); **par ~** por fortuna
bonhomme [bɔnɔm] (*pl* **bonshommes**) *nm* hombre *m*; **bonhomme de neige** muñeco de nieve
bonjour [bɔ̃ʒuʀ] *excl, nm* buenos días *mpl*
bonne [bɔn] *adj f voir* **bon** ▷ *nf* criada, mucama (*CSur*), recamarera (*Mex*)
bonnet [bɔnɛ] *nm* gorro; (*de soutien-gorge*) copa; **bonnet de bain** gorro de baño
bonshommes [bɔ̃zɔm] *nmpl de* **bonhomme**
bonsoir [bɔ̃swaʀ] *excl, nm* buenas tardes; (*plus tard*) buenas noches
bonté [bɔ̃te] *nf* bondad *f*
bonus [bɔnys] *nm inv* (*Assurance*) *descuento en la prima por poca siniestralidad*
bord [bɔʀ] *nm* (*de table, verre, falaise*) borde *m*; (*de lac, route*) orilla, borde; (*Naut*): **à ~** a bordo; **monter à ~** subir a bordo; **jeter par-dessus ~** arrojar por la borda; **le commandant/les hommes du ~** el comandante/los hombres de a bordo; **au ~ de la mer/de la route** a orillas del mar/de la carretera; **être au ~ des larmes** (*fig*) estar a punto de llorar
bordeaux [bɔʀdo] *nm inv* (*vin*) burdeos *m inv* ▷ *adj inv* (*couleur*) burdeos *inv*, rojo violáceo *inv*
bordel [bɔʀdɛl] (*fam*) *nm* burdel *m*; (*fig*) follón *m* ▷ *excl* ¡joder! (*fam!*)
bordelais, e [bɔʀdəlɛ, ɛz] *adj* bordelés(-esa) ▷ *nm/f*: **B~, e** bordelés(-esa)
border [bɔʀde] *vt* (*être le long de*) orillar, bordear; (*personne, lit*) arropar; **~ qch de** (*garnir*) ribetear algo de
bordure [bɔʀdyʀ] *nf* borde *m*; **en ~ de** a orillas de
borne [bɔʀn] *nf* mojón *m*; **bornes** *nfpl* (*fig*) límites *mpl*; **dépasser les ~s** pasarse de la raya
borné, e [bɔʀne] *adj* limitado(-a)
borner [bɔʀne] *vt*: **se ~ à faire** limitarse a hacer
bosquet [bɔskɛ] *nm* bosquecillo
bosse [bɔs] *nf* (*de terrain*) montículo; (*sur un objet*) protuberancia; (*enflure*) bulto; (*du bossu, du chameau*) joroba; **avoir la ~ des maths** ser ducho(-a) en matemáticas
bosser [bɔse] (*fam*) *vt* empollar
bossu, e [bɔsy] *adj, nm/f* jorobado(-a)
botanique [bɔtanik] *nf*: **la ~** la botánica ▷ *adj* botánico(-a)
botte [bɔt] *nf* bota; **botte d'asperges** manojo de espárragos; **botte de radis** manojo de rábanos; **bottes de caoutchouc** botas *fpl* de goma
bottin [bɔtɛ̃] *nm* anuario del comercio
bottine [bɔtin] *nf* botina
bouc [buk] *nm* (*animal*) macho cabrío; (*barbe*) perilla
boucan [bukɑ̃] *nm* jaleo
bouche [buʃ] *nf* boca; **faire du ~-à-~ à qn** hacer el boca a boca a algn; **bouche de métro/d'incendie** boca de metro/de incendios

bouché, e [buʃe] *adj* (*flacon*) tapado(-a); (*temps, ciel*) encapotado(-a); (*personne, carrière*) cerrado(-a)
bouchée [buʃe] *nf* bocado; **bouchée à la reine** *pastel de hojaldre de pollo*
boucher [buʃe] *nm* carnicero; (*colmater*) rellenar; (*passage*) cerrar; (*porte*) obstruir; **se boucher** *vpr* (*tuyau*) taponarse; **se ~ le nez** taparse la nariz; **boucherie** *nf* carnicería *m*
bouchon [buʃɔ̃] *nm* (*en liège*) corcho; (*autre matière*) tapón *m*; (*embouteillage*) atasco; (*Pêche*) flotador *m*
boucle [bukl] *nf* curva; (*objet*) argolla; (*de ceinture*) hebilla; **boucle (de cheveux)** bucle *m*; **boucles d'oreilles** pendientes *mpl*, aretes *mpl* (*esp Am*)
bouclé, e [bukle] *adj* (*cheveux, personne*) ensortijado(-a)
boucler [bukle] *vt* (*ceinture etc*) cerrar, ajustar; (*affaire*) concluir; (*budget*) equilibrar; (*enfermer*) encerrar
bouder [bude] *vi* enojarse
boudin [budɛ̃] *nm* (*Culin*) morcilla
boue [bu] *nf* barro, fango
bouée [bwe] *nf* (*de baigneur*) flotador *m*; **bouée (de sauvetage)** salvavidas *m inv*
boueux, -euse [bwø, øz] *adj* fangoso(-a)
bouffe [buf] (*fam*) *nf* comilona
bouffée [bufe] *nf* bocanada
bouffer [bufe] *vi* (*fam*) jalar
bouffi, e [bufi] *adj* hinchado(-a)
bouger [buʒe] *vi* moverse; (*changer*) alterarse; (*agir*) agitarse ▷ *vt* mover
bougie [buʒi] *nf* vela; (*Auto*) bujía
bouillabaisse [bujabɛs] *nf* sopa de pescado
bouillant, e [bujɑ̃, ɑ̃t] *adj* hirviendo
bouillie [buji] *nf* gachas *fpl*; (*de bébé*) papilla; **en ~** (*fig*) en papilla
bouillir [bujiʀ] *vi* hervir ▷ *vt* (*gén: faire bouillir*) hervir
bouilloire [bujwaʀ] *nf* hervidor *m*
bouillon [bujɔ̃] *nm* (*Culin*) caldo; **bouillonner** *vi* borbotear
bouillotte [bujɔt] *nf* calentador *m*, bolsa de agua caliente
boulanger, -ère [bulɑ̃ʒe, ʒɛʀ] *nm/f* panadero(-a); **boulangerie** *nf* panadería
boule [bul] *nf* bola; (*pour jouer*) bolo; **boule de neige** bola de nieve
boulette [bulɛt] *nf* (*petite boule*) bolita
boulevard [bulvaʀ] *nm* bulevar *m*
bouleversant, e [bulvɛʀsɑ̃, ɑ̃t] *adj* (*émouvant*) conmovedor(a)
bouleversement [bulvɛʀsəmɑ̃] *nm* trastorno
bouleverser [bulvɛʀse] *vt* (*changer*) trastornar; (*émouvoir*) conmover; (*causer du chagrin à*) afectar
boulon [bulɔ̃] *nm* perno
boulot, te [bulo, ɔt] (*fam*) *nm* trabajo, curro
boum [bum] *nm* bum *m* ▷ *nf* fiesta
bouquet [bukɛ] *nm* (*de fleurs*) ramo, ramillete *m*
bouquin [bukɛ̃] (*fam*) *nm* libro; **bouquiner** (*fam*) *vi* leer; **bouquiniste** *nm/f* librero de viejo
bourdon [buʀdɔ̃] *nm* abejorro
bourg [buʀ] *nm* burgo
bourgeois, e [buʀʒwa, waz] *adj* (*souvent péj*) burgués(-esa); **bourgeoisie** *nf* burguesía
bourgeon [buʀʒɔ̃] *nm* brote *m*, yema
Bourgogne [buʀgɔɲ] *nf* Borgoña ▷ *nm*: **b~** (*vin*) vino de borgoña
bourguignon, ne [buʀgiɲɔ̃, ɔn] *adj* borgoñón(-ona) ▷*nm/f*: **B~, ne** borgoñón(-ona); **(bœuf) ~** encebollado de vaca
bourrasque [buʀask] *nf* borrasca
bourratif, -ive [buʀatif, iv] *adj* pesado(-a)
bourré, e [buʀe] *adj* (*fam*) trompa *inv*; **~ de** (*rempli*) cargado(-a) de
bourrer [buʀe] *vt* (*valise, poêle*)

rellenar
bourru, e [buʀy] *adj* rudo(-a)
bourse [buʀs] *nf* (*subvention*) beca; (*porte-monnaie*) bolsa; **la B~** la Bolsa
boursier, -ière [buʀsje, jɛʀ] *adj* (*élève*) becario(-a); (*Comm*) bursátil ▷ *nm/f* becario(-a)
bous [bu] *vb voir* **bouillir**
bousculade [buskylad] *nf* (*précipitation*) atropello; **bousculer** *vt* empujar; (*presser*) meter prisa a
boussole [busɔl] *nf* brújula
bout¹ [bu] *vb voir* **bouillir**
bout² [bu] *nm* (*morceau*) trozo; (*extrémité*) punta; (*de table*) extremo; (*fin, rue*) final *m*; **au ~ de** (*après*) al cabo de, al final de; **pousser qn à ~** poner a algn al límite; **venir à ~ de qch** terminar algo; **venir à ~ de qn** poder con algn
bouteille [butɛj] *nf* botella; (*de gaz*) bombona
boutique [butik] *nf* tienda
bouton [butɔ̃] *nm* botón *m*; (*sur la peau*) grano; **boutonner** *vt* abotonar; **boutonnière** *nf* ojal *m*
bovin, e [bɔvɛ̃, in] *adj* bovino(-a); **bovins** *nmpl* ganado *msg* bovino
bowling [buliŋ] *nm* juego de bolos; (*salle*) bolera
boxe [bɔks] *nf* boxeo, box *m* (*Am*); **boxeur, -euse** [bɔksœʀ, øz] *nm/f* boxeador(a)
BP [bepe] *sigle f* (= *boîte postale*) Apdo. (= *Apartado de correos*), C.P. *f* (*Am*) (= *Casilla Postal*)
bracelet [bʀaslɛ] *nm* pulsera
braconnier [bʀakɔnje] *nm* cazador *m*/pescador *m* furtivo
brader [bʀade] *vt* vender a precio de saldo; **braderie** *nf* (*marché*) mercadillo
braguette [bʀagɛt] *nf* bragueta
braise [bʀɛz] *nf* brasas *fpl*
brancard [bʀɑ̃kaʀ] *nm* (*civière*) camilla; **brancardier** *nm* camillero
branche [bʀɑ̃ʃ] *nf* rama
branché, e [bʀɑ̃ʃe] (*fam*) *adj* (*personne*) a la última; (*boîte de nuit*) de moda
brancher [bʀɑ̃ʃe] *vt* enchufar
brandir [bʀɑ̃diʀ] *vt* (*arme*) blandir
braquer [bʀake] *vi* (*Auto*) girar ▷ *vt* (*regard*) clavar; **~ qch sur qn** (*revolver*) apuntar a algn con algo
bras [bʀɑ] *nm* brazo; **bras droit** (*fig*) brazo derecho
brassard [bʀasaʀ] *nm* brazalete *m*
brasse [bʀas] *nf* braza; **brasse papillon** braza mariposa
brassée [bʀase] *nf* brazada
brasser [bʀase] *vt* (*bière*) fabricar; (*remuer*) mezclar
brasserie [bʀasʀi] *nf* (*restaurant*) cervecería; (*usine*) fábrica de cerveza
brave [bʀav] *adj* (*courageux, aussi péj*) valiente; (*bon, gentil*) bueno(-a)
braver [bʀave] *vt* (*ordre*) desafiar; (*danger*) afrontar
bravo [bʀavo] *excl*, *nm* bravo
bravoure [bʀavuʀ] *nf* bravura
break [bʀɛk] *nm* (*Auto*) ranchera
brebis [bʀəbi] *nf* oveja
bredouiller [bʀəduje] *vi, vt* farfullar
bref, brève [bʀɛf, ɛv] *adj* breve ▷ *adv* total
Brésil [bʀezil] *nm* Brasil *m*; **brésilien, ne** *adj* brasileño(-a) ▷ *nm/f*: **Brésilien, ne** brasileño(-a)
Bretagne [bʀətaɲ] *nf* Bretaña
bretelle [bʀətɛl] *nf* (*de vêtement*) tirante *m*; (*d'autoroute*) enlace *m*; **bretelles** *nfpl* (*pour pantalons*) tirantes *mpl*, suspensores *mpl* (*Am*)
breton, ne [bʀətɔ̃, ɔn] *adj* bretón(-ona)
brève [bʀɛv] *adj f voir* **bref**
brevet [bʀəvɛ] *nm* certificado; **brevet (d'invention)** patente *f*; **breveté, e** *adj* (*invention*) patentado(-a)
bricolage [bʀikɔlaʒ] *nm* bricolaje *m*

bricoler [bʀikɔle] *vi* hacer chapuzas; (*passe-temps*) hacer bricolaje; **bricoleur, -euse** *nm/f* mañoso(-a), manitas *m/f inv*
bridge [bʀidʒ] *nm* (*jeu*) bridge *m*
brièvement [bʀijɛvmɑ̃] *adv* brevemente
brigade [bʀigad] *nf* (*gén*) cuadrilla; (*Police, Mil*) brigada; **brigadier** *nm* (*Mil*) cabo; (*Police*) jefe *m*
brillamment [bʀijamɑ̃] *adv* estupendamente
brillant, e [bʀijɑ̃, ɑ̃t] *adj* brillante; (*luisant*) reluciente ▷ *nm* brillante *m*
briller [bʀije] *vi* brillar
brin [bʀɛ̃] *nm* hebra; **un ~ de** (*fig*) una pizca de; **brin d'herbe** brizna de hierba
brindille [bʀɛ̃dij] *nf* ramita
brioche [bʀijɔʃ] *nf* bollo, queque *m* (*Am*); (*fam: ventre*) buche *m*
brique [bʀik] *nf* ladrillo ▷ *adj inv* (*couleur*) de color teja
briquet [bʀikɛ] *nm* mechero, encendedor *m*
brise [bʀiz] *nf* brisa
briser [bʀize] *vt* (*casser*) romper; (*fig*) arruinar, destrozar; (*grève*) romper; **se briser** *vpr* romperse
britannique [bʀitanik] *adj* británico(-a)
brocante [bʀɔkɑ̃t] *nf* (*objets*) baratillo; **brocanteur, -euse** *nm/f* chamarilero(-a)
broche [bʀɔʃ] *nf* (*bijou*) broche *m*; (*Méd*) alambre *m*; **à la ~** (*Culin*) al asador
broché, e [bʀɔʃe] *adj* (*livre*) en rústica
brochet [bʀɔʃɛ] *nm* lucio
brochette [bʀɔʃɛt] *nf* pincho, brocheta
brochure [bʀɔʃyʀ] *nf* folleto
broder [bʀɔde] *vt* bordar; **broderie** *nf* bordado
bronches [bʀɔ̃ʃ] *nfpl* bronquios *mpl*; **bronchite** *nf* bronquitis *f inv*
bronze [bʀɔ̃z] *nm* bronce *m*
bronzer [bʀɔ̃ze] *vi* broncearse; **se bronzer** *vpr* broncearse
brosse [bʀɔs] *nf* cepillo, escobilla (*Am*); **coiffé en ~** peinado al cepillo; **brosse à cheveux** cepillo para el pelo; **brosse à dents/à habits** cepillo de dientes/de (la) ropa; **brosser** *vt* (*nettoyer*) cepillar; (*fig*) bosquejar; **se brosser les dents** cepillarse los dientes
brouette [bʀuɛt] *nf* carretilla
brouillard [bʀujaʀ] *nm* niebla
brouiller [bʀuje] *vt* mezclar; (*embrouiller*) embarullar, enredar; (*rendre trouble, confus*) enturbiar; (*amis*) enemistar; **se brouiller** *vpr* (*vue*) nublarse; **se ~ (avec)** enfadarse (con)
brouillon, ne [bʀujɔ̃, ɔn] *adj* desordenado(-a) ▷ *nm* (*écrit*) borrador *m*, copia en sucio
broussailles [bʀusaj] *nfpl* maleza *fsg*; **broussailleux, -euse** *adj* cubierto(-a) de maleza
brousse [bʀus] *nf* monte *m* bajo
brouter [bʀute] *vt* pacer
brugnon [bʀyɲɔ̃] *nm* nectarina
bruiner [bʀɥine] *vi*: **il bruine** llovizna
bruit [bʀɥi] *nm* ruido; (*rumeur*) rumor *m*; **sans ~** sin ruido; **bruit de fond** ruido de fondo
brûlant, e [bʀylɑ̃, ɑ̃t] *adj* ardiente; (*liquide*) hirviendo
brûlé, e [bʀyle] *adj* (*démasqué*) descubierto(-a) ▷ *nm*: **odeur de ~** olor *m* a quemado
brûler [bʀyle] *vt* quemar; (*suj: eau bouillante*) escaldar; (*feu rouge, signal*) saltarse ▷ *vi* (*se consumer*) consumirse; (*jeu*): **tu brûles** caliente-caliente; **se brûler** *vpr* (*accidentellement*) quemarse
brûlure [bʀylyʀ] *nf* (*lésion*) quemadura; **brûlures d'estomac** ardores *mpl* de estómago

brume [bʀym] *nf* bruma
brun, e [bʀœ̃, bʀyn] *adj* moreno(-a)
brushing [bʀœʃiŋ] *nm* marcado; **faire un ~** lavar y marcar
brusque [bʀysk] *adj* (*soudain*) repentino(-a); (*rude*) brusco(-a)
brut, e [bʀyt] *adj* bruto(-a); **(pétrole) ~** crudo
brutal, e, -aux [bʀytal, o] *adj* brutal; (*franchise*) rudo(-a)
Bruxelles [bʀysɛl] *n* Bruselas
bruyamment [bʀɥijamɑ̃] *adv* ruidosamente
bruyant, e [bʀɥijɑ̃, ɑ̃t] *adj* ruidoso(-a)
bruyère [bʀyjɛʀ] *nf* brezo
BTS [beteɛs] *sigle m* (*= brevet de technicien supérieur*) *diploma de enseñanza técnica*
bu, e [by] *pp de* **boire**
buccal, e, -aux [bykal, o] *adj*: **par voie ~e** por vía oral
bûche [byʃ] *nf* leño; **bûche de Noël** bizcocho de navidad
bûcher [byʃe] *vi, vt* (*fam*) empollar
budget [bydʒɛ] *nm* presupuesto
buée [bɥe] *nf* vaho
buffet [byfɛ] *nm* (*meuble*) aparador *m*; (*de réception*) buffet *m*; **buffet (de gare)** cantina (de estación)
buis [bɥi] *nm* boj *m*
buisson [bɥisɔ̃] *nm* matorral *m*
bulbe [bylb] *nm* bulbo
Bulgarie [bylgaʀi] *nf* Bulgaria
bulle [byl] *nf* burbuja
bulletin [byltɛ̃] *nm* boletín *m*; (*papier*) folleto; **bulletin d'informations** boletín informativo; **bulletin (de vote)** papeleta
bureau, x [byʀo] *nm* (*meuble*) escritorio; (*pièce*) despacho; **bureau de change/de poste** oficina de cambio/de correos; **bureau de tabac** estanco
bureaucratie [byʀokʀasi] *nf* burocracia
bus¹ [by] *vb voir* **boire**
bus² [bys] *nm* autobús *m*, bus *m* (*esp Am*), camión *m* (*Mex*)
buste [byst] *nm* busto
but¹ [by] *vb voir* **boire**
but² [byt] *nm* (*cible*) meta; (*d'un voyage*) destino; (*d'une entreprise, d'une action*) objetivo; (*Football: limites*) portería, arco (*Am*); **avoir pour ~ de faire** tener como objetivo hacer; **dans le ~ de** con el propósito de
butane [bytan] *nm* butano
butiner [bytine] *vt, vi* libar
buvais *etc* [byvɛ] *vb voir* **boire**
buvard [byvaʀ] *nm* secante *m*
buvette [byvɛt] *nf* puesto de bebidas

C

c' [s] *dét voir* **ce**
CA *sigle m (= chiffre d'affaires) voir* **chiffre**; (= *conseil d'administration*) *voir* **conseil**
ça [sa] *pron* (*proche*) esto; (*pour désigner*) eso; (*plus loin*) aquello; **~ va?** ¿qué tal?; (*d'accord?*) ¿vale?; **~ alors!** (*désapprobation*) ¡pero bueno!; (*étonnement*) ¡y entonces!
çà [sa] *adv*: **~ et là** aquí y allá
cabane [kaban] *nf* cabaña
cabaret [kabaʀɛ] *nm* cabaret *m*
cabillaud [kabijo] *nm* bacalao fresco
cabine [kabin] *nf* cabina; (*de bateau*) camarote *m*; (*de plage*) caseta; **cabine d'essayage** probador *m*; **cabine (téléphonique)** cabina (telefónica), locutorio
cabinet [kabinɛ] *nm* (*aussi Pol*) gabinete *m*; (*de médecin*) gabinete, consulta; (*d'avocat, de notaire*) gabinete, despacho; **cabinets** *nmpl* servicios *mpl*; **cabinet de toilette** cuarto de aseo
câble [kɑbl] *nm* cable *m*
cacahuète [kakaɥɛt] *nf* cacahuete *m*, maní *m* (*Am*), cacahuate *m* (*Am*)
cacao [kakao] *nm* cacao
cache [kaʃ] *nf* (*cachette*) escondite *m*
cache-cache [kaʃkaʃ] *nm inv*: **jouer à ~** jugar al escondite
cachemire [kaʃmiʀ] *nm* cachemira, cachemir *m*
cacher [kaʃe] *vt* ocultar, esconder; **se cacher** *vpr* esconderse, ocultarse; **~ qch à qn** ocultar algo a algn
cachet [kaʃɛ] *nm* (*Méd*) pastilla
cachette [kaʃɛt] *nf* escondite *m*; **en ~** a escondidas
cactus [kaktys] *nm inv* cactus *m inv*
cadavre [kadɑvʀ] *nm* cadáver *m*
caddie [kadi] *nm* (*au supermarché*) carrito
cadeau, x [kado] *nm* regalo; **faire un ~ à qn** hacer un regalo a algn
cadenas [kadnɑ] *nm* candado
cadet, te [kadɛ, ɛt] *adj* (*plus jeune*) menor; (*le plus jeune*) menor, más pequeño(-a) ▷ *nm/f* (*de la famille*) benjamín(-ina)
cadran [kadʀɑ̃] *nm* (*de pendule, montre*) esfera; **cadran solaire** reloj *m* de sol
cadre [kɑdʀ] *nm* marco ▷ *nm/f* (*Admin*) ejecutivo(-a), cuadro; **dans le ~ de** (*fig*) en el marco de
cafard [kafaʀ] *nm* cucaracha; **avoir le ~** (*fam*) estar melancólico(-a)
café [kafe] *nm* café *m*; **café noir** café solo; **café tabac** café-estanco; **cafetière** *nf* cafetera
cage [kaʒ] *nf* jaula
cageot [kaʒo] *nm* caja
cagoule [kagul] *nf* (*ski etc*) gorro
cahier [kaje] *nm* (*de classe*) cuaderno, libreta; **cahier d'exercices** cuaderno de ejercicios; **cahier de brouillon** cuaderno de sucio
caille [kaj] *nf* codorniz *f*

caillou, x [kaju] *nm* guijarro, piedra; **caillouteux, -euse** *adj* pedregoso(-a)
caisse [kɛs] *nf* caja; (*recettes*) caja, recaudación *f*; **caisse d'épargne/ de retraite** caja de ahorros/de jubilaciones; **caissier, -ière** *nm/f* cajero(-a)
cake [kɛk] *nm* plum-cake *m*
calandre [kalɑ̃dʀ] *nf* (*Auto*) rejilla del radiador, calandra
calcaire [kalkɛʀ] *nm* caliza ▷ *adj* calcáreo(-a); (*Géo*) calcáreo(-a), calizo(-a)
calcul [kalkyl] *nm* (*aussi fig*) cálculo; **calcul (biliaire)** cálculo (biliar); **calculatrice** *nf* calculadora; **calculer** *vt* calcular; **calculette** *nf* calculadora de bolsillo
cale [kal] *nf* (*de bateau*) bodega; (*en bois*) cuña
calé, e [kale] *adj* (*fam: personne*) empollado(-a)
caleçon [kalsɔ̃] *nm* calzoncillos *mpl*
calendrier [kalɑ̃dʀije] *nm* calendario; (*programme*) calendario, programa *m*
calepin [kalpɛ̃] *nm* agenda
caler [kale] *vt* (*fixer*) calzar, fijar ▷ *vi* (*fig: ne plus pouvoir continuer*) rendirse; **~ (son moteur/véhicule)** calar (el motor/vehículo)
calibre [kalibʀ] *nm* (*d'une arme*) calibre *m*; (*fig*) calibre, envergadura
câlin, e [kɑlɛ̃, in] *adj* mimoso(-a)
calmant, e [kalmɑ̃, ɑ̃t] *adj, nm* calmante *m*
calme [kalm] *adj* tranquilo(-a); (*ville, mer, endroit*) tranquilo(-a), apacible ▷ *nm* (*d'un lieu*) tranquilidad *f*; **calme plat** (*Naut*) calma chicha; **calmer** *vt* tranquilizar, calmar; (*douleur, colère*) calmar, sosegar; **se calmer** *vpr* calmarse; (*personne*) calmarse, tranquilizarse
calorie [kalɔʀi] *nf* caloría
camarade [kamaʀad] *nm/f* compañero(-a), amigo(-a); (*Pol, Syndicats*) camarada *m/f*
cambriolage [kɑ̃bʀijɔlaʒ] *nm* robo (con efracción); **cambrioler** *vt* robar (con efracción); **cambrioleur, -euse** *nm/f* atracador(a), ladrón(-ona)
camelote [kamlɔt] *nf* (*fam*) baratija
caméra [kameʀa] *nf* cámara
caméscope [kameskɔp] *nm* cámara de vídeo
camion [kamjɔ̃] *nm* camión *m*; **camionnette** *nf* camioneta; **camionneur** *nm* (*chauffeur*) camionero(-a)
camomille [kamɔmij] *nf* manzanilla
camp [kɑ̃] *nm* (*militaire, d'expédition*) campo, campamento; (*réfugiés, prisonniers*) campamento; (*fig*) campo
campagnard, e [kɑ̃paɲaʀ, aʀd] *adj, nm/f* campesino(-a)
campagne [kɑ̃paɲ] *nf* campo; (*Mil, Pol, Comm*) campaña; **à la ~** en el campo; **campagne électorale** campaña electoral
camper [kɑ̃pe] *vi* acampar; **campeur, -euse** *nm/f* campista *m/f*
camping [kɑ̃piŋ] *nm* camping *m*; **(terrain de) ~** (terreno de) camping; **faire du ~** hacer camping; **camping-car** (*pl* **camping-cars**) *nm* coche caravana *m*
Canada [kanada] *nm* Canadá *m*; **canadien, ne** *adj* canadiense ▷ *nm/f*: **canadien, ne** canadiense *m/f*; **canadienne** *nf* (*veste*) cazadora
canal, -aux [kanal, o] *nm* (*rivière*) canal *m*; **canalisation** *nf* (*d'un cours d'eau*) canalización *f*; (*tuyau*) canalización, cañería
canapé [kanape] *nm* (*fauteuil*) canapé *m*, sofá *m*; (*Culin*) canapé
canard [kanaʀ] *nm* pato
cancer [kɑ̃sɛʀ] *nm* (*aussi fig*) cáncer *m*; (*Astrol*): **le C~** Cáncer *m*
candidat, e [kɑ̃dida, at] *nm/f* (*examen, Pol*) candidato(-a); (*à un*

poste) candidato(-a), aspirante *m/f*; **candidature** *nf* candidatura; **poser sa candidature** presentar su candidatura
cane [kan] *nf* pata
canette [kanɛt] *nf* (*de bière*) botellín *m*
canevas [kanva] *nm* (*Couture*) cañamazo
caniche [kaniʃ] *nm* caniche *m*
canicule [kanikyl] *nf* canícula
canif [kanif] *nm* navaja
canne [kan] *nf* bastón *m*; **canne à pêche** caña de pescar; **canne à sucre** caña de azúcar
cannelle [kanɛl] *nf* canela
canoë [kanɔe] *nm* canoa; **canoë (kayak)** (*Sport*) piragüismo
canot [kano] *nm* (*bateau*) bote *m*, lancha; **canot de sauvetage** bote salvavidas; **canot pneumatique** bote neumático
cantatrice [kɑ̃tatʀis] *nf* cantante *f*
cantine [kɑ̃tin] *nf* (*réfectoire*) cantina
canton [kɑ̃tɔ̃] *nm* (*en France*) distrito; (*en Suisse*) cantón *m*
caoutchouc [kautʃu] *nm* caucho; (*bande élastique*) goma
CAP [seape] *sigle m* (= *certificat d'aptitude professionnelle*) ≈ título de FP1
cap [kap] *nm* (*Géo*) cabo
capable [kapabl] *adj* (*compétent*) competente; **~ de faire** capaz de hacer; **il est ~ d'oublier** es capaz de olvidar
capacité [kapasite] *nf* capacidad *f*
cape [kap] *nf* capa
CAPES [kapɛs] *sigle m* (= *certificat d'aptitude au professorat de l'enseignement du second degré*) título de profesor de enseñanza secundaria
capitaine [kapitɛn] *nm* capitán *m*
capital, e, -aux [kapital, o] *adj, nm* capital *m*; **capitaux** *nmpl* (*fonds*) capitales *mpl*; **capitale** *nf* (*ville*) capital *f*; (*lettre*) mayúscula; **capitalisme** *nm* capitalismo; **capitaliste** *adj, nm/f* capitalista *m/f*
caporal, -aux [kapɔʀal, o] *nm* cabo
capot [kapo] *nm* capó
câpre [kɑpʀ] *nf* alcaparra
caprice [kapʀis] *nm* capricho, antojo; **capricieux, -euse** *adj* caprichoso(-a)
Capricorne [kapʀikɔʀn] *nm* (*Astrol*) Capricornio
capsule [kapsyl] *nf* cápsula; (*de bouteille*) cápsula, chapa
capter [kapte] *vt* captar
captivant, e [kaptivɑ̃, ɑ̃t] *adj* cautivador(-a)
capturer [kaptyʀe] *vt* capturar, apresar
capuche [kapyʃ] *nf* capucha
capuchon [kapyʃɔ̃] *nm* capuchón *m*
car [kaʀ] *nm* autocar *m* ▷ *conj* pues, porque
carabine [kaʀabin] *nf* carabina
caractère [kaʀaktɛʀ] *nm* (*humeur, tempérament*) carácter *m*; (*de choses*) naturaleza; (*cachet*) carácter, personalidad *f*; **avoir bon/mauvais ~** tener buen/mal carácter; **en ~s gras** en negrita; **en ~s d'imprimerie** en letras mayúsculas
caractériser [kaʀakteʀize] *vt* caracterizar; **se caractériser par** *vpr* caracterizarse por
caractéristique [kaʀakteʀistik] *adj* característico(-a) ▷ *nf* característica
carafe [kaʀaf] *nf* (*d'eau, de vin*) jarra
caraïbe [kaʀaib] *adj* caribeño(-a); **les Caraïbes** *nfpl* el Caribe
caramel [kaʀamɛl] *nm* caramelo; (*bonbon*) caramelo blando
caravane [kaʀavan] *nf* caravana; **caravaning** *nm* (*camping*) camping *m* en caravana
carbone [kaʀbɔn] *nm* carbono; (*aussi*: **papier ~**) papel *m* carbón; **carbonique** *adj* carbónico(-a); **carbonisé, e** *adj* carbonizado(-a)

carburant [kaʀbyʀɑ̃] *nm* carburante *m*
carburateur [kaʀbyʀatœʀ] *nm* carburador *m*
cardiaque [kaʀdjak] *adj, nm/f* cardíaco(-a)
cardigan [kaʀdigɑ̃] *nm* rebeca
cardiologue [kaʀdjɔlɔg] *nm/f* cardiólogo(-a)
carême [kaʀɛm] *nm*: **le C~** Cuaresma
carence [kaʀɑ̃s] *nf* (*manque*) carencia
caresse [kaʀɛs] *nf* caricia
caresser [kaʀese] *vt* acariciar
cargaison [kaʀgɛzɔ̃] *nf* carga, cargamento
cargo [kaʀgo] *nm* carguero, buque *m* de carga
caricature [kaʀikatyʀ] *nf* caricatura
carie [kaʀi] *nf* caries *f inv*; **la ~ (dentaire)** la caries (dental)
carnaval [kaʀnaval] *nm* carnaval *m*
carnet [kaʀnɛ] *nm* libreta; (*de loterie etc*) taco; (*de timbres*) cuadernillo; **carnet de chèques** talonario de cheques
carotte [kaʀɔt] *nf* zanahoria
carré, e [kaʀe] *adj* cuadrado(-a); **mètre/kilomètre ~** metro/kilómetro cuadrado
carreau, x [kaʀo] *nm* (*par terre*) baldosa; (*de fenêtre*) cristal *m*; (*Cartes: couleur*) diamante *mpl*; (*carte*) diamante *m*; **papier/tissu à ~x** papel *m*/tela de cuadros
carrefour [kaʀfuʀ] *nm* encrucijada
carrelage [kaʀlaʒ] *nm* (*sol*) embaldosado
carrelet [kaʀlɛ] *nm* (*poisson*) platija, acedía
carrément [kaʀemɑ̃] *adv* (*franchement*) francamente; (*sans détours, sans hésiter*) directamente; (*nettement*) verdaderamente
carrière [kaʀjɛʀ] *nf* (*de craie, sable*) cantera; (*métier*) carrera; **militaire de ~** militar *m* de carrera
carrosserie [kaʀɔsʀi] *nf* carrocería
carrure [kaʀyʀ] *nf* (*d'une personne*) anchura de espalda; (*fig*) clase *f*
cartable [kaʀtabl] *nm* cartera
carte [kaʀt] *nf* mapa *m*; (*Géo, au restaurant*) carta; (*Cartes*) carta, naipe *m*; (*d'abonnement etc*) abono; (*aussi*: **~ postale**) postal *f*; (*aussi*: **~ de visite**) tarjeta; **à la ~** a la carta; **carte bancaire/de crédit** tarjeta bancaria/de crédito; **carte de séjour** permiso de residencia; **carte d'identité** carnet de identidad, documento nacional de identidad, cédula (de identidad) (*Am*); **carte grise** documentación *f* de un automóvil; **carte routière** mapa de carreteras; **carte SIM** tarjeta SIM
carter [kaʀtɛʀ] *nm* cárter *m*
carton [kaʀtɔ̃] *nm* (*matériau, Art*) cartón *m*; (*boîte*) caja (de cartón)
cartouche [kaʀtuʃ] *nf* (*de fusil*) cartucho; (*de stylo*) cartucho, recambio; (*de cigarettes*) cartón *m*
cas [kɑ] *nm* caso; **faire peu de ~/grand ~ de** hacer poco/mucho caso a; **le ~ échéant** llegado el caso; **en aucun ~** en ningún caso, bajo ningún concepto; **au ~ où** en caso de que, por si acaso; **en ~ de** en caso de; **en ~ de besoin** en caso de necesidad; **en tout ~** de todas maneras
case [kɑz] *nf* casilla; (*hutte*) choza; (*pour le courrier*) casillero
caser [kɑze] *vt* colocar
caserne [kazɛʀn] *nf* cuartel *m*
casier [kɑzje] *nm* casillero; **casier judiciaire** antecedentes *mpl* penales
casino [kazino] *nm* casino
casque [kask] *nm* casco; (*chez le coiffeur*) secador *m*; (*pour audition*) casco, auricular *m*
casquette [kaskɛt] *nf* gorra
casse-croûte [kaskʀut] *nm inv* tentempié *m*
casse-noix [kasnwa] *nm inv*

cascanueces *m inv*
casse-pieds [kaspje] (*fam*) *adj, nm/f inv* pesado(-a)
casser [kɑse] *vt* (*verre etc*) romper; **se casser** *vpr* romperse; **~ les prix** romper los precios
casserole [kasʀɔl] *nf* cacerola, cazuela
casse-tête [kɑstɛt] *nm inv* (*fig*) quebradero de cabeza
cassette [kasɛt] *nf* (*bande magnétique*) cassette *f*, casete *f*
cassis [kasis] *nm* grosellero negro, casis *m*
cassoulet [kasulɛ] *nm* guiso de alubias
catalogue [katalɔg] *nm* catálogo
catalytique [katalitik] *adj*: **pot ~** catalizador *m*
catastrophe [katastʀɔf] *nf* catástrofe *f*
catéchisme [kateʃism] *nm* catecismo
catégorie [kategɔʀi] *nf* categoría; **catégorique** *adj* categórico(-a), tajante
cathédrale [katedʀal] *nf* catedral *f*
catholique [katɔlik] *adj, nm/f* católico(-a); **pas très ~** (*fig*) no muy católico(-a)
cauchemar [koʃmaʀ] *nm* pesadilla
cause [koz] *nf* causa; **à ~ de** (*gén*) debido a; **pour ~ de** por causa de, por; **(et) pour ~** claro está; **être en ~** (*personne*) tener parte de culpa; (*qualité, intérêts etc*) estar en juego; **mettre en ~** culpar; **remettre en ~** poner en tela de juicio; **causer** *vt* causar ▷ *vi* charlar
caution [kosjɔ̃] *nf* (*argent, Jur*) fianza; (*fig*) garantía, aval *m*; **libéré sous ~** libre bajo fianza
cavalier, -ière [kavalje, jɛʀ] *nm/f* (*à cheval*) jinete *m/f*; (*au bal*) pareja
cave [kav] *nf* sótano; (*réserve de vins*) bodega
CD [sede] *sigle m* (= *compact disc*) CD *m*
CD-Rom [sedeʀɔm] *sigle m* CD-Rom

MOT-CLÉ

ce, c', cette [sə, sɛt] (*devant nm commençant par voyelle ou h aspiré* **cet**) (*pl* **ces**) *dét* (*proche*) este/esta; (*intermédiaire*) ese/esa; (*éloigné: plus loin*) aquel(la); **cette maison(-ci/là)** esta casa/esa *ou* aquella casa; **cette nuit** esta noche
▷ *pron* **1**: **c'est** es; **c'est un peintre/ce sont des peintres** (*métier*) es un pintor/son pintores; (*en désignant*) es un pintor/son unos pintores; **c'est le facteur** (*à la porte*) es el cartero; **qui est-ce?** ¿quién es?; **c'est toi qui le dis** lo dices tú; **c'est toi qui lui as parlé** eres tú quien le hablaste; **c'est petit/grand** es pequeño/grande
2: **ce qui, ce que** lo que; (*chose qui*): **il est bête, ce qui me chagrine** es tonto, lo cual me apena; **tout ce qui bouge** todo lo que se mueve; **tout ce que je sais** todo lo que sé; **ce dont j'ai parlé** eso de lo que hablé; *voir aussi* **-ci, est-ce que, n'est-ce pas, c'est-à-dire**

ceci [səsi] *pron* esto
céder [sede] *vi* ceder; **~ à** (*tentation etc*) ceder a
CEDEX [sedɛks] *sigle m* (= *courrier d'entreprise à distribution exceptionnelle*) *correo especial para empresas*
CEI [seəi] *sigle f* (= *Communauté des États indépendants*) CEI *f* (= *Comunidad de los Estados Independientes*)
ceinture [sɛ̃tyʀ] *nf* cinturón *m*; (*d'un pantalon, d'une jupe*) cintura, cinturilla; **ceinture de sécurité** cinturón de seguridad
cela [s(ə)la] *pron* eso; (*plus loin*) aquello; **quand ~?** ¿cuándo?
célèbre [selɛbʀ] *adj* famoso(-a),

célebre; **célébrer** *vt* celebrar; (*louer*) celebrar, encomiar
céleri [sɛlʀi] *nm*: **~(-rave)** apio (nabo); **céleri en branche** apio
célibataire [selibatɛʀ] *adj* soltero(-a)
celle, celles [sɛl] *pron voir* **celui**
cellulite [selylit] *nf* celulitis *f inv*
celui, celle [səlɥi, sɛl] (*pl* **ceux,** *f* **celles**) *pron*: **~-ci** éste/ése; **celle-ci** ésta/ésa; **~-là/celle-là** aquél/ aquélla; **ceux-ci/celles-ci** éstos/ éstas; **ceux-là/celles-là** ésos *ou* aquéllos/ésas *ou* aquéllas; **~ de mon frère** el de mi hermano; **~ du salon/ du dessous** el del salón/de abajo; **~ qui bouge** (*pour désigner*) el que se mueve; **~ que je vois** el que veo; **~ dont je parle** (*personne*) ése del que hablo; (*chose*) eso de lo que hablo; **~ qui veut** (*valeur indéfinie*) el que quiera
cendre [sɑ̃dʀ] *nf* ceniza; **cendres** *nfpl* cenizas *fpl*; **sous la ~** (*Culin*) en las cenizas; **cendrier** *nm* cenicero
censé, e [sɑ̃se] *adj*: **je suis ~ faire 7 h par jour** se supone que hago 7 horas diarias
censeur [sɑ̃sœʀ] *nm* (*du lycée*) subdirector *m*; (*Pol, Presse, Ciné*) censor *m*
censure [sɑ̃syʀ] *nf* censura; **censurer** *vt* censurar
cent [sɑ̃] *adj* (*avant un nombre*) ciento; (*avant un substantif*) cien ▷ *nm* ciento; (*Math*) cien *m inv*; **~ cinquante** ciento cincuenta; **~ euros** cien euros; **pour ~** por ciento; **centaine** *nf* centena; **une centaine (de)** un centenar (de); **plusieurs centaines (de)** varios centenares (de); **des centaines (de)** centenares (de); **centenaire** *adj, nm/f* centenario(-a) ▷ *nm* (*anniversaire*) centenario; **centième** *adj, nm/f* centésimo(-a); **un centième de seconde** una centésima de segundo; *voir aussi* **cinquantième**; **centigrade** *nm* centígrado; **centilitre** *nm* centilitro; **centime** *nm* céntimo; **centimètre** *nm* centímetro; (*ruban*) cinta métrica
central, e, -aux [sɑ̃tʀal, o] *adj* central; **centrale** *nf* (*prison*) central *f*; **centrale électrique/nucléaire** central eléctrica/nuclear
centre [sɑ̃tʀ] *nm* centro; **le ~** (*Pol*) el centro; **centre commercial/culturel** centro comercial/cultural; **centre-ville** (*pl* **centres-villes**) *nm* centro de la ciudad
cèpe [sɛp] *nm* seta
cependant [s(ə)pɑ̃dɑ̃] *conj* sin embargo, no obstante
céramique [seʀamik] *nf* cerámica
cercle [sɛʀkl] *nm* círculo
cercueil [sɛʀkœj] *nm* ataúd *m*, féretro
céréale [seʀeal] *nf* cereal *m*
cérémonie [seʀemɔni] *nf* ceremonia
cerf [sɛʀ] *nm* ciervo
cerf-volant [sɛʀvɔlɑ̃] (*pl* **cerfs-volants**) *nm* cometa
cerise [s(ə)ʀiz] *nf, adj inv* cereza; **cerisier** *nm* cerezo
cerner [sɛʀne] *vt* (*armée, ville*) cercar; (*problème*) delimitar
certain, e [sɛʀtɛ̃, ɛn] *adj* (*indéniable*) cierto(-a), seguro(-a); (*personne*): **~ (de/que)** seguro(-a) (de/de que), convencido(-a) (de/de que) ▷ *dét*: **un ~ Georges** un tal Georges; **d'un ~ âge** de cierta edad; **un ~ temps** cierto tiempo; **certainement** *adv* (*probablement*) probablemente; (*bien sûr*) sin duda, por supuesto
certes [sɛʀt] *adv* (*bien sûr*) por supuesto
certificat [sɛʀtifika] *nm* certificado
certifier [sɛʀtifje] *vt* asegurar
certitude [sɛʀtityd] *nf* certeza
cerveau, x [sɛʀvo] *nm* cerebro
cervelas [sɛʀvəla] *nm* salchicha corta y gruesa de carne y sesos

cervelle [sɛʀvɛl] *nf* (*Culin*) sesos *mpl*
CES [seəɛs] *sigle m* (= *collège d'enseignement secondaire*) ≈ Instituto de Enseñanza Media
ces [se] *dét voir* **ce**
cesse [sɛs]: **sans ~** *adv* sin parar; **n'avoir de ~ que** no descansar hasta que; **cesser** *vt* detener ▷ *vi* parar, cesar; **cesser de faire** dejar de hacer; **cessez-le-feu** *nm inv* alto el fuego
c'est-à-dire [sɛtadiʀ] *adv* es decir; (*manière d'excuse*) es decir que
cet, cette [sɛt] *dét voir* **ce**
ceux [sø] *pron voir* **celui**
chacun, e [ʃakœ̃, yn] *pron* cada uno(-a)
chagrin [ʃagʀɛ̃] *nm* pena; **avoir du ~** sentir pena
chahut [ʃay] *nm* jaleo; **chahuter** *vt* incordiar ▷ *vi* alborotar
chaîne [ʃɛn] *nf* cadena; (*TV*) cadena, canal *m*; **travail à la ~** trabajo en cadena; **chaîne (de fabrication/de montage)** cadena (de fabricación/de montaje); **chaîne (de montagnes)** cadena (de montañas), cordillera; **chaîne (hi-fi)** cadena (hi-fi) *ou* equipo de música; **chaîne stéréo** cadena *ou* equipo estéreo
chair [ʃɛʀ] *nf* carne *f*; **avoir la ~ de poule** tener la carne *ou* piel de gallina
chaise [ʃɛz] *nf* silla; **chaise longue** tumbona, hamaca
châle [ʃal] *nm* chal *m*
chaleur [ʃalœʀ] *nf* calor *m*; **chaleureux, -euse** *adj* (*accueil, gens*) caluroso(-a)
chamailler [ʃamaje]: **se ~** (*fam*) *vpr* reñir
chambre [ʃɑ̃bʀ] *nf* (*d'un logement*) habitación *f*, cuarto; (*Tech, Pol, Comm*) cámara; **chambre à air** cámara de aire; **chambre à coucher** dormitorio; **chambre à un lit/deux lits** (*à l'hôtel*) habitación individual/doble; **chambre d'amis** cuarto de invitados; **chambre d'hôte** habitación de huéspedes; **chambre meublée** habitación amueblada
chameau, x [ʃamo] *nm* camello
chamois [ʃamwa] *nm* gamuza
champ [ʃɑ̃] *nm* campo; **laisser le ~ libre à qn** dejar el campo libre a algn; **champ de courses** hipódromo
champagne [ʃɑ̃paɲ] *nm* champán *m*
champignon [ʃɑ̃piɲɔ̃] *nm* seta; (*Bot*) hongo; **champignon de couche** *ou* **de Paris** champiñón
champion, ne [ʃɑ̃pjɔ̃, jɔn] *nm/f* (*Sport*) campeón(-ona); (*d'une cause*) adalid *m/f*; **championnat** *nm* campeonato
chance [ʃɑ̃s] *nf* suerte *f*; (*occasion*) oportunidad *f*; **chances** *nfpl* (*probabilités*) posibilidades *fpl*; **bonne ~!** ¡buena suerte!; **je n'ai pas de ~** no tengo suerte
Chandeleur [ʃɑ̃dlœʀ] *nf*: **la ~** la Candelaria
change [ʃɑ̃ʒ] *nm* cambio
changement [ʃɑ̃ʒmɑ̃] *nm* cambio; **changement climatique** cambio climático; **changement de vitesse** cambio de velocidades *ou* marchas
changer [ʃɑ̃ʒe] *vt* cambiar ▷ *vi* cambiar; **se changer** *vpr* cambiarse; **~ de** cambiar de; **~ de vitesse** (*Auto*) cambiar de velocidad *ou* de marcha; **il faut ~ à Lyon** hay que cambiar en Lyon
chanson [ʃɑ̃sɔ̃] *nf* canción *f*
chant [ʃɑ̃] *nm* canto
chantage [ʃɑ̃taʒ] *nm* chantaje *m*; **faire du ~** chantajear *ou* hacer chantaje
chanter [ʃɑ̃te] *vt* cantar; (*louer*) alabar; **~ juste** cantar sin desafinar; **~ faux** desafinar; **si cela lui chante** (*fam*) si le apetece; **chanteur, -euse** *nm/f* cantante *m/f*
chantier [ʃɑ̃tje] *nm* obra; **chantier naval** astillero

chantilly [ʃɑ̃tiji] *nf voir* **crème**
chantonner [ʃɑ̃tɔne] *vi, vt* canturrear
chapeau, x [ʃapo] *nm* sombrero; (*Presse*) entradilla; **~!** (*fam*) ¡bravo!
chapelle [ʃapɛl] *nf* capilla
chapitre [ʃapitʀ] *nm* capítulo; (*sujet*) tema
chaque [ʃak] *dét* cada; **c'est cinq euros ~** son cinco euros cada uno(-a)
char [ʃaʀ] *nm* carro
charbon [ʃaʀbɔ̃] *nm* carbón *m*; **charbon de bois** carbón de leña
charcuterie [ʃaʀkytʀi] *nf* (*magasin*) charcutería; (*produits*) embutidos *mpl*; **charcutier, -ière** *nm/f* chacinero(-a)
chardon [ʃaʀdɔ̃] *nm* cardo
charge [ʃaʀʒ] *nf* carga; (*rôle, mission*) misión *f*; **charges** *nfpl* (*du loyer*) facturas *fpl*; **à la ~ de** a cargo de; **prendre en ~** hacerse cargo de; **charges sociales** cargas sociales
chargement [ʃaʀʒəmɑ̃] *nm* (*marchandises*) cargamento
charger [ʃaʀʒe] *vt* cargar ▷ *vi* cargar; **se ~ de** encargarse de
chariot [ʃaʀjo] *nm* carretilla; (*charrette*) carreta
charité [ʃaʀite] *nf* caridad *f*
charmant, e [ʃaʀmɑ̃, ɑ̃t] *adj* encantador(a)
charme [ʃaʀm] *nm* encanto; **charmer** *vt* (*plaire*) fascinar
charpente [ʃaʀpɑ̃t] *nf* (*d'un bâtiment*) esqueleto; **charpentier** *nm* albañil *m*
charrette [ʃaʀɛt] *nf* carreta
charter [ʃaʀtɛʀ] *nm* chárter *m*
chasse [ʃas] *nf* caza; **prendre en ~** perseguir, dar caza a; **tirer la ~ (d'eau)** tirar de la cadena; **chasse à courre** caza a caballo; **chasse gardée** (*aussi fig*) coto vedado; **chasse-neige** *nm inv* quitanieves *m inv*; **chasser** *vt* cazar; (*expulser*) echar; **chasseur, -euse** *nm/f* (*de gibier*) cazador(a)

chat¹ [ʃa] *nm* gato
chat² [tʃat] *nm* (*Internet*) chat *m*
châtaigne [ʃatɛɲ] *nf* castaña; **châtaignier** *nm* castaño
châtain [ʃatɛ̃] *adj inv* castaño(-a)
château, x [ʃato] *nm* castillo; **château fort** fortaleza, alcázar *m*
châtiment [ʃatimɑ̃] *nm* castigo
chaton [ʃatɔ̃] *nm* (*Zool*) gatito
chatouiller [ʃatuje] *vt* hacer cosquillas
chatte [ʃat] *nf* gata
chaud, e [ʃo, ʃod] *adj* caliente; (*très chaud*) ardiente; (*vêtement*) abrigado(-a); (*couleur*) cálido(-a); (*félicitations*) ardiente, cálido(-a) ▷ *nm* calor *m*; **il fait ~** hace calor; **avoir ~** tener calor; **ça me tient ~** eso me abriga; **rester au ~** permanecer abrigado(-a)
chaudière [ʃodjɛʀ] *nf* caldera
chauffage [ʃofaʒ] *nm* calentamiento, calefacción *f*; (*appareils*) calefacción; **chauffage central** calefacción central
chauffe-eau [ʃofo] *nm inv* calentador *m* de agua
chauffer [ʃofe] *vt* calentar ▷ *vi* calentar; (*trop chauffer*) recalentar; **se chauffer** *vpr* (*aussi fig*) calentarse
chauffeur, -euse [ʃofœʀ, øz] *nm/f* chófer *m*, chofer *m* (*Am*)
chaumière [ʃomjɛʀ] *nf* choza
chaussée [ʃose] *nf* calzada
chausser [ʃose] *vt* calzar; **~ du 38/42** calzar el 38/42
chaussette [ʃosɛt] *nf* calcetín *m*, media (*Am*)
chausson [ʃosɔ̃] *nm* zapatilla; (*de bébé*) patuco; **chausson (aux pommes)** pastel *m* de manzana
chaussure [ʃosyʀ] *nf* zapato; **chaussures basses** zapatos *mpl* bajos; **chaussures de ski** botas *fpl* de esquí
chauve [ʃov] *adj* calvo(-a); **chauve-**

souris (*pl* **chauves-souris**) *nf* murciélago
chauvin, e [ʃovɛ̃, in] *adj, nm/f* patriotero(-a)
chaux [ʃo] *nf* cal *f*; **blanchi à la ~** encalado
chef [ʃɛf] *nm* jefe *m*; **chef d'entreprise** empresario; **chef d'équipe** jefe de equipo; **chef d'État** jefe de estado; **chef d'orchestre** director *m* de orquesta; **chef de famille** cabeza de familia; **chef de gare** jefe de estación; **chef de rayon/de service** jefe de sección/de servicio; **chef-d'œuvre** (*pl* **chefs-d'œuvre**) *nm* obra maestra; **chef-lieu** (*pl* **chefs-lieux**) *nm* cabeza de distrito
chemin [ʃ(ə)mɛ̃] *nm* camino, sendero; (*itinéraire*) camino; (*trajet*) trayecto, camino; **en ~** por el camino; **les ~s de fer** (*organisation*) los ferrocarriles *mpl*
cheminée [ʃ(ə)mine] *nf* chimenea
chemise [ʃ(ə)miz] *nf* (*vêtement*) camisa; (*dossier*) carpeta
chemisier [ʃ(ə)mizje] *nm* blusa
chêne [ʃɛn] *nm* castaño
chenil [ʃ(ə)nil] *nm* perrera
chenille [ʃ(ə)nij] *nf* oruga
chèque [ʃɛk] *nm* cheque *m*, talón *m*; **chèque de voyage** cheque de viaje; **chèque sans provision** cheque sin fondos
chéquier [ʃekje] *nm* talonario de cheques
cher, chère [ʃɛʀ] *adj* (*aimé*) querido(-a); (*coûteux*) caro(-a) ▷ *adv*: **coûter ~** costar caro; **payer ~** pagar mucho dinero; **cela coûte ~** esto cuesta caro
chercher [ʃɛʀʃe] *vt* buscar; **~ des ennuis** buscarse problemas; **~ la bagarre** buscar pelea; **aller ~** ir a buscar; **~ à faire** tratar de hacer; **chercheur, -euse** *nm/f* investigador(a)
chéri, e [ʃeʀi] *adj* querido(-a); **(mon) ~** querido (mío)
cheval, -aux [ʃ(ə)val, o] *nm* caballo; **faire du ~** practicar equitación; **à ~** a caballo; **à ~ sur** (*mur etc*) a horcajadas en *ou* sobre; **cheval de course** caballo de carreras
chevalier [ʃ(ə)valje] *nm* caballero
chevalière [ʃ(ə)valjɛʀ] *nf* (sortija de) sello
chevaux [ʃ(ə)vo] *nmpl voir* **cheval**
chevet [ʃ(ə)vɛ] *nm* presbiterio; **au ~ de qn** al lecho de algn; **lampe de ~** lámpara de noche
cheveu, x [ʃ(ə)vø] *nm* cabello, pelo; **cheveux** *nmpl* pelo *msg*; **avoir les ~x courts/en brosse** tener el pelo corto/de punta; **tiré par les ~x** (*histoire*) inverosímil
cheville [ʃ(ə)vij] *nf* (*Anat*) tobillo
chèvre [ʃɛvʀ] *nf* cabra ▷ *nm* queso de cabra
chèvrefeuille [ʃɛvʀəfœj] *nm* madreselva
chevreuil [ʃəvʀœj] *nm* corzo
chez [ʃe] *prép* (*à la demeure de*) en casa de; (: *direction*) a casa de; (*auprès de, parmi*) entre ▷ *nm inv*: **~-moi/~-soi/~-toi** casa; **~ qn** en casa de algn; **~ moi** (*à la maison*) en mi casa; (*direction*) a mi casa; **~ ce poète** en este poeta; **~ les Français/les renards** entre los franceses/los zorros; **~ lui c'est un devoir** es un deber en él; **aller ~ le boulanger/le dentiste** ir a la panadería/al dentista; **il travaille ~ Renault** trabaja en la Renault
chic [ʃik] *adj inv* (*élégant*) elegante; (*généreux*) amable ▷ *nm* (*élégance*) elegancia; **avoir le ~ pour** tener el don de
chicorée [ʃikɔʀe] *nf* achicoria
chien [ʃjɛ̃] *nm* perro
chienne [ʃjɛn] *nf* perra
chiffon [ʃifɔ̃] *nm* trapo; **chiffonner**

vt arrugar
chiffre [ʃifʀ] *nm* cifra, número; (*montant, total*) importe *m*; **chiffre d'affaires** volumen *m* de negocios; **chiffrer** *vt* (*dépense*) calcular; **se chiffrer à** *vpr* ascender a
chignon [ʃiɲɔ̃] *nm* moño
Chili [ʃili] *nm* Chile *m*; **chilien, ne** *adj* chileno(-a) ▷ *nm/f*: **Chilien, ne** chileno(-a)
chimie [ʃimi] *nf* química; **chimique** *adj* químico(-a); **produits chimiques** productos *mpl* químicos
chimpanzé [ʃɛ̃pɑ̃ze] *nm* chimpancé *m*
Chine [ʃin] *nf* China; **la république de ~** la república de China
chinois, e [ʃinwa, waz] *adj* chino(-a)
chiot [ʃjo] *nm* cachorro (de perro)
chips [ʃips] *nfpl* (*aussi*: **pommes ~**) patatas *fpl* fritas
chirurgie [ʃiʀyʀʒi] *nf* cirugía; **chirurgie esthétique** cirugía estética; **chirurgien, ne** *nm/f* cirujano(-a)
chlore [klɔʀ] *nm* cloro
choc [ʃɔk] *nm* choque *m*; (*moral*) impacto; (*affrontement*) enfrentamiento
chocolat [ʃɔkɔla] *nm* chocolate *m*; (*bonbon*) bombón *m*; **chocolat à croquer** chocolate para crudo; **chocolat au lait** chocolate con leche
chœur [kœʀ] *nm* coro; **en ~** a coro
choisir [ʃwaziʀ] *vt* escoger, elegir; (*candidat*) elegir
choix [ʃwa] *nm* elección *f*; (*assortiment*) selección *f*, surtido; **avoir le ~ de/entre** tener la opción de/entre; **de premier ~** (*Comm*) de primera calidad; **au ~** a escoger
chômage [ʃomaʒ] *nm* paro, cesantía (*Am*); **mettre au ~** dejar en el paro; **être au ~** estar en paro; **chômeur, -euse** *nm/f* parado(-a)
choquer [ʃɔke] *vt* chocar
chorale [kɔʀal] *nf* coral *f*
chose [ʃoz] *nf* cosa; **c'est peu de ~** es poca cosa
chou, x [ʃu] *nm* col *f*, berza; **~ à la crème** pastelillo (de crema); **choucroute** *nf* chucrut *m*
chou-fleur [ʃuflœʀ] (*pl* **choux-fleurs**) *nm* coliflor *f*
chrétien, ne [kʀetjɛ̃, jɛn] *adj, nm/f* cristiano(-a)
Christ [kʀist] *nm*: **le ~** el Cristo; **christianisme** *nm* cristianismo
chronique [kʀɔnik] *adj* crónico(-a) ▷ *nf* crónica
chronologique [kʀɔnɔlɔʒik] *adj* cronológico(-a)
chrono(mètre) [kʀɔnɔ(mɛtʀ)] *nm* cronómetro; **chronométrer** *vt* cronometrar
chrysanthème [kʀizɑ̃tɛm] *nm* crisantemo
chuchotement [ʃyʃɔtmɑ̃] *nm* cuchicheo
chuchoter [ʃyʃɔte] *vt, vi* cuchichear
chut [ʃyt] *excl* ¡chitón!
chute [ʃyt] *nf* caída; (*déchet*) recorte *m*; **faire une ~ (de 10 m)** caerse (10 metros); **chute (d'eau)** salto de agua; **chute libre** caída libre; **chutes de neige** nevadas *fpl*
Chypre [ʃipʀ] *n* Chipre *f*
ci-, -ci [si] *adv voir* **par; comme; ci-contre** *etc* ▷ *dét*: **ce garçon/cet homme-ci** este chico/este hombre; **ces hommes/femmes-ci** estos hombres/estas mujeres
cible [sibl] *nf* blanco; (*fig*) blanco, objetivo
ciboulette [sibulɛt] *nf* cebolleta
cicatrice [sikatʀis] *nf* cicatriz *f*; **cicatriser** *vt* cicatrizar
ci-contre [sikɔ̃tʀ] *adv* al lado
ci-dessous [sidəsu] *adv* más abajo
ci-dessus [sidəsy] *adv* arriba
cidre [sidʀ] *nm* sidra
Cie *abr* (= *compagnie*) Cía (= *compañía*)

ciel [sjɛl] (*pl* **~s** *ou* (*litt*) **cieux**) *nm* cielo; **cieux** *nmpl* cielos *mpl*; **à ~ ouvert** a cielo abierto
cieux [sjø] *nmpl voir* **ciel**
cigale [sigal] *nf* cigarra
cigare [sigaʀ] *nm* cigarro, puro
cigarette [sigaʀɛt] *nf* cigarrillo, pitillo
ci-inclus, e [siɛ̃kly, yz] *adj* incluso(-a)
ci-joint, e [siʒwɛ̃, ɛ̃t] *adj* adjunto(-a)
cil [sil] *nm* pestaña
cime [sim] *nf* cima
ciment [simɑ̃] *nm* cemento
cimetière [simtjɛʀ] *nm* cementerio, camposanto
cinéaste [sineast] *nm/f* cineasta *m/f*
cinéma [sinema] *nm* cine *m*
cinq [sɛ̃k] *adj inv, nm inv* cinco *inv*; **avoir ~ ans** tener cinco años; **le ~ décembre** el cinco de diciembre; **à ~ heures** a las cinco; **nous sommes ~** somos cinco; **Henri ~** Enrique quinto; **cinquantaine** *nf*: **une cinquantaine (de)** una cincuentena (de); **cinquante** *adj inv, nm inv* cincuenta *inv*; *voir aussi* **cinq**; **cinquantenaire** *adj* (*institution*) cincuentenario(-a); (*personne*) cincuentón(-ona)
cinquantième [sɛ̃kɑ̃tjɛm] *adj, nm/f* quincuagésimo(-a); **son ~ anniversaire** su cincuenta cumpleaños; **vous êtes le ~** Usted es el (número) cincuenta; **cinquième** *adj, nm/f* quinto(-a); **un cinquième de la population** un quinto de la población; **trois cinquièmes** tres quintos
cintre [sɛ̃tʀ] *nm* percha
cintré, e [sɛ̃tʀe] *adj* (*chemise*) entallado(-a)
cirage [siʀaʒ] *nm* betún *m*
circonstance [siʀkɔ̃stɑ̃s] *nf* circunstancia; **circonstances atténuantes** circunstancias *fpl* atenuantes
circuit [siʀkɥi] *nm* circuito
circulaire [siʀkylɛʀ] *adj, nf* circular *f*
circulation [siʀkylasjɔ̃] *nf* circulación *f*; **bonne/mauvaise ~** (*du sang*) buena/mala circulación; **la ~** (*Auto*) la circulación, el tráfico
circuler [siʀkyle] *vi* (*aussi fig*) circular; **faire ~** hacer circular
cire [siʀ] *nf* cera; **ciré, e** [siʀe] *adj* encerado(-a); **cirer** *vt* encerar
cirque [siʀk] *nm* circo
ciseaux [sizo] *nmpl* tijeras *fpl*
citadin, e [sitadɛ̃, in] *nm/f, adj* ciudadano(-a)
citation [sitasjɔ̃] *nf* (*d'auteur*) cita
cité [site] *nf* ciudad *f*; **cité universitaire** ciudad universitaria
citer [site] *vt* citar
citoyen, ne [sitwajɛ̃, jɛn] *nm/f* ciudadano(-a)
citron [sitʀɔ̃] *nm* limón *m*; **citron pressé** (*boisson*) zumo natural de limón; **citron vert** limón verde; **citronnade** *nf* limonada
citrouille [sitʀuj] *nf* calabaza
civet [sivɛ] *nm* encebollado
civière [sivjɛʀ] *nf* camilla
civil, e [sivil] *adj* civil; **dans le ~** en la vida civil; **mariage/enterrement ~** matrimonio/entierro civil
civilisation [sivilizasjɔ̃] *nf* civilización *f*
clair, e [klɛʀ] *adj* claro(-a) ▷ *nm*: **~ de lune** claro de luna; **y voir ~** (*comprendre*) verlo claro; **tirer qch au ~** sacar algo en claro; **mettre au ~** (*notes etc*) poner en limpio, pasar a limpio; **le plus ~ de son temps/argent** la mayor parte de su tiempo/dinero; **clairement** *adv* claramente
clairière [klɛʀjɛʀ] *nf* claro, calvero
clandestin, e [klɑ̃dɛstɛ̃, in] *adj* clandestino(-a); **passager ~** polizón *m*; **immigration ~e** inmigración *f* clandestina
claque [klak] *nf* bofetada; **claquer**

vi (*coup de feu*) sonar; (*porte*) golpear ▷ *vt* (*doigts*) castañetear; **se claquer un muscle** distenderse un músculo; **claquettes** *nfpl* claquetas *fpl*
clarinette [klaʀinɛt] *nf* clarinete *m*
classe [klɑs] *nf* (*aussi fig*) clase *f*; (*local*) clase, aula; **aller en ~** ir a clase; **classement** *nm* clasificación *f*
classer [klɑse] *vt* clasificar; (*Jur*) archivar, cerrar; **se ~ premier/dernier** clasificarse el primero/el último; **classeur** *nm* (*cahier*) clasificador *m*; (*meuble*) archivador *m*
classique [klasik] *adj* clásico(-a); (*habituel*) típico(-a)
clavecin [klav(ə)sɛ̃] *nm* clavicordio, clavecín *m*
clavicule [klavikyl] *nf* clavícula
clé [kle] *nf* = **clef**
clef [kle] *nf* llave *f*; (*fig*) clave *f*; **clef de contact** llave de contacto; **clef USB** memoria USB, llave USB
clergé [klɛʀʒe] *nm* clero
cliché [kliʃe] *nm* cliché *m*
client, e [klijɑ̃, klijɑ̃t] *nm/f* cliente(-a); **clientèle** *nf* clientela
cligner [kliɲe] *vi*: **~ des yeux** (*rapidement*) parpadear; **~ de l'œil** guiñar (el ojo); **clignotant, e** [kliɲɔtɑ̃, ɑ̃t] *adj* intermitente ▷ *nm* (*Auto*) intermitente *m*, direccional *m* (*Am*); **clignoter** *vi* parpadear
climat [klima] *nm* clima *m*
climatisation [klimatizasjɔ̃] *nf* climatización *f*; **climatisé, e** *adj* climatizado(-a)
clin d'œil [klɛ̃dœj] *nm* guiño; **en un ~** en un abrir y cerrar de ojos
clinique [klinik] *adj* clínico(-a) ▷ *nf* clínica
clip [klip] *nm* clip *m*
cliquer [klike] *vi* (*Inform*): **~ sur** hacer clic en, clicar en
clochard, e [klɔʃaʀ, aʀd] *nm/f* mendigo(-a)
cloche [klɔʃ] *nf* (*d'église*) campana; **clocher** *nm* campanario ▷ *vi* (*fam*) fallar, no andar bien
cloison [klwazɔ̃] *nf* tabique *m*
cloque [klɔk] *nf* ampolla
clôture [klotyʀ] *nf* (*des inscriptions*) cierre del plazo; (*barrière*) cercado, valla
clou [klu] *nm* clavo; **clous** *nmpl* (*passage clouté*) paso de peatones; **clou de girofle** clavo de especia
clown [klun] *nm* payaso, clown *m*
club [klœb] *nm* club *m*
CNRS [seɛnɛʀɛs] *sigle m* (= *Centre national de la recherche scientifique*) ≈ CSIC *m* (= *Consejo Superior de Investigaciones Científicas*)
coaguler [kɔagyle] *vi* (*aussi*: **se ~**) coagularse
cobaye [kɔbaj] *nm* cobaya *m ou f*, conejillo de Indias; (*fig*) cobaya
coca [kɔka] *nm* coca
cocaïne [kɔkain] *nf* cocaína
coccinelle [kɔksinɛl] *nf* mariquita
cocher [kɔʃe] *vt* marcar (*con una cruz*)
cochon [kɔʃɔ̃] *nm* cerdo, cancho (*Am*) ▷ *nm/f* (*péj*) cerdo(-a) ▷ *adj* (*fam*: *livre, histoire, propos*) verde; **cochonnerie** (*fam*) *nf* porquería
cocktail [kɔktɛl] *nm* cóctel *m*, highball *ou* jaibol *m* (*Am*), daiquiri *ou* daiquirí *m* (*Am*)
cocorico [kɔkɔʀiko] *excl* ¡quiquiriquí!
cocotte [kɔkɔt] *nf* olla, cacerola; **cocotte (minute)**® olla a presión
code [kɔd] *nm* código; (*conventions*) reglas *fpl*; **se mettre en ~(s)** (*Auto*) poner las luces de cruce; **éclairage** *ou* **phares ~(s)** luz *f* de cruce; **code à barres** código de barras; **code civil** código civil; **code de la route** código de la circulación; **code pénal** código penal; **code postal** código postal
cœur [kœʀ] *nm* corazón *m*; (*Cartes*: *couleur*) corazones *mpl*; (: *carte*) corazón; **avoir bon/du ~**

tener buen corazón; **avoir mal au ~** tener náuseas; **opérer qn à ~ ouvert** operar a algn a corazón abierto; **parler à ~ ouvert** hablar con el corazón en la mano; **de tout son ~** de todo corazón; **avoir le ~ gros** *ou* **serré** estar acongojado; **en avoir le ~ net** saber a qué atenerse; **avoir le ~ sur la main** ser muy generoso; **par ~** de memoria; **de bon/grand ~** con toda el alma; **cela lui tient à ~** esto le apasiona; **prendre les choses à ~** tomar las cosas a pecho; **s'en donner à ~ joie** gozar; **être de (tout) ~ avec qn** apoyar a algn, estar (moralmente) con algn; **cœur d'artichaut** corazón de alcachofa; **cœur de l'été** pleno verano

coffre [kɔfʀ] *nm* (*meuble*) arca; (*coffre-fort*) cofre *m*; (*d'auto*) maletero, baúl *m* (*Am*), maletera (*And, CSur*); **coffret** *nm* cofrecito

cognac [kɔɲak] *nm* coñac *m*

cogner [kɔɲe] *vt, vi* golpear

cohérent, e [kɔeʀɑ̃, ɑ̃t] *adj* coherente

coiffé, e [kwafe] *adj* **bien/mal ~** bien/mal peinado(-a); **~ en brosse** peinado(-a) con el cepillo

coiffer [kwafe] *vt* peinar; **se coiffer** *vpr* peinarse; **coiffeur, -euse** *nm/f* peluquero(-a); **coiffeuse** *nf* (*table*) tocador *m*, coqueta; **coiffure** *nf* (*cheveux*) peinado; **la coiffure** la peluquería

coin [kwɛ̃] *nm* (*gén*) esquina; **l'épicerie du ~** el ultramarinos de la esquina; **dans le ~** por aquí

coincé, e [kwɛ̃se] *adj* (*tiroir, pièce mobile*) atascado(-a); (*fig*) corto(-a)

coincer [kwɛ̃se] *vt* calzar; (*fam: par une question, une manœuvre*) pillar; **se coincer** *vpr* atascarse

coïncidence [kɔɛ̃sidɑ̃s] *nf* coincidencia

coing [kwɛ̃] *nm* membrillo

col [kɔl] *nm* cuello; (*de montagne*) puerto; **col de l'utérus** cuello del útero; **col roulé** cuello vuelto

colère [kɔlɛʀ] *nf* ira, cólera, enojo (*esp Am*); **être en ~ (contre qn)** estar enfadado(-a) *ou* enojado(-a) (*esp Am*) (con algn); **se mettre en ~** enfadarse, enojarse (*esp Am*); **coléreux, -euse** *adj* colérico(-a)

colin [kɔlɛ̃] *nm* merluza

colique [kɔlik] *nf* cólico

colis [kɔli] *nm* paquete *m*

collaborer [kɔ(l)labɔʀe] *vi* (*aussi Pol*) colaborar; **~ à** colaborar en

collant, e [kɔlɑ̃, ɑ̃t] *adj* adherente; (*robe*) ajustado(-a); (*péj: personne*) pegajoso(-a) ▷ *nm* (*bas*) pantis *mpl*

colle [kɔl] *nf* (*à papier*) pegamento; (*à papiers peints*) cola; (*devinette*) pega

collecte [kɔlɛkt] *nf* colecta; **collectif, -ive** *adj* colectivo(-a) ▷ *nm* colectivo

collection [kɔlɛksjɔ̃] *nf* colección *f*; **collectionner** *vt* coleccionar; **collectionneur, -euse** *nm/f* coleccionista *m/f*

collectivité [kɔlɛktivite] *nf* colectivo; **collectivités locales** administraciones *fpl* locales

collège [kɔlɛʒ] *nm* colegio; **collégien, ne** [kɔleʒjɛ̃, jɛn] *nm/f* colegial *m/f*

COLLÈGE

El **collège** es un colegio público de educación secundaria para niños de entre once y quince años. Los alumnos siguen un currículum que consta de una serie de asignaturas comunes y varias optativas. Los colegios tienen libertad para elaborar sus propios horarios y escoger su propia metodología. Antes de que abandonen el **collège**, se evalúa el trabajo de los alumnos durante la etapa y se les examina para la obtención del **brevet des collèges**.

collègue [kɔ(l)lɛg] *nm/f* colega *m/f*
coller [kɔle] *vt* pegar; (*papier peint*) encolar; (*Scol: fam*) catear ▷ *vi* (*être collant*) pegarse; (*adhérer*) pegar
collier [kɔlje] *nm* collar *m*
colline [kɔlin] *nf* colina
collision [kɔlizjɔ̃] *nf* colisión *f*; **entrer en ~ (avec)** chocar (con)
collyre [kɔliʀ] *nm* colirio
colombe [kɔlɔ̃b] *nf* paloma
Colombie [kɔlɔ̃bi] *nf* Colombia
colonie [kɔlɔni] *nf* colonia; **colonie (de vacances)** colonia (de vacaciones)
colonne [kɔlɔn] *nf* columna; **colonne (vertébrale)** columna vertebral
colorant, e [kɔlɔʀɑ̃, ɑ̃t] *adj* colorante
colorer [kɔlɔʀe] *vt* colorear
colorier [kɔlɔʀje] *vt* colorear, pintar
coloris [kɔlɔʀi] *nm* colorido
colza [kɔlza] *nm* colza
coma [kɔma] *nm* coma *m*; **être dans le ~** estar en coma
combat [kɔ̃ba] *vb voir* **combattre** ▷ *nm* (*Mil*) combate *m*; (*fig*) lucha; **combat de boxe** combate de boxeo; **combattant** *vb voir* **combattre** ▷ *adj* combatiente ▷ *nm* combatiente *m*; (*d'une rixe*) contendiente *m*; **ancien combattant** antiguo combatiente; **combattre** *vt, vi* combatir
combien [kɔ̃bjɛ̃] *adv* (*interrogatif*) cuánto(-a); (*nombre*) cuántos(-as); (*exclamatif: comme, que*) cómo, qué; **~ de** cuántos(-as); **~ de temps** cuánto tiempo; **~ coûte/pèse ceci?** ¿cuánto cuesta/pesa esto?; **ça fait ~?** ¿cuánto es?
combinaison [kɔ̃binɛzɔ̃] *nf* combinación *f*; (*astuce*) plan *m*; (*vestido, Sport*) traje *m*; (*bleu de travail*) mono, overol *m* (*Am*)
combiné [kɔ̃bine] *nm* (*aussi:* **~ téléphonique**) auricular *m*
comble [kɔ̃bl] *adj* abarrotado(-a) ▷ *nm* (*du bonheur, plaisir*) colmo; **c'est le ~!** ¡es el colmo!
combler [kɔ̃ble] *vt* (*trou*) llenar; (*fig*) llenar, cubrir; (*satisfaire*) colmar
comédie [kɔmedi] *nf* comedia; **comédie musicale** comedia musical; **comédien, ne** *nm/f* (*Théâtre, fig*) comediante(-a)

COMÉDIE FRANÇAISE

La **Comédie française**, fundada en 1680 por Luis XIV, es el teatro nacional de Francia. Financiada con fondos públicos, la compañía actúa principalmente en el Palais Royal de París y pone en escena fundamentalmente teatro clásico francés.

comestible [kɔmɛstibl] *adj* comestible
comique [kɔmik] *adj* cómico(-a) ▷ *nm* cómico(-a)
commandant [kɔmɑ̃dɑ̃] *nm* comandante *m*
commande [kɔmɑ̃d] *nf* (*Comm*) pedido; (*Inform*) mando; **commandes** *nfpl* mandos *mpl*; **passer une ~ (de)** cursar un pedido (de); **commander** *vt* (*Comm*) encargar, pedir; (*diriger, ordonner*) mandar; **commander à qn de faire qch** ordenar a algn que haga algo

MOT-CLÉ

comme [kɔm] *prép* **1** (*comparaison*) como; **tout comme son père** igual que su padre; **fort comme un bœuf** fuerte como un toro; **il est petit**

comme tout es muy pequeño; **comme c'est pas permis** (*fam*) como él/ella solo(-a)
2 (*manière*): **comme ça** así; **comme ci, comme ça** así, así; **faites comme cela** hágalo así; **on ne parle pas comme ça à ...** no se habla así a ...
3 (*en tant que*): **donner comme prix/heure** dar como precio/hora; **travailler comme secrétaire** trabajar de secretaria
▷ *conj* 1 (*ainsi que*) como; **elle écrit comme elle parle** escribe como habla; **comme on dit** como se dice; **comme si** como si; **comme quoi ...** (*disant que*) en el/la/los/las que dice etc que ...; (*d'où il s'ensuit que*) lo que demuestra que; **comme il faut** como es debido
2 (*au moment où, alors que*) cuando; **il est parti comme j'arrivais** se marchó cuando yo llegaba
3 (*parce que, puisque*) como; **comme il était en retard, ...** como se retrasaba, ...
▷ *adv* (*exclamation*): **comme c'est bon/il est fort!** ¡qué bueno está!/¡qué fuerte es!

commencement [kɔmɑ̃smɑ̃] *nm* comienzo
commencer [kɔmɑ̃se] *vt, vi* comenzar, empezar; **~ à** *ou* **de faire** comenzar *ou* empezar a hacer
comment [kɔmɑ̃] *adv* (*interrogatif*) cómo; **~?** ¿cómo?, ¿mande (usted)?; **et ~!** ¡pero cómo!
commentaire [kɔmɑ̃tɛʀ] *nm* (*gén pl*) comentario
commerçant, e [kɔmɛʀsɑ̃, ɑ̃t] *adj* (*rue, ville*) comercial ▷ *nm/f* comerciante *m/f*
commerce [kɔmɛʀs] *nm* (*activité*) comercio, negocio; (*boutique*) comercio, tienda; **commerce en** *ou* **de gros** comercio al por mayor; **commerce équitable** comercio justo; **commerce extérieur** comercio exterior
commercial, e, -aux [kɔmɛʀsjal, jo] *adj* (*aussi péj*) comercial; **commercialiser** *vt* comercializar
commissaire [kɔmisɛʀ] *nm* comisario; **commissariat** *nm* comisaría
commission [kɔmisjɔ̃] *nf* (*course*) encargo, recado; **commissions** *nfpl* compras *fpl*
commode [kɔmɔd] *adj* cómodo(-a); (*personne*): **pas ~** difícil ▷ *nf* cómoda
commun, e [kɔmœ̃, yn] *adj* común, colectivo(-a); **en ~** en común; **d'un ~ accord** de común acuerdo
communauté [kɔmynote] *nf* comunidad *f*
commune [kɔmyn] *adj f voir* **commun** ▷ *nf* municipio
communication [kɔmynikasjɔ̃] *nf* comunicación *f*; **communications** *nfpl* comunicaciones *fpl*; **vous avez la ~** ya tiene la llamada; **mettre qn en ~ avec qn** (*en contact*) poner a algn en contacto con algn; (*au téléphone*) poner a algn en comunicación con
communier [kɔmynje] *vi* comulgar
communion [kɔmynjɔ̃] *nf* comunión *f*
communiquer [kɔmynike] *vt* comunicar; (*demande, dossier*) presentar; (*maladie, chaleur*) transmitir ▷ *vi* comunicarse; **se communiquer à** *vpr* tra(n)smitirse a
communisme [kɔmynism] *nm* comunismo; **communiste** *adj, nm/f* comunista *m/f*
commutateur [kɔmytatœʀ] *nm* conmutador *m*
compact, e [kɔ̃pakt] *adj* compacto(-a)
compagne [kɔ̃paɲ] *nf* compañera
compagnie [kɔ̃paɲi] *nf* compañía; **tenir ~ à qn** hacer compañía a algn;

en ~ de en compañía de; **compagnie aérienne** compañía aérea
compagnon [kɔ̃paɲɔ̃] *nm* compañero
comparable [kɔ̃paʀabl] *adj*: **~ (à)** comparable (a)
comparaison [kɔ̃paʀɛzɔ̃] *nf* comparación *f*
comparer [kɔ̃paʀe] *vt* comparar; **~ qch/qn à** *ou* **et** comparar algo/algn a *ou* con
compartiment [kɔ̃paʀtimɑ̃] *nm* (*de train*) compartim(i)ento
compas [kɔ̃pɑ] *nm* compás *m*
compatible [kɔ̃patibl] *adj*: **~ (avec)** compatible (con)
compatriote [kɔ̃patʀijɔt] *nm/f* compatriota *m/f*
compensation [kɔ̃pɑ̃sasjɔ̃] *nf* (*dédommagement*) compensación *f*
compenser [kɔ̃pɑ̃se] *vt* compensar
compétence [kɔ̃petɑ̃s] *nf* (*aussi Jur*) competencia
compétent, e [kɔ̃petɑ̃, ɑ̃t] *adj* competente
compétition [kɔ̃petisjɔ̃] *nf* competencia; (*Sport*) competición *f*
complément [kɔ̃plemɑ̃] *nm* (*gén, aussi Ling*) complemento; (*reste*) resto; **complément d'information** (*Admin*) suplemento (informativo); **complémentaire** *adj* complementario(-a)
complet, -ète [kɔ̃plɛ, ɛt] *adj* completo(-a) ▷ *nm* (*aussi*: **~-veston**) traje *m*; **complètement** *adv* completamente; **compléter** *vt* completar
complexe [kɔ̃plɛks] *adj* complejo(-a) ▷ *nm* complejo; **~ industriel/portuaire/hospitalier** complejo industrial/portuario/hospitalario; **complexé, e** *adj* acomplejado(-a)
complication [kɔ̃plikasjɔ̃] *nf* complicación *f*; **complications** *nfpl* (*Méd*) complicaciones *fpl*
complice [kɔ̃plis] *nm/f* cómplice *m/f*
compliment [kɔ̃plimɑ̃] *nm* cumplido; **compliments** *nmpl* (*félicitations*) enhorabuena *fsg*
compliqué, e [kɔ̃plike] *adj* complicado(-a)
comportement [kɔ̃pɔʀtəmɑ̃] *nm* comportamiento
comporter [kɔ̃pɔʀte] *vt* constar de; (*impliquer*) conllevar; **se comporter** *vpr* comportarse
composer [kɔ̃poze] *vt* componer; **se ~ de** componerse de; **~ un numéro** marcar *ou* discar (*Am*) un número; **compositeur, -trice** *nm/f* (*Mus*) compositor(a); **composition** *nf* composición *f*; (*Scol: d'histoire, de math*) prueba
composter [kɔ̃pɔste] *vt* (*dater*) fechar; (*poinçonner*) picar, perforar
compote [kɔ̃pɔt] *nf* compota; **~ de pommes** compota de manzana
compréhensible [kɔ̃pʀeɑ̃sibl] *adj* (*aussi fig*) comprensible
compréhensif, -ive [kɔ̃pʀeɑ̃sif, iv] *adj* comprensivo(-a)
comprendre [kɔ̃pʀɑ̃dʀ] *vt* (*se composer de, être muni de*) comprender, constar de; (*sens, problème*) comprender, entender; (*point de vue*) entender
compresse [kɔ̃pʀɛs] *nf* compresa
comprimé, e [kɔ̃pʀime] *nm* comprimido, pastilla
compris, e [kɔ̃pʀi, iz] *pp de* **comprendre** ▷ *adj* (*inclus*) incluido(-a); **~ entre ...** (*situé*) situado(-a) entre ...; **y/non ~ la maison** inclusive la casa/sin incluir la casa; **100 euros tout ~** 100 euros con todo incluido
comptabilité [kɔ̃tabilite] *nf* contabilidad *f*
comptable [kɔ̃tabl] *nm/f, adj* contable *m/f*, contador *m* (*Am*)
comptant [kɔ̃tɑ̃] *adv*: **payer/**

acheter ~ pagar/comprar al contado
compte [kɔ̃t] *nm* cuenta; **comptes** *nmpl* (*comptabilité*) cuentas *fpl*; **rendre des ~s à qn** (*fig*) dar cuentas a algn; **en fin de ~** (*fig*) a fin de cuentas; **à bon ~** a buen precio; **avoir son ~** (*fig: fam*) tener su merecido; **pour le ~ de qn** por cuenta de algn; **travailler à son ~** trabajar por su cuenta; **rendre ~ (à qn) de qch** dar cuenta de algo (a algn); **tenir ~ de qch/que** tener en cuenta algo/que; **compte courant** cuenta corriente; **compte rendu** informe *m*; **compte-gouttes** *nm inv* cuentagotas *m inv*
compter [kɔ̃te] *vt* contar; (*facturer*) cobrar; (*comporter*) constar de ▷ *vi* contar; **~ parmi** figurar entre; **~ réussir/revenir** esperar aprobar/volver; **~ sur** (*se fier à*) contar con
compteur [kɔ̃tœʀ] *nm* (*d'auto*) cuentakilómetros *m inv*; (*à gaz, électrique*) contador *m*; **compteur de vitesse** velocímetro
comptoir [kɔ̃twaʀ] *nm* (*de magasin*) mostrador *m*; (*de café*) barra
con, ne [kɔ̃, kɔn] (*fam!*) *adj, nm/f* gilipollas *m/f inv* (*fam!*)
concentré, e [kɔ̃sɑ̃tʀe] *adj* concentrado(-a) ▷ *nm* concentrado
concentrer [kɔ̃sɑ̃tʀe]: **se concentrer** *vpr* concentrarse
concerner [kɔ̃sɛʀne] *vt* concernir a; **en ce qui me concerne** en lo que a mí respecta
concert [kɔ̃sɛʀ] *nm* (*Mus*) concierto; (*fig*) coro; **se concerter** *vpr* ponerse de acuerdo, concertarse
concessionnaire [kɔ̃sesjɔnɛʀ] *nm/f* concesionario(-a)
concevoir [kɔ̃s(ə)vwaʀ] *vt* concebir; (*décoration etc*) imaginar; (*machine*) diseñar; **appartement bien/mal conçu** piso bien/mal diseñado
concierge [kɔ̃sjɛʀʒ] *nm/f* portero(-a); (*d'hôtel*) conserje *m*
concis, e [kɔ̃si, iz] *adj* conciso(-a)
conclure [kɔ̃klyʀ] *vt* (*terminer*) concluir, terminar; **conclusion** *nf* conclusión *f*
conçois *etc* [kɔ̃swa] *vb voir* **concevoir**
concombre [kɔ̃kɔ̃bʀ] *nm* pepino
concours [kɔ̃kuʀ] *nm* concurso; (*Scol*) examen *m* eliminatorio; **concours de circonstances** cúmulo de circunstancias; **concours hippique** concurso hípico
concret, -ète [kɔ̃kʀɛ, ɛt] *adj* concreto(-a)
conçu, e [kɔ̃sy] *pp de* **concevoir**
concubinage [kɔ̃kybinaʒ] *nm* concubinato
concurrence [kɔ̃kyʀɑ̃s] *nf* competencia; **jusqu'à ~ de** hasta un total de
concurrent, e [kɔ̃kyʀɑ̃, ɑ̃t] *adj* (*société*) competidor(a) ▷ *nm/f* (*Sport, Écon*) competidor(a); (*Scol*) candidato(-a)
condamner [kɔ̃dɑne] *vt* condenar; **~ qn à 2 ans de prison** condenar a algn a 2 años de prisión
condensation [kɔ̃dɑ̃sasjɔ̃] *nf* condensación *f*
condition [kɔ̃disjɔ̃] *nf* condición *f*; **conditions** *nfpl* (*tarif, prix, circonstances*) condiciones *fpl*; **sans ~** *adj* sin condición
conditionnement [kɔ̃disjɔnmɑ̃] *nm* (*emballage*) embalaje *m*, envasado
condoléances [kɔ̃dɔleɑ̃s] *nfpl* pésame *m*
conducteur, -trice [kɔ̃dyktœʀ, tʀis] *adj* conductor(a) ▷ *nm* (*Élec*) conductor *m* ▷ *nm/f* conductor(a)
conduire [kɔ̃dɥiʀ] *vt* conducir; (*passager*) llevar; (*diriger*) dirigir; **se conduire** *vpr* comportarse, portarse; **~ vers/à** (*suj: route*) conducir a, llevar hacia/a; **~ à** (*suj: attitude, erreur*) llevar a; **~ qn quelque part** llevar a algn a algún sitio

conduite [kɔ̃dɥit] *nf (comportement)* conducta; *(d'eau, gaz)* conducto
confection [kɔ̃fɛksjɔ̃] *nf* confección *f*; **la ~** *(Couture)* la confección; **vêtement de ~** ropa de confección
conférence [kɔ̃feʀɑ̃s] *nf* conferencia; **conférence de presse** conferencia de prensa
confesser [kɔ̃fese] *vt* confesar; **confession** *nf* confesión *f*
confiance [kɔ̃fjɑ̃s] *nf* confianza; **avoir ~ en** tener confianza en; **confiance en soi** confianza en sí mismo
confiant, e [kɔ̃fjɑ̃, jɑ̃t] *adj* confiado(-a)
confidence [kɔ̃fidɑ̃s] *nf* confidencia; **confidentiel, le** *adj* confidencial
confier [kɔ̃fje] *vt* confiar; **~ à qn** *(en dépôt, garde)* confiar a algn; **se ~ à qn** confiarse a algn
confirmation [kɔ̃fiʀmasjɔ̃] *nf* confirmación *f*
confirmer [kɔ̃fiʀme] *vt* confirmar
confiserie [kɔ̃fizʀi] *nf* confitería; **confiseries** *nfpl* golosinas *fpl*
confisquer [kɔ̃fiske] *vt (Jur)* confiscar; *(à un enfant)* quitar
confit, e [kɔ̃fi, it] *adj*: **fruits ~s** frutas *fpl* confitadas; **confit d'oie** *nm* conserva de oca en su grasa
confiture [kɔ̃fityʀ] *nf* confitura, mermelada
conflit [kɔ̃fli] *nm* conflicto; *(fig)* choque *m*, conflicto
confondre [kɔ̃fɔ̃dʀ] *vt* confundir
conforme [kɔ̃fɔʀm] *adj*: **~ à** conforme a; **copie certifiée ~ (à l'original)** copia compulsada; **conformément** *adv*: **conformément à** conforme a, según; **conformer** *vb*: **se conformer à** adecuarse a, adaptarse a
confort [kɔ̃fɔʀ] *nm* confort *m*; **tout ~** con todas las comodidades; **confortable** *adj* confortable, cómodo(-a)
confronter [kɔ̃fʀɔ̃te] *vt* confrontar
confus, e [kɔ̃fy, yz] *adj* confuso(-a); **confusion** *nf* confusión *f*
congé [kɔ̃ʒe] *nm (vacances)* vacaciones *fpl*; *(arrêt de travail)* descanso; **en ~** de vacaciones; **semaine/jour de ~** semana/día *m* de vacaciones; **prendre ~ de qn** despedirse de algn; **donner son ~ à** despedir a; **congé de maladie** baja por enfermedad; **congé de maternité** baja maternal; **congés payés** vacaciones pagadas
congédier [kɔ̃ʒedje] *vt* despedir
congélateur [kɔ̃ʒelatœʀ] *nm* congelador *m*
congeler [kɔ̃ʒ(ə)le] *vt* congelar
congestion [kɔ̃ʒɛstjɔ̃] *nf (routière, postale)* congestión *f*; **congestion cérébrale** derrame *m* cerebral
congrès [kɔ̃gʀɛ] *nm* congreso
conifère [kɔnifɛʀ] *nm* conífera
conjoint, e [kɔ̃ʒwɛ̃, wɛ̃t] *adj* conjunto(-a) ▷ *nm/f (époux)* cónyuge *m/f*
conjonctivite [kɔ̃ʒɔ̃ktivit] *nf* conjuntivitis *f inv*
conjoncture [kɔ̃ʒɔ̃ktyʀ] *nf* coyuntura
conjugaison [kɔ̃ʒygɛzɔ̃] *nf* conjugación *f*
conjuguer [kɔ̃ʒyge] *vt (Ling)* conjugar
connaissance [kɔnɛsɑ̃s] *nf (savoir)* conocimiento; *(personne connue)* conocido(-a); **être sans ~** *(Méd)* estar sin conocimiento; **perdre/reprendre ~** perder/recobrar el conocimiento; **à ma/sa ~** por lo que sé/sabe
connaisseur, -euse [kɔnɛsœʀ, øz] *nm/f* conocedor(a), entendido(-a)
connaître [kɔnɛtʀ] *vt* conocer; *(adresse)* conocer, saber; **se connaître** *vpr* conocerse; *(se rencontrer)* conocerse, encontrarse; **~ qn de**

nom/vue conocer a algn de nombre/ vista
connecter [kɔnɛkte] *vt* conectar
connerie [kɔnʀi] (*fam!*) *nf* gilipollez *f*
connu, e [kɔny] *pp de* **connaître** ▷ *adj* conocido(-a)
conquête [kɔ̃kɛt] *nf* conquista
consacrer [kɔ̃sakʀe] *vt* (*fig*) consagrar; **~ qch à** (*employer*) dedicar algo a
conscience [kɔ̃sjɑ̃s] *nf* conciencia; **avoir ~ de** ser consciente de, tomar conciencia de; **prendre ~ de** (*présence, situation*) darse cuenta de; (*responsabilité*) tomar conciencia de; **avoir qch sur la ~** tener el peso de algo en la conciencia; **perdre/ reprendre ~** perder/recuperar el conocimiento; **avoir bonne/ mauvaise ~** tener buena/mala conciencia; **consciencieux, -euse** *adj* concienzudo(-a); **conscient, e** *adj* consciente
consécutif, -ive [kɔ̃sekytif, iv] *adj* consecutivo(-a); **~ à** debido(-a) a
conseil [kɔ̃sɛj] *nm* consejo; **prendre ~ (auprès de qn)** consultar (a algn)
conseiller[1] [kɔ̃seje] *vt* aconsejar a; **~ à qn de faire qch** aconsejar a algn hacer algo
conseiller[2], **-ère** [kɔ̃seje, ɛʀ] *nm/f* consejero(-a); **conseiller d'orientation** (*Scol*) asesor(a) *m/f* de orientación profesional
consentement [kɔ̃sɑ̃tmɑ̃] *nm* consentimiento
consentir [kɔ̃sɑ̃tiʀ] *vt*: **~ (à qch/à faire)** consentir (en algo/en hacer)
conséquence [kɔ̃sekɑ̃s] *nf* consecuencia; **conséquences** *nfpl* (*effet, répercussion*) consecuencias *fpl*; **en ~** (*donc*) en consecuencia, por consiguiente; (*de façon appropriée*) en consecuencia; **conséquent, e** *adj*: **par conséquent** por consiguiente
conservateur, -trice [kɔ̃sɛʀvatœʀ, tʀis] *adj, nm/f* conservador(a)
conservatoire [kɔ̃sɛʀvatwaʀ] *nm* (*de musique*) conservatorio
conserve [kɔ̃sɛʀv] *nf* (*gén pl: aliments*) conserva; **en ~** en conserva
conserver [kɔ̃sɛʀve] *vt* conservar; (*habitude*) mantener, conservar
considérable [kɔ̃sideʀabl] *adj* considerable
considération [kɔ̃sideʀasjɔ̃] *nf* consideración *f*
considérer [kɔ̃sideʀe] *vt* considerar; **~ qch comme** considerar algo como
consigne [kɔ̃siɲ] *nf* (*de bouteilles*) importe *m* (del envase); (*ordre, instruction, de gare*) consigna; **consigne automatique** consigna automática
consister [kɔ̃siste] *vi*: **~ en** *ou* **dans** consistir en; **~ à faire** consistir en hacer
consoler [kɔ̃sɔle] *vt* consolar
consommateur, -trice [kɔ̃sɔmatœʀ, tʀis] *nm/f* (*Écon*) consumidor(a); (*dans un café*) cliente *m/f*
consommation [kɔ̃sɔmasjɔ̃] *nf* consumición *f*; **la ~** (*Écon*) el consumo; **de ~** (*biens*) de consumo; **~ aux 100 km** (*Auto*) consumo cada 100 km
consommer [kɔ̃sɔme] *vt* consumir ▷ *vi* (*dans un café*) consumir, tomar
consonne [kɔ̃sɔn] *nf* consonante *f*
constamment [kɔ̃stamɑ̃] *adv* constantemente
constant, e [kɔ̃stɑ̃, ɑ̃t] *adj* constante
constat [kɔ̃sta] *nm* (*d'huissier*) acta; (*après un accident*) atestado
constatation [kɔ̃statasjɔ̃] *nf* (*d'un fait*) constatación *f*
constater [kɔ̃state] *vt* (*remarquer*) advertir, observar; (*Admin, Jur*) testificar; (*dégâts*) constatar
consterner [kɔ̃stɛʀne] *vt*

consternar
constipé, e [kɔ̃stipe] *adj* estreñido(-a)
constitué, e [kɔ̃stitɥe] *adj*: **~ de** constituido(-a) por, integrado(-a) por
constituer [kɔ̃stitɥe] *vt* constituir; (*équipe*) crear; (*dossier*) elaborar; (*collection*) reunir
constructeur [kɔ̃stʀyktœʀ] *nm* constructor *m*
constructif, -ive [kɔ̃stʀyktif, iv] *adj* constructivo(-a)
construction [kɔ̃stʀyksjɔ̃] *nf* construcción *f*
construire [kɔ̃stʀɥiʀ] *vt* construir
consul [kɔ̃syl] *nm* cónsul *m*; **consulat** *nm* consulado
consultant, e [kɔ̃syltɑ̃, ɑ̃t] *adj* consultor(a)
consultation [kɔ̃syltasjɔ̃] *nf* consulta; **heures de ~** (*Méd*) horas *fpl* de consulta
consulter [kɔ̃sylte] *vt* consultar ▷ *vi* (*médecin*) examinar
contact [kɔ̃takt] *nm* contacto; **au ~ de** al contacto con; **mettre/couper le ~** (*Auto*) encender *ou* poner/apagar *ou* quitar el contacto; **prendre ~ avec** ponerse en contacto con; **contacter** *vt* contactar con
contagieux, -euse [kɔ̃taʒjø, jøz] *adj* contagioso(-a)
contaminer [kɔ̃tamine] *vt* contaminar
conte [kɔ̃t] *nm* cuento; **conte de fées** cuento de hadas
contempler [kɔ̃tɑ̃ple] *vt* contemplar
contemporain, e [kɔ̃tɑ̃pɔʀɛ̃, ɛn] *adj, nm/f* contemporáneo(-a)
contenir [kɔ̃t(ə)niʀ] *vt* (*aussi fig*) contener; (*local*) tener una capacidad de *ou* para
content, e [kɔ̃tɑ̃, ɑ̃t] *adj* contento(-a); **~ de qn/qch** contento(-a) con algn/algo; **contenter**: **se contenter de** *vpr* contentarse con
contenu, e [kɔ̃t(ə)ny] *pp de* **contenir** ▷ *nm* contenido
conter [kɔ̃te] *vt* contar, relatar
contestable [kɔ̃tɛstabl] *adj* discutible
conteste [kɔ̃tɛst]: **sans ~** *adv* sin discusión; **contester** *vt* discutir, cuestionar ▷ *vi* discutir
contexte [kɔ̃tɛkst] *nm* contexto
continent [kɔ̃tinɑ̃] *nm* continente *m*
continu, e [kɔ̃tiny] *adj* continuo(-a) ▷ *nm*: **(courant) ~** (corriente *f*) continua
continuel, e [kɔ̃tinɥɛl] *adj* (*qui se répète*) constante; (*continu*: *pluie etc*) continuo(-a)
continuer [kɔ̃tinɥe] *vt* continuar; (*voyage, études etc*) continuar, proseguir ▷ *vi* continuar; (*voyageur*) continuar, seguir; **~ à** *ou* **de faire** seguir haciendo
contourner [kɔ̃tuʀne] *vt* rodear, evitar
contraceptif, -ive [kɔ̃tʀasɛptif, iv] *adj* anticonceptivo(-a) ▷ *nm* anticonceptivo; **contraception** *nf* contracepción *f*
contracté, e [kɔ̃tʀakte] *adj* (*personne*) tenso(-a)
contracter [kɔ̃tʀakte] *vt* contraer; (*assurance*) contratar; **se contracter** *vpr* (*métal, muscles*) contraerse
contractuel, le [kɔ̃tʀaktɥɛl] *nm/f* (*agent*) controlador(a) del estacionamiento
contradiction [kɔ̃tʀadiksjɔ̃] *nf* contradicción *f*; **en ~ avec** en contradicción con; **contradictoire** *adj* contradictorio(-a)
contraignant, e [kɔ̃tʀɛɲɑ̃, ɑ̃t] *vb voir* **contraindre** ▷ *adj* apremiante
contraindre [kɔ̃tʀɛ̃dʀ] *vt*: **~ qn à qch/à faire qch** forzar a algn a algo/a hacer algo; **contrainte** *nf* coacción *f*
contraire [kɔ̃tʀɛʀ] *adj* contrario(-a),

opuesto(-a); **au ~** al contrario
contrarier [kɔ̃tʀaʀje] *vt* (*irriter*) contrariar; **contrariété** *nf* contrariedad *f*
contraste [kɔ̃tʀast] *nm* contraste *m*
contrat [kɔ̃tʀa] *nm* contrato
contravention [kɔ̃tʀavɑ̃sjɔ̃] *nf* (*amende*) multa
contre [kɔ̃tʀ] *prép* contra; (*en échange*) por; **par ~** en cambio
contrebande [kɔ̃tʀəbɑ̃d] *nf* contrabando
contrebas [kɔ̃tʀəba]: **en ~** *adv* más abajo
contrebasse [kɔ̃tʀəbas] *nf* contrabajo
contre...: **contrecœur**: **à contrecœur** *adv* de mala gana, a regañadientes; **contrecoup** *nm* rebote *m*; **contredire** *vt* contradecir
contrefaçon [kɔ̃tʀəfasɔ̃] *nf* falsificación *f*
contre...: **contre-indication** (*pl* **contre-indications**) *nf* contraindicación *f*; **contre-indiqué, e** (*pl* **contre-indiqués, es**) *adj* contraindicado(-a)
contremaître [kɔ̃tʀəmɛtʀ] *nm* contramaestre *m*, capataz *m*
contre-plaqué [kɔ̃tʀəplake] (*pl* **~s**) *nm* contrachapado
contresens [kɔ̃tʀəsɑ̃s] *nm* contrasentido; **à ~** en sentido contrario
contretemps [kɔ̃tʀətɑ̃] *nm* contratiempo
contribuer [kɔ̃tʀibɥe]: **~ à** *vt ind* contribuir a
contribution [kɔ̃tʀibysjɔ̃] *nf* contribución *f*; **mettre à ~** utilizar los servicios de
contrôle [kɔ̃tʀol] *nm* control *m*; **contrôle continu** (*Scol*) evaluación *f* continua; **contrôle d'identité** control de identidad
contrôler [kɔ̃tʀole] *vt* controlar; (*vérifier*) comprobar; **contrôleur, -euse** *nm/f* revisor(a), inspector(a) de boletos (*Am*)
controversé, e [kɔ̃tʀɔvɛʀse] *adj* controvertido(-a)
contusion [kɔ̃tyzjɔ̃] *nf* contusión *f*
convaincre [kɔ̃vɛ̃kʀ] *vt*: **~ qn (de qch/de faire)** convencer a algn (de algo/para que haga); **~ qn de** (*Jur*) inculpar a algn de
convalescence [kɔ̃valesɑ̃s] *nf* convalecencia
convenable [kɔ̃vnabl] *adj* (*personne, manières*) decoroso(-a), correcto(-a); (*salaire, travail*) aceptable
convenir [kɔ̃vniʀ] *vi* convenir; **~ à** (*être approprié à*) ser apropiado(-a) para; **~ de** (*admettre*) admitir, reconocer; (*fixer*) convenir, acordar; **~ que** (*admettre*) admitir que; **comme convenu** como estaba acordado
convention [kɔ̃vɑ̃sjɔ̃] *nf* (*accord*) convenio; (*Art, Théâtre*) reglas *fpl*; **conventions** *nfpl* (*règles, convenances*) convenciones *fpl*; **conventionné, e** *adj* (*clinique*) concertado(-a); (*médecin, pharmacie*) que tiene un acuerdo con la Seguridad Social
convenu, e [kɔ̃vny] *pp, adj* (*heure*) acordado(-a)
conversation [kɔ̃vɛʀsasjɔ̃] *nf* conversación *f*
convertir [kɔ̃vɛʀtiʀ] *vt*: **~ qch en** transformar algo en, convertir algo en
conviction [kɔ̃viksjɔ̃] *nf* convicción *f*
convienne *etc* [kɔ̃vjɛn] *vb voir* **convenir**
convivial, e [kɔ̃vivjal, jo] *adj* sociable; (*Inform*) fácil de usar
convocation [kɔ̃vɔkasjɔ̃] *nf* convocatoria
convoquer [kɔ̃vɔke] *vt* convocar
coopération [kɔɔpeʀasjɔ̃] *nf* cooperación *f*
coopérer [kɔɔpeʀe] *vi*: **~ (à)** cooperar (en)

coordonné, e [kɔɔʀdɔne] *adj* coordinado(-a); **coordonnés** *nmpl* (*vêtements*) coordinados *mpl*
coordonner [kɔɔʀdɔne] *vt* coordinar
copain, copine [kɔpɛ̃, kɔpin] *nm/f* (*ami*) amigo(-a); (*de classe, de régiment*) compañero(-a)
copie [kɔpi] *nf* copia; (*feuille d'examen*) hoja de examen; **copier** *vt* copiar; **copier sur** copiar a; **copieur** *nm* copiadora
copieux, -euse [kɔpjø, jøz] *adj* (*repas*) copioso(-a), abundante; (*portion, notes, exemples*) abundante
copine [kɔpin] *nf voir* **copain**
coq [kɔk] *nm* gallo
coque [kɔk] *nf* (*de noix*) cáscara; (*de bateau, d'avion*) casco; (*mollusque*) berberecho; **à la ~** (*Culin*) pasado por agua
coquelicot [kɔkliko] *nm* amapola
coqueluche [kɔklyʃ] *nf* (*Méd*) tos ferina
coquet, te [kɔkɛ, ɛt] *adj* (*qui veut plaire*) coqueto(-a); (*robe, appartement*) coquetón(-ona); (*somme*) bonito(-a)
coquetier [kɔk(ə)tje] *nm* huevera
coquillage [kɔkijaʒ] *nm* (*mollusque*) marisco; (*coquille*) concha
coquille [kɔkij] *nf* (*de mollusque*) concha; (*de noix, d'œuf*) cáscara; (*Typo*) errata; **coquille St Jacques** vieira
coquin, e [kɔkɛ̃, in] *adj* (*enfant, sourire, regard*) pícaro(-a)
cor [kɔʀ] *nm* (*Mus*) trompa; (*au pied*) callo
corail, -aux [kɔʀaj, o] *nm* coral *m*
Coran [kɔʀɑ̃] *nm*: **le ~** el Corán
corbeau, x [kɔʀbo] *nm* cuervo
corbeille [kɔʀbɛj] *nf* cesta; **corbeille à papiers** cesto de los papeles
corde [kɔʀd] *nf* (*gén*) cuerda; (*de violon, raquette*) cuerda; (*Athlétisme, Auto*) la cuerda; **corde à linge** tendedero; **corde à sauter** comba; **cordes vocales** cuerdas *fpl* vocales
cordée [kɔʀde] *nf* cordada
cordialement [kɔʀdjalmɑ̃] *adv* cordialmente
cordon [kɔʀdɔ̃] *nm* cordón *m*
cordonnerie [kɔʀdɔnʀi] *nf* zapatería; **cordonnier** *nm* zapatero
Corée [kɔʀe] *nf* Corea; **la ~ du Sud/du Nord** Corea del Sur/del Norte
coriace [kɔʀjas] *adj* correoso(-a)
corne [kɔʀn] *nf* cuerno
cornée [kɔʀne] *nf* córnea
corneille [kɔʀnɛj] *nf* corneja
cornemuse [kɔʀnəmyz] *nf* cornamusa, gaita
cornet [kɔʀnɛ] *nm* cucurucho
corniche [kɔʀniʃ] *nf* (*route*) carretera de cornisa
cornichon [kɔʀniʃɔ̃] *nm* pepinillo
corporel, le [kɔʀpɔʀɛl] *adj* corporal
corps [kɔʀ] *nm* cuerpo
correct, e [kɔʀɛkt] *adj* (*exact, bienséant*) correcto(-a); (*passable*) correcto(-a), pasable; **correcteur, -trice** *nm/f* (*d'examen*) examinador(a); (*Typo*) corrector(a); **correction** *nf* corrección *f*; (*coups*) paliza, golpiza (*Am*)
correspondance [kɔʀɛspɔ̃dɑ̃s] *nf* correspondencia; (*de train, d'avion*) empalme *m*; **cours par ~** curso por correspondencia; **vente par ~** venta por correo
correspondant, e [kɔʀɛspɔ̃dɑ̃, ɑ̃t] *adj* correspondiente; (*au téléphone*) interlocutor(a)
correspondre [kɔʀɛspɔ̃dʀ] *vi* corresponder; **~ à** corresponder a; **~ avec qn** cartearse con algn
corrida [kɔʀida] *nf* corrida
corridor [kɔʀidɔʀ] *nm* pasillo
corrigé [kɔʀiʒe] *nm* (*Scol*) solución *f*
corriger [kɔʀiʒe] *vt* (*aussi Méd*) corregir; (*punir*) castigar; **~ qn de qch** (*défaut*) corregir (algo) a algn
corrompre [kɔʀɔ̃pʀ] *vt* corromper

corruption [kɔʀypsjɔ̃] *nf* corrupción *f*
corse [kɔʀs] *adj* corso(-a) ▷ *nf*: **C~** Córcega ▷ *nm/f*: **C~** corso(-a)
corsé, e [kɔʀse] *adj* (*café etc*) fuerte; (*problème*) arduo(-a)
cortège [kɔʀtɛʒ] *nm* (*funèbre*) comitiva; (*de manifestants*) desfile *m*
cortisone [kɔʀtizɔn] *nf* cortisona
corvée [kɔʀve] *nf* faena
cosmétique [kɔsmetik] *nm* (*produit de beauté*) cosmético
cosmopolite [kɔsmɔpɔlit] *adj* cosmopolita
costaud, e [kɔsto, od] *adj* robusto(-a)
costume [kɔstym] *nm* traje *m*; (*de théâtre*) vestuario; **costumé, e** *adj* disfrazado(-a)
cote [kɔt] *nf* (*d'une valeur boursière*) cotización *f*; (*d'un candidat etc*) popularidad *f*
côte [kot] *nf* (*rivage*) costa; (*pente*) cuesta; (*Anat, Boucherie*) costilla; **~ à ~** uno al lado de otro; **la côte (d'Azur)** la costa Azul
côté [kote] *nm* (*gén, Géom*) lado; (*du corps*) costado; (*feuille*) cara; (*de la rivière*) orilla; **de tous les ~s** por todos lados, por todas partes; **de quel ~ est-il parti?** ¿en qué dirección salió?; **de ce/de l'autre ~** de este/del otro lado; **d'un ~ ... de l'autre ~** por una parte ... por otra; **du ~ de** (*provenance*) por el lado de; (*direction*) en dirección a; **du ~ de Lyon** (*proximité*) por Lyon; **de ~** (*marcher, regarder*) de lado; **laisser de ~** dejar de lado; **mettre de ~** poner a un lado; **de chaque ~ (de)** a cada lado (de), a ambos lados (de); **de mon ~** por mi parte; **à ~** al lado; **à ~ de** al lado de
côtelette [kotlɛt] *nf* chuleta
côtier, -ière [kotje, jɛʀ] *adj* costero(-a)
cotisation [kɔtizasjɔ̃] *nf* (*à un club, syndicat*) cuota; (*pour une pension, sécurité sociale*) cotización *f*
cotiser [kɔtize] *vi* (*à une assurance etc*): **~ (à)** cotizar; **se cotiser** *vpr* pagar a escote
coton [kɔtɔ̃] *nm* algodón *m*; **coton hydrophile** algodón hidrófilo
Coton-tige® [kɔtɔ̃tiʒ] (*pl* **Cotons-tiges**) *nm* bastoncillo
cou [ku] *nm* cuello
couchant [kuʃɑ̃] *adj*: **soleil ~** sol *m* poniente
couche [kuʃ] *nf* (*de bébé*) pañal *m*; (*gén, Géologie*) capa; **couches sociales** capas *fpl* sociales
couché, e [kuʃe] *adj* tumbado(-a), tendido(-a); (*au lit*) acostado(-a)
coucher [kuʃe] *nm* (*du soleil*) puesta (de sol) ▷ *vt* (*mettre au lit*) acostar; (*étendre*) tumbar, tender; (*loger*) alojar; **se coucher** *vpr* (*pour dormir*) acostarse; (*pour se reposer*) tumbarse, acostarse; (*soleil*) ponerse
couchette [kuʃɛt] *nf* litera
coucou [kuku] *nm* cuclillo ▷ *excl* ¡hola!
coude [kud] *nm* codo
coudre [kudʀ] *vt, vi* coser
couette [kwɛt] *nf* (*édredon*) edredón *m*
couffin [kufɛ̃] *nm* (*de bébé*) moisés *m*
couler [kule] *vi* (*fleuve*) fluir; (*liquide, sang*) correr; (*stylo*) perder tinta; (*récipient*) gotear; (*nez*) moquear; (*bateau*) hundirse ▷ *vt* colar; (*bateau*) hundir; (*entreprise*) hundir, arruinar
couleur [kulœʀ] *nf* color *m*; (*Cartes*) palo; **couleurs** *nfpl* (*du teint, dans un tableau*) colores *mpl*, colorido; **film/télévision en ~s** película/televisión *f* en color; **de ~** de color
couleuvre [kulœvʀ] *nf* culebra
coulisses [kulis] *nfpl* (*Théâtre*) bastidores *mpl*; (*fig*): **dans les ~** entre bastidores
coup [ku] *nm* golpe *m*; (*avec arme à feu*) disparo; (*frappé par une horloge*)

campanada; (*fam: fois*) vez *f*; (*Sport: geste*) jugada; **en ~ de vent** como un rayo; **donner** *ou* **passer un ~ de balai (dans)** dar un barrido (a), pasar la escoba (por); **boire un ~** echar un trago; **être dans le/hors du ~** estar/no estar en el ajo; **du ~** así que; **d'un seul ~** (*subitement*) de repente; (*à la fois*) de un solo golpe; **du premier ~** al primer intento; **du même ~** al mismo tiempo; **à ~ sûr ...** seguro que ...; **après ~** después; **~ sur ~** uno(-a) tras otro(-a); **sous le ~ de** (*surprise etc*) afectado(-a) por; **coup d'envoi** saque *m* de centro; **coup d'État** golpe de estado; **coup d'œil** vistazo, ojeada; **coup de chance** golpe de suerte; **coup de coude** codazo; **coup de couteau** cuchillada; **coup de feu** disparo; **coup de frein** (*Auto*) frenazo; **coup de main**: **donner un coup de main à qn** echar una mano a algn; **coup de pied** patada; **coup de poing** puñetazo; **coup de soleil** insolación *f*; **coup de sonnette** timbrazo; **coup de téléphone** telefonazo, llamado (*Am*); **coup de tête** (*fig*) cabezonada; **coup de tonnerre** trueno

coupable [kupabl] *adj, nm/f* culpable *m/f*

coupe [kup] *nf* corte *f*; (*verre, Sport*) copa; (*à fruits*) frutero

couper [kupe] *vt* cortar; (*retrancher*) suprimir; (*eau, courant*) cortar, quitar; (*appétit, fièvre*) quitar; (*vin, liquide*) aguar ▷ *vi* cortar; (*prendre un raccourci*) atajar; **se couper** *vpr* cortarse; **~ la parole à qn** quitar la palabra a algn, interrumpir a algn

couple [kupl] *nm* pareja

couplet [kuplɛ] *nm* (*Mus*) copla, estrofa

coupole [kupɔl] *nf* cúpula

coupon [kupɔ̃] *nm* (*ticket*) cupón *m*, bono

coupure [kupyʀ] *nf* corte *m*; (*billet de banque*) billete *m* de banco; **coupure de courant/d'eau** corte de corriente/de agua

cour [kuʀ] *nf* (*de ferme*) corral *m*; (*jardin, immeuble*) patio; (*Jur*) tribunal *m*; (*royale*) corte *f*; **faire la ~ à qn** hacer la corte a algn; **cour de récréation** patio

courage [kuʀaʒ] *nm* valor *m*; (*ardeur, énergie*) coraje *m*; **courageux, -euse** *adj* valiente, valeroso(-a)

couramment [kuʀamɑ̃] *adv* (*souvent*) frecuentemente; (*parler*) con soltura

courant, e [kuʀɑ̃, ɑ̃t] *adj* (*fréquent*) corriente, común; (*gén, Comm*) corriente; (*en cours*) en curso ▷ *nm* corriente *f*; **être au ~ (de)** estar al corriente (de); **mettre qn au ~ (de)** poner a algn al corriente (de); **se tenir au ~ (de)** mantenerse al corriente (de); **dans le ~ de** durante; **courant d'air** corriente de aire; **courant électrique** corriente eléctrica

courbature [kuʀbatyʀ] *nf* agotamiento; (*Sport*) agujetas *fpl*

courbe [kuʀb] *adj* curvo(-a) ▷ *nf* curva

coureur, -euse [kuʀœʀ, øz] *nm/f* corredor(a)

courge [kuʀʒ] *nf* calabaza; **courgette** *nf* calabacín *m*

courir [kuʀiʀ] *vi* correr ▷ *vt* (*Sport*) disputar; (*danger, risque*) correr; **~ les magasins** ir de compras, ir de tiendas

couronne [kuʀɔn] *nf* (*aussi fig*) corona

courons *etc* [kuʀɔ̃] *vb voir* **courir**

courriel [kuʀjɛl] *nm* e-mail *m*

courrier [kuʀje] *nm* correo; (*rubrique*) prensa; **courrier électronique** correo electrónico

courroie [kuʀwa] *nf* correa

courrons *etc* [kuʀɔ̃] *vb voir* **courir**

cours [kuʀ] *vb voir* **courir** ▷ *nm*

clase *f*; (*série de leçons*) clases *fpl*, curso; (*établissement*) academia; (*des événements, d'une rivière*) curso; (*avenue*) avenida, paseo; (*Comm*) valor *m*, precio; **donner libre ~ à** dar rienda suelta a; **avoir ~** (*monnaie*) estar en circulación; (*fig*) estilarse; (*Scol*) tener clase; **en ~** (*année*) en curso; (*travaux*) en curso, pendiente; **en ~ de route** en el camino; **au ~ de** durante, en el transcurso de; **le ~ du change** el cambio; **cours d'eau** río; **cours du soir** (*Scol*) clase nocturna
course [kuʀs] *nf* (*gén, d'un taxi, du soleil*) carrera; **courses** *nfpl* compras *fpl*; **faire les** *ou* **ses ~s** ir de compras
court, e [kuʀ, kuʀt] *adj* (*temps*) corto(-a), breve; (*en longueur, distance*) corto(-a); (*en hauteur*) bajo(-a) ▷ *adv* corto ▷ *nm* (*de tennis*) pista, cancha; **à ~ de** escaso de; **court-circuit** (*pl* **courts-circuits**) *nm* cortocircuito
courtoisie [kuʀtwazi] *nf* cortesía
couru [kuʀy] *pp de* **courir**
cousais *etc* [kuzɛ] *vb voir* **coudre**
couscous [kuskus] *nm* cuscús *m*, alcuzcuz *m*
cousin, e [kuzɛ̃, in] *nm/f* primo(-a); **cousin germain** primo carnal
coussin [kusɛ̃] *nm* cojín *m*
cousu, e [kuzy] *pp de* **coudre**
coût [ku] *nm* (*d'un travail, objet*) coste *m*, precio; **le ~ de la vie** el coste de la vida
couteau, x [kuto] *nm* cuchillo
coûter [kute] *vt* costar ▷ *vi*: **~ à qn** costarle a algn; **combien ça coûte?** ¿cuánto cuesta?, ¿cuánto vale?; **coûte que coûte** a toda costa; **coûteux, -euse** *adj* costoso(-a)
coutume [kutym] *nf* costumbre *f*
couture [kutyʀ] *nf* costura; **couturier** *nm* modisto; **couturière** *nf* modista
couvent [kuvɑ̃] *nm* convento
couver [kuve] *vt* (*œufs, maladie*) incubar
couvercle [kuvɛʀkl] *nm* tapa
couvert, e [kuvɛʀ, ɛʀt] *pp de* **couvrir** ▷ *adj* cubierto(-a) ▷ *nm* cubierto; **couverts** *nmpl* cubiertos *mpl*; **mettre le ~** poner la mesa
couverture [kuvɛʀtyʀ] *nf* (*de lit*) manta, frazada (*Am*), cobija (*Am*)
couvre-lit [kuvʀəli] (*pl* **~s**) *nm* colcha
couvrir [kuvʀiʀ] *vt* cubrir; (*d'ornements, d'éloges*): **~ qch/qn de** cubrir a algo/algn de; (*erreur*) ocultar; (*distance*) recorrer; **se couvrir** *vpr* cubrirse; **se ~ de** (*fleurs, boutons*) llenarse de
cow-boy [kobɔj] (*pl* **~s**) *nm* vaquero
crabe [kʀɑb] *nm* cangrejo (de mar)
cracher [kʀaʃe] *vi, vt* escupir
crachin [kʀaʃɛ̃] *nm* llovizna, garúa (*Am*)
craie [kʀɛ] *nf* (*substance*) greda; (*morceau*) tiza, gis *m* (*Mex*)
craindre [kʀɛ̃dʀ] *vt* temer; (*être sensible à*) no tolerar
crainte [kʀɛ̃t] *nf* temor *m*; **(de) ~ de/que** por temor a/a que; **craintif, -ive** *adj* temeroso(-a)
crampe [kʀɑ̃p] *nf* calambre *m*
crampon [kʀɑ̃pɔ̃] *nm* (*de semelle*) taco; (*Alpinisme*) crampón *m*; **cramponner** *vb*: **se cramponner (à)** agarrarse (a)
cran [kʀɑ̃] *nm* (*de courroie*) ojete *m*; (*courage*) agallas *fpl*
crapaud [kʀapo] *nm* sapo
craquement [kʀakmɑ̃] *nm* crujido
craquer [kʀake] *vi* (*bois, plancher*) crujir; (*fil, branche*) romperse; (*couture*) estallar; (*s'effondrer*) derrumbarse ▷ *vt*: **je craque** (*enthousiasmé*) me vuelvo loco(-a)
crasse [kʀas] *nf* mugre *f*; **crasseux, -euse** *adj* mugriento(-a), mugroso(-a) (*Am*)
cravache [kʀavaʃ] *nf* fusta

cravate [kʀavat] *nf* corbata
crawl [kʀol] *nm* crol *m*
crayon [kʀɛjɔ̃] *nm* lápiz *m*; **crayon à bille** bolígrafo; **crayon de couleur** lápiz de color; **crayon-feutre** (*pl* **crayons-feutres**) *nm* rotulador *m*
création [kʀeasjɔ̃] *nf* creación *f*; (*nouvelle robe, voiture etc*) creación, diseño
crèche [kʀɛʃ] *nf* (*de Noël*) nacimiento, belén *m*; (*garderie*) guardería
crédit [kʀedi] *nm* (*confiance, autorité, Écon*) crédito; **crédits** *nmpl* fondos *mpl*; **créditer** *vt*: **créditer un compte (de)** abonar en cuenta
créer [kʀee] *vt* crear; (*spectacle*) montar
crémaillère [kʀemajɛʀ] *nf*: **pendre la ~** festejar el estreno de una casa
crème [kʀɛm] *nf* crema; (*du lait*) nata, crema ▷ *adj inv* crema; **un (café) ~** un café con leche; **crème à raser** crema de afeitar; **crème chantilly** nata Chantilly; **crémeux, -euse** *adj* cremoso(-a)
créneau, x [kʀeno] *nm* (*de fortification*) almena; (*fig*) hueco; (*Comm*) segmento de mercado; **faire un ~** (*Auto*) aparcar hacia atrás
crêpe [kʀɛp] *nf* crêpe *f*, panqueque *m* (*Am*) ▷ *nm* (*tissu*) crespón *m*; **crêperie** *nf* crepería
crépuscule [kʀepyskyl] *nm* crepúsculo
cresson [kʀesɔ̃] *nm* berro
creuser [kʀøze] *vt* cavar; (*bois*) vaciar; (*problème, idée*) cavilar; **ça creuse** (*l'estomac*) eso abre el apetito; **se ~ la cervelle** *ou* **la tête** romperse la cabeza
creux, -euse [kʀø, kʀøz] *adj* hueco(-a) ▷ *nm* hueco; (*fig*) vacío; **heures creuses** (*transports*) horas *fpl* de menos tráfico; (*travail*) horas muertas
crevaison [kʀəvɛzɔ̃] *nf* pinchazo
crevé, e [kʀəve] *adj* (*pneu*) pinchado(-a); (*fam*): **je suis ~** estoy reventado(-a)
crever [kʀəve] *vt* estallar, explotar ▷ *vi* (*pneu, automobiliste*) pinchar; (*abcès, outre*) reventar; (*fam: mourir*) palmarla
crevette [kʀəvɛt] *nf*: **~ rose** gamba; **crevette grise** quisquilla, camarón *m*
cri [kʀi] *nm* grito
criard, e [kʀijaʀ, kʀijaʀd] *adj* (*couleur*) chillón(-ona)
cric [kʀik] *nm* (*Auto*) gato
crier [kʀije] *vi* gritar ▷ *vt* (*ordre*) dar a gritos; (*injure*) lanzar
crime [kʀim] *nm* crimen *m*; **criminel, le** *adj, nm/f* criminal *m/f*
crin [kʀɛ̃] *nm* crin *f*
crinière [kʀinjɛʀ] *nf* (*de cheval*) crines *fpl*; (*lion*) melena
crique [kʀik] *nf* cala
criquet [kʀikɛ] *nm* langosta
crise [kʀiz] *nf* crisis *f inv*; **crise cardiaque** ataque *m* cardíaco; **crise de foie** cólico biliar; **crise de nerfs** ataque de nervios, crisis nerviosa
cristal, -aux [kʀistal, o] *nm* cristal *m*; (*neige*) cristal, copo
critère [kʀitɛʀ] *nm* criterio
critiquable [kʀitikabl] *adj* discutible
critique [kʀitik] *adj* crítico(-a) ▷ *nf* crítica ▷ *nm* crítico
critiquer [kʀitike] *vt* criticar
Croatie [kʀɔasi] *nf* Croacia
crochet [kʀɔʃɛ] *nm* gancho; (*détour*) desvío, rodeo; (*Tricot*) ganchillo
crocodile [kʀɔkɔdil] *nm* cocodrilo
croire [kʀwaʀ] *vt* creer; **se ~ fort** considerarse fuerte; **~ que** creer que; **~ à** *ou* **en** creer en
croîs [kʀwa] *vb voir* **croître**
croisade [kʀwazad] *nf* cruzada
croisement [kʀwazmɑ̃] *nm* (*carrefour, Biol*) cruce *m*
croiser [kʀwaze] *vt* cruzar; (*personne,*

voiture) cruzarse con, encontrar; **se croiser** *vpr* cruzarse; **~ les jambes/ les bras** cruzar las piernas/los brazos
croisière [kʀwazjɛʀ] *nf* crucero
croissance [kʀwasɑ̃s] *nf* desarrollo, crecimiento
croissant, e [kʀwasɑ̃, ɑ̃t] *vb voir* **croître** ▷ *adj* creciente ▷ *nm* (*gâteau*) croissant *m*
croître [kʀwatʀ] *vi* crecer
croix [kʀwa] *nf* cruz *f*; **en ~** *adj* en cruz; **la Croix Rouge** la Cruz Roja
croque-monsieur [kʀɔkməsjø] *nm inv sandwich de jamón y queso (tostado)*
croquer [kʀɔke] *vt* (*manger, fruit*) comer ▷ *vi* crujir; **chocolat à ~** chocolate *m* para comer
croquis [kʀɔki] *nm* croquis *m inv*, boceto
crotte [kʀɔt] *nf* caca; **crottin** *nm* (*petit fromage de chèvre*) *quesito redondo de cabra*
croustillant, e [kʀustijɑ̃, ɑ̃t] *adj* crujiente
croûte [kʀut] *nf* (*du fromage, pain*) corteza; (*Méd*) costra, postilla; **en ~** (*Culin*) en pastel
croûton [kʀutɔ̃] *nm* (*Culin*) picatoste *m*; (*extrémité: du pain*) cuscurro
croyant, e [kʀwajɑ̃, ɑ̃t] *vb voir* **croire** ▷ *adj* (*Rel*): **être/ne pas être ~** ser/no ser creyente
CRS [seɛʀɛs] *sigle fpl = Compagnies républicaines de sécurité*
cru, e [kʀy] *pp de* **croire** ▷ *adj* (*non cuit*) crudo(-a); (*lumière, couleur*) fuerte, vivo(-a); (*description, langage*) crudo(-a); (*grossier*) grosero(-a) ▷ *nm* (*vignoble*) viñedo; (*vin*) caldo
crû [kʀy] *pp de* **croître**
cruauté [kʀyote] *nf* crueldad *f*
cruche [kʀyʃ] *nf* cántaro
crucifix [kʀysifi] *nm* crucifijo
crudités [kʀydite] *nfpl* (*Culin*) verduras *fpl* y hortalizas crudas
crue [kʀy] *adj f voir* **cru** ▷ *nf* crecida
cruel, le [kʀyɛl] *adj* (*personne, sort*) cruel; (*froid*) despiadado(-a)
crus *etc* [kʀy] *vb voir* **croire**
crûs *etc* [kʀy] *vb voir* **croître**
crustacés [kʀystase] *nmpl* crustáceos *mpl*
Cuba [kyba] *nm* Cuba; **cubain, e** *adj* cubano(-a) ▷ *nm/f*: **Cubain, e** cubano(-a)
cube [kyb] *nm* cubo; (*Math*): **2 au ~ = 8** 2 al cubo = 8; **mètre ~** metro cúbico
cueillette [kœjɛt] *nf* recolección *f*, cosecha
cueillir [kœjiʀ] *vt* recoger; (*attraper*) pillar
cuiller, cuillère [kɥijɛʀ] *nf* cuchara; **cuillère à café** cucharilla; **cuillère à soupe** cuchara sopera; **cuillerée** *nf* cucharada
cuir [kɥiʀ] *nm* cuero
cuire [kɥiʀ] *vt* (*aliments, poterie*) cocer; (*au four*) asar ▷ *vi* cocerse
cuisine [kɥizin] *nf* cocina; (*nourriture*) comida; **faire la ~** preparar la comida; **cuisiné, e** *adj*: **plat cuisiné** plato cocinado; **cuisiner** *vt* cocinar; (*fam*) acribillar a preguntas a ▷ *vi* cocinar; **cuisinier, -ière** *nm/f* cocinero(-a); **cuisinière** *nf* (*poêle*) cocina
cuisse [kɥis] *nf* (*Anat*) muslo; (*de poulet*) muslo; (*de mouton*) pierna
cuisson [kɥisɔ̃] *nf* cocción *f*
cuit, e [kɥi, kɥit] *pp de* **cuire** ▷ *adj* cocido(-a); **bien cuit** (*viande*) bien hecho *ou* pasado; **trop cuit** demasiado hecho *ou* pasado; **cuit à point** hecho en su punto
cuivre [kɥivʀ] *nm* cobre *m*; **les ~s** (*Mus*) los cobres
cul [ky] (*fam!*) *nm* culo (*fam!*)
culminant [kylminɑ̃] *adj*: **point ~** punto culminante
culot [kylo] *nm* (*effronterie*) desfachatez *f*, descaro
culotte [kylɔt] *nf* (*pantalon*) pantalón

m corto; (*de femme*): **(petite) ~** bragas *fpl*, calzones *mpl* (*Am*)
culte [kylt] *nm* culto
cultivateur, -trice [kyltivatœʀ, tʀis] *nm/f* cultivador(a)
cultivé, e [kyltive] *adj* (*terre*) cultivado(-a); (*personne*) culto(-a)
cultiver [kyltive] *vt* cultivar
culture [kyltyʀ] *nf* cultivo; (*connaissances*) cultura; **culture physique** culturismo; **culturel, le** *adj* cultural
cumin [kymɛ̃] *nm* comino
cure [kyʀ] *nf* (*Méd*) cura
curé [kyʀe] *nm* cura *m*, párroco
cure-dent [kyʀdɑ̃] (*pl* **~s**) *nm* palillo, mondadientes *m inv*
curieusement [kyʀjøzmɑ̃] *adv* curiosamente
curieux, -euse [kyʀjø, jøz] *adj* curioso(-a) ▷ *nmpl* curiosos *mpl*, mirones *mpl*; **curiosité** *nf* curiosidad *f*; (*objet, site*) singularidad *f*
curriculum vitae [kyʀikylɔmvite] *nm inv* curriculum vitae *m*
cutané, e [kytane] *adj* cutáneo(-a)
cuve [kyv] *nf* cuba; (*à mazout etc*) depósito, tanque *m*
cuvette [kyvɛt] *nf* (*récipient*) palangana; (*des w-c*) taza; (*Géo*) hondonada
CV [seve] *sigle m* (= *cheval vapeur*) C.V. (= *caballos de vapor*); = **curriculum vitae**
cybercafé [sibɛʀkafe] *nm* cibercafé *m*
cyclable [siklabl] *adj*: **piste ~** pista para ciclistas
cycle [sikl] *nm* (*vélo*) velocípedo; (*naturel, biologique*) ciclo; **1er ~** (*Scol*) ≈ segunda etapa de educación primaria; **2ème ~** ≈ educación secundaria; **cyclisme** *nm* ciclismo; **cycliste** *nm/f* ciclista *m/f* ▷ *adj*: **coureur cycliste** corredor *m* ciclista
cyclomoteur [siklɔmɔtœʀ] *nm* ciclomotor *m*
cyclone [siklon] *nm* ciclón *m*
cygne [siɲ] *nm* cisne *m*
cylindre [silɛ̃dʀ] *nm* cilindro; **cylindrée** *nf* cilindrada
cymbale [sɛ̃bal] *nf* platillo
cynique [sinik] *adj* cínico(-a)
cystite [sistit] *nf* cistitis *f*

d

d' [d] *prép voir* **de**

dactylo [daktilo] *nf* (*aussi*: **dactylographe**) mecanógrafa

dada [dada] *nm* tema *m* de siempre

daim [dɛ̃] *nm* (*Zool*) gamo; (*peau*) ante *m*; (*imitation*) piel *f* vuelta

dame [dam] *nf* señora; (*Cartes, échecs*) reina; **dames** *nfpl* (*jeu*) damas *nfpl*

Danemark [danmaʀk] *nm* Dinamarca

danger [dɑ̃ʒe] *nm*: **le ~** el peligro; **un ~** un peligro; **être/mettre en ~** estar/poner en peligro; **dangereux, -euse** *adj* peligroso(-a)

danois, e [danwa, waz] *nm* (*Ling, chien*) danés *msg* ▹ *nm/f*: **D~, e** danés(-esa)

MOT-CLÉ

dans [dɑ̃] *prép* **1** (*position*) en; **dans le tiroir/le salon** en el cajón/el salón; **marcher dans la ville** andar por la ciudad; **je l'ai lu dans un journal** lo leí en un periódico; **monter dans une voiture/le bus** subir en un coche/el autobús; **dans la rue** en la calle; **être dans les premiers** ser de los primeros

2 (*direction*) a; **elle a couru dans le salon** corrió al salón

3 (*provenance*) de; **je l'ai pris dans le tiroir/salon** lo saqué del cajón/salón; **boire dans un verre** beber en un vaso

4 (*temps*) dentro de; **dans 2 mois** dentro de dos meses; **dans quelques instants/jours** dentro de unos momentos/ días; **il part dans quinze jours** se marcha dentro de quince días; **je serai là dans la matinée** estaré allí por la mañana

5 (*approximation*) alrededor de; **dans les 20 euros/4 mois** alrededor de 20 euros/4 meses

6 (*intention*) con; **dans le but de faire qch** con objeto de hacer algo

danse [dɑ̃s] *nf* danza; **une ~** un baile; **danser** *vt, vi* bailar, danzar; **danseur, -euse** *nm/f* (*de ballet*) bailarín(-ina); (*cavalier*) pareja

date [dat] *nf* (*jour*) fecha; **de longue** *ou* **vieille ~** (*amitié*) viejo(-a); **date limite** fecha límite; (*d'un aliment*: *aussi*: **date limite de vente**) fecha de caducidad; **date de naissance** fecha de nacimiento; **dater** *vt* fechar ▹ *vi* estar anticuado(-a); **dater de** (*remonter à*) datar de; **à dater de** a partir de

datte [dat] *nf* dátil *m*

dauphin [dofɛ̃] *nm* delfín *m*

davantage [davɑ̃taʒ] *adv* más; (*plus longtemps*) más tiempo; **~ de** más

MOT-CLÉ

de, d' [də, d] (*de + le = **du**, de + les = **des***) *prép* **1** (*appartenance*) de; **le toit de la**

maison el tejado de la casa; **la voiture d'Élisabeth/de mes parents** el coche de Elisabeth/de mis padres
2 (*moyen*) con; **suivre des yeux** seguir con la mirada; **estimé de ses collègues** estimado por sus colegas
3 (*provenance*) de; **il vient de Londres** viene de Londres; **elle est sortie du cinéma** salió del cine
4 (*caractérisation, mesure*): **un mur de brique** un muro de ladrillo; **un verre d'eau** un vaso de agua; **un billet de 50 euros** un billete de 50 euros; **une pièce de 2 m de large** *ou* **large de 2 m** una habitación de 2m de ancho; **un bébé de 10 mois** un bebé de 10 meses; **12 mois de crédit/travail** 12 meses de crédito/trabajo; **augmenter** *etc* **de 10 euros** aumentar *etc* 10 euros; **3 jours de libres** 3 días libres; **de nos jours** en nuestros días; **être payé 15 euros de l'heure** cobrar 15 euros por hora
5 (*rapport*): **de 14 à 18** de 14 a 18; **de Madrid à Paris** de Madrid a París; **voyager de pays en pays** viajar de país en país
6 de; (*cause*): **mourir de faim** morir(se) de hambre; **rouge de colère** rojo(-a) de ira
7 (*vb + de + infinitif*): **je vous prie de venir** le ruego que venga; **il m'a dit de rester** me dijo que me quedara
8: **cet imbécile de Pierre** el tonto de Pierre
▷ *dét* (*partitif*): **du vin/de l'eau/des pommes** vino/agua/manzanas; **des enfants sont venus** vinieron unos niños; **pendant des mois** durante meses; **il mange de tout** come de todo; **y a-t'il du vin?** ¿hay vino?; **il n'a pas de chance/d'enfants** no tiene suerte/niños

dé [de] *nm* (*aussi*: **~ à coudre**) dedal *m*; (*à jouer*) dado

déballer [debale] *vt* desembalar
débarcadère [debaʀkadɛʀ] *nm* desembarcadero
débardeur [debaʀdœʀ] *nm* (*maillot*) *camiseta corta sin mangas*
débarquer [debaʀke] *vt* desembarcar ▷ *vi* desembarcar; (*fam*) plantarse
débarras [debaʀa] *nm* trastero; (*placard*) armario trastero; **"bon ~!"** "¡anda y que te zurzan!"; **débarrasser** *vt* desalojar ▷ *vi* quitar la mesa; **se débarrasser** *vpr*: **se débarrasser de** desembarazarse de; (*habitude*) librarse de; **débarrasser la table** quitar la mesa; **débarrasser qn de qch** (*vêtements*) recogerle algo a algn; (*paquets*) ayudar a algn con algo
débat [deba] *nm* debate *m*; **débats** *nmpl* (*Pol*) debate *msg*; **débattre** *vt* (*question, prix*) debatir, discutir; **se débattre** *vpr* debatirse
débit [debi] *nm* (*fleuve*) caudal *m*; (*élocution*) cadencia; (*d'un magasin*) ventas *fpl*; (*bancaire*) débito; **débit de tabac** estanco
déblayer [debleje] *vt* despejar
débloquer [deblɔke] *vt* desbloquear
déboîter [debwate] *vi* (*Auto*) salirse de la fila ▷ *vt*: **se ~** dislocarse
débordé, e [debɔʀde] *adj*: **être ~** estar desbordado(-a)
déborder [debɔʀde] *vi* (*rivière*) desbordarse; (*eau, lait*) derramarse; (*dépasser*): **~ (de) qch** rebosar de algo
débouché [debuʃe] *nm* (*gén pl*: *pour vendre un produit*) mercado; (*perspectives d'emploi*) posibilidades *fpl*
déboucher [debuʃe] *vt* (*évier, tuyau etc*) destapar; (*bouteille*) descorchar; **~ sur** desembocar en; **~ de** salir de
debout [d(ə)bu] *adv* (*personne, chose*) de pie; (*levé, éveillé*) levantado(-a); **être encore ~** (*fig*) estar todavía en pie; **se mettre ~** ponerse de pie; **se tenir ~** mantenerse en pie; **"~!"** "¡pie!";

(*du lit*) "¡arriba!"; **cette histoire/ça ne tient pas ~** esta historia/eso no se tiene en pie

déboutonner [debutɔne] *vt* desabrochar, desabotonar

débraillé, e [debʀɑje] *adj* (*tenue*) desaliñado(-a)

débrancher [debʀɑ̃ʃe] *vt* (*appareil électrique*) desenchufar; (*téléphone*) desconectar

débrayage [debʀɛjaʒ] *nm* (*Auto*) desembrague *m*; **débrayer** *vi* (*Auto*) desembragar

débris [debʀi] *nm* trozo ▷ *nmpl* restos *mpl*

débrouillard, e [debʀujaʀ, aʀd] *adj* avispado(-a)

débrouiller [debʀuje] *vt* (*affaire, cas*) desembrollar; **se débrouiller** *vpr* arreglárselas

début [deby] *nm* comienzo, principio; **débutant, e** *nm/f, adj* principiante *m/f*; **débuter** *vi* comenzar; (*personne*) debutar

décaféiné, e [dekafeine] *adj* descafeinado(-a)

décalage [dekalaʒ] *nm* desfase *m*; (*écart*) separación *f*; **décalage horaire** diferencia de horario

décaler [dekale] *vt* (*changer de position*) desplazar; (*dans le temps: avancer*) adelantar; (: *retarder*) aplazar

décapotable [dekapɔtabl] *adj* descapotable

décapsuleur [dekapsylœʀ] *nm* abrebotellas *m inv*

décédé, e [desede] *adj* fallecido(-a)

décéder [desede] *vi* fallecer

décembre [desɑ̃bʀ] *nm* diciembre *m*; *voir aussi* **juillet**

décennie [deseni] *nf* decenio

décent, e [desɑ̃, ɑ̃t] *adj* decente

déception [desɛpsjɔ̃] *nf* decepción *f*

décès [desɛ] *nm* fallecimiento

décevant, e [des(ə)vɑ̃, ɑ̃t] *adj* decepcionante

décevoir [des(ə)vwaʀ] *vt* decepcionar; (*espérances, confiance*) defraudar

décharge [deʃaʀʒ] *nf* (*dépôt d'ordures*) vertedero; **décharger** *vt* descargar

déchausser [deʃose]: **se ~** *vpr* (*personne*) descalzarse; (*dent*) descarnarse

déchets [deʃɛ] *nmpl* (*ordures*) restos *mpl*, residuos *mpl*

déchiffrer [deʃifʀe] *vt* (*nouvelle*) leer; (*musique, partition*) ejecutar por primera vez; (*texte illisible*) descifrar

déchirant, e [deʃiʀɑ̃, ɑ̃t] *adj*

déchirement [deʃiʀmɑ̃] *nm* desgarrón *m*; (*chagrin*) desgarramiento

déchirer [deʃiʀe] *vt* (*vêtement, livre*) desgarrar; (*mettre en morceaux*) rasgar; (*pour ouvrir*) rasgar; (*arracher*) arrancar; (*fig*) destrozar; **se déchirer** *vpr* desgarrarse; (*fig*) destrozarse; **se ~ un muscle/tendon** desgarrarse un músculo/tendón

déchirure [deʃiʀyʀ] *nf* desgarrón *m*; **déchirure musculaire** desgarrón muscular

décidé, e [deside] *adj* decidido(-a); **c'est ~** está decidido; **décidément** *adv* decididamente

décider [deside] *vt*: **~ qch** decidir algo; **se décider** *vpr* (*personne*) decidirse; (*problème, affaire*) resolverse; **~ que** decidir que; **~ qn (à faire qch)** animar a algn (a hacer algo); **~ de faire** decidir hacer; **~ de qch** decidir algo; **se ~ à faire qch** decidirse a hacer algo; **se ~ pour qch** decidirse por algo

décimal, e, -aux [desimal, o] *adj* decimal

décimètre [desimɛtʀ] *nm* decímetro; **double ~** doble decímetro

décisif, -ive [desizif, iv] *adj* decisivo(-a)

décision [desizjɔ̃] *nf* decisión *f*
déclaration [deklaʀasjɔ̃] *nf* declaración *f*; **déclaration (d'amour)** declaración (de amor); **déclaration (de perte)** denuncia (de pérdida); **déclaration (de sinistre)** declaración (de siniestro); **déclaration (de vol)** denuncia (de robo)
déclarer [deklaʀe] *vt* declarar; (*vol etc: à la police*) denunciar; (*décès, naissance*) certificar; **se déclarer** *vpr* declararse
déclencher [deklɑ̃ʃe] *vt* activar; (*attaque*) lanzar; (*fig*) provocar; **se déclencher** *vpr* desencadenarse
décliner [dekline] *vi* (*jour, santé*) declinar
décoiffer [dekwafe] *vt* (*déranger la coiffure*) despeinar; **se décoiffer** *vpr* despeinarse
déçois *etc* [deswa] *vb voir* **décevoir**
décollage [dekɔlaʒ] *nm* despegue *m*, decolaje *m* (*Am*)
décoller [dekɔle] *vt, vi* despegar, decolar (*Am*); **se décoller** *vpr* despegarse
décolleté, e [dekɔlte] *adj* escotado(-a) ▷ *nm* escote *m*
décolorer [dekɔlɔʀe] *vt* decolorar; (*suj: âge, lumière*) descolorir; **se décolorer** *vpr* descolorirse
décommander [dekɔmɑ̃de] *vt* (*marchandise*) anular; **se décommander** *vpr* (*invité etc*) excusarse
déconcerter [dekɔ̃sɛʀte] *vt* desconcertar
décongeler [dekɔ̃ʒ(ə)le] *vt* descongelar
déconner [dekɔne] (*fam*) *vi* (*en parlant*) decir pijadas
déconseiller [dekɔ̃seje] *vt*: **~ qch (à qn)** desaconsejar algo (a algn)
décontracté, e [dekɔ̃tʀakte] *adj* (*personne*) relajado(-a); (*ambiance*) distendido(-a)
décontracter [dekɔ̃tʀakte] *vt* descontraer; (*muscle*) relajar; **se décontracter** *vpr* (*personne*) relajarse
décor [dekɔʀ] *nm* (*d'un palais etc*) decoración *f*; (*paysage*) panorama *m*; (*gén pl: Théâtre, Ciné*) decorado;
décorateur, -trice [dekɔʀatœʀ, tʀis] *nm/f* (*ouvrier*) decorador(a); (*Ciné*) escenógrafo(-a); **décoration** *nf* decoración *f*; (*médaille*) condecoración *f*; **décorer** *vt* decorar; (*médailler*) condecorar
décortiquer [dekɔʀtike] *vt* (*riz*) descascarillar; (*amandes, crevettes*) pelar; (*fig*) desmenuzar
découdre [dekudʀ]: **se ~** *vpr* descoserse
découper [dekupe] *vt* recortar; (*volaille, viande*) trinchar; (*fig*) fragmentar; **se ~ sur** (*le ciel, fond*) perfilarse en
décourager [dekuʀaʒe] *vt* desanimar, desalentar; **se décourager** *vpr* desanimarse
décousu, e [dekuzy] *pp de* **découdre** ▷ *adj* descosido(-a); (*fig*) deshilvanado(-a)
découvert, e [dekuvɛʀ, ɛʀt] *pp de* **découvrir** ▷ *adj* (*tête*) descubierto(-a) ▷ *nm* (*bancaire*) descubierto;
découverte *nf* descubrimiento
découvrir [dekuvʀiʀ] *vt* descubrir; (*casserole*) destapar; (*apercevoir*) divisar
décrire [dekʀiʀ] *vt* describir
décrocher [dekʀɔʃe] *vt* descolgar; (*contrat etc*) conseguir; (*abandonner*) retirarse; (*perdre sa concentration*) desconectar
déçu, e [desy] *pp de* **décevoir** ▷ *adj* (*personne*) decepcionado(-a)
dédaigner [dedeɲe] *vt* desdeñar; **dédaigneux, -euse** *adj* desdeñoso(-a); **dédain** *nm* desdén
dedans [dədɑ̃] *adv* dentro, adentro (*esp Am*) ▷ *nm* interior *m*; **là-~** ahí dentro; **au ~** (por) dentro; **en ~** por

dentro
dédicacer [dedikase] *vt* dedicar
dédier [dedje] *vt*: **~ à** (*livre*) dedicar a; (*efforts*) consagrar a
dédommagement [dedɔmaʒmɑ̃] *nm* (*indemnité*) indemnización *f*
dédommager [dedɔmaʒe] *vt*: **~ qn (de)** indemnizar a algn (por)
dédouaner [dedwane] *vt* aduanar
déduire [dedɥiʀ] *vt*: **~ qch (de)** deducir algo (de)
défaillance [defajɑ̃s] *nf* desfallecimiento; (*technique*) fallo; **défaillance cardiaque** fallo cardíaco
défaire [defɛʀ] *vt* (*installation, échafaudage*) desmontar; (*paquet etc*) abrir; (*nœud*) desatar; (*vêtement*) descoser; (*déranger*) deshacer; (*cheveux*) despeinar; **se défaire** *vpr* (*cheveux, nœud*) deshacerse
défait, e [defɛ, ɛt] *pp de* **défaire** ▷ *adj* deshecho(-a); (*nœud*) desatado(-a); (*visage*) descompuesto(-a); **défaite** *nf* (*Mil*) derrota; (*gén: échec*) fracaso
défaut [defo] *nm* (*moral*) defecto; (*d'étoffe, métal*) falla; **~ de** (*manque, carence*) falto de; **en ~** en falta; **faire ~** faltar; **à ~** al menos; **à ~ de** a falta de
défavorable [defavɔʀabl] *adj* desfavorable
défavoriser [defavɔʀize] *vt* desfavorecer
défectueux, -euse [defɛktɥø, øz] *adj* defectuoso(-a)
défendre [defɑ̃dʀ] *vt* defender; (*interdire*) prohibir; **se défendre** *vpr* defenderse; **~ à qn qch/de faire** prohibir a algn algo/hacer; **il se défend** (*fig*) va defendiéndose; **ça se défend** (*fig*) esto se sostiene; **se ~ de/contre** (*se protéger*) protegerse de/contra; **se ~ de** (*se garder de*) evitar
défense [defɑ̃s] *nf* defensa; **"~ de fumer/cracher"** "prohibido fumar/escupir"
défi [defi] *nm* desafío, reto
déficit [defisit] *nm* (*Comm*) déficit *m*
défier [defje] *vt* desafiar
défigurer [defigyʀe] *vt* desfigurar
défilé [defile] *nm* (*Géo*) desfiladero; (*soldats, manifestants*) desfile *m*
défiler [defile] *vi* desfilar
définir [definiʀ] *vt* definir
définitif, -ive [definitif, iv] *adj* definitivo(-a); (*décision, refus*) irrevocable; **définitive** *nf*: **en définitive** en definitiva; **définitivement** *adv* definitivamente
déformer [defɔʀme] *vt* deformar; **se déformer** *vpr* deformarse
défouler [defule]: **se ~** *vpr* (*gén*) desahogarse
défunt, e [defœ̃, œ̃t] *nm/f* difunto(-a)
dégagé, e [degaʒe] *adj* (*ciel, vue*) despejado(-a); (*ton, air*) desenvuelto(-a)
dégager [degaʒe] *vt* liberar; (*exhaler*) desprender; (*désencombrer*) despejar; (*idée, aspect etc*) extraer; **se dégager** *vpr* (*odeur*) desprenderse; (*passage bloqué, ciel*) despejarse
dégâts [degɑ] *nmpl*: **faire des ~** causar daños
dégel [deʒɛl] *nm* deshielo; **dégeler** *vi* deshelarse
dégivrer [deʒivʀe] *vt* (*frigo*) descongelar; (*vitres*) deshelar
dégonflé, e [degɔ̃fle] *adj* (*pneu*) desinflado(-a), deshinchado(-a)
dégonfler [degɔ̃fle] *vt* desinflar, deshinchar
dégouliner [deguline] *vi* chorrear
dégourdi, e [deguʀdi] *adj* espabilado(-a)
dégourdir [deguʀdiʀ] *vpr*: **se ~ (les jambes)** desentumecerse (las piernas)
dégoût [degu] *nm* asco; **dégoûtant, e** *adj* asqueroso(-a); **c'est dégoûtant!** (*injuste*) ¡no

hay derecho!; **dégoûté, e** *adj* asqueado(-a); **dégoûté de** asqueado(-a) de; **dégoûter** *vt* asquear; **dégoûter qn de faire qch** quitarle a algn las ganas de hacer algo
dégrader [degʀade]: **se ~** *vpr* deteriorarse
degré [dəgʀe] *nm* grado; (*niveau, taux*) punto; **alcool à 90 ~s** alcohol *m* de 90 grados
dégressif, -ive [degʀesif, iv] *adj* decreciente
dégringoler [degʀɛ̃gɔle] *vi* caer rodando; (*prix, Bourse etc*) hundirse
déguisement [degizmɑ̃] *nm* disfraz *m*
déguiser [degize]: **se ~** *vpr* disfrazarse
dégustation [degystasjɔ̃] *nf* degustación *f*; (*vin*) cata
déguster [degyste] *vt* degustar; (*vin*) catar; (*fig*) saborear
dehors [dəɔʀ] *adv* fuera, afuera (*esp Am*) ▷ *nm* exterior *m* ▷ *nmpl* (*apparences*) apariencias *fpl*; **mettre** *ou* **jeter ~** echar fuera; **au ~** (por) fuera; (*en apparence*) por fuera; **au ~ de** fuera de; **en ~** (*vers l'extérieur*) hacia afuera; **en ~ de** (*hormis*) fuera de
déjà [deʒa] *adv* ya
déjeuner [deʒœne] *vi* (*matin*) desayunar; (*à midi*) almorzar, comer ▷ *nm* (*petit déjeuner*) desayuno; (*à midi*) almuerzo, comida
delà [dəla] *prép, adv*: **par-~** (*plus loin que*) más allá de; (*de l'autre côté de*) al otro lado de; **en ~ (de)/au-~ (de)** más allá (de)
délacer [delase] *vt* desatar
délai [delɛ] *nm* plazo; (*sursis*) prórroga; **sans ~** sin demora; **à bref ~** en breve plazo; **dans les ~s** dentro de los plazos
délaisser [delese] *vt* abandonar
délasser [delɑse]: **se ~** *vpr* recrearse
délavé, e [delave] *adj* descolorido(-a)
délayer [deleje] *vt* diluir
delco® [dɛlko] *nm* (*Aut*) delco
délégué, e [delege] *adj* delegado(-a) ▷ *nm/f* delegado(-a)
déléguer [delege] *vt* delegar
délibéré, e [delibeʀe] *adj* deliberado(-a); (*déterminé*) resuelto(-a)
délicat, e [delika, at] *adj* delicado(-a); (*attentionné*) atento(-a); **délicatement** *adv* delicadamente; (*subtilement*) con delicadeza
délice [delis] *nm* delicia
délicieux, -euse [delisjø, jøz] *adj* (*goût, femme*) delicioso(-a); (*sensation*) placentero(-a)
délimiter [delimite] *vt* delimitar
délinquant, e [delɛ̃kɑ̃, ɑ̃t] *adj, nm/f* delincuente *m/f*
délirer [deliʀe] *vi* delirar
délit [deli] *nm* (*Jur, gén*) delito
délivrer [delivʀe] *vt* (*prisonnier*) liberar; (*passeport, certificat*) expedir
deltaplane® [dɛltaplan] *nm* ala delta
déluge [delyʒ] *nm* diluvio
demain [d(ə)mɛ̃] *adv* mañana; **~ matin/soir** mañana por la mañana/tarde; **~ midi** mañana a mediodía
demande [d(ə)mɑ̃d] *nf* petición *f*; (*Admin, formulaire*) instancia, solicitud *f*; **la ~** (*Écon*) la demanda; **demande d'emploi** solicitud de empleo; **"demandes d'emploi"** "demandas *fpl* de empleo"
demandé, e [d(ə)mɑ̃de] *adj*: **très ~** muy solicitado(-a)
demander [d(ə)mɑ̃de] *vt* pedir; (*autorisation*) solicitar; (*médecin, plombier, infirmier*) necesitar; (*de l'habileté, du courage*) requerir; **~ qch à qn** preguntar algo a algn; **~ l'heure/son chemin** preguntar la hora/el camino; **~ à qn de faire** pedir a algn que haga; **se ~ si/pourquoi** *etc*

preguntarse si/por qué *etc*; **on vous demande au téléphone** le llaman por teléfono; **il ne demande que ça/qu'à faire ...** (*iro*) justo lo que quería/lo que quería hacer ...; **je ne demande pas mieux que ...** no deseo otra cosa más que ...; **demandeur, -euse** *nm/f*: **demandeur d'emploi** demandante *m/f* de empleo

démangeaison [demɑ̃ʒɛzɔ̃] *nf* picor *m*

démanger [demɑ̃ʒe] *vi* picar

démaquillant, e [demakijɑ̃, ɑ̃t] *adj* desmaquillador(a)

démaquiller [demakije]: **se ~** *vpr* desmaquillarse

démarche [demaʀʃ] *nf* (*allure*) paso; (*intervention*) trámite *m*; (*intellectuelle etc*) proceso; **faire** *ou* **entreprendre des ~s (auprès de qn)** hacer *ou* iniciar gestiones (ante algn)

démarrage [demaʀaʒ] *nm* (*d'une voiture, Sport*) salida

démarrer [demaʀe] *vi* arrancar; (*travaux, affaire*) ponerse en marcha; **démarreur** *nm* (*Auto*) botón *m* de arranque

démêlant, e [demɛlɑ̃, ɑ̃t] *adj*: **crème ~e** *ou* **baume ~** crema suavizante

démêler [demele] *vt* (*fil, cheveux*) desenredar; **démêlés** *nmpl* diferencias *fpl*

déménagement [demenaʒmɑ̃] *nm* mudanza; **entreprise/camion de ~** empresa/camión *m* de mudanzas

déménager [demenaʒe] *vt* mudar ▷ *vi* mudarse; **déménageur** *nm* encargado de mudanzas; (*entrepreneur*) empresario de mudanzas

démerder [demɛʀde] (*fam!*) *vi*: **se ~** arreglárselas

démettre [demɛtʀ]: **se ~** *vpr* (*épaule etc*) dislocarse

demeurer *vi* (*habiter*) residir, vivir; (*séjourner*) permanecer; (*rester*) quedar, permanecer

demi, e [dəmi] *adj*: **~-rempli** medio lleno(-a) ▷ *nm* (*bière*) caña; (*Football*) medio; **trois bouteilles et ~e** tres botellas y media; **il est deux heures et ~e** son las dos y media; **à ~** a medias; **à la ~e** (*heure*) a la media; **demi-douzaine** (*pl* **demi-douzaines**) *nf* media docena; **demi-finale** (*pl* **demi-finales**) *nf* semifinal *f*; **demi-frère** (*pl* **demi-frères**) *nm* medio hermano, hermanastro; **demi-heure** (*pl* **demi-heures**) *nf* media hora; **demi-journée** (*pl* **demi-journées**) *nf* media jornada; **demi-litre** (*pl* **demi-litres**) *nm* medio litro; **demi-livre** (*pl* **demi-livres**) *nf* media libra; **demi-pension** (*pl* **demi-pensions**) *nf* media pensión *f*

démis, e [demi, iz] *pp de* **démettre** ▷ *adj* (*épaule etc*) dislocado(-a)

demi-sœur [dəmisœʀ] (*pl* **~s**) *nf* media hermana, hermanastra

démission [demisjɔ̃] *nf* dimisión *f*; **donner sa ~** presentar la dimisión; **démissionner** *vi* dimitir

demi-tarif [dəmitaʀif] (*pl* **~s**) *nm* media tarifa

demi-tour [dəmituʀ] (*pl* **~s**) *nm* media vuelta; **faire ~** dar la vuelta

démocratie [demɔkʀasi] *nf* democracia; **démocratique** *adj* democrático(-a)

démodé, e [demɔde] *adj* pasado(-a) de moda

demoiselle [d(ə)mwazɛl] *nf* señorita; **demoiselle d'honneur** dama de honor

démolir [demɔliʀ] *vt* (*bâtiment*) demoler

démon [demɔ̃] *nm* demonio; **le D~** el demonio

démonstration [demɔ̃stʀasjɔ̃] *nf* demostración *f*

démonter [demɔ̃te] *vt* desmontar

démontrer [demɔ̃tʀe] *vt* demostrar
démouler [demule] *vt* (*gâteau*) extraer del molde
démuni, e [demyni] *adj* pelado(-a)
dénicher [deniʃe] *vt* dar con
dénier [denje] *vt* negar
dénivellation [denivelasjɔ̃] *nf* desnivel *m*
dénombrer [denɔ̃bʀe] *vt* (*compter*) contar; (*énumérer*) enumerar
dénomination [denɔminasjɔ̃] *nf* (*nom*) denominación *f*
dénoncer [denɔ̃se] *vt* denunciar
dénouement [denumɑ̃] *nm* desenlace *m*
dénouer [denwe] *vt* desatar
denrée [dɑ̃ʀe] *nf* producto; **denrées alimentaires** productos *mpl* alimenticios
dense [dɑ̃s] *adj* denso(-a); **densité** *nf* densidad *f*
dent [dɑ̃] *nf* diente *m*; **avoir une ~ contre qn** tener manía a algn; **en ~s de scie** dentado(-a); **dent de lait** diente de leche; **dent de sagesse** muela del juicio; **dentaire** *adj* dental
dentelle [dɑ̃tɛl] *nf* encaje *m*
dentier [dɑ̃tje] *nm* dentadura
dentifrice [dɑ̃tifʀis] *nm* dentífrico
dentiste [dɑ̃tist] *nm/f* dentista *m/f*
dentition [dɑ̃tisjɔ̃] *nf* (*dents*) dentadura; (*formation*) dentición *f*
dénué, e [denɥe] *adj*: **~ de** desprovisto(-a) de
déodorant [deɔdɔʀɑ̃] *nm* desodorante *m*
déontologie [deɔ̃tɔlɔʒi] *nf* deontología
dépannage [depanaʒ] *nm* reparación *f*; **service de ~** (*Auto*) servicio de reparaciones
dépanner [depane] *vt* reparar; (*fig*) sacar de apuros; **dépanneuse** *nf* grúa
dépareillé, e [depaʀeje] *adj* (*collection, service*) descabalado(-a); (*gant, volume, objet*) desparejado(-a)
départ [depaʀ] *nm* partida, marcha; (*d'un employé*) despido; (*Sport, sur un horaire*) salida; **à son ~** a su marcha; **au ~** al principio
département [depaʀtəmɑ̃] *nm* ≈ provincia; (*d'université*) departamento; (*de magasin*) sección *f*

DÉPARTEMENT

Francia se halla dividida en 96 unidades administrativas denominadas **départements**. Al frente de estas divisiones de la administración local se encuentra el **préfet**, nombrado por el gobierno, y su administración corre a cargo de un **Conseil général** electo. **Los départements** suelen tomar su nombre de algún hito geográfico importante, como un río o una cordillera; véase también **DOM-ROM**.

dépassé, e [depɑse] *adj* pasado(-a) de moda; (*fig*) desbordado(-a)
dépasser [depɑse] *vt* (*véhicule, concurrent*) adelantar; (*endroit*) dejar atrás; (*somme, limite fixée, prévisions*) rebasar; (*fig*) superar; (*être en saillie sur*) sobresalir ▷ *vi* (*Auto*) adelantarse; (*ourlet, jupon*) sobresalir; **se dépasser** *vpr* (*se surpasser*) superarse; **être dépassé** estar desbordado
dépaysé, e [depeize] *adj* extrañado(-a)
dépaysement [depeizmɑ̃] *nm* extrañamiento
dépêcher [depeʃe]: **se ~** *vpr* darse prisa, apresurarse, apurarse (*Am*)
dépendance [depɑ̃dɑ̃s] *nf* dependencia; (*Méd*) adicción *f*
dépendre [depɑ̃dʀ] *vt* descolgar; **~ de** depender de
dépens [depɑ̃] *nmpl*: **aux ~ de** a expensas de

dépense [depɑ̃s] *nf* gasto; (*fig*) consumo; **dépenser** *vt* gastar; (*fig*) consumir; **se dépenser** *vpr* fatigarse

dépeupler [depœple]: **se ~** *vpr* despoblarse

dépilatoire [depilatwaʀ] *adj* depilatorio(-a)

dépister [depiste] *vt* (*Méd*) identificar

dépit [depi] *nm* despecho; **en ~ de** a pesar de; **en ~ du bon sens** sin sentido común; **dépité, e** *adj* contrariado(-a)

déplacé, e [deplase] *adj* fuera de lugar *inv*

déplacement [deplasmɑ̃] *nm* traslado; (*voyage*) viaje *m*; **en ~** de viaje

déplacer [deplase] *vt* mover

déplaire [deplɛʀ] *vt* desagradar; **ceci me déplaît** esto me desagrada; **déplaisant, e** *vb voir* **déplaire** ▷ *adj* desagradable

dépliant [deplijɑ̃] *nm* folleto

déplier [deplije] *vt* desplegar

déposer [depoze] *vt* poner, dejar; (*à la banque*) ingresar; (*Admin, Jur*) presentar; (*Jur*): **~ (contre)** declarar (contra); **se déposer** *vpr* depositarse; **dépositaire** *nm/f* (*Comm*) concesionario(-a); **déposition** *nf* (*Jur*) deposición *f*

dépôt [depo] *nm* (*d'argent*) ingreso; (*entrepôt*) depósito

dépourvu, e [depuʀvy] *adj*: **~ de** desprovisto(-a) de; **au ~: prendre qn au ~** coger a algn desprevenido(-a)

dépression [depʀesjɔ̃] *nf* depresión *f*; **dépression (nerveuse)** depresión (nerviosa)

déprimant, e [depʀimɑ̃, ɑ̃t] *adj* deprimente

déprimer [depʀime] *vt* deprimir

depuis [dəpɥi] *prép* desde ▷ *adv* (*temps*) desde entonces; **~ que** desde que; **~ qu'il m'a dit ça** desde que me dijo eso; **~ combien de temps?** ¿cuánto tiempo hace?; **il habite Paris ~ 5 ans** vive en París desde hace 5 años, lleva 5 años viviendo en París; **~ quand le connaissez-vous?** ¿desde cuándo lo conoce usted?; **je le connais ~ 9 ans** lo conozco desde hace 9 años; **~ quand?** (*excl*) ¿desde cuándo?; **il a plu ~ Metz** ha estado lloviendo desde Metz; **elle a téléphoné ~ Valence** llamó por teléfono desde Valencia; **~ les plus petits jusqu'aux plus grands** desde los más pequeños hasta los más grandes; **je ne lui ai pas parlé ~** no he vuelto a hablar con él *ou* ella; **~ lors** desde entonces

député [depyte] *nm* (*Pol*) diputado(-a)

dérangement [deʀɑ̃ʒmɑ̃] *nm* molestia; **en ~** averiado(-a)

déranger [deʀɑ̃ʒe] *vt* desordenar; (*personne*) molestar; (*projet*) desarreglar; **se déranger** *vpr* molestarse

déraper [deʀape] *vi* (*voiture*) derrapar, patinar; (*personne, couteau*) resbalar

dérégler [deʀegle] *vt* (*mécanisme*) estropear; (*estomac*) indisponer

dérisoire [deʀizwaʀ] *adj* irrisorio(-a)

dérive [deʀiv] *nf* (*Naut*) orza de quilla; **aller à la ~** (*Naut, fig*) ir a la deriva

dérivé, e [deʀive] *nm* derivado

dermatologue [dɛʀmatɔlɔg] *nm/f* dermatólogo(-a)

dernier, -ière [dɛʀnje, jɛʀ] *adj* último(-a) ▷ *nm/f* último(-a) ▷ *nm* (*étage*) último piso; **lundi/le mois ~** el lunes/el mes pasado; **en ~** al final, por último; **ce ~/cette dernière** este último/esta última; **dernièrement** *adv* últimamente

dérogation [deʀɔgasjɔ̃] *nf* contravención *f*

dérouiller [deʀuje] *vt*: **se ~ les jambes** estirar las piernas

déroulement [deʀulmɑ̃] *nm* desenrollamiento
dérouler [deʀule] *vt* (*ficelle, papier*) desenrollar; **se dérouler** *vpr* (*avoir lieu*) desarrollarse
dérouter [deʀute] *vt* (*avion, train*) desviar; (*fig*) despistar
derrière [dɛʀjɛʀ] *prép* detrás de; (*fig*) tras, más allá de ▷ *nm* (*d'une maison*) trasera; (*postérieur*) trasero; **les pattes/roues de ~** las patas/ruedas traseras; **par ~** por detrás
des [de] *dét voir* **de** ▷ *prép + dét* = **de**
dès [dɛ] *prép* desde; **~ que** tan pronto como; **~ son retour** en cuanto vuelva; **~ lors** desde entonces
désaccord [dezakɔʀ] *nm* desacuerdo
désagréable [dezagʀeabl] *adj* desagradable
désagrément [dezagʀemɑ̃] *nm* desagrado
désaltérer [dezalteʀe]: **se ~** *vpr* beber
désapprobateur, -trice [dezapʀɔbatœʀ, tʀis] *adj* desaprobatorio(-a)
désapprouver [dezapʀuve] *vt* desaprobar
désarmant, e [dezaʀmɑ̃, ɑ̃t] *adj* conmovedor(a)
désastre [dezastʀ] *nm* desastre *m*; **désastreux, -euse** *adj* desastroso(-a)
désavantage [dezavɑ̃taʒ] *nm* (*handicap*) inferioridad *f*; (*inconvénient*) desventaja; **désavantager** *vt* desfavorecer
descendre [desɑ̃dʀ] *vt* bajar; (*abattre*) cargarse; (*boire*) pimplar, soplar ▷ *vi* bajar, descender; (*passager*) bajar(se); **~ à pied/en voiture** bajar a pie/en coche; **~ de** (*famille*) descender de; **~ du train/ d'un arbre/de cheval** bajar(se) del tren/de un árbol/del caballo; **~ à l'hôtel** quedarse en un hotel
descente [desɑ̃t] *nf* bajada, descenso; (*route*) pendiente *f*; (*Ski*) descenso; **au milieu de la ~** en medio de la bajada
description [dɛskʀipsjɔ̃] *nf* descripción *f*
déséquilibre [dezekilibʀ] *nm* desequilibrio; **en ~** desequilibrado(-a)
désert, e [dezɛʀ, ɛʀt] *adj* desierto(-a) ▷ *nm* desierto; **désertique** *adj* desértico(-a)
désespéré, e [dezɛspeʀe] *adj, nm/f* desesperado(-a); **état ~** (*Méd*) estado desesperado
désespérer [dezɛspeʀe] *vi* desesperar; **~ de qn/qch** perder la esperanza en algn/algo; **désespoir** *nm* desesperación *f*, desesperanza
déshabiller [dezabije] *vt* desvestir; **se déshabiller** *vpr* desnudarse, desvestirse (*esp Am*)
déshydraté, e [dezidʀate] *adj* deshidratado(-a)
desiderata [dezideʀata] *nmpl* desiderata *fsg*
désigner [deziɲe] *vt* (*montrer*) enseñar; (*dénommer*) designar
désinfectant, e [dezɛ̃fɛktɑ̃, ɑ̃t] *adj* desinfectante ▷ *nm* desinfectante *m*
désinfecter [dezɛ̃fɛkte] *vt* desinfectar
désintéressé, e [dezɛ̃teʀese] *adj* desinteresado(-a)
désintéresser [dezɛ̃teʀese] *vt*: **se ~ (de qn/qch)** desinteresarse (por algn/algo), perder el interés (por algn/algo)
désintoxication [dezɛ̃tɔksikasjɔ̃] *nf* (*Méd*) desintoxicación *f*; **faire une cure de ~** hacer una cura de desintoxicación
désinvolte [dezɛ̃vɔlt] *adj* impertinente
désir [deziʀ] *nm* deseo; **désirer** *vt* desear; **je désire ...** (*formule de politesse*) desearía ...
désister [deziste]: **se ~** *vpr* desistir

désobéir [dezɔbeiʀ] *vi*: **~ (à qn/ qch)** desobedecer (a algn/algo); **désobéissant, e** *adj* desobediente
désodorisant, e [dezɔdɔʀizɑ̃, ɑ̃t] *adj* desodorante
désolé, e [dezɔle] *adj* desolado(-a); **je suis ~, il n'y en a plus** lo siento, ya no hay más
désordonné, e [dezɔʀdɔne] *adj* desordenado(-a)
désordre [dezɔʀdʀ] *nm* desorden *m*; **en ~** en desorden
désormais [dezɔʀmɛ] *adv* (de ahora) en adelante
desquelles [dekɛl] *prép + pron voir* **lequel**
desquels [dekɛl] *prép + pron voir* **lequel**
dessécher [deseʃe]: **se ~** *vpr* secarse
desserrer [deseʀe] *vt* aflojar; (*poings, dents*) abrir
dessert [desɛʀ] *vb voir* **desservir** ▷ *nm* (*moment du repas*) postres *mpl*; (*mets*) postre *m*
desservir [desɛʀviʀ] *vt* (*suj: moyen de transport*) cubrir el servicio de; (*: voie de communication*) comunicar
dessin [desɛ̃] *nm* dibujo; **dessin animé** dibujos *mpl* animados; **dessin humoristique** dibujo humorístico, viñeta; **dessinateur, -trice** *nm/f* dibujante *m/f*; **dessinateur industriel** delineante *m/f*; **dessiner** *vt* dibujar; (*concevoir*) diseñar
dessous [d(ə)su] *adv* debajo, abajo ▷ *nm* parte *f* inferior; (*de voiture*) bajos *mpl*; **dessous** *nmpl* (*fig*) secretos *mpl*; (*sous-vêtements*) ropa interior *fsg*; **en ~** (*sous*) debajo; (*plus bas*) por debajo; **par-~** *adv* por debajo; **par ~** *prép* por debajo de; **au-~** abajo, debajo; **au-~ de tout** incalificable; **avoir le ~** tener *ou* llevar la peor parte; **dessous-de-plat** *nm inv* salvamanteles *m inv*
dessus [d(ə)sy] *adv* encima, arriba ▷ *nm* parte *f* superior; **c'est écrit ~** está ahí; **par-~** *adv* por encima, por arriba ▷ *prép* por encima de, por arriba de; **au-~** encima, arriba; **avoir/ prendre le ~** ir ganando; **reprendre le ~** recobrarse; **sens ~ dessous** patas arriba; **dessus-de-lit** *nm inv* colcha
destin [dɛstɛ̃] *nm* destino
destinataire [dɛstinatɛʀ] *nm/f* destinatario(-a)
destination [dɛstinasjɔ̃] *nf* destino; (*usage*) función *f*; **à ~ de** con destino a
destiner [dɛstine] *vt*: **~ qch à qn** destinar a algn para algo; **se ~ à l'enseignement** pensar dedicarse a la enseñanza; **être destiné à** estar destinado(-a) a; (*usage*) ser para
détachant [detaʃɑ̃] *nm* quitamanchas *m inv*
détacher [detaʃe] *vt* (*ôter*) desprender; (*délier*) desatar, soltar; **se détacher** *vpr* (*tomber, se défaire*) desprenderse; **se ~ sur** (*se dessiner*) destacarse en
détail [detaj] *nm* detalle *m*; **au ~** (*Comm*) al por menor; **en ~** en detalle; **détaillant, e** [detajɑ̃, ɑ̃t] *nm/f* minorista *m/f*; **détaillé, e** *adj* detallado(-a); **détailler** *vt* detallar
détecter [detɛkte] *vt* detectar;
détective [detɛktiv] *nm*: **détective (privé/privée)** detective *m/f*
déteindre [detɛ̃dʀ] *vi* desteñir
détendre [detɑ̃dʀ] *vt* aflojar; (*atmosphère etc*) relajar; **se détendre** *vpr* (*ressort*) aflojarse; (*se reposer*) descansar
détenir [det(ə)niʀ] *vt* poseer; (*otage*) retener; (*prisonnier*) tener preso a; (*record*) ostentar; **~ le pouvoir** (*Pol*) ostentar el poder
détente [detɑ̃t] *nf* distensión *f*, relajación *f*; (*politique, sociale*) distensión; (*loisirs*) esparcimiento, descanso
détention [detɑ̃sjɔ̃] *nf* posesión *f*; (*d'un otage*) retención *f*; (*d'un prisonnier*)

encarcelamiento
détenu, e [det(ə)ny] *pp de* **détenir** ▷ *nm/f (prisonnier)* preso(-a)
détergent [detɛʀʒɑ̃] *nm* detergente *m*
détériorer [deteʀjɔʀe]: **se ~** *vpr* deteriorarse
déterminé, e [detɛʀmine] *adj (personne, air)* decidido(-a); *(but, intentions)* claro(-a)
déterminer [detɛʀmine] *vt (date etc)* determinar; **~ qn à faire qch** decidir a algn a hacer algo
détester [detɛste] *vt (haïr)* detestar, odiar; *(sens affaibli)* detestar
détour [detuʀ] *nm* rodeo; *(tournant, courbe)* curva, recodo; **sans ~** *(fig)* sin rodeos
détourné, e [detuʀne] *adj (sentier, chemin)* indirecto(-a); *(moyen)* dudoso(-a)
détourner [detuʀne] *vt* desviar; *(avion: par la force)* secuestrar; *(yeux)* apartar; *(tête)* volver; *(de l'argent)* malversar; **se détourner** *vpr (tourner la tête)* apartar la cara
détraquer [detʀake] *vt* fastidiar, cargarse; *(santé, estomac)* estropear; **se détraquer** *vpr*: **ma montre s'est détraquée** se me ha fastidiado el reloj
détriment [detʀimɑ̃] *nm*: **au ~ de** en detrimento de
détroit [detʀwa] *nm* estrecho; **le détroit de Be(h)ring/de Gibraltar/de Magellan** el estrecho de Bering/de Gibraltar/de Magallanes
détruire [detʀɥiʀ] *vt* destruir
dette [dɛt] *nf* deuda
DEUG [døg] *sigle m (= diplôme d'études universitaires générales) diplomatura*
deuil [dœj] *nm* luto
deux [dø] *adj inv, nm inv* dos *m inv*; **les ~** los/las dos, ambos(-as); **ses ~ mains** las dos manos; **deux points** *(ponctuation)* dos puntos *mpl*; *voir aussi* **cinq**; **deuxième** *adj, nm/f* segundo(-a); *voir aussi* **cinquième**; **deuxièmement** *adv* en segundo lugar; **deux-pièces** *nm inv* dos piezas *m inv*; *(appartement)* apartamento de dos habitaciones; **deux-roues** *nm inv* vehículo de dos ruedas
devais [dəvɛ] *vb voir* **devoir**
dévaluation [devalɥasjɔ̃] *nf* devaluación *f*
devancer [d(ə)vɑ̃se] *vt* adelantar; *(arriver avant, aussi fig)* adelantarse a
devant [d(ə)vɑ̃] *vb voir* **devoir** ▷ *adv* delante, adelante ▷ *prép (en face de)* delante de, frente a; *(passer, être)* delante de; *(en présence de)* ante; *(face à)* ante, delante de ▷ *nm (de maison)* fachada; *(vêtement, voiture)* delantera; **prendre les ~s** adelantarse; **de ~** delantero(-a); **par ~** por delante; **aller au-~ de qn** ir al encuentro de algn; **aller au-~ de** *(désirs de qn)* anticiparse a
devanture [d(ə)vɑ̃tyʀ] *nf (étalage, vitrine)* escaparate *m*, vidriera *(Am)*
développement [dev(ə)lɔpmɑ̃] *nm* desarrollo; *(photo)* revelado; *(exposé)* exposición *f*; *(gén pl)* evolución *f*
développer [dev(ə)lɔpe] *vt* desarrollar; *(Photo)* revelar; **se développer** *vpr* desarrollarse; *(affaire)* evolucionar
devenir [dəv(ə)niʀ] *vt* volverse; **que sont-ils devenus?** ¿qué ha sido de ellos?; **~ médecin** hacerse médico
devez [dəve] *vb voir* **devoir**
déviation [devjasjɔ̃] *nf* desviación *f*; *(Auto)* desvío
devienne *etc* [dəvjɛn] *vb voir* **devenir**
deviner [d(ə)vine] *vt* adivinar; *(apercevoir)* atisbar; **devinette** *nf* adivinanza
devins *etc* [dəvɛ̃] *vb voir* **devenir**
devis [d(ə)vi] *nm* presupuesto
devise [dəviz] *nf (formule)* lema *m*,

divisa; (*Écon*) divisa; **devises** *nfpl* dinero *msg* extranjero
dévisser [devise] *vt* desatornillar
devoir [d(ə)vwaʀ] *nm* deber *m* ▷ *vt* deber; **il doit le faire** (*obligation*) debe hacerlo, tiene que hacerlo; **cela devait arriver** (*fatalité*) tenía que ocurrir (un día); **il doit partir demain** (*intention*) se va mañana; **il doit être tard** (*probabilité*) debe (de) ser tarde
dévorer [devɔʀe] *vt* devorar
dévoué, e [devwe] *adj* dedicado(-a)
dévouer [devwe] *vb*: **se ~ (pour)** sacrificarse (por); **se ~ à** dedicarse a
devrai [dəvʀe] *vb voir* **devoir**
diabète [djabɛt] *nm* (*Méd*) diabetes *f inv*; **diabétique** *adj, nm/f* diabético(-a)
diable [djɑbl] *nm* diablo
diabolo [djabɔlo] *nm* (*boisson*) *mezcla de gaseosa y almíbar*
diagnostic [djagnɔstik] *nm* diagnóstico; **diagnostiquer** *vt* diagnosticar
diagonal, e, -aux [djagɔnal, o] *adj* diagonal; **diagonale** *nf* diagonal *f*
diagramme [djagʀam] *nm* diagrama *m*
dialecte [djalɛkt] *nm* dialecto
dialogue [djalɔg] *nm* diálogo
diamant [djamɑ̃] *nm* diamante *m*
diamètre [djamɛtʀ] *nm* diámetro
diapositive [djapozitiv] *nf* diapositiva
diarrhée [djaʀe] *nf* diarrea
dictateur [diktatœʀ] *nm* dictador *m*; **dictature** *nf* dictadura
dictée [dikte] *nf* dictado
dicter [dikte] *vt* (*aussi fig*) dictar
dictionnaire [diksjɔnɛʀ] *nm* diccionario
dièse [djɛz] *nm* sostenido
diesel [djezɛl] *nm* diesel *m*
diète [djɛt] *nf* dieta; **diététique** *adj* dietético(-a) ▷ *nf* dietética; **magasin diététique** tienda de dietética
dieu, x [djø] *nm* dios *msg*; **D~** Dios; **mon D~!** ¡Dios mío!
différemment [difeʀamɑ̃] *adv* de forma diferente
différence [difeʀɑ̃s] *nf* diferencia; **à la ~ de** a diferencia de; **différencier** *vt* diferenciar; **se différencier (de)** diferenciarse (de)
différent, e [difeʀɑ̃, ɑ̃t] *adj*: **~ (de)** distinto(-a) (de), diferente (de); **~s objets/personnages** varios objetos/personajes
différer [difeʀe] *vt* diferir, postergar (*Am*) ▷ *vi*: **~ (de)** diferir (de)
difficile [difisil] *adj* difícil; **difficilement** *adv* difícilmente
difficulté [difikylte] *nf* dificultad *f*; **en ~** en apuros
diffuser [difyze] *vt* emitir; (*nouvelle, idée*) difundir; (*Comm*) distribuir
digérer [diʒeʀe] *vt* digerir; **digestif, -ive** [diʒɛstif, iv] *adj* digestivo(-a) ▷ *nm* licor *m*; **digestion** *nf* digestión *f*
digne [diɲ] *adj* (*respectable*) digno(-a); **~ d'intérêt/d'admiration** digno de interés/de admiración; **~ de foi** digno de fe; **~ de qn/qch** digno de algn/algo; **dignité** *nf* dignidad *f*
digue [dig] *nf* dique *m*
dilemme [dilɛm] *nm* dilema *m*
diligence [diliʒɑ̃s] *nf* diligencia
diluer [dilɥe] *vt* diluir
dimanche [dimɑ̃ʃ] *nm* domingo; *voir aussi* **lundi**
dimension [dimɑ̃sjɔ̃] *nf* dimensión *f*; (*gén pl: cotes, coordonnées*) dimensiones *fpl*
diminuer [diminɥe] *vt* disminuir; (*dénigrer*) desacreditar ▷ *vi* disminuir; **diminutif** *nm* (*surnom*) diminutivo cariñoso
dinde [dɛ̃d] *nf* pava
dindon [dɛ̃dɔ̃] *nm* pavo
dîner [dine] *nm* cena, comida (*Am*) ▷ *vi* cenar

dingue [dɛ̃g] (*fam*) *adj* chalado(-a)
dinosaure [dinɔzɔʀ] *nm* dinosaurio
diplomate [diplɔmat] *nm/f* diplomático(-a); **diplomatie** *nf* diplomacia
diplôme [diplom] *nm* diploma *m*, título; (*examen*) examen *m* de diplomatura; **diplômé, e** *adj, nm/f* titulado(-a), diplomado(-a)
dire [diʀ] *vt* decir; (*suj: horloge*) decir, marcar; (*ordre, invitation*): **~ à qn qu'il fasse** *ou* **de faire qch** decir a algn que haga algo; (*objecter*): **n'avoir rien à ~ (à)** no tener nada que decir (a); (*penser*): **que dites-vous de ...?** ¿qué opina usted de ...?; (*se prétendre*): **se ~ malade** *etc* pretenderse enfermo(-a) *etc*; **ça se dit ... en anglais** se dice ... en inglés; **~ quelque chose/ce qu'on pense** decir algo/lo que uno piensa; **~ la vérité/l'heure** decir la verdad/la hora; **on dirait que** parece que; **ça ne me dit rien** no me apetece; (*rappeler qch*) no me suena; **pour ainsi ~** por decirlo así; **cela va sans ~** ni qué decir tiene; **dis donc!/dites donc!** (*pour attirer attention*) ¡oye!/¡oiga!; (*agressif*) ¡oye!/¡oiga Vd!; **et ~ que ...** y pensar que ...; **ceci** *ou* **cela dit** a pesar de todo; (*à ces mots*) dicho esto; **il n'y a pas à ~** realmente
direct, e [diʀɛkt] *adj* directo(-a); (*personne*) franco(-a); **en ~** en directo; **directement** *adv* directamente
directeur, -trice [diʀɛktœʀ, tʀis] *nm/f* director(a)
direction [diʀɛksjɔ̃] *nf* dirección *f*; **"toutes ~s"** (*Auto*) "todas las direcciones"
dirent [diʀ] *vb voir* **dire**
dirigeant, e [diʀiʒɑ̃, ɑ̃t] *adj, nm/f* dirigente *m/f*
diriger [diʀiʒe] *vt* dirigir; **se diriger** *vpr* orientarse; **~ sur** (*regard*) dirigir hacia; **se ~ vers** *ou* **sur** dirigirse hacia
dis [di] *vb voir* **dire**
discerner [disɛʀne] *vt* (*apercevoir*) divisar
discipline [disiplin] *nf* disciplina; **discipliner** *vt* disciplinar
discontinu, e [diskɔ̃tiny] *adj* discontinuo(-a)
discontinuer [diskɔ̃tinɥe] *vi*: **sans ~** sin interrupción
discothèque [diskɔtɛk] *nf* discoteca
discours [diskuʀ] *nm* discurso
discret, -ète [diskʀɛ, ɛt] *adj* discreto(-a); **discrétion** *nf* discreción *f*
discrimination [diskʀiminasjɔ̃] *nf* discriminación *f*; **sans ~** sin discriminación
discussion [diskysjɔ̃] *nf* discusión *f*
discutable [diskytabl] *adj* discutible
discuter [diskyte] *vt, vi* discutir
dise [diz] *vb voir* **dire**
disjoncteur [disʒɔ̃ktœʀ] *nm* (*Élec*) interruptor *m*
disloquer [dislɔke] *vt*: **se ~ l'épaule** dislocarse el hombro
disons [dizɔ̃] *vb voir* **dire**
disparaître [dispaʀɛtʀ] *vi* desaparecer; **faire ~ qch/qn** hacer desaparecer algo/a algn
disparition [dispaʀisjɔ̃] *nf* desaparición *f*
disparu, e [dispaʀy] *pp de* **disparaître** ▷ *nm/f* (*dont on a perdu la trace*) desaparecido(-a)
dispensaire [dispɑ̃sɛʀ] *nm* dispensario
dispenser [dispɑ̃se] *vt* (*soins etc*) prestar; (*exempter*): **~ qn de qch/faire qch** dispensar a algn de algo/hacer algo
disperser [dispɛʀse] *vt* dispersar
disponible [dispɔnibl] *adj* disponible
disposé, e [dispoze] *adj* dispuesto(-a); **bien/mal ~** de buen/mal humor; **être bien/mal**

- pour *ou* **envers qn** estar bien/ mal dispuesto(-a) hacia algn; **- à** dispuesto(-a) a
disposer [dispoze] *vt* disponer ▷ *vi*: **- de** disponer de; **se - à faire qch** disponerse a hacer algo
dispositif [dispozitif] *nm* dispositivo
disposition [dispozisjɔ̃] *nf* disposición *f*; (*arrangement*) distribución *f*; (*gén pl: mesures*) medidas *fpl*; (*: préparatifs*) preparativos *mpl*; **à la - de qn** a disposición de algn
disproportionné, e [dispʀɔpɔʀsjɔne] *adj* desproporcionado(-a)
dispute [dispyt] *nf* riña, disputa; **disputer**: **se disputer** *vpr* reñir
disqualifier [diskalifje] *vt* descalificar
disque [disk] *nm* disco; **disque compact** disco compacto; **disque d'embrayage** (*Auto*) disco de embrague; **disque laser** disco láser; **disquette** *nf* (*Inform*) diskette *m*
dissertation [disɛʀtasjɔ̃] *nf* (*Scol*) redacción *f*
dissimuler [disimyle] *vt* disimular, ocultar
dissipé, e [disipe] *adj* (*indiscipliné*) distraído(-a)
dissolvant [disɔlvɑ̃] *nm* (*Chim*) disolvente *m*
dissuader [disɥade] *vt*: **- qn de faire qch/de qch** disuadir a algn de hacer algo/de algo
distance [distɑ̃s] *nf* distancia; **une - de 10 km** una distancia de 10 km; **distancer** *vt* (*concurrent*) distanciarse de
distant, e [distɑ̃, ɑ̃t] *adj* distante; **- de 5 km** distante 5km
distillerie [distilʀi] *nf* destilería
distinct, e [distɛ̃(kt), ɛ̃kt] *adj* distinto(-a); **distinctement** *adv* (*voir*) con nitidez; (*parler*) con claridad; **distinctif, -ive** *adj* distintivo(-a)
distingué, e [distɛ̃ge] *adj* distinguido(-a)
distinguer [distɛ̃ge] *vt* distinguir
distraction [distʀaksjɔ̃] *nf* distracción *f*
distraire [distʀɛʀ] *vt* distraer; (*amuser*) distraer, entretener; **se distraire** *vpr* distraerse; **distrait, e** *pp de* **distraire** ▷ *adj* distraído(-a)
distrayant, e [distʀɛjɑ̃, ɑ̃t] *vb voir* **distraire** ▷ *adj* distraído(-a), entretenido(-a)
distribuer [distʀibɥe] *vt* repartir; (*Cartes*) dar; **distributeur** *nm*: **distributeur (automatique)** máquina (expendedora)
dit, e [di] *pp de* **dire**
dites [dit] *vb voir* **dire**
divan [divɑ̃] *nm* sofá *m*
divers, e [divɛʀ, ɛʀs] *adj* (*varié*) diverso(-a), vario(-a); (*différent*) variado(-a) ▷ *dét* (*plusieurs*) varios(-as), diversos(-as); **(frais) -** gastos *mpl* varios
diversité [divɛʀsite] *nf* diversidad *f*
divertir [divɛʀtiʀ]: **se -** *vpr* divertirse; **divertissement** *nm* diversión *f*
diviser [divize] *vt* dividir; **division** *nf* división *f*
divorce [divɔʀs] *nm* divorcio; **divorcé, e** *adj, nm/f* divorciado(-a); **divorcer** *vi* divorciarse; **divorcer de** *ou* **d'avec qn** divorciarse de algn
divulguer [divylge] *vt* divulgar
dix [dis] *adj inv, nm inv* diez *m inv*; *voir aussi* **cinq**
dix-huit [dizɥit] *adj inv, nm inv* dieciocho *m inv*; *voir aussi* **cinq**
dix-huitième [dizɥitjɛm] *adj, nm/f* decimoctavo(-a) ▷ *nm* (*partitif*) dieciochoavo; *voir aussi* **cinquantième**
dixième [dizjɛm] *adj, nm/f*

décimo(-a) ▷ *nm* décimo; *voir aussi* **cinquième**
dix-neuf [diznœf] *adj inv, nm inv* diecinueve *m inv*; *voir aussi* **cinq**
dix-neuvième [diznœvjɛm] *adj, nm/f* decimonoveno(-a) ▷ *nm* (*partitif*) diecinueveavo; *voir aussi* **cinquantième**
dix-sept [disɛt] *adj inv, nm inv* diecisiete *m inv*; *voir aussi* **cinq**
dix-septième [disɛtjɛm] *adj, nm/f* decimoséptimo(-a) ▷ *nm* (*partitif*) diecisieteavo; *voir aussi* **cinquantième**
dizaine [dizɛn] *nf* (*unité*) decena; **une ~ de ...** unos(-as) diez ...
do [do] *nm inv* (*Mus*) do
docile [dɔsil] *adj* dócil
dock [dɔk] *nm* dique *m*; **docker** *nm* estibador *m*
docteur [dɔktœʀ] *nm* (*médecin*) médico, doctor(a); **doctorat** *nm* (*aussi*: **doctorat d'État**) doctorado
doctrine [dɔktʀin] *nf* doctrina
document [dɔkymɑ̃] *nm* documento; **documentaire** *nm*: **(film) documentaire** documental *m*; **documentaliste** *nm/f* documentalista *m/f*; **documentation** *nf* documentación *f*; **documenter** *vt*: **se documenter (sur)** documentarse (sobre)
dodo [dodo] *nm*: **aller faire ~** ir a la cama
dogue [dɔg] *nm* (perro) dogo
doigt [dwa] *nm* dedo; **être à deux ~s de** estar a dos dedos de
doit *etc* [dwa] *vb voir* **devoir**
dollar [dɔlaʀ] *nm* dólar *m*
domaine [dɔmɛn] *nm* dominio
domestique [dɔmɛstik] *adj* doméstico(-a) ▷ *nm/f* doméstico(-a), sirviente(-a), criado(-a)
domicile [dɔmisil] *nm* domicilio; **à ~** a domicilio; **domicilié, e** *adj*: **être domicilié à** estar domiciliado(-a) en
dominant, e [dɔminɑ̃, ɑ̃t] *adj* dominante
dominer [dɔmine] *vt* dominar; (*passions etc*) dominar, controlar; (*surpasser*) sobrepasar a ▷ *vi* dominar
domino [dɔmino] *nm* dominó *m*
dommage [dɔmaʒ] *nm* daño, perjuicio; (*gén pl*: *dégâts, pertes*) daños *mpl*, pérdidas *fpl*; **c'est ~ de faire/que ...** es una lástima hacer/que ...; **dommages matériels** daños materiales
dompter [dɔ̃(p)te] *vt* domar; **dompteur, -euse** *nm/f* domador(a)
DOM-ROM [dɔmʀɔm] *sigle m ou mpl* (= *département(s) d'outre-mer/région(s) d'outre-mer*) *departamentos y regiones franceses de ultramar*
don [dɔ̃] *nm* (*cadeau*) regalo; (*charité*) donativo; (*aptitude*) don *m*; **avoir des ~s pour** tener don *ou* tener gracia para
donc [dɔ̃k] *conj* (*en conséquence*) por tanto; (*après une digression*) así pues
donné, e [dɔne] *adj* (*convenu*): **prix/jour ~** precio/día *m* determinado; **c'est ~** es tirado, está regalado; **étant ~ que ...** puesto *ou* dado que ...; **donnée** *nf* dato
donner [dɔne] *vt* dar; (*offrir*) regalar; (*maladie*) pegar; (*film, spectacle*) echar, poner ▷ *vi* (*fenêtre, chambre*): **~ sur** dar a; **se donner** *vpr*: **se ~ à fond (à son travail)** entregarse a fondo (a su trabajo); **~ qch à qn** dar algo a algn

MOT-CLÉ

dont [dɔ̃] *pron rel* **1** (*complément d'un nom sujet*) cuyo(-a), cuyos(-as); **une méthode dont je ne connais pas les résultats** un método cuyos resultados desconozco; **c'est le chien dont le maître habite en face** es el perro cuyo dueño vive enfrente
2 (*complément de verbe ou adjectif*): **le voyage dont je t'ai parlé** el viaje del

que te hablé; **le pays dont il est originaire** el país del que es originario; **la façon dont il l'a fait** la forma en que lo hizo
3 *(parmi lesquel(le)s)*: **2 livres, dont l'un est gros** 2 libros, uno de los cuales es gordo; **il y avait plusieurs personnes, dont Gabrielle** había varias personas, entre ellas Gabriela; **10 blessés, dont 2 grièvement** 10 heridos, 2 de ellos de gravedad

doré, e [dɔʀe] *adj* dorado(-a)
dorénavant [dɔʀenavɑ̃] *adv* en adelante, en lo sucesivo
dorer [dɔʀe] *vt* dorar ▷ *vi* (*Culin: poulet*): **(faire) ~** dorar
dorloter [dɔʀlɔte] *vt* mimar
dormir [dɔʀmiʀ] *vi* dormir; (*être endormi*) dormir, estar dormido(-a)
dortoir [dɔʀtwaʀ] *nm* dormitorio
dos [do] *nm* espalda; (*d'un animal, de livre*) lomo; (*d'un chèque etc*) dorso; **voir au ~** véase al dorso; **de ~** de espaldas; **~ à ~** de espaldas uno a otro
dosage [dozaʒ] *nm* dosificación *f*
dose [doz] *nf* dosis *f inv*; **doser** *vt* (*aussi fig*) dosificar
dossier [dosje] *nm* expediente *m*; (*chemise, enveloppe*) carpeta; (*de chaise*) respaldo; (*Presse*) dossier *m*
douane [dwan] *nf* aduana; (*taxes*) arancel *m*; **douanier, -ière** *adj, nm/f* aduanero(-a)
double [dubl] *adj* doble ▷ *adv*: **voir ~** ver doble ▷ *nm* (*autre exemplaire*) copia; (*sosie*) doble; **le ~ (de)** el doble (de); **~ messieurs/mixte** (*Tennis*) dobles *mpl* masculinos/mixtos; **en ~** por duplicado
doubler [duble] *vt* duplicar; (*vêtement, chaussures*) forrar; (*voiture etc*) adelantar; (*film*) doblar; (*acteur*) doblar a ▷ *vi* duplicarse
doublure [dublyʀ] *nf* (*de vêtement*) forro; (*acteur*) doble *m*
douce [dus] *adj voir* **doux**; **douceâtre** *adj* dulzón(-ona); **doucement** *adv* (*délicatement*) con cuidado; (*à voix basse*) bajo; (*lentement*) despacio; **douceur** *nf* suavidad *f*; (*d'une personne, saveur etc*) dulzura; (*de gestes*) delicadeza
douche [duʃ] *nf* ducha; **douches** *nfpl* (*salle*) duchas *fpl*; **prendre une ~** ducharse; **doucher**: **se doucher** *vpr* ducharse
doué, e [dwe] *adj* dotado(-a); **~ de** (*possédant*) dotado(-a) de
douille [duj] *nf* (*Élec*) casquillo
douillet, te [dujɛ, ɛt] *adj* (*péj*) delicado(-a)
douleur [dulœʀ] *nf* dolor *m*; **douloureux, -euse** *adj* doloroso(-a)
doute [dut] *nm* duda; **sans ~** seguramente; **mettre en ~** poner en duda; **douter** *vt* dudar; **douter de** dudar de; **se douter de qch/que** sospechar algo/que; **je m'en doutais** me lo figuraba; **douteux, -euse** *adj* dudoso(-a); (*discutable*) discutible; (*péj*) de aspecto dudoso
doux, douce [du, dus] *adj* suave; (*personne, saveur*) dulce; (*climat, région*) templado(-a); (*eau*) blando(-a)
douzaine [duzɛn] *nf* docena; **une ~ (de)** unos(-as) doce
douze [duz] *adj inv, nm inv* doce *m inv*; *voir aussi* **cinq**; **douzième** *adj, nm/f* duodécimo(-a) ▷ *nm* duodécimo; *voir aussi* **cinquième**
dragée [dʀaʒe] *nf* peladilla
draguer [dʀage] *vt* (*rivière*) dragar; (*fam: filles*) ligar con ▷ *vi* ligar
dramatique [dʀamatik] *adj* dramático(-a) ▷ *nf* (*TV*) teledrama *m*
drame [dʀam] *nm* drama *m*
drap [dʀa] *nm* sábana; (*tissu*) paño
drapeau, x [dʀapo] *nm* bandera
drap-housse [dʀaus] (*pl* **draps-housses**) *nm* sábana ajustable
dresser [dʀese] *vt* levantar; (*liste*)

redactar; (*animal domestique*) entrenar; (*animal de cirque*) amaestrar; **se dresser** *vpr* (*église, falaise*) erguirse; (*obstacle*) presentarse
drogue [dʀɔg] *nf* droga; **drogué** *nm/f* drogadicto(-a); **droguer** *vt* drogar; **se droguer** *vpr* drogarse; **droguerie** *nf* droguería; **droguiste** *nm/f* droguero(-a)
droit, e [dʀwa, dʀwat] *adj* derecho(-a), recto(-a); (*opposé à gauche*) derecho(-a); (*fig*) recto(-a) ▷ *adv* derecho ▷ *nm* derecho; **avoir le ~ de** tener el derecho de; **avoir ~ à** tener derecho a; **être dans son ~** estar en su derecho; **de quel ~?** ¿con qué derecho?; **droits d'auteur** derechos de autor; **droits d'inscription** matrícula; **droite** *nf* (*direction*) derecha; (*Math*) recta; (*Pol*): **la droite** la derecha; **à droite (de)** a la derecha (de); **de droite** (*Pol*) de derechas; **droitier, -ière** *adj, nm/f* diestro(-a)
drôle [dʀol] *adj* gracioso(-a); (*bizarre*) raro(-a)
dromadaire [dʀɔmadɛʀ] *nm* dromedario
du [dy] *prép + dét voir* **de**
dû, due [dy] *pp de* **devoir** ▷ *adj* (*somme*) debido(-a); **~ à** debido a
dune [dyn] *nf* duna
duplex [dyplɛks] *nm* (*appartement*) dúplex *m*
duquel [dykɛl] *prép + pron voir* **lequel**
dur, e [dyʀ] *adj* duro(-a); (*problème*) difícil; (*fam*) almidonado(-a) ▷ *adv* (*travailler, taper etc*) duramente, mucho
durant [dyʀɑ̃] *prép* durante; **~ des mois, des mois ~** durante meses enteros
durcir [dyʀsiʀ] *vt, vi* endurecer; **se durcir** *vpr* endurecerse
durée [dyʀe] *nf* duración *f*
durement [dyʀmɑ̃] *adv* (*très*) fuertemente; (*traiter*) severamente, duramente
durer [dyʀe] *vi* durar
dureté [dyʀte] *nf* dureza
durit® [dyʀit] *nm* durita
dus *etc* [dy] *vb voir* **devoir**
duvet [dyvɛ] *nm* plumón *m*; **(sac de couchage) ~** saco de dormir (de plumón)
dynamique [dinamik] *adj* dinámico(-a); **dynamisme** *nm* dinamismo
dynamo [dinamo] *nf* dinamo *f* (*m en Am*)
dysenterie [disɑ̃tʀi] *nf* disentería
dyslexie [dislɛksi] *nf* dislexia

e

eau, x [o] *nf* agua; **prendre l'~** (*chaussure etc*) dejar pasar el agua; **tomber à l'~** (*fig*) fracasar; **eau courante/douce/salée** agua corriente/dulce/salada; **eau de Cologne/de toilette** agua de Colonia/de olor; **eau de Javel** lejía; **eau oxygénée** agua oxigenada; **eau plate/minérale/gazeuse** agua natural (del grifo)/mineral/con gas; **eau-de-vie** (*pl* **eaux-de-vie**) *nf* aguardiente *m*
ébène [ebɛn] *nf* ébano; **ébéniste** *nm* ebanista *m/f*
éblouir [ebluiʀ] *vt* deslumbrar
éboueur [ebwœʀ] *nm* basurero
ébouillanter [ebujɑ̃te] *vt* escaldar
éboulement [ebulmɑ̃] *nm* derrumbamiento
ébranler [ebʀɑ̃le] *vt* (*vitres, immeuble*) estremecer; (*résolution, personne*) hacer vacilar
ébullition [ebylisjɔ̃] *nf* ebullición *f*; **en ~** en ebullición
écaille [ekaj] *nf* (*de poisson*) escama; (*de coquillage*) concha; (*matière*) concha, carey *m*; (*de peinture*) desconchón *m*; **écailler** *vt* (*poisson*) escamar; **s'écailler** *vpr* (*peinture*) desconcharse
écart [ekaʀ] *nm* (*de temps*) lapso; (*dans l'espace*) separación *f*; (*de prix etc*) diferencia; (*embardée, mouvement*) desvío brusco; **à l'~** (*éloigné*) alejado(-a), apartado(-a)
écarté, e [ekaʀte] *adj* (*isolé*) apartado(-a); (*ouvert*) abierto(-a); **les jambes ~es** las piernas abiertas; **les bras ~s** los brazos abiertos
écarter [ekaʀte] *vt* (*éloigner*) alejar; (*personnes*) separar; (*ouvrir*) abrir; (*Cartes, candidat, possibilité*) descartar; **s'écarter** *vpr* (*parois, jambes*) abrirse; **s'~ de** alejarse de
échafaudage [eʃafodaʒ] *nm* (*Constr*) andamiaje *m*
échalote [eʃalɔt] *nf* chalote *m*, chalota
échange [eʃɑ̃ʒ] *nm* intercambio; **échanger** *vt* intercambiar; **échanger qch (contre)** (*troquer*) canjear algo (por)
échantillon [eʃɑ̃tijɔ̃] *nm* muestra
échapper [eʃape]: **~ à** *vt ind* escapar de; (*punition, péril*) librarse de; **s'échapper** *vpr* escaparse; **~ à qn** escapársele a algn; **l'~ belle** escapar por los pelos
écharpe [eʃaʀp] *nf* (*cache-nez*) bufanda; **avoir un bras en ~** tener un brazo en cabestrillo
échauffer [eʃofe]: **s'~** *vpr* (*Sport*) calentarse
échéance [eʃeɑ̃s] *nf* (*date*) vencimiento; **à brève/longue ~** *adj, adv* a corto/largo plazo
échéant [eʃeɑ̃]: **le cas ~** *adv* llegado el caso

échec [eʃɛk] *nm* fracaso; **échecs** *nmpl* (*jeu*) ajedrez *msg*; **~ et mat/au roi** jaque mate/al rey
échelle [eʃɛl] *nf* (*de bois*) escalera de mano; (*fig*) escala
échelon [eʃ(ə)lɔ̃] *nm* (*d'échelle*) escalón *m*; (*Admin*) escalafón *m*; (*Sport*) categoría; **échelonner** *vt* escalonar
échiquier [eʃikje] *nm* tablero
écho [eko] *nm* eco; (*potins*) cotilleo; **échographie** *nf* ecografía
échouer [eʃwe] *vi* (*tentative*) fracasar; (*candidat*) suspender; (*bateau*) encallar; **s'échouer** *vpr* embarrancarse
éclabousser [eklabuse] *vt* salpicar
éclair [eklɛʀ] *nm* (*d'orage*) relámpago; (*de génie, d'intelligence*) chispa
éclairage [eklɛʀaʒ] *nm* iluminación *f*
éclaircie [eklɛʀsi] *nf* escampada
éclaircir [eklɛʀsiʀ] *vt* aclarar; **s'éclaircir** *vpr* (*ciel*) despejarse; **éclaircissement** *nm* (*gén pl: explication*) aclaración *f*
éclairer [ekleʀe] *vt* (*suj: lampe, lumière*) iluminar; (*avec une lampe de poche*) alumbrar ▷ *vi*: **~ bien/mal** iluminar bien/mal
éclat [ekla] *nm* (*de bombe, verre*) fragmento; (*du soleil, d'une couleur*) brillo; **éclat de rire** carcajada; **éclats de voix** subidas *fpl* de tono
éclatant, e [eklatɑ̃, ɑ̃t] *adj* (*couleur*) brillante; (*lumière*) resplandeciente; (*succès*) clamoroso(-a)
éclater [eklate] *vi* estallar; **~ de rire/en sanglots** reventar de risa/en llanto
écluse [eklyz] *nf* esclusa
écœurant [ekœʀɑ̃] *adj* asqueroso(-a)
écœurer [ekœʀe] *vt* (*suj: gâteau, goût*) dar asco; (*personne, attitude*) desagradar; (*démoraliser*) destrozar
école [ekɔl] *nf* escuela; **aller à l'~** ir a la escuela; **école maternelle** escuela de párvulos; **école élémentaire, école primaire** escuela primaria; **école privée/publique/secondaire** escuela privada/pública/secundaria;
écolier, -ière *nm/f* escolar *m/f*

ÉCOLE MATERNELLE

En Francia la escuela infantil (**l'école maternelle**) está financiada por el estado y, pese a no ser obligatoria, la mayoría de los niños de entre dos y seis años acuden a ella. La educación obligatoria comienza con la educación primaria (**l'école primaire**) que abarca desde los seis hasta los diez u once años.

écologie [ekɔlɔʒi] *nf* ecología; **écologique** *adj* ecológico(-a); **écologiste** *nm/f* ecologista *m/f*
économe [ekɔnɔm] *adj* ahorrador(a)
économie [ekɔnɔmi] *nf* economía; (*vertu*) ahorro; **économies** *nfpl* ahorros *mpl*; **économique** *adj* económico(-a); **économiser** *vt* ahorrar, economizar
écorce [ekɔʀs] *nf* corteza; (*de fruit*) piel *f*
écorcher [ekɔʀʃe] *vt* (*animal*) desollar; (*égratigner*) arañar; **écorchure** *nf* arañazo
écossais, e [ekɔsɛ, ɛz] *adj* escocés(-esa) ▷ *nm/f*: **É~, e** escocés(-esa)
Écosse [ekɔs] *nf* Escocia
écouter [ekute] *vt* escuchar; (*fig*) hacer caso de *ou* a, escuchar a; **s'écouter** *vpr* (*s'apitoyer*) hacerse caso; **si je m'écoutais** (*suivre son impulsion*) si por mí fuera; **écouteur** *nm* (*téléphone*) auricular *m*
écran [ekʀɑ̃] *nm* pantalla; **le petit ~** la pequeña pantalla
écrasant, e [ekʀazɑ̃, ɑ̃t] *adj*

(responsabilité, travail) agobiante
écraser [ekʀɑze] *vt* *(broyer)* aplastar; *(suj: voiture, train etc)* atropellar; *(ennemi, équipe adverse)* aplastar; **s'~ (au sol)** *(avion)* estrellarse (contra el suelo)
écrevisse [ekʀəvis] *nf* cangrejo de río
écrire [ekʀiʀ] *vt, vi* escribir; **s'écrire** *vpr* *(réciproque)* escribirse; *(mot)*: **ca s'écrit comment?** ¿cómo se escribe eso?; **écrit, e** [ekʀi, it] *pp de* **écrire** ▷ *adj*: **bien/mal ~** bien/mal escrito(-a) ▷ *nm* escrito; **par ~** por escrito
écriteau, x [ekʀito] *nm* letrero; **écriture** [ekʀityʀ] *nf* escritura; **l'Écriture (sainte)** la (sagrada) Escritura
écrivain [ekʀivɛ̃] *nm* escritor(a)
écrou [ekʀu] *nm* tuerca
écrouler [ekʀule]: **s'~** *vpr* *(mur)* derrumbarse; *(personne, animal)* desplomarse; *(projet etc)* venirse abajo
écru [ekʀy] *adj* crudo(-a)
écume [ekym] *nf* espuma
écureuil [ekyʀœj] *nm* ardilla
écurie [ekyʀi] *nf* cuadra
eczéma [ɛgzema] *nm* eczema *m*
EDF [ədeɛf] *sigle f* = **Électricité de France**
éditer [edite] *vt* editar; **éditeur, -trice** *nm/f* editor(a); **édition** *nf* edición *f*; **l'édition** *(industrie du livre)* la edición
édredon [edʀədɔ̃] *nm* edredón *m*
éducateur, -trice [edykatœʀ, tʀis] *nm/f* educador(a)
éducatif, -ive [edykatif, iv] *adj* educativo(-a)
éducation [edykasjɔ̃] *nf* educación *f*; **bonne/mauvaise ~** buena/mala educación; **éducation physique** educación física
éduquer [edyke] *vt* educar
effacer [efase] *vt* borrar
effarant, e [efaʀɑ̃, ɑ̃t] *adj* espantoso(-a)
effectif [efɛktif] *adj* efectivo(-a) ▷ *nm (Mil, Comm: gén pl)* efectivos *mpl*; **effectivement** *adv* efectivamente; *(réellement)* realmente
effectuer [efɛktɥe] *vt* efectuar; *(mouvement)* realizar
effervescent, e [efɛʀvesɑ̃, ɑ̃t] *adj* efervescente
effet [efɛ] *nm* efecto; **faire de l'~** *(médicament, menace)* hacer efecto; **en ~** en efecto
efficace [efikas] *adj* eficaz; **efficacité** *nf* eficacia
effondrer [efɔ̃dʀe]: **s'~** *vpr* *(mur, bâtiment)* desmoronarse; *(prix, marché)* hundirse
efforcer [efɔʀse]: **s'~ de** *vpr* esforzarse por; **s'~ de faire** esforzarse por hacer
effort [efɔʀ] *nm* esfuerzo; **faire un ~** hacer un esfuerzo
effrayant, e [efʀɛjɑ̃, ɑ̃t] *adj* horroroso(-a), espantoso(-a)
effrayer [efʀeje] *vt* asustar; **s'effrayer (de)** *vpr* asustarse (de)
effréné, e [efʀene] *adj* desenfrenado(-a)
effronté, e [efʀɔ̃te] *adj* descarado(-a)
effroyable [efʀwajabl] *adj* espantoso(-a)
égal, e, -aux [egal, o] *adj* *(gén)* igual; *(vitesse, rythme)* regular ▷ *nm/f* igual *m/f*; **être ~ à** ser igual a; **ça lui/nous est ~** le/nos da igual; **sans ~** sin igual; **d'~ à ~** de igual a igual; **également** *adv* *(partager etc)* en partes iguales; *(en outre, aussi)* igualmente; **égaler** *vt* igualar; **égaliser** *vt* igualar ▷ *vi (Sport)* empatar; **égalité** *nf* igualdad *f*; **être à égalité (de points)** estar empatados(-as) (en tantos)
égard [egaʀ] *nm* consideración *f*; **égards** *nmpl* *(marques de respect)*

atenciones *fpl*; **à cet ~/certains ~s/ tous ~s** a este respecto/en ciertos aspectos/por todos los conceptos; **en ~ à** en consideración a; **par/sans ~ pour** por/sin consideración para; **à l'~ de** con respecto a

égarer [egaʀe] *vt* (*perdre*) perder; (*personne*) echar a perder; **s'égarer** *vpr* perderse; (*objet*) extraviarse

églefin [egləfɛ̃] *nm* abadejo

église [egliz] *nf* iglesia; **aller à l'~** (*être pratiquant*) ir a la iglesia

égoïsme [egɔism] *nm* egoísmo; **égoïste** *adj, nm/f* egoísta *m/f*

égout [egu] *nm* alcantarilla

égoutter [egute] *vt* escurrir ▷ *vi* gotear; **s'égoutter** *vpr* escurrirse; **égouttoir** *nm* escurridero

égratignure [egʀatiɲyʀ] *nf* rasguño

Égypte [eʒipt] *nf* Egipto; **égyptien, ne** *adj* egipcio(-a) ▷ *nm/f*: **Egyptien, ne** egipcio(-a)

eh [e] *excl* ¡eh!; **~ bien!** (*surprise*) ¡pero bueno!; **~ bien?** (*attente, doute*) ¿y bien?

élaborer [elabɔʀe] *vt* elaborar

élan [elɑ̃] *nm* (*Zool*) alce *m*; (*mouvement, lancée*) impulso; (*fig*) arrebato; **prendre de l'~** tomar carrerilla; **prendre son ~** tomar impulso

élancer [elɑ̃se]: **s'~** *vpr* lanzarse

élargir [elaʀʒiʀ] *vt* (*porte, route*) ensanchar; (*vêtement*) sacar a; **s'élargir** *vpr* ensancharse

élastique [elastik] *adj* elástico(-a) ▷ *nm* (*de bureau*) elástico, goma; (*pour la couture*) goma

élection [elɛksjɔ̃] *nf* elección *f*; **élections** *nfpl* (*Pol*) elecciones *fpl*

électricien, ne [elɛktʀisjɛ̃, jɛn] *nm/f* electricista *m/f*

électricité [elɛktʀisite] *nf* electricidad *f*; **allumer/éteindre l'~** encender/apagar la luz

électrique [elɛktʀik] *adj* eléctrico(-a); (*fig*) tenso(-a)

électrocuter [elɛktʀɔkyte] *vt* electrocutar

électroménager [elɛktʀomenaʒe] *adj*: **appareils ~s** aparatos *mpl* electrodomésticos; **l'~** (*secteur commercial*) el sector de electrodomésticos

électronique [elɛktʀɔnik] *adj* electrónico(-a) ▷ *nf* electrónica

élégance [elegɑ̃s] *nf* elegancia

élégant, e [elegɑ̃, ɑ̃t] *adj* elegante

élément [elemɑ̃] *nm* elemento; **élémentaire** *adj* elemental

éléphant [elefɑ̃] *nm* elefante *m*

élevage [el(ə)vaʒ] *nm* (*de bétail, de volaille etc*) cría; (*activité, secteur économique*) ganadería

élevé, e [el(ə)ve] *adj* elevado(-a); **bien/mal ~** bien/mal educado(-a)

élève [elɛv] *nm/f* alumno(-a)

élever [el(ə)ve] *vt* (*enfant, animaux, vin*) educar, criar; (*hausser*) subir; (*monument, âme, esprit*) elevar; **s'élever** *vpr* (*avion, alpiniste*) ascender; (*clocher, montagne*) alzarse; (*protestations*) levantar; (*cri*) oírse; (*niveau*) subir; (*température*) ascender; **s'~ contre qch** rebelarse contra algo; **s'~ à** (*frais, dégâts*) elevarse a; **éleveur, -euse** *nm/f* (*de bétail*) ganadero(-a)

éliminatoire [eliminatwaʀ] *adj* eliminatorio(-a) ▷ *nf* eliminatoria

éliminer [elimine] *vt* eliminar

élire [eliʀ] *vt* (*Pol etc*) elegir

elle [ɛl] *pron* ella; (*après préposition*) sí misma; **Marie est-~ grande?** ¿María es grande?; **c'est à ~** es suyo(-a), es de ella; **ce livre est à ~** ese libro es suyo; **avec ~** (*réfléchi*) consigo; **~-même** ella misma

éloigné, e [elwaɲe] *adj* (*gén*) alejado(-a); (*date, échéance, parent*) lejano(-a)

éloigner [elwaɲe] *vt* (*échéance, but*)

e

retrasar; (*soupçons, danger*) ahuyentar; **s'éloigner** *vpr* alejarse; (*fig*) distanciarse; **~ qch (de)** alejar algo (de); **~ qn (de)** distanciar a algn (de)
élu, e [ely] *pp de* **élire** ▷ *nm/f* (*Pol*) elegido(-a), electo(-a)
Élysée [elize] *nm*: **l'~, le palais de l'~** el Elíseo, el palacio del Elíseo
émail, -aux [emaj, o] *nm* esmalte *m*
e-mail [imɛl] *nm* email *m*, correo *m* electrónico
émanciper [emɑ̃sipe] *vt* (*Jur*) emancipar; (*gén: aussi moralement*) liberar; **s'émanciper** *vpr* (*fig*) liberarse
emballage [ɑ̃balaʒ] *nm* embalaje *m*; (*d'un cadeau*) envoltura
emballer [ɑ̃bale] *vt* (*gén, moteur*) embalar; (*cadeau*) envolver; (*fig: fam*) apetecer; **s'emballer** *vpr* (*moteur, personne*) embalarse; (*cheval*) desbocarse; (*fig*) propasarse
embarcadère [ɑ̃baʀkadɛʀ] *nm* embarcadero
embarquement [ɑ̃baʀkəmɑ̃] *nm* embarque *m*
embarquer [ɑ̃baʀke] *vt, vi* embarcar; **s'embarquer** *vpr* embarcarse; **s'~ dans** (*affaire, aventure*) embarcarse en
embarras [ɑ̃baʀa] *nm* (*gén pl: obstacle*) inconveniente *m*; (*confusion*) turbación *f*
embarrassant, e [ɑ̃baʀasɑ̃, ɑ̃t] *adj* molesto(-a)
embarrasser [ɑ̃baʀase] *vt* (*encombrer*) estorbar; (*gêner*) molestar; (*troubler*) turbar
embaucher [ɑ̃boʃe] *vt* contratar
embêtement [ɑ̃bɛtmɑ̃] *nm* (*gén pl*) contratiempo
embêter [ɑ̃bete] *vt* (*importuner*) molestar, embromar (*Am*); (*ennuyer*) aburrir; (*contrarier*) fastidiar; **s'embêter** *vpr* aburrirse
emblée [ɑ̃ble]: **d'~** *adv* de golpe
embouchure [ɑ̃buʃyʀ] *nf* (*Géo*) desembocadura
embourber [ɑ̃buʀbe]: **s'~** *vpr* atascarse
embouteillage [ɑ̃butɛjaʒ] *nm* embotellamiento
embranchement [ɑ̃bʀɑ̃ʃmɑ̃] *nm* (*routier*) bifurcación *f*; (*Science*) tipo
embrasser [ɑ̃bʀase] *vt* (*étreindre*) abrazar; (*donner un baiser*) besar
embrayage [ɑ̃bʀɛjaʒ] *nm* embrague *m*
embrouiller [ɑ̃bʀuje] *vt* enredar; **s'embrouiller** *vpr* enredarse
embruns [ɑ̃bʀœ̃] *nmpl* salpicaduras *fpl*
embué, e [ɑ̃bɥe] *adj* empañado(-a)
émeraude [em(ə)ʀod] *nf, adj inv* esmeralda
émerger [emɛʀʒe] *vi* emerger; (*fig*) surgir
émeri [em(ə)ʀi] *nm*: **papier ~** papel *m* de esmeril
émerveiller [emɛʀveje] *vt* maravillar; **s'émerveiller** *vpr*: **s'~ (de qch)** maravillarse (de algo)
émettre [emɛtʀ] *vt, vi* emitir
émeus *etc* [emø] *vb voir* **émouvoir**
émeute [emøt] *nf* motín *m*
émigrer [emigʀe] *vi* emigrar
émincer [emɛ̃se] *vt* (*viande*) trinchar; (*oignons etc*) cortar en rodajas finas
émission [emisjɔ̃] *nf* emisión *f*
emmêler [ɑ̃mele] *vt* enmarañar; **s'emmêler** *vpr* enmarañarse
emménager [ɑ̃menaʒe] *vi* mudarse; **~ dans** instalarse en
emmener [ɑ̃m(ə)ne] *vt* llevar; (*comme otage, capture, avec soi*) llevarse; **~ qn au cinéma/restaurant** llevar a algn al cine/restaurante
emmerder [ɑ̃mɛʀde] (*fam!*) *vt* dar el coñazo (*fam!*), fregar (*Am*) (*fam!*); **s'emmerder** *vpr* aburrirse la hostia (*fam!*)
émotif, -ive [emɔtif, iv] *adj* (*troubles*

etc) emocional; (*personne*) emotivo(-a)
émotion [emosjɔ̃] *nf* emoción *f*
émouvoir [emuvwaʀ] *vt* (*troubler*) turbar; (*attendrir*) conmover; **s'émouvoir** *vpr* (*se troubler*) turbarse; (*s'attendrir*) conmoverse
empaqueter [ɑ̃pakte] *vt* empaquetar
emparer [ɑ̃paʀe]: **s'~ de** *vpr* apoderarse de; (*Mil*) adueñarse de
empêchement [ɑ̃pɛʃmɑ̃] *nm* impedimento
empêcher [ɑ̃peʃe] *vt* impedir; **~ qn de faire qch** impedir a algn que haga algo; **il n'empêche que** lo que no quiere decir que; **il n'a pas pu s'~ de rire** no pudo evitar reírse
empereur [ɑ̃pʀœʀ] *nm* emperador *m*
empiffrer [ɑ̃pifʀe]: **s'~** *vpr* (*péj*) atracarse
empiler [ɑ̃pile] *vt* apilar
empire [ɑ̃piʀ] *nm* imperio; (*fig*) dominio
empirer [ɑ̃piʀe] *vi* empeorar
emplacement [ɑ̃plasmɑ̃] *nm* emplazamiento
emplettes [ɑ̃plɛt] *nfpl*: **faire des ~** ir de tiendas
emploi [ɑ̃plwa] *nm* empleo; **l'~** (*Comm, Écon*) el empleo; **offre/demande d'~** oferta/demanda de empleo; **emploi du temps** horario
employé, e [ɑ̃plwaje] *nm/f* empleado(-a); **employé de bureau** oficinista *m/f*
employer [ɑ̃plwaje] *vt* emplear; **employeur, -euse** *nm/f* patrón(-ona), empresario(-a)
empoigner [ɑ̃pwaɲe] *vt* empuñar
empoisonner [ɑ̃pwazɔne] *vt* (*volontairement*) envenenar; (*accidentellement, empester*) intoxicar; (*fam: embêter*): **~ qn** fastidiar a algn
emporter [ɑ̃pɔʀte] *vt* llevar; (*en dérobant, enlevant*) arrebatar; (*suj: courant, vent, avalanche, choc*) arrastrar; (*gagner, Mil*) lograr; **s'emporter** *vpr* enfurecerse; **boissons/plats chauds à ~** bebidas *fpl*/comidas *fpl* calientes para llevar
empreinte [ɑ̃pʀɛ̃t] *nf* huella; **empreintes (digitales)** huellas *fpl* (dactilares); **empreinte écologique** impacto ecológico
empressé, e [ɑ̃pʀese] *adj* solícito(-a)
empresser [ɑ̃pʀese]: **s'~** *vpr* apresurarse; **s'~ de faire** apresurarse a hacer
emprisonner [ɑ̃pʀizɔne] *vt* encarcelar
emprunt [ɑ̃pʀœ̃] *nm* (*gén, Fin*) préstamo
emprunter [ɑ̃pʀœ̃te] *vt* (*gén, Fin*) pedir *ou* tomar prestado; (*route, itinéraire*) seguir
ému, e [emy] *pp de* **émouvoir** ▷ *adj* (*de joie, gratitude*) emocionado(-a)

MOT-CLÉ

en [ɑ̃] *prép* 1 (*endroit, pays*) en; (*direction*) a; **habiter en France/en ville** vivir en Francia/en la ciudad; **aller en France/en ville** ir a Francia/a la ciudad
2 (*temps*) en; **en 3 jours/20 ans** en 3 días/20 años; **en été/juin** en verano/junio
3 (*moyen*) en; **en avion/taxi** en avión/taxi
4 (*composition*) de; **c'est en verre/bois** es de cristal/madera; **un collier en argent** un collar de plata
5 (*description, état*): **une femme en rouge** una mujer de rojo; **peindre qch en rouge** pintar algo de rojo; **en T/étoile** en forma de T/en estrella; **en chemise/chaussettes** en camisa/calcetines; **en soldat** de soldado; **en deuil** de luto; **cassé en plusieurs morceaux** roto en varios pedazos; **en réparation** en reparación; **partir en**

vacances marcharse de vacaciones; **le même en plus grand** el mismo en tamaño más grande; **expert/licencié en ...** experto/licenciado en ...; **fort en maths** fuerte en matemáticas; **être en bonne santé** estar bien de salud; **en deux volumes/une pièce** en dos volúmenes/una pieza; (*pour locutions avec 'en') voir* **tant; croire** *etc*
6 (*en tant que*): **en bon chrétien** como buen cristiano; **je te parle en ami** te hablo como amigo
7 (*avec gérondif*): **en travaillant/dormant** al trabajar/dormir, trabajando/durmiendo; **en apprenant la nouvelle/sortant, ...** al saber la noticia/al salir, ...; **sortir en courant** salir corriendo
▷ *pron* 1 (*indéfini*): **j'en ai ...** tengo ...; **en as-tu?** ¿tienes?; **en veux-tu?** ¿quieres?; **je n'en veux pas** no quiero; **j'en ai 2** tengo dos; **j'en ai assez** (*fig*) tengo bastante; (*j'en ai marre*) estoy harto de eso; **combien y en a-t-il?** ¿cuántos hay?; **où en étais-je?** ¿dónde estaba?
2 (*provenance*) de allí; **j'en viens/sors** vengo/salgo (de allí)
3 (*cause*): **il en est malade/perd le sommeil** está enfermo/pierde el sueño (por ello)
4 (*complément de nom, d'adjectif, de verbe*): **j'en connais les dangers/défauts** conozco los peligros/defectos de eso; **j'en suis fier** estoy orgulloso de ello; **j'en ai besoin** lo necesito

encadrer [ãkadʀe] *vt* (*tableau, image*) enmarcar; (*fig: entourer*) rodear; (*personnel*) formar
encaisser [ãkese] *vt* (*chèque, argent*) cobrar; (*coup, défaite*) encajar
en-cas [ãka] *nm inv* tentempié *m*
enceinte [ãsɛ̃t] *adj f*: **~ (de 6 mois)** encinta *ou* embarazada (de 6 meses)
▷ *nf* (*mur*) muralla; (*espace*) recinto; **enceinte (acoustique)** bafle *m*
encens [ãsã] *nm* incienso
enchaîner [ãʃene] *vt* encadenar ▷ *vi* proseguir
enchanté, e [ãʃãte] *adj* encantado(-a); **~ de faire votre connaissance** encantado(-a) de conocerle
enchère [ãʃɛʀ] *nf* oferta; **mettre/vendre aux ~s** sacar/vender en subasta
enclencher [ãklãʃe] *vt* (*mécanisme*) enganchar; **s'enclencher** *vpr* ponerse en marcha
encombrant, e [ãkɔ̃bʀã, ãt] *adj* voluminoso(-a); **encombrement** *nm* (*de circulation*) embotellamiento; (*des lignes téléphoniques*) saturación *f*
encombrer [ãkɔ̃bʀe] *vt* (*couloir, rue*) obstruir; (*personne*) estorbar; **s'encombrer de** *vpr* (*bagages etc*) cargarse de *ou* con

MOT-CLÉ

encore [ãkɔʀ] *adv* 1 (*continuation*) todavía; **il travaille encore** trabaja todavía; **pas encore** todavía no
2 (*de nouveau*): **elle m'a encore demandé de l'argent** me ha vuelto a pedir dinero; **encore!** (*insatisfaction*) ¡otra vez!; **encore un effort** un esfuerzo más; **j'irai encore demain** iré también mañana; **encore une fois** una vez más; **encore deux jours** dos días más
3 (*intensif*): **encore plus fort/mieux** aún más fuerte/mejor; **hier encore** todavía ayer; **non seulement ..., mais encore** no sólo ... sino también
4 (*restriction*) al menos; **encore pourrais-je le faire, si j'avais de l'argent** si al menos tuviera dinero, podría hacerlo; **si encore** si por lo

menos; **(et puis) quoi encore?** ¿y qué más?: **encore que** *conj* aunque

encourager [ɑ̃kuʀaʒe] *vt* (*personne*) animar
encourir [ɑ̃kuʀiʀ] *vt* exponerse a
encre [ɑ̃kʀ] *nf* tinta
encyclopédie [ɑ̃siklɔpedi] *nf* enciclopedia
endetter [ɑ̃dete]: **s'~** *vpr* endeudarse
endive [ɑ̃div] *nf* endibia
endormi, e [ɑ̃dɔʀmi] *pp de* **endormir** ▷ *adj* dormido(-a)
endormir [ɑ̃dɔʀmiʀ] *vt* adormecer, dormir; (*Méd*) anestesiar; **s'endormir** *vpr* dormirse
endroit [ɑ̃dʀwa] *nm* lugar *m*, sitio; (*opposé à l'envers*) derecho; **à l'~** (*vêtement*) al derecho
endurance [ɑ̃dyʀɑ̃s] *nf* resistencia
endurant, e [ɑ̃dyʀɑ̃, ɑ̃t] *adj* resistente
endurcir [ɑ̃dyʀsiʀ]: **s'~** *vpr* endurecerse
endurer [ɑ̃dyʀe] *vt* aguantar
énergétique [enɛʀʒetik] *adj* energético(-a)
énergie [enɛʀʒi] *nf* energía; **énergique** *adj* enérgico(-a)
énervant, e [enɛʀvɑ̃, ɑ̃t] *adj* irritante
énerver [enɛʀve] *vt* poner nervioso, enervar; **s'énerver** *vpr* ponerse nervioso, enervarse
enfance [ɑ̃fɑ̃s] *nf* (*âge*) niñez *f*
enfant [ɑ̃fɑ̃] *nm/f* (*garçon, fillette*) niño(-a); (*fils, fille*) hijo(-a); **enfantin, e** *adj* infantil
enfer [ɑ̃fɛʀ] *nm* infierno
enfermer [ɑ̃fɛʀme] *vt* (*à clef etc*) encerrar
enfiler [ɑ̃file] *vt* (*perles*) ensartar; (*aiguille*) enhebrar; **~ qch** (*vêtement*) ponerse algo
enfin [ɑ̃fɛ̃] *adv* (*pour finir*) finalmente; (*en dernier lieu, pour conclure*) por último; (*de restriction, résignation*) en fin
enflammer [ɑ̃flame] *vt* inflamar
enflé, e [ɑ̃fle] *adj* hinchado(-a)
enfler [ɑ̃fle] *vi* (*Méd*) inflamar, hincharse
enfoncer [ɑ̃fɔ̃se] *vt* (*clou*) clavar; (*forcer, défoncer, faire pénétrer*) hundir ▷ *vi* (*dans la vase etc*) hundirse; **s'enfoncer** *vpr* hundirse; **s'~ dans** hundirse en
enfouir [ɑ̃fwiʀ] *vt* (*dans le sol*) enterrar; (*dans un tiroir, une poche*) meter en el fondo
enfuir [ɑ̃fɥiʀ]: **s'~** *vpr* huir
engagement [ɑ̃gaʒmɑ̃] *nm* compromiso
engager [ɑ̃gaʒe] *vt* (*embaucher*) contratar; (*débat*) iniciar; (*: négociations*) entablar; (*lier*) comprometer; (*impliquer, entraîner*) implicar; **s'engager** *vpr* (*s'embaucher*) incorporarse; (*Mil*) alistarse; (*politiquement, promettre*) comprometerse; (*négociations*) entablarse; **~ qch dans** (*faire pénétrer*) meter algo en; **s'~ à faire qch** comprometerse a hacer algo; **s'~ dans** (*rue, passage*) enfilar; (*voie, carrière, discussion*) meterse en
engelures [ɑ̃ʒlyʀ] *nfpl* sabañones *mpl*
engin [ɑ̃ʒɛ̃] *nm* máquina; (*péj*) artefacto
engloutir [ɑ̃glutiʀ] *vt* tragar
engouement [ɑ̃gumɑ̃] *nm* apasionamiento
engouffrer [ɑ̃gufʀe] *vt* engullir; **s'engouffrer dans** *vpr* (*suj: vent, eau*) penetrar en
engourdir [ɑ̃guʀdiʀ] *vt* (*membres*) entumecer; (*esprit*) entorpecer; **s'engourdir** *vpr* entumecerse; entorpecerse
engrais [ɑ̃gʀɛ] *nm* abono
engraisser [ɑ̃gʀese] *vt* (*animal*) cebar

▷ *vi* (*péj: personne*) forrarse
engrenage [ɑ̃gʀənaʒ] *nm* engranaje *m*
engueuler [ɑ̃gœle] (*fam*) *vt*: **~ qn** cabrearse con algn
enhardir [ɑ̃aʀdiʀ]: **s'~** *vpr* envalentonarse
énigme [enigm] *nf* enigma *m*
enivrer [ɑ̃nivʀe] *vt* embriagar, emborrachar
enjamber [ɑ̃ʒɑ̃be] *vt* franquear
enjeu, x [ɑ̃ʒø] *nm* apuesta; (*d'une élection, d'un match*) lo que está en juego
enjoué, e [ɑ̃ʒwe] *adj* alegre
enlaidir [ɑ̃lediʀ] *vt* afear ▷ *vi* afearse
enlèvement [ɑ̃lɛvmɑ̃] *nm* (*rapt*) rapto
enlever [ɑ̃l(ə)ve] *vt* quitar; (*ordures, meubles à déménager*) recoger; (*kidnapper*) raptar; (*prix, victoire*) conseguir; **~ qch à qn** (*possessions, espoir*) quitar algo a algn
enliser [ɑ̃lize]: **s'~** *vpr* hundirse
enneigé, e [ɑ̃neʒe] *adj* (*pente, col*) nevado(-a)
ennemi, e [ɛnmi] *adj, nm/f* enemigo(-a)
ennui [ɑ̃nɥi] *nm* (*lassitude*) aburrimiento; (*difficulté*) problema *m*; **avoir/s'attirer des ~s** tener/buscarse problemas; **ennuyer** *vt* (*importuner, gêner*) molestar; (*contrarier*) fastidiar; (*lasser*) aburrir; **s'ennuyer** *vpr* (*se lasser*) aburrirse; **s'ennuyer de qch/qn** (*regretter*) echar de menos algo/a algn; **ennuyeux, -euse** *adj* (*lassant*) aburrido(-a); (*contrariant*) molesto(-a)
énorme [enɔʀm] *adj* enorme; **énormément** *adv* (*avec vb*) muchísimo; **énormément de neige/gens** muchísima nieve/gente
enquête [ɑ̃kɛt] *nf* (*judiciaire, administrative, de police*) investigación *f*; (*de journaliste, sondage*) encuesta; **enquêter** *vi* (*gén, police*) investigar; (*journaliste, sondage*) hacer una encuesta
enragé, e [ɑ̃ʀaʒe] *adj* (*Méd*) rabioso(-a); (*passionné*) apasionado(-a)
enrageant, e [ɑ̃ʀaʒɑ̃] *adj* irritante
enrager [ɑ̃ʀaʒe] *vi* dar rabia
enregistrement [ɑ̃ʀ(ə)ʒistʀəmɑ̃] *nm* (*d'un disque*) grabación *f*; (*d'un fichier, d'une plainte*) registro; **~ des bagages** facturación *f*
enregistrer [ɑ̃ʀ(ə)ʒistʀe] *vt* (*Mus, Inform*) grabar; (*Admin, Comm, fig*) registrar; (*aussi*: **faire ~**: *bagages*) facturar
enrhumer [ɑ̃ʀyme]: **s'~** *vpr* acatarrarse, constiparse, resfriarse
enrichir [ɑ̃ʀiʃiʀ] *vt* enriquecer; **s'enrichir** *vpr* enriquecerse
enrouer [ɑ̃ʀwe]: **s'~** *vpr* enronquecer
enrouler [ɑ̃ʀule] *vt* enrollar; **s'enrouler** *vpr* enrollarse; **~ qch autour de** enrollar algo alrededor de
enseignant, e [ɑ̃sɛɲɑ̃, ɑ̃t] *adj, nm/f* docente *m/f*
enseignement [ɑ̃sɛɲ(ə)mɑ̃] *nm* enseñanza
enseigner [ɑ̃seɲe] *vt* (*suj: professeur*) enseñar, dar clase de; **~ qch à qn** enseñar algo a algn
ensemble [ɑ̃sɑ̃bl] *adv* (*l'un avec l'autre*) juntos(-as); (*en même temps*) juntos(-as) ▷ *nm* conjunto; **l'~ du/de la** la totalidad del/de la; **aller ~** (*être assorti*) combinarse; **dans l'~** (*en gros*) en conjunto
ensoleillé, e [ɑ̃sɔleje] *adj* soleado(-a)
ensuite [ɑ̃sɥit] *adv* (*dans une succession: après*) a continuación; (*plus tard*) después; **~ de quoi** después de lo cual
entamer [ɑ̃tame] *vt* (*pain, bouteille*) empezar; (*hostilités, pourparlers*) iniciar
entasser [ɑ̃tɑse] *vt* (*empiler*)

amontonar; *(prisonniers etc)* hacinar; **s'entasser** *vpr* amontonarse; hacinarse

entendre [ɑ̃tɑ̃dʀ] *vt* oír; *(comprendre)* entender; *(vouloir dire)* querer decir; **s'entendre** *vpr (sympathiser)* entenderse; *(se mettre d'accord)* ponerse de acuerdo; **j'ai entendu dire que** he oído que; **~ parler de** oír hablar de; **je m'entends** sé lo que (me) digo; **laisser ~ que, donner à ~ que** dar a entender que

entendu, e [ɑ̃tɑ̃dy] *pp de* **entendre** ▷ *adj (affaire)* concluido(-a); *(air)* entendido(-a); **(c'est) ~!** ¡de acuerdo!, ¡entendido!; **c'est ~** *(concession)* entendido; **bien ~!** ¡por supuesto!

entente [ɑ̃tɑ̃t] *nf (entre amis, pays)* entendimiento; *(accord, traité)* acuerdo

enterrement [ɑ̃tɛʀmɑ̃] *nm* entierro

enterrer [ɑ̃teʀe] *vt* enterrar

entêtant, e [ɑ̃tɛtɑ̃, ɑ̃t] *adj (odeur, atmosphère)* mareante

entêté, e [ɑ̃tete] *adj* obstinado(-a), cabezota

en-tête [ɑ̃tɛt] *(pl* **~s**) *nm* membrete *m*; **enveloppe/papier à ~** sobre *m*/ papel *m* con membrete

entêter [ɑ̃tete]: **s'~** *vpr* obstinarse, empeñarse; **s'~ (à faire)** empeñarse (en hacer)

enthousiasme [ɑ̃tuzjasm] *nm* entusiasmo; **enthousiasmer** *vt* entusiasmar; **s'enthousiasmer** *vpr*: **s'enthousiasmer (pour qch)** entusiasmarse (con algo); **enthousiaste** *adj, nm/f* entusiasta *m/f*

entier, -ère [ɑ̃tje, jɛʀ] *adj* entero(-a); *(en totalité)* entero(-a), completo(-a); **en ~** por completo; **lait ~** leche *f* entera; **entièrement** *adv* enteramente

entonnoir [ɑ̃tɔnwaʀ] *nm (ustensile)* embudo

entorse [ɑ̃tɔʀs] *nf* esguince *m*

entourage [ɑ̃tuʀaʒ] *nm (personnes proches)* allegados *mpl*; *(ce qui enclôt)* cerco

entourer [ɑ̃tuʀe] *vt (par une clôture etc)* cercar; *(faire cercle autour de)* rodear; *(apporter son soutien à)* atender; **s'entourer de** *vpr (collaborateurs)* rodearse de; **~ qch de** rodear algo con

entracte [ɑ̃tʀakt] *nm* entreacto

entraide [ɑ̃tʀɛd] *nf* ayuda mutua

entrain [ɑ̃tʀɛ̃] *nm* ánimo; **avec ~** con entusiasmo

entraînement [ɑ̃tʀɛnmɑ̃] *nm* entrenamiento

entraîner [ɑ̃tʀene] *vt (tirer)* arrastrar; *(charrier)* acarrear; *(moteur, poulie)* accionar; *(emmener)* llevarse; *(joueurs, soldats)* guiar; *(Sport)* entrenar; *(influencer)* influenciar; *(impliquer, causer)* ocasionar; **s'entraîner** *vpr (Sport)* entrenarse; **~ qn à/à faire qch** *(inciter)* arrastrar a algn a/a hacer algo; **s'~ à qch/à faire qch** *(s'exercer)* ejercitarse en algo/en hacer algo; **entraîneur, -euse** *nm/f (Sport)* entrenador(a); *(Hippisme)* picador(a)

entre [ɑ̃tʀ] *prép* entre; **l'un d'~ eux/ nous** uno de ellos/nosotros; **~ autres (choses)** entre otras (cosas); **~ nous, ...** entre nosotros, ...; **ils se battent ~ eux** se pelean entre sí; **entrecôte** *nf* entrecot(e) *m*

entrée [ɑ̃tʀe] *nf* entrada; **entrée en vigueur** entrada en vigor

entre...: entrefilet *nm* noticia breve; **entremets** *nm* postre *m*

entrepôt [ɑ̃tʀəpo] *nm* almacén *m*, galpón *m* (CSur)

entreprendre [ɑ̃tʀəpʀɑ̃dʀ] *vt* emprender

entrepreneur [ɑ̃tʀəpʀənœʀ] *nm* empresario; **entrepreneur (en bâtiment)** contratista *m/f* (de obras)

entreprise [ɑ̃tʀəpʀiz] *nf* empresa
entrer [ɑ̃tʀe] *vi* entrar ▷ *vt* (*Inform*) meter; **(faire) ~ qch dans** (*objet*) meter algo en; **~ dans** entrar en; (*entrer en collision avec*) chocar con; **~ au couvent/à l'hôpital** ingresar en el convento/en el hospital; **faire ~** hacer pasar
entre-temps [ɑ̃tʀətɑ̃] *adv* entretanto
entretenir [ɑ̃tʀət(ə)niʀ] *vt* mantener
entretien [ɑ̃tʀətjɛ̃] *nm* (*d'une maison, d'une famille, service*) mantenimiento; (*discussion*) conversación *f*; (*audience*) entrevista
entrevoir [ɑ̃tʀəvwaʀ] *vt* entrever; (*solution, problème*) vislumbrar
entrevue [ɑ̃tʀəvy] *nf* entrevista
entrouvert, e [ɑ̃tʀuvɛʀ, ɛʀt] *adj* entreabierto(-a)
énumérer [enymeʀe] *vt* enumerar
envahir [ɑ̃vaiʀ] *vt* invadir; **envahissant, e** *adj* (*péj: personne*) avasallador(a)
enveloppe [ɑ̃v(ə)lɔp] *nf* sobre *m*; **envelopper** *vt* envolver
enverrai *etc* [ɑ̃veʀe] *vb voir* **envoyer**
envers [ɑ̃vɛʀ] *prép* hacia ▷ *nm*: **l'~** (*d'une feuille*) el dorso; (*d'un vêtement*) el revés; **à l'~** al revés
envie [ɑ̃vi] *nf* envidia; **avoir ~ de qch/de faire qch** tener ganas de algo/de hacer algo; **avoir ~ que** tener ganas de que; **ça lui fait ~** le da envidia; **envier** *vt* envidiar; **envieux, -euse** *adj, nm/f* envidioso(-a)
environ [ɑ̃viʀɔ̃] *adv* aproximadamente; **3 h/2 km ~** 3 h/2 km aproximadamente
environnant, e [ɑ̃viʀɔnɑ̃, ɑ̃t] *adj* cercano(-a)
environnement [ɑ̃viʀɔnmɑ̃] *nm* medioambiente
environs [ɑ̃viʀɔ̃] *nmpl* alrededores *mpl*; (*fig: temps, somme*) alrededor de
envisager [ɑ̃vizaʒe] *vt* considerar; (*avoir en vue*) prever
envoler [ɑ̃vɔle]: **s'~** *vpr* (*oiseau*) echarse a volar; (*papier, feuille*) volarse; (*espoir, illusion*) esfumarse
envoyé, e [ɑ̃vwaje] *nm/f* (*Pol*) enviado(-a)
envoyer [ɑ̃vwaje] *vt* enviar; (*projectile, ballon*) lanzar; **~ chercher qch/qn** mandar a buscar algo/a algn
éolien, ne [eɔljɛ̃, jɛn] *adj* eólico(-a); **éolienne** *nf* turbina eólica
épagneul, e [epaɲœl] *nm/f* podenco(-a)
épais, se [epɛ, ɛs] *adj* espeso(-a); **épaisseur** *nf* espesor *m*, grosor *m*
épanouir [epanwiʀ]: **s'~** *vpr* (*fleur*) abrirse; (*visage*) iluminarse; (*fig*) florecer
épargne [epaʀɲ] *nf* ahorro
épargner [epaʀɲe] *vt* ahorrar; (*ennemi, récolte, région*) perdonar ▷ *vi* ahorrar; **~ qch à qn** evitarle algo a algn
éparpiller [epaʀpije] *vt* esparcir; (*pour répartir*) diseminar; **s'éparpiller** *vpr* esparcirse; (*fig: étudiant, chercheur etc*) dispersarse los esfuerzos
épatant, e [epatɑ̃, ɑ̃t] (*fam*) *adj* estupendo(-a)
épater [epate] (*fam*) *vt* impresionar
épaule [epol] *nf* (*Anat*) hombro; (*Culin*) espaldilla
épave [epav] *nf* restos *mpl*
épée [epe] *nf* espada
épeler [ep(ə)le] *vt* deletrear
éperon [epʀɔ̃] *nm* (*de botte*) espuela
épervier [epɛʀvje] *nm* (*Zool*) gavilán *m*; (*Pêche*) esparavel *m*
épi [epi] *nm* (*de blé*) espiga
épice [epis] *nf* especia
épicé, e [epise] *adj* picante
épicer [epise] *vt* condimentar
épicerie [episʀi] *nf* (*magasin*) tienda de ultramarinos, boliche *m* (*Am*);

épicerie fine ultramarinos *mpl* finos;
épicier, -ière *nm/f* tendero(-a)
épidémie [epidemi] *nf* epidemia
épiderme [epidɛʀm] *nm* epidermis *f inv*
épier [epje] *vt* (*personne*) espiar; (*arrivée, occasion*) estar pendiente de
épilepsie [epilɛpsi] *nf* epilepsia
épiler [epile] *vt* depilar
épinards [epinaʀ] *nmpl* espinacas *fpl*
épine [epin] *nf* espina
épingle [epɛ̃gl] *nf* alfiler *m*; **épingle de nourrice** *ou* **de sûreté** imperdible *m*
épisode [epizɔd] *nm* episodio; **film en trois ~s** película en tres episodios; **épisodique** *adj* episódico(-a)
épluche-légumes [eplyʃlegym] *nm inv* pelador *m*, mondador *m*
éplucher [eplyʃe] *vt* (*fruit, légumes*) pelar; (*fig: texte*) examinar minuciosamente; **épluchures** *nfpl* mondas *fpl*
éponge [epɔ̃ʒ] *nf* esponja ▷ *adj*: **tissu ~** tela de felpa; **éponger** *vt* (*liquide, fig*) enjugar; (*surface*) pasar una esponja por; **s'éponger le front** enjugarse la frente
époque [epɔk] *nf* época; **d'~** (*meuble etc*) de época
épouse [epuz] *nf* esposa; **épouser** *vt* casarse con
épousseter [epuste] *vt* limpiar el polvo de
épouvantable [epuvɑ̃tabl] *adj* horroroso(-a); (*bruit, vent etc*) espantoso(-a)
épouvantail [epuvɑ̃taj] *nm* espantapájaros *m inv*
épouvante [epuvɑ̃t] *nf* espanto; **film/livre d'~** película/novela de terror; **épouvanter** *vt* (*terrifier*) horrorizar; (*sens affaibli*) espantar
époux, épouse [epu, uz] *nm/f* esposo(-a) ▷ *nmpl*: **les ~** los esposos
épreuve [epʀœv] *nf* prueba; (*Scol*) examen *m*; **mettre à l'~** poner a prueba
éprouvant, e [epʀuvɑ̃, ɑ̃t] *adj* duro(-a)
éprouver [epʀuve] *vt* (*fatigue, douleur*) sufrir, padecer; (*sentiment*) sentir; (*difficultés etc*) encontrar
épuisé, e [epɥize] *adj* agotado(-a); **épuisement** *nm* agotamiento
épuiser [epɥize] *vt* agotar; **s'épuiser** *vpr* agotarse
épuisette [epɥizɛt] *nf* (*Pêche*) salabre *m*
équateur [ekwatœʀ] *nm* ecuador *m*; **É~** Ecuador *m*
équation [ekwasjɔ̃] *nf* ecuación *f*
équerre [ekɛʀ] *nf* (*pour dessiner, mesurer*) escuadra
équilibre [ekilibʀ] *nm* equilibrio; **être/mettre en ~** estar/poner en equilibrio; **garder/perdre l'~** guardar/perder el equilibrio; **équilibré, e** *adj* equilibrado(-a); **équilibrer** *vt* equilibrar
équipage [ekipaʒ] *nm* (*de bateau, d'avion*) tripulación *f*
équipe [ekip] *nf* (*de joueurs*) equipo; (*de travailleurs*) cuadrilla
équipé, e [ekipe] *adj* equipado(-a)
équipement [ekipmɑ̃] *nm* equipo; (*d'une cuisine*) instalación *f*
équiper [ekipe] *vt* equipar
équipier, -ière [ekipje, jɛʀ] *nm/f* compañero(-a) de equipo
équitation [ekitasjɔ̃] *nf* equitación *f*
équivalent, e [ekivalɑ̃, ɑ̃t] *adj* equivalente
équivaloir [ekivalwaʀ]: **~ à** *vt ind* equivaler a
érable [eʀabl] *nm* arce *m*
érafler [eʀɑfle] *vt* arañar; **éraflure** *nf* rasguño, arañazo
ère [ɛʀ] *nf* era; **en l'an 1050 de notre ~** en el año 1050 de nuestra era
érection [eʀɛksjɔ̃] *nf* erección *f*
éroder [eʀɔde] *vt* erosionar;

(*suj: acide*) corroer
érotique [eʀɔtik] *adj* erótico(-a)
errer [eʀe] *vi* vagar
erreur [eʀœʀ] *nf* error *m*; **par ~** por error; **faire ~** equivocarse
éruption [eʀypsjɔ̃] *nf* erupción *f*; (*de joie, colère*) arrebato
es [ɛ] *vb voir* **être**
ès [ɛs] *prép*: **licencié ~ lettres/sciences** licenciado en letras/ciencias
escabeau, x [ɛskabo] *nm* (*tabouret*) escabel *m*; (*échelle*) escalera de tijera
escalade [ɛskalad] *nf* escalada; **escalader** *vt* escalar
escale [ɛskal] *nf* escala; **faire ~ (à)** hacer escala (en)
escalier [ɛskalje] *nm* escalera; **dans l'~** *ou* **les ~s** en la escalera *ou* las escaleras; **escalier roulant** *ou* **mécanique** escalera mecánica
escapade [ɛskapad] *nf* escapada
escargot [ɛskaʀgo] *nm* caracol *m*
escarpé, e [ɛskaʀpe] *adj* escarpado(-a)
esclavage [ɛsklavaʒ] *nm* esclavitud *f*
esclave [ɛsklav] *nm/f* esclavo(-a)
escompte [ɛskɔ̃t] *nm* descuento
escrime [ɛskʀim] *nf* esgrima
escroc [ɛskʀo] *nm* estafador(a)
escroquer [ɛskʀɔke] *vt*: **~ qn (de qch)** timar a algn (con algo); **~ qch (à qn)** estafar algo (a algn); **escroquerie** *nf* estafa
espace [ɛspas] *nm* espacio
espacer [ɛspase] *vt* espaciar; **s'espacer** *vpr* espaciarse
espadon [ɛspadɔ̃] *nm* pez *m* espada *inv*, emperador *m*
espadrille [ɛspadʀij] *nf* alpargata
Espagne [ɛspaɲ] *nf* España; **espagnol, e** *adj* español(a) ▷ *nm* (*Ling*) español *m*, castellano (*esp Am*) ▷ *nm/f*: **Espagnol, e** español(a)
espèce [ɛspɛs] *nf* especie *f*; **espèces** *nfpl* (*Comm*) metálico; (*sorte, genre*) clases *fpl*; **une ~ de** una especie de; **~ de maladroit/de brute!** ¡pedazo de *ou* so inútil/bruto!; **payer en ~s** pagar en metálico
espérance [ɛspeʀɑ̃s] *nf* esperanza; **espérance de vie** esperanza de vida
espérer [ɛspeʀe] *vt* esperar; **j'espère (bien)** eso espero; **~ que/faire** esperar que/hacer; **~ en qn/qch** confiar en algn/algo
espiègle [ɛspjɛgl] *adj* travieso(-a)
espion, ne [ɛspjɔ̃, jɔn] *nm/f* espía *m/f*; **espionnage** *nm* espionaje *m*; **espionner** *vt* espiar
espoir [ɛspwaʀ] *nm* esperanza; **dans l'~ de/que** con la esperanza de/de que; **reprendre ~** recuperar la esperanza
esprit [ɛspʀi] *nm* espíritu *m*; **faire de l'~** hacerse el gracioso; **reprendre ses ~s** recuperar el sentido; **avoir bon/mauvais ~** tener buenas/malas intenciones
esquimau, de, x [ɛskimo, od] *adj* esquimal; (*glace*) pingüino ▷ *nm/f*: **E~, de** esquimal *m/f*
essai [esɛ] *nm* (*d'une voiture, d'un vêtement*) prueba; (*tentative, aussi Sport*) intento; (*Rugby, Litt*) ensayo; **à l'~** a prueba; **~ gratuit** prueba gratuita
essaim [esɛ̃] *nm* enjambre *m*
essayer [eseje] *vt* probar ▷ *vi* intentar, tratar de; **~ de faire qch** intentar hacer algo, tratar de hacer algo
essence [esɑ̃s] *nf* (*carburant*) gasolina, nafta (*Arg*), bencina (*Chi*); (*d'une plante, fig*) esencia; (*espèce: d'arbre*) especie *f*
essentiel, le [esɑ̃sjɛl] *adj* esencial; **c'est l'~** es lo esencial; **l'~ de** la mayor parte de
essieu, x [esjø] *nm* eje *m*
essor [esɔʀ] *nm* (*de l'économie etc*) auge *m*

essorer [esɔʀe] *vt* escurrir; (*à la machine*) centrifugar; **essoreuse** *nf* (*à rouleaux*) escurridor *m*; (*à tambour*) secadora
essouffler [esufle] *vt* sofocar; **s'essouffler** *vpr* sofocarse
essuie-glace [esɥiglas] *nm inv* limpiaparabrisas *m inv*
essuyer [esɥije] *vt* secar; (*épousseter*) limpiar; **s'essuyer** *vpr* secarse; **~ la vaisselle** secar los platos
est¹ [ɛ] *vb voir* **être**
est² [ɛst] *nm* este *m* ▷ *adj inv* este *inv*; **à l'~** (*situation*) al este; (*direction*) hacia el este; **à l'~ de** al este de; **les pays de l'E~** los países del Este
est-ce que [ɛskə] *adv*: **~ c'est cher/c'était bon?** ¿es caro?/¿estaba bueno?; **quand est-ce qu'il part?** ¿cuándo se marcha?
esthéticienne [ɛstetisjɛn] *nf* (*d'institut de beauté*) esteticista
esthétique [ɛstetik] *adj* estético(-a)
estimation [ɛstimasjɔ̃] *nf* valoración *f*
estime [ɛstim] *nf* estima; **estimer** *vt* (*personne, qualité*) estimar, apreciar; (*expertiser: bijou etc*) valorar; (*évaluer: prix, distance*) calcular; **estimer que/être ...** (*penser*) estimar que/ser ..., considerar que/ser ...
estival, e, -aux [ɛstival, o] *adj* estival
estivant, e [ɛstivɑ̃, ɑ̃t] *nm/f* veraneante *m/f*
estomac [ɛstɔma] *nm* estómago
estragon [ɛstʀagɔ̃] *nm* estragón *m*
estuaire [ɛstɥɛʀ] *nm* estuario
et [e] *conj* y; **~ aussi/lui** y también/él; **~ alors** ou **(puis) après?** (*qu'importe!*) ¿y qué?; (*ensuite*) ¿y entonces?
étable [etabl] *nf* establo
établi, e [etabli] *adj* (*en place, solide*) establecido(-a) ▷ *nm* banco
établir [etabliʀ] *vt* establecer; (*facture*) hacer, realizar; (*liste, programme*) establecer, fijar; (*installer: entreprise, camp*) establecer, instalar; (*relations, liens d'amitié*) entablar, establecer; **s'établir** *vpr* establecerse; (*colonie*) asentarse; **s'~ (à son compte)** establecerse (por su cuenta)
établissement [etablismɑ̃] *nm* establecimiento; **établissement scolaire** establecimiento escolar
étage [etaʒ] *nm* (*d'immeuble*) piso, planta; **habiter à l'~/au deuxième ~** vivir en el primer/segundo piso
étagère [etaʒɛʀ] *nf* estante *m*
étai [etɛ] *nm* puntal *m*
étain [etɛ̃] *nm* estaño
étais *etc* [etɛ] *vb voir* **être**
étaler [etale] *vt* (*carte, nappe*) extender, desplegar; (*beurre, liquide*) extender; (*paiements, dates*) escalonar; (*richesses, connaissances*) ostentar; **s'étaler** *vpr*: **s'~ sur** (*suj: travaux, paiements*) repartirse en
étalon [etalɔ̃] *nm* (*cheval*) semental *m*
étanche [etɑ̃ʃ] *adj* impermeable
étang [etɑ̃] *nm* estanque *m*
étant [etɑ̃] *vb voir* **être; donné**
étape [etap] *nf* etapa
état [eta] *nm* estado; **en bon/mauvais ~** en buen/mal estado; **être en ~ (de marche)** funcionar; **remettre en ~** volver a poner en condiciones, arreglar; **être en ~/hors d'~ de faire qch** estar/no estar en condiciones de hacer algo; **être dans tous ses ~s** estar fuera de sí; **être en ~ d'arrestation** (*Jur*) quedar arrestado(-a), estar detenido(-a); **état civil** (*Admin*) estado civil; **état des lieux** estado del inmueble; **États-Unis** *nmpl*: **les États-Unis** los Estados Unidos
etc. [ɛtseteʀa] *abr* (= *et c(a)etera*) etc.
et c(a)etera [ɛtseteʀa] *adv* etcétera
été [ete] *pp de* **être** ▷ *nm* verano
éteindre [etɛ̃dʀ] *vt* apagar; (*incendie*)

extinguir, apagar; **s'éteindre** *vpr* apagarse; **éteint, e** *pp de* **éteindre** ▷ *adj* apagado(-a)
étendre [etɑ̃dʀ] *vt* extender; (*carte, tapis*) extender, desplegar; (*lessive, linge*) tender, colgar; (*blessé, malade*) tender; **s'étendre** *vpr* extenderse; **s'~ (sur)** (*personne*) tenderse (sobre *ou* en); (*fig: sujet, problème*) extenderse (en); **s'~ jusqu'à/d'un endroit à un autre** extenderse hasta/de un sitio a otro
étendu, e [etɑ̃dy] *adj* (*terrain*) extenso(-a); (*connaissances, pouvoirs etc*) amplio(-a)
éternel, le [etɛʀnɛl] *adj* eterno(-a); (*habituel*) inseparable
éternité [etɛʀnite] *nf* eternidad *f*
éternuement [etɛʀnymɑ̃] *nm* estornudo
éternuer [etɛʀnɥe] *vi* estornudar
êtes [ɛt(z)] *vb voir* **être**
étiez [etjɛ] *vb voir* **être**
étinceler [etɛ̃s(ə)le] *vi* resplandecer
étincelle [etɛ̃sɛl] *nf* chispa, fulgor *m*
étiquette [etikɛt] *nf* etiqueta; **l'~** (*protocole*) la etiqueta; **sans ~** (*Pol*) sin etiqueta
étirer [etiʀe] *vt* estirar; **s'étirer** *vpr* estirarse; (*convoi, route*): **s'~ sur plusieurs kilomètres** extenderse por varios kilómetros
étoile [etwal] *nf* estrella; (*signe*) asterisco; **à la belle ~** al sereno, al aire libre; **étoile de mer** estrella de mar; **étoile filante** estrella fugaz; **étoilé, e** *adj* estrellado(-a)
étonnant, e [etɔnɑ̃, ɑ̃t] *adj* (*surprenant*) asombroso(-a), sorprendente; (*valeur intensive*) sorprendente
étonnement [etɔnmɑ̃] *nm* asombro, estupefacción *f*; **à mon grand ~ ...** con gran asombro mío ...
étonner [etɔne] *vt* asombrar, sorprender; **s'~ que/de** asombrarse de que/de; **cela m'étonnerait (que)** me sorprendería (que)
étouffer [etufe] *vt* (*personne*) ahogar; (*bruit*) acallar; (*nouvelle, scandale*) ocultar, tapar ▷ *vi* ahogarse; (*avoir trop chaud*) sofocarse, ahogarse; **s'étouffer** *vpr* (*en mangeant*) atragantarse
étourderie [etuʀdəʀi] *nf* descuido
étourdi, e [etuʀdi] *adj* aturdido(-a), distraído(-a)
étourdir [etuʀdiʀ] *vt* (*assommer*) aturdir, atontar; (*griser*) aturdir; **étourdissement** *nm* aturdimiento
étrange [etʀɑ̃ʒ] *adj* extraño(-a), raro(-a)
étranger, -ère [etʀɑ̃ʒe, ɛʀ] *adj* (*d'un autre pays*) extranjero(-a), gringo(-a) (*Am*); (*pas de la famille*) extraño(-a) ▷ *nm/f* (*d'un autre pays*) extranjero(-a); (*inconnu*) extraño(-a); **de l'~** del extranjero
étrangler [etʀɑ̃gle] *vt* (*intentionnellement*) estrangular; (*accidentellement*) ahogar; **s'étrangler** *vpr* (*en mangeant etc*) atragantarse

MOT-CLÉ

être [ɛtʀ] *vb + attribut, vi* **1** (*qualité essentielle, permanente, profession*) ser; **il est fort/intelligent** es fuerte/ inteligente; **être journaliste** ser periodista
2 (*état temporaire, position, + adj/pp*) estar; **comme tu es belle!** ¡qué guapa estás!; **être marié** estar casado; **il est à Paris/au salon** está en París/en el salón; **je ne serai pas ici demain** no estaré aquí mañana; **ça y est!** ¡ya está!
3: **être à** (*appartenir*) ser de; **le livre est à Paul** el libro es de Pablo; **c'est à moi/eux** es mío(-a)/suyo(-a) *ou* de ellos
4 (*+ de: provenance, origine*): **il est de Paris** es de París; (*: appartenance*): **il**

est des nôtres es de los nuestros; **être de Genève/de la même famille** ser de Ginebra/de la misma familia
5 (*date*): **nous sommes le 5 juin** estamos a 5 de junio
▷ *vb aux* 1 haber; **être arrivé/allé** haber llegado/ido; **il est parti** (él) se ha marchado; **il est parti hier** (*verbe au passé simple quand la période dans laquelle se situe l'action est révolue*) se marchó ayer
2 (*forme passive*) ser; **être fait par** ser hecho por; **il a été promu** ha sido ascendido
3 (*+ à: obligation*): **c'est à faire/réparer** está por hacer/reparar; **c'est à essayer** está por ensayar; **il est à espérer/souhaiter que** es de esperar/desear que
▷ *vb impers* 1: **il est** *+adjectif* es; **il est impossible de le faire** es imposible hacerlo; **il serait facile de/souhaitable que** sería fácil/deseable que
2 (*heure, date*): **il est 10 heures** son las 10
3 (*emphatique*): **c'est moi** soy yo; **c'est à lui de le faire/de décider** tiene que hacerlo/decidirlo él
▷ *nm* ser *m*; **être humain** ser humano

étrennes [etʀɛn] *nfpl* (*cadeaux*) regalos *mpl*
étrier [etʀije] *nm* estribo
étroit, e [etʀwa, wat] *adj* (*gén, fig*) estrecho(-a); **à l'~** con estrechez
étude [etyd] *nf* estudio; (*Scol: salle de travail*) sala de estudio; **études** *nfpl* (*Scol*) estudios *mpl*; **faire des ~s de droit/médecine** cursar estudios de *ou* estudiar derecho/medicina
étudiant, e [etydjɑ̃, jɑ̃t] *nm/f* (*Univ*) estudiante *m/f*, universitario(-a)
étudier [etydje] *vt, vi* estudiar
étui [etɥi] *nm* (*à lunettes*) funda, estuche *m*
eu, eue [y] *pp de* **avoir**
euh [ø] *excl* ¡ee!
euro [øʀo] *nm* (*monnaie*) euro *m*
Europe [øʀɔp] *nf* Europa; **européen, ne** *adj* europeo(-a)
eus *etc* [y] *vb voir* **avoir**
eux [ø] *pron* ellos
évacuer [evakɥe] *vt* evacuar
évader [evade]: **s'~** *vpr* evadirse
évaluer [evalɥe] *vt* evaluar, calcular
évangile [evɑ̃ʒil] *nm* evangelio; (*texte de la Bible*): **Évangile** Evangelio
évanouir [evanwiʀ]: **s'~** *vpr* desmayarse, desvanecerse; (*fig*) desvanecerse, desaparecer; **évanouissement** *nm* (*Méd*) desmayo, desvanecimiento
évaporer [evapɔʀe]: **s'~** *vpr* evaporarse
évasion [evazjɔ̃] *nf* evasión *f*
éveillé, e [eveje] *adj* despierto(-a)
éveiller [eveje] *vt* despertar; **s'éveiller** *vpr* despertarse
événement [evɛnmɑ̃] *nm* acontecimiento; **événements** *nmpl* (*Pol etc: situation générale*) acontecimientos *mpl*
éventail [evɑ̃taj] *nm* abanico
éventualité [evɑ̃tɥalite] *nf* eventualidad *f*; **dans l'~ de** en la eventualidad de
éventuel, le [evɑ̃tɥɛl] *adj* eventual; **éventuellement** *adv* eventualmente
évêque [evɛk] *nm* obispo
évidemment [evidamɑ̃] *adv* evidentemente; **~!** ¡claro!
évidence [evidɑ̃s] *nf* evidencia; **de toute ~** a todas luces; **en ~** en evidencia; **mettre en ~** (*problème, détail*) poner de manifiesto; **évident, e** *adj* evidente
évier [evje] *nm* fregadero
éviter [evite] *vt* evitar; (*fig: problème, question*) evitar, eludir; (*importun, raseur: fuir*) rehuir, evitar; (*coup, projectile, obstacle*) esquivar; **~ de**

faire/que qch ne se passe evitar hacer/que algo suceda; **~ qch à qn** evitar algo a algn

évoluer [evɔlɥe] *vi* evolucionar; **évolution** *nf* evolución *f*

évoquer [evɔke] *vt* evocar

ex- [ɛks] *préf*: **~ministre/président** ex-ministro/-presidente; **son ~mari/ femme** su ex-marido/-mujer

ex. *abr* (= *exemple*) ej (= *ejemplo*)

exact, e [ɛgza(kt), ɛgzakt] *adj* (*précis*) exacto(-a); (*personne*: *ponctuel*) puntual; **l'heure ~e** la hora exacta; **exactement** *adv* exactamente

ex aequo [ɛgzeko] *adv* iguales

exagéré, e [ɛgzaʒeʀe] *adj* exagerado(-a)

exagérer [ɛgzaʒeʀe] *vt* exagerar ▷ *vi* (*abuser*) abusar; (*déformer les faits, la vérité*) exagerar

examen [ɛgzamɛ̃] *nm* examen *m*; **~ médical** examen *ou* reconocimiento médico

examinateur, -trice [ɛgzaminatœʀ, tʀis] *nm/f* examinador(a)

examiner [ɛgzamine] *vt* examinar

exaspérant, e [ɛgzaspeʀɑ̃, ɑ̃t] *adj* exasperante

exaspérer [ɛgzaspeʀe] *vt* exasperar

exaucer [egzose] *vt* (*vœu*) otorgar

excéder [ɛksede] *vt* (*dépasser*) exceder, sobrepasar; (*agacer*) crispar

excellent, e [ɛkselɑ̃, ɑ̃t] *adj* excelente

excentrique [ɛksɑ̃tʀik] *adj* excéntrico(-a)

excepté, e [ɛksɛpte] *adj*: **les élèves ~s/dictionnaires ~s** excepto los alumnos/los diccionarios ▷ *prép*: **~ les élèves** salvo los alumnos; **~ si/ quand ...** salvo si/cuando ...

exception [ɛksɛpsjɔ̃] *nf* excepción *f*; **à l'~ de** con excepción de; **exceptionnel, le** *adj* excepcional; **exceptionnellement** *adv* excepcionalmente

excès [ɛksɛ] *nm* exceso ▷ *nmpl* (*abus*) excesos *mpl*; **excès de vitesse** exceso de velocidad; **excessif, -ive** *adj* excesivo(-a)

excitant [ɛksitɑ̃] *adj, nm* excitante *m*; **excitation** *nf* excitación *f*

exciter [ɛksite] *vt* excitar; **s'exciter** *vpr* excitarse

exclamer [ɛksklame]: **s'~** *vpr* exclamar

exclure [ɛksklyʀ] *vt* excluir; (*d'une salle, d'un parti*) expulsar, excluir; **exclusif, -ive** *adj* exclusivo(-a); **exclusion** *nf* expulsión *f*, exclusión *f*; **à l'exclusion de** con exclusión de; **exclusivité** *nf* exclusividad *f*; **en exclusivité** en exclusiva

excursion [ɛkskyʀsjɔ̃] *nf* excursión *f*

excuse [ɛkskyz] *nf* excusa; **excuses** *nfpl* (*expression de regret*) disculpas *fpl*; **excuser** *vt* excusar, disculpar; **s'excuser** *vpr* (*par politesse*) disculparse, excusarse; **s'excuser (de)** disculparse (de), excusarse (por); **"excusez-moi"** (*en passant devant qn*) "discúlpeme"; (*pour attirer l'attention*) "perdón"

exécuter [ɛgzekyte] *vt* (*Inform, Mus, prisonnier*) ejecutar; (*opération, mouvement*) efectuar, realizar

exemplaire [ɛgzɑ̃plɛʀ] *adj* ejemplar ▷ *nm* ejemplar *m*

exemple [ɛgzɑ̃pl] *nm* ejemplo; **par ~** por ejemplo; (*valeur intensive*) ¡no es posible!; **donner l'~** dar ejemplo; **prendre ~ sur qn** tomar ejemplo de algn

exercer [ɛgzɛʀse] *vt* ejercer; (*former*: *personne*) acostumbrar; (*animal*) adiestrar; (*faculté, partie du corps*) ejercitar ▷ *vi* (*médecin*) ejercer; **s'exercer** *vpr* (*sportif*) entrenarse; (*musicien*) practicar; **s'~ (sur/contre)** (*pression, poussée*) ejercerse (sobre/ contra)

exercice [ɛgzɛʀsis] *nm* ejercicio
exhiber [ɛgzibe] *vt* exhibir; **s'exhiber** *vpr* exhibirse
exhibitionniste [ɛgzibisjɔnist] *nm/f* exhibicionista *m/f*
exigeant, e [ɛgziʒɑ̃, ɑ̃t] *adj* exigente
exiger [ɛgziʒe] *vt* exigir
exil [ɛgzil] *nm* exilio; **exiler**: **s'~** *vpr* exiliarse
existence [ɛgzistɑ̃s] *nf* existencia
exister [ɛgziste] *vi* existir; **il existe une solution/des solutions** existe una solución/existen soluciones
exorbitant, e [ɛgzɔʀbitɑ̃, ɑ̃t] *adj* exorbitante
exotique [ɛgzɔtik] *adj* exótico(-a)
expédier [ɛkspedje] *vt* (*lettre*) expedir; (*troupes, renfort*) enviar; (*péj: faire rapidement*) despachar; **expéditeur, -trice** *nm/f* remitente *m/f*; **expédition** *nf* (*d'une lettre*) envío; (*Mil, scientifique*) expedición *f*
expérience [ɛkspeʀjɑ̃s] *nf* experiencia; **une ~** (*scientifique*) un experimento
expérimenté, e [ɛkspeʀimɑ̃te] *adj* experimentado(-a)
expérimenter [ɛkspeʀimɑ̃te] *vt* experimentar
expert, e [ɛkspɛʀ, ɛʀt] *adj*: **~ en** experto(-a) en ▷ *nm* experto(-a), perito(-a); **expert-comptable** (*pl* **experts-comptables**) *nm* perito contable
expirer [ɛkspiʀe] *vi* (*passeport, bail*) vencer, expirar; (*respirer*) espirar
explication [ɛksplikasjɔ̃] *nf* explicación *f*; (*discussion*) discusión *f*
explicite [ɛksplisit] *adj* explícito(-a)
expliquer [ɛksplike] *vt* explicar; **s'expliquer** *vpr* explicarse
exploit [ɛksplwa] *nm* hazaña; **exploitant** *nm* (*Agr*) agricultor(a), labrador(a); **exploitation** *nf* explotación *f*; **exploitation agricole** explotación agrícola; **exploiter** *vt* explotar; (*tirer parti de: faiblesse de qn*) aprovecharse de
explorer [ɛksplɔʀe] *vt* (*pays, grotte*) explorar
exploser [ɛksploze] *vi* (*bombe*) explotar, estallar; (*joie, colère*) estallar; **explosif** *adj* explosivo(-a); **explosion** *nf* explosión *f*
exportateur, -trice [ɛkspɔʀtatœʀ, tʀis] *adj, nm/f* exportador(a)
exportation [ɛkspɔʀtasjɔ̃] *nf* exportación *f*
exporter [ɛkspɔʀte] *vt* exportar
exposant [ɛkspozɑ̃] *nm* (*personne*) expositor *m*
exposé, e [ɛkspoze] *adj* (*orienté*) orientado(-a) ▷ *nm* (*écrit*) informe *m*; (*oral*) charla; (*Scol*) exposición *f*; **~ à l'est/au sud** orientado(-a) al este/al sur; **bien ~** bien orientado(-a)
exposer [ɛkspoze] *vt* exponer; (*orienter: maison*) orientar; **exposition** *nf* exposición *f*
exprès¹, expresse [ɛkspʀɛs] *adj* expreso(-a) ▷ *adj inv*: **lettre/colis ~** carta/paquete *m* urgente
exprès² [ɛkspʀɛ] *adv* (*délibérément*) a propósito, adrede; (*spécialement*) expresamente
express [ɛkspʀɛs] *adj, nm*: **(café) ~** (café) exprés *m*; **(train) ~** (tren) expreso
expressif, -ive [ɛkspʀesif, iv] *adj* expresivo(-a)
expression [ɛkspʀesjɔ̃] *nf* expresión *f*
exprimer [ɛkspʀime] *vt* (*sentiment, idée*) expresar; **s'exprimer** *vpr* expresarse
expulser [ɛkspylse] *vt* expulsar; (*locataire*) echar
exquis, e [ɛkski, iz] *adj* (*personne, élégance, parfum*) exquisito(-a)
extasier *vpr*: **s'~ sur** extasiarse ante
exténuer [ɛkstenɥe] *vt* extenuar
extérieur, e [ɛksteʀjœʀ] *adj*

exterior; (*pressions, calme*) externo(-a) ▷ *nm* exterior *m*; **à l'~** (*dehors*) fuera, afuera (*Am*); (*à l'étranger*) en el exterior

externat [ɛkstɛʀna] *nm* externado

externe [ɛkstɛʀn] *adj* externo(-a) ▷ *nm/f* externo(-a); (*étudiant en médecine*) alumno(-a) en prácticas

extincteur [ɛkstɛ̃ktœʀ] *nm* extintor *m*

extinction [ɛkstɛ̃ksjɔ̃] *nf* extinción *f*; **extinction de voix** afonía

extra [ɛkstʀa] *adj inv, préf* extra ▷ *nm* extra *m*

extraire [ɛkstʀɛʀ] *vt* extraer; **~ qch de** extraer algo de; **extrait** *pp de* **extraire** ▷ *nm* extracto; (*de film, livre*) pasaje *m*; **extrait de naissance** partida de nacimiento

extraordinaire [ɛkstʀaɔʀdinɛʀ] *adj* extraordinario(-a)

extravagant, e [ɛkstʀavagɑ̃, ɑ̃t] *adj* extravagante

extraverti, e [ɛkstʀavɛʀti] *adj* extravertido(-a), extrovertido(-a)

extrême [ɛkstʀɛm] *adj* extremo(-a); **extrêmement** *adv* extremadamente; **Extrême-Orient** *nm* Extremo Oriente *m*

extrémité [ɛkstʀemite] *nf* extremo; (*d'un doigt, couteau*) punta

exubérant, e [ɛgzybeʀɑ̃, ɑ̃t] *adj* exuberante

f

F [ɛf] *abr* = **franc**; (*appartement*): **un ~2/~3** un piso de 2/3 habitaciones

fa [fa] *nm inv* fa *m*

fabricant [fabʀikɑ̃] *nm* fabricante *m/f*

fabrication [fabʀikasjɔ̃] *nf* fabricación *f*

fabrique [fabʀik] *nf* fábrica; **fabriquer** *vt* (*produire*) producir; (*construire*) fabricar; **qu'est-ce qu'il fabrique?** (*fam*) ¿qué está tramando?

fac [fak] (*fam*) *abr f* = **faculté**

façade [fasad] *nf* fachada

face [fas] *nf* (*visage*) cara, rostro; (*côté*) cara; (*d'un problème, sujet*) aspecto ▷ *adj*: **le côté ~** cara; **en ~ de** enfrente de; (*fig*) frente a; **de ~** de frente; **~ à** frente a, ante; **faire ~ à qn/qch** hacer frente *ou* cara a algn/algo; **~ à ~** *adv* frente a frente ▷ *nm inv* debate *m*

fâché, e [faʃe] *adj* enfadado(-a)

fâcher [faʃe] *vt* enfadar; **se fâcher** *vpr*: **se ~ (contre** *ou* **avec qn)** enfadarse (con algn)

facile [fasil] *adj (aussi péj)* fácil; *(accommodant)* sencillo(-a); **facilement** *adv* con facilidad, fácilmente; *(au moins)* por lo menos; **facilité** *nf* facilidad *f*; **faciliter** *vt* facilitar

façon [fasɔ̃] *nf* modo, manera; **façons** *nfpl (péj)* modales *mpl*; **de quelle ~ l'a-t-il fait/construit?** ¿cómo lo ha hecho/construido?; **sans ~** *adv* simplemente; **de ~ à faire/à ce que** de modo que haga/de modo que; **de (telle) ~ que** de tal forma que; **de toute ~** de todos modos

facteur, -trice [faktœʀ] *nm/f* cartero(-a) ▷ *nm (Math, fig)* factor *m*

facture [faktyʀ] *nf* factura

facultatif, -ive [fakyltatif, iv] *adj* facultativo(-a)

faculté [fakylte] *nf* facultad *f*; **facultés** *nfpl (moyens intellectuels)* facultades *fpl*

fade [fad] *adj* soso(-a), insípido(-a)

faible [fɛbl] *adj* débil; *(sans volonté)* apático(-a); *(rendement, revenu)* bajo(-a) ▷ *nm*: **le ~ de qn/qch** el punto flaco de algn/algo; **faiblesse** *nf* debilidad *f*; *(défaillance)* desmayo; **faiblir** *vi* debilitarse; *(vent)* amainar

faïence [fajɑ̃s] *nf* loza

faignant, e [fɛɲɑ̃, ɑ̃t] *nm/f, adj* = **fainéant**

faillir [fajiʀ] *vi*: **j'ai failli tomber/lui dire** estuve a punto de caer/decirle

faillite [fajit] *nf (échec)* fracaso; **être en/faire ~** *(Comm)* estar en/hacer quiebra

faim [fɛ̃] *nf* hambre *f*; **avoir ~** tener hambre

fainéant, e [fɛneɑ̃, ɑ̃t] *adj, nm/f* holgazán(-ana), flojo(-a) *(Am)*

MOT-CLÉ

faire [fɛʀ] *vt* **1** *(fabriquer, être l'auteur de)* hacer; *(blé, soie)* producir; **faire du vin/une offre/un film** hacer vino/una oferta/una película; **faire du bruit** hacer ruido; **fait à la main/la machine** hecho a mano/máquina

2 *(effectuer: travail, opération)* hacer; **que faites-vous?** ¿qué hace?; *(quel métier etc)* ¿a qué se dedica (usted)?; **faire la lessive** hacer la colada; **faire la cuisine/le ménage/les courses** hacer la cocina/la limpieza/las compras; **faire les magasins/l'Europe** ir de tiendas/por Europa

3 *(étudier, pratiquer)*: **faire du droit/du français** hacer derecho/francés; **faire du sport/rugby** hacer deporte/rugby; **faire du cheval** montar a caballo; **faire du ski/du vélo** ir a esquiar/en bicicleta; **faire du violon/piano** tocar el violín/piano

4 *(simuler)*: **faire le malade/l'ignorant** hacerse el enfermo/el ignorante

5 *(transformer, avoir un effet sur)*: **faire de qn un frustré/avocat** hacer de algn un frustrado/abogado; **ça ne me fait rien** *ou* **ni chaud ni froid** no me importa nada; **ça ne fait rien** no importa

6 *(calculs, prix, mesures)*: **2 et 2 font 4** 2 y 2 son 4; **9 divisé par 3 fait 3** 9 entre 3 es 3; **ça fait 10 m/15 euros** son 10 m/15 euros; **je vous le fais 10 euros** *(j'en demande 10 euros)* se lo dejo en 10 euros; *voir* **mal; entrer; sortir**

7: **qu'a-t-il fait de sa valise/de sa sœur?** ¿qué ha hecho con su maleta/con su hermana?; **que faire?** ¿qué voy *etc* a hacer?; **tu fais bien de me le dire** haces bien en decírmelo

8: **ne faire que: il ne fait que critiquer** no hace más que criticar

9 *(dire)* decir; **"vraiment?" fit-il** "¿de verdad?" dijo

10 *(maladie)* tener; **faire du diabète/de la tension/de la fièvre** tener

diabetes/tensión/fiebre
▷ *vi* 1 (*agir, s'y prendre*) hacer; (*faire ses besoins*) hacer sus necesidades; **il faut faire vite** hay que darse prisa; **comment a-t-il fait?** ¿cómo ha hecho?; **faites comme chez vous** está en su casa
2 (*paraître*): **tu fais jeune dans ce costume** este traje te hace joven; **ça fait bien** queda bien
▷ *vb substitut* hacer; **je viens de le faire** acabo de hacerlo; **ne le casse pas comme je l'ai fait** no lo rompas como he hecho yo; **je peux le voir? – faites!** ¿puedo verlo? – desde luego
▷ *vb impers* 1: **il fait beau** hace bueno; *voir aussi* **jour; froid** *etc*
2 (*temps écoulé, durée*): **ça fait 5 ans/ heures qu'il est parti** hace 5 años/ horas que se fue; **ça fait 2 ans/ heures qu'il y est** hace 2 años/horas que está allí
▷ *vb semi-aux*: **faire** + *infinitif* hacer + *infinitivo*; **faire tomber/bouger qch** hacer caer/mover algo; **cela fait dormir** esto hace dormir; **faire réparer qch** llevar algo a arreglar; **que veux-tu me faire croire/ comprendre?** ¿qué quieres hacerme creer/comprender?; **il m'a fait ouvrir la porte** me hizo abrir la puerta; **il m'a fait traverser la rue** me ayudó a cruzar la calle
se faire *vi* 1 (*vin, fromage*) hacerse
2: **cela se fait beaucoup** eso se hace mucho; **cela ne se fait pas** eso no se hace
3: **se faire** + *nom ou pron*: **se faire une jupe** hacerse una falda; **se faire des amis** hacer amigos; **se faire du souci** inquietarse; **il ne s'en fait pas** no se preocupa; **se faire des illusions** hacerse ilusiones; **se faire beaucoup d'argent** hacer mucho dinero
4: **se faire** + *adj* (*devenir*): **se faire vieux** hacerse viejo; (*délibérément*): **se faire beau** ponerse guapo
5: **se faire à** (*s'habituer*) acostumbrarse a; **je n'arrive pas à me faire à la nourriture/au climat** no acabo de acostumbrarme a la comida/al clima
6: **se faire** +*infinitif*: **se faire opérer/ examiner la vue** operarse/ examinarse la vista; **se faire couper les cheveux** cortarse el pelo; **il va se faire tuer/punir** le van a matar/ castigar; **il s'est fait aider par qn** le ha ayudado algn; **se faire faire un vêtement** hacerse un vestido; **se faire ouvrir (la porte)** hacerse abrir (la puerta); **je me suis fait expliquer le texte par Anne** Anne me explicó el texto
7 (*impersonnel*): **comment se fait-il que ...?** ¿cómo es que ...?; **il peut se faire que ...** puede ocurrir que ...

faire-part [fɛʀpaʀ] *nm inv*: **~ de mariage** participación *f* de boda; **~ de décès** esquela de defunción
faisan, e [fəzɑ̃] *nm/f* faisán(-ana)
faisons [fəzɔ̃] *vb voir* **faire**
fait[1] [fɛ] *vb voir* **faire** ▷ *nm* hecho; **le ~ que ...** el hecho de que ...; **le ~ de manger/travailler** el hecho de comer/trabajar; **être au ~ de** estar al corriente de; **au ~** a propósito; **aller droit au ~** ir al grano; **en venir au ~** pasar a los hechos; **de ~** *adj* (*opposé à: de droit*) de hecho; ▷ *adv* (*en fait*) en realidad; **du ~ que** por el hecho de que; **du ~ de** a causa de; **de ce ~** por esto; **en ~** de hecho; **en ~ de repas/vacances** a guisa de comida/ vacaciones; **c'est un ~** es un hecho, es verdad; **prendre qn sur le ~** coger a algn con las manos en la masa; **les ~s et gestes de qn** todos los movimientos de algn; **fait divers** suceso

fait², e [fɛt] *pp de* **faire** ▷ *adj* (*fromage*) curado(-a); (*melon*) maduro(-a); **c'en est ~ de lui** es su fin; **c'en est ~ de notre tranquillité** se acabó la tranquilidad; **tout(e) ~(e)** (*préparé à l'avance*) ya listo(-a), ya preparado(-a); **c'est bien ~ pour lui!** ¡le está bien empleado!

faites [fɛt] *vb voir* **faire**

falaise [falɛz] *nf* acantilado

falloir [falwaʀ] *vb impers* (*besoin*): **il va ~ 100 euros** se necesitarán 100 euros; **il doit ~ du temps pour ...** se necesitará tiempo para ...; **il faut faire les lits** (*obligation*) hay que hacer las camas; **il me faut/faudrait 100 euros/de l'aide** necesito/necesitaría 100 euros/ayuda; **nous avons ce qu'il (nous) faut** tenemos lo necesario; **il faut que je fasse les lits** tengo que hacer las camas; **il a fallu que je parte** tuve que irme; **comme il faut** *adj, adv* (*bien, convenable*) como Dios manda; **s'en ~: il s'en faut/s'en est fallu de 5 minutes/100 euros (pour que ...)** faltan/faltaron 5 minutos/100 eurosos (para que ...); **il ne fallait pas** (*pour remercier*) no era necesario; **il faudrait que ...** convendría que ...; **il s'en est fallu de peu que ...** faltó poco para que ...

famé, e [fame] *adj*: **mal ~** de mala fama

fameux, -euse [famø, øz] *adj* (*illustre*) famoso(-a), ilustre; (*bon*) excelente

familial, e, -aux [familjal, jo] *adj* familiar

familiarité [familjaʀite] *nf* familiaridad *f*; **familiarités** *nfpl* familiaridades *fpl*, confianzas *fpl*

familier, -ière [familje, jɛʀ] *adj* (*connu*) familiar; (*rapports*) de confianza; (*Ling*) familiar, coloquial ▷ *nm* asiduo(-a); **tu es un peu trop ~ avec lui** (*cavalier, impertinent*) te tomas demasiadas confianzas con él

famille [famij] *nf* familia; **il a de la ~ à Paris** tiene familia en París

famine [famin] *nf* hambruna

fanatique [fanatik] *adj, nm/f* fanático(-a); **~ de rugby/de voile** (*sens affaibli*) entusiasta *m/f* del rugby/de la vela

faner [fane]: **se ~** *vpr* (*fleur*) marchitarse

fanfare [fɑ̃faʀ] *nf* fanfarria, charanga; (*musique*) fanfarria

fantaisie [fɑ̃tezi] *nf* fantasía; (*caprice*) capricho ▷ *adj*: **bijou/pain ~** joya/pan *m* de fantasía

fantasme [fɑ̃tasm] *nm* fantasma *m*

fantastique [fɑ̃tastik] *adj* fantástico(-a)

fantôme [fɑ̃tom] *nm* fantasma *m*

faon [fɑ̃] *nm* cervatillo

farce [faʀs] *nf* (*viande*) relleno; (*Théâtre*) farsa; **faire une ~ à qn** gastar una broma a algn; **farcir** *vt* (*viande*) rellenar

farder [faʀde] *vt* maquillar

farine [faʀin] *nf* harina

farouche [faʀuʃ] *adj* (*animal*) arisco(-a); (*personne*) esquivo(-a)

fart [faʀt] *nm* (*Ski*) cera

fascination [fasinasjɔ̃] *nf* (*fig*) fascinación *f*

fasciner [fasine] *vt* fascinar

fascisme [faʃism] *nm* fascismo

fasse *etc* [fas] *vb voir* **faire**

fastidieux, -euse [fastidjø, jøz] *adj* fastidioso(-a)

fatal, e [fatal] *adj* mortal; (*inévitable*) fatal; **fatalité** *nf* fatalidad *f*

fatidique [fatidik] *adj* fatídico(-a)

fatigant, e [fatigɑ̃, ɑ̃t] *adj* fatigante; (*agaçant*) pesado(-a)

fatigue [fatig] *nf* fatiga, cansancio; **fatigué, e** *adj* fatigado(-a); **fatiguer** *vt* (*personne, membres*) fatigar, cansar; (*moteur etc*) forzar; (*importuner*) cansar ▷ *vi* (*moteur*) forzarse; **se fatiguer** *vpr*

f

fatigarse, cansarse
fauché, e [foʃe] (*fam*) *adj* pelado(-a)
faucher [foʃe] *vt* (*aussi fig*) segar; (*herbe*) segar, cortar; (*fam: voler*) birlar
faucon [fokɔ̃] *nm* halcón *m*
faudra [fodʀa] *vb voir* **falloir**
faufiler [fofile] *vt* hilvanar; **se faufiler** *vpr*: **se ~ dans/parmi/entre** deslizarse en/entre
faune [fon] *nf* (*fig, péj*) fauna
fausse [fos] *adj voir* **faux²**; **faussement** *adv* (*accuser*) en falso
fausser [fose] *vt* (*serrure, objet*) torcer; (*résultat, données*) falsear
faut [fo] *vb voir* **falloir**
faute [fot] *nf* (*de calcul*) error *m*; (*Sport, d'orthographe*) falta; (*Rel*) pecado, culpa; **c'est de sa/ma ~** es culpa suya/mía; **être en ~** hacer mal; (*être responsable*) tener la culpa; **~ de** por falta de; **~ de mieux ...** a falta de algo mejor ...; **sans ~** (*à coup sûr*) sin falta; **faute de frappe** error de máquina; **faute professionnelle** error profesional
fauteuil [fotœj] *nm* sillón *m*; **fauteuil d'orchestre** (*Théâtre*) butaca de patio; **fauteuil roulant** sillón de ruedas
fautif, -ive [fotif, iv] *adj* (*incorrect*) erróneo(-a); (*responsable*) culpable
fauve [fov] *nm* fiera
faux¹ [fo] *nf* (*Agr*) guadaña
faux², **fausse** [fo, fos] *adj* falso(-a); (*inexact*) erróneo(-a); (*rire, personne*) falso(-a), hipócrita; (*barbe, dent*) postizo(-a); (*Mus*) desafinado(-a); (*opposé à bon, correct: numéro, clé*) confundido(-a) ▷ *adv*: **jouer/chanter ~** tocar/cantar desafinadamente ▷ *nm* (*peinture, billet*) falsificación *f*; **le ~** (*opposé au vrai*) lo falso; **faire fausse route** ir por mal camino; **faire ~ bond à qn** fallarle a algn; **fausse alerte** falsa alarma; **fausse couche** aborto; **fausse note** (*Mus, fig*) nota discordante; **faux frais** *nmpl* gastos *mpl* menudos; **faux mouvement** movimiento en falso; **faux pas** (*aussi fig*) paso en falso; **faux témoignage** (*délit*) falso testimonio; **faux-filet** (*pl* **faux-filets**) *nm* solomillo bajo
faveur [favœʀ] *nf* favor *m*; **à la ~ de** (*la nuit, une erreur*) aprovechando; **en ~ de qn/qch** en favor de algn/algo
favorable [favɔʀabl] *adj* favorable
favori, te [favɔʀi, it] *adj* favorito(-a) ▷ *nm/f* (*Sport*) favorito(-a)
favoriser [favɔʀize] *vt* favorecer
fécond, e [fekɔ̃, ɔ̃d] *adj* fértil, fecundo(-a); **féconder** *vt* fecundar
féculents [fekylɑ̃] *nmpl* féculas *fpl*
fédéral, e, -aux [fedeʀal, o] *adj* federal
fée [fe] *nf* hada
feignant, e [fɛɲɑ̃, ɑ̃t] *adj, nm/f* = **fainéant**
feindre [fɛ̃dʀ] *vt, vi* fingir
fêler [fele] *vt* (*verre, assiette*) resquebrajar
félicitations [felisitasjɔ̃] *nfpl* felicidades *fpl*
féliciter [felisite] *vt* felicitar; **~ qn (de qch/d'avoir fait qch)** felicitar a algn (por algo/por haber hecho algo)
félin [felɛ̃] *nm* felino
femelle [fəmɛl] *nf* hembra
féminin, e [feminɛ̃, in] *adj* femenino(-a); (*vêtements etc*) de mujer ▷ *nm* (*Ling*) femenino
féministe [feminist] *adj, nm/f* feminista *m/f*
femme [fam] *nf* mujer *f*; **femme au foyer** ama de casa; **femme de chambre** doncella; **femme de ménage** asistenta
fémur [femyʀ] *nm* fémur *m*
fendre [fɑ̃dʀ] *vt* hender; **se fendre** *vpr* henderse
fenêtre [f(ə)nɛtʀ] *nf* ventana
fenouil [fənuj] *nm* hinojo
fente [fɑ̃t] *nf* (*fissure*) grieta,

hendidura; (*de boîte à lettres*) ranura
fer [fɛʀ] *nm* hierro; (*de cheval*) herradura; **santé/main de ~** salud *f*/mano de hierro; **fer à cheval** herradura; **fer (à repasser)** plancha; **fer forgé** hierro forjado
ferai *etc* [fəʀe] *vb voir* **faire**
fer-blanc [fɛʀblɑ̃] (*pl* **fers-blancs**) *nm* hojalata
férié, e [feʀje] *adj*: **jour ~** día *m* festivo
ferions *etc* [fəʀjɔ̃] *vb voir* **faire**
ferme [fɛʀm] *adj* firme; (*chair*) prieto(-a) ▷ *adv*: **travailler ~** trabajar mucho ▷ *nf* granja; **ferme éolienne** parque *m* eólico
fermé, e [fɛʀme] *adj* (*aussi fig*) cerrado(-a); (*gaz, eau*) cortado(-a)
fermenter [fɛʀmɑ̃te] *vi* fermentar
fermer [fɛʀme] *vt* cerrar; (*rideaux*) correr; (*eau, électricité, route*) cortar ▷ *vi* cerrar; **se fermer** *vpr* cerrarse; **~ à clef** cerrar con llave
fermeté [fɛʀməte] *nf* firmeza; (*des muscles*) dureza
fermeture [fɛʀmətyʀ] *nf* cierre *m*, cerradura; (*dispositif*) cerradura; **fermeture éclair®** cierre relámpago
fermier, -ière [fɛʀmje, jɛʀ] *adj*: **beurre/cidre ~** mantequilla/sidra de granja ▷ *nm/f* (*locataire*) granjero(-a), colono; **fermière** *nf* (*femme de fermier*) granjera
féroce [feʀɔs] *adj* feroz
ferons [fəʀɔ̃] *vb voir* **faire**
ferrer [feʀe] *vt* (*cheval*) herrar; (*poisson*) enganchar con el anzuelo
ferroviaire [feʀɔvjɛʀ] *adj* ferroviario(-a)
ferry (-boat) [feʀe(bot)] (*pl* **ferry-boats** *ou* **ferries**) *nm* ferry *m*, transbordador *m*
fertile [fɛʀtil] *adj* fértil
fervent, e [fɛʀvɑ̃, ɑ̃t] *adj* ferviente
fesse [fɛs] *nf* nalga; **fessée** *nf* nalgada
festin [fɛstɛ̃] *nm* festín *m*
festival [fɛstival] *nm* festival *m*
festivités [fɛstivite] *nfpl* fiestas *fpl*
fêtard, e [fɛtaʀ, aʀd] (*péj*) *nm/f* juerguista *m/f*
fête [fɛt] *nf* fiesta; (*kermesse*) romería; (*d'une personne*) santo; **faire la ~** irse de juerga *ou* de farra (*Am*); **faire ~ à qn** festejar a algn; **les ~s (de fin d'année)** las fiestas (de fin de año); **salle/comité des ~s** sala/comité *m* de fiestas; **la ~ des Mères/des Pères** el día de la madre/del padre; **la F~ Nationale** *aniversario de la revolución francesa*; **fête foraine** feria; **fêter** *vt* (*personne*) festejar; (*événement, anniversaire*) festejar, celebrar
feu, x [fø] *nm* fuego; (*signal lumineux*) luz *f*; (*fig*) fuego, ardor *m*; **feux** *nmpl* (*éclat, lumière*) destello *msg*; (*Auto: de circulation*) semáforo *msg*; **au ~!** ¡fuego!; **à ~ doux/vif** a poco fuego/fuego vivo; **à petit ~** a fuego lento; (*fig*) lentamente; **ne pas faire long ~** (*fig*) no durar mucho; **prendre ~** (*maison*) incendiarse; (*vêtements, rideaux*) prender fuego; **mettre le ~ à** meterle fuego a; **faire du ~** hacer fuego; **avez-vous du ~?** ¿tiene fuego?; **feu arrière** (*Auto*) luz *f* trasera, piloto trasero; **feu d'artifice** fuegos *mpl* de artificio; **feu de joie** fogata; **feu orange/rouge/vert** (*Auto*) disco ámbar/rojo/verde; **feux de brouillard/de croisement/de position/de stationnement** (*Auto*) luces *fpl* de niebla/de cruce/de posición/intermitentes; **feux de route** (*Auto*) luces largas *ou* de carretera
feuillage [fœjaʒ] *nm* follaje *m*
feuille [fœj] *nf* hoja; **feuille de maladie** informe *m* médico; **feuille (de papier)** hoja (de papel); **feuille de paye** aviso de pago; **feuille volante** hoja suelta
feuillet [fœjɛ] *nm* pliego, página

feuilleté, e [fœjte] *adj* (*Culin*) hojaldrado(-a)
feuilleter [fœjte] *vt* (*livre*) hojear
feuilleton [fœjtɔ̃] *nm* (*aussi TV, Radio*) serial *m*
feutre [føtʀ] *nm* fieltro; (*chapeau*) sombrero de fieltro; (*stylo*) rotulador *m*; **feutré, e** *adj* (*tissu*) afelpado(-a); (*pas, voix, atmosphère*) amortiguado(-a)
fève [fɛv] *nf* haba; (*dans la galette des Rois*) sorpresa
février [fevʀije] *nm* febrero; *voir aussi* **juillet**
fiable [fjabl] *adj* fiable
fiançailles [fjɑ̃saj] *nfpl* noviazgo
fiancé, e [fjɑ̃se] *nm/f* novio(-a)
fiancer [fjɑ̃se] *vpr*: **se ~ (avec)** prometerse (con)
fibre [fibʀ] *nf* fibra; (*de bois*) veta
ficeler [fis(ə)le] *vt* atar
ficelle [fisɛl] *nf* cordón; (*pain*) violín *m*; **ficelles** *nfpl* (*procédés cachés*) artificios *mpl*
fiche [fiʃ] *nf* ficha; (*formulaire*) ficha, impreso; (*Élec*) enchufe *m*
ficher [fiʃe] *vt* (*pour un fichier*) anotar en fichas; (*suj: police, personne*) fichar; **il ne fiche rien** (*fam*) no da golpe; **fiche(-moi) le camp** (*fam*) lárgate; **fiche-moi la paix** (*fam*) déjame en paz; **se ~ de** *vpr* (*fam*) tomar el pelo a
fichier [fiʃje] *nm* fichero
fichu, e [fiʃy] *pp de* **ficher** ▷ *adj* (*fam: fini, inutilisable*) estropeado(-a) ▷ *nm* (*foulard*) pañoleta; **être mal ~** (*fam: santé*) estar fastidiado(-a); **bien/mal ~** (*fam: habillé*) bien/mal arreglado(-a); **~ temps/caractère** tiempo/carácter *m* pajolero
fictif, -ive [fiktif, iv] *adj* ficticio(-a); (*promesse, nom*) falso(-a)
fiction [fiksjɔ̃] *nf* ficción *f*
fidèle [fidɛl] *adj* fiel; (*loyal*) fiel, leal ▷ *nm/f* (*Rel, fig*) devoto(-a); **les ~s** (*Rel*) los fieles; **fidélité** *nf* fidelidad *f*
fier¹ [fje] *vb*: **se ~ à** fiarse de
fier², fière [fje] *adj* orgulloso(-a); (*hautain, méprisant*) arrogante, altivo(-a); **~ de qch/qn** orgulloso(-a) de algo/algn; **fierté** *nf* orgullo; arrogancia
fièvre [fjɛvʀ] *nf* (*aussi fig*) fiebre *f*; **avoir de la ~/39 de ~** tener fiebre/39 de fiebre; **fiévreux, -euse** *adj* febril
figer [fiʒe]: **se ~** *vpr* (*sang*) coagularse; (*personne, sourire*) petrificarse
fignoler [fiɲɔle] *vt* dar el último toque a
figue [fig] *nf* higo; **figuier** *nm* higuera
figurant, e [figyʀɑ̃, ɑ̃t] *nm/f* figurante *m/f*
figure [figyʀ] *nf* (*visage*) cara; (*illustration, dessin*) figura, ilustración *f*
figuré, e [figyʀe] *adj* figurado(-a)
figurer [figyʀe] *vi* figurar ▷ *vt* representar, figurar; **se ~ qch/que** imaginarse algo/que
fil [fil] *nm* hilo; (*du téléphone*) cable *m*; (*tranchant*) filo; **au ~ des heures/des années** a lo largo *ou* con el correr de las horas/de los años; **le ~ d'une histoire/de ses pensées** el hilo de una historia/de sus pensamientos; **au ~ de l'eau** a favor de la corriente; **donner/recevoir un coup de ~** dar/recibir un telefonazo; **fil à coudre** hilo de coser; **fil à pêche** sedal *m*; **fil de fer** alambre *m*; **fil de fer barbelé** alambre de espino; **fil électrique** cable eléctrico
file [fil] *nf* (*de voitures*) fila; (*de clients*) cola; **prendre la ~ de droite** (*Auto*) coger el carril de la derecha; **à la ~** (*d'affilée*) seguidos(-as); (*l'un derrière l'autre*) en fila; **à la** *ou* **en ~ indienne** en fila india; **file (d'attente)** cola
filer [file] *vt* hilar; (*prendre en filature*) seguir los pasos a ▷ *vi* (*bas, maille*) correrse, hacerse una carrera; (*aller vite*) pasar volando; (*fam: partir*)

largarse; **~ qch à qn** (*fam: donner*) dar algo a algn
filet [filɛ] *nm* red *f*; (*de poisson*) filete *m*; (*viande*) solomillo; (*d'eau, sang*) hilo; **filet (à provisions)** bolsa (de la compra)
filiale [filjal] *nf* filial *f*, sucursal *f*
filière [filjɛʀ] *nf* escalafón *m*
fille [fij] *nf* chica; (*opposé à fils*) hija; **vieille ~** solterona; **fillette** *nf* chiquilla
filleul, e [fijœl] *nm/f* ahijado(-a)
film [film] *nm* película; (*couche*) capa
fils [fis] *nm* hijo; **fils à papa** (*péj*) niño de papá
filtre [filtʀ] *nm* filtro; **filtrer** *vt* filtrar; (*candidats, nouvelles*) hacer una criba de ▷ *vi* filtrarse
fin¹ [fɛ̃] *nf* final *m*; (*d'un projet, d'un rêve: aussi mort*) final, fin *m*; **fins** *nfpl* (*desseins*) fines *mpl*; **prendre ~** terminar, acabar; **mettre ~ à qch** poner fin a algo; **à la ~** finalmente; **sans ~** sin fin, interminable; (*sans cesse*) sin cesar
fin², e [fɛ̃] *adj* fino(-a); (*taille*) delgado(-a); (*effilé*) afilado(-a); (*subtil*) agudo(-a) ▷ *adv* fino; **avoir la vue ~e/l'ouïe ~e** tener vista aguda/buen oído; **vin ~** vino selecto; **fines herbes** hierbas *fpl* aromáticas
final, e [final, o] *adj* último(-a) ▷ *nm* (*Mus*) final *m*; **quart/8èmes/16èmes de ~e** cuarto/octavos/dieciseisavos de final; **finale** *nf* (*Sport*) final *f*; **finalement** *adv* finalmente; (*après tout*) al final, después de todo
finance [finɑ̃s] *nf*: **la ~** las finanzas; **finances** *nfpl* (*d'un club, pays*) fondos *mpl*; (*activités et problèmes financiers*) finanzas; **financer** *vt* financiar; **financier, -ière** *adj* financiero(-a)
finesse [finɛs] *nf* finura; delgadez *f*; afilamiento; agudeza; **finesses** *nfpl* (*subtilités*) sutilezas *fpl*
fini, e [fini] *adj* terminado(-a), acabado(-a); (*Math, Philosophie*) finito(-a) ▷ *nm* (*d'un objet manufacturé*) perfección *f*; **bien/mal ~** (*travail, vêtement*) bien/mal terminado(-a), bien/mal rematado(-a)
finir [finiʀ] *vt* acabar, terminar; (*être placé en fin de: période, livre*) finalizar ▷ *vi* terminarse, acabarse; **~ de faire qch** (*terminer*) acabar de hacer algo; **~ par qch/par faire qch** (*gén*) acabar con algo/haciendo *ou* por hacer algo; **il finit par m'agacer** acaba molestándome; **~ en tragédie** acabar en tragedia; **en ~ (avec qn/qch)** acabar (con algn/algo); **cela/il va mal ~** eso/él acabará mal
finition [finisjɔ̃] *nf* acabado, último toque *m*
finlandais, e [fɛ̃lɑ̃dɛ, ɛz] *adj* finlandés(-esa) ▷ *nm* (*Ling*) finlandais *msg* ▷ *nm/f*: **F~, e** finlandés(-esa)
Finlande [fɛ̃lɑ̃d] *nf* Finlandia
firme [fiʀm] *nf* firma
fis [fi] *vb voir* **faire**
fisc [fisk] *nm*: **le ~** el fisco
fiscal, e, -aux [fiskal, o] *adj* fiscal; **fiscalité** *nf* (*système*) régimen *m* tributario; (*charges*) cargas *fpl* fiscales
fissure [fisyʀ] *nf* fisura; **fissurer**: **se fissurer** *vpr* agrietarse
fit [fi] *vb voir* **faire**
fixation [fiksasjɔ̃] *nf* fijación *f*; **~ (de sécurité)** (*de ski*) fijación (de seguridad)
fixe [fiks] *adj* fijo(-a) ▷ *nm* (*salaire de base*) sueldo base; **à date/heure ~** en fecha/hora fijada; **menu à prix ~** menú *m* de precio fijo
fixé, e [fikse] *adj*: **être ~ (sur)** saber a qué atenerse (respecto a)
fixer [fikse] *vt* fijar; (*poser son regard sur*) fijar la mirada en; **se ~ quelque part** establecerse en algún sitio; **se ~ sur** (*suj: regard, attention*) fijarse en
flacon [flakɔ̃] *nm* frasco

flageolet [flaʒɔlɛ] *nm (Mus)* chirimía; *(Culin)* frijol *m*
flagrant, e [flagʀɑ̃, ɑ̃t] *adj* flagrante; **prendre qn en ~ délit** coger a algn en flagrante delito
flair [flɛʀ] *nm* olfato; **flairer** *vt* olfatear
flamand, e [flamɑ̃, ɑ̃d] *adj* flamenco(-a) ▷ *nm (Ling)* flamenco ▷ *nm/f*: **F~, e** flamenco(-a); **les F~s** los flamencos
flamant [flamɑ̃] *nm (Zool)* flamenco
flambant [flɑ̃bɑ̃] *adv*: **~ neuf** nuevo flamante
flambé, e [flɑ̃be] *adj*: **banane/crêpe ~e** plátano/crêpe *m* flameado
flambée [flɑ̃be] *nf* llamarada
flamber [flɑ̃be] *vi* llamear
flamboyer [flɑ̃bwaje] *vi (aussi fig)* resplandecer
flamme [flam] *nf* llama; *(fig)* pasión *f*; **en ~s** en llamas
flan [flɑ̃] *nm* flan *m*
flanc [flɑ̃] *nm (Anat)* costado; *(montagne)* ladera
flancher [flɑ̃ʃe] *vi* flaquear
flanelle [flanɛl] *nf* franela
flâner [flane] *vi* callejear, deambular
flanquer [flɑ̃ke] *vt* flanquear; **~ qch sur/dans** *(fam: mettre)* tirar algo a/en; **~ par terre** *(fam)* arrojar al suelo; **~ à la porte** *(fam)* echar a la calle
flaque [flak] *nf* charco
flash [flaʃ] *(pl* **~es**) *nm (Photo: dispositif)* flash *m*; **flash d'information** flash informativo
flatter [flate] *vt (personne)* halagar, adular; **flatteur, -euse** *adj (photo, profil)* halagüeño(-a); *(éloges)* halagador(a) ▷ *nm/f (personne)* adulador(a)
flèche [flɛʃ] *nf* flecha; *(de clocher)* aguja; *(de grue)* aguilón *m*; **monter en ~** *(fig)* subir como una flecha; **fléchettes** *nfpl (jeu)* dardos *mpl*
flétrir [fletʀiʀ]: **se ~** *vpr (fleur)* marchitarse; *(peau, visage)* ajarse
fleur [flœʀ] *nf* flor *f*; **être en ~** estar en flor
fleuri, e [flœʀi] *adj* florido(-a)
fleurir [flœʀiʀ] *vi* florecer ▷ *vt* poner flores en
fleuriste [flœʀist] *nm/f* florista *m/f*
fleuve [flœv] *nm* río
flexible [flɛksibl] *adj* flexible
flic [flik] *(fam: péj) nm* poli *m*
flipper¹ [flipœʀ] *nm* flíper *m*
flipper² [flipe] *vi (fam)* amargarse
flirter [flœʀte] *vi* flirtear
flocon [flɔkɔ̃] *nm* copo
flore [flɔʀ] *nf* flora
florissant, e [flɔʀisɑ̃, ɑ̃t] *vb voir* **fleurir** ▷ *adj (entreprise, commerce)* floreciente, próspero(-a)
flot [flo] *nm (fig)* oleada; *(de paroles, etc)* río; **flots** *nmpl (de la mer)* olas *fpl*, mar *fsg*; **à ~s** a raudales
flottant, e [flɔtɑ̃, ɑ̃t] *adj (vêtement)* de vuelo, ancho(-a); *(non fixe)* fluctuante
flotte [flɔt] *nf* flota; *(fam: eau)* agua; *(: pluie)* lluvia
flotter [flɔte] *vi* flotar; *(drapeau, cheveux)* ondear; *(vêtements)* volar; *(Écon)* fluctuar ▷ *vb impers (fam)*: **il flotte** llueve; **flotteur** *nm (d'hydravion etc)* flotador *m*; *(de canne à pêche)* boya
flou, e [flu] *adj* borroso(-a); *(idée)* vago(-a)
fluide [flɥid] *adj* fluido(-a)
fluor [flyɔʀ] *nm* flúor *m*
fluorescent, e [flyɔʀesɑ̃, ɑ̃t] *adj* fluorescente
flûte [flyt] *nf* flauta; *(verre)* copa; *(pain) barra pequeña de pan*; **~!** ¡caramba!; **flûte à bec/traversière** flauta dulce/travesera
flux [fly] *nm* flujo; **le ~ et le reflux** el flujo y el reflujo
FM [ɛfɛm] *sigle f (= fréquence modulée)* FM *f (= frecuencia modulada)*
foc [fɔk] *nm* foque *m*

foi [fwa] *nf* fe *f*; **avoir ~ en** tener fe en; **digne de ~** fidedigno(-a); **être de bonne/mauvaise ~** actuar con buena/mala fe; **ma ~!** ¡lo juro!

foie [fwa] *nm* hígado

foin [fwɛ̃] *nm* heno

foire [fwaʀ] *nf* mercado; (*fête foraine*) feria, romería; **faire la ~** (*fig: fam*) irse de juerga *ou* de farra (*Am*); **foire (exposition)** feria de muestras

fois [fwa] *nf*: **une/deux ~** una vez/dos veces; **2 ~ 2** 2 por 2; **deux/quatre ~ plus grand (que)** dos/cuatro veces mayor (que); **une (bonne) ~ pour toutes** de una vez por todas; **une ~ que c'est fait** una vez que esté hecho; **à la ~** (*ensemble*) a la vez; **des ~** a veces; **chaque ~ que** cada vez que

fol [fɔl] *adj voir* **fou**

folie [fɔli] *nf* locura; **faire des ~s** hacer locuras, gastar a lo loco

folklorique [fɔlklɔʀik] *adj* folklórico(-a); (*péj*) estrambótico(-a)

folle [fɔl] *adj f, nf voir* **fou**; **follement** *adv* (*amoureux*) locamente; (*drôle, intéressant*) tremendamente; **avoir follement envie de** tener unos celos tremendos de

foncé, e [fɔ̃se] *adj* oscuro(-a)

foncer [fɔ̃se] *vt* oscurecer; (*fam: aller vite*) ir volando; **~ sur** (*fam*) arremeter contra

fonction [fɔ̃ksjɔ̃] *nf* función *f*; (*profession*) profesión *f*; (*poste*) cargo; **fonctions** *nfpl* (*activité, pouvoirs*) competencias *fpl*; **entrer en/reprendre ses ~s** tomar posesión de/reincorporarse a su cargo; **voiture/maison de ~** coche *m*/casa oficial; **être ~ de** depender de; **en ~ de** dependiendo de; **faire ~ de** (*suj: personne*) hacer las veces de; (*: chose*) servir para; **la ~ publique** la función pública; **fonctionnaire** *nm/f* funcionario(-a); **fonctionner** *vi* funcionar

fond [fɔ̃] *nm* fondo; **un ~ de verre/bouteille** el resto del vaso/de la botella; **le ~** (*Sport*) el fondo; **au ~ de** (*récipient*) en el fondo de; (*salle*) al fondo de; **sans ~** (*très profond*) sin fondo; **toucher le ~** (*aussi fig*) tocar fondo; **à ~** a fondo; (*soutenir*) a capa y espada; **à ~ (de train)** (*fam*) a todo correr, a toda marcha; **dans le ~, au ~** en resumidas cuentas; **de ~ en comble** de arriba a abajo; **fond de teint** maquillaje *m* de fondo; **fond sonore** fondo sonoro

fondamental, e, -aux [fɔ̃damɑ̃tal, o] *adj* fundamental

fondant, e [fɔ̃dɑ̃, ɑ̃t] *adj*: **la neige/glace ~e** la nieve/el hielo que se derrite

fondation [fɔ̃dasjɔ̃] *nf* fundación *f*; **fondations** *nfpl* (*d'une maison*) cimientos *mpl*

fondé, e [fɔ̃de] *adj* fundado(-a)

fondement [fɔ̃dmɑ̃] *nm*: **sans ~** sin fundamento

fonder [fɔ̃de] *vt* fundar; **~ qch sur** (*fig*) basar algo en; **se ~ sur qch** (*personne*) basarse en algo

fonderie [fɔ̃dʀi] *nf* fundición *f*

fondre [fɔ̃dʀ] *vt* (*neige, glace*) fundir, derretir; (*métal*) fundir; (*dans l'eau: sucre*) disolver; (*mélanger*) mezclar ▷ *vi* fundirse, derretirse; (*métal*) fundirse; (*argent, courage*) esfumarse; **~ sur** (*se précipiter*) abatirse sobre; **faire ~** derretir; (*sucre*) disolver; **~ en larmes** deshacerse en lágrimas

fonds [fɔ̃] *nm* fondo ▷ *nmpl* (*argent*) fondos *mpl*; **~ (de commerce)** fondo de comercio

fondu, e [fɔ̃dy] *adj* (*beurre*) derretido(-a); (*neige*) fundido(-a), derretido(-a); (*métal*) fundido(-a); **fondue** *nf*: **fondue (savoyarde)/bourguignonne** fondue *f* (saboyana)/burguiñona

font [fɔ̃] *vb voir* **faire**
fontaine [fɔ̃tɛn] *nf* fuente *f*
fonte [fɔ̃t] *nf* (*de la neige*) deshielo
foot(ball) [fut(bol)] *nm* fútbol *m*; **footballeur, -euse** [futbolœʀ, øz] *nm/f* futbolista *m/f*
footing [futiŋ] *nm*: **faire du ~** hacer footing
forain, e [fɔʀɛ̃, ɛn] *adj* ferial ▷ *nm/f* (*marchand*) feriante *m/f*
forçat [fɔʀsa] *nm* forzado
force [fɔʀs] *nf* fuerza; (*d'une armée*) potencia; (*intellectuelle, morale*) fortaleza; **forces** *nfpl* (*Mil, physiques*) fuerzas *fpl*; **ménager ses/reprendre des ~s** ahorrar/recuperar fuerzas; **être à bout de ~** estar agotado(-a); **à ~ de critiques/de le critiquer/de faire** a fuerza de críticas/de criticarlo/de hacer; **de ~** (*prendre, enlever*) a la fuerza; **être de ~ à faire qch** ser capaz de hacer algo; **les ~s de l'ordre** las fuerzas del orden; **c'est une ~ de la nature** (*personne*) es un sansón
forcé, e [fɔʀse] *adj* (*rire, attitude*) forzado(-a); (*bain, atterrissage*) forzoso(-a); **forcément** *adv* (*obligatoirement*) forzosamente; (*bien sûr*) como es lógico
forcer [fɔʀse] *vt* forzar; (*Agr*) impulsar el crecimiento de ▷ *vi* esforzarse; **~ qn à qch/à faire qch** obligar a algn a algo/a hacer algo; **se ~ à qch/à faire qch** obligarse a algo/a hacer algo; **~ la main à qn** apretarle los tornillos a algn
forestier, -ière [fɔʀɛstje, jɛʀ] *adj* forestal
forêt [fɔʀɛ] *nf* bosque *m*
forfait [fɔʀfɛ] *nm* (*Comm*) ajuste *m*; (*crime*) crimen *m*; **déclarer ~** (*Sport*) retirarse; **travailler à ~** trabajar a destajo; **forfaitaire** *adj* concertado(-a)
forge [fɔʀʒ] *nf* forja; **forgeron** *nm* herrero
formaliser [fɔʀmalize]: **se ~** *vpr* molestarse; **se ~ de qch** molestarse por algo
formalité [fɔʀmalite] *nf* requisito, trámite *m*; **simple ~** mera formalidad *f*
format [fɔʀma] *nm* formato; **formater** *vt* formatear
formation [fɔʀmasjɔ̃] *nf* formación *f*; (*apprentissage*) educación *f*; **la ~ permanente/continue** la formación permanente/continua; **la ~ professionnelle/des adultes** la formación profesional/de adultos
forme [fɔʀm] *nf* forma; (*type*) tipo; **formes** *nfpl* (*manières*) formas *fpl*; **en ~ de poire** con forma de pera; **être en (bonne/pleine) ~** estar en (buena/plena) forma; **avoir la ~** estar en forma
formel, le [fɔʀmɛl] *adj* (*preuve, décision*) categórico(-a); (*logique*) formal; **formellement** *adv* absolutamente
former [fɔʀme] *vt* formar; **se former** *vpr* formarse
formidable [fɔʀmidabl] *adj* (*important, excellent*) estupendo(-a)
formulaire [fɔʀmylɛʀ] *nm* impreso
formule [fɔʀmyl] *nf* fórmula; (*de vacances, crédit*) sistema *m*; **formule de politesse** fórmula de cortesía
fort, e [fɔʀ, fɔʀt] *adj* (*aussi fig*) fuerte; (*gros*) grueso(-a); (*quantité*) importante; (*soleil*) intenso(-a) ▷ *adv* (*frapper, serrer, sonner*) con fuerza; (*parler*) alto; (*beaucoup*) mucho; (*très*) muy ▷ *nm* (*édifice, fig*) fuerte *m*; **être ~ (en)** (*doué*) ser bueno(-a) (en); **au plus ~ de** en lo más álgido de; **forteresse** *nf* fortaleza
fortifiant [fɔʀtifjɑ̃] *adj* fortificante
fortune [fɔʀtyn] *nf* fortuna; **faire ~** hacer fortuna; **de ~** improvisado(-a); **fortuné, e** *adj* afortunado(-a)
fosse [fos] *nf* fosa

fossé [fose] *nm* zanja
fossette [fosɛt] *nf* hoyuelo
fossile [fosil] *nm* fósil *m*
fou, fol, folle [fu, fɔl] *adj* loco(-a); (*fam: extrême*) inmenso(-a) ▷ *nm/f* loco(-a) ▷ *nm* (*d'un roi*) bufón *m*; **être ~ de** estar loco(-a) por; **faire le ~** hacer el tonto *ou* el indio; **avoir le ~ rire** tener un ataque de risa; **ça prend un temps ~** (*fam*) esto lleva mucho tiempo; **il a eu un succès ~** (*fam*) tuvo un éxito loco
foudre [fudʀ] *nf* rayo
foudroyant, e [fudʀwajɑ̃, ɑ̃t] *adj* fulminante
fouet [fwɛ] *nm* látigo, fuete (*Am*), rebenque (*Am*); (*Culin*) batidor *m*; **de plein ~** (*heurter*) de frente; **fouetter** *vt* dar latigazos a
fougère [fuʒɛʀ] *nf* helecho
fougue [fug] *nf* fogosidad *f*; **fougueux, -euse** *adj* fogoso(-a)
fouille [fuj] *nf* (*v vt*) cacheo, registro; **fouilles** *nfpl* (*archéologiques*) excavaciones *fpl*; **fouiller** *vt* (*suspect*) cachear; (*local, quartier*) registrar; (*creuser*) excavar; (*approfondir*) ahondar en; **fouillis** *nm* revoltijo
foulard [fulaʀ] *nm* pañuelo
foule [ful] *nf*: **la ~** la muchedumbre, el gentío; **une ~ de** una multitud de
foulée [fule] *nf* (*Sport*) zancada
fouler [fule] *vt* (*écraser*) prensar; **se fouler** *vpr* (*fam*) matarse trabajando; **se ~ la cheville/le bras** torcerse el tobillo/el brazo; **foulure** *nf* esguince *m*
four [fuʀ] *nm* horno; (*échec*) fracaso
fourche [fuʀʃ] *nf* horca
fourchette [fuʀʃɛt] *nf* tenedor *m*; (*Statistique*) gama
fourgon [fuʀgɔ̃] *nm* furgón *m*; **fourgonnette** *nf* furgoneta
fourmi [fuʀmi] *nf* hormiga; **avoir des ~s dans les jambes/mains** (*fig*) tener un hormigueo en las piernas/manos; **fourmilière** *nf* hormiguero; **fourmiller** *vi* (*gens*) hormiguear
fourneau, x [fuʀno] *nm* horno
fourni, e [fuʀni] *adj* (*barbe, cheveux*) tupido(-a), poblado(-a); **bien/mal ~ (en)** bien/mal equipado(-a) (en)
fournir [fuʀniʀ] *vt* proporcionar; (*effort*) realizar; (*chose*) dar, proporcionar; **fournisseur, -euse** *nm/f* proveedor(a); **fournisseur d'accès à Internet** proveedor *m* de servicios de Internet; **fournitures** *nfpl* material *msg*
fourrage [fuʀaʒ] *nm* forraje *m*
fourré, e [fuʀe] *adj* (*bonbon*) relleno(-a); (*manteau, botte*) forrado(-a) ▷ *nm* maleza
fourrer [fuʀe] (*fam*) *vt*: **~ qch dans** meter algo en; **se fourrer** *vpr*: **se ~ dans/sous** meterse en/bajo
fourrière [fuʀjɛʀ] *nf* (*pour chiens*) perrera; (*voitures*) depósito de coches
fourrure [fuʀyʀ] *nf* piel *f*; **manteau/col de ~** abrigo/cuello de piel
foutre [futʀ] (*fam!*) *vt* = **ficher**; **foutu, e** (*fam!*) *adj* = **fichu**
foyer [fwaje] *nm* hogar *m*; (*fig*) foco
fracassant, e [fʀakasɑ̃, ɑ̃t] *adj* (*fig*) estrepitoso(-a)
fraction [fʀaksjɔ̃] *nf* fracción *f*; (*Math*) fracción, quebrado
fracture [fʀaktyʀ] *nf* (*Méd*) fractura; **fracturer** *vt* (*coffre, serrure*) forzar; **se fracturer la jambe/le crâne** fracturarse la pierna/el cráneo
fragile [fʀaʒil] *adj* (*aussi fig*) frágil; (*santé, personne*) delicado(-a); **fragilité** *nf* fragilidad *f*
fragment [fʀagmɑ̃] *nm* (*d'un objet*) fragmento, trozo; (*d'un discours*) fragmento
fraîche [fʀɛʃ] *adj voir* **frais**; **fraîcheur** *nf* (*voir frais*) frescor *m*, frescura; lozanía; frialdad *f*; **fraîchir** *vi* refrescar; (*vent*) levantarse
frais, fraîche [fʀɛ, fʀɛʃ] *adj*

fresco(-a); (*teint*) lozano(-a); (*accueil*) frío(-a) ▷ *adv*: **il fait ~** hace *ou* está fresco ▷ *nm*: **mettre au ~** poner en el frigorífico ▷ *nmpl* (*Comm, dépenses*) gastos *mpl*; **à boire/servir ~** beber/servir frío; **légumes/fruits ~** verduras *fpl*/frutas *fpl* frescas; **prendre le ~** tomar el fresco; **faire des ~** hacer gasto; **frais de scolarité** gastos de matrícula; **frais généraux** gastos generales

fraise [fʀɛz] *nf* (*Bot, Tech*) fresa, frutilla (*Am*); **fraise des bois** fresa silvestre

framboise [fʀɑ̃bwaz] *nf* frambuesa

franc, franche [fʀɑ̃, fʀɑ̃ʃ] *adj* franco(-a); (*refus, couleur*) claro(-a); (*coupure*) limpio(-a); (*intensif*) auténtico(-a) ▷ *adv*: **à parler ~** francamente ▷ *nm* (*monnaie*) franco; **~ de port** porte pagado

français, e [fʀɑ̃sɛ, ɛz] *adj* francés(-esa) ▷ *nm* (*Ling*) francés *msg* ▷ *nm/f*: **F~, e** francés(-esa); **les F~** los franceses

France [fʀɑ̃s] *nf* Francia

franche [fʀɑ̃ʃ] *adj f voir* **franc**; **franchement** *adv* francamente; (*tout à fait*) realmente

franchir [fʀɑ̃ʃiʀ] *vt* (*aussi fig*) salvar; (*seuil*) franquear

franchise [fʀɑ̃ʃiz] *nf* franqueza; (*douanière, Assurance*) franquicia; (*Comm*) licencia

franc-maçon [fʀɑ̃masɔ̃] (*pl* **~s**) *nm* francmasón(-ona)

franco [fʀɑ̃ko] *adv* (*Comm*): **~ (de port)** porte pagado

francophone [fʀɑ̃kɔfɔn] *adj, nm/f* francófono(-a)

franc-parler [fʀɑ̃paʀle] *nm inv* franqueza

frange [fʀɑ̃ʒ] *nf* fleco, franja; (*de cheveux*) flequillo; (*fig*) franja

frangipane [fʀɑ̃ʒipan] *nf* crema almendrada

frappant, e [fʀapɑ̃, ɑ̃t] *adj* sorprendente

frappé, e [fʀape] *adj* (*vin, café*) helado(-a); **~ de** *ou* **par qch** impresionado(-a) por algo

frapper [fʀape] *vt* golpear; (*fig*) impresionar; (*malheur, impôt*) afectar; (*monnaie*) acuñar; **~ dans les mains** golpear con las manos; **~ du poing sur** dar un puñetazo en

fraternel, le [fʀatɛʀnɛl] *adj* fraterno(-a); **fraternité** *nf* fraternidad *f*

fraude [fʀod] *nf* fraude *m*; **passer qch en ~** pasar algo fraudulentamente

frayeur [fʀɛjœʀ] *nf* pavor *m*

fredonner [fʀədɔne] *vt* tararear

freezer [fʀizœʀ] *nm* congelador *m*

frein [fʀɛ̃] *nm* freno; **sans ~** sin freno; **freins à disques** frenos *mpl* de disco; **frein à main** freno de mano; **freins à tambours** frenos de tambor; **freiner** *vi* frenar ▷ *vt* frenar, parar

frêle [fʀɛl] *adj* frágil

frelon [fʀəlɔ̃] *nm* abejón *m*

frémir [fʀemiʀ] *vi* estremecerse; (*eau*) empezar a hervir

frêne [fʀɛn] *nm* fresno

fréquemment [fʀekamɑ̃] *adv* frecuentemente, seguido (*Am*)

fréquent, e [fʀekɑ̃, ɑ̃t] *adj* frecuente; (*opposé à rare*) corriente

fréquentation [fʀekɑ̃tasjɔ̃] *nf* frecuentación *f*, trato; **fréquentations** *nfpl* (*relations*): **de bonnes ~s** buenas relaciones

fréquenté, e [fʀekɑ̃te] *adj*: **très ~** muy concurrido(-a); **mal ~** frecuentado(-a) por gente indeseable

fréquenter [fʀekɑ̃te] *vt* frecuentar; (*personne*) tratar, frecuentar; (*courtiser*) salir con; **se fréquenter** *vpr* tratarse, frecuentarse

frère [fʀɛʀ] *nm* hermano

fresque [fʀɛsk] *nf* fresco; (*Litt*)

retrato
fret [fʀɛ(t)] *nm* flete *m*
friand, e [fʀijɑ̃, fʀijɑ̃d] *adj*: **~ de** entusiasta de
friandise [fʀijɑ̃diz] *nf* golosina
fric [fʀik] (*fam*) *nm* pasta
friche [fʀiʃ]: **en ~** *adj, adv* inculto(-a)
friction [fʀiksjɔ̃] *nf* fricción *f*
frigidaire® [fʀiʒidɛʀ] *nm* nevera, frigorífico
frigo [fʀigo] *nm* = **frigidaire**
frigorifique [fʀigɔʀifik] *adj* frigorífico(-a)
frileux, -euse [fʀilø, øz] *adj* friolero(-a); (*fig*) encogido(-a)
frimer [fʀime] (*fam*) *vi* chulear
fringale [fʀɛ̃gal] *nf*: **avoir la ~** tener un hambre canina
fringues [fʀɛ̃g] (*fam*) *nfpl* trapos *mpl*
fripé, e [fʀipe] *adj* arrugado(-a)
frire [fʀiʀ] *vt* (*aussi*: **faire ~**) freír
frisé, e [fʀize] *adj* rizado(-a)
frisson [fʀisɔ̃] *nm* escalofrío, estremecimiento; **frissonner** *vi* tiritar, estremecerse; (*fig*) temblar
frit, e [fʀi, fʀit] *pp de* **frire** ▷ *adj* frito(-a); **(pommes) ~es** patatas *fpl* ou papas *fpl* (*Am*) fritas; **frite** *nf* patata frita; **friteuse** *nf* freidora; **friture** *nf* (*huile*) aceite *m*; (*Radio*) ruido de fondo; **friture (de poissons)** fritura (de pescado)
froid, e [fʀwa, fʀwad] *adj* frío(-a); **il fait ~** hace frío; **avoir/prendre ~** tener/coger frío; **à ~** en frío; **jeter un ~** (*fig*) provocar el asombro; **être en ~ avec qn** estar enfadado(-a) con algn; **froidement** *adv* con frialdad
froisser [fʀwase] *vt* arrugar; (*fig*) ofender; **se froisser** *vpr* arrugarse; **se ~ un muscle** distendérsele a algn un músculo
frôler [fʀole] *vt* rozar
fromage [fʀɔmaʒ] *nm* queso; **fromage blanc** queso fresco, requesón *m*
froment [fʀɔmɑ̃] *nm* trigo
froncer [fʀɔ̃se] *vt* fruncir; **~ les sourcils** fruncir el ceño
front [fʀɔ̃] *nm* frente *f*; **de ~** de frente; (*rouler*) al lado; (*simultanément*) al mismo tiempo; **faire ~ à** hacer frente a; **front de mer** paseo marítimo
frontalier, -ière [fʀɔ̃talje, jɛʀ] *adj* fronterizo(-a) ▷ *nm/f*: **(travailleurs) ~s** (trabajadores *mpl*) fronterizos *mpl*
frontière [fʀɔ̃tjɛʀ] *nf* frontera
frotter [fʀɔte] *vi* frotar ▷ *vt* frotar; (*pour nettoyer*) frotar, estregar; **~ une allumette** encender una cerilla
fruit [fʀɥi] *nm* fruta; **fruits de mer** mariscos *mpl*; **fruits secs** frutos secos; **fruité, e** *adj* afrutado(-a); **fruitier, -ière** *adj*: **arbre fruitier** árbol *m* frutal
frustrer [fʀystʀe] *vt* frustrar
fuel(-oil) [fjul(ɔjl)] (*pl* **fuels(-oils)**) *nm* fuel(-oil) *m*
fugace [fygas] *adj* fugaz
fugitif, -ive [fyʒitif, iv] *adj* (*lueur, amour*) efímero(-a); (*prisonnier etc*) fugitivo(-a) ▷ *nm/f* fugitivo(-a)
fugue [fyg] *nf*: **faire une ~** fugarse
fuir [fɥiʀ] *vt* huir ▷ *vi* huir; (*gaz, eau*) escapar; (*robinet*) perder agua
fuite [fɥit] *nf* huida; (*des capitaux etc*) fuga; (*d'eau*) escape *m*; (*divulgation*) filtración *f*; **être en ~** ser un(a) prófugo(-a); **mettre en ~** ahuyentar
fulgurant, e [fylgyʀɑ̃, ɑ̃t] *adj* fulgurante
fumé, e [fyme] *adj* ahumado(-a); **fumée** *nf* humo
fumer [fyme] *vi* echar humo; (*personne*) fumar ▷ *vt* (*cigarette, pipe*) fumar
fûmes [fym] *vb voir* **être**
fumeur, -euse [fymœʀ, øz] *nm/f* fumador(a)
fumier [fymje] *nm* estiércol *m*
funérailles [fyneʀaj] *nfpl* funeral *msg*

f

fur [fyʀ]: **au ~ et à mesure** *adv* poco a poco; **au ~ et à mesure que** a medida que, conforme
furet [fyʀɛ] *nm* (*Zool*) hurón *m*
fureter [fyʀ(ə)te] (*péj*) *vi* husmear, fisgonear
fureur [fyʀœʀ] *nf* furia, cólera; **faire ~** estar en boga, hacer furor
furie [fyʀi] *nf* furia; **en ~** desencadenado(-a); **furieux, -euse** *adj* furioso(-a)
furoncle [fyʀɔ̃kl] *nm* forúnculo
furtif, -ive [fyʀtif, iv] *adj* furtivo(-a)
fus [fy] *vb voir* **être**
fusain [fyzɛ̃] *nm* (*Bot*) bonetero; (*Art*) carboncillo
fuseau, x [fyzo] *nm* (*pantalon*) fuso; (*pour filer*) huso; **fuseau horaire** huso horario
fusée [fyze] *nf* cohete *m*
fusible [fyzibl] *nm* fusible *m*
fusil [fyzi] *nm* (*de guerre, à canon rayé*) fusil *m*; (*de chasse, à canon lisse*) escopeta; **fusillade** *nf* (*bruit*) tiroteo; **fusiller** *vt* fusilar
fusionner [fyzjɔne] *vi* fusionarse
fût[1] [fy] *vb voir* **être**
fût[2] [fy] *nm* (*tonneau*) tonel *m*, barril *m*; (*de canon*) caña
futé, e [fyte] *adj* ladino(-a)
futile [fytil] *adj* fútil
futur, e [fytyʀ] *adj* futuro(-a) ▹ *nm*: **le ~** (*Ling*) el futuro; (*avenir*) el futuro, el porvenir
fuyard, e [fɥijaʀ, aʀd] *nm/f* fugitivo(-a)

g

gâcher [gɑʃe] *vt* arruinar, estropear; (*vie*) arruinar; (*argent*) malgastar; **gâchis** *nm* (*gaspillage*) despilfarro
gaffe [gaf] *nf* (*instrument*) bichero; (*fam: erreur*) metedura de pata; **faire ~** (*fam*) tener cuidado
gage [gaʒ] *nm* (*dans un jeu, comme garantie*) prenda; (*fig: de fidélité*) prueba; **mettre en ~** empeñar
gagnant, e [gaɲɑ̃, ɑ̃t] *adj*: **billet/numéro ~** billete *m*/número premiado
gagne-pain [gaɲpɛ̃] *nm inv* medio de vida
gagner [gaɲe] *vt* ganar; (*suj: maladie, feu*) extenderse a; (*envahir*) invadir ▹ *vi* (*être vainqueur*) ganar; **~ du temps/de la place** ganar tiempo/espacio; **~ sa vie** ganarse la vida; **~ du terrain** (*aussi fig*) ganar terreno
gai, e [ge] *adj* alegre; **gaiement** *adv* alegremente; (*de bon cœur*) con

entusiasmo; **gaieté** *nf* alegría; **de gaieté de cœur** de buena gana
gain [gɛ̃] *nm* (*revenu*) ingreso; (*bénéfice*: *gén pl*) ganancias *fpl*; **avoir ~ de cause** (*fig*) ganar, tener razón
gala [gala] *nm* gala
galant, e [galɑ̃, ɑ̃t] *adj* galante; (*entreprenant*) galanteador(a)
galerie [galʀi] *nf* galería; (*Théâtre*) palco; (*de voiture*) baca; (*fig*: *spectateurs*) público, galería; **galerie de peinture** galería de arte; **galerie marchande** centro comercial, galería comercial
galet [galɛ] *nm* guijarro; (*Tech*) arandela
galette [galɛt] *nf* (*gâteau*) roscón *m*; (*crêpe*) crepe *f*, panqueque *m* (*Am*)
galipette [galipɛt] *nf*: **faire des ~s** hacer piruetas
Galles [gal] *nfpl*: **le pays de ~** el país de Gales; **gallois, e** *adj* galés(-esa) ▷ *nm* (*Ling*) galés *m* ▷ *nm/f*: **Gallois, e** galés(-esa)
galon [galɔ̃] *nm* galón *m*
galop [galo] *nm* galope *m*; **galoper** *vi* galopar
gambader [gɑ̃bade] *vi* brincar
gamin, e [gamɛ̃, in] *nm/f* chiquillo(-a), chamaco(-a) (*CAm*, *Mex*), pibe(-a) (*Arg*), cabro(-a) (*And*, *Chi*)
gamme [gam] *nf* (*Mus*) escala; (*fig*) gama
gang [gɑ̃g] *nm* banda
gant [gɑ̃] *nm* guante *m*; **gant de toilette** manopla de baño
garage [gaʀaʒ] *nm* garaje *m*; **garagiste** *nm/f* (*propriétaire*) dueño(-a) de un garaje; (*mécanicien*) mecánico(-a)
garantie [gaʀɑ̃ti] *nf* garantía; **(bon de) ~** (bono de) garantía
garantir [gaʀɑ̃tiʀ] *vt* garantizar; **~ de qch** proteger contra *ou* de algo
garçon [gaʀsɔ̃] *nm* niño; **mon/son ~** (*fils*) mi/su hijo; (*célibataire*) soltero; **garçon de café** camarero; **garçon manqué** medio chico
garde [gaʀd(ə)] *nm* guardia *m*; (*de domaine etc*) guarda *m* ▷ *nf* guardia *f*; **de ~** *adj*, *adv* de guardia; **mettre en ~** poner en guardia; **prendre ~ (à)** tener cuidado (con); **être sur ses ~s** estar en guardia; **monter la ~** montar guardia; **garde à vue** *nf* (*Jur*) detención *f* provisional; **garde champêtre** *nm* guarda rural; **garde d'enfants** *nf* niñera; **garde des Sceaux** *nm* ≈ ministro de Justicia; **garde du corps** *nm* guardaespaldas *m inv*, guarura *m* (*Mex*) (*fam*); **garde-boue** *nm inv* guardabarros *m inv*; **garde-chasse** (*pl* **gardes-chasse(s)**) *nm* guarda *m* de caza
garder [gaʀde] *vt* (*conserver*: *personne*) mantener; (: *sur soi*: *vêtement*, *chapeau*) quedarse con; (*surveiller*: *enfants*) cuidar; (: *prisonnier*, *lieu*) vigilar; **se garder** *vpr* (*aliment*) conservarse; **~ le lit** guardar cama; **~ la chambre** permanecer en la habitación; **se ~ de faire qch** abstenerse de hacer algo; **pêche/chasse gardée** coto de pesca/caza
garderie [gaʀdəʀi] *nf* guardería
garde-robe [gaʀdəʀɔb] (*pl* **~s**) *nf* (*meuble*) ropero; (*vêtements*) guardarropa *m*
gardien, ne [gaʀdjɛ̃, jɛn] *nm/f* (*garde*) vigilante *m/f*; (*de prison*) oficial *m/f*; (*de domaine*, *réserve*, *cimetière*) guarda *m/f*; (*de musée etc*) guarda, vigilante; (*de phare*) farero; (*fig*: *garant*) garante *m/f*; (*d'immeuble*) portero(-a); **gardien de but** portero, arquero (*esp Am*); **gardien de la paix** guardia *m* del orden público; **gardien de nuit** vigilante de noche
gare [gaʀ] *nf* estación *f* ▷ *excl*: **~ à ...** cuidado con ...; **~ à toi** cuidado con lo que haces; **gare routière** estación de autobuses

garer [gaʀe] *vt* aparcar; **se garer** *vpr* (*véhicule, personne*) aparcar; (*pour laisser passer*) apartarse
garni, e [gaʀni] *adj* (*plat*) con guarnición ▷ *nm* (*appartement*) piso amueblado
garniture [gaʀnityʀ] *nf* (*Culin: légumes*) guarnición *f*; (*décoration*) adorno; (*protection*) revestimiento; **garniture de frein** (*Auto*) forro de freno
gars [gɑ] (*fam*) *nm* (*garçon*) chico; (*homme*) tío
Gascogne [gaskɔɲ] *nf* Gasconia
gas-oil [gazwal] *nm* gas-oil *m*
gaspiller [gaspije] *vt* derrochar, malgastar
gastronome [gastʀɔnɔm] *nm/f* gastrónomo(-a); **gastronomie** *nf* gastronomía; **gastronomique** *adj*: **menu gastronomique** menú *m* gastronómico
gâteau, x [gɑto] *nm* pastel *m*; **gâteau sec** galleta
gâter [gɑte] *vt* (*personne*) mimar; (*plaisir, vacances*) estropear; **se gâter** *vpr* (*dent, fruit*) picarse; (*temps, situation*) empeorar
gauche [goʃ] *adj* izquierda; (*personne, style*) torpe ▷ *nf* izquierda; **à ~** a la izquierda; **gaucher, -ère** *adj, nm/f* zurdo(-a); **gauchiste** *adj, nm/f* izquierdista *m/f*
gaufre [gofʀ] *nf* (*pâtisserie*) gofre *m*
gaufrette [gofʀɛt] *nf* barquillo
gaulois, e [golwa, waz] *adj* galo(-a) ▷ *nm/f*: **G~, e** galo(-a)
gaz [gɑz] *nm inv* gas *m*; **avoir des ~** tener gases
gaze [gɑz] *nf* gasa
gazette [gazɛt] *nf* gaceta
gazeux, -euse [gɑzø, øz] *adj* gaseoso(-a); **eau/boisson gazeuse** agua/bebida con gas
gazoduc [gɑzodyk] *nm* gaseoducto
gazon [gɑzɔ̃] *nm* césped *m*

geai [ʒɛ] *nm* arrendajo
géant, e [ʒeɑ̃, ɑ̃t] *adj* gigante ▷ *nm/f* gigante(-a)
geindre [ʒɛ̃dʀ] *vi* gemir
gel [ʒɛl] *nm* (*temps*) helada; (*de l'eau*) hielo; (*fig*) congelación *f*; (*produit de beauté*) gel *m*; **gel douche** gel de ducha
gélatine [ʒelatin] *nf* gelatina
gelée [ʒ(ə)le] *nf* (*Culin*) gelatina; (*Météo*) helada
geler [ʒ(ə)le] *vt* (*sol, liquide*) helar ▷ *vi* (*sol, personne*) helarse; **il gèle** hiela
gélule [ʒelyl] *nf* gragea
Gémeaux [ʒemo] *nmpl* (*Astrol*): **les ~** Géminis *mpl*
gémir [ʒemiʀ] *vi* gemir
gênant, e [ʒɛnɑ̃, ɑ̃t] *adj* (*aussi fig*) molesto(-a)
gencive [ʒɑ̃siv] *nf* encía
gendarme [ʒɑ̃daʀm] *nm* gendarme *m*, ≈ guardia *m* civil; **gendarmerie** *nf* ≈ Guardia Civil; (*caserne, bureaux*) ≈ cuartel *m* de la Guardia Civil
gendre [ʒɑ̃dʀ] *nm* yerno
gêné, e [ʒene] *adj* embarazoso(-a)
gêner [ʒene] *vt* (*incommoder*) molestar; (*encombrer*) estorbar; **~ qn** (*embarrasser*) violentar a algn; **se gêner** *vpr* molestarse
général, e, -aux [ʒeneʀal, o] *adj, nm* general; **en ~** en general; **généralement** *adv* (*communément*) al nivel general; (*habituellement*) generalmente; **généraliser** *vt, vi* generalizar; **se généraliser** *vpr* generalizarse; **généraliste** *nm* médico general
génération [ʒeneʀasjɔ̃] *nf* generación *f*
généreux, -euse [ʒeneʀø, øz] *adj* generoso(-a)
générique [ʒeneʀik] *adj* genérico(-a) ▷ *nm* (*Ciné, TV*) ficha técnica

générosité [ʒeneʀozite] *nf* generosidad *f*
genêt [ʒ(ə)nɛ] *nm* retama
génétique [ʒenetik] *adj* genético(-a)
Genève [ʒ(ə)nɛv] *n* Ginebra
génial, e, -aux [ʒenjal, jo] *adj (aussi fam)* genial
génie [ʒeni] *nm* genio
genièvre [ʒənjɛvʀ] *nm (Bot, Culin)* enebro
génisse [ʒenis] *nf* ternera
génital, e, -aux [ʒenital, o] *adj* genital
génoise [ʒenwaz] *nf* bizcocho
genou, x [ʒ(ə)nu] *nm* rodilla; **à ~x** de rodillas
genre [ʒɑ̃ʀ] *nm* género; *(allure)* estilo; **avoir bon/mauvais ~** *(allure)* tener buena/mala presencia
gens [ʒɑ̃] *nmpl, parfois nfpl* gente *f*
gentil, le [ʒɑ̃ti, ij] *adj (aimable)* amable; *(enfant)* bueno(-a); *(endroit etc)* agradable; **gentillesse** *nf (v adj)* amabilidad *f*; bondad *f*; lo agradable; **gentiment** *adv* con amabilidad
géographie [ʒeɔgʀafi] *nf* geografía
géologie [ʒeɔlɔʒi] *nf* geología
géomètre [ʒeɔmɛtʀ] *nm/f*: **(arpenteur-)~** agrimensor(a)
géométrie [ʒeɔmetʀi] *nf* geometría; **géométrique** *adj* geométrico(-a)
géranium [ʒeʀanjɔm] *nm* geranio
gérant, e [ʒeʀɑ̃] *nm/f* gerente *m/f*
gerbe [ʒɛʀb] *nf (de fleurs)* ramo
gercé, e [ʒɛʀse] *adj* agrietado(-a)
gerçure [ʒɛʀsyʀ] *nf* grieta
gérer [ʒeʀe] *vt* administrar
germain, e [ʒɛʀmɛ̃, ɛn] *adj voir* **cousin**
germe [ʒɛʀm] *nm* germen *m*; *(pousse)* brote *m*; **germer** *vi* germinar
geste [ʒɛst] *nm* gesto
gestion [ʒɛstjɔ̃] *nf* gestión *f*
gibier [ʒibje] *nm* caza
gicler [ʒikle] *vi* brotar
gifle [ʒifl] *nf* bofetada; **gifler** *vt* abofetear
gigantesque [ʒigɑ̃tɛsk] *adj* gigantesco(-a)
gigot [ʒigo] *nm* pierna
gigoter [ʒigɔte] *vi* patalear
gilet [ʒilɛ] *nm (de costume)* chaleco; *(tricot)* chaqueta (de punto); *(sous-vêtement)* camiseta; **gilet de sauvetage** chaleco salvavidas
gin [dʒin] *nm* ginebra
gingembre [ʒɛ̃ʒɑ̃bʀ] *nm* jenjibre *m*
girafe [ʒiʀaf] *nf* jirafa
giratoire [ʒiʀatwaʀ] *adj*: **sens ~** sentido giratorio
girofle [ʒiʀɔfl] *nf*: **clou de ~** clavo
girouette [ʒiʀwɛt] *nf* veleta
gitan, e [ʒitɑ̃, an] *nm/f* gitano(-a)
gîte [ʒit] *nm (maison)* morada; **~ rural** casa de turismo rural
givre [ʒivʀ] *nm* escarcha; **givré, e** *adj*: **citron/orange givré(e)** limón *m* escarchado/naranja escarchada
glace [glas] *nf* hielo; *(crème glacée)* helado; *(verre)* cristal *m*; *(miroir)* espejo; *(de voiture)* ventanilla
glacé, e [glase] *adj* helado(-a); *(fig)* frío(-a)
glacer [glase] *vt (lac, eau)* helar; *(Culin, papier, tissu)* glasear
glacial, e [glasjal] *adj* glacial
glacier [glasje] *nm (Géo)* glaciar *m*; *(marchand)* heladero
glacière [glasjɛʀ] *nf* nevera
glaçon [glasɔ̃] *nm* témpano; *(pour boisson)* cubito de hielo
glaïeul [glajœl] *nm* gladiolo
glaise [glɛz] *nf* greda
gland [glɑ̃] *nm (de chêne)* bellota; *(décoration)* borla
glande [glɑ̃d] *nf* glándula
glissade [glisad] *nf (par jeu)* deslizamiento; *(chute)* resbalón *m*; **faire des ~s** deslizarse
glissant, e [glisɑ̃, ɑ̃t] *adj* resbaladizo(-a)
glissement [glismɑ̃] *nm (aussi*

fig) deslizamiento; **glissement de terrain** corrimiento de tierra
glisser [glise] *vi* resbalar; (*patineur, fig*) deslizarse ▷ *vt* (*introduire: erreur, citation*) deslizar; (*mot, conseil*) decir discretamente; **se ~ dans/entre** (*personne*) deslizarse *ou* escurrirse en/entre
global, e, -aux [glɔbal, o] *adj* global
globe [glɔb] *nm* globo
globule [glɔbyl] *nm* glóbulo
gloire [glwaʀ] *nf* gloria; (*mérite*) mérito; (*personne*) celebridad *f*
glousser [gluse] *vi* (*rire*) reír ahogadamente
glouton, ne [glutɔ̃, ɔn] *adj* glotón(-ona)
gluant, e [glyɑ̃, ɑ̃t] *adj* pegajoso(-a)
glucose [glykoz] *nm* glucosa
glycine [glisin] *nf* glicina
GO [ʒeo] *sigle fpl* (= *grandes ondes*) OL
goal [gol] *nm* portero, guardameta *m*
gobelet [gɔblɛ] *nm* cubilete *m*
goéland [gɔelɑ̃] *nm* gaviota
goélette [gɔelɛt] *nf* goleta
goinfre [gwɛ̃fʀ] *adj, nm/f* tragón(-ona)
golf [gɔlf] *nm* golf *m*
golfe [gɔlf] *nm* golfo
gomme [gɔm] *nf* (*à effacer*) goma (de borrar); **gommer** *vt* borrar
gonflé, e [gɔ̃fle] *adj* hinchado(-a); **être ~** (*fam*) tener jeta
gonfler [gɔ̃fle] *vt* hinchar ▷ *vi* hincharse; (*Culin, pâte*) inflarse
gonzesse [gɔ̃zɛs] (*fam*) *nf* tía (*fam*)
gorge [gɔʀʒ] *nf* garganta; (*poitrine*) pecho; (*Géo*) garganta, desfiladero
gorgée [gɔʀʒe] *nf* trago
gorille [gɔʀij] *nm* gorila
gosse [gɔs] *nm/f* chiquillo(-a), chamaco(-a) (*CAm, Mex*), pibe(-a) (*Arg*), cabro(-a) (*And, Chi*)
goudron [gudʀɔ̃] *nm* alquitrán *m*; **goudronner** *vt* alquitranar
gouffre [gufʀ] *nm* sima, precipicio; (*fig*) abismo
goulot [gulo] *nm* cuello; **boire au ~** beber a morro
goulu, e [guly] *adj* glotón(-ona)
gourde [guʀd] *nf* (*récipient*) cantimplora; (*fam*) zoquete *m/f*
gourdin [guʀdɛ̃] *nm* porra
gourmand, e [guʀmɑ̃, ɑ̃d] *adj* goloso(-a)
gourmandise [guʀmɑ̃diz] *nf* gula
gourmet [guʀmɛ] *nm* gastrónomo(-a)
gousse [gus] *nf* vaina; **gousse d'ail** diente *m* de ajo
goût [gu] *nm* gusto, sabor *m*; (*fig*) gusto; **de bon/mauvais ~** de buen/mal gusto; **prendre ~ à** aficionarse a
goûter [gute] *vt* (*aussi:* **~ à**: *essayer*) probar; (*apprécier*) apreciar ▷ *vi* merendar ▷ *nm* merienda
goutte [gut] *nf* gota; **goutte-à-goutte** *nm inv* bomba de perfusión
gouttière [gutjɛʀ] *nf* canalón *m*
gouvernail [guvɛʀnaj] *nm* timón *m*
gouvernement [guvɛʀnəmɑ̃] *nm* gobierno
gouverner [guvɛʀne] *vt* gobernar
grâce [gʀɑs] *nf* gracia; (*Jur*) indulto; **de bonne/mauvaise ~** de buena/mala gana; **faire ~ à qn de qch** perdonar algo a algn; **demander ~** pedir perdón; **~ à** gracias a; **gracieux, -euse** *adj* elegante
grade [gʀad] *nm* grado; **monter en ~** ascender de grado
gradin [gʀadɛ̃] *nm* grada; **gradins** *nmpl* (*de stade*) gradas *fpl*
gradué, e [gʀadɥe] *adj* graduado(-a); (*exercices*) progresivo(-a)
graduel, le [gʀadɥɛl] *adj* gradual
graduer [gʀadɥe] *vt* graduar; (*effort*) dosificar
graffiti [gʀafiti] *nmpl* grafiti *mpl*
grain [gʀɛ̃] *nm* grano; (*averse*) aguacero; **grain de beauté** lunar

m; **grain de café/de poivre** grano de café/de pimienta; **grain de poussière** mota de polvo; **grain de raisin** uva

graine [gʀɛn] *nf* semilla

graissage [gʀɛsaʒ] *nm* engrase *m*

graisse [gʀɛs] *nf* grasa; **graisser** *vt* engrasar; (*tacher*) manchar de grasa; **graisseux, -euse** *adj* grasiento(-a); (*Anat*) adiposo(-a)

grammaire [gʀa(m)mɛʀ] *nf* gramática

gramme [gʀam] *nm* gramo

grand, e [gʀɑ̃, gʀɑ̃d] *adj* grande; (*avant le nom*) gran; (*haut*) alto(-a); (*fil, voyage, période*) largo(-a) ▷ *adv*: **~ ouvert** abierto de par en par; **un ~ homme/artiste** un gran hombre/artista; **au ~ air** al aire libre; **grand blessé/brûlé** herido/quemado grave; **grand ensemble** gran barriada; **grande personne** persona mayor; **grandes écoles** *universidades de élite francesas*; **grandes lignes** líneas *fpl* principales; **grande surface** hipermercado; **grandes vacances** vacaciones *fpl* de verano; **grand magasin** grandes almacenes *mpl*; **grand-chose** [gʀɑ̃ʃoz] *nm/f inv*: **pas grand-chose** poca cosa; **Grande-Bretagne** *nf* Gran Bretaña; **grandeur** *nf* tamaño; (*mesure, quantité, aussi fig*) magnitud *f*; (*gloire, puissance*) grandeza; **grandeur nature** *adj* tamaño natural; **grandiose** *adj* grandioso(-a); **grandir** *vi* (*enfant, arbre*) crecer; **grand-mère** (*pl* **grand(s)-mères**) *nf* abuela; **grand-peine**: **à grand-peine** *adv* a duras penas; **grand-père** (*pl* **grands-pères**) *nm* abuelo; **grands-parents** *nmpl* abuelos *mpl*

grange [gʀɑ̃ʒ] *nf* granero

granit [gʀanit] *nm* granito

graphique [gʀafik] *adj* gráfico(-a) ▷ *nm* gráfico

grappe [gʀap] *nf* (*Bot*) racimo; **grappe de raisin** racimo de uvas

gras, se [gʀɑ, gʀɑs] *adj* (*viande, soupe*) graso(-a); (*personne*) gordo(-a); (*surface, cheveux*) grasiento(-a); (*toux*) flemático(-a); (*rire*) ordinario(-a); (*crayon*) grueso(-a); (*Typo*) en negrita ▷ *nm* (*Culin*) gordo; **faire la ~se matinée** levantarse tarde; **grassement** *adv*: **grassement payé** largamente pagado

gratifiant, e [gʀatifjɑ̃, jɑ̃t] *adj* gratificante

gratin [gʀatɛ̃] *nm* gratín *m*; **gratiné, e** *adj* gratinado(-a); (*fam*) espantoso(-a)

gratis [gʀatis] *adv, adj* gratis

gratitude [gʀatityd] *nf* gratitud *f*

gratte-ciel [gʀatsjɛl] *nm inv* rascacielos *m inv*

gratter [gʀate] *vt* (*frotter*) raspar; (*enlever*) quitar, borrar; (*bras, bouton*) rascar; **se gratter** *vpr* rascarse

gratuit, e [gʀatɥi, ɥit] *adj* gratuito(-a)

gravable [gʀavabl] *adj* (*CD, DVD*) escribible

grave [gʀav] *adj* grave; (*sujet, problème*) grave, serio(-a); **gravement** *adv* gravemente

graver [gʀave] *vt* grabar; **~ qch dans son esprit/sa mémoire** (*fig*) grabar algo en su alma/su memoria; **graveur** *nm*: **graveur de CD/DVD** grabadora de CD/DVD

gravier [gʀavje] *nm* grava; **gravillons** *nmpl* gravilla

gravir [gʀaviʀ] *vt* subir

gravité [gʀavite] *nf* (*aussi Phys*) gravedad *f*

graviter [gʀavite] *vi* (*aussi fig*): **~ autour de** gravitar alrededor de

gravure [gʀavyʀ] *nf* grabado *m*

gré [gʀe] *nm*: **à son ~** a su gusto; **contre le ~ de qn** contra la voluntad de algn; **de son (plein) ~** por su propia voluntad; **de ~ ou de force** por las buenas o por las malas; **il faut le faire bon ~ mal ~** hay que hacerlo, queramos o no

grec, grecque [gʀɛk] *adj* griego(-a) ▷ *nm* (*Ling*) griego ▷ *nm/f*: **G~, Grecque** griego(-a)

Grèce [gʀɛs] *nf* Grecia

greffe [gʀɛf] *nf* (*Agr*) injerto; (*Méd*) tra(n)splante *m* ▷ *nm* (*Jur*) archivo; **greffe du rein** transplante de riñón; **greffer** *vt* (*tissu*) injertar; (*organe*) transplantar

grêle [gʀɛl] *adj* flaco(-a) ▷ *nf* granizo; **grêler** *vb impers*: **il grêle** graniza; **grêlon** *nm* granizo

grelot [gʀəlo] *nm* cascabel *m*

grelotter [gʀəlɔte] *vi* tiritar

grenade [gʀənad] *nf* granada; **grenadine** *nf* granadina

grenier [gʀənje] *nm* (*de maison*) desván *m*, altillo (*Am*), entretecho (*Am*)

grenouille [gʀənuj] *nf* rana

grès [gʀɛ] *nm* (*roche*) arenisca; (*poterie*) gres *msg*

grève [gʀɛv] *nf* huelga; (*plage*) playa; **se mettre en/faire ~** declararse en/hacer huelga; **grève de la faim** huelga de hambre; **grève sur le tas** huelga de brazos caídos

gréviste [gʀevist] *nm/f* huelguista *m/f*

grièvement [gʀijɛvmɑ̃] *adv* gravemente

griffe [gʀif] *nf* garra; (*fig: d'un couturier, parfumeur*) marca; **griffer** *vt* arañar

grignoter [gʀiɲɔte] *vt* roer; (*argent, temps*) consumir

gril [gʀil] *nm* parrilla; **grillade** *nf* carne *f* a la parrilla, asado (*Am*)

grillage [gʀijaʒ] *nm* (*treillis*) reja; (*clôture*) alambrada

grille [gʀij] *nf* reja; (*fig*) red *f*

grille-pain [gʀijpɛ̃] *nm inv* tostador *m* de pan

griller [gʀije] *vt* (*aussi*: **faire ~**: *pain, café*) tostar; (: *viande*) asar; (*ampoule, résistance*) fundir; (*feu rouge*) saltar

grillon [gʀijɔ̃] *nm* grillo

grimace [gʀimas] *nf* mueca; **faire des ~s** hacer muecas

grimper [gʀɛ̃pe] *vt* trepar a *ou* por ▷ *vi* empinarse; (*prix, nombre*) subir; (*Sport*) escalar

grincer [gʀɛ̃se] *vi* (*porte, roue*) chirriar; (*plancher*) crujir; **~ des dents** rechinar los dientes

grincheux, -euse [gʀɛ̃ʃø, øz] *adj* cascarrabias

grippe [gʀip] *nf* gripe *f*; **grippe aviaire** gripe aviar; **grippé, e** *adj*: **être grippé** estar griposo(-a); (*moteur*) estar gripado(-a)

gris, e [gʀi, gʀiz] *adj* gris *inv*; (*ivre*) alegre

grisaille [gʀizɑj] *nf* gris *msg*

griser [gʀize] *vt* (*fig*) embriagar

grive [gʀiv] *nf* tordo

Groenland [gʀɔɛnlɑ̃d] *nm* Groenlandia

grogner [gʀɔɲe] *vi* gruñir; (*personne*) gruñir, refunfuñar; **grognon, ne** *adj* gruñón(-ona)

grommeler [gʀɔm(ə)le] *vi* mascullar

gronder [gʀɔ̃de] *vi* (*canon, tonnerre*) retumbar; (*fig*) amenazar con estallar ▷ *vt* regañar

gros, se [gʀo, gʀos] *adj* (*personne*) gordo(-a); (*paquet, problème, fortune*) gran, grande; (*travaux, dégâts*) importante; (*commerçant*) acaudalado(-a); (*orage, bruit*) fuerte; (*trait, fil*) grueso(-a) ▷ *adv*: **risquer/ gagner ~** arriesgar/ganar mucho ▷ *nm* (*Comm*): **le ~** el por mayor; **en ~** en líneas generales; **prix de/vente en ~** precio/venta al por mayor; **par ~ temps** con temporal; **par ~se mer** con mar gruesa; **le ~ de** (*troupe, fortune*) el grueso de; **gros lot** premio gordo; **gros mot** palabrota; **gros œuvre** (*Constr*) obra bruta; **gros plan** (*Photo*) primer plano; **grosse caisse** (*Mus*) bombo; **gros sel** sal *f* gorda; **gros titre** (*Presse*) titular *m*

groseille [gʀozɛj] *nf* grosella; **groseille à maquereau** grosella espinosa

grosse [gʀos] *adj voir* **gros**; **grossesse** *nf* embarazo; **grosseur** *nf* (*d'une personne*) gordura; (*d'un paquet*) tamaño; (*d'un trait*) grosor *m*; (*tumeur*) bulto

grossier, -ière [gʀosje, jɛʀ] *adj* (*vulgaire*) grosero(-a); (*travail, finition*) tosco(-a); (*erreur*) burdo(-a), craso(-a); **grossièrement** *adv* groseramente; toscamente; (*en gros, à peu près*) aproximadamente; **il s'est grossièrement trompé** ha cometido un craso error

grossièreté [gʀosjɛʀte] *nf* grosería

grossir [gʀosiʀ] *vi* engordar; (*fig*) aumentar; (*rivière, eaux*) crecer ▷ *vt* (*suj: vêtement*): **~ qn** hacer gordo a algn; (*nombre, importance*) aumentar; (*histoire, erreur*) exagerar

grossiste [gʀosist] *nm/f* (*Comm*) mayorista *m/f*

grotesque [gʀɔtɛsk] *adj* grotesco(-a)

grotte [gʀɔt] *nf* gruta

groupe [gʀup] *nm* grupo; **groupe électrogène** grupo electrógeno; **groupe sanguin/scolaire** grupo sanguíneo/escolar; **grouper** *vt* agrupar; **se grouper** *vpr* agruparse

grue [gʀy] *nf* grúa; (*Zool*) grulla

guépard [gepaʀ] *nm* guepardo

guêpe [gɛp] *nf* avispa

guère [gɛʀ] *adv* (*avec adjectif, adverbe*): **ne ... ~** poco; (*avec verbe*) poco, apenas; **tu n'es ~ raisonnable** eres poco razonable; **il ne la connaît ~** apenas la conoce; **il n'y a ~ de** apenas hay; **il n'y a ~ que toi qui puisse le faire** apenas hay otro que puede hacerlo más que tú

guérilla [geʀija] *nf* guerrilla

guérillero [geʀijeʀo] *nm* guerrillero

guérir [geʀiʀ] *vt* curar ▷ *vi* (*personne, chagrin*) curarse; **guérison** *nf* curación *f*; **guérisseur, -euse** *nm/f* curandero(-a)

guerre [gɛʀ] *nf* guerra; **~ atomique/de tranchées/d'usure** guerra atómica/de trincheras/de desgaste; **en ~** en guerra; **faire la ~ à** hacer la guerra a; **guerrier, -ière** *adj, nm/f* guerrero(-a)

guet [gɛ] *nm*: **faire le ~** estar al acecho

guet-apens [gɛtapɑ̃] *nm inv* emboscada; **guetter** *vt* (*pour épier, surprendre*) acechar; (*attendre*) aguardar

gueule [gœl] *nf* (*d'animal*) hocico; (*fam: visage*) jeta; **ta ~!** (*fam*) ¡cierra el pico!; **gueule de bois** (*fam*) resaca; **gueuler** (*fam*) *vi* chillar

gui [gi] *nm* muérdago

guichet [giʃɛ] *nm* (*d'un bureau, d'une banque*) ventanilla

guide [gid] *nm* guía *m*; (*livre*) guía *f*; **guider** *vt* guiar

guidon [gidɔ̃] *nm* manillar *m*

guillemets [gijmɛ] *nmpl*: **entre ~** entre comillas

guindé, e [gɛ̃de] *adj* estirado(-a)

guirlande [giʀlɑ̃d] *nf* guirnalda

guise [giz] *nf*: **à votre ~** como guste; **en ~ de** (*en manière de, comme*) a guisa de; (*à la place de*) en lugar de

guitare [gitaʀ] *nf* guitarra

gymnase [ʒimnɑz] *nm* gimnasio; **gymnaste** *nm/f* gimnasta *m/f*; **gymnastique** *nf* gimnasia

gynécologie [ʒinekɔlɔʒi] *nf* ginecología; **gynécologique** *adj* ginecológico(-a); **gynécologue** *nm/f* ginecólogo(-a)

h

habile [abil] *adj* hábil
habileté [abilte] *nf* habilidad *f*
habillé, e [abije] *adj* vestido(-a); (*robe, costume*) elegante
habiller [abije] *vt* vestir; **s'habiller** *vpr* vestirse; (*mettre des vêtements chic*) vestir bien, ir bien vestido(-a)
habit [abi] *nm* traje *m*; **habits** *nmpl* (*vêtements*) ropa; **habit (de soirée)** traje de etiqueta
habitant, e [abitɑ̃, ɑ̃t] *nm/f* habitante *m/f*; (*d'une maison*) ocupante *m/f*; (*d'un immeuble*) vecino(-a)
habitation [abitasjɔ̃] *nf* (*fait de résider*) habitación *f*; **habitations à loyer modéré** *viviendas oficiales de bajo alquiler*
habiter [abite] *vt* vivir en; (*suj: sentiment, envie*) anidar ▷ *vi*: **~ à** *ou* **dans** vivir en
habitude [abityd] *nf* costumbre *f*; **avoir l'~ de faire/qch** tener la costumbre de hacer/algo; **d'~** normalmente; **comme d'~** como de costumbre
habitué, e [abitɥe] *adj*: **être ~ à** estar acostumbrado(-a) a ▷ *nm/f* (*d'une maison*) amigo(-a); (*client: d'un café etc*) parroquiano(-a)
habituel, le [abitɥɛl] *adj* habitual
habituer [abitɥe] *vt*: **~ qn à qch/faire** acostumbrar a algn a algo/hacer; **s'~ à** acostumbrarse a
'hache ['aʃ] *nf* hacha
'hacher ['aʃe] *vt* (*viande, persil*) picar; (*entrecouper*) cortar; **'hachis** *nm* picadillo
'haie ['ɛ] *nf* seto; (*Sport*) valla
'haillons ['ɑjɔ̃] *nmpl* harapos *mpl*, andrajos *mpl*
'haine ['ɛn] *nf* odio
'haïr ['aiʀ] *vt* odiar
'hâlé, e ['ɑle] *adj* bronceado(-a)
haleine [alɛn] *nf* aliento; **hors d'~** sin aliento; **tenir en ~** tener en vilo
'haleter ['alte] *vi* jadear
'hall ['ol] *nm* vestíbulo
'halle ['al] *nf* mercado; **'halles** *nfpl* (*marché principal*) mercado central
hallucination [alysinasjɔ̃] *nf* alucinación *f*
'halte ['alt] *nf* alto; (*excl*) ¡alto!; **faire ~** hacer un alto, pararse
haltère [altɛʀ] *nm* pesa; **haltères** *nmpl* (*activité*): **faire des ~s** hacer pesas; **haltérophilie** *nf* halterofilia
'hamac ['amak] *nm* hamaca
'hameau, x ['amo] *nm* aldea
hameçon [amsɔ̃] *nm* anzuelo
'hanche ['ɑ̃ʃ] *nf* cadera
'handball ['ɑ̃dbal] (*pl* **~s**) *nm* balonmano
'handicapé, e ['ɑ̃dikape] *adj, nm/f* disminuido(-a); **'handicapé mental** disminuido(-a) psíquico; **'handicapé moteur** paralítico(-a); **'handicapé physique** minusválido(-a) *ou*

disminuido(-a) físico(-a)
hangar ['ɑ̃gaʀ] *nm* cobertizo, galpón *m* (*CSur*); (*Aviat*) hangar *m*
'hanneton ['antɔ̃] *nm* abejorro
'hanter ['ɑ̃te] *vt* (*suj: fantôme*) aparecer en
'hantise ['ɑ̃tiz] *nf* obsesión *f*
'haras ['aʀɑ] *nm* acaballadero
'harceler ['aʀsəle] *vt* (*Mil*) hostigar; (*Chasse, fig*) acosar
'hardi, e ['aʀdi] *adj* audaz
'hareng ['aʀɑ̃] *nm* arenque *m*
'hargne ['aʀɲ] *nf* saña; **'hargneux, -euse** *adj* arisco(-a), hosco(-a); (*critiques*) acerbo(-a)
'haricot ['aʀiko] *nm* (*Bot*) judía; **'haricot blanc/rouge** alubia blanca/pinta; **'haricot vert** judía verde
harmonica [aʀmɔnika] *nm* armónica
harmonie [aʀmɔni] *nf* armonía; **harmonieux, -euse** *adj* armonioso(-a)
'harpe ['aʀp] *nf* arpa
'hasard ['azaʀ] *nm* azar *m*; **un ~** una casualidad; **au ~** al azar; (*à l'aveuglette*) a ciegas; **par ~** por casualidad; **à tout ~** por si acaso
'hâte ['ɑt] *nf* prisa; **à la ~** de prisa; **en ~** rápidamente; **avoir ~ de** tener prisa por; **'hâter** *vt* apresurar; **se hâter** *vpr* apresurarse; **'hâtif, -ive** *adj* precipitado(-a); (*fruit, légume*) temprano(-a)
'hausse ['os] *nf* alza; (*température*) en aumento; **'hausser** *vt* subir; **'hausser les épaules** encogerse de hombros
'haut, e ['o, 'ot] *adj* alto(-a); (*température, pression*) elevado(-a), alto(-a) ▷ *adv*: **être/monter/lever ~** estar/subir/levantar en alto ▷ *nm* alto; **de 3 m de ~** de 3 m de alto *ou* altura; **des ~s et des bas** altibajos *mpl*; **en ~ lieu** en las altas esferas; **à ~e voix, tout ~** en voz alta; **du ~ de** desde lo alto de; **de ~ en bas** (*regarder*) de arriba abajo; **plus ~** más alto; (*dans un texte*) más arriba; **en ~** arriba; **en ~ de** (*être situé*) por encima de; **"~ les mains!"** "¡arriba las manos!"; **'haut débit** (*Inform*) banda *f* ancha; **'haute fidélité** (*Élec*) alta fidelidad *f*
'hautain, e ['otɛ̃, ɛn] *adj* altanero(-a)
'hautbois ['obwɑ] *nm* oboe *m*
'hauteur ['otœʀ] *nf* altura; (*noblesse*) grandeza; **à la ~ de** al nivel de; **à la ~** (*fig*) a la altura
'haut-parleur ['opaʀlœʀ] (*pl* **'haut-parleurs**) *nm* altavoz *m*
hebdomadaire [ɛbdɔmadɛʀ] *adj* semanal
hébergement [ebɛʀʒəmɑ̃] *nm* alojamiento, hospedaje *m*
héberger [ebɛʀʒe] *vt* alojar, hospedar; (*réfugiés*) alojar; **hébergeur** *nm* (*Inform*) servidor *m*
hébreu, x [ebʀø] *adj* hebreo(-a)
hectare [ɛktaʀ] *nm* hectárea
'hein ['ɛ̃] *excl* (*comment?*) ¿eh?; **tu m'approuves, ~?** ¿estás de acuerdo, eh?
'hélas ['elɑs] *excl* ¡ay! ▷ *adv* desgraciadamente
'héler ['ele] *vt* llamar
hélice [elis] *nf* hélice *f*
hélicoptère [elikɔptɛʀ] *nm* helicóptero
helvétique [ɛlvetik] *adj* helvético(-a)
hématome [ematom] *nm* hematoma *m*
hémisphère [emisfɛʀ] *nm*: **~ nord/sud** hemisferio norte/sur
hémorragie [emɔʀaʒi] *nf* hemorragia
hémorroïdes [emɔʀɔid] *nfpl* almorranas *fpl*, hemorroides *fpl*
'hennir ['eniʀ] *vi* relinchar
hépatite [epatit] *nf* hepatitis *f*
herbe [ɛʀb] *nf* hierba; **en ~** en cierne; **herbicide** *nm* herbicida *m*;

herboriste *nm/f* herbolario(-a)
héréditaire [eʀeditɛʀ] *adj* hereditario(-a)
'hérisson [eʀisɔ̃] *nm* erizo
héritage [eʀitaʒ] *nm* herencia
hériter [eʀite] *vi*: **~ qch (de qn)** heredar algo (de algn) ▷ *vt*: **il a hérité 2 millions de son oncle** heredó 2 millones de su tío
héritier, -ière [eʀitje, jɛʀ] *nm/f* heredero(-a)
hermétique [ɛʀmetik] *adj* hermético(-a); (*étanche*) impermeable
hermine [ɛʀmin] *nf* armiño
'hernie ['ɛʀni] *nf* hernia
héroïne [eʀɔin] *nf* heroína
héroïque [eʀɔik] *adj* heroico(-a)
'héron ['eʀɔ̃] *nm* garza
'héros ['eʀo] *nm* héroe *m*
hésitant, e [ezitɑ̃, ɑ̃t] *adj* vacilante, indeciso(-a)
hésitation [ezitasjɔ̃] *nf* indecisión *f*, vacilación *f*
hésiter [ezite] *vi*: **~ (à faire)** vacilar *ou* dudar (en hacer)
hétérosexuel, le [eteʀɔsɛksɥɛl] *adj* heterosexual
'hêtre ['ɛtʀ] *nm* haya
heure [œʀ] *nf* hora; (*Scol*) clase *f*; **c'est l'~** es la hora; **quelle ~ est-il?** ¿qué hora es?; **2 ~s (du matin)** las 2 (de la mañana); **être à l'~** ser puntual; (*montre*) estar en hora; **mettre à l'~** poner en hora; **à toute ~** a todas horas; **24 ~s sur 24** 24 horas al día; **à l'~ qu'il est** a esta hora; **sur l'~** inmediatamente; **d'~ en ~** cada hora; **de bonne ~** de madrugada; **heure de pointe** hora punta; **heures supplémentaires/de bureau** horas *fpl* extraordinarias/de oficina
heureusement [œʀøzmɑ̃] *adv* afortunadamente
heureux, -euse [œʀø, øz] *adj* feliz; (*caractère*) optimista
'heurt ['œʀ] *nm* choque *m*; **'heurts** *nmpl* (*fig*: *bagarre*) choques *mpl*
'heurter ['œʀte] *vt* (*mur, porte*) chocar con *ou* contra; (*personne*) tropezar con; (*fig*: *personne, sentiment*) chocar (con); **se ~ à** (*fig*) enfrentarse a
hexagone [ɛgzagɔn] *nm* hexágono; (*la France*) Francia
hiberner [ibɛʀne] *vi* hibernar
'hibou, x ['ibu] *nm* búho
'hideux, -euse ['idø, øz] *adj* horrendo(-a)
hier [jɛʀ] *adv* ayer; **~ matin/soir/midi** ayer por la mañana/por la tarde/al mediodía; **toute la journée/la matinée d'~** todo el día/toda la mañana de ayer
'hiérarchie ['jeʀaʀʃi] *nf* jerarquía
hindou, e [ɛ̃du] *adj* hindú ▷ *nm/f*: **H~, e** hindú *m/f*
hippique [ipik] *adj* hípico(-a); **hippisme** *nm* hipismo
hippodrome [ipɔdʀom] *nm* hipódromo
hippopotame [ipɔpɔtam] *nm* hipopótamo
hirondelle [iʀɔ̃dɛl] *nf* golondrina
'hisser ['ise] *vt* izar
histoire [istwaʀ] *nf* historia; (*chichis*: *gén pl*) lío; **histoires** *nfpl* (*ennuis*) problemas *mpl*; **historique** *adj* histórico(-a)
hiver [ivɛʀ] *nm* invierno
hivernal, e, -aux [ivɛʀnal, o] *adj* invernal; **hiverner** *vi* invernar
HLM ['aʃɛlɛm] *sigle m ou f* (= *habitations à loyer modéré*) *viviendas oficiales de bajo alquiler*
'hobby ['ɔbi] *nm* hobby *m*
'hocher ['ɔʃe] *vt*: **~ la tête** cabecear; (*signe négatif ou dubitatif*) menear la cabeza
'hockey ['ɔkɛ] *nm*: **~ (sur glace/gazon)** hockey *m* (sobre hielo/hierba)
'hold-up ['ɔldœp] *nm inv* atraco a mano armada
'hollandais, e ['ɔlɑ̃dɛ, ɛz] *adj*

holandés(-esa) ▷ *nm* (*Ling*)
holandés *msg* ▷ *nm/f*: **Hollandais, e**
holandés(-esa); **les Hollandais** los holandeses
'Hollande ['ɔlɑ̃d] *nf* Holanda
'homard ['ɔmaʀ] *nm* bogavante *m*
homéopathique [ɔmeɔpatik] *adj* homeopático(-a)
homicide [ɔmisid] *nm* homicidio; **homicide involontaire** homicidio involuntario
hommage [ɔmaʒ] *nm* homenaje *m*; **rendre ~ à** rendir homenaje a
homme [ɔm] *nm* hombre *m*; (*individu de sexe masculin*) hombre, varón *m*; **l'~ de la rue** el hombre de la calle; **homme d'affaires** hombre de negocios; **homme d'État** estadista *m*; **homogène** *adj* homogéneo(-a)
homo...: homologue *nm/f* homólogo(-a); **homologué, e** *adj* homologado(-a); **homonyme** *nm* (*Ling*) homónimo; (*d'une personne*) tocayo(-a); **homosexuel, le** *adj* homosexual
'Hongrie ['ɔ̃gʀi] *nf* Hungría; **'hongrois, e** *adj* húngaro(-a) ▷ *nm* (*Ling*) húngaro ▷ *nm/f*: **Hongrois, e** húngaro(-a)
honnête [ɔnɛt] *adj* (*intègre*) honrado(-a), honesto(-a); (*juste, satisfaisant*) justo(-a), razonable; **honnêtement** *adv* honestamente; (*équitablement*) justamente; **honnêteté** *nf* honestidad *f*
honneur [ɔnœʀ] *nm* honor *m*; (*mérite*): **"j'ai l'~ de ..."** "tengo el honor de ..."; **en l'~ de** (*personne*) en honor de; (*événement*) en celebración de; **faire ~ à** (*engagements*) cumplir con; (*famille, professeur*) hacer honor a; (*repas*) hacer los honores a
honorable [ɔnɔʀabl] *adj* honorable; (*suffisant*) satisfactorio(-a)
honoraire [ɔnɔʀɛʀ] *adj* honorario(-a); **honoraires** *nmpl* honorarios *mpl*
honorer [ɔnɔʀe] *vt* honrar; (*estimer*) respetar; (*Comm*: *chèque, dette*) pagar
'honte ['ɔ̃t] *nf* vergüenza; **avoir ~ de** tener vergüenza de; **faire ~ à qn** avergonzar a algn; **'honteux, -euse** *adj* avergonzado(-a); (*conduite, acte*) vergonzoso(-a)
hôpital, -aux [ɔpital, o] *nm* hospital *m*
'hoquet ['ɔkɛ] *nm* hipo; **avoir le ~** tener hipo
horaire [ɔʀɛʀ] *adj* por hora ▷ *nm* horario; **horaires** *nmpl* (*conditions, heures de travail*) horario *msg*; **horaire souple** *ou* **flexible** horario flexible
horizon [ɔʀizɔ̃] *nm* horizonte *m*; (*paysage*) panorama *m*
horizontal, e, -aux [ɔʀizɔ̃tal, o] *adj* horizontal
horloge [ɔʀlɔʒ] *nf* reloj *m*; **horloger, -ère** *nm/f* relojero(-a)
'hormis ['ɔʀmi] *prép* excepto
horoscope [ɔʀɔskɔp] *nm* horóscopo
horreur [ɔʀœʀ] *nf* horror *m*; **avoir ~ de qch** sentir horror por algo; **horrible** *adj* horrible, horrendo(-a); (*laid*) horroroso(-a); **horrifier** *vt* horrorizar
'hors ['ɔʀ] *prép* salvo; **~ de** fuera de; **~ de propos** fuera de lugar; **être ~ de soi** estar fuera de sí; **'hors pair** fuera de serie; **'hors service/d'usage** fuera de servicio/de uso; **'hors-bord** *nm inv* fuera borda *m inv*; **'hors-d'œuvre** *nm inv* entremés *m*; **'hors-la-loi** *nm inv* forajido; **'hors-taxe** *adj* libre de impuestos
hortensia [ɔʀtɑ̃sja] *nm* hortensia
hospice [ɔspis] *nm* (*de vieillards*) asilo
hospitalier, -ière [ɔspitalje, jɛʀ] *adj* hospitalario(-a)
hospitaliser [ɔspitalize] *vt* hospitalizar
hospitalité [ɔspitalite] *nf* hospitalidad *f*

h

hostie [ɔsti] *nf* (*Rel*) hostia
hostile [ɔstil] *adj* hostil; **~ à** contrario(-a) a; **hostilité** *nf* hostilidad *f*; **hostilités** *nfpl* (*Mil*) hostilidades *fpl*
hôte [ot] *nm* (*maître de maison*) anfitrión *m* ▷ *nm/f* (*invité*) huésped *m/f*; **hôte payant** huésped de pago
hôtel [otɛl] *nm* hotel *m*; **aller à l'~** ir a un hotel; **hôtel de ville** ayuntamiento; **hôtel (particulier)** palacete *m*; **hôtellerie** *nf* (*profession*) hostelería
hôtesse [otɛs] *nf* (*maîtresse de maison*) anfitriona; (*dans une agence, une foire*) azafata, recepcionista; **hôtesse (de l'air)** azafata (de aviación), aeromoza (*Am*); **hôtesse (d'accueil)** azafata (de recepción)
'houblon ['ublɔ̃] *nm* lúpulo
'houille ['uj] *nf* hulla; **'houille blanche** hulla blanca
'houle ['ul] *nf* marejada; **'houleux, -euse** *adj* (*mer*) encrespado(-a); (*discussion*) agitado(-a)
'hourra ['uʀa] *nm* hurra *m* ▷ *excl* ¡hurra!
'housse ['us] *nf* funda
'houx ['u] *nm* acebo
'hublot ['yblo] *nm* portilla
'huche ['yʃ] *nf*: **~ à pain** artesa
'huer ['ɥe] *vt* abuchear
huile [ɥil] *nf* aceite *m*; (*Art*) óleo; (*fam*) pez *m* gordo
huissier [ɥisje] *nm* ordenanza *m*; (*Jur*) ujier *m*
'huit ['ɥi(t)] *adj inv*, *nm inv* ocho *m inv*; **samedi en ~** el sábado en ocho días; *voir aussi* **cinq**; **'huitaine** *nf*: **une 'huitaine de** unos ocho; **'huitième** *adj*, *nm/f* octavo(-a) ▷ *nm* (*partitif*) octavo; *voir aussi* **cinquième**
huître [ɥitʀ] *nf* ostra
humain, e [ymɛ̃, ɛn] *adj* humano(-a) ▷ *nm* humano; **humanitaire** *adj* humanitario(-a); **humanité** *nf* humanidad *f*
humble [œ̃bl] *adj* humilde
'humer ['yme] *vt* aspirar, oler
humeur [ymœʀ] *nf* (*momentanée*) humor *m*; (*tempérament*) carácter *m*; (*irritation*) mal humor; **de bonne/mauvaise ~** de buen/mal humor
humide [ymid] *adj* húmedo(-a)
humilier [ymilje] *vt* humillar
humilité [ymilite] *nf* humildad *f*
humoristique [ymɔʀistik] *adj* humorístico(-a)
humour [ymuʀ] *nm* humor *m*; **avoir de l'~** tener sentido del humor; **humour noir** humor negro
'huppé, e ['ype] (*fam*) *adj* encopetado(-a)
'hurlement ['yʀləmɑ̃] *nm* aullido, alarido
'hurler ['yʀle] *vi* (*animal*) aullar; (*personne*) dar alaridos
'hutte ['yt] *nf* choza
hydratant, e [idʀatɑ̃, ɑ̃t] *adj* hidratante
hydraulique [idʀolik] *adj* hidráulico(-a)
hydravion [idʀavjɔ̃] *nm* hidroavión *m*
hydrogène [idʀɔʒɛn] *nm* hidrógeno
hydroglisseur [idʀɔglisœʀ] *nm* hidroplano
hyène [jɛn] *nf* hiena
hygiénique [iʒenik] *adj* higiénico(-a)
hymne [imn] *nm* himno
hyperlien [ipɛʀljɛ̃] *nm* hipervínculo
hypermarché [ipɛʀmaʀʃe] *nm* hipermercado
hypermétrope [ipɛʀmetʀɔp] *adj* hipermétrope
hypertension [ipɛʀtɑ̃sjɔ̃] *nf* hipertensión *f*
hypnose [ipnoz] *nf* hipnosis *f sg*; **hypnotiser** *vt* hipnotizar
hypocrisie [ipɔkʀizi] *nf* hipocresía; **hypocrite** *adj*, *nm/f* hipócrita *m/f*

hypothèque [ipɔtɛk] *nf* hipoteca
hypothèse [ipɔtɛz] *nf* hipótesis *f inv*
hystérique [isteʀik] *adj* histérico(-a)

I

iceberg [ajsbɛʀg] *nm* iceberg *m*
ici [isi] *adv* aquí; **jusqu'~** hasta aquí; (*temporel*) hasta ahora; **d'~ là** para entonces; (*en attendant*) mientras tanto; **d'~ peu** dentro de poco
idéal, e, -aux [ideal, o] *adj* ideal ▷ *nm* (*modèle, type parfait*) ideal *m*; **idéaliste** *adj, nm/f* idealista *m/f*
idée [ide] *nf* idea; **idées noires** pensamientos *mpl* negros; **idées reçues** ideas preconcebidas
identifiant [idɑ̃tifjɑ̃] *nm* (*Inform*) nombre *m* de usuario
identifier [idɑ̃tifje] *vt* identificar; **s'~ avec** *ou* **à qch/qn** identificarse con algo/algn
identique [idɑ̃tik] *adj* idéntico(-a); **~ à** idéntico a
identité [idɑ̃tite] *nf* (*d'une personne*) identidad *f*
idiot, e [idjo, idjɔt] *adj* (*péj: personne*) idiota, estúpido(-a); (*film, réflexion*)

estúpido(-a) ▷ *nm/f* idiota *m/f*
idole [idɔl] *nf* (*aussi fig*) ídolo
if [if] *nm* (*Bot*) tejo
ignoble [iɲɔbl] *adj* (*individu, procédé*) ruin, innoble
ignorant, e [iɲɔʀɑ̃, ɑ̃t] *adj, nm/f* ignorante *m/f*
ignorer [iɲɔʀe] *vt* (*loi, faits*) ignorar; (*personne, demande*) no hacer caso a, ignorar a; (*être sans expérience de: plaisir, guerre*) desconocer
il [il] *pron* él; **~s** ellos; **~ fait froid** hace frío; **~ est midi** es mediodía; **Pierre est-~ arrivé?** ¿ha llegado Pedro?; *voir aussi* **avoir**
île [il] *nf* isla
illégal, e, -aux [i(l)legal, o] *adj* ilegal
illimité, e [i(l)limite] *adj* ilimitado(-a); (*confiance*) infinito(-a)
illisible [i(l)lizibl] *adj* (*indéchiffrable*) ilegible
illogique [i(l)lɔʒik] *adj* ilógico(-a)
illuminer [i(l)lymine] *vt* iluminar
illusion [i(l)lyzjɔ̃] *nf* ilusión *f*; **se faire des ~s** hacerse ilusiones; **faire ~** dar el pego
illustration [i(l)lystʀasjɔ̃] *nf* ilustración *f*
illustré, e [i(l)lystʀe] *adj* ilustrado(-a) ▷ *nm* (*périodique*) revista ilustrada; (*pour enfants*) tebeo
illustrer [i(l)lystʀe] *vt* ilustrar
ils [il] *pron voir* **il**
image [imaʒ] *nf* imagen *f*; **image de marque** (*d'un produit*) imagen de marca; (*d'une personne, d'une entreprise*) reputación *f*; **imagé, e** *adj* rico(-a) en imágenes
imaginaire [imaʒinɛʀ] *adj* imaginario(-a)
imagination [imaʒinasjɔ̃] *nf* imaginación *f*
imaginer [imaʒine] *vt* imaginar; (*inventer*) idear; **s'imaginer** *vpr* (*scène*) imaginarse; **~ que** suponer que; **j'imagine qu'il a voulu plaisanter** me figuro que habrá querido bromear; **s'~ que** imaginarse que; **s'~ à 60 ans/en vacances** imaginarse a los 60 años/en vacaciones; **il s'imagine pouvoir faire ...** se imagina que va a poder hacer ...; **ne t'imagine pas que** no te imagines que
imbécile [ɛ̃besil] *adj, nm/f* imbécil *m/f*
imbu, e [ɛ̃by] *adj*: **~ de** imbuido(-a) de
imitateur, -trice [imitatœʀ, tʀis] *nm/f* imitador(a)
imitation [imitasjɔ̃] *nf* imitación *f*
imiter [imite] *vt* imitar; (*ressembler à*) imitar a
immangeable [ɛ̃mɑ̃ʒabl] *adj* incomible
immatriculation [imatʀikylasjɔ̃] *nf* (*Auto*) matrícula; (*à l'université*) inscripción *f*
immatriculer [imatʀikyle] *vt* matricular; **se faire ~** matricularse, inscribirse
immédiat, e [imedja, jat] *adj* inmediato(-a) ▷ *nm*: **dans l'~** por ahora; **immédiatement** *adv* inmediatamente
immense [i(m)mɑ̃s] *adj* inmenso(-a); (*succès, influence, avantage*) enorme
immerger [imɛʀʒe] *vt* sumergir; **s'immerger** *vpr* (*sous-marin*) sumergirse
immeuble [imœbl] *nm* (*bâtiment*) edificio; **immeuble locatif** edificio de alquiler
immigration [imigʀasjɔ̃] *nf* inmigración *f*
immigré, e [imigʀe] *nm/f* inmigrado(-a)
imminent, e [iminɑ̃, ɑ̃t] *adj* inminente
immobile [i(m)mɔbil] *adj* inmóvil
immobilier, -ière [imɔbilje, jɛʀ] *adj*

inmobiliario(-a) ▷ *nm*: **l'~** (*Comm*) el sector inmobiliario
immobiliser [imɔbilize] *vt* inmovilizar; (*file, circulation*) detener; **s'immobiliser** *vpr* (*personne*) inmovilizarse; (*machine, véhicule*) pararse
immoral, e, -aux [i(m)mɔʀal, o] *adj* inmoral
immortel, -elle [imɔʀtɛl] *adj* inmortal
immunisé, e [im(m)ynize] *adj*: **~ contre** inmunizado(-a) contra
immunité [imynite] *nf* inmunidad *f*
impact [ɛ̃pakt] *nm* impacto
impair, e [ɛ̃pɛʀ] *adj* impar ▷ *nm* (*gaffe*) torpeza
impardonnable [ɛ̃paʀdɔnabl] *adj* imperdonable
imparfait, e [ɛ̃paʀfɛ, ɛt] *adj* (*guérison, connaissance*) incompleto(-a); (*imitation*) deficiente ▷ *nm* (*Ling*) (pretérito) imperfecto
impartial, e, -aux [ɛ̃paʀsjal, jo] *adj* imparcial
impasse [ɛ̃pɑs] *nf* callejón *m* sin salida
impassible [ɛ̃pasibl] *adj* impasible
impatience [ɛ̃pasjɑ̃s] *nf* impaciencia
impatient, e [ɛ̃pasjɑ̃, jɑ̃t] *adj* impaciente; **~ de faire qch** impaciente por hacer algo; **impatienter**: **s'~** *vpr* impacientarse
impeccable [ɛ̃pekabl] *adj* impecable; (*employé*) impecable, intachable; (*fam: formidable*) fenomenal
impensable [ɛ̃pɑ̃sabl] *adj* (*inconcevable*) impensable
imper [ɛ̃pɛʀ] *nm* = **imperméable**
impératif, -ive [ɛ̃peʀatif, iv] *adj* imperioso(-a) ▷ *nm* (*Ling*): **l'~** el imperativo
impératrice [ɛ̃peʀatʀis] *nf* emperatriz *f*
imperceptible [ɛ̃pɛʀsɛptibl] *adj* imperceptible
impérial, e, -iaux [ɛ̃peʀjal, jo] *adj* imperial
impérieux, -ieuse [ɛ̃peʀjø, jøz] *adj* (*air, ton*) imperioso(-a); (*pressant*) imperioso(-a), urgente
impérissable [ɛ̃peʀisabl] *adj* imperecedero(-a)
imperméable [ɛ̃pɛʀmeabl] *adj* impermeable ▷ *nm* impermeable *m*
impertinent, e [ɛ̃pɛʀtinɑ̃, ɑ̃t] *adj* impertinente
impitoyable [ɛ̃pitwajabl] *adj* despiadado(-a)
implanter [ɛ̃plɑ̃te] *vt* (*usine*) instalar; (*Méd, usage, mode*) implantar; (*idée*) inculcar
impliquer [ɛ̃plike] *vt*: **~ qn (dans)** implicar a algn (en); (*supposer, entraîner*) implicar, suponer
impoli, e [ɛ̃pɔli] *adj* descortés
impopulaire [ɛ̃pɔpylɛʀ] *adj* impopular
importance [ɛ̃pɔʀtɑ̃s] *nf* importancia; **sans ~** sin importancia; **quelle ~?** ¿qué más da?; **d'~** de importancia
important, e [ɛ̃pɔʀtɑ̃, ɑ̃t] *adj* importante; (*péj: airs, ton*) de importancia ▷ *nm*: **l'~ (est de/ est que)** lo importante (es/es que)
importateur, -trice [ɛ̃pɔʀtatœʀ, tʀis] *adj, nm/f* importador(a)
importation [ɛ̃pɔʀtasjɔ̃] *nf* (*de marchandises, fig*) importación *f*
importer [ɛ̃pɔʀte] *vt* (*Comm*) importar; (*maladies, plantes*) importar, introducir ▷ *vi* (*être important*) importar; **peu m'importe** (*je n'ai pas de préférence*) ¡me da igual!; (*je m'en moque*) ¡a mí qué me importa!; **peu importe!** ¡qué importa!
importun, e [ɛ̃pɔʀtœ̃, yn] *adj* (*curiosité, présence*) importuno(-a); (*visite, personne*) inoportuno(-a)

▹ *nm/f* inoportuno(-a); **importuner** *vt* importunar; (*suj*: *insecte, bruit*) molestar.

imposant, e [ɛ̃pozɑ̃, ɑ̃t] *adj* imponente

imposer [ɛ̃poze] *vt* (*taxer*) gravar; (*faire accepter par force*) imponer; **s'imposer** *vpr* imponerse; (*montrer sa prééminence*) destacar; (*être importun*) molestar; **~ qch à qn** imponer algo a algn; **en ~ à qn** impresionar a algn

impossible [ɛ̃pɔsibl] *adj* (*irréalisable, improbable*) imposible; (*enfant*) insoportable, inaguantable; (*absurde, extravagant*) increíble; **il m'est ~ de le faire** me resulta imposible hacerlo; **faire l'~** hacer lo imposible

imposteur [ɛ̃pɔstœʀ] *nm* impostor(a)

impôt [ɛ̃po] *nm* (*taxe*) impuesto; **impôts** *nmpl* (*contributions*) impuestos *mpl*; **impôt direct/foncier/indirect** impuesto directo/sobre la propiedad/indirecto; **impôts locaux** impuestos municipales; **impôt sur le revenu** impuesto sobre la renta

impotent, e [ɛ̃pɔtɑ̃, ɑ̃t] *adj* (*personne*) impedido(-a), inválido(-a)

impraticable [ɛ̃pʀatikabl] *adj* (*projet, idée*) impracticable; (*piste, chemin, sentier*) intransitable, impracticable

imprécis, e [ɛ̃pʀesi, iz] *adj* (*contours, renseignement*) impreciso(-a); (*souvenir*) impreciso(-a), borroso(-a)

imprégner [ɛ̃pʀeɲe]: **s'~ de** *vpr* impregnarse de

imprenable [ɛ̃pʀənabl] *adj* (*forteresse, citadelle*) inexpugnable; **vue ~** vista panorámica asegurada

impression [ɛ̃pʀesjɔ̃] *nf* (*sentiment, sensation*: *d'étouffement etc*) sensación *f*; (*Photo, d'un ouvrage*) impresión *f*; (*d'un tissu, papier peint*) imprimación *f*; **faire bonne/mauvaise ~** causar buena/mala impresión; **faire/produire une vive ~** (*émotion*) causar/producir una viva impresión; **donner l'~ d'être ...** dar la impresión de ser ...; **impressionnant, e** *adj* impresionante; **impressionner** *vt* impresionar

imprévisible [ɛ̃pʀevizibl] *adj* imprevisible

imprévu, e [ɛ̃pʀevy] *adj* (*événement, succès*) imprevisto(-a); (*dépense, réaction, geste*) inesperado(-a) ▹ *nm*: **l'~** lo imprevisto; **en cas d'~** en caso de imprevisto

imprimante [ɛ̃pʀimɑ̃t] *nf* (*Inform*) impresora

imprimé, e [ɛ̃pʀime] *adj* (*motif, tissu*) estampado(-a); (*livre, ouvrage*) impreso(-a) ▹ *nm* impreso; (*tissu*) estampado

imprimer [ɛ̃pʀime] *vt* imprimir; (*tissu*) estampar; **imprimerie** *nf* imprenta; (*technique*) tipografía; **imprimeur** *nm* impresor *m*

impropre [ɛ̃pʀɔpʀ] *adj* (*incorrect*) incorrecto(-a), impropio(-a); **~ à** (*suj*: *personne*) inepto(-a) para

improviser [ɛ̃pʀɔvize] *vt, vi* improvisar; **s'improviser** *vpr* improvisarse; **s'~ cuisinier** improvisarse como *ou* de cocinero

improviste [ɛ̃pʀɔvist]: **à l'~** *adv* de improviso

imprudence [ɛ̃pʀydɑ̃s] *nf* imprudencia

imprudent, e [ɛ̃pʀydɑ̃, ɑ̃t] *adj, nm/f* imprudente *m/f*

impuissant, e [ɛ̃pɥisɑ̃, ɑ̃t] *adj* impotente; (*effort*) inútil, vano(-a); **~ à faire qch** incapaz de hacer algo

impulsif, -ive [ɛ̃pylsif, iv] *adj* impulsivo(-a)

impulsion [ɛ̃pylsjɔ̃] *nf* impulso

inabordable [inabɔʀdabl] *adj* (*cher, exorbitant*) exorbitante

inacceptable [inaksɛptabl] *adj*

inaceptable
inaccessible [inaksesibl] *adj* (*endroit*) inaccesible; (*obscur*) incomprensible; (*personne*) inaccesible, inabordable
inachevé, e [inaʃ(ə)ve] *adj* inacabado(-a)
inactif, -ive [inaktif, iv] *adj* inactivo(-a)
inadapté, e [inadapte] *adj, nm/f* inadaptado(-a)
inadéquat, e [inadekwa(t), kwat] *adj* inadecuado(-a)
inadmissible [inadmisibl] *adj* inadmisible
inadvertance [inadvɛʀtɑ̃s]: **par ~** *adv* por inadvertencia, por descuido
inanimé, e [inanime] *adj* inanimado(-a)
inanition [inanisjɔ̃] *nf*: **tomber/mourir d'~** caer/morir de inanición
inaperçu, e [inapɛʀsy] *adj*: **passer ~** pasar desapercibido(-a)
inapte [inapt] *adj*: **~ à qch/faire qch** incapaz para *ou* de algo/hacer algo
inattendu, e [inatɑ̃dy] *adj* inesperado(-a)
inattentif, -ive [inatɑ̃tif, iv] *adj* (*lecteur, élève*) desatento(-a); **~ à** (*dangers, détails matériels*) despreocupado(-a) de; **inattention** *nf*: **faute** *ou* **erreur d'inattention** despiste *m*; **une minute d'inattention** un momento de despiste
inauguration [inogyʀasjɔ̃] *nf* inauguración *f*, descubrimiento; **discours/cérémonie d'~** discurso/ceremonia de inauguración
inaugurer [inogyʀe] *vt* inaugurar; (*statue*) descubrir; (*politique*) inaugurar, estrenar
inavouable [inavwabl] *adj* inconfesable
incalculable [ɛ̃kalkylabl] *adj* incalculable
incapable [ɛ̃kapabl] *adj* incapaz; **~ de faire qch** incapaz de hacer algo
incapacité [ɛ̃kapasite] *nf* (*incompétence*) incapacidad *f*; **je suis dans l'~ de vous aider** (*impossibilité*) me resulta imposible ayudarle
incarcérer [ɛ̃kaʀseʀe] *vt* encarcelar
incassable [ɛ̃kasabl] *adj* irrompible
incendie [ɛ̃sɑ̃di] *nm* incendio; **incendie criminel/de forêt** incendio doloso/forestal; **incendier** *vt* incendiar
incertain, e [ɛ̃sɛʀtɛ̃, ɛn] *adj* incierto(-a); (*éventuel, douteux*) inseguro(-a), incierto(-a); (*temps*) inestable; (*indécis, imprécis*) indefinido(-a); **incertitude** *nf* (*d'un résultat, d'un fait*) incertidumbre *f*; (*d'une personne*) indecisión *f*
incessamment [ɛ̃sesamɑ̃] *adv* inmediatamente
incident, e [ɛ̃sidɑ̃, ɑ̃t] *adj* (*Jur: accessoire*) incidental ▷ *nm* incidente *m*; **incident de parcours** (*fig*) pequeño contratiempo; **incident technique** dificultad *f* técnica
incinérer [ɛ̃sineʀe] *vt* incinerar
incisive [ɛ̃siziv] *nf* incisivo
inciter [ɛ̃site] *vt*: **~ qn à (faire) qch** incitar a algn a (hacer) algo
inclinable [ɛ̃klinabl] *adj* reclinable
inclination [ɛ̃klinasjɔ̃] *nf* inclinación *f*; **~ de (la) tête** inclinación de (la) cabeza
incliner [ɛ̃kline] *vt* inclinar ▷ *vi*: **~ à qch/à faire** tender a algo/a hacer; **s'incliner** *vpr* (*personne, toit*) inclinarse; (*chemin, pente*) bajar, descender; **~ la tête** *ou* **le front** (*pour saluer*) inclinar la cabeza; **s'~ devant qn/qch** (*rendre hommage à*) inclinarse ante algn/algo; **s'~ (devant qch)** (*céder*) ceder (ante algo)
inclure [ɛ̃klyʀ] *vt* incluir; (*joindre à un envoi*) adjuntar
incognito [ɛ̃kɔɲito] *adv* de

incógnito ▷ *nm*: **garder l'~** mantener el incógnito
incohérent, e [ɛ̃kɔeʀɑ̃, ɑ̃t] *adj* incoherente
incollable [ɛ̃kɔlabl] *adj* (*riz*) que no se pega
incolore [ɛ̃kɔlɔʀ] *adj* incoloro(-a); (*style*) insulso(-a)
incommoder [ɛ̃kɔmɔde] *vt* incomodar
incomparable [ɛ̃kɔ̃paʀabl] *adj* (*inégalable*) incomparable
incompatible [ɛ̃kɔ̃patibl] *adj* incompatible
incompétent, e [ɛ̃kɔ̃petɑ̃, ɑ̃t] *adj* (*ignorant*): **~ (en)** incompetente (en); (*incapable*) incapaz
incomplet, -ète [ɛ̃kɔ̃plɛ, ɛt] *adj* incompleto(-a)
incompréhensible [ɛ̃kɔ̃pʀeɑ̃sibl] *adj* incomprensible
incompris, e [ɛ̃kɔ̃pʀi, iz] *adj* incomprendido(-a)
inconcevable [ɛ̃kɔ̃s(ə)vabl] *adj* inconcebible
inconfortable [ɛ̃kɔ̃fɔʀtabl] *adj* (*aussi fig*) incómodo(-a)
incongru, e [ɛ̃kɔ̃gʀy] *adj* (*attitude, remarque*) improcedente; (*visite*) intempestivo(-a), inoportuno(-a)
inconnu, e [ɛ̃kɔny] *adj* desconocido(-a); (*joie, sensation*) desconocido(-a), extraño(-a) ▷ *nm/f* desconocido(-a); (*étranger, tiers*) extraño(-a) ▷ *nm*: **l'~** lo desconocido; **inconnue** *nf* (*Math, fig*) incógnita
inconsciemment [ɛ̃kɔ̃sjamɑ̃] *adv* inconscientemente
inconscient, e [ɛ̃kɔ̃sjɑ̃, jɑ̃t] *adj* inconsciente ▷ *nm* (*Psych*): **l'~** el inconsciente ▷ *nm/f* inconsciente *m/f*; **il est ~ de ...** (*conséquences*) no es consciente de ...
inconsidéré, e [ɛ̃kɔ̃sideʀe] *adj* desconsiderado(-a)
inconsistant, e [ɛ̃kɔ̃sistɑ̃, ɑ̃t] *adj* inconsistente; (*caractère, personne*) débil
inconsolable [ɛ̃kɔ̃sɔlabl] *adj* inconsolable
incontestable [ɛ̃kɔ̃tɛstabl] *adj* indiscutible
incontinent, e [ɛ̃kɔ̃tinɑ̃, ɑ̃t] *adj* (*Méd*) incontinente
incontournable [ɛ̃kɔ̃tuʀnabl] *adj* inevitable
incontrôlable [ɛ̃kɔ̃tʀolabl] *adj* (*invérifiable*) no comprobable
inconvénient [ɛ̃kɔ̃venjɑ̃] *nm* inconveniente *m*, desventaja; (*d'un remède, changement*) inconveniente; **~s** inconvenientes *mpl*
incorporer [ɛ̃kɔʀpɔʀe] *vt* incorporar; **~ (à)** (*mélanger*) incorporar (a); **~ (dans)** (*insérer*) insertar (en)
incorrect, e [ɛ̃kɔʀɛkt] *adj* incorrecto(-a)
incorrigible [ɛ̃kɔʀiʒibl] *adj* incorregible
incrédule [ɛ̃kʀedyl] *adj* (*personne, moue*) incrédulo(-a), escéptico(-a)
incroyable [ɛ̃kʀwajabl] *adj* increíble
incruster [ɛ̃kʀyste] *vt*: **~ qch dans** (*Art*) incrustar algo en; **s'incruster** *vpr*: **s'~ dans** incrustarse en; (*invité*) instalarse en, aposentarse en
inculpé, e [ɛ̃kylpe] *nm/f* inculpado(-a), acusado(-a)
inculper [ɛ̃kylpe] *vt*: **~ (de)** inculpar (de), acusar (de)
inculquer [ɛ̃kylke] *vt*: **~ qch à qn** inculcar algo a *ou* en algn
Inde [ɛ̃d] *nf* India
indécent, e [ɛ̃desɑ̃, ɑ̃t] *adj* indecente, indecoroso(-a); (*inconvenant, déplacé*) desconsiderado(-a)
indéchiffrable [ɛ̃deʃifʀabl] *adj* (*aussi fig*) indescifrable; (*pensée, personnage*) inescrutable
indécis, e [ɛ̃desi, iz] *adj* (*paix, victoire*) dudoso(-a); (*temps*)

dudoso(-a), inestable; (*personne*) indeciso(-a)
indéfendable [ɛ̃defɑ̃dabl] *adj* (*aussi fig*) indefendible
indéfini, e [ɛ̃defini] *adj* indefinido(-a); (*nombre*) ilimitado(-a); (*Ling: article*) indeterminado(-a); **passé ~** perfecto; **indéfiniment** *adv* indefinidamente; **indéfinissable** *adj* indefinible
indélébile [ɛ̃delebil] *adj* indeleble
indélicat, e [ɛ̃delika, at] *adj* (*grossier*) falto(-a) de delicadeza; (*malhonnête*) deshonesto(-a)
indemne [ɛ̃dɛmn] *adj* indemne; **indemniser** *vt* indemnizar; **indemniser qn de qch** indemnizar a algn por algo
indemnité [ɛ̃dɛmnite] *nf* (*dédommagement*) indemnización *f*; (*allocation*) subsidio; **indemnité de licenciement** indemnización por despido
indépendamment [ɛ̃depɑ̃damɑ̃] *adv* independientemente; **~ de** (*en faisant abstraction de*) independientemente de; (*par surcroît, en plus*) además de
indépendance [ɛ̃depɑ̃dɑ̃s] *nf* independencia
indépendant, e [ɛ̃depɑ̃dɑ̃, ɑ̃t] *adj* independiente; **travailleur ~** trabajador autónomo
indescriptible [ɛ̃dɛskʀiptibl] *adj* indescriptible
indésirable [ɛ̃deziʀabl] *adj* indeseable
indestructible [ɛ̃dɛstʀyktibl] *adj* indestructible
indéterminé, e [ɛ̃detɛʀmine] *adj* indeterminado(-a)
index [ɛ̃dɛks] *nm* índice *m*
indicateur, -trice [ɛ̃dikatœʀ, tʀis] *nm/f* (*de la police*) confidente *m/f* ▷ *adj*: **poteau ~** indicador, señal *f* de orientación; **panneau ~** panel *m* informativo
indicatif [ɛ̃dikatif] *nm* (*Ling*) indicativo; (*Radio*) sintonía; (*téléphonique*) prefijo ▷ *adj*: **à titre ~** a título informativo
indication [ɛ̃dikasjɔ̃] *nf* indicación *f*; **indications** *nfpl* (*directives*) indicaciones *fpl*, instrucciones *fpl*
indice [ɛ̃dis] *nm* indicio; (*Police*) indicio, pista; (*Écon, Science, Tech, Admin*) índice *m*
indicible [ɛ̃disibl] *adj* (*joie, charme*) inefable; (*peine*) indecible
indien, ne [ɛ̃djɛ̃, jɛn] *adj* indio(-a), hindú ▷ *nm/f*: **I~, ne** (*d'Amérique*) indio(-a)
indifféremment [ɛ̃difeʀamɑ̃] *adv* indiferentemente, indistintamente
indifférence [ɛ̃difeʀɑ̃s] *nf* indiferencia
indifférent, e [ɛ̃difeʀɑ̃, ɑ̃t] *adj* indiferente; **~ à qn/qch** indiferente a algn/algo
indigène [ɛ̃diʒɛn] *adj, nm/f* indígena, criollo(-a) (*Am*)
indigeste [ɛ̃diʒɛst] *adj* indigesto(-a)
indigestion [ɛ̃diʒɛstjɔ̃] *nf* indigestión *f*
indigne [ɛ̃diɲ] *adj* indigno(-a); **~ de** indigno(-a) de
indigner [ɛ̃diɲe] *vt* indignar; **s'indigner** *vpr*: **s'~ (de qch/contre qn)** (*se fâcher*) indignarse (por *ou* con algo/contra *ou* con algn)
indiqué, e [ɛ̃dike] *adj* (*date, lieu*) indicado(-a), acordado(-a); (*adéquat*) indicado(-a), adecuado(-a); **ce n'est pas très ~** no es muy adecuado
indiquer [ɛ̃dike] *vt* indicar; (*heure, solution*) indicar, informar; (*déterminer*) señalar, fijar; **~ qch/qn du doigt/du regard** (*désigner*) indicar *ou* señalar algo/a algn con el dedo/con la mirada; **à l'heure indiquée** a la hora acordada; **pourriez-vous m'~ les toilettes/l'heure?** ¿puede indicarme

dónde están los servicios/decirme la hora?
indiscipliné, e [ɛ̃disipline] *adj* (*écolier, troupes*) indisciplinado(-a)
indiscret, -ète [ɛ̃diskʀɛ, ɛt] *adj* indiscreto(-a)
indiscutable [ɛ̃diskytabl] *adj* indiscutible
indispensable [ɛ̃dispɑ̃sabl] *adj* (*garanties, précautions, condition*) indispensable; (*objet, connaissances, personne*) imprescindible
indisposé, e [ɛ̃dispoze] *adj* indispuesto(-a)
indistinct, e [ɛ̃distɛ̃(kt), ɛ̃kt] *adj* (*objet*) indistinto(-a); **indistinctement** *adv* indistintamente; **tous les Français indistinctement** todos los franceses sin distinción
individu [ɛ̃dividy] *nm* individuo; **individuel, le** *adj* individual; (*opinion*) personal; (*cas*) particular; **chambre/ maison individuelle** habitación *f*/ casa individual
indolore [ɛ̃dɔlɔʀ] *adj* indoloro(-a)
Indonésie [ɛ̃dɔnezi] *nf* Indonesia
indu, e [ɛ̃dy] *adj*: **à des heures ~es** (*travailler*) tarde
indulgent, e [ɛ̃dylʒɑ̃, ɑ̃t] *adj* indulgente
industrialiser [ɛ̃dystʀijalize] *vt* industrializar; **s'industrialiser** *vpr* industrializarse
industrie [ɛ̃dystʀi] *nf* industria; **industriel, le** *adj, nm/f* industrial *m/f*
inébranlable [inebʀɑ̃labl] *adj* inquebrantable; (*personne, certitude*) firme
inédit, e [inedi, it] *adj* inédito(-a)
inefficace [inefikas] *adj* ineficaz; (*machine, employé*) ineficiente
inégal, e, -aux [inegal, o] *adj* desigual; (*partage, part*) desproporcionado(-a); (*humeur*) variable; **inégalable** *adj* inigualable; **inégalé, e** *adj* inigualado(-a); **inégalité** *nf* desigualdad *f*
inépuisable [inepɥizabl] *adj* inagotable; **il est ~ sur** es inagotable en
inerte [inɛʀt] *adj* inerte
inespéré, e [inɛspeʀe] *adj* inesperado(-a)
inestimable [inɛstimabl] *adj* inestimable
inévitable [inevitabl] *adj* inevitable; (*hum: rituel*) consabido(-a)
inexact, e [inɛgza(kt), akt] *adj* inexacto(-a); (*non ponctuel*) impuntual
inexcusable [inɛkskyzabl] *adj* inexcusable
inexplicable [inɛksplikabl] *adj* inexplicable
in extremis [inɛkstʀemis] *adv* de milagro ▷ *adj* (*préparatifs, sauvetage*) en el último momento
infaillible [ɛ̃fajibl] *adj* infalible
infarctus [ɛ̃faʀktys] *nm*: **~ (du myocarde)** infarto (de miocardio)
infatigable [ɛ̃fatigabl] *adj* infatigable, incansable
infect, e [ɛ̃fɛkt] *adj* pestilente; (*goût*) asqueroso(-a); (*personne*) odioso(-a)
infecter [ɛ̃fɛkte] *vt* (*atmosphère, eau*) contaminar; (*personne*) contagiar; **s'infecter** *vpr* infectarse; **infection** *nf* (*Méd*) infección *f*
inférieur, e [ɛ̃feʀjœʀ] *adj* inferior; **~ à** inferior a
infernal, e, -aux [ɛ̃fɛʀnal, o] *adj* infernal; (*satanique*) diabólico(-a); **tu es ~!** (*fam: enfant*) ¡eres un diablo!
infidèle [ɛ̃fidɛl] *adj* infiel
infiltrer [ɛ̃filtʀe] *vb*: **s'~ dans** infiltrarse en
infime [ɛ̃fim] *adj* ínfimo(-a)
infini, e [ɛ̃fini] *adj* infinito(-a); (*précautions*) extremo(-a) ▷ *nm*: **l'~** (*Math, Photo*) el infinito; **à l'~** (*Math*) al infinito; (*discourir*) interminablemente; (*agrandir,

varier) ampliamente; **infiniment** *adv* infinitamente; **infinité** *nf*: **une infinité de** una infinidad de
infinitif, -ive [ɛ̃finitif, iv] *nm* (*Ling*) infinitivo
infirme [ɛ̃fiʀm] *adj, nm/f* inválido(-a)
infirmerie [ɛ̃fiʀməʀi] *nf* enfermería
infirmier, -ière [ɛ̃fiʀmje, jɛʀ] *nm/f* enfermero(-a), A.T.S. *m/f* ▷ *adj*: **élève ~** alumno(-a) de enfermería; **infirmière chef** enfermera jefe; **infirmière visiteuse** enfermera domiciliaria
infirmité [ɛ̃fiʀmite] *nf* invalidez *f*
inflammable [ɛ̃flamabl] *adj* inflamable
inflation [ɛ̃flasjɔ̃] *nf* inflación *f*
influençable [ɛ̃flyɑ̃sabl] *adj* influenciable
influence [ɛ̃flyɑ̃s] *nf* influencia; (*d'une drogue*) efecto; (*Pol*) predominio; **influencer** *vt* influir; **influent, e** *adj* influyente
informaticien, ne [ɛ̃fɔʀmatisjɛ̃, jɛn] *nm/f* informático(-a)
information [ɛ̃fɔʀmasjɔ̃] *nf* información *f*; **informations** *nfpl* (*Radio*) noticias *fpl*
informatique [ɛ̃fɔʀmatik] *nf* informática; **informatiser** *vt* informatizar
informer [ɛ̃fɔʀme] *vt*: **~ qn (de)** informar a algn (de); **s'informer** *vpr*: **s'~ (sur)** informarse (sobre)
infos [ɛ̃fo] *nfpl voir* **information**
infraction [ɛ̃fʀaksjɔ̃] *nf* infracción *f*; **être en ~** haber cometido una infracción
infranchissable [ɛ̃fʀɑ̃ʃisabl] *adj* infranqueable; (*fig*) insalvable
infrarouge [ɛ̃fʀaʀuʒ] *adj* infrarrojo(-a) ▷ *nm* infrarrojo
infrastructure [ɛ̃fʀastʀyktyʀ] *nf* infraestructura; **infrastructures** *nfpl* (*d'un pays etc*) infraestructuras *fpl*; **~ touristique/hôtelière/routière** infraestructura turística/hotelera/viaria
infuser [ɛ̃fyze] *vt* (*aussi*: **faire ~**) dejar reposar; **infusion** *nf* infusión *f*
ingénier [ɛ̃ʒenje]: **s'~** *vpr*: **s'~ à faire qch** ingeniárselas para hacer algo
ingénierie [ɛ̃ʒeniʀi] *nf* ingeniería
ingénieur [ɛ̃ʒenjœʀ] *nm* ingeniero; **ingénieur agronome/du son** ingeniero agrónomo/de sonido
ingénieux, -ieuse [ɛ̃ʒenjø, jøz] *adj* ingenioso(-a)
ingrat, e [ɛ̃gʀa, at] *adj* (*personne, travail*) ingrato(-a); (*sol*) estéril; (*visage*) poco agraciado(-a) ▷ *nm/f* ingrato(-a); **~ envers** ingrato con
ingrédient [ɛ̃gʀedjɑ̃] *nm* ingrediente *m*
inhabité, e [inabite] *adj* (*régions*) despoblado(-a); (*maison*) deshabitado(-a)
inhabituel, le [inabitɥɛl] *adj* inhabitual
inhibition [inibisjɔ̃] *nf* inhibición *f*
inhumain, e [inymɛ̃, ɛn] *adj* (*barbare*) inhumano(-a)
inimaginable [inimaʒinabl] *adj* inimaginable
ininterrompu, e [inɛ̃teʀɔ̃py] *adj* ininterrumpido(-a); (*flot, vacarme*) continuo(-a)
initial, e, -aux [inisjal, jo] *adj, nf* inicial; **initiales** *nfpl* iniciales *fpl*
initiation [inisjasjɔ̃] *nf* iniciación *f*
initiative [inisjativ] *nf* (*aussi Pol*) iniciativa; **de sa propre ~** por propia iniciativa
initier [inisje] *vt* iniciar; **s'initier** *vpr*: **s'~ à** iniciarse en; **~ qn à** iniciar a algn en
injecter [ɛ̃ʒɛkte] *vt* inyectar; **injection** *nf* inyección *f*; **injection intraveineuse/sous-cutanée** inyección intravenosa/subcutánea; **à injection** (*moteur, système*) de inyección

i

injure [ɛ̃ʒyʀ] *nf* insulto; **injurier** *vt* insultar; **injurieux, -ieuse** *adj* injurioso(-a)
injuste [ɛ̃ʒyst] *adj* injusto(-a); **~ (avec** *ou* **envers qn)** injusto(-a) (con algn); **injustice** *nf* injusticia
inlassable [ɛ̃lasabl] *adj* incansable, infatigable
inné, e [i(n)ne] *adj* innato(-a)
innocent, e [inɔsɑ̃, ɑ̃t] *adj* inocente; (*jeu, plaisir*) inofensivo(-a); **innocenter** *vt* disculpar
innombrable [i(n)nɔ̃bʀabl] *adj* incontable
innover [inɔve] *vt* innovar ▷ *vi*: **~ en art/en matière d'art** innovar en arte/en temas de arte
inoccupé, e [inɔkype] *adj* desocupado(-a)
inodore [inɔdɔʀ] *adj* inodoro(-a)
inoffensif, -ive [inɔfɑ̃sif, iv] *adj* inofensivo(-a); (*plaisanterie*) inocente
inondation [inɔ̃dasjɔ̃] *nf* inundación *f*
inonder [inɔ̃de] *vt* inundar; (*envahir*) invadir; **~ de** inundar de
inopportun, e [inɔpɔʀtœ̃, yn] *adj* inoportuno(-a)
inoubliable [inublijabl] *adj* inolvidable
inouï, e [inwi] *adj* inaudito(-a)
inox [inɔks] *adj, nm abr* acero inoxidable
inquiet, -ète [ɛ̃kjɛ, ɛ̃kjɛt] *adj* inquieto(-a); **inquiétant, e** *adj* inquietante, preocupante; **inquiéter** *vt* inquietar, preocupar; **s'inquiéter** *vpr* inquietarse, preocuparse; **s'inquiéter de** preocuparse por; **inquiétude** *nf* inquietud *f*, preocupación *f*
insaisissable [ɛ̃sezisabl] *adj* (*nuance*) imperceptible
insalubre [ɛ̃salybʀ] *adj* insalubre
insatisfait, e [ɛ̃satisfɛ, ɛt] *adj* insatisfecho(-a)
inscription [ɛ̃skʀipsjɔ̃] *nf* inscripción *f*; (*à une institution*) inscripción, matrícula
inscrire [ɛ̃skʀiʀ] *vt* escribir, inscribir; (*renseignement*) anotar; (*nom: sur une liste etc*) anotar, apuntar; **s'inscrire** *vpr* (*pour une excursion etc*) apuntarse, inscribirse; **~ qn à** matricular *ou* apuntar a algn a; **s'~ (à)** (*un club, parti*) apuntarse (a), matricularse (en); (*l'université, un examen*) matricularse (en)
insecte [ɛ̃sɛkt] *nm* insecto; **insecticide** *adj* insecticida ▷ *nm* insecticida *m*
insensé, e [ɛ̃sɑ̃se] *adj* insensato(-a)
insensible [ɛ̃sɑ̃sibl] *adj* insensible; (*pouls, mouvement*) imperceptible; **~ aux compliments/à la chaleur** insensible a los halagos/al calor
inséparable [ɛ̃separabl] *adj* inseparable
insigne [ɛ̃siɲ] *nm* emblema *m*
insignifiant, e [ɛ̃siɲifjɑ̃, jɑ̃t] *adj* insignificante
insinuer [ɛ̃sinɥe] *vt* insinuar; **s'insinuer** *vpr*: **s'~ dans** (*odeur, humidité*) filtrarse en
insipide [ɛ̃sipid] *adj* insípido(-a), insulso(-a)
insister [ɛ̃siste] *vi* insistir; **~ sur** insistir en
insolation [ɛ̃sɔlasjɔ̃] *nf* insolación *f*
insolent, e [ɛ̃sɔlɑ̃, ɑ̃t] *adj* insolente, descarado(-a)
insolite [ɛ̃sɔlit] *adj* extraño(-a)
insomnie [ɛ̃sɔmni] *nf* insomnio
insouciant, e [ɛ̃susjɑ̃, jɑ̃t] *adj* despreocupado(-a); (*imprévoyant*) dejado(-a)
insoupçonnable [ɛ̃supsɔnabl] *adj* insospechable
insoupçonné, e [ɛ̃supsɔne] *adj* insospechado(-a)
insoutenable [ɛ̃sut(ə)nabl] *adj* (*argument, opinion*) insostenible;

(*lumière, chaleur, spectacle*) insoportable; (*effort*) insufrible
inspecter [ɛ̃spɛkte] *vt* inspeccionar; (*personne*) dar un repaso a; (*maison*) revisar; **inspecteur, -trice** *nm/f* inspector(a); **inspecteur (de police)** inspector (de policía); **inspecteur des Finances** *ou* **des impôts** inspector de hacienda; **inspection** *nf* inspección *f*
inspirer [ɛ̃spiʀe] *vt* inspirar ▷ *vi* inspirar; **s'inspirer** *vpr*: **s'~ de qch** inspirarse en algo; **~ qch à qn** sugerir algo a algn; (*crainte, horreur*) inspirar algo a algn; **ça ne m'inspire pas beaucoup/vraiment pas** eso no me dice mucho/nada
instable [ɛ̃stabl] *adj* inestable
installation [ɛ̃stalasjɔ̃] *nf* instalación *f*; **installations** *nfpl* (*équipement*): **~s portuaires** instalaciones *fpl* portuarias; **une ~ provisoire** *ou* **de fortune** un alojamiento provisional; **l'~ électrique** la instalación eléctrica
installer [ɛ̃stale] *vt* instalar; **s'installer** *vpr* instalarse; (*à un emplacement*) acomodarse; (*maladie, grève*) arraigarse; **s'~ à l'hôtel/chez qn** alojarse en el hotel/en casa de algn
instance [ɛ̃stɑ̃s] *nf*: **être en ~ de divorce** estar en trámites de divorcio
instant, e [ɛ̃stɑ̃, ɑ̃t] *adj, nm* instante *m*; **en** *ou* **dans un ~** en un instante; **à l'~: je l'ai vu à l'~** lo he visto hace nada; **à chaque** *ou* **tout ~** a cada instante; **pour l'~** por el momento; **par ~s** por momentos; **de tous les ~s** constante
instantané, e [ɛ̃stɑ̃tane] *adj* instantáneo(-a) ▷ *nm* (*Photo*) instantánea
instar [ɛ̃staʀ]: **à l'~ de** *prép* a semejanza de
instaurer [ɛ̃stɔʀe] *vt* implantar; **s'instaurer** *vpr* establecerse
instinct [ɛ̃stɛ̃] *nm* instinto; **instinctivement** *adv* instintivamente
instituer [ɛ̃stitɥe] *vt* establecer; (*un organisme*) fundar
institut [ɛ̃stity] *nm* instituto; **institut de beauté** instituto de belleza; **Institut universitaire de technologie (IUT)** ≈ Escuela Politécnica
instituteur, -trice [ɛ̃stitytœʀ, tʀis] *nm/f* maestro(-a)
institution [ɛ̃stitysjɔ̃] *nf* institución *f*; (*collège*) colegio privado
instructif, -ive [ɛ̃stʀyktif, iv] *adj* instructivo(-a)
instruction [ɛ̃stʀyksjɔ̃] *nf* (*enseignement*) enseñanza; (*savoir*) cultura; (*Jur, Inform*) instrucción *f*; **instructions** *nfpl* (*directives, mode d'emploi*) instrucciones *fpl*
instruire [ɛ̃stʀɥiʀ] *vt* (*élèves*) enseñar; (*Mil, Jur*) instruir; **s'instruire** *vpr* instruirse; **instruit, e** *pp de* **instruire** ▷ *adj* instruido(-a), culto(-a)
instrument [ɛ̃stʀymɑ̃] *nm* herramienta; **instrument à cordes/à percussion/à vent/de musique** instrumento de cuerda/de percusión/de viento/musical
insu [ɛ̃sy] *nm*: **à l'~ de qn** a espaldas de algn; **à son ~** a sus espaldas
insuffisant, e [ɛ̃syfizɑ̃, ɑ̃t] *adj* insuficiente
insulaire [ɛ̃sylɛʀ] *adj* insular; (*attitude*) cerrado(-a)
insuline [ɛ̃sylin] *nf* insulina
insulte [ɛ̃sylt] *nf* insulto; **insulter** *vt* insultar
insupportable [ɛ̃sypɔʀtabl] *adj* insoportable
insurmontable [ɛ̃syʀmɔ̃tabl] *adj* insuperable; (*angoisse, aversion*) invencible
intact, e [ɛ̃takt] *adj* intacto(-a)

intarissable [ɛ̃taʀisabl] *adj* inagotable; **il est ~ sur ...** es incansable cuando habla de ...

intégral, e, -aux [ɛ̃tegʀal, o] *adj* total; (*édition*) completo(-a); **intégralement** *adv* totalmente, completamente; **intégralité** *nf* totalidad *f*; **dans son intégralité** en su totalidad; **intégrant, e** *adj*: **faire partie intégrante de qch** formar parte integrante de algo

intègre [ɛ̃tɛgʀ] *adj* íntegro(-a)

intégrer [ɛ̃tegʀe] *vt* (*personnes*) integrar; (*théories, paragraphe*) incorporar; **s'intégrer** *vpr*: **s'~ à** *ou* **dans qch** integrarse en algo

intégrisme [ɛ̃tegʀism] *nm* integrismo

intellectuel, le [ɛ̃telɛktɥɛl] *adj, nm/f* intelectual *m/f*

intelligence [ɛ̃teliʒɑ̃s] *nf* inteligencia; (*compréhension*) comprensión *f*

intelligent, e [ɛ̃teliʒɑ̃, ɑ̃t] *adj* inteligente

intelligible [ɛ̃teliʒibl] *adj*: **parler de façon peu ~** hablar de forma poco clara

intempéries [ɛ̃tɑ̃peʀi] *nfpl* tiempo inclemente

intenable [ɛ̃t(ə)nabl] *adj* inaguantable, insoportable

intendant, e [ɛ̃tɑ̃dɑ̃, ɑ̃t] *nm/f* (*Mil*) intendente *m*; (*Scol, régisseur*) administrador(a)

intense [ɛ̃tɑ̃s] *adj* intenso(-a); **intensif, -ive** *adj* intensivo(-a)

intenter [ɛ̃tɑ̃te] *vt*: **~ un procès/une action contre** *ou* **à qn** entablar proceso/una acción contra algn

intention [ɛ̃tɑ̃sjɔ̃] *nf* intención *f*; (*but, objectif*) intención *f*, propósito; **avoir l'~ de faire qch** tener la intención de hacer algo; **à l'~ de qn** para algn; (*film, ouvrage*) dedicado(-a) a algn; **intentionné, e** *adj*: **être bien/mal intentionné** tener buena/mala intención

interactif, -ive [ɛ̃tɛʀaktif, iv] *adj* (*aussi Inform*) interactivo(-a)

intercepter [ɛ̃tɛʀsɛpte] *vt* interceptar; (*lumière etc*) impedir el paso de

interchangeable [ɛ̃tɛʀʃɑ̃ʒabl] *adj* intercambiable

interdiction [ɛ̃tɛʀdiksjɔ̃] *nf* interdicción *f*, prohibición *f*

interdire [ɛ̃tɛʀdiʀ] *vt* prohibir; (*Admin, Rel*: *personne*) inhabilitar; **~ à qn de faire qch** prohibir a algn hacer algo; (*suj*: *chose*) impedir que algn haga algo

interdit, e [ɛ̃tɛʀdi, it] *pp de* **interdire** ▷ *nm* pauta; ▷ *adj*: **film ~ aux moins de 18/13 ans** película prohibida a los menores de 18/13 años; **sens ~** dirección prohibida; **stationnement ~** estacionamiento prohibido; **interdit de séjour** expulsado(-a)

intéressant, e [ɛ̃teʀesɑ̃, ɑ̃t] *adj* interesante

intéressé, e [ɛ̃teʀese] *adj* interesado(-a)

intéresser [ɛ̃teʀese] *vt* (*élèves etc*) interesar; (*Admin*: *mesure, loi*) concernir; **ce film m'a beaucoup intéressé** he encontrado muy interesante esta película; **ça n'intéresse personne** eso no interesa a nadie; **s'~ à qn/à ce que fait qn/qch** interesarse por algn/por lo que hace algn/algo

intérêt [ɛ̃teʀɛ] *nm* interés *msg*; **il a ~ à acheter cette voiture** le interesa comprar ese coche; **tu aurais ~ à te taire!** ¡más te vale callarte!

intérieur, e [ɛ̃teʀjœʀ] *adj* interior ▷ *nm* interior *m*; **ministère de l'I~** ministerio del Interior; **un ~ bourgeois/confortable** una decoración burguesa/confortable;

à l'~ (de) en el interior *ou* dentro *ou* adentro (*esp Am*) (de); (*fig*) dentro (de);
intérieurement *adv* por dentro
intérim [ɛ̃teʀim] *nm* interinidad *f*; **faire de l'~** hacer sustituciones
intérimaire [ɛ̃teʀimɛʀ] *adj, nm/f* interino(-a)
interlocuteur, -trice [ɛ̃tɛʀlɔkytœʀ, tʀis] *nm/f* interlocutor(a)
intermédiaire [ɛ̃tɛʀmedjɛʀ] *adj* intermedio(-a) ▷ *nm/f* intermediario(-a); **par l'~ de** por mediación de
interminable [ɛ̃tɛʀminabl] *adj* interminable
intermittence [ɛ̃tɛʀmitɑ̃s] *nf*: **par ~** (*travailler*) con intermitencias
internat [ɛ̃tɛʀna] *nm* internado
international, e, -aux [ɛ̃tɛʀnasjɔnal, o] *adj* internacional ▷ *nm/f* (*Sport*) jugador(a) internacional
internaute [ɛ̃tɛʀnot] *nmf* internauta *mf*
interne [ɛ̃tɛʀn] *adj* interno(-a) ▷ *nm/f* (*élève*) interno(-a); (*Méd*) médico(-a) interno(-a)
Internet [ɛ̃tɛʀnɛt] *nm* Internet *m*
interpeller [ɛ̃tɛʀpəle] *vt* interpelar; (*police*) detener
interphone [ɛ̃tɛʀfɔn] *nm* interfono; (*d'un appartement*) portero automático
interposer [ɛ̃tɛʀpoze] *vt* interponer; **s'interposer** *vpr* interponerse
interprète [ɛ̃tɛʀpʀɛt] *nm/f* intérprete *m/f*
interpréter [ɛ̃tɛʀpʀete] *vt* interpretar
interrogatif, -ive [ɛ̃teʀɔgatif, iv] *adj* interrogativo(-a)
interrogation [ɛ̃teʀɔgasjɔ̃] *nf* interrogación *f*; **~ écrite/orale** (*Scol*) control *m* escrito/oral
interrogatoire [ɛ̃teʀɔgatwaʀ] *nm* interrogatorio
interroger [ɛ̃teʀɔʒe] *vt* interrogar; (*données*) consultar; (*candidat*) examinar
interrompre [ɛ̃teʀɔ̃pʀ] *vt* interrumpir; (*circuit électrique, communications*) cortar; **s'interrompre** *vpr* interrumpirse; **interrupteur** *nm* interruptor *m*; **interruption** *nf* interrupción *f*; **sans interruption** sin interrupción; **interruption (volontaire) de grossesse** interrupción (voluntaria) del embarazo
intersection [ɛ̃tɛʀsɛksjɔ̃] *nf* intersección *f*
intervalle [ɛ̃tɛʀval] *nm* intervalo; **dans l'~** mientras tanto
intervenir [ɛ̃tɛʀvəniʀ] *vi* (*survenir*) ocurrir, tener lugar; **~ dans** intervenir en; **~ (pour faire qch)** intervenir (para hacer algo); **~ auprès de qn/en faveur de qn** interceder ante algn/en favor de algn; **intervention** *nf* intervención *f*; **intervention (chirurgicale)** intervención (quirúrgica)
interview [ɛ̃tɛʀvju] *nf* interviú *f*, entrevista
intestin [ɛ̃tɛstɛ̃] *nm* intestino
intime [ɛ̃tim] *adj* íntimo(-a); (*convictions*) profundo(-a) ▷ *nm/f* íntimo(-a)
intimider [ɛ̃timide] *vt* intimidar
intimité [ɛ̃timite] *nf* intimidad *f*; **dans l'~** en la intimidad; (*sans formalités*) informalmente
intolérable [ɛ̃tɔleʀabl] *adj* (*chaleur*) insoportable; (*inadmissible*) intolerable
intoxication [ɛ̃tɔksikasjɔ̃] *nf* intoxicación *f*; **intoxication alimentaire** intoxicación alimenticia
intoxiquer [ɛ̃tɔksike] *vt* intoxicar; (*fig aussi*) contaminar
intraitable [ɛ̃tʀɛtabl] *adj* despiadado(-a); **~ (sur)** intransigente

i

(en)
intransigeant, e [ɛ̃tʀɑ̃ziʒɑ̃, ɑ̃t] *adj* intransigente; (*morale, passion*) firme
intrépide [ɛ̃tʀepid] *adj* intrépido(-a)
intrigue [ɛ̃tʀig] *nf* intriga; **intriguer** *vi, vt* intrigar
introduction [ɛ̃tʀɔdyksjɔ̃] *nf* introducción *f*, incorporación *f*
introduire [ɛ̃tʀɔdɥiʀ] *vt* introducir; **~ qn auprès de qn** conducir a algn ante algn; **~ qn dans un club** introducir a algn en un club; **s'~ dans** introducirse en
introuvable [ɛ̃tʀuvabl] *adj* (*personne*) ilocalizable; (*Comm: rare: édition, livre*) imposible de encontrar
intrus, e [ɛ̃tʀy, yz] *nm/f* intruso(-a)
intuition [ɛ̃tɥisjɔ̃] *nf* intuición *f*
inusable [inyzabl] *adj* duradero(-a)
inutile [inytil] *adj* inútil; (*superflu*) innecesario(-a); **inutilement** *adv* inútilmente; **inutilisable** *adj* inutilizable
invalide [ɛ̃valid] *adj, nm/f* inválido(-a); **invalide de guerre** inválido de guerra
invariable [ɛ̃vaʀjabl] *adj* invariable
invasion [ɛ̃vazjɔ̃] *nf* (*aussi fig*) invasión *f*; (*de sauterelles, rats*) plaga, invasión
inventaire [ɛ̃vɑ̃tɛʀ] *nm* inventario
inventer [ɛ̃vɑ̃te] *vt* inventar; (*moyen*) idear; **inventeur, -trice** [ɛ̃vɑ̃tœʀ, tʀis] *nm/f* inventor(a); **inventif, -ive** *adj* inventivo(-a); **invention** *nf* invención *f*
inverse [ɛ̃vɛʀs] *adj* (*ordre*) inverso(-a) ▷ *nm*: **l'~** lo contrario; **dans l'ordre ~** en orden inverso; **dans le sens ~ des aiguilles d'une montre** en sentido contrario a las agujas del reloj; **en** *ou* **dans le sens ~** en sentido contrario; **à l'~** al contrario; **inversement** *adv* inversamente; **inverser** *vt* invertir
investir [ɛ̃vɛstiʀ] *vt* (*argent, capital*) invertir; **investissement** *nm* inversión *f*
invisible [ɛ̃vizibl] *adj* invisible
invitation [ɛ̃vitasjɔ̃] *nf* invitación *f*
invité, e [ɛ̃vite] *nm/f* invitado(-a)
inviter [ɛ̃vite] *vt* invitar; **~ qn à faire qch** (*engager, exhorter*) invitar a algn a hacer algo
invivable [ɛ̃vivabl] *adj* insoportable
involontaire [ɛ̃vɔlɔ̃tɛʀ] *adj* involuntario(-a)
invoquer [ɛ̃vɔke] *vt* invocar; (*excuse, argument*) invocar, alegar
invraisemblable [ɛ̃vʀɛsɑ̃blabl] *adj* (*histoire*) inverosímil
iode [jɔd] *nm* yodo
iPod® [ipɔd] *nm* iPod®
irai *etc* [iʀe] *vb voir* **aller**
Irak [iʀak] *nm* Irak *m*; **irakien, ne** *adj* iraquí ▷ *nm/f*: **Irakien, ne** iraquí *m/f*
Iran [iʀɑ̃] *nm* Irán *m*; **iranien, ne** *adj* iraní ▷ *nm* (*Ling*) iraní *m* ▷ *nm/f*: **Iranien, ne** iraní *m/f*
irions *etc* [iʀjɔ̃] *vb voir* **aller**
iris [iʀis] *nm* (*Bot*) lirio; (*Anat*) iris *m inv*
irlandais, e [iʀlɑ̃dɛ, ɛz] *adj* irlandés(-esa) ▷ *nm* (*Ling*) irlandés *m* ▷ *nm/f*: **I~, e** irlandés(-esa); **les I~** los irlandeses
Irlande [iʀlɑ̃d] *nf* Irlanda; **la mer d'~** el mar de Irlanda; **Irlande du Nord/Sud** Irlanda del Norte/Sur
ironie [iʀɔni] *nf* ironía; **ironique** *adj* irónico(-a); **ironiser** *vi* ironizar
irons *etc* [iʀɔ̃] *vb voir* **aller**
irradier [iʀadje] *vi* irradiar ▷ *vt* irradiar, difundir
irraisonné, e [iʀɛzɔne] *adj* irrazonable
irrationnel, le [iʀasjɔnɛl] *adj* irracional
irréalisable [iʀealizabl] *adj* irrealizable
irrécupérable [iʀekypeʀabl] *adj* irrecuperable
irréel, le [iʀeɛl] *adj* irreal

irréfléchi, e [iʀefleʃi] *adj* irreflexivo(-a)
irrégularité [iʀegylaʀite] *nf* irregularidad *f*; **irrégularités** *nfpl* irregularidades *fpl*
irrégulier, -ière [iʀegylje, jɛʀ] *adj* irregular; (*développement, accélération*) irregular, desigual
irrémédiable [iʀemedjabl] *adj* irremediable
irremplaçable [iʀɑ̃plasabl] *adj* irremplazable; (*personne*) irremplazable, insustituible
irréparable [iʀepaʀabl] *adj* (*aussi fig*) irreparable
irréprochable [iʀepʀɔʃabl] *adj* (*personne, vie*) irreprochable, intachable; (*tenue, toilette*) intachable
irrésistible [iʀezistibl] *adj* irresistible; (*concluant: logique*) contundente; (*qui fait rire*) graciosísimo(-a)
irrésolu, e [iʀezɔly] *adj* irresoluto(-a)
irrespectueux, -euse [iʀɛspɛktɥø, øz] *adj* irrespetuoso(-a)
irresponsable [iʀɛspɔ̃sabl] *adj, nm/f* irresponsable *m/f*
irriguer [iʀige] *vt* irrigar
irritable [iʀitabl] *adj* irritable
irriter [iʀite] *vt* irritar
irruption [iʀypsjɔ̃] *nf* irrupción *f*; **faire ~ dans un endroit/chez qn** irrumpir en un lugar/en casa de algn
Islam [islam] *nm*: **l'~** el Islam; **islamique** *adj* islámico(-a)
Islande [islɑ̃d] *nf* Islandia
isolant, e [izɔlɑ̃, ɑ̃t] *adj, nm* aislante *m*
isolation [izɔlasjɔ̃] *nf*: **~ acoustique/thermique** aislamiento acústico/térmico
isolé, e [izɔle] *adj* aislado(-a); (*éloigné*) apartado(-a)
isoler [izɔle] *vt* aislar; **s'isoler** *vpr* (*pour travailler*) aislarse
Israël [isʀaɛl] *nm* Israel *m*; **israélien, ne** *adj* israelí ▷ *nm/f*: **Israélien, ne** israelí *m/f*; **israélite** *adj* (*Rel*) israelita ▷ *nm/f*: **Israélite** israelita *m/f*
issu, e [isy] *adj*: **~ de** descendiente de; (*fig*) resultante de; **issue** *nf* salida; (*solution*) salida, solución *f*; **à l'issue de** al concluir; **chemin/rue sans issue** camino/calle *f* sin salida
Italie [itali] *nf* Italia; **italien, ne** *adj* italiano(-a) ▷ *nm* (*Ling*) italiano ▷ *nm/f*: **Italien, ne** italiano(-a)
italique [italik] *nm*: **(mettre un mot) en ~(s)** (poner una palabra) en cursiva
itinéraire [itineʀɛʀ] *nm* itinerario
IUT *sigle m* (= *Institut universitaire de technologie*) *voir* **institut**
IVG [iveʒe] *sigle f* (= *interruption volontaire de grossesse*) interrupción *f* voluntaria del embarazo
ivoire [ivwaʀ] *nm* marfil *m*
ivre [ivʀ] *adj* (*saoul*) ebrio(-a), beodo(-a); **~ de colère/de bonheur** ebrio(-a) de ira/de felicidad; **ivrogne** *nm/f* borracho(-a)

J

j' [ʒ] *pron voir* **je**
jacinthe [ʒasɛ̃t] *nf* jacinto
jadis [ʒadis] *adv* antaño
jaillir [ʒajiʀ] *vi* (*liquide*) brotar; (*fig*) surgir
jais [ʒɛ] *nm* azabache *m*
jalousie [ʒaluzi] *nf* celos *mpl*; (*store*) celosía
jaloux, -se [ʒalu, uz] *adj* (*envieux*) envidioso(-a)
jamais [ʒamɛ] *adv* nunca, jamás; (*sans négation*) alguna vez; **ne ... ~** no ... nunca; **si ~ ...** si alguna vez ...; **à (tout) ~, pour ~** para siempre
jambe [ʒɑ̃b] *nf* (*Anat*) pierna; (*d'un pantalon*) pernil *m*
jambon [ʒɑ̃bɔ̃] *nm* jamón *m*
jante [ʒɑ̃t] *nf* llanta
janvier [ʒɑ̃vje] *nm* enero; *voir aussi* **juillet**
Japon [ʒapɔ̃] *nm* Japón *m*; **japonais, e** *adj* japonés(-esa) ▷ *nm* (*Ling*) japonés *m* ▷ *nm/f*: **Japonais, e** japonés(-esa)
jardin [ʒaʀdɛ̃] *nm* jardín *m*; **jardinage** *nm* jardinería; **jardiner** *vi* cuidar el jardín; **jardinier, -ière** *nm/f* jardinero(-a); **jardinière** *nf* (*de fenêtre*) jardinera; **jardinière (de légumes)** (*Culin*) menestra
jargon [ʒaʀgɔ̃] *nm* jerga
jarret [ʒaʀɛ] *nm* (*Anat*) corva; (*Culin*) morcillo
jauge [ʒoʒ] *nf* (*instrument*) aspilla, varilla graduada
jaune [ʒon] *adj* amarillo(-a) ▷ *nm* amarillo; (*aussi*: **~ d'œuf**) yema ▷ *nm/f* (*péj*): **J~** (*de race jaune*) amarillo(-a); **jaunir** *vt* amarillear; **jaunisse** *nf* ictericia
Javel [ʒavɛl] *nf voir* **eau**
javelot [ʒavlo] *nm* jabalina
je [ʒə] *pron* yo
jean [dʒin] *nm* (*Textile*) tela vaquera
Jésus-Christ [ʒezykʀi(st)] *n* Jesucristo
jet¹ [dʒɛt] *nm* (*avion*) jet *m*, avión *m* a reacción
jet² [ʒɛ] *nm* (*lancer*) lanzamiento; (*jaillissement, tuyau*) chorro; **du premier ~** a la primera; **jet d'eau** chorro de agua
jetable [ʒ(ə)tabl] *adj* desechable
jetée [ʒ(ə)te] *nf* (*digue*) escollera
jeter [ʒ(ə)te] *vt* (*lancer*) lanzar, botar (*Am*); (*se défaire de*) tirar; (*passerelle, pont*) construir, tender; (*bases, fondations*) establecer, sentar; (*lumière, son*) dar; **~ un coup d'œil (à)** echar un vistazo (a); **~ qch à qn** lanzar algo a algn; **~ un sort à qn** echar una maldición a algn; **se ~ dans** (*suj*: *fleuve*) desembocar en; **se ~ à l'eau** (*fig*) lanzarse a hacer algo
jeton [ʒ(ə)tɔ̃] *nm* ficha
jette *etc* [ʒɛt] *vb voir* **jeter**
jeu, x [ʒø] *nm* juego; (*interprétation*)

actuación *f*, interpretación *f*; (*Mus*) interpretación; (*Tech*) juego, holgura; (*défaut de serrage*) holgura; **être/remettre en ~** (*Football*) estar/poner en juego; **entrer/mettre en ~** (*fig*) entrar/poner en juego; **se piquer** *ou* **se prendre au ~** cegarse por el juego; **jeu de cartes** juego de naipes; **jeu de clés/d'aiguilles** (*série*) juego de llaves/de agujas; **jeu d'échecs** ajedrez *m*; **jeu de hasard/de mots** juego de azar/de palabras

jeudi [ʒødi] *nm* jueves *m inv*; **jeudi saint** jueves santo; *voir aussi* **lundi**

jeun [ʒœ̃]: **à ~** *adv* en ayunas

jeune [ʒœn] *adj* joven; (*récent*) joven, reciente; **jeune fille** muchacha, chica; **jeune homme** muchacho, chico; **jeunes gens** jóvenes *mpl*

jeûne [ʒøn] *nm* ayuno

jeunesse [ʒœnɛs] *nf* juventud *f*

joaillier, -ière [ʒɔaje, jɛʀ] *nm/f* joyero(-a)

joie [ʒwa] *nf* (*bonheur intense*) alegría, gozo; (*vif plaisir*) alegría

joindre [ʒwɛ̃dʀ] *vt* juntar, unir; **~ qch à** (*ajouter*) adjuntar algo a; **~ qn** (*réussir à contacter*) dar con algn, localizar a algn; **~ les deux bouts** (*fig*) llegar a final de mes; **se ~ à** (*s'unir*) unirse a

joint, e [ʒwɛ̃, ɛ̃t] *pp de* **joindre** ▷ *adj* junto(-a) ▷ *nm* (*articulation, assemblage*) junta, empalme *m*

joli, e [ʒɔli] *adj* bonito(-a), lindo(-a) (*Am*) (*fam*); **une ~e somme/situation** una buena suma/un buen puesto; **c'est du ~!** (*iron*) ¡muy bonito!; **c'est bien ~ mais ...** está muy bien pero ...

jonc [ʒɔ̃] *nm* (*Bot*) junco

jonction [ʒɔ̃ksjɔ̃] *nf* (*action*) unión *f*; **(point de) ~** (*de routes*) empalme *m*, enlace *m*

jongleur, -euse [ʒɔ̃glœʀ, øz] *nm/f* malabarista *m/f*

jonquille [ʒɔ̃kij] *nf* junquillo

Jordanie [ʒɔʀdani] *nf* Jordania

joue [ʒu] *nf* mejilla

jouer [ʒwe] *vt* jugar; (*pièce de théâtre*) representar; (*film, rôle*) interpretar; (*simuler*) fingir; (*morceau de musique*) ejecutar, tocar ▷ *vi* jugar; (*Ciné, Théâtre*) actuar; (*bois, porte*) combarse; **~ au héros** dárselas de héroe; **~ sur** (*miser*) jugar con; **~ de** (*instrument*) tocar; **~ à** (*jeu, sport*) jugar a; **~ avec** (*sa santé etc*) jugar con; **se ~ de** (*difficultés*) pasar por alto; **~ un tour à qn** jugar una mala pasada a algn; **à toi/nous de ~** (*fig*) te toca a ti/nos toca a nosotros

jouet [ʒwɛ] *nm* juguete *m*

joueur, -euse [ʒwœʀ, øz] *nm/f* jugador(a); **être beau/mauvais ~** (*fig*) ser un buen/mal perdedor

jouir [ʒwiʀ]: **~ de** *vt ind* (*avoir*) gozar de; (*savourer*) disfrutar de

jour [ʒuʀ] *nm* día *m*; (*clarté*) luz *f*; (*ouverture*) hueco, vano; **de nos ~s** hoy en día; **sous un ~ favorable/nouveau** (*fig*) bajo el aspecto más favorable/nuevo; **de ~** de día; **au ~ le ~, de ~ en ~** día a día; **il fait ~** es de día; **au grand ~** (*fig*) a todas luces, de forma evidente; **mettre au ~** (*découvrir*) sacar a la luz; **être/mettre à ~** estar/poner al día; **donner le ~ à** dar a luz a; **voir le ~** salir a la luz; **jour férié** día festivo

journal, -aux [ʒuʀnal, o] *nm* periódico; (*personnel*) diario; **journal télévisé** diario televisado, telediario

journalier, -ière [ʒuʀnalje, jɛʀ] *adj* diario(-a)

journalisme [ʒuʀnalism] *nm* periodismo; **journaliste** *nm/f* periodista *m/f*

journée [ʒuʀne] *nf* día *m*; (*travail*

d'une journée) jornada; **la ~ continue** la jornada continua

joyau, x [ʒwajo] *nm* joya

joyeux, -euse [ʒwajø, øz] *adj* feliz, alegre; **~ Noël!** ¡feliz Navidad!; **~ anniversaire!** ¡feliz cumpleaños!

jubiler [ʒybile] *vi* regocijarse

judas [ʒyda] *nm* mirilla

judiciaire [ʒydisjɛʀ] *adj* judicial

judicieux, -euse [ʒydisjø, jøz] *adj* juicioso(-a), sensato(-a)

judo [ʒydo] *nm* judo

juge [ʒyʒ] *nm* juez *m/f*; **juge d'instruction/de paix** juez de instrucción/de paz

jugé [ʒyʒe]: **au ~** *adv* a bulto

jugement [ʒyʒmɑ̃] *nm* (*Jur*) sentencia; (*gén*) juicio

juger [ʒyʒe] *vt* juzgar; (*Jur*) juzgar, sentenciar; **~ bon de faire ...** juzgar oportuno hacer ...; **~ de qch** juzgar algo

juif, -ive [ʒɥif, ʒɥiv] *adj* judío(-a) ▷ *nm/f*: **J~, Juive** judío(-a)

juillet [ʒɥijɛ] *nm* julio; **le premier ~** el uno de julio; **le deux/onze ~** el dos/once de julio; **début/fin ~** a primeros/finales de julio; **le 14 ~** el 14 de julio (*la fiesta nacional francesa*)

14 JUILLET

En Francia, **le 14 juillet** es una fiesta nacional en conmemoración del asalto a la Bastilla durante la Revolución Francesa, celebrada con desfiles, música, baile y fuegos artificiales. En París tiene lugar un desfile militar por los Champs-Élysées en presencia del Presidente.

juin [ʒɥɛ̃] *nm* junio; *voir aussi* **juillet**

jumeau, -elle, x [ʒymo, ɛl] *adj, nm/f* gemelo(-a)

jumeler [ʒym(ə)le] *vt* (*Tech*) acoplar; (*villes*) hermanar

jumelle [ʒymɛl] *vb voir* **jumeler** ▷ *adj, nf voir* **jumeau**; **jumelles** *nfpl* (*instrument*) gemelos *mpl*

jument [ʒymɑ̃] *nf* yegua

jungle [ʒœ̃gl] *nf* jungla, selva

jupe [ʒyp] *nf* falda, pollera (*Am*)

jupon [ʒypɔ̃] *nm* enaguas *fpl*

juré [ʒyʀe] *nm* jurado

jurer [ʒyʀe] *vt* jurar ▷ *vi* jurar; **~ (avec)** (*couleurs etc*) chocar (con), desentonar (con); **~ de faire/que** jurar hacer/que; **~ de qch** jurar algo, responder de algo

juridique [ʒyʀidik] *adj* jurídico(-a)

juron [ʒyʀɔ̃] *nm* juramento

jury [ʒyʀi] *nm* (*Jur*) jurado

jus [ʒy] *nm* jugo, zumo (*Esp*); (*de viande*) jugo; **jus de fruits** jugo *ou* zumo (*Esp*) de frutas

jusque [ʒysk]: **jusqu'à** *prép* hasta; **jusqu'au matin/soir** hasta la mañana/la tarde; **jusqu'à ce que** hasta que; **jusqu'à présent** *ou* **maintenant** hasta ahora; **~ sur/dans** hasta arriba de/en; (*y compris*) hasta, incluso

justaucorps [ʒystokɔʀ] *nm* malla

juste [ʒyst] *adj* justo(-a); (*légitime*) justo(-a), legítimo(-a); (*étroit*) ajustado(-a); (*insuffisant*) escaso(-a) ▷ *adv* (*avec exactitude, précision*) con precisión; (*étroitement*) apretado; (*chanter*) afinado; **~ assez/au-dessus** bastante/hasta por encima de; **au ~** exactamente; **le ~ milieu** el término medio; **à ~ titre** con razón; **justement** *adv* justamente; **c'est justement ce qu'il fallait faire** es precisamente lo que había que hacer; **justesse** *nf* (*exactitude, précision*) precisión *f*, exactitud *f*; (*d'une remarque*) propiedad *f*; (*d'une opinion*) rectitud *f*; **de justesse** por poco

justice [ʒystis] *nf* justicia

justificatif, -ive [ʒystifikatif, iv] *adj* justificativo(-a)
justifier [ʒystifje] *vt* justificar; **~ de** probar; **justifié à droite/gauche** justificado a la derecha/izquierda
juteux, -euse [ʒytø, øz] *adj* jugoso(-a); (*fam*) jugoso(-a), sustancioso(-a)
juvénile [ʒyvenil] *adj* juvenil

K

K [ka] *abr* (= *kilooctet*) K
kaki [kaki] *adj inv* caqui
kangourou [kɑ̃guʀu] *nm* canguro
karaté [kaʀate] *nm* kárate *m*
kascher [kaʃɛʀ] *adj inv de acuerdo con las normas dietéticas de la ley hebraica*
kayak [kajak] *nm* kayak *m*
képi [kepi] *nm* quepis *m*
kermesse [kɛʀmɛs] *nf* romería
kidnapper [kidnape] *vt* secuestrar
kilo [kilo] *nm* kilo
kilo...: kilogramme *nm* kilogramo; **kilométrage** *nm* kilometraje *m*; **kilomètre** *nm* kilómetro; **kilométrique** *adj* kilométrico(-a)
kinésithérapeute [kineziteʀapøt] *nm/f* kinesiólogo(-a)
kiosque [kjɔsk] *nm* (*de jardin, à journaux*) kiosco *ou* quiosco
kir [kiʀ] *nm* kir *m* (*vino blanco con licor de grosella negra*)
kiwi [kiwi] *nm* kiwi *m*

klaxon [klaksɔn] *nm* bocina, claxon *m*; **klaxonner** *vi* tocar la bocina *ou* el claxon
km *abr* (= *kilomètre(s)*) km. (= *kilómetro(s)*)
km/h *abr* (= *kilomètres/heure*) km/h.
K.-O. [kao] *adj inv* K.O.
kyste [kist] *nm* quiste *m*

L

l' [l] *dét voir* **le**
la [la] *nm* (*Mus*) la *m inv* ▷ *dét, pron voir* **le**
là [la] *adv* (*plus loin*) ahí, allí; (*ici*) aquí; (*dans le temps*) entonces; **elle n'est pas ~** no está; **c'est ~ que** ahí *ou* allí es donde; (*ici*) aquí es donde; **~ où** allí donde; **par ~** (*fig*) con eso; **tout est ~** todo está ahí; **là-bas** *adv* allí
laboratoire [labɔʀatwaʀ] *nm* laboratorio
laborieux, -ieuse [labɔʀjø, jøz] *adj* laborioso(-a)
labourer [labuʀe] *vt* labrar
labyrinthe [labiʀɛ̃t] *nm* laberinto
lac [lak] *nm* lago
lacet [lasɛ] *nm* (*de chaussure*) cordón *m*
lâche [lɑʃ] *adj* (*poltron*) cobarde; (*desserré, pas tendu*) flojo(-a) ▷ *nm/f* cobarde *m/f*
lâcher [lɑʃe] *vt* soltar;

(*Sport: distancer*) despegarse de ▷ *vi* soltar; **~ les chiens** (*contre*) soltar los perros
lacrymogène [lakʀimɔʒɛn] *adj* lacrimógeno(-a)
lacune [lakyn] *nf* laguna
là-dedans [ladədɑ̃] *adv* ahí dentro
là-dessous [ladsu] *adv* ahí debajo; (*fig*) detrás de eso
là-dessus [ladsy] *adv* ahí encima; (*fig*) luego; (*à ce sujet*) al respecto
lagune [lagyn] *nf* laguna
là-haut [lao] *adv* allí arriba
laid, e [lɛ, lɛd] *adj* feo(-a); **laideur** *nf* fealdad *f*
lainage [lɛnaʒ] *nm* (*vêtement*) jersey *m ou* chaqueta de lana
laine [lɛn] *nf* lana; **pure ~** pura lana
laïque [laik] *adj, nm/f* laico(-a)
laisse [lɛs] *nf* (*de chien*) correa; **tenir en ~** tener atado(-a); (*fig*) manejar a su antojo
laisser [lese] *vt* dejar; **~ qch quelque part** dejar algo en algún sitio; **se ~ aller** abandonarse; **laisse-toi faire** déjate hacer; **rien ne laisse penser que ...** nada permite pensar que ...; **laisser-aller** *nm inv* (*péj*) desaliño; **laissez-passer** *nm inv* salvoconducto
lait [lɛ] *nm* leche *f*; **frère/sœur de ~** hermano/hermana de leche; **lait concentré/condensé** leche concentrada/condensada; **lait de beauté** leche de belleza; **laitage** *nm* producto lácteo; **laiterie** *nf* lechería; **laitier, -ière** *adj* (*produit, industrie*) lácteo(-a); **vache laitière** vaca lechera
laiton [lɛtɔ̃] *nm* latón *m*
laitue [lety] *nf* lechuga
lambeau, x [lɑ̃bo] *nm* jirón *m*; **en ~x** hecho(-a) jirones
lame [lam] *nf* (*de couteau etc*) hoja; (*de parquet etc*) lámina; (*vague*) ola; **lame de fond** mar *m* de fondo; **lame de rasoir** cuchilla de afeitar; **lamelle** *nf* laminilla
lamentable [lamɑ̃tabl] *adj* lamentable
lamenter [lamɑ̃te] *vb*: **se ~ (sur)** quejarse (de)
lampadaire [lɑ̃padɛʀ] *nm* lámpara de pie
lampe [lɑ̃p] *nf* lámpara; **lampe de chevet/halogène** lámpara de mesa/halógena; **lampe à pétrole** lámpara de petróleo, quinqué *m*; **lampe à souder** soplete *m*; **lampe de poche** linterna
lance [lɑ̃s] *nf* lanza; **lance d'incendie/d'arrosage** manguera de incendios/de riego
lancée [lɑ̃se] *nf*: **être/continuer sur sa ~** aprovechar el impulso inicial
lancement [lɑ̃smɑ̃] *nm* lanzamiento
lance-pierres [lɑ̃spjɛʀ] *nm inv* tirachinas *m inv*
lancer [lɑ̃se] *nm* lanzamiento ▷ *vt* lanzar; (*emprunt*) emitir; **~ qch à qn** lanzar algo a algn; (*de façon agressive*) arrojar algo a algn; **~ un appel** lanzar un llamamiento; **se lancer** *vpr* lanzarse; **se ~ sur** *ou* **contre** lanzarse sobre *ou* contra; **se ~ dans** lanzarse en; **lancer du poids** lanzamiento de peso
landau [lɑ̃do] *nm* coche *m ou* carro de niño
lande [lɑ̃d] *nf* landa
langage [lɑ̃gaʒ] *nm* lenguaje *m*
langouste [lɑ̃gust] *nf* langosta; **langoustine** *nf* cigala
langue [lɑ̃g] *nf* lengua; **~ de terre** franja de tierra; **tirer la ~ (à)** sacar la lengua (a); **de ~ française** de lengua francesa; **langue maternelle** lengua materna; **langue vivante** lengua viva
langueur [lɑ̃gœʀ] *nf* languidez *f*
languir [lɑ̃giʀ] *vi* languidecer; **faire ~ qn** hacer esperar a algn
lanière [lanjɛʀ] *nf* tralla

lanterne [lɑ̃tɛʀn] *nf* linterna; (*de voiture*) luz *f* de población; **lanterne rouge** (*fig*) farolillo rojo
laper [lape] *vt* beber a lengüetadas
lapidaire [lapidɛʀ] *adj* lapidario(-a)
lapin [lapɛ̃] *nm* conejo
Laponie [lapɔni] *nf* Laponia
laps [laps] *nm*: **~ de temps** lapso
laque [lak] *nm ou f* laca
laquelle [lakɛl] *pron voir* **lequel**
larcin [laʀsɛ̃] *nm* ratería
lard [laʀ] *nm* tocino
lardon [laʀdɔ̃] *nm* (*Culin*) torrezno
large [laʀʒ] *adj* ancho(-a); **~ d'esprit** de mentalidad abierta
▷ *adv*: **calculer ~** calcular por lo alto; **voir ~** ver con amplitud ▷ *nm*: **5 m de ~** 5m de ancho; **le ~** alta mar; **au ~ de** a la altura de; **largement** *adv* ampliamente; (*au minimum*) al menos; (*sans compter*) generosamente; **largesse** *nf* esplendidez *f*, largueza; **largesses** *nfpl* (*dons*) regalos *mpl* espléndidos; **largeur** *nf* anchura; (*impression visuelle, fig*) amplitud *f*
larguer [laʀge] *vt* (*fam*) pasar de; **~ les amarres** soltar amarras
larme [laʀm] *nf* lágrima; **une ~ de** (*fig*) una gota de; **en ~s** llorando; **larmoyer** *vi* (*yeux*) lagrimear
larvé, e [laʀve] *adj* larvado(-a)
laryngite [laʀɛ̃ʒit] *nf* laringitis *f inv*
las, lasse [lɑ, lɑs] *adj* fatigado(-a)
laser [lazɛʀ] *nm*: **(rayon) ~** (rayo) láser *m*; **disque ~** disco láser
lasse [lɑs] *adj f voir* **las**
lasser [lɑse] *vt* (*ennuyer*) cansar; **se lasser de** *vpr* cansarse de
latéral, e, -aux [lateʀal, o] *adj* lateral
latin, e [latɛ̃, in] *adj* latino(-a)
latitude [latityd] *nf* latitud *f*
lauréat, e [lɔʀea, at] *nm/f* galardonado(-a)
laurier [lɔʀje] *nm* laurel *m*
lavable [lavabl] *adj* lavable
lavabo [lavabo] *nm* lavabo
lavage [lavaʒ] *nm* lavado; **lavage de cerveau** lavado de cerebro
lavande [lavɑ̃d] *nf* lavanda
lave [lav] *nf* lava
lave-linge [lavlɛ̃ʒ] *nm inv* lavadora
laver [lave] *vt* lavar; **se laver** *vpr* lavarse; **se ~ les dents/les mains** lavarse los dientes/las manos; **s'en ~ les mains** (*fig*) lavarse las manos con respecto a algo; **laverie** *nf*: **laverie (automatique)** lavandería; **lavette** *nf* estropajo; (*fig: péj*) calzonazos *m inv*; **laveur, -euse** *nm/f* (*de carreaux*) lavacristales *m inv*; (*de voitures*) lavacoches *m/f inv*; **lave-vaisselle** *nm inv* lavaplatos *m inv*; **lavoir** *nm* lavadero
laxatif, -ive [laksatif, iv] *adj, nm* laxante *m*
layette [lɛjɛt] *nf* canastilla

MOT-CLÉ

le, l', la [lə, l, la] (*pl* **les**) *art déf*
1 (*masculin*) el; (*féminin*) la; (*pluriel*) los/las; **la pomme/l'arbre** la manzana/el árbol; **les étudiants/femmes** los estudiantes/las mujeres
2 (*indiquant la possession*): **avoir les yeux gris** tener los ojos grises
3 (*temps*): **travailler le matin/le soir** trabajar por la mañana/la tarde; **le jeudi** (*d'habitude*) los jueves; (*ce jeudi-là*) el jueves; **le lundi je vais toujours au cinéma** los lunes voy siempre al cine
4 (*distribution, évaluation*) el/la; **10 euros le mètre/la douzaine** 10 euros el metro/la docena; **le tiers/quart de** el tercio/cuarto de
▷ *pron* 1 (*masculin*) lo; (*féminin*) la; (*pluriel*) los/las; **je le/la/les vois** lo/la/los(las) veo
2 (*remplaçant une phrase*): **je ne le savais pas** no lo sabía; **il était riche**

et ne l'est plus era rico y ya no lo es

lécher [leʃe] *vt* lamer; **~ les vitrines** mirar los escaparates; **lèche-vitrines** *nm inv*: **faire du lèche-vitrines** mirar escaparates

leçon [l(ə)sɔ̃] *nf* clase *f*; (*fig*) lección *f*; **faire la ~** dar la lección; **leçons de conduite** clases de conducir

lecteur, -trice [lɛktœʀ, tʀis] *nm/f* lector(a) ▷ *nm* (*Tech*): **~ de cassettes** cassette *m*; **~ de CD/DVD/MP3** lector *m ou* reproductor *m* de CD/DVD/MP3; (*Inform*): **~ de disquette(s)** *ou* **de disque** lector *m* de disquete(s) *ou* de disco

lecture [lɛktyʀ] *nf* lectura

légal, e, -aux [legal, o] *adj* legal; **légaliser** *vt* legalizar; **légalité** *nf* legalidad *f*

légendaire [leʒɑ̃dɛʀ] *adj* legendario(-a)

légende [leʒɑ̃d] *nf* leyenda; (*d'une photo*) pie *m*

léger, -ère [leʒe, ɛʀ] *adj* ligero(-a); (*erreur, retard*) leve; (*peu sérieux, personne*) superficial; (*volage*) frívolo(-a); **à la légère** a la ligera; **légèrement** *adv* ligeramente, suavemente; **légèreté** *nf* ligereza; (*d'une personne*) superficialidad *f*

LÉGION D'HONNEUR

Creada por Napoleón en 1802 para premiar los servicios prestados al estado, **la Légion d'honneur** es una prestigiosa orden encabezada por el Presidente de la República, el "Grand Maître". Sus miembros reciben una paga anual libre de impuestos.

législatif, -ive [leʒislatif, iv] *adj* legislativo(-a); **législatives** *nfpl* elecciones *fpl* legislativas

légitime [leʒitim] *adj* legítimo(-a); **en (état de) ~ défense** (*Jur*) en (estado de) legítima defensa

legs [lɛg] *nm* (*Jur, fig*) legado

léguer [lege] *vt*: **~ qch à qn** legar algo a algn

légume [legym] *nm* verdura

lendemain [lɑ̃dmɛ̃] *nm*: **le ~** el día siguiente; **le ~ matin/soir** el día siguiente por la mañana/por la noche; **le ~ de** el día después de; **sans ~** sin futuro, sin porvenir

lent, e [lɑ̃, lɑ̃t] *adj* lento(-a); **lentement** *adv* lentamente; **lenteur** *nf* lentitud *f*

lentille [lɑ̃tij] *nf* (*Optique*) lente *f*; **lentilles de contact** lentillas *fpl*

léopard [leɔpaʀ] *nm* leopardo

lèpre [lɛpʀ] *nf* lepra

lequel, laquelle [ləkɛl, lakɛl] (*pl* **lesquels, f lesquelles**) (*à + lequel =* **auquel**, *de + lequel =* **duquel** *etc*) *pron* (*interrogatif*) cuál; (*relatif: personne*) el/la cual, que; (*: après préposition*) el/la cual; **laquelle des chambres est la sienne?** ¿cuál de las habitaciones es la suya?; **un homme sur la compétence duquel on ne peut compter** un hombre con cuya competencia no se puede contar ▷ *adj*: **il prit un livre, ~ livre ...** cogió un libro, el cual ...

les [le] *dét voir* **le**

lesbienne [lɛsbjɛn] *nf* lesbiana

lesdits, lesdites [ledi, ledit] *dét voir* **ledit**

léser [leze] *vt* perjudicar

lésiner [lezine] *vi*: **~ (sur)** escatimar (en)

lésion [lezjɔ̃] *nf* lesión *f*

lesquels, lesquelles [lekɛl] *pron voir* **lequel**

lessive [lesiv] *nf* detergente *m*; (*linge*) colada; (*opération*) lavado; **lessiver** *vt* lavar

lest [lɛst] *nm* lastre *m*

leste [lɛst] *adj* ágil, ligero(-a); (*osé*) atrevido(-a)
lettre [lɛtʀ] *nf* carta; (*Typo*) letra; **lettres** *nfpl* (*Art, Scol*) letras *fpl*; **à la ~** (*fig*) al pie de la letra; **en toutes ~s** por extenso, sin abreviar; **lettre morte**: **rester ~ morte** quedarse en papel mojado; **lettre ouverte** (*Pol, de journal*) carta abierta
leucémie [løsemi] *nf* leucemia
leur [lœʀ] *adj possessif* su ▷ *pron* (*objet indirect*) les; (*: après un autre prénom à la troisième personne*) se; **~ maison** su casa; **~s amis** sus amigos; **à ~ avis** en su opinión; **à ~ approche** al acercarse ellos; **à ~ vue** al verles; **je ~ ai dit la vérité** les dije la verdad; **je le ~ ai donné** se lo di; **le/la ~, les ~s** (*possessif*) el/la suyo(-a), los/las suyos(-as)
leurs [lœʀ] *adj voir* **leur**
levain [ləvɛ̃] *nm* levadura
levé, e [ləve] *adj*: **être ~** estar levantado(-a); **au pied ~** de forma improvisada; **levée** *nf* (*Postes*) recogida; (*Cartes*) baza; **levée de boucliers** (*fig*) levantamiento de protestas
lever [l(ə)ve] *vt* levantar; (*vitre*) subir; (*impôts*) recaudar; (*armée*) reclutar; **se lever** *vpr* levantarse; (*soleil*) salir ▷ *vi* (*Culin*) levantarse; (*semis, graine*) brotar ▷ *nm*: **au ~** al amanecer; **lever de soleil/du jour** amanecer *m*; **lever du rideau** subida del telón
levier [ləvje] *nm* palanca
lèvre [lɛvʀ] *nf* labio; **du bout des ~s** (*manger*) con desgana
lévrier [levʀije] *nm* galgo
levure [l(ə)vyʀ] *nf* levadura
lexique [lɛksik] *nm* glosario
lézard [lezaʀ] *nm* lagarto
lézarde [lezaʀd] *nf* grieta
liaison [ljɛzɔ̃] *nf* (*rapport*) relación *f*; (*Rail, Aviat, Phonétique*) enlace *m*; (*relation amoureuse*) relaciones *fpl*; (*hum*) lío; **entrer/être en ~ avec** entrar/estar en comunicación con
liane [ljan] *nf* liana
liasse [ljas] *nf* fajo
Liban [libɑ̃] *nm* Líbano; **libanais, e** *adj* libanés(-esa) ▷ *nm/f*: **Libanais, e** libanés(-esa)
libeller [libele] *vt*: **~ (au nom de)** extender (a la orden de)
libellule [libelyl] *nf* libélula
libéral, e, -aux [libeʀal, o] *adj, nm/f* liberal *m/f*; **les professions ~es** las profesiones liberales
libérer [libeʀe] *vt* liberar; (*de prison*) poner en libertad; **se libérer** *vpr* (*de rendez-vous*) escaparse
liberté [libɛʀte] *nf* libertad *f*; **mettre/être en ~** poner/estar en libertad; **en ~ provisoire/surveillée/conditionnelle** en libertad provisional/vigilada/condicional; **liberté d'association/de la presse/syndicale** libertad de asociación/de prensa/sindical; **libertés individuelles** libertades individuales
libraire [libʀɛʀ] *nm/f* librero(-a)
librairie [libʀeʀi] *nf* librería
libre [libʀ] *adj* libre; (*propos, manières*) atrevido(-a); (*ligne téléphonique*) desocupado(-a); (*Scol*) privado(-a); **~ de qch/de faire** libre de algo/de hacer; **en vente ~** de venta libre; **libre arbitre** libre albedrío; **libre-échange** *nm* librecambio; **libre-service** (*pl* **libres-services**) *nm* autoservicio
Libye [libi] *nf* Libia
licence [lisɑ̃s] *nf* licencia; (*diplôme*) ≈ licenciatura
licencié, e [lisɑ̃sje] *nm/f*: **~ ès lettres/en droit** ≈ licenciado en letras/derecho(-a); (*Sport*) poseedor(a) de licencia
licenciement [lisɑ̃simɑ̃] *nm* despido
licencier [lisɑ̃sje] *vt* despedir
licite [lisit] *adj* lícito(-a)

lie [li] *nf* heces *fpl*
lié, e [lje] *adj*: **être très ~ avec qn** (*fig*) tener mucha confianza con algn; **être ~ par** (*serment, promesse*) estar comprometido(-a) por
liège [ljɛʒ] *nm* corcho
lien [ljɛ̃] *nm* ligadura; (*rapport affectif, culturel*) vínculo; **lien de parenté** lazo de parentesco
lier [lje] *vt* (*attacher*) atar; (*joindre*) unir, ligar; (*fig*) unir; (*moralement*) vincular; (*sauce*) espesar; **se ~ (avec qn)** relacionarse (con algn); **~ qch à** (*attacher*) atar algo a; **~ amitié (avec)** trabar amistad (con); **~ conversation (avec)** entablar conversación (con); **~ connaissance (avec)** entablar relación (con), trabar conocimiento (con)
lierre [ljɛʀ] *nm* hiedra
lieu, x [ljø] *nm* (*position*) lugar *m*, sitio; (*endroit*) lugar; **lieux** *nmpl* (*habitation, salle*): **vider** *ou* **quitter les ~x** desalojar el lugar; (*d'un accident, manifestation*): **arriver/être sur les ~x** llegar al/estar en el lugar; **en ~ sûr** en lugar seguro; **en haut ~** en altas esferas; **en premier/dernier ~** en primer/último lugar; **avoir ~** tener lugar, suceder; **donner ~ à** dar lugar a; **au ~ de** en lugar de, en vez de; **lieu commun** lugar común; **lieu public** lugar público; **lieu-dit** (*pl* **lieux-dits**) *nm* aldea
lieutenant [ljøt(ə)nɑ̃] *nm* teniente *m*
lièvre [ljɛvʀ] *nm* liebre *f*
ligament [ligamɑ̃] *nm* ligamento
ligne [liɲ] *nf* línea; **entrer en ~ de compte** entrar en cuenta; **ligne de conduite** línea de conducta
lignée [liɲe] *nf* linaje *m*
ligoter [ligɔte] *vt* (*bras, personne*) amarrar
ligue [lig] *nf* (*association*) liga, asociación *f*
lilas [lila] *nm* lila
limace [limas] *nf* babosa
limande [limɑ̃d] *nf* gallo
lime [lim] *nf* lima; **lime à ongles** lima de uñas; **limer** *vt* limar
limitation [limitasjɔ̃] *nf* limitación *f*; **limitation de vitesse** limitación de velocidad
limite [limit] *nf* límite *m*; **à la ~** (*au pire*) como mucho; **vitesse/charge ~** velocidad *f*/carga límite; **cas ~** caso límite; **date ~ de vente/consommation** fecha límite de venta/consumo; **limiter** *vt* (*délimiter*) delimitar; **limitrophe** *adj* limítrofe
limoger [limɔʒe] *vt* destituir
limon [limɔ̃] *nm* limo
limonade [limɔnad] *nf* gaseosa
lin [lɛ̃] *nm* lino
linceul [lɛ̃sœl] *nm* mortaja
linge [lɛ̃ʒ] *nm* (*serviettes etc*) ropa blanca; (*pièce de tissu*) lienzo; (*aussi*: **~ de corps**) ropa interior; (*lessive*) colada; **lingerie** *nf* lencería
lingot [lɛ̃go] *nm* lingote *m*
linguistique [lɛ̃gɥistik] *adj* lingüístico(-a) ▷ *nf* lingüística
lion, ne [ljɔ̃, ɔn] *nm/f* león/leona; **lionceau, x** *nm* cachorro de león
liqueur [likœʀ] *nf* licor *m*
liquidation [likidasjɔ̃] *nf* liquidación *f*
liquide [likid] *adj* líquido(-a) ▷ *nm* líquido; **en ~** (*Comm*) en líquido; **liquider** *vt* liquidar
lire [liʀ] *nf* (*monnaie italienne*) lira ▷ *vt, vi* leer
lis [lis] *vb voir* **lire** ▷ *nm* = **lys**
lisible [lizibl] *adj* legible
lisière [lizjɛʀ] *nf* (*d'une forêt*) lindero, linde *m ou f*
lisons [lizɔ̃] *vb voir* **lire**
lisse [lis] *adj* liso(-a)
liste [list] *nf* lista; **faire la ~ de** hacer la lista de; **liste de mariage** lista de boda; **liste électorale/noire** lista

electoral/negra; **listing** *nm* (*Inform*) listado

lit [li] *nm* cama; (*de rivière*) lecho; **faire son ~** hacerse la cama; **aller/se mettre au ~** ir a/meterse en la cama; **lit d'enfant** cuna; **lit de camp** cama de campaña; **lit simple/double** cama sencilla/de matrimonio

literie [litʀi] *nf* ropa de cama

litige [litiʒ] *nm* litigio

litre [litʀ] *nm* litro

littéraire [liteʀɛʀ] *adj* literario(-a)

littéral, e, -aux [liteʀal, o] *adj* literal

littérature [liteʀatyʀ] *nf* literatura

littoral, e, -aux [litɔʀal, o] *adj, nm* litoral *m*

livide [livid] *adj* lívido(-a)

livraison [livʀɛzɔ̃] *nf* entrega, reparto

livre [livʀ] *nm* libro ▷ *nf* (*poids, monnaie*) libra; **livre d'or** libro de oro; **livre de bord** diario de navegación; **livre de poche** libro de bolsillo

livré, e [livʀe] *adj*: **~ à** (*soumis à*) sometido(-a) a; **~ à soi-même** abandonado a sí mismo

livrer [livʀe] *vt* (*marchandises, otage, complice*) entregar; (*plusieurs colis etc*) repartir; (*secret, information*) revelar; **se livrer à** *vpr* entregarse a

livret [livʀɛ] *nm* (*petit livre*) librito; (*d'opéra*) libreto; **livret de caisse d'épargne** libreta de ahorros; **livret de famille** libro de familia; **livret scolaire** libro escolar

livreur, -euse [livʀœʀ, øz] *nm/f* repartidor(a)

local, e, -aux [lɔkal, o] *adj* local ▷ *nm* local *m*; **locaux** *nmpl* (*d'une compagnie*) locales *mpl*; **localité** *nf* localidad *f*

locataire [lɔkatɛʀ] *nm/f* inquilino(-a)

location [lɔkasjɔ̃] *nf* alquiler *m*; (*par le propriétaire*) arriendo, alquiler; **"~ de voitures"** "alquiler de coches"

locomotive [lɔkɔmɔtiv] *nf* locomotora

locution [lɔkysjɔ̃] *nf* (*Ling*) locución *f*

loge [lɔʒ] *nf* (*d'artiste*) camerino; (*de spectateurs*) palco; (*de concierge*) portería, conserjería; (*de franc-maçon*) logia

logement [lɔʒmɑ̃] *nm* alojamiento; (*maison, appartement*) vivienda; **chercher un ~** buscar una vivienda; **logement de fonction** alojamiento de servicio

loger [lɔʒe] *vt* alojar ▷ *vi* vivir; **se loger** *vpr*: **trouver à se ~** encontrar dónde alojarse *ou* vivir; **logeur, -euse** *nm/f* casero(-a)

logiciel [lɔʒisjɛl] *nm* (*Inform*) software *m*

logique [lɔʒik] *adj* lógico(-a) ▷ *nf* lógica

logo [lɔgo] *nm* (*Comm*) logotipo

loi [lwa] *nf* ley *f*; **faire la ~** dictar la ley

loin [lwɛ̃] *adv* lejos; **au ~** a lo lejos; **de ~** de lejos; (*de beaucoup*) con mucho; **il revient de ~** (*fig*) ha vuelto a nacer; **~ de là** ni mucho menos

lointain, e [lwɛ̃tɛ̃, ɛn] *adj* lejano(-a)

loir [lwaʀ] *nm* lirón *m*

loisir [lwaziʀ] *nm*: **heures de ~** horas *fpl* de ocio; **loisirs** *nmpl* tiempo libre *msg*; (*activités*) diversiones *fpl*

londonien, ne [lɔ̃dɔnjɛ̃, jɛn] *adj* londinense ▷ *nm/f*: **L~, ne** londinense *m/f*

Londres [lɔ̃dʀ] *n* Londres

long, longue [lɔ̃, lɔ̃g] *adj* largo(-a) ▷ *adv*: **en dire/savoir ~** decir/saber mucho ▷ *nm*: **de 5 mètres de ~** de 5 metros de largo; **au ~ cours** (*Naut*) de altura; **de longue date** de antiguo; **longue durée** larga duración; **(tout) le ~ de** (*rue, bord*) a lo largo de; **tout au ~ de** (*année, vie*) a lo largo de; **de ~ en large** de un lado a otro

longer [lɔ̃ʒe] *vt* bordear, costear

longiligne [lɔ̃ʒiliɲ] *adj* longilíneo(-a)
longitude [lɔ̃ʒityd] *nf* longitud *f*
longtemps [lɔ̃tɑ̃] *adv* mucho tiempo; **avant ~** dentro de poco; **pour/pendant ~** para/durante mucho tiempo; **mettre ~ à faire qch** costarle mucho tiempo a algn *ou* algo hacer algo; **elle/il en a pour ~ (à le faire)** le va a llevar un buen rato (hacerlo); **il y a ~ que je n'ai pas travaillé** llevo mucho tiempo sin trabajar
longue [lɔ̃g] *adj f voir* **long** ▷ *nf*: **à la ~** a la larga; **longuement** *adv* mucho tiempo, largamente
longueur [lɔ̃gœʀ] *nf* longitud *f*; **en ~** a lo largo; **tirer en ~** alargarse demasiado; **à ~ de journée** durante todo el día
loquet [lɔkɛ] *nm* picaporte *m*
lorgner [lɔʀɲe] *vt* mirar de reojo
lors [lɔʀ]: **~ de** *prép* durante
lorsque [lɔʀsk] *conj* cuando
losange [lɔzɑ̃ʒ] *nm* rombo
lot [lo] *nm* lote *m*; (*de loterie*) premio; **lot de consolation** premio de consolación
loterie [lɔtʀi] *nf* (*tombola*) lotería, rifa
lotion [losjɔ̃] *nf* loción *f*
lotissement [lɔtismɑ̃] *nm* (*de maisons, d'immeubles*) urbanización *f*
loto [lɔto] *nm* lotería; (*jeu de hasard*) loto

LOTO

La **Loto** es un sorteo nacional de lotería que distribuye grandes sumas de dinero. Los apostantes escogen 7 números de entre 49. Cuantos más números acertados, mayor es el premio. El sorteo se televisa dos veces a la semana.

lotte [lɔt] *nf* (*de mer*) rape *m*
louanges [lwɑ̃ʒ] *nfpl* (*compliments*) elogios *mpl*, alabanzas *fpl*
loubard [lubaʀ] *nm* macarra *m*
louche [luʃ] *adj* sospechoso(-a) ▷ *nf* cucharón *m*; **loucher** *vi* bizquear
louer [lwe] *vt* alquilar; (*réserver*) reservar; **"à ~"** "se alquila"
loup [lu] *nm* lobo; (*poisson*) róbalo, lubina
loupe [lup] *nf* (*Optique*) lupa; **~ de noyer** (*Menuiserie*) nudo de nogal; **à la ~** (*fig*) con lupa
louper [lupe] (*fam*) *vt* (*train etc*) perder; (*examen*) catear
lourd, e [luʀ, luʀd] *adj* pesado(-a); (*chaleur, temps*) bochornoso(-a); (*responsabilité*) importante; **~ de** (*conséquences, menaces*) lleno(-a) de; **lourdaud, e** (*péj*) *adj* torpe, tosco(-a); **lourdement** *adv*: **marcher/tomber lourdement** andar con paso pesado/caer como un plomo; **se tromper lourdement** equivocarse burdamente
loutre [lutʀ] *nf* nutria
louveteau, x [luv(ə)to] *nm* (*Zool*) lobezno; (*scout*) joven scout *m*
louvoyer [luvwaje] *vi* (*Naut*) bordear; (*fig*) andar con rodeos
loyal, e, -aux [lwajal, o] *adj* leal; (*fair-play*) legal; **loyauté** *nf* lealtad *f*
loyer [lwaje] *nm* alquiler *m*
lu [ly] *pp de* **lire**
lubie [lybi] *nf* capricho, antojo
lubrifiant [lybʀifjɑ̃] *nm* lubrificante *m*
lubrifier [lybʀifje] *vt* lubrificar
lubrique [lybʀik] *adj* lúbrico(-a)
lucarne [lykaʀn] *nf* tragaluz *m*
lucide [lysid] *adj* lúcido(-a)
lucratif, -ive [lykʀatif, iv] *adj* lucrativo(-a); **à but non ~** sin ánimo de lucro
lueur [lɥœʀ] *nf* resplandor *m*; (*fig: de désir, colère*) señal *f*; (*d'espoir*) rayo, chispa
luge [lyʒ] *nf* trineo (*pequeño*)

lugubre [lygybʀ] *adj* lúgubre; (*lumière, temps*) lóbrego(-a)
lui [lɥi] *pron* (*objet indirect*) le; (: *après un autre pronom à la troisième personne*) se; (*sujet, objet direct: aussi forme emphatique*) él; **je ~ ai donné de l'argent** le di dinero; **je le ~ donne** se lo doy; **elle est riche, ~ est pauvre** ella es rica, él es pobre; **~, il est à Paris** él está en París; **c'est ~ qui l'a fait** lo hizo él; **à ~** (*possessif*) suyo(-a), suyos(-as), de él; **cette voiture est à ~** ese coche es suyo; **je la connais mieux que ~** la conozco mejor que él; **~-même** él mismo; **il a agi de ~-même** obró por sí mismo
luire [lɥiʀ] *vi* brillar, relucir
lumière [lymjɛʀ] *nf* luz *f*; (*personne*) lumbrera; **lumières** *nfpl* (*d'une personne*) luces *fpl*; **mettre qch en ~** (*fig*) poner algo en claro, sacar algo a la luz; **lumière du jour/du soleil** luz del día/del sol
luminaire [lyminɛʀ] *nm* luminaria
lumineux, -euse [lyminø, øz] *adj* luminoso(-a)
lunatique [lynatik] *adj* lunático(-a)
lundi [lœ̃di] *nm* lunes *m inv*; **on est ~** estamos a lunes; **le(s) ~(s)** (*chaque lundi*) el (los) lunes; **"à ~"** "hasta el lunes"; **lundi de Pâques** lunes de Pascua
lune [lyn] *nf* luna; **être dans la ~** estar en la luna; **lune de miel** luna de miel
lunette [lynɛt] *nf*: **~s** *nfpl* gafas *fpl*, anteojos *mpl* (*Am*); **lunette arrière** (*Auto*) ventanilla trasera; **lunettes noires/de soleil** gafas negras/de sol
lustre [lystʀ] *nm* araña; (*éclat*) brillo; **lustrer** *vt* lustrar
luth [lyt] *nm* laúd *m*
lutin [lytɛ̃] *nm* duende *m*
lutte [lyt] *nf* lucha; **lutter** *vi* luchar
luxe [lyks] *nm* lujo; **de ~** de lujo
Luxembourg [lyksɑ̃buʀ] *nm* Luxemburgo
luxer [lykse] *vt*: **se ~ l'épaule/le genou** luxarse el hombro/la rodilla
luxueux, -euse [lyksɥø, øz] *adj* lujoso(-a)
lycée [lise] *nm* instituto, liceo (*Am*); **lycéen, ne** *nm/f* alumno(-a) de instituto
lyophilisé, e [ljɔfilize] *adj* liofilizado(-a)
lyrique [liʀik] *adj* lírico(-a)
lys [lis] *nm* (*Bot*) lirio; (*emblème*) lis *m*

m

M *abr* (= *Monsieur*) Sr. (= *Señor*)
m' [m] *pron voir* **me**
ma [ma] *dét voir* **mon**
macaron [makaʀɔ̃] *nm* mostachón *m*
macaroni [makaʀɔni] *nm* macarrones *mpl*
macédoine [masedwan] *nf*: **~ de fruits** macedonia de frutas
macérer [maseʀe] *vi, vt* macerar
mâcher [mɑʃe] *vt* masticar; **ne pas ~ ses mots** no tener pelos en la lengua
machin [maʃɛ̃] (*fam*) *nm* chisme *m*
machinal, e, -aux [maʃinal, o] *adj* maquinal; **machinalement** *adv* mecánicamente
machination [maʃinasjɔ̃] *nf* maquinación *f*
machine [maʃin] *nf* máquina; **machine à coudre/à écrire/à tricoter** máquina de coser/de escribir/de tricotar; **machine à laver** lavadora; **machine à sous** máquina tragaperras *inv*
mâchoire [mɑʃwaʀ] *nf* mandíbula
mâchonner [mɑʃɔne] *vt* mordisquear
maçon [masɔ̃] *nm* albañil *m*; **maçonnerie** *nf* albañilería; (*murs*) muros *mpl*
Madame [madam] (*pl* **Mesdames**) *nf*: **~ X** la señora X; **occupez-vous de ~/de Monsieur/de Mademoiselle** atienda a la señora/al señor/a la señorita; **bonjour ~/Monsieur/Mademoiselle** (*ton déférent*) buenos días señora/señor/señorita; **~/monsieur** (*pour appeler*) ¡(oiga) señora/señor!; **~/Monsieur/Mademoiselle** (*sur lettre*) Señora/Señor/Señorita; **chère ~/cher Monsieur/chère Mademoiselle** estimado(-a) Señora/Señor/Señorita; **Mesdames** Señoras
madeleine [madlɛn] *nf* (*gâteau*) magdalena
Mademoiselle [madmwazɛl] (*pl* **Mesdemoiselles**) *nf* Señorita; *voir aussi* **Madame**
madère [madɛʀ] *nm* madeira *m*
magasin [magazɛ̃] *nm* tienda; (*entrepôt*) almacén *m*
magazine [magazin] *nm* revista; (*radiodiffusé, télévisé*) magazine *m*
Maghreb [magʀɛb] *nm* Magreb *m*
magicien, ne [maʒisjɛ̃, jɛn] *nm/f* mago(-a)
magie [maʒi] *nf* magia; **magique** *adj* mágico(-a)
magistral, -aux [maʒistʀal, o] *adj* magistral; **cours ~** (*ex cathedra*) clase *f* teórica
magistrat [maʒistʀa] *nm* magistrado
magnétique [maɲetik] *adj* magnético(-a)
magnétophone [maɲetɔfɔn] *nm* magnetófono; **magnétophone (à cassettes)** cassette *m*

magnétoscope [maɲetɔskɔp] *nm* magnetoscopio
magnifique [maɲifik] *adj* magnífico(-a)
magret [magʀɛ] *nm*: **~ de canard** filete *m* de pechuga de pato
mai [mɛ] *nm* mayo; *voir aussi* **juillet**

MAI

Le premier mai es una fiesta oficial en Francia que marca las movilizaciones sindicales de 1886 en Estados Unidos para conseguir la jornada laboral de ocho horas. Es costumbre intercambiar y llevar puestas ramitas de lirio de los valles. **Le 8 mai** es una fiesta oficial en Francia para conmemorar la rendición del ejército alemán ante Eisenhower el 7 de mayo de 1945. En la mayoría de las poblaciones se hacen desfiles de veteranos de guerra. La agitación social que tuvo lugar en mayo y junio de 1968, con manifestaciones estudiantiles, huelgas y disturbios, se conoce genéricamente como "les événements de **mai 68**". El gobierno de De Gaulle resistió, aunque se vio abocado a realizar reformas educativas y a avanzar hacia la descentralización.

maigre [mɛgʀ] *adj (après nom: personne, animal)* delgado(-a), flaco(-a); (*: viande, fromage*) magro(-a); (*fig: avant nom: repas, salaire, profit*) escaso(-a); **maigreur** *nf* delgadez *f*, flaqueza; **maigrir** *vi* adelgazar
mail [mɛl] *nm* e-mail *m*, correo
maille [mɑj] *nf (boucle)* eslabón *m*; (*ouverture: dans un filet etc*) punto; **avoir ~ à partir avec qn** andar en dimes y diretes con algn; **maille à l'endroit/à l'envers** punto del derecho/del revés
maillet [majɛ] *nm (outil)* mazo
maillon [mɑjɔ̃] *nm (d'une chaîne)* eslabón *m*
maillot [majo] *nm* malla; (*de sportif*) camiseta; **maillot (de corps)** camiseta; **maillot de bain** traje *m* de baño, bañador *m*
main [mɛ̃] *nf* mano *f*; **à la ~** a mano; **se donner la ~** darse la mano; **donner** *ou* **tendre la ~ à qn** dar *ou* tender la mano a algn; **serrer la ~ à qn** estrechar la mano a algn; **sous la ~** a mano; **haut les ~s** arriba las manos; **attaque à ~ armée** ataque *m* a mano armada; **à remettre en ~s propres** a entregar en mano; **mettre la dernière ~ à qch** dar el último toque a algo; **mettre la ~ à la pâte** poner manos a la obra; **forcer la ~ à qn** obligar a algn; **s'en laver les ~s** (*fig*) lavarse las manos; **se faire la ~** entrenarse; **perdre la ~** estar desentrenado(-a); **en un tour de ~** (*fig*) en un periquete; **main courante** pasamanos *m inv*; **main-d'œuvre** (*pl* **mains-d'œuvre**) *nf* mano *f* de obra; **mainmise** *nf (fig)*: **avoir la mainmise sur** tener control sobre; **mains-libres** *adj inv*: **kit mains-libres** (kit *m*) manos libros *m*
maint, e [mɛ̃, mɛ̃t] *adj* varios(-as); **à ~es reprises** en repetidas ocasiones
maintenant [mɛ̃t(ə)nɑ̃] *adv* ahora; (*ceci dit*) ahora bien
maintenir [mɛ̃t(ə)niʀ] *vt* mantener; **se maintenir** *vpr* mantenerse
maintien [mɛ̃tjɛ̃] *nm* mantenimiento; (*attitude, allure, contenance*) compostura
maire [mɛʀ] *nm* alcalde *m*, intendente *m* (*CSur*), regente *m* (*Mex*); **mairie** *nf* ayuntamiento
mais [mɛ] *conj* pero; **~ non!** ¡que no!; **~ enfin!** ¡pero bueno!; **~ encore** sino que

maïs [mais] *nm* maíz *m*
maison [mɛzɔ̃] *nf* casa ▷ *adj inv* (*Culin*) casero(-a); **maison de repos** casa de reposo; **maison de santé** centro de salud; **maison des jeunes** casa de la juventud

MAISONS DES JEUNES ET DE LA CULTURE

Maisons des jeunes et de la culture son centros juveniles que organizan una amplia gama de actividades deportivas y culturales y, asimismo, realizan trabajo social. Están parcialmente financiados por el estado.

maître, maîtresse [mɛtʀ, mɛtʀɛs] *nm/f* (*chef*) jefe(-a); (*Scol*) maestro(-a) ▷ *nm* (*peintre etc*) maestro; (*Jur*): **M~** *título que se da en Francia a abogados, procuradores y notarios* ▷ *adj* maestro(-a); **être ~ de** dominar; **une ~sse femme** toda una mujer; **maître chanteur** chantajista *m*; **maître d'hôtel** (*d'hôtel*) jefe de comedor, maître *m*; **maître nageur** monitor(a) de natación; **maîtresse** *nf* (*amante*) amante *f*; (*Scol*) maestra; **maîtresse de maison** (*hôtesse*) señora ou dueña de la casa
maîtrise [metʀiz] *nf* (*aussi*: **~ de soi**) dominio de sí mismo; (*habileté, virtuosité*) maestría; (*suprématie*) dominio; (*diplôme*) ≈ licenciatura; **maîtriser** *vt* dominar; **se maîtriser** *vpr* dominarse
majestueux, -euse [maʒɛstɥø, øz] *adj* majestuoso(-a)
majeur, e [maʒœʀ] *adj* mayor; (*Jur: personne*) mayor de edad; (*préoccupation*) principal ▷ *nm/f* (*Jur*) mayor *m/f* de edad ▷ *nm* (*doigt*) corazón *m*; **en ~e partie** en su mayor parte
majorer [maʒɔʀe] *vt* recargar
majoritaire [maʒɔʀitɛʀ] *adj* mayoritario(-a)
majorité [maʒɔʀite] *nf* mayoría; (*Jur*) mayoría de edad; **en ~** en su mayoría; **avoir la ~** tener la mayoría
majuscule [maʒyskyl] *adj*, *nf*: **(lettre) ~** (letra) mayúscula
mal, maux [mal, mo] *nm* (*tort, épreuve, malheur*) desgracia; (*douleur physique*) dolor *m*; (*maladie*) mal *m*; (*difficulté*) dificultad *f* ▷ *adv* mal ▷ *adj m*: **c'est ~ (de faire)** está mal (hacer); **être ~** (*mal installé*) estar incómodo(-a); **se sentir/se trouver ~** sentirse/encontrarse mal; **il a ~ compris** ha entendido mal; **~ tourner** ir mal; **dire du ~ de qn** hablar mal de algn; **penser du ~ de qn** pensar mal de algn; **ne voir aucun ~ à** no ver ningún mal en; **faire du ~ à qn** hacer daño a algn; **se donner du ~ pour faire qch** tomarse trabajo para hacer algo; **se faire ~** hacerse daño; **ça fait ~** duele; **j'ai ~ (ici)** me duele (aquí); **j'ai ~ au dos** me duele la espalda; **avoir ~ à la tête/aux dents** tener dolor de cabeza/de muelas; **avoir ~ au cœur** tener náuseas; **j'ai du ~ à faire...** me cuesta hacer...; **avoir le ~ du pays** tener morriña; **mal en point** *adj inv* bastante mal
malade [malad] *adj* enfermo(-a); (*poitrine, jambe*) malo(-a) ▷ *nm/f* enfermo(-a); **tomber ~** caer enfermo(-a); **être ~ du cœur** estar enfermo(-a) del corazón; **~ mental** enfermo mental; **maladie** *nf* enfermedad *f*; **maladif, -ive** *adj* enfermizo(-a)
maladresse [maladʀɛs] *nf* torpeza
maladroit, e [maladʀwa, wat] *adj* torpe
malaise [malɛz] *nm* malestar *m*
malaria [malaʀja] *nf* malaria
malaxer [malakse] *vt* amasar

malchance [malʃɑ̃s] *nf* mala suerte; **par ~** por desgracia; **malchanceux, -euse** *adj* desafortunado(-a)

mâle [mɑl] *nm* macho ▷ *adj* macho; (*enfant*) varón; (*viril*) varonil, viril; **prise** *f* **~**; (*Élec*) clavija

malédiction [malediksjɔ̃] *nf* maldición *f*

mal...: malentendant, e *nm/f*: **les malentendants** las personas con defectos de audición; **malentendu** *nm* malentendido; **malfaçon** *nf* defecto; **malfaisant, e** *adj* (*bête*) dañino(-a); (*être*) malo(-a); (*idées, influence*) nocivo(-a); **malfaiteur** *nm* malhechor *m*; (*voleur*) ladrón *m*; **malfamé, e** *adj* de mala fama

malgache [malgaʃ] *adj* malgache ▷ *nm* (*Ling*) malgache *m* ▷ *nm/f*: **M~** malgache *m/f*

malgré [malgʀe] *prép* (*contre le gré de*) contra la voluntad de; (*en dépit de*) a pesar de; **~ tout** a pesar de todo

malheur [malœʀ] *nm* desgracia; **faire un ~** (*fam*) explotar; **malheureusement** *adv* desgraciadamente; **malheureux, -euse** *adj* (*triste*: *personne*) infeliz, desdichado(-a); (*existence, accident*) desgraciado(-a), desdichado(-a); (*malchanceux*: *candidat*) derrotado(-a); (*insignifiant*) miserable ▷ *nm/f* desgraciado(-a); **la malheureuse femme/victime** la desdichada mujer/víctima; **les malheureux** los desamparados

malhonnête [malɔnɛt] *adj* deshonesto(-a); **malhonnêteté** *nf* falta de honradez

malice [malis] *nf* malicia; **malicieux, -ieuse** *adj* malicioso(-a)

malin, -igne [malɛ̃, maliɲ] *adj* (*f gén* **maline**) astuto(-a); (*Méd*) maligno(-a)

malingre [malɛ̃gʀ] *adj* enteco(-a)

malle [mal] *nf* baúl *m*; **mallette** *nf* maletín *m*

malmener [malməne] *vt* maltratar; (*fig*: *adversaire*) dejar maltrecho(-a)

malodorant, e [malɔdɔʀɑ̃, ɑ̃t] *adj* maloliente

malpoli, e [malpɔli] *nm/f* maleducado(-a)

malsain, e [malsɛ̃, ɛn] *adj* malsano(-a); (*esprit, curiosité*) morboso(-a)

malt [malt] *nm* malta

Malte [malt] *nf* Malta

maltraiter [maltʀete] *vt* maltratar

malveillance [malvɛjɑ̃s] *nf* mala intención *f*; (*Jur*) malevolencia

malversation [malvɛʀsasjɔ̃] *nf* malversación *f*

maman [mamɑ̃] *nf* mamá

mamelle [mamɛl] *nf* teta

mamelon [mam(ə)lɔ̃] *nm* pezón *m*

mamie [mami] (*fam*) *nf* abuelita, nana

mammifère [mamifɛʀ] *nm* mamífero

mammouth [mamut] *nm* mamut *m*

manche [mɑ̃ʃ] *nf* manga; (*d'un jeu, tournoi*) partida; (*Géo*): **la M~** Canal *m* de la Mancha; **faire la ~** tocar en la calle ▷ *nm* mango; **manche à balai** *nm* palo de escoba

manchette [mɑ̃ʃɛt] *nf* (*de chemise*) puño; (*coup*) *golpe dado con el antebrazo*; (*Presse*) cabecera, titular *m*

manchot, e [mɑ̃ʃo, ɔt] *adj* manco(-a) ▷ *nm* (*Zool*) pingüino

mandarine [mɑ̃daʀin] *nf* mandarina

mandat [mɑ̃da] *nm* (*postal*) giro; (*d'un député, président*) mandato; (*Police*) orden *f*; **mandat d'arrêt** orden de arresto; **mandataire** *nm/f* mandatario(-a)

manège [manɛʒ] *nm* (*école d'équitation*) picadero; (*à la foire*) tiovivo; (*fig*: *manœuvre*) maniobra

manette [manɛt] *nf* palanca

mangeable [mɑ̃ʒabl] *adj* comible
mangeoire [mɑ̃ʒwaʀ] *nf* pesebre *m*
manger [mɑ̃ʒe] *vt* comer; (*ronger: suj: rouille etc*) carcomer ▷ *vi* comer
mangue [mɑ̃g] *nf* mango
maniable [manjabl] *adj* manejable
maniaque [manjak] *adj* maniático(-a) ▷ *nm/f* (*obsédé, fou*) maníaco(-a)
manie [mani] *nf* manía
manier [manje] *vt* manejar
maniéré, e [manjeʀe] *adj* amanerado(-a)
manière [manjɛʀ] *nf* manera; **manières** *nfpl* (*attitude*) modales *mpl*; (*chichis*) melindres *mpl*; **de ~ à** con objeto de; **de telle ~ que** de tal manera que; **de cette ~** de esta manera; **d'une ~ générale** en general; **de toute ~** de todas maneras; **d'une certaine ~** en cierto sentido
manifestant, e [manifɛstɑ̃, ɑ̃t] *nm/f* manifestante *m/f*
manifestation [manifɛstasjɔ̃] *nf* manifestación *f*; (*fête, réunion etc*) acto
manifeste [manifɛst] *adj* manifiesto(-a) ▷ *nm* manifiesto; **manifester** *vt* manifestar ▷ *vi* (*Pol*) manifestarse; **se manifester** *vpr* manifestarse; (*témoin*) presentarse
manigancer [manigɑ̃se] *vt* tramar
manipulation [manipylasjɔ̃] *nf* manipulación *f*; **manipulation génétique** manipulación genética
manipuler [manipyle] *vt* manipular
manivelle [manivɛl] *nf* manivela
mannequin [mankɛ̃] *nm* (*Couture*) maniquí *m*; (*Mode*) modelo
manœuvre [manœvʀ] *nf* maniobra ▷ *nm* obrero; **fausse ~** maniobra falsa; **manœuvrer** *vt* maniobrar; (*levier, personne*) manejar ▷ *vi* maniobrar
manoir [manwaʀ] *nm* casa solariega
manque [mɑ̃k] *nm* falta; **manques** *nmpl* (*lacunes*) lagunas *fpl*
manqué, e [mɑ̃ke] *adj* fracasado(-a), fallido(-a)
manquer [mɑ̃ke] *vi* faltar; (*échouer*) fallar, fracasar ▷ *vt* (*coup, objectif*) fallar; (*cours, réunion*) faltar a ▷ *vb impers*: **il (nous) manque encore 100 euros** nos faltan todavía 100 euros; **il manque des pages** faltan páginas; **~ à qn: il/cela me manque** le/lo echo de menos; **~ à** (*ses responsabilités etc*) faltar a; **~ de** carecer de; **~ (de) faire: il a manqué (de) se tuer** por poco se mata
mansarde [mɑ̃saʀd] *nf* buhardilla; **mansardé, e** *adj* abuhardillado(-a)
manteau, x [mɑ̃to] *nm* abrigo
manucure [manykyʀ] *nf* manicura
manuel, le [manɥɛl] *adj* manual ▷ *nm* (*livre*) manual *m*
manufacture [manyfaktyʀ] *nf* manufactura; **manufacturé, e** *adj* manufacturado(-a)
manuscrit, e [manyskʀi, it] *adj* manuscrito(-a) ▷ *nm* manuscrito
manutention [manytɑ̃sjɔ̃] *nf* manipulación *f*
mappemonde [mapmɔ̃d] *nf* mapamundi *m*
maquereau, x [makʀo] *nm* (*Zool*) caballa; (*fam: proxénète*) chulo
maquette [makɛt] *nf* maqueta
maquillage [makijaʒ] *nm* maquillaje *m*
maquiller [makije] *vt* maquillar; **se maquiller** *vpr* maquillarse
maquis [maki] *nm* (*Géo*) monte *m* bajo; (*Mil*) maquis *m inv*
maraîcher, -ère [maʀeʃe, ɛʀ] *adj*: **cultures maraîchères** cultivos *mpl* de huerta ▷ *nm/f* hortelano(-a)
marais [maʀɛ] *nm* pantano
marasme [maʀasm] *nm* marasmo
marathon [maʀatɔ̃] *nm* maratón *m*
marbre [maʀbʀ] *nm* mármol *m*
marc [maʀ] *nm* (*de raisin, pommes*)

mêler [mele] *vt* mezclar; **se mêler** *vpr* mezclarse; **se ~ à** mezclarse con; **se ~ de** entrometerse en; **~ qn à une affaire** implicar a algn en un asunto
mélodie [melɔdi] *nf* melodía; **mélodieux, -euse** *adj* melodioso(-a)
melon [m(ə)lɔ̃] *nm* melón *m*
membre [mɑ̃bʀ] *nm* miembro ▷ *adj* miembro *inv*
mémé [meme] *(fam) nf* abuelita

MOT-CLÉ

même [mɛm] *adj* 1 *(avant le nom)* mismo(-a); **en même temps** al mismo tiempo; **ils ont les mêmes goûts** tienen los mismos gustos; **la même chose** lo mismo
2 *(après le nom: renforcement)*: **il est la loyauté même** es la lealtad misma; **ce sont ses paroles mêmes** son sus mismas palabras
▷ *pron*: **le(la) même** el/la mismo(-a)
▷ *adv* 1 *(renforcement)*: **il n'a même pas pleuré** ni siquiera lloró; **même lui l'a dit** incluso él lo dijo; **ici même** aquí mismo
2: **à même: à même la bouteille** de la botella misma; **à même la peau** junto a la piel; **être à même de faire** estar en condiciones de hacer
3: **de même: faire de même** hacer lo mismo; **lui de même** también él; **de même que** lo mismo que; **de lui-même** por sí mismo; **il en va de même pour** lo mismo va para
4: **même si** *conj* aunque (+*subjonctif*)

mémoire [memwaʀ] *nf* memoria; **à la ~ de** en memoria de, en recuerdo de ▷ *nm (Admin, Jur, Scol)* memoria; **mémoires** *nmpl (souvenirs)* memorias *fpl*; **pour ~** *adv* a título de información; **de ~** *adv* de memoria; **mettre en ~** *(Inform)* guardar en memoria; **mémoire morte/vive** memoria ROM/RAM
mémorable [memɔʀabl] *adj* memorable
menace [mənas] *nf* amenaza; **menacer** *vt* amenazar
ménage [menaʒ] *nm* quehaceres *mpl* domésticos, limpieza; *(couple)* matrimonio; **faire le ~** hacer la limpieza; **ménagement** *nm* deferencia
ménager¹ [menaʒe] *vt (personne)* tratar con deferencia; *(monture)* no fatigar; *(ouverture)* instalar; **se ménager** *vpr* cuidarse
ménager², -ère [menaʒe, ɛʀ] *adj* doméstico(-a); **ménagère** *nf* ama de casa
mendiant, e [mɑ̃djɑ̃, jɑ̃t] *nm/f* mendigo(-a), pordiosero(-a)
mendier [mɑ̃dje] *vt, vi* mendigar
mener [m(ə)ne] *vt* dirigir; *(enquête, vie, affaire)* llevar ▷ *vi (Sport)* estar a la cabeza, ir en cabeza; **~ à/dans/chez** *(emmener)* llevar a/en/a casa de; **~ qch à bonne fin/à terme/à bien** llevar algo a buen fin/a término/a buen término; **~ à rien/à tout** llevar *ou* conducir a nada/a todas partes
meneur, -euse [mənœʀ, øz] *nm/f* dirigente *m/f*; *(péj: agitateur)* cabecilla *m/f*
méningite [menɛ̃ʒit] *nf* meningitis *f*
ménopause [menopoz] *nf* menopausia
menottes [mənɔt] *nfpl* esposas *fpl*
mensonge [mɑ̃sɔ̃ʒ] *nm* mentira; **mensonger, -ère** *adj* falso(-a)
mensualité [mɑ̃sɥalite] *nf* mensualidad *f*
mensuel, le [mɑ̃sɥɛl] *adj* mensual
mensurations [mɑ̃syʀasjɔ̃] *nfpl* medidas *fpl*
mental, e, -aux [mɑ̃tal, o] *adj* mental; **mentalité** *nf* mentalidad *f*
menteur, -euse [mɑ̃tœʀ, øz] *nm/f* mentiroso(-a), embustero(-a)

menthe [mɑ̃t] *nf* menta
mention [mɑ̃sjɔ̃] *nf* mención *f*; (*Scol, Univ*): **~ passable/assez bien/bien/très bien** aprobado/bien/notable/sobresaliente; **"rayer la ~ inutile"** (*Admin*) "tache lo que no proceda"; **mentionner** *vt* mencionar
mentir [mɑ̃tiʀ] *vi* mentir
menton [mɑ̃tɔ̃] *nm* (*Anat*) mentón *m*, barbilla
menu, e [məny] *adj* menudo(-a); (*voix*) débil; (*frais*) módico(-a) ▷ *adv*: **couper/hacher ~** cortar/picar en trocitos ▷ *nm* menú *m*
menuiserie [mənɥizʀi] *nf* carpintería; **menuisier** *nm* carpintero
méprendre [mepʀɑ̃dʀ]: **se ~** *vpr* equivocarse, confundirse; **se ~ sur** confundirse en, equivocarse en
mépris [mepʀi] *pp de* **méprendre** ▷ *nm* desprecio, menosprecio; **au ~ de** a despecho de; **méprisable** *adj* despreciable; **méprisant, e** *adj* despreciativo(-a); **méprise** *nf* equivocación *f*; **mépriser** *vt* despreciar, menospreciar
mer [mɛʀ] *nf* mar *m*; **en ~** en el mar; **prendre la ~** hacerse a la mar; **en haute/pleine ~** en alta mar
mercenaire [mɛʀsənɛʀ] *nm* mercenario
mercerie [mɛʀsəʀi] *nf* mercería
merci [mɛʀsi] *excl* gracias ▷ *nf* merced *f*; **à la ~ de qn/qch** a merced de algn/algo; **~ de/pour** gracias por
mercredi [mɛʀkʀədi] *nm* miércoles *m inv*; **~ des cendres** miércoles de Ceniza; *voir aussi* **lundi**
mercure [mɛʀkyʀ] *nm* mercurio
merde [mɛʀd] (*fam!*) *nf* mierda (*fam!*) ▷ *excl* ¡mierda! (*fam!*); (*surprise, impatience*) ¡joder! (*fam!*), ¡coño! (*fam!*)
mère [mɛʀ] *nf* madre *f*; (*fam*) tía; **mère célibataire/de famille** madre soltera/de familia
merguez [mɛʀgɛz] *nf salchicha muy condimentada*
méridional, e, -aux [meʀidjɔnal, o] *adj* meridional; (*du midi de la France*) del Sur de Francia ▷ *nm/f* nativo(-a) *ou* habitante *m/f* del Sur de Francia
meringue [məʀɛ̃g] *nf* merengue *m*
mérite [meʀit] *nm* mérito; (*valeur*) mérito, valor *m*; **mériter** *vt* merecer, ameritar (*Am*)
merle [mɛʀl] *nm* mirlo
merveille [mɛʀvɛj] *nf* maravilla; **faire ~/des ~s** hacer maravillas; **à ~** a las mil maravillas; **merveilleux, -euse** *adj* maravilloso(-a)
mes [me] *dét voir* **mon**
mésange [mezɑ̃ʒ] *nf* herrerillo
mésaventure [mezavɑ̃tyʀ] *nf* infortunio
Mesdames [medam] *nfpl voir* **Madame**
Mesdemoiselles [medmwazɛl] *nfpl voir* **Mademoiselle**
mesquin, e [mɛskɛ̃, in] *adj*: **esprit ~/personne ~e** espíritu ruin/persona mezquina; **mesquinerie** *nf* mezquindad *f*
message [mesaʒ] *nm* mensaje *m*; **message SMS** SMS *m*, mensaje de texto; **messager, -ère** *nm/f* mensajero(-a); **messagerie** *nf*: **messagerie électronique** e-mail *m*; **messagerie vocale** mensaje *m* de voz
messe [mɛs] *nf* misa; **aller à la ~** ir a misa; **messe de minuit** misa del gallo
Messieurs [mesjø] *nmpl voir* **Monsieur**
mesure [m(ə)zyʀ] *nf* (*dimension, étalon*) medida; (*évaluation*) medición *f*; (*Mus*) compás *msg*; (*modération, retenue*) mesura, comedimiento; **sur ~** a la medida; **dans la ~ de/où** en la medida de/en que; **à ~ que** a medida

que; **en ~** (*Mus*) al compás; **être en ~ de** estar en condiciones de

mesurer [məzyʀe] *vt* medir; **se ~ avec/à qn** medirse con algn; **il mesure 1 m 80** mide 1 m 80

métal, -aux [metal, o] *nm* metal *m*; **métallique** *adj* metálico(-a)

météo [meteo] *nf* (*bulletin*) tiempo; (*service*) servicio meteorológico

météorologie [meteɔʀɔlɔʒi] *nf* meteorología

méthode [metɔd] *nf* método

méticuleux, -euse [metikylø, øz] *adj* meticuloso(-a)

métier [metje] *nm* oficio; (*technique, expérience*) práctica; (*aussi*: **~ à tisser**) telar *m*

métis, se [metis] *adj, nm/f* mestizo(-a), cholo(-a) (*And*)

métrage [metʀaʒ] *nm*: **long/moyen/court ~** (*Ciné*) largometraje/mediometraje/cortometraje *m*

mètre [mɛtʀ] *nm* metro; **métrique** *adj*: **système métrique** sistema métrico

métro [metʀo] *nm* metro, subterráneo (*Am*)

métropole [metʀɔpɔl] *nf* metrópoli *f*, metrópolis *f inv*

mets [mɛ] *vb voir* **mettre** ▷ *nm* plato

metteur [metœʀ] *nm*: **~ en scène** (*Théâtre*) director *m* escénico; (*Ciné*) director

MOT-CLÉ

mettre [mɛtʀ] *vt* **1** poner; **mettre en bouteille** embotellar; **mettre en sac** poner en sacos; **mettre en pages** compaginar; **mettre en examen** detener (*para ser interrogado*); **mettre à la poste** echar al correo

2 (*vêtements*: *revêtir*) poner; (: *soi-même*) ponerse; (*installer*) poner; **mets ton gilet** ponte el chaleco

3 (*faire fonctionner*: *chauffage, réveil*) poner; (: *lumière*) dar; (*installer*: *gaz, eau*) poner; **faire mettre le gaz/l'électricité** poner gas/electricidad; **mettre en marche** poner en marcha

4 (*consacrer*): **mettre du temps/2 heures à faire qch** tardar tiempo/dos horas en hacer algo

5 (*noter, écrire*) poner; **qu'est-ce que tu as mis sur la carte?** ¿qué has puesto en la postal?; **mettre au pluriel** poner en plural

6 (*supposer*): **mettons que ...** pongamos que ...

7: **y mettre du sien** (*dans une affaire*) poner de su parte

se mettre *vpr*: **vous pouvez vous mettre là** puede ponerse allí; **où ça se met?** ¿dónde se pone eso?; **se mettre au lit** meterse en la cama; **se mettre de l'encre sur les doigts** mancharse los dedos de tinta; **se mettre en maillot de bain** ponerse en bañador; **n'avoir rien à se mettre** no tener nada que ponerse; **se mettre à faire qch** ponerse a hacer algo; **se mettre au travail** ponerse a trabajar; **se mettre au régime** ponerse a régimen; **allons, il faut s'y mettre!** ¡venga, vamos a ponernos a trabajar!

meuble [mœbl] *nm* mueble *m*; (*ameublement, mobilier*) mobiliario; **meublé, e** [mœble] *adj*: **chambre ~e** habitación *f* amueblada; **meubler** *vt* amueblar

meugler [møgle] *vi* mugir

meule [møl] *nf* muela; (*Agr*) almiar *m*; (*de fromage*) rueda grande de queso

meunier, -ière [mønje, jɛʀ] *nm/f* molinero(-a)

meurs *etc* [mœʀ] *vb voir* **mourir**

meurtre [mœʀtʀ] *nm* asesinato; **meurtrier, -ière** *nm/f* asesino(-a) ▷ *adj* mortal; (*arme, instinct*) asesino(-a)

meurtrir [mœʀtʀiʀ] *vt* magullar;

(*fig*) herir

meus *etc* [mœ] *vb voir* **mouvoir**

meute [møt] *nf* jauría

mexicain, e [mɛksikɛ̃, ɛn] *adj* mexicano(-a), mejicano(-a) ▷ *nm/f*: **M~, e** mexicano(-a), mejicano(-a)

Mexico [mɛksiko] *n* México, Méjico

Mexique [mɛksik] *nm* México, Méjico

Mgr *abr* (= *Monseigneur*) Mons. (= *Monseñor*)

mi [mi] *nm inv* (*Mus*) mi *m* ▷ *préf* medio; **à la ~-janvier** a mediados de enero; **à ~-jambes** a media pierna; **à ~-hauteur/-pente** a media altura/pendiente

miauler [mjole] *vi* maullar

miche [miʃ] *nf* hogaza

mi-chemin [miʃmɛ̃]: **à ~** *adv* a medio camino

mi-clos, e [miklo, kloz] (*pl* **~, es**) *adj* entornado(-a)

micro [mikʀo] *nm* micrófono; (*Inform*) micro

microbe [mikʀɔb] *nm* microbio

micro...: micro-onde (*pl* **micro-ondes**) *nf*: **four à micro-ondes** horno microondas; **micro-ordinateur** (*pl* **micro-ordinateurs**) *nm* microordenador *m*; **microscope** *nm* microscopio; **microscopique** *adj* microscópico(-a); (*opération*) con microscopio

midi [midi] *nm* mediodía *m*; **le M~ (de la France)** el sur de Francia; **à ~** a mediodía

mie [mi] *nf* miga

miel [mjɛl] *nm* miel *f*; **mielleux, -euse** (*péj*) *adj* meloso(-a)

mien, ne [mjɛ̃, mjɛn] *adj* mío(-a) ▷ *pron*: **le ~, la ~ne, les ~s** el mío, la mía, los míos

miette [mjɛt] *nf* migaja; **en ~s** hecho añicos

MOT-CLÉ

mieux [mjø] *adv* **1** (*d'une meilleure façon*): **mieux (que)** mejor (que); **elle travaille/mange mieux** trabaja/come mejor; **elle va mieux** va mejor; **j'aime mieux le cinéma** me gusta más el cine; **j'attendais mieux de vous** esperaba algo más de usted; **de mieux en mieux** cada vez mejor

2 (*de la meilleure façon*) mejor; **ce que je sais le mieux** lo que mejor sé; **les livres les mieux faits** los libros mejor hechos

▷ *adj* **1** (*plus à l'aise, en meilleure forme*) mejor; **se sentir mieux** encontrarse mejor

2 (*plus satisfaisant, plus joli*) mejor; **c'est mieux ainsi** es mejor así; **c'est le mieux des deux** es el mejor de los dos; **le(la) mieux, les mieux** el/la mejor, los/las mejores; **demandez-lui, c'est le mieux** pregúntele, es lo mejor; **il est mieux sans moustache** está mejor sin bigote; **il est mieux que son frère** es mejor que su hermano

3: **au mieux** en el mejor de los casos; **être au mieux avec** llevarse muy bien con; **tout est pour le mieux** todo va de maravilla

▷ *nm* **1** (*amélioration, progrès*) mejoría; **faute de mieux** a falta de algo mejor

2: **faire de son mieux** hacer cuanto se pueda; **du mieux qu'il peut** lo mejor que puede

mignon, ne [miɲɔ̃, ɔn] *adj* mono(-a)

migraine [migʀɛn] *nf* jaqueca

mijoter [miʒɔte] *vt* (*plat*) cocer a fuego lento; (*affaire*) tramar ▷ *vi* cocer a fuego lento

milieu, x [miljø] *nm* medio; (*social, familial*) medio, entorno; **au ~ de** en medio de; **au beau** *ou* **en plein ~ (de)**

m

justo en medio *ou* mitad (de); **le ~** (*pègre*) el hampa
militaire [militɛʀ] *adj, nm* militar *m*
militant, e [militɑ̃, ɑ̃t] *adj, nm/f* militante *m/f*
militer [milite] *vi* militar; **~ pour/contre** militar a favor de/en contra de
mille [mil] *adj inv, nm inv* mil ▷ *nm*: **~ marin** milla marina; **mettre dans le ~** dar en el blanco; **millefeuille** *nm* milhojas *m inv*; **millénaire** *nm* milenio ▷ *adj* milenario(-a); **mille-pattes** *nm inv* ciempiés *m inv*
millet [mijɛ] *nm* mijo
milliard [miljaʀ] *nm* mil millones *mpl*; **milliardaire** *adj, nm/f* multimillonario(-a)
millier [milje] *nm* millar *m*; **un ~ (de)** un millar (de); **par ~s** por miles, a millares
milligramme [miligʀam] *nm* miligramo
millimètre [milimɛtʀ] *nm* milímetro
million [miljɔ̃] *nm* millón *m*; **deux ~s de** dos millones de; **millionnaire** *adj, nm/f* millonario(-a)
mime [mim] *nm/f* mimo; **mimer** *vt* mimar; (*singer*) imitar
minable [minabl] *adj* penoso(-a)
mince [mɛ̃s] *adj* delgado(-a); (*étoffe, filet d'eau*) fino(-a); (*fig*) escaso(-a) ▷ *excl*: **~ alors!** ¡caramba!; **minceur** *nf* delgadez *f*; **mincir** *vi* adelgazar
mine [min] *nf* mina; (*physionomie*) cara, aspecto; **avoir bonne/mauvaise ~** tener buena/mala cara; **tu as bonne ~!** (*ironique*: *aspect*) ¡vaya pinta que tienes!; **faire grise ~** poner mala cara; **faire ~ de faire qch** simular hacer algo; **ne pas payer de ~** tener mala pinta; **~ de rien** como quien no quiere la cosa, como si nada
miner [mine] *vt* minar
minerai [minʀɛ] *nm* mineral *m*
minéral, e, -aux [mineʀal, o] *adj, nm* mineral *m*
minéralogique [mineʀalɔʒik] *adj*: **numéro ~** número de matrícula
minet, te [minɛ, ɛt] *nm/f* gatito(-a), minino(-a); (*péj*) chuleta *m/f*
mineur, e [minœʀ] *adj* (*souci*) secundario(-a) ▷ *nm/f* (*Jur*) menor *m/f* ▷ *nm* (*travailleur*) minero
miniature [minjatyʀ] *adj, nf* miniatura
minibus [minibys] *nm* microbús *msg*
minier, -ière [minje, jɛʀ] *adj* minero(-a)
mini-jupe [miniʒyp] (*pl* **~s**) *nf* minifalda
minime [minim] *adj* mínimo(-a)
minimiser [minimize] *vt* minimizar
minimum [minimɔm] *adj* mínimo(-a) ▷ *nm* mínimo; **au ~** como mínimo
ministère [ministɛʀ] *nm* ministerio; **ministère public** (*Jur*) ministerio público
ministre [ministʀ] *nm* ministro
Minitel® [minitɛl] *nm* Minitel® *m*

MINITEL

Minitel es un terminal informático personal facilitado de forma gratuita por la compañía France-Télécom a los abonados. Hace las veces de guía telefónica informatizada y de vía de acceso a distintos servicios, tales como horarios de trenes, información bursátil y oferta de empleo. A los servicios se accede marcando un número de teléfono y su utilización se factura a cada abonado.

minoritaire [minɔʀitɛʀ] *adj* minoritario(-a)
minorité [minɔʀite] *nf* minoría; **être en ~** estar en minoría
minuit [minɥi] *nm* medianoche *f*

minuscule [minyskyl] *adj* minúsculo(-a) ▷ *nf*: **(lettre) ~** (letra) minúscula
minute [minyt] *nf* minuto; **d'une ~ à l'autre** de un momento a otro; **minuter** *vt* cronometrar; **minuterie** *nf* interruptor *m* (de la luz)
minutieux, -ieuse [minysjø, jøz] *adj* minucioso(-a)
mirabelle [miʀabɛl] *nf* ciruela mirabel
miracle [miʀɑkl] *nm* milagro
mirage [miʀaʒ] *nm* espejismo
mire [miʀ] *nf*: **point/ligne de ~** punto/línea de mira
miroir [miʀwaʀ] *nm* espejo
miroiter [miʀwate] *vi*: **faire ~ qch à qn** seducir a algn con algo
mis, e [mi, miz] *pp de* **mettre** ▷ *adj* puesto(-a)
mise [miz] *nf* (*argent*) apuesta; (*tenue*) porte *m*; **mise à jour** puesta al día; (*Inform*) actualización *f*; **mise au point** (*Photo*) enfoque *m*; (*fig*) aclaración *f*; **mise en plis** marcado; **mise en scène** (*Théâtre, Ciné*) dirección *f*; **mise en service** puesta en servicio
miser [mize] *vt* apostar; **~ sur** apostar a; (*fig*) contar con
misérable [mizeʀabl] *adj* miserable ▷ *nm/f* miserable *m/f*
misère [mizɛʀ] *nf* miseria; **misères** *nfpl* (*malheurs, peines*) desgracias *fpl*; **salaire de ~** salario de miseria
missile [misil] *nm* misil *m*
mission [misjɔ̃] *nf* misión *f*; (*fonction, vocation*) función *f*; **missionnaire** *nm/f* misionero(-a)
mité, e [mite] *adj* apolillado(-a)
mi-temps [mitɑ̃] *nf inv* (*Sport: période*) tiempo; (*: pause*) descanso; **à ~** *adv* media jornada
miteux, -euse [mitø, øz] *adj* mísero(-a)
mitigé, e [mitiʒe] *adj* moderado(-a)
mitoyen, ne [mitwajɛ̃, jɛn] *adj* medianero(-a)
mitrailler [mitʀɑje] *vt* ametrallar; **mitraillette** *nf* metralleta; **mitrailleuse** *nf* ametralladora
mi-voix [mivwa]: **à ~** *adv* a media voz
mixage [miksaʒ] *nm* (*Ciné*) mezcla *f* de sonido
mixer, mixeur [miksœʀ] *nm* (*Culin*) batidora
mixte [mikst] *adj* mixto(-a)
mixture [mikstyʀ] *nf* mixtura; (*péj*) mejunje *m*
Mlle (*pl* **~s**) *abr* (= *Mademoiselle*) Srta. (= *Señorita*)
MM *abr* (= *Messieurs*) ≈ Srs. (= *Señores*); *voir aussi* **Monsieur**
Mme (*pl* **~s**) *abr* (= *Madame*) ≈ Sra. (= *Señora*)
mobile [mɔbil] *adj* móvil, movible ▷ *nm* móvil *m*
mobilier, -ière [mɔbilje, jɛʀ] *adj* mobiliario(-a) ▷ *nm* mobiliario
mobiliser [mɔbilize] *vt* movilizar
mocassin [mɔkasɛ̃] *nm* mocasín *m*
moche [mɔʃ] (*fam*) *adj* feo(-a)
modalité [mɔdalite] *nf* modalidad *f*
mode [mɔd] *nf* moda; **à la ~** de moda ▷ *nm* modo; **mode d'emploi** instrucciones *fpl*; **mode de paiement** forma de pago; **mode de vie** modo de vida
modèle [mɔdɛl] *nm* modelo; (*qualités*): **un ~ de fidélité/ générosité** un modelo de fidelidad/ generosidad ▷ *adj* modelo; **modèle déposé** (*Comm*) modelo patentado *ou* registrado; **modèle réduit** modelo reducido; **modeler** *vt* modelar
modem [mɔdɛm] *nm* (*Inform*) modem *m*, módem *m*
modéré, e [mɔdeʀe] *adj, nm/f* moderado(-a)
modérer [mɔdeʀe] *vt* moderar; **se modérer** *vpr* moderarse
moderne [mɔdɛʀn] *adj* moderno(-a)

▷ *nm* (Art) arte *m* moderno;
moderniser *vt* modernizar
modeste [mɔdɛst] *adj* modesto(-a);
modestie *nf* modestia
modifier [mɔdifje] *vt* modificar; **se modifier** *vpr* modificarse
modique [mɔdik] *adj* módico(-a)
module [mɔdyl] *nm* módulo
moelle [mwal] *nf* médula
moelleux, -euse [mwalø, øz] *adj* esponjoso(-a)
mœurs [mœʀ(s)] *nfpl* costumbres *fpl*; **~ simples/bohèmes** costumbres sencillas/bohemias; **passer dans les ~** entrar en las costumbres; **contraire aux bonnes ~** contrario a las buenas costumbres
moi [mwa] *pron (sujet)* yo; *(objet direct/ indirect)* me ▷ *nm (Psych)* yo *m*; **c'est ~** soy yo; **c'est ~ qui l'ai fait** lo hice yo; **c'est ~ que vous avez appelé?** ¿me ha llamado a mí?; **apporte-le-~** tráemelo; **donnez m'en un peu** deme un poco; **à ~** *(possessif)* mío/mía, míos/mías; **le livre est à ~** ese libro es mío; **avec ~** conmigo; **sans ~** sin mí; **~, je ...** *(emphatique)* yo, ...; **plus grand que ~** más grande que yo; **moi-même** *pron* yo mismo
moindre [mwɛ̃dʀ] *adj* menor; **le/la ~, les ~s** el/la menor, los/las menores; **c'est la ~ des choses** es lo mínimo
moine [mwan] *nm* monje *m*, fraile *m*
moineau, x [mwano] *nm* gorrión *m*

MOT-CLÉ

moins [mwɛ̃] *adv*
1 *(comparatif)*: **moins (que)** menos (que); **il a 3 ans de moins que moi** tiene 3 años menos que yo; **moins intelligent que** menos inteligente que; **moins je travaille, mieux je me porte** cuanto menos trabajo, mejor me encuentro
2 *(superlatif)*: **le moins** el/lo menos; **c'est ce que j'aime le moins** es lo que menos me gusta; **le moins doué** el menos dotado; **pas le moins du monde** en lo más mínimo; **au moins, du moins** por lo menos, al menos
3: **moins de** *(quantité, nombre)* menos; **moins de sable/d'eau** menos arena/ agua; **moins de livres/de gens** menos libros/gente; **moins de 2 ans/100 euros** menos de 2 años/100 euros
4: **de/en moins: 100 euros/3 jours de moins** 100 euros/3 días menos; **3 livres en moins** 3 libros menos; **de l'argent en moins** menos dinero; **le soleil en moins** sin el sol; **de moins en moins** cada vez menos; **en moins de deux** en un santiamén
5: **à moins de/que** *conj* a menos que, a no ser que; **à moins de faire** a no ser que se haga *etc*; **à moins que tu ne fasses** a menos que hagas; **à moins d'un accident** a no ser por un accidente
▷ *prép*: **4 moins 2** 4 menos 2; **il est moins 5** son menos 5; **il fait moins 5** hay cinco grados bajo cero

mois [mwa] *nm* mes *msg*
moisi, e [mwazi] *nm* moho; **odeur/ goût de ~** olor *m*/gusto a moho;
moisir *vi* enmohecerse; **moisissure** *nf* moho
moisson [mwasɔ̃] *nf* siega, cosecha;
moissonner *vt* segar, cosechar;
moissonneuse *nf* segadora
moite [mwat] *adj (peau)* sudoroso(-a); *(atmosphère)* húmedo(-a)
moitié [mwatje] *nf* mitad *f*; **la ~** la mitad; **la ~ du temps/des gens** la mitad del tiempo/de la gente; **~ moins grand** la mitad de grande; **à ~** a medias; **de ~** en la mitad
molaire [mɔlɛʀ] *nf* molar *m*
molester [mɔlɛste] *vt* maltratar

molle [mɔl] *adj f voir* **mou**; **mollement** *adv* débilmente; (*péj*) desganadamente
mollet [mɔlɛ] *nm* pantorrilla
molletonné, e [mɔltɔne] *adj* forrado(-a) de muletón
mollir [mɔliʀ] *vi* flaquear
mollusque [mɔlysk] *nm* (*Zool*) molusco
môme [mom] (*fam*) *nm/f* chiquillo(-a); (*fille*) chavala
moment [mɔmɑ̃] *nm* momento; **ce n'est pas le ~** no es el mejor momento; **à un certain ~** en cierto momento; **à un ~ donné** en un momento dado; **au même ~** en el mismo momento; **pour un bon ~** un buen rato; **en avoir pour un bon ~** tener para rato; **pour le ~** por el momento; **au ~ de** en el momento de; **au ~ où** en el momento en que; **à tout ~** a cada momento *ou* rato; **en ce ~** en este momento; **sur le ~** al principio; **par ~s** por momentos; **d'un ~ à l'autre** de un momento a otro; **du ~ que** siempre que; **momentané, e** *adj* momentáneo(-a); **momentanément** *adv* momentáneamente
momie [mɔmi] *nf* momia
mon, ma [mɔ̃, ma] (*pl* **mes**) *dét* mi; (*pl*) mis
Monaco [mɔnako] *nm*: **(la principauté de) ~** (el principado de) Mónaco
monarchie [mɔnaʀʃi] *nf* monarquía
monastère [mɔnastɛʀ] *nm* monasterio
mondain, e [mɔ̃dɛ̃, ɛn] *adj* mundano(-a)
monde [mɔ̃d] *nm* mundo; **beaucoup/peu de ~** mucha/poca gente; **mettre au ~** dar a luz; **tout le ~** todo el mundo; **pas le moins du ~** de ninguna manera; **homme/femme du ~** hombre *m*/mujer *m* de mundo
mondial, e, -aux [mɔ̃djal, jo] *adj* mundial; **mondialement** *adv* mundialmente; **mondialisation** *nf* globalización *f*
monégasque [mɔnegask] *adj* monegasco(-a) ▷ *nm/f*: **M~** monegasco(-a)
monétaire [mɔnetɛʀ] *adj* monetario(-a)
moniteur, -trice [mɔnitœʀ, tʀis] *nm/f* monitor(a)
monnaie [mɔnɛ] *nf* moneda; **avoir de la ~** (*petites pièces*) tener cambio; **avoir/faire la ~ de 20 euros** tener cambio de/cambiar 20 euros; **rendre à qn la ~ (sur 20 euros)** darle la vuelta a algn (de 20 euros)
monologue [mɔnɔlɔg] *nm* monólogo; **monologuer** *vi* monologar
monopole [mɔnɔpɔl] *nm* monopolio
monospace [mɔnɔspas] *nm* monovolumen *m*
monotone, e [mɔnɔtɔn] *adj* monótono(-a)
Monsieur [məsjø] (*pl* **Messieurs**) *nm* (*titre*) señor, don; **un/le m~** un/el señor; *voir aussi* **Madame**
monstre [mɔ̃stʀ] *nm* monstruo ▷ *adj* (*fam*) monstruo *inv*; **un travail ~** un trabajo monstruo; **monstrueux, -euse** *adj* monstruoso(-a)
mont [mɔ̃] *nm*: **par ~s et par vaux** por todas partes
montage [mɔ̃taʒ] *nm* montaje *m*
montagnard, e [mɔ̃taɲaʀ, aʀd] *adj, nm/f* montañés(-esa)
montagne [mɔ̃taɲ] *nf* montaña; **montagnes russes** montaña *fsg* rusa; **montagneux, -euse** *adj* montañoso(-a)
montant, e [mɔ̃tɑ̃, ɑ̃t] *adj* ascendente ▷ *nm* importe *m*
monte-charge [mɔ̃tʃaʀʒ] *nm inv* montacargas *m inv*

montée [mɔ̃te] *nf* subida; (*côte*) cuesta; **au milieu de la ~** en medio de la cuesta *ou* de la subida
monter [mɔ̃te] *vi* subir; (*à cheval*): **~ bien/mal** montar bien/mal ▷ *vt* montar; (*escalier, valise etc*) subir; (*tente, échafaudage, machine*) armar; **~ dans un train/avion/taxi** subir en un tren/avión/taxi; **~ sur/à un arbre/une échelle** subir a un árbol/una escalera; **~ à cheval/bicyclette** montar a caballo/en bicicleta; **~ à pied/en voiture** subir a pie/en coche; **~ à bord** subir a bordo; **~ à la tête de qn** subírsele a la cabeza de algn
montre [mɔ̃tʀ] *nf* reloj *m*; **~ en main** reloj en mano; **contre la ~** contra reloj
montrer [mɔ̃tʀe] *vt* mostrar, enseñar; **~ qch à qn** mostrar algo a algn; **~ à qn qu'il a tort** demostrar a algn que está equivocado; **~ à qn son affection/amitié** demostrar su afecto/amistad a algn
monture [mɔ̃tyʀ] *nf* (*bête*) montura
monument [mɔnymɑ̃] *nm* monumento; **monument aux morts** monumento a los caídos
moquer [mɔke]: **se ~ de** *vt* burlarse de; (*mépriser*) importarle a algn muy poco; **se ~ de qn** burlarse de algn
moquette [mɔkɛt] *nf* moqueta
moqueur, -euse [mɔkœʀ, øz] *adj* burlón(-ona)
moral, e, -aux [mɔʀal, o] *adj, nm* moral *f*; **avoir le ~ à zéro** tener la moral por los suelos; **morale** *nf* moral *f*; (*d'une fable etc*) moraleja; **faire la morale à qn** echarle un sermón a algn; **moralité** *nf* moralidad *f*; (*conclusion*) moraleja
morceau, x [mɔʀso] *nm* trozo, pedazo; (*Mus, œuvre littéraire*) fragmento; (*Culin: de viande*) tajada; **couper en/déchirer en ~x** cortar en/rasgar en trozos; **mettre en ~x** hacer pedazos
morceler [mɔʀsəle] *vt* parcelar
mordant, e [mɔʀdɑ̃, ɑ̃t] *adj* (*ironie*) mordaz; (*froid*) cortante
mordiller [mɔʀdije] *vt* mordisquear
mordre [mɔʀdʀ] *vt* morder ▷ *vi* (*poisson*) picar; **~ sur** (*fig*) sobrepasar; **~ à l'hameçon** morder el anzuelo
mordu, e [mɔʀdy] *pp de* **mordre** ▷ *nm/f*: **un ~ de voile/de jazz** un loco de la vela/del jazz
morfondre [mɔʀfɔ̃dʀ]: **se ~** *vpr* aburrirse esperando
morgue [mɔʀg] *nf* depósito de cadáveres
morne [mɔʀn] *adj* (*personne, regard*) apagado(-a); (*temps*) desapacible
morose [mɔʀoz] *adj* taciturno(-a)
mors [mɔʀ] *nm* bocado
morse [mɔʀs] *nm* (*Zool*) morsa; (*Tél*) morse *m*
morsure [mɔʀsyʀ] *nf* picadura
mort, e [mɔʀ, mɔʀt] *pp de* **mourir** ▷ *adj, nm/f* muerto(-a) ▷ *nf* muerte *f*; (*fig*) fin *m* ▷ *nm*: **il y a eu plusieurs ~s** hubo varios muertos; **~ ou vif** vivo o muerto; **~ de peur/fatigue** muerto(-a) de miedo/cansancio
mortalité [mɔʀtalite] *nf* mortalidad *f*
mortel, le [mɔʀtɛl] *adj, nm/f* mortal *m/f*
mort-né, e [mɔʀne] (*pl* **~s, es**) *adj* nacido(-a) muerto(-a)
mortuaire [mɔʀtɥɛʀ] *adj*: **cérémonie ~** ceremonia fúnebre; **couronne ~** corona mortuoria
morue [mɔʀy] *nf* bacalao
mosaïque [mɔzaik] *nf* mosaico
Moscou [mɔsku] *n* Moscú
mosquée [mɔske] *nf* mezquita
mot [mo] *nm* palabra; **mettre/écrire/recevoir un ~** (*message*) poner/escribir/recibir unas líneas; **~ à ~** *adj, adv* palabra por palabra; **sur/à ces ~s** después de/con estas palabras;

en un ~ en una palabra; **~ pour ~** palabra por palabra; **mot de passe** contraseña, santo y seña; **mots croisés** crucigrama *msg*
motard [mɔtaʀ] *nm* motociclista *m*; (*de la police*) motorista *m*
motel [mɔtɛl] *nm* motel *m*
moteur, -trice [mɔtœʀ, tʀis] *adj* (*Anat*) motor(a); (*Tech*) motor/motriz; (*Auto*): **à 4 roues motrices** con 4 ruedas motrices ▷ *nm* motor *m*; **à ~** a motor; **moteur de recherche** buscador *m*
motif [mɔtif] *nm* motivo; **motifs** *nmpl* (*Jur*) alegato; **sans ~** sin motivo
motivation [mɔtivasjɔ̃] *nf* motivación *f*
motiver [mɔtive] *vt* motivar
moto [moto] *nf* moto *f*; **motocycliste** *nm/f* motociclista *m/f*
motorisé, e [mɔtɔʀize] *adj* motorizado(-a)
motrice [mɔtʀis] *adj f voir* **moteur**
motte [mɔt] *nf*: **~ de terre** terrón *m*; **motte de beurre** pella de mantequilla
mou, mol, molle [mu, mɔl] *adj* blando(-a); (*péj*: *visage*) insulso(-a); (: *résistance*) débil ▷ *nm* bofe *m*; **avoir du ~** estar flojo(-a)
mouche [muʃ] *nf* mosca
moucher [muʃe]: **se ~** *vpr* sonarse
moucheron [muʃʀɔ̃] *nm* mosca pequeña
mouchoir [muʃwaʀ] *nm* pañuelo; **mouchoir en papier** pañuelo de papel
moudre [mudʀ] *vt* moler
moue [mu] *nf* mueca; **faire la ~** poner cara de asco
mouette [mwɛt] *nf* gaviota
moufle [mufl] *nf* manopla
mouillé, e [muje] *adj* mojado(-a)
mouiller [muje] *vt* mojar; (*Naut*) fondear ▷ *vi* (*Naut*) fondear; **se mouiller** *vpr* mojarse
moulant, e [mulɑ̃, ɑ̃t] *adj* ceñido(-a)
moule [mul] *nf* mejillón *m* ▷ *nm* molde *m*; (*modèle plein*) modelo; **moule à gâteaux** molde para pasteles
mouler [mule] *vt* moldear, vaciar; (*suj*: *vêtement, bas*) ceñir, ajustar
moulin [mulɛ̃] *nm* molino; **moulin à café/à poivre** molinillo de café/de pimienta; **moulin à légumes** pasapurés *m inv*; **moulin à paroles** cotorra
moulinet [mulinɛ] *nm* carrete *m*; **faire des ~s avec un bâton/les bras** hacer molinetes con un palo/los brazos
moulinette® [mulinɛt] *nf* pequeño pasapurés *m*
moulu, e [muly] *pp de* **moudre** ▷ *adj* molido(-a)
mourant, e [muʀɑ̃, ɑ̃t] *vb voir* **mourir** ▷ *adj* moribundo(-a)
mourir [muʀiʀ] *vi* morir(se); **~ de faim/de froid/d'ennui** morir(se) de hambre/de frío/de aburrimiento; **~ d'envie de faire** morirse de ganas de hacer; **à ~: s'ennuyer à ~** morirse de aburrimiento
mousse [mus] *nf* (*Bot*) musgo; (*écume*) espuma; (*Culin*) mousse *f*; (*en caoutchouc etc*) gomaespuma ▷ *nm* grumete *m*; **mousse à raser** espuma de afeitar; **mousse carbonique** espuma de gas carbónico
mousseline [muslin] *nf* (*Textile*) muselina; **pommes ~** (*Culin*) puré *m* de patatas
mousser [muse] *vi* espumar, hacer espuma; **mousseux, -euse** *adj* (*chocolat*) cremoso(-a) ▷ *nm*: **(vin) mousseux** (vino) espumoso
mousson [musɔ̃] *nf* monzón *m*
moustache [mustaʃ] *nf* bigote *m*; **moustaches** *nfpl* (*d'animal*) bigotes *mpl*; **moustachu, e** *adj* bigotudo(-a)

m

moustiquaire [mustikɛʀ] *nf* mosquitero
moustique [mustik] *nm* mosquito
moutarde [mutaʀd] *nf, adj inv* mostaza
mouton [mutɔ̃] *nm* (*Zool*) carnero; (*peau*) piel *f* de carnero; (*Culin*) cordero
mouvement [muvmɑ̃] *nm* movimiento; (*geste*) gesto; **en ~** en movimiento; **mouvement révolutionnaire/syndical** movimiento revolucionario/sindical; **mouvementé, e** *adj* accidentado(-a); (*agité*) agitado(-a)
mouvoir [muvwaʀ] mover; **se mouvoir** *vpr* moverse
moyen, ne [mwajɛ̃, jɛn] *adj* medio(-a); (*élève, résultat*) regular ▷ *nm* medio; **moyens** *nmpl* (*capacités*) medios *mpl*; **au ~ de** por medio de; **par tous les ~s** por todos los medios; **par ses propres ~s** por sus propios medios; **Moyen Âge** Edad *f* Media; **moyen d'expression** forma de expresión
moyennant [mwajɛnɑ̃] *prép* al precio de; **~ quoi** mediante lo cual
moyenne [mwajɛn] *nf* media, promedio; (*Math, Statistique*) media; (*Scol*) nota media; **en ~** por término medio; **moyenne d'âge** edad *f* media
Moyen-Orient [mwajɛnɔʀjɑ̃] *nm* Medio Oriente *m*
moyeu, x [mwajø] *nm* cubo
MST [ɛmɛste] *sigle f* = **maladie sexuellement transmissible**
mû, mue [my] *pp de* **mouvoir**
muer [mɥe] *vi* mudar; (*jeune garçon*): **il mue** está mudando la voz; **se muer** *vpr*: **se ~ en** convertirse en
muet, te [mɥɛ, mɥɛt] *adj, nm/f* mudo(-a); (*fig*): **~ d'admiration/d'étonnement** mudo(-a) de admiración/de extrañeza
mufle [myfl] *nm* hocico; (*goujat*) patán *m*
mugir [myʒiʀ] *vi* mugir; (*sirène*) sonar
muguet [mygɛ] *nm* muguete *m*, lirio del valle
mule [myl] *nf* mula; **mules** *nfpl* (*pantoufles*) chinelas *fpl*
mulet [mylɛ] *nm* mulo
multinationale [myltinasjɔnal] *nf* multinacional *f*
multiple [myltipl] *adj* múltiple ▷ *nm* múltiplo; **multiplication** *nf* multiplicación *f*; **multiplier** *vt* multiplicar; **se multiplier** *vpr* multiplicarse
municipal, e, -aux [mynisipal, o] *adj* municipal; **municipalité** *nf* municipalidad *f*, ayuntamiento
munir [myniʀ] *vt*: **~ qn de** proveer a algn de; **~ qch de** dotar algo de
munitions [mynisjɔ̃] *nfpl* municiones *fpl*
mur [myʀ] *nm* muro; (*cloison*) pared *f*; **~ d'incompréhension/de haine** (*obstacle*) muro de incomprensión/de odio; **mur du son** barrera del sonido
mûr, e [myʀ] *adj* maduro(-a)
muraille [myʀɑj] *nf* muralla
mural, e, -aux [myʀal, o] *adj* mural
mûre [myʀ] *nf* (*de la ronce*) zarzamora
muret [myʀɛ] *nm* muro bajo
mûrir [myʀiʀ] *vt, vi* madurar
murmure [myʀmyʀ] *nm* murmullo; **~ d'approbation/d'admiration/de protestation** murmullo de aprobación/de admiración/de protesta; **murmurer** *vi* murmurar
muscade [myskad] *nf*: **noix de ~** nuez *f* moscada
muscat [myska] *nm* uva moscatel
muscle [myskl] *nm* músculo; **musclé, e** *adj* musculoso(-a); (*fig: politique, régime*) duro(-a)
museau, x [myzo] *nm* hocico
musée [myze] *nm* museo
museler [myz(ə)le] *vt* poner un bozal a; **muselière** *nf* bozal *m*
musette [myzɛt] *adj inv*: **orchestre/**

valse ~ orquesta/vals *msg* popular
musical, e, -aux [myzikal, o] *adj* musical
music-hall [myzikol] (*pl* **~s**) *nm* music-hall *m*
musicien, ne [myzisjɛ̃, jɛn] *adj* músico(-a)
musique [myzik] *nf* música; **musique de chambre/de fond** música de cámara/de fondo
musulman, e [myzylmɑ̃, an] *adj, nm/f* musulmán(-ana)
mutation [mytasjɔ̃] *nf* (*Admin*) traslado; (*Biol*) mutación *f*
muter [myte] *vt* (*Admin*) trasladar
mutilé, e [mytile] *nm/f* mutilado(-a)
mutiler [mytile] *vt* mutilar
mutin, e [mytɛ̃, in] *adj* (*enfant*) travieso(-a); (*air, ton*) pícaro(-a) ▷ *nm/f* (*Mil*) amotinado(-a); **mutinerie** *nf* motín *m*
mutisme [mytism] *nm* mutismo
mutuel, le [mytɥɛl] *adj* mutuo(-a); **mutuelle** *nf* mutualidad *f*, mutua
myope [mjɔp] *adj, nm/f* miope *m/f*
myosotis [mjɔzɔtis] *nm* nomeolvides *m inv*
myrtille [miʀtij] *nf* arándano
mystère [mistɛʀ] *nm* misterio; **mystérieux, -euse** *adj* misterioso(-a)
mystifier [mistifje] *vt* mistificar
mythe [mit] *nm* mito
mythologie [mitɔlɔʒi] *nf* mitología

n

n' [n] *adv voir* **ne**
nacre [nakʀ] *nf* nácar *m*
nage [naʒ] *nf* natación *f*; **traverser/s'éloigner à la ~** atravesar/alejarse a nado; **en ~** bañado(-a) en sudor; **nageoire** *nf* aleta; **nager** *vi* nadar; **nageur, euse** *nm/f* nadador(-a)
naïf, -ïve [naif, naiv] *adj* ingenuo(-a)
nain, e [nɛ̃, nɛn] *adj, nm/f* enano(-a)
naissance [nɛsɑ̃s] *nf* nacimiento; **donner ~ à** (*enfant*) dar a luz a; (*fig*) originar; **lieu de ~** lugar de nacimiento
naître [nɛtʀ] *vi* nacer; **il est né en 1960** ha nacido en 1960
naïve [naiv] *adj voir* **naïf**
naïveté [naivte] *nf* ingenuidad *f*
nana [nana] (*fam*) *nf* chica
nappe [nap] *nf* mantel *m*; **napperon** *nm* tapete *m*
naquit *etc* [naki] *vb voir* **naître**

narguer [narge] *vt* provocar
narine [narin] *nf* ventana (de la nariz)
natal, e [natal] *adj* natal; **natalité** *nf* natalidad *f*
natation [natasjɔ̃] *nf* natación *f*
natif, -ive [natif, iv] *adj* nativo(-a)
nation [nasjɔ̃] *nf* nación *f*
national, e, -aux [nasjɔnal, o] *adj* nacional; **nationaux** *nmpl* nacionales *mpl*; **nationale** *nf*: **(route) nationale** (carretera) nacional *f*; **nationaliser** *vt* nacionalizar; **nationalisme** *nm* nacionalismo; **nationalité** *nf* nacionalidad *f*
natte [nat] *nf* (*tapis*) estera; (*cheveux*) coleta
naturaliser [natyralize] *vt* naturalizar
nature [natyr] *nf* naturaleza; (*tempérament*) temperamento; **payer en ~** pagar en especie; **~ morte** naturaleza muerta, bodegón *m*; **naturel, le** *adj* natural; **naturellement** *adv* naturalmente
naufrage [nofraʒ] *nm* naufragio; (*fig*) ruina
nausée [noze] *nf* náusea, asco
nautique [notik] *adj* náutico(-a)
naval, e [naval] *adj* naval
navet [navɛ] *nm* nabo; (*péj: film*) tostón *m*
navette [navɛt] *nf* lanzadera; (*en car etc*) recorrido; **faire la ~ (entre)** ir y venir (entre)
navigateur [navigatœr] *nm* navegante *m/f*
navigation [navigasjɔ̃] *nf* navegación *f*
naviguer [navige] *vi* navegar
navire [navir] *nm* buque *m*
navrer [navre] *vt* afligir; **je suis navré** lo siento en el alma; **je suis navré que** siento muchísimo que
ne [nə] *adv* no; **je ~ le veux pas** no lo quiero; **je crains qu'il ~ vienne** temo que venga; **je ~ veux que ton bonheur** sólo quiero tu felicidad; *voir* **jamais; pas; plus**
né, e [n] *pp de* **naître**; **~ en 1960** nacido(-a) en 1960; **~e Dupont** de soltera Dupont
néanmoins [neɑ̃mwɛ̃] *adv* no obstante
néant [neɑ̃] *nm* nada; **réduire à ~** reducir a la nada
nécessaire [nesesɛr] *adj* necesario(-a) ▷ *nm*: **faire le ~** hacer lo necesario; **nécessité** *nf* necesidad *f*; **nécessiter** *vt* necesitar
nectar [nɛktar] *nm* néctar *m*
néerlandais, e [neɛrlɑ̃dɛ, ɛz] *adj* neerlandés(-esa) ▷ *nm* (*Ling*) neerlandés *m* ▷ *nm/f*: **N~, e** neerlandés(-esa)
nef [nɛf] *nf* nave *f*
néfaste [nefast] *adj* nefasto(-a)
négatif, -ive [negatif, iv] *adj* negativo(-a) ▷ *nm* (*Photo*) negativo
négligé, e [negliʒe] *adj* descuidado(-a)
négligeable [negliʒabl] *adj* despreciable
négligent, e [negliʒɑ̃, ɑ̃t] *adj* (*personne*) descuidado(-a); (*geste, attitude*) negligente
négliger [negliʒe] *vt* descuidar; (*avis, précautions*) ignorar, no hacer caso; **~ de faire qch** olvidarse de hacer algo
négociant, e [negɔsjɑ̃, jɑ̃t] *nm/f* negociante *m/f*
négociation [negɔsjasjɔ̃] *nf* negociación *f*
négocier [negɔsje] *vt* negociar
nègre [nɛgr] (*péj*) *nm* (*aussi écrivain*) negro
neige [nɛʒ] *nf* nieve *f*; **battre les œufs en ~** (*Culin*) batir los huevos a punto de nieve; **neiger** *vi* nevar
nénuphar [nenyfar] *nm* nenúfar *m*
néon [neɔ̃] *nm* neón *m*
néo-zélandais, e [neozelɑ̃dɛ,

ɛz] (*pl* ~, **es**) *adj* neocelandés(-esa) ▷ *nm/f*: **N~, e** neocelandés(-esa)
nerf [nɛʀ] *nm* nervio; **nerfs** *nmpl* nervios *mpl*; **être à bout de ~s** estar al borde de un ataque de nervios; **nerveux, -euse** *adj* nervioso(-a); **nervosité** *nf* nerviosismo
n'est-ce pas [nɛspɑ] *adv*: **"c'est bon, ~?"** "está bueno, ¿verdad?"
Net [nɛt] *nm* (*fam*): **le ~** Internet *m o f*, la Red; **surfer sur le ~** navegar por Internet
net, nette [nɛt] *adj* (*évident, sans équivoque*) evidente; (*distinct, propre, sans tache*) limpio(-a); (*photo, film*) nítido(-a); (*Comm*) neto(-a) ▷ *adv*: **s'arrêter ~** pararse en seco ▷ *nm*: **mettre au ~** poner en limpio; **nettement** *adv* claramente; **nettement mieux/meilleur** mucho mejor; **netteté** *nf* (*v adj*) limpieza; nitidez *f*
nettoyage [netwajaʒ] *nm* limpieza; **nettoyage à sec** limpieza en seco
nettoyer [netwaje] *vt* limpiar
neuf¹ [nœf] *adj inv, nm inv* nueve *m inv*; *voir aussi* **cinq**
neuf², neuve [nœf, nœv] *adj* nuevo(-a) ▷ *nm*: **remettre à ~** dejar como nuevo; **quoi de ~?** ¿qué hay de nuevo?
neutre [nøtʀ] *adj* neutro(-a); (*Pol*) neutral ▷ *nm* neutro
neuve [nœv] *adj voir* **neuf²**
neuvième [nœvjɛm] *adj, nm/f* noveno(-a) ▷ *nm* (*partitif*) noveno; *voir aussi* **cinquième**
neveu, x [n(ə)vø] *nm* sobrino
nez [ne] *nm* nariz *f*; **avoir du ~** tener olfato; **~ à ~ avec** cara a cara con; **à vue de ~** a ojo de buen cubero
ni [ni] *conj*: **~ l'un ~ l'autre ne sont ...** ni uno ni otro son ...; **il n'a rien vu ~ entendu** no ha visto ni oído nada
niche [niʃ] *nf* (*du chien*) perrera; (*dans un mur*) hornacina, nicho; **nicher** *vi* anidar
nid [ni] *nm* nido
nièce [njɛs] *nf* sobrina
nier [nje] *vt* negar
Nil [nil] *nm*: **le ~** el Nilo
n'importe [nɛ̃pɔʀt] *adv*: **~ qui** cualquiera; **~ quoi** cualquier cosa; **~ où** a *ou* en cualquier sitio; **~ lequel/laquelle d'entre nous** cualquiera de nosotros(-as); **~ quel/quelle** cualquier/cualquiera; **~ quand** en cualquier momento; **~ comment** de cualquier manera
niveau, x [nivo] *nm* nivel *m*; **au ~ de** a nivel de; **le ~ de la mer** el nivel del mar; **niveau de vie** (*Écon*) nivel de vida
niveler [niv(ə)le] *vt* nivelar
noble [nɔbl] *adj, nm/f* noble *m/f*; **noblesse** *nf* nobleza
noce [nɔs] *nf* boda; **faire la ~** (*fam*) ir de juerga
nocif, -ive [nɔsif, iv] *adj* nocivo(-a)
nocturne [nɔktyʀn] *adj* nocturno(-a)
Noël [nɔɛl] *nm* Navidad *f*
nœud [nø] *nm* nudo; (*ruban*) lazo; (*fig: liens*) vínculo; **nœud papillon** pajarita
noir, e [nwaʀ] *adj* negro(-a); (*obscur, sombre*) oscuro(-a); (*roman*) policíaco(-a) ▷ *nm/f* (*personne*) negro(-a) ▷ *nm* negro; (*obscurité*): **dans le ~** en la oscuridad; **au ~** ilegalmente; **il fait ~** está oscuro; **noircir** *vi* ennegrecer ▷ *vt* ensombrecer; **noire** *nf* (*Mus*) negra
noisette [nwazɛt] *nf* avellana
noix [nwa] *nf* nuez *f*; (*Culin*): **une ~ de beurre** una nuez de mantequilla; **noix de coco** coco; **noix muscade** nuez moscada
nom [nɔ̃] *nm* nombre *m*; **nom de famille** apellido; **nom de jeune fille** apellido de soltera
nomade [nɔmad] *adj, nm/f* nómada

m/f

nombre [nɔ̃bʀ] *nm* número; **venir en ~** venir muchos; **ils sont au ~ de 3** son 3; **nombreux, -euse** *adj (avec nom pl)* numerosos(-as); **un public nombreux** mucho público; **peu nombreux** poco numeroso(-a)

nombril [nɔ̃bʀi(l)] *nm* ombligo

nommer [nɔme] *vt* nombrar; *(baptiser)* llamar; **se nommer** *vpr*: **il se nomme Jean** se llama Jean

non [nɔ̃] *adv* no; **~ (pas) que ...** no porque ...; **~ plus: moi ~ plus** yo tampoco; **~ seulement** no sólo

non alcoolisé, e [nɔ̃alkɔɔlize] *adj* sin alcohol

nonante [nɔnɑ̃t] *adj, nm (Belgique, Suisse)* noventa

nonchalant, e [nɔ̃ʃalɑ̃, ɑ̃t] *adj* indolente

non-fumeur, -euse [nɔ̃fymœʀ, øz] *(pl* **~s, -euses***)* *nm/f* no fumador(a)

non-sens [nɔ̃sɑ̃s] *nm* disparate *m*

nord [nɔʀ] *nm* norte *m*; *(région)*: **le N~** el Norte ▷ *adj inv* norte; **au ~** *(situation)* al norte; *(direction)* hacia el norte; **au ~ de** al norte de; **nord-est** *nm inv* nordeste *m*; **nord-ouest** *nm inv* noroeste *m*

normal, e, -aux [nɔʀmal, o] *adj* normal; **normale** *nf*: **la normale** la normalidad; **normalement** *adv* normalmente

normand, e [nɔʀmɑ̃, ɑ̃d] *adj* normando(-a) ▷ *nm/f*: **N~, e** normando(-a)

Normandie [nɔʀmɑ̃di] *nf* Normandía

norme [nɔʀm] *nf* norma

Norvège [nɔʀvɛʒ] *nf* Noruega; **norvégien, ne** *adj* noruego(-a) ▷ *nm (Ling)* noruego ▷ *nm/f*: **Norvégien, ne** noruego(-a)

nos [no] *dét voir* **notre**

nostalgie [nɔstalʒi] *nf* nostalgia; **nostalgique** *adj* nostálgico(-a)

notable [nɔtabl] *adj, nm/f* notable *m/f*

notaire [nɔtɛʀ] *nm* notario

notamment [nɔtamɑ̃] *adv* particularmente, especialmente

note [nɔt] *nf* nota; *(facture)* cuenta; **note de service** nota de servicio

noter [nɔte] *vt (écrire)* anotar, apuntar; *(remarquer)* señalar, notar

notice [nɔtis] *nf* nota; *(brochure)*: **~ explicative** folleto explicativo

notifier [nɔtifje] *vt*: **~ qch à qn** notificar algo a algn

notion [nosjɔ̃] *nf* noción *f*

notoire [nɔtwaʀ] *adj* notorio(-a)

notre [nɔtʀ] *dét* nuestro(-a)

nôtre, nos [notʀ, nos] *adj* nuestro(-a) ▷ *pron*: **le ~** el *ou* lo nuestro; **la ~** la nuestra; **les ~s** los/ las nuestros(-as); **soyez des ~s** únase a nosotros

nouer [nwe] *vt* anudar, atar; *(fig: amitié)* trabar; *(: alliance)* formar

noueux, -euse [nwø, øz] *adj* nudoso(-a)

nourrice [nuʀis] *nf* nodriza

nourrir [nuʀiʀ] *vt* alimentar; *(fig: espoir)* mantener; *(: haine)* guardar; **logé, nourri** alojamiento y comida; **nourrissant, e** *adj* alimenticio(-a); **nourriture** *nf* alimento, comida

nous [nu] *pron* nosotros(-as); *(objet direct, indirect)* nos; **c'est ~ qui l'avons fait** lo hicimos nosotros; **~ les Marseillais** nosotros los marselleses; **il ~ le dit** nos lo dice; **il ~ en a parlé** nos habló de eso; **à ~** *(possession)* nuestro(-a), nuestros(-as); **ce livre est à ~** ese libro es nuestro; **avec/ sans ~** con/sin nosotros; **plus riche que ~** más rico que nosotros; **~ mêmes** nosotros(-as) mismos(-as)

nouveau, nouvel, -elle, -aux [nuvo, nuvɛl] *adj* nuevo(-a) ▷ *nm/f* nuevo(-a), novato(-a); **de ~, à ~**

de nuevo, otra vez; **Nouvel An** año nuevo; **nouveau venu** recién llegado; **nouvelle venue** recién llegada; **nouveau-né, e** (*pl* **nouveau-nés, es**) *adj, nm/f* recién nacido(-a);
nouveauté *nf* novedad *f*
nouvel [nuvɛl] *adj m voir* **nouveau**
nouvelle [nuvɛl] *adj f voir* **nouveau** ▷ *nf* noticia; (*Litt*) cuento; **Nouvelle-Calédonie** *nf* Nueva Caledonia; **nouvellement** *adv* (*arrivé etc*) recién; **Nouvelle-Zélande** *nf* Nueva Zelanda, Nueva Zelandia (*Am*)
novembre [nɔvɑ̃bʀ] *nm* noviembre *m*; *voir aussi* **juillet**
noyade [nwajad] *nf* ahogamiento
noyau, x [nwajo] *nm* núcleo; (*de fruit*) hueso
noyer [nwaje] *nm* nogal *m* ▷ *vt* ahogar; (*fig: submerger*) sumergir; **se noyer** *vpr* ahogarse
nu, e [ny] *adj* desnudo(-a) ▷ *nm* (*Art*) desnudo; **mettre à ~** desnudar
nuage [nɥaʒ] *nm* nube *f*; **nuageux, -euse** *adj* nuboso(-a), nublado(-a)
nuance [nɥɑ̃s] *nf* matiz *m*; **il y a une ~ (entre ...)** hay una leve diferencia (entre ...); **nuancer** *vt* matizar
nucléaire [nykleɛʀ] *adj* nuclear
nudiste [nydist] *nm/f* nudista *m/f*
nuée [nɥe] *nf*: **une ~ de** una nube de
nuire [nɥiʀ] *vi* perjudicar; **~ à qn/qch** ser perjudicial para algn/algo; **nuisible** *adj* perjudicial; **animal nuisible** animal dañino
nuit [nɥi] *nf* noche *f*; **il fait ~** es de noche; **cette ~** esta noche; **de ~** por la noche; **nuit blanche** noche en blanco *ou* en vela
nul, nulle [nyl] *adj* (*aucun*) ninguno(-a); (*minime, non valable, péj*) nulo(-a) ▷ *pron* nadie; **résultat ~, match ~** (*Sport*) empate *m*; **~le part** en ningún sitio; (*aller etc*) a ningún sitio; **nullement** *adv* de ningún modo
numérique [nymeʀik] *adj* numérico(-a); (*appareil photo*) digital
numéro [nymeʀo] *nm* número; **numéro de téléphone** número de teléfono; **numéro vert** número verde; **numéroter** *vt* numerar
nuque [nyk] *nf* nuca
nu-tête [nytɛt] *adj inv* cabeza descubierta
nutritif, -ive [nytʀitif, iv] *adj* nutritivo(-a)
nylon [nilɔ̃] *nm* nylon *m*

n

O

oasis [ɔazis] *nf ou m* oasis *m inv*
obéir [ɔbeiʀ] *vi* obedecer; **~ à** obedecer a; (*loi*) acatar; **obéissance** *nf* obediencia; **obéissant, e** *adj* obediente
obèse [ɔbɛz] *adj* obeso(-a); **obésité** *nf* obesidad *f*
objecter [ɔbʒɛkte] *vt* (*prétexter*) pretextar; **objecteur** *nm*: **objecteur de conscience** objetor *m* de conciencia
objectif, -ive [ɔbʒɛktif, iv] *adj* objetivo(-a) ▷ *nm* objetivo
objection [ɔbʒɛksjɔ̃] *nf* objeción *f*; **objectivité** *nf* objetividad *f*
objet [ɔbʒɛ] *nm* objeto; **être** *ou* **faire l'~ de** ser objeto de; **(bureau des) ~s trouvés** (oficina de) objetos perdidos; **objet d'art** objeto de arte
obligation [ɔbligasjɔ̃] *nf* obligación *f*; (*gén pl*: *devoir*) compromisos *mpl*; **obligatoire** *adj* obligatorio(-a); **obligatoirement** *adv* (*nécessairement*) obligatoriamente; (*fatalement*) a la fuerza
obligé, e [ɔbliʒe] *adj* obligado(-a)
obliger [ɔbliʒe] *vt* obligar
oblique [ɔblik] *adj* oblicuo(-a)
oblitérer [ɔbliteʀe] *vt* matar
obnubiler [ɔbnybile] *vt* obsesionar
obscène [ɔpsɛn] *adj* obsceno(-a)
obscur, e [ɔpskyʀ] *adj* oscuro(-a); **obscurcir** *vt* oscurecer; **obscurité** *nf* oscuridad *f*; **dans l'obscurité** en la oscuridad
obsédé, e [ɔpsede] *nm/f*: **un ~ de** un obseso de; **obsédé sexuel** obseso sexual
obséder [ɔpsede] *vt* obsesionar
obsèques [ɔpsɛk] *nfpl* exequias *fpl*
observateur, -trice [ɔpsɛʀvatœʀ, tʀis] *adj, nm/f* observador(a)
observation [ɔpsɛʀvasjɔ̃] *nf* observación *f*; (*d'un règlement etc*) cumplimiento; **faire une ~ à qn** (*reproche*) criticarle a algn; **en ~** (*Méd*) en observación
observatoire [ɔpsɛʀvatwaʀ] *nm* observatorio
observer [ɔpsɛʀve] *vt* observar; (*remarquer*) notar; **faire ~ qch à qn** hacer ver algo a algn
obsession [ɔpsesjɔ̃] *nf* obsesión *f*
obstacle [ɔpstakl] *nm* obstáculo
obstiné, e [ɔpstine] *adj* (*caractère*) obstinado(-a); (*effort*) tenaz
obstiner [ɔpstine]: **s'~** *vpr* obstinarse; **s'~ à faire qch** empeñarse en hacer algo; **s'~ sur qch** obcecarse con algo
obstruer [ɔpstʀye] *vt* obstruir
obtenir [ɔptəniʀ] *vt* conseguir, obtener; **~ de pouvoir faire qch** conseguir poder hacer algo; **~ de qn qu'il fasse** conseguir que algn haga
obturateur [ɔptyʀatœʀ] *nm* (*Photo*) obturador *m*
obus [ɔby] *nm* obús *msg*

occasion [ɔkazjɔ̃] *nf* ocasión *f*, oportunidad *f*, chance *m ou f* (*Am*); (*acquisition avantageuse*) ganga; (*circonstance*) ocasión; **à plusieurs ~s** en varias ocasiones; **être l'~ de** ser el momento para; **à l'~ de** con motivo de; **d'~** de segunda mano, de ocasión; **occasionnel, le** *adj* (*fortuit*) ocasional; (*non régulier*) eventual

occasionner [ɔkazjɔne] *vt* ocasionar, causar

occident [ɔksidɑ̃] *nm* (*Pol*): **l'O~** Occidente *m*

occidental, e [ɔksidɑ̃tal, o] *adj* occidental

occupation [ɔkypasjɔ̃] *nf* ocupación *f*

occupé, e [ɔkype] *adj* ocupado(-a); (*ligne téléphonique*) comunicando

occuper [ɔkype] *vt* ocupar; **s'occuper** *vpr* ocuparse; **s'~ de** (*être responsable de*) encargarse de; (*clients etc*) ocuparse de

occurrence [ɔkyʀɑ̃s] *nf*: **en l'~** en este caso

océan [ɔseɑ̃] *nm* océano

octet [ɔktɛ] *nm* (*Inform*) byte *m*, octeto

octobre [ɔktɔbʀ] *nm* octubre *m*; *voir aussi* **juillet**

oculiste [ɔkylist] *nm/f* oculista *m/f*

odeur [ɔdœʀ] *nf* olor *m*

odieux, -euse [ɔdjø, jøz] *adj* abominable

odorant, e [ɔdɔʀɑ̃, ɑ̃t] *adj* oloroso(-a)

odorat [ɔdɔʀa] *nm* olfato

œil [œj] (*pl* **yeux**) *nm* ojo; **à l'~** (*fam*) por la cara; **à l'~ nu** a simple vista; **avoir l'~** estar ojo avizor; **avoir l'~ sur qn** no quitar ojo a algn; **voir qch d'un bon/mauvais ~** ver algo con buenos/malos ojos; **à mes/ses yeux** para mí/él; **de ses propres yeux** con sus propios ojos; **fermer les yeux (sur)** (*fig*) hacer la vista gorda (a); **ne pas pouvoir fermer l'~** no pegar ojo; **les yeux fermés** a ciegas

œillères [œjɛʀ] *nfpl* anteojeras *fpl*; **avoir des ~** (*fig: péj*) ser de miras muy estrechas

œillet [œjɛ] *nm* (*Bot*) clavel *m*; (*trou, bordure rigide*) ojete *m*

œuf [œf] *nm* huevo, blanquillo (*Mex*); **étouffer qch dans l'~** cortar algo de raíz; **œuf à la coque/au plat/dur** huevo cocido/al plato/duro; **œuf de Pâques** huevo de Pascua; **œuf mollet** huevo pasado por agua; **œuf poché** huevo escalfado; **œufs brouillés** huevos *mpl* revueltos

œuvre [œvʀ] *nf* trabajo; (*art*) obra; (*organisation charitable*) obra benéfica ▷ *nm* (*d'un artiste*) obra; (*Constr*): **le gros ~** el armazón; **être/se mettre à l'~** estar/ponerse manos a la obra; **mettre en ~** poner en práctica

offense [ɔfɑ̃s] *nf* ofensa, agravio; **offenser** *vt* ofender

offert, e [ɔfɛʀ, ɛʀt] *pp de* **offrir**

office [ɔfis] *nm* (*charge*) cargo; (*bureau, agence*) oficina; (*messe*) oficio; **d'~** automáticamente; **office du tourisme** oficina de turismo

officiel, le [ɔfisjɛl] *adj* oficial

officier [ɔfisje] *nm* oficial *m/f* ▷ *vi* (*Rel*) oficiar; **officier de l'état-civil** teniente *m* (alcalde)

officieux, -euse [ɔfisjø, jøz] *adj* oficioso(-a)

offrande [ɔfʀɑ̃d] *nf* regalo

offre [ɔfʀ] *vb voir* **offrir** ▷ *nf* oferta; (*Admin: soumission*) licitación *f*; **"~s d'emploi"** "ofertas *fpl* de empleo"; **offre publique d'achat** oferta pública de compra

offrir [ɔfʀiʀ] *vt* regalar, ofrecer; **s'offrir** *vpr* (*vacances*) tomarse; (*voiture*) regalarse; **~ (à qn) de faire qch** proponer (a algn) hacer algo; **~ à boire à qn** ofrecer de beber a algn

OGM *sigle m* (= *organisme*

génétiquement modifié) OMG *m* (= *organismo modificado genéticamente)*
oie [wa] *nf* ganso, oca
oignon [ɔɲɔ̃] *nm* cebolla; *(de tulipe etc)* bulbo
oiseau, x [wazo] *nm* ave *f*, pájaro; **oiseau de proie** ave de rapiña
oisif, -ive [wazif, iv] *adj* ocioso(-a) ▷ *nm/f (péj)* holgazán(-ana)
oléoduc [ɔleɔdyk] *nm* oleoducto
olive [ɔliv] *nf* aceituna, oliva; **olivier** *nm* olivo
OLP [ɔɛlpe] *sigle f (= Organisation de libération de la Palestine)* OLP *f* (= *Organización para la Liberación de Palestina)*
olympique [ɔlɛ̃pik] *adj* olímpico(-a)
ombragé, e [ɔ̃bʀaʒe] *adj (coin)* con sombra; *(colline)* umbrío(-a)
ombre [ɔ̃bʀ] *nf* sombra; **il n'y a pas l'~ d'un doute** no hay la menor sombra de duda; **donner/faire de l'~** dar/hacer sombra; **dans l'~** en la sombra; **ombre à paupières** sombra de ojos
omelette [ɔmlɛt] *nf* tortilla
omettre [ɔmɛtʀ] *vt* omitir
omoplate [ɔmɔplat] *nf* omóplato, omoplato

MOT-CLÉ

on [ɔ̃] *pron* **1** *(indéterminé)*: **on peut le faire ainsi** se puede hacer así; **on frappe à la porte** llaman a la puerta
2 *(quelqu'un)*: **on les a attaqués** les atacaron; **on vous demande au téléphone** le llaman por teléfono
3 *(nous)* nosotros(-as); **on va y aller demain** vamos a ir (allí) mañana
4 *(les gens)*: **autrefois, on croyait ...** antes, se creía ...; **on dit que ...** dicen que ..., se dice que ...
5: **on ne peut plus** *adv*: **il est on ne peut plus stupide** no puede ser más estúpido

oncle [ɔ̃kl] *nm* tío
onctueux, -euse [ɔ̃ktɥø, øz] *adj* cremoso(-a)
onde [ɔ̃d] *nf* onda; **sur les ~s** en antena; **ondes courtes** onda *fsg* corta
ondée [ɔ̃de] *nf* chaparrón *m*
on-dit [ɔ̃di] *nm inv* rumor *m*
onduler [ɔ̃dyle] *vi* ondular; *(route)* serpentear
onéreux, -euse [ɔneʀø, øz] *adj* oneroso(-a)
ongle [ɔ̃gl] *nm* uña
ont [ɔ̃] *vb voir* **avoir**
ONU [ɔny] *sigle f (= Organisation des Nations unies)* ONU *f* (= *Organización de las Naciones Unidas)*
onze ['ɔ̃z] *adj inv, nm inv* once *m inv*; *voir aussi* **cinq**; **onzième** *adj, nm/f* undécimo(-a) ▷ *nm (partitif)* onceavo; *voir aussi* **cinquième**
OPA [ɔpea] *sigle f (= offre publique d'achat)* OPA *f* (= *Oferta Pública de Adquisición)*
opaque [ɔpak] *adj* opaco(-a)
opéra [ɔpeʀa] *nm* ópera
opérateur, -trice [ɔpeʀatœʀ, tʀis] *nm/f* operador(a)
opération [ɔpeʀasjɔ̃] *nf* operación *f*
opératoire [ɔpeʀatwaʀ] *adj* operatorio(-a)
opérer [ɔpeʀe] *vt* operar; *(faire, exécuter)* realizar ▷ *vi (agir)* hacer efecto; *(Méd)* operar; **s'opérer** *vpr* realizarse; **se faire ~** operarse
opérette [ɔpeʀɛt] *nf* opereta
opiner [ɔpine] *vi*: **~ de la tête** asentir con la cabeza
opinion [ɔpinjɔ̃] *nf* opinión *f*; **opinions** *nfpl* convicciones *fpl*, ideas *fpl*; **l'~ (publique)** la opinión pública
opportun, e [ɔpɔʀtœ̃, yn] *adj* oportuno(-a); **opportuniste** *adj, nm/f* oportunista *m/f*
opposant, e [ɔpozɑ̃, ɑ̃t] *adj, nm/f* opositor(a)

opposé, e [ɔpoze] *adj* opuesto(-a) ▷ *nm*: **l'~** (*contraire*) lo opuesto; **être ~ à** ser opuesto a; **à l'~** (*direction*) en dirección contraria; **à l'~ de** al otro lado de; (*contrairement à*) al contrario de
opposer [ɔpoze] *vt* (*personnes etc*) enfrentar; (*suj: conflit*) dividir; **s'opposer** *vpr* oponerse; **s'~ à** oponerse a; (*tenir tête*) enfrentarse a
opposition [ɔpozisjɔ̃] *nf* oposición *f*; **par ~ à** a diferencia de; **être en ~ avec** estar en contra de; **faire ~ à un chèque** bloquear un cheque
oppressant, e [ɔpʀesɑ̃, ɑ̃t] *adj* agobiante
oppresser [ɔpʀese] *vt* (*chaleur*) agobiar; **oppression** *nf* opresión *f*
opprimer [ɔpʀime] *vt* oprimir
opter [ɔpte] *vi*: **~ pour/entre** optar por/entre
opticien, ne [ɔptisjɛ̃, jɛn] *nm/f* óptico(-a)
optimisme [ɔptimism] *nm* optimismo; **optimiste** *adj, nm/f* optimista *m/f*
option [ɔpsjɔ̃] *nf* opción *f*
optique [ɔptik] *adj* óptico(-a) ▷ *nf* óptica; (*fig*) enfoque *m*
or [ɔʀ] *nm* oro ▷ *conj* ahora bien; **en ~** de oro
orage [ɔʀaʒ] *nm* tormenta; **orageux, -euse** *adj* tormentoso(-a)
oral, e, -aux [ɔʀal, o] *adj* oral; **par voie ~e** (*Méd*) por vía oral
orange [ɔʀɑ̃ʒ] *nf* naranja ▷ *adj inv* naranja *inv* ▷ *nm* (*couleur*) naranja *m*; **orangé, e** *adj* anaranjado(-a), naranja *inv*; **orangeade** *nf* naranjada; **oranger** *nm* naranjo
orateur [ɔʀatœʀ] *nm* orador(a)
orbite [ɔʀbit] *nf* (*Anat, Phys*) órbita
orchestre [ɔʀkɛstʀ] *nm* orquesta; (*de jazz, danse*) orquesta, grupo; (*Théâtre, Ciné: places*) patio de butacas
orchidée [ɔʀkide] *nf* orquídea
ordinaire [ɔʀdinɛʀ] *adj* ordinario(-a) ▷ *nm* (*menus*): **l'~** lo corriente ▷ *nf* (*essence*) normal *f*; **d'~** por lo general, corrientemente; **à l'~** de costumbre
ordinateur [ɔʀdinatœʀ] *nm* ordenador *m*
ordonnance [ɔʀdɔnɑ̃s] *nf* (*Méd*) receta, prescripción *f*
ordonné, e [ɔʀdɔne] *adj* ordenado(-a)
ordonner [ɔʀdɔne] *vt* ordenar; (*Méd*) recetar, prescribir; **~ à qn de faire** ordenar *ou* mandar a algn que haga
ordre [ɔʀdʀ] *nm* orden *m*; **ordres** *nmpl* (*Rel*): **être/entrer dans les ~s** pertenecer/entrar en las órdenes; **mettre en ~** poner en orden; **avoir de l'~** tener orden, ser ordenado(-a); **rentrer dans l'~** volver a la normalidad; **être aux ~s de qn/sous les ~s de qn** estar a las órdenes de algn; **jusqu'à nouvel ~** hasta nuevo aviso; **payer à l'~ de** (*Comm*) pagar a la orden de; **dans le même ~/un autre ~ d'idées** en el mismo orden/en otro orden de cosas; **ordre du jour** orden del día; **ordre public** orden público
ordure [ɔʀdyʀ] *nf* basura; **ordures ménagères** basura
oreille [ɔʀɛj] *nf* oreja; **avoir de l'~** tener oído
oreiller [ɔʀeje] *nm* almohada
oreillons [ɔʀɛjɔ̃] *nmpl* paperas *fpl*
ores [ɔʀ]: **d'~ et déjà** *adv* desde ahora, de aquí en adelante
orfèvrerie [ɔʀfɛvʀəʀi] *nf* orfebrería
organe [ɔʀgan] *nm* órgano
organigramme [ɔʀganigʀam] *nm* organigrama *m*
organique [ɔʀganik] *adj* orgánico(-a)
organisateur, -trice [ɔʀganizatœʀ, tʀis] *nm/f* organizador(a)
organisation [ɔʀganizasjɔ̃] *nf* organización *f*; **Organisation des**

Nations unies Organización de Naciones Unidas
organiser [ɔʀganize] *vt* organizar; **s'organiser** *vpr* (*personne*) organizarse
organisme [ɔʀganism] *nm* organismo
organiste [ɔʀganist] *nm/f* organista *m/f*
orgasme [ɔʀgasm] *nm* orgasmo
orge [ɔʀʒ] *nf* cebada
orgue [ɔʀg] *nm* (*Mus*) órgano
orgueil [ɔʀgœj] *nm* orgullo, soberbia; **orgueilleux, -euse** *adj* orgulloso(-a)
oriental, e, -aux [ɔʀjɑ̃tal, o] *adj* oriental
orientation [ɔʀjɑ̃tasjɔ̃] *nf* orientación *f*; **avoir le sens de l'~** tener sentido de la orientación; **orientation professionnelle** orientación profesional
orienté, e [ɔʀjɑ̃te] *adj*: **bien/mal ~** (*appartement*) bien/mal orientado(-a); **~ au sud** orientado(-a) al sur
orienter [ɔʀjɑ̃te] *vt* orientar, colocar; **s'orienter** *vpr* orientarse; **(s')~ vers** (*recherches*) orientar(se) *ou* dirigir(se) hacia
origan [ɔʀigɑ̃] *nm* orégano
originaire [ɔʀiʒinɛʀ] *adj* originario(-a)
original, e, -aux [ɔʀiʒinal, o] *adj* original ▷ *nm/f* (*fam: excentrique*) excéntrico(-a), extravagante *m/f* ▷ *nm* (*document*) original *m*
origine [ɔʀiʒin] *nf* origen *m*; **originel, le** *adj* original
orme [ɔʀm] *nm* olmo
ornement [ɔʀnəmɑ̃] *nm* adorno
orner [ɔʀne] *vt* adornar
ornière [ɔʀnjɛʀ] *nf* carril *m*
orphelin, e [ɔʀfəlɛ̃, in] *adj, nm/f* huérfano(-a); **orphelinat** *nm* orfanato
orteil [ɔʀtɛj] *nm* dedo del pie
orthographe [ɔʀtɔgʀaf] *nf* ortografía
ortie [ɔʀti] *nf* ortiga
os [ɔs] *nm* hueso
osciller [ɔsile] *vi* oscilar; **~ entre** vacilar *ou* dudar entre
osé, e [oze] *adj* (*tentative*) osado(-a); (*plaisanterie*) atrevido(-a)
oseille [ozɛj] *nf* (*Bot*) acedera
oser [oze] *vt, vi* osar, atreverse; **~ faire qch** atreverse a hacer algo
osier [ozje] *nm* mimbre *m*; **d'~, en ~** de mimbre
osseux, -euse [ɔsø, øz] *adj* óseo(-a); (*main, visage*) huesudo(-a)
otage [ɔtaʒ] *nm* rehén *m*; **prendre qn comme** *ou* **en ~** tomar *ou* coger a algn de *ou* como rehén
OTAN [ɔtɑ̃] *sigle f* (= *Organisation du traité de l'Atlantique Nord*) OTAN *f* (= *Organización del Tratado del Atlántico Norte*)
otarie [ɔtaʀi] *nf* león *m* marino, otaria
ôter [ote] *vt* quitar; (*soustraire*) quitar, restar; **~ qch de** quitar algo de; **~ qch à qn** quitar algo a algn
otite [ɔtit] *nf* otitis *f inv*
ou [u] *conj* o, u; **l'un ~ l'autre** una u otra

MOT-CLÉ

où [u] *pron rel* 1 (*lieu*) donde, en que; **la chambre où il était** la habitación en que *ou* donde estaba; **le village d'où je viens** el pueblo de donde vengo; **les villes par où il est passé** las ciudades por donde pasó
2 (*direction*) adonde; **la ville où je me rends** la ciudad adonde me dirijo
3 (*temps, état*) (en) que; **le jour où il est parti** el día (en) que se marchó; **au prix où c'est** al precio que está
▷ *adv* 1 (*interrogatif*) ¿dónde?; **où est-il?** ¿dónde está?; **par où?** ¿por dónde?

2 (*direction*) (a)dónde; **où va-t-il?** ¿(a) dónde va?
3 (*relatif*) donde; **je sais où il est** sé donde está; **où que l'on aille** vayamos donde vayamos, dondequiera que vayamos

ouate ['wat] *nf* algodón *m*, guata
oubli [ubli] *nm* olvido; **l'~** el olvido
oublier [ublije] *vt* olvidar
ouest [wɛst] *nm* oeste *m* ▷ *adj inv* oeste; **à l'~ (de)** al oeste (de)
ouf ['uf] *excl* ¡uf!
oui ['wi] *adv* sí
ouï-dire ['widiʀ] *nm inv*: **par ~** de oídas
ouïe [wi] *nf* oído; **ouïes** *nfpl* (*de poisson*) agallas *fpl*
ouragan [uʀagɑ̃] *nm* huracán *m*
ourlet [uʀlɛ] *nm* (*Couture*) dobladillo
ours [uʀs] *nm inv* oso; **ours blanc/brun** oso blanco/pardo; **ours (en peluche)** oso de peluche
oursin [uʀsɛ̃] *nm* erizo de mar
ourson [uʀsɔ̃] *nm* osezno(-a)
ouste [ust] *excl* ¡fuera!, ¡largo de aquí!
outil [uti] *nm* herramienta, instrumento; **outiller** *vt* equipar de herramienta *ou* de maquinaria
outrage [utʀaʒ] *nm* ultraje *m*; **outrage à la pudeur** (*Jur*) ultraje al pudor
outrance [utʀɑ̃s] *adv*: **à ~** a ultranza
outre [utʀ] *nf* odre *m*; **passer ~ à** hacer caso omiso a; **en ~** además, por añadidura; **~ mesure** sin medida, desmesuradamente; **outre-Atlantique** *adv* al otro lado del Atlántico; **outre-mer** *adv* ultramar
ouvert, e [uvɛʀ, ɛʀt] *pp de* **ouvrir** ▷ *adj* abierto(-a); **ouvertement** *adv* (*agir*) abiertamente; **ouverture** *nf* apertura; (*orifice, Mus*) obertura; **ouverture d'esprit** apertura de ideas, amplitud *f* de ideas
ouvrable [uvʀabl] *adj*: **jour ~** día *m* laborable
ouvrage [uvʀaʒ] *nm* obra
ouvre-boîte(s) [uvʀəbwat] *nm inv* abrelatas *m inv*
ouvre-bouteille(s) [uvʀəbutɛj] *nm inv* abrebotellas *m inv*
ouvreuse [uvʀøz] *nf* acomodadora
ouvrier, -ière [uvʀije, ijɛʀ] *nm/f* obrero(-a) ▷ *adj* obrero(-a); **classe ouvrière** clase *f* obrera
ouvrir [uvʀiʀ] *vt* abrir ▷ *vi* abrir; **s'ouvrir** *vpr* abrirse; **s'~ à qn** confiarse a algn
ovaire [ɔvɛʀ] *nm* ovario
ovale [ɔval] *adj* oval, ovalado(-a)
OVNI [ɔvni] *sigle m* (= *objet volant non identifié*) OVNI *m* (= *objeto volante no identificado*)
oxyder [ɔkside]: **s'~** *vpr* oxidarse
oxygène [ɔksiʒɛn] *nm* oxígeno
oxygéné, e [ɔksiʒene] *adj*: **eau ~e** agua oxigenada
ozone [ozon] *nm* ozono

P

pacifique [pasifik] *adj* pacífico(-a) ▷ *nm*: **le P~, l'océan P~** el (Océano) Pacífico
pack [pak] *nm* pack *m*
pacotille [pakɔtij] (*péj*) *nf* pacotilla
PACS [paks] *sigle m* (= *pacte civile de solidarité*) contrato de unión civil
pacte [pakt] *nm* pacto
pagaille [pagaj] *nf* (*désordre*) follón *m*, desbarajuste *m*
page [paʒ] *nf* página ▷ *nm* paje *m*; **être à la ~** (*fig*) estar al día; **page d'accueil** página web; **page Web** (*Inform*) (página) web *m*
paiement [pɛmɑ̃] *nm* pago
païen, ne [pajɛ̃, pajɛn] *adj, nm/f* pagano(-a)
paillasson [pajasɔ̃] *nm* felpudo
paille [pɑj] *nf* paja; (*défaut*) defecto
paillettes [pajɛt] *nfpl* lentejuelas *fpl*
pain [pɛ̃] *nm* pan *m*; **petit ~** panecillo; **pain complet** pan integral; **pain d'épice(s)** alfajor *m*; **pain de mie** pan de molde; **pain grillé** pan tostado
pair, e [pɛʀ] *adj* par; **paire** *nf* par *m*
paisible [pezibl] *adj* apacible; (*ville, lac*) tranquilo(-a)
paix [pɛ] *nf* paz *f*; (*fig: tranquillité*) paz, sosiego; **faire la ~ avec** hacer las paces con; **avoir la ~** tener paz
Pakistan [pakistɑ̃] *nm* Paquistán *m*
palais [palɛ] *nm* palacio; (*Anat*) paladar *m*
pâle [pɑl] *adj* pálido(-a); **bleu/vert ~** azul/verde pálido
Palestine [palɛstin] *nf* Palestina
palette [palɛt] *nf* paleta; (*plateau de chargement*) plataforma
pâleur [pɑlœʀ] *nf* palidez *f*
palier [palje] *nm* (*d'escalier*) rellano; **par ~s** gradualmente
pâlir [pɑliʀ] *vi* palidecer
pallier [palje] *vt* paliar
palme [palm] *nf* palma; **palmé, e** *adj* palmeado(-a)
palmier [palmje] *nm* palmera
pâlot, e [pɑlo, ɔt] *adj* paliducho(-a)
palourde [paluʀd] *nf* almeja
palper [palpe] *vt* palpar
palpitant, e [palpitɑ̃, ɑ̃t] *adj* palpitante
palpiter [palpite] *vi* palpitar
paludisme [palydism] *nm* paludismo
pamphlet [pɑ̃flɛ] *nm* panfleto
pamplemousse [pɑ̃pləmus] *nm* pomelo
pan [pɑ̃] *nm* (*d'un manteau, rideau*) faldón *m*; (*côté*) cara ▷ *excl* ¡pum!
panache [panaʃ] *nm* penacho; **avoir du ~** (*fig*) tener caballerosidad
panaché, e [panaʃe] *nm* clara, cerveza con gaseosa
pancarte [pɑ̃kaʀt] *nf* cartel *m*, pancarta
pancréas [pɑ̃kʀeas] *nm* páncreas *m inv*
pané, e [pane] *adj* empanado(-a)

panier [panje] *nm* cesta; **panier à provisions** cesta de la compra; **panier-repas** (*pl* **paniers-repas**) *nm* almuerzo
panique [panik] *nf* pánico; **paniquer** *vt* aterrorizar ▷ *vi* aterrorizarse, espantarse
panne [pan] *nf* avería; **être/tomber en ~** tener una avería, descomponerse/estar descompuesto (*esp Mex*); **tomber en ~ d'essence** *ou* **sèche** quedarse sin gasolina; **panne d'électricité** *ou* **de courant** corte *m* eléctrico
panneau, x [pano] *nm* panel *m*; **panneau d'affichage** tablón *m* de anuncios; **panneau de signalisation** señal *f* de tráfico; **panneau indicateur** panel indicador
panoplie [panɔpli] *nf* panoplia
panorama [panɔʀama] *nm* panorama *m*
panse [pɑ̃s] *nf* panza
pansement [pɑ̃smɑ̃] *nm* venda, apósito; **pansement adhésif** tirita, curita (*Am*)
pantalon [pɑ̃talɔ̃] *nm* pantalón *m*
panthère [pɑ̃tɛʀ] *nf* pantera
pantin [pɑ̃tɛ̃] *nm* pelele *m*
pantoufle [pɑ̃tufl] *nf* zapatilla
paon [pɑ̃] *nm* pavo real
papa [papa] *nm* papá *m*
pape [pap] *nm* papa *m*
paperasse [papʀas] (*péj*) *nf*: **des ~s** *ou* **de la ~** papelotes *mpl*; **paperasserie** (*péj*) *nf* papelorio
papeterie [papɛtʀi] *nf* papelería
papi [papi] (*fam*) *nm* abuelito
papier [papje] *nm* papel *m*; **papiers** *nmpl* (*aussi*: **~s d'identité**) documentación *f*, papeles *mpl*; **papier à lettres** papel de cartas; **papier (d')aluminium** papel de aluminio; **papier d'emballage** papel de envolver; **papier de verre** papel de lija; **papier hygiénique** papel higiénico; **papier peint** papel pintado
papillon [papijɔ̃] *nm* mariposa
papillote [papijɔt] *nf* papillote *m*
papoter [papɔte] *vi* parlotear
paquebot [pak(ə)bo] *nm* paquebote *m*
pâquerette [pɑkʀɛt] *nf* margarita
Pâques [pɑk] *nfpl* (*fête*) Pascua *fsg* ▷ *nm* (*période*) Semana Santa
paquet [pakɛ] *nm* paquete *m*; **paquet-cadeau** (*pl* **paquets-cadeaux**) *nm* paquete *m* regalo *m*

MOT-CLÉ

par [paʀ] *prép* **1** (*agent, cause*) por; **par amour** por amor; **peint par un grand artiste** pintado por un gran artista
2 (*lieu, direction*) por; **passer par Lyon/la côte** pasar por Lyon/la costa; **par la fenêtre** (*jeter, regarder*) por la ventana; **par le haut/bas** por arriba/abajo; **par ici** por aquí; **par où?** ¿por dónde?; **par là** por allí; **par-ci, par-là** aquí y allá; **être/jeter par terre** estar en el/tirar al suelo
3 (*fréquence, distribution*) por; **3 fois par semaine** 3 veces por *ou* a la semana; **3 par jour/par personne** 3 al día/por persona; **par centaines** a cientos, a centenares; **2 par 2** (*marcher, entrer, prendre etc*) de 2 en 2
4 (*moyen*) por; **par la poste** por correo
5 (*manière*): **prendre par la main** coger *ou* agarrar de la mano; **prendre par la poignée** coger *ou* agarrar por el asa; **finir** *etc* **par** terminar *etc* por; **le film se termine par une scène d'amour** la película termina con una escena de amor; **Pau commence par la lettre 'p'** Pau empieza por 'p'

parabolique [paʀabɔlik] *adj* parabólico(-a)

P

parachute [paʀaʃyt] *nm* paracaídas *m inv*; **parachutiste** *nm/f* paracaidista *m/f*
parade [paʀad] *nf* (*Mil*) desfile *m*
paradis [paʀadi] *nm* paraíso
paradoxe [paʀadɔks] *nm* paradoja
paraffine [paʀafin] *nf* parafina
parages [paʀaʒ] *nmpl* (*Naut*) aguas *fpl*; **dans les ~ (de)** en los alrededores (de)
paragraphe [paʀagʀaf] *nm* párrafo
paraître [paʀɛtʀ] *vb + attribut* parecer, verse (*Am*) ▷ *vi* (*apparaître*) aparecer; (*Presse, édition*) publicarse; (*sembler*) parecer; **il paraît que** parece que; **~ en justice** comparecer ante la justicia
parallèle [paʀalɛl] *adj* paralelo(-a) ▷ *nm* paralelo ▷ *nf* (*droite, ligne*) paralela
paralyser [paʀalize] *vt* paralizar
paramédical, e, -aux [paʀamedikal, o] *adj*: **personnel ~** personal *m* paramédico
paraphrase [paʀafʀɑz] *nf* paráfrasis *f inv*
parapluie [paʀaplɥi] *nm* paraguas *m inv*
parasite [paʀazit] *nm* parásito ▷ *adj* parásito(-a); **parasites** *nmpl* (*Tél*) parásitos *mpl*
parasol [paʀasɔl] *nm* quitasol *m*
paratonnerre [paʀatɔnɛʀ] *nm* pararrayos *m inv*
parc [paʀk] *nm* parque *m*; **parc de stationnement** aparcamiento
parcelle [paʀsɛl] *nf* (*d'or, de vérité*) partícula; (*de terrain*) parcela
parce que [paʀs(ə)kə] *conj* porque
parchemin [paʀʃəmɛ̃] *nm* pergamino
parcmètre [paʀkmɛtʀ] *nm* parquímetro
parcourir [paʀkuʀiʀ] *vt* recorrer; (*journal, article*) echar un vistazo a
parcours [paʀkuʀ] *vb voir* **parcourir** ▷ *nm* (*trajet, itinéraire*) trayecto; (*Sport*) recorrido
par-dessous [paʀd(ə)su] *prép* por debajo de ▷ *adv* por debajo
pardessus [paʀdəsy] *nm* abrigo
par-dessus [paʀd(ə)sy] *prép* por encima de; **~ le marché** para colmo
par-devant [paʀd(ə)vɑ̃] *prép* ante ▷ *adv* por delante
pardon [paʀdɔ̃] *nm* perdón *m* ▷ *excl* ¡perdón!, ¡disculpe!; **demander ~ à qn (de ...)** pedir perdón a algn (por ...); **pardonner** *vt* perdonar; **pardonner qch à qn** perdonar algo a algn
pare...: **pare-brise** *nm inv* parabrisas *m inv*; **pare-chocs** *nm inv* parachoques *m inv*
pareil, le [paʀɛj] *adj* igual; (*similaire*) parecido(-a); **faire ~** hacer lo mismo; **~ à** parecido(-a) a; **sans ~** sin igual
parent, e [paʀɑ̃, ɑ̃t] *nm/f* pariente(-a); **parents** *nmpl* (*père et mère*) padres *mpl*; (*famille, proches*) parientes *mpl*; **parenté** *nf* (*rapport, lien*) parentesco
parenthèse [paʀɑ̃tɛz] *nf* paréntesis *m inv*
paresse [paʀɛs] *nf* pereza, holgazanería; **paresseux, -euse** *adj* perezoso(-a), flojo(-a) (*Am*)
parfait, e [paʀfɛ, ɛt] *pp de* **parfaire** ▷ *adj* perfecto(-a); **parfaitement** *adv* perfectamente ▷ *excl* ¡seguro!, ¡desde luego!
parfois [paʀfwa] *adv* a veces
parfum [paʀfœ̃] *nm* perfume *m*; (*de tabac, vin*) aroma *m*; (*de glace etc*) sabor *m*; **parfumé, e** *adj* perfumado(-a); **parfumé au café** aromatizado(-a) con café, con sabor a café; **parfumer** *vt* perfumar; (*crème, gâteau*) aromatizar; **parfumerie** *nf* perfumería
pari [paʀi] *nm* apuesta; **parier** *vt* apostar
Paris [paʀi] *n* París; **parisien, ne**

adj (*personne, vie*) parisino(-a); (*Géo, Admin*) parisiense ▷ *nm/f*: **Parisien, ne** parisiense *m/f*
parjure [paʀʒyʀ] *nm* perjurio
parking [paʀkiŋ] *nm* aparcamiento
parlant, e [paʀlɑ̃, ɑ̃t] *adj* vivo(-a), elocuente; (*Ciné*) sonoro(-a)
parlement [paʀləmɑ̃] *nm* parlamento; **parlementaire** *adj* parlamentario(-a) ▷ *nm/f* (*député*) parlamentario(-a)
parler [paʀle] *nm* habla ▷ *vi* hablar; **~ de qch/qn** hablar de algo/algn; **~ (à qn) de** hablar (a algn) de; **~ affaires/politique** hablar de negocios/de política; **~ en dormant** hablar en sueños; **tu parles!** ¡ya ves!
parloir [paʀlwaʀ] *nm* locutorio; (*d'un hôpital*) sala de visitas
parmi [paʀmi] *prép* entre, en medio de
paroi [paʀwa] *nf* pared *f*
paroisse [paʀwas] *nf* parroquia
parole [paʀɔl] *nf* palabra; **paroles** *nfpl* (*d'une chanson*) letra *fsg*; **tenir ~** cumplir con su palabra; **avoir/prendre la ~** tener/tomar la palabra; **sur ~: croire qn sur ~** confiar en la palabra de algn; **prisonnier sur ~** preso bajo palabra
parquet [paʀkɛ] *nm* (*plancher*) parqué *m*; **le ~** (*Jur*) el tribunal de justicia
parrain [paʀɛ̃] *nm* padrino; **parrainer** *vt* apadrinar; (*suj: entreprise*) patrocinar
pars [paʀ] *vb voir* **partir**
parsemer [paʀsəme] *vt* cubrir; **~ qch de** sembrar algo de
part [paʀ] *vb voir* **partir** ▷ *nf* parte *f*; (*de gâteau, fromage*) trozo, pedazo; (*titre*) acción *f*; **prendre ~ à** (*débat etc*) tomar parte en; **pour ma ~** por mi parte; **à ~ entière** de pleno derecho; **de la ~ de** de parte de; **de ~ et d'autre** a *ou* en ambos lados; **de ~ en ~** de parte a parte; **d'une ~ ... d'autre ~** por una parte ... por otra; **nulle/autre/quelque ~** en ninguna/en otra/en alguna parte; **à ~** *adv* aparte ▷ *prép*: **à ~ cela** aparte de eso, excepto eso
partage [paʀtaʒ] *nm* reparto
partager [paʀtaʒe] *vt* repartir; **se partager** *vpr* repartirse; **~ un gâteau en quatre/une ville en deux** dividir un pastel en cuatro/una ciudad en dos; **~ la joie de qn/la responsabilité d'un acte** compartir la alegría de algn/la responsabilidad de un acto
partenaire [paʀtənɛʀ] *nm/f* compañero(-a)
parterre [paʀtɛʀ] *nm* (*de fleurs*) parterre *m*, arriate *m*; (*Théâtre*) patio de butacas
parti [paʀti] *nm* partido; **un beau/riche ~** un buen partido; **tirer ~ de** sacar partido de; **prendre le ~ de faire qch** tomar la decisión de hacer algo; **prendre ~ (pour qn)** tomar partido (por algn); **parti pris** prejuicio
partial, e, -aux [paʀsjal, jo] *adj* parcial
participant, e [paʀtisipɑ̃, ɑ̃t] *nm/f* participante *m/f*; (*à un concours*) concursante *m/f*
participation [paʀtisipasjɔ̃] *nf* participación *f*; **la ~ aux frais** la contribución a los gastos
participer [paʀtisipe]: **~ à** *vt ind* participar en
particularité [paʀtikylaʀite] *nf* particularidad *f*
particulier, -ière [paʀtikylje, jɛʀ] *adj* particular; (*entretien, conversation*) privado(-a); **avec un soin ~** con un cuidado especial; **~ à** propio(-a) de; **en ~** (*précisément*) en concreto; (*en privé*) en privado; (*surtout*) especialmente; **particulièrement** *adv* principalmente
partie [paʀti] *nf* parte *f*; (*de cartes,*

tennis) partida; **en ~** en parte; **faire ~ de qch** formar parte de algo; **en grande/majeure ~** en gran/la mayor parte; **partie civile** *(Jur)* parte civil

partiel, le [parsjɛl] *adj, nm* parcial *m*

partir [partir] *vi (gén)* partir; *(train, bus etc)* salir; *(s'éloigner)* marcharse; **~ de** *(lieu)* salir de; *(suj: personne, route)* partir de; **~ pour/à** *(lieu, pays)* salir para/hacia; **à ~ de** a partir de

partisan, e [partizɑ̃, an] *nm/f* seguidor(a), partidario(-a) ▷ *adj* partidario(-a)

partition [partisjɔ̃] *nf (Mus)* partitura

partout [partu] *adv* por todas partes; **~ où il allait** por dondequiera que iba; **trente/quarante ~** *(Tennis)* iguales a treinta/a cuarenta, empate *m* a treinta/a cuarenta

paru, e [pary] *pp de* **paraître**

parution [parysjɔ̃] *nf* aparición *f*, publicación *f*

parvenir [parvəniʀ]: **~ à** *vt ind* llegar a, arribar a *(Am)*; **~ à ses fins** alcanzar sus fines; **~ à faire qch** conseguir hacer algo; **faire ~ qch à qn** hacer llegar algo a algn

pas[1] [pa] *nm* paso; **~ à ~** paso a paso; **marcher à grands ~** andar dando zancadas; **rouler au ~** *(Auto)* ir a paso lento; **au ~ de gymnastique/ de course** a paso ligero/a la carrera; **à ~ de loup** con paso sigiloso; **faire les cent ~** ir y venir, ir de un lado para otro; **faire les premiers ~** dar los primeros pasos; **retourner** *ou* **revenir sur ses ~** volver sobre sus pasos; **sur le ~ de la porte** en el umbral (de la puerta); **le ~ de Calais** *(détroit)* el paso *ou* estrecho de Calais

MOT-CLÉ

pas[2] [pa] *adv* **1** *(avec ne, non etc)*: **ne ... pas** no; **je ne vais pas à l'école** no voy a la escuela; **je ne mange pas de pain** no como pan; **il ne ment pas** no miente; **ils n'ont pas de voiture/d'enfants** no tienen coche/ niños; **il m'a dit de ne pas le faire** me ha dicho que no lo haga; **non pas que ...** no es que ...; **je n'en sais pas plus** no sé más; **il n'y avait pas plus de 200 personnes** no había más de 200 personas; **je ne reviendrai pas de sitôt** tardaré en volver

2 *(sans ne etc)*: **pas moi** yo no; *(renforçant l'opposition)*: **elle travaille, (mais) lui pas** *ou* **pas lui** ella trabaja, (pero) él no; *(dans des réponses négatives)*: **pas de sucre, merci!** ¡sin azúcar, gracias!; **une pomme pas mûre** una manzana que no está madura; **je suis très content - moi pas** *ou* **pas moi** yo estoy muy contento - yo no; **pas du tout** *(réponse)* en absoluto; **ça ne me plaît pas du tout** no me gusta nada; **ils sont 4 et non (pas) 3** son 4 y no 3; **pas encore** todavía no

3: **pas mal** *adv* no está mal; **ça va? - pas mal** ¿qué tal? - bien; **pas mal de** *(beaucoup de)*: **ils ont pas mal d'argent** no andan mal de dinero

passage [pɑsaʒ] *nm* paso; *(extrait)* pasaje *m*; **"laissez/n'obstruez pas le ~"** "dejen/no impidan el paso"; **de ~** *(touristes)* de paso; **au ~** *(en passant)* al paso, de paso; **passage à niveau** paso a nivel

passager, -ère [pɑsaʒe, ɛʀ] *adj* pasajero(-a) ▷ *nm/f* pasajero(-a); **~ clandestin** polizón *m*

passant, e [pɑsɑ̃, ɑ̃t] *adj* transitado(-a) ▷ *nm/f* transeúnte *m/f*

passe [pɑs] *nf* pase *m*

passé, e [pɑse] *adj* pasado(-a) ▷ *prép*: **~ 10 heures/7 ans/ce poids** después de las 10/de 7 años/a partir de ese peso ▷ *nm* pasado; **~ de mode**

pasado(-a) de moda; **~ simple/composé** perfecto simple/pretérito perfecto
passe-partout [pɑspaʀtu] *nm inv* llave *f* maestra
passeport [pɑspɔʀ] *nm* pasaporte *m*
passer [pɑse] *vi* pasar; (*air*) correr; (*liquide, café*) filtrarse, colarse; (*couleur, papier*) decolorarse ▷ *vt* pasar; (*obstacle*) pasar, superar; (*frontière, rivière etc*) cruzar; (*examen*) hacer; (*film, émission, disque*) poner; (*vêtement*) ponerse; (*café*) filtrar; **se passer** *vpr* (*scène, action*) transcurrir; (*s'écouler*) pasar; (*arriver*): **que s'est-il passé?** ¿qué ha pasado?; **~ par** pasar por; **~ chez qn** pasar por la casa de algn; **~ qch à qn** pasar algo a algn; **~ devant/derrière qn/qch** pasar delante/detrás de algn/algo; **~ avant qch/qn** estar antes de algo/de algn; **laisser ~** dejar pasar; **~ directeur/président** ascender a director/a presidente; **~ en seconde/troisième** (*Auto*) meter segunda/tercera; **~ à l'action** pasar a la acción; **~ outre (à qch)** hacer caso omiso (de algo); **~ pour un imbécile** pasar por un imbécil; **~ à table** sentarse a la mesa; **je passe mon tour** paso; **~ l'aspirateur** pasar la aspiradora; **je vous passe M. X** le pongo *ou* comunico (*Am*) con el Sr. X; **~ commande** hacer un pedido; **~ un marché/accord** concertar un negocio/acuerdo; **se ~ de l'eau sur le visage** echarse agua por la cara; **se ~ de qch** (*s'en priver*) pasarse sin algo
passerelle [pɑsʀɛl] *nf* pasarela
passe-temps [pɑstɑ̃] *nm inv* pasatiempo
passif, -ive [pasif, iv] *adj* pasivo(-a)
passion [pasjɔ̃] *nf* pasión *f*; **passionnant, e** *adj* apasionante; **passionné, e** *adj* apasionado(-a); **passionner** *vt* apasionar; **se passionner pour qch** apasionarse por algo
passoire [pɑswaʀ] *nf* colador *m*
pastèque [pastɛk] *nf* sandía
pasteur [pastœʀ] *nm* pastor *m*
pasteuriser [pastœʀize] *vt* pasteurizar
pastille [pastij] *nf* pastilla
patate [patat] *nf* patata, papa (*Am*); **patate douce** batata, camote *m* (*Am*)
patauger [patoʒe] *vi* chapotear
pâte [pɑt] *nf* pasta; **pâtes** *nfpl* (*macaroni etc*) pastas *fpl*; **pâte à modeler** plastilina; **pâte brisée** pasta quebrada; **pâte d'amandes** pasta de almendra; **pâte de fruits** fruta escarchada; **pâte feuilletée** masa de hojaldre
pâté [pɑte] *nm* (*Culin*) paté *m*; **pâté de maisons** manzana de casas; **pâté en croûte** paté empanado
pâtée [pɑte] *nf* cebo
paternel, le [patɛʀnɛl] *adj* paterno(-a)
pâteux, -euse [pɑtø, øz] *adj* pastoso(-a)
pathétique [patetik] *adj* patético(-a)
patience [pasjɑ̃s] *nf* paciencia; (*Cartes*) solitario
patient, e [pasjɑ̃, jɑ̃t] *adj, nm/f* paciente *m/f*; **patienter** *vi* esperar
patin [patɛ̃] *nm* patín *m*; **patins (à glace)** patines *mpl* (de cuchilla); **patins à roulettes** patines de ruedas
patinage [patinaʒ] *nm* patinaje *m*
patiner [patine] *vi* patinar; **patineur, -euse** *nm/f* patinador(a); **patinoire** *nf* pista de patinaje
pâtir [pɑtiʀ] *vi*: **~ de** padecer de
pâtisserie [pɑtisʀi] *nf* pastelería; (*à la maison*) repostería; **pâtisseries** *nfpl* (*gâteaux*) pasteles *mpl*; **pâtissier, -ière** *nm/f* pastelero(-a)
patois [patwa] *nm* dialecto
patrie [patʀi] *nf* patria
patrimoine [patʀimwan] *nm*

petit four pastelillo; **petit pain** panecillo; **petits pois** guisantes *mpl*, arvejas *fpl* (*Am*), chícharos *mpl* (*Mex*); **les petites annonces** anuncios *mpl* por palabras; **petite-fille** (*pl* **petites-filles**) *nf* nieta; **petit-fils** (*pl* **petits-fils**) *nm* nieto

pétition [petisjɔ̃] *nf* petición *f*

petits-enfants [pətizɑ̃fɑ̃] *nmpl* nietos *mpl*

pétrin [petʀɛ̃] *nm* artesa; (*fig*): **être dans le ~** estar en un apuro

pétrir [petʀiʀ] *vt* (*argile, cire*) moldear; (*pâte*) amasar

pétrole [petʀɔl] *nm* petróleo; **pétrolier, -ière** *adj* petrolero(-a) ▷ *nm* petrolero

MOT-CLÉ

peu [pø] *adv* **1** poco; **il boit peu** bebe poco; **il est peu bavard** es poco hablador; **peu avant/après** poco antes/después; **depuis peu** desde hace poco
2 (*modifiant nom*): **peu de** poco(-a), pocos(-as); (*quantité*): **peu d'espoir** pocas esperanzas; **il y a peu d'arbres** hay pocos árboles; **pour peu de temps** por poco tiempo; **c'est (si) peu de chose** eso es (muy) poca cosa
3: **peu à peu** poco a poco; **à peu près** *adv* más o menos; **à peu près 10 kg/10 euros** unos 10 kg/10 euros, como 10 kg/10 euros (*Am*)
▷ *nm* **1**: **le peu de gens qui** los pocos que; **le peu de courage qui nous restait** el poco valor que nos quedaba
2: **un peu** un poco; **un petit peu** un poquito; **un peu d'espoir** cierta esperanza; **essayez un peu !** ¡mire a ver!; **un peu plus/moins de** un poco más/menos de; **un peu plus et il ratait son train** un poco más y pierde el tren; **pour peu qu'il travaille, il réussira** a poco que trabaje, aprobará
▷ *pron*: **peu le savent** pocos lo saben; **avant** *ou* **sous peu** dentro de poco; **de peu: il a gagné de peu** ganó por poco; **il s'en est fallu de peu (qu'il ne le blesse)** faltó muy poco (para que lo hiriese); **éviter qch de peu** evitar algo por poco

peuple [pœpl] *nm* pueblo; **peupler** *vt* poblar

peuplier [pøplije] *nm* álamo

peur [pœʀ] *nf* miedo; **avoir ~ (de qn/qch/de faire qch)** tener miedo (de *ou* a algn/algo/de hacer algo); **avoir ~ que** temer que; **faire ~ à qn** asustar a algn; **de ~ de/que** por miedo a/a que; **peureux, -euse** *adj* (*personne*) miedoso(-a); (*regard*) atemorizado(-a)

peut [pø] *vb voir* **pouvoir**

peut-être [pøtɛtʀ] *adv* quizá(s), a lo mejor; **~ bien (qu'il fera/est)** puede (que haga/sea); **~ que** quizá(s), a lo mejor

phare [faʀ] *nm* faro; **se mettre en ~s, mettre ses ~s** poner la luz larga

pharmacie [faʀmasi] *nf* farmacia; (*produits, armoire*) botiquín *m*; **pharmacien, ne** *nm/f* farmacéutico(-a)

phénomène [fenɔmɛn] *nm* fenómeno; (*personne*) bicho raro

philosophe [filɔzɔf] *adj, nm/f* filósofo(-a)

philosophie [filɔzɔfi] *nf* filosofía

phobie [fɔbi] *nf* fobia

phoque [fɔk] *nm* foca

phosphorescent, e [fɔsfɔʀesɑ̃, ɑ̃t] *adj* fosforescente

photo [fɔto] *nf* (*abr de photographie*) foto *f* ▷ *adj* (*abr de photographique*): **appareil/pellicule ~** máquina/carrete *m* de fotos; **prendre (qn) en ~** hacer una foto (a algn); **faire de la ~** hacer fotografía; **photo d'identité** foto de carnet; **photocopie** *nf* fotocopia; **photocopier** *vt* fotocopiar; **photocopieuse** *nf* fotocopiadora; **photographe** *nm/f* fotógrafo(-a); **photographie** *nf* fotografía; **photographier** *vt* fotografiar

phrase [fʀɑz] *nf* frase *f*

physicien, ne [fizisjɛ̃, jɛn] *nm/f* físico(-a)

physique [fizik] *adj* físico(-a) ▷ *nm* físico ▷ *nf* física; **physiquement** *adv* físicamente

pianiste [pjanist] *nm/f* pianista *m/f*

piano [pjano] *nm* piano; **pianoter** *vi* teclear; (*tapoter*) tamborilear

pic [pik] *nm* pico; (*Zool*) pájaro carpintero; **à ~** escarpado(-a); (*fig*): **arriver/tomber à ~** venir/caer de perilla

pichet [piʃɛ] *nm* jarro

picorer [pikɔʀe] *vt* picotear

pie [pi] *nf* (*Zool*) urraca

pièce [pjɛs] *nf* pieza; (*d'un logement*) habitación *f*; (*Théâtre*) obra; (*de monnaie*) moneda; (*Couture*) parche *m*; **dix euros ~** diez euros la unidad; **vendre à la ~** vender por unidades; **travailler/payer à la ~** trabajar/cobrar a destajo; **maillot une ~** bañador *m*; **un deux-~s cuisine** apartamento con dos habitaciones y cocina; **pièce à conviction** prueba de convicción; **pièce d'identité**: **avez-vous une ~ d'identité?** ¿tiene usted algún documento de identidad?; **pièce de rechange** pieza de recambio; **pièces détachées** piezas *fpl* de repuesto; **pièce jointe** (*Inform*) archivo adjunto; **pièces justificatives** comprobante *msg*

pied [pje] *nm* pie *m*; (*Zool, d'un meuble, d'une échelle*) pata; **à ~** a pie; **à ~ sec** a pie enjuto; **au ~ de la lettre** al pie de la letra; **avoir ~** hacer pie; **perdre ~** (*fig*) perder pie; **être sur ~ dès cinq heures** estar en pie desde las cinco; **mettre sur ~** (*entreprise*) poner en pie; **pied de vigne** cepa; **pied-noir** (*pl* **pieds-noirs**) *nm/f francés nacido en Argelia*

piège [pjɛʒ] *nm* trampa; **prendre au ~** coger en la trampa; **piéger** *vt* coger en la trampa; **lettre/voiture piégée** carta/coche *m* bomba *m*

pierre [pjɛʀ] *nf* piedra; **pierre tombale** lápida sepulcral; **pierreries** *nfpl* pedrería

piétiner [pjetine] *vi* patalear; (*fig*) estancarse, atascarse ▷ *vt* (*aussi fig*) pisotear

piéton, ne [pjetɔ̃, ɔn] *nm/f* peatón *m/f*; **piétonnier, -ière** *adj* peatonal

pieu, x [pjø] *nm* estaca

pieuvre [pjœvʀ] *nf* pulpo

pieux, -euse [pjø, pjøz] *adj* piadoso(-a)

pigeon [piʒɔ̃] *nm* palomo

piger [piʒe] (*fam*) *vt, vi* pillar

pigiste [piʒist] *nm/f* (*journaliste*) periodista *m/f* que trabaja por líneas

pignon [piɲɔ̃] *nm* piñón *m*; (*d'un mur*) aguilón *m*

pile [pil] *nf* pila ▷ *adv* (*net, brusquement*) en seco; **à deux heures ~** a las dos en punto; **jouer à ~ ou face** jugar a cara o cruz

piler [pile] *vt* machacar

pilier [pilje] *nm* (*colonne, support, Rugby*) pilar *m*

piller [pije] *vt* saquear

pilote [pilɔt] *nm* piloto ▷ *adj*: **appartement-~** piso-piloto; **pilote d'essai/de chasse/de course/de ligne** piloto de pruebas/de caza/de carreras/civil; **piloter** *vt* pilotar

pilule [pilyl] *nf* píldora; **prendre la ~** tomar la píldora

piment [pimɑ̃] *nm* pimiento, ají *m* (*Am*); (*fig*) sal y pimienta; **pimenté, e** *adj* salpimentado(-a)

pin [pɛ̃] *nm* pino

pinard [pinaʀ] (*fam*) *nm* vino

pince [pɛ̃s] *nf* pinza; (*outil*) pinzas *fpl*;

P

pince à épiler pinza de depilar; **pince à linge** pinza de la ropa
pincé, e [pɛ̃se] *adj* (*air*) forzado(-a)
pinceau, x [pɛ̃so] *nm* pincel *m*
pincée [pɛ̃se] *nf*: **une ~ de sel/poivre** una pizca de sal/pimienta
pincer [pɛ̃se] *vt* (*personne*) pellizcar; (*Mus: cordes*) puntear
pinède [pinɛd] *nf* pinar *m*
pingouin [pɛ̃gwɛ̃] *nm* pingüino
ping-pong [piŋpɔ̃g] (*pl* **~s**) *nm* ping-pong *m*
pinson [pɛ̃sɔ̃] *nm* pinzón *m*
pintade [pɛ̃tad] *nf* pintada
pion, ne [pjɔ̃, ɔn] *nm* (*Échecs*) peón *m*; (*Dames*) ficha
pionnier [pjɔnje] *nm* pionero(-a)
pipe [pip] *nf* pipa
piquant, e [pikɑ̃, ɑ̃t] *adj* punzante; (*saveur*) picante ▷ *nm* (*épine*) espina; (*fig*): **le ~** lo picante
pique [pik] *nf* pica; (*parole blessante*): **envoyer** *ou* **lancer des ~s à qn** tirar *ou* lanzar indirectas a algn ▷ *nm* (*Cartes*) picas *fpl* ≈ espadas *fpl*
pique-nique [piknik] (*pl* **~s**) *nm* picnic *m*; **pique-niquer** *vi* ir de picnic
piquer [pike] *vt* picar; (*fam: voler*) birlar ▷ *vi* (*oiseau, avion*) bajar en picado
piquet [pikɛ] *nm* estaca; **~ de grève** piquete *m* de huelga
piqûre [pikyʀ] *nf* (*gén*) picadura; (*Méd*) inyección *f*; **faire une ~ à qn** poner una inyección a algn
piratage [piʀataʒ] *nm* (*Inform*) piratería
pirate [piʀat] *nm* pirata *m/f* ▷ *adj*: **émetteur ~** emisora pirata
pirater [piʀate] *vi* (*Inform*) piratear
pire [piʀ] *adj* (*comparatif*) peor; (*superlatif*): **le (la) ~** el/lo (la) peor ▷ *nm*: **le ~ (de)** lo peor (de)
pis [pi] *nm* (*de vache*) ubre *f*; (*pire*): **le ~** lo peor ▷ *adj, adv* peor
piscine [pisin] *nf* piscina; **piscine couverte/en plein air/olympique** piscina cubierta/al aire libre/olímpica
pissenlit [pisɑ̃li] *nm* cardillo
pistache [pistaʃ] *nf* pistacho
piste [pist] *nf* pista, rastro; (*sentier*) camino; (*d'un magnétophone*) banda; **piste cyclable** pista para ciclistas
pistolet [pistɔlɛ] *nm* pistola; **pistolet-mitrailleur** (*pl* **pistolets-mitrailleurs**) *nm* pistola ametralladora
piston [pistɔ̃] *nm* (*Tech*) pistón *m*; (*fig*) enchufe *m*; **pistonner** *vt* enchufar
piteux, -euse [pitø, øz] *adj* (*résultat*) deplorable; (*air*) lastimoso(-a)
pitié [pitje] *nf* piedad *f*; **faire ~** dar pena *ou* lástima; **il me fait ~** me da lástima; **avoir ~ de qn** compadecerse de algn
pitoyable [pitwajabl] *adj* lamentable
pittoresque [pitɔʀɛsk] *adj* pintoresco(-a)
PJ [peʒi] *sigle f* = *police judiciaire voir* **police**
placard [plakaʀ] *nm* (*armoire*) armario (empotrado)
place [plas] *nf* plaza; (*espace libre*) sitio; (*siège*) asiento; (*prix: au cinéma etc*) entrada; (*Univ, emploi*) puesto; **en ~** en su sitio; **sur ~** en el sitio; **faire de la ~** hacer sitio; **faire ~ à qch** dar paso a algo; **ça prend de la ~** ocupa sitio; **à votre ~ ...** en su lugar ...; **à la ~ de** en lugar de; **il y a 20 ~s assises/debout** hay 20 plazas de asiento/de pie
placé, e [plase] *adj* (*Hippisme*) clasificado(-a); **haut ~** (*fig*) bien situado(-a); **être bien/mal ~** (*objet*) estar bien/mal colocado(-a); (*spectateur*) estar bien/mal situado(-a); (*concurrent*) tener buena/mala posición; **être bien/mal ~ pour** estar en una buena/mala posición para

placement [plasmɑ̃] *nm (emploi)* colocación *f*; *(Fin)* inversión *f*
placer [plase] *vt (convive, spectateur)* acomodar; *(chose)* colocar; *(capital)* invertir
plafond [plafɔ̃] *nm* techo
plage [plaʒ] *nf* playa
plaider [plede] *vi (avocat)* pleitear; *(plaignant)* litigar ▷ *vt (cause)* defender; **~ coupable/non coupable** declararse culpable/inocente; **plaidoyer** *nm (Jur, fig)* alegato
plaie [plɛ] *nf* herida
plaignant, e [plɛɲɑ̃, ɑ̃t] *vb voir* **plaindre** ▷ *adj, nm/f* demandante *m/f*
plaindre [plɛ̃dʀ] *vt* compadecer; **se plaindre** *vpr* quejarse
plaine [plɛn] *nf* llanura
plain-pied [plɛ̃pje]: **de ~** *adv* al mismo nivel
plainte [plɛ̃t] *nf* queja; *(gémissement)* lamento; *(Jur)*: **porter ~** poner una denuncia
plaire [plɛʀ] *vi* gustar; **se plaire** *vpr (quelque part)* estar a gusto; **~ à: cela me plaît** eso me gusta; **s'il vous plaît** por favor
plaisance [plɛzɑ̃s] *nf (aussi:* **navigation de ~**) navegación *f* de recreo
plaisant, e [plɛzɑ̃, ɑ̃t] *adj* agradable
plaisanter [plɛzɑ̃te] *vi* bromear; **plaisanterie** *nf* broma
plaisir [pleziʀ] *nm*: **le ~** el placer; **faire ~ à qn** complacer a algn; *(suj: cadeau, nouvelle)* agradar a algn; **j'ai le ~ de ...** tengo el gusto de ...; **pour le** *ou* **par** *ou* **pour son ~** por gusto
plaît [plɛ] *vb voir* **plaire**
plan, e [plɑ̃, an] *adj* plano(-a) ▷ *nm* plano; *(projet, Écon)* plan *m*; **au premier/second ~** en primer/segundo plano; **sur tous les ~s** *(aspect)* en todos los aspectos; **à l'arrière ~** en segundo plano; **laisser/rester en ~** dejar/quedar en suspenso; **plan d'eau** estanque *m*
planche [plɑ̃ʃ] *nf* tabla; **planches** *nfpl*: **les ~s** *(Théâtre)* las tablas; **planche à repasser** tabla de planchar; **planche (à roulettes)** monopatín *m*; **planche à voile** *(objet)* tabla de windsurfing; *(Sport)* windsurfing *m*
plancher [plɑ̃ʃe] *nm* suelo
planer [plane] *vi (oiseau)* cernerse; *(avion)* planear; **~ sur** cernerse sobre
planète [planɛt] *nf* planeta *m*
planeur [planœʀ] *nm* planeador *m*
planifier [planifje] *vt* planificar
planning [planiŋ] *nm* programación *f*; **planning familial** planificación *f* familiar
plant [plɑ̃] *nm* planta joven
plante [plɑ̃t] *nf* planta; *(Anat)*: **~ du pied** planta del pie
planter [plɑ̃te] *vt* plantar; *(pieu)* clavar; *(tente)* montar; *(abandonner)*: **~ là** dejar plantado(-a)
plaque [plak] *nf* placa; *(d'ardoise, de verre)* hoja; **plaque chauffante** placa calientaplatos; **plaque minéralogique/d'immatriculation** placa mineralógica/de matrícula; **plaque de cuisson** quemador *m*
plaqué, e [plake] *nm (métal)*: **~ or/argent** chapado en oro/plata
plaquer [plake] *vt (bijou)* chapar; *(Rugby)* hacer un placaje a; *(fam: laisser tomber)* dejar plantado(-a); *(aplatir)*: **~ qch sur/contre** aplastar algo sobre/contra
plaquette [plakɛt] *nf (de chocolat, pilules)* tableta
plastique [plastik] *adj* plástico(-a) ▷ *nm* plástico; **plastiquer** *vt* volar con goma dos
plat, e [pla, at] *adj* llano(-a); *(ventre, poitrine)* plano(-a); *(banal)* anodino(-a) ▷ *nm (Culin: mets)* plato; *(: récipient)* fuente *f*; **à ~** *adv* a lo largo ▷ *adj (pneu)* desinflado(-a); **à ~ ventre** boca abajo;

P

batterie à ~ batería descargada; **talons ~s** zapatos *mpl* planos
platane [platan] *nm* plátano
plateau, x [plato] *nm* bandeja; (*Géo*) meseta; (*Ciné, TV*) plató; **plateau à fromage** tabla de quesos
plate-bande [platbɑ̃d] (*pl* **plates-bandes**) *nf* arriate *m*
plate-forme [platfɔʀm] (*pl* **plates-formes**) *nf* plataforma
platine [platin] *nm* platino ▷ *nf* platina ▷ *adj inv*: **cheveux/blond ~** cabello/rubio platino *inv*
plâtre [plɑtʀ] *nm* yeso; (*Méd, statue*) escayola; **avoir un bras dans le ~** tener un brazo escayolado
plein, e [plɛ̃, plɛn] *adj* lleno(-a); (*journée*) ocupado(-a); (*porte, roue*) macizo(-a); (*joues, formes*) relleno(-a); (*chienne, jument*) preñada ▷ *prép*: **avoir de l'argent ~ les poches** tener los bolsillos llenos de dinero ▷ *nm*: **faire le ~ (d'essence)** llenar el depósito (de gasolina); **à ~es mains** a manos llenas; **à ~ régime** al máximo; **à ~ temps, à temps ~** a tiempo completo; **en ~ air** al aire libre; **en ~ soleil** a pleno sol; **en ~e mer** en altamar; **en ~e rue** en medio de la calle; **en ~ milieu** en medio; **en ~ jour/~e nuit** en pleno día/plena noche; **en ~ sur** de lleno sobre; **en avoir ~ le dos** (*fam*) estar hasta la coronilla; **pleins pouvoirs** plenos poderes *mpl*
pleurer [plœʀe] *vt, vi* llorar; **~ sur** llorar por
pleurnicher [plœʀniʃe] *vi* lloriquear
pleurs [plœʀ] *nmpl*: **en ~** deshecho(-a) en lágrimas
pleut [plø] *vb voir* **pleuvoir**
pleuvoir [pløvwaʀ] *vb impers*: **il pleut** llueve ▷ *vi* (*fig*) llover; **il pleut des cordes** *ou* **à verse/à torrents** llueve a cántaros/torrencialmente
pli [pli] *nm* pliegue *m*; (*d'une jupe*) tabla; (*d'un pantalon*) raya; (*aussi*: **faux ~**) arruga; (*Admin*) carta; (*Cartes*) baza
pliant, e [plijɑ̃, plijɑ̃t] *adj* plegable ▷ *nm* silla de tijera
plier [plije] *vt* doblar; (*pour ranger*) recoger; (*genou, bras*) flexionar ▷ *vi* curvarse; (*céder*) ceder; **se plier à** *vpr* doblegarse a
plisser [plise] *vt* arrugar; (*jupe*) hacerle tablas a, plisar
plomb [plɔ̃] *nm* plomo; (*d'une cartouche*) perdigón *m*; (*Élec*) fusible *m*
plomberie [plɔ̃bʀi] *nf* fontanería, plomería (*Am*); (*installation*) cañería
plombier [plɔ̃bje] *nm* fontanero, plomero (*Am*), gasfíter *m* (*Chi*)
plonge [plɔ̃ʒ] (*fam*) *nf*: **faire la ~** fregar los platos
plongeant, e [plɔ̃ʒɑ̃, ɑ̃t] *adj* (*vue*) desde arriba; (*décolleté*) pronunciado(-a)
plongée [plɔ̃ʒe] *nf* inmersión *f*; (*Sport: sans bouteilles*) buceo; **~ (sous-marine)** submarinismo
plongeoir [plɔ̃ʒwaʀ] *nm* trampolín *m*
plongeon [plɔ̃ʒɔ̃] *nm* zambullida
plonger [plɔ̃ʒe] *vi* (*personne*) zambullirse; (*sous-marin*) sumergirse; (*oiseau, avion*) lanzarse en picado; (*Football*) hacer una estirada ▷ *vt* sumergir; **plongeur, -euse** [plɔ̃ʒœʀ, øz] *nm/f* buceador(a); (*avec bouteilles*) submarinista *m/f*; (*de restaurant*): **travailler comme ~** fregar los platos
plu [ply] *pp de* **plaire; pleuvoir**
pluie [plɥi] *nf* lluvia; **une ~ de** (*fig*) una lluvia de
plume [plym] *nf* pluma
plupart [plypaʀ]: **la ~** *pron* la mayor parte; **la ~ du temps** la mayoría de las veces; **dans la ~ des cas** en la mayoría de los casos; **pour la ~** en su mayoría
pluriel [plyʀjɛl] *nm* plural *m*

MOT-CLÉ

plus *adv* [ply] **1** (*forme négative*): **ne ... plus** ya no; **je n'ai plus d'argent** ya no tengo dinero; **il ne travaille plus** ya no trabaja
2 [plys] (*comparatif*) más; **plus intelligent (que)** más inteligente (que); **plus d'intelligence/de possibilités (que)** más inteligencia/posibilidades (que); (*superlatif*): **le plus** el más; **c'est lui qui travaille le plus** es él quien más trabaja; **le plus grand** el más grande; **(tout) au plus** a lo sumo, a lo más
3 (*davantage*) más; **il travaille plus (que)** trabaja más (que); **plus il travaille, plus il est heureux** cuanto más trabaja, más feliz es; **il était plus de minuit** era más de medianoche; **plus de 3 heures/4 kilos** más de 3 horas/4 kilos; **3 heures/kilos de plus que** 3 horas/kilos más que; **il a 3 ans de plus que moi** tiene 3 años más que yo; **de plus** (*en supplément*) de más; (*en outre*) además; **de plus en plus** cada vez más; **plus de pain** más pan; **sans plus** sin más; **3 kilos en plus** 3 kilos de más; **en plus de cela ...** además de eso ...; **d'autant plus que** tanto más cuando, más aún cuando; **qui plus est** y lo que es más; **plus ou moins** más o menos; **ni plus ni moins** ni más ni menos
▷ *prép*: **4 plus 2** 4 más 2

plusieurs [plyzjœʀ] *dét, pron* varios(-as); **ils sont ~** son varios
plus-value [plyvaly] (*pl* **~s**) *nf* (*Écon*) plusvalía
plutôt [plyto] *adv* más bien; **je ferais ~ ceci** haría más bien esto; **fais ~ comme ça** haz mejor así; **~ que (de) faire qch** en lugar de hacer algo; **~ grand/rouge** más bien grande/rojo
pluvieux, -euse [plyvjø, jøz] *adj* lluvioso(-a)
PME [peɛmə] *sigle fpl* (= *petites et moyennes entreprises*) ≈ PYME *fsg* (= *pequeña y mediana empresa*)
PMU [peɛmy] *sigle m* = *pari mutuel urbain voir* **pari**
PNB [peɛnbe] *sigle m* (= *produit national brut*) PNB *m* (= *producto nacional bruto*)
pneu, x [pnø] *nm* neumático, llanta (*Am*)
pneumonie [pnømɔni] *nf* neumonía
poche [pɔʃ] *nf* bolsillo; **de ~** de bolsillo
pochette [pɔʃɛt] *nf* (*de timbres*) sobre *m*; (*d'aiguilles etc*) estuche *m*; (*sur veste*) pañuelo; **pochette de disque** funda de discos
podcast [pɔdkast] *nm* podcast *m*
podcaster [pɔdkaste] *vi* podcastear
poêle [pwal] *nm* estufa ▷ *nf*: **~ (à frire)** sartén *f* (*m en Am*)
poème [pɔɛm] *nm* poema *m*
poésie [pɔezi] *nf* poesía
poète [pɔɛt] *nm* poeta *m*
poids [pwa] *nm* peso; (*pour peser*) pesa; (*Sport*) pesas *fpl*; **vendre qch au ~** vender algo al peso; **prendre/perdre du ~** coger/perder peso; **poids lourd** peso pesado; (*camion*: *aussi*: **PL**) camión *m* de carga pesada
poignant, e [pwaɲɑ̃, ɑ̃t] *adj* conmovedor(a)
poignard [pwaɲaʀ] *nm* puñal *m*; **poignarder** *vt* apuñalar
poigne [pwaɲ] *nf* fuerza; (*fig*) firmeza
poignée [pwaɲe] *nf* puñado; (*de couvercle, valise*) asa; (*tiroir*) tirador *m*; (*porte*) picaporte *m*; **poignée de main** apretón *m* de manos
poignet [pwaɲɛ] *nm* muñeca; (*d'une chemise*) puño
poil [pwal] *nm* pelo; (*de pinceau, brosse*) cerda; **à ~** (*fam*: *tout nu*) en pelota; **au ~** (*parfait*) estupendo; **être de bon/mauvais ~** (*fam*) estar

P

de buenas/malas; **poilu, e** *adj* peludo(-a)
poinçonner [pwɛ̃sɔne] *vt* (*billet, ticket*) picar
poing [pwɛ̃] *nm* puño
point [pwɛ̃] *nm* punto; (*Couture, Tapisserie*) puntada; **faire le ~** (*Naut*) determinar la posición; (*fig*) recapitular; **en tout ~** de todo punto; **sur le ~ de faire qch** a punto de hacer algo; **au ~ que** hasta el punto que; **mettre au ~** poner a punto; (*appareil de photo*) enfocar; (*affaire*) precisar; **à ~** (*Culin*) en su punto; **à ~ nommé** en el momento oportuno; **point com** puntocom *m*; **point d'eau** punto de agua; **point d'exclamation/ d'interrogation** signo de exclamación/de interrogación; **point de repère** punto de referencia; **point de vente** punto de venta; **point de vue** (*fig*) punto de vista; **point faible** punto débil; **point mort** punto muerto; **points de suspension** puntos suspensivos
pointe [pwɛ̃t] *nf* punta; (*fig*): **une ~ d'ail** una pizca de ajo; **être à la ~ de qch** estar en la vanguardia de algo; **sur la ~ des pieds** de puntillas; **en ~** *adv, adj* en punta; **de ~** (*industries etc*) de vanguardia; (*vitesse*) tope; **heures/ jours de ~** horas *fpl*/días *fpl* punta
pointer [pwɛ̃te] *vt* puntear; (*employés, ouvriers*) fichar; (*canon, doigt*) apuntar ▷ *vi* (*ouvrier, employé*) fichar
pointillé [pwɛ̃tije] *nm* línea de puntos
pointilleux, -euse [pwɛ̃tijø, øz] *adj* puntilloso(-a)
pointu, e [pwɛ̃ty] *adj* puntiagudo(-a); (*son, voix, fig*) agudo(-a)
pointure [pwɛ̃tyʀ] *nf* número
point-virgule [pwɛ̃viʀgyl] (*pl* **points-virgules**) *nm* punto y coma *m*
poire [pwaʀ] *nf* pera
poireau, x [pwaʀo] *nm* puerro
poirier [pwaʀje] *nm* peral *m*
pois [pwa] *nm* guisante *m*; (*sur une étoffe*) lunar *m*; **à ~** de lunares
poison [pwazɔ̃] *nm* veneno
poisseux, -euse [pwasø, øz] *adj* pegajoso(-a)
poisson [pwasɔ̃] *nm* pez *m*; (*Culin*) pescado; (*Astrol*): **P~s** Piscis *msg*; **poisson d'avril** inocentada; **poisson rouge** pez de colores; **poissonnerie** *nf* pescadería; **poissonnier, -ière** *nm/f* pescadero(-a)
poitrine [pwatʀin] *nf* pecho
poivre [pwavʀ] *nm* pimienta
poivron [pwavʀɔ̃] *nm* pimiento morrón
polaire [pɔlɛʀ] *adj* polar
polar [pɔlaʀ] (*fam*) *nm* novela policial *ou* policíaca
pôle [pol] *nm* (*Géo, Élec*) polo
poli, e [pɔli] *adj* (*personne*) educado(-a), elegante
police [pɔlis] *nf*: **la ~** la policía; (*Assurance*): **~ d'assurance** póliza de seguros; **police judiciaire** policía judicial; **police secours** servicio urgente de policía; **policier, -ière** *adj* policial, policiaco(-a) ▷ *nm* policía *m/f*, agente *m* (*Am*); (*aussi*: **roman policier**) novela policiaca
polio (myélite) [pɔljɔ(mjelit)] *nf* poliomielitis *f inv*
polir [pɔliʀ] *vt* pulir
politesse [pɔlitɛs] *nf* cortesía
politicien, ne [pɔlitisjɛ̃, jɛn] *nm/f* político(-a); (*péj*) politicastro(-a)
politique [pɔlitik] *adj, nm/f* político(-a) ▷ *nf* política
pollen [pɔlɛn] *nm* polen *m*
polluant, e [pɔlɥɑ̃, ɑ̃t] *adj* contaminante; **produit ~** producto contaminante
polluer [pɔlɥe] *vt* contaminar;
pollution *nf* polución *f*

polo [polo] *nm* polo
Pologne [pɔlɔɲ] *nf* Polonia; **polonais, e** *adj* polaco(-a) ▷ *nm* (*Ling*) polaco ▷ *nm/f*: **Polonais, e** polaco(-a)
poltron, ne [pɔltʀɔ̃, ɔn] *adj* cobarde
polycopier [pɔlikɔpje] *vt* multicopiar
Polynésie [pɔlinezi] *nf* Polinesia; **la Polynésie française** la Polinesia francesa
polyvalent, e [pɔlivalɑ̃, ɑ̃t] *adj* polivalente
pommade [pɔmad] *nf* pomada
pomme [pɔm] *nf* manzana; (*pomme de terre*): **un steak ~s frites** un filete con patatas (fritas); **tomber dans les ~s** (*fam*) darle a algn un patatús; **pomme d'Adam** nuez *f* de Adán; **pomme de pin** piña; **pomme de terre** patata, papa (*Am*)
pommette [pɔmɛt] *nf* pómulo
pommier [pɔmje] *nm* manzano
pompe [pɔ̃p] *nf* (*appareil*) bomba; (*faste*) pompa; **pompe (à essence)** surtidor *m* (de gasolina); **pompes funèbres** pompas *fpl* fúnebres; **pomper** *vt* bombear
pompeux, -euse [pɔ̃pø, øz] (*péj*) *adj* pomposo(-a)
pompier [pɔ̃pje] *nm* bombero
pompiste [pɔ̃pist] *nm/f* encargado(-a) de una gasolinera
poncer [pɔ̃se] *vt* alisar con un abrasivo
ponctuation [pɔ̃ktɥasjɔ̃] *nf* puntuación *f*
ponctuel, le [pɔ̃ktɥɛl] *adj* puntual
pondéré, e [pɔ̃deʀe] *adj* ponderado(-a)
pondre [pɔ̃dʀ] *vt* (*œufs*) poner; (*fig: fam*) parir
poney [pɔnɛ] *nm* poney *m*, poni *m*
pont [pɔ̃] *nm* puente *m*; (*Naut*) cubierta; **pont-levis** (*pl* **ponts-levis**) *nm* puente *m* levadizo
pop [pɔp] *adj inv* pop *inv*
populaire [pɔpylɛʀ] *adj* popular
popularité [pɔpylaʀite] *nf* popularidad *f*
population [pɔpylasjɔ̃] *nf* población *f*
populeux, -euse [pɔpylø, øz] *adj* populoso(-a)
porc [pɔʀ] *nm* (*Zool*) cerdo, chancho (*Am*); (*Culin*) carne *f* de cerdo
porcelaine [pɔʀsəlɛn] *nf* porcelana
porc-épic [pɔʀkepik] (*pl* **porcs-épics**) *nm* puerco espín
porche [pɔʀʃ] *nm* porche *m*
porcherie [pɔʀʃəʀi] *nf* porqueriza
pore [pɔʀ] *nm* poro
porno [pɔʀno] *adj* (*abr de pornographique*) porno *inv*
port [pɔʀ] *nm* porte *m*; (*Naut*) puerto; **port d'arme** (*Jur*) tenencia de armas
portable [pɔʀtabl] *adj* (*vêtement*) ponedero(-a); (*ordinateur etc*) portátil ▷ *nm* (*téléphone*) móvil *m*; (*ordinateur*) portátil *m*
portail [pɔʀtaj] *nm* portal *m*
portant, e [pɔʀtɑ̃, ɑ̃t] *adj*: **être bien/mal ~** (*personne*) tener buena/mala salud
portatif, -ive [pɔʀtatif, iv] *adj* portátil
porte [pɔʀt] *nf* puerta; **mettre qn à la ~** poner a algn en la calle; **faire du ~ à ~** (*Comm*) vender de puerta en puerta, vender a domicilio
porté, e [pɔʀte] *adj*: **être ~ sur qch** darle a algo
porté...: porte-avions *nm inv* portaaviones *m inv*; **porte-bagages** *nm inv* portaequipajes *m inv*; **porte-bonheur** *nm inv* amuleto; **porte-clefs** *nm inv* llavero; **porte-documents** *nm inv* cartera de mano, portafolio(s) *m* (*Am*)
portée *nf* alcance *m*; (*d'une chienne etc*) camada; (*Mus*) pentagrama *m*; **à (la) ~ (de)** al alcance (de); **hors de ~ (de)**

fuera del alcance (de); **à ~ de la main** al alcance de la mano; **à ~ de voix** a poca distancia

porte...: portefeuille *nm* cartera; (*Pol*) cartera (ministerial); **portemanteau, x** *nm* perchero; **porte-monnaie** *nm inv* monedero; **porte-parole** *nm inv* portavoz *m*, vocero(-a) (*Am*)

porter [pɔʀte] *vt* llevar; (: *responsabilité*) cargar con; (*suj*: *jambes*) sostener ▷ *vi* (*fig*) surtir efecto; **se porter** *vpr*: **se ~ bien/mal** encontrarse bien/mal; **~ sur** tratar de; **~ secours/assistance à qn** prestar socorro/asistencia a algn; **~ bonheur à qn** traer buena suerte a algn; **~ une somme sur un registre** asentar una cantidad en un registro; **~ atteinte à (l'honneur/la réputation de qn)** atentar contra (el honor/la reputación de algn); **se faire ~ malade** declararse enfermo(-a); **~ son attention/regard/effort sur** fijar su atención/mirada/esfuerzo sobre; **~ à croire** llevar a pensar

porteur, -euse [pɔʀtœʀ, øz] *nm* (*de bagages*) mozo de equipaje; (*Comm*: *d'un chèque*) portador *m*

porte-voix [pɔʀtəvwa] *nm inv* megáfono

portier [pɔʀtje] *nm* portero

portière [pɔʀtjɛʀ] *nf* puerta

portion [pɔʀsjɔ̃] *nf* (*part*) ración *f*; (*partie*) parte *f*

porto [pɔʀto] *nm* oporto

portrait [pɔʀtʀɛ] *nm* retrato; **portrait-robot** (*pl* **portraits-robots**) *nm* retrato robot

portuaire [pɔʀtɥɛʀ] *adj* portuario(-a)

portugais, e [pɔʀtygɛ, ɛz] *adj* portugués(-esa) ▷ *nm* (*Ling*) portugués *m* ▷ *nm/f*: **P~, e** portugués(-esa)

Portugal [pɔʀtygal] *nm* Portugal *m*

pose [poz] *nf* (*de moquette*) instalación *f*; (*de rideau, papier peint*) colocación *f*; (*position*) postura; **(temps de) ~** (*Photo*) (tiempo de) exposición *f*

posé, e [poze] *adj* comedido(-a)

poser [poze] *vt* poner; (*moquette, carrelage*) instalar; (*rideaux, papier peint*) colocar; (*question*) hacer; (*problème*) plantear; **se poser** *vpr* (*oiseau, avion*) posarse; (*question*) plantearse

positif, -ive [pozitif, iv] *adj* positivo(-a)

position [pozisjɔ̃] *nf* posición *f*; (*posture*) postura; (*métier*) cargo; **être dans une ~ difficile/délicate** estar en una situación difícil/delicada; **prendre ~** tomar posiciones

posologie [pozɔlɔʒi] *nf* posología

posséder [pɔsede] *vt* poseer; (*qualité*) estar dotado(-a) de; (*métier, langue*) dominar, conocer a fondo; **possession** *nf* posesión *f*

possibilité [pɔsibilite] *nf* posibilidad *f*; **possibilités** *nfpl* (*moyens*) medios *mpl*; (*potentiel*) posibilidades *fpl*

possible [pɔsibl] *adj* posible; (*projet*) realizable ▷ *nm*: **faire (tout) son ~** hacer (todo) lo (que sea) posible; **il est ~ que** es posible que; **le plus/moins de livres ~** el mayor/menor número de libros posible; **le plus/moins d'eau ~** la mayor/menor cantidad de agua posible; **aussitôt** *ou* **dès que ~** en cuanto sea posible

postal, e, -aux [pɔstal, o] *adj* postal

poste [pɔst] *nf* (*service*) correo; (*administration*) correos *mpl*; (*bureau*) oficina de correos ▷ *nm* (*Mil*) puesto; (*charge*) cargo; (*de radio, télévision*) aparato; (*Tél*) extensión *f*; **postes** *nfpl*: **agent/employé des ~s** agente *m*/empleado de correos; **mettre à la ~** echar al correo; **poste (de police)** *nm* puesto (de policía); **poste**

restante *nf* lista de correos
poster¹ [pɔste] *vt* (*lettre*) echar al correo
poster² *nm* [pɔstɛʀ] póster *m*
postérieur, e [pɔsteʀjœʀ] *adj* posterior ▷ *nm* (*fam*) trasero
postuler [pɔstyle] *vt* solicitar
pot [po] *nm* (*récipient*) cacharro; (*en métal*) bote *m*; (*fam: chance*): **avoir du ~** tener potra; **boire** *ou* **prendre un ~** (*fam*) tomar una copa; **pot d'échappement** (*Auto*) silenciador *m*
potable [pɔtabl] *adj* potable
potage [pɔtaʒ] *nm* sopa; **potager, -ère** *adj* hortícola; **(jardin) potager** huerto
pot-au-feu [pɔtofø] *nm inv* cocido
pot-de-vin [podvɛ̃] (*pl* **pots-de-vin**) *nm* gratificación *f*
pote [pɔt] (*fam*) *nm* amigo, compadre *m* (*Am*), manito (*Mex*)
poteau, x [pɔto] *nm* poste *m*; **poteau indicateur** poste indicador
potelé, e [pɔt(ə)le] *adj* rollizo(-a)
potentiel, le [pɔtɑ̃sjɛl] *adj, nm* potencial *m*
poterie [pɔtʀi] *nf* (*fabrication*) alfarería; (*objet*) objeto de barro, cerámica
potier [pɔtje] *nm* alfarero
potiron [pɔtiʀɔ̃] *nm* calabaza
pou, x [pu] *nm* piojo
poubelle [pubɛl] *nf* cubo *ou* bote *m* (*Am*) de la basura
pouce [pus] *nm* pulgar *m*
poudre [pudʀ] *nf* polvo; (*fard*) polvos *mpl*; (*explosif*) pólvora; **en ~: lait en ~** leche *f* en polvo; **poudreuse** *nf* nieve *f* en polvo; **poudrier** *nm* polvera
pouffer [pufe] *vi*: **~ (de rire)** partirse de risa
poulailler [pulɑje] *nm* (*aussi Théâtre*) gallinero
poulain [pulɛ̃] *nm* potro; (*fig*) pupilo
poule [pul] *nf* gallina
poulet [pulɛ] *nm* pollo; (*fam*) poli *m*
poulie [puli] *nf* polea
pouls [pu] *nm* pulso; **prendre le ~ de qn** tomar el pulso a algn
poumon [pumɔ̃] *nm* pulmón *m*
poupée [pupe] *nf* muñeca

MOT-CLÉ

pour [puʀ] *prép* **1** (*destination, temps*): **elle est partie pour Paris** se ha ido a París; **le train pour Séville** el tren para *ou* a Sevilla; **j'en ai pour une heure** tengo para una hora; **il faut le faire pour après les vacances** hay que hacerlo para después de vacaciones; **pour toujours** para siempre
2 (*au prix de, en échange de*) por; **il l'a acheté pour 5 euros** lo compró por 5 euros; **donnez-moi pour 200 euros d'essence** deme 200 euros de gasolina; **je te l'échange pour ta montre** te lo cambio por tu reloj
3 (*en vue de, intention, en faveur de*): **pour le plaisir** por gusto; **pour ton anniversaire** para tu cumpleaños; **je le fais pour toi** lo hago por ti; **pastilles pour la toux** pastillas *fpl* para la tos; **pour que** para que; **pour faire** para hacer; **pour quoi faire?** ¿para qué?; **je suis pour la démocratie** estoy por la democracia
4 (*à cause de*): **fermé pour (cause de) travaux** cerrado por obras; **c'est pour cela que je le fais** por eso lo hago; **être pour beaucoup dans qch** influir mucho en algo; **ce n'est pas pour dire, mais ...** (*fam*) no es por nada pero ...; **pour avoir fait** por haber hecho
5 (*à la place de*): **il a parlé pour moi** habló por mí
6 (*rapport, comparaison*): **mot pour mot** palabra por palabra; **ça fait un an jour pour jour** hoy hace justamente un año; **10 pour cent** diez

p

por ciento; **pour un Français, il parle bien suédois** para ser francés, habla bien el sueco
7 (*comme*): **la femme qu'il a eue pour mère** la mujer que tuvo por madre
8 (*point de vue*): **pour moi, il a tort** para mí que se equivoca; **pour ce qui est de ...** por lo que se refiere a ...; **pour autant que je sache** que yo sepa
▷ *nm*: **le pour et le contre** los pros y los contras

pourboire [puʀbwaʀ] *nm* propina
pourcentage [puʀsɑ̃taʒ] *nm* porcentaje *m*
pourchasser [puʀʃase] *vt* perseguir
pourparlers [puʀpaʀle] *nmpl* negociaciones *fpl*
pourpre [puʀpʀ] *adj* púrpura
pourquoi [puʀkwa] *adv, conj* por qué ▷ *nm*: **le ~ (de)** el porqué (de)
pourrai *etc* [puʀe] *vb voir* **pouvoir**
pourri, e [puʀi] *adj* podrido(-a)
pourriel [puʀjɛl] *nm* (*Internet*) correo *m* basura *inv*
pourrir [puʀiʀ] *vi* podrirse ▷ *vt* pudrir; (*fig: corrompre: personne*) corromper; **pourriture** *nf* podredumbre *f*
poursuite [puʀsɥit] *nf* persecución *f*
poursuivre [puʀsɥivʀ] *vt* perseguir; (*mauvais payeur*) acosar, perseguir; (*obséder*) obsesionar, perseguir; (*continuer: voyage, études*) proseguir ▷ *vi* proseguir; **se poursuivre** *vpr* seguirse; **~ qn en justice** demandar a *ou* querellarse contra algn
pourtant [puʀtɑ̃] *adv* sin embargo; **c'est ~ facile** sin embargo es fácil
pourtour [puʀtuʀ] *nm* (*d'un quadrilatère*) perímetro
pourvoir [puʀvwaʀ] *vt* (*Comm*): **~ qn en** proveer a algn de, suministrar a algn ▷ *vi*: **~ à** ocuparse de; (*emploi*) atender a; **~ qn de qch** proporcionar algo a algn; **~ qch de** equipar algo con; **pourvu, e** *pp de* **pourvoir** ▷ *adj*: **pourvu de** provisto(-a) de; **pourvu que** (*à condition que*) con tal que; **pourvu qu'il soit là!** (*espérons que*) ¡ojalá que esté!
pousse [pus] *nf* brote *m*; (*bourgeon*) botón *m*, yema
poussée [puse] *nf* (*pression, attaque*) empuje *m*; (*coup*) empujón *m*; (*Méd*) acceso
pousser [puse] *vt* empujar; (*acculer*): **~ qn à qch/à faire qch** arrastrar *ou* empujar a algn a algo/a algn a hacer algo; (*cri*) lanzar, exhalar ▷ *vi* crecer; **se pousser** *vpr* echarse a un lado; **faire ~** (*plante*) sembrar, plantar
poussette [pusɛt] *nf* cochecito de niño
poussière [pusjɛʀ] *nf* (*la poussière*) polvo; (*une poussière*) mota; **poussiéreux, -euse** *adj* sucio(-a) de polvo; (*route*) polvoriento(-a)
poussin [pusɛ̃] *nm* pollito
poutre [putʀ] *nf* viga
pouvoir [puvwaʀ] *nm* poder *m* ▷ *vt, vb semi-aux, vb impers* poder ▷ *vi*: **il se peut que** puede ser que; **les ~s publics** los poderes públicos; **je me porte on ne peut mieux** me encuentro perfectamente; **je ne peux pas le réparer** no puedo arreglarlo; **tu ne peux pas savoir!** ¡no puedes imaginarte!; **je n'en peux plus** no puedo más; **je ne peux pas dire le contraire** no puedo decir lo contrario; **j'ai fait tout ce que j'ai pu** hice todo lo que pude; **qu'est-ce que je pouvais bien faire?** ¿qué iba a *ou* podía hacer yo?; **il aurait pu le dire!** ¡podría haberlo dicho!; **vous pouvez aller au cinéma** podéis ir al cine; **il a pu avoir un accident** pudo haber un accidente; **il peut arriver que ...** puede suceder que ...; **il pourrait**

pleuvoir puede que llueva; **pouvoir calorifique** poder calorífico; **pouvoir d'achat** poder adquisitivo
prairie [pʀeʀi] *nf* pradera
praline [pʀalin] *nf* (*bonbon*) garapiñado
praticable [pʀatikabl] *adj* (*chemin*) transitable
pratiquant, e [pʀatikɑ̃, ɑ̃t] *adj* practicante
pratique [pʀatik] *nf* práctica ▷ *adj* práctico(-a); **pratiquement** *adv* (*dans la pratique*) de una manera práctica; (*à peu près*) prácticamente; **pratiquer** *vt* practicar; (*métier*) ejercer; (*intervention*) efectuar, realizar
pré [pʀe] *nm* prado
préalable [pʀealabl] *adj* previo(-a) ▷ *nm*: **au ~** de antemano
préambule [pʀeɑ̃byl] *nm* preámbulo; **sans ~** sin preámbulos
préau, x [pʀeo] *nm* (*d'une cour d'école*) cobertizo
préavis [pʀeavi] *nm*: **~ (de licenciement)** notificación *f* (de despido); **communication avec ~** (*Tél*) llamada con aviso
précaution [pʀekosjɔ̃] *nf* precaución *f*; (*prudence*) atención *f*; **avec/sans ~** con/sin precaución; **par ~** por precaución
précédemment [pʀesedamɑ̃] *adv* anteriormente
précédent, e [pʀesedɑ̃, ɑ̃t] *adj* precedente, anterior ▷ *nm* precedente *m*; **sans ~** sin precedentes; **le jour ~** el día antes
précéder [pʀesede] *vt* preceder; **elle m'a précédé de quelques minutes** llegó unos minutos antes que yo
prêcher [pʀeʃe] *vt* (*Rel*): **~ l'Evangile** predicar el Evangelio
précieux, -euse [pʀesjø, jøz] *adj* precioso(-a); (*temps, qualités*) valioso(-a), importante; (*littérature, style*) preciosista
précipice [pʀesipis] *nm* precipicio
précipitamment [pʀesipitamɑ̃] *adv* precipitadamente
précipitation [pʀesipitasjɔ̃] *nf* (*hâte*) precipitación *f*; **précipitations** *nfpl* (*Météo*): **~s (atmosphériques)** precipitaciones *fpl*
précipité, e [pʀesipite] *adj* (*respiration*) jadeante; (*démarche, entreprise*) precipitado(-a)
précipiter [pʀesipite] *vt* (*faire tomber*) arrojar, tirar; (*événements*) precipitar; **se précipiter** *vpr* (*événements*) precipitarse; **se ~ sur/vers** lanzarse sobre/hacia
précis, e [pʀesi, iz] *adj* conciso(-a); (*vocabulaire*) conciso(-a), preciso(-a); (*heure*) preciso(-a), exacto(-a); (*tir, mesures*) exacto(-a) ▷ *nm* compendio; **précisément** *adv* (*avec précision*) de manera precisa; (*dans une réponse*) exactamente; **préciser** *vt* precisar; **se préciser** *vpr* precisarse, concretarse; **précision** *nf* precisión *f*; (*détail*) exactitud *f*
précoce [pʀekɔs] *adj* precoz
préconçu, e [pʀekɔ̃sy] (*péj*) *adj* preconcebido(-a)
préconiser [pʀekɔnize] *vt* preconizar
prédécesseur [pʀedesesœʀ] *nm* predecesor *m*
prédilection [pʀedilɛksjɔ̃] *nf*: **avoir une ~ pour qn/qch** tener predilección por algn/algo; **de ~** favorito(-a), preferido(-a)
prédire [pʀediʀ] *vt* (*événement improbable*) predecir, vaticinar
prédominer [pʀedɔmine] *vi* predominar
préface [pʀefas] *nf* prólogo
préfecture [pʀefɛktyʀ] *nf* prefectura ≈ gobierno civil; (*ville*) capital *f* de departamento; **préfecture de police** dirección *f* general de policía de París

P

préférable [pʀefeʀabl] *adj* preferible
préféré, e [pʀefeʀe] *adj* preferido(-a) ▷ *nm/f* favorito(-a)
préférence [pʀefeʀɑ̃s] *nf* preferencia; **de ~** preferentemente
préférer [pʀefeʀe] *vt*: **~ qch/qn (à)** preferir algo/a algn (a); **~ faire qch** preferir hacer algo; **je préférerais du thé** preferiría té
préfet [pʀefɛ] *nm* prefecto, ≈ gobernador *m* civil
préhistorique [pʀeistɔʀik] *adj* prehistórico(-a)
préjudice [pʀeʒydis] *nm* perjuicio; **porter ~ à qch/à qn** perjudicar algo/a algn
préjugé [pʀeʒyʒe] *nm* prejuicio; **avoir un ~ contre qn/qch** tener prejuicios contra algn/algo
prélasser [pʀelɑse]: **se ~** *vpr* relajarse
prélèvement [pʀelɛvmɑ̃] *nm* extracción *f*, toma; **faire un ~ de sang** hacer una extracción de sangre
prélever [pʀel(ə)ve] *vt* (*échantillon*) tomar, sacar; **~ (sur)** (*retirer*) sacar (de); (*déduire*) descontar (de), deducir (de)
prématuré, e [pʀematyʀe] *adj* prematuro(-a) ▷ *nm/f* prematuro(-a)
premier, -ière [pʀəmje, jɛʀ] *adj* primero(-a); (*avant un nom masculin*) primer ▷ *nm* (*premier étage*) primero ▷ *nf* (*vitesse, classe*) primera; (*Scol*) *sexto año de educación secundaria en el sistema francés*; (*Théâtre, Ciné*) estreno; **le ~ venu** el primero que venga; **le ~ de l'an** el primero de año, el día de año nuevo; **Premier ministre** primer(-a) ministro(-a); **premièrement** *adv* primeramente
prémonition [pʀemɔnisjɔ̃] *nf* premonición *f*
prenant, e [pʀənɑ̃, ɑ̃t] *vb voir* **prendre**
prénatal, e [pʀenatal] *adj* prenatal
prendre [pʀɑ̃dʀ] *vt* coger, agarrar (*Am*); (*aller chercher*) recoger; (*emporter avec soi*) llevar; (*poisson*) pescar; (*place*) ocupar; (*échecs, aliment*) comer; (*boisson*) beber; (*médicament, notes, mesures*) tomar; (*bain, douche*) darse; (*moyen de transport, route*) tomar, coger; (*essence*) echar; (*passager, personnel, élève*) coger, tomar (*Am*); (*photographie*) sacar; (*engagement*) aceptar; (*attitude*) adoptar; (*de la valeur*) adquirir, ganar; (*vacances, repos*) tomar(se); (*coûter: temps*) requerir, llevar; (*: efforts, argent*) requerir ▷ *vi* (*pâte, peinture*) espesar; (*ciment*) fraguar; (*semis, vaccin*) agarrar; (*feu, incendie*) comenzar; (*bois, allumette*) prender; **~ la fuite** emprender la huida; **~ qn en sympathie/horreur** coger *ou* agarrar simpatía/odio a algn; **~ qn à témoin** poner a algn por testigo; **~ à gauche** coger *ou* tomar a la izquierda; **s'en ~ à** emprenderla con; **se ~ pour** creerse; **se ~ d'affection pour qn** cobrar afecto a algn; **s'y ~ bien/mal** hacerlo bien/mal
preneur [pʀənœʀ] *nm*: **je suis ~** estoy dispuesto a comprar; **trouver ~** encontrar comprador
prénom [pʀenɔ̃] *nm* nombre *m* (de pila)
préoccupation [pʀeɔkypasjɔ̃] *nf* preocupación *f*
préoccuper [pʀeɔkype] *vt* (*personne*) preocupar, inquietar
préparatifs [pʀepaʀatif] *nmpl* preparativos *mpl*
préparation [pʀepaʀasjɔ̃] *nf* preparación *f*
préparer [pʀepaʀe] *vt* preparar; **se préparer** *vpr* prepararse; **se ~ à qch/à faire qch** prepararse para algo/para hacer algo
prépondérant, e [pʀepɔ̃deʀɑ̃, ɑ̃t] *adj* preponderante
préposé, e [pʀepoze] *adj*: **~ (à qch)**

encargado(-a) (de algo) ▷ *nm/f* encargado(-a)
préposition [prepozisjɔ̃] *nf* preposición *f*
près [prɛ] *adv* cerca; **~ de** (*lieu*) cerca de; (*temps, quantité*) alrededor de; **de ~** de cerca; **à 5 m/5 kg ~** 5 m/5 kg más o menos; **à cela ~ que** salvo que, excepto que
présage [prezaʒ] *nm* presagio
presbyte [prɛsbit] *adj* présbita, hipermétrope
presbytère [prɛsbitɛr] *nm* casa parroquial
prescription [prɛskripsjɔ̃] *nf* (*Méd*) prescripción *f* facultativa, receta
prescrire [prɛskrir] *vt* (*remède*) recetar
présence [prezɑ̃s] *nf* presencia; (*au bureau etc*) presencia, asistencia
présent, e [prezɑ̃, ɑ̃t] *adj, nm* presente *m*; **présents** *nmpl*: **les ~s** (*personnes*) los presentes; **à ~ que** ahora que
présentation [prezɑ̃tasjɔ̃] *nf* presentación *f*
présenter [prezɑ̃te] *vt* presentar; (*billet, pièce d'identité*) enseñar; (*remettre*: *note*) entregar; (*condoléances, félicitations, remerciements*) dar ▷ *vi*: **~ mal/bien** tener buena/mala presencia; **se présenter** *vpr* presentarse; (*solution, doute*) surgir; **se ~ bien/mal** (*affaire*) presentarse bien/mal; **se ~ à l'esprit** venir a la cabeza
préservatif [prezɛrvatif] *nm* preservativo
préserver [prezɛrve] *vt*: **~ qch/qn de** (*protéger*) preservar *ou* proteger algo/a algn de
président [prezidɑ̃] *nm* presidente *m*; **président directeur général** director *m* gerente; **présidentielles** *nfpl* (*élections*) elecciones *fpl* presidenciales
présider [prezide] *vt* presidir; **~ à qch** presidir algo
presque [prɛsk] *adv* casi; **~ tous/rien** casi todos/nada; **il n'a ~ pas d'argent** casi no tiene dinero, apenas tiene dinero
presqu'île [prɛskil] *nf* península
pressant, e [prɛsɑ̃, ɑ̃t] *adj* apremiante; (*besoin*) acuciante
presse [prɛs] *nf* prensa
pressé, e [prese] *adj* (*personne*) apresurado(-a), apurado(-a) (*Am*); (*lettre, besogne*) urgente; **orange ~e** zumo de naranja
pressentiment [prɛsɑ̃timɑ̃] *nm* presentimiento
pressentir [prɛsɑ̃tir] *vt* presentir
presse-papiers [prɛspapje] *nm inv* pisapapeles *m inv*
presser [prese] *vt* (*fruit*) exprimir; (*éponge*) escurrir; (*interrupteur, bouton*) pulsar ▷ *vi* (*être urgent*) urgir, correr prisa; **se presser** *vpr* (*se hâter*) darse prisa, apurarse (*Am*); **le temps presse** el tiempo apremia; **rien ne presse** no hay prisa; **~ le pas** *ou* **l'allure** aligerar (el paso)
pressing [presiŋ] *nm* (*magasin*) tintorería
pression [presjɔ̃] *nf* presión *f*; (*bouton*) automático; **faire ~ sur qn/qch** ejercer presión sobre algn/algo; **sous ~** a presión; (*fig*) presionado(-a); **pression artérielle** tensión *f* arterial
prestataire [prɛstatɛr] *nm/f* beneficiario(-a); **~ de services** (*Comm*) prestador *m* de servicios
prestation [prɛstasjɔ̃] *nf* (*allocation*) prestación *f*, ayuda; (*d'une entreprise*) contribución *f*; (*d'un joueur, artiste, homme politique*) actuación *f*
prestidigitateur, -trice [prɛstidiʒitatœr, tris] *nm/f* prestidigitador(a)
prestige [prɛstiʒ] *nm* prestigio; **prestigieux, -euse** *adj* prestigioso(-a)

P

présumer [prezyme] *vt*: **~ que** presumir que
prêt, e [prɛ, prɛt] *adj* listo(-a), presto(-a) ▷ *nm* préstamo; **prêt-à-porter** (*pl* **prêts-à-porter**) *nm* prêt-à-porter *f*
prétendre [pretɑ̃dr] *vt* (*avoir la ferme intention de*) pretender; (*affirmer*): **~ que** mantener que; **~ à** aspirar a; **prétendu, e** *adj* supuesto(-a)
prétentieux, -euse [pretɑ̃sjø, jøz] *adj* presuntuoso(-a)
prétention [pretɑ̃sjɔ̃] *nf* pretensión *f*
prêter [prete] *vt* (*livres, argent*): **~ qch (à)** prestar algo (a) ▷ *vi*: **~ à: ~ aux commentaires/à équivoque/à rire** prestarse a comentarios/a equívoco/a risa; **se ~ à qch** prestarse a algo; **~ assistance à** prestar socorro a; **~ attention/serment** prestar atención/juramento; **~ l'oreille** aguzar el oído
prétexte [pretɛkst] *nm* pretexto; **sous aucun ~** bajo ningún pretexto; **prétexter** *vt* poner el pretexto de
prêtre [prɛtr] *nm* sacerdote *m*
preuve [prœv] *nf* prueba; **faire ~ de** dar pruebas de; **faire ses ~s** dar prueba de sus aptitudes
prévaloir [prevalwar] *vi* prevalecer
prévenant, e [prev(ə)nɑ̃, ɑ̃t] *adj* atento(-a)
prévenir [prev(ə)nir] *vt* prevenir; (*besoins, etc*) anticiparse a; **~ qn (de qch)** (*avertir*) prevenir a algn (de algo)
préventif, -ive [prevɑ̃tif, iv] *adj* preventivo(-a)
prévention [prevɑ̃sjɔ̃] *nf* prevención *f*; **prévention routière** seguridad *f* vial
prévenu, e [prev(ə)ny] *nm/f* preso(-a) ▷ *adj*: **être ~ contre qn** estar prevenido(-a) contra algn
prévision [previzjɔ̃] *nf*: **~s** previsión *f*; **en ~ de l'orage** en caso de que haya tormenta; **prévisions météorologiques** previsión meteorológica
prévoir [prevwar] *vt* prever; **prévu pour 4 personnes** con cabida para 4 personas; **prévu pour 10 h** previsto para las 10; **prévoyant, e** *vb voir* **prévoir** ▷ *adj* prevenido(-a), precavido(-a)
prévu [prevy] *pp de* **prévoir**
prier [prije] *vi* rezar ▷ *vt* rogar; (*Rel*) rezar; **se faire ~** hacerse rogar; **je vous en prie** (*allez-y*) pase por favor; (*de rien*) de nada; **prière** *nf* oración *f*; **"prière de faire/ne pas faire ..."** "se ruega hacer/no hacer ..."
primaire [primɛr] *adj* primario(-a); (*péj*) primitivo(-a) ▷ *nm* (*Scol: aussi*: **enseignement ~**): **le ~** ≈ primera etapa de la educación primaria
prime [prim] *nf* (*bonification, Assurance, Bourse*) prima; (*subside*) ayuda; (*Comm: cadeau*) bonificación *f* ▷ *adj*: **de ~ abord** de entrada; **primer** *vt* (*récompenser*) premiar ▷ *vi* primar
primeurs [primœr] *nfpl* (*fruits, légumes*) frutos *mpl* tempranos
primevère [primvɛr] *nf* primavera
primitif, -ive [primitif, iv] *adj* primitivo(-a)
primordial, e, -aux [primɔrdjal, jo] *adj* primordial
prince [prɛ̃s] *nm* príncipe *m*; **princesse** *nf* princesa
principal, e, -aux [prɛ̃sipal, o] *adj* principal ▷ *nm* (*Scol*) director *m*
principe [prɛ̃sip] *nm* principio; **pour le ~** por principios; **de/en/par ~** de/en/por principio
printemps [prɛ̃tɑ̃] *nm* primavera
priorité [prijɔrite] *nf* prioridad *f*; **priorité à droite** prioridad a la derecha
pris, e [pri, priz] *pp de* **prendre** ▷ *adj* (*place, journée*) ocupado(-a); (*billets*) sacado(-a); **avoir le nez ~/la gorge**

~e (*Méd*) tener la nariz/la garganta irritada
prise [pʀiz] *nf* (*d'une ville*) toma; (*Pêche, Chasse*) presa; (*Élec*) conexión *f*; (*fiche*) enchufe *m*; **être aux ~s avec qn** enfrentarse con algn; **prise de courant** conexión; **prise de sang** toma de sangre; **prise de terre** toma de tierra; **prise de vue** (*Photo*) toma de vista; **prise en charge** (*par un taxi*) bajada de bandera; **prise multiple** ladrón *m*
priser [pʀize] *vt* (*tabac*) inhalar; (*estimer*) apreciar
prison [pʀizɔ̃] *nf* cárcel *f*, prisión *f*; (*Mil*) prisión militar; **faire de/risquer la ~** estar en/correr el riesgo de ir a la cárcel; **prisonnier, -ière** *nm/f* preso(-a); (*soldat, otage*) prisionero(-a)
privé, e [pʀive] *adj* privado(-a); **~ de** privado(-a) de; **en ~** en privado
priver [pʀive] *vt* privar; **se priver** *vpr*: **(ne pas) se ~ (de)** (no) privarse (de)
privilège [pʀivilɛʒ] *nm* privilegio
prix [pʀi] *nm* precio; (*récompense*) premio; **au ~ fort** al precio más alto; **acheter qch à ~ d'or** comprar algo a precio de oro; **hors de ~** carísimo(-a); **à aucun ~** por nada del mundo; **à tout ~** cueste lo que cueste
probable [pʀɔbabl] *adj* probable; **probablement** *adv* probablemente
problème [pʀɔblɛm] *nm* problema *m*
procédé [pʀɔsede] *nm* proceso; (*comportement*) proceder *m*
procéder [pʀɔsede] *vi* proceder; **~ à** (*Jur*) pasar a
procès [pʀɔsɛ] *nm* (*Jur*) juicio; **être en ~ avec qn** estar en pleito con algn
processus [pʀɔsesys] *nm* proceso
procès-verbal [pʀɔsɛvɛʀbal] (*pl* **~-verbaux**) *nm* (*constat*) atestado; (*aussi*: **P.V.**) multa; (*d'une réunion*) acta
prochain, e [pʀɔʃɛ̃, ɛn] *adj* próximo(-a) ▷ *nm* prójimo; **la ~e fois** la próxima vez; **la semaine ~e** la semana que viene; **prochainement** *adv* pronto; (*au cinéma*) próximamente
proche [pʀɔʃ] *adj* (*ami*) cercano(-a), próximo(-a); **proches** *nmpl* (*parents*) familiares *mpl*; **être ~ (de)** estar cerca (de); (*fig: parent*) estar unido(-a) a
proclamer [pʀɔklame] *vt* declarar; (*la république, son innocence*) proclamar
procuration [pʀɔkyʀasjɔ̃] *nf* poder *m*
procurer [pʀɔkyʀe] *vt* (*fournir*) proporcionar; (*causer*) dar; **se procurer** *vpr* conseguir; **procureur** *nm*: **procureur (de la République)** ≈ fiscal *m*
prodige [pʀɔdiʒ] *nm* prodigio; **prodiguer** *vt* prodigar
producteur, -trice [pʀɔdyktœʀ, tʀis] *adj, nm/f* productor(a)
productif, -ive [pʀɔdyktif, iv] *adj* productivo(-a)
production [pʀɔdyksjɔ̃] *nf* producción *f*
productivité [pʀɔdyktivite] *nf* productividad *f*
produire [pʀɔdɥiʀ] *vt* producir; (*Admin, Jur: documents, témoins*) presentar
produit, e [pʀɔdɥi, it] *pp de* **produire** ▷ *nm* producto; (*profit*) rendimiento; **produit d'entretien** producto de limpieza
prof [pʀɔf] *abr* (= *professeur*) prof. (= *profesor*)
proférer [pʀɔfeʀe] *vt* proferir
professeur [pʀɔfesœʀ] *nm* profesor(a); (*titulaire d'une chaire*) catedrático(-a)
profession [pʀɔfesjɔ̃] *nf* profesión *f*; **"sans ~"** "sin profesión"; **professionnel, le** *adj* profesional ▷ *nm/f* profesional *m/f*
profil [pʀɔfil] *nm* perfil *m*; **de ~** de perfil

P

profit [pʀɔfi] *nm* (*avantage*) provecho; (*Comm, Fin*) beneficio; **au ~ de qn/qch** en beneficio de algn/ algo; **tirer** *ou* **retirer ~ de qch** sacar provecho de algo; **profitable** *adj* provechoso(-a); **profiter**: **profiter de** *vt ind* aprovecharse de; (*lecture*) sacar provecho de; (*occasion*) aprovechar

profond, e [pʀɔfɔ̃, ɔ̃d] *adj* profundo(-a); (*trou, eaux*) hondo(-a); **profondément** *adv* profundamente; **profondeur** *nf* profundidad *f*

programme [pʀɔgʀam] *nm* programa *m*; **programmer** *vt* programar; **programmeur, -euse** *nm/f* (*Inform*) programador(a)

progrès [pʀɔgʀɛ] *nm* progreso, avance *m*; **faire des/être en ~** hacer progresos; **progresser** *vi* (*mal etc*) avanzar; (*élève, recherche*) progresar; **progressif, -ive** *adj* progresivo(-a)

proie [pʀwa] *nf* presa

projecteur [pʀɔʒɛktœʀ] *nm* (*de théâtre, cirque*) foco; (*de films, photos*) proyector *m*

projectile [pʀɔʒɛktil] *nm* proyectil *m*

projection [pʀɔʒɛksjɔ̃] *nf* proyección *f*

projet [pʀɔʒɛ] *nm* proyecto; **projet de loi** proyecto de ley; **projeter** *vt* proyectar; (*jeter*) lanzar; (*envisager*) planear

prolétaire [pʀɔletɛʀ] *nm* proletario(-a)

prolongement [pʀɔlɔ̃ʒmɑ̃] *nm* prolongación *f*

prolonger [pʀɔlɔ̃ʒe] *vt* prolongar; (*délai*) prorrogar; **se prolonger** *vpr* prolongarse

promenade [pʀɔm(ə)nad] *nf* paseo; **faire une ~** dar un paseo

promener [pʀɔm(ə)ne] *vt* dar un paseo a; (*doigts, main*) recorrer; **se promener** *vpr* pasearse

promesse [pʀɔmɛs] *nf* promesa

promettre [pʀɔmɛtʀ] *vt, vi* prometer; **~ à qn de faire qch** prometer a algn hacer algo

promiscuité [pʀɔmiskɥite] *nf* promiscuidad *f*

promontoire [pʀɔmɔ̃twaʀ] *nm* promontorio

promoteur, -trice [pʀɔmɔtœʀ, tʀis] *nm/f*: **~ (immobilier)** promotor (inmobiliario)

promotion [pʀɔmosjɔ̃] *nf* promoción *f*; (*avancement*) ascenso; **article en ~** artículo en oferta

promouvoir [pʀɔmuvwaʀ] *vt* (*à un grade, poste*) ascender a; (*recherche etc*) promover

prompt, e [pʀɔ̃(pt), pʀɔ̃(p)t] *adj* rápido(-a)

prôner [pʀone] *vt* (*préconiser*) preconizar

pronom [pʀɔnɔ̃] *nm* pronombre *m*

prononcer [pʀɔnɔ̃se] *vt* pronunciar; (*souhait, vœu*) formular; **se prononcer** *vpr* pronunciarse; **se ~ sur qch** pronunciarse sobre algo; **prononciation** *nf* pronunciación *f*

pronostic [pʀɔnɔstik] *nm* pronóstico

propagande [pʀɔpagɑ̃d] *nf* propaganda

propager [pʀɔpaʒe] *vt* propagar; **se propager** *vpr* propagarse

prophète, prophétesse [pʀɔfɛt, pʀɔfetɛs] *nm/f* profeta/profetisa

prophétie [pʀɔfesi] *nf* (*d'un prophète*) profecía; (*d'une cartomancienne*) predicción *f*

propice [pʀɔpis] *adj* propicio(-a)

proportion [pʀɔpɔʀsjɔ̃] *nf* proporción *f*; (*relation, pourcentage*) relación *f*; **toute(s) ~(s) gardée(s)** manteniendo las proporciones

propos [pʀɔpo] *nm* (*paroles*) palabras *fpl*; (*intention*) propósito; **à ~ de** a propósito de; **à tout ~** a cada momento; **à ce ~** a ese respecto; **à ~** a propósito

proposer [pʀɔpoze] *vt* proponer; **se ~ (pour faire qch)** ofrecerse (para hacer algo); **se ~ de faire qch** proponerse hacer algo; **proposition** *nf* propuesta; (*offre*) oferta; (*Ling*) proposición *f*
propre [pʀɔpʀ] *adj* limpio(-a); (*net*) pulcro(-a); (*fig: honnête*) intachable; (*intensif possessif, sens*) propio(-a) ▷ *nm*: **le ~ de** lo propio de; **~ à** (*particulier*) propio(-a) de; **mettre** *ou* **recopier au ~** pasar a limpio; **propre à rien** *nm/f* (*péj*) inútil *m/f*; **proprement** *adv* (*manger etc*) correctamente; **à proprement parler** a decir verdad; **le village proprement dit** el pueblo propiamente dicho; **propreté** *nf* limpieza
propriétaire [pʀɔpʀijetɛʀ] *nm/f* propietario(-a); (*pour le locataire*) casero(-a)
propriété [pʀɔpʀijete] *nf* propiedad *f*; (*villa, terres*) casa de campo
propulser [pʀɔpylse] *vt* (*missile, engin*) propulsar; (*projeter*) lanzar
prose [pʀoz] *nf* prosa
prospecter [pʀɔspɛkte] *vt* prospectar; (*Comm*) estudiar el mercado de
prospectus [pʀɔspɛktys] *nm* prospecto
prospère [pʀɔspɛʀ] *adj* próspero(-a); **prospérer** *vi* prosperar
prosterner [pʀɔstɛʀne]: **se ~** *vpr* prosternarse
prostituée [pʀɔstitɥe] *nf* prostituta
prostitution [pʀɔstitysjɔ̃] *nf* prostitución *f*
protecteur, -trice [pʀɔtɛktœʀ, tʀis] *adj, nm/f* protector(a)
protection [pʀɔtɛksjɔ̃] *nf* protección *f*
protéger [pʀɔteʒe] *vt* proteger; **se ~ de/contre qch** protegerse de/contra algo
protéine [pʀɔtein] *nf* proteína
protestant, e [pʀɔtɛstɑ̃, ɑ̃t] *adj, nm/f* protestante *m/f*
protestation [pʀɔtɛstasjɔ̃] *nf* protesta
protester [pʀɔtɛste] *vi* protestar
prothèse [pʀɔtɛz] *nf* prótesis *f inv*; **prothèse dentaire** prótesis dental
protocole [pʀɔtɔkɔl] *nm* protocolo
proue [pʀu] *nf* proa
prouesse [pʀuɛs] *nf* proeza
prouver [pʀuve] *vt* probar; (*montrer*) demostrar
provenance [pʀɔv(ə)nɑ̃s] *nf* procedencia; (*d'un mot, d'une coutume*) origen *m*; **en ~ de** procedente de
provenir [pʀɔv(ə)niʀ] *vi*: **~ de** proceder de; (*résulter de*) derivarse de
proverbe [pʀɔvɛʀb] *nm* proverbio
province [pʀɔvɛ̃s] *nf* provincia
proviseur [pʀɔvizœʀ] *nm* director(a) de instituto
provision [pʀɔvizjɔ̃] *nf* provisión *f*; (*acompte, avance*) anticipo; (*Comm*) provisión de fondos; **provisions** *nfpl* (*vivres*) provisiones *fpl*
provisoire [pʀɔvizwaʀ] *adj* provisional, provisorio(-a) (*Am*); **provisoirement** *adv* provisionalmente
provocant, e [pʀɔvɔkɑ̃, ɑ̃t] *adj* (*agressif*) provocante; (*excitant*) provocativo(-a)
provoquer [pʀɔvɔke] *vt* provocar; (*curiosité*) despertar
proxénète [pʀɔksenɛt] *nm* proxeneta *m*
proximité [pʀɔksimite] *nf* (*dans l'espace*) cercanía; (*dans le temps*) proximidad *f*; **à ~ (de)** cerca (de)
prudemment [pʀydamɑ̃] *adv* con prudencia
prudence [pʀydɑ̃s] *nf* prudencia; **avec ~** con prudencia; **par (mesure de) ~** como medida de precaución
prudent, e [pʀydɑ̃, ɑ̃t] *adj* prudente; (*sage, conseillé*) sensato(-a); **soyez ~!**

¡tened cuidado!
prune [pʀyn] *nf* ciruela
pruneau, x [pʀyno] *nm* ciruela pasa
prunier [pʀynje] *nm* ciruelo
PS [peɛs] *sigle m* (= **Parti socialiste**; *post-scriptum*) PD (= *postdata*)
pseudonyme [psødɔnim] *nm* seudónimo; (*de comédien*) nombre *m* artístico
psychanalyse [psikanaliz] *nf* (p)sicoanálisis *m inv*
psychiatre [psikjatʀ] *nm/f* (p)siquiatra *m/f*; **psychiatrique** *adj* (p)siquiátrico(-a)
psychique [psiʃik] *adj* (p)síquico(-a)
psychologie [psikɔlɔʒi] *nf* (p)sicología; **psychologique** *adj* (p)sicológico(-a); **psychologue** *nm/f* (p)sicólogo(-a)
pu [py] *pp de* **pouvoir**
puanteur [pɥɑ̃tœʀ] *nf* pestilencia
pub [pyb] *nf* (*fam: publicité*) publicidad *f*
public, -ique [pyblik] *adj* público(-a) ▷ *nm* público; **en ~** en público
publicitaire [pyblisitɛʀ] *adj* publicitario(-a)
publicité [pyblisite] *nf* publicidad *f*; **une ~** un anuncio
publier [pyblije] *vt* publicar
publique [pyblik] *adj f voir* **public**
puce [pys] *nf* pulga; (*Inform*) pulgada; **marché aux ~s** mercadillo
pudeur [pydœʀ] *nf* pudor *m*
pudique [pydik] *adj* (*chaste*) pudoroso(-a); (*discret*) recatado(-a)
puer [pɥe] (*péj*) *vi, vt* apestar (a)
puéricultrice [pɥeʀikyltʀis] *nf* puericultora
puéril, e [pɥeʀil] *adj* pueril
puis [pɥi] *vb voir* **pouvoir** ▷ *adv* (*ensuite*) después, luego; (*en outre*): **et ~** y además, y encima
puiser [pɥize] *vt*: **~ (dans)** sacar (de)
puisque [pɥisk] *conj* ya que, como
puissance [pɥisɑ̃s] *nf* potencia; (*pouvoir*) poder *m*
puissant, e [pɥisɑ̃, ɑ̃t] *adj* poderoso(-a); (*moteur*) potente; (*éclairage, drogue, vent*) fuerte
puits [pɥi] *nm* pozo
pull [pyl], **pull-over** [pylɔvɛʀ] (*pl* **~-overs**) *nm* jersey *m*
pulluler [pylyle] *vi* pulular
pulpe [pylp] *nf* pulpa
pulvériser [pylveʀize] *vt* pulverizar; (*fig: adversaire*) machacar
punaise [pynɛz] *nf* (*Zool*) chinche *f*; (*clou*) chincheta
punch [pœnʃ] *nm* (*boisson*) ponche *m*; (*fig*) vitalidad *f*
punir [pyniʀ] *vt* castigar; **punition** *nf* castigo
pupille [pypij] *nf* (*Anat*) pupila
pupitre [pypitʀ] *nm* (*Scol*) pupitre *m*; (*Rel, Mus*) atril *m*
pur, e [pyʀ] *adj* puro(-a); (*intentions*) bueno(-a); **en ~e perte** en balde
purée [pyʀe] *nf* puré *m*; **purement** *adv* puramente
purgatoire [pyʀgatwaʀ] *nm* purgatorio
purger [pyʀʒe] *vt* purgar; (*vidanger*) limpiar
pur-sang [pyʀsɑ̃] *nm inv* pura sangre *m*
pus [py] *vb voir* **pouvoir** ▷ *nm* pus *m*
putain [pytɛ̃] (*fam!*) *nf* puta; **~!** ¡joder!
puzzle [pœzl] *nm* rompecabezas *m inv*
PV [peve] *sigle m* (= *procès-verbal*) multa
pyjama [piʒama] *nm* pijama *m*, piyama *m ou f* (*Am*)
pyramide [piʀamid] *nf* pirámide *f*
Pyrénées [piʀene] *nfpl*: **les ~** los Pirineos

q

QI [kyi] *sigle m* (*= quotient intellectuel*) C.I. *m* (*= coeficiente intelectual*)
quadragénaire [k(w)adʀaʒenɛʀ] *nm/f* (*de quarante à cinquante ans*) cuarentón(-ona); **les ~s** los mayores de cuarenta años
quadruple [k(w)adʀypl] *adj* cuádruple ▷ *nm*: **le ~ de** el cuádruplo de; **quadruplés, -ées** *nm/fpl* cuatrillizos(-as)
quai [ke] *nm* (*d'un port*) muelle *m*; (*d'une gare*) andén *m*; (*d'un cours d'eau, canal*) orilla; **être à ~** (*navire*) estar atracado; (*train*) estar en el andén
qualification [kalifikasjɔ̃] *nf* (*aptitude*) capacitación *f*
qualifier [kalifje] *vt* calificar; **se qualifier** *vpr* (*Sport*) calificarse
qualité [kalite] *nf* calidad *f*; **rapport ~-prix** relación *f* calidad-precio
quand [kɑ̃] *conj* cuando; (*chaque fois que*) cada vez que; (*alors que*) cuando, mientras; **~ je serai riche, j'aurai une belle maison** cuando yo sea rico, tendré una casa bonita; (*tout de même*): **tu exagères ~ même** desde luego te pasas
quant [kɑ̃]: **~ à** *prép* en cuanto a; **~ à moi, ...** en cuanto a mí ..., por lo que se refiere a mí ...
quantité [kɑ̃tite] *nf* cantidad *f*; (*grand nombre*): **une** *ou* **des ~(s) de** una cantidad *ou* cantidades de
quarantaine [kaʀɑ̃tɛn] *nf* (*isolement*) cuarentena; (*nombre*): **une ~ (de)** unos cuarenta; (*âge*): **avoir la ~** estar en la cuarentena; **mettre en ~** poner en cuarentena
quarante [kaʀɑ̃t] *adj inv, nm inv* cuarenta *m inv*; *voir aussi* **cinq**
quoième [kaʀɑ̃tjɛm] *adj, nm/f* cuadragésimo(-a); *voir aussi* **cinquantième**
quart [kaʀ] *nm* cuarto ▷ *nm* (*Naut, surveillance*) guardia; **le ~ de** la cuarta parte de; **un ~ de l'héritage** un cuarto de la herencia; **un ~ de fromage** un cuarto (de kilo) de queso; **un kilo un** *ou* **et ~** un kilo y cuarto; **quarts de finale** (*Sport*) cuartos *mpl* de final; **quart d'heure** cuarto de hora
quartier [kaʀtje] *nm* cuarto; (*d'une ville*) barrio; (*d'orange*) gajo; **cinéma de ~** cine *m* de barrio; **ne pas faire de ~** no dar cuartel; **quartier général** cuartel general
quartz [kwaʀts] *nm* cuarzo
quasi [kazi] *adv* casi ▷ *préf*: **~-certitude/totalité** cuasicerteza/cuasitotalidad *f*; **quasiment** *adv* casi
quatorze [katɔʀz] *adj inv, nm inv* catorce *m inv*; *voir aussi* **cinq**
quatorzième [katɔʀzjɛm] *adj, nm/f* decimocuarto(-a); *voir aussi* **cinquantième**
quatre [katʀ] *adj inv, nm inv* cuatro *m inv*; **à ~ pattes** a cuatro patas;

être tiré à ~ épingles estar hecho un maniquí; **se mettre en ~ pour qn** desvivirse por algn; **monter/ descendre (l'escalier) ~ à ~** subir/ bajar (los escalones) de cuatro en cuatro; *voir aussi* **cinq**; **quatre-vingt-dix** *adj inv, nm inv* noventa *m inv*; *voir aussi* **cinq**; **quatre-vingt-dixième** *adj, nm/f* nonagésimo(-a); *voir aussi* **cinquantième**; **quatre-vingtième** *adj, nm/f* octogésimo(-a); *voir aussi* **cinquantième**; **quatre-vingts** *adj inv, nm inv* ochenta *m inv*; *voir aussi* **cinq**; **quatrième** *adj, nm/f* cuarto(-a) ▷ *nf* (*Auto*) cuarta; (*Scol*) *tercer año de educación secundaria en el sistema francés*; *voir aussi* **cinquième**

quatuor [kwatɥɔʀ] *nm* cuarteto

MOT-CLÉ

que [kə] *conj* 1 (*introduisant complétive*) que; **il sait que tu es là** sabe que estás allí; **je veux que tu acceptes** quiero que aceptes; **il a dit que oui** dijo que sí
2 (*reprise d'autres conjonctions*): **quand il rentrera et qu'il aura mangé** cuando vuelva y haya comido; **si vous y allez ou que vous lui téléphonez** si usted va (allí) o le llama por teléfono
3 (*en tête de phrase: hypothèse, souhait etc*): **qu'il le veuille ou non** quiera o no quiera; **qu'il fasse ce qu'il voudra!** ¡que haga lo que quiera!
4 (*après comparatif*): **aussi grand que** tan grande como; **plus grand que** más grande que; *voir aussi* **plus**
5 (*temps*): **elle venait à peine de sortir qu'il se mit à pleuvoir** acababa justo de salir cuando se puso a llover; **il y a 4 ans qu'il est parti** hace 4 años que se marchó
6 (*attribut*): **c'est une erreur que de croire ...** es un error creer ...
7 (*but*): **tenez-le qu'il ne tombe pas** sujételo (para) que no se caiga
8 (*seulement*): **ne ... que** sólo, no más que; **il ne boit que de l'eau** sólo bebe agua, no bebe más que agua
▷ *adv* (*exclamation*): **qu'est-ce qu'il est bête!** ¡qué tonto es!; **qu'est-ce qu'il court vite!** ¡cómo corre!; **que de livres!** ¡cuántos libros!
▷ *pron* 1 (*relatif*): **l'homme que je vois** el hombre que veo; (*temps*): **un jour que j'étais ...** un día en que yo estaba ...; **le livre que tu lis** el libro que lees
2 (*interrogatif*): **que fais-tu?, qu'est-ce que tu fais?** ¿qué haces?; **que préfères-tu, celui-ci ou celui-là?** ¿cuál prefieres, éste o ése?; **que fait-il dans la vie?** ¿a qué se dedica?; **qu'est-ce que c'est?** ¿qué es?; **que faire?** ¿qué se puede hacer?; *voir aussi* **aussi, autant** *etc*

Québec [kebɛk] *nm* Quebec *m*

MOT-CLÉ

quel, quelle [kɛl] *adj* 1 (*interrogatif: avant un nom*) qué; (*avant un verbe: personne*) quién; (*: chose*) cuál; **sur quel auteur va-t-il parler?** ¿sobre qué autor va a hablar?; **quels acteurs préférez-vous?** ¿(a) qué actores prefiere?; **quel est cet homme?** ¿quién es este hombre?; **quel livre veux-tu?** ¿qué libro quieres?; **quel est son nom?** ¿cuál es su nombre?
2 (*exclamatif*): **quelle surprise/ coïncidence!** ¡qué sorpresa/ coincidencia!; **quel dommage qu'il soit parti!** ¡qué pena que se haya marchado!
3: **quel que soit** (*personne*) sea quien sea, quienquiera que sea; (*chose*) sea cual sea, cualquiera que sea; **quel que soit le coupable** sea quien sea el culpable; **quel que soit votre avis**

sea cual sea su opinión
▷ *pron interrog*: **de tous ces enfants, quel est le plus intelligent?** de todos esos niños, ¿cuál es el más inteligente?

quelconque [kɛlkɔ̃k] *adj* cualquier(a); (*sans valeur*) mediocre; **pour une raison ~** por cualquier razón

MOT-CLÉ

quelque [kɛlk] *adj* **1** (*suivi du singulier*) algún(-una); (*suivi du pluriel*) algunos(-as); **cela fait quelque temps que je ne l'ai (pas) vu** hace algún tiempo que no lo he visto; **il a dit quelques mots de remerciement** dijo algunas palabras de agradecimiento; **les quelques enfants qui ...** los pocos niños que ...; **il habite à quelque distance d'ici** vive a cierta distancia de aquí; **20 kg et quelque(s)** 20 kg y pico
2: **quelque ... que: quelque livre qu'il choisisse** cualquier libro que elija
3: **quelque chose** *pron* algo; **quelque chose d'autre** otra cosa; **y être pour quelque chose** tener algo que ver; **ça m'a fait quelque chose!** (*fig*) ¡sentí una cosa!; **puis-je faire quelque chose pour vous?** ¿puedo hacer algo por usted?; **c'est déjà quelque chose** algo es algo; **quelque part** (*position*) en alguna parte; (*direction*) a alguna parte; **en quelque sorte** (*pour ainsi dire*) en cierto modo
▷ *adv* **1** (*environ, à peu près*): **une route de quelque 100 km** una carretera de unos 100 km
2: **quelque peu** algo

quelquefois [kɛlkəfwa] *adv* a veces
quelques-uns, -unes [kɛlkəzœ̃, -yn] *pron* algunos(-as)
quelqu'un, e [kɛlkœ̃] *pron* alguien; (*entre plusieurs*) alguno(-a); **~ d'autre** otro(-a); **être ~** (*de valeur*) ser alguien
qu'en dira-t-on [kɑ̃diʀatɔ̃] *nm inv*: **le ~** el qué dirán
querelle [kəʀɛl] *nf* pelea; **quereller**: **se quereller** *vpr* pelearse
qu'est-ce que [kɛskə] *voir* **que**
qu'est-ce qui [kɛski] *voir* **que; qui**
question [kɛstjɔ̃] *nf* (*gén*) pregunta; (*problème*) cuestión *f*, problema *m*; **il a été ~ de** se trató de; **de quoi est-il ~?** ¿de qué se trata?; **il n'en est pas ~** ni hablar, ni mucho menos; **en ~** en cuestión; **hors de ~** fuera de lugar; **(re)mettre en ~** poner en tela de juicio; **questionnaire** *nm* cuestionario; **questionner** *vt* preguntar
quête [kɛt] *nf* (*collecte*) colecta; (*recherche*) búsqueda; **faire la ~** (*à l'église*) pasar la bandeja; (*artiste*) pasar la gorra
quetsche [kwɛtʃ] *nf* ciruela damascena
queue [kø] *nf* cola; (*d'un fruit, d'une feuille*) rabillo; **faire la ~** hacer cola; **queue de cheval** cola de caballo

MOT-CLÉ

qui [ki] *pron* **1** (*interrogatif*) quién; (: *pluriel*) quiénes; (: *objet*): **qui (est-ce que) j'emmène?** ¿a quién llevo?; **je ne sais pas qui c'est** no sé quién es; **à qui est ce sac?** ¿de quién es este bolso?; **à qui parlais-tu?** ¿con quién hablabas?
2 (*relatif*) que; (: *après prép*) quien, el/la que; (: *plural*) quienes, los/las que; **l'ami de qui je vous ai parlé** el amigo de quien *ou* del que le hablé; **la personne avec qui je l'ai vu** la persona con quien lo vi
3 (*sans antécédent*): **amenez qui vous**

q

voulez traiga a quien quiera; **qui que ce soit** quienquiera que sea

quiconque [kikɔ̃k] *pron* quienquiera que; (*n'importe qui*) cualquiera
quille [kij] *nf* bolo; (*d'un bateau*) quilla
quincaillerie [kɛ̃kajʀi] *nf* (*magasin*) ferretería
quinquagénaire [kɛ̃kaʒenɛʀ] *nm/f* quincuagenario(-a)
quinte [kɛ̃t] *nf*: **~ (de toux)** golpe *m* de tos
quintuple [kɛ̃typl] *nm*: **le ~ de** el quíntuplo de; **quintuplés, -ées** *nm/fpl* quintillizos(-as)
quinzaine [kɛ̃zɛn] *nf* quincena; **une ~ (de jours)** una quincena (de días)
quinze [kɛ̃z] *adj inv, nm inv* quince *m inv*; **dans ~ jours** dentro de quince días; *voir aussi* **cinq**
quinzième [kɛ̃zjɛm] *adj, nm/f* decimoquinto(-a); *voir aussi* **cinquantième**
quiproquo [kipʀɔko] *nm* malentendido
quittance [kitɑ̃s] *nf* (*reçu*) recibo
quitte [kit] *adj*: **être ~ envers qn** estar en paz con algn; **je resterai ~ à attendre pendant 3 heures** me quedaré aunque tenga que esperar 3 horas
quitter [kite] *vt* dejar; (*vêtement*) quitarse; **se quitter** *vpr* (*couples, interlocuteurs*) separarse; **~ la route** (*véhicule*) salir de la carretera; **ne quittez pas** (*au téléphone*) no se retire
qui-vive [kiviv] *nm inv*: **être sur le ~** estar alerta

MOT-CLÉ

quoi [kwa] *pron interrog* **1** (*interrogation directe*) qué; **quoi de plus beau que ...?** ¿hay algo más hermoso que ...?; **quoi de neuf?** ¿qué hay de nuevo?; **quoi encore?** ¿y ahora, qué?; **et puis quoi encore!** ¡y qué más!; **quoi?** (*qu'est-ce que tu dis?*) ¿qué?
2 (*interrogation directe avec prép*) qué; **à quoi penses-tu?** ¿en qué piensas?; **de quoi parlez-vous?** ¿de qué habláis?; **en quoi puis-je vous aider?** ¿en qué puedo ayudarle?; **à quoi bon?** ¿para qué?
3 (*interrogation indirecte*) qué; **dis-moi à quoi ça sert** dime para qué sirve; **je ne sais pas à quoi il pense** no sé en qué piensa
▷ *pron rel* **1** que; **ce à quoi tu penses** lo que piensas; **de quoi écrire** algo para escribir; **il n'a pas de quoi se l'acheter** no tiene con qué comprarlo; **il y a de quoi être fier** es para estar orgulloso; **merci - il n'y a pas de quoi** gracias – no hay de qué
2 (*locutions*): **après quoi** después de lo cual; **sans quoi, faute de quoi** si no; **comme quoi** (*déduction*) así que; **un message comme quoi il est arrivé** un mensaje en el que dice que ha llegado
3: **quoi qu'il arrive** pase lo que pase; **quoi qu'il en soit** sea lo que sea; **quoi qu'elle fasse** haga lo que haga; **si vous avez besoin de quoi que ce soit** si necesita cualquier cosa
▷ *excl* qué

quoique [kwak(ə)] *conj* aunque
quotidien, ne [kɔtidjɛ̃, jɛn] *adj* cotidiano(-a) ▷ *nm* (*journal*) diario; **quotidiennement** *adv* diariamente

r

R [ɛʀ] *abr* (= *route*) ctra. (= *carretera*); (= *rue*) C (= *calle*)
rabais [ʀabɛ] *nm* rebaja; **rabaisser** *vt* (*prétentions, autorité*) bajar, reducir; (*personne, mérites*) rebajar
rabattre [ʀabatʀ] *vt* (*couvercle, siège*) bajar
rabbin [ʀabɛ̃] *nm* rabino
rabougri, e [ʀabugʀi] *adj* mustio(-a)
raccommoder [ʀakɔmɔde] *vt* (*vêtement, linge*) remendar; **se ~ avec** (*fam*) reconciliarse con
raccompagner [ʀakɔ̃paɲe] *vt* acompañar
raccord [ʀakɔʀ] *nm* (*Tech*) racor *m*, empalme *m*; **raccorder** *vt* (*tuyaux, fils électriques*) empalmar
raccourci [ʀakuʀsi] *nm* atajo
raccourcir [ʀakuʀsiʀ] *vt* acortar
raccrocher [ʀakʀɔʃe] *vt* (*tableau, vêtement*) volver a colgar; (*récepteur*) colgar ▷ *vi* (*Tél*) colgar; **se raccrocher à** *vpr* (*branche*) agarrarse a; (*fig*) aferrarse a
race [ʀas] *nf* raza
rachat [ʀaʃa] *nm* (*v vt*) compra; redención *f*
racheter [ʀaʃ(ə)te] *vt* volver a comprar; (*part, firme: aussi d'occasion*) comprar; (*mauvaise conduite, oubli, défaut*) compensar; **se racheter** *vpr* (*Rel*) redimirse
racial, e, -aux [ʀasjal, jo] *adj* racial
racine [ʀasin] *nf* raíz *f*; **~ carrée/cubique** raíz cuadrada/cúbica
raciste [ʀasist] *adj, nm/f* racista *m/f*
racket [ʀakɛt] *nm* chantaje *m*
raclée [ʀɑkle] (*fam*) *nf* paliza
racler [ʀɑkle] *vt* raspar
racontars [ʀakɔ̃taʀ] *nmpl* habladurías *fpl*
raconter [ʀakɔ̃te] *vt*: **~ (à qn)** contar (a algn)
radar [ʀadaʀ] *nm* radar *m*
rade [ʀad] *nf* rada
radeau, x [ʀado] *nm* balsa
radiateur [ʀadjatœʀ] *nm* radiador *m*
radiation [ʀadjasjɔ̃] *nf* radiación *f*
radical, e, -aux [ʀadikal, o] *adj* radical; (*moyen, remède*) infalible
radieux, -ieuse [ʀadjø, jøz] *adj* radiante
radin, e [ʀadɛ̃, in] (*fam*) *adj* tacaño(-a)
radio [ʀadjo] *nf* radio *f* (*m en Am*); **à la ~** en la radio; **radioactif, -ive** *adj* radioactivo(-a); **radiocassette** *nf* radiocasete *m*; **radiographie** *nf* radiografía; **radiophonique** *adj*: **programme/jeu radiophonique** programa *m*/juego radiofónico; **radio-réveil** (*pl* **radios-réveils**) *nm* radio-despertador *m*
radis [ʀadi] *nm* rábano
radoter [ʀadɔte] *vi* chochear
radoucir [ʀadusiʀ]: **se ~** *vpr* suavizarse
rafale [ʀafal] *nf* ráfaga

raffermir [RafɛRmiR] *vt* fortalecer; (*fig*) afianzar
raffiner [Rafine] *vt* refinar; **raffinerie** *nf* refinería
raffoler [Rafɔle]: **~ de** *vt ind* volverse loco(-a) por
rafle [Rɑfl] *nf* redada, allanamiento (*esp Am*); **rafler** (*fam*) *vt* arrasar
rafraîchir [RafReʃiR] *vt* refrescar; (*atmosphère, température*) enfriar; (*fig*) renovar ▷ *vi*: **mettre une boisson à ~** poner una bebida a enfriar; **se rafraîchir** *vpr* refrescarse; **rafraîchissant, e** *adj* refrescante; **rafraîchissement** *nm* (*de la température*) enfriamiento; **rafraîchissements** *nmpl* refrescos *mpl*
rage [Raʒ] *nf* rabia; **faire ~** (*tempête*) bramar; **rage de dents** tremendo dolor *m* de muelas
ragot [Rago] (*fam*) *nm* chisme *m*
ragoût [Ragu] *nm* guiso
raide [Rɛd] *adj* (*cheveux*) liso(-a); (*ankylosé*) entumecido(-a); (*peu souple: câble, personne*) tenso(-a); (*escarpé*) empinado(-a); (*fam: surprenant*) inaudito(-a) ▷ *adv*: **tomber ~ mort** quedarse en el sitio; **raideur** *nf* rigidez *f*; **avec raideur** (*marcher, danser*) con envaramiento; **raidir** *vt* contraer; **se raidir** *vpr* (*personne, muscles*) contraerse; (*se crisper*) ponerse tieso(-a)
raie [Rɛ] *nf* raya
raifort [Rɛfɔr] *nm* rábano picante
rail [Rɑj] *nm*: **par ~** por ferrocarril
railler [Rɑje] *vt* burlarse de
rainure [RenyR] *nf* ranura
raisin [Rɛzɛ̃] *nm* uva; **raisins secs** (uvas) pasas
raison [Rɛzɔ̃] *nf* razón *f*; **avoir ~** tener razón; **donner ~ à qn** dar la razón a algn; **se faire une ~** conformarse; **perdre/recouvrer la ~** perder/recobrar el juicio; **~ de plus** razón de más; **à plus forte ~** con mayor motivo; **en ~ de** (*à cause de*) a causa de; **à ~ de** a razón de; **sans ~** sin razón; **raison sociale** razón social; **raisonnable** *adj* razonable
raisonnement [Rɛzɔnmɑ̃] *nm* raciocinio; (*argumentation*) razonamiento
raisonner [Rɛzɔne] *vi* razonar ▷ *vt* (*personne*) hacer entrar en razón a
rajeunir [Raʒœnir] *vt* rejuvenecer; (*fig*) remozar ▷ *vi* (*personne*) rejuvenecer
rajouter [Raʒute] *vt*: **~ du sel/un œuf** añadir sal/un huevo
rajuster [Raʒyste] *vt* (*cravate, coiffure*) arreglar; (*salaires, prix*) reajustar
ralenti [Ralɑ̃ti] *nm*: **au ~** a ralentí; (*Ciné*) a cámara lenta; **tourner au ~** (*Auto*) rodar a ralentí
ralentir [Ralɑ̃tiR] *vt* (*marche, allure*) aminorar; (*production, expansion*) disminuir ▷ *vi* (*véhicule, coureur*) disminuir la velocidad
râler [Rɑle] *vi* (*fam: protester*) gruñir
rallier [Ralje] *vt* (*rassembler*) reunir; **se rallier à** *vpr* (*avis, opinion*) adherirse a
rallonge [Ralɔ̃ʒ] *nf* (*de table*) larguero; (*Élec*) alargador *m*
rallonger [Ralɔ̃ʒe] *vt* alargar
rallye [Rali] *nm* rally *m*
ramassage [Ramasaʒ] *nm*: **~ scolaire** transporte *m* escolar
ramasser [Ramase] *vt* recoger; **ramassis** (*péj*) *nm* revoltijo
rambarde [Rɑ̃baRd] *nf* barandilla
rame [Ram] *nf* (*aviron*) remo; (*de métro*) tren *m*; (*de papier*) resma
rameau, x [Ramo] *nm* rama; **les R~x** Domingo de Ramos
ramener [Ram(ə)ne] *vt* volver a traer; (*reconduire*) llevar; (*rendre*) devolver; **~ qch sur** (*couverture, visière*) echar algo hacia; **~ qch à** (*Math,*

réduire) reducir algo a

ramer [Rame] *vi* remar

ramollir [RamɔliR] *vt* (*amollir*) ablandar; **se ramollir** *vpr* reblandecerse

rampe [Rɑ̃p] *nf* (*d'escalier*) barandilla; (*dans un garage*) rampa; (*Théâtre*): **la ~** candilejas *fpl*

ramper [Rɑ̃pe] *vi* reptar

rancard [Rɑ̃kaR] (*fam*) *nm* (*rendez-vous*) cita

rancart [Rɑ̃kaR] (*fam*) *nm*: **mettre au ~** (*objet, projet*) arrinconar

rance [Rɑ̃s] *adj* rancio(-a)

rancœur [Rɑ̃kœR] *nf* rencor *m*

rançon [Rɑ̃sɔ̃] *nf* rescate *m*

rancune [Rɑ̃kyn] *nf* rencor *m*; **garder ~ à qn (de qch)** guardar rencor a algn (por algo); **sans ~!** ¡olvidémoslo!; **rancunier, -ière** *adj* rencoroso(-a)

randonnée [Rɑ̃dɔne] *nf* excursión *f*

rang [Rɑ̃] *nm* (*rangée*) fila; (*grade*) grado; (*position dans un classement*) posición *f*; **rangs** *nmpl* (*Mil*) filas *fpl*; **se mettre en ~s/sur un ~** ponerse en filas/en una fila; **au premier/dernier ~** en el primer/último puesto

rangé, e [Rɑ̃ʒe] *adj* ordenado(-a)

rangée [Rɑ̃ʒe] *nf* fila

ranger [Rɑ̃ʒe] *vt* ordenar; **se ranger** *vpr* (*se placer/disposer*) colocarse; (*véhicule, conducteur*) hacerse a un lado; (*s'assagir*) sosegarse; **~ qch/qn parmi** (*fig*) situar algo/algn entre

ranimer [Ranime] *vt* reanimar

rapace [Rapas] *nm* rapaz *f*

râpe [Rɑp] *nf* (*Culin*) rallador *m*; **râper** *vt* (*Culin*) rallar

rapide [Rapid] *adj* rápido(-a); **rapidement** *adv* rápidamente

rapiécer [Rapjese] *vt* remendar

rappel [Rapɛl] *nm* (*Méd*) vacuna de refuerzo; (*Théâtre etc*) llamada a escena; (*de limitation de vitesse*) señal recordatoria de limitación de velocidad; **rappeler** *vt* (*retéléphoner à*) volver a llamar; (*ambassadeur*) retirar; **se rappeler** *vpr* acordarse de; **rappeler qch à qn** recordar algo a algn; (*évoquer, faire penser à*) traer algo a la memoria de algn; **se rappeler que ...** acordarse de que ...

rapport [RapɔR] *nm* (*compte rendu*) informe *m*; (*lien, analogie*) relación *f*; (*proportion*) razón *f*; **rapports** *nmpl* (*entre personnes, groupes, pays*) relaciones *fpl*; **avoir ~ à** tener relación con; **être en ~ avec** estar relacionado(-a) con; **être/se mettre en ~ avec qn** estar/ponerse en contacto con algn; **par ~ à** en comparación con; **rapport qualité-prix** relación calidad-precio; **rapports (sexuels)** contactos *mpl* (sexuales)

rapporter [RapɔRte] *vt* (*remettre à sa place, rendre*) devolver; (*apporter de nouveau*) volver a traer; (*revenir avec, ramener*) traer; (*relater*) referir ▷ *vi* (*investissement, propriété*) rentar; (*activité*) dar beneficio; (*péj: moucharder*) chivarse; **se rapporter** *vpr*: **se ~ à** relacionarse con

rapprochement [RapRɔʃmɑ̃] *nm* (*réconciliation*) acercamiento; (*analogie, rapport*) cotejo

rapprocher [RapRɔʃe] *vt* (*deux objets*) juntar, arrimar; (*associer, comparer*) cotejar; **se rapprocher** *vpr* acercarse

raquette [Rakɛt] *nf* raqueta; (*de ping-pong*) pala

rare [RɑR] *adj* raro(-a); (*main-d'œuvre, denrées*) escaso(-a); **se faire ~** escasear; **rarement** *adv* raramente

ras, e [Rɑ, Rɑz] *adj* (*tête, cheveux*) rapado(-a); (*poil*) corto(-a); (*herbe, mesure, cuillère*) raso(-a) ▷ *adv* (*couper*) al rape; **à ~ bords** colmado(-a); **au ~ de** a(l) ras de; **en avoir ~ le bol** (*fam*) estar hasta el moño

raser [Rɑze] *vt* (*barbe, cheveux*)

r

rasurar; (*menton, personne*) afeitar; (*fam: ennuyer*) dar la lata a; (*quartier*) derribar; (*frôler*) rozar; **se raser** *vpr* afeitarse; (*fam*) aburrirse; **rasoir** *nm* navaja de afeitar

rassasier [Rasazje] *vt* saciar

rassemblement [Rasɑ̃bləmɑ̃] *nm* reunión *f*; (*Pol*) concentración *f*

rassembler [Rasɑ̃ble] *vt* (*réunir*) reunir; (*regrouper*) agrupar; **se rassembler** *vpr* reunirse

rassurer [RasyRe] *vt* tranquilizar; **se rassurer** *vpr* tranquilizarse; **rassure-toi** tranquilízate

rat [Ra] *nm* rata

rate [Rat] *nf* (*Anat*) bazo

raté, e [Rate] *adj* (*tentative, opération*) frustrado(-a); (*vacances, spectacle*) malogrado(-a)

râteau, x [Rɑto] *nm* rastrillo

rater [Rate] *vi* (*échouer*) fracasar ▷ *vt* (*cible, balle, train*) perder; (*démonstration, plat*) estropear; (*examen*) suspender

ration [Rasjɔ̃] *nf* ración *f*

RATP [ɛRatepe] *sigle f* (= *Régie autonome des transports parisiens*) *administración de transportes parisinos*

rattacher [Rataʃe] *vt* atar de nuevo; **~ qch à** (*incorporer*) incorporar algo a; **~ qch à** (*relier*) relacionar algo con

rattraper [RatRape] *vt* (*fugitif, animal échappé*) volver a coger; (*retenir, empêcher de tomber*) coger; (*atteindre, rejoindre*) alcanzar; (*imprudence, erreur*) reparar, subsanar; **se rattraper** *vpr* (*compenser une perte de temps*) ponerse al día; **se ~ (à)** (*se raccrocher*) agarrarse (a)

rature [RatyR] *nf* tachadura

rauque [Rok] *adj* ronco(-a)

ravages [Ravaʒ] *nmpl* estragos *mpl*

ravi, e [Ravi] *adj* encantado(-a); **être ~ de/que ...** estar encantado(-a) de/ de que ...

ravin [Ravɛ̃] *nm* hondonada

ravir [RaviR] *vt* (*enchanter*) encantar; **à ~** de maravilla

raviser [Ravize]: **se ~** *vpr* cambiar de opinión

ravissant, e [Ravisɑ̃, ɑ̃t] *adj* encantador(a)

ravisseur, -euse [RavisœR, øz] *nm/f* secuestrador(a)

ravitailler [Ravitaje] *vt* abastecer; **se ravitailler** *vpr* abastecerse

raviver [Ravive] *vt* avivar; (*flamme, douleur*) reavivar

rayé, e [Reje] *adj* a *ou* de rayas

rayer [Reje] *vt* rayar; (*d'une liste*) tachar

rayon [Rɛjɔ̃] *nm* rayo; (*Géom, d'une roue*) radio; (*de grand magasin*) departamento, sección *f*; **rayons** *nmpl* (*radiothérapie*) rayos *mpl*; **dans un ~ de ...** (*périmètre*) en un radio de ...; **rayon de soleil** rayo de sol; **rayons X** rayos X

rayonnement [Rɛjɔnmɑ̃] *nm* (*solaire*) radiación *f*

rayonner [Rɛjɔne] *vi* irradiar; (*fig*) ejercer su influencia

rayure [RejyR] *nf* (*motif*) raya; (*éraflure*) rayado

raz-de-marée [RadmaRe] *nm inv* maremoto

ré [Re] *nm inv* (*Mus*) re *m*

réaction [Reaksjɔ̃] *nf* reacción *f*; **avion/moteur à ~** avión *m*/motor *m* de reacción

réadapter [Readapte] *vt* readaptar; **se ~ (à)** readaptarse (a)

réagir [ReaʒiR] *vi* reaccionar; **~ à** reaccionar ante

réalisateur, -trice [RealizatœR, tRis] *nm/f* realizador(a)

réalisation [Realizasjɔ̃] *nf* realización *f*

réaliser [Realize] *vt* realizar; (*rêve, souhait*) cumplir; (*exploit*) llevar a cabo; (*comprendre, se rendre compte de*) darse cuenta de; **se réaliser** *vpr* (*projet,* *prévision*) realizarse

réaliste [Realist] *adj, nm/f* realista *m/f*

réalité [Realite] *nf* realidad *f*; **en ~** en realidad

réanimation [Reanimasjɔ̃] *nf* reanimación *f*

rébarbatif, -ive [RebaRbatif, iv] *adj* (*travail*) fastidioso(-a)

rebattu, e [R(ə)baty] *adj* trillado(-a)

rebelle [Rəbɛl] *adj, nm/f* rebelde *m/f*

rebeller [R(ə)bele]: **se ~** *vpr* rebelarse

rebondir [R(ə)bɔ̃diR] *vi* rebotar; (*fig*) reanudarse

rebord [R(ə)bɔR] *nm* (*d'une table etc*) reborde *m*

rebours [R(ə)buR] *adv*: **compte à ~** cuenta *f* atrás

rebrousser [R(ə)bRuse] *vt*: **~ chemin** dar marcha atrás

rebuter [R(ə)byte] *vt* (*suj*: *travail, matière*) repeler

récalcitrant, e [Rekalsitʀɑ̃, ɑ̃t] *adj* indómito(-a)

récapituler [Rekapityle] *vt* recapitular

receler [R(ə)səle] *vt* (*produit d'un vol*) ocultar; (*fig*) encerrar; **receleur, -euse** *nm/f* encubridor(a)

récemment [Resamɑ̃] *adv* recientemente, recién (*Am*)

recensement [R(ə)sɑ̃smɑ̃] *nm* censo

recenser [R(ə)sɑ̃se] *vt* (*population*) censar; (*inventorier*) hacer el recuento *ou* el inventario de

récent, e [Resɑ̃, ɑ̃t] *adj* reciente

récépissé [Resepise] *nm* recibo

récepteur, -trice [ResɛptœR, tRis] *adj* receptor(a); **récepteur (de radio)** receptor *m*

réception [Resɛpsjɔ̃] *nf* recepción *f*; **réceptionniste** *nm/f* recepcionista *m/f*

recette [R(ə)sɛt] *nf* (*Culin, fig*) receta; (*Comm*) ingreso; **recettes** *nfpl* (*Comm*: *rentrées d'argent*) entradas *fpl*

recevoir [R(ə)səvwaR] *vt* recibir; (*visiteurs, ambassadeur*) acoger; (*candidat, plainte*) admitir; **être reçu** (*à un examen*) aprobar; **être bien/mal reçu** ser bien/mal recibido

rechange [R(ə)ʃɑ̃ʒ]: **de ~** *adj* (*pièces, roue*) de repuesto; **vêtements de ~** vestidos *mpl* para cambiarse

recharge [R(ə)ʃaRʒ] *nf* recambio; **rechargeable** *adj* recargable; **recharger** *vt* (*fusil, batterie*) recargar; (*appareil photo, briquet, stylo*) cargar

réchaud [Reʃo] *nm* hornillo

réchauffer [Reʃofe] *vt* (*plat*) recalentar; (*mains, doigts, personne*) calentar; **se réchauffer** *vpr* calentarse

rêche [Rɛʃ] *adj* áspero(-a)

recherche [R(ə)ʃɛRʃ] *nf* búsqueda; (*raffinement*) afectación *f*; (*scientifique etc*) investigación *f*; **être/se mettre à la ~ de** estar investigando/ponerse a la búsqueda de

recherché, e [R(ə)ʃɛRʃe] *adj* rebuscado(-a)

rechercher [R(ə)ʃɛRʃe] *vt* buscar; (*objet égaré, lettre*) rebuscar; (*cause d'un phénomène, nouveau procédé*) investigar; (*la perfection, le bonheur etc*) perseguir

rechute [R(ə)ʃyt] *nf* recaída

récidiver [Residive] *vi* reincidir

récif [Resif] *nm* arrecife *m*

récipient [Resipjɑ̃] *nm* recipiente *m*

réciproque [ResipRɔk] *adj* (*mutuel*) recíproco(-a) ▷ *nf*: **la ~** (*l'inverse*) la inversa

récit [Resi] *nm* relato; **récital** *nm* recital *m*; **réciter** *vt* recitar

réclamation [Reklamasjɔ̃] *nf* reclamación *f*; **service des ~s** servicio de reclamaciones

réclame [Reklam] *nf*: **la ~** la publicidad; **article en ~** artículo de oferta; **réclamer** *vt* (*aide, nourriture*)

pedir; (*exiger*) reclamar; (*nécessiter*) requerir
réclusion [ʀeklyzjɔ̃] *nf* reclusión *f*
recoin [ʀəkwɛ̃] *nm* rincón *m*
reçois *etc* [ʀəswa] *vb voir* **recevoir**
récolte [ʀekɔlt] *nf* cosecha; **récolter** *vt* cosechar; (*fam: ennuis, coups*) ganarse, cobrar
recommandé, e [ʀ(ə)kɔmɑ̃de] *adj* recomendado(-a) ▷ *nm* (*Postes*): **en ~** certificado(-a)
recommander [ʀ(ə)kɔmɑ̃de] *vt* recomendar
recommencer [ʀ(ə)kɔmɑ̃se] *vt* (*reprendre*) seguir con; (*refaire*) repetir; (*erreur*) reincidir ▷ *vi* volver a empezar
récompense [ʀekɔ̃pɑ̃s] *nf* recompensa; **récompenser** *vt* recompensar; **récompenser qn de** *ou* **pour qch** recompensar a algn por algo
réconcilier [ʀekɔ̃silje] *vt* reconciliar; **se réconcilier** *vpr* reconciliarse
reconduire [ʀ(ə)kɔ̃dɥiʀ] *vt* acompañar hasta la salida
réconfort [ʀekɔ̃fɔʀ] *nm* consuelo; **réconforter** *vt* reconfortar
reconnaissance [ʀ(ə)kɔnɛsɑ̃s] *nf* reconocimiento; (*gratitude*) agradecimiento; **reconnaissant, e** *vb voir* **reconnaître** ▷ *adj* agradecido(-a)
reconnaître [ʀ(ə)kɔnɛtʀ] *vt* reconocer; **~ que** reconocer que; **~ qch/qn à** reconocer algo/a algn por; **reconnu, e** *pp de* **reconnaître**
reconstituer [ʀ(ə)kɔ̃stitɥe] *vt* reconstituir; (*fortune, patrimoine*) rehacer
reconstruire [ʀ(ə)kɔ̃stʀɥiʀ] *vt* reconstruir
reconvertir [ʀ(ə)kɔ̃vɛʀtiʀ] *vt* reconvertir; **se ~ dans** reconvertirse en
record [ʀ(ə)kɔʀ] *adj, nm* récord *m*
recoupement [ʀ(ə)kupmɑ̃] *nm*: **par ~** atando cabos
recouper [ʀ(ə)kupe]: **se ~** *vpr* (*témoignages*) coincidir
recourber [ʀ(ə)kuʀbe] *vt* (*branche, tige de métal*) doblar
recourir [ʀ(ə)kuʀiʀ]: **~ à** *vt ind* recurrir a
recours [ʀ(ə)kuʀ] *nm*: **le ~ à la ruse/violence** el recurso de la astucia/violencia; **avoir ~ à** recurrir a; **en dernier ~** como último recurso
recouvrer [ʀ(ə)kuvʀe] *vt* (*la vue, santé, raison*) recobrar
recouvrir [ʀ(ə)kuvʀiʀ] *vt* recubrir; (*embrasser*) abarcar; **se recouvrir** *vpr* (*idées, concepts*) superponerse
récréation [ʀekʀeasjɔ̃] *nf* recreo
recroqueviller [ʀ(ə)kʀɔk(ə)vije]: **se ~** *vpr* (*plantes*) marchitarse; (*personne*) acurrucarse
recrudescence [ʀ(ə)kʀydesɑ̃s] *nf* recrudecimiento
recruter [ʀ(ə)kʀyte] *vt* contratar
rectangle [ʀɛktɑ̃gl] *nm* rectángulo; **rectangulaire** *adj* rectangular
rectificatif, -ive [ʀɛktifikatif, iv] *adj* rectificativo(-a) ▷ *nm* rectificativo
rectifier [ʀɛktifje] *vt* (*tracé*) enderezar; (*calcul*) rectificar; (*erreur*) corregir
rectiligne [ʀɛktiliɲ] *adj* rectilíneo(-a)
recto [ʀɛkto] *nm* anverso
reçu, e [ʀ(ə)sy] *pp de* **recevoir** ▷ *nm* (*récépissé*) recibo
recueil [ʀəkœj] *nm* selección *f*; **recueillir** *vt* recoger; (*renseignements, dépositions*) reunir; (*réfugiés*) acoger; **se recueillir** *vpr* recogerse
recul [ʀ(ə)kyl] *nm* retroceso; **avoir un mouvement de ~** hacer un movimiento de retroceso; **prendre du ~** retroceder; **reculé, e** *adj* apartado(-a); **reculer** *vi* retroceder; (*véhicule, conducteur*) dar marcha

atrás; (*se dérober, hésiter*) echarse atrás ▷ *vt* (*meuble, véhicule*) retirar; (*fig: possibilités, limites*) ampliar; **reculer devant** (*danger, difficulté*) echarse atrás ante; **reculons**: **à reculons** *adv* hacia atrás

récupérer [Rekypere] *vt* recuperar

récurer [Rekyre] *vt* fregar

reçut [Rəsy] *vb voir* **recevoir**

recyclage [R(ə)siklaʒ] *nm* reciclaje *m*; **cours de ~** curso de reciclaje

recycler [R(ə)sikle] *vt* reciclar; **se recycler** *vpr* reciclarse

rédacteur, -trice [RedaktœR, tRis] *nm/f* redactor(a); **rédacteur en chef** redactor(a) jefe

rédaction [Redaksjɔ̃] *nf* redacción *f*

redescendre [R(ə)desɑ̃dR] *vi* volver a bajar ▷ *vt* bajar

rédiger [Rediʒe] *vt* redactar

redire [R(ə)diR] *vt* repetir; **avoir/trouver qch à ~** tener/encontrar algo que criticar

redoubler [R(ə)duble] *vi* (*tempête, violence*) arreciar; (*Scol*) repetir; **~ de** (*amabilité, efforts*) redoblar

redoutable [R(ə)dutabl] *adj* temible

redouter [R(ə)dute] *vt* temer

redressement [R(ə)dRɛsmɑ̃] *nm* (*de l'économie etc*) restablecimiento

redresser [R(ə)dRese] *vt* enderezar; (*situation, économie*) restablecer; **se redresser** *vpr* (*objet penché*) enderezarse; (*personne*) erguirse

réduction [Redyksjɔ̃] *nf* reducción *f*; (*rabais, remise*) rebaja

réduire [RedɥiR] *vt* reducir; **se réduire à** *vpr* reducirse a; **réduit, e** [Redɥi, it] *pp de* **réduire** ▷ *adj* reducido(-a) ▷ *nm* cuchitril *m*

rééducation [Reedykasjɔ̃] *nf* rehabilitación *f*

réel, le [Reɛl] *adj* real; (*intensif: avant le nom*) verdadero(-a); **réellement** *adv* realmente

réexpédier [Reɛkspedje] *vt* (*à l'envoyeur*) devolver; (*au destinataire*) remitir

refaire [R(ə)fɛR] *vt* hacer de nuevo; (*recommencer, faire tout autrement*) rehacer

réfectoire [RefɛktwaR] *nm* refectorio, comedor *m*

référence [Referɑ̃s] *nf* referencia

référer [Refere] *vb*: **se ~ à** remitirse a; **en ~ à qn** remitir a algn

refermer [R(ə)fɛRme] *vt* volver a cerrar; **se refermer** *vpr* cerrarse

refiler [R(ə)file] (*fam*) *vt*: **~ qch à qn** encajar algo a algn

réfléchi, e [Refleʃi] *adj* reflexivo(-a); (*action, décision*) pensado(-a)

réfléchir [Refleʃir] *vt* reflejar ▷ *vi* reflexionar; **~ à** *ou* **sur** reflexionar acerca de

reflet [R(ə)flɛ] *nm* reflejo; **refléter** *vt* reflejar; **se refléter** *vpr* reflejarse

réflexe [Reflɛks] *nm* reflejo

réflexion [Reflɛksjɔ̃] *nf* reflexión *f*; (*remarque désobligeante*) reproche *m*; **après ~, ~ faite, à la ~** pensándolo bien

réforme [RefɔRm] *nf* reforma; **réformer** *vt* reformar

refouler [R(ə)fule] *vt* (*envahisseurs*) rechazar; (*liquide*) impeler; (*fig: larmes*) contener; (*Psych, colère*) reprimir

refrain [R(ə)fRɛ̃] *nm* estribillo; (*air*) canción *f*; (*leitmotiv*) cantinela

refréner [RəfRene] *vt* refrenar

réfrigérateur [RefRiʒeRatœR] *nm* frigorífico, nevera, heladera (*Am*)

refroidir [R(ə)fRwadiR] *vt* enfriar ▷ *vi* (*plat, moteur*) enfriar; **se refroidir** *vpr* (*personne*) enfriarse, coger frío; (*temps*) refrescar; **refroidissement** *nm* enfriamiento

refuge [R(ə)fyʒ] *nm* refugio; **réfugié, e** *adj, nm/f* refugiado(-a); **réfugier**: **se réfugier** *vpr* refugiarse

refus [R(ə)fy] *nm* rechazo; **ce n'est pas de ~** (*fam*) se agradece; **refuser**

vt (ne pas accorder) denegar; *(ne pas accepter)* rechazar; *(candidat)* suspender; **se refuser à qch/faire qch** negarse a algo/hacer algo
regagner [R(ə)gaɲe] *vt* regresar a
régal [Regal] *nm (mets, fig)* placer *m*; **régaler**: **se régaler** *vpr (faire un bon repas)* regalarse; *(fig)* disfrutar
regard [R(ə)gaR] *nm* mirada; **au ~ de** *(loi, morale)* a la luz de
regardant, e [R(ə)gaRdɑ̃, ɑ̃t] *adj*: **très/peu ~ sur** *(qualité, propreté)* muy/poco mirado(-a) con
regarder [R(ə)gaRde] *vt* mirar; *(concerner)* concernir ▷ *vi* ver, mirar; **~ (vers)** mirar (hacia)
régie [Reʒi] *nf (Comm, Industrie)* corporación *f* pública; *(Ciné, Théâtre)* departamento de producción; *(Radio, TV)* sala de control
régime [Reʒim] *nm* régimen *m*; *(fig: allure)* paso; *(de bananes, dattes)* racimo; **se mettre au/suivre un ~** ponerse a/estar a régimen
régiment [Reʒimɑ̃] *nm* regimiento
région [Reʒjɔ̃] *nf* región *f*
régional, e, -aux [Reʒjɔnal, o] *adj* regional
régir [ReʒiR] *vt* regir
régisseur [ReʒisœR] *nm* administrador(a); *(Théâtre, Ciné)* regidor(a)
registre [RəʒistR] *nm* registro; **registre de l'état civil** registro civil
réglage [Reglaʒ] *nm* ajuste *m*, regulación *f*
réglé, e [Regle] *adj (affaire)* zanjado(-a); *(vie, personne)* ordenado(-a)
règle [Rɛgl] *nf* regla; **règles** *nfpl (Physiol)* reglas *fpl*; **en ~** *(papiers d'identité)* en regla; **en ~ générale** por regla general
règlement [Rɛgləmɑ̃] *nm (règles)* reglamento; *(paiement)* pago; *(d'un conflit, d'une affaire)* arreglo, solución *f*; **réglementaire** *adj* reglamentario(-a); **réglementation** *nf* reglamentación *f*; **réglementer** *vt* reglamentar
régler [Regle] *vt (mécanisme, machine)* ajustar; *(moteur, thermostat)* regular; *(question, problème)* arreglar; *(facture)* pagar
réglisse [Reglis] *nf ou m* regaliz *m*
règne [Rɛɲ] *nm* reinado; *(fig)* reino; **régner** *vi* reinar
regorger [R(ə)gɔRʒe] *vi*: **~ de** rebosar de
regret [R(ə)gRɛ] *nm (nostalgie)* nostalgia; **à ~** *ou* **avec ~** con pesar; **être au ~ de devoir/ne pas pouvoir faire ...** lamentar mucho tener que/no poder hacer ...; **regrettable** *adj* lamentable; **regretter** *vt* lamentar; **je regrette** lo siento
regrouper [R(ə)gRupe] *vt* reagrupar; **se regrouper** *vpr* reagruparse
régulier, -ière [Regylje, jɛR] *adj* regular; **régulièrement** *adv* con regularidad
rehausser [Rəose] *vt (mur, plafond)* levantar; *(fig)* realzar
rein [Rɛ̃] *nm* riñón *m*; **reins** *nmpl (Anat: dos, muscles du dos)* riñones *mpl*
reine [Rɛn] *nf* reina; **reine mère** reina madre
reine-claude [Rɛnklod] *(pl* **reines-claudes**) *nf* ciruela claudia
réinscriptible [Reɛ̃skRiptibl] *adj (CD, DVD)* reescribible
réinsertion [Reɛ̃sɛRsjɔ̃] *nf* reinserción *f*
réintégrer [Reɛ̃tegRe] *vt* reintegrar
rejaillir [R(ə)ʒajiR] *vi*: **~ sur** repercutir sobre
rejet [Rəʒɛ] *nm* rechazo; **rejeter** *vt* rechazar; **rejeter la responsabilité de qch sur qn** echar la responsabilidad de algo sobre algn
rejoindre [R(ə)ʒwɛ̃dR] *vt (personnes)* reunirse con; *(lieu)* retornar a;

(*concurrent*) alcanzar; (*suj: route etc*) llegar a; **se rejoindre** *vpr*: **je te rejoins au café** te veo en el café

réjouir [ʀeʒwiʀ] *vt* alegrar; **se réjouir** *vpr* regocijarse, alegrarse; **réjouissances** *nfpl* festejos *mpl*

relâche [ʀəlɑʃ] *nf*: **faire ~** (*Ciné*) no haber función; **sans ~** sin descanso; **relâché, e** *adj* relajado(-a); **relâcher** *vt* (*ressort, étreinte, cordes*) aflojar; (*animal, prisonnier*) soltar; **se relâcher** *vpr* (*cordes*) aflojarse; (*discipline*) relajarse

relais [ʀ(ə)lɛ] *nm*: **(course de) ~** (carrera de) relevos *mpl*; (*Radio, TV*) repetidor *m*; **prendre le ~ (de qn)** tomar el relevo (de algn); **relais routier** restaurante *m* de carretera

relancer [ʀ(ə)lɑ̃se] *vt* (*économie, agriculture*) reactivar

relatif, -ive [ʀ(ə)latif, iv] *adj* relativo(-a); **~ à** relativo(-a) a

relation [ʀ(ə)lasjɔ̃] *nf* relación *f*; **être/entrer en ~(s) avec** estar/entrar en relación(relaciones) con

relaxer [ʀəlakse] *vt* (*détendre*) relajar; (*Jur*) poner en libertad; **se relaxer** *vpr* relajarse

relayer [ʀ(ə)leje] *vt* relevar; **se relayer** *vpr* relevarse

reléguer [ʀ(ə)lege] *vt* relegar

relevé, e [ʀəl(ə)ve] *adj* (*manches*) arremangado(-a); (*conversation, style*) elevado(-a); (*sauce, plat*) sazonado(-a) ▷ *nm* (*facture*) extracto; (*d'un compteur*) lectura; **relevé de compte** saldo

relève [ʀəlɛv] *nf* relevo; **prendre la ~** tomar el relevo

relever [ʀəl(ə)ve] *vt* levantar; (*niveau de vie, salaire*) aumentar; (*col*) subir; (*fautes, points*) señalar; (*traces, anomalies*) constatar; (*défi*) hacer frente a; (*compteur*) leer; (*copies*) recoger; **se relever** *vpr* levantarse; **~ de** ser de la competencia de; **~ la tête** levantar la cabeza

relief [ʀəljɛf] *nm* relieve *m*; **mettre en ~** poner de relieve

relier [ʀəlje] *vt* (*routes, bâtiments*) unir; (*livre*) encuadernar; **~ qch à** unir algo con

religieux, -euse [ʀ(ə)liʒjø, jøz] *adj* religioso(-a) ▷ *nm* religioso ▷ *nf* religiosa

religion [ʀ(ə)liʒjɔ̃] *nf* religión *f*

relire [ʀ(ə)liʀ] *vt* releer

reluire [ʀ(ə)lɥiʀ] *vi* relucir

remanier [ʀ(ə)manje] *vt* (*roman, pièce*) modificar; (*ministère*) reorganizar

remarquable [ʀ(ə)maʀkabl] *adj* notable

remarque [ʀ(ə)maʀk] *nf* comentario

remarquer [ʀ(ə)maʀke] *vt* notar; **se remarquer** *vpr* notarse; **se faire ~** (*péj*) hacerse notar; **faire ~ (à qn) que** hacer notar (a algn) que; **faire ~ qch (à qn)** hacer notar algo (a algn); **remarquez que ...** observe que ...

rembourrer [ʀɑ̃buʀe] *vt* rellenar

remboursement [ʀɑ̃buʀsəmɑ̃] *nm* reembolso; **rembourser** *vt* reembolsar

remède [ʀ(ə)mɛd] *nm* remedio

remémorer [ʀ(ə)memɔʀe]: **se ~** *vpr* acordarse de

remerciements [ʀ(ə)mɛʀsimɑ̃] *nmpl* gracias *fpl*; **(avec) tous mes ~** (con) todo mi agradecimiento

remercier [ʀ(ə)mɛʀsje] *vt* (*congédier: employé*) despedir; **~ qn de qch** agradecerle algo a algn; **je vous remercie d'être venu** le agradezco que haya venido

remettre [ʀ(ə)mɛtʀ] *vt* (*vêtement*) volver a ponerse; **~ qch à qn** entregar algo a algn; (*ajourner, reporter*): **~ qch (à)** aplazar algo (hasta *ou* para); **se remettre** *vpr* (*malade*) reponerse; **~ du sel/un sucre** añadir sal/un azucarillo; **se ~ de** (*maladie, chagrin*)

r

recuperarse de
remise [R(ə)miz] *nf* entrega; (*rabais, réduction*) descuento; (*lieu, local*) trastero, galpón *m* (*CSur*); **remise en cause** replanteamiento; **remise en jeu** (*Football*) saque *m*
remontant [R(ə)mɔ̃tɑ̃] *nm* estimulante
remonte-pente [R(ə)mɔ̃tpɑ̃t] (*pl* **~s**) *nm* remonte *m*
remonter [R(ə)mɔ̃te] *vi* volver a subir; (*jupe*) subir ▷ *vt* volver a subir; (*fleuve*) remontar; (*hausser*) subir; (*montre*) dar cuerda; **~ à** (*dater de*) remontarse a; **~ le moral à qn** levantar la moral a algn
remontrer [R(ə)mɔ̃tRe] *vt*: **en ~ à qn** dar lecciones a algn
remords [R(ə)mɔR] *nm* remordimiento; **avoir des ~** tener remordimiento
remorque [R(ə)mɔRk] *nf* remolque *m*; **prendre en ~** llevar en remolque; **remorquer** *vt* remolcar; **remorqueur** *nm* remolcador *m*
remous [Rəmu] *nm* remolino ▷ *nmpl* (*fig*) alboroto *msg*
remparts [Rɑ̃paR] *nmpl* murallas *fpl*
remplaçant, e [Rɑ̃plasɑ̃, ɑ̃t] *nm/f* sustituto(-a)
remplacement [Rɑ̃plasmɑ̃] *nm* sustitución *f*; **faire des ~s** hacer sustituciones
remplacer [Rɑ̃plase] *vt* (*pneu, ampoule*) cambiar; (*tenir lieu de*) sustituir (a); **~ qch par qch d'autre/qn par qn d'autre** cambiar una cosa por otra/a algn por otro(-a)
rempli, e [Rɑ̃pli] *adj* (*journée*) cargado(-a); **~ de** lleno(-a) de
remplir [Rɑ̃pliR] *vt* llenar; (*questionnaire*) rellenar; (*obligations, conditions, rôle*) cumplir (con); **se remplir** *vpr* llenarse
remporter [Rɑ̃pɔRte] *vt* (*victoire, succès*) lograr
remuant, e [Rəmɥɑ̃, ɑ̃t] *adj* (*enfant etc*) revoltoso(-a)
remue-ménage [R(ə)mymenaʒ] *nm inv* zafarrancho
remuer [Rəmɥe] *vt* (*partie du corps*) mover; (*café, salade, sauce*) remover ▷ *vi* moverse; **se remuer** *vpr* moverse
rémunérer [RemyneRe] *vt* remunerar
renard [R(ə)naR] *nm* zorro
renchérir [Rɑ̃ʃeRiR] *vi* encarecerse; **~ (sur)** ir más allá (de)
rencontre [Rɑ̃kɔ̃tR] *nf* encuentro; **aller à la ~ de qn** ir al encuentro de algn; **rencontrer** *vt* encontrar (a); (*Sport: équipe*) enfrentarse con; **se rencontrer** *vpr* encontrarse
rendement [Rɑ̃dmɑ̃] *nm* rendimiento; **à plein ~** a pleno rendimiento
rendez-vous [Rɑ̃devu] *nm inv* cita; **donner ~ à qn** dar una cita a algn; **avoir ~ (avec qn)** tener una cita (con algn); **prendre ~ (avec qn)** pedir cita (con algn)
rendre [Rɑ̃dR] *vt* devolver; (*sons*) producir; (*pensée, tournure*) traducir, expresar; **~ qn célèbre/qch possible** hacer a algn célebre/algo posible; **se rendre** *vpr* rendirse; **~ la monnaie** dar las vueltas; **se ~ quelque part** irse a algún sitio; **se ~ compte de qch** darse cuenta de algo
rênes [Rɛn] *nfpl* riendas
renfermé, e [Rɑ̃fɛRme] *adj* (*fig*) reservado(-a) ▷ *nm*: **sentir le ~** oler a cerrado
renfermer [Rɑ̃fɛRme] *vt* contener
renforcer [Rɑ̃fɔRse] *vt* reforzar; **renforts** *nmpl* (*Mil, gén*) refuerzo *msg*; **à grand renfort de** con gran acompañamiento de
renfrogné, e [Rɑ̃fRɔɲe] *adj* sombrío(-a)
renier [Rənje] *vt* renegar de

renifler [R(ə)nifle] *vi* resoplar ▷ *vt* aspirar
renne [Rɛn] *nm* reno
renom [Rənɔ̃] *nm* renombre *m*; **renommé, e** *adj* renombrado(-a), famoso(-a); **renommée** *nf* fama
renoncer [R(ə)nɔ̃se]: **~ à** *vt ind* renunciar a
renouer [Rənwe]: **~ avec** *vt ind* volver a; **~ avec qn** reconciliarse con algn
renouvelable [R(ə)nuv(ə)labl] *adj* (*contrat, bail, énergie*) renovable
renouveler [R(ə)nuv(ə)le] *vt* renovar; (*eau d'une piscine, pansement*) cambiar; (*demande*) reiterar; (*exploit, méfait*) repetir; **se renouveler** *vpr* repetirse; **renouvellement** *nm* renovación *f*; (*pansement*) cambio; (*exploit, incident*) repetición *f*
rénover [Renɔve] *vt* renovar; (*quartier*) remozar
renseignement [Rɑ̃sɛɲmɑ̃] *nm* información *f*; **(guichet des) ~s** (ventanilla de) información; **les renseignements généraux** dirección *f* general de seguridad
renseigner [Rɑ̃seɲe] *vt*: **~ qn (sur)** informar a algn (sobre); **se renseigner** *vpr* informarse
rentabilité [Rɑ̃tabilite] *nf* rentabilidad *f*
rentable [Rɑ̃tabl] *adj* rentable
rente [Rɑ̃t] *nf* renta
rentrée [Rɑ̃tRe] *nf*: **~ (d'argent)** ingreso; **la ~ (des classes)** el comienzo (del curso)

RENTRÉE (DES CLASSES)

La rentrée (des classes) en septiembre marca un hito importante en el calendario anual francés. Supone la vuelta al colegio para profesores y alumnos y se reanuda la vida política y social tras el largo descanso estival.

rentrer [Rɑ̃tRe] *vi* entrar; (*entrer de nouveau*) volver a entrar; (*revenir chez soi*) irse a casa; (*revenu, argent*) ingresar ▷ *vt* meter; (*foins*) recoger; (*griffes*) guardar; (*fig: larmes, colère etc*) tragarse; **~ dans l'ordre** volver al orden; **~ dans ses frais** cubrir sus gastos
renverse [Rɑ̃vɛRs]: **à la ~** *adv* (*tomber*) de espaldas
renverser [Rɑ̃vɛRse] *vt* (*liquide*) derramar; (*chaise, verre*) dejar caer; (*piéton*) atropellar; (*gouvernement etc*) derrochar; **se renverser** *vpr* (*pile d'objets, récipient*) caerse
renvoi [Rɑ̃vwa] *nm* reenvío, devolución *f*; (*d'un élève*) expulsión *f*; (*d'un employé*) despido; (*référence*) llamada, nota; (*éructation*) eructo; **renvoyer** *vt* devolver; (*élève*) expulsar; (*employé*) despedir
repaire [R(ə)pɛR] *nm* guarida
répandre [Repɑ̃dR] *vt* derramar; (*gravillons, sable etc*) echar; (*lumière, chaleur, odeur*) despedir; (*nouvelle, usage*) propagar; **se répandre** *vpr* (*liquide*) derramarse; (*épidémie, mode*) difundirse; **répandu, e** *pp de* **répandre** ▷ *adj* (*courant*) extendido(-a)
réparation [Reparasjɔ̃] *nf* arreglo
réparer [RepaRe] *vt* arreglar
repartie [RepaRti] *nf* réplica; **avoir de la ~** tener una respuesta fácil
repartir [RəpaRtiR] *vi* (*retourner*) regresar; **~ à zéro** recomenzar de cero
répartir [RepaRtiR] *vt* repartir; **se répartir** *vpr* (*travail, rôles*) repartirse; **répartition** *nf* reparto
repas [R(ə)pɑ] *nm* comida
repassage [R(ə)pasaʒ] *nm* planchado
repasser [R(ə)pase] *vi* (*passer de nouveau*) volver a pasar ▷ *vt* planchar
repentir [Rəpɑ̃tiR] *nm* arrepentimiento; **se repentir** *vpr*

arrepentirse
répercussions [RepɛRkysjɔ̃] *nfpl* (*fig*) repercusiones *fpl*
répercuter [RepɛRkyte]: **se ~** *vpr* repercutir; **se ~ sur** (*fig*) repercutir en
repère [R(ə)pɛR] *nm* referencia; (*monument etc*) lugar *m* de referencia
repérer [R(ə)peRe] *vt* (*erreur, connaissance*) ver; (*abri, ennemi*) localizar; **se repérer** *vpr* orientarse
répertoire [RepɛRtwaR] *nm* repertorio
répéter [Repete] *vt* repetir; (*Théâtre*) ensayar ▷ *vi* (*Théâtre etc*) ensayar; **se répéter** *vpr* repetirse
répétition [Repetisjɔ̃] *nf* repetición *f*; (*Théâtre*) ensayo; **répétition générale** (*Théâtre*) ensayo general
répit [Repi] *nm* descanso
replier [R(ə)plije] *vt* doblar; **se replier** *vpr* replegarse
réplique [Replik] *nf* réplica; **répliquer** *vt* contestar; (*avec impertinence*) replicar
répondeur [Repɔ̃dœR] *nm*: **~ automatique** (*Tél*) contestador *m* automático
répondre [Repɔ̃dR] *vi* contestar, responder; (*freins, mécanisme*) responder; (*salut, provocation, description*) responder a
réponse [Repɔ̃s] *nf* respuesta; **en ~ à** en respuesta a
reportage [R(ə)pɔRtaʒ] *nm* reportaje *m*
reporter[1] [R(ə)pɔRtɛR] *nm* reportero
reporter[2] [Rəpɔrte] *vt* (*total, notes*): **~ qch sur** pasar algo a; (*ajourner, renvoyer*): **~ qch (à)** aplazar algo (hasta); **se ~ à** remitirse a
repos [R(ə)po] *nm* descanso; (*après maladie*) reposo; (*Mil*): **~!** ¡descansen!; **au ~** en reposo; **de tout ~** seguro(-a)
reposant, e [R(ə)pozɑ̃, ɑ̃t] *adj* descansado(-a)
reposer [R(ə)poze] *vt* (*verre, livre*) volver a poner; (*question, problème*) replantear ▷ *vi* (*liquide, pâte*) reposar; **~ sur** (*suj: bâtiment*) descansar sobre; (*fig: affirmation*) basarse en; **se reposer** *vpr* descansar; **se ~ sur qn** apoyarse en algn
repoussant, e [R(ə)pusɑ̃, ɑ̃t] *adj* repulsivo(-a)
repousser [R(ə)puse] *vi* volver a crecer ▷ *vt* rechazar; (*rendez-vous, entrevue*) aplazar
reprendre [R(ə)pRɑ̃dR] *vt* (*prisonnier*) volver a coger; (*Mil: ville*) volver a tomar; (*objet prêté, donné*) recuperar; (*se resservir de*) volver a tomar; (*travail, études*) reanudar; (*explication, histoire*) volver a; (*emprunter: argument, idée*) tomar; (*article etc*) rehacer; (*jupe, pantalon*) arreglar; (*personne*) corregir ▷ *vi* (*cours, classes*) reanudarse; (*affaires, industrie*) reactivarse; **~ courage/des forces** recobrar valor/fuerzas; **~ ses habitudes/sa liberté** recuperar sus costumbres/su libertad; **~ la route** volver a ponerse en marcha; **~ haleine** *ou* **son souffle** recobrar el aliento
représentant, e [R(ə)pRezɑ̃tɑ̃, ɑ̃t] *nm/f* representante *m/f*
représentation [R(ə)pRezɑ̃tasjɔ̃] *nf* representación *f*
représenter [R(ə)pRezɑ̃te] *vt* representar; **se représenter** *vpr* figurarse
répression [RepResjɔ̃] *nf* represión *f*
réprimer [RepRime] *vt* reprimir
repris, e [R(ə)pRi] *pp de* **reprendre**
reprise [R(ə)pRiz] *nf* (*recommencement*) reanudación *f*; (*Théâtre, TV, Ciné*) reposición *f*; (*Auto*) reprise *m*; (*Comm*) compra; (*de location*) traspaso; **à plusieurs ~s** repetidas veces
repriser [R(ə)pRize] *vt* zurcir
reproche [R(ə)pRɔʃ] *nm* reproche *m*; **faire des ~s à qn** hacer reproches

a algn; **sans ~(s)** sin reproche;
reprocher *vt*: **reprocher qch à (qn)** reprochar algo a (algn)
reproduction [ʀ(ə)pʀɔdyksjɔ̃] *nf (aussi Biol)* reproducción *f*; **"~ interdite"** "prohibida su reproducción"
reproduire [ʀ(ə)pʀɔdɥiʀ] *vt* reproducir; **se reproduire** *vpr (Biol, fig)* reproducirse
reptile [ʀɛptil] *nm* reptil *m*
république [ʀepyblik] *nf* república
répugnant, e [ʀepyɲɑ̃, ɑ̃t] *adj* repugnante
répugner [ʀepyɲe] *vt* repugnar
réputation [ʀepytasjɔ̃] *nf* reputación *f*; **réputé, e** *adj* famoso(-a)
requérir [ʀəkeʀiʀ] *vt* requerir
requête [ʀəkɛt] *nf (prière)* petición *f*; *(Jur)* demanda, requerimiento
requin [ʀəkɛ̃] *nm* tiburón *m*
requis, e [ʀəki, iz] *pp de* **requérir**
RER [ɛʀøɛʀ] *sigle m (= Réseau express régional) red de trenes rápidos de París y de la periferia; (train) uno de esos trenes*
rescapé, e [ʀɛskape] *nm/f* superviviente *m/f*
rescousse [ʀɛskus] *nf*: **aller/venir à la ~ de** ir/venir en socorro de
réseau, x [ʀezo] *nm* red *f*
réservation [ʀezɛʀvasjɔ̃] *nf* reserva
réserve [ʀezɛʀv] *nf* reserva; *(d'un magasin)* depósito; *(de pêche, chasse)* coto; **sous ~ de** a reserva de; **sans ~** sin reservas
réservé, e [ʀezɛʀve] *adj* reservado(-a); *(chasse, pêche)* vedado(-a)
réserver [ʀezɛʀve] *vt* reservar; *(réponse, assentiment etc)* reservarse; **~ qch pour/à** reservar algo para/a; **~ qch à qn** reservar algo a algn; **se ~ qch** reservarse algo; **se ~ le droit de faire qch** reservarse el derecho de hacer algo
réservoir [ʀezɛʀvwaʀ] *nm* depósito
résidence [ʀezidɑ̃s] *nf (Admin)* sede *f*; *(groupe d'immeubles)* conjunto residencial; **(en) ~ surveillée** *(Jur)* (en) arresto domiciliario; **résidence universitaire** residencia universitaria; **résidentiel, le** *adj* residencial; **résider** *vi*: **résider à/dans/en** residir en; **résider dans/en** *(fig)* radicar en
résidu [ʀezidy] *nm* residuo
résigner [ʀeziɲe]: **se ~** *vpr* resignarse; **se ~ à qch/faire qch** resignarse a algo/hacer algo
résilier [ʀezilje] *vt* rescindir
résistance [ʀezistɑ̃s] *nf* resistencia; **la R~** *(Pol)* la Resistencia
résistant, e [ʀezistɑ̃, ɑ̃t] *adj* resistente
résister [ʀeziste] *vi* resistir; **~ à** resistir a
résolu, e [ʀezɔly] *pp de* **résoudre**; **être ~ à qch/faire qch** estar decidido(-a) a algo/hacer algo
résolution [ʀezɔlysjɔ̃] *nf* resolución *f*
résolve *etc* [ʀesɔlv] *vb voir* **résoudre**
résonner [ʀezɔne] *vi* resonar
résorber [ʀezɔʀbe]: **se ~** *vpr (Méd)* reabsorberse; *(déficit, chômage)* reducirse
résoudre [ʀezudʀ] *vt* resolver; **se ~ à qch/faire qch** decidirse por algo/a *ou* por hacer algo
respect [ʀɛspɛ] *nm* respeto; **respecter** *vt* respetar; **faire respecter** hacer respetar; **respectueux, -euse** *adj* respetuoso(-a)
respiration [ʀɛspiʀasjɔ̃] *nf* respiración *f*; **respiration artificielle** respiración artificial
respirer [ʀɛspiʀe] *vi, vt* respirar
resplendir [ʀɛsplɑ̃diʀ] *vi* resplandecer; **~ (de)** resplandecer (de)
responsabilité [ʀɛspɔ̃sabilite] *nf* responsabilidad *f*

r

responsable [rɛspɔ̃sabl] *adj, nm/f* responsable *m/f*
ressaisir [r(ə)seziʀ]: **se ~** *vpr* (*se maîtriser*) serenarse
ressasser [r(ə)sase] *vt* rumiar; (*histoires, critiques*) repetir
ressemblance [r(ə)sɑ̃blɑ̃s] *nf* semejanza
ressemblant, e [r(ə)sɑ̃blɑ̃, ɑ̃t] *adj* parecido(-a)
ressembler [r(ə)sɑ̃ble]: **~ à** *vt ind* parecerse a; **se ressembler** *vpr* parecerse
ressentiment [r(ə)sɑ̃timɑ̃] *nm* resentimiento
ressentir [r(ə)sɑ̃tiʀ] *vt* sentir; **se ~ de** resentirse de
resserrer [r(ə)sere] *vt* apretar; (*liens d'amitié*) estrechar
resservir [r(ə)sɛʀviʀ] *vt*: **~ qn (d'un plat)** volver a servir a algn (un plato) ▹ *vi* (*être réutilisé*) servir de nuevo; **se ~ de** (*plat*) volver a servirse
ressort [ʀəsɔʀ] *vb voir* **ressortir** ▹ *nm* muelle *m*; **en dernier ~** en última instancia; **être du ~ de** ser de la competencia de
ressortir [ʀəsɔʀtiʀ] *vi* (*sortir à nouveau*) salir de nuevo; (*couleur, broderie, détail*) resaltar; **faire ~ qch** hacer resaltar algo
ressortissant, e [r(ə)sɔʀtisɑ̃, ɑ̃t] *nm/f* súbdito(-a)
ressources [r(ə)suʀs] *nfpl* recursos *mpl*
ressusciter [resysite] *vi* resucitar
restant, e [rɛstɑ̃, ɑ̃t] *adj* restante ▹ *nm*: **un ~ de** unas sobras de
restaurant [rɛstɔʀɑ̃] *nm* restaurante *m*
restauration [rɛstɔʀasjɔ̃] *nf* restauración *f*; **restauration rapide** comida rápida
restaurer [rɛstɔʀe] *vt* restaurar; **se restaurer** *vpr* comer
reste [rɛst] *nm* resto; (*Math*) residuo; **restes** *nmpl* (*Culin*) sobras *fpl*; **pour le ~** por lo demás; **du ~** además
rester [rɛste] *vi* (*dans un lieu*) quedarse ▹ *vb impers*: **il me reste du pain** me queda pan; **il (me) reste 2 œufs** (me) quedan 2 huevos; **il (me) reste 10 minutes** (me) quedan 10 minutos; **ce qui (me) reste à faire** lo que (me) falta por hacer; **(il) reste à savoir si ...** queda por saber si ...; **il reste que ..., il n'en reste pas moins que ...** sin embargo ..., con todo y con eso ...; **restons-en là** dejémoslo aquí; **y ~** (*fam*)**: il a failli y ~** por poco estira la pata
restituer [rɛstitɥe] *vt* (*Tech: énergie, son*) reproducir; **~ qch (à qn)** (*objet, somme*) restituir algo (a algn)
restreindre [rɛstʀɛ̃dʀ] *vt* restringir
restriction [rɛstʀiksjɔ̃] *nf* restricción *f*
résultat [rezylta] *nm* resultado
résulter [rezylte] *vi*: **~ de** resultar de
résumé [rezyme] *nm* resumen *m*; **en ~** en resumen
résumer [rezyme] *vt* resumir; **se ~ à** (*se réduire à*) resumirse a
résurrection [rezyʀɛksjɔ̃] *nf* (*Rel*) resurrección *f*; (*fig*) reaparición *f*
rétablir [retabliʀ] *vt* restablecer; **se rétablir** *vpr* restablecerse; **rétablissement** *nm* restablecimiento
retaper [r(ə)tape] *vt* arreglar; (*fig: fam*) restablecer
retard [r(ə)taʀ] *nm* retraso; **être en ~ (de 2 heures)** retrasarse (2 horas); **avoir du ~** estar retrasado(-a); **sans ~** sin retraso
retardataire [r(ə)taʀdatɛʀ] *adj* retrasado(-a) ▹ *nm/f* rezagado(-a)
retardement [r(ə)taʀdəmɑ̃]: **à ~** *adj* de efecto retardado; **bombe à ~** bomba de relojería
retarder [r(ə)taʀde] *vt* (*montre*) atrasar ▹ *vi* (*horloge, montre*) atrasar;

~ qn (d'une heure) retrasar a algn (una hora)

retenir [ʀət(ə)niʀ] *vt* retener; (*objet qui glisse*) agarrar; (*colère, larmes*) contener; (*chanson, date*) recordar; (*suggestion, proposition*) aceptar; (*place, chambre*) reservar; **~ son souffle** contener su respiración; **se retenir** *vpr* (*euphémisme*) aguantarse; (*se raccrocher*): **se ~ (à)** agarrarse (a); **se ~ (de faire qch)** contenerse (de hacer algo)

retentir [ʀ(ə)tɑ̃tiʀ] *vi* resonar; **retentissant, e** *adj* (*voix, choc*) ruidoso(-a); (*succès etc*) clamoroso(-a)

retenue [ʀət(ə)ny] *nf* (*somme prélevée*) deducción *f*; (*modération*) moderación *f*

réticence [ʀetisɑ̃s] *nf* reticencia; **réticent, e** *adj* reticente

rétine [ʀetin] *nf* retina

retiré, e [ʀ(ə)tiʀe] *adj* (*personne, vie*) solitario(-a)

retirer [ʀ(ə)tiʀe] *vt* retirar; (*vêtement, lunettes*) quitarse; **~ qch/qn de** sacar algo/a algn de

retomber [ʀ(ə)tɔ̃be] *vi* caer; (*tomber de nouveau*) caer de nuevo; **~ sur qn** recaer sobre algn

rétorquer [ʀetɔʀke] *vt*: **~ (à qn) que** replicar (a algn) que

retouche [ʀ(ə)tuʃ] *nf* retoque *m*; **faire une ~** *ou* **des ~s à** dar un retoque *ou* unos retoques a; **retoucher** *vt* retocar

retour [ʀ(ə)tuʀ] *nm* vuelta; (*d'un lieu, vers un lieu*) regreso; **au ~** a la vuelta; **être de ~ (de)** estar de vuelta (de); **par ~ du courrier** a vuelta de correo; **match ~** partido de vuelta

retourner [ʀ(ə)tuʀne] *vt* (*dans l'autre sens*) dar la vuelta a, voltear (*Am*); (*caisse*) poner boca abajo; (*renvoyer, restituer, argument*) devolver; (*sac, vêtement*) volver del revés; (*terre, sol, foin, émouvoir*) revolver ▷ *vi* volver; (*aller de nouveau*): **~ quelque part** volver de nuevo a algún sitio; **se retourner** *vpr* volverse, voltearse (*Am*); **~ à** volver a; **savoir de quoi il retourne** saber de qué se trata; **se ~ contre qn/qch** (*fig*) volverse contra algn/algo

retrait [ʀ(ə)tʀɛ] *nm* retiro; **en ~** apartado(-a); **retrait du permis (de conduire)** retirada de carnet (de conducir)

retraite [ʀ(ə)tʀɛt] *nf* retiro; (*d'une armée*) retirada; **prendre sa ~** jubilarse; **retraite anticipée** jubilación anticipada; **retraité, e** *adj* retirado(-a), jubilado(-a) ▷ *nm/f* jubilado(-a)

retrancher [ʀ(ə)tʀɑ̃ʃe] *vt* suprimir; **~ qch de** (*nombre, somme*) sustraer algo de; **se ~ derrière/dans** refugiarse en

rétrécir [ʀetʀesiʀ] *vt, vi* (*vêtement*) encoger; **se rétrécir** *vpr* estrecharse

rétro [ʀetʀo] *adj inv*: **mode/style ~** moda/estilo retro *inv* ▷ *nm* (*fam*) = **rétroviseur**

rétroprojecteur [ʀetʀopʀɔʒɛktœʀ] *nm* retroproyector *m*

rétrospective [ʀetʀɔspɛktiv] *nf* retrospectiva; **rétrospectivement** *adv* retrospectivamente

retrousser [ʀ(ə)tʀuse] *vt* (*pantalon etc*) arremangar

retrouvailles [ʀ(ə)tʀuvaj] *nfpl* reencuentro

retrouver [ʀ(ə)tʀuve] *vt* encontrar; (*sommeil, calme, santé*) recobrar; (*rejoindre*) encontrarse con; **se retrouver** *vpr* encontrarse; (*s'orienter*) orientarse; **se ~ dans** (*calculs, dossiers, désordre*) desenvolverse en; **s'y ~** (*rentrer dans ses frais*) salir ganando

rétroviseur [ʀetʀɔvizœʀ] *nm* retrovisor *m*

réunion [ʀeynjɔ̃] *nf* reunión *f*; (*séance, congrès*) encuentro

réunir [ʀeyniʀ] *vt* reunir; (*rattacher*)

unir; **se réunir** *vpr* reunirse
réussi, e [ʀeysi] *adj* (*robe, photographie*) logrado(-a); (*réception*) exitoso(-a)
réussir [ʀeysiʀ] *vi* (*tentative, projet*) ser un éxito; (*personne*) tener éxito; (*: à un examen*) salir bien de ▷ *vt* (*examen, plat*) salir bien; **~ à faire qch** lograr hacer algo; **~ à qn** (*aliment*) sentar bien a algn; **réussite** *nf* éxito; (*Cartes*) solitario
revaloir [ʀ(ə)valwaʀ] *vt*: **je vous revaudrai cela** se lo pagaré con la misma moneda
revanche [ʀ(ə)vɑ̃ʃ] *nf* revancha; **en ~** en cambio
rêve [ʀɛv] *nm* sueño; **la voiture/ maison de ses ~s** el coche/la casa de sus sueños
réveil [ʀevɛj] *nm* despertar *m*; (*pendule*) despertador *m*; **au ~, je ...** al despertar, yo ...; **réveiller** *vt* despertar; **se réveiller** *vpr* despertarse; (*fig: se secouer*) espabilarse
réveillon [ʀevɛjɔ̃] *nm* cena de Nochebuena; (*de la Saint-Sylvestre*) cena de Nochevieja; **réveillonner** *vi* *celebrar la cena de Nochebuena ou la cena de Nochevieja*
révélateur, -trice [ʀevelatœʀ, tʀis] *adj* revelador(a)
révéler [ʀevele] *vt* revelar; **~ qn/qch** dar algn/algo a conocer
revenant, e [ʀ(ə)vənɑ̃, ɑ̃t] *nm/f* fantasma *m*
revendeur, -euse [ʀ(ə)vɑ̃dœʀ, øz] *nm/f* revendedor(a)
revendication [ʀ(ə)vɑ̃dikasjɔ̃] *nf* reivindicación *f*
revendiquer [ʀ(ə)vɑ̃dike] *vt* reivindicar; (*responsabilité*) asumir
revendre [ʀ(ə)vɑ̃dʀ] *vt* revender; **à ~** de sobra
revenir [ʀəv(ə)niʀ] *vi* (*venir de nouveau*) venir de nuevo; (*rentrer*) regresar, volver; **faire ~ de la viande/ des légumes** rehogar la carne/ las verduras; **~ cher/à 100 euros (à qn)** resultar caro/a 100 euros (a algn); **~ à** (*conversation*) volver a; (*équivaloir à*) venir a ser; (*part, honneur*) corresponder a algn; **~ à qn** (*souvenir, nom*) venirle a algn *ou* a la mente; **~ de** (*fig*) salir de; **~ sur** (*question*) volver sobre; (*promesse*) retractarse de; **n'en pas ~: je n'en reviens pas** no vuelvo de mi asombro; **~ sur ses pas** dar marcha atrás; **cela revient au même/à dire que** eso equivale a lo mismo/a decir que
revenu, e [ʀəv(ə)ny] *pp de* **revenir** ▷ *nm* renta; **revenus** *nmpl* ingresos *mpl*
rêver [ʀeve] *vi* soñar; **~ de** *ou* **à** soñar con
réverbère [ʀevɛʀbɛʀ] *nm* farola; **réverbérer** *vt* reverberar
revers [ʀ(ə)vɛʀ] *nm* revés *msg*; (*de la main*) dorso; (*d'une pièce, médaille*) reverso
revêtement [ʀ(ə)vɛtmɑ̃] *nm* revestimiento; (*d'une chaussée*) firme *m*; (*d'un tuyau etc*) capa
revêtir [ʀ(ə)vetiʀ] *vt* revestir; (*vêtement*) ponerse
rêveur, -euse [ʀɛvœʀ, øz] *nm/f* soñador(a)
revient [ʀəvjɛ̃] *vb voir* **revenir** ▷ *nm*: **prix de ~** (*Comm*) precio de coste
revigorer [ʀ(ə)vigɔʀe] *vt* vigorizar
revirement [ʀ(ə)viʀmɑ̃] *nm* cambio brusco
réviser [ʀevize] *vt* revisar; (*Scol, comptes*) repasar
révision [ʀevizjɔ̃] *nf* revisión *f*
revivre [ʀ(ə)vivʀ] *vi* recuperar fuerzas; (*traditions, coutumes*) recuperarse ▷ *vt* revivir
revoir [ʀ(ə)vwaʀ] *vt* volver a ver; (*texte, édition*) revisar ▷ *nm*: **au ~**

adiós *msg*
révoltant, e [Revɔltɑ̃, ɑ̃t] *adj* indignante
révolte [Revɔlt] *nf* rebelión *f*
révolter [Revɔlte] *vt* indignar; **se révolter** *vpr*: **se ~ (contre)** rebelarse (contra)
révolu, e [Revɔly] *adj* (*de jadis*) pasado(-a); (*Admin: complété: année etc*): **âgé de 18 ans ~s** con 18 años cumplidos
révolution [Revɔlysjɔ̃] *nf* revolución *f*; **révolutionnaire** *adj, nm/f* revolucionario(-a)
revolver [RevɔlvɛR] *nm* pistola; (*à barillet*) revólver *m*
révoquer [Revɔke] *vt* revocar; (*fonctionnaire*) destituir
revue [R(ə)vy] *nf* revista; **passer en ~** estudiar
rez-de-chaussée [Red(ə)ʃose] *nm inv* planta baja
RF [ɛRɛf] *sigle f* = **République française**
Rhin [Rɛ̃] *nm*: **le ~** el Rin
rhinocéros [RinɔseRɔs] *nm* (*Zool*) rinoceronte *m*
Rhône [Ron] *nm*: **le ~** el Ródano
rhubarbe [RybaRb] *nf* ruibarbo
rhum [Rɔm] *nm* ron *m*
rhumatisme [Rymatism] *nm* reumatismo, reúma
rhume [Rym] *nm* catarro; **rhume de cerveau** catarro de nariz; **le rhume des foins** la fiebre del heno
ricaner [Rikane] *vi* reírse burlonamente
riche [Riʃ] *adj* rico(-a); **richesse** *nf* riqueza
ricochet [Rikɔʃɛ] *nm* rebote *m*; **faire ~** rebotar; **faire des ~s** hacer cabrillas
ride [Rid] *nf* arruga
rideau, x [Rido] *nm* (*de fenêtre*) visillo; (*Théâtre*) telón *m*
rider [Ride] *vt* arrugar
ridicule [Ridikyl] *adj* ridículo(-a); **ridiculiser** *vt* ridiculizar; **se ridiculiser** *vpr* ridiculizarse
rien [Rjɛ̃] *pron*: **(ne) ... ~** (no) ... nada; **qu'est-ce que vous avez? – ~** ¿qué le pasa? – nada; **il n'a ~ dit/fait** no dijo/hizo nada; **il n'a ~** no tiene nada; **de ~!** ¡de nada!; **n'avoir peur de ~** no tener miedo de nada; **~ d'intéressant** nada interesante; **~ d'autre** nada más; **~ du tout** nada en absoluto; **~ que** nada más que; **~ que pour lui faire plaisir** nada más que por agradarle; **~ que la vérité** nada más que la verdad; **en un ~ de temps** en nada de tiempo
rieur, -euse [R(i)jœR, R(i)jøz] *adj* reidor(a)
rigide [Riʒid] *adj* rígido(-a)
rigoler [Rigɔle] *vi* (*fam*) reírse; (*s'amuser*) pasarlo bien; **rigolo, -ote** (*fam*) *adj* gracioso(-a) ▷ *nm/f* gracioso(-a); (*péj: fumiste*) cantamañanas *m inv*
rigoureusement [RiguRøzmɑ̃] *adv* rigurosamente; **~ interdit** totalmente prohibido
rigoureux, -euse [RiguRø, øz] *adj* riguroso(-a)
rigueur [RigœR] *nf* rigor *m*, rigurosidad *f*; **à la ~** en último extremo; **tenir ~ à qn de qch** guardar rencor a algn por algo
rillettes [Rijɛt] *nfpl especie de paté de cerdo u oca*
rime [Rim] *nf* rima
rinçage [Rɛ̃saʒ] *nm* aclarado
rincer [Rɛ̃se] *vt* enjuagar
ringard, e [Rɛ̃gaR, aRd] (*fam, péj*) *adj* anticuado(-a)
riposter [Ripɔste] *vi* replicar ▷ *vt*: **~ que** responder que; **~ à** responder a
rire [RiR] *vi* reír; (*se divertir*) reírse; **se ~ de** reírse de; **pour ~** en broma ▷ *nm* risa
risible [Rizibl] *adj* risible
risque [Risk] *nm* riesgo; **à ses ~s et périls** por su cuenta y riesgo;

au ~ de a riesgo de; **risqué, e** *adj* arriesgado(-a); **risquer** *vt* arriesgar; *(allusion, comparaison, question)* aventurar; *(Mil, gén)* arriesgarse a; **ça ne risque rien** no hay riesgo alguno; **il risque de se tuer** puede matarse; **ce qui risque de se produire** lo que puede producirse; **il ne risque pas de recommencer** no hay peligro de que vuelva a empezar

rissoler [risɔle] *vi, vt*: **(faire) ~ de la viande/des légumes** dorar la carne/las verduras

ristourne [RistuRn] *nf* rebaja, descuento

rite [Rit] *nm* rito

rivage [Rivaʒ] *nm* costa

rival, e, -aux [Rival, o] *adj* rival ▷ *nm/f (adversaire)* rival *m/f*; **rivaliser** *vi*: **rivaliser avec** rivalizar con; **rivalité** *nf* rivalidad *f*

rive [Riv] *nf* orilla; **riverain, e** *adj, nm/f (d'une rivière)* ribereño(-a); *(d'une route)* vecino(-a)

rivière [RivjɛR] *nf* río

riz [Ri] *nm* arroz *m*; **rizière** *nf* arrozal *m*

RMI [ɛRɛmi] *sigle m (= revenu minimum d'insertion) ayuda compensatoria*

RN [ɛRɛn] *sigle f (= route nationale)* N. *(= carretera nacional)*

robe [Rɔb] *nf* vestido; *(de juge, d'avocat)* toga; *(d'ecclésiastique)* hábito; *(d'un animal)* pelo; **robe de chambre** bata; **robe de mariée** vestido de novia; **robe de soirée** traje de noche

robinet [Rɔbinɛ] *nm* grifo, canilla *(Am)*

robot [Rɔbo] *nm* robot *m*

robuste [Rɔbyst] *adj* robusto(-a); **robustesse** *nf* robustez *f*

roc [Rɔk] *nm* roca

rocade [Rɔkad] *nf (Auto)* circunvalación *f*

rocaille [Rɔkaj] *nf* rocalla

roche [Rɔʃ] *nf* roca

rocher [Rɔʃe] *nm (un rocher)* peñasco; *(matière)* roca

rocheux, -euse [Rɔʃø, øz] *adj* rocoso(-a)

rodage [Rɔdaʒ] *nm* rodaje *m*; **en ~** *(Auto)* en rodaje

rôder [Rode] *vi* rondar; *(péj)* vagabundear; **rôdeur, -euse** *nm/f* vagabundo(-a)

rogne [Rɔɲ] *nf (fam)*: **être en ~** estar rabiando; **mettre en ~** hacer rabiar

rogner [Rɔɲe] *vt* recortar; **~ sur** *(dépenses etc)* recortar

rognons [Rɔɲɔ̃] *nmpl* riñones *mpl*

roi [Rwa] *nm* rey *m*; **le jour** *ou* **la fête des R~s, les R~s** el día de Reyes, los Reyes

FÊTE DES ROIS

La fête des Rois se celebra el 6 de enero. Es costumbre agregar las figurillas de los Reyes Magos al belén y comer **la galette des Rois**, un pastel de bizcocho aplanado en el que se esconde un amuleto (**la fève**). Quien encuentra el amuleto se convierte en rey o reina por un día y escoge a su pareja.

rôle [Rol] *nm (Ciné, Théâtre)* papel *m*; *(fonction)* función *f*

romain, e [Rɔmɛ̃, ɛn] *adj* romano(-a) ▷ *nm/f*: **R~, e** romano(-a)

roman, e [Rɔmɑ̃, an] *adj* románico(-a)

romancer [Rɔmɑ̃se] *vt* novelar; **romancier, -ière** *nm/f* novelista *m/f*; **romanesque** *adj* fabuloso(-a)

roman-feuilleton [Rɔmɑ̃fœjtɔ̃] *(pl* **romans-feuilletons**) *nm* folletín *m*

romanichel, le [Rɔmaniʃɛl] *nm/f* gitano(-a)

romantique [Rɔmɑ̃tik] *adj* romántico(-a)

romarin [RɔmaRɛ̃] *nm* romero

rompre [Rɔ̃pR] *vt* romper ▷ *vi*

(*fiancés*) romper; **se rompre** *vpr* romperse; **rompu, e** *pp de* **rompre** ▷ *adj*: **rompu à** avezado(-a) en
ronces [Rɔ̃s] *nfpl* zarzas *fpl*
ronchonner [Rɔ̃ʃɔne] (*fam*) *vi* refunfuñar
rond, e [Rɔ̃, Rɔ̃d] *adj* redondo(-a); (*fam*: *ivre*) alegre ▷ *nm* redondo; **je n'ai plus un ~** (*fam*: *sou*) no me queda ni una perra ▷ *adv*: **en ~** en corro; **ronde** *nf* ronda; (*danse*) corro; (*Mus*: *note*) redonda; **à 10 km à la ronde** a 10 km a la redonda; **rondelet, te** *adj* regordete(-a); (*fig*: *somme*) suculento(-a)
rondelle [Rɔ̃dɛl] *nf* (*Tech*) arandela; (*tranche*) loncha
rond-point [Rɔ̃pwɛ̃] (*pl* **ronds-points**) *nm* rotonda
ronflement [Rɔ̃fləmɑ̃] *nm* (*d'une personne*) ronquido; (*d'un moteur*) zumbido
ronfler [Rɔ̃fle] *vi* (*personne*) roncar; (*moteur, poêle*) zumbar
ronger [Rɔ̃ʒe] *vt* (*suj*: *souris, chien etc*) roer; (: *vers*) carcomer; (: *insectes*) ficar; (: *rouille*) corroer; **se ~ les ongles** comerse las uñas; **rongeur** *nm* roedor *m*
ronronner [Rɔ̃Rɔne] *vi* ronronear
rosbif [Rɔsbif] *nm* rosbif *m*
rose [Roz] *nf* rosa ▷ *adj* rosa *inv*
rosé, e [Roze] *adj* rosa *inv* ▷ *nm*: **(vin) ~** (vino) rosado
roseau, x [Rozo] *nm* caña
rosée [Roze] *adj f voir* **rosé** ▷ *nf* rocío
rosier [Rozje] *nm* rosal *m*
rossignol [Rɔsiɲɔl] *nm* (*Zool*) ruiseñor *m*
rotation [Rɔtasjɔ̃] *nf* rotación *f*
roter [Rɔte] (*fam*) *vi* eructar
rôti [Roti] *nm* carne *f* de asar; (*cuit*) asado de carne
rotin [Rɔtɛ̃] *nm* mimbre *m ou f*; **fauteuil en ~** sillón *m* de mimbre
rôtir [RotiR] *vt* asar ▷ *vi* asarse; **rôtisserie** *nf* (*restaurant*) restaurante-parrilla *m*; (*comptoir, magasin*) establecimiento de precocinados; **rôtissoire** *nf* asador *m*
rotule [Rɔtyl] *nf* rótula
rouage [Rwaʒ] *nm* engranaje *m*; (*de montre*) maquinaria; **rouages** *nmpl* (*fig*) máquina *fsg*
roue [Ru] *nf* rueda; **roue de secours** rueda de repuesto
rouer [Rwe] *vt*: **~ qn de coups** moler a algn a palos
rouge [Ruʒ] *adj* rojo(-a) ▷ *nm* (*couleur*) rojo; (*fard*) carmín *m*; **(vin) ~** (vino) tinto; **passer au ~** (*automobiliste*) pasar en rojo; **être sur la liste ~** (*Tél*) no constar en la guía; **rouge (à lèvres)** barra de labios; **rouge-gorge** (*pl* **rouges-gorges**) *nm* petirrojo
rougeole [Ruʒɔl] *nf* sarampión *m*
rougeoyer [Ruʒwaje] *vi* ponerse rojo
rouget [Ruʒɛ] *nm* salmonete *m*
rougeur [RuʒœR] *nf* rojez *f*
rougir [RuʒiR] *vi* enrojecer; (*fraise, tomate*) ponerse rojo
rouille [Ruj] *nf* moho; **rouillé, e** *adj* oxidado(-a); **rouiller** *vt* oxidar ▷ *vi* oxidarse
roulant, e [Rulɑ̃, ɑ̃t] *adj* rodante; (*surface, trottoir*) transportador(a)
rouleau, x [Rulo] *nm* rollo; (*à peinture*) rodillo; (*à mise en plis*) rulo; (*vague*) rompiente *m*; **rouleau à pâtisserie** rodillo
roulement [Rulmɑ̃] *nm* rodamiento; **par ~** por turno
rouler [Rule] *vt* (*Culin, tissu, papier*) enrollar ▷ *vi* rodar; (*voiture, train*) circular, estar en marcha; (*automobiliste*) circular; (*bateau*) balancearse; **se ~ dans** (*boue*) revolcarse en
roulette [Rulɛt] *nf* rueda; **la ~** la ruleta

roulis [Ruli] *nm* balanceo
roulotte [Rulɔt] *nf* carro, carromato
roumain, e [Rumɛ̃, ɛn] *adj* rumano(-a) ▷ *nm (Ling)* rumano ▷ *nm/f*: **R~, e** rumano(-a)
Roumanie [Rumani] *nf* Rumania
rouquin, e [Rukɛ̃, in] *(fam) nm/f* pelirrojo(-a)
rouspéter [Ruspete] *(fam) vi* refunfuñar
rousse [Rus] *adj voir* **roux**
roussir [RusiR] *vt (herbe, linge)* quemar ▷ *vi (feuilles)* amarillear
route [Rut] *nf* carretera; *(itinéraire, parcours)* ruta; *(fig)* camino; **par (la) ~** por (la) carretera; **il y a 3 heures de ~** hay 3 horas de camino; **en ~** por el camino; **en ~!** ¡en marcha!; **mettre en ~** poner en marcha; **se mettre en ~** ponerse en camino; **route nationale** ≈ carretera nacional; **routier, -ière** *adj (réseau, carte)* de carreteras ▷ *nm (camionneur)* camionero
routine [Rutin] *nf* rutina; **routinier, -ière** *adj* rutinario(-a)
rouvrir [RuvRiR] *vt (porte, valise)* volver a abrir ▷ *vi (suj: école, piscine)* volver a abrirse; **se rouvrir** *vpr (porte, blessure)* volver a abrirse
roux, rousse [Ru, Rus] *adj, nm/f* pelirrojo(-a)
royal, e, -aux [Rwajal, o] *adj* real; *(festin, cadeau)* regio(-a)
royaume [Rwajom] *nm* reino; *(fig)* dominios *mpl*
royauté [Rwajote] *nf* realeza
ruban [Rybɑ̃] *nm* cinta; *(de velours, de soie)* lazo; **ruban adhésif** cinta adhesiva
rubéole [Rybeɔl] *nf* rubeola
rubis [Rybi] *nm* rubí *m*
rubrique [RybRik] *nf (titre, catégorie)* rúbrica; *(Presse: article)* sección *f*
ruche [Ryʃ] *nf* colmena
rude [Ryd] *adj (barbe, toile, voix)* áspero(-a); *(métier, épreuve, climat)* duro(-a); *(bourru)* rudo(-a); **rudement** *adv*: **elle est rudement belle/riche** *(fam: très)* es super bonita/rica; **j'ai rudement faim** *(fam)* tengo un montón de hambre
rudimentaire [Rydimɑ̃tɛR] *adj* rudimentario(-a)
rudiments [Rydimɑ̃] *nmpl* rudimentos *mpl*
rue [Ry] *nf* calle *f*
ruée [Rɥe] *nf* riada
ruelle [Rɥɛl] *nf* callejuela
ruer [Rɥe] *vi* cocear; **se ruer** *vpr*: **se ~ sur** arrojarse sobre; **se ~ vers/dans/hors de** precipitarse hacia/en/fuera de
rugby [Rygbi] *nm* rugby *m*
rugir [RyʒiR] *vi* rugir
rugueux, -euse [Rygø, øz] *adj* rugoso(-a)
ruine [Rɥin] *nf* ruina; **ruiner** *vt* arruinar; **ruineux, -euse** *adj* ruinoso(-a)
ruisseau, x [Rɥiso] *nm (cours d'eau)* arroyo
ruisseler [Rɥis(ə)le] *vi (eau, pluie, larmes)* correr
rumeur [RymœR] *nf* rumor *m*
ruminer [Rymine] *vi, vt* rumiar
rupture [RyptyR] *nf* rotura; *(d'un contrat)* incumplimiento
rural, e, -aux [RyRal, o] *adj* rural
ruse [Ryz] *nf* astucia; **une ~** un ardid; **rusé, e** *adj* astuto(-a)
russe [Rys] *adj* ruso(-a) ▷ *nm (Ling)* ruso ▷ *nm/f*: **R~** ruso(-a)
Russie [Rysi] *nf* Rusia
rustine [Rystin] *nf* parche *m*
rustique [Rystik] *adj* rústico(-a)
rythme [Ritm] *nm* ritmo; **rythmé, e** *adj* rítmico(-a)

S

s' [s] *pron voir* **se**
sa [sa] *dét voir* **son**
sable [sabl] *nm* arena
sablé, e [sable] *adj* enarenado(-a) ▷ *nm* galleta; **pâte ~e** masa de galleta
sabler [sable] *vt* enarenar; **~ le champagne** (*fig*) celebrar algo con champán
sabot [sabo] *nm* (*chaussure*) zueco; (*de cheval, bœuf*) casco
saboter [sabɔte] *vt* sabotear
sac [sak] *nm* saco; **sac à dos** mochila; **sac à main** bolso de mano, cartera (*Am*); **sac à provisions** bolsa de la compra; **sac de couchage** saco de dormir; **sac de voyage** bolsa de viaje
saccadé, e [sakade] *adj* brusco(-a); (*voix*) entrecortado(-a)
saccager [sakaʒe] *vt* (*piller*) saquear; (*dévaster*) devastar
saccharine [sakaʀin] *nf* sacarina
sachet [saʃɛ] *nm* bolsita; (*de poudre, lavande*) saquito
sacoche [sakɔʃ] *nf* bolso, talego
sacré, e [sakʀe] *adj* sagrado(-a)
sacrement [sakʀəmɑ̃] *nm* sacramento
sacrifice [sakʀifis] *nm* sacrificio; **sacrifier** *vt* sacrificar
sacristie [sakʀisti] *nf* sacristía
sadique [sadik] *adj, nm/f* sádico(-a)
safran [safʀɑ̃] *nm* azafrán *m*
sage [saʒ] *adj* (*avisé, prudent*) sensato(-a); (*enfant*) bueno(-a)
sage-femme [saʒfam] (*pl* **sages-femmes**) *nf* comadrona
sagesse [saʒɛs] *nf* sensatez *f*
Sagittaire [saʒitɛʀ] *nm* (*Astrol*) Sagitario
Sahara [saaʀa] *nm* Sáhara *m*
saignant, e [sɛɲɑ̃, ɑ̃t] *adj* (*viande*) poco hecho(-a)
saigner [seɲe] *vi* sangrar ▷ *vt* (*animal*) desangrar; **~ du nez** sangrar por la nariz
saillir [sajiʀ] *vi* sobresalir
sain, e [sɛ̃, sɛn] *adj* sano(-a); (*affaire, entreprise*) saneado(-a); **~ et sauf** sano y salvo; **~ d'esprit** sano(-a) de espíritu
saindoux [sɛ̃du] *nm* manteca de cerdo
saint, e [sɛ̃, sɛ̃t] *adj, nm/f* santo(-a); **la Sainte Vierge** la Virgen Santísima; **sainteté** *nf* santidad *f*
sais *etc* [sɛ] *vb voir* **savoir**
saisie [sezi] *nf* (*Jur*) embargo; **saisie (de données)** (*Inform*) recogida de datos
saisir [seziʀ] *vt* (*personne, chose: prendre*) agarrar; (*fig: occasion, prétexte*) aprovechar; (*comprendre*) comprender; (*entendre*) captar; (*suj: sensations, émotions*) sobrecoger; (*Inform*) procesar; (*Culin*) soasar; (*Jur: biens, personne*) embargar; **saisissant, e** *adj* (*spectacle, contraste*) sobrecogedor(a)
saison [sɛzɔ̃] *nf* temporada, época; **haute/basse/morte ~** temporada

alta/media/baja; **saisonnier, -ière** *adj* (*produits, culture*) estacional
salade [salad] *nf* ensalada; **saladier** *nm* ensaladera
salaire [salɛʀ] *nm* salario; **salaire de base** sueldo base
salarié, e [salaʀje] *adj, nm/f* asalariado(-a)
salaud [salo] (*fam!*) *nm* cabrón *m* (*fam!*), hijo de la chingada (*Mex*) (*fam!*)
sale [sal] *adj* sucio(-a); (*avant le nom: fam*) malo(-a)
salé, e [sale] *adj* salado(-a); (*fig: histoire, plaisanterie*) picante; (*fam: note, facture*) desorbitado(-a)
saler [sale] *vt* (*plat*) echar sal
saleté [salte] *nf* suciedad *f*; (*chose sans valeur*) porquería
salière [saljɛʀ] *nf* salero
salir [saliʀ] *vt* manchar; (*fig*) mancillar; **se salir** *vpr* ensuciarse; **salissant, e** *adj* sucio(-a)
salle [sal] *nf* sala; (*de restaurant*) salón *m*; **salle à manger** comedor *m*; **salle d'attente** sala de espera; **salle d'eau** aseo; **salle de bain(s)** cuarto de baño; **salle de classe** aula; **salle de concert** sala de conciertos; **salle de jeux** sala de juegos; **salle d'embarquement** sala de embarque; **salle de séjour** cuarto de estar; **salle de spectacle** sala de espectáculos; **salle des ventes** salón de ventas; **salle d'exposition** sala de exposiciones; **salle d'opération** sala de operaciones
salon [salɔ̃] *nm* salón *m*, living *m* (*Am*); **salon de thé** salón de té
salope [salɔp] (*fam!*) *nf* marrana; **saloperie** (*fam!*) *nf* (*action vile*) marranada; (*chose sans valeur, de mauvaise qualité*) porquería
salopette [salɔpɛt] *nf* pantalón *m* de peto; (*de travail*) mono, overol *m* (*Am*)
salsifis [salsifi] *nm* salsifí *m*
salubre [salybʀ] *adj* salubre
saluer [salɥe] *vt* saludar
salut [saly] *nm* (*Rel, sauvegarde*) salvación *f*; (*Mil, parole d'accueil*) saludo ▷ *excl* (*fam: bonjour*) ¡hola!; (*: au revoir*) ¡hasta luego!, ¡chao! *ou* ¡chau! (*esp Am*)
salutations [salytasjɔ̃] *nfpl* saludos *mpl*; **recevez mes ~ distinguées** *ou* **respectueuses** (*dans une lettre*) reciba mis cordiales *ou* respetuosos saludos
samedi [samdi] *nm* sábado; *voir aussi* **lundi**
SAMU [samy] *sigle m* (= *service d'assistance médicale d'urgence*) ≈ servicio médico de urgencia
sanction [sɑ̃ksjɔ̃] *nf* sanción *f*; **sanctionner** *vt* sancionar
sandale [sɑ̃dal] *nf* sandalia
sandwich [sɑ̃dwi(t)ʃ] *nm* sandwich *m*, bocadillo, emparedado (*esp Am*)
sang [sɑ̃] *nm* sangre *f*; **être en ~** estar cubierto de sangre; **se faire du mauvais ~** preocuparse; **sang-froid** *nm inv* sangre *f* fría; **faire qch de sang-froid** hacer algo a sangre fría; **sanglant, e** *adj* (*visage, arme*) ensangrentado(-a); (*combat, fig*) sangriento(-a)
sangle [sɑ̃gl] *nf* correa
sanglier [sɑ̃glije] *nm* jabalí *m*
sanglot [sɑ̃glo] *nm* sollozo; **sangloter** *vi* sollozar
sangsue [sɑ̃sy] *nf* sanguijuela
sanguin, e [sɑ̃gɛ̃, in] *adj* sanguíneo(-a)
sanitaire [sanitɛʀ] *adj* sanitario(-a); **sanitaires** *nmpl* sanitarios *mpl*
sans [sɑ̃] *prép* sin; **~ qu'il s'en aperçoive** sin que se dé cuenta; **sans-abri** *nm/f inv* persona sin hogar; **sans-emploi** *nm/f inv* desempleado(-a); **sans-gêne** *adj inv* desenfadado(-a)
santé [sɑ̃te] *nf* salud *f*; **être en bonne ~** estar bien de salud; **boire à la ~ de qn** beber a la salud de algn

saoudien, ne [saudjɛ̃, jɛn] *adj* saudí, saudita ▷ *nm/f*: **S~, ne** saudí *m/f*, saudita *m/f*
saoul, e [su, sul] *adj* = **soûl**
saper [sape] *vt* socavar
sapeur-pompier [sapœʀpɔ̃pje] (*pl* **sapeurs-pompiers**) *nm* bombero
saphir [safiʀ] *nm* zafiro
sapin [sapɛ̃] *nm* (*Bot*) abeto; (*bois*) pino; **sapin de Noël** pino de Navidad
sarcastique [saʀkastik] *adj* sarcástico(-a)
Sardaigne [saʀdɛɲ] *nf* Cerdeña
sardine [saʀdin] *nf* sardina
SARL [ɛsaɛʀɛl] *sigle f* (= *société à responsabilité limitée*) ≈ SL (= *sociedad limitada*)
sarrasin [saʀazɛ̃] *nm* (*farine*) harina de alforfón, harina de trigo sarraceno
satané, e [satane] *adj* maldito(-a)
satellite [satelit] *nm* satélite *msg*
satin [satɛ̃] *nm* satén *m*
satire [satiʀ] *nf* sátira; **satirique** *adj* satírico(-a)
satisfaction [satisfaksjɔ̃] *nf* satisfacción *f*; **ils ont obtenu ~** se ha accedido a sus demandas
satisfaire [satisfɛʀ] *vt* satisfacer; **se satisfaire de** *vpr* contentarse con; **satisfaire à** cumplir con; (*conditions*) responder a; **satisfaisant, e** *adj* satisfactorio(-a); **satisfait, e** *adj* satisfecho(-a)
saturer [satyʀe] *vt* saturar
sauce [sos] *nf* salsa; **sauce blanche** salsa blanca; **saucière** *nf* salsera
saucisse [sosis] *nf* salchicha
saucisson [sosisɔ̃] *nm* salchichón *m*
sauf¹ [sof] *prép* salvo; **~ avis contraire** salvo aviso contrario; **~ erreur/imprévu** salvo error/ imprevisto
sauf², sauve [sof, sov] *adj* (*personne*) ileso(-a); (*fig*: *honneur*) a salvo; **laisser la vie sauve à qn** perdonar la vida a algn
sauge [soʒ] *nf* salvia
saugrenu, e [sogʀəny] *adj* (*accoutrement*) estrafalario(-a); (*idée, question*) ridículo(-a)
saule [sol] *nm* sauce *m*
saumon [somɔ̃] *nm* salmón *m*
saupoudrer [sopudʀe] *vt*: **~ qch de** (*de sel, sucre*) espolvorear algo de
saur [sɔʀ] *adj m*: **hareng ~** arenque *m* ahumado
saut [so] *nm* salto; **faire un ~ chez qn** dar un salto a casa de algn; **~ en hauteur/longueur/à la perche** salto de altura/longitud/con pértiga; **saut à la corde** salto a la comba; **saut périlleux** salto mortal
sauter [sote] *vi* saltar; (*exploser*) estallar; (*se détacher*) soltarse ▷ *vt* (*obstacle*) franquear; (*fig*: *omettre*) saltarse; **faire ~** (*avec explosifs*) volar; (*Culin*) saltear; **~ au cou de qn** echarse al cuello de algn; **~ aux yeux** saltar a la vista; **~ au plafond** (*fig*) subirse por las paredes
sauterelle [sotʀɛl] *nf* (*Zool*) saltamontes *m inv*
sautiller [sotije] *vi* dar saltitos
sauvage [sovaʒ] *adj* salvaje; (*plante*) silvestre; (*lieu*) agreste; (*insociable*) huraño(-a); (*non officiel*) no autorizado(-a) ▷ *nm/f* salvaje *m/f*
sauve [sov] *adj f voir* **sauf²**
sauvegarde [sovgaʀd] *nf* salvaguardia; **sauvegarder** *vt* salvaguardar; (*Inform*) grabar; (: *copier*) hacer una copia de seguridad de
sauve-qui-peut [sovkipø] *nm inv* desbandada
sauver [sove] *vt* salvar; **se sauver** *vpr* (*fam*: *partir*) irse; **sauvetage** *nm* salvamento; **sauveteur** *nm* salvador *m*; **sauvette**: **à la sauvette** *adv* precipitadamente; **sauveur** *nm* salvador *m*
savant, e [savɑ̃, ɑ̃t] *adj* sabio(-a); (*ironique*: *compétent, calé*) erudito(-a)

saveur [savœʀ] *nf* sabor *m*
savoir [savwaʀ] *vt* saber; (*connaître: date, fait etc*) conocer ▷ *nm* saber *m*; **se savoir** *vpr* (*chose: être connu*) saberse; **je n'en sais rien** yo no sé nada de eso; **à ~** a saber; **faire ~ qch à qn** hacer saber algo a algn; **pas que je sache** que yo sepa, no
savon [savɔ̃] *nm* jabón *m*; **un ~** una pastilla de jabón; **passer un ~ à qn** (*fam*) echarle un rapapolvo a algn; **savonner** *vt* enjabonar; **savonnette** *nf* jaboncillo
savourer [savuʀe] *vt* saborear; **savoureux, -euse** *adj* sabroso(-a)
saxo(phone) [saksɔ(fɔn)] *nm* saxo(fón) *m*
scabreux, -euse [skabʀø, øz] *adj* escabroso(-a)
scandale [skɑ̃dal] *nm* escándalo; **faire du ~** armar un escándalo; **faire ~** causar escándalo; **scandaleux, -euse** *adj* escandaloso(-a)
scandinave [skɑ̃dinav] *adj* escandinavo(-a) ▷ *nm/f*: **S~** escandinavo(-a)
Scandinavie [skɑ̃dinavi] *nf* Escandinavia
scanner[1] [skanɛʀ] *nm* escáner *m*
scanner[2] [skane] *vt* escanear
scarabée [skaʀabe] *nm* escarabajo
scarlatine [skaʀlatin] *nf* escarlatina
scarole [skaʀɔl] *nf* escarola
sceau, x [so] *nm* sello
sceller [sele] *vt* sellar
scénario [senaʀjo] *nm* guión *m*
scène [sɛn] *nf* escena; (*lieu, décors*) escena, escenario; **entrer en ~** entrar en escena; **mettre en ~** (*Théâtre*) poner en escena; (*Ciné*) dirigir; **scène de ménage** riña conyugal
sceptique [sɛptik] *adj, nm/f* escéptico(-a)
schéma [ʃema] *nm* esquema *m*; **schématique** *adj* esquemático(-a)
sciatique [sjatik] *adj*: **nerf ~** nervio ciático
scie [si] *nf* sierra
sciemment [sjamɑ̃] *adv* conscientemente
science [sjɑ̃s] *nf* ciencia; **sciences humaines/naturelles** ciencias humanas/naturales; **science-fiction** *nf* ciencia ficción; **scientifique** *adj, nm/f* científico(-a)
scier [sje] *vt* serrar; (*partie en trop*) aserrar; **scierie** *nf* aserradero
scintiller [sɛ̃tije] *vi* centellear
sciure [sjyʀ] *nf*: **~ (de bois)** serrín *m* (de madera)
sclérose [skleʀoz] *nf* esclerosis *f inv*; **sclérose en plaques** esclerosis en placas
scolaire [skɔlɛʀ] *adj* escolar; **scolariser** *vt* escolarizar; **scolarité** *nf* escolaridad *f*
scooter [skutœʀ] *nm* escúter *m*
score [skɔʀ] *nm* (*Sport*) tanteo
scorpion [skɔʀpjɔ̃] *nm* escorpión *m*
scotch [skɔtʃ] *nm* (*whisky*) whisky *m* escocés; (®: *adhésif*) celo, cinta adhesiva
scout, e [skut] *adj* de scout ▷ *nm/f* scout *m/f*, explorador(a)
script [skʀipt] *nm* (*écriture*) letra cursiva; (*Ciné*) guión *m*
scrupule [skʀypyl] *nm* escrúpulo
scruter [skʀyte] *vt* (*objet, visage*) escrutar; (*horizon, alentours*) otear
scrutin [skʀytɛ̃] *nm* escrutinio
sculpter [skylte] *vt* esculpir; **sculpteur** *nm* escultor *m*; **sculpture** *nf* escultura; **sculpture sur bois** escultura en madera
SDF *sigle m* (= *sans domicile fixe*) persona sin hogar; **les SDF** los sin techo
se [sə] *pron* se; **se voir comme on est** verse como uno es; **ils s'aiment** se quieren; **cela se répare facilement** eso se arregla fácilmente; **se casser la jambe/laver les mains** romperse

una pierna/lavarse las manos
séance [seɑ̃s] *nf* sesión *f*
seau, x [so] *nm* cubo, balde *m* (*esp Am*)
sec, sèche [sɛk, sɛʃ] *adj* seco(-a) ▷ *nm*: **tenir au ~** mantener en sitio seco ▷ *adv* (*démarrer*) bruscamente; **je le bois ~** lo bebo puro; **à ~** (*cours d'eau*) agotado(-a); (*à court d'argent*) pelado(-a)
sécateur [sekatœʀ] *nm* podadera
sèche [sɛʃ] *adj f voir* **sec**; **sèche-cheveux** *nm inv* secador *m* de pelo; **sèche-linge** *nm inv* secadora; **sèchement** *adv* (*répliquer etc*) secamente
sécher [seʃe] *vt* secar; (*fam*: *Scol*: *classe*) pirarse ▷ *vi* secarse; (*fam*: *candidat*) estar pez; **se sécher** *vpr* secarse; **sécheresse** *nf* (*du climat, sol*) sequedad *f*; (*absence de pluie*) sequía; **séchoir** *nm* (*à linge*) tendedero
second, e [s(ə)gɔ̃, ɔ̃d] *adj* segundo(-a) ▷ *nm* ayudante *m*; (*étage*) segundo; (*Naut*) segundo de a bordo; **de ~e main** de segunda mano; **secondaire** *adj* secundario(-a); **seconde** *nf* segundo; **voyager en seconde** (*Transport*) viajar en segunda; **seconder** *vt* (*assister*) ayudar
secouer [s(ə)kwe] *vt* sacudir; (*fam*: *faire se démener*) pinchar
secourir [s(ə)kuʀiʀ] *vt* socorrer; (*prodiguer des soins à*) auxiliar; **secourisme** *nm* socorrismo; **secouriste** *nm/f* socorrista *m/f*
secours [s(ə)kuʀ] *nm* socorro ▷ *nmpl* (*aide financière, matérielle*) ayuda *fsg*; **au ~!** ¡socorro!; **appeler au ~** pedir socorro; **les premiers ~** los primeros auxilios
secousse [s(ə)kus] *nf* sacudida; (*électrique*) descarga
secret, -ète [səkʀɛ, ɛt] *adj* secreto(-a) ▷ *nm* secreto; **en ~** en secreto; **secret professionnel** secreto profesional
secrétaire [s(ə)kʀetɛʀ] *nm/f* secretario(-a) ▷ *nm* (*meuble*) secreter *m*; **secrétaire d'État** secretario de Estado; **secrétaire de rédaction** secretario de redacción; **secrétariat** *nm* (*profession*) secretariado; (*bureau, fonction*) secretaría
secteur [sɛktœʀ] *nm* sector *m*; **branché sur le ~** conectado a la red; **le secteur privé/public** el sector privado/público
section [sɛksjɔ̃] *nf* sección *f*; (*d'une route, d'un parcours*) tramo; **sectionner** *vt* seccionar
sécu [seky] (*fam*) *nf* (= *Sécurité sociale*) *voir* **sécurité**
sécurité [sekyʀite] *nf* seguridad *f*; **être en ~** estar seguro(-a); **mesures de ~** medidas *fpl* de seguridad; **la sécurité routière** la seguridad vial; **la Sécurité sociale** la Seguridad Social
sédentaire [sedɑ̃tɛʀ] *adj* sedentario(-a)
séduction [sedyksjɔ̃] *nf* seducción *f*
séduire [sedɥiʀ] *vt* seducir; **séduisant, e** *adj* seductor(a)
ségrégation [segʀegasjɔ̃] *nf* segregación *f*
seigle [sɛgl] *nm* (*Bot*) centeno
seigneur [sɛɲœʀ] *nm* señor *m*; **le S~** (*Rel*) el Señor
sein [sɛ̃] *nm* (*Anat*) seno; **au ~ de** en el seno de
séisme [seism] *nm* seísmo
seize [sɛz] *adj inv, nm inv* dieciséis *m inv*; *voir aussi* **cinq**; **seizième** *adj, nm/f* decimosexto(-a) ▷ *nm* (*partitif*) dieciseisavo; *voir aussi* **cinquième**
séjour [seʒuʀ] *nm* (*villégiature*) estancia; (*pièce*) cuarto de estar; **séjourner** *vi* permanecer
sel [sɛl] *nm* sal *f*
sélection [selɛksjɔ̃] *nf* selección *f*;

S

sélectionner *vt* seleccionar
self-service [sɛlfsɛʀvis] (*pl* **~s**) *adj* autoservicio ▷ *nm* self-service *m*, restaurante *m* autoservicio
selle [sɛl] *nf* (*de cheval*) silla de montar; (*de bicyclette*) sillín *m*; **selles** *nfpl* (*Méd*) deposiciones *fpl*; **seller** *vt* ensillar
selon [s(ə)lɔ̃] *prép* según; **~ que** según que; **~ moi** a mi modo de ver
semaine [s(ə)mɛn] *nf* semana; **en ~** durante la semana; **la ~ de 35 heures** la semana de 35 horas
semblable [sɑ̃blabl] *adj* semejante ▷ *nm* (*prochain*) semejante *m*; **~ à** parecido(-a) a
semblant [sɑ̃blɑ̃] *nm*: **faire ~ (de faire qch)** fingir (hacer algo)
sembler [sɑ̃ble] *vi* parecer ▷ *vb impers*: **il semble que** parece que; **il me semble (bien) que** me parece (bien) que
semelle [s(ə)mɛl] *nf* suela; (*intérieure*) plantilla
semer [s(ə)me] *vt* (*Agr*) sembrar; (*fig: éparpiller*) esparcir; **~ la confusion** sembrar la confusión
semestre [s(ə)mɛstʀ] *nm* semestre *m*
séminaire [seminɛʀ] *nm* seminario
semi-remorque [səmiʀəmɔʀk] (*pl* **~s**) *nm* semirremolque *m*
semoule [s(ə)mul] *nf* sémola
sénat [sena] *nm*: **le S~** el Senado; **sénateur** *nm* senador(a)
sens¹ [sɑ̃] *vb voir* **sentir**
sens² [sɑ̃s] *nm* sentido; **avoir le ~ des affaires** tener el don de los negocios; **en dépit du bon ~** sin sentido común; **en un ~, dans un ~** en cierto sentido; **à mon ~** en mi opinión; **dans le ~ des aiguilles d'une montre** en el sentido de las agujas del reloj; **dans le mauvais ~** en mal sentido; **bon ~** sensatez *f*; **sens commun** sentido común; **sens dessus dessous** patas arriba; **sens figuré/propre** sentido figurado/propio; **sens interdit** dirección *f* prohibida; **sens unique** dirección *f* única
sensation [sɑ̃sasjɔ̃] *nf* sensación *f*; **faire ~** causar sensación; **à ~** (*péj*) sensacionalista; **sensationnel, le** *adj* sensacional
sensé, e [sɑ̃se] *adj* sensato(-a)
sensibiliser [sɑ̃sibilize] *vt*: **~ qn (à)** sensibilizar a algn (para)
sensibilité [sɑ̃sibilite] *nf* sensibilidad *f*
sensible [sɑ̃sibl] *adj* sensible; (*différence, progrès*) apreciable; **sensiblement** *adv*: **ils ont sensiblement le même poids** tienen casi el mismo peso; **sensiblerie** *nf* sensiblería
sensuel, le [sɑ̃sɥɛl] *adj* sensual
sentence [sɑ̃tɑ̃s] *nf* sentencia
sentier [sɑ̃tje] *nm* sendero
sentiment [sɑ̃timɑ̃] *nm* sentimiento; **avoir le ~ de/que** tener la impresión de/que; **recevez mes ~s respectueux/dévoués** (*dans une lettre*) reciba usted mis más sinceros respetos
sentimental, e, -aux [sɑ̃timɑ̃tal, o] *adj* sentimental
sentinelle [sɑ̃tinɛl] *nf* centinela
sentir [sɑ̃tiʀ] *vt* sentir; (*par l'odorat*) oler; (*avoir une odeur de, aussi fig*) oler a; **~ bon/mauvais** oler bien/mal; **se ~ à l'aise** sentirse a gusto *ou* cómodo; **se ~ mal** encontrarse mal
séparation [sepaʀasjɔ̃] *nf* separación *f*; (*mur, cloison*) división *f*
séparé, e [sepaʀe] *adj* separado(-a); **séparément** *adv* separadamente
séparer [sepaʀe] *vt* separar; **se séparer** *vpr* separarse; (*amis etc*) despedirse; (*écorce*) desprenderse; **se ~ de** (*époux*) separarse de; (*employé, objet personnel*) deshacerse de
sept [sɛt] *adj inv, nm inv* siete *m inv*;

voir aussi **cinq**; **septante** *adj inv, nm inv (Belgique, Suisse)* setenta *m inv*
septembre [sɛptɑ̃bʀ] *nm* se(p)tiembre *m*; *voir aussi* **juillet**
septicémie [sɛptisemi] *nf* septicemia
septième [sɛtjɛm] *adj, nm/f* sé(p)timo(-a) ▷ *nm (partitif)* sé(p)timo; *voir aussi* **cinquième**
septique [sɛptik] *adj*: **fosse ~** foso séptico
séquelles [sekɛl] *nfpl* secuelas *fpl*
serein, e [səʀɛ̃, ɛn] *adj* sereno(-a)
sergent [sɛʀʒɑ̃] *nm* sargento
série [seʀi] *nf* serie *f*; **en/de/hors ~** en/de/fuera de serie
sérieusement [seʀjøzmɑ̃] *adv* con seriedad
sérieux, -ieuse [seʀjø, jøz] *adj* serio(-a) ▷ *nm* seriedad *f*; **garder son ~** mantener su seriedad; **prendre qch/qn au ~** tomarse algo/a algn en serio
serin [s(ə)ʀɛ̃] *nm* canario
seringue [s(ə)ʀɛ̃g] *nf* jeringa
serment [sɛʀmɑ̃] *nm* juramento
sermon [sɛʀmɔ̃] *nm* sermón *m*
séropositif, -ive [seʀopozitif, iv] *adj (Méd)* seropositivo(-a)
serpent [sɛʀpɑ̃] *nm* serpiente *f*; **serpenter** *vi* serpentear
serpillière [sɛʀpijɛʀ] *nf* bayeta
serre [sɛʀ] *nf (construction)* invernadero; **serres** *nfpl (d'un rapace)* garras *fpl*
serré, e [seʀe] *adj* apretado(-a); *(lutte, match)* reñido(-a); *(café)* fuerte
serrer [seʀe] *vt* apretar; *(tenir: chose)* asir; *(rapprocher)* apretujar; *(frein, robinet)* apretar ▷ *vi*: **~ la main à qn** estrechar la mano a algn; **~ qn dans ses bras/contre son cœur** estrechar a algn entre sus brazos/contra su pecho; **se ~ contre qn** estrecharse contra algn; **se ~ les coudes** prestarse ayuda; **~ les rangs** cerrar filas
serrure [seʀyʀ] *nf* cerradura, chapa *(Am)*; **serrurier** *nm* cerrajero
sert *etc* [sɛʀ] *vb voir* **servir**
servante [sɛʀvɑ̃t] *nf* sirvienta, mucama *(CSur)*, recamarera *(Mex)*
serveur, -euse [sɛʀvœʀ, øz] *nm/f* camarero(-a)
serviable [sɛʀvjabl] *adj* servicial
service [sɛʀvis] *nm* servicio; *(aide, faveur)* favor *m*; **services** *nmpl (travail, prestations)* servicios *mpl*; *(Écon)* sector *m* servicios; **porte de ~** puerta de servicio; **rendre un ~ à qn** hacer un favor a algn; **être/mettre en ~** estar/poner en servicio; **hors ~** fuera de servicio; **service après vente** servicio pos(t)-venta; **service d'ordre** servicio de orden; **service militaire/public** servicio militar/público; **services secrets/sociaux** servicios secretos/sociales
serviette [sɛʀvjɛt] *nf (de table)* servilleta; *(de toilette)* toalla; *(porte-documents)* cartera, portafolio(s) *m (Am)*; **serviette hygiénique** compresa
servir [sɛʀviʀ] *vt* servir; *(client: au magasin)* atender ▷ *vi* servir; **se servir** *vpr* servirse; **~ à qn** servir a algn; **~ à qch/faire qch** servir para algo/hacer algo; **cela ne sert à rien** eso no sirve para nada; **~ (à qn) de** hacer (a algn) de; **se ~ de** *(plat)* servirse de; *(voiture, outil)* utilizar; *(relations, amis)* valerse de
serviteur [sɛʀvitœʀ] *nm* servidor *m*
ses [se] *dét voir* **son**
seuil [sœj] *nm* umbral *m*
seul, e [sœl] *adj* solo(-a); *(avec nuance affective: isolé)* solitario(-a); **le ~ livre/homme** el único libro/hombre ▷ *adv*: **vivre ~** vivir solo(-a); **à lui (tout) ~** sólo a él; **d'un ~ coup** *adv* de pronto; **parler tout ~** hablar solo; **il en reste un(e) ~(e)** queda sólo uno(-a); **seulement** *adv*: **seulement**

S

5, 5 seulement solamente 5; **non seulement ... mais aussi** *ou* **encore** no solamente ... pero también *ou* además

sève [sɛv] *nf* savia

sévère [sevɛʀ] *adj* severo(-a); (*style, tenue*) austero(-a)

sexe [sɛks] *nm* sexo; **sexuel, le** *adj* sexual

shampooing [ʃɑ̃pwɛ̃] *nm* (*lavage*) lavado; (*produit*) champú *m*; **se faire un ~** hacerse un lavado con champú

short [ʃɔʀt] *nm* pantalón *m* corto, short *m*

MOT-CLÉ

si [si] *adv* 1 (*oui*) sí; **Paul n'est pas venu? – si!** ¿no ha venido Pablo? – ¡sí!; **mais si!** ¡que sí!; **je suis sûr que si** estoy seguro (de) que sí; **je vous assure que si** le aseguro que sí; **il m'a répondu que si** me contestó que sí
2 (*tellement*): **si gentil/rapidement** tan amable/rápidamente; **si rapide qu'il soit** por muy rápido que sea
▷ *conj* si; **si tu veux** si quieres; **je me demande si ...** me pregunto si ...; **si seulement** si sólo; **(tant et) si bien que** tanto que; **s'il pouvait (seulement) venir!** ¡si (al menos) pudiera venir!; **s'il le fait, c'est que ...** si lo hace, es que ...; **s'il est aimable, eux par contre ...** él es amable, pero en cambio ellos ...; **si j'étais toi ...** yo que tú ...
▷ *nm inv* (*Mus*) si *m*

Sicile [sisil] *nf* Sicilia

SIDA [sida] *sigle m* (= *syndrome immuno-déficitaire acquis*) SIDA *m* (= *Síndrome de Inmunodeficiencia Adquirida*)

sidéré, e [sideʀe] *adj* atónito(-a)

sidérurgie [sideʀyʀʒi] *nf* siderurgia

siècle [sjɛkl] *nm* siglo *m*

siège [sjɛʒ] *nm* asiento; (*dans une assemblée*) puesto; (*de député*) escaño; (*d'une entreprise*) oficina central; (*Mil*) sitio; **siège social** sede social; **siéger** *vi* (*député*) ocupar un escaño; (*assemblée, tribunal*) celebrar sesión

sien, ne [sjɛ̃, sjɛn] *pron*: **le ~, la ~ne** el suyo, la suya; **les ~s, les ~nes** los suyos, las suyas; **faire des ~nes** (*fam*) hacer de las suyas; **les ~s** (*sa famille*) los suyos

sieste [sjɛst] *nf* siesta; **faire la ~** dormir la siesta

sifflement [siflәmɑ̃] *nm* silbido

siffler [sifle] *vi* silbar; (*train, avec un sifflet*) pitar ▷ *vt* silbar; (*orateur, faute, départ*) pitar; (*fam: verre, bouteille*) soplarse

sifflet [siflɛ] *nm* (*instrument*) silbato; **coup de ~** pitido

siffloter [siflɔte] *vi, vt* silbar ligeramente

sigle [sigl] *nm* sigla

signal, -aux [siɲal, o] *nm* señal *f*; **donner le ~ de** dar la señal de; **signal d'alarme/d'alerte** señal de alarma/de alerta; **signalement** *nm* descripción *f*

signaler [siɲale] *vt* señalar; **~ qch à qn/(à qn) que** señalar algo a algn/(a algn) que

signature [siɲatyʀ] *nf* firma

signe [siɲ] *nm* signo; (*mouvement, geste*) seña; **c'est bon/mauvais ~** es buena/mala señal; **faire un ~ de la tête/main** hacer una seña con la cabeza/la mano; **faire ~ à qn d'entrer** hacer señas a algn para que entre; **en ~ de** en señal de; **signes particuliers** señas individuales; **signer** *vt* firmar; **se signer** *vpr* santiguarse

significatif, -ive [siɲifikatif, iv] *adj* significativo(-a)

signification [siɲifikasjɔ̃] *nf* significado

signifier [siɲifje] *vt* significar

silence [silɑ̃s] *nm* silencio; (*Mus*) pausa; **"~!"** "¡silencio!"; **silencieux, -euse** *adj* silencioso(-a) ▷ *nm* silenciador *m*
silhouette [silwɛt] *nf* silueta
sillage [sijaʒ] *nm* estela
sillon [sijɔ̃] *nm* surco; **sillonner** *vt* (*suj: rides, crevasses*) formar surcos en; (*parcourir en tous sens*) surcar
simagrées [simagʀe] *nfpl* melindres *mpl*
similaire [similɛʀ] *adj* similar; **similicuir** *nm* cuero artificial; **similitude** *nf* semejanza
simple [sɛ̃pl] *adj* simple; (*peu complexe*) sencillo(-a), simple; (*repas, vie*) sencillo(-a) ▷ *nm* (*Tennis*): **~ messieurs/dames** individual *m* masculino/femenino; **simple d'esprit** *nm/f* simplón(-ona)
simplicité [sɛ̃plisite] *nf* sencillez *f*; **en toute ~** con toda sencillez
simplifier [sɛ̃plifje] *vt* simplificar
simuler [simyle] *vt* fingir; (*suj: substance, revêtement*) simular, imitar
simultané, e [simyltane] *adj* simultáneo(-a)
sincère [sɛ̃sɛʀ] *adj* sincero(-a); **sincèrement** *adv* sinceramente; **sincérité** *nf* sinceridad *f*
singe [sɛ̃ʒ] *nm* mono; **singer** *vt* imitar; **singeries** *nfpl* monerías *fpl*
singulariser [sɛ̃gylaʀize] *vt* singularizar; **se singulariser** *vpr* caracterizarse
singularité [sɛ̃gylaʀite] *nf* singularidad *f*
singulier, -ière [sɛ̃gylje, jɛʀ] *adj* singular ▷ *nm* (*Ling*) singular *m*
sinistre [sinistʀ] *adj* siniestro(-a) ▷ *nm* siniestro; **sinistré, e** *adj* siniestrado(-a)
sinon [sinɔ̃] *conj* (*autrement, sans quoi*) de lo contrario; (*si ce n'est*) si no
sinueux, -euse [sinɥø, øz] *adj* (*ruelles*) sinuoso(-a)
sinus [sinys] *nm* seno; **sinusite** *nf* sinusitis *f inv*
sirène [siʀɛn] *nf* sirena; **sirène d'alarme** sirena de alarma
sirop [siʀo] *nm* (*de fruit etc*) concentrado; (*boisson*) sirope *m*, zumo; (*pharmaceutique*) jarabe *m*
siroter [siʀɔte] *vt* beber a sorbos
sismique [sismik] *adj* sísmico(-a)
site [sit] *nm* (*paysage, environnement*) paraje *m*; (*d'une ville etc*) emplazamiento; **site (pittoresque)** paisaje *m* (pintoresco)
sitôt [sito] *adv*: **~ parti** nada más marcharse (*etc*); **~ après** inmediatamente después; **pas de ~** no tan pronto
situation [sitɥasjɔ̃] *nf* situación *f*; (*emploi, place*) puesto; **situation de famille** estado civil
situé, e [sitɥe] *adj* situado(-a)
situer [sitɥe] *vt* situar; (*en pensée*) localizar; **se situer** *vpr*: **se ~ à** *ou* **dans/près de** situarse en/cerca de
six [sis] *adj inv, nm inv* seis *m inv*; *voir aussi* **cinq**; **sixième** *adj, nm/f* sexto(-a) ▷ *nm* (*partitif*) sexto ▷ *nf* (*Scol*) *primer año de educación secundaria en el sistema francés; voir aussi* **cinquième**
skaï [skaj] *nm* skay *m*
ski [ski] *nm* esquí *m*; **ski de fond/de piste/de randonnée** esquí de fondo/ de pista/de paseo; **ski nautique** esquí náutico; **skier** *vi* esquiar; **skieur, -euse** *nm/f* esquiador(a)
slip [slip] *nm* (*d'homme*) calzoncillo, slip *m*, calzones *mpl* (*Am*); (*de femme*) braga, calzones *mpl* (*Am*); (*de bain: d'homme*) bañador *m*; (*: de femme*) braga (del bikini)
slogan [slɔgɑ̃] *nm* eslogan *m*
SMIC [smik] *sigle m* (*= salaire minimum interprofessionnel de croissance*) salario mínimo interprofesional

SMIC

En Francia, se llama **SMIC** a la tarifa salarial mínima establecida por hora para trabajadores de más de dieciocho años. Va ligado al IPC y sube cada vez que el coste de la vida aumenta en un 2%.

smoking [smɔkiŋ] *nm* esmoquin *m*
SNCF [ɛsɛnseɛf] *sigle f* (= *Société nationale des chemins de fer français*) *red nacional de ferrocarriles franceses*
snob [snɔb] *adj, nm/f* esnob *m/f*; **snobisme** *nm* esnobismo
sobre [sɔbʀ] *adj* sobrio(-a)
sobriquet [sɔbʀikɛ] *nm* mote *m*
social, e, -aux [sɔsjal, jo] *adj* social
socialisme [sɔsjalism] *nm* socialismo; **socialiste** *adj, nm/f* socialista *m/f*
société [sɔsjete] *nf* sociedad *f*; **société anonyme/à responsabilité limitée** sociedad anónima/de responsabilidad limitada
sociologie [sɔsjɔlɔʒi] *nf* sociología
socle [sɔkl] *nm* pedestal *m*
socquette [sɔkɛt] *nf* calcetín *m* corto
sœur [sœʀ] *nf* hermana; **~ Elisabeth** (*Rel*) sor Elisabeth; **sœur aînée/cadette** hermana mayor/menor
soi [swa] *pron* sí mismo(-a); **cela va de ~** ni que decir tiene; **soi-disant** *adj inv* supuesto(-a) ▷ *adv* presuntamente
soie [swa] *nf* seda; (*de porc, sanglier*) cerda; **soierie** *nf* sedería
soif [swaf] *nf* sed *f*; **avoir ~** tener sed; **donner ~ (à qn)** dar sed (a algn)
soigné, e [swaɲe] *adj* (*personne*) cuidado(-a); (*travail*) esmerado(-a)
soigner [swaɲe] *vt* cuidar (a); (*maladie*) curar; **soigneux, -euse** *adj* cuidadoso(-a)
soi-même [swamɛm] *pron* si-mismo(-a)
soin [swɛ̃] *nm* cuidado; **soins** *nmpl* (*à un malade, aussi hygiène*) cuidados *mpl*; **avoir** *ou* **prendre ~ de qch/qn** ocuparse de algo/algn; **laisser à qn le ~ de faire qch** dejar a algn al cargo de hacer algo; **les premiers ~s** primeros auxilios *mpl*
soir [swaʀ] *nm* tarde *f*, noche *f*; **ce ~** esta tarde; **"à ce ~!"** "¡hasta la tarde!"; **sept heures du ~** las siete de la tarde; **dix heures du ~** las diez de la noche; **demain ~** mañana por la noche; **soirée** *nf* (*moment de la journée*) tarde *f*; (*: tard*) noche *f*; (*réception*) velada
soit [swa] *vb voir* **être** ▷ *conj* es decir ▷ *adv* (*assentiment*) sea, de acuerdo; **~ que ..., ~ que ...** ya sea ... ya sea ...
soixantaine [swasɑ̃tɛn] *nf* (*nombre*): **la ~** los sesenta; **avoir la ~** rondar los sesenta
soixante [swasɑ̃t] *adj inv, nm inv* sesenta *m inv*; *voir aussi* **cinq**; **soixante-dix** *adj inv, nm inv* setenta *m inv*
soixante-dixième [swasɑ̃tdizjɛm] *adj, nm/f* septuagésimo(-a); *voir aussi* **cinquième**
soixantième [swasɑ̃tjɛm] *adj, nm/f* sexagésimo(-a); *voir aussi* **cinquième**
soja [sɔʒa] *nm* soja; **germes de ~** brotes *mpl* de soja
sol [sɔl] *nm* suelo ▷ *nm inv* (*Mus*) sol *m*
solaire [sɔlɛʀ] *adj* solar; (*huile, filtre*) bronceador(a); **cadran ~** reloj *m* de sol
soldat [sɔlda] *nm* soldado
solde [sɔld] *nf* (*Mil*) sueldo ▷ *nm* (*Comm*) saldo; **soldes** *nm ou fpl* (*Comm*) saldos *mpl*; **en ~** rebajado; **solder** *vt* (*compte: en acquittant le solde*) saldar; (*: en l'arrêtant*) liquidar; (*marchandise*) rebajar; **article soldé 10 euros** artículo rebajado a 10 euros
sole [sɔl] *nf* lenguado
soleil [sɔlɛj] *nm* sol *m*; **il y a ~** hace sol; **au ~** al sol; **en plein ~** a pleno sol

solennel, le [sɔlanɛl] *adj* solemne
solfège [sɔlfɛʒ] *nm* solfeo
solidaire [sɔlidɛʀ] *adj* solidario(-a); (*choses*) interdependiente; **solidarité** *nf* solidaridad *f*; **par solidarité (avec)** por solidaridad (con)
solide [sɔlid] *adj* sólido(-a); (*personne, estomac*) fuerte ▷ *nm* (*Phys, Géom*) sólido
soliste [sɔlist] *nm/f* solista *m/f*
solitaire [sɔlitɛʀ] *adj* solitario(-a) ▷ *nm* (*diamant, jeu*) solitario
solitude [sɔlityd] *nf* soledad *f*
solliciter [sɔlisite] *vt* solicitar; (*suj: attractions etc*) tentar; (*: occupations*) absorber; **~ qn** tentar a algn
sollicitude [sɔlisityd] *nf* solicitud *f*
soluble [sɔlybl] *adj* soluble
solution [sɔlysjɔ̃] *nf* solución *f*; **solution de facilité** solución fácil
solvable [sɔlvabl] *adj* solvente
sombre [sɔ̃bʀ] *adj* oscuro(-a); **sombrer** *vi* (*bateau*) zozobrar
sommaire [sɔmɛʀ] *adj* somero(-a) ▷ *nm* sumario
somme [sɔm] *nf* (*Math, d'argent*) suma ▷ *nm*: **faire un ~** echar un sueño; **en ~** en resumidas cuentas
sommeil [sɔmɛj] *nm* sueño; **avoir ~** tener sueño; **sommeiller** *vi* dormitar; (*fig*) estar en suspenso
sommet [sɔmɛ] *nm* cima; (*de la perfection, gloire*) cumbre *f*
sommier [sɔmje] *nm* somier *m*
somnambule [sɔmnɑ̃byl] *nm/f* sonámbulo(-a)
somnifère [sɔmnifɛʀ] *nm* somnífero
somnoler [sɔmnɔle] *vi* dormitar
somptueux, -euse [sɔ̃ptɥø, øz] *adj* suntuoso(-a)
son¹, sa [sɔ̃, sa] (*pl* **ses**) *dét* su
son² [sɔ̃] *nm* sonido; (*de blé*) salvado
sondage [sɔ̃daʒ] *nm* sondeo
sonde [sɔ̃d] *nf* sonda; (*Tech*) barrena
sonder [sɔ̃de] *vt* sondear; (*plaie, malade*) sondar; (*fig: conscience etc*) indagar (en); **~ le terrain** (*fig*) tantear el terreno
songe [sɔ̃ʒ] *nm* sueño; **songer**: **songer à** *vt ind* pensar en; **songeur, -euse** *adj* pensativo
sonnant, e [sɔnɑ̃, ɑ̃t] *adj*: **à huit heures ~es** a las ocho en punto
sonné, e [sɔne] *adj*: **il est midi ~** son las doce dadas; **il a quarante ans bien ~s** tiene cuarenta años bien cumplidos
sonner [sɔne] *vi* (*cloche*) tañer; (*réveil, téléphone*) sonar ▷ *vt* (*cloche*) tañer; (*domestique, portier, infirmière*) llamar a; (*messe, réveil, tocsin*) tocar a; (*fam: suj: choc, coup*) dejar sonado(-a); **~ faux** (*instrument*) desafinar; (*rire*) sonar a falso; **~ les heures** dar las horas
sonnerie [sɔnʀi] *nf* timbre *m*; (*de portable*) tono; **sonnerie d'alarme** alarma
sonnette [sɔnɛt] *nf* (*de porte, électrique*) timbre *m*; **sonnette d'alarme** timbre de alarma
sonore [sɔnɔʀ] *adj* sonoro(-a); **sonorisation** *nf* sonorización *f*; **sonorité** *nf* sonoridad *f*
sophistiqué, e [sɔfistike] *adj* sofisticado(-a)
sorbet [sɔʀbɛ] *nm* sorbete *m*
sorcier, -ière [sɔʀsje, jɛʀ] *nm/f* brujo(-a)
sordide [sɔʀdid] *adj* sórdido(-a)
sort [sɔʀ] *vb voir* **sortir** ▷ *nm* (*fortune, destin*) suerte *f*; (*condition, situation*) fortuna *f*; **jeter un ~** hechizar; **tirer au ~** sortear
sorte [sɔʀt] *nf* clase *f*, especie *f*; **en quelque ~** en cierto modo; **de (telle) ~ que** de (tal) modo que; **faire en ~ que** procurar que
sortie [sɔʀti] *nf* salida; **sortie de secours** salida de emergencia
sortilège [sɔʀtilɛʒ] *nm* sortilegio

S

sortir [sɔrtir] *nm, vi* salir ▷ *vt* llevar; (*mener dehors, promener: personne, chien*) sacar; (*produit etc*) salir al mercado; (*fam: expulser: personne*) echar; **~ de** salir de; (*rails etc, aussi fig*) salirse de; **se ~ de** (*affaire, situation*) salir de; **~ de ses gonds** (*fig*) salirse de sus casillas; **s'en ~** (*malade*) reponerse
sosie [sɔzi] *nm* doble *m/f*
sot, sotte [so, sɔt] *adj, nm/f* necio(-a); **sottise** *nf*: **une sottise** una tontería
sou [su] *nm*: **être près de ses ~s** ser un(a) agarrado(-a); **être sans le ~** estar sin blanca
soubresaut [subrəso] *nm* sobresalto
souche [suʃ] *nf* (*d'un arbre*) cepa; (*d'un registre, carnet*) matriz *f*
souci [susi] *nm* preocupación *f*, inquietud *f*; (*Bot*) caléndula; **se faire du ~** inquietarse; **soucier**: **se soucier de** *vpr* preocuparse por; **soucieux, -euse** *adj* preocupado(-a)
soucoupe [sukup] *nf* platillo; **soucoupe volante** platillo volante
soudain, e [sudɛ̃, ɛn] *adj* repentino(-a) ▷ *adv* de repente
soude [sud] *nf* sosa
souder [sude] *vt* soldar
soudure [sudyr] *nf* soldadura
souffle [sufl] *nm* soplo; (*d'une explosion*) onda expansiva; **être à bout de ~** estar sin aliento; **second ~** (*fig*) fuerzas recobradas
soufflé [sufle] *nm* (*Culin*) suflé *m*
souffler [sufle] *vi* soplar; (*haleter*) resoplar ▷ *vt* soplar; (*suj: explosion*) volar; **~ qch à qn** apuntar algo a algn
souffrance [sufrɑ̃s] *nf* sufrimiento
souffrant, e [sufrɑ̃, ɑ̃t] *adj* (*personne*) indispuesto(-a)
souffre-douleur [sufrədulœr] *nm inv* chivo expiatorio
souffrir [sufrir] *vi* sufrir ▷ *vt* padecer; (*exception, retard*) admitir; **~ de** padecer de
soufre [sufr] *nm* azufre *m*
souhait [swɛ] *nm* deseo; **"à vos ~s!"** "¡Jesús!"; **souhaitable** *adj* aconsejable
souhaiter [swete] *vt* desear; **~ le bonjour à qn** dar los buenos días a algn; **~ la bonne année à qn** desearle un feliz año nuevo a algn
soûl, e [su, sul] *adj* borracho(-a) ▷ *nm*: **boire/manger tout son ~** beber/comer hasta hartarse
soulagement [sulaʒmɑ̃] *nm* alivio
soulager [sulaʒe] *vt* aliviar
soûler [sule] *vt* emborrachar; (*boisson, fig*) embriagar; **se soûler** *vpr* emborracharse
soulever [sul(ə)ve] *vt* levantar; (*difficultés*) provocar; (*question, problème, débat*) plantear; **se soulever** *vpr* levantarse; (*peuple, province*) sublevarse; **cela (me) soulève le cœur** eso me revuelve el estómago
soulier [sulje] *nm* zapato
souligner [suliɲe] *vt* subrayar; (*détail, l'importance de qch*) remarcar
soumettre [sumɛtr] *vt* someter; **se soumettre** *vpr*: **se ~ (à)** someterse (a)
soumis, e [sumi, iz] *pp de* **soumettre** ▷ *adj* (*personne, air*) sumiso(-a); (*peuples*) sometido(-a); **soumission** *nf* sumisión *f*
soupçon [supsɔ̃] *nm* sospecha; **un ~ de** una pizca de; **soupçonner** *vt* sospechar; **soupçonneux, -euse** *adj* desconfiado(-a)
soupe [sup] *nf* sopa
souper [supe] *vi* cenar ▷ *nm* cena
soupeser [supəze] *vt* sopesar
soupière [supjɛr] *nf* sopera
soupir [supir] *nm* suspiro; (*Mus*) silencio de negra
soupirer [supire] *vi* suspirar
souple [supl] *adj* flexible; (*démarche, taille*) desenvuelto(-a); **souplesse** *nf* flexibilidad *f*; (*de la démarche*)

desenvoltura; **en souplesse, avec souplesse** con suavidad

source [suʀs] *nf* fuente *f*; (*point d'eau*) manantial *m*; (*fig: cause, point de départ*) origen *m*; **sources** *nfpl* (*fig*) fuentes *fpl*

sourcil [suʀsi] *nm* ceja; **sourciller** *vi*: **sans sourciller** sin pestañear

sourd, e [suʀ, suʀd] *adj* sordo(-a) ▷ *nm/f* sordo(-a); **sourdine** *nf* (*Mus*) sordina; **en sourdine** por lo bajo

sourd-muet, sourde-muette [suʀmyɛ, suʀdmyɛt] (*pl* **sourds-muets, sourdes-muettes**) *adj, nm/f* sordomudo(-a)

souriant, e [suʀjɑ̃, jɑ̃t] *vb voir* **sourire** ▷ *adj* sonriente

sourire [suʀiʀ] *nm* sonrisa ▷ *vi* sonreír; **garder le ~** mantener la sonrisa; **~ à qn** sonreír a algn

souris [suʀi] *nf* (*Zool, Inform*) ratón *m*

sournois, e [suʀnwa, waz] *adj* disimulado(-a), solapado(-a)

sous [su] *prép* debajo de, bajo; **~ la pluie/le soleil** bajo la lluvia/el sol; **~ mes yeux** ante mis ojos; **~ terre** *adj* bajo tierra ▷ *adv* debajo de la tierra; **~ vide** *adj* al vacío ▷ *adv* en vacío; **~ Louis XIV** bajo el reinado de Luis XIV; **~ peu** dentro de poco; **sous-bois** *nm inv* maleza

souscrire [suskʀiʀ]: **~ à** *vt ind* suscribir a

sous...: sous-directeur, -trice (*pl* **sous-directeurs, -trices**) *nm/f* subdirector(a); **sous-entendre** *vt* sobrentender; **sous-entendu, e** (*pl* **sous-entendus, es**) *adj* implícito(-a) ▷ *nm* insinuación *f*; **sous-estimer** *vt* subestimar; **sous-jacent, e** (*pl* **sous-jacents, es**) *adj* subyacente; (*fig: idée*) latente; **sous-louer** *vt* subarrendar; **sous-marin, e** (*pl* **sous-marins, es**) *adj* submarino(-a) ▷ *nm* submarino; **soussigné, e** *adj*: **je soussigné ...** yo, el que suscribe ...; **sous-sol** (*pl* **sous-sols**) *nm* sótano; **sous-titre** (*pl* **sous-titres**) *nm* subtítulo

soustraction [sustʀaksjɔ̃] *nf* sustracción *f*

soustraire [sustʀɛʀ] *vt* sustraer; **~ qn à** alejar a algn de

sous...: sous-traitant (*pl* **sous-traitants**) *nm* subcontratista *m*; **sous-traiter** *vt* (*Comm: affaire*) ceder en subcontrato ▷ *vi* subcontratar; **sous-vêtements** *nmpl* ropa interior

soutane [sutan] *nf* sotana

soute [sut] *nf* (*aussi*: **~ à bagages**) bodega

soutenir [sut(ə)niʀ] *vt* sostener; (*intérêt, effort*) mantener; **~ que** mantener que; **soutenu, e** *pp de* **soutenir** ▷ *adj* (*attention, efforts*) constante; (*style*) elevado(-a); (*couleur*) vivo(-a)

souterrain, e [suteʀɛ̃, ɛn] *adj* subterráneo(-a) ▷ *nm* subterráneo

soutien [sutjɛ̃] *nm* apoyo; **soutien-gorge** (*pl* **soutiens-gorge**) *nm* sujetador *m*, corpiño (*Am*)

soutirer [sutiʀe] *vt*: **~ qch à qn** sonsacar algo a algn

souvenir [suv(ə)niʀ] *nm* recuerdo; (*réminiscence*) memoria; **se souvenir** *vpr*: **se ~ de** recordar, acordarse de; **en ~ de** como recuerdo de; **se ~ que** recordar que, acordarse de que

souvent [suvɑ̃] *adv* a menudo, con frecuencia, seguido (*Am*); **peu ~** pocas veces, con poca frecuencia

souverain, e [suv(ə)ʀɛ̃, ɛn] *adj* soberano(-a) ▷ *nm/f* soberano(-a)

soyeux, -euse [swajø, øz] *adj* sedoso(-a)

spacieux, -ieuse [spasjø, jøz] *adj* espacioso(-a)

spaghettis [spageti] *nmpl* espaguetis *mpl*

sparadrap [spaʀadʀa] *nm* esparadrapo, curita (*Am*)

spatial, e, -aux [spasjal, jo] *adj* espacial
speaker, ine [spikœR, kRin] *nm/f* locutor(a)
spécial, e, -aux [spesjal, jo] *adj* especial; **spécialement** *adv* especialmente; **spécialiser**: **se spécialiser** *vpr* especializarse; **spécialiste** *nm/f* especialista *m/f*; **spécialité** *nf* especialidad *f*
spécifier [spesifje] *vt* especificar
spécimen [spesimɛn] *nm* espécimen *m*; (*revue etc*) ejemplar *m* gratuito
spectacle [spɛktakl] *nm* espectáculo; **spectaculaire** *adj* espectacular
spectateur, -trice [spɛktatœR, tRis] *nm/f* espectador(a)
spéculer [spekyle] *vi* especular; **~ sur** (*Fin, Comm*) especular con; (*réfléchir*) especular sobre
spéléologie [speleɔlɔʒi] *nf* espeleología
sperme [spɛRm] *nm* esperma *m*
sphère [sfɛR] *nf* esfera
spirale [spiRal] *nf* espiral *f*
spirituel, le [spiRitɥɛl] *adj* espiritual; (*fin, amusant*) ingenioso(-a)
splendide [splɑ̃did] *adj* espléndido(-a)
spontané, e [spɔ̃tane] *adj* espontáneo(-a); **spontanéité** *nf* espontaneidad *f*
sport [spɔR] *nm* deporte *m* ▷ *adj inv* (*vêtement, ensemble*) de sport; **faire du ~** hacer deporte; **sport d'hiver** deporte de invierno; **sportif, -ive** *adj* deportivo(-a) ▷ *nm/f* deportista *mf*
spot [spɔt] *nm* (*lampe*) foco; **~ (publicitaire)** anuncio *ou* spot *m* (publicitario)
square [skwaR] *nm* plazoleta
squelette [skəlɛt] *nm* esqueleto; **squelettique** *adj* esquelético(-a)
stabiliser [stabilize] *vt* estabilizar
stable [stabl] *adj* estable
stade [stad] *nm* estadio
stage [staʒ] *nm* cursillo; **stagiaire** *nm/f* cursillista *m/f*
stagner [stagne] *vi* estancarse
stand [stɑ̃d] *nm* (*d'exposition*) stand *m*; (*de foire*) puesto; **stand de tir** (*Mil, Sport*) galería de tiro; (*à la foire*) puesto de tiro al blanco
standard [stɑ̃daR] *adj inv* estándar ▷ *nm* estándar *m*; (*téléphonique*) central *f* telefónica, conmutador *m* (*Am*); **standardiste** *nm/f* telefonista *m/f*
standing [stɑ̃diŋ] *nm* nivel *m* de vida; **immeuble de grand ~** inmueble de lujo
starter [staRtɛR] *nm* (*Auto*) estárter *m*
station [stasjɔ̃] *nf* estación *f*; (*de bus, métro*) parada; (*Radio, TV*) emisora; **station de sports d'hiver** estación de esquí; **station de taxis** parada de taxis; **station thermale** balneario; **stationnement** *nm* (*Auto*) aparcamiento; **stationner** *vi* aparcar; **station-service** (*pl* **stations-service**) *nf* gasolinera, estación *f* de servicio
statistique [statistik] *nf* estadística ▷ *adj* estadístico(-a)
statue [staty] *nf* estatua
statu quo [statykwo] *nm*: **maintenir le ~** mantener el statu quo
statut [staty] *nm* estatuto; **statutaire** *adj* estatutario(-a)
Sté *abr* = **société**
steak [stɛk] *nm* bistec *m*, bife *m* (*Arg*)
sténo(graphie) [stenɔ(gRafi)] *nf* taquigrafía *f*
stérile [steRil] *adj* estéril
stérilet [steRilɛ] *nm* espiral *f*
stériliser [steRilize] *vt* esterilizar
stimulant, e [stimylɑ̃, ɑ̃t] *adj* estimulante ▷ *nm* (*fig*) aliciente *m*, incentivo

stimuler [stimyle] *vt* estimular
stipuler [stipyle] *vt* estipular
stock [stɔk] *nm* (*Comm*) existencias *fpl*, stock *m*; (*d'or*) reservas *fpl*; **stocker** *vt* almacenar
stop [stɔp] *nm* (*Auto: panneau*) stop *m*; (*auto-stop*) auto-stop *m* ▷ *excl* ¡alto!; **stopper** *vt* (*navire, machine*) detener; (*mouvement, attaque*) parar; (*Couture*) zurcir
store [stɔʀ] *nm* (*en tissu*) cortinilla; (*en bois*) persiana; (*de magasin*) toldo
strabisme [stʀabism] *nm* estrabismo
strapontin [stʀapɔ̃tɛ̃] *nm* asiento plegable
stratégie [stʀateʒi] *nf* estrategia; **stratégique** *adj* estratégico(-a)
stress [stʀɛs] *nm* estrés *msg*; **stressant, e** *adj* estresante; **stresser** *vt* estresar
strict, e [stʀikt] *adj* estricto(-a); (*parents*) severo(-a); (*tenue*) de etiqueta; **c'est son droit le plus ~** es su justo derecho; **le ~ nécessaire** *ou* **minimum** lo esencial
strident, e [stʀidɑ̃, ɑ̃t] *adj* estridente
strophe [stʀɔf] *nf* estrofa
structure [stʀyktyʀ] *nf* estructura; **structures d'accueil** medios *mpl* de acogida
studieux, -euse [stydjø, jøz] *adj* estudioso(-a)
studio [stydjo] *nm* estudio; (*logement*) apartamento-estudio
stupéfait, e [stypefɛ, ɛt] *adj* estupefacto(-a)
stupéfiant, e [stypefjɑ̃, jɑ̃t] *adj, nm* estupefaciente *m*
stupéfier [stypefje] *vt* dejar estupefacto(-a)
stupeur [stypœʀ] *nf* estupor *m*
stupide [stypid] *adj* estúpido(-a); **stupidité** *nf* estupidez *f*
style [stil] *nm* estilo; **meuble de ~** mueble *m* de estilo
stylé, e [stile] *adj* con clase
styliste [stilist] *nm/f* diseñador(a)
stylo [stilo] *nm*: **~ (à) plume** estilográfica; **stylo (à) bille** bolígrafo, birome *f* (*CSur*)
su, e [sy] *pp de* **savoir**
suave [sɥav] *adj* suave
subalterne [sybaltɛʀn] *adj, nm/f* subalterno(-a)
subconscient [sypkɔ̃sjɑ̃] *nm* subconsciente *m*
subir [sybiʀ] *vt* padecer; (*mauvais traitements, revers, modification*) sufrir; (*influence, charme*) experimentar; (*traitement, opération, examen*) pasar
subit, e [sybi, it] *adj* repentino(-a); **subitement** *adv* repentinamente
subjectif, -ive [sybʒɛktif, iv] *adj* subjetivo(-a)
subjonctif [sybʒɔ̃ktif] *nm* subjuntivo
subjuguer [sybʒyge] *vt* encantar
submerger [sybmɛʀʒe] *vt* sumergir
subordonné, e [sybɔʀdɔne] *adj* (*Ling*) subordinado(-a) ▷ *nm/f* (*Admin, Mil*) subordinado(-a)
subrepticement [sybʀɛptismɑ̃] *adv* con disimulo
subside [sybzid] *nm* subsidio
subsidiaire [sybzidjɛʀ] *adj*: **question ~** pregunta adicional
subsister [sybziste] *vi* (*monument, erreur*) perdurar; (*personne, famille*) subsistir
substance [sypstɑ̃s] *nf* su(b)stancia
substituer [sypstitɥe] *vt*: **~ qch/qn à** sustituir algo/a algn por
substitut [sypstity] *nm* (*Jur*) sustituto; (*succédané*) su(b)stitutivo
subterfuge [syptɛʀfyʒ] *nm* subterfugio
subtil, e [syptil] *adj* sutil
subvenir [sybvəniʀ]: **~ à** *vt ind* atender a
subvention [sybvɑ̃sjɔ̃] *nf*

subvención *f*; **subventionner** *vt* subvencionar
suc [syk] *nm* (*Bot*) jugo; (*d'un fruit*) zumo
succéder [syksede]: **~ à** *vt ind* suceder a; **se succéder** *vpr* sucederse
succès [syksɛ] *nm* éxito; **sans ~** sin éxito; **avoir du ~** tener éxito; **à ~** de éxito
successeur [syksesœʀ] *nm* sucesor *m*
successif, -ive [syksesif, iv] *adj* sucesivo(-a)
succession [syksesjɔ̃] *nf* sucesión *f*
succomber [sykɔ̃be] *vi* sucumbir; **~ à** sucumbir a
succulent, e [sykylɑ̃, ɑ̃t] *adj* suculento(-a)
succursale [sykyʀsal] *nf* sucursal *f*
sucer [syse] *vt* chupar; **sucette** *nf* (*bonbon*) piruleta
sucre [sykʀ] *nm* azúcar *m ou f*; (*morceau de sucre*) terrón *m* de azúcar; **sucre cristallisé** azúcar en polvo; **sucre d'orge** pirulí *m*; **sucre en morceaux/en poudre** azúcar de cortadillo/en polvo; **sucré, e** *adj* azucarado(-a); (*péj*: *ton, voix*) meloso(-a); **sucrer** *vt* poner azúcar en *ou* a; **sucreries** *nfpl* (*bonbons*) golosinas *fpl*; **sucrier, -ière** [sykʀije, ijɛʀ] *nm* azucarero
sud [syd] *nm* sur *m* ▷ *adj inv* sur *inv*; **au ~** al sur; **au ~ de** al sur de; **sud-africain, e** (*pl* **sud-africains, es**) *adj* sudafricano(-a) ▷ *nm/f*: **Sud-Africain, e** sudafricano(-a); **sud-américain, e** (*pl* **sud-américains, es**) *adj* sudamericano(-a) ▷ *nm/f*: **Sud-Américain, e** sudamericano(-a); **sud-est** *nm inv* sudeste *m inv*; **sud-ouest** *nm inv* sudoeste *m inv*
Suède [syɛd] *nf* Suecia; **suédois, e** *adj* sueco(-a) ▷ *nm* (*Ling*) sueco ▷ *nm/f*: **Suédois, e** sueco(-a)
suer [sɥe] *vi* sudar; **sueur** *nf* sudor *m*
suffire [syfiʀ] *vi* bastar; (*intensif*): **il suffit d'une négligence pour que ...** un descuido basta para que ...; **il suffit qu'on oublie pour que ...** basta olvidarse para que ...; **cela lui suffit** eso le basta; **"ça suffit!"** "¡basta ya!"
suffisamment [syfizamɑ̃] *adv* suficientemente; **~ de** suficiente
suffisant, e [syfizɑ̃, ɑ̃t] *adj* suficiente; (*air, ton*) de suficiencia
suffixe [syfiks] *nm* sufijo
suffoquer [syfɔke] *vt* sofocar; (*nouvelle etc*) dejar sin respiración ▷ *vi* sofocarse
suffrage [syfʀaʒ] *nm* voto; **suffrages** *nmpl* (*du public etc*) votos *mpl*; **~ universel/direct/indirect** sufragio universal/directo/indirecto
suggérer [sygʒeʀe] *vt* sugerir; **suggestion** *nf* sugerencia
suicide [sɥisid] *nm* suicidio; **suicider**: **se suicider** *vpr* suicidarse
suie [sɥi] *nf* hollín *m*
suisse [sɥis] *adj* suizo(-a) ▷ *nf*: **S~** Suiza ▷ *nm/f*: **S~** suizo(-a); **Suissesse** *nf* suiza
suite [sɥit] *nf* continuación *f*; (*de maisons, rues, succès*) sucesión *f*; (*Math, liaison logique*) serie *f*; (*Mus, appartement*) suite *f*; (*escorte*) séquito; **suites** *nfpl* (*d'une maladie, chute*) secuelas *fpl*; **prendre la ~ de** (*directeur etc*) tomar el relevo de; **donner ~ à** dar curso a; **~ à votre lettre du ...** en respuesta a su carta del ...; **de ~** (*d'affilée*) seguido(-a); **par la ~** luego; **à la ~** *adj* seguido(-a) ▷ *adv* a continuación; **à la ~ de** (*derrière*) tras; (*en conséquence de*) como consecuencia de
suivant, e [sɥivɑ̃, ɑ̃t] *vb voir* **suivre** ▷ *adj* siguiente ▷ *prép* según; **~ que** según que; **"au ~!"** "¡el siguiente!"
suivi, e [sɥivi] *pp de* **suivre** ▷ *adj* seguido(-a) ▷ *nm* seguimiento
suivre [sɥivʀ] *vt* seguir;

(*imagination, fantaisie, goût*) dejarse guiar por; (*cours*) asistir a; (*comprendre: programme, leçon*) comprender; (*malade, affaire*) llevar el seguimiento de; (*raisonnement*) seguir el hilo de ▷ *vi* (*écouter attentivement*) atender; (*assimiler le programme*) comprender; (*venir après*) seguirse; **se suivre** *vpr* sucederse; **faire ~** (*lettre*) reexpedir

sujet, te [syʒɛ, ɛt] *adj*: **être ~ à** (*accidents, vertige etc*) ser propenso(-a) a ▷ *nm/f* (*d'un souverain etc*) súbdito(-a) ▷ *nm* tema *m*; **au ~ de** a propósito de; **sujet de conversation** tema de conversación; **sujet d'examen** tema de examen

super [sypɛʀ] *adj inv* (*fam*) súper *inv* ▷ *nm* súper *f*

superbe [sypɛʀb] *adj* espléndido(-a)

superficie [sypɛʀfisi] *nf* superficie *f*

superficiel, le [sypɛʀfisjɛl] *adj* superficial

superflu, e [sypɛʀfly] *adj* superfluo(-a)

supérieur, e [sypeʀjœʀ] *adj* superior; (*air, sourire*) de superioridad ▷ *nm* superior *m* ▷ *nm/f* Superior(a); **Mère ~e** madre *f* superiora; **à l'étage ~** en el piso de arriba; **supériorité** *nf* superioridad *f*

supermarché [sypɛʀmaʀʃe] *nm* supermercado

superposer [sypɛʀpoze] *vt* superponer; **lits superposés** literas *fpl*

superpuissance [sypɛʀpɥisɑ̃s] *nf* superpotencia

superstitieux, -euse [sypɛʀstisjø, jøz] *adj* supersticioso(-a)

superviser [sypɛʀvize] *vt* supervisar

supplanter [syplɑ̃te] *vt* (*personne*) suplantar

suppléant, e [sypleɑ̃, ɑ̃t] *adj* (*juge, fonctionnaire*) suplente; (*professeur*) sustituto(-a) ▷ *nm/f* sustituto(-a)

suppléer [syplee] *vt* suplir; **~ à** suplir

supplément [syplemɑ̃] *nm* suplemento; **un ~ de frites** una porción extra de patatas fritas; **en ~** (*au menu etc*) no incluido; **supplémentaire** *adj* suplementario(-a); (*train etc*) adicional

supplications [syplikasjɔ̃] *nfpl* súplicas *fpl*

supplice [syplis] *nm* suplicio

supplier [syplije] *vt* suplicar

support [sypɔʀ] *nm* soporte *m*

supportable [sypɔʀtabl] *adj* soportable

supporter¹ [sypɔʀtœʀ] *nm* seguidor(a)

supporter² [sypɔʀte] *vt* soportar; (*choc*) resistir a

supposer [sypoze] *vt* suponer; **en supposant** *ou* **à ~ que** suponiendo que

suppositoire [sypozitwaʀ] *nm* supositorio

suppression [sypʀesjɔ̃] *nf* supresión *f*

supprimer [sypʀime] *vt* suprimir

suprême [sypʀɛm] *adj* (*pouvoir etc*) supremo(-a)

MOT-CLÉ

sur¹ [syʀ] *prép* **1** en; (*par dessus, au-dessus*) encima de, sobre; **pose-le sur la table** ponlo en la mesa; **je n'ai pas d'argent sur moi** no llevo dinero encima; **avoir de l'influence/un effet sur ...** tener influencia/un efecto sobre ...; **avoir accident sur accident** tener accidente tras accidente; **sur ce** tras esto

2 (*direction*) hacia; **en allant sur Paris** yendo hacia París; **sur votre droite** a su derecha

3 (*à propos de*) acerca de, sobre; **un livre/une conférence sur Balzac** un

S

libro/una conferencia sobre Balzac **4** (*proportion, mesures*) de entre, de cada; **un sur 10** uno de cada 10; (*Scol: note*) uno sobre 10; **sur 20, 2 sont venus** de 20, han venido 2; **4m sur 2** 4m por 2

sur², e [syʀ] *adj* agrio(-a)
sûr, e [syʀ] *adj* seguro(-a); (*renseignement, ami, voiture*) de confianza; (*goût, réflexe etc*) agudo(-a); **c'est ~ et certain** sin lugar a dudas; **~ de soi** seguro de sí mismo(-a)
surcharge [syʀʃaʀʒ] *nf* sobrecarga; **surcharge de travail** exceso de trabajo; **surcharger** *vt* (*véhicule*) cargar en exceso
surcroît [syʀkʀwa] *nm*: **un ~ de** un aumento de; **de ~** por añadidura
surdité [syʀdite] *nf* sordera
sûrement [syʀmɑ̃] *adv* con seguridad; (*certainement*) seguramente
surenchère [syʀɑ̃ʃɛʀ] *nf* (*aux enchères*) sobrepuja; (*sur prix fixe*) encarecimiento; **surenchérir** *vi* (*Comm*) sobrepujar; (*fig*): **surenchérir sur qn** aventajar a algn
surestimer [syʀɛstime] *vt* sobreestimar
sûreté [syʀte] *nf* fiabilidad *f*; (*du goût etc*) agudeza; **être/mettre en ~** (*personne*) estar/poner a salvo; (*objet*) estar/poner en lugar seguro; **pour plus de ~** para mayor seguridad
surf [sœʀf] *nm* surf *m*
surface [syʀfas] *nf* superficie *f*; **faire ~** salir a la superficie; **en ~** (*nager, naviguer*) en la superficie; (*fig*) aparentemente
surfait, e [syʀfɛ, ɛt] *adj* sobreestimado(-a)
surgelé, e [syʀʒəle] *adj* congelado(-a)
surgir [syʀʒiʀ] *vi* aparecer; (*de terre*) salir; (*fig*) surgir
sur...: surhumain, e [syʀymɛ̃, ɛn] *adj* sobrehumano(-a); **sur-le-champ** [syʀləʃɑ̃] *adv* en el acto; **surlendemain** [syʀlɑ̃d(ə)mɛ̃] *nm*: **le surlendemain** a los dos días; **le surlendemain de** dos días después de; **surmenage** [syʀmənaʒ] *nm* (*Méd*) agotamiento; **surmener** *vt* agotar; **se surmener** *vpr* agotarse
surmonter [syʀmɔ̃te] *vt* vencer; (*suj: coupole etc*) coronar
surnaturel, le [syʀnatyʀɛl] *adj* sobrenatural ▷ *nm*: **le ~** lo sobrenatural
surnom [syʀnɔ̃] *nm* (*gén*) sobrenombre *m*
surnombre [syʀnɔ̃bʀ] *nm*: **être en ~** estar de más
surpeuplé, e [syʀpœple] *adj* superpoblado(-a)
surplace [syʀplas] *nm*: **faire du ~** (*rester en équilibre*) mantener el equilibrio; (*dans un embouteillage etc*) ir a paso de caracol
surplomber [syʀplɔ̃be] *vi* sobresalir ▷ *vt* destacar sobre
surplus [syʀply] *nm* (*Comm*) excedente *m*; **~ de bois/tissu** sobrante *m* de leña/de tela
surprenant, e [syʀpʀənɑ̃, ɑ̃t] *vb voir* **surprendre** ▷ *adj* sorprendente
surprendre [syʀpʀɑ̃dʀ] *vt* sorprender; (*secret, conversation*) descubrir
surpris, e [syʀpʀi, iz] *pp de* **surprendre** ▷ *adj* de sorpresa; **~ de/que** sorprendido(-a) por/de que; **surprise** *nf* sorpresa; **faire une surprise à qn** dar una sorpresa a algn; **surprise-partie** (*pl* **surprises-parties**) *nf* guateque *m*
sursaut [syʀso] *nm* sobresalto; **en ~** de un sobresalto; **sursaut d'énergie** resuello de energía; **sursauter** *vi* sobresaltarse
sursis [syʀsi] *nm* (*Jur: d'une peine*)

indulto; (: *à la condamnation à mort*) aplazamiento
surtout [syʀtu] *adv* sobre todo; **~ pas!** ¡de ninguna manera!; **~ que ...** sobre todo porque ...
surveillance [syʀvɛjɑ̃s] *nf* vigilancia; **sous ~ médicale** bajo control médico
surveillant, e [syʀvɛjɑ̃, ɑ̃t] *nm/f* (*Scol, de prison*) vigilante *m/f*
surveiller [syʀveje] *vt* (*enfant etc*) cuidar de; (*Mil, gén*) vigilar; (*travaux, cuisson*) atender; **se surveiller** *vpr* controlarse; **~ son langage/sa ligne** cuidar su vocabulario/la línea
survenir [syʀvəniʀ] *vi* sobrevenir
survêtement [syʀvɛtmɑ̃] *nm* chandal *m*, chándal *m*
survie [syʀvi] *nf* supervivencia; **survivant, e** *nm/f* superviviente *m/f*; **survivre** *vi* sobrevivir; **survivre à** sobrevivir a
survoler [syʀvɔle] *vt* (*lieu*) sobrevolar
survolté, e [syʀvɔlte] *adj* (*personne*) superexcitado(-a); (*ambiance*) acalorado(-a)
sus [sy(s)] *prép*: **en ~ de** (*Jur, Admin*) además de; **en ~** además
susceptible [sysɛptibl] *adj* susceptible; **~ de** susceptible de
susciter [sysite] *vt* (*admiration etc*) suscitar; **~ (à qn)** (*ennuis etc*) originar (a algn)
suspect, e [syspɛ(kt), ɛkt] *adj* sospechoso(-a) ▷ *nm/f* sospechoso(-a); **suspecter** *vt* sospechar
suspendre [syspɑ̃dʀ] *vt* suspender; **se suspendre** *vpr*: **se ~ à** aferrarse a, colgarse de; **~ qch (à)** colgar algo (de)
suspendu, e [syspɑ̃dy] *pp de* **suspendre** ▷ *adj* (*accroché*): **~ à** colgado(-a) de; (*perché*): **~ au-dessus de** suspendido(-a) sobre
suspens [syspɑ̃] *nm*: **tenir en ~** mantener en suspense
suspense [syspɛns] *nm* suspense *m*
suspension [syspɑ̃sjɔ̃] *nf* suspensión *f*; (*lustre*) lámpara de techo; **en ~** en suspensión
suture [sytyʀ] *nf*: **point de ~** punto de sutura
svelte [svɛlt] *adj* esbelto(-a)
SVP [ɛsvepe] *abr* (= *s'il vous plaît*) por favor
syllabe [si(l)lab] *nf* sílaba
symbole [sɛ̃bɔl] *nm* símbolo; **symbolique** *adj* simbólico(-a); **symboliser** *vt* simbolizar
symétrique [simetʀik] *adj* simétrico(-a)
sympa [sɛ̃pa] (*fam*) *adj inv voir* **sympathique**
sympathie [sɛ̃pati] *nf* simpatía; (*condoléances*) pésame *m*; **accueillir avec ~** acoger con gusto; **témoignages de ~** muestras *fpl* de condolencia; **sympathique** *adj* simpático(-a); (*déjeuner etc*) agradable
sympathisant, e [sɛ̃patizɑ̃, ɑ̃t] *nm/f* simpatizante *m/f*
sympathiser [sɛ̃patize] *vi* simpatizar
symphonie [sɛ̃fɔni] *nf* sinfonía
symptôme [sɛ̃ptom] *nm* síntoma *m*
synagogue [sinagɔg] *nf* sinagoga
syncope [sɛ̃kɔp] *nf* (*Méd*) síncope *m*; **elle est tombée en ~** le dio un síncope
syndic [sɛ̃dik] *nm* administrador *m*
syndical, e, -aux [sɛ̃dikal, o] *adj* sindical; **syndicaliste** *nm/f* sindicalista *m/f*
syndicat [sɛ̃dika] *nm* sindicato; **syndicat d'initiative** oficina de turismo; **syndiqué, e** *adj* sindicado(-a); **syndiquer**: **se syndiquer** *vpr* sindicarse
synonyme [sinɔnim] *adj* sinónimo(-a) ▷ *nm* sinónimo
syntaxe [sɛ̃taks] *nf* sintaxis *f sg*
synthèse [sɛ̃tɛz] *nf* síntesis *f inv*

synthétique [sẽtetik] *adj* sintético(-a)
Syrie [siʀi] *nf* Siria
systématique [sistematik] *adj* sistemático(-a)
système [sistɛm] *nm* sistema *m*; **utiliser le ~ D** (*fam*) utilizar el ingenio; **système nerveux/solaire** sistema nervioso/solar

t

t' [t] *pron voir* **te**
ta [ta] *dét voir* **ton¹**
tabac [taba] *nm* tabaco; **passer qn à ~** (*fam: battre*) dar una tunda a algn; **faire un ~** (*fam*) tener mucho éxito; **(débit** *ou* **bureau de) ~** estanco
tabagisme [tabaʒism] *nm* tabaquismo
table [tabl] *nf* mesa; (*invités*) comensales *mpl*; **à ~!** ¡a comer!; **se mettre à ~** sentarse a la mesa; (*fam*) cantar de plano; **mettre/desservir la ~** poner/quitar la mesa; **table de multiplication** tabla de multiplicar; **table de nuit** *ou* **de chevet** mesita de noche; **table des matières** índice *m*; **table ronde** (*débat*) mesa redonda
tableau, x [tablo] *nm* cuadro; (*panneau*) tablero; (*schéma*) cuadro, gráfico; **tableau d'affichage** tablón *m ou* tablero de anuncios; **tableau de bord** (*Auto*) cuadro de instrumentos;

tableau noir encerado
tablette [tablɛt] *nf* (*planche*) anaquel *m*, tabla; **tablette de chocolat** tableta de chocolate
tablier [tablije] *nm* delantal *m*
tabou, e [tabu] *adj, nm* tabú *m*
tabouret [tabuʀɛ] *nm* taburete *m*
tac [tak] *nm*: **répondre qch du ~ au ~** saltar con algo
tache [taʃ] *nf* mancha; **tache de rousseur** peca
tâche [taʃ] *nf* tarea, labor *f*; **travailler à la ~** trabajar a destajo
tacher [taʃe] *vt* manchar
tâcher [taʃe] *vi*: **~ de faire** tratar de hacer, procurar hacer
tacheté, e [taʃte] *adj*: **~ (de)** salpicado(-a) *ou* moteado(-a) (de)
tact [takt] *nm* tacto; **avoir du ~** tener tacto
tactique [taktik] *adj* táctico(-a) ▷ *nf* táctica
taie [tɛ] *nf*: **~ (d'oreiller)** funda (de la almohada)
taille [taj] *nf* tallado; poda; (*hauteur*) estatura; (*grandeur*) tamaño; **de ~** importante; **taille-crayon(s)** *nm inv* sacapuntas *m inv*
tailler [taje] *vt* (*pierre, diamant*) tallar; (*arbre, plante*) podar; (*vêtement*) cortar; (*crayon*) afilar
tailleur [tajœʀ] *nm* sastre *m*; (*vêtement pour femmes*) traje *m* de chaqueta; **en ~** a la turca
taillis [taji] *nm* bosque *m* bajo
taire [tɛʀ] *vt* ocultar ▷ *vi*: **faire ~ qn** hacer callar a algn; **se taire** *vpr* callarse
talc [talk] *nm* talco
talent [talɑ̃] *nm* talento; **avoir du ~** tener talento
talkie-walkie [tokiwoki] (*pl* **talkies-walkies**) *nm* walkie-talkie *m*
talon [talɔ̃] *nm* (*Anat, de chaussette*) talón *m*; (*de chaussure*) tacón *m*; **talons plats/aiguilles** tacones bajos/muy finos
talus [taly] *nm* (*Géo*) talud *m*
tambour [tɑ̃buʀ] *nm* tambor *m*; **tambourin** *nm* tamboril *m*; **tambouriner** *vi*: **tambouriner contre** repiquetear en *ou* contra
Tamise [tamiz] *nf*: **la ~** el Támesis
tamisé, e [tamize] *adj* tamizado(-a)
tampon [tɑ̃pɔ̃] *nm* (*de coton, d'ouate, bouchon*) tapón *m*; (*pour nettoyer, essuyer*) muñequilla, bayeta; (*amortisseur: Rail, fig*) tope *m*; (*Inform: aussi:* **mémoire ~**) tampón *m*; (*cachet, timbre*) matasellos *m inv*; **~ (hygiénique)** tampón (higiénico); **tamponner** *vt* (*essuyer*) taponar; (*heurter*) chocar; **tamponneuse** *adj f*: **autos tamponneuses** coches *mpl* de choque
tandem [tɑ̃dɛm] *nm* tándem *m*
tandis [tɑ̃di]: **~ que** *conj* mientras que
tanguer [tɑ̃ge] *vi* (*Naut*) cabecear, arfar
tant [tɑ̃] *adv* tanto; **~ de** (*sg*) tanto(-a); (*pl*) tantos(-as); **~ mieux** mejor; **~ bien que mal** mal que bien
tante [tɑ̃t] *nf* tía
tantôt [tɑ̃to] *adv* (*cet après-midi*) esta tarde, por la tarde; **~ ... ~** unas veces ... otras veces
taon [tɑ̃] *nm* tábano
tapage [tapaʒ] *nm* alboroto
tapageur, -euse [tapaʒœʀ, øz] *adj* alborotador(a); (*publicité*) sensacionalista
tape [tap] *nf* cachete *m*; (*dans le dos*) palmada
tape-à-l'œil [tapalœj] *adj inv* vistoso(-a), llamativo(-a)
taper [tape] *vt* (*personne*) pegar; (*dactylographier*) escribir a máquina ▷ *vi* (*soleil*) apretar; **se taper** *vpr* (*fam: travail*) chuparse, cargarse; (*: boire, manger*) soplarse, zamparse; **~ qn de 10 euros** (*fam*) dar un sablazo de 10 euros a algn; **~ sur qch** golpear

en algo; **~ à** (*porte etc*) llamar a; **~ des mains/pieds** palmear/patalear
tapi, e [tapi] *adj*: **~ dans/derrière** (*blotti*) acurrucado(-a) en/detrás de
tapis [tapi] *nm* alfombra; **tapis roulant** cinta transportadora, pasillo rodante
tapisser [tapise] *vt* (*avec du papier peint*) empapelar; **~ qch (de)** (*recouvrir*) revestir algo (con); **tapisserie** *nf* tapiz *m*; (*papier peint*) empapelado; **tapissier, -ière** *nm/f*: **tapissier (-décorateur)** tapicero
tapoter [tapɔte] *vt* dar golpecitos en, golpetear
taquiner [takine] *vt* pinchar
tard [taʀ] *adv* tarde
tarder [taʀde] *vi* tardar; **~ à faire** tardar en hacer; **sans (plus) ~** sin (más) demora, sin (más) tardar
tardif, -ive [taʀdif, iv] *adj* tardío(-a)
tarif [taʀif] *nm* tarifa
tarir [taʀiʀ] *vi, vt* secarse, agotarse
tarte [taʀt] *nf* tarta
tartine [taʀtin] *nf* rebanada; **tartiner** *vt* untar; **fromage** *etc* **à tartiner** queso *etc* para untar
tartre [taʀtʀ] *nm* sarro
tas [tɑ] *nm* montón *m*; **en ~** amontonado(-a); **formé sur le ~** formado en la práctica
tasse [tɑs] *nf* taza
tassé, e [tɑse] *adj*: **bien ~** (*café etc*) bien cargado(-a)
tasser [tɑse] *vt* apisonar, pisar; **se tasser** *vpr* (*sol, terrain*) hundirse; (*problème*) arreglarse; **~ qch dans** amontonar algo en
tata [tata] *nf* tita
tâter [tɑte] *vt* tantear; **se tâter** *vpr* (*hésiter*) reflexionar; **~ de** (*prison etc*) probar; **~ le terrain** tantear el terreno
tatillon, ne [tatijɔ̃, ɔn] *adj* puntilloso(-a)
tâtonnement [tɑtɔnmɑ̃] *nm*: **par ~s** a tientas
tâtonner [tɑtɔne] *vi* andar a tientas
tâtons [tɑtɔ̃] *adv*: **chercher/avancer à ~** buscar/avanzar a tientas
tatouage [tatwaʒ] *nm* tatuaje *m*
tatouer [tatwe] *vt* tatuar
taudis [todi] *nm* cuchitril *m*
taule [tol] (*fam*) *nf* chirona
taupe [top] *nf* topo
taureau, x [tɔʀo] *nm* (*Zool*) toro; **le T~** (*Astrol*) Tauro
tauromachie [tɔʀɔmaʃi] *nf* tauromaquia
taux [to] *nm* tasa; (*proportion: d'alcool*) porcentaje *m*; (*: de participation*) índice *m*; **taux d'intérêt** tipo de interés
taxe [taks] *nf* tasa, impuesto; (*douanière*) arancel *m*; **toutes ~s comprises** impuestos incluidos; **taxe à** *ou* **sur la valeur ajoutée** impuesto sobre el valor añadido
taxer [takse] *vt* (*personne*) gravar con impuestos; (*produit*) tasar
taxi [taksi] *nm* taxi *m*
Tchécoslovaquie [tʃekɔslɔvaki] *nf* Checoslovaquia; **tchèque** *adj* checo(-a) ▷ *nm* (*Ling*) checo ▷ *nm/f*: **Tchèque** checo(-a)
te [tə] *pron* te
technicien, ne [tɛknisjɛ̃, jɛn] *nm/f* técnico *m/f*
technico-commercial, e, -aux [tɛknikokɔmɛʀsjal, jo] *adj* técnico-comercial
technique [tɛknik] *adj* técnico(-a) ▷ *nf* técnica; **techniquement** *adv* técnicamente
technologie [tɛknɔlɔʒi] *nf* tecnología; **technologique** *adj* tecnológico(-a)
teck [tɛk] *nm* teca
tee-shirt [tiʃœʀt] (*pl* **~s**) *nm* camiseta
teindre [tɛ̃dʀ] *vt* teñir; **teint, e** *pp de* **teindre** ▷ *adj* teñido(-a) ▷ *nm* (*permanent*) tez *f*; (*momentané*) color *m*; **grand teint** *adj inv* (*tissu*) de color

sólido
teinté, e [tɛ̃te] *adj (verres, lunettes)* ahumado(-a); *(bois)* teñido(-a); **~ de** teñido(-a) de
teinter [tɛ̃te] *vt* teñir
teinture [tɛ̃tyʀ] *nf (substance)* tinte; **teinture d'iode** tintura de yodo; **teinturerie** *nf* tintorería; **teinturier, -ière** [tɛ̃tyʀje, jɛʀ] *nm/f* tintorero(-a)
tel, telle [tɛl] *adj (pareil)* tal, semejante; *(indéfini)* tal; **~ un/des ...** tal como.../como ...; **un ~/de ~s ...** un tal/tales ...; **rien de ~** nada como; **~ quel** tal cual; **~ que** tal como
télé [tele] *nf* tele *f*; **à la ~** en la tele
télé...: télécabine *nf* teleférico (monocable); **télécarte** *nf* tarjeta de teléfono; **téléchargeable** [teleʃaʀʒabl] *adj* descargable; **télécharger** *vt (Inform)* descargar; **télécommande** *nf* telemando; **télécopieur** *nm* máquina de fax; **télédistribution** *nf* teledistribución *f*; **télégramme** *nm* telegrama *m*; **télégraphier** *vt, vi* telegrafiar; **téléguider** *vt* teledirigir; **télématique** *nf* telemática; **téléobjectif** *nm* teleobjetivo; **télépathie** *nf* telepatía; **téléphérique** *nm* teleférico
téléphone [telefɔn] *nm (appareil)* teléfono; **avoir le ~** tener teléfono; **au ~** al teléfono; **téléphoner** *vt, vi* llamar por teléfono; **téléphoner à** llamar por teléfono a; **téléphonique** *adj* telefónico(-a)
téléréalité [teleʀealite] *nf* telerrealidad *f*
télescope [telɛskɔp] *nm* telescopio
télescoper [telɛskɔpe] *vt* chocar de frente; **se télescoper** *vpr* chocarse de frente
télé...: téléscripteur *nm* teleimpresor *m*; **télésiège** *nm* telesilla; **téléski** *nm* telesquí *m*; **téléspectateur, -trice** *nm/f* telespectador(a); **télétravail** *nm* teletrabajo; **téléviseur** *nm* televisor *m*; **télévision** *nf* televisión *f*; **à la télévision** en la televisión
télex [telɛks] *nm* télex *m*
telle [tɛl] *adj voir* **tel**; **tellement** *adv* tan; **tellement de** *(sg)* tanto(-a); *(pl)* tantos(-as); **il était tellement fatigué qu'il s'est endormi** estaba tan cansado que se durmió; **il s'est endormi tellement il était fatigué** se durmió de lo cansado que estaba; **je n'ai pas tellement envie d'y aller** no tengo muchas *ou* tantas ganas de ir
téméraire [temeʀɛʀ] *adj* temerario(-a)
témoignage [temwaɲaʒ] *nm* testimonio; *(d'affection etc)* muestra
témoigner [temwaɲe] *vt (intérêt, gratitude)* manifestar ▷ *vi (Jur)* testimoniar, atestiguar; **~ de** dar pruebas de
témoin [temwɛ̃] *nm* testigo; *(preuve)* prueba ▷ *adj* testigo *inv*; *(appartement)* piloto *inv*; **être ~ de** ser testigo de; **appartement ~** piso piloto; **témoin oculaire** testigo ocular
tempe [tɑ̃p] *nf* sien *f*
tempérament [tɑ̃peʀamɑ̃] *nm* temperamento; **à ~** *(vente)* a plazos
température [tɑ̃peʀatyʀ] *nf* temperatura; **avoir** *ou* **faire de la ~** tener fiebre
tempête [tɑ̃pɛt] *nf (en mer)* temporal *m*; *(à terre)* tormenta; **tempête de neige/de sable** tormenta de nieve/de arena
temple [tɑ̃pl] *nm* templo
temporaire [tɑ̃pɔʀɛʀ] *adj* temporal
temps [tɑ̃] *nm* tiempo; *(époque)* tiempo, época; **il fait beau/mauvais ~** hace buen/mal tiempo; **avoir le ~/tout le ~/juste le ~** tener tiempo/mucho tiempo/el tiempo justo;

en ~ de paix/de guerre en tiempo de paz/de guerra; **de ~ en ~, de ~ à autre** de vez en cuando; **à ~** a tiempo; **à plein/mi-~** (*travailler*) jornada completa/media jornada; **à ~ partiel** *adv, adj* a tiempo parcial; **dans le ~** hace tiempo, antaño; **de tout ~** de toda la vida
tenable [t(ə)nabl] *adj* soportable
tenace [tənas] *adj* tenaz
tenant, e [tənɑ̃, ɑ̃t] *nm/f* (*Sport*): **~ du titre** poseedor(a) del título
tendance [tɑ̃dɑ̃s] *nf* tendencia; **avoir ~ à** tener tendencia a
tendeur [tɑ̃dœʀ] *nm* tensor *m*
tendre [tɑ̃dʀ] *adj* tierno(-a), blando(-a); (*affectueux*) cariñoso(-a) ▹ *vt* (*élastique, peau*) extender, estirar; (*muscle, arc*) tensar; (*piège*) tender; **se tendre** *vpr* tensarse; **~ à qch/à faire qch** tender a algo/a hacer algo; **~ qch à qn** alcanzar algo a algn; **~ l'oreille** aguzar el oído; **~ le bras/la main** alargar el brazo/extender la mano; **tendrement** *adv* tiernamente; **tendresse** *nf* ternura
tendu, e [tɑ̃dy] *pp de* **tendre** ▹ *adj* (*allongé*) estirado(-a); (*raidi*) tensado(-a)
ténèbres [tenɛbʀ] *nfpl* tinieblas *fpl*
teneur [tənœʀ] *nf* proporción *f*; (*d'une lettre*) texto
tenir [t(ə)niʀ] *vt* (*avec la main, un objet*) tener; (*qn: par la main, le cou etc*) agarrar, coger; (*garder, maintenir: position*) mantener; (*propos, discours*) proferir; (*magasin, hôtel*) regentar; (*promesse*) cumplir; (*un rôle*) desempeñar; (*Mil: ville, région*) ocupar; (*Auto: la route*) agarrarse a ▹ *vi* (*être fixé*) aguantar; **se tenir** *vpr* agarrarse; **~ à** (*personne, chose*) tener cariño a; (*avoir pour cause*) deberse a; **~ à faire** tener interés en hacer; **~ qch pour** considerar algo como; **~ qn pour** tener a algn por; **~ compte de** tener en cuenta; **~ la solution/le coupable** tener la solución/el culpable; **~ la caisse/les comptes** llevar la contabilidad/las cuentas; **~ le coup, ~ bon** aguantar; **~ au chaud/à l'abri** mantener caliente/protegido(-a); **~ chaud** (*suj: vêtement*) mantener abrigado; **~ parole** mantener su *etc* palabra; **~ sa langue** mantener la boca cerrada; **se ~ debout/droit** tenerse en pie/derecho; **bien/mal se ~** comportarse bien/mal; **s'en ~ à qch** atenerse a algo; **se ~ prêt/sur ses gardes** estar listo/en guardia; **se ~ tranquille** estarse quieto; **ça ne tient qu'à lui** es cosa suya; **ça ne tient pas debout** no tiene ni pies ni cabeza; **qu'à cela ne tienne** por eso que no quede; **je n'y tiens pas** no me apetece; **tiens/tenez!** ¡toma/tome!
tennis [tenis] *nm* tenis *msg*; (*aussi*: **court de ~**) cancha (de tenis) ▹ *nm ou fpl* (*aussi*: **chaussures de ~**) playeras *fpl*; **tennisman** *nm* tenista *m*
tension [tɑ̃sjɔ̃] *nf* tensión *f*; **faire** *ou* **avoir de la ~** tener tensión
tentation [tɑ̃tasjɔ̃] *nf* tentación *f*
tentative [tɑ̃tativ] *nf* intento
tente [tɑ̃t] *nf* tienda
tenter [tɑ̃te] *vt* tentar; **~ qch/de faire qch** intentar algo/hacer algo; **~ sa chance** tentar la suerte
tenture [tɑ̃tyʀ] *nf* colgadura
tenu, e [t(ə)ny] *pp de* **tenir** ▹ *adj*: **maison bien ~e** casa bien cuidada; **les comptes de cette entreprise sont mal ~s** llevan mal las cuentas de esta empresa; **être ~ de faire/de ne pas faire/à qch** estar obligado(-a) a hacer/a no hacer/a algo
ter [tɛʀ] *adj*: **16 ~** 16 C
terme [tɛʀm] *nm* término; (*Fin*) vencimiento; **être en bons/mauvais ~s avec qn** estar en buenos/malos términos con algn; **au ~ de** al término

de; **à court/moyen/long ~** *adj, adv* a corto/medio/largo plazo; **avant ~** (*Méd*) antes de tiempo; **mettre un ~ à** poner término a
terminaison [tɛʀminɛzɔ̃] *nf* (*Ling*) terminación *f*
terminal, e, -aux [tɛʀminal, o] *adj* terminal ▷ *nm* (*Inform*) terminal *m*; (*pétrolier, gare*) terminal *f*; **terminale** *nf* (*Scol*) *séptimo año de educación secundaria en el sistema francés*
terminer [tɛʀmine] *vt* terminar, acabar; **se terminer** *vpr* terminar(se), acabar(se)
terne [tɛʀn] *adj* apagado(-a)
ternir [tɛʀniʀ] *vt* (*couleur, peinture*) desteñir; (*fig: honneur, réputation*) empañar; **se ternir** *vpr* desteñirse
terrain [teʀɛ̃] *nm* terreno; (*Sport, fig: domaine*) campo; **terrain d'aviation** campo de aviación; **terrain de camping** camping *m*; **terrain de jeu** patio de juego; **terrain vague** solar *m*
terrasse [teʀas] *nf* terraza; (*sur le toit*) azotea; **terrasser** *vt* (*adversaire*) derribar; (*suj: maladie etc*) fulminar
terre [tɛʀ] *nf* tierra; **à ~, par ~** en el suelo *ou* piso (*Am*); (*jeter, tomber*) al suelo; **~ à ~** *adj inv* prosaico(-a); **la T~** la Tierra; **terre cuite** terracota, arcilla cocida; **terre ferme** tierra firme
terreau [teʀo] *nm* mantillo
terre-plein [tɛʀplɛ̃] (*pl* **~s**) *nm* (*Constr*) terraplén *m*
terrestre [teʀɛstʀ] *adj* terrestre; (*Rel*) terrenal; (*globe*) terráqueo(-a)
terreur [teʀœʀ] *nf* terror *m*
terrible [teʀibl] *adj* terrible; (*fam*) estupendo(-a), regio(-a)
terrien, ne [teʀjɛ̃, jɛn] *adj*: **propriétaire ~** terrateniente *m/f* ▷ *nm/f* (*non martien etc*) terrícola *m/f*
terrier [tɛʀje] *nm* madriguera; (*chien*) terrier *m*
terrifier [teʀifje] *vt* aterrorizar
terrine [teʀin] *nf* tarro; (*Culin*) *conserva de carnes en tarro*
territoire [teʀitwaʀ] *nm* territorio
terroriser [teʀɔʀize] *vt* aterrorizar
terrorisme [teʀɔʀism] *nm* terrorismo; **terroriste** *adj, nm/f* terrorista *m/f*
tertiaire [tɛʀsjɛʀ] *nm* (*Écon*) sector *m* servicios
tes [te] *dét voir* **ton¹**
test [tɛst] *nm* prueba, examen *m*
testament [tɛstamɑ̃] *nm* testamento
tester [tɛste] *vt* someter a prueba
testicule [tɛstikyl] *nm* testículo
tétanos [tetanos] *nm* tétano, tétanos *msg*
têtard [tɛtaʀ] *nm* renacuajo
tête [tɛt] *nf* cabeza; (*visage*) cara; (*Football*) cabezazo; **de ~** *adv* (*calculer*) mentalmente; **être à la ~ de qch** estar al frente de algo; **prendre la ~ de qch** tomar la dirección de algo; **perdre la ~** perder la cabeza; **tenir ~ à qn** hacer frente a algn; **la ~ la première** de cabeza; **la ~ en bas** cabeza abajo; **faire la ~** poner mala cara; **en ~** (*Sport*) a la cabeza; **de la ~ aux pieds** de la cabeza a los pies; **tête d'affiche** (*Théâtre etc*) cabecera del reparto; **tête de liste** (*Pol*) cabeza de lista; **tête de série** (*Tennis*) cabeza de serie; **tête-à-queue** *nm inv*: **faire un tête-à-queue** derrapar y quedar en sentido contrario
téter [tete] *vt* mamar
tétine [tetin] *nf* (*de biberon*) tetina
têtu, e [tety] *adj* terco(-a), testarudo(-a)
texte [tɛkst] *nm* texto
textile [tɛkstil] *adj* textil ▷ *nm* tejido
texture [tɛkstyʀ] *nf* textura
TGV [teʒeve] *sigle m* (= *train à grande vitesse*) ≈ AVE
thaïlandais, e [tajlɑ̃dɛ, ɛz] *adj* tailandés(-esa) ▷ *nm/f*: **T~, e**

tailandés(-esa)
Thaïlande [tailɑ̃d] *nf* Tailandia
thé [te] *nm* té *m*
théâtral, e, -aux [teɑtʀal, o] *adj* teatral
théâtre [teɑtʀ] *nm* teatro; (*fig: lieu*): **le ~ de** el escenario de
théière [tejɛʀ] *nf* tetera
thème [tɛm] *nm* tema; (*traduction*) traducción *f* inversa
théologie [teɔlɔʒi] *nf* teología
théorie [teɔʀi] *nf* teoría; **théorique** *adj* teórico(-a)
thérapie [teʀapi] *nf* terapia
thermal, e, -aux [tɛʀmal, o] *adj* termal; **station/cure ~e** estación *f*/cura termal
thermomètre [tɛʀmɔmɛtʀ] *nm* termómetro
thermos® [tɛʀmos] *nm ou f*: **(bouteille) ~** termo
thermostat [tɛʀmɔsta] *nm* termostato
thèse [tɛz] *nf* tesis *f inv*
thon [tɔ̃] *nm* atún *m*
thym [tɛ̃] *nm* tomillo
TIC [tik] *sigle fpl* (= *technologies de l'informatique et de la communication*) TIC *fpl*
tibia [tibja] *nm* tibia
tic [tik] *nm* (*nerveux*) tic *m*
ticket [tikɛ] *nm* billete *m*, boleto (*Am*); (*de cinéma, théâtre*) entrada; **ticket de caisse** ticket *m ou* tique(t) *m* de compra
tiède [tjɛd] *adj* tibio(-a), templado(-a); **tiédir** *vi* templarse
tien, ne [tjɛ̃, tjɛn] *adj* tuyo(-a) ▷ *pron*: **le(la) ~(ne)** el/la tuyo(-a); **les ~s/les ~nes** los tuyos/las tuyas; **les ~s** (*ta famille*) los tuyos
tiens [tjɛ̃] *vb, excl voir* **tenir**
tiercé [tjɛʀse] *nm* apuesta triple
tiers, tierce [tjɛʀ, tjɛʀs] *adj* tercero(-a); **le ~ monde** el tercer mundo
tige [tiʒ] *nf* tallo
tignasse [tiɲas] (*péj*) *nf* greñas *fpl*
Tigre [tigʀ] *nm* Tigris *m*; **tigré, e** *adj* picado(-a); **tigresse** *nf* tigresa
tilleul [tijœl] *nm* (*arbre*) tilo; (*boisson*) tila
timbre [tɛ̃bʀ] *nm* timbre *m*; (*aussi*: **~-poste**) sello, estampilla (*Am*)
timbré, e [tɛ̃bʀe] *adj* (*enveloppe*) timbrado(-a), sellado(-a); (*fam*) tocado(-a) de la cabeza
timide [timid] *adj* tímido(-a); **timidement** *adv* tímidamente; **timidité** *nf* timidez *f*
tintamarre [tɛ̃tamaʀ] *nm* escandalera
tinter [tɛ̃te] *vi* tintinar
tique [tik] *nf* garrapata
tir [tiʀ] *nm* tiro; (*stand*) tiro al blanco; **tir à l'arc** tiro con arco; **tir au pigeon** tiro de pichón
tirage [tiʀaʒ] *nm* (*Photo*) revelado; (*d'un journal, de livre*) tirada; (*d'un poêle etc*) tiro; (*de loterie*) sorteo; **tirage au sort** sorteo
tire [tiʀ] *nf*: **voleur à la ~** ratero; **vol à la ~** tirón *m*
tiré, e [tiʀe] *adj* (*visage*) cansado(-a); **~ par les cheveux** difícil de creer
tire-bouchon [tiʀbuʃɔ̃] (*pl* **~s**) *nm* sacacorchos *m inv*
tirelire [tiʀliʀ] *nf* hucha
tirer [tiʀe] *vt* (*sonnette etc*) tirar de, jalar (*Am*); (*remorque*) arrastrar, jalar (*Am*); (*trait*) trazar; (*rideau*) correr; (*carte, numéro, conclusion*) sacar; (*en faisant feu*) tirar, disparar; (*: animal*) disparar (a); (*journal, livre*) imprimir; (*Photo*) revelar; (*Football*) sacar, tirar ▷ *vi* (*faire feu*) disparar; (*cheminée, Sport*) tirar; **se tirer** *vpr* (*fam*) largarse; **s'en ~** salir bien; **~ à l'arc/à la carabine** tirar con arco/con carabina; **~ à sa fin** tocar a su fin; **~ les cartes** echar las cartas
tiret [tiʀɛ] *nm* guión *m*

tireur, -euse [tiʀœʀ, øz] *nm/f (Mil)* tirador(a)
tiroir [tiʀwaʀ] *nm* cajón *m*; **tiroir-caisse** (*pl* **tiroirs-caisses**) *nm* caja
tisane [tizan] *nf* tisana
tisser [tise] *vt* tejer
tissu [tisy] *nm* tejido; **tissu-éponge** (*pl* **tissus-éponges**) *nm* felpa
titre [titʀ] *nm* título; (*de journal, aussi télévisé*) titular *m*; **à juste ~** con toda razón; **à quel ~?** ¿a título de qué?; **à aucun ~** bajo ninguna razón; **au même ~ (que)** al igual (que); **à ~ d'exemple** como ejemplo; **à ~ d'information** a modo de información; **titre de transport** billete *m*
tituber [titybe] *vi* titubear
titulaire [titylɛʀ] *adj* titular ▷ *nm* titular *m*; **être ~ de** ser titular de
toast [tost] *nm* tostada; (*de bienvenue*) brindis *m inv*; **porter un ~ à qn** brindar por algn
toboggan [tɔbɔgɑ̃] *nm* tobogán *m*
toc [tɔk] *nm*: **en ~** de imitación
tocsin [tɔksɛ̃] *nm* rebato, toque *m* de alarma
tohu-bohu [tɔybɔy] *nm inv (tumulte)* barullo
toi [twa] *pron* tú
toile [twal] *nf* tela; **toile cirée** hule *m*; **toile d'araignée** telaraña; **toile de fond** telón *m* de fondo; **toile émeri** tela de esmeril
toilette [twalɛt] *nf* aseo; (*habillement*) vestimenta; **toilettes** *nfpl* servicios *mpl*; **faire sa ~** asearse; **articles de ~** artículos *mpl* de aseo
toi-même [twamɛm] *pron* tú mismo
toit [twa] *nm* techo; (*de bâtiment*) tejado; **toit ouvrant** techo solar
toiture [twatyʀ] *nf* tejado, techumbre *f*
tôle [tol] *nf* chapa; **tôle ondulée** chapa ondulada
tolérable [tɔleʀabl] *adj* tolerable
tolérant, e [tɔleʀɑ̃, ɑ̃t] *adj* tolerante
tolérer [tɔleʀe] *vt* tolerar
tollé [tɔ(l)le] *nm*: **un ~ (d'injures/de protestations)** una sarta (de insultos/de protestas)
tomate [tɔmat] *nf* tomate *m*
tombe [tɔ̃b] *nf* tumba
tombeau, x [tɔ̃bo] *nm* tumba
tombée [tɔ̃be] *nf*: **à la ~ du jour** *ou* **de la nuit** al atardecer, al anochecer
tomber [tɔ̃be] *vi* caer; (*accidentellement*) caerse; **laisser ~** abandonar; **~ sur** encontrarse con; **~ de fatigue/de sommeil** caerse de cansancio/de sueño; **~ à l'eau** (*fig*) irse al garete; **ça tombe bien/mal** viene bien/mal
tombola [tɔ̃bɔla] *nf* tómbola
tome [tɔm] *nm* tomo
ton¹, ta [tɔ̃, ta] (*pl* **tes**) *dét* tu
ton² [tɔ̃] *nm* tono; **donner le ~** llevar la voz cantante; **de bon ~** de buen tono
tonalité [tɔnalite] *nf* tonalidad *f*; (*au téléphone*) señal *f*
tondeuse [tɔ̃døz] *nf* (*à gazon*) cortadora de césped
tondre [tɔ̃dʀ] *vt* (*pelouse*) cortar; (*mouton*) esquilar; (*cheveux*) rapar
tonifier [tɔnifje] *vt* (*organisme*) entonar; (*peau*) tonificar
tonique [tɔnik] *adj* (*lotion*) tónico(-a) ▷ *nm* (*médicament*) estimulante *m*; (*lotion*) tónico
tonne [tɔn] *nf* tonelada
tonneau, x [tɔno] *nm* tonel *m*; **faire des ~x** (*voiture*) dar vueltas de campana
tonnelle [tɔnɛl] *nf* glorieta
tonner [tɔne] *vi* tronar
tonnerre [tɔnɛʀ] *nm* trueno
tonton [tɔ̃tɔ̃] *nm* tito
tonus [tɔnys] *nm*: **avoir du ~** estar entonado(-a); **donner du ~** entonar
top [tɔp] *nm*: **au 3ème ~** a la tercera señal ▷ *adj*: **~ secret** top secret

t

topinambour [tɔpinɑ̃buʀ] *nm* aguaturma, pataca
torche [tɔʀʃ] *nf* antorcha
torchon [tɔʀʃɔ̃] *nm* paño de cocina
tordre [tɔʀdʀ] *vt* torcer; **se tordre** *vpr* torcerse; **se ~ le pied/bras** torcerse el pie/brazo; **se ~ de douleur/de rire** retorcerse de dolor/ desternillarse de risa; **tordu, e** *pp de* **tordre** ▷ *adj* idiota
tornade [tɔʀnad] *nf* tornado
torrent [tɔʀɑ̃] *nm* torrente *m*
torsade [tɔʀsad] *nf* retorcido
torse [tɔʀs] *nm* torso
tort [tɔʀ] *nm* (*préjudice*) perjuicio; **torts** *nmpl* (*Jur*) daños y perjuicios *mpl*; **avoir ~** estar equivocado(-a); **être dans son ~** tener la culpa; **causer du ~ à** perjudicar a; **à ~** sin razón; **à ~ et à travers** a tontas y a locas
torticolis [tɔʀtikɔli] *nm* tortícolis *f inv*
tortiller [tɔʀtije] *vt* retorcer; **se tortiller** *vpr* retorcerse
tortionnaire [tɔʀsjɔnɛʀ] *nm* verdugo
tortue [tɔʀty] *nf* tortuga
tortueux, -euse [tɔʀtɥø, øz] *adj* tortuoso(-a)
torture [tɔʀtyʀ] *nf* tortura; **torturer** *vt* torturar
tôt [to] *adv* temprano; (*au bout de peu de temps*) pronto; **~ ou tard** tarde o temprano; **si ~** tan pronto; **au plus ~** cuanto antes
total, e, -aux [tɔtal, o] *adj* total ▷ *nm* total *m*; **au ~** en total; **totalement** *adv* totalmente; **totaliser** *vt* totalizar; **totalitaire** *adj* totalitario(-a); **totalité** *nf* totalidad *f*
toubib [tubib] (*fam*) *nm* médico
touchant, e [tuʃɑ̃, ɑ̃t] *adj* conmovedor(a)
touche [tuʃ] *nf* (*de piano, de machine à écrire*) tecla; (*Peinture, fig*) toque *m*; (*Football: aussi:* **remise en ~**) saque *m* de banda; (*:* **ligne de ~**) línea de banda
toucher [tuʃe] *nm* tacto ▷ *vt* tocar; (*mur, pays*) lindar con; (*atteindre*) alcanzar; (*émouvoir*) conmover; (*suj: catastrophe, malheur, crise*) afectar; (*prix, récompense*) recibir; (*salaire, chèque*) cobrar; **se toucher** *vpr* tocarse; **au ~** al tacto; **~ à qch** tocar algo; (*concerner*) atañer a algo; **~ au but** llegar a la meta; **je vais lui en ~ un mot** le diré dos palabras sobre ello; **~ à sa fin** tocar a su fin
touffe [tuf] *nf* (*d'herbe*) mata
touffu, e [tufy] *adj* (*haie, forêt*) frondoso(-a); (*style, texte*) denso(-a)
toujours [tuʒuʀ] *adv* siempre; (*encore*) todavía; **~ plus** cada vez más; **pour ~** para siempre; **il vit ~ ici** sigue viviendo aquí
toupie [tupi] *nf* peonza
tour [tuʀ] *nf* torre *f*; (*appartements*) bloque *m* (de pisos) ▷ *nm* (*promenade*) paseo, vuelta; (*Sport, Pol, de vis, de roue*) vuelta; (*d'être servi ou de jouer etc*) turno; (*ruse*) ardid *m*; (*de prestidigitation etc*) número; (*de potier, à bois*) torno; **faire le ~ de** dar la vuelta a; (*questions, possibilités*) dar vueltas a; **fermer à double ~** cerrar bajo siete llaves; **c'est au ~ de Philippe** le toca a Philippe; **à ~ de rôle, ~ à ~** por turnos, en orden; **tour de chant** *nm* recital *m* de canto; **tour de contrôle** *nf* torre de control; **tour de force** *nm* hazaña; **tour de taille** *nm* contorno de cintura
tourbe [tuʀb] *nf* turba
tourbillon [tuʀbijɔ̃] *nm* (*d'eau, de poussière*) remolino; (*de vent, fig*) torbellino; **tourbillonner** *vi* arremolinarse
tourelle [tuʀɛl] *nf* torrecilla
tourisme [tuʀism] *nm* turismo; **office du ~** oficina de turismo; **faire du ~** hacer turismo; **touriste**

nm/f turista *m/f*; **touristique** *adj* turístico(-a)
tourment [turmɑ̃] *nm* tormento; **tourmenter**: **se tourmenter** *vpr* atormentarse
tournage [turnaʒ] *nm* rodaje *m*
tournant, e [turnɑ̃, ɑ̃t] *adj* giratorio(-a) ▷ *nm* (*de route*) curva; (*fig*) giro
tournée [turne] *nf* (*du facteur*) ronda; (*d'artiste, de politicien*) gira; **payer une ~** pagar una ronda
tourner [turne] *vt* girar, voltear (*Am*); (*difficulté etc*) esquivar; (*scène, film*) rodar ▷ *vi* girar, voltear (*Am*); (*vent*) cambiar de dirección; (*moteur*) estar en marcha; (*compteur*) estar andando; (*lait etc*) agriarse; (*chance*) cambiar; **se tourner** *vpr* volverse; **bien/mal ~** salir bien/mal; **~ autour de** dar vueltas alrededor de; **~ autour du pot** andarse con rodeos; **~ le dos à** dar la espalda a; **se ~ vers** volverse hacia; (*personne*: *pour demander*: *aide, conseil*) dirigirse a
tournesol [turnəsɔl] *nm* girasol *m*
tournevis [turnəvis] *nm* destornillador *m*
tournoi [turnwa] *nm* (*Hist*) torneo
tournure [turnyr] *nf* (*Ling*) giro; **prendre ~** tomar forma; **tournure d'esprit** manera de enfocar las cosas
tourte [turt] *nf* (*Culin*): **~ à la viande** pastel *m* de carne
tourterelle [turtərɛl] *nf* tórtola
tous [tu] *dét, pron voir* **tout**
Toussaint [tusɛ̃] *nf*: **la ~** el día de Todos los Santos

TOUSSAINT

La Toussaint, 1 de noviembre, es una fiesta oficial francesa. Tradicionalmente, la gente visita las tumbas de sus parientes y amigos y deposita en ellas coronas de brezo y crisantemos.

tousser [tuse] *vi* toser

MOT-CLÉ

tout, e [tu, tut] (*pl* **tous**, *f* **toutes**) *adj*
1 (*avec article*) todo(-a); **tout le lait/l'argent** toda la leche/todo el dinero; **toute la nuit** toda la noche; **tout le livre** todo el libro; **toutes les trois/deux semaines** cada tres/dos semanas; **tout le temps** *adv* todo el tiempo; **tout le monde** *pron* todo el mundo; **c'est tout le contraire** es todo lo contrario; **toutes les nuits** todas las noches; **toutes les fois que ...** todas las veces que ...; **tous les deux** los dos, ambos
2 (*sans article*): **à tout âge/à toute heure** a cualquier edad/hora; **pour toute nourriture, il avait ...** por todo alimento, tenía ...; **à toute vitesse** a toda velocidad; **de tous côtés** *ou* **de toutes parts** de todos (los) lados *ou* de todas partes; **à tout hasard** por si acaso
▷ *pron* todo(-a); **il a tout fait** lo hizo todo; **je les vois toutes** las veo a todas; **nous y sommes tous allés** fuimos todos; **en tout** en total; **tout ce qu'il sait** todo lo que sabe; **tout ou rien** todo o nada; **c'est tout** eso es todo, nada más
▷ *nm* todo; **le tout est de ...** lo importante es ...; **pas du tout** en absoluto
▷ *adv* **1** (**toute** *avant adj f commençant par consonne ou h aspiré*: *très, complètement*): **elle était tout émue** estaba muy emocionada; **elle était toute petite** era muy pequeñita; **tout près** muy cerca; **le tout premier** el primero de todos; **tout seul** solo; **le livre tout entier** el libro entero; **tout en haut/bas** arriba/abajo del todo;

tout droit todo recto; **tout rouge** todo rojo; **parler tout bas** hablar muy bajo; **tout simplement** sencillamente; **fais-le tout doucement** hazlo despacito
2: **tout en** mientras; **tout en travaillant il ...** mientras trabaja, ...
3: **tout d'abord** en primer lugar; **tout à coup** de repente; **"tout à fait!"** "¡desde luego!"; **tout à l'heure** (*passé*) hace un rato; (*futur*) luego; **à tout à l'heure!** ¡hasta luego!; **tout de même** sin embargo; **tout de suite** enseguida; **tout terrain** *ou* **tous terrains** *adj inv* todo terreno *inv*

toutefois [tutfwa] *adv* sin embargo, no obstante
toutes [tut] *adj, pron, adv voir* **tout**
toux [tu] *nf* tos *f inv*
toxicomane [tɔksikɔman] *adj* toxicómano(-a)
toxique [tɔksik] *adj* tóxico(-a)
trac [tʀak] *nm* nerviosismo
tracasser [tʀakase] *vt* (*suj: problème, idée*) preocupar; **se tracasser** *vpr* preocuparse
trace [tʀas] *nf* huella; (*de pneu, de brûlure etc*) marca; (*quantité minime*) rastro; **avoir une ~ d'accent étranger** tener un ligero acento extranjero; **suivre qn à la ~** seguir la pista *ou* el rastro de algn; **traces de pas** huellas *fpl* de pasos
tracer [tʀase] *vt* trazar
tract [tʀakt] *nm* panfleto
tracteur [tʀaktœʀ] *nm* tractor *m*
traction [tʀaksjɔ̃] *nf* tracción *f*
tradition [tʀadisjɔ̃] *nf* tradición *f*; **traditionnel, le** *adj* tradicional
traducteur, -trice [tʀadyktœʀ, tʀis] *nm/f* traductor(a)
traduction [tʀadyksjɔ̃] *nf* traducción *f*
traduire [tʀadɥiʀ] *vt* traducir; **~ qn en justice** hacer comparecer a algn ante la justicia
trafic [tʀafik] *nm* tráfico; **trafic d'armes** tráfico de armas; **trafiquant, e** *nm/f* traficante *m/f*; **trafiquer** *vt* (*péj*) amañar
tragédie [tʀaʒedi] *nf* tragedia; **tragique** *adj* trágico(-a)
trahir [tʀaiʀ] *vt* traicionar; (*suj: objet*): **~ qn** descubrir a algn; **se trahir** *vpr* traicionarse; **trahison** *nf* traición *f*
train [tʀɛ̃] *nm* tren *m*; (*allure*) paso; (*ensemble*) serie *f*; **être en ~ de faire qch** estar haciendo algo; **mettre qch en ~** empezar a hacer algo; **train autos-couchettes** tren coche-cama; **train de pneus** juego de neumáticos; **train de vie** tren de vida; **train électrique** (*jouet*) tren eléctrico
traîne [tʀɛn] *nf* cola; **être à la ~** (*en arrière*) ir rezagado(-a)
traîneau, x [tʀɛno] *nm* trineo
traîner [tʀene] *vt* tirar de ▷ *vi* rezagarse; (*être en désordre*) estar tirado(-a); (*vagabonder*) callejear; (*durer*) alargarse; **se traîner** *vpr* arrastrarse; **~ les pieds** arrastrar los pies; **~ par terre** arrastrar por el suelo
train-train [tʀɛ̃tʀɛ̃] *nm inv* rutina
traire [tʀɛʀ] *vt* ordeñar
trait [tʀɛ, ɛt] *nm* trazo; (*caractéristique*) rasgo; **traits** *nmpl* (*du visage*) rasgos *mpl*; **d'un ~** de un tirón; **de ~** (*animal*) de tiro; **avoir ~ à** referirse a; **trait d'union** guión *m*; (*fig*) lazo
traitant [tʀɛtɑ̃] *adj m*: **votre médecin ~** su médico de cabecera
traite [tʀɛt] *nf* (*Agr*) ordeño; **d'une (seule) ~** de un (solo) tirón
traité [tʀete] *nm* tratado
traitement [tʀɛtmɑ̃] *nm* tratamiento; **mauvais ~s** malos tratos *mpl*; **traitement de texte** (*Inform*) procesamiento *ou* tratamiento de textos

traiter [tʀete] *vt, vi* tratar; **~ qn d'idiot** llamar idiota a algn; **~ de qch** tratar de algo
traiteur [tʀɛtœʀ] *nm* negocio de comidas por encargo *ou* de catering
traître, -esse [tʀɛtʀ, tʀɛtʀɛs] *adj* traicionero(-a) ▷ *nm/f* traidor(a)
trajectoire [tʀaʒɛktwaʀ] *nf* trayectoria
trajet [tʀaʒɛ] *nm* trayecto
trampoline [tʀɑ̃pɔlin] *nm* trampolín *m*
tramway [tʀamwɛ] *nm* tranvía *m*
tranchant, e [tʀɑ̃ʃɑ̃, ɑ̃t] *adj* (*lame*) afilado(-a); (*personne*) resuelto(-a) ▷ *nm* (*d'un couteau*) filo; **à double ~** de doble filo
tranche [tʀɑ̃ʃ] *nf* (*de pain*) rebanada; (*de jambon, fromage*) loncha; (*de saucisson*) rodaja; (*de gâteau*) porción *f*; (*d'un couteau, livre etc*) canto; **~ d'âge/de salaires** tramo de edad/de salarios; **tranche de vie** periodo de la vida cotidiana
tranché, e [tʀɑ̃ʃe] *adj* (*couleurs*) contrastado(-a); (*opinions*) tajante
trancher [tʀɑ̃ʃe] *vt* cortar; (*question*) zanjar ▷ *vi*: **~ avec** *ou* **sur** contrastar con
tranquille [tʀɑ̃kil] *adj* tranquilo(-a); **se tenir ~** estarse quieto(-a); **laisse-moi/laisse-ça ~!** ¡déjame/deja eso en paz!; **tranquillisant, e** [tʀɑ̃kilizɑ̃, ɑ̃t] *nm* (*Méd*) tranquilizante *m*; **tranquillité** *nf* tranquilidad *f*
transférer [tʀɑ̃sfeʀe] *vt* transferir; (*prisonnier, bureaux*) trasladar; (*titre*) transmitir; **transfert** *nm* transferencia; (*d'un prisonnier, de bureaux*) traslado; (*d'un titre*) transmisión *f*
transformation [tʀɑ̃sfɔʀmasjɔ̃] *nf* transformación *f*; **transformations** *nfpl* (*travaux*) reformas *fpl*
transformer [tʀɑ̃sfɔʀme] *vt* transformar; (*maison, magasin, vêtement*) reformar
transfusion [tʀɑ̃sfyzjɔ̃] *nf*: **~ sanguine** transfusión *f* sanguínea
transgresser [tʀɑ̃sgʀese] *vt* transgredir
transi, e [tʀɑ̃zi] *adj* helado(-a)
transiger [tʀɑ̃ziʒe] *vi* transigir
transit [tʀɑ̃zit] *nm* tránsito; **transiter** *vt* hacer circular
transition [tʀɑ̃zisjɔ̃] *nf* transición *f*; **transitoire** *adj* transitorio(-a)
transmettre [tʀɑ̃smɛtʀ] *vt* transmitir; (*secret*) revelar; (*recette*) pasar, dar; **transmission** *nf* transmisión *f*
transparent, e [tʀɑ̃spaʀɑ̃, ɑ̃t] *adj* transparente
transpercer [tʀɑ̃spɛʀse] *vt* traspasar
transpiration [tʀɑ̃spiʀasjɔ̃] *nf* transpiración *f*
transpirer [tʀɑ̃spiʀe] *vi* transpirar; (*information, nouvelle*) trascender
transplanter [tʀɑ̃splɑ̃te] *vt* (*Bot, Méd*) trasplantar
transport [tʀɑ̃spɔʀ] *nm* transporte *m*; **transports en commun** transportes públicos; **transporter** *vt* llevar; (*voyageurs, marchandises*) transportar; **transporteur** *nm* transportista *m*
transvaser [tʀɑ̃svaze] *vt* transvasar
transversal, e, -aux [tʀɑ̃svɛʀsal, o] *adj* transversal
trapèze [tʀapɛz] *nm* trapecio
trappe [tʀap] *nf* trampa, trampilla
trapu, e [tʀapy] *adj* bajo(-a) y fortachón(-ona)
traquenard [tʀaknaʀ] *nm* cepo
traquer [tʀake] *vt* acorralar; (*harceler*) acosar
traumatiser [tʀomatize] *vt* traumatizar
travail, -aux [tʀavaj, o] *nm* trabajo; (*Méd*) parto; **être sans ~** estar sin trabajo; **travail (au)**

noir trabajo clandestino; **travaux** *nmpl (de réparation)* trabajos *mpl*; *(de construction, sur route)* obras *fpl*; **travaux des champs** faenas *fpl* del campo; **travaux dirigés** *(Scol)* ejercicios *mpl* dirigidos; **travaux manuels** *(Scol)* trabajos manuales

travailler [tʀavaje] *vi* trabajar; *(bois)* alabearse; *(argent)* producir ▷ *vt* trabajar; **cela le travaille** eso le preocupa; **~ à** trabajar en; *(contribuer à)* contribuir a; **travailleur, -euse** *adj, nm/f* trabajador(a); **travailleur social** trabajador *m* social; **travailliste** *adj, nm/f* laborista

travers [tʀavɛʀ] *nm (défaut)* imperfección *f*; **en ~ (de)** atravesado(-a) (en); **au ~ (de)** a través (de); **de ~** *adj* de través ▷ *adv* oblicuamente; *(fig)* al revés; **à ~** a través; **regarder de ~** *(fig)* mirar de reojo

traverse [tʀavɛʀs] *nf*: **chemin de ~** atajo

traversée [tʀavɛʀse] *nf* travesía

traverser [tʀavɛʀse] *vt* atravesar; *(rue)* cruzar; *(percer: suj: pluie, froid)* traspasar

traversin [tʀavɛʀsɛ̃] *nm* cabezal *m*

travesti [tʀavɛsti] *nm (artiste de cabaret)* travestido; *(homosexuel)* travesti *m*

trébucher [tʀebyʃe] *vi*: **~ (sur)** tropezar (con)

trèfle [tʀɛfl] *nm* trébol *m*

treize [tʀɛz] *adj inv, nm inv* trece *m inv*; *voir aussi* **cinq**; **treizième** *adj, nm/f* decimotercero(-a) ▷ *nm (partitif)* treceavo; *voir aussi* **cinquantième**

TREIZIÈME MOIS

Le treizième mois es una paga extraordinaria de final de año que equivale aproximadamente a un mes de sueldo. Para muchos empleados es una parte normal de su salario anual.

tréma [tʀema] *nm* diéresis *f inv*

tremblement [tʀɑ̃bləmɑ̃] *nm* temblor *m*; **tremblement de terre** terremoto

trembler [tʀɑ̃ble] *vi* temblar; **~ de** temblar de; **~ pour qn** temer por algn

trémousser [tʀemuse]: **se ~** *vpr* menearse

trempé, e [tʀɑ̃pe] *adj* empapado(-a)

tremper [tʀɑ̃pe] *vt* empapar; *(pain, chemise)* mojar ▷ *vi* estar en remojo; **~ dans** *(fig, péj)* estar metido(-a) *ou* implicado(-a) en; **faire ~, mettre à ~** poner en remojo; **~ qch dans** remojar algo en

tremplin [tʀɑ̃plɛ̃] *nm* trampolín *m*

trentaine [tʀɑ̃tɛn] *nf* treintena; **avoir la ~** tener unos treinta años; **une ~ (de)** unos(-as) treinta

trente [tʀɑ̃t] *adj inv, nm inv* treinta *m inv*; *voir aussi* **cinq**; **trentième** *adj, nm/f* trigésimo(-a) ▷ *nm (partitif)* treintavo; *voir aussi* **cinquantième**

trépidant, e [tʀepidɑ̃, ɑ̃t] *adj* trepidante

trépigner [tʀepiɲe] *vi*: **~ (d'enthousiasme/d'impatience)** patalear (de entusiasmo/de impaciencia)

très [tʀɛ] *adv* muy

trésor [tʀezɔʀ] *nm* tesoro; *(vertu précieuse)* joya; **Trésor (public)** Tesoro (público); **trésorerie** *nf* tesorería; **trésorier, -ière** *nm/f* tesorero(-a)

tressaillir [tʀesajiʀ] *vi (de peur)* estremecerse; *(de joie, d'émotion)* vibrar

tressauter [tʀesote] *vi* sobresaltar

tresse [tʀɛs] *nf* trenza; **tresser** *vt* trenzar

tréteau, x [tʀeto] *nm* caballete *m*

treuil [tʀœj] *nm* torno

trêve [tʀɛv] *nf* tregua

tri [tʀi] *nm* selección *f*; **le ~** (*Postes: action*) la clasificación
triangle [tʀijɑ̃gl] *nm* triángulo;
triangulaire *adj* triangular
tribord [tʀibɔʀ] *nm*: **à ~** a estribor
tribu [tʀiby] *nf* tribu *f*
tribunal, -aux [tʀibynal, o] *nm* tribunal *m*; (*bâtiment*) juzgado
tribune [tʀibyn] *nf* tribuna
tribut [tʀiby] *nm* tributo; **payer un lourd ~ à** pagar un tributo muy caro a
tributaire [tʀibytɛʀ] *adj*: **être ~ de** ser tributario(-a) de
tricher [tʀiʃe] *vi* (*à un examen*) copiar; (*aux cartes*) hacer trampas;
tricheur, -euse *nm/f* tramposo(-a)
tricolore [tʀikɔlɔʀ] *adj* tricolor; (*français: drapeau, équipe*) francés(-esa)
tricot [tʀiko] *nm* punto; (*ouvrage*) prenda de punto; **tricoter** *vt* tricotar
tricycle [tʀisikl] *nm* triciclo
trier [tʀije] *vt* (*classer*) clasificar; (*choisir*) seleccionar; (*fruits, grains*) seleccionar, escoger
trimestre [tʀimɛstʀ] *nm* trimestre *m*; **trimestriel, le** *adj* trimestral
trinquer [tʀɛ̃ke] *vi* chocar los vasos; (*porter un toast*) brindar
triomphe [tʀijɔ̃f] *nm* triunfo;
triompher *vi* triunfar; **triompher de qch/qn** triunfar sobre algo/algn
tripes [tʀip] *nfpl* (*Culin*) callos *mpl*
triple [tʀipl] *adj* triple ▷ *nm*: **le ~ (de)** el triple (de); **en ~ exemplaire** por triplicado; **tripler** *vi, vt* triplicar
triplés, -ées [tʀiple] *nm/fpl* (*bébés*) trillizos *mpl*
tripoter [tʀipɔte] *vt* (*objet*) manosear
triste [tʀist] *adj* triste; **un ~ personnage/une ~ affaire** (*péj*) un personaje mediocre/un asunto turbio; **tristesse** *nf* tristeza
trivial, e, -aux [tʀivjal, jo] *adj* trivial
troc [tʀɔk] *nm* trueque *m*
trognon [tʀɔɲɔ̃] *nm* (*de fruit*) corazón *m*; (*de légume*) troncho
trois [tʀwa] *adj inv, nm inv* tres *m inv*; *voir aussi* **cinq**; **troisième** *adj, nm/f* tercero(-a) ▷ *nf* (*Auto*) tercera; *voir aussi* **cinquième**
trombe [tʀɔ̃b] *nf* tromba; **en ~** en tromba
trombone [tʀɔ̃bɔn] *nm* (*Mus*) trombón *m*; (*de bureau*) clip *m*
trompe [tʀɔ̃p] *nf* trompa
tromper [tʀɔ̃pe] *vt* engañar; (*espoir, attente*) frustrar; (*vigilance, poursuivants*) burlar; **se tromper** *vpr* equivocarse; **se ~ de voiture/jour** equivocarse de coche/día; **se ~ de 3 cm/2 euros** equivocarse en 3 cm/2 euros
trompette [tʀɔ̃pɛt] *nf* trompeta; **nez en ~** nariz *f* respingona
trompeur, -euse [tʀɔ̃pœʀ, øz] *adj* engañoso(-a)
tronc [tʀɔ̃] *nm* (*Bot, Anat*) tronco
tronçon [tʀɔ̃sɔ̃] *nm* tramo;
tronçonner *vt* (*arbre*) cortar en trozos
trône [tʀon] *nm* trono
trop [tʀo] *adv* demasiado; (*devant adverbe*) muy, demasiado; **~ souvent/longtemps** demasiado a menudo/tiempo; **~ de sucre/personnes** demasiado azúcar/demasiadas personas; **ils sont ~** son demasiados; **de ~, en ~: des livres en ~** libros *mpl* de sobra; **du lait en ~** leche *f* de sobra; **3 livres/5 euros de ~** 3 libras/5 euros de más
tropical, e, -aux [tʀɔpikal, o] *adj* tropical
tropique [tʀɔpik] *nm* trópico
trop-plein [tʀoplɛ̃] (*pl* **~s**) *nm* (lo) sobrante *m*, exceso
troquer [tʀɔke] *vt*: **~ qch contre qch** trocar algo por algo; (*fig*) cambiar algo por algo
trot [tʀo] *nm* trote *m*; **trotter** *vi* trotar

trottinette [tʀɔtinɛt] *nf* patinete *m*
trottoir [tʀɔtwaʀ] *nm* acera, vereda (*Am*), andén (*Am*); **faire le ~** (*péj*) hacer la calle; **trottoir roulant** cinta móvil
trou [tʀu] *nm* agujero; (*moment de libre*) hueco; **trou d'air** bache *m*; **trou de la serrure** ojo de la cerradura; **trou de mémoire** fallo de la memoria
troublant, e [tʀublɑ̃, ɑ̃t] *adj* (*ressemblance*) sorprendente
trouble [tʀubl] *adj* turbio(-a) ▷ *adv*: **voir ~** ver borroso ▷ *nm* (*désarroi*) desconcierto; (*émoi sensuel*) trastorno; (*embarras*) confusión *f*; **troubles** *nmpl* (*Pol*) disturbios *mpl*; (*Méd*) trastornos *mpl*; **trouble-fête** *nm/f inv* aguafiestas *m/f inv*
troubler [tʀuble] *vt* turbar; (*liquide*) enturbiar; (*ordre*) alterar; **se troubler** *vpr* turbarse
trouer [tʀue] *vt* agujerear
trouille [tʀuj] (*fam*) *nf*: **avoir la ~** tener mieditis
troupe [tʀup] *nf* (*Mil*) tropa; **troupe (de théâtre)** compañía (de teatro)
troupeau, x [tʀupo] *nm* (*de moutons*) rebaño; (*de vaches*) manada
trousse [tʀus] *nf* (*étui*) estuche *m*; (*d'écolier*) cartera; (*de docteur*) maletín *m*; **trousse à outils** bolsa de herramientas; **trousse de toilette** neceser *m*
trousseau, x [tʀuso] *nm* ajuar *m*; **trousseau de clefs** manojo de llaves
trouvaille [tʀuvɑj] *nf* hallazgo
trouver [tʀuve] *vt* encontrar, hallar; **se trouver** *vpr* encontrarse, hallarse; **aller/venir ~ qn** ir/venir a ver a algn; **~ le loyer cher/le prix excessif** parecerle a algn el alquiler caro/el precio excesivo; **je trouve que** me parece que; **il se trouve que** resulta que; **se ~ bien/mal** sentirse *ou* encontrarse bien/mal
truand [tʀyɑ̃] *nm* truhán *m*, timador *m*; **truander** (*fam*) *vt* timar
truc [tʀyk] *nm* truco; (*fam: machin, chose*) cosa, chisme *m*
truffe [tʀyf] *nf* (*Bot*) trufa
truffer [tʀyfe] *vt* (*Culin*) trufar; **truffé de** (*fig: erreurs*) repleto de
truie [tʀɥi] *nf* cerda, marrana
truite [tʀɥit] *nf* trucha
truquer [tʀyke] *vt* trucar; (*élections*) amañar
TSVP [teɛsvepe] *abr* (= *tournez s'il vous plaît*) sigue
TTC [tetese] *abr* (= *toutes taxes comprises*) todo incluido
tu¹ [ty] *pron* tú
tu², e [ty] *pp de* **taire**
tuba [tyba] *nm* tuba
tube [tyb] *nm* tubo; (*chanson, disque*) éxito
tuberculose [tybɛʀkyloz] *nf* tuberculosis *f*
tuer [tɥe] *vt* matar; **se tuer** *vpr* matarse; **tuerie** *nf* matanza
tue-tête [tytɛt]: **à ~** *adv* a voz en grito, a grito pelado
tueur [tɥœʀ] *nm* asesino; **tueur à gages** asesino a sueldo
tuile [tɥil] *nf* teja; (*fam*) contratiempo, problema *m*
tulipe [tylip] *nf* tulipán *m*
tuméfié, e [tymefje] *adj* tumefacto(-a)
tumeur [tymœʀ] *nf* tumor *m*
tumulte [tymylt] *nm* tumulto; **tumultueux, -euse** *adj* tumultuoso(-a)
tunique [tynik] *nf* túnica
Tunisie [tynizi] *nf* Túnez *m*; **tunisien, ne** *adj* tunecino(-a) ▷ *nm/f*: **Tunisien, ne** tunecino(-a)
tunnel [tynɛl] *nm* túnel *m*
turbulent, e [tyʀbylɑ̃, ɑ̃t] *adj* revoltoso(-a)
turc, turque [tyʀk] *adj* turco(-a) ▷ *nm* (*Ling*) turco ▷ *nm/f*: **T~, Turque** turco(-a); **à la turque** *adj* (*w.c.*) sin asiento

turf [tyʀf] *nm* deporte *m* hípico; **turfiste** *nm/f* aficionado(-a) a las carreras de caballos
Turquie [tyʀki] *nf* Turquía
turquoise [tyʀkwaz] *adj inv* turquesa *inv* ▷ *nf* turquesa
tutelle [tytɛl] *nf* tutela
tuteur, -trice [tytœʀ, tʀis] *nm/f* (*Jur*) tutor(a) ▷ *nm* (*de plante*) tutor *m*, rodrigón *m*
tutoyer [tytwaje] *vt*: **~ qn** tutear a algn
tuyau, x [tɥijo] *nm* tubo; (*fam: conseil*) consejo; **tuyau d'arrosage** manguera de riego; **tuyau d'échappement** tubo de escape; **tuyauterie** *nf* cañería, tubería
TVA [tevea] *sigle f* (= *taxe à la valeur ajoutée*) ≈ IVA
tympan [tɛ̃pɑ̃] *nm* tímpano
type [tip] *nm* tipo; (*fam: homme*) tío ▷ *adj* tipo
typé, e [tipe] *adj* típico(-a)
typique [tipik] *adj* típico(-a)
tyran [tiʀɑ̃] *nm* tirano; **tyrannique** *adj* tiránico(-a)
tzigane [dzigan] *adj* cíngaro(-a), zíngaro(-a)

U

UE *sigle f* (= *Union européenne*) UE *f*
ulcère [ylsɛʀ] *nm* úlcera
ultérieur, e [ylteʀjœʀ] *adj* ulterior, posterior; **reporté à une date ~e** aplazado hasta nuevo aviso; **ultérieurement** *adv* posteriormente
ultime [yltim] *adj* último(-a)

MOT-CLÉ

un, une [œ̃, yn] *art indéf* un(a); **un garçon/vieillard** un chico/viejo; **une fille** una niña
▷ *pron* uno(-a); **l'un des meilleurs** uno de los mejores; **l'un ..., l'autre ...** uno ..., el otro ...; **les uns ..., les autres ...** (los) unos ..., (los) otros ...; **l'un et l'autre** uno y otro; **l'un ou l'autre** uno u otro; **pas un seul** ni uno; **un par un** uno a uno
▷ *num* uno(-a); **une pomme seulement** una manzana solamente

▷ *nf*: **la une** (*Presse*) la primera página; (*chaîne de télévision*) la primera (cadena)

unanime [ynanim] *adj* unánime; **unanimité** *nf* unanimidad *f*; **à l'unanimité** por unanimidad
uni, e [yni] *adj* (*tissu*) uniforme; (*surface, couleur*) liso(-a); (*groupe, pays*) unido(-a)
unifier [ynifje] *vt* unificar
uniforme [ynifɔʀm] *adj* (*aussi fig*) uniforme ▷ *nm* uniforme *m*; **uniformiser** *vt* uniformizar, uniformar
union [ynjɔ̃] *nf* unión *f*
unique [ynik] *adj* único(-a); **fils/fille ~** hijo único/hija única; **uniquement** *adv* únicamente
unir [yniʀ] *vt* unir; (*couleurs*) mezclar; **s'unir** *vpr* unirse; **~ qch à** unir algo a
unitaire [ynitɛʀ] *adj* unitario(-a)
unité [ynite] *nf* unidad *f*
univers [ynivɛʀ] *nm* universo; **universel, le** *adj* universal
universitaire [ynivɛʀsitɛʀ] *adj, nm/f* universitario(-a)
université [ynivɛʀsite] *nf* universidad *f*
urbain, e [yʀbɛ̃, ɛn] *adj* urbano(-a); **urbanisme** *nm* urbanismo
urgence [yʀʒɑ̃s] *nf* urgencia; **d'~** *adv* urgentemente
urgent, e [yʀʒɑ̃, ɑ̃t] *adj* urgente
urine [yʀin] *nf* orina; **urinoir** *nm* urinario
urne [yʀn] *nf* urna
urticaire [yʀtikɛʀ] *nf* urticaria
us [ys] *nmpl*: **~ et coutumes** usos *mpl* y costumbres
usage [yzaʒ] *nm* (*aussi Ling*) uso; **l'~** (*la coutume*) la costumbre; **à l'~** con el uso; **à l'~ de** para uso de; **en ~** en uso; **hors d'~** fuera de uso, en desuso; **à ~ interne/externe** (*Méd*) de uso interno/externo; **usagé, e** *adj* usado(-a); **usager, -ère** *nm/f* usuario(-a)
usé, e [yze] *adj* usado(-a); (*banal, rebattu*) manido(-a)
user [yze] *vt* usar; (*consommer*) gastar; (*fig: santé, personne*) desgastar; **s'user** *vpr* (*outil, vêtement*) gastarse; **~ de** (*moyen, droit, procédé*) servirse de
usine [yzin] *nf* fábrica
usité, e [yzite] *adj* empleado(-a)
ustensile [ystɑ̃sil] *nm* utensilio; **ustensile de cuisine** utensilio de cocina
usuel, le [yzɥɛl] *adj* usual
usure [yzyʀ] *nf* desgaste *m*; **avoir qn à l'~** acabar convenciendo a algn
utérus [yteʀys] *nm* útero
utile [ytil] *adj* útil
utilisation [ytilizasjɔ̃] *nf* utilización *f*
utiliser [ytilize] *vt* utilizar; (*Culin: restes*) aprovechar
utilitaire [ytilitɛʀ] *adj* (*objet, véhicule*) utilitario(-a)
utilité [ytilite] *nf* utilidad *f*; **reconnu d'~ publique** (*Admin*) reconocido de utilidad pública
utopie [ytɔpi] *nf* utopía

V

va [va] *vb voir* **aller**
vacance [vakɑ̃s] *nf* (*Admin*) vacante *f*; **vacances** *nfpl* vacaciones *fpl*; **prendre des/ses ~s (en juin)** coger las vacaciones (en junio); **aller en ~s** ir de vacaciones; **vacancier, -ière** *nm/f* veraneante *m/f*
vacant, e [vakɑ̃, ɑ̃t] *adj* vacante
vacarme [vakaʀm] *nm* alboroto
vaccin [vaksɛ̃] *nm* vacuna; **vaccination** *nf* vacunación *f*; **vacciner** *vt* vacunar; **être vacciné** (*fig: fam*) estar vacunado(-a)
vache [vaʃ] *nf* vaca; (*cuir*) piel *f* ▷ *adj* (*fam*) duro(-a); **vachement** (*fam*) *adv* super; **vacherie** (*fam*) *nf* faena
vaciller [vasije] *vi* vacilar
va-et-vient [vaevjɛ̃] *nm inv* vaivén *m*
vagabond, e [vagabɔ̃, ɔ̃d] *adj* vagabundo(-a); (*pensées*) errabundo(-a) ▷ *nm* vagabundo; **vagabonder** *vi* vagabundear
vagin [vaʒɛ̃] *nm* vagina
vague [vag] *nf* ola ▷ *adj* (*silhouette, souvenir*) vago(-a); (*angoisse*) indefinido(-a); **vague de fond** *nf* mar de fondo; **vague de froid** *nf* ola de frío
vaillant, e [vajɑ̃, ɑ̃t] *adj* valiente; (*vigoureux*) saludable
vain, e [vɛ̃, vɛn] *adj* vano(-a); **en ~** en vano
vaincre [vɛ̃kʀ] *vt* vencer, derrotar; **vaincu, e** *pp de* **vaincre** ▷ *nm/f* vencido(-a), derrotado(-a); **vainqueur** *adj m, nm* ganador *m*
vaisseau, x [vɛso] *nm* (*Anat*) vaso; (*Naut*) navío; **vaisseau spatial** nave *f* espacial
vaisselier [vɛsəlje] *nm* aparador *m*
vaisselle [vɛsɛl] *nf* vajilla; (*lavage*) fregado
valable [valabl] *adj* válido(-a); (*motif, solution*) admisible
valet [valɛ] *nm* criado; (*Cartes*) sota
valeur [valœʀ] *nf* valor *m*; **valeurs** *nfpl* (*morales*) valores *mpl* morales; **mettre en ~** (*fig*) destacar; **avoir/ prendre de la ~** tener/adquirir valor; **sans ~** sin valor
valide [valid] *adj* (*personne*) sano(-a); (*passeport, billet*) válido(-a); **valider** *vt* validar
valise [valiz] *nf* maleta, valija (*Am*)
vallée [vale] *nf* valle *m*
vallon [valɔ̃] *nm* pequeño valle *m*
valoir [valwaʀ] *vi* valer ▷ *vt* valer; (*un effort, détour*) merecer; (*causer, procurer: suj: chose*): **~ qch à qn** valer algo a algn; **se valoir** *vpr* ser equivalente; **faire ~** (*ses droits*) hacer valer; **à ~ sur** a cuenta de; **cela ne me dit rien qui vaille** eso me da mala espina; **ce climat** *etc* **ne me vaut rien** este clima *etc* no me sienta nada bien; **~ la peine** merecer la pena; **~ mieux: il vaut mieux se taire/que je fasse comme ceci** más vale callarse/

que lo haga así; **ça ne vaut rien** eso no vale nada
valse [vals] *nf* vals *m*
vandalisme [vɑ̃dalism] *nm* vandalismo
vanille [vanij] *nf* vainilla
vanité [vanite] *nf* vanidad *f*; **vaniteux, -euse** *adj* vanidoso(-a)
vanne [van] *nf* compuerta; (*fam*) pulla
vannerie [vanʀi] *nf* cestería
vantard, e [vɑ̃taʀ, aʀd] *adj* jactancioso(-a)
vanter [vɑ̃te] *vt* alabar; **se vanter** *vpr* jactarse; **se ~ de qch** jactarse *ou* presumir de algo
vapeur [vapœʀ] *nf* vapor *m*; **cuit à la ~** (*Culin*) cocinado al vapor; **vaporeux, -euse** *adj* vaporoso(-a); **vaporisateur** *nm* vaporizador *m*; **vaporiser** *vt* vaporizar
varappe [vaʀap] *nf* escalada de rocas
vareuse [vaʀøz] *nf* (*blouson*) marinera
variable [vaʀjabl] *adj* variable; (*résultats*) diverso(-a)
varice [vaʀis] *nf* variz *f*
varicelle [vaʀisɛl] *nf* varicela
varié, e [vaʀje] *adj* variado(-a); (*goûts, résultats*) diverso(-a)
varier [vaʀje] *vi* variar, cambiar; (*différer*) variar ▷ *vt* cambiar; **variété** *nf* variedad *f*; **variétés** *nfpl*: **spectacle/émission de variétés** espectáculo/programa de variedades
variole [vaʀjɔl] *nf* viruela
vas [va] *vb voir* **aller**; **--y!** ¡venga!
vase [vɑz] *nm* vaso ▷ *nf* fango; **vaseux, -euse** *adj* fangoso(-a); (*fam: confus*) confuso(-a); (*: fatigué*) hecho(-a) polvo
vasistas [vazistas] *nm* tragaluz *m*
vaste [vast] *adj* amplio(-a)
vautour [votuʀ] *nm* buitre *m*
vautrer [votʀe]: **se ~** *vpr* revolcarse; **se ~ dans/sur** revolcarse en
va-vite [vavit]: **à la ~** *adv* de prisa y corriendo

VDQS

VDQS (vin délimité de qualité supérieure) es la segunda categoría más alta de los vinos franceses, tras **AOC**, e indica que se trata de un vino de gran calidad procedente de viñedos con denominación de origen. A ésta le sigue el **vin de pays**. **Vin de table** o **vin ordinaire** es vino de mesa de origen indeterminado y a menudo con mezcla.

veau, x [vo] *nm* ternero; (*Culin*) ternera; (*peau*) becerro
vécu, e [veky] *pp de* **vivre** ▷ *adj* vivido(-a)
vedette [vədɛt] *nf* estrella; (*canot*) lancha motora
végétal, e, -aux [veʒetal, o] *adj, nm* vegetal *m*; **végétalien, ne** *adj, nm/f* vegetariano(-a) estricto(-a)
végétarien, ne [veʒetaʀjɛ̃, jɛn] *adj, nm/f* vegetariano(-a)
végétation [veʒetasjɔ̃] *nf* vegetación *f*
véhicule [veikyl] *nm* vehículo
veille [vɛj] *nf* vigilancia; (*Psych*) vigilia; (*jour*): **la ~ de** el día anterior a; **la ~ au soir** la noche anterior
veillée [veje] *nf* velada
veiller [veje] *vi* velar; (*être vigilant*) vigilar ▷ *vt* velar; **~ à faire/à ce que** ocuparse de hacer/de que; **~ sur** cuidar de; **veilleur** *nm*: **veilleur de nuit** sereno; **veilleuse** *nf* (*lampe*) lamparilla de noche; (*Auto, flamme*) piloto; **en veilleuse** a media luz
veinard, e [vɛnaʀ, aʀd] (*fam*) *nm/f* suertudo(-a)
veine [vɛn] *nf* vena; (*du bois, marbre*

etc) veta; **avoir de la ~** (*fam*) tener chiripa
véliplanchiste [veliplɑ̃ʃist] *nm/f* windsurfista *m/f*
vélo [velo] *nm* bici *f*; **vélomoteur** *nm* velomotor *m*
velours [v(ə)luʀ] *nm* terciopelo; **velours côtelé** pana; **velouté, e** *adj* (*peau*) aterciopelado(-a); (*au goût*) cremoso(-a) ▷ *nm* (*Culin*): **velouté d'asperges/de tomates** crema de espárragos/sopa de tomate
velu, e [vəly] *adj* velloso(-a)
vendange [vɑ̃dɑ̃ʒ] *nf* vendimia; **vendanger** *vi, vt* vendimiar
vendeur, -euse [vɑ̃dœʀ, øz] *nm/f* vendedor(a) ▷ *nm* (*Jur*) vendedor *m*; **vendeur de journaux** vendedor *ou* voceador *m* (*Am*) de periódicos, canillita *m* (*CSur*)
vendre [vɑ̃dʀ] *vt* vender; **~ qch à qn** vender algo a algn; **"à ~"** "en venta"
vendredi [vɑ̃dʀədi] *nm* viernes *m inv*; **Vendredi saint** Viernes Santo; *voir aussi* **lundi**
vénéneux, -euse [venenø, øz] *adj* venenoso(-a)
vénérien, ne [veneʀjɛ̃, jɛn] *adj* venéreo(-a)
vengeance [vɑ̃ʒɑ̃s] *nf* venganza
venger [vɑ̃ʒe] *vt* vengar; **se venger** *vpr* vengarse; **se ~ de/sur qch/qn** vengarse de/en algo/algn
venimeux, -euse [vənimø, øz] *adj* venenoso(-a)
venin [vənɛ̃] *nm* veneno
venir [v(ə)niʀ] *vi* venir, llegar; **~ de** (*lieu*) venir de; (*cause*) proceder de; **~ de faire: je viens d'y aller/de le voir** acabo de ir/de verle; **où veux-tu en ~?** ¿hasta dónde quieres llegar?; **je te vois ~** te veo venir; **il me vient une idée** se me ocurre una idea; **faire ~** llamar
vent [vɑ̃] *nm* viento; **il y a du ~** hace viento; **c'est du ~** (*fig*) son palabras al aire; **(être) dans le ~** (*fam*) (estar) a la moda; **avoir ~ de** enterarse de; **contre ~s et marées** contra viento y marea
vente [vɑ̃t] *nf* venta; **mettre en ~** poner en venta; **vente aux enchères** subasta
venteux, -euse [vɑ̃tø, øz] *adj* ventoso(-a)
ventilateur [vɑ̃tilatœʀ] *nm* ventilador *m*
ventiler [vɑ̃tile] *vt* ventilar; (*total, statistiques*) repartir
ventouse [vɑ̃tuz] *nf* ventosa
ventre [vɑ̃tʀ] *nm* vientre *m*; **j'ai mal au ~** me duele la barriga
venu, e [v(ə)ny] *pp de* **venir** ▷ *adj*: **être mal ~ de faire** ser poco oportuno hacer
ver [vɛʀ] *nm* gusano; (*intestinal*) lombriz *f*; (*du bois*) polilla; **ver à soie** gusano de seda; **ver de terre** lombriz *f*; **ver luisant** luciérnaga; **ver solitaire** tenia
verbe [vɛʀb] *nm* verbo
verdâtre [vɛʀdɑtʀ] *adj* verdusco(-a)
verdict [vɛʀdik(t)] *nm* veredicto
verdir [vɛʀdiʀ] *vi* verdear, verdecer; **verdure** *nf* verde *m*, verdor *m*
véreux, -euse [veʀø, øz] *adj* agusanado(-a); (*malhonnête*) corrompido(-a)
verge [vɛʀʒ] *nf* (*Anat*) verga
verger [vɛʀʒe] *nm* huerto
verglacé, e [vɛʀglase] *adj* helado(-a)
verglas [vɛʀglɑ] *nm* hielo
véridique [veʀidik] *adj* verídico(-a)
vérification [veʀifikasjɔ̃] *nf* revisión *f*
vérifier [veʀifje] *vt* revisar; (*hypothèse*) comprobar; **se vérifier** *vpr* verificarse
véritable [veʀitabl] *adj* verdadero(-a); (*ami, amour*) auténtico(-a); **un ~ désastre/miracle** un auténtico desastre/

milagro
vérité [veʀite] *nf* verdad *f*
vermeil, le [vɛʀmɛj] *adj* bermejo(-a)
vermine [vɛʀmin] *nf* parásitos *mpl*; (*fig*) chusma
vermoulu, e [vɛʀmuly] *adj* carcomido(-a)
verni, e [vɛʀni] *adj* barnizado(-a)
vernir [vɛʀniʀ] *vt* barnizar; (*poteries, ongles*) esmaltar; **vernis** *nm* barniz *m*; (*fig*) capa; **vernis à ongles** esmalte *m* de uñas; **vernissage** *nm* barnizado; (*d'une exposition*) inauguración *f*
vérole [veʀɔl] *nf* (*aussi*: **petite ~**) viruela
verre [vɛʀ] *nm* vidrio, cristal *m*; (*récipient, contenu*) vaso, copa; (*de lunettes*) cristal *m*; **boire** *ou* **prendre un ~** beber *ou* tomar una copa; **verres de contact** lentes *mpl* de contacto, lentillas *fpl*; **verrière** *nf* cristalera
verrou [veʀu] *nm* cerrojo; (*Géo, Mil*) bloqueo; **mettre qn/être sous les ~s** meter a algn/estar en chirona; **verrouillage** *nm* cierre *m*; **verrouiller** *vt* (*porte*) cerrar con cerrojo
verrue [veʀy] *nf* verruga
vers [vɛʀ] *nm* verso ▷ *prép* hacia; (*dans les environs de*) hacia, cerca de; (*temporel*) alrededor de, sobre
versant [vɛʀsɑ̃] *nm* ladera
versatile [vɛʀsatil] *adj* versátil
verse [vɛʀs] *adv*: **il pleut à ~** llueve a cántaros
Verseau [vɛʀso] *nm* (*Astrol*) Acuario
versement [vɛʀsəmɑ̃] *nm* pago; **en 3 ~s** en 3 plazos
verser [vɛʀse] *vt* verter, derramar; (*dans une tasse etc*) echar; (*argent: à qn*) pagar; (*: sur un compte*) ingresar
version [vɛʀsjɔ̃] *nf* versión *f*
verso [vɛʀso] *nm* dorso; **voir au ~** ver al dorso
vert, e [vɛʀ, vɛʀt] *adj* verde; (*personne: vigoureux*) lozano(-a); (*langage, propos*) fuerte ▷ *nm* verde *m*
vertèbre [vɛʀtɛbʀ] *nf* vértebra
vertement [vɛʀtəmɑ̃] *adv* severamente
vertical, e, -aux [vɛʀtikal, o] *adj* vertical; **verticale** *nf* vertical *f*; **à la verticale** en vertical; **verticalement** *adv* verticalmente
vertige [vɛʀtiʒ] *nm* vértigo; **vertigineux, -euse** *adj* vertiginoso(-a)
vertu [vɛʀty] *nf* virtud *f*; **en ~ de** en virtud de; **vertueux, -euse** *adj* virtuoso(-a)
verve [vɛʀv] *nf* inspiración *f*; **être en ~** estar en vena
verveine [vɛʀvɛn] *nf* verbena
vésicule [vezikyl] *nf* vesícula; **vésicule biliaire** vesícula biliar
vessie [vesi] *nf* vejiga
veste [vɛst] *nf* chaqueta, americana, saco (*Am*); **veste croisée/droite** chaqueta cruzada/recta *ou* sin cruzar
vestiaire [vɛstjɛʀ] *nm* (*au théâtre etc*) guardarropa; (*de stade etc*) vestuario
vestibule [vɛstibyl] *nm* vestíbulo
vestige [vɛstiʒ] *nm* vestigio
vestimentaire [vɛstimɑ̃tɛʀ] *adj* (*détail*) de la vestimenta; (*élégance*) en el vestir
veston [vɛstɔ̃] *nm* americana
vêtement [vɛtmɑ̃] *nm* vestido; **vêtements** *nmpl* ropa
vétérinaire [veteʀinɛʀ] *adj, nm/f* veterinario(-a)
vêtir [vetiʀ] *vt* vestir
vêtu, e [vety] *pp de* **vêtir** ▷ *adj*: **~ de** vestido(-a) de
vétuste [vetyst] *adj* vetusto(-a)
veuf, veuve [vœf, vœv] *adj, nm/f* viudo(-a)
vexant, e [vɛksɑ̃, ɑ̃t] *adj* molesto(-a)
vexations [vɛksasjɔ̃] *nfpl* humillaciones *fpl*
vexer [vɛkse] *vt* ofender, humillar; **se vexer** *vpr* ofenderse
viable [vjabl] *adj* viable

viande [vjɑ̃d] *nf* carne *f*
vibrer [vibʀe] *vi* vibrar
vice [vis] *nm* vicio; **~ de fabrication/ construction** defecto de fabricación/ construcción
vicié, e [visje] *adj* viciado(-a)
vicieux, -euse [visjø, jøz] *adj* vicioso(-a)
vicinal, e, -aux [visinal, o] *adj* vecinal; **chemin ~** camino vecinal
victime [viktim] *nf* víctima
victoire [viktwaʀ] *nf* victoria, triunfo
victuailles [viktɥɑj] *nfpl* vitualla
vidange [vidɑ̃ʒ] *nf* (*Auto*) cambio de aceite; (*de lavabo*) desagüe *m*; **vidanger** *vt* vaciar
vide [vid] *adj* vacío(-a) ▷ *nm* vacío; **emballé sous ~** envasado al vacío; **avoir peur du ~** tener miedo del vacío; **parler dans le ~** hablar en el aire; **faire le ~** hacer el vacío
vidéo [video] *nf* vídeo
vide-ordures [vidɔʀdyʀ] *nm inv* vertedero de basuras
vider [vide] *vt* vaciar; (*bouteille, verre*) beber; (*volaille, poisson*) limpiar; (*fam*) echar; **~ les lieux** desalojar el local; **videur** *nm* matón *m*
vie [vi] *nf* vida; (*animation*) vitalidad *f*; **être en ~** estar vivo(-a); **sans ~** sin vida; **à ~** para toda la vida, vitalicio(-a); **mener la ~ dure à qn** hacerle la vida imposible a algn
vieil [vjɛj] *adj m voir* **vieux**; **vieillard** *nm* anciano; **vieille** *adj f voir* **vieux**; **vieille fille** solterona; **vieilleries** *nfpl* antiguallas *fpl*; **vieillesse** *nf* vejez *f*; **vieillir** *vi* envejecer; (*vin*) hacerse añejo(-a) ▷ *vt* avejentar; (*attribuer un âge plus avancé*) envejecer
vierge [vjɛʀʒ] *adj* virgen; (*page*) en blanco ▷ *nf* virgen *f*; (*Astrol*): **la V~** Virgo; **~ de** sin
Viêt-Nam, Vietnam [vjɛtnam] *nm* Vietnam *m*; **vietnamien, ne** *adj* vietnamita ▷ *nm* (*Ling*) vietnamita *m* ▷ *nm/f*: **Vietnamien, ne** vietnamita *m/f*
vieux, vieil, vieille [vjø, vjɛj] *adj* viejo(-a); (*ancien*) antiguo(-a) ▷ *nmpl*: **les ~** los viejos; **mon ~/ma vieille** (*fam*) hombre/mujer; **prendre un coup de ~** envejecer de repente; **se faire ~** hacerse viejo(-a); **vieux garçon** solterón; **vieux jeu** *adj inv* chapado(-a) a la antigua
vif, vive [vif, viv] *adj* vivo(-a); (*alerte*) espabilado(-a); (*air*) tonificante; (*vent, froid*) cortante; (*émotion*) fuerte; (*déception, intérêt*) profundo(-a); **de vive voix** de viva voz; **avoir les nerfs à ~** tener los nervios de punta
vigne [viɲ] *nf* (*plante*) vid *f*; (*plantation*) viña; **vigneron** *nm* viñador *m*
vignette [viɲɛt] *nf* viñeta; (*Auto*) pegatina; (*sur médicament*) resguardo de precio
vignoble [viɲɔbl] *nm* viñedo
vigoureux, -euse [viguʀø, øz] *adj* vigoroso(-a)
vigueur [vigœʀ] *nf* vigor *m*; (*Jur*): **être/entrer en ~** estar/entrar en vigor; **en ~** vigente
vilain, e [vilɛ̃, ɛn] *adj* (*laid*) feo(-a); (*affaire, blessure*) malo(-a); (*enfant*) malo(-a)
villa [villa] *nf* villa, chalet *m*
village [vilaʒ] *nm* pueblo; (*aussi*: **petit ~**) aldea; **villageois, e** *adj, nm/f* lugareño(-a); (*d'un petit village*) aldeano(-a)
ville [vil] *nf* ciudad *f*, villa, municipio
vin [vɛ̃] *nm* vino; **vin de pays/de table** vino del país/de mesa
vinaigre [vinɛgʀ] *nm* vinagre *m*; **vinaigrette** *nf* vinagreta
vindicatif, -ive [vɛ̃dikatif, iv] *adj* vindicativo(-a)
vingt [vɛ̃] *adj inv, nm inv* veinte *m inv*; *voir aussi* **cinq**; **vingtaine**

nf: **une vingtaine (de)** unos veinte; **vingtième** *adj, nm/f* vigésimo(-a) ▷ *nm* (*partitif*) veinteavo; *voir aussi* **cinquantième**
vinicole [vinikɔl] *adj* vinícola
vinyle [vinil] *nm* vinilo
viol [vjɔl] *nm* violación *f*
violacé, e [vjɔlase] *adj* violáceo(-a)
violemment [vjɔlamɑ̃] *adv* violentamente
violence [vjɔlɑ̃s] *nf* violencia
violent, e [vjɔlɑ̃, ɑ̃t] *adj* violento(-a)
violer [vjɔle] *vt* violar
violet, te [vjɔlɛ, ɛt] *adj, nm* violeta *m*; **violette** *nf* violeta
violon [vjɔlɔ̃] *nm* violín *m*; **violoncelle** *nm* violoncelo, violonchelo; **violoniste** *nm/f* violinista *m/f*
vipère [vipɛʀ] *nf* víbora
virage [viʀaʒ] *nm* (*d'un véhicule*) giro; (*d'une route, piste*) curva
virée [viʀe] *nf* vuelta
virement [viʀmɑ̃] *nm* (*Comm*) transferencia
virer [viʀe] *vt*: **~ qch (sur)** (*Comm: somme*) hacer una transferencia (a); (*fam*) echar ▷ *vi* virar; **~ de bord** (*Naut*) virar de bordo
virevolter [viʀvɔlte] *vi* dar vueltas
virgule [viʀgyl] *nf* coma
viril, e [viʀil] *adj* viril, varonil
virtuel, le [viʀtɥɛl] *adj* virtual
virtuose [viʀtɥoz] *adj, nm/f* virtuoso(-a)
virus [viʀys] *nm* virus *m inv*
vis [vis] *nf* [vis] tornillo
visa [viza] *nm* visa, visado
visage [vizaʒ] *nm* cara, rostro
vis-à-vis [vizavi] *adv* enfrente de, frente a ▷ *nm inv* (*personne*) persona de enfrente; **~ de** con respecto a
visée [vize] *nf* (*avec une arme*) puntería; **visées** *nfpl* (*intentions*) objetivos *mpl*
viser [vize] *vi* apuntar ▷ *vt* apuntar; (*carrière etc*) aspirar a; (*concerner*) atañer a; **~ à qch/faire qch** pretender algo/hacer algo
visibilité [vizibilite] *nf* visibilidad *f*
visible [vizibl] *adj* visible
visière [vizjɛʀ] *nf* visera
vision [vizjɔ̃] *nf* visión *f*; **visionneuse** *nf* visionador *m*
visite [vizit] *nf* visita; **rendre ~ à qn** visitar a algn; **heures de ~** horas *fpl* de visita
visiter [vizite] *vt* visitar; **visiteur, -euse** *nm/f* visitante *m/f*
vison [vizɔ̃] *nm* visón *m*
visser [vise] *vt* atornillar; (*serrer: couvercle*) enroscar
visuel, le [vizɥɛl] *adj* visual
vital, e, -aux [vital, o] *adj* vital
vitamine [vitamin] *nf* vitamina
vite [vit] *adv* de prisa; (*sans délai*) pronto; **faire ~** darse prisa
vitesse [vitɛs] *nf* rapidez *f*; (*d'un véhicule, corps, fluide*) velocidad *f*; (*Auto*): **les ~s** las marchas; **prendre de la ~** coger velocidad; **à toute ~** a toda marcha
viticulteur [vitikyltœʀ] *nm* viticultor *m*
vitrail, -aux [vitʀaj, o] *nm* vidriera
vitre [vitʀ] *nf* vidrio, cristal *m*; (*d'une portière, voiture*) cristal; **vitré, e** *adj* con cristales; **porte vitrée** puerta vidriera
vitrine [vitʀin] *nf* escaparate *m*, vidriera (*Am*); (*petite armoire*) vitrina
vivable [vivabl] *adj* soportable
vivace [vivas] *adj* (*arbre, plante*) resistente; (*haine*) tenaz
vivacité [vivasite] *nf* vivacidad *f*
vivant, e [vivɑ̃, ɑ̃t] *vb voir* **vivre** ▷ *adj* viviente; (*animé*) vivo(-a)
vive [viv] *adj f voir* **vif** ▷ *excl*: **~ le roi/la république!** ¡viva el rey/la república!; **vivement** *adv* vivamente ▷ *excl*: **vivement qu'il s'en aille!** ¡que se vaya pronto!; **vivement**

les vacances! ¡que lleguen ya las vacaciones!
vivier [vivje] *nm* vivero
vivifiant, e [vivifjɑ̃, jɑ̃t] *adj* vivificante
vivoter [vivɔte] *vi* ir tirando
vivre [vivʀ] *vi* vivir ▷ *vt* vivir; **vivres** *nmpl* (*provisions*) víveres *mpl*; **la victime vit encore** la víctima sigue viva; **se laisser ~** dejarse estar; **il est facile/difficile à ~** tiene buen/mal carácter; **faire ~ qn** mantener a algn; **~ bien/mal** vivir bien/mal
vlan [vlɑ̃] *excl* ¡pum!
VO [veo] *sigle f* (= *version originale*) V.O. (= *versión original*)
vocabulaire [vɔkabylɛʀ] *nm* vocabulario
vocation [vɔkasjɔ̃] *nf* vocación *f*
vœu, x [vø] *nm* deseo; (*à Dieu*) voto; **faire ~ de** hacer voto de; **avec tous nos ~x** muchas felicidades; **vœux de bonheur** deseos *mpl* de felicidad
vogue [vɔg] *nf* moda; **en ~** en boga
voici [vwasi] *prép* aquí está; **et ~ que ...** y entonces ...
voie [vwa] *nf* vía; (*Auto*) carril *m*; **par ~ orale/rectale** por vía oral/rectal; **être en bonne ~** estar en el buen camino; **mettre qn sur la ~** encaminar a algn; **route à 2/3 ~s** carretera de dos/tres carriles; **voie ferrée/navigable** vía férrea/navegable; **voie publique** vía pública
voilà [vwala] *prép* he ahí, ahí está; **les ~** ahí *ou* aquí están; **~ deux ans que ...** hace dos años que ...; **et ~!** ¡eso es todo!, ¡ya está!; **~ tout** eso es todo
voile [vwal] *nm* velo ▷ *nf* vela; **la ~** (*Sport*) la vela; **voiler** *vt* (*fig*) velar, ocultar; (*fausser: roue*) alabear; **se voiler** *vpr* (*lune*) ocultarse; (*regard*) apagarse; (*Tech*) combarse; **voilier** *nm* velero; **voilure** *nf* velamen *m*
voir [vwaʀ] *vi* ver ▷ *vt* ver; (*constater*): **~ que/comme** ver que/como; **se voir** *vpr*: **se ~ critiquer** verse criticado(-a); **cela se voit** es evidente; **~ loin/venir** ver lejos/venir; **faire ~ qch à qn** enseñar algo a algn; **ne pas pouvoir ~ qn** no poder ver a algn; **voyons!** ¡vamos!; **c'est à ~!** ¡habrá que verlo!; **c'est ce qu'on va ~** eso habrá que verlo; **avoir quelque chose à ~ avec** tener algo que ver con
voire [vwaʀ] *adv* incluso
voisin, e [vwazɛ̃, in] *adj* vecino(-a), próximo(-a); (*ressemblant*) parecido(-a), vecino(-a) ▷ *nm/f* vecino(-a); **voisinage** *nm* vecindad *f*
voiture [vwatyʀ] *nf* coche *m*, auto (*esp Am*), carro (*Am*); **voiture de sport** coche deportivo
voix [vwɑ] *nf* voz *f*; (*Pol*) voto; **~ passive/active** (*Ling*) voz pasiva/activa; **à haute ~** en voz alta; **à ~ basse** en voz baja
vol [vɔl] *nm* vuelo; (*mode d'appropriation*) robo; (*larcin*) hurto; **à ~ d'oiseau** a vuelo de pájaro; **au ~: attraper qch au ~** coger algo al vuelo; **vol à la tire** tirón *m* (de bolsa); **vol à main armée** robo *ou* atraco a mano armada; **vol libre** (*Sport*) vuelo libre
volage [vɔlaʒ] *adj* voluble
volaille [vɔlaj] *nf* (*oiseaux*) aves *fpl* de corral; (*viande, oiseau*) ave *f*
volant, e [vɔlɑ̃, ɑ̃t] *adj* volante, volador(a) ▷ *nm* volante *m*
volcan [vɔlkɑ̃] *nm* volcán *m*
volée [vɔle] *nf* (*Tennis*) voleo; **rattraper qch à la ~** coger algo al vuelo; **à toute ~** (*sonner les cloches*) al vuelo; (*lancer un projectile*) al voleo; **volée (de coups)** paliza; **volée de flèches** lluvia de flechas
voler [vɔle] *vi* volar; (*voleur*) robar, hurtar ▷ *vt* (*objet*) robar; **~ en éclats** volar en mil pedazos; **~ qch à qn** robar algo a algn
volet [vɔlɛ] *nm* postigo

voleur, -euse [vɔlœʀ, øz] *adj, nm/f* ladrón(-ona)
volontaire [vɔlɔ̃tɛʀ] *adj* voluntario(-a) ▷ *nm/f* voluntario(-a)
volonté [vɔlɔ̃te] *nf* voluntad *f*; **à ~** a voluntad; **bonne/mauvaise ~** buena/mala voluntad
volontiers [vɔlɔ̃tje] *adv* con gusto
volt [vɔlt] *nm* voltio
volte-face [vɔltəfas] *nf inv* media vuelta
voltige [vɔltiʒ] *nf* (*au cirque*) acrobacia (en el aire); (*équitation*) acrobacia ecuestre; **voltiger** *vi* revolotear
volubile [vɔlybil] *adj* locuaz
volume [vɔlym] *nm* volumen *m*; **volumineux, -euse** *adj* voluminoso(-a)
volupté [vɔlypte] *nf* voluptuosidad *f*
vomi [vɔmi] *nm* vómito; **vomir** *vi* vomitar ▷ *vt* vomitar; **vomissements** *nmpl*: **être pris de vomissements** comenzar a devolver *ou* vomitar de pronto
vorace [vɔʀas] *adj* voraz
vos [vo] *dét voir* **votre**
vote [vɔt] *nm* voto; **vote par correspondance/procuration** voto por correspondencia/poder; **voter** *vi, vt* votar
votre [vɔtʀ] (*pl* **vos**) *dét* vuestro(-a), su
vôtre [votʀ] *dét*: **le/la ~** el/la vuestro(-a); **les ~s** los/las vuestros(-as); **à la ~** ¡salud!
vouer [vwe] *vt*: **~ une haine/amitié éternelle à qn** profesar odio/amistad eterna a algn

MOT-CLÉ

vouloir [vulwaʀ] *vt* 1 querer; **voulez-vous du thé?** ¿quiere té?; **que me veut-il?** ¿qué quiere de mí?; **sans le vouloir** sin querer; **je voudrais qch/faire** quería *ou* quisiera algo/hacer; **le hasard a voulu que …** el azar quiso que …; **la tradition veut que …** la tradición es que …; **vouloir faire/que qn fasse qch** querer hacer/que algn haga algo; **que veux-tu que je te dise?** ¿qué quieres que te diga?
2 (*consentir*): **tu veux venir? – oui, je veux bien** ¿quieres venir? – sí, me parece bien; **oui, si on veut** sí, en cierto modo; **si vous voulez** si quiere; **veuillez attendre** tenga la amabilidad de esperar; **veuillez agréer …** le saluda atentamente …; **comme vous voudrez** como quiera
3: **en vouloir à: en vouloir à qn** estar resentido con algn; **je lui en veux d'avoir fait ça** me sienta muy mal que haya hecho eso; **s'en vouloir d'avoir fait qch** estar arrepentido de haber hecho algo; **je ne lui veux pas de mal** no le deseo nada malo
4: **vouloir de qch/qn: l'entreprise ne veut plus de lui** la empresa ya no le quiere; **elle ne veut pas de son aide** ella no quiere su ayuda
5: **vouloir dire (que)** (*signifier*) querer decir (que)
▷ *nm*: **le bon vouloir de qn** la buena voluntad de algn

voulu, e [vuly] *pp de* **vouloir** ▷ *adj* (*requis*) requerido(-a); (*délibéré*) deliberado(-a)
vous [vu] *pron* (*sujet*: *pl*: *familier*) vosotros(-as), ustedes (*Am*); (*: forme de politesse*) ustedes; (*: singulier*) usted; (*objet direct*: *pl*) os, les (*Am*); (*: forme de politesse*) les/las *ou* los; (*: singulier*) le/la *ou* lo; (*objet indirect*: *pl*) os, les (*Am*); (*: forme de politesse*) les; (*: singulier*) le; (*réfléchi, réciproque*: *direct, indirect*) os; (*: forme de politesse*) se; **je ~ le jure** os lo juro; (*politesse*) se lo juro; **je ~ prie de …** os pido que …; (*politesse*: *pluriel*) les pido que …; (*: singulier*) le pido que …;

~ pouvez ~ asseoir podéis sentaros; (*politesse: pluriel*) pueden sentarse; (*: singulier*) puede usted sentarse; **à ~** vuestro(-a), vuestros(-as); (*formule de politesse*) suyo(-a), suyos(-as); **ce livre est à ~** ese libro es vuestro; (*politesse*) ese libro es suyo; **avec/sans ~** con/sin vosotros; (*politesse: pluriel*) con/sin ustedes; (*: singulier*) con/sin usted; **je vais chez ~** voy a vuestra casa; (*politesse*) voy a su casa; **~-même** (*sujet*) usted mismo(-a); (*après prép*) sí mismo(-a); (*emphatique*): **~-même, ~ ...** usted, ...; **~-mêmes** (*sujet*) vosotros(-as) *ou* (*Am*) ustedes mismos(-as); (*forme de politesse*) ustedes mismos(-as); (*après prép*) sí mismos(-as); (*emphatique*): **~-mêmes, ~ ...** vosotros, ..., ustedes, ... (*Am*); (*forme de politesse*) ustedes, ...

vouvoyer [vuvwaje] *vt*: **~ qn** tratar de usted a algn

voyage [vwajaʒ] *nm* viaje *m*; **être/partir en ~** estar/ir *ou* salir de viaje; **faire bon ~** hacer un buen viaje; **voyage d'affaires** viaje de negocios; **voyage de noces** viaje de novios; **voyage organisé** viaje organizado

voyager [vwajaʒe] *vi* viajar; **voyageur, -euse** *adj, nm/f* viajero(-a)

voyant, e [vwajɑ̃, ɑ̃t] *adj* llamativo(-a) ▷ *nm/f* vidente *m/f* ▷ *nm* indicador *m* luminoso

voyelle [vwajɛl] *nf* vocal *f*

voyou [vwaju] *adj, nm* granuja *m*

vrac [vʀak]: **en ~** *adj, adv* en desorden; (*Comm*) a granel

vrai, e [vʀɛ] *adj* verdadero(-a), cierto(-a); **son ~ nom** su auténtico nombre; **un ~ comédien/sportif** un auténtico comediante/deportista; **à dire ~, à ~ dire** a decir verdad; **vraiment** *adv* verdaderamente; **"vraiment?"** "¿de verdad?", "¿es cierto?"; **vraisemblable** *adj* (*plausible*) verosímil; **vraisemblablement** *adv* probablemente; **vraisemblance** *nf* verosimilitud *f*

vrombir [vʀɔ̃biʀ] *vi* zumbar

VRP [veɛʀpe] *sigle m* (= *voyageur, représentant, placier*) representante

VTT [vetete] *sigle m* (= *vélo tout terrain*) bicicleta todo terreno

vu¹ [vy] *prép* visto; **~ que** visto que

vu², e [vy] *pp de* **voir** ▷ *adj*: **bien/mal ~** bien/mal visto(-a)

vue [vy] *nf* vista; **vues** *nfpl* (*idées*) opiniones *fpl*; (*dessein*) proyectos *mpl*; **perdre la ~** perder la vista; **perdre de ~** perder de vista; **hors de ~** fuera de la vista; **à première ~** a primera vista; **connaître qn de ~** conocer a algn de vista; **à ~ d'œil** a ojos vistas; **avoir ~ sur** tener vistas a; **en ~ de faire qch** con intención de hacer algo; **vue d'ensemble** vista de conjunto

vulgaire [vylgɛʀ] *adj* vulgar; **de ~s chaises de cuisine** simples sillas de cocina; **nom ~** (*Bot, Zool*) nombre *m* común; **vulgariser** *vt* (*connaissances*) divulgar

vulnérable [vylneʀabl] *adj* vulnerable

W X

wagon [vagɔ̃] *nm* vagón *m*; **wagon-lit** (*pl* **wagons-lits**) *nm* coche-cama *m*; **wagon-restaurant** (*pl* **wagons-restaurants**) *nm* coche-restaurante *m*
wallon, ne [walɔ̃, ɔn] *adj* valón(-ona) ▷ *nm* (*Ling*) valón *m* ▷ *nm/f*: **W~, ne** valón(-ona)
watt [wat] *nm* vatio
w-c [vese] *nmpl* W-C *mpl*
Web [wɛb] *nm inv*: **le ~** la Red, la Web
webcam [wɛbkam] *nf* webcam *f*
webmaster [wɛbmastɛʀ], **webmestre** [wɛbmɛstʀə] *nm* webmaster *m/f*, administrador(a) de web
week-end [wikɛnd] (*pl* **~s**) *nm* fin *m* de semana
western [wɛstɛʀn] *nm* película del oeste, western *m*
whisky [wiski] (*pl* **whiskies**) *nm* whisky *m*
wifi [wifi] *nm* Wi-Fi *m*
xénophobe [gzenɔfɔb] *nm/f* xenófobo(-a)
xérès [gzeʀɛs] *nm* jerez *m*
xylophone [gzilɔfɔn] *nm* xilófono

y z

y [i] *adv* allí; (*plus près*) ahí; (*ici*) aquí ▷ *pron* (*la préposition espagnole dépend du verbe employé*) a *ou* de *ou* en él, ella, ello; **nous ~ sommes enfin** ya estamos aquí; **à l'hôtel? j'~ reste 3 semaines** ¿en el hotel? me voy a quedar 3 semanas; **j'~ pense** (*je n'ai pas oublié*) lo tengo en mente; (*décision à prendre*) me lo estoy pensando; **j'~ suis!** ¡ya caigo!; **je n'~ suis pour rien** no he tenido nada que ver (en esto); **s'~ entendre (en qch)** entender de (algo); *voir aussi* **aller, avoir**
yacht [jɔt] *nm* yate *m*
yaourt [jauʀt] *nm* yogur *m*
yeux [jø] *nmpl de* **œil**
yoga [jɔga] *nm* yoga *m*
yoghourt [jɔguʀt] *nm* = **yaourt**
yougoslave [jugɔslav] *adj* yugoslavo(-a) ▷ *nm/f*: **Y~** yugoslavo(-a)
Yougoslavie [jugɔslavi] *nf* Yugoslavia
zapper [zape] *vi* hacer zapping
zapping [zapiŋ] *nm*: **faire du ~** hacer zapping, zapear
zèbre [zɛbʀ(ə)] *nm* cebra; **zébré, e** *adj* rayado(-a)
zèle [zɛl] *nm* celo; **faire du ~** (*péj*) pasarse en el celo; **zélé, e** *adj* (*fonctionnaire*) diligente; (*défenseur*) celoso(-a)
zéro [zeʀo] *adj* cero ▷ *nm* (*Scol*) cero; **au-dessus/au-dessous de ~** sobre/bajo cero; **réduire à ~** reducir a cero; **partir de ~** partir de cero; **trois (buts) à ~** tres (goles) a cero
zeste [zɛst] *nm* cáscara
zézayer [zezeje] *vi* cecear
zigzag [zigzag] *nm* zigzag *m*; **zigzaguer** *vi* zigzaguear
zinc [zɛ̃g] *nm* (*Chim*) cinc *m*
zizi [zizi] (*fam*) *nm* pito
zodiaque [zɔdjak] *nm* zodíaco
zona [zona] *nm* zona
zone [zon] *nf* zona; **zone industrielle**

polígono industrial
zoo [zo(o)] *nm* zoo
zoologie [zɔɔlɔʒi] *nf* zoología;
zoologique *adj* zoológico(-a)
zut [zyt] *excl* ¡mecachis!

Phrases utiles

Guía del viajero

THÈMES | TEMAS

THÈMES | TEMAS

FAIRE CONNAISSANCE	CONOCER A GENTE
Bonjour !	¡Buenos días!
Salut !	¡Hola!
Bonsoir !	¡Buenas noches!
Bonne nuit !	¡Buenas noches!
Au revoir !	¡Adiós!
Comment vous appelez-vous ?	¿Cómo se llama usted?
Je m'appelle ...	Me llamo ...
Je vous présente ma femme.	Le presento a mi mujer.
Je vous présente mon mari.	Le presento a mi marido.
Je vous présente mon compagnon.	Le presento a mi pareja.
Enchanté.	Encantado de conocerle.
D'où êtes-vous ?	¿De dónde es usted?
Je suis de ...	Soy de ...
Comment allez-vous ?	¿Cómo está usted?
Bien, merci.	Bien, gracias.
Et vous ?	¿Y usted?
Parlez-vous français ?	¿Habla usted francés?
Désolé, je ne comprends pas.	Perdone, pero no entiendo.
Merci beaucoup !	¡Muchas gracias!

Demander son chemin	Cómo se puede ir hasta ...?
Où est le bureau de poste le plus proche ?	¿Dónde está la oficina de correos más cercana?
Comment est-ce qu'on y va ?	¿Cómo se va hasta allí?
Comment est-ce qu'on va à la gare ?	¿Cómo se va hasta la estación?
Est-ce que c'est loin ?	¿Está muy lejos?
C'est à combien d'ici ?	¿Cómo queda de lejos?
C'est la bonne direction pour aller à la gare ?	¿Por aquí se va a la estación?
Je suis perdu.	Me he perdido.
Pouvez-vous me le montrer sur la carte ?	¿Me lo puede señalar en el mapa?
Vous devez faire demi-tour.	Tiene que dar la vuelta.
Allez tout droit.	Siga todo recto.
Tournez à gauche.	Tuerza a la izquierda.
Tournez à droite.	Tuerza a la derecha.
Prenez la deuxième rue à gauche.	Tome la segunda calle a la izquierda.

Location de voitures	Alquiler de coches
Je voudrais louer une voiture.	Quisiera alquilar un coche.
C'est combien pour ... ?	¿Cuánto cuesta por ...?
une journée	*un día*
une semaine	*una semana*
Je voudrais un siège auto pour un enfant de 2 ans.	Quisiera una silla infantil para un niño de 2 años.
Que dois-je faire en cas d'accident/de panne ?	¿Qué debo hacer en caso de accidente/de avería?

Pannes	Averías
Je suis en panne.	Tengo una avería.
Où est le garage le plus proche ?	¿Hay un taller por aquí cerca?
La boîte de vitesses est cassée.	La caja de cambios está rota.
Le pare-brise est cassé.	El parabrisas está roto.
Les freins ne fonctionnent pas.	Los frenos no funcionan.
Les phares ne fonctionnent pas.	Las luces no funcionan.
La batterie est à plat.	Se ha quedado sin batería.
Le moteur ne démarre pas.	El motor no arranca.
Le moteur chauffe.	El motor se recalienta.
J'ai crevé.	Se me ha pinchado una rueda.
Pouvez-vous le réparer ?	¿Puede repararlo?
Quand est-ce que la voiture sera prête ?	¿Cuándo estará listo el coche?

Stationnement	Aparcamiento
Je peux me garer ici ?	¿Puedo aparcar aquí?
Où est l'horodateur ?	¿Dónde está el parquímetro?
L'horodateur ne fonctionne pas.	El parquímetro no funciona.

Station-service	Gasolinera
Où est la station-service la plus proche ?	¿Hay una gasolinera por aquí cerca?
Le plein, s'il vous plaît.	Lleno, por favor.
30 euros de gazole, s'il vous plaît.	30 euros de diesel, por favor.

30 euros de sans plomb 95, s'il vous plaît.	30 euros de 95 (sin plomo), por favor.
Pompe numéro 4, s'il vous plaît.	El número 4, por favor.
Pouvez-vous vérifier	Por favor, compruebe
la pression des pneus ?	*la presión de los neumáticos.*
le niveau d'huile ?	*la presión del aceite.*

Accidents | Accidentes

Appelez la police, s'il vous plaît.	Por favor, llame a la policía.
Appelez une ambulance, s'il vous plaît.	Por favor, llame a una ambulancia.
Voici les références de mon assurance.	Estos son los datos de mi seguro.
Donnez-moi les références de votre assurance, s'il vous plaît.	Por favor, deme los datos de su seguro.
Pouvez-vous me servir de témoin ?	¿Puede ser usted mi testigo?
Vous conduisiez trop vite.	Usted conducía muy rápido.
Vous n'aviez pas la priorité.	Usted no tenía prioridad.

En voiture | En coche

Quel est le meilleur chemin pour aller à l'aéroport ?	¿Cuál es la mejor forma de ir al eropuerto?
Où paie-t-on le péage ?	¿Dónde se paga el peaje?
Avez-vous une carte de la région ?	¿Tiene un mapa de carreteras de esta zona?

À vélo	En bicicleta
Où est la piste cyclable pour aller à … ?	¿Dónde está el carril-bici para ir a …?
Est-ce que je peux laisser mon vélo ici ?	¿Puedo dejar aquí mi bicicleta?
On m'a volé mon vélo.	Me han robado la bicicleta.
Où se trouve le réparateur de vélos le plus proche ?	¿Hay un taller de bicicletas por aquí cerca?
Les freins ne marchent pas.	El freno no funciona.
Les vitesses ne marchent pas.	Las marchas no funcionan.
La chaîne est cassée.	La cadena se ha roto.
J'ai crevé.	He tenido un pinchazo.
J'ai besoin d'un kit de réparation.	Necesito una caja de parches.

En train	En tren
Un aller simple pour … s'il vous plaît.	Un billete de ida para … por favor.
Deux allers-retours pour … s'il vous plaît.	Dos billetes de ida y vuelta para … por favor.
Je voudrais voyager en première classe.	Me gustaría viajar en primera clase.
Il y a un tarif réduit pour les étudiants ?	¿Hay descuento para estudiantes?
Il y a un tarif réduit pour les seniors ?	¿Hay descuento para pensionistas?
Je voudrais faire une réservation pour le train qui va à … s'il vous plaît.	Una reserva para el tren que va a … por favor.
Je voudrais réserver une couchette pour …	Quisiera reservar una litera para …
À quelle heure part le prochain train pour … ?	¿Cuándo sale el próximo tren para …?

Est-ce qu'il faut payer un supplément ?	¿Tengo que pagar suplemento?
Est-ce qu'il y a un changement ?	¿Hay que hacer transbordo?
Où est-ce qu'il faut changer ?	¿Dónde tengo que hacer transbordo?
C'est bien le train pour ... ?	¿Es éste el tren que va a ...?
Excusez-moi, c'est ma place.	Perdone, éste es mi asiento.
J'ai réservé.	Tengo una reserva.
La place est libre ?	¿Está libre este asiento?
Pourriez-vous me prévenir lorsqu'on arrivera à ... ?	¿Por favor, avíseme cuando lleguemos a ...?
Où est la voiture-bar ?	¿Dónde está el coche restaurante?
Où est la voiture numéro 43 ?	¿Cuál es el vagón número 43?

En ferry | En barco

Est-ce qu'il y a un ferry pour ... ?	¿Sale algún barco para ...?
Quand part le prochain ferry pour ... ?	¿Cuándo sale el próximo barco para ...?
Combien coûte la traversée pour une voiture avec 2 personnes ?	¿Cuánto cuesta el billete para el coche y para 2 personas?
Combien de temps dure la traversée ?	¿Cuánto dura la travesía?
Où est le restaurant ?	¿Dónde está el restaurante?
Où est le bar ?	¿Dónde está el bar?
Où est le magasin hors taxe ?	¿Dónde está el duty-free?
Où est la cabine numéro 28 ?	¿Dónde está el camarote número 28?
Avez-vous quelque chose pour le mal de mer ?	¿Tienen algo para el mareo?

En avion	En avión
Où sont les bagages du vol provenant de... ?	¿Dónde está el equipaja del vuelo de ...?
Où est la station de taxis ?	¿Dónde está la parada de taxis?
Où est l'arrêt de bus ?	¿Dónde está la parada del bús?
Mes bagages ne sont pas arrivés.	Mi equipaje no ha llegado.
Est-ce que vous pouvez appeler ... ?	¿Puede avisar por el altavoz a ...?
Où dois-je enregistrer pour le vol pour ... ?	¿Dónde hay que facturar para el vuelo a ...?
À quelle porte faut-il embarquer pour le vol pour ... ?	¿Cuál es la puerta de embarque del vuelo para ...?
Quelle est l'heure limite d'enregistrement ?	¿Hasta qué hora como máximo se puede facturar?
À quelle heure commence l'embarquement ?	¿Cuándo empieza el embarque?
Hublot/couloir, s'il vous plaît.	Ventanilla/pasillo, por favor.
J'ai perdu ma carte d'embarquement.	He perdido la tarjeta de embarque.
J'ai perdu mon billet.	He perdido el billete.

Transports en commun	Transporte público
Comment est-ce qu'on va au centre?	¿Cómo se va al centro?
Où est la gare routière ?	¿Dónde está la estación de autobuses?
Où est l'arrêt de bus le plus proche ?	¿Hay una parada de autobús por aquí cerca?
Où est la station de métro la plus proche ?	¿Hay una estación de metro por aquí cerca?
Un ticket, s'il vous plaît.	Un billete, por favor.

Il y a un tarif réduit … ?	¿Hay descuentos …?
pour les seniors	*para pensionistas*
pour les enfants	*para niños*
avec cette carte	*con este carnet*
Comment fonctionne le distributeur de tickets ?	¿Cómo funciona la máquina de billetes?
Pourriez-vous me prévenir quand je dois descendre ?	¿Puede decirme cuándo tengo que bajar?
Quel est le prochain arrêt ?	¿Cuál es la próxima parada?

En taxi | En taxi

Où puis-je trouver un taxi ?	¿Dónde se puede coger un taxi?
Pouvez-vous m'appeler un taxi, s'il vous plaît ?	¿Puede avisar a un taxi, por favor?
À l'aéroport, s'il vous plaît.	Al aeropuerto, por favor.
À la gare, s'il vous plaît.	A la estación, por favor.
À cette adresse, s'il vous plaît.	A esta dirección, por favor.
Je suis pressé.	Tengo prisa.
C'est combien ?	¿Cuánto cuesta?
Il me faut un reçu.	Necesito un recibo.
Gardez la monnaie.	Quédese con el cambio.
Arrêtez-moi ici, s'il vous plaît.	Pare aquí, por favor.

Camping	Camping
Est-ce qu'il y a un camping ici ?	¿Hay un camping por aquí?
Nous voudrions un emplacement pour ...	Quisiéramos una plaza para ...
une tente.	*una tienda de campaña.*
une caravane.	*una caravana.*
Nous voudrions rester 3 nuits.	Queremos quedarnos 3 noches.
C'est combien la nuit ?	¿Cuánto es por noche?
Où sont les toilettes ?	¿Dónde están los lavabos?
Où sont les douches ?	¿Dónde están las duchas?
Est-ce qu'on peut camper/stationner ici pour la nuit ?	¿Podemos acampar/aparcar aquí por la noche?

Location de vacances	Apartamentos de vacaciones
Où faut-il aller chercher la clé de l'appartement ?	¿Dónde nos dan la llave del apartamento?
Est-ce que l'électricité est en supplément ?	¿Hay que pagar la luz aparte?
Comment fonctionne le chauffage ?	¿Cómo funciona la calefacción?
Qui dois-je contacter en cas de problème ?	¿Con quién debo hablar si hubiera algún problema?
Il nous faut un double de la clé.	Necesitamos otra copia de la llave.
Il nous faut des draps supplémentaires.	Necesitamos más sábanas.
Il n'y a plus de gaz.	Se ha acabado el gas.
Il n'y a pas d'électricité.	No hay luz.
Est-ce que nous devons nettoyer la maison avant de partir ?	¿Hay que limpiar la casa antes de marcharnos?

Hôtel	Hotel
Avez-vous une chambre ?	¿Tienen una habitación?
simple	*individual*
double	*doble*
pour 4 personnes	*4 personas*
avec baignoire	*con baño*
Je voudrais rester une nuit.	Quisiera quedarme una noche.
Je voudrais rester 5 nuits.	Quisiera quedarme 5 noches.
J'ai réservé une chambre au nom de ...	Tengo reservada una habitación a nombre de ...
Je voudrais une autre chambre.	Quisiera otra habitación.
On sert le petit déjeuner à quelle heure ?	¿A qué hora sirven el desayuno?
Pouvez-vous me servir le petit déjeuner dans ma chambre ?	¿Podrían traerme el desayuno a la habitación?
Où est le restaurant ?	¿Dónde está el restaurante?
Où est la piscine ?	¿Dónde está la piscina?
Je voudrais qu'on me réveille demain matin à sept heures.	¿Me podrían despertar por la mañana a las 7, por favor?
Pourriez-vous faire nettoyer ceci ?	¿Puede limpiarme esto?
S'il vous plaît, apportez-moi une autre couverture.	Por favor, tráigame una manta más.
La climatisation ne marche pas.	El aire acondicionado no funciona.
Chambre numéro 312	Número de habitación 312
Est-ce que j'ai reçu des messages ?	¿Hay algún mensaje para mí?

Je voudrais du dentifrice.	Quiero pasta de dientes.
Avez-vous des piles ?	¿Tienen pilas?
Avez-vous ceci ... ?	¿Tienen esto ...?
dans une autre taille	*en otra talla*
dans une autre couleur	*en otro color*
Je fais du ...	Mi talla es la ...
Je fais du 37.	Calzo un 37.
Je le prends.	Me lo quedo.
Avez-vous autre chose ?	¿Tienen alguna otra cosa?
C'est trop cher.	Es demasiado caro.
Je regarde juste.	Sólo estoy mirando.
Acceptez-vous les cartes de crédit ?	¿Aceptan tarjetas de crédito?

Alimentation | Alimentación

Où est ... le plus proche ?	¿Hay ... por aquí cerca?
le supermarché	*un supermercado*
la boulangerie	*una panadería*
le marché	*un mercado*
Quels sont les jours de marché ?	¿Cuándo hay mercado?
un kilo de pommes de terre	un kilo de patatas
une livre de pommes	medio kilo de manzanas
deux cents grammes d'olives	doscientos gramos de aceitunas
6 tranches de jambon	6 lonchas de jamón
un litre de lait	un litro de leche
une bouteille de vin rouge	una botella de vino tinto
un paquet de chips	una bolsa de patatas fritas

Poste | Correos

Où est la poste la plus proche ?	¿Hay una sucursal de correos por aquí cerca?
La poste ouvre à quelle heure ?	¿Cuándo abre Correos?
Où peut-on acheter des timbres ?	¿Dónde se pueden comprar sellos?

Je voudrais 8 timbres pour cartes postales pour la France.	Quiero 8 sellos para postales a Francia.
Je voudrais poster ...	Quiero enviar ...
cette lettre.	*esta carta.*
ce colis.	*este paquete.*
par avion	por avión
en courrier urgent	por correo urgente
en recommandé	certificado
Est-ce que j'ai du courrier ?	¿Tengo carta?
Où est la boîte aux lettres la plus proche ?	¿Hay un buzón por aquí cerca?

Photographie et vidéo | Fotografía y vídeo

Une pellicule couleur/ noir et blanc s'il vous plaît.	Un carrete en color/ blanco y negro por favor.
Je voudrais une carte mémoire.	Necesito una tarjeta de memoria.
Je voudrais des piles pour cet appareil photo.	Quiero pilas para esta cámara.
Mon appareil photo se bloque.	La cámara se atasca.
Pourriez-vous développer cette pellicule, s'il vous plaît ?	Quiero revelar este carrete, por favor.
Je voudrais les photos	Las fotos las quiero
en mat.	*en mate.*
en brillant.	*en brillo.*
en format 10 sur 15.	*en formato de 10 por 15.*
Quand est-ce que les photos seront prêtes ?	¿Cuándo puedo pasar a recoger las fotos?
Combien coûtent les photos ?	¿Cuánto cuestan las fotos?
Pourriez-vous nous prendre en photo, s'il vous plaît ?	¿Puede sacarnos una foto, por favor?

Visites touristiques	Visitas turísticas
Où se trouve l'office de tourisme ?	¿Dónde está la oficina de turismo?
Avez-vous des dépliants sur … ?	¿Tienen folletos de …?
Quels sont les endroits à visiter ici ?	¿Qué se puede visitar aquí?
Est-ce qu'il y a des visites guidées de la ville ?	¿Se organizan visitas por la ciudad?
Quels sont les horaires d'ouverture du musée ?	¿Cuándo está abierto el museo?
Combien coûte l'entrée ?	¿Cuánto cuesta la entrada?
Il y a un tarif réduit pour les enfants ?	¿Hay descuento para niños?
Il y a un tarif réduit pour les chômeurs ?	¿Hay descuento para desempleados?
Est-ce qu'il y a une visite guidée en français ?	¿Hay alguna visita guiada en francés?
Je voudrais un catalogue.	Quisiera un catálogo.
Je peux prendre des photos ici ?	¿Puedo sacar fotos?
Je peux filmer ici ?	¿Puedo filmar aquí?

Loisirs	Ocio
Qu'est-ce qu'il y a à faire ici ?	¿Qué se puede hacer por aquí?
Où est-ce qu'on peut danser ?	¿Dónde se puede bailar?
Où est-ce qu'on peut écouter de la musique live ?	¿Dónde se puede escuchar música en directo?
Où est-ce qu'il y a un bon bar ?	¿Dónde hay un buen bar?
Où est-ce qu'il y a une bonne discothèque ?	¿Dónde hay una buena discoteca?

Qu'est-ce qu'il y a ce soir au cinéma ?	¿Qué hay esta noche en el cine?
Qu'est-ce qu'il y a ce soir à la salle de concert ?	¿Qué hay esta noche en el auditorio?
Où est-ce que je peux acheter des places de théâtre ?	¿Dónde puedo comprar entradas para el teatro?
Où est-ce que je peux acheter des places d'opéra ?	¿Dónde puedo comprar entradas para la ópera?
Combien coûte l'entrée ?	¿Cuánto cuesta la entrada?
Je voudrais un billet pour ...	Quisiera una entrada para ...
Je voudrais 4 billets pour ...	Quisiera 4 entradas para ...
Il y a un tarif réduit pour les seniors ?	¿Hay descuento para pensionistas?
Il y a un tarif réduit pour les étudiants ?	¿Hay descuento para estudiantes?

À la plage | En la playa

Est-ce qu'on peut se baigner ici ?	¿Se puede uno bañar aquí?
Où se trouve la plage la plus proche ?	¿Hay una playa por aquí cerca?
Est-ce qu'il y a des courants ?	¿Hay corrientes?
Est-ce qu'on peut nager ici sans danger ?	¿Se puede nadar aquí sin peligro?
L'eau est-elle profonde?	¿Qué profundidad tiene el agua?
Est-ce qu'il y a un maître nageur ?	¿Hay socorrista?
Où peut-on faire du ski nautique ?	¿Dónde se puede practicar esquí acuático por aquí?
Où peut-on faire de la plongée ?	¿Dónde se puede bucear por aquí?

Je voudrais louer une chaise longue.	Quisiera alquilar una tumbona.
Je voudrais louer un parasol.	Quisiera alquilar una sombrilla.
Je voudrais louer un scooter des mers.	Quisiera alquilar una moto acuática.

Sport | Deporte

Où peut-on jouer au tennis?	¿Dónde se puede jugar al tenis?
Où peut-on aller nager ?	¿Dónde se puede ir a nadar?
Où peut-on faire de l'équitation ?	¿Dónde se puede montar a caballo?
Où peut-on aller pêcher ?	¿Dónde se puede ir a pescar?
Combien est-ce que ça coûte de l'heure ?	¿Cuánto cuesta la hora?
Où peut-on réserver un court ?	¿Dónde puedo reservar una pista?
Où peut-on louer des raquettes de tennis ?	¿Dónde puedo alquilar raquetas de tenis?
Où peut-on louer un pédalo ?	¿Dónde puedo alquilar un patín a pedales?
Est-ce qu'il faut un permis de pêche ?	¿Se necesita un permiso de pesca?
Quelles compétitions sportives peut-on voir par ici ?	¿Qué actividades deportivas se pueden ver por aquí?
Je voudrais voir un match de foot.	Quisiera ver un partido de fútbol.
Je voudrais voir une course hippique.	Quisiera ver carreras de caballos.

Ski | Esquí

Où peut-on louer un équipement de ski ?	¿Dónde puedo alquilar un equipo de esquí?

Je voudrais louer des skis de piste.	Quisiera alquilar unos esquís (de descenso).
Je voudrais louer des skis de fond.	Quisiera alquilar unos esquís de fondo.
Je voudrais louer des chaussures de ski.	Quisiera alquilar unas botas de esquí.
Pourriez-vous resserrer mes fixations, s'il vous plaît ?	¿Podría ajustarme la fijación, por favor?
Où est-ce qu'on peut acheter un forfait ?	¿Dónde puedo comprar el forfait?
Je voudrais un forfait pour une journée.	Quisiera un forfait para un día.
Je voudrais un forfait pour une semaine.	Quisiera un forfait para una semana.
Combien coûte le forfait ?	¿Cuánto cuesta el forfait?
À quelle heure part le premier télésiège ?	¿Cuándo sale el primer telesilla?
Avez-vous une carte des pistes ?	¿Tiene un mapa de las pistas?
Où sont les pistes pour débutants ?	¿Dónde están las pistas para principiantes?
Quelle est la difficulté de cette piste ?	¿Cuál es la dificultad de esta pista?
Y a-t-il une école de ski ?	¿Hay una escuela de esquí?
Où est le poste de secours le plus proche ?	¿Hay una unidad de rescate en montaña cerca de aquí?
Quelles sont les prévisions météo ?	¿Cuál es el pronóstico del tiempo?
Comment est la neige ?	¿Cuál es el estado de la nieve?
Est-ce qu'il y a un risque d'avalanches ?	¿Hay peligro de aludes?

Une table pour 4 personnes, s'il vous plaît.	Una mesa para 4 personas, por favor.
La carte, s'il vous plaît.	Por favor, la carta.
La carte des vins, s'il vous plaît.	Por favor, la carta de vinos.
Qu'est-ce que vous me conseillez ?	¿Qué me recomienda?
Servez-vous des plats végétariens ?	¿Tienen platos vegetarianos?
Servez-vous des portions pour enfants ?	¿Tienen raciones para niños?
Est-ce que cela contient des cacahuètes ?	¿Esto contiene cacahuetes?
Est-ce que cela contient de l'alcool ?	¿Esto contiene alcohol?
Vous pourriez m'apporter encore du pain, s'il vous plaît ?	¿Puede traer más pan, por favor?
Je vais prendre le poisson.	Para mí, el pescado.
L'addition, s'il vous plaît.	La cuenta, por favor.
Sur une seule addition, s'il vous plaît.	Cóbrelo todo junto, por favor.
Sur des additions séparées, s'il vous plaît.	Haga cuentas separadas, por favor.
Gardez la monnaie.	Quédese con el cambio.
Ce n'est pas ce que j'ai commandé.	Esto no es lo que yo he pedido.
Il y a une erreur dans l'addition.	La cuenta está mal.
C'est froid.	La comida está fría.
C'est trop salé.	La comida está demasiado salada.
Je ne suis pas satisfait.	No estoy contento con esto.

Où est-ce que je peux téléphoner ?	¿Dónde puedo hacer una llamada por aquí cerca?
Où est la cabine à cartes la plus proche ?	¿Dónde hay un teléfono de tarjeta cerca de aquí?
Je voudrais une carte téléphonique de vingt-cinq euros.	Quisiera una tarjeta de teléfono de veinticinco euros.
Je voudrais de la monnaie pour téléphoner, s'il vous plaît.	Necesito monedas para llamar por teléfono, por favor.
Je voudrais téléphoner en PCV.	Quisiera hacer una llamada a cobro revertido.
Allô.	Hola.
C'est ...	Soy ...
Qui est à l'appareil ?	¿Con quién hablo, por favor?
Puis-je parler à Monsieur ... s'il vous plaît ?	¿Puedo hablar con el señor ... por favor?
Puis-je parler à Madame ... s'il vous plaît ?	¿Puedo hablar con la señora ... por favor?
Poste numéro ... s'il vous plaît.	Por favor, póngame con el número ...
Je rappellerai plus tard.	Volveré a llamar más tarde.
Pouvez-vous me répondre par SMS ?	¿Puede mandarme su respuesta en un SMS?
Où est-ce que je peux recharger mon portable ?	¿Dónde puedo cargar la batería del móvil?
Il me faut une pile neuve.	Necesito una batería nueva.
Où est-ce que je peux acheter une carte de rechargement ?	¿Dónde venden tarjetas de recarga?
Je n'ai pas de réseau.	No hay cobertura.
Je ne te capte plus.	Se corta.

Passeport/Douane	Pasaporte/Aduana
Voici mon passeport.	Aquí tiene mi pasaporte.
Voici ma carte d'identité.	Aquí tiene mi carnet de identidad.
Voici mon permis de conduire.	Aquí tiene mi carnet de conducir.
Voici ma carte verte.	Aquí tiene mi carta verde.
Voici les papiers de mon véhicule.	Aquí tiene la documentación del vehículo.
Les enfants sont sur ce passeport.	Los niños están incluidos en este pasaporte.
Est-ce que je dois déclarer ceci?	¿Tengo que declararlo?
C'est un cadeau.	Esto es un regalo.
C'est pour mon usage personnel.	Es para mi uso personal.
Je suis en transit pour ...	Estoy de paso para ir a ...

À la banque	En el banco
Où puis-je changer de l'argent ?	¿Dónde puedo cambiar dinero?
Est-ce qu'il y a une banque par ici?	¿Hay un banco por aquí?
Est-ce qu'il y a un bureau de change par ici ?	¿Hay una oficina de cambio por aquí?
Quels sont les horaires d'ouverture de la banque ?	¿Cuándo está abierto el banco?
Quels sont les horaires d'ouverture du bureau de change ?	¿Cuándo está abierta la oficina de cambio?
Je voudrais 200 euros.	Quiero 200 euros.

Je voudrais changer 100 euros en dollars.	Quisiera cambiar 100 euros en dólares.
Je voudrais encaisser ces chèques de voyage.	Quisiera canjear estos cheques de viaje.
Combien prenez-vous de commission ?	¿Cuánto cobran de comisión?
Je peux me servir de ma carte pour retirer de l'argent ?	¿Puedo sacar dinero en efectivo con mi tarjeta de crédito?
Il y a un distributeur par ici ?	¿Hay un cajero por aquí?
Le distributeur m'a pris ma carte.	El cajero automático se ha quedado con mi tarjeta.
Pouvez-vous me donner de la monnaie, s'il vous plaît ?	Deme cambio en monedas, por favor.

Réparations | Arreglos

Où puis-je faire réparer ceci ?	¿Dónde pueden arreglarme esto?
Pouvez-vous réparer ces chaussures ?	¿Puede arreglar estos zapatos?
Pouvez-vous réparer cette montre ?	¿Puede reparar este reloj?
Est-ce que cela vaut la peine de le réparer ?	¿Vale la pena repararlo?
Combien coûte la réparation ?	¿Cuánto cuesta la reparación?
Quand sera-t-il prêt ?	¿Cuándo estará listo?
Pouvez-vous le faire tout de suite ?	¿Puede hacerlo ahora mismo?

Urgences	Servicios de urgencia
Au secours !	¡Socorro!
Au feu !	¡Fuego!
Pouvez-vous appeler le médecin d'urgence, s'il vous plaît ?	Por favor, llame a un médico de urgencia.
Pouvez-vous appeler les pompiers, s'il vous plaît ?	Por favor, llame a los bomberos.
Pouvez-vous appeler la police, s'il vous plaît?	Por favor, llame a la policía.
Je dois téléphoner d'urgence.	Tengo que hacer una llamada urgente.
J'ai besoin d'un interprète.	Necesito un intérprete.
Où est le commissariat ?	¿Dónde está la comisaría?
Où est l'hôpital ?	¿Hay un hospital cerca de aquí?
Je voudrais signaler un vol.	Quisiera denunciar un robo.
On m'a volé mon portefeuille.	Me han robado la cartera.
Il y a eu un accident.	Ha habido un accidente.
Il y a 3 blessés.	Hay 3 heridos.
Je suis à ...	Estoy en ...
On m'a volé.	Me han robado.
On m'a attaqué.	Me han atracado.
On m'a violée.	Me han violada.
Je voudrais appeler mon ambassade.	Quisiera hablar con mi embajada.

Pharmacie	Farmacia
Où est la pharmacie la plus proche ?	¿Dónde hay una farmacia por aquí?
Quelle est la pharmacie de garde ?	¿Cuál es la farmacia de guardia?
Je voudrais quelque chose contre la diarrhée.	Quisiera algo para la diarrea.
Je voudrais quelque chose contre la fièvre.	Quisiera algo para la fiebre.
Je voudrais quelque chose contre le mal des transports.	Quisiera algo para el mareo.
Je voudrais quelque chose contre les maux de tête.	Quisiera algo para el dolor de cabeza.
Je voudrais des pansements.	Quiero tiritas.
Je voudrais du paracétamol.	Quiero paracetamol.
Je suis allergique à l'aspirine.	Soy alérgico a la aspirina.
Je suis allergique à la pénicilline.	Soy alérgico a la penicilina.
C'est sans danger pour les enfants ?	¿Pueden tomarlo los niños?
Comment dois-je le prendre ?	¿Cómo tengo que tomarlo?

Chez le médecin	En la consulta médica
J'ai besoin de voir un médecin.	Necesito que me atienda un médico.
Où sont les urgences ?	¿Dónde está Urgencias?
J'ai mal ici.	Me duele aquí.
J'ai chaud.	Tengo calor.
J'ai froid.	Tengo frío.
Je me sens mal.	Tengo ganas de vomitar.
J'ai la tête qui tourne.	Tengo mareos.
Je suis enceinte.	Yo estoy embarazada.
Je suis diabétique.	Soy diabético.

Je suis séropositif.	Soy seropositivo.
Je prends ces médicaments.	Estoy tomando este medicamento.
Je suis O positif.	Mi grupo sanguíneo es o positivo.

À l'hôpital | En el hospital

Dans quelle salle se trouve ... ?	¿En qué unidad está ...?
Quelles sont les heures de visite ?	¿Cuándo son las horas de visita?
Je voudrais parler à un médecin.	Quisiera hablar con un médico.
Quand vais-je pouvoir sortir ?	¿Cuándo me van a dar de alta?

Chez le dentiste | En el dentista

J'ai besoin de voir un dentiste.	Tengo que ir al dentista.
J'ai mal à cette dent.	Me duele esta muela.
J'ai perdu un de mes plombages.	Se me ha caído un empaste.
J'ai un abcès.	Tengo un absceso.
Je veux une piqûre contre la douleur.	Quisiera una inyección para el dolor.
Je ne veux pas de piqûre contre la douleur.	No quisiera una inyección para calmar el dolor.
Pouvez-vous réparer mon dentier ?	¿Me puede arreglar la dentadura?
J'ai besoin d'un reçu pour mon assurance.	Necesito un recibo para mi seguro.

Voyages d'affaires	Viajes de negocios
Je voudrais organiser une réunion avec …	Quisiera tener una reunión con …
J'ai rendez-vous avec …	Tengo una cita con …
Voici ma carte de visite.	Aquí tiene mi tarjeta.
Je travaille pour …	Trabajo para …
Où se trouve votre bureau ?	¿Cómo se llega a su despacho?
J'ai besoin d'un interprète.	Necesito un intérprete.
Je peux me servir de votre ordinateur ?	¿Puedo usar su ordenador?
Quelle est votre adresse électronique ?	¿Cuál es su e-mail?
Y a-t-il un accès à internet ici ?	¿Hay conexión a Internet en la sala?
Y a-t-il un fax que je puisse utiliser ?	¿Hay un fax que se pueda usar?
Y a-t-il une connexion à internet wifi dans cette pièce ?	¿La sala tiene conexión wi-fi?

Voyageurs handicapés	Discapacitados
Est-ce qu'on peut visiter … en fauteuil roulant ?	¿La visita a … es posible también para personas que vayan en silla de ruedas?
Où est l'entrée pour les fauteuils roulants ?	¿Por dónde se puede entrar con la silla de ruedas?
Votre hôtel est-il accessible aux fauteuils roulants ?	¿Tiene su hotel acceso para discapacitados?
Il me faut une chambre au rez-de-chaussée.	Necesito una habitación en la planta baja.
Y a-t-il un ascenseur pour fauteuils roulants ?	¿Tienen ascensor para discapacitados?

Où sont les toilettes pour handicapés ?	¿Dónde está el lavabo para discapacitados?
Pouvez-vous m'aider à monter, s'il vous plaît ?	¿Podría ayudarme a subir, por favor?
Où peut-on faire réparer un fauteuil roulant par ici ?	¿Hay un taller donde arreglen sillas de ruedas cerca de aquí?
Le pneu est crevé.	Se ha reventado un neumático.
La batterie est à plat.	Se ha quedado sin batería.

Voyager avec des enfants | Viajar con niños

Est-ce que les enfants sont admis ?	¿Pueden entrar niños?
Il y a un tarif réduit pour les enfants ?	¿Hay descuentos para niños?
Vous servez des portions pour enfants ?	¿Sirven raciones para niños?
Avez-vous une chaise haute ?	¿Tienen una sillita?
Avez-vous un lit de bébé ?	¿Tienen una cuna?
Avez-vous un siège pour enfant ?	¿Tienen un asiento para niños?
Où est-ce que je peux changer mon bébé ?	¿Dónde puedo cambiar al niño?
Où est-ce que je peux allaiter mon bébé ?	¿Dónde puedo darle el pecho al niño?
Vous pouvez me réchauffer ceci, s'il vous plaît ?	¿Puede calentar esto, por favor?
Qu'est-ce qu'il y a à faire pour les enfants ?	¿Qué pueden hacer aquí los niños?
Où est l'aire de jeux la plus proche ?	¿Hay un parque infantil por aquí cerca?
Est-ce qu'il y a un service de garderie ?	¿Hay guardería?

aïoli composición hecha de ajos machacados y aceite de oliva, para acompañar carnes asadas y pescados cocidos
anchoïade crema de anchoa
amuse-bouches comida para picar
assiette du pêcheur variado de marisco y pescado
bar lubina
bavarois dulce frío, con crema inglesa y gelatina
bisque sopa suave de crustáceos
blanquette carne de ternera, cordero etc ... con salsa blanca
brandade de morue bacalao a la provenzal – guiso de bacalao desmigado, mezclado con aceite, leche y patatas
brochette pincho de carne asada
bulots caracoles de mar cocidos
cervelle de Canut queso fresco con hierbas, aceite, sal y pimienta, plato típico de Lyón
charlotte pastel de bizcochitos, nata y frutas, generalmente fresas
clafoutis pastel de crema y frutas generalmente cerezas
coq au vin capón cocido en vino tinto
coques berberechos
crémant bebida de la familia del champán
crème pâtissière crema utilizada en repostería
daube cazuela de carne con vino, hierbas y verduras
daurade dorada
filet mignon solomillo de ternera
fine de claire ostras de calidad superior
foie gras paté de hígado de ganso
fond d'artichaut corazones de alcachofa
fougasse tipo de empanada de varios rellenos (atún, aceitunas, anchoas, etc ...)
gésier molleja
gratin dauphinois patatas cortadas muy finas gratinadas con queso
hachis parmentier picadillo de carne con puré de patata
homard thermidor bogavante con salsa de mostaza
île flottante merengue flotando en crema inglesa
loup de mer róbalo

noisette d'agneau chuleta de cordero deshuesada
onglet solomillo de ternera
pan-bagnat bocadillo de pan tierno de ingredientes muy variados
parfait tipo de helado
pipérade revuelto de tomates y pimientos
pissaladière pizza del sur de Francia con anchoas y aceitunas negras
pistou salsa del sur de Francia con albahaca, aceite de oliva, ajo, parecida al pesto
pommes mousseline puré de patata muy cremoso
quenelles estilo de canelón relleno de carne o pescado con salsa bechamel
rascasse rascaza
ratatouille pisto
ris de veau mollejas de ternera
romaine lechuga romana
rouille mayonesa picante ajo
salade lyonnaise ensalada con huevos "poché" y bacón
salade niçoise ensalada con tomates, anchoas, aceitunas negras, etc
suprême de volaille pechuga de pollo con salsa de crema
tapenade paté de aceitunas negras, anchoas, alcaparras y ajo
tournedos Rossini solomillo con foie-gras

adobo (en) mariné
ajillo (al) à l'ail
arroz negro riz à l'encre de seiche
asadillo poivrons grillés
bandeja de quesos plateau de fromages
brasa (a la) grillé au feu de bois
buñuelos beignets fourrés avec du fromage, du jambon, des moules ou des fruits
caldereta ragoût de haricots
cazuela de fideos paella où des pâtes remplacent le riz
chilindrón sauce aux tomates avec de la viande de porc
chistorra chorizo de Navarre
chorizo saucisson pimenté
chuletón steak
churro beignet sucré en forme de doigt qui accompagne le chocolat chaud
crema catalana crème catalane
cuajada caillé au miel ou à la cannelle
dulces pâtisseries
empanadilla feuilleté à la viande
empanado pané
ensalada de la casa salade maison
fritura de pescado friture de poissons
gazpacho soupe froide aux tomates et au concombre
horno (al) au four
ibéricos fromages et charcuteries espagnols
jamón serrano jambon cru
leche frita carrés de flan frit
mariscada plat de fruits de mer
medallón médaillon
mollejas ris de veau
moros y cristianos riz aux haricots noirs
paella plat de riz, de poulet et de fruits de mer au safran ; la paella Valenciana contient du lapin, du poulet et quelquefois des anguilles
parrilla (a la) grillé
patatas bravas salade de pommes de terre sautées aux piments et tomates
pepitoria de pavo/pollo fricassée de dinde/poulet
pimientos morrones poivrons rouges marinés
pote potée
puchero ragoût de viande ou de fruits de mer
revuelto œufs brouillés
romesco sauce tomate aux poivrons et aux piments

salsa verde sauce à l'ail et au persil
sofrito sauce tomate aux oignons caramélisés
tapas assortiment de petites entrées variées. La version plus grande s'appelle "una ración" ; la brochette s'appelle "un pincho"
tortilla española omelette aux pommes de terre
zarzuela de mariscos salade chaude de fruits de mer au safran

ESPAÑOL - FRANCÉS | ESPAGNOL - FRANÇAIS

a

PALABRA CLAVE

a (*a + el =* **al**) *prep* 1(*dirección*) à; **fueron a Madrid/Grecia** ils sont allés à Madrid/en Grèce; **caerse al río** tomber dans la rivière; **subirse a la mesa** monter sur la table; **bajarse a la calle** descendre dans la rue; **me voy a casa** je rentre à la maison *o* chez moi
2(*distancia*): **está a 15 km de aquí** c'est à 15 km d'ici
3(*posición*): **estar a la mesa** être à table; **al lado de** à côté de
4(*tiempo*): **a las 10/a medianoche** à 10 heures/à minuit; **a la mañana siguiente** le lendemain matin; **a los pocos días** peu de jours après; **estamos a 9 de julio** nous sommes le 9 juillet; **a los 24 años** à (l'âge de) 24 ans; **una vez a la semana** une fois par semaine
5(*manera*): **a la francesa** à la française; **a caballo** à cheval; **a oscuras** à tâtons
6(*medio, instrumento*): **a lápiz** au crayon; **a mano** à la main; **le echaron a patadas** ils l'ont flanqué dehors à coups de pied aux fesses
7(*razón*): **a dos euros el kilo** à deux euros le kilo; **a más de 50 km/h** à plus de 50 km/h
8(*complemento directo: no se traduce*): **vi a Juan/a tu padre** j'ai vu Juan/ton père
9(*dativo*): **se lo di a Pedro** je l'ai donné à Pedro
10(*verbo + a + infin*): **empezó a trabajar** il a commencé à travailler; (*no se traduce*): **voy a verle** je vais le voir; **vengo a decírtelo** je viens te le dire
11(*simultaneidad*): **al verle, le reconocí inmediatamente** quand je l'ai vu, je l'ai tout de suite reconnu
12(*n + a + infin*): **el camino a recorrer** le chemin à parcourir
13(*imperativo*): **¡a callar!** taisez-vous!; **¡a comer!** on mange!

abad, esa *nm/f* abbé/abbesse;
abadía *nf* abbaye *f*

PALABRA CLAVE

abajo *adv* 1(*posición*) en bas; **allí abajo** là-bas; **el piso de abajo** l'appartement du dessous; **la parte de abajo** le bas; **más abajo** plus bas; (*en texto*) ci-dessous; **desde abajo** d'en bas; **abajo del todo** tout en bas; **Pedro está abajo** Pedro est en bas; **el abajo firmante** le soussigné; **de 50 euros para abajo** au-dessous de 50 euros
2(*dirección*): **ir calle abajo** descendre la rue; **río abajo** en descendant le

courant, en aval
▷ *prep*: **abajo de** (*Am*) sous; **abajo de la mesa** sous la table
▷ *excl*: **¡abajo!** descends!; **¡abajo el gobierno!** à bas le gouvernement!

abalanzarse *vpr*: **~ sobre/contra** se jeter sur/contre
abandonado, -a *adj* abandonné(e)
abandonar *vt* abandonner; (*salir de, tb Inform*) quitter; **abandonarse** *vpr* (*descuidarse*) se laisser aller; **~se a** (*desesperación, dolor*) s'abandonner à; **abandono** *nm* abandon *m*
abanicar *vt* éventer; **abanico** *nm* éventail *m*
abaratarse *vpr* (*artículo*) coûter moins cher; (*precio*) baisser
abarcar *vt* (*temas, período*) comprendre; (*rodear con los brazos*) embrasser
abarrotado, -a *adj*: **~ (de)** plein(e) à craquer (de)
abarrotar *vt* bourrer
abarrotero, -a (*Am*) *nm/f* (*tendero*) épicier(-ière)
abarrotes (*Am*) *nmpl* (*ultramarinos*) épicerie *fsg*
abastecer *vt*: **~ (de)** fournir, approvisionner (en); **abastecerse** *vpr*: **~se (de)** s'approvisionner (en); **abastecimiento** *nm* approvisionnement *m*
abasto *nm*: **abastos** *nmpl* provisions *fpl*; **no dar ~ a** *o* **para hacer** ne pas arriver à faire
abatido, -a *adj* (*deprimido*) abattu(e)
abatir *vt* abattre; (*asiento*) rabattre; **abatirse** *vpr* se laisser abattre
abdicar *vi*: **~ (en algn)** abdiquer (en faveur de qn)
abdomen *nm* abdomen *m*
abdominal *adj* abdominal(e); **abdominales** *nmpl* (*tb*: **ejercicios ~es**) abdominaux *mpl*
abecedario *nm* abécédaire *m*
abedul *nm* bouleau *m*
abeja *nf* abeille *f*
abejorro *nm* bourdon *m*
abertura *nf* ouverture *f*; (*en falda, camisa*) échancrure *f*
abeto *nm* sapin *m*
abierto, -a *pp de* **abrir** ▷ *adj* ouvert(e); **a campo ~** en rase campagne
abigarrado, -a *adj* bigarré(e)
abismal *adj* (*diferencia*) colossal(e)
abismar *vt*: **abismarse** *vpr*: **~se en** plonger dans; (*lectura*) se plonger dans
abismo *nm* abîme *m*
abjurar *vi*: **~ de** abjurer
ablandar *vt* ramollir; (*persona*) adoucir; (*carne*) attendrir; **ablandarse** *vpr* se ramollir; s'adoucir
abnegación *nf* abnégation *f*
abnegado, -a *adj* (*persona*) qui fait preuve d'abnégation
abochornar *vt* faire rougir (de honte); **abochornarse** *vpr* rougir (de honte)
abofetear *vt* gifler
abogado, -a *nm/f* avocat(e); **abogado defensor** avocat de la défense
abogar *vi*: **~ por** plaider pour
abolengo *nm*: **de ~** (*familia, persona*) de vieille souche
abolición *nf* abolition *f*
abolir *vt* abolir
abolladura *nf* bosse *f*
abollar *vt* (*metal*) bosseler; (*coche*) cabosser; **abollarse** *vpr* se bosseler; se cabosser
abominable *adj* abominable
abonado, -a *adj* (*deuda etc*) acquitté(e) ▷ *nm/f* abonné(e)
abonar *vt* (*deuda etc*) acquitter; (*terreno*) fumer; **abonarse** *vpr*: **~se a** s'abonner à; **~ a algn a** abonner qn à; **abono** *nm* (*fertilizante*) engrais *msg*; (*suscripción*) abonnement *m*
abordar *vt* aborder

aborigen *nm/f* aborigène *m/f*
aborrecer *vt* abhorrer
abortar *vi* (*espontáneamente*) faire une fausse couche; (*de manera provocada*) avorter ▷ *vt* (*huelga, golpe de estado*) faire avorter; **aborto** *nm* (*espontáneo*) fausse couche *f*; (*provocado*) avortement *m*
abotonar *vt* boutonner; **abotonarse** *vpr* se boutonner
abrasar *vt* brûler ▷ *vi* être très chaud; **abrasarse** *vpr*: **~se de calor** étouffer
abrazar *vt* embrasser; **abrazarse** *vpr* s'embrasser
abrazo *nm* accolade *f*; **dar un ~ a algn** serrer qn dans ses bras; **"un ~"** (*en carta*) "amitiés"
abrebotellas *nm inv* ouvre-bouteille *m*
abrecartas *nm inv* coupe-papier *m inv*
abrelatas *nm inv* ouvre-boîte *m*
abreviar *vt* abréger ▷ *vi* (*apresurarse*) s'empresser; **abreviatura** *nf* abréviation *f*
abridor *nm* (*de botellas*) ouvre-bouteille *m*; (*de latas*) ouvre-boîte *m*
abrigar *vt* abriter; (*suj: ropa*) couvrir; (*fig: sospechas, dudas*) nourrir ▷ *vi* (*ropa*) tenir chaud; **abrigarse** *vpr* se couvrir
abrigo *nm* (*prenda*) manteau *m*; (*lugar*) abri *m*; **al ~ de** à l'abri de
abril *nm* avril *m*; *ver tb* **julio**
abrillantar *vt* faire reluire
abrir *vt, vi* ouvrir; **abrirse** *vpr* s'ouvrir; **~se paso** se frayer un chemin
abrochar *vt* (*con botones*) boutonner; (*con hebilla*) boucler; **abrocharse** *vpr* (*zapatos*) se lacer; (*abrigo*) se boutonner; **~se el cinturón** attacher sa ceinture
abrumar *vt* (*agobiar*) accabler; (*apabullar*) écraser
abrupto, -a *adj* abrupt(e)
absceso *nm* abcès *msg*
absolución *nf* (*Rel*) absolution *f*; (*Jur*) non-lieu *m*
absoluto, -a *adj* absolu(e); **en ~** (*para nada*) en aucun cas; (*en respuesta*) pas du tout
absolver *vt* (*Rel, Jur*) absoudre
absorbente *adj* absorbant(e)
absorber *vt* absorber; **absorberse** *vpr*: **~se en algo** s'absorber dans qch
absorto, -a *pp de* **absorber** ▷ *adj*: **~ en** absorbé(e) par *o* dans
abstemio, -a *adj* abstinent(e)
abstención *nf* abstention *f*
abstenerse *vpr* s'abstenir; **~ de algo** se priver de qch; **~ de hacer** s'abstenir de faire
abstinencia *nf* abstinence *f*
abstracción *nf* abstraction *f*
abstracto, -a *adj* abstrait(e)
abstraer *vt* (*problemas, cuestión*) isoler; **abstraerse** *vpr*: **~se (de)** s'abstraire (de)
abstraído, -a *adj* abstrait(e)
absuelto *pp de* **absolver**
absurdo, -a *adj* absurde
abuchear *vt* huer
abuela *nf* grand-mère *f*
abuelo *nm* grand-père *m*; **abuelos** *nmpl* grands-parents *mpl*
abultado, -a *adj* (*mejillas*) bouffi(e); (*facciones*) saillant(e); (*paquete*) volumineux(-euse)
abultar *vi* prendre de la place
abundancia *nf* abondance *f*; **abundante** *adj* abondant(e); **abundar** *vi* abonder
aburrido, -a *adj* (*hastiado*) saturé(e); (*que aburre*) ennuyeux(-euse); **aburrimiento** *nm* ennui *m*
aburrir *vt* ennuyer; **aburrirse** *vpr* s'ennuyer
abusar *vi*: **~ de** abuser de
abusivo, -a *adj* abusif(-ive); **abuso** *nm* abus *msg*
a/c *abr* (= *al cuidado de*) abs (= *aux bons soins de*); (= *a cuenta*) a/o

acá *adv* (*esp Am*: *lugar*) ici; **de junio ~** depuis juin
acabado, -a *adj* (*mueble, obra*) achevé(e), fini(e); (*persona*) usé(e) ▷ *nm* finition *f*
acabar *vt* achever, finir; (*comida, bebida*) terminer, finir ▷ *vi* finir; **acabarse** *vpr* finir, se terminer; (*gasolina, pan, agua*) être épuisé(e); **~ con** en finir avec; (*destruir*) liquider; **~ en** se terminer en; **~ de hacer** venir de faire; **~ haciendo** *o* **por hacer** finir par faire; **¡se acabó!** terminé!; (*¡basta!*) ça suffit!
acabóse *nm*: **esto es el ~** c'est le bouquet
academia *nf* académie *f*; (*de enseñanza*) école *f* privée; **academia de idiomas** école de langues
académico, -a *adj* académique ▷ *nm/f* académicien(ne)
acallar *vt* faire taire
acalorado, -a *adj* échauffé(e)
acalorarse *vpr* (*fig*) s'échauffer
acampada *nf*: **ir de ~** partir camper
acampar *vi* camper
acantilado *nm* falaise *f*
acaparar *vt* (*alimentos, gasolina*) accumuler; (*atención*) accaparer
acariciar *vt* caresser
acarrear *vt* transporter; (*fig*) entraîner
acaso *adv* peut-être; **por si ~** au cas où; **si ~** à la rigueur; **¿~?** (*Am*: *fam*) alors ...?; **¿~ es mi culpa?** alors, c'est ma faute?
acatamiento *nm* respect *m*
acatar *vt* respecter
acatarrarse *vpr* s'enrhumer
acaudalado, -a *adj* nanti(e)
acaudillar *vt* (*motín, revolución*) diriger; (*tropas*) commander
acceder *vi*: **~ a** accéder à; (*Inform*) avoir accès à
accesible *adj* accessible
acceso *nm* (*tb Med, Inform*) accès *msg*; **tener ~ à** avoir accès à
accesorio, -a *adj* accessoire; **accesorios** *nmpl* (*prendas de vestir, Auto*) accessoires *mpl*; (*de cocina*) ustensiles *mpl*
accidentado, -a *adj* (*terreno*) accidenté(e); (*viaje, día*) agité(e) ▷ *nm/f* accidenté(e)
accidental *adj* accidentel(le)
accidentarse *vpr* avoir un accident
accidente *nm* accident *m*; **tener** *o* **sufrir un ~** avoir un accident; **accidente laboral** *o* **de trabajo/ de tráfico** accident du travail/de la circulation
acción *nf* action *f*; **accionar** *vt* actionner; (*Inform*) commander
accionista *nm/f* actionnaire *m/f*
acebo *nm* houx *msg*
acechar *vt* guetter; **acecho** *nm*: **estar al acecho (de)** être à l'affût (de)
aceitar *vt* huiler
aceite *nm* huile *f*; **aceitera** *nf* huilier *m*
aceitoso, -a *adj* (*comida*) gras(se); (*consistencia, líquido*) huileux(-euse)
aceituna *nf* olive *f*; **aceituna rellena** olive fourrée
acelerador *nm* accélérateur *m*
acelerar *vt, vi* accélérer; **~ el paso/la marcha** presser le pas/l'allure
acelga *nf* blette *f*
acento *nm* accent *m*
acentuar *vt* accentuer; **acentuarse** *vpr* s'accentuer
acepción *nf* acception *f*
aceptable *adj* acceptable
aceptación *nf* acceptation *f*; **tener gran ~** être très populaire
aceptar *vt* accepter; **~ hacer algo** accepter de faire qch
acequia *nf* canal *m* d'irrigation
acera *nf* trottoir *m*
acerca: **~ de** *prep* de, sur, à propos de
acercar *vt* approcher; **acercarse** *vpr*

approcher; **~se a** s'approcher de
acerico *nm* pelote *f* à épingles
acero *nm* acier *m*; **acero inoxidable** acier inoxydable
acérrimo, -a *adj* acharné(e)
acertado, -a *adj* (*respuesta, medida*) pertinent(e); (*color, decoración*) heureux(-euse)
acertar *vt* (*blanco*) atteindre; (*solución, adivinanza*) trouver ▷ *vi* réussir; **~ a hacer algo** réussir à faire qch; **~ con** (*camino, calle*) trouver
acertijo *nm* devinette *f*
achacar *vt*: **~ algo a** imputer qch à
achacoso, -a *adj* souffreteux(-euse)
achantar (*fam*) *vt* (*acobardar*) démonter; **achantarse** (*fam*) *vpr* se dégonfler
achaque *vb ver* **achacar** ▷ *nm* ennui *m* de santé
achicar *vt* rétrécir; (*Náut*) écoper
achicharrar *vt* (*comida*) brûler; **achicharrarse** *vpr* (*comida*) attacher; (*planta*) griller; (*persona*) se consumer
achicoria *nf* chicorée *f*
aciago, -a *adj* funeste
acicalarse *vpr* se faire beau/belle
acicate *nm* stimulant *m*
acidez *nf* acidité *f*
ácido, -a *adj* acide ▷ *nm* (*tb fam: droga*) acide *m*
acierto *vb ver* **acertar** ▷ *nm* (*al adivinar*) découverte *f*; (*éxito, logro*) réussite *f*, idée *f* judicieuse; (*habilidad*) adresse *f*
aclamación *nf* acclamation *f*
aclamar *vt* (*aplaudir*) acclamer; (*proclamar*) proclamer
aclaración *nf* éclaircissement *m*
aclarar *vt* éclaircir; (*ropa*) rincer ▷ *vi* (*tiempo*) s'éclaircir; **aclararse** *vpr* (*persona*) s'expliquer; (*asunto*) s'éclaircir; **~se la garganta** s'éclaircir la gorge
aclaratorio, -a *adj* explicatif(-ive)
aclimatación *nf* acclimatation *f*; **aclimatar** *vt* acclimater; **aclimatarse** *vpr* s'acclimater
acné *nm o f* acné *f*
acobardar *vt*: **acobardarse** *vpr* se laisser intimider
acogedor, a *adj* accueillant(e)
acoger *vt* accueillir
acogida *nf* accueil *m*
acometer *vt* (*empresa, tarea*) entreprendre ▷ *vi*: **~ (contra)** s'attaquer (à); **acometida** *nf* attaque *f*; (*de gas, agua*) branchement *m*
acomodado, -a *adj* huppé(e)
acomodador, a *nm/f* placeur/ ouvreuse
acomodar *vt* (*paquetes, maletas*) disposer; (*personas*) placer; **acomodarse** *vpr* s'installer
acompañar *vt* accompagner; **¿quieres que te acompañe?** veux-tu que je t'accompagne?; **~ a algn a la puerta** raccompagner qn à la porte; **le acompaño en el sentimiento** veuillez accepter mes condoléances
acondicionar *vt*: **~ (para)** aménager (pour)
acongojar *vt* angoisser
aconsejar *vt* conseiller; **~ a algn hacer** *o* **que haga/que no haga algo** conseiller à qn de faire/de ne pas faire qch
acontecer *vi* arriver; **acontecimiento** *nm* événement *m*
acopio *nm*: **hacer ~** faire provision de
acoplar *vt*: **~ (a)** accoupler (à)
acordar *vt* décider; (*precio, condiciones*) convenir de; **acordarse** *vpr*: **~se de (hacer)** se souvenir de (faire); **~ hacer algo** (*resolver*) décider de faire qch; **acorde** *adj* (*Mús*) accordé(e) ▷ *nm* (*Mús*) accord *m*; **acorde (con)** conforme (à)
acordeón *nm* accordéon *m*
acorralar *vt* acculer
acortar *vt* raccourcir; **acortarse** *vpr* raccourcir

acosar *vt* traquer; (*fig*) harceler
acoso *nm* harcèlement *m*; **acoso sexual** harcèlement *m* sexuel
acostar *vt* (*en cama*) coucher; (*en suelo*) allonger; **acostarse** *vpr* (*para descansar*) s'allonger; (*para dormir*) se coucher
acostumbrar *vt*: **~ a algn a hacer algo** habituer qn à faire qch; **acostumbrarse** *vpr*: **~se a** prendre l'habitude de; (*ciudad*) se faire à; **~ (a) hacer algo** prendre l'habitude de faire qch
ácrata *adj, nm/f* anarchiste *m/f*
acre *adj* âcre ▷ *nm* acre *m*
acrecentar *vt* accroître
acreditar *vt* accréditer; **acreditarse** *vpr* (*buen médico*) se faire une réputation de
acreedor, a *adj*: **~ a** (*respeto*) digne de ▷ *nm/f* créancier(-ière)
acribillar *vt*: **~ a balazos** cribler de balles
acróbata *nm/f* acrobate *m/f*
acta *nf* (*de reunión*) procès-verbal *m*; **acta notarial** acte *m* notarié
actitud *nf* attitude *f*
activar *vt* (*mecanismo*) actionner; (*economía, comercio*) relancer
actividad *nf* activité *f*
activo, -a *adj* actif(-ive) ▷ *nm* (*Com*) actif *m*
acto *nm* acte *m*; (*ceremonia*) cérémonie *f*; **en el ~** sur-le-champ; **~ seguido** immédiatement
actor *nm* acteur *m*
actriz *nf* actrice *f*
actuación *nf* (*acción*) action *f*; (*comportamiento*) comportement *m*; (*Teatro*) jeu *m*
actual *adj* actuel(le); **actualidad** *nf* actualité *f*; **en la actualidad** actuellement
actualizar *vt* actualiser, mettre à jour
actualmente *adv* à l'heure actuelle, actuellement
actuar *vi* (*comportarse*) agir; (*actor*) jouer; **~ de** tenir le rôle de
acuarela *nf* aquarelle *f*
acuario *nm* aquarium *m*; **A~** (*Astrol*) Verseau *m*; **ser A~** être (du) Verseau
acuartelar *vt* (*retener en cuartel*) consigner
acuático, -a *adj* aquatique
acuchillar *vt* poignarder
acuciante *adj* pressant(e)
acuciar *vt* presser
acudir *vi* aller; **~ a** (*amistades etc*) avoir recours à; **~ a una cita** aller à un rendez-vous
acuerdo *vb ver* **acordar** ▷ *nm* accord *m*; (*decisión*) décision *f*; **¡de ~!** d'accord!; **de ~ con** en accord avec; **de común ~** d'un commun accord; **estar de ~** être d'accord; **llegar a un ~** parvenir à un accord
acumular *vt* accumuler
acuñar *vt* (*moneda*) frapper; (*palabra, frase*) consacrer
acupuntura *nf* acupuncture *f*
acurrucarse *vpr* se blottir
acusación *nf* accusation *f*
acusado, -a *nm/f* (*Jur*) accusé(e); **acusar** *vt* accuser; (*revelar*) manifester; (*suj: aparato*) indiquer; **acusarse** *vpr*: **acusarse de algo** s'accuser de qch; (*Rel*) confesser qch; **acusar recibo de** accuser réception de
acuse *nm*: **~ de recibo** accusé *m* de réception
acústico, -a *adj* acoustique ▷ *nf* acoustique *f*
adaptación *nf* adaptation *f*
adaptador *nm* adaptateur *m*
adaptar *vt*: **~ (a)** adapter (à)
adecuado, -a *adj* adéquat(e)
adecuar *vt*: **~ a** adapter à
a. de J.C. *abr* (= *antes de Jesucristo*) av. J.-C. (= *avant Jésus-Christ*)
adelantado, -a *adj* avancé(e);

(*reloj*) en avance; **pagar por ~** payer d'avance
adelantamiento *nm* (*Auto*) dépassement *m*
adelantar *vt, vi* avancer; (*Auto*) doubler, dépasser; **adelantarse** *vpr* (*tomar la delantera*) prendre les devants; (*anticiparse*) être en avance
adelante *adv* devant ▷ *excl* (*incitando a seguir*) en avant!; (*autorizando a entrar*) entrez!; **en ~** désormais; **de hoy en ~** à l'avenir; **más ~** (*después*) plus tard; (*más allá*) plus loin
adelanto *nm* progrès *msg*; (*de dinero, hora*) avance *f*
adelgazar *vt* (*persona*) faire maigrir ▷ *vi* maigrir
ademán *nm* geste *m*; **ademanes** *nmpl* gestes *mpl*
además *adv* de plus; **~ de** en plus de
adentrarse *vpr*: **~ en** pénétrer dans
adentro *adv* dedans; **mar ~** au large; **tierra ~** à l'intérieur des terres; **para sus ~s** dans son for intérieur; **~ de** (*Am: dentro de*) dans
adepto, -a *nm/f* adepte *m/f*
aderezar *vt* assaisonner
adeudar *vt* (*dinero*) devoir; **adeudarse** *vpr* (*persona*) s'endetter
adherir *vt*: **~ algo a algo** faire adhérer une chose à une autre; **adherirse** *vpr* (*a propuesta*) adhérer
adhesión *nf* adhésion *f*
adhesivo, -a *adj* adhésif(-ive)
adicción *nf* (*a drogas etc*) dépendance *f*
adición *nf* addition *f*; (*cosa añadida*) ajout *m*
adicto, -a *adj* (*a ideología*) acquis(e); (*persona*) dépendant(e) ▷ *nm/f* (*Med*) drogué(e); (*partidario*) fanatique *m/f*
adiestrar *vt* entraîner
adinerado, -a *adj* fortuné(e)
adiós *excl* (*despedida*) au revoir!; (*al pasar*) salut!
aditivo *nm* additif *m*
adivinanza *nf* devinette *f*; **adivinar** *vt* (*pensamientos*) deviner; (*el futuro*) lire
adivino, -a *nm/f* devin(eresse)
adj *abr* = **adjunto**
adjetivo *nm* adjectif *m*
adjudicar *vt* adjuger; **adjudicarse** *vpr*: **~se algo** s'adjuger qch
adjuntar *vt* joindre
adjunto, -a *adj* (*documento*) joint(e); (*médico, director etc*) adjoint(e) ▷ *nm/f* (*profesor*) assistant(e) ▷ *adv* ci-joint
administración *nf* administration *f*; **A~ pública** fonction *f* publique
administrador, a *nm/f* administrateur(-trice), gérant(e)
administrar *vt* administrer, gérer; (*medicamento, sacramento*) administrer
administrativo, -a *adj* administratif(-ive) ▷ *nm/f* (*de oficina*) préposé(e)
admirable *adj* admirable
admiración *nf* (*estimación*) admiration *f*; (*asombro*) étonnement *m*; (*Ling*) exclamation *f*
admirar *vt* (*estimar*) admirer; (*asombrar*) étonner; **admirarse** *vpr*: **~se de** s'étonner de
admisible *adj* acceptable
admisión *nf* admission *f*; (*de razones etc*) acceptation *f*
admitir *vt* (*razonamiento etc*) admettre; (*regalos*) accepter
adobar *vt* (*Culin*) préparer
adobe *nm* torchis *msg*
adoctrinar *vt* endoctriner
adolecer *vi*: **~ de** souffrir de
adolescente *adj, nm/f* adolescent(e)
adonde (*esp Am*) *conj* où
adónde *adv* où
adopción *nf* adoption *f*
adoptar *vt* adopter
adoptivo, -a *adj* adoptif(-ive); (*lengua, país*) d'adoption
adoquín *nm* pavé *m*
adorar *vt* adorer

adormecer *vt* endormir; **adormecerse** *vpr* somnoler; (*miembro*) s'endormir
adornar *vt* orner; (*habitación, mesa*) décorer
adorno *nm* ornement *m*
adosado, -a *adj*: **chalet ~** maison *f* jumelle
adquiera *etc vb ver* **adquirir**
adquirir *vt* acquérir
adquisición *nf* acquisition *f*
adrede *adv* exprès, à dessein
aduana *nf* douane *f*
aduanero, -a *adj, nm/f* douanier(-ière)
aducir *vt* alléguer
adueñarse *vpr*: **~ de** s'approprier
adular *vt* aduler
adulterar *vt* (*alimentos, vino*) frelater
adulterio *nm* adultère *m*
adúltero, -a *adj, nm/f* adultère *m/f*
adulto, -a *adj, nm/f* adulte *m/f*
adusto, -a *adj* (*expresión, carácter*) sévère; (*paisaje, región*) austère
advenedizo, -a *nm/f* intrus(e)
advenimiento *nm* avènement *m*
adverbio *nm* adverbe *m*
adversario, -a *nm/f* adversaire *m/f*
adversidad *nf* adversité *f*
adverso, -a *adj* adverse
advertencia *nf* avertissement *m*
advertir *vt* (*observar*) observer; **~ a algn de algo** avertir qn de qch; **~ a algn que ...** avertir qn que ...
advierta *etc vb ver* **advertir**
adyacente *adj* adjacent(e)
aéreo, -a *adj* aérien(ne); **por vía aérea** par avion
aerobic *nm inv* aérobic *f*
aerodeslizador, aerodeslizante *nm* aéroglisseur *m*
aerodinámico, -a *adj* aérodynamique
aeromozo, -a (*Am*) *nm/f* (*Aviat*) steward/hôtesse de l'air
aeronave *nf* aéronef *m*
aeroplano *nm* aéroplane *m*
aeropuerto *nm* aéroport *m*
aerosol *nm* aérosol *m*
afabilidad *nf* affabilité *f*; **afable** *adj* affable
afán *nm* (*ahínco*) ardeur *f*; (*deseo*) soif *f*; **con ~** avec ardeur
afanar (*fam*) *vt* (*robar*) rafler; **afanarse** *vpr* (*atarearse*) s'affairer; **~se por hacer** s'évertuer à faire
afear *vt* enlaidir
afección *nf* infection *f*
afectación *nf* affectation *f*
afectado, -a *adj* affecté(e); **afectar** *vt* affecter
afectísimo, -a *adj*: **suyo ~** respectueusement vôtre
afectivo, -a *adj* (*problema*) affectif(-ive); (*persona*) affectueux(-euse)
afecto, -a *nm* (*cariño*) affection *f*; **tenerle ~ a algn** avoir de l'affection pour qn
afectuoso, -a *adj* affectueux(-euse); **"un saludo ~"** (*en carta*) "affectueusement"
afeitar *vt* raser; **afeitarse** *vpr* se raser; **~se la barba/el bigote** se raser la barbe/la moustache
afeminado, -a *adj* efféminé(e)
Afganistán *nm* Afghanistan *m*
afianzamiento *nm* consolidation *f*; (*salud*) amélioration *f*; **afianzar** *vt* (*objeto, conocimientos*) consolider; (*salud*) assurer; **afianzarse** *vpr* se cramponner
afiche (*Am*) *nm* (*cartel*) affiche *f*
afición *nf* goût *m*, penchant *m*; **la ~** les supporters *mpl*
aficionado, -a *adj, nm/f* amateur *m*; **ser ~ a algo** être amateur de qch
aficionar *vt*: **~ a algn a algo** donner à qn le goût de qch; **aficionarse** *vpr*: **~se a algo** prendre goût à qch
afilado, -a *adj* (*cuchillo*) aiguisé(e); (*lápiz*) bien taillé(e)

afilar *vt* (*cuchillo*) aiguiser; (*lápiz*) tailler
afiliarse *vpr*: **~ (a)** s'affilier (à)
afín *adj* (*carácter*) semblable; (*ideas, opiniones*) voisin(e)
afinar *vt* (*Mús*) accorder; (*puntería, Tec*) ajuster ▷ *vi* (*Mús*) être accordé(e)
afincarse *vpr*: **~ en** s'établir à
afinidad *nf* affinité *f*
afirmación *nf* affirmation *f*; **afirmar** *vt* affirmer; (*objeto*) consolider ▷ *vi* acquiescer
afirmativo, -a *adj* affirmatif(-ive)
aflicción *nf* affliction *f*
afligir *vt* affliger; **afligirse** *vpr* s'affliger
aflojar *vt* desserrer; (*cuerda*) détendre ▷ *vi* (*tormenta, viento*) se calmer; **aflojarse** *vpr* (*pieza*) prendre du jeu
aflorar *vi* affleurer
afluente *nm* affluent *m*
afluir *vi*: **~ a** (*gente, sangre*) affluer à
afmo., -a. *abr* = **afectísimo, a**
afónico, -a *adj*: **estar ~** être aphone
aforo *nm* (*de teatro*) capacité *f*
afortunado, -a *adj* (*persona*) chanceux(-euse)
afrancesado, -a (*pey*) *adj partisan des Français (lors de la guerre d'Indépendance, et aux XVIII et XIX siècles)*
afrenta *nf* affront *m*
África *nf* Afrique *f*; **África del Sur** Afrique du Sud
africano, -a *adj* africain(e) ▷ *nm/f* Africain(e)
afrontar *vt* affronter
afuera *adv* (*esp Am*) dehors; **afueras** *nfpl* banlieue *fsg*
agachar *vt* incliner; **agacharse** *vpr* s'incliner
agalla *nf* (*Zool*) ouïe *f*; **tener ~s** (*fam*) ne pas avoir froid aux yeux
agarradera (*Am*) *nf* (*asa*) anse *f*
agarrado, -a *adj* radin(e)
agarrar *vt* saisir; (*esp Am: recoger*) prendre; (*fam: enfermedad*) attraper ▷ *vi* (*planta*) prendre; **agarrarse** *vpr* (*comida*) coller; **~se (a)** s'accrocher (à)
agarrotar *vt* (*reo*) faire subir le supplice du garrot à; **agarrotarse** *vpr* (*Med*) avoir des crampes
agasajar *vt* accueillir chaleureusement
agazapar *vt* saisir; **agazaparse** *vpr* (*persona, animal*) se tapir
agencia *nf* agence *f*; **agencia de viajes** agence de voyages
agenciarse *vpr* se procurer; **agenciárselas para hacer algo** se débrouiller pour faire qch
agenda *nf* agenda *m*
agente *nm* agent *m*; **agente (de policía)** agent (de police)
ágil *adj* agile; **agilidad** *nf* agilité *f*
agilizar *vt* activer
agitación *nf* agitation *f*
agitado, -a *adj* (*día, viaje, vida*) agité(e)
agitar *vt* agiter; (*fig*) troubler, inquiéter; **agitarse** *vpr* s'agiter; (*inquietarse*) se troubler, s'inquiéter
aglomeración *nf*: **~ de gente** rassemblement *m*; **~ de tráfico** embouteillage *m*
agnóstico, -a *adj, nm/f* agnostique *m/f*
agobiar *vt* (*suj: trabajo*) accabler; (*: calor*) accabler, étouffer
agolparse *vpr* (*personas*) se presser, se bousculer
agonía *nf* agonie *f*
agonizante *adj* agonisant(e)
agonizar *vi* agoniser, être à l'agonie
agosto *nm* août *m*; *ver tb* **julio**
agotado, -a *adj* épuisé(e)
agotador, a *adj* épuisant(e)
agotamiento *nm* épuisement *m*
agotar *vt* épuiser; **agotarse** *vpr* s'épuiser; (*libro*) être épuisé(e)
agraciado, -a *adj* qui a du charme ▷ *nm/f* (*en sorteo, lotería*) gagnant(e)
agradable *adj* agréable

agradar *vi* plaire; **esto no me agrada** cela ne me plaît pas; **le agrada estar en su compañía** votre compagnie lui est agréable
agradecer *vt* remercier; **te agradezco que hayas venido** je te remercie d'être venu
agradecido, -a *adj*: **¡muy ~!** merci beaucoup!, merci bien!; **agradecimiento** *nm* remerciement *m*
agradezca *etc vb ver* **agradecer**
agrado *nm* agrément *m*, plaisir *m*; (*amabilidad*) amabilité *f*; **ser de tu** *etc* **~** être à ton *etc* goût
agrandar *vt* agrandir
agrario, -a *adj* agraire
agravante *nm o f*: **con el** *o* **la ~ de que ...** le problème étant que ...
agravar *vt* aggraver; **agravarse** *vpr* s'aggraver
agraviar *vt* offenser; **agravio** *nm* offense *f*
agredir *vt* agresser
agregado *nm* agrégat *m*; (*profesor*) maître *m* de conférences (*à l'université*), professeur certifié(e) (*dans l'enseignement secondaire*)
agregar *vt*: **~ (a)** ajouter (à); (*unir*) associer (à)
agresión *nf* agression *f*
agresivo, -a *adj* agressif(-ive)
agriar *vt* aigrir; (*leche*) faire tourner; **agriarse** *vpr* s'aigrir; (*leche*) tourner
agrícola *adj* agricole
agricultor, a *nm/f* agriculteur(-trice)
agricultura *nf* agriculture *f*
agridulce *adj* aigre-doux(-douce)
agrietarse *vpr* se crevasser; (*piel*) se gercer
agrimensor, a *nm/f* arpenteur *m*
agrio, -a *adj* aigre; (*carácter*) aigri(e), revêche; **agrios** *nmpl* agrumes *mpl*
agrupación *nf* groupement *m*, regroupement *m*
agrupar *vt* (*personas*) grouper; (*libros, datos*) regrouper; **agruparse** *vpr* se regrouper
agua *nf* eau *f*; (*lluvia*) pluie *f*, eau de pluie; **hacer ~** (*embarcación*) faire eau; **se me hace la boca ~** ça me met l'eau à la bouche; **~s abajo** en aval; **~s arriba** en amont; **agua caliente/corriente** eau chaude/courante; **agua de colonia** eau de Cologne; **agua mineral (con/sin gas)** eau minérale (gazeuse/non gazeuse)
aguacate *nm* avocat *m*; (*árbol*) avocatier *m*
aguacero *nm* averse *f*
aguado, -a *adj* (*leche, vino*) baptisé(e)
aguafiestas *nm/f inv* trouble-fête *m/f inv*, rabat-joie *m/f inv*
aguanieve *nf* neige *f* fondue
aguantar *vt* supporter, endurer ▷ *vi* (*ropa*) résister; **aguantarse** *vpr* (*persona*) se dominer; **aguante** *nm* (*paciencia*) patience *f*; (*resistencia*) résistance *f*
aguar *vt* (*leche, vino*) baptiser, couper
aguardar *vt* attendre ▷ *vi*: **~ (a que)** attendre (que)
aguardiente *nm* eau-de-vie *f*
aguarrás *nm* essence *f* de térébenthine
agudeza *nf* (*oído, olfato*) finesse *f*; (*vista*) acuité *f*; (*de sonido*) aigu *m*; (*fig: ingenio*) vivacité *f*, finesse
agudizar *vt* aiguiser; (*crisis*) intensifier; **agudizarse** *vpr* s'aiguiser; (*crisis*) s'intensifier
agudo, -a *adj* (*afilado*) tranchant(e), coupant(e); (*vista*) perçant(e); (*oído, olfato*) fin(e); (*sonido, dolor*) aigu(ë)
agüero *nm*: **ser de buen/mal ~** être de bon/mauvais augure
aguijón *nm* (*de insecto*) dard *m*; (*fig: estímulo*) aiguillon *m*
águila *nf* aigle *m*; **ser un ~** (*fig*) être un as
aguileño, -a *adj* (*nariz*) aquilin(e)

aguinaldo *nm* étrennes *fpl*
aguja *nf* aiguille *f*; (*para hacer punto*) aiguille à tricoter; (*para hacer ganchillo*) crochet *m*
agujerear *vt* (*perforar: ropa, cristal, madera*) trouer
agujero *nm* trou *m*
agujetas *nfpl* courbatures *fpl*
aguzar *vt* (*herramientas*) aiguiser, affiler; (*ingenio, entendimiento*) aiguillonner, stimuler; **~ el oído/la vista** aiguiser l'ouïe/la vue
ahí *adv* (*lugar*) là; **de ~ que** donc, d'où il s'ensuit que; **~ está el problema** tout le problème est là; **~ llega** le voilà; **por ~** par là; (*lugar indeterminado*) là-bas; **200 o por ~** environ 200
ahijado, -a *nm/f* filleul(e)
ahogar *vt* étouffer; (*en el agua*) noyer; **ahogarse** *vpr* (*en el agua*) se noyer; (*por asfixia*) s'asphyxier
ahondar *vt* creuser ▷ *vi*: **~ en** (*problema*) approfondir, creuser
ahora *adv* maintenant; (*hace poco*) tout à l'heure; **~ bien** *o* **que** cependant, remarquez (que); **~ mismo** à l'instant (même); **~ voy** j'arrive; **¡hasta ~!** à tout de suite!, à bientôt!; **por ~** pour le moment
ahorcar *vt* pendre; **ahorcarse** *vpr* se pendre
ahorita (*esp Am: fam*) *adv* tout de suite
ahorrar *vt* économiser, épargner; **~ a algn algo** épargner qch à qn; **ahorro** *nm* économie *f*, épargne *f*; **ahorros** *nmpl* économies *fpl*
ahuecar *vt* (*madera, tronco*) évider; (*voz*) enfler
ahumar *vt* fumer
ahuyentar *vt* (*ladrón, fiera*) mettre en fuite; (*fig*) chasser
airado, -a *adj* furieux(-euse); **airar** *vt* (*persona*) irriter, fâcher; **airarse** *vpr* (*irritarse*) s'irriter, se fâcher
aire *nm* air *m*; **aires** *nmpl*: **darse ~s** se donner des airs; **al ~ libre** en plein air; **cambiar de ~s** changer d'air; **estar en el ~** (*Radio*) être sur les ondes; (*fig*) être en suspens; **tener un ~ con** *o* **darse un ~ a** ressembler à; **tomar el ~** prendre l'air; **aire acondicionado** air conditionné
airearse *vpr* prendre l'air
airoso, -a *adj*: **salir ~ de algo** bien s'en tirer
aislado, -a *adj* isolé(e)
aislar *vt* isoler
ajardinado, -a *adj* aménagé(e)
ajedrez *nm* échecs *mpl*
ajeno, -a *adj* d'autrui; **estar ~ a algo** être étranger à qch
ajetreado, -a *adj* (*día*) mouvementé(e)
ajetreo *nm* agitation *f*
ají (*Am*) *nm* piment *m* rouge; (*salsa*) sauce *f* au piment
ajo *nm* ail *m*
ajuar *nm* (*de casa*) mobilier *m*; (*de novia*) trousseau *m*
ajustado, -a *adj* (*ropa*) ajusté(e); (*resultado*) serré(e)
ajustar *vt* ajuster; (*reloj, cuenta*) régler ▷ *vi* (*ventana, puerta*) cadrer; **ajustarse** *vpr*: **~se a** se conformer à; **~ algo a algo** ajuster qch à qch; (*fig*) adapter qch à qch; **~ cuentas con algn** régler ses comptes avec qn
ajuste *nm* (*Fin*) fixation *f* (des prix); (*acuerdo*) accord *m*
al (= *a* + *el*) *ver* **a**
ala *nf* aile *f*; (*de sombrero*) bord *m*
alabanza *nf* éloge *m*, louange *f*
alabar *vt* (*persona*) louer, faire l'éloge de; (*obra etc*) louer, vanter
alacena *nf* garde-manger *m inv*
alacrán *nm* scorpion *m*
alambrada *nf*, **alambrado** *nm* grillage *m*
alambre *nm* fil *m* de fer; **~ de púas** fil de fer barbelé
alameda *nf* peupleraie *f*; (*lugar de paseo*) promenade *f* (bordée d'arbres)

álamo *nm* peuplier *m*
alarde *nm*: **hacer ~ de** se vanter de, faire étalage de
alargador *nm* (*Elec*) rallonge *f*
alargar *vt* rallonger; (*estancia, vacaciones*) prolonger; (*brazo*) allonger, tendre; **alargarse** *vpr* (*días*) rallonger
alarido *nm* hurlement *m*
alarma *nf* (*señal de peligro*) alarme *f*, alerte *f*; **alarma de incendios** avertisseur *m* d'incendie
alarmante *adj* alarmant(e)
alarmar *vt* alarmer; **alarmarse** *vpr* s'alarmer
alba *nf* aube *f*
albacea *nm/f* exécuteur *m* testamentaire
albahaca *nf* basilic *m*
Albania *nf* Albanie *f*
albañil *nm* maçon *m*
albarán *nm* bordereau *m*
albaricoque *nm* abricot *m*
albedrío *nm*: **libre ~** libre arbitre *m*
alberca *nf* réservoir *m* d'eau; (*Am*) piscine *f*
albergar *vt* héberger; (*esperanza*) nourrir
albergue *vb ver* **albergar** ▷ *nm* abri *m*; **albergue juvenil** *o* **de juventud** auberge *f* de jeunesse
albóndigas *nfpl* boulettes *fpl* de viande
albornoz *nm* (*para el baño*) sortie *f* de bain
alborotar *vt* agiter; (*amotinar*) ameuter ▷ *vi* faire du tapage; **alborotarse** *vpr* s'agiter; **alboroto** *nm* tapage *m*
alborozar *vt* réjouir; **alborozarse** *vpr* se réjouir
alborozo *nm* réjouissance *f*
álbum (*pl* **~s** *o* **~es**) *nm* album *m*
alcachofa *nf* artichaut *m*; **alcachofa de ducha/de regadera** pomme *f* de douche/d'arrosoir
alcalde, -esa *nm/f* maire *m*
alcaldía *nf* mairie *f*
alcance *vb ver* **alcanzar** ▷ *nm* portée *f*; **al ~ de la mano** à portée de main; **estar a mi** *etc*/**fuera de mi** *etc* **~** être/ne pas être à ma *etc* portée
alcantarilla *nf* (*subterránea*) égout *m*; (*en la calle*) caniveau *m*
alcanzar *vt* atteindre; (*persona*) rattraper; (*autobús*) attraper; (*Am: entregar*) passer ▷ *vi* être suffisant(e); (*para todos*) suffire
alcaparra *nf* câpre *f*
alcayata *nf* (*clavo*) piton *m*
alcázar *nm* citadelle *f*; (*Náut*) dunette *f*
alcoba *nf* alcôve *f*
alcohol *nm* alcool *m*; (*tb*: **~ metílico**) alcool à brûler
alcohólico, -a *adj, nm/f* alcoolique *m/f*
alcoholímetro *nm* alcoomètre *m*
alcoholismo *nm* alcoolisme *m*
alcornoque *nm* chêne-liège *m*; (*fam*) andouille *f*
alcurnia *nf* noble lignée *f*
aldaba *nf* heurtoir *m*
aldea *nf* hameau *m*
aldeano, -a *adj, nm/f* villageois(e)
aleación *nf* alliage *m*
aleatorio, -a *adj* aléatoire
aleccionar *vt* instruire
alegación *nf* allégation *f*; **alegar** *vt* alléguer ▷ *vi* (*Am*) discuter
alegato *nm* plaidoyer *m*; (*Am*) discussion *f*
alegoría *nf* allégorie *f*
alegrar *vt* réjouir; (*casa*) égayer; (*fiesta*) animer; **alegrarse** *vpr* (*fam*) se griser; **~se de** être heureux(-euse) de
alegre *adj* gai(e), joyeux(-euse); (*fam: con vino*) éméché(e); **alegría** *nf* joie *f*, gaîté *f*
alejamiento *nm* éloignement *m*
alejar *vt* éloigner; **alejarse** *vpr* s'éloigner
alemán, -ana *adj* allemand(e)

▷ *nm/f* Allemand(e) ▷ *nm* (*Ling*) allemand *m*
Alemania *nf* Allemagne *f*; **Alemania Occidental/Oriental** (*Hist*) Allemagne de l'Ouest/de l'Est
alentador, a *adj* encourageant(e)
alentar *vt* encourager
alergia *nf* allergie *f*
alero *nm* auvent *m*
alerta *adj inv* vigilant(e) ▷ *nf* alerte *f* ▷ *adv*: **estar** *o* **mantenerse ~** être sur ses gardes
aleta *nf* (*pez*) nageoire *f*; (*foca*) aileron *m*; (*nariz*) aile *f*; (*Deporte*) palme *f*; (*Auto*) garde-boue *m inv*
aletargar *vt* endormir; **aletargarse** *vpr* s'assoupir
aletear *vi* (*ave*) battre des ailes; (*pez*) battre des nageoires
alevín *nm* alevin *m*
alfabeto *nm* alphabet *m*
alfalfa *nf* luzerne *f*
alfarería *nf* poterie *f*; (*tienda*) magasin *m* de poterie
alfarero, -a *nm/f* potier *m*
alféizar *nm* embrasure *f*
alférez *nm* (*Mil*) sergent *m*
alfil *nm* (*Ajedrez*) fou *m*
alfiler *nm* épingle *f*; (*broche*) broche *f*; **alfiler de gancho** (*Am*: *imperdible grande*) (grande) épingle de nourrice
alfiletero *nm* porte-aiguilles *m inv*
alfombra *nf* tapis *msg*; **alfombrar** *vt* recouvrir d'un tapis; **alfombrilla** *nf* carpette *f*
alforja *nf* sacoche *f*
algarabía (*fam*) *nf* brouhaha *m*
algas *nfpl* algues *fpl*
álgebra *nf* algèbre *f*
álgido, -a *adj* crucial(e)
algo *pron* quelque chose; (*una cantidad pequeña*) un peu ▷ *adv* un peu, assez; **~ así (como)** quelque chose comme; **~ es ~** c'est toujours quelque chose; **¿~ más?** c'est tout?; (*en tienda*) et avec ceci?; **por ~ será** il y a bien une raison
algodón *nm* coton *m*; **algodón de azúcar** barbe *f* à papa; **algodón hidrófilo** coton hydrophile
algodonero, -a *adj* cotonnier(-ière)
alguacil *nm* (*de juzgado*) huissier *m*; (*de ayuntamiento*) employé *m* municipal; (*Taur*) officiel *m* à cheval
alguien *pron* quelqu'un
alguno, -a *adj* (*delante de nm*: *algún*) quelque, un/une; (*después de n*): **no tiene talento ~** il n'a aucun talent ▷ *pron* quelqu'un; **~ de ellos** l'un d'eux; **algún que otro libro** quelques livres; **algún día iré** j'irai un jour; **~s piensan** certains pensent
alhaja *nf* joyau *m*
alhelí *nm* giroflée *f*
aliado, -a *adj, nm/f* allié(e)
alianza *nf* alliance *f*
aliarse *vpr*: **~ (con/a)** s'allier (à)
alias *adv* alias
alicates *nmpl* pince *fsg*; **alicates de uñas** coupe-ongles *m inv*
aliciente *nm* stimulant *m*; (*atractivo*) attrait *m*, charme *m*
alienación *nf* aliénation *f*
aliento *vb ver* **alentar** ▷ *nm* haleine *f*; **sin ~** hors d'haleine
aligerar *vt* alléger; **~ el paso** presser le pas
alijo *nm* saisie *f*
alimaña *nf* animal *m* nuisible
alimentación *nf* alimentation *f*; **tienda de ~** magasin *m* d'alimentation; **alimentar** *vt* nourrir, alimenter; (*suj*: *alimento*) nourrir
alimenticio, -a *adj* (*sustancia*) alimentaire; (*nutritivo*) nourrissant(e)
alimento *nm* aliment *m*; **alimentos** *nmpl* (*Jur*) aliments *mpl*
alineación *nf* alignement *m*; (*Deporte*) formation *f*
alinear *vt* aligner; (*Deporte*) faire jouer; **alinearse** *vpr* s'aligner; (*Deporte*) rentrer
aliñar *vt* assaisonner; **aliño** *nm*

assaisonnement *m*
alisar *vt* lisser; (*madera*) polir
alistarse *vpr* s'inscrire; (*Mil*) s'enrôler; (*Am: prepararse*) se préparer
aliviar *vt* (*carga*) alléger; (*persona*) soulager
alivio *nm* soulagement *m*
aljibe *nm* citerne *f*
allá *adv* là-bas; (*por ahí*) par là; **~ abajo/arriba** tout en bas/en haut; **hacia ~** par là-bas; **más ~** plus loin; **más ~ de** au-delà de; **~ por** vers; **¡~ tú!** tant pis pour toi!
allanamiento *nm*: **~ de morada** violation *f* de domicile
allanar *vt* aplanir; (*muro*) raser
allegado, -a *adj* partisan(e) ▷ *nm/f* proche parent(e)
allí *adv* (*lugar*) là; **~ mismo** là précisément; **por ~** par là
alma *nf* (*tb Tec*) âme *f*; (*de negocio*) nœud *m*; (*de fiesta*) clou *m*; (*de reunión*) objet *m* principal; **con toda el ~** du fond du cœur
almacén *nm* magasin *m*; (*al por mayor*) magasin de gros; (*Am*) épicerie *f*; **(grandes) almacenes** grands magasins *mpl*; **almacenaje** *nm* emmagasinage *m*, stockage *m*; **almacenaje secundario** (*Inform*) mémoire *f* auxiliaire
almacenar *vt* emmagasiner, stocker; **almacenero, -a** (*Am*) *nm/f* épicier(-ière)
almanaque *nm* almanach *m*
almeja *nf* (*Zool*) clovisse *f*; (*Culin*) palourde *f*
almendra *nf* amande *f*; **almendro** *nm* amandier *m*
almíbar *nm* sirop *m*; **en ~** au sirop
almidón *nm* amidon *m*
almirante *nm* amiral *m*
almirez *nm* mortier *m*
almizcle *nm* musc *m*
almohada *nf* oreiller *m*; (*funda*) taie *f* d'oreiller; **almohadilla** *nf* (*para sentarse*) coussinet *m*; (*para planchar*) pattemouille *f*; (*para sellar*) tampon *m* encreur; (*en los arreos*) tapis *msg* de selle; (*Am*) pelote *f* à épingles
almohadón *nm* coussin *m*; (*funda de almohada*) taie *f* d'oreiller
almorranas *nfpl* hémorroïdes *fpl*
almorzar *vt*: **~ una tortilla** déjeuner d'une omelette ▷ *vi* déjeuner
almuerzo *vb ver* **almorzar** ▷ *nm* déjeuner *m*
alocado, -a *adj* écervelé(e); (*acción*) irréfléchi(e)
alojamiento *nm* logement *m*
alojar *vt* loger; **alojarse** *vpr*: **~se en** (*persona*) loger à; (*bala, proyectil*) se loger dans
alondra *nf* alouette *f*
alpargata *nf* espadrille *f*
Alpes *nmpl*: **los ~** les Alpes *fpl*
alpinismo *nm* alpinisme *m*; **alpinista** *nm/f* alpiniste *m/f*
alpiste *nm* alpiste *m*
alquilar *vt* louer; **"se alquila casa"** "maison à louer"
alquiler *nm* location *f*; (*precio*) loyer *m*; **de ~** à louer; **alquiler de coches/automóviles** location de voitures
alquimia *nf* alchimie *f*
alquitrán *nm* goudron *m*
alrededor *adv* autour; **alrededores** *nmpl* environs *mpl*; **~ de** autour de; (*aproximadamente*) environ; **a su ~** autour de lui; **mirar a su ~** regarder autour de soi
alta *nf*: **dar a algn de ~** (*en empleo*) autoriser qn à reprendre son travail (*après un congé de maladie*); **darse de ~** (*Med*) se déclarer guéri(e); (*en club, asociación*) devenir membre
altanería *nf* arrogance *f*; (*de aves*) haut vol *m*
altanero, -a *adj* hautain(e)
altar *nm* autel *m*
altavoz *nm* haut-parleur *m*
alteración *nf* altération *f*; (*alboroto*)

altercation *f*; (*agitación*) agitation *f*; **alteración del orden público** trouble *m* de l'ordre public
alterar *vt* modifier; (*persona*) perturber; (*alimentos, medicinas*) altérer; **alterarse** *vpr* (*persona*) se troubler
altercado *nm* altercation *f*
alternar *vi* fréquenter des gens; **alternarse** *vpr* se relayer
alternativa *nf*: **no tener otra ~** ne pas avoir le choix
alternativo, -a *adj* alternatif(-ive); (*hojas, ángulo*) alterne
alterno, -a *adj* (*días*) tous les deux; (*Elec*) alternatif(-ive)
alteza *nf* altesse *f*
altibajos *nmpl* (*del terreno*) inégalités *fpl*; (*fig*) des hauts et des bas *mpl*
altiplanicie *nf* haut plateau *m*
altiplano *nm* = **altiplanicie**
altisonante *adj* ronflant(e)
altitud *nf* altitude *f*
altivez *nf* hauteur *f*, morgue *f*
altivo, -a *adj* hautain(e), altier(-ière)
alto, -a *adj* haut(e); (*persona*) grand(e); (*sonido*) aigu(ë); (*precio, ideal, clase*) élevé(e) ▷ *nm* haut *m*; (*Am*) tas *msg* ▷ *adv* haut; (*río*) en crue ▷ *excl* halte!; **la pared tiene 2 metros de ~** le mur fait 2 mètres de haut; **alta fidelidad/frecuencia** haute fidélité/fréquence; **en alta mar** en haute mer; **alta tensión** haute tension; **a altas horas de la noche** à une heure avancée de la nuit; **en lo ~ de** en haut de, tout en haut de; **hacer un ~** faire une halte; **por todo lo ~** sur un grand pied; **declarar/respetar el ~ el fuego** déclarer/observer le cessez-le-feu
altoparlante (*Am*) *nm* haut-parleur *m*
altruismo *nm* altruisme *m*
altura *nf* hauteur *f*; (*de persona*) taille *f*; (*altitud*) altitude *f*; **alturas** *nfpl* hauteurs *fpl*; **la pared tiene 1.80 de ~** le mur fait 1 mètre 80 de hauteur *o* de haut; **a estas ~s** à l'heure qu'il est
alubias *nfpl* haricots *mpl*
alucinación *nf* hallucination *f*; **alucinar** *vt* halluciner
alud *nm* avalanche *f*
aludir *vi*: **~ a** faire allusion à; **darse por aludido** se sentir visé
alumbrado *nm* éclairage *m*; **alumbramiento** *nm* accouchement *m*
alumbrar *vt* éclairer; (*Med*) accoucher de
aluminio *nm* aluminium *m*
alumno, -a *nm/f* élève *m/f*
alunizar *vi* alunir
alusión *nf* allusion *f*; **hacer ~ a** faire allusion à
aluvión *nm* (*de agua*) inondation *f*; (*de gente, noticias*) déluge *m*
alverja (*Am*) *nf* pois *msg* de senteur
alza *nf* hausse *f*; **estar en ~** (*precio*) être en hausse; (*estimación*) être bien coté(e)
alzada *nf* (*de caballos*) hauteur *f* au garrot
alzamiento *nm* (*rebelión*) soulèvement *m*; (*de muro*) élévation *f*
alzar *vt* (*tb castigo*) lever; (*precio, muro, monumento*) élever; (*cuello de abrigo*) relever; (*poner derecho*) redresser; **alzarse** *vpr* s'élever; (*rebelarse*) se soulever; **~ la voz** élever la voix
ama *nf* maîtresse *f* (de maison), propriétaire *f*; **ama de casa** ménagère *f*; **ama de llaves** gouvernante
amabilidad *nf* amabilité *f*; **amable** *adj* aimable; **es Vd muy amable** c'est très aimable à vous
amaestrado, -a *adj* dressé(e)
amaestrar *vt* dresser
amago *nm* menace *f*; (*Med*) symptôme *m*
amainar *vi* tomber
amalgama *nf* amalgame *m*;

amalgamar *vt* amalgamer
amamantar *vt* allaiter, donner le sein à
amanecer *vi*: **amanece** le jour se lève ▷ *nm* lever *m* du jour; **el niño amaneció con fiebre** l'enfant s'est réveillé avec de la fièvre
amanerado, -a *adj* maniéré(e); (*lenguaje*) affecté(e)
amansar *vt* apprivoiser; **amansarse** *vpr* (*persona*) s'amadouer
amante *adj*: ~ **de** amoureux(-euse) de ▷ *nm/f* amant/maîtresse
amapola *nf* coquelicot *m*
amar *vt* aimer
amargado, -a *adj* amer(-ère), aigri(e)
amargar *vt* (*comida*) rendre amer(-ère); (*fig: estropear*) gâcher ▷ *vi* (*naranja*) se gâter; **amargarse** *vpr* s'aigrir
amargo, -a *adj* amer(-ère); **amargura** *nf* (*tristeza*) chagrin *m*
amarillento, -a *adj* jaunâtre; (*tez*) jaune
amarillo, -a *adj* (*color*) jaune ▷ *nm* jaune *m*
amarra *nf* amarre *f*; **amarras** *nfpl* piston *msg*; **soltar ~s** larguer les amarres
amarrar *vt* (*Náut*) amarrer; (*atar*) ficeler, ligoter
amasar *vt* (*masa*) pétrir; (*yeso, mortero*) gâcher; **amasijo** *nm* (*fig*) ramassis *msg*
amateur *nm/f* amateur *m*
amazona *nf* amazone *f*, cavalière *f*
Amazonas *nm*: **el (Río) ~** l'Amazone *f*
ambages *nmpl*: **sin ~** sans ambages
ámbar *nm* ambre *m* (jaune)
ambición *nf* ambition *f*; **ambicionar** *vt* ambitionner; **ambicionar hacer** ambitionner de faire
ambicioso, -a *adj* ambitieux(-ieuse)
ambidextro, -a *adj* ambidextre
ambientación *nf* (*Cine, Teatro, TV*) cadre *m*
ambiente *nm* (*atmósfera, tb fig*) atmosphère *f*; (*entorno*) air *m* ambiant, milieu *m*
ambigüedad *nf* ambiguïté *f*
ambiguo, -a *adj* ambigu(ë)
ámbito *nm* domaine *m*; (*fig*) cercle *m*
ambos, -as *adj pl* les deux ▷ *pron pl* tous/toutes les deux
ambulancia *nf* ambulance *f*
ambulante *adj* ambulant(e)
ambulatorio *nm* dispensaire *m*
amedrentar *vt* effrayer; **amedrentarse** *vpr* s'effrayer
amén *excl* amen!; **~ de** outre
amenaza *nf* menace *f*
amenazar *vt* menacer; **~ con (hacer)** menacer de (faire); **~ de muerte** menacer de mort
amenidad *nf* aménité *f*
ameno, -a *adj* amène
América *nf* Amérique *f*; **América Central/Latina** Amérique centrale/latine; **América del Norte/del Sur** Amérique du Nord/du Sud
americana *nf* veste *f*
americano, -a *adj* américain(e) ▷ *nm/f* Américain(e)
ametralladora *nf* mitrailleuse *f*
amianto *nm* amiante *m*
amigable *adj* amical(e)
amígdala *nf* amygdale *f*; **amigdalitis** *nf* amygdalite *f*
amigo, -a *adj* ami(e) ▷ *nm/f* (*gen*) ami(e); (*amante*) petit(e) ami(e); **ser ~ de algo** être un ami de qch; **ser muy ~s** être très amis
amilanar *vt* effrayer; **amilanarse** *vpr* s'effrayer
aminorar *vt* (*velocidad etc*) ralentir
amistad *nf* amitié *f*; **amistades** *nfpl* (*amigos*) amis *mpl*
amistoso, -a *adj* amical(e)
amnesia *nf* amnésie *f*
amnistía *nf* amnistie *f*
amo *nm* (*dueño*) maître *m* (de maison),

propriétaire *m*; (*jefe*) patron *m*; **hacerse el ~ (de algo)** prendre la direction (de qch)
amodorrarse *vpr* s'assoupir
amoldar; **amoldarse** *vpr*: **~se (a)** (*prenda, zapatos*) prendre la forme (de); **~se a** s'adapter à
amonestación *nf* admonestation *f*; **amonestaciones** *nfpl* (*Rel*) bans *mpl*
amonestar *vt* admonester; (*Rel*) publier les bans de
amontonar *vt* entasser, amonceler; (*riquezas etc*) accumuler, amasser; **amontonarse** *vpr* (*gente*) se masser; (*hojas, nieve etc*) s'entasser; (*trabajo*) s'accumuler
amor *nm* amour *m*; **de mil ~es** très volontiers; **hacer el ~** faire l'amour; (*cortejar*) faire la cour; **tener ~es con algn** avoir une liaison avec qn; **¡por (el) ~ de Dios!** pour l'amour de Dieu!; **amor propio** amour-propre *m*
amoratado, -a *adj* (*por frío*) violacé(e); (*por golpes*) couvert(e) de bleus; **ojo ~** œil *m* au beurre noir
amordazar *vt* bâillonner
amorfo, -a *adj* amorphe
amoroso, -a *adj* amoureux(-euse); (*carta*) d'amour
amortiguador *nm* (*dispositivo*) amortisseur *m*; (*parachoques*) pare-chocs *m inv*; **amortiguadores** *nmpl* (*Auto*) suspension *fsg*
amortiguar *vt* amortir; (*dolor*) atténuer; (*color*) neutraliser; (*luz*) baisser
amortización *nf* amortissement *m*
amotinar *vt* ameuter; **amotinarse** *vpr* se mutiner
amparar *vt* secourir; (*suj: ley*) protéger; **ampararse** *vpr* se mettre à l'abri; **~se en** (*ley, costumbre*) se prévaloir de; **amparo** *nm* protection *f*; **al amparo de** grâce à
amperio *nm* ampère *m*
ampliación *nf* agrandissement *m*; (*de capital*) augmentation *f*; (*de estudios*) approfondissement *m*; (*cosa añadida*) extension *f*; **ampliar** *vt* agrandir; (*estudios*) approfondir
amplificación *nf* amplification *f*; **amplificador** *nm* amplificateur *m*
amplificar *vt* amplifier
amplio, -a *adj* (*habitación*) vaste; (*ropa, consecuencias*) ample; (*calle*) large; **amplitud** *nf* étendue *f*; **de gran amplitud** de grande envergure; **amplitud de miras** largeur *f* d'esprit
ampolla *nf* ampoule *f*
ampuloso, -a *adj* ampoulé(e)
amputar *vt* amputer
amueblar *vt* meubler
amuleto *nm* amulette *f*
anacronismo *nm* anachronisme *m*
anales *nmpl* annales *fpl*
analfabetismo *nm* analphabétisme *m*
analfabeto, -a *adj, nm/f* analphabète *m/f*
analgésico *nm* analgésique *m*
análisis *nm inv* analyse *f*
analista *nm/f* analyste *m/f*
analizar *vt* analyser
analogía *nf* analogie *f*
analógico, -a *adj* analogique
análogo, -a *adj* analogue
anaquel *nm* rayon *m*
anaranjado, -a *adj* orangé(e)
anarquía *nf* anarchie *f*; **anarquismo** *nm* anarchisme *m*; **anarquista** *nm/f* anarchiste *m/f*
anatomía *nf* anatomie *f*
anca *nf* (*de animal*) croupe *f*
ancho, -a *adj* large ▷ *nm* largeur *f*; **a lo ~** sur toute la largeur; **me está** *o* **queda ~ el vestido** je nage dans cette robe; **estar a sus anchas** être à l'aise; **ir muy ~s** prendre de grands airs
anchoa *nf* anchois *msg*
anchura *nf* largeur *f*
anciano, -a *adj* vieux/vieille ▷ *nm/f* personne *f* âgée

ancla *nf* ancre *f*; **anclar** *vi* mouiller l'ancre
Andalucía *nf* Andalousie *f*
andaluz, a *adj* andalou(se) ▷ *nm/f* Andalou(se)
andamiaje *nm* échafaudage *m*
andamio *nm* échafaudage *m*

PALABRA CLAVE

andar *vt* parcourir
▷ *vi* **1** (*persona, animal*) marcher; (*coche*) rouler
2 (*funcionar: máquina, reloj*) marcher
3 (*estar*) être; **¿qué tal andas?** comment vas-tu?; **andar mal de dinero/de tiempo** être à court d'argent/de temps; **andar haciendo algo** être en train de faire qch; **anda (metido) en asuntos sucios** il est impliqué dans des affaires louches; **anda por los cuarenta** il a environ quarante ans; **no sé por dónde anda** je ne sais pas où il est
4 (*revolver*): **no andes ahí/en mi cajón** ne touche pas à ça/à mon tiroir
5 (*obrar*): **andar con cuidado** *o* **con pies de plomo** faire bien attention, regarder où l'on met les pieds
andarse *vpr*: **andarse con rodeos** *o* **por las ramas** tourner autour du pot; **andarse con historias** raconter des histoires; **andarse con rodeos** *o* **por las ramas** tourner autour du pot; **andarse con historias** raconter des histoires
▷ *nm*: **andares** démarche *f*

andén *nm* quai *m*; (*Am*) trottoir *m*
Andes *nmpl*: **los ~** les Andes *fpl*
Andorra *nf* Andorre *f*
andrajo *nm* loque *f*, haillon *m*
andrajoso, -a *adj* déguenillé(e), loqueteux(-euse)
anduve *etc vb ver* **andar**
anduviera *etc vb ver* **andar**
anécdota *nf* anecdote *f*
anegar *vt* (*lugar*) inonder; **anegarse** *vpr* être inondé(e)
anejo, -a *adj* annexe ▷ *nm* = **anexo** annexe *f*
anemia *nf* anémie *f*
anestesia *nf* anesthésie *f*; **anestesia general/local** anesthésie générale/locale
anexar *vt* annexer; **~ algo a algo** (*Pol*) annexer qch à qch; **anexión** *nf* annexion *f*; **anexionamiento** *nm* = **anexión**
anexo, -a *adj* annexe ▷ *nm* annexe *f*
anfibio, -a *adj* amphibie ▷ *nm* amphibien *m*
anfiteatro *nm* amphithéâtre *m*
anfitrión, -ona *nm/f* amphitryon *m*, hôte(sse); **el equipo ~** (*Deporte*) l'équipe qui reçoit
ángel *nm* ange *m*; **ángel de la guarda** ange gardien; **angelical** *adj* angélique
angélico, -a *adj* = **angelical**
angina *nf*: **tener ~s** avoir une angine; **angina de pecho** angine *f* de poitrine
anglicano, -a *adj, nm/f* anglican(e)
anglosajón, -ona *adj* anglo-saxon(ne) ▷ *nm/f* Anglo-Saxon(ne)
angosto, -a *adj* étroit(e), resserré(e)
anguila *nf* anguille *f*
angulas *nfpl* civelles *fpl*
ángulo *nm* angle *m*; (*rincón*) coin *m*
angustia *nf* angoisse *f*; (*agobio*) anxiété *f*; **angustiar** *vt* angoisser; **angustiarse** *vpr* s'angoisser
anhelar *vt* être avide de; **~ hacer** mourir d'envie de faire; **anhelo** *nm* désir *m* ardent
anhídrido *nm*: **~ carbónico** dioxyde *m* de carbone
anidar *vi* nicher
anillo *nm* bague *f*; **anillo de boda** alliance *f*; **anillo de compromiso** bague de fiançailles
animación *nf* animation *f*

animado, -a *adj* (*vivaz*) plein(e) de vie *o* d'entrain; (*fiesta, conversación*) animé(e); (*alegre*) joyeux(-euse)
animador, a *nm/f* (*TV, Deporte*) animateur(-trice); (*persona alegre*) boute-en-train *m inv*
animadversión *nf* animadversion *f*
animal *adj* animal(e) ▷ *nm* animal *m*; **ser un ~** (*fig*) être un animal
animar *vt* animer; (*dar ánimo a*) encourager; (*habitación, vestido*) égayer; (*fuego*) ranimer; **animarse** *vpr* s'égayer; **~ a algn a hacer/para que haga** encourager qn à faire; **~se a hacer** se décider à faire
ánimo *nm* courage *m* ▷ *excl* courage!; **tener ~(s) (para)** être d'humeur (à); **con/sin ~ de hacer** avec l'intention/sans intention de faire
animoso, -a *adj* courageux(-euse)
aniquilar *vt* anéantir; (*salud*) ruiner
anís *nm* anis *msg*
aniversario *nm* anniversaire *m*
anoche *adv* hier soir, la nuit dernière; **antes de ~** avant-hier soir
anochecer *vi* commencer à faire nuit ▷ *nm* crépuscule *m*; **al ~** à la tombée de la nuit
anodino, -a *adj* (*película, novela*) insipide; (*persona*) insignifiant(e)
anomalía *nf* anomalie *f*
anonadado, -a *adj* abattu(e)
anonimato *nm* anonymat *m*
anónimo, -a *adj* anonyme ▷ *nm* lettre *f* anonyme
anorexia *nf* anorexie *f*
anormal *adj* anormal(e) ▷ *nm/f* débile *m/f* mental(e)
anotar *vt* annoter
anquilosarse *vpr* s'ankyloser; (*fig*) vieillir
ansia *nf* (*deseo*) avidité *f*; (*ansiedad*) angoisse *f*; **ansiar** *vt* être avide de; **ansiar hacer** brûler de faire
ansiedad *nf* angoisse *f*
ansioso, -a *adj* (*codicioso*) avide; (*preocupado*) anxieux(-euse); **~ de** *o* **por (hacer)** avide de (faire)
antagónico, -a *adj* antagonique; **antagonista** *nm/f* adversaire *m/f*
antaño *adv* jadis, autrefois
Antártico *nm*: **el ~** l'Antarctique *m*
ante *prep* devant; (*enemigo, peligro, en comparación con*) face à; (*datos, cifras*) en présence de ▷ *nm* daim *m*; **~ todo** avant tout
anteanoche *adv* avant-hier soir
anteayer *adv* avant-hier
antebrazo *nm* avant-bras *m inv*
antecedente *adj* antérieur(e) ▷ *nm* antécédent *m*; **antecedentes** *nmpl* antécédents *mpl*; **estar en ~s** être au courant; **poner a algn en ~s** mettre *o* tenir qn au courant; **antecedentes penales** casier *msg* judiciaire
anteceder *vt*: **~ a** précéder
antecesor, a *nm/f* prédécesseur *m*
antedicho, -a *adj* susdit(e)
antelación *nf*: **con ~** à l'avance
antemano: **de ~** *adv* d'avance
antena *nf* antenne *f*; **antena parabólica** antenne parabolique
anteojo *nm* lunette *f*; **anteojos** *nmpl* (*esp Am*) lunettes *fpl*
antepasados *nmpl* ancêtres *mpl*
anteponer *vt*: **~ algo a algo** faire passer une chose avant une autre
anteproyecto *nm* avant-projet *m*
anterior *adj*: **~ (a)** (*en orden*) qui précède; (*en el tiempo*) antérieur(e) (à); **anterioridad** *nf*: **con anterioridad a** préalablement à, avant
antes *adv* avant; (*primero*) d'abord; (*hace tiempo*) autrefois ▷ *prep*: **~ de** (*antiguamente*) avant ▷ *conj*: **~ de ir/de que te vayas** avant d'aller/que tu ne partes; **~ bien** plutôt; **~ de nada** avant tout; **dos días ~** deux jours plus tôt; **la tarde de ~** la veille au soir; **no quiso venir ~** il n'a pas voulu venir plus tôt; **tomo el avión ~ que el barco** je préfère l'avion au bateau; **~**

que yo avant moi
antiaéreo, -a *adj* antiaérien(ne)
antibalas *adj inv*: **chaleco ~** gilet *m* pare-balles
antibiótico *nm* antibiotique *m*
anticiclón *nm* anticyclone *m*
anticipación *nf*: **con 10 minutos de ~** avec 10 minutes d'avance; **hacer algo con ~** faire qch à l'avance
anticipado, -a *adj* anticipé(e); **por ~** d'avance, par anticipation
anticipar *vt* anticiper; **anticiparse** *vpr* (*estación*) être en avance; **~se (a)** (*adelantarse*) devancer; (*prever*) prévenir
anticipo *nm* avance *f*
anticonceptivo, -a *adj* contraceptif(-ive) ▷ *nm* contraceptif *m*
anticongelante *nm* (*Auto*) antigel *m*
anticuado, -a *adj* (*ropa, estilo*) démodé(e); (*máquina, término*) vieillot(te), vieux/vieille
anticuario *nm* antiquaire *m/f*
anticuerpo *nm* anticorps *msg*
antídoto *nm* antidote *m*
antiestético, -a *adj* inesthétique
antifaz *nm* masque *m*
antiglobalizador, a *adj, nm/f* altermondialiste *m/f*
antigualla *nf* (*pey*: *objeto*) antiquité *f*
antiguamente *adv* autrefois, jadis
antigüedad *nf* antiquité *f*; (*en empleo*) ancienneté *f*; **antigüedades** *nfpl* antiquités *fpl*
antiguo, -a *adj* ancien(ne), vieux/vieille ▷ *nm*: **los ~s** les Anciens *mpl*; **a la antigua** à l'ancienne
Antillas *nfpl*: **las ~** les Antilles *fpl*
antílope *nm* antilope *f*
antinatural *adj* anormal(e); (*perverso*) contre nature; (*afectado*) forcé(e)
antipatía *nf* antipathie *f*; (*a cosa*) répugnance *f*
antipático, -a *adj* antipathique; (*gesto etc*) déplaisant(e)
antirrobo *adj inv* antivol
antisemita *adj, nm/f* antisémite *m/f*
antiséptico, -a *adj* antiseptique ▷ *nm* antiseptique *m*
antivirus *nm inv* (*Comput*) antivirus *m*
antojadizo, -a *adj* capricieux(-ieuse)
antojarse *vpr*: **se me antoja comprarlo** j'ai envie de me l'acheter; **se me antoja que** j'imagine que
antojo *nm* caprice *m*, lubie *f*; (*Anat, de embarazada, lunar*) envie *f*; **hacer algo a su ~** faire qch à sa guise
antología *nf* anthologie *f*
antorcha *nf* torche *f*
antro *nm* (*fig*) antre *m*
antropófago, -a *adj, nm/f* anthropophage *m/f*
antropología *nf* anthropologie *f*
anual *adj* annuel(le)
anuario *nm* annuaire *m*
anudar *vt* nouer; **anudarse** *vpr* s'emmêler
anulación *nf* annulation *f*; (*ley*) abrogation *f*; (*persona*) annihilation *f*
anular *vt* annuler; (*ley*) abroger ▷ *nm* (*tb*: **dedo ~**) annulaire *m*
anunciación *nf* (*Rel*): **la A~** l'Annonciation *f*
anunciante *nm/f* (*Com*) annonceur *m* (publicitaire)
anunciar *vt* annoncer; (*Com*) faire de la publicité pour
anuncio *nm* annonce *f*; (*Com*) publicité *f*; (*cartel*) panneau *m* publicitaire; (*señal*) pancarte *f*; **anuncios por palabras** petites annonces *fpl*
anzuelo *nm* hameçon *m*; (*fig*) appât *m*
añadidura *nf* ajout *m*; (*vestido*) rallonge *f*; **por ~** par surcroît
añadir *vt* ajouter; (*prenda*) rallonger
añejo, -a *adj* (*vino*) vieux/vieille; (*pey*: *tocino, jamón*) rance
añicos *nmpl* morceaux *mpl*; **hacer ~** (*cosa*) mettre en morceaux; **hacerse**

~ briser en mille morceaux; (*cristal*) voler en éclats
añil *nm* indigo *m*
año *nm* an *m*; (*duración*) année *f*; **los ~s 80** les années 80; **¡Feliz A~ Nuevo!** Bonne et heureuse année!; **tener 15 ~s** avoir 15 ans; **año académico** *o* **escolar/bisiesto/sabático** année scolaire *o* universitaire/bissextile/ sabbatique; **año económico** *o* **fiscal** exercice *m* financier; **año-luz** année-lumière *f*
añoranza *nf* nostalgie *f*
apabullar *vt* sidérer
apacentar *vt* faire paître
apacible *adj* paisible; (*clima*) doux/ douce; (*lluvia*) fin(e)
apaciguar *vt* apaiser, calmer; **apaciguarse** *vpr* s'apaiser, se calmer
apadrinar *vt* (*Rel*) être le parrain de
apagado, -a *adj* éteint(e); (*color*) terne; (*sonido*) étouffé(e); **estar ~** être éteint
apagar *vt* éteindre; (*sed*) étancher; **apagarse** *vpr* s'éteindre
apagón *nm* panne *f*
apalabrar *vt* (*persona*) engager; (*piso*) convenir (verbalement) de
apalear *vt* rosser
apañar (*fam*) *vt* (*arreglar*) rafistoler; (*vestido*) raccommoder; **apañarse** *vpr*: **~se** *o* **apañárselas (para hacer)** se débrouiller (pour faire)
aparador *nm* buffet *m*
aparato *nm* appareil *m*; (*Radio, TV*) poste *m*; **aparatos** *nmpl* (*gimnasia*) agrès *mpl*; **aparato de facsímil** télécopieur *m*; **aparatos de mando** (*Aviat etc*) commandes *fpl*
aparatoso, -a *adj* spectaculaire
aparcamiento *nm* (*lugar*) parking *m*; (*maniobra*) stationnement *m*
aparcar *vt* garer ▷ *vi* se garer
aparearse *vpr* s'apparier
aparecer *vi* apparaître; (*publicarse*) paraître; (*ser encontrado*) être trouvé(e); **aparecerse** *vpr* apparaître
aparejado, -a *adj*: **llevar** *o* **traer ~** entraîner
aparejador, a *nm/f* (*Arq*) aide-architecte
aparejo *nm* (*de pesca*) matériel *m* (de pêche); (*Náut*) gréement *m*
aparentar *vt* (*edad*) faire ▷ *vi* se faire remarquer; **~ hacer** faire semblant de faire
aparente *adj* apparent(e)
aparezca *etc vb ver* **aparecer**
aparición *nf* apparition *f*; (*de libro*) parution *f*
apariencia *nf* apparence *f*; **apariencias** *nfpl* (*aspecto*) apparences *fpl*; **en ~** en apparence; **tener (la) ~ de** avoir l'apparence de; **guardar las ~s** sauver les apparences
apartado, -a *adj* (*lugar*) éloigné(e) ▷ *nm* paragraphe *m*, alinéa *m*; **apartado (de correos)** boîte *f* postale
apartamento *nm* studio *m*
apartar *vt* écarter; (*quitar*) retirer; (*comida, dinero*) mettre de côté; **apartarse** *vpr* s'écarter
aparte *adv* (*en otro sitio*) de côté; (*en sitio retirado*) à l'écart; (*además*) en outre ▷ *prep*: **~ de** à part ▷ *nm* aparté *m* ▷ *adj* à part; **~ de que** sans compter que, en plus du fait que
aparthotel *nm* apparthôtel *m*
apasionado, -a *adj* passionné(e); **~ de/por** passionné(e) de/par
apasionar *vt*: **le apasiona el fútbol** c'est un passionné de football; **apasionarse** *vpr* se passionner; **~se por** se passionner pour; (*persona*) être passionnément amoureux(-euse) de; (*deporte, política*) être mordu(e) de
apatía *nf* indolence *f*
apático, -a *adj* apathique
Apdo. *abr* (= *Apartado (de Correos)*) B.P. (= *boîte postale*)
apeadero *nm* (*Ferro*) halte *f*
apearse *vpr*: **~ (de)** descendre (de)

apechugar *vi*: **~ con algo** se coltiner qch
apedrear *vt* lapider
apegarse *vpr*: **~ a** (*a persona*) s'attacher à; (*a cargo*) prendre à cœur; **apego** *nm*: **apego a/por** (*objeto*) attachement à
apelación *nf* appel *m*
apelar *vi*: **~ a** faire appel à; (*justicia*) avoir recours à
apellidarse *vpr*: **se apellida Pérez** il s'appelle Pérez
apellido *nm* nom *m* de famille
apelmazarse *vpr* (*masa*) se tasser; (*arroz*) se coller; (*prenda*) rétrécir
apenar *vt* peiner, faire de la peine à; (*Am*: *avergonzar*) faire honte à; **apenarse** *vpr* avoir de la peine; (*Am*) avoir honte
apenas *adv* à peine, presque pas ▷ *conj* dès que; **~ si podía levantarse** c'est à peine s'il pouvait se lever
apéndice *nm* appendice *m*; **apendicitis** *nf* appendicite *f*
aperitivo *nm* apéritif *m*
aperos *nmpl* (*utensilios*) matériel *msg*; (*Agr*) matériel agricole
apertura *nf* ouverture *f*; (*de curso*) rentrée *f* (des classes); (*de parlamento*) rentrée parlementaire
apesadumbrar *vt* attrister
apestar *vt* empester ▷ *vi*: **~ (a)** empester; **estar apestado de** être infesté de
apetecer *vt*: **¿te apetece una tortilla?** as-tu envie d'une omelette?; **apetecible** *adj* appétissant(e); (*olor*) agréable; (*objeto*) séduisant(e)
apetito *nm* appétit *m*
apetitoso, -a *adj* alléchant(e)
apiadarse *vpr*: **~ de** s'apitoyer sur
ápice *nm* (*fig*) summum *m*
apilar *vt* empiler
apiñarse *vpr* se presser
apio *nm* céleri *m*
apisonadora *nf* rouleau *m* compresseur
aplacar *vt* apaiser; (*sed*) étancher; (*entusiasmo*) refroidir; **aplacarse** *vpr* s'apaiser; (*entusiasmo*) se refroidir
aplanar *vt* aplanir
aplastante *adj* écrasant(e)
aplastar *vt* écraser
aplatanarse (*fam*) *vpr* se ramollir
aplaudir *vt, vi* applaudir
aplauso *nm* applaudissement *m*
aplazamiento *nm* ajournement *m*
aplazar *vt* (*reunión*) ajourner
aplicación *nf* application *f*; **aplicaciones** *nfpl* applications *fpl*
aplicado, -a *adj* appliqué(e), studieux(-euse)
aplicar *vt* mettre en pratique; (*ley, norma*) appliquer; **aplicarse** *vpr* s'appliquer; **~ (a)** appliquer (à)
aplique *vb ver* **aplicar** ▷ *nm* applique *f*
aplomo *nm* aplomb *m*
apocado, -a *adj* timoré(e)
apoderado *nm* (*Jur, Com*) mandataire *m*, fondé *m* de pouvoir
apoderarse *vpr*: **~ de** s'emparer de, s'approprier
apodo *nm* surnom *m*
apogeo *nm* apogée *m*
apolillarse *vpr* (*ropa*) être mangé(e) par les mites; (*madera*) être vermoulu(e)
apoltronarse *vpr* se prélasser
apoplejía *nf* apoplexie *f*
aporrear *vt* cogner sur
aportar *vt* (*datos*) fournir; (*dinero*) apporter; **aportarse** *vpr* (*Am*) arriver
aposento *nm* appartement *m*
aposta *adv* à dessein, exprès
apostar *vt* (*dinero*) parier; (*tropas*) poster ▷ *vi* parier; **apostarse** *vpr* se poster; **¿qué te apuestas a que ...?** on parie combien que ...?
apóstol *nm* apôtre *m*
apóstrofo *nm* apostrophe *f*
apoyar *vt* appuyer; **apoyarse**

vpr: **~se en** s'appuyer *o* reposer sur;
apoyo *nm* appui *m*; (*fundamento*) fondement *m*
apreciable *adj* appréciable
apreciar *vt* apprécier
aprecio *nm* estime *f*; **tener ~ a/sentir ~ por** avoir/ressentir de l'estime pour
aprehender *vt* (*armas, drogas*) saisir; (*persona*) appréhender
apremiante *adj* pressant(e)
apremiar *vt, vi* presser; **~ a algn a hacer/para que haga** presser qn de faire
aprender *vt, vi* apprendre; **~ de memoria/de carretilla** apprendre par cœur
aprendiz, a *nm/f* apprenti(e); (*recadero*) galopin *m*; **aprendizaje** *nm* apprentissage *m*
aprensión *nm* appréhension *f*
aprensivo, -a *adj* appréhensif(-ive), méfiant(e)
apresar *vt* (*delincuente*) incarcérer; (*contrabando*) saisir; (*soldado*) mettre aux arrêts
apresurado, -a *adj* (*decisión*) hâtif(-ive); (*persona*) pressé(e)
apresurar; **apresurarse** *vpr* se presser; **~se (a hacer)** se hâter (de faire)
apretado, -a *adj* serré(e); (*estrecho de espacio*) à l'étroit; (*programa*) chargé(e); **íbamos muy ~s en el autobús** nous étions à l'étroit dans l'autobus; **vivir ~** vivre à l'étroit
apretar *vt* serrer; (*labios*) pincer; (*gatillo, botón*) appuyer sur ▷ *vi* (*calor etc*) redoubler; (*zapatos, ropa*) serrer, être trop juste; **~ el paso** presser le pas
apretón *nm*: **~ de manos** poignée *f* de main; **apretones** *nmpl* cohue *fsg*
aprieto *vb ver* **apretar** ▷ *nm* gêne *f*, embarras *msg*; **estar en un ~** être dans l'embarras; **estar en ~s** traverser des moments difficiles
aprisa *adv* vite
aprisionar *vt* (*poner en prisión*) emprisonner; (*sujetar*) serrer
aprobación *nf* approbation *f*
aprobar *vt* (*decisión*) approuver; (*examen, materia*) être reçu(e) à ▷ *vi* (*en examen*) réussir; **~ por mayoría/por unanimidad** approuver à la majorité/à l'unanimité
apropiación *nf* appropriation *f*
apropiado, -a *adj* approprié(e)
apropiarse *vpr*: **~ de** s'approprier, s'emparer de
aprovechado, -a *adj* (*estudiante*) appliqué(e); (*día, viaje*) bien employé(e) ▷ *nm/f* (*pey: persona*) profiteur(-euse); **aprovechamiento** *nm* exploitation *f*, utilisation *f*
aprovechar *vt* profiter de; (*tela, comida, ventaja*) tirer profit de ▷ *vi* progresser; **aprovecharse** *vpr*: **~se de** (*pey*) profiter de; **¡que aproveche!** bon appétit!; **~ la ocasión para hacer** profiter de l'occasion pour faire
aproximación *nf* rapprochement *m*; **con ~** par approximation
aproximadamente *adv* environ
aproximado, -a *adj* approximatif(-ive)
aproximarse *vpr* (s')approcher
apruebe *etc vb ver* **aprobar**
aptitud *nf*
apto, -a *adj*: **~ (para)** apte (à), capable (de); (*apropiado*) qui convient (à)
apuesta *nf* pari *m*
apuntador *nm* (*Teatro*) souffleur *m*
apuntalar *vt* étayer
apuntar *vt* (*con arma*) viser; (*con dedo*) montrer *o* désigner du doigt; (*datos*) noter; (*Teatro*) souffler; **apuntarse** *vpr* (*tanto, victoria*) remporter; (*en lista, registro*) s'inscrire
apunte *nm* croquis *msg*; **apuntes** *nmpl* (*Escol*) notes *fpl*
apuñalar *vt* poignarder
apurado, -a *adj* (*necesitado*) dans la

gêne; (*situación*) difficile, délicat(e); (*Am*: *con prisa*) pressé(e); **estar ~** (*avergonzado*) être embarrassé(e)
apurar *vt* (*bebida, cigarrillo*) finir; (*recursos*) épuiser; (*persona*: *agobiar*) mettre à bout; (: *causar vergüenza a*) mettre dans l'embarras; **apurarse** *vpr* s'inquiéter; (*esp Am*: *darse prisa*) se dépêcher
apuro *nm* (*aprieto, vergüenza*) gêne *f*, embarras *msg*; (*Am*: *prisa*) hâte *f*; **estar en ~s** (*dificultades*) avoir des ennuis; (*falta de dinero*) être dans la gêne
aquejado, -a *adj*: **~ de** (*Med*) atteint(e) de
aquel, aquella (*mpl* **~los**, *fpl* **aquellas**) *adj* ce/cette; (*pl*) ces
aquél, aquélla (*mpl* **~los**, *fpl* **aquéllas**) *pron* celui-là/celle-là; (*pl*) ceux-là/celles-là
aquello *pron* cela; **~ que hay allí** ce qu'il y a là-bas
aquí *adv* ici; **~ abajo/arriba** en bas/là-haut; **~ mismo** ici même; **de ~ en adelante** désormais; **de ~ a siete días** d'ici sept jours; **hasta ~** jusqu'ici; **por ~** par ici
aquietar *vt* apaiser
ara; **aras** *nfpl* (*beneficio*): **en ~s de** au nom de
árabe *adj* arabe ▷ *nm/f* Arabe *m/f* ▷ *nm* (*Ling*) arabe *m*
Arabia *nf* Arabie *f*; **~ Saudí** *o* **Saudita** Arabie saoudite
arado *nm* charrue *f*
Aragón *nm* Aragon *m*
aragonés, -esa *adj* aragonais(e) ▷ *nm/f* Aragonais(e) ▷ *nm* (*Ling*) aragonais *msg*
arancel *nm* (*tb*: **~ de aduanas**) tarif *m* douanier
arandela *nf* rondelle *f*; (*de vela*) bobèche *f*
araña *nf* araignée *f*; (*lámpara*) lustre *m*
arañar *vt* (*herir*) griffer; (*raspar*) érafler; **arañarse** *vpr* s'égratigner
arañazo *nm* égratignure *f*
arar *vt* labourer
arbitraje *nm* arbitrage *m*
arbitrar *vt* arbitrer ▷ *vi* arbitrer
arbitrariedad *nf* arbitraire *m*
arbitrario, -a *adj* arbitraire
arbitrio *nm*: **quedar al ~ de algn** dépendre de la volonté de qn
árbitro, -a *nm/f* arbitre *m*
árbol *nm* (*Bot, Tec*) arbre *m*; (*Náut*) mât *m*; **árbol de Navidad** arbre de Noël
arbolado, -a *adj* boisé(e) ▷ *nm* bois *msg*
arboleda *nf* bois *msg*, bosquet *m*
arbusto *nm* arbuste *m*
arca *nf* coffre *m*
arcada *nf* arcade *f*; **arcadas** *nfpl* (*Med*) nausées *fpl*
arcaico, -a *adj* archaïque
arce *nm* érable *m*
arcén *nm* (*de autopista*) accotement *m*; (*de carretera*) bas-côté *m*
archipiélago *nm* archipel *m*
archivador *nm* classeur *m*
archivar *vt* archiver; **archivo** *nm* archives *fpl*
arcilla *nf* argile *f*
arco *nm* arc *m*; (*Mús*) archet *m*; (*Am*: *Deporte*) but *m*; **arco iris** arc-en-ciel *m*
arder *vi* brûler; **estar que arde** (*fam*) bouillir de rage
ardid *nm* ruse *f*
ardiente *adj* ardent(e)
ardilla *nf* écureuil *m*
ardor *nm* ardeur *f*; **con ~** (*fig*) avec ardeur; **ardor de estómago** brûlures *fpl* d'estomac
arduo, -a *adj* ardu(e)
área *nf* (*zona*) surface *f*; (*medida*) are *m*; (*Deporte*) zone *f*
arena *nf* sable *m*; **arenas movedizas** sables mouvants
arenal *nm* étendue *f* de sable
arengar *vt* haranguer
arenisca *nf* grès *msg*

arenoso, -a *adj* sablonneux(-euse)
arenque *nm* hareng *m*
argamasa *nf* mortier *m*
Argel *n* Alger *m*; **Argelia** *nf* Algérie *f*
argelino, -a *adj* algérien(ne) ▷ *nm/f* Algérien(ne)
Argentina *nf* Argentine *f*
argentino, -a *adj* argentin(e) ▷ *nm/f* Argentin(e)
argolla *nf* anneau *m*; (*Am: anillo de matrimonio*) alliance *f*
argot (*pl* **~s**) *nm* argot *m*
argucia *nf* argutie *f*
argüir *vt* arguer ▷ *vi* argumenter; **~ que** (*alegar*) arguer que; (*deducir*) déduire que
argumentación *nf* argumentation *f*
argumentar *vt* argumenter; (*deducir*) déduire; **~ que** (*alegar*) avancer que
argumento *nm* argument *m*; (*Cine, TV*) scénario *m*
aria *nf* aria *f*
aridez *nf* aridité *f*
árido, -a *adj* aride; **áridos** *nmpl* (*Agr*) grains *mpl*
Aries *nm* (*Astrol*) Bélier *m*; **ser ~** être (du) Bélier
arisco, -a *adj* (*persona*) bourru(e)
aristocracia *nf* aristocratie *f*
aristócrata *nm/f* aristocrate *m/f*
aritmética *nf* arithmétique *f*
arma *nf* arme *f*; **armas** *nfpl* (*Mil*) armes *fpl*; **arma blanca** (*cuchillo*) arme blanche; (*espada*) épée *f*; **arma de doble filo** (*fig*) arme à double tranchant; **arma de fuego** arme à feu
armada *nf* marine *f* de guerre; (*flota*) flotte *f*
armadillo *nm* tatou *m*
armado, -a *adj* armé(e)
armador *nm* (*Náut: dueño*) armateur *m*
armadura *nf* (*Mil*) armure *f*; (*Tec, Fís*) armature *f*; (*tejado*) charpente *f*; (*de gafas*) monture *f*
armamento *nm* armement *m*
armar *vt* armer; (*Mec, Tec*) monter; (*ruido, escándalo*) faire, provoquer; **armarse** *vpr*: **~se (con/de)** s'armer (de); **~la** faire un esclandre; **~se un lío** s'arracher les cheveux
armario *nm* armoire *f*; **armario de cocina** garde-manger *m inv*; **armario empotrado** placard *m*
armatoste *nm* (*fam*) monument *m*
armazón *nf, nm* armature *f*; (*Arq*) échafaudage *m*; (*Auto*) châssis *msg*
armería *nf* (*tienda*) armurerie *f*
armiño *nm* hermine *f*; **de ~** d'hermine
armisticio *nm* armistice *m*
armonía *nf* harmonie *f*
armónica *nf* harmonica *m*
armonioso, -a *adj* harmonieux(-euse)
armonizar *vt* harmoniser ▷ *vi*: **~ con** (*fig*) être en harmonie avec
arneses *nmpl* (*para caballerías*) harnais *mpl*
aro *nm* cercle *m*, anneau *m*; (*juguete*) cerceau *m*; (*Am: pendiente*) anneau
aroma *nm* arôme *m*, parfum *m*
aromático, -a *adj* aromatique
arpa *nf* harpe *f*
arpía *nf* (*fig*) harpie *f*, mégère *f*
arpillera *nf* serpillière *f*
arpón *nm* harpon *m*
arquear *vt* fléchir; **arquearse** *vpr* fléchir
arqueología *nf* archéologie *f*
arqueólogo, -a *nm/f* archéologue *m/f*
arquetipo *nm* archétype *m*
arquitecto, -a *nm/f* architecte *m/f*; **arquitectura** *nf* architecture *f*
arrabal *nm* faubourg *m*; (*barrio bajo*) bas quartiers *mpl*; **arrabales** *nmpl* (*afueras*) faubourgs *mpl*
arraigado, -a *adj* enraciné(e)
arraigar *vi* prendre racine; (*ideas, costumbres*) s'enraciner, prendre racine; (*persona*) s'installer, s'établir; **arraigarse** *vpr* (*costumbre*)

s'enraciner, prendre racine; (*persona*) s'installer, s'établir

arrancar *vt* arracher; (*árbol*) déraciner; (*carteles, colgaduras*) retirer; (*esparadrapo*) enlever; (*Auto*) mettre en marche; (*Inform*) démarrer ▷ *vi* (*Auto, máquina*) démarrer; **~ de raíz** déraciner

arranque *vb ver* **arrancar** ▷ *nm* (*Auto*) démarrage *m*; (*fig: arrebato*) élan *m*

arrasar *vi* (*fig*) faire un triomphe *o* tabac (*fam*)

arrastrado, -a *adj* misérable; (*Am: servil*) servile

arrastrar *vt* traîner; (*suj: agua, viento, tb fig*) entraîner ▷ *vi* traîner; **arrastrarse** *vpr* se traîner; **llevar algo arrastrando** traîner qch depuis longtemps

arrastre *nm* remorquage *m*

arre *excl* hue!

arrear *vt* exciter; (*fam*) flanquer

arrebatado, -a *adj* emporté(e), impétueux(-euse); (*cara*) congestionné(e); (*color*) vif/vive

arrebatar *vt* arracher; **arrebatarse** *vpr* s'emporter

arrebato *nm* emportement *m*; **~ de cólera/entusiasmo** élan *m o* mouvement *m* de colère/ d'enthousiasme

arrecife *nm* récif *m*; (*tb*: **~ de coral**) récif de corail

arredrarse *vpr*: **~ (por** *o* **ante algo)** s'effrayer (de qch)

arreglado, -a *adj* (*persona*) soigné(e); (*vestido*) impeccable; (*habitación*) ordonné(e), en ordre

arreglar *vt* ranger, mettre en ordre; (*persona*) préparer; (*algo roto*) réparer, arranger; (*problema*) régler; (*entrevista*) fixer; **arreglarse** *vpr* s'arranger, se régler; (*acicalarse*) se pomponner; **arreglárselas** (*fam*) se débrouiller, s'en sortir; **~se el pelo/las uñas** s'arranger les cheveux/se faire les ongles

arreglo *nm* rangement *m*, ordre *m*; (*acuerdo*) arrangement *m*, accord *m*; (*Mús*) arrangement; (*de algo roto*) réparation *f*; (*de persona*) toilette *f*, soin *m*; **con ~ a** conformément à

arrellanarse *vpr*: **~ en** (*sillón*) se carrer *o* se prélasser dans

arremangar *vt* relever, retrousser; **arremangarse** *vpr* retrousser ses manches

arremeter *vi*: **~ contra** se jeter à l'assaut de, fondre sur

arrendamiento *nm* location *f*; (*contrato*) bail *m*; (*precio*) loyer *m*; **arrendar** *vt* louer

arrendatario, -a *nm/f* locataire *m/f*

arreos *nmpl* harnais *msg*

arrepentimiento *nm* repentir *m*

arrepentirse *vpr*: **~ (de)** se repentir (de); **~ de haber hecho algo** se repentir d'avoir fait qch

arrestar *vt* arrêter; (*Mil*) mettre aux arrêts; **arresto** *nm* arrestation *f*; (*Mil*) arrêts *mpl*; **arrestos** *nmpl* (*audacia*) audace *fsg*; **arresto domiciliario** assignation *f* à domicile

arriar *vt* amener

PALABRA CLAVE

arriba *adv* **1** (*posición*) en haut; **allí arriba** là-haut; **el piso de arriba** l'appartement du dessus; **la parte de arriba** le haut; **desde arriba** d'en haut; **arriba del todo** tout en haut; **Juan está arriba** Juan est en haut; **lo arriba mencionado** ce qui est mentionné ci-dessus

2 (*dirección*): **ir calle arriba** remonter la rue; **río arriba** en amont

3: **mirar a algn de arriba abajo** regarder qn de haut en bas

▷ *prep*: **arriba de** (*Am*) sur, au-dessus de; **arriba de 30 euros** plus de 30

euros
▷ *excl*: **¡arriba!** (*¡levanta!*) debout!; (*ánimo*) courage!; **¡manos arriba!** haut les mains!; **¡arriba España!** vive l'Espagne!

arribar *vi* arriver
arribista *nm/f* arriviste *m/f*
arriendo *vb ver* **arrendar** ▷ *nm* = **arrendamiento**
arriero *nm* muletier *m*
arriesgado, -a *adj* (*peligroso*) risqué(e), hasardeux(-euse); (*audaz: persona*) audacieux(-euse)
arriesgar *vt*, **arriesgarse** ▷ *vpr* risquer; **~se a hacer algo** se risquer à faire qch
arrimar *vt* (*acercar*): **~ a** approcher de; (*dejar de lado*) abandonner, laisser tomber; **arrimarse** *vpr*: **~se a** (*acercarse*) s'approcher de; (*apoyarse*) s'appuyer sur
arrinconar *vt* (*algo viejo*) mettre dans un coin, mettre au rebut; (*enemigo*) acculer
arroba *nf* (*Inform*) arobase *f*
arrodillarse *vpr* s'agenouiller
arrogancia *nf* arrogance *f*; **arrogante** *adj* arrogant(e)
arrojar *vt* (*piedras*) jeter; (*pelota*) lancer; (*basura*) jeter, déverser; (*humo*) cracher; (*persona*) chasser, mettre dehors; (*Com*) totaliser; **arrojarse** *vpr* se jeter
arrojo *nm* hardiesse *f*
arrollador, a *adj* (*éxito*) retentissant(e); (*fuerza*) irrésistible; (*mayoría*) écrasant(e)
arrollar *vt* (*suj: vehículo*) renverser; (*Deporte*) écraser
arropar *vt* couvrir; **arroparse** *vpr* se couvrir
arroyo *nm* ruisseau *m*; (*de la calle*) caniveau *m*
arroz *nm* riz *m*; **arroz blanco** (*Culin*) riz blanc; **arroz con leche** riz au lait
arruga *nf* ride *f*; (*en ropa*) pli *m*
arrugar *vt* (*piel*) rider; (*ropa, papel*) froisser; (*ceño, frente*) froncer; **arrugarse** *vpr* se rider; (*ropa*) se froisser
arruinar *vt* ruiner; **arruinarse** *vpr* se ruiner
arrullar *vt* bercer
arsenal *nm* (*Mil*) arsenal *m*; (*Náut*) chantier *m* naval
arsénico *nm* arsenic *m*
arte *nm* (*gen m en sg y siempre f en pl*) art *m*; (*maña*) don *m*; **por amor al ~** pour l'amour de l'art; **por ~ de magia** comme par enchantement; **Bellas A~s** Beaux-Arts *mpl*
artefacto *nm* engin *m*, machine *f*
arteria *nf* artère *f*
artesanía *nf* artisanat *m*; **de ~** artisanal(e)
artesano, -a *nm/f* artisan(e)
ártico, -a *adj* arctique ▷ *nm*: **el Ártico** l'Arctique *m*
articulación *nf* articulation *f*
articulado, -a *adj* articulé(e)
articular *vt* articuler
artículo *nm* article *m*; **artículos** *nmpl* (*Com*) articles *mpl*; **artículos de escritorio/tocador** articles de bureau/toilette
artífice *nm/f* (*fig*) auteur *m*
artificial *adj* artificiel(le); (*fig*) artificiel(le), forcé(e)
artificio *nm* appareil *m*, engin *m*; (*truco*) artifice *m*
artillería *nf* artillerie *f*
artilugio *nm* engin *m*
artimaña *nf* (*ardid*) stratagème *m*
artista *nm/f* artiste *m/f*; **artista de cine** artiste de cinéma; **artista de teatro** comédien(ne)
artístico, -a *adj* artistique
artritis *nf* arthrite *f*
arveja (*Am: guisante*) *nf* pois *msg*
arzobispo *nm* archevêque *m*
as *nm* as *m*; **ser un ~ (de)** (*fig*) être

un as (de)
asa *nf* anse *f*
asado *nm* (*carne*) rôti *m*; (*CSur: barbacoa*) barbecue *m*
asaduras *nfpl* (*Culin*) abats *mpl*
asalariado, -a *adj, nm/f* salarié(e)
asaltador, a, asaltante *nm/f* assaillant(e)
asaltar *vt* (*banco etc*) attaquer; (*persona, fig*) assaillir; (*Mil*) prendre d'assaut; **asalto** *nm* (*a banco*) hold-up *m inv*; (*a persona*) agression *f*; (*Mil*) assaut *m*; (*Boxeo*) round *m*
asamblea *nf* (*corporación*) assemblée *f*, rassemblement *m*; (*reunión*) assemblée
asar *vt* rôtir (*au four*), griller (*au feu de bois, au grill*); **asarse** *vpr* (*fig*) cuire
asbesto *nm* asbeste *m*
ascendencia *nf* ascendance *f*; **de ~ francesa** d'origine française; **tener ~ sobre algn** avoir de l'ascendant sur qn
ascender *vi* monter; (*en puesto de trabajo*) monter en grade ▷ *vt* faire monter; **~ a** s'élever à; **ascendiente** *nm* ascendant *m*; **ascendientes** *nmpl* ascendants *mpl*
ascensión *nf* ascension *f*; **la A~** (*Rel*) l'Ascension
ascenso *nm* promotion *f*
ascensor *nm* ascenseur *m*
ascético, -a *adj* ascétique
asco *nm*: **¡qué ~!** (que) c'est dégoûtant!; **el ajo me da ~** j'ai horreur de l'ail; **estar hecho un ~** être dégoûtant(e); **ser un ~** (*clase, libro*) être nul(le); (*película*) être un navet
ascua *nf* braise *f*; **estar en** *o* **sobre ~s** être sur des charbons ardents
aseado, -a *adj* (*persona*) impeccable, bien mis(e); (*casa*) impeccable
asear *vt* (*casa*) arranger; **asearse** *vpr* (*persona*) s'arranger, faire sa toilette
asediar *vt* assiéger; (*fig*) assaillir; **asedio** *nm* siège *m*
asegurado, -a *adj, nm/f* assuré(e)
asegurar *vt* assurer; (*cuerda, clavo*) fixer; (*maleta*) bien fermer; (*afirmar*) assurer, certifier; (*garantizar*) garantir; **asegurarse** *vpr*: **~se (contra)** (*Com*) s'assurer (contre), prendre une assurance (contre)
asemejarse *vpr*: **~ a** ressembler à
asentado, -a *adj* sensé(e); **estar ~ en** être situé(e) dans *o* sur; (*persona*) être établi(e) à
asentar *vt* (*instalar*) installer; (*asegurar*) assurer; **asentarse** *vpr* (*persona*) s'établir; (*líquido, polvo*) se déposer
asentir *vi* acquiescer; **~ con la cabeza** acquiescer d'un signe de tête
aseo *nm* hygiène *f*, toilette *f*; **aseos** *nmpl* (*servicios*) toilettes *fpl*
aséptico, -a *adj* aseptique
asequible *adj* (*precio*) abordable; (*persona*) accessible, abordable; **~ a** (*comprensible*) accessible à, à la portée de
aserrar *vt* scier
asesinar *vt* assassiner; **asesinato** *nm* assassinat *m*
asesino *nm* assassin *m*
asesor, a *nm/f* conseiller(-ère), consultant(e)
asesorar *vt* (*Jur, Com*) conseiller; **asesorarse** *vpr*: **~se con** *o* **de** prendre conseil de; **asesoría** *nf* (*cargo*) conseil *m*; (*oficina*) cabinet *m* d'expert-conseil
asestar *vt* (*golpe*) assener; (*tiro*) envoyer
asfalto *nm* bitume *m*
asfixia *nf* asphyxie *f*
asfixiar *vt* (*suj: persona*) asphyxier; (*: calor*) étouffer; **asfixiarse** *vpr* être asphyxié(e), être étouffé(e); **~se de calor** étouffer de chaleur
asgo *etc vb ver* **asir**
así *adv* (*de esta manera*) ainsi; (*aunque*) même si; **~ de grande** grand(e) comme ça; **~ llamado** soi-disant, prétendu; **y ~ sucesivamente** et ainsi

de suite; **~ y todo** malgré tout; **¿no es ~?** n'est-ce pas (vrai)?; **diez euros o ~** à peu près dix euros; **~ como** (*también*) ainsi que, de même que; **~ pues** ainsi donc; **~ que** (*en cuanto*) dès que; (*por consiguiente*) donc

Asia *nf* Asie *f*

asiático, -a *adj* asiatique ▷ *nm/f* Asiatique *m/f*

asidero *nm* anse *f*

asiduidad *nf* assiduité *f*

asiduo, -a *adj* assidu(e) ▷ *nm/f* habitué(e)

asiento *vb ver* **asentar; asentir** ▷ *nm* siège *m*; (*de silla etc*) assise *f*; (*de cine, tren*) place *f*; (*Com*) inscription *f*; **asiento delantero/trasero** siège avant/arrière

asignación *nf* attribution *f*; (*paga*) traitement *m*

asignar *vt* assigner; (*cantidad*) allouer, attribuer

asignatura *nf* matière *f*, discipline *f*

asilado, -a *nm/f* (*Pol*) réfugié(e) politique; (*en asilo de ancianos*) pensionnaire *m/f*

asilo *nm* asile *m*; **pedir/dar ~ a algn** demander/donner asile à qn; **asilo político** asile politique

asimilación *nf* assimilation *f*

asimilar *vt* assimiler; **asimilarse** *vpr*: **~se a** s'assimiler à

asimismo *adv* tout autant, pareillement

asir *vt* saisir; **asirse** *vpr*: **~se a** *o* **de** se saisir de, s'accrocher à

asistencia *nf* assistance *f*; (*tb*: **~ médica**) soins *mpl* médicaux; **asistencia social/técnica** assistance sociale/technique

asistenta *nf* femme *f* de ménage; **asistente** *nm/f* assistant(e); **los asistentes** les assistants; **asistente social** employé(e) des services sociaux; (*mujer*) assistante sociale

asistido, -a *adj* (*Auto: dirección*) assisté(e); **~ por ordenador** assisté par ordinateur

asistir *vt* (*Med*) assister, soigner; (*ayudar*) assister, secourir ▷ *vi*: **~ (a)** assister (à)

asma *nf* asthme *m*

asno *nm* âne *m*

asociación *nf* association *f*; **asociación de ideas** association d'idées

asociado, -a *adj, nm/f* associé(e)

asociar *vt* associer; **asociarse** *vpr*: **~se (a)** s'associer (à)

asolar *vt* dévaster, ravager

asomar *vt* sortir, mettre dehors ▷ *vi* (*sol*) poindre, se montrer; (*barco*) apparaître; **asomarse** *vpr*: **~se a** *o* **por** se montrer à, se mettre à

asombrar *vt* (*causar asombro*) étonner; (*causar admiración*) stupéfier; **asombrarse** *vpr*: **~se (de)** (*sorprenderse*) s'étonner (de); **asombro** *nm* (*sorpresa*) étonnement *m*, stupéfaction *f*

asombroso, -a *adj* étonnant(e), stupéfiant(e)

asomo *nm* signe *m*, ombre *f*; **ni por ~** pas le moins du monde, en aucune manière

aspa *nf* croix *fsg* de Saint André; (*de molino*) aile *f*

aspaviento *nm* gestes *mpl* outranciers; **hacer ~s** faire des simagrées

aspecto *nm* aspect *m*, air *m*; (*de salud*) mine *f*; (*fig*) aspect; **tener buen/mal ~** (*persona*) avoir bonne/mauvaise mine

aspereza *nf* rugosité *f*; (*de terreno, carácter*) aspérité *f*

áspero, -a *adj* rugueux(-euse); (*sabor*) âpre

aspersión *nf* aspersion *f*; **riego por ~** arrosage par aspersion

aspiración *nf* aspiration *f*

aspirador *nm* = **aspiradora**

aspiradora *nf* aspirateur *m*

aspirante *nm/f* candidat(e)
aspirar *vt* aspirer ▷ *vi*: **~ a (hacer)** aspirer à (faire)
aspirina *nf* aspirine *f*
asquear *vt* écœurer; **asquearse** *vpr*: **~se (de)** être dégoûté(e) (de)
asqueroso, -a *adj, nm/f* dégoûtant(e)
asta *nf* hampe *f*; **astas** *nfpl* (*Zool*) bois *mpl*; **a media ~** en berne
asterisco *nm* astérisque *m*
astigmatismo *nm* astigmatisme *m*
astilla *nf* éclat *m*; (*de leña*) écharde *f*; (*de hueso*) esquille *f*; **astillas** *nfpl* (*para fuego*) petit bois *m*
astilleros *nmpl* chantier *m* naval; (*de la Armada*) arsenal *m*
astringente *adj* astringent(e) ▷ *nm* astringent *m*
astro *nm* astre *m*
astrología *nf* astrologie *f*
astronauta *nm/f* astronaute *m/f*
astronave *nf* astronef *m*
astronomía *nf* astronomie *f*
astrónomo, -a *nm/f* astronome *m/f*
astucia *nf* astuce *f*
astuto, -a *adj* astucieux(-euse); (*taimado*) rusé(e)
asumir *vt* assumer
asunción *nf* prise *f* de possession; **la A~** l'Assomption *f*
asunto *nm* (*tema*) sujet *m*; (*negocio*) affaire *f*
asustar *vt* faire peur à; (*ahuyentar*) mettre en fuite; **asustarse** *vpr*: **~se (de** *o* **por)** avoir peur (de)
atacar *vt* attaquer; (*teoría*) s'attaquer à
atadura *nf* attache *f*, lien *m*; (*impedimento*) entrave *f*, lien
atajar *vt* (*interrumpir*) couper court à, interrompre; (*cortar el paso a*) barrer la route à; (*enfermedad*) enrayer; (*riada, sublevación*) endiguer; (*incendio*) maîtriser ▷ *vi* prendre un raccourci
atajo *nm* raccourci *m*; (*Deporte*) plaquage *m*
atañer *vi*: **~ a** (*persona*) concerner; (*gobierno*) incomber à
ataque *vb ver* **atacar** ▷ *nm* (*Mil*) attaque *f*, raid *m*; (*Med*) attaque; (*de ira, nervios, risa*) crise *f*; **ataque cardíaco** crise cardiaque
atar *vt* attacher, ligoter; **atarse** *vpr* (*zapatos*) attacher; (*corbata*) nouer; **~ cabos** déduire par recoupements
atardecer *vi*: **atardece a las 8** la nuit tombe à 8 h ▷ *nm* tombée *f* du jour; **al ~** à la tombée du jour
atareado, -a *adj* affairé(e)
atascar *vt* boucher; **atascarse** *vpr* se boucher; (*coche*) s'embourber; (*motor*) se gripper; (*fig: al hablar*) bafouiller; **atasco** *nm* obstruction *f*; (*Auto*) bouchon *m*
ataúd *nm* cercueil *m*, bière *f*
ataviar *vt* parer; **ataviarse** *vpr* se parer
atavío *nm* toilette *f*
atemorizar *vt* faire peur à; **atemorizarse** *vpr*: **~se (de** *o* **por)** s'effrayer (de)
Atenas *n* Athènes
atención *nf* attention *f* ▷ *excl* attention!; **atenciones** *nfpl* (*amabilidad*) attentions *fpl*, égards *mpl*; **llamar la ~ a algn** (*despertar curiosidad*) attirer l'attention de qn; (*reprender*) rappeler qn à l'ordre; **prestar ~** prêter attention
atender *vt* (*consejos*) tenir compte de; (*enfermo, niño*) s'occuper de, soigner; (*petición*) accéder à ▷ *vi*: **~ a** se soucier de; **~ al teléfono** répondre au téléphone; **~ a la puerta** aller ouvrir la porte
atenerse *vpr*: **~ a** s'en tenir à; **~ a las consecuencias** penser aux conséquences
atentado *nm* attentat *m*; (*delito*) atteinte *f*, attentat; **~ contra la vida de algn** attentat à la vie de qn;

atentado contra el pudor attentat à la pudeur; **atentado suicida** attentat suicide; **atentado terrorista** attentat terroriste
atentamente *adv* attentivement; **le saluda ~** *(en carta)* recevez mes salutations distinguées
atentar *vi*: **~ a** *o* **contra** *(seguridad)* attenter à; *(moral, derechos)* porter atteinte à; **~ contra** *(Pol)* attenter à la vie de, commettre un attentat contre
atento, -a *adj* attentif(-ive); *(cortés)* attentionné(e); **~ a** attentif(-ive) à
atenuar *vt* atténuer; **atenuarse** *vpr* s'atténuer
ateo, -a *adj, nm/f* athée *m/f*
aterido, -a *adj*: **~ de frío** transi(e)
aterrador, a *adj* épouvantable, effroyable
aterrar *vt* effrayer; **aterrarse** *vpr*: **~se de** *o* **por** être terrifié(e) par
aterrizaje *nm (Aviat)* atterrissage *m*; **aterrizaje forzoso** atterrissage forcé
aterrizar *vi* atterrir
aterrorizar *vt* terroriser; **aterrorizarse** *vpr*: **~se (de** *o* **por)** être terrorisé(e) (par)
atesorar *vt* amasser; *(fig)* accumuler
atestado, -a *adj, nm (Jur)* procès-verbal *m*
atestar *vt* envahir; *(Jur)* attester
atestiguar *vt (Jur)* témoigner; *(fig: dar prueba de)* témoigner de
atiborrar *vt* envahir; **atiborrarse** *vpr*: **~se (de)** se gaver (de)
ático *nm* attique *m*
atinado, -a *adj* approprié(e); *(sensato)* sensé(e)
atinar *vi* viser juste; *(fig)* deviner juste; **~ con** *o* **en** *(solución)* trouver
atisbar *vt* épier; *(vislumbrar)* percevoir
atizar *vt (fuego, fig)* attiser; *(fam: golpe)* flanquer
atlántico, -a *adj* atlantique ▷ *nm*: **el (Océano) A~** l'(océan *m*) Atlantique *m*
atlas *nm* atlas *m*
atleta *nm/f* athlète *m/f*
atlético, -a *adj (competición)* d'athlétisme; *(persona)* athlétique; **atletismo** *nm* athlétisme *m*
atmósfera *nf* atmosphère *f*
atolladero *nm (fig)* impasse *f*
atómico, -a *adj* atomique
atomizador *nm* atomiseur *m*
átomo *nm* atome *m*
atónito, -a *adj* pantois(e)
atontado, -a *adj* étourdi(e) ▷ *nm/f* abruti(e)
atontar *vt* abrutir; **atontarse** *vpr* s'abêtir
atormentar *vt* tourmenter, torturer; **atormentarse** *vpr* se tourmenter
atornillar *vt* visser
atosigar *vt* empoisonner; **atosigarse** *vpr* être obsédé(e)
atracador, a *nm/f* malfaiteur *m*
atracar *vt (Náut)* amarrer; *(atacar)* attaquer à main armée ▷ *vi* amarrer; **atracarse** *vpr*: **~se (de)** se bourrer (de)
atracción *nf* attirance *f*; **atracciones** *nfpl (diversiones)* attractions *fpl*; **sentir ~ por** éprouver de l'attirance pour; **centro/punto de ~** centre *m*/point *m* d'attraction
atraco *nm* agression *f*; *(en banco)* hold-up *m inv*
atracón *nm*: **darse** *o* **pegarse un ~ (de)** *(fam)* s'empiffrer (de), se bourrer (de)
atractivo, -a *adj* attirant(e) ▷ *nm* attrait *m*
atraer *vt* attirer; **atraerse** *vpr* s'attirer
atragantarse *vpr*: **~ (con)** s'étrangler (avec); **se me ha atragantado el chico ése** je ne peux pas le voir, celui-là; **se me ha atragantado el inglés** l'anglais et moi, ça fait deux
atrancar *vt (puerta)* barricader; *(desagüe)* boucher; **atrancarse** *vpr (desagüe)* se boucher; *(mecanismo)*

se gripper
atrapar *vt* attraper
atrás *adv* (*posición*) derrière, en arrière; (*dirección*) derrière; **~ de** *prep* (*Am*: *detrás de*) derrière; **años/meses ~** des années/mois auparavant; **días ~** cela fait des jours et des jours; **asiento/parte de ~** siège *m*/partie *m* arrière; **marcha ~** marche *f* arrière; **ir hacia ~** (*movimiento*) aller en arrière; (*dirección*) aller derrière; **estar ~** être *o* se trouver derrière *o* en arrière; **está más ~** c'est plus loin derrière; (*desdecirse*) se dédire
atrasado, -a *adj* (*pago*) arriéré(e); (*país*) sous-développé(e); (*trabajo*) en retard; **el reloj está** *o* **va ~** la pendule retarde; **poner fecha atrasada a** antidater
atrasar *vi, vt* retarder; **atrasarse** *vpr* (*persona*) s'attarder; (*tren*) avoir du retard; (*reloj*) retarder; **atraso** *nm* retard *m*; **atrasos** *nmpl* (*Com*) arriérés *mpl*
atravesar *vt* traverser; (*poner al través*) barrer; **atravesarse** *vpr* se mettre en travers de
atraviese *etc vb ver* **atravesar**
atrayente *adj* alléchant(e)
atreverse *vpr*: **~ a (hacer)** oser (faire)
atrevido, -a *adj* (*audaz*) audacieux(-euse); (*descarado*) insolent(e); (*moda, escote*) osé(e); **atrevimiento** *nm* (*audacia*) audace *f*; (*descaro*) insolence *f*
atribuciones *nfpl* (*Pol, Admin*) attributions *fpl*
atribuirse *vpr* s'attribuer
atribular *vt* affliger; **atribularse** *vpr* être affligé(e)
atributo *nm* attribut *m*, apanage *m*
atril *nm* pupitre *m*; (*Mús*) lutrin *m*
atrocidad *nf* atrocité *f*; **atrocidades** *nfpl* (*disparates*) énormités *fpl*
atropellar *vt* écraser; **atropellarse** *vpr* s'embrouiller; **atropello** *nm* (*Auto*) collision *f*; (*contra propiedad, derechos*) violation *f*
atroz *adj* atroce; (*frío*) terrible; (*hambre*) de loup; (*sueño*) irrésistible; (*película, comida*) épouvantable
A.T.S. *sigla m/f* (= *Ayudante Técnico Sanitario*) infirmier(-ère)
atto., -a. *abr* (= *atento, a*) dévoué(e)
atuendo *nm* tenue *f*
atún *nm* thon *m*
aturdir *vt* assommer; (*suj*: *ruido*) assourdir; (*: vino*) étourdir; (*: droga*) abrutir; (*: noticia*) laisser sans voix; **aturdirse** *vpr* être assourdi(e); (*por órdenes contradictorias*) être décontenancé(e)
atusarse *vpr* se pomponner
audacia *nf* audace *f*; **audaz** *adj* audacieux(-euse)
audible *adj* audible
audición *nf* audition *f*
audiencia *nf* audience *f*
audífono *nm* audiophone *m*
audiovisual *adj* audio-visuel(le)
auditor *nm* (*Jur*) assesseur *m*; (*Com*) commissaire *m* aux comptes
auditorio *nm* auditoire *m*; (*sala*) auditorium *m*
auge *nm* apogée *m*; (*Com, Econ*) essor *m*
augurar *vt* (*suj*: *hecho*) laisser présager; (*: persona*) prédire
augurio *nm* présage *m*
aula *nf* (*en colegio*) salle *f* de classe, classe *f*; (*en universidad*) salle de cours
aullar *vi* grogner; (*fig*: *viento*) hurler
aullido *nm* hurlement *m*
aumentar *vt* augmenter; (*vigilancia*) redoubler de; (*Foto*) agrandir ▷ *vi* augmenter; (*vigilancia*) redoubler de; **aumento** *nm* augmentation *f*; (*vigilancia*) redoublement *m*; **en aumento** (*precios*) en hausse
aun *adv* même; **~ así** même ainsi; **~ cuando** même si
aún *adv* (*todavía*) encore, toujours; **~**

no pas encore, toujours pas; **~ más** encore plus; **¿no ha venido ~?** il n'est pas encore arrivé?, il n'est toujours pas arrivé?
aunque *conj* bien que, même si
aúpa *adj*: **de ~** (*fam: catarro*) carabiné(e); (*: chica*) bien roulé(e); (*: espectáculo*) sensass
auricular *nm* (*Telec*) écouteur *m*; **auriculares** *nmpl* écouteurs *mpl*
aurora *nf* aurore *f*
auscultar *vt* ausculter
ausencia *nf* absence *f*
ausentarse *vpr*: **~ (de)** s'absenter (de)
ausente *adj* absent(e)
auspicio *nm*: **buen/mal ~** bons/ mauvais auspices *mpl*; **auspicios** *nmpl*: **bajo los ~s de** sous les auspices de
austeridad *nf* (*de vida*) austérité *f*; (*de mirada*) sévérité *f*
austero, -a *adj* austère; (*lenguaje*) dépouillé(e)
austral *adj* austral(e) ▷ *nm* (*Am: 1985-1991*) austral *m*
Australia *nf* Australie *f*
australiano, -a *adj* australien(ne) ▷ *nm/f* Australien(ne)
Austria *nf* Autriche *f*
austriaco, -a, austríaco, -a *adj* autrichien(ne) ▷ *nm/f* Autrichien(ne)
auténtico, -a *adj* authentique; (*cuero*) véritable; **es un ~ campeón** c'est un vrai champion
auto *nm* (*coche*) auto *f*; (*Jur*) arrêté *m*; **autos** *nmpl* (*Jur*) pièces *fpl* d'un dossier
autoadhesivo, -a *adj* autocollant(e)
autobiografía *nf* autobiographie *f*
autobús *nm* autobus *m*; **autobús de línea** car *m*
autocar *nm* autocar *m*
autóctono, -a *adj* autochtone
autodefensa *nf* autodéfense *f*
autodeterminación *nf* autodétermination *f*
autodidacta *adj, nm/f* autodidacte *m/f*
autoescuela *nf* auto-école *f*
autógrafo *nm* autographe *m*
autómata *nm* (*persona*) automate *m*
automático, -a *adj* automatique ▷ *nm* bouton-pression *m*
automotor, -triz *adj* automoteur(-trice) ▷ *nm* automotrice *f*
automóvil *nm* automobile *f*; **automovilismo** *nm* automobilisme *m*; **automovilista** *nm/f* (*conductor*) automobiliste *m/f*
automovilístico, -a *adj* (*industria*) automobile
autonomía *nf* autonomie *f*; (*territorio*) région *f* autonome
autonómico, -a (*Esp*) *adj* (*elecciones*) des communautés autonomes; (*política*) d'autonomie des régions
autónomo, -a *adj* (*Pol, Inform*) autonome
autopista *nf* autoroute *f*; **autopista de peaje** autoroute à péage
autopsia *nf* autopsie *f*
autor, a *nm/f* auteur *m*
autoridad *nf* autorité *f*; **autoridades** *nfpl* (*Pol*) autorités *fpl*; **la ~ política/judicial** les autorités politiques/judiciaires; **tener ~ sobre algn** avoir autorité sur qn
autoritario, -a *adj* autoritaire
autorización *nf* autorisation *f*
autorizado, -a *adj* autorisé(e)
autorizar *vt* autoriser; **~ a hacer** autoriser à faire
autoservicio *nm* (*tienda*) libre-service *m*; (*restaurante*) self-service *m*
autostop *nm* auto-stop *m*; **hacer ~** faire de l'auto-stop; **autostopista** *nm/f* auto-stoppeur(-euse)
autovía *nf* route *f* à quatre voies
auxiliar *vt* secourir, venir en

aide à ▷ *adj* auxiliaire; (*profesor*) suppléant(e) ▷ *nm/f* auxiliaire *m/f*; **auxilio** *nm* aide *f*, secours *msg*; **primeros auxilios** premiers secours *mpl*
Av. *abr* (= *Avenida*) av. (= *avenue*)
aval *nm* aval *m*
avalancha *nf* avalanche *f*
avance *vb ver* **avanzar** ▷ *nm* (*de tropas*) avance *f*, progression *f*; (*de la ciencia*) progrès *msg*; (*pago*) avance; (*TV: de noticias*) flash *m* (d'information); (*del tiempo*) prévisions *fpl* météorologiques
avanzar *vt* avancer ▷ *vi* avancer, progresser; (*proyecto*) avancer; (*alumno*) avancer, faire des progrès
avaricia *nf* avarice *f*
avaricioso, -a *adj* avaricieux(-euse)
avaro, -a *adj, nm/f* avare *m/f*
Avda. *abr* (= *Avenida*) av. (= *avenue*)
AVE *sigla m* (= *Alta Velocidad Española*) ≈ TGV *m* (= *train à grande vitesse*)
ave *nf* oiseau *m*; **ave de rapiña** oiseau de proie
avecinarse *vpr* approcher
avellana *nf* noisette *f*; **avellano** *nm* noisetier *m*, coudrier *m*
avemaría *nm* Ave (Maria) *m*
avena *nf* avoine *f*
avenida *nf* avenue *f*; (*de río*) crue *f*
avenir *vt*: **avenirse** *vpr* (*personas*) s'entendre; **~se a hacer** consentir à faire
aventajado, -a *adj* remarquable
aventajar *vt*: **~ a algn (en algo)** surpasser qn (en qch)
aventura *nf* aventure *f*
aventurado, -a *adj* aventureux(-euse)
aventurero, -a *adj, nm/f* aventurier(-ère)
avergonzar *vt* faire honte à; **avergonzarse** *vpr*: **~se de (hacer)** avoir honte de (faire)
avería *nf* (*Tec*) panne *f*, avarie *f*; (*Auto*) panne
averiguación *nf* enquête *f*; (*descubrimiento*) découverte *f*
averiguar *vt* enquêter sur; (*descubrir*) découvrir
aversión *nf* aversion *f*
avestruz *nm* autruche *f*
aviación *nf* aviation *f*
aviador, a *nm/f* aviateur(-trice)
avidez *nf*: **~ de** *o* **por** empressement *m* à; (*pey*) avidité *f* de
ávido, -a *adj*: **~ de** *o* **por** avide de
avinagrado, -a *adj* aigri(e), revêche; (*voz*) aigre
avión *nm* avion *m*
avioneta *nf* avion *m* léger
avisar *vt* (*ambulancia, fontanero*) appeler; (*médico*) prévenir; **~ (de)** (*advertir*) avertir (de); (*informar*) avertir (de), faire part (de); **aviso** *nm* avis *msg*; **hasta nuevo aviso** jusqu'à nouvel ordre; **sin previo aviso** sans préavis
avispa *nf* guêpe *f*
avispado, -a *adj* éveillé(e)
avispero *nm* guêpier *m*
avituallar *vt* ravitailler
avivar *vt* aviver; (*paso*) presser; **avivarse** *vpr* se raviver; (*discusión*) s'animer
axila *nf* aisselle *f*
axioma *nm* axiome *m*
ay *excl* aïe!; (*aflicción*) hélas!; **¡~ de mí!** pauvre de moi!
aya *nf* (*institutriz*) gouvernante *f*; (*niñera*) nurse *f*
ayer *adv*: **antes de ~** avant-hier
ayote (*Méx: calabaza*) *nm* courge *f*
ayuda *nf* aide *f* ▷ *nm*
ayudante, -a *nm/f* adjoint(e); (*Escol*) assistant(e); (*Mil*) adjudant *m*
ayudar *vt* aider; **~ a algn a hacer algo** aider qn à faire qch
ayunar *vi* jeûner; **ayunas** *nfpl*: **estar en ayunas** être à jeun; **ayuno** *nm* jeûne *m*

ayuntamiento *nm* (*concejo*) municipalité *f*, mairie *f*; (*edificio*) mairie, hôtel *m* de ville
azabache *nm* jais *msg*
azada *nf* houe *f*
azafata *nf* hôtesse *f* de l'air; (*de congreso*) hôtesse d'accueil
azafrán *nm* safran *m*
azahar *nm* fleur *f* d'oranger
azar *nm* (*casualidad*) hasard *m*; **al/por ~** au/par hasard
azoramiento *nm* trouble *m*
azorar *vt* faire honte; **azorarse** *vpr* se troubler
Azores *nfpl*: **las (Islas) ~** les Açores *fpl*
azotar *vt* fouetter; **azote** *nm* coup *m* de fouet; (*a niño*) fessée *f*; (*fig*) fléau *m*
azotea *nf* terrasse *f*; **andar** *o* **estar mal de la ~** travailler du chapeau
azteca *adj* aztèque ▷ *nm/f* Aztèque *m/f*
azúcar *nm o f* sucre *m*; **azúcar glaseado** sucre glace
azucarado, -a *adj* sucré(e)
azucarero, -a *adj* (*industria*) sucrier(-ère); (*comercio*) du sucre ▷ *nm* sucrier *m*
azucena *nf* lys *m*
azufre *nm* soufre *m*
azul *adj* bleu(e) ▷ *nm* bleu *m*; **azul celeste/marino** bleu ciel/marine
azulejo *nm* carreau *m* (*au mur*)
azuzar *vt* exciter

b

B.A. *abr* = **Buenos Aires**
baba *nf* bave *f*; **caérsele la ~ a algn** (*fig*) baver d'admiration
babero *nm* bavoir *m*
babor *nm*: **a** *o* **por ~** à bâbord
baboso, -a (*Am*: *fam*) *adj, nm/f* idiot(e), imbécile *m/f*
baca *nf* (*Auto*) galerie *f*
bacalao *nm* morue *f*
bache *nm* nid *m* de poule; (*fig*) crise *f* passagère
bachillerato *nm* baccalauréat *m*
bacteria *nf* bactérie *f*
báculo *nm* (*bastón*) canne *f*
bádminton *nm* badminton *m*
bagaje *nm* (*de ejército*) barda *m*
Bahama *nfpl*: **las (Islas) ~s** les (îles) Bahamas *fpl*
bahía *nf* baie *f*
bailar *vt* danser; (*peonza, trompo*) faire tourner ▷ *vi* danser; (*peonza, trompo*) tourner

bailarín, -ina *nm/f* danseur(-euse); **baile** *nm* danse *f*; (*fiesta*) bal *m*; **baile de disfraces** bal masqué; **baile flamenco** flamenco *m*
baja *nf* baisse *f*; (*Mil*) perte *f*; (*empleado*) congédier qn; **darse de ~** (*de trabajo*) démissionner; (*por enfermedad*) se faire porter malade; (*de club*) se retirer
bajada *nf* baisse *f*; (*declive, camino*) pente *f*
bajar *vi* descendre; (*temperatura, precios, calidad*) baisser ▷ *vt* baisser; (*escalera, maletas*) descendre; (*Inform*) télécharger; **bajarse** *vpr*: **~se de** descendre de; **los coches han bajado de precio** le prix des voitures a baissé
bajeza *nf* bassesse *f*
bajío (*Am*) *nm* banc *m* de sable
bajo, -a *adj* (*persona, animal*) petit(e); (*ojos*) baissé(e); (*sonido*) faible ▷ *adv* bas ▷ *prep* sous; (*en edificio*) rez-de-chaussée *m inv*; **hablar en voz baja** parler à voix basse; **~ la lluvia** sous la pluie
bajón *nm* chute *f*; (*de salud*) aggravation *f*; **dar** *o* **pegar un ~** (*fam*) chuter
bakalao *nm* (*fam*) techno *f*
bala *nf* (*proyectil*) balle *f*; **como una ~** comme l'éclair
balance *nm* (*Com*) bilan *m*; **hacer ~ de** faire le point de
balancear *vt* (*suj: viento, olas*) balancer; **balancearse** *vpr* se balancer; **balanceo** *nm* balancement *m*
balanza *nf* balance *f*; **balanza comercial** balance commerciale; **balanza de pagos** balance des paiements
balar *vi* bêler
balaustrada *nf* balustrade *f*; (*en escalera*) rampe *f*
balazo *nm* (*disparo*) coup *m* de feu; (*herida*) blessure *f* par balle
balbucear *vi, vt* balbutier; **balbuceo** *nm* balbutiement *m*
balbucir = **balbucear**
balcón *nm* balcon *m*
balde *nm* (*esp Am*) seau *m*; **de ~** gratis; **en ~** en vain
baldío, -a *adj* en friche; (*esfuerzo, ruego*) vain(e)
baldosa *nf* (*para suelos*) carreau *m*; (*azulejo*) petit carreau en faïence
baldosín *nm* (*de pared*) petit carreau en faïence
Baleares *nfpl*: **las (Islas) ~** les (îles) Baléares *fpl*
balido *nm* bêlement *m*
baliza *nf* (*Aviat, Náut*) balise *f*
ballena *nf* baleine *f*
ballet (*pl* **~s**) *nm* ballet *m*
balneario, -a *adj*: **estación balnearia** station *f* balnéaire ▷ *nm* station *f* thermale/balnéaire
balón *nm* ballon *m*
baloncesto *nm* basket-ball *m*
balonmano *nm* hand-ball *m*
balonvolea *nm* volley-ball *m*
balsa *nf* (*Náut*) radeau *m*; (*charca*) mare *f*
bálsamo *nm* baume *m*
baluarte *nm* (*de muralla*) rempart *m*
bambolearse *vpr* osciller; (*persona*) tituber
bambú *nm* bambou *m*
banana (*Am*) *nf* banane *f*; **banano** (*Am*) *nm* bananier *m*
banca *nf* (*Am: asiento*) banc *m*; (*Com*) banque *f*
bancario, -a *adj* bancaire
bancarrota *nf* faillite *f*; (*fraudulenta*) banqueroute *f*; **hacer** *o* **declararse en ~** faire faillite
banco *nm* banc *m*; (*de carpintero*) établi *m*; (*Com*) banque *f*; **banco de arena** banc de sable; **banco de crédito** établissement *m* de crédit; **banco de datos** (*Inform*) banque de données
banda *nf* bande *f*; (*Mús*) fanfare *f*; (*para el pelo*) ruban *m*; **fuera de ~** (*Deporte*)

en touche; **banda ancha** (*Inform*) haut débit *m*; **banda de sonido** bande sonore; **banda sonora** (*Cine*) bande son
bandada *nf* (*de pájaros*) volée *f*; (*de peces*) banc *m*
bandazo *nm*: **dar ~s** (*coche*) faire des embardées
bandeja *nf* plateau *m*
bandera *nf* drapeau *m*; **izar (la) ~** hisser les couleurs; **arriar la ~** amener les couleurs; **jurar ~** prêter serment au drapeau
banderilla *nf* (*Taur*) banderille *f*
banderín *nm* (*para la pared*) fanion *m*
bandido *nm* bandit *m*
bando *nm* arrêt *m*; (*facción*) faction *f*
bandolera *nf* (*bolso*) cartouchière *f*; **llevar en ~** porter en bandoulière
bandolero *nm* brigand *m*
banquero *nm* banquier *m*
banqueta *nf* banquette *f*; (*Am*) trottoir *m*
banquete *nm* banquet *m*; **banquete de bodas** repas *msg* de noces
banquillo *nm* (*Jur*) banc *m* des accusés
bañador *nm* maillot *m* de bain
bañar *vt* baigner; **bañarse** *vpr* se baigner; (*en la bañera*) prendre un bain; **bañado en** baigné(e) de; **~ en** *o* **de** (*de pintura*) enduire de; (*chocolate*) enrober de
bañera *nf* baignoire *f*
bañero *nm* maître-nageur *m*
bañista *nm/f* baigneur(-euse)
baño *nm* bain *m*; (*en río, mar, piscina*) baignade *f*; (*cuarto*) salle *f* de bains; (*bañera*) baignoire *f*; (*capa*) couche *f*; **baño (de) María** bain-marie *m*
bar *nm* bar *m*; **ir de ~es** faire la tournée des bars
barahúnda *nf* tapage *m*
baraja *nf* jeu *m* de cartes; **barajar** *vt* battre; (*fig*) envisager; (*datos*) brasser
baranda, barandilla *nf* (*en escalera*) rampe *f*; (*en balcón*) balustrade *f*
baratija *nf* babiole *f*
baratillo *nm* friperie *f*
barato, -a *adj* bon marché *inv* ▷ *adv* bon marché
baraúnda *nf* = **barahúnda**
barba *nf* barbe *f*; (*mentón*) menton *m*; **salir algo a 30 euros por ~** (*fam*) revenir à 30 euros par tête de pipe; **con ~ de tres días** avec une barbe de trois jours
barbacoa *nf* barbecue *m*
barbaridad *nf* atrocité *f*; (*imprudencia, temeridad*) témérité *f*; **come una ~** (*fam*) il mange énormément; **¡qué ~!** (*fam*) quelle horreur!
barbarie *nf* barbarie *f*
bárbaro, -a *adj* barbare; (*fam: estupendo*) sensass; (*éxito*) monstre ▷ *nm/f* (*pey: salvaje*) barbare *m/f* ▷ *adv*: **lo pasamos ~** (*fam*) ça a été génial; **¡qué ~!** c'est formidable!
barbero *nm* barbier *m*, coiffeur *m*
barbilla *nf* collier *m* (de barbe)
barbo *nm* barbeau *m*
barbotar, barbotear *vt, vi* bredouiller
barbudo, -a *adj* barbu(e)
barca *nf* barque *f*; **barca pesquera** barque de pêche; **barcaza** *nf* péniche *f*
Barcelona *n* Barcelone
barcelonés, -esa *adj* barcelonais(e)
barco *nm* bateau *m*; (*buque*) bâtiment *m*; **barco de carga** cargo *m*; **barco de guerra** bateau de guerre; **barco de vela** bateau à voiles
baremo *nm* barème *m*
barítono *nm* baryton *m*
barman *nm inv* barman *m*
barniz *nm* vernis *msg*; **barniz de uñas** vernis à ongles; **barnizar** *vt* vernir
barómetro *nm* baromètre *m*
barquero *nm* barreur *m*
barquillo *nm* (*dulce*) cornet *m*

barra *nf* barre *f*; (*de un bar, café*) comptoir *m*; (*de pan*) pain *m* long; **barra de labios** bâton *m* de rouge à lèvres; **barra libre** (*en bar*) boissons *fpl* à volonté
barraca *nf* baraque *f*; (*en feria*) stand *m*
barranco *nm* précipice *m*; (*rambla*) fossé *m*
barrenar *vt* forer
barreno *nm* mine *f*
barrer *vt* balayer; (*niebla, nubes*) dissiper
barrera *nf* barrière *f*; (*obstáculo*) obstacle *m*; **barrera del sonido** mur *m* du son
barriada *nf* quartier *m*
barricada *nf* barricade *f*
barrida *nf*, **barrido** ▷ *nm* balayage *m*
barriga *nf* panse *f*, ventre *m*; **rascarse** *o* **tocarse la ~** (*fam*) se tourner les pouces; **echar ~** prendre du ventre
barrigón, -ona, barrigudo, -a *adj* bedonnant(e)
barril *nm* baril *m*; **cerveza de ~** bière *f* pression
barrio *nm* quartier *m*; (*en las afueras*) faubourg *m*; **barrio chino** quartier des prostituées
barro *nm* boue *f*; (*arcilla*) terre *f* (glaise)
barroco, -a *adj* baroque ▷ *nm* baroque *m*
barrote *nm* (*de ventana etc*) barreau *m*
barruntar *vt* (*conjeturar*) deviner; (*presentir*) pressentir
bartola *adv*: **tirarse** *o* **tumbarse a la ~** prendre ses aises
bártulos *nmpl* attirail *m*
barullo *nm* tohu-bohu *m inv*; (*desorden*) pagaille *f*
basar *vt*: **~ algo en** (*fig*) fonder qch sur; **basarse** *vpr*: **~se en** se fonder sur
báscula *nf* bascule *f*
base *nf* base *f* ▷ *adj* (*color, salario*) de base; **a ~ de** (*mediante*) grâce à; **base de datos** (*Inform*) base de données; **base de operaciones** base d'opérations; **base imponible** (*Fin*) assiette *f* de l'impôt
básico, -a *adj* (*elemento, norma, condición*) de base
basílica *nf* basilique *f*

PALABRA CLAVE

bastante *adj* **1** (*suficiente*) assez de; **bastante dinero** assez d'argent; **bastantes libros** assez de livres
2 (*valor intensivo*): **bastante gente** pas mal de gens
▷ *adv* **1** (*suficiente*) assez; **¿hay bastante?** il y en a assez?; **(lo) bastante inteligente (como) para hacer algo** assez intelligent pour faire qch
2 (*valor intensivo*) assez; **bastante rico** assez riche; **voy a tardar bastante** je serai assez long

bastar *vi* suffire; **¡basta!** ça suffit!; **me basta con 5** 5 me suffisent; **me basta con ir** il me suffit d'aller; **basta (ya) de ...** arrêtez de ...
bastardilla *nf* (*Tip*) italique *m*
bastardo, -a *adj, nm/f* bâtard(e)
bastidor *nm* (*de costura*) métier *m* à broder; **entre ~es** en coulisse
basto, -a *adj* rustre; (*tela*) grossier(-ière); **bastos** *nmpl* (*Naipes*) *l'une des quatre couleurs du jeu de cartes espagnol*
bastón *nm* (*cayado*) canne *f*; (*tb*: **~ de esquí**) bâton de ski
bastoncillo *nm* (*de algodón*) bâtonnet *m*
basura *nf* ordures *fpl*; (*tb*: **cubo de la ~**) boîte *f* à ordures
basurero *nm* (*persona*) éboueur *m*; (*lugar*) décharge *f*
bata *nf* robe *f* de chambre; (*Med, Tec, Escol*) blouse *f*
batalla *nf* bataille *f*; **de ~** de tous

les jours; **batalla campal** bataille rangée
batallar *vi* batailler
batallón *nm* bataillon *m*
batata *nf* (*Am: Bot, Culin*) patate *f* douce
batería *nf* batterie *f* ▷ *nm/f* (*persona*) batteur *m*; **aparcar/estacionar en ~** se garer/stationner en épi; **batería de cocina** batterie de cuisine
batido, -a *adj* (*camino*) battu(e); (*mar*) agité(e) ▷ *nm* (*de chocolate, frutas*) milk-shake *m*
batidora *nf* mixeur *m*
batir *vt* battre ▷ *vi*: **~ (contra)** battre (contre); **~ palmas** battre des mains
batuta *nf* (*Mús*) baguette *f*; **llevar la ~** mener la danse
baúl *nm* malle *f*
bautismo *nm* (*Rel*) baptême *m*
bautizar *vt* baptiser; **bautizo** *nm* baptême *m*
bayeta *nf* (*para limpiar*) chiffon *m* à poussière
bayoneta *nf* baïonnette *f*
baza *nf* (*Naipes*) pli *m*; (*fig*) atout *m*; **meter ~** mettre son grain de sel
bazar *nm* (*comercio*) bazar *m*
bazofia *nf*: **es una ~** c'est infect
beato, -a *adj, nm/f* (*pey*) bigot(e)
bebé (*pl* **~s**) *nm* bébé *m*
bebedor, a *adj, nm/f* buveur(-euse)
beber *vt, vi* boire
bebida *nf* boisson *f*
bebido, -a *adj* ivre
beca *nf* bourse *f*
becario, -a *nm/f* boursier(-ière)
bedel *nm* (*Escol, Univ*) appariteur *m*
béisbol *nm* base-ball *m*
Belén *n* Bethléem; **belén** *nm* crèche *f*
belga *adj* belge ▷ *nm/f* Belge *m/f*
Bélgica *nf* Belgique *f*
bélico, -a *adj* (*armamento, preparativos*) de guerre; (*conflicto*) armé(e); (*actitud*) belliqueux(-euse)
beligerante *adj* belligérant(e)
belleza *nf* beauté *f*
bello, -a *adj* beau/belle; **Bellas Artes** beaux-arts *mpl*
bellota *nf* gland *m*
bemol *nm* bémol *m*
bencina (*Chi*) *nf* (*gasolina*) essence *f*
bendecir *vt*: **~ la mesa** bénir la table
bendición *nf* bénédiction *f*; **ser una ~** être une bénédiction
bendito, -a *pp de* **bendecir** ▷ *adj* bénit(e) ▷ *nm/f* brave homme/ femme; (*ingenuo*) benêt *m*; **¡~ sea Dios!** Dieu soit loué!
beneficencia *nf* (*tb*: **~ pública**) assistance *f* publique
beneficiar *vt* profiter à
beneficiario, -a *nm/f* bénéficiaire *m/f*
beneficio *nm* (*bien*) bienfait *m*; (*ganancia*) bénéfice *m*; **a/en ~ de** au bénéfice de; **sacar ~ de** tirer profit de
beneficioso, -a *adj* salutaire; (*Econ*) rentable
benéfico, -a *adj* (*organización, festival*) de bienfaisance
benevolencia *nf* bienveillance *f*
benévolo, -a *adj* bienveillant(e)
benigno, -a *adj* bienveillant(e); (*clima*) clément(e); (*resfriado, Med*) bénin/bénigne
berberecho *nm* coque *f*
berenjena *nf* aubergine *f*
Berlín *n* Berlin
Bermudas *nfpl*: **las (Islas) ~** les (îles) Bermudes *fpl*
bermudas *nfpl o nmpl* bermuda *msg*
berrear *vi* mugir; (*niño*) brailler
berrido *nm* mugissement *m*; (*niño*) braillement *m*
berrinche (*fam*) *nm* petite colère *f*; (*disgusto*) rogne *f*
berro *nm* cresson *m*
berza *nf* chou *m*
besamel *nf* béchamel *f*
besar *vt* embrasser; **besarse** *vpr* s'embrasser; **beso** *nm* baiser *m*

bestia *nf* bête *f*; (*fig*) brute *f*; **mala ~** peau de vache; **bestia de carga** bête de somme
bestial *adj* (*inhumano*) bestial(e); (*fam: calor*) accablant(e); (*error*) aberrant(e); **bestialidad** *nf* bestialité *f*; (*fam*) énormité *f*
besugo *nm* daurade *f*; (*fam*) bourrique *f*
betún *nm* cirage *m*
biberón *nm* biberon *m*
Biblia *nf* Bible *f*
bibliografía *nf* bibliographie *f*
biblioteca *nf* bibliothèque *f*; **biblioteca de consulta** bibliothèque de consultation
bibliotecario, -a *nm/f* bibliothécaire *m/f*
bicarbonato *nm* bicarbonate *m*
bicho *nm* bestiole *f*; (*fam*) bête *f*
bici (*fam*) *nf* vélo *m*
bicicleta *nf* bicyclette *f*
bidé *nm* bidet *m*
bidón *nm* bidon *m*

PALABRA CLAVE

bien *nm* **1** bien *m*; **te lo digo por tu bien** je te le dis pour ton bien; **el bien y el mal** (*moral*) le bien et le mal
2: **bienes** (*posesiones*) *nmpl* biens *mpl*; **bienes de consumo** biens de consommation; **bienes inmuebles/muebles** biens immeubles/meubles; **bienes raíces** biens-fonds *mpl*
▷ *adv* **1** (*de manera satisfactoria, correcta*) bien; **trabaja/come bien** il travaille/mange bien; **huele bien** cela sent bon; **sabe bien** cela a bon goût; **contestó bien** il a bien répondu; **lo pasamos muy bien** nous nous sommes bien amusés; **hiciste bien en llamarme** tu as bien fait de m'appeler; **no me siento bien** je ne me sens pas bien
2: **estar bien: estoy muy bien aquí** je suis très bien ici; **¿estás bien?** ça va (bien)?; **ese libro está muy bien** ce livre est très bien, c'est un très bon livre; **está bien que vengan** c'est bien qu'ils viennent; **¡está bien! lo haré** c'est bon! je le ferai
3 (*de buena gana*): **yo bien que iría pero ...** moi, j'irais bien, mais ...
4 (*ya*): **bien se ve que ...** on voit bien que ...
5: **no quiso o bien no pudo venir** il n'a pas voulu venir, ou plutôt il n'a pas pu
▷ *excl* (*aprobación*) bien!; **¡muy bien!** très bien!
▷ *adj inv* (*matiz despectivo*): **niño bien** fils *msg* de bonne famille; **gente bien** gens *mpl* bien
▷ *conj* **1** **bien ... bien, bien en coche bien en tren** soit en voiture soit en train
2: **no bien** (*esp Am*): **no bien llegue te llamaré** dès que j'arrive, je t'appelle
3: **si bien** si; *ver tb* **más**

bienal *adj* biennal(e)
bienestar *nm* bien-être *m*
bienhechor, a *adj, nm/f* bienfaiteur(-trice)
bienvenida *nf* bienvenue *f*; **dar la ~ a algn** souhaiter la bienvenue à qn
bienvenido, -a *adj*: **~ (a)** bienvenu(e) (à) ▷ *excl* bienvenue!
bife (*Am*) *nm* bifteck *m*
bifurcación *nf* bifurcation *f*
bifurcarse *vpr* bifurquer
bigamia *nf* bigamie *f*
bigote *nm* (*tb*: **~s**) moustache *f*
bigotudo, -a *adj* moustachu(e)
bikini *nm* bikini *m*
bilateral *adj* bilatéral(e)
bilbaíno, -a *adj* de Bilbao ▷ *nm/f* natif(-ive) *o* habitant(e) de Bilbao
bilingüe *adj* bilingue
billar *nm* billard *m*; **billar americano** billard américain

billete *nm* billet *m*; (*en autobús, metro*) ticket *m*; **medio ~** billet demi-tarif; **billete de ida** aller *m* simple; **billete de ida y vuelta** aller-retour *m*; **billete electrónico** billet électronique
billetera *nf*, **billetero** *nm* portefeuille *m*
billón *nm* billion *m*
bimensual *adj* bimensuel(le)
bimotor *adj, nm* bimoteur *m*
bingo *nm* bingo *m*
biodegradable *adj* biodégradable
biodiversidad *nf* biodiversité *f*
biografía *nf* biographie *f*
biología *nf* biologie *f*
biológico, -a *adj* biologique; (*cultivo, producto*) bio(logique)
biólogo, -a *nm/f* biologiste *m/f*
biombo *nm* paravent *m*
biopsia *nf* biopsie *f*
biquini *nm* = **bikini**
Birmania *nf* Birmanie *f*
birria *nf*: **ser una ~** être un(e) rien du tout; (*película*) être un navet; (*libro*) être un torchon
bis *adv* bis; **viven en el 27 ~** ils habitent au 27 bis; **artículo 47 ~** article 47 bis
bisabuelo, -a *nm/f* arrière-grand-père/arrière-grand-mère
bisagra *nf* charnière *f*
bisiesto, -a *adj ver* **año**
bisnieto, -a *nm/f* arrière-petit-fils/arrière-petite-fille
bisonte *nm* (*Zool*) bison *m*
bisté, bistec (*pl* **~s**) *nm* bifteck *m*
bisturí (*pl* **~es**) *nm* bistouri *m*
bisutería *nf* bijoux *mpl* en toc
bit *nm* (*Inform*) bit *m*
bizco, -a *adj* qui louche ▷ *nm/f* personne *f* qui louche
bizcocho *nm* biscuit *m*
bizquear *vi* loucher
blanca *nf*: **estar sin ~** être fauché(e)
blanco, -a *adj* blanc/blanche ▷ *nm/f* (*individuo*) Blanc/Blanche ▷ *nm* blanc *m*; (*Mil*) cible *f*; **cheque en ~** chèque *m* en blanc; **noche en ~** nuit *f* blanche; **dar en el ~** faire mouche; **quedarse en ~** (*mentalmente*) avoir un trou; **ser el ~ de las burlas** être l'objet des railleries; **blanco del ojo** blanc *m* de l'œil
blancura *nf* blancheur *f*
blandir *vt* brandir
blando, -a *adj* mou/molle; (*padre, profesor*) indulgent(e); (*carne, fruta*) tendre; **blandura** *nf* mollesse *f*; (*de padre, profesor*) indulgence *f*
blanquear *vt* blanchir
blanquecino, -a *adj* blanchâtre; (*luz*) blafard(e)
blasfemar *vi*: **~ (contra)** blasphémer (contre); **blasfemia** *nf* blasphème *m*
blasón *nm* blason *m*
bledo *nm*: **(no) me importa un ~** ça ne me fait ni chaud ni froid
blindado, -a *adj* blindé(e); **coche** (*Esp*) *o* **carro** (*Am*) **~** véhicule *m* blindé
blindaje *nm* blindage *m*
bloc (*pl* **~s**) *nm* bloc-notes *msg*; (*cuaderno*) bloc *m*
blog (*pl* **~s**) *nm* blog *m*
bloque *nm* bloc *m*; (*de noticias*) rubrique *f*; **en ~** en bloc
bloquear *vt* bloquer; (*Mil*) faire le blocus de; **bloqueo** *nm* blocage *m*; (*Mil*) blocus *msg*; **bloqueo mental** blocage
blusa *nf* blouse *f*; (*de mujer*) chemisier *m*
boa *nf* boa *m*
boato *nm* faste *m*
bobada *nf* sottise *f*; **decir ~s** dire des bêtises
bobina *nf* bobine *f*
bobo, -a *adj* (*tonto*) sot/sotte ▷ *nm/f* sot/sotte; **hacer el ~** faire le pitre
boca *nf* bouche *f*; (*de animal carnívoro, horno*) gueule *f*; (*de vasija*) bec *m*; **~ abajo** sur le ventre; **~ arriba** sur le dos; **hacerle a algn el ~ a ~** faire du

bouche à bouche à qn; **se me hace la ~ agua** j'en ai l'eau à la bouche; **quedarse con la ~ abierta** en rester bouche bée; **boca de dragón** (*Bot*) gueule-de-loup *f*; **boca de incendios** bouche d'incendie; **boca de metro** bouche de métro

bocacalle *nf*: **una ~ de la avenida** une rue qui donne dans l'avenue

bocadillo *nm* sandwich *m*

bocado *nm* bouchée *f*; (*mordisco*) coup *m* de dent

bocajarro: **a ~** *adv* à brûle-pourpoint

bocanada *nf* bouffée *f*; (*de líquido*) gorgée *f*

bocata (*fam*) *nm* casse-croûte *m inv*

bocatería *nf* sandwicherie *f*

boceto *nm* esquisse *f*; (*plano*) ébauche *f*

bochorno *nm* (*vergüenza*) honte *f*; (*calor*): **hace ~** il fait lourd

bochornoso, -a *adj* (*día*) lourd(e); (*situación*) orageux(-euse)

bocina *nf* (*Auto*) klaxon *m*; **tocar la ~** klaxonner

boda *nf* (*tb*: **~s**) noce *f*, mariage *m*; (*fiesta*) noce; **bodas de oro** noces *fpl* d'or; **bodas de plata** noces d'argent

bodega *nf* (*de vino*) cave *f*; (*establecimiento*) marchand *m* de vin; (*de barco*) cale *f*

bodegón *nm* taverne *f*; (*Arte*) nature morte *f*

bofe *nm* (*tb*: **~s**: *de res*) mou *m*

bofetada *nf* gifle *f*; **bofetón** *nm* = **bofetada**

boga *nf*: **en ~** en vogue

bogar *vi* ramer

Bogotá *n* Bogota

bohemio, -a *adj*, *nm/f* bohémien(ne)

boicot (*pl* **~s**) *nm* boycott *m*; **hacer el ~ a** boycotter; **boicotear** *vt* boycotter; **boicoteo** *nm* boycottage *m*

boina *nf* béret *m*

bola *nf* boule *f*; (*canica*) bille *f*; (*pelota*) balle *f*, ballon *m*; (*fam*) bobard *m*; (*Am*: *rumor*) rumeur *f*; **bolas** *nfpl* (*Am*: *Caza*) bolas *fpl*; **bola de billar** boule de billard; **bola de nieve** boule de neige; **bola del mundo** globe *m* terrestre

bolchevique *adj* bolchevique ▷ *nm/f* bolchevik *m/f*

boleadoras (*Am*) *nfpl* bolas *fpl*

bolera *nf* bowling *m*

boleta (*Am*) *nf* (*billete*) laissez-passer *m inv*; (*permiso*) bon *m*; (*cédula para votar*) bulletin *m* de vote

boletería (*Am*) *nf* (*taquilla*) guichet *m*

boletín *nm* bulletin *m*; **boletín informativo** *o* **de noticias** informations *fpl*

boleto *nm* billet *m*; **boleto electrónico** (*Am*) billet électronique

boli (*fam*) *nm* stylo *m*

bolígrafo *nm* stylo bille *m*, stylo *m* à bille

bolívar *nm* bolivar *m*

Bolivia *nf* Bolivie *f*

boliviano, -a *adj* bolivien(ne) ▷ *nm/f* Bolivien(ne)

bollería *nf* viennoiserie *f*

bollo *nm* petit pain *m*; (*de bizcocho*) brioche *f*; (*abolladura*) bosse *f*

bolo *nm* quille *f* ▷ *adj* (*CAm, Cu, Méx*) ivre, soûl(e); **(juego de) ~s** (jeu *m* de) quilles *m*

bolsa *nf* sac *m*, poche *f*; (*tela*) sacoche *f*; (*Am*: *bolsillo*) poche; **bolsa de agua caliente** bouillotte *f*; **bolsa de la compra** panier *m* de la ménagère; **bolsa de papel/plástico** sac en papier/plastique

bolsillo *nm* poche *f*; **de ~** de poche

bolsista *nm/f* (*Fin*) agent *m* de change

bolso *nm* sac *m*; (*de mujer*) sac à main

bomba *nf* (*Mil*) bombe *f*; (*Tec*) pompe *f* ▷ *adj* (*fam*): **noticia ~** nouvelle *f* sensationnelle ▷ *adv* (*fam*): **pasarlo ~** s'amuser comme un fou *o* des petits fous; **bomba atómica** bombe

atomique; **bomba de agua/de gasolina/de incendios** pompe à eau/à essence/à incendie; **bomba de efecto retardado/de neutrones** bombe à retardement/à neutrons
bombardear *vt* bombarder; **~ a preguntas** bombarder de questions; **bombardeo** *nm* bombardement *m*
bombardero *nm* bombardier *m*
bombear *vt* (*agua*) pomper; (*Deporte*) lober
bombero *nm* pompier *m*
bombilla *nf* ampoule *f*
bombín *nm* pompe *f* à vélo
bombo *nm* (*Mús*) grosse caisse *f*; **dar ~ a** (*a persona*) ne pas tarir d'éloges sur; (*asunto*) faire du tam-tam autour de
bombón *nm* (*Culin*) crotte *f* de chocolat, chocolat *m*
bombona *nf* bouteille *f*
bonachón, -ona *adj* bon enfant *inv* ▷ *nm/f* bonne pâte *f*
bonanza *nf* (*Náut*) bonace *f*
bondad *nf* bonté *f*; **tenga la ~ de** veuillez avoir l'amabilité de
bondadoso, -a *adj* bon/bonne
bonificación *nf* bonification *f*
bonito, -a *adj* joli(e) ▷ *nm* (*atún*) thon *m*
bono *nm* bon *m*
bonobús *nm* (*Esp*) *carte de transport (en autobus urbain)*
boquerón *nm* anchois *msg*
boquete *nm* brèche *f*
boquiabierto, -a *adj*: **quedarse ~** en rester bouche bée; **nos dejó ~s** nous sommes restés bouche bée
boquilla *nf* (*para cigarro*) fume-cigarette *m*; (*Mús*) bec
borbotón *nm*: **salir a borbotones** jaillir à gros bouillons
borda *nf* (*Náut*) bord *m*
bordado *nm* broderie *f*
bordar *vt* broder
borde *nm* bord *m*; **al ~ de** (*fig*) au bord de; **ser ~** (*Esp*: *fam*) ne pas se prendre pour n'importe qui; **bordear** *vt* longer
bordillo *nm* (*en acera*) bord *m*; (*en carretera*) accotement *m*
borla *nf* gland *m*; (*para polvos*) houppette *f*
borracho, -a *adj* (*persona*) soûl(e), saoul(e); (: *por costumbre*) ivrogne; **bizcocho ~** baba *m* au rhum ▷ *nm/f* (*habitualmente*) ivrogne *m/f*
borrador *nm* (*de escrito, carta*) brouillon *m*; (*goma*) gomme *f*
borrar *vt* gommer; (*de lista*) barrer; **borrarse** *vpr* (*de club, asociación*) quitter
borrasca *nf* tempête *f*
borrico, -a *nm/f* âne/ânesse; (*fig*) bourrique *f*
borrón *nm* tache *f* d'encre
borroso, -a *adj* flou(e); (*escritura*) indécis(e)
bosque *nm* bois *msg*, forêt *f*
bosquejo *nm* ébauche *f*, esquisse *f*
bostezar *vi* bâiller; **bostezo** *nm* bâillement *m*
bota *nf* botte *f*; (*de vino*) gourde *f*; **botas de agua** *o* **goma** bottes *fpl* en caoutchouc
botánica *nf* botanique *f*
botánico, -a *adj* botanique ▷ *nm/f* botaniste *m/f*
botar *vt* (*balón*) faire rebondir; (*Náut*) lancer, mettre à la mer; (*fam*) mettre à la porte; (*esp Am*: *fam*) jeter, balancer ▷ *vi* (*persona*) bondir; (*balón*) rebondir
bote *nm* bond *m*; (*tarro*) pot *m*; (*lata*) boîte *f* de conserve; (*embarcación*) canot *m*; **de ~ en ~** plein à craquer; **dar un ~** laisser un pourboire; **bote de la basura** (*Am*) poubelle *f*; **bote salvavidas** canot de sauvetage
botella *nf* bouteille *f*; **botella de oxígeno** bouteille d'oxygène
botellín *nm* petite bouteille *f*
botica *nf* pharmacie *f*
boticario, -a *nm/f* pharmacien(ne)

botijo *nm* cruche *f*
botín *nm* (*calzado*) bottine *f*; (*Mil, de atraco, robo*) butin *m*
botiquín *nm* armoire *f* à pharmacie; (*portátil*) trousse *f* à pharmacie; (*enfermería*) infirmerie *f*
botón *nm* bouton *m*; **botón de arranque** (*Auto*) démarreur *m*; **botón de oro** bouton *m* d'or
botones *nm inv* groom *m*
bóveda *nf* (*Arq*) voûte *f*; **bóveda celeste** voûte céleste
boxeador, a *nm/f* boxeur *m*
boxear *vi* boxer
boxeo *nm* boxe *f*
boya *nf* (*Náut*) bouée *f*; (*en red*) flotteur *m*
boyante *adj* (*negocio*) prospère
bozal *nm* (*de perro*) muselière *f*
bracear *vi* agiter les bras; (*nadar*) nager la brasse
bracero, -a *nm/f* journalier(-ière)
bragas *nfpl* culotte *f*
bragueta *nf* braguette *f*
braille *nm* braille *m*
bramar *vi* (*toro, viento, mar*) mugir; (*venado*) bramer; (*elefante*) barrir; **bramido** *nm* (*de toro, viento, lluvia*) mugissement *m*; (*del venado*) bramement *m*; (*del elefante*) barrissement *m*; (*de persona*) hurlement *m*
brasa *nf* braise *f*; **a la ~** (*carne, pescado*) braisé(e)
brasero *nm* (*para los pies*) brasero *m*
Brasil *nm* Brésil *m*
brasileño, -a *adj* brésilien(ne) ▷ *nm/f* Brésilien(ne)
braveza *nf* férocité *f*; (*valor*) bravoure *f*
bravío, -a *adj* féroce
bravo, -a *adj* (*soldado*) vaillant(e); (*animal: feroz*) féroce; (*: salvaje*) sauvage; (*toro*) de combat; (*mar*) déchaîné(e); (*terreno*) accidenté(e); (*Am: fam*) en colère ▷ *excl* bravo!;
bravura *nf* (*de persona*) bravoure *f*; (*de animal*) férocité *f*
braza *nf*: **nadar a (la) ~** nager la brasse
brazada *nf* brasse *f*; (*de hierba, leña*) brassée *f*
brazalete *nm* bracelet *m*; (*banda*) brassard *m*
brazo *nm* bras *msg*; **ir del ~** se donner le bras; **tener/llevar en ~s a algn** tenir/prendre qn dans ses bras
brea *nf* brai *m*
brebaje *nm* breuvage *m*
brecha *nf* brèche *f*; (*en la cabeza*) blessure *f*; **hacer** *o* **abrir ~ en** faire impression sur
breva *nf* figue *f* fraîche
breve *adj* (*pausa, encuentro, discurso*) bref/brève; **en ~** d'ici peu; (*en pocas palabras*) en bref; **brevedad** *nf* brièveté *f*
brezal, brezo *nm* bruyère *f*
bribón, -ona *nm/f* fripouille *f*; (*pillo*) coquin(e)
bricolaje *nm* bricolage *m*
brida *nf* bride *f*; **a toda ~** à bride abattue
bridge *nm* (*Naipes*) bridge *m*
brigada *nf* brigade *f* ▷ *nm* (*Mil*) brigadier *m*
brillante *adj* brillant(e) ▷ *nm* (*joya*) brillant *m*
brillar *vi* briller
brillo *nm* éclat *m*; **dar** *o* **sacar ~ a** faire reluire
brincar *vi* (*persona, animal*) bondir
brinco *nm* (*salto*) bond *m*; **dar** *o* **pegar un ~** faire un bond
brindar *vi*: **~ a** *o* **por** porter un toast à ▷ *vt* (*oportunidad, amistad*) offrir; **brindarse** *vpr*: **~se a hacer algo** s'offrir pour faire qch
brindis *nm inv* (*al beber, frase*) toast *m*; (*Taur*) hommage *m*
brío *nm* (*tb*: **~s**) énergie *f*, brio *m*; **con ~** avec brio
brisa *nf* brise *f*

británico, -a *adj* britannique ▷ *nm/f* Britannique *m/f*
brizna *nf* brin *m*; (*paja*) fétu *m*
broca *nf* (*Tec*) foret *m*
brocal *nm* margelle *f*
brocha *nf* (*de pintar*) brosse *f*; (*de afeitar*) blaireau *m*
broche *nm* (*en vestido*) agrafe *f*; (*joya*) broche *f*
broma *nf* plaisanterie *f*; **de** *o* **en ~** pour rire; **gastar una ~ a algn** faire une blague à qn; **broma pesada** plaisanterie *f* de mauvais goût; **bromear** *vi* plaisanter
bromista *adj*, *nm/f* farceur(-euse)
bronca *nf* dispute *f*; **buscar ~** chercher querelle
bronce *nm* bronze *m*
bronceado, -a *adj* bronzé(e) ▷ *nm* bronzage *m*
bronceador, a *adj* solaire ▷ *nm* produit *m* solaire
broncearse *vpr* se faire bronzer
bronco, -a *adj* (*modales*) bourru(e); (*voz*) rauque
bronquio *nm* bronche *f*
bronquitis *nf inv* bronchite *f*
brotar *vi* (*Bot*) pousser; (*aguas, lágrimas*) jaillir
brote *nm* (*Bot*) pousse *f*; (*Med*) accès *msg*; (*de insurrección, huelga*) vague *f*
bruces: **de ~** *adv* sur le ventre, à plat ventre; **darse de ~ con algn** tomber nez à nez avec qn
brujería *nf* sorcellerie *f*
brujo, -a *nm/f* sorcier(ière) ▷ *nf* (*pey*) sorcière *f*
brújula *nf* boussole *f*
bruma *nf* brume *f*
brumoso, -a *adj* brumeux(-euse)
bruñir *vt* polir
brusco, -a *adj* brusque
Bruselas *n* Bruxelles
brutal *adj* brutal(e); (*fam*: *tremendo*) énorme
brutalidad *nf* brutalité *f*
bruto, -a *adj* (*persona*) brutal(e); (*estúpido*) imbécile; (*metal, piedra, peso*) brut(e) ▷ *nm* brute *f*; **en ~** brut(e)
Bs.As. *abr* = **Buenos Aires**
bucal *adj* buccal(e); **por vía ~** par voie orale
bucear *vi* plonger; **~ en** (*documentos, pasado*) fouiller dans; **buceo** *nm* plongée *f*, plongeon *m*
bucle *nm* boucle *f*
buen *adj ver* **bueno**
buenamente *adv* tout bonnement; (*de buena gana*) volontiers
buenaventura *nf* chance *f*; (*adivinación*) bonne aventure *f*

PALABRA CLAVE

bueno, -a *adj* (*antes de nmsg*: **buen**)
1 (*excelente etc*) bon(ne); **es un libro bueno** *o* **es un buen libro** c'est un bon livre; **tiene buena voz** il a une belle voix; **hace bueno/buen tiempo** il fait beau/beau temps; **ya está bueno** (*de salud*) il va bien maintenant
2 (*bondadoso*): **es buena persona** c'est quelqu'un de bien; **el bueno de Paco** ce bon Paco; **fue muy bueno conmigo** il a été très gentil avec moi
3 (*apropiado*): **ser bueno para** être bien pour; **creo que vamos por buen camino** je crois que nous sommes sur la bonne voie
4 (*grande*): **un buen trozo** un bon bout; **le di un buen rapapolvo** je lui ai passé un savon
5 (*irónico*): **¡buen conductor estás hecho!** comme tu conduis bien!; **¡estaría bueno que ...!** il ne manquerait plus que...!
6 (*sabroso*): **está bueno este bizcocho** ce gâteau est très bon
7 (*atractivo*: *fam*): **Carmen está muy buena** Carmen est vachement mignonne
8 (*saludos*): **¡buenos días!** bonjour!;

¡buenas tardes! bonjour!; (*más tarde*) bonsoir!; **¡buenas noches!** bonne nuit!; **¡buenas!** salut!
9 (*otras locuciones*): **un buen día** un beau jour; **estar de buenas** être de bonne humeur; **por las buenas o por las malas** de gré ou de force; **de buenas a primeras** tout d'un coup
▷ *excl* bon!; **bueno, ¿y qué?** bon, et alors?

Buenos Aires *n* Buenos Aires
buey *nm* bœuf *m*
búfalo *nm* buffle *m*
bufanda *nf* cache-nez *m inv*
bufar *vi* (*caballo*) souffler; (*gato*) cracher
bufete *nm* étude *f*, cabinet *m*
buffer *nm* (*Inform*) mémoire *f* tampon
buhardilla *nf* mansarde *f*
búho *nm* hibou *m inv*
buhonero *nm* colporteur *m*
buitre *nm* vautour *m*
bujía *nf* (*vela, Elec, Auto*) bougie *f*
bula *nf* bulle *f*
bulbo *nm* (*Bot*) bulbe *m*
bulevar *nm* boulevard *m*
Bulgaria *nf* Bulgarie *f*
búlgaro, -a *adj* bulgare ▷ *nm/f* Bulgare *m/f*
bulla *nf* raffut *m*; (*follón*) pagaille *f*
bullicio *nm* brouhaha *m*; (*movimiento*) bousculade *f*
bullir *vi* (*líquido*) bouillonner; **~ (de)** (*muchedumbre, público*) bouillir (de)
bulto *nm* paquet *m*; (*en superficie, Med*) grosseur *f*; (*silueta*) masse *f*; **hacer ~** prendre de la place
buñuelo *nm* beignet *m*
BUP (*Esp*) *sigla m* (*Escol*) (= *Bachillerato Unificado y Polivalente*) *troisième, seconde, première*
buque *nm* navire *m*; **buque de guerra** navire de guerre
burbuja *nf* bulle *f*; **burbujear** *vi* pétiller
burdel *nm* bordel *m*
burdo, -a *adj* grossier(-ière)
burgués, -esa *adj* bourgeois(e) ▷ *nm/f* bourgeois(e); **burguesía** *nf* bourgeoisie *f*
burla *nf* moquerie *f*; (*broma*) blague *f*; **hacer ~ a algn/de algo** se moquer de qn/de qch; **hacer ~ a algn** faire la nique à qn
burladero *nm* (*Taur*) palissade *f*
burlar *vt* (*persona*) tromper; (*vigilancia*) déjouer; **burlarse** *vpr*: **~se (de)** se moquer (de)
burlón, -ona *adj* moqueur(-euse)
burocracia *nf* bureaucratie *f*
burócrata *nm/f* bureaucrate *m*
burrada (*fam*) *nf*: **decir/hacer/soltar ~s** dire/faire/lâcher des âneries; **una ~** (*mucho*) une flopée
burro, -a *nm/f* âne/ânesse; (*fig: ignorante*) âne *m*; (*: bruto*) abruti *m* ▷ *adj* crétin(e); **burro de carga** (*fig*) bourreau *m* de travail
bursátil *adj* boursier(-ière)
bus *nm* bus *msg*
busca *nf*: **en ~ de** à la recherche de ▷ *nm* (*Telec*) bip-(bip) *m*
buscar *vt* chercher ▷ *vi* chercher; **se busca secretaria** on demande une secrétaire
busque *etc vb ver* **buscar**
búsqueda *nf* recherche *f*
busto *nm* (*Anat, Arte*) buste *m*
butaca *nf* fauteuil *m*; **butaca de patio** fauteuil d'orchestre
butano *nm* butane *m*; **bombona de ~** bouteille *f* de butane
buzo *nm/f* (*persona*) plongeur(-euse), homme *m* grenouille
buzón *nm* boîte *f* aux lettres

C

C. *abr* (= *centígrado*) C (= *Celsius*)
C/ *abr* = **calle**
c. *abr* (= *capítulo*) chap. (= *chapitre*)
c.a. *abr* = *corriente alterna*
cabal *adj* (*honrado*) bien
cábala *nf* cabale *f*; **cábalas** *nfpl* (*suposiciones*): **hacer ~s** faire des suppositions
cabalgar *vt* monter ▷ *vi* chevaucher
cabalgata *nf* défilé *m*; **la ~ de los Reyes Magos** le défilé des Rois mages
caballa *nf* maquereau *m*
caballeresco, -a *adj* chevaleresque
caballería *nf* monture *f*; (*Mil*) cavalerie *f*
caballeriza *nf* écurie *f*
caballero *nm* gentleman *m*; (*de la orden de caballería*) chevalier *m*; (*en trato directo*) monsieur *m*; **de ~** d'homme, pour homme
caballerosidad *nf* courtoisie *f*
caballete *nm* (*de pintor*) chevalet *m*; (*de pizarra*) support *m*; (*de mesa*) tréteau *m*
caballito *nm*: **caballitos** *nmpl* chevaux *mpl* de bois
caballo *nm* cheval *m*; (*Ajedrez, Naipes*) cavalier *m*; **a ~** à cheval; **caballo de carreras** cheval de course; **caballo de vapor** cheval-vapeur *m*
cabaña *nf* cabane *f*
cabaré, cabaret (*pl* **~s**) *nm* cabaret *m*
cabecear *vi* (*caballo*) encenser; (*dormitar*) piquer du nez
cabecera *nf* (*de mesa, tribunal*) bout *m*; (*de cama*) tête *f*; (*en libro*) frontispice *m*; (*periódico*) manchette *f*, gros titre *m*; **médico de ~** médecin *m* traitant
cabecilla *nm* chef *m* de file, meneur(-euse)
cabellera *nf* chevelure *f*
cabello *nm* cheveu *m*; **cabello de ángel** cheveux *mpl* d'ange
caber *vi* tenir, rentrer; **caben 3 más** on peut encore en mettre 3; **no cabe duda** cela ne fait pas de doute
cabestrillo *nm*: **en ~** en écharpe
cabeza *nf* tête *f*; **~ abajo/arriba** tête en bas/en haut; **a la ~ de** (*de pelotón*) en tête de; (*de empresa*) à la tête de; **tirarse de ~** plonger; **tocamos a 3 por ~** ça fait 3 par tête; **se me va la ~** je perds la tête; **cabeza atómica/nuclear** tête atomique/ogive *f* nucléaire; **cabeza de ajo** tête d'ail; **cabeza de familia** chef de famille; **cabeza de ganado** tête de bétail; **cabeza de partido** chef-lieu *m* d'arrondissement; **cabezada** *nf* coup *m* de tête; **dar cabezadas** piquer du nez; **echar una cabezada** faire un somme
cabezón, -ona *adj* qui a une grosse tête; (*vino*) capiteux(-euse); (*terco*) entêté(e)
cabida *nf* capacité *f*; (*depósito*)

contenance *f*
cabildo *nm* (*Pol*) conseil *m* municipal
cabina *nf* cabine *f*; **cabina de mandos** cabine de pilotage; **cabina telefónica** cabine téléphonique
cabizbajo, -a *adj* tête basse *inv*
cable *nm* câble *m*; (*de electrodoméstico*) fil *m*
cabo *nm* bout *m*; (*Mil*) caporal *m*; (*de policía*) brigadier *m*; (*Geo*) cap *m*; **al ~ de 3 días** au bout de 3 jours; **al fin y al ~** en fin de compte; **llevar a ~** mener à bien
cabra *nf* chèvre *f*; **cabra montés** chèvre sauvage
cabré *etc vb ver* **caber**
cabrear (*fam*) *vt* énerver; **cabrearse** (*fam*) *vpr* s'emporter
cabrío, -a *adj*: **macho ~** bouc *m*; *ver* **ganado**
cabriola *nf* cabriole *f*
cabritilla *nf*: **de ~** en chevreau
cabrito *nm* chevreau *m*
cabrón (*fam!*) *nm* salaud *m* (*fam!*)
caca (*fam*) *nf* caca *m*
cacahuete (*Esp*) *nm* cacahuète *f*
cacao *nm* cacao *m*, chocolat *m*; (*Bot*) cacaoyer *m*; (*tb*: **crema de ~**) beurre *m* de cacao
cacarear *vt* s'enorgueillir de ▷ *vi* caqueter
cacería *nf* partie *f* de chasse
cacerola *nf* casserole *f*, marmite *f*
cachalote *nm* cachalot *m*
cacharro *nm* ustensile *m*; (*trasto*) machin *m*, truc *m*
cachear *vt* fouiller
cachemir *nm*, **cachemira** *nf* cachemire *m*; **de ~** en cachemire
cachete *nm* claque *f*
cachiporra *nf* massue *f*
cachivache *nm* truc *m*, machin *m*
cacho, -a *nm* morceau *m*; (*Am*) corne *f*
cachondeo (*fam*) *nm* rigolade *f*
cachondo, -a (*fam*) *adj* marrant(e), rigolo(te)
cachorro, -a *nm/f* chiot *m*; (*de león*) lionceau *m*; (*de lobo*) louveteau *m*
cacique *nm* (*Pol*) personnage *m* influent; **caciquismo** *nm* caciquisme *m*
caco *nm* filou *m*
cacto *nm*, **cactus** *nm inv* cactus *m inv*
cada *adj inv* chaque; (*antes de número*) tous les; **~ día** tous les jours; **~ dos días** tous les deux jours; **~ cual/uno** chacun; **~ vez más/menos** de plus en plus/de moins en moins; **~ vez que** chaque fois que
cadalso *nm* échafaud *m*
cadáver *nm* cadavre *m*
cadena *nf* chaîne *f*; **cadenas** *nfpl* (*Auto*) chaînes *fpl*; **cadena de montaje** chaîne de montage; **cadena montañosa** chaîne de montagnes; **cadena perpetua** (*Jur*) emprisonnement *m* à perpétuité
cadera *nf* hanche *f*
cadete *nm* cadet *m*
caducar *vi* expirer
caduco, -a *adj* dépassé(e); **de hoja caduca** à feuilles caduques
caer *vi* tomber; **caerse** *vpr* tomber; **dejar ~** laisser tomber; **¡no caigo!** je ne vois pas; **¡ya caigo!** j'y suis!; **me cae bien/mal** (*persona*) je le trouve sympathique/antipathique; **su cumpleaños cae en viernes** son anniversaire tombe un vendredi; **se me cayó el libro** j'ai fait tomber le livre
café (*pl* **~s**) *nm* café *m*; **café con leche** café crème, café au lait; **café solo** *o* **negro** café (noir)
cafetera *nf* cafetière *f*
cafetería *nf* cafétéria *f*
cagar (*fam!*) *vi* chier (*fam!*); **cagarse** *vpr* se dégonfler
caída *nf* chute *f*; (*declive*) pente *f*; (*de tela*) tombée *f*; (*de precios, moneda*) baisse *f*

caído, -a *adj* tombant(e)
caiga *etc vb ver* **caer**
caimán *nm* caïman *m*
caja *nf* boîte *f*, caisse *f*; **caja de ahorros** caisse d'épargne; **caja de cambios** boîte de vitesses; **caja de caudales** coffre *m* fort; **caja de fusibles** boîte à fusibles; **caja fuerte** coffre fort
cajero, -a *nm/f* caissier(-ière) ▷ *nm*; **cajero automático** distributeur *m* automatique
cajetilla *nf* paquet *m*
cajón *nm* caisse *f*; (*de mueble*) tiroir *m*
cal *nf* chaux *fsg*; **cal viva** chaux vive
cala *nf* crique *f*
calabacín *nm*, **calabacita** ▷ *nf* (*Am*) courgette *f*
calabaza *nf* courge *f*, citrouille *f*
calabozo *nm* taule *f*; (*celda*) cachot *m*
calada *nf* bouffée *f*
calado, -a *adj* ajouré(e); (*de barco*) tirant *m* d'eau; (*de las aguas*) profondeur *f*; **estoy ~ (hasta los huesos)** je suis trempé(e) (jusqu'aux os)
calamar *nm* calmar *m*
calambre *nm* crampe *f*; **dar ~** envoyer une décharge
calamidad *nf* calamité *f*
calar *vt* transpercer; (*Auto*) caler; **calarse** *vpr* (*motor*) caler; (*mojarse*) se tremper; (*gafas*) chausser; (*sombrero*) enfoncer
calavera *nf* tête *f* de mort
calcar *vt* décalquer
calcetín *nm* chaussette *f*
calcinar *vt* calciner
calcio *nm* calcium *m*
calcomanía *nf* décalcomanie *f*
calculador, a *adj* calculateur(-trice)
calculadora *nf* calculatrice *f*
calcular *vt* calculer; **calculo que ...** je pense que ...; **cálculo** *nm* calcul *m*; **según mis cálculos** d'après mes calculs
caldear *vt* chauffer; (*ánimos*) réchauffer
caldera *nf* chaudière *f*
calderilla *nf* ferraille *f*
caldero *nm* chaudron *m*
caldo *nm* bouillon *m*; (*vino*) cru *m*
calefacción *nf* chauffage *m*; **calefacción central** chauffage central
calendario *nm* calendrier *m*
calentador *nm* calorifère *m*
calentamiento *nm* échauffement *m*
calentar *vt* faire chauffer; (*habitación*) réchauffer; (*motor*) faire tourner; (*pegar*) flanquer une calotte à ▷ *vi* chauffer; **calentarse** *vpr* se chauffer, se réchauffer; (*motor*) chauffer; (*discusión, ánimos*) s'échauffer
calentura *nf* fièvre *f*; (*de boca*) bouton *m* de fièvre
calibrar *vt* (*consecuencias*) évaluer; (*importancia*) jauger; **calibre** *nm* calibre *m*; (*fig*) calibre, envergure *f*
calidad *nf* qualité *f*; **de ~** de qualité; **en ~ de** en qualité de
cálido, -a *adj* chaud(e); (*palabras, aplausos*) chaleureux(-euse)
caliente *vb ver* **calentar** ▷ *adj* chaud(e); **estar/ponerse ~** (*fam*) être excité(e)/s'exciter
calificación *nf* qualification *f*; (*en examen*) note *f*
calificar *vt* noter; **~ como/de** traiter de
calima, calina *nf* (*neblina*) brume *f* de chaleur; (*calor*) chaleur *f* caniculaire
cáliz *nm* calice *m*
caliza *nf* pierre *f* à chaux
callado, -a *adj*: **estar ~** être silencieux(-euse); **ser ~** être peu bavard(e)
callar *vt* taire; (*persona, oposición*) faire taire ▷ *vi* se taire; **callarse** *vpr* se taire; **¡cállate!** tais-toi!
calle *nf* rue *f*; (*Deporte*) couloir *m*; **la ~** (*en conjunto*) la rue; **calle peatonal**

rue piétonne
calleja *nf* = **callejuela**; **callejear** *vi* flâner
callejero, -a *adj* ambulant(e); (*verbena*) en plein air; (*riña*) de rue ▷ *nm* plan *m*; **callejón** *nm* passage *m*, couloir *m*; **callejón sin salida** impasse *f*, voie *f* sans issue; (*fig*) impasse; **callejuela** *nf* ruelle *f*, venelle *f*
callista *nm/f* pédicure *m/f*
callo *nm* (*en pies*) cor *m*; (*en manos*) durillon *m*; **callos** *nmpl* (*Culin*) tripes *fpl*
calma *nf* calme *m*; **hacer algo con ~** faire qch calmement
calmante *nm* calmant *m*, tranquillisant *m*
calmar *vt* calmer ▷ *vi* (*tempestad, viento*) se calmer; **calmarse** *vpr* se calmer
calor *nm* chaleur *f*; **entrar en ~** se réchauffer; **tener ~** avoir chaud
caloría *nf* calorie *f*
calumnia *nf* calomnie *f*
caluroso, -a *adj* chaud(e)
calvario *nm* calvaire *m*
calvicie *nf* calvitie *f*
calvo, -a *adj, nm/f* chauve *m/f*
calzada *nf* chaussée *f*
calzado, -a *adj* chaussé(e) ▷ *nm* chaussure *f*
calzador *nm* chausse-pied *m*
calzar *vt* chausser; (*Tec*) caler; **calzarse** *vpr*: **~se los zapatos** se chausser; **¿qué (número) calza?** quelle est votre pointure?
calzón *nm* (*Am: de hombre*) slip *m*; (*: de mujer*) culotte *f*
calzoncillos *nmpl* slip *msg*; **cama** *nf* lit; **cama individual/de matrimonio** lit simple/double
camafeo *nm* camée *m*
camaleón *nm* caméléon *m*
cámara *nf* chambre *f*; (*Cine, TV*) caméra *f*; (*fotográfica*) appareil-photo *m*; (*de vídeo*) caméscope *m* ▷ *nm/f* (*Cine, TV*) caméraman *m*; **música de ~** musique *f* de chambre; **cámara de aire** chambre à air; **cámara de comercio** chambre de commerce; **cámara de gas** chambre à gaz; **cámara frigorífica** chambre froide
camarada *nm/f* camarade *m/f*; (*de trabajo*) collègue *m/f*
camarera *nf* (*en hotel*) femme *f* de chambre; (*Am*) hôtesse *f* de l'air; *ver tb* **camarero**
camarero, -a *nm/f* (*en restaurante*) serveur(-euse); (*en bar*) garçon *m* de café/serveuse; **¡camarera, por favor!** mademoiselle, s'il vous plaît!
camarilla *nf* clique *f*; (*Pol*) groupe *m* de pression, lobby *m*
camarón *nm* crevette *f* grise
camarote *nm* cabine *f*
cambiante *adj* variable; (*humor*) changeant(e)
cambiar *vt, vi* changer; (*fig*) échanger; **cambiarse** *vpr* (*de casa*) changer; (*de ropa*) se changer; **~ algo por algo** changer qch pour *o* contre qch; **~ de coche/de idea/de trabajo** changer de voiture/d'idée/de travail; **~(se) de sitio** changer de place
cambio *nm* changement *m*; (*de dinero, impresiones*) échange *m*; (*Com: tipo de cambio*) change *m*; (*dinero menudo*) monnaie *f*; **a ~ de** en échange de; **en ~** (*por otro lado*) en revanche, par contre; (*en lugar de eso*) à la place; **cambio climático** changement climatique; **cambio de divisas** change de devises; **cambio de marchas** *o* **de velocidades** changement de vitesses
camelar (*fam*) *vt* baratiner
camello *nm* chameau *m*; (*fam*) dealer *m*
camerino *nm* loge *f*
camilla *nf* civière *f*, brancard *m*; (*mesa*) guéridon *m*
caminante *nm/f* marcheur(-euse)

caminar *vi* marcher, cheminer ▷ *vt* faire à pied
caminata *nf* trotte *f* (*fam*)
camino *nm* chemin *m*; **a medio ~** à mi-chemin; **en el ~** en chemin, chemin faisant; **~ de** vers; **ir por buen/mal ~** (*fig*) être sur la bonne/mauvaise voie; **camino particular** voie *f* privée

CAMINO DE SANTIAGO

Le chemin de saint Jacques est un pèlerinage célèbre depuis le Moyen-Âge. Il a pour point de départ les Pyrénées et se termine à Saint-Jacques-de-Compostelle, au nord-ouest de l'Espagne, où serait enterré l'apôtre saint Jacques. De nos jours, ce pèlerinage attire toujours un grand nombre de croyants et de touristes.

camión *nm* camion *m*, poids *msg* lourd; **estar como un ~** (*fam: mujer*) être bien roulée; **camión cisterna** camion citerne; **camión de la basura** camion des éboueurs; **camión de mudanzas** camion de déménagement
camionero *nm* camionneur *m*, routier *m*
camioneta *nf* camionnette *f*
camisa *nf* chemise *f*; **camisa de fuerza** camisole *f* de force
camiseta *nf* tee-shirt *m*; (*ropa interior*) maillot *m* de corps; (*de deportista*) maillot
camisón *nm* chemise *f* de nuit
camorra *nf*: **armar ~** faire un scandale; **buscar ~** chercher querelle
campamento *nm* colonie *f* de vacances; (*Mil*) camp *m*
campana *nf* cloche *f*; (*CSur*) campagne *f*; **campana de cristal** cloche de verre; **campanario** *nm* clocher *m*
campanilla *nf* clochette *f*; (*Bot*) campanule *f*
campaña *nf* campagne *f*; **campaña electoral/publicitaria** campagne électorale/publicitaire
campechano, -a *adj* sans façon; **es muy ~** il est très nature
campeón, -ona *nm/f* champion(ne);
campeonato *nm* championnat *m*
campesino, -a *adj* champêtre; (*gente*) de la campagne ▷ *nm/f* paysan(ne)
campestre *adj* champêtre
camping (*pl* **~s**) *nm* camping *m*; **ir de** *o* **hacer ~** aller en camping, faire du camping
campo *nm* campagne *f*; (*Agr, Elec, Fís*) champ *m*; (*Inform*) champ, zone *f*; (*Mil, de fútbol, rugby*) terrain *m*; **a ~ traviesa** *o* **través** à travers champs; **campo de batalla** champ de bataille; **campo de concentración** camp *m* de concentration; **campo de deportes/de golf** terrain de sports/de golf; **campo visual** champ visuel
camposanto *nm* cimetière *m*
camuflaje *nm* camouflage *m*
cana *nf* cheveu *m* blanc; *ver tb* **cano**
Canadá *nm* Canada *m*; **canadiense** *adj* canadien(ne) ▷ *nm/f* Canadien(ne)
canal *nm* canal *m*; (*de televisión*) chaîne *f*; (*de tejado*) chéneau *m*, gouttière *f*; **Canal de Panamá** canal de Panama;
canalizar *vt* canaliser
canalla *nm* canaille *f*
canalón *nm* tuyau *m* de descente; (*del tejado*) chéneau *m*; **canalones** *nmpl* (*Culin*) cannelloni *mpl*
canapé (*pl* **~s**) *nm* canapé *m*
Canarias *nfpl*: **las (Islas) ~** les (îles) Canaries *fpl*
canario, -a *adj* des (îles) Canaries ▷ *nm/f* natif(-ive) *o* habitant(e) des (îles) Canaries ▷ *nm* (*Zool*) canari *m*,

serin *m*; **amarillo ~** jaune canari *inv*, jaune serin *inv*
canasta *nf* corbeille *f*; (*en baloncesto*) panier *m*; (*Naipes*) canasta *f*; **canastilla** *nf* trousse *f* à couture; (*de niño*) layette *f*
canasto *nm* corbeille *f*
cancela *nf* portillon *m*
cancelación *nf* (*ver vt*) annulation *f*; résiliation *f*; suppression *f*; acquittement *m*
cancelar *vt* (*visita, vuelo*) annuler; (*contrato*) résilier; (*permiso*) supprimer; (*deuda*) s'acquitter de
cáncer *nm* cancer *m*; **C~** (*Astrol*) Cancer; **ser C~** être (du) Cancer
cancha *nf* terrain *m*; (*de tenis*) court *m* ▷ *excl* (*CSur*) dégagez!, faites place!
canciller *nm* chancelier *m*; (*Am*) ministre *m* des Affaires étrangères
canción *nf* chanson *f*; **canción de cuna** berceuse *f*
candado *nm* cadenas *msg*
candente *adj* chauffé(e) au rouge; (*tema, problema*) brûlant(e)
candidato, -a *nm/f* candidat(e); (*para puesto*) candidat(e), postulant(e)
candidez *nf* candeur *f*; (*falta de malicia*) innocence *f*
cándido, -a *adj* candide, innocent(e)
candil *nm* lampe *f* à huile
candor *nm* candeur *f*
canela *nf* cannelle *f*
cangrejo *nm* crabe *m*; (*de río*) écrevisse *f*
canguro *nm* kangourou *m*; **hacer de ~** garder des enfants
caníbal *adj, nm/f* cannibale *m/f*
canica *nf* bille *f*
canijo, -a *adj* chétif(-ive)
canino, -a *adj* canin(e) ▷ *nm* canine *f*
canjear *vt*: **~ (por)** échanger (pour)
cano, -a *adj* (*pelo, cabeza*) blanc/ blanche
canoa *nf* canoë *m*
canon *nm* canon *m*; (*Com*) taxe *f*, impôt *m*
canónigo *nm* chanoine *m*
canonizar *vt* canoniser
canoso, -a *adj* grisonnant(e), aux cheveux blancs; (*pelo*) grisonnant(e)
cansado, -a *adj* fatigué(e); (*viaje, trabajo*) fatigant(e)
cansancio *nm* fatigue *f*
cansar *vt* fatiguer; (*aburrir*) ennuyer; (*hartar*) lasser; **cansarse** *vpr*: **~se (de hacer)** se lasser (de faire)
cantábrico, -a *adj* cantabrique; **Mar C~** golfe *m* de Gascogne
cántabro, -a *adj* de la province de Santander ▷ *nm/f* natif(-ive) *o* habitant(e) de la province de Santander
cantante *nm/f* chanteur(-euse)
cantar *vt* chanter ▷ *vi* chanter ▷ *nm* chanson *f*; **estaba cantado** c'était à prévoir
cántara *nf* bidon *m*
cántaro *nm* cruche *f*
cante *nm*: **~ jondo** chant *m* flamenco
cantera *nf* (*lugar*) carrière *f*
cantidad *nf* quantité *f*; **gran ~ de** une grande quantité de, bon nombre de
cantimplora *nf* gourde *f*
cantina *nf* cantine *f*; (*de estación*) buffet *m*; (*esp Am: taberna*) café *m*
canto *nm* chant *m*; (*de mesa, moneda*) bord *m*; (*de libro*) tranche *f*; (*de cuchillo*) dos *msg*; **faltó el ~ de un duro** il s'en est fallu d'un cheveu; **de ~** de côté, sur le côté; **canto rodado** galet *m*
canturrear *vi* chantonner
canuto *nm* petit tube *m*; (*fam: droga*) joint *m*
caña *nf* (*Bot*) tige *f*; (*: especie*) roseau *m*; (*de cerveza*) demi *m*; (*Am*) alcool *m* de canne à sucre; **dar** *o* **meter ~** (*fam: a un coche*) appuyer sur le champignon; (*: a algn*) secouer; **caña de azúcar/de pescar** canne *f* à sucre/à pêche
cañada *nf* vallon *m*
cáñamo *nm* chanvre *m*

cañería *nf* tuyauterie *f*
caño *nm* (*de fuente*) jet *m*
cañón *nm* canon *m*; (*Geo*) canyon *m*
caoba *nf* acajou *m*
caos *nm* chaos *msg*
C.A.P. *sigla m* (= *Certificado de Aptitud Pedagógica*) *certificat d'aptitude à l'enseignement*
cap. *abr* (= *capítulo*) chap. (= *chapitre*)
capa *nf* (*prenda*) cape *f*; (*Culin, Geo*) couche *f*; (*de polvo*) pellicule *f*; **capa de ozono** couche d'ozone
capacidad *nf* contenance *f*, capacité *f*; **este teatro tiene una ~ de mil espectadores** ce théâtre peut contenir mille spectateurs; **tener ~ para los idiomas/las matemáticas** être doué(e) pour les langues/ les mathématiques; **tener ~ de adaptación/de trabajo** avoir une capacité d'adaptation/de travail
capacitar *vt*: **~ a algn para** préparer qn à
capar *vt* castrer
caparazón *nm* (*de ave*) carcasse *f*; (*de tortuga*) carapace *f*
capataz *nm* contremaître *m*
capaz *adj* capable; **ser ~ de (hacer)** être capable de (faire); **es ~ que venga mañana** (*Am*) il viendra probablement demain
capcioso, -a *adj*: **pregunta capciosa** question *f* captieuse
capellán *nm* aumônier *m*; (*sacerdote*) chapelain *m*
caperuza *nf* capuche *f*; (*de bolígrafo*) capuchon *m*
capicúa *adj inv* palindrome
capilla *nf* chapelle *f*
capital *adj* capital(e) ▷ *nm* capital *m* ▷ *nf* capitale *f*; **capital autorizado** *o* **social** capital social
capitalismo *nm* capitalisme *m*; **capitalista** *adj, nm/f* capitaliste *m/f*
capitán *nm* capitaine *m*
capitanear *vt* commander; (*equipo*) être le capitaine de; (*pandilla, expedición*) être à la tête de
capitulación *nf* capitulation *f*
capitular *vi* capituler
capítulo *nm* chapitre *m*
capó *nm* capot *m*
capón *nm* (*golpe*) tape *f* sur la tête
capota *nf* (*de coche*) capote *f*
capote *nm* (*de militar*) capote *f*; (*de torero*) cape *f*
capricho *nm* caprice *m*
caprichoso, -a *adj* capricieux(-euse)
Capricornio *nm* (*Astrol*) Capricorne *m*; **ser ~** être (du) Capricorne
cápsula *nf* capsule *f*; **cápsula espacial** capsule spatiale
captar *vt* (*indirecta, sentido*) saisir; (*Radio*) capter; (*atención, apoyo*) attirer
captura *nf* capture *f*; **capturar** *vt* capturer
capucha *nf*, **capuchón** *nm* capuche *f*
capullo *nm* (*Zool*) cocon *m*; (*Bot*) bouton *m*; **capullo de rosa** bouton de rose
caqui *adj inv* kaki *inv* ▷ *nm* (*fruta*) kaki *m*
cara *nf* visage *m*, face *f*; (*expresión*) mine *f*; (*de disco, papel*) face; (*fam: descaro*) culot *m*, toupet *m* ▷ *adv*: **(de) ~ a** vis à vis de, face à; **de ~** de face; **decir algo ~ a ~** dire qch en face; **mirar ~ a ~** regarder bien en face; **dar la ~** ne pas se dérober; **echar algo en ~ a algn** reprocher qch à qn; **¿~ o cruz?** pile ou face?; **poner/ tener ~ de** prendre/avoir un air de; **¡qué ~ más dura!** quel culot!, en voilà du toupet!; **tener buena/mala ~** avoir bonne/mauvaise mine; (*herida, asunto, guiso*) avoir bon/mauvais aspect; **tener mucha ~** avoir un culot monstre; **de una ~** (*disquete*) d'une seule face
carabina *nf* carabine *f*; (*persona*) chaperon *m*

Caracas *n* Caracas
caracol *nm* escargot *m*; (*concha*) coquille *f* d'escargot; (*esp Am*) coquillage *m*
carácter (*pl* **caracteres**) *nm* caractère *m*; **tener buen/mal ~** avoir bon/mauvais caractère
característica *nf* caractéristique *f*
característico, -a *adj* caractéristique
caracterizar *vt* caractériser; (*Teatro*) bien interpréter; **caracterizarse** *vpr* (*Teatro*) se mettre en costume; **~se por** se caractériser par
caradura *nm/f*: **es un ~** c'est un malotru
carajillo *nm* café *m* mêlé de cognac
carajo (*fam!*) *nm*: **¡~!** merde! (*fam!*)
caramba *excl* dis donc!, mince alors!
carámbano *nm* glaçon *m*
caramelo *nm* bonbon *m*; (*azúcar fundido*) caramel *m*
caravana *nf* caravane *f*; (*de vehículos, gente*) file *f*; (*Auto*) bouchon *m*
carbón *nm* charbon *m*; **papel ~** carbone *m*; **carboncillo** *nm* fusain *m*; **carbonilla** *nf* poussière *f* de charbon
carbonizar *vt* carboniser; **quedar carbonizado** être réduit en cendres
carbono *nm* carbone *m*
carburador *nm* carburateur *m*
carburante *nm* carburant *m*
carcajada *nf* éclat *m* de rire; **reír(se) a ~s** éclater de rire
cárcel *nf* prison *f*, maison *f* d'arrêt
carcelero, -a *nm/f* gardien(ne) de prison
carcoma *nf* termite *m*
carcomer *vt* manger, ronger; (*salud, confianza*) miner; **carcomerse** *vpr*: **~se de** être rongé(e) par
cardar *vt* carder
cardenal *nm* cardinal *m*; (*Med*) bleu *m*
cardiaco, -a, cardíaco, -a *adj* cardiaque
cardinal *adj* (*Gramática*) cardinal(e); **puntos ~es** points *mpl* cardinaux
cardo *nm* (*comestible*) cardon *m*; (*espinoso*) chardon *m*
carecer *vi*: **~ de** manquer de
carencia *nf* manque *m*; (*escasez*) carence *f*
carente *adj*: **~ de** dépourvu(e) de
carestía *nf* (*Com*) cherté *f*; (*escasez*) pénurie *f*; **época de ~** période *f* de pénurie
careta *nf* masque *m*; **careta antigás** masque à gaz
carga *nf* charge *f*; (*de barco, camión*) chargement *m*, cargaison *f*; (*de bolígrafo, pluma*) cartouche *f*, recharge *f*; **de ~** (*animal*) de charge; **buque de ~** cargo *m*; **carga explosiva** charge explosive
cargado, -a *adj* chargé(e); (*café, té*) serré(e), fort(e); (*ambiente*) raréfié(e), vicié(e)
cargamento *nm* chargement *m*, cargaison *f*
cargar *vt* charger; (*Com*) débiter ▷ *vi* charger; **cargarse** *vpr* (*fam*: *estropear*) bousiller; (: *matar*) liquider; (: *ley, proyecto*) supprimer; (: *suspender*) recaler, coller; (*Elec*) se charger; **~ (contra)** charger (contre); **~ con** porter; (*responsabilidad*) assumer; **los indecisos me cargan** les gens indécis me portent sur les nerfs; **~ a** *o* **en la espalda** prendre sur son dos; **~se de** (*de dinero*) se munir de; (*de paquetes*) se charger de; (*de obligaciones*) assumer
cargo *nm* (*Com etc*) débit *m*; (*puesto*) charge *f*; **cargos** *nmpl* (*Jur*) accusations *fpl*; **estar a(l) ~ de** être à (la) charge de; **hacerse ~ de** (*de deudas, poder*) assumer; (*darse cuenta de*) se rendre compte de
carguero *nm* cargo *m*; (*avión*) avion-cargo *m*
Caribe *nm*: **el ~** les Caraïbes *fpl*
caribeño, -a *adj* des Caraïbes
caricatura *nf* caricature *f*

caricia *nf* caresse *f*
caridad *nf* charité *f*; **obras de ~** œuvres *fpl* de charité; **vivir de la ~** vivre de la charité
caries *nf inv* carie *f*
cariño *nm* affection *f*; **sí, ~** oui, chéri; **sentir ~ por/tener ~ a** ressentir/avoir de l'affection pour
cariñoso, -a *adj* affectueux(-euse); **"saludos ~s"** "affectueusement"
carisma *nm* charisme *m*
caritativo, -a *adj* charitable
cariz *nm* (*de los acontecimientos*) tournure *f*
carmesí *adj* cramoisi(e) ▷ *nm* cramoisi *m*
carmín *nm* carmin *m*; **carmín (de labios)** rouge *m* (à lèvres)
carnal *adj* charnel(le); **primo ~** cousin *m* germain
carnaval *nm* carnaval *m*

CARNAVAL

Les réjouissances du **Carnaval** se déroulent pendant les trois jours qui précèdent le début du carême ("Cuaresma"). En déclin sous le régime franquiste, le carnaval connaît aujourd'hui un regain de popularité dans toute l'Espagne. Le carnaval de Cadix et celui de Tenerife sont particulièrement renommés pour leur animation: défilés, feux d'artifice et déguisements souvent somptueux.

carne *nf* chair *f*; (*Culin*) viande *f*; **carnes** *nfpl* (*fam*) graisse *fsg*; **en ~ viva** à vif; **carne de cerdo/de cordero** viande de porc/d'agneau; **carne de gallina** chair de poule; **carne de membrillo** gelée *f* de coing; **carne de ternera/de vaca** viande de veau/de bœuf; **carne picada** viande hachée
carné *nm* = **carnet**
carnero *nm* veau *m*
carnet (*pl* **~s**) *nm*: **~ de conducir** permis *msg* de conduire; **carnet de identidad** carte *f* d'identité; **carnet de socio** carte de membre
carnicería *nf* boucherie *f*
carnicero, -a *adj* carnassier(-ière); (*pájaro, ave*) de proie ▷ *nm/f* boucher(-ère)
carnívoro, -a *adj* carnivore
carnoso, -a *adj* charnu(e)
caro, -a *adj* cher/chère ▷ *adv* cher
carpa *nf* carpe *f*; (*de circo*) chapiteau *m*; (*Am*) tente *f*
carpeta *nf* dossier *m*, chemise *f*; **~ (de anillas)** classeur *m*
carpintería *nf* menuiserie *f*; **carpintero** *nm* menuisier *m*
carraspear *vi* (*toser*) se racler la gorge, s'éclaircir la gorge
carrera *nf* course *f*; (*Univ*) études *fpl*; (*profesión*) carrière *f*; **tienes una ~ en las medias** tes bas sont filés; **aquí se recogen ~s a las medias** ici on reprise les bas; **darse** *o* **echar** *o* **pegar una ~** filer à toute allure *o* à toutes jambes; **de ~s** de course; **en una ~** d'une traite; **carrera de armamentos/de obstáculos** course aux armements/d'obstacles
carreta *nf* charrette *f*
carrete *nm* pellicule *f*; (*Tec*) bobine *f*
carretera *nf* route *f*; **carretera de circunvalación** boulevard *m* périphérique; **carretera nacional/secundaria** route nationale/secondaire
carretilla *nf* brouette *f*
carril *nm* chemin *m*; (*de autopista*) file *f*, voie *f*; (*Ferro*) voie; **carril-bici** piste *f* cyclable
carrillo *nm* joue *f*
carrito *nm* chariot *m*, caddie *m*
carro *nm* chariot *m*; (*con dos ruedas*) charrette *f*; (*Am*) voiture *f*; **¡para**

el ~! arrête là!, c'est bon, ça suffit!; **carro blindado/de combate** char *m* d'assaut/de combat
carrocería *nf* carrosserie *f*
carroña *nf* charogne *f*
carroza *nf* carrosse *m*; (*en desfile*) char *m*
carta *nf* lettre *f*; (*Naipes*) carte *f*; (*Jur*) charte *f*; **a la ~** à la carte; **dar ~ blanca a algn** donner carte blanche à qn; **echar una ~ (al correo)** mettre une lettre (à la poste); **carta certificada** lettre recommandée; **carta de ajuste** (*TV*) mire *f*; **carta marítima** carte marine
cartabón *nm* équerre *f*
cartel *nm* affiche *f*; (*Com*) cartel *m*, trust *m*; **en ~** à l'affiche; **cartelera** *nf* rubrique *f*; **lleva mucho/poco tiempo en cartelera** il est à l'affiche depuis longtemps/peu
cartera *nf* (*tb*: **~ de bolsillo**) portefeuille *m*; (*de cobrador*) serviette *f*; (*de colegial*) cartable *m*; (*Am*) sac à main *m*; **ocupa la ~ de Agricultura** il occupe le portefeuille de l'Agriculture; *ver tb* **cartero**
carterista *nm/f* pickpocket *m*, voleur(-euse) à la tire
cartero, -a *nm/f* facteur(-trice)
cartilla *nf* livret *m* scolaire; **cartilla de ahorros** livret de caisse d'épargne
cartón *nm* carton *m*; (*de tabaco*) cartouche *f*; **cartón piedra** papier *m* mâché
cartucho *nm* cartouche *f*; (*cucurucho*) cornet *m*
cartulina *nf* bristol *m*
casa *nf* maison *f*; **sentirse como en su ~** se sentir comme chez soi; **casa de campo** maison de campagne; **casa de fieras** ménagerie *f*; **casa de huéspedes** pension *f* de famille; **casa de socorro** dispensaire *m*
casado, -a *adj, nm/f* marié(e)
casamiento *nm* mariage *m*
casar *vt* marier ▷ *vi*: **~ (con)** aller bien (avec); **casarse** *vpr*: **~se (con)** se marier (avec); **~se por lo civil/por la Iglesia** se marier civilement/religieusement
cascabel *nm* grelot *m*
cascada *nf* cascade *f*
cascanueces *nm inv* casse-noisettes *msg*
cascar *vt* casser; (*fam*: *golpear*) tabasser ▷ *vi* (*fam*) papoter; **cascarse** *vpr* se casser; (*voz*) s'érailler
cáscara *nf* coquille *f*; (*de fruta*) pelure *f*; (*de patata*) épluchure *f*; (*de limón, naranja*) écorce *f*
casco *nm* casque *m*; (*Náut*) coque *f*; (*Zool*) sabot *m*; (*pedazo roto*) tesson *m*; (*: auriculares*) écouteurs *mpl*; **el ~ antiguo** la vieille ville; **el ~ urbano** le centre ville
caserío *nm* hameau *m*; (*casa*) manoir *m*
casero, -a *adj* (*cocina*) maison; (*remedio*) de bonne femme; (*trabajos*) domestique ▷ *nm/f* propriétaire *m/f*; **"comida casera"** "cuisine maison"; **pan ~** pain *m* de ménage; **ser muy ~** être très casanier(-ière)
caseta *nf* baraque *f*; (*de perro*) niche *f*; (*para bañista*) cabine *f*; (*de feria*) stand *m*
casete *nm* magnétophone *m* ▷ *nf* cassette *f*
casi *adv* presque; **~ nunca/nada** presque jamais/rien; **~ te caes** tu as manqué (de) *o* failli tomber
casilla *nf* casier *m*; (*Ajedrez, en crucigrama*) case *f*
casillero *nm* casier *m*
casino *nm* casino *m*
caso *nm* cas *msg*; **en ~ de ...** en cas de ...; **en ~ (de) que venga** au cas où il viendrait; **el ~ es que** le fait est que; **en ese ~** dans ce cas; **en todo ~** en tout cas; **¡eres un ~!** tu es un cas!; **(no) hacer ~ a** *o* **de algo/algn** (ne pas)

faire cas de qch/qn; **hacer** *o* **venir al ~** venir à propos
caspa *nf* (*en pelo*) pellicule *f*
cassette = **casete**
casta *nf* race *f*; (*clase social*) caste *f*
castaña *nf* châtaigne *f*, marron *m*; (*fam*: *tb*: **~zo**) gnon *m*, marron; (: *Aut*) gnon
castañetear *vi*: **le castañetean los dientes** il claque des dents
castaño, -a *adj* marron; (*pelo*) brun(e) ▷ *nm* châtaignier *m*, marronnier *m*; **castaño de Indias** marronnier des Indes
castañuelas *nfpl* castagnettes *fpl*
castellano, -a *adj* castillan(e) ▷ *nm/f* (*persona*) Castillan(e) ▷ *nm* (*Ling*) castillan *m*
castidad *nf* chasteté *f*
castigar *vt* punir, châtier; (*Deporte*) pénaliser; **castigo** *nm* punition *f*; (*Deporte*) pénalisation *f*
Castilla *nf* Castille *f*
castillo *nm* château *m*
castizo, -a *adj* (*Ling*) pur(e); (*auténtico*) de pure souche
casto, -a *adj* chaste
castor *nm* castor *m*
castrar *vt* châtrer
castrense *adj* militaire
casual *adj* fortuit(e); **casualidad** *nf* hasard *m*; **dar la casualidad (de) que** se trouver que; **se da la casualidad que ...** il se trouve que ...; **por casualidad** par hasard; **¡qué casualidad!** quel hasard!
cataclismo *nm* cataclysme *m*
catalán, -ana *adj* catalan(e) ▷ *nm/f* Catalan(e) ▷ *nm* (*Ling*) catalan *m*
catalizador *nm* catalyseur *m*
catalogar *vt* cataloguer; **~ a algn de** cataloguer qn comme
catálogo *nm* catalogue *m*
Cataluña *nf* Catalogne *f*
catar *vt* goûter
catarata *nf* cataracte *f*
catarro *nm* rhume *m*
catástrofe *nf* catastrophe *f*
catastrófico, -a *adj* catastrophique
catear (*fam*) *vt* recaler, coller
cátedra *nf* chaire *f*
catedral *nf* cathédrale *f*
catedrático, -a *nm/f* professeur *m*
categoría *nf* catégorie *f*; **de ~** de classe; **de segunda ~** de seconde catégorie
categórico, -a *adj* catégorique
cateto, -a *nm/f* (*pey*) rustre *m*, péquenaud(e) (*fam*) ▷ *nm* (*Geom*) côté *m*
catolicismo *nm* catholicisme *m*
católico, -a *adj, nm/f* catholique *m/f*
catorce *adj inv, nm inv* quatorze *m inv*; *ver tb* **seis**
cauce *nm* (*de río*) lit *m*
caucho *nm* caoutchouc *m*; (*Am*) pneu *m*; **de ~** en caoutchouc
caución *nf* caution *f*
caudal *nm* débit *m*; (*fortuna*) fortune *f*, capital *m*
caudaloso, -a *adj* à fort débit
caudillo *nm* chef *m*
causa *nf* cause *f*; **a/por ~ de** à/pour cause de
causar *vt* causer
cautela *nf* précaution *f*, prudence *f*
cauteloso, -a *adj* prudent(e)
cautivar *vt* captiver
cautiverio *nm*, **cautividad** *nf* captivité *f*
cautivo, -a *adj, nm/f* captif(-ive)
cauto, -a *adj* prudent(e), avisé(e)
cava *nm* cava *m*, *équivalent du "champagne" français* ▷ *nf* cave *f*
cavar *vt, vi* creuser
caverna *nf* caverne *f*
cavidad *nf* cavité *f*
cavilar *vi*: **~ (sobre)** méditer (sur)
cayado *nm* (*de pastor*) houlette *f*; (*de obispo*) houlette, crosse *f*
cayendo *etc vb ver* **caer**
caza *nf* chasse *f* ▷ *nm* (*Aviat*) chasseur

m; **dar ~ a** faire la chasse à; **ir de ~** aller à la chasse; **caza mayor/menor** gros/menu gibier *m*
cazador, a *adj, nm/f* chasseur(-euse)
cazadora *nf* blouson *m*
cazar *vt* (*buscar*) chasser; (*perseguir*) pourchasser; (*coger*) attraper
cazo *nm* (*cacerola*) poêlon *m*; (*cucharón*) louche *f*
cazuela *nf* (*vasija*) marmite *f*; (*guisado*) ragoût *m*
c/c. *abr* (*Com*) (= *cuenta corriente*) CC (= *compte courant*)
CD *sigla m* (= *compact disc*) CD *m*
CD-ROM *sigla m* CD-ROM *m*
CE *sigla f* (= *Comunidad Europea*) CE *f* (= *Communauté européenne*)
cebada *nf* orge *f*
cebar *vt* (*animal*) gaver, engraisser; (*persona*) gaver; (*anzuelo*) amorcer; **cebarse** *vpr* se gaver; **~se en/con** s'acharner sur/à
cebo *nm* appât *m*, amorce *f*; (*fig*) appât, leurre *m*
cebolla *nf* oignon *m*
cebolleta *nf* oignon *m* nouveau; (*en vinagre*) petit oignon blanc
cebra *nf* zèbre *m*; **paso de ~** passage *m* pour piétons
cecear *vi* zézayer; **ceceo** *nm* zézaiement *m*
ceder *vt* céder ▷ *vi* céder; (*disminuir*) diminuer; **"ceda el paso"** "cédez le passage"
cedro *nm* cèdre *m*
cédula *nf* cédule *f*; **cédula de identidad** (*Am*) carte *f* d'identité
cegar *vt* aveugler; (*tubería, ventana*) boucher; **cegarse** *vpr* (*fig*) s'aveugler
ceguera *nf* cécité *f*
ceja *nf* sourcil *m*
cejar *vi*: **(no) ~ en su empeño/propósito** (ne pas) renoncer à son engagement/dessein
celador, a *nm/f* (*de hospital*) gardien(ne); (*de cárcel*) gardien(ne) de prison
celda *nf* cellule *f*
celebración *nf* célébration *f*
celebrar *vt* célébrer ▷ *vi* (*Rel*) officier; **celebrarse** *vpr* se célébrer; **celebro que sigas bien** je suis ravi(e) que tu ailles bien
célebre *adj* célèbre
celebridad *nf* célébrité *f*
celeste *adj* (*tb*: **azul ~**) bleu ciel *inv*; (*cuerpo, bóveda*) céleste
celestial *adj* céleste
celibato *nm* célibat *m*
célibe *adj, nm/f* célibataire *m/f*
celo *nm* zèle *m*; (*tb*: **papel ~®**) papier *m* collant, scotch® *m*; **celos** *nmpl* (*de niño, amante*) jalousie *fsg*; **tener ~s de algn** être jaloux(-ouse) de qn; **estar en ~** être en chaleur
celofán *nm* cellophane *f*
celoso, -a *adj* jaloux(-ouse)
célula *nf* cellule *f*
celulitis *nf* cellulite *f*
celulosa *nf* cellulose *f*
cementerio *nm* cimetière *m*
cemento *nm* (*argamasa*) mortier *m*; (*para construcción*) ciment *m*; (*Am*: *cola*) colle *f*
cena *nf* dîner *m*, souper *m*
cenagal *nm* bourbier *m*
cenar *vt*: **~ algo** manger qch pour le dîner ▷ *vi* souper, dîner
cenicero *nm* cendrier *m*
cenit *nm* zénith *m*; (*de carrera*) sommet *m*, faîte *m*
ceniza *nf* cendre *f*; **cenizas** *nfpl* (*de persona*) cendres *fpl*
censo *nm* recensement *m*; **censo electoral** recensement électoral
censura *nf* censure *f*
censurar *vt* censurer
centella *nf* étincelle *f*; (*rayo*) foudre *f*; **como una ~** comme la foudre
centellear *vi* étinceler; (*estrella*) scintiller
centenar *nm* centaine *f*

centenario, -a *adj, nm* centenaire *m*
centeno *nm* seigle *m*
centésimo, -a *adj, nm/f* centième *m*
centígrado *adj* centigrade
centímetro *nm* centimètre *m*; **centímetro cuadrado/cúbico** centimètre carré/cube
céntimo *nm* centime *m*
centinela *nm* sentinelle *f*
centollo *nm* araignée *f* de mer
central *adj* central(e) ▷ *nf* centrale *f*; **central eléctrica/nuclear** centrale électrique/nucléaire
centralita *nf* standard *m*
centralizar *vt* centraliser
centrar *vt* centrer; (*interés, atención*) attirer; **centrarse** *vpr* s'adapter
céntrico, -a *adj* central(e)
centrifugar *vt* essorer
centrista *adj* centriste
centro *nm* centre *m*; **centro comercial** centre commercial; **centro de gravedad** centre de gravité; **centro de salud** centre de santé; **centro docente** centre d'enseignement; **centro social** foyer *m* socio-éducatif; **centro turístico** centre touristique
centroamericano, -a *adj* d'Amérique centrale ▷ *nm/f* natif(-ive) *o* habitant(e) d'Amérique centrale
ceñido, -a *adj* cintré(e)
ceñir *vt* serrer; **ceñirse** *vpr* (*vestido*) coller; **~se a algo/a hacer algo** s'en tenir à qch/à faire qch
ceño *nm* froncement *m*; **fruncir el ~** froncer les sourcils
CEOE *sigla f* (= *Confederación Española de Organizaciones Empresariales*) ≈ CNPF *m* (= *Conseil national du patronat français*)
cepillar *vt* brosser; (*madera*) raboter
cepillo *nm* brosse *f*; (*para madera*) rabot *m*; **cepillo de dientes** brosse à dents
cera *nf* cire *f*; (*del oído*) cérumen *m*
cerámica *nf* céramique *f*; **de ~** en céramique
cerca *nf* haie *f* ▷ *adv* (*en el espacio*) près; (*en el tiempo*) bientôt ▷ *prep*: **~ de** (*cantidad*) près de, environ; (*distancia*) près de; **de ~** de près
cercanía *nf* proximité *f*; **cercanías** *nfpl* (*de ciudad*) alentours *mpl*; **tren de ~s** train *m* de banlieue
cercano, -a *adj* proche; (*pueblo etc*) voisin(e); **~ a** proche de
cercar *vt* clôturer; (*manifestantes*) encercler; (*Mil*) assiéger
cerciorar; **cerciorarse** *vpr*: **~se (de)** s'assurer (de)
cerco *nm* cercle *m*; (*Am*) clôture *f*; (*Mil*) siège *m*
Cerdeña *nf* Sardaigne *f*
cerdo, -a *nm/f* cochon/truie; (*fam: persona sucia*) cochon(ne)
cereal *nm* céréale *f*; **cereales** *nmpl* (*Culin*) céréales *fpl*
cerebral *adj* cérébral(e)
cerebro *nm* cerveau *m*
ceremonia *nf* cérémonie *f*; **ceremonial** *adj* (*traje*) de cérémonie; (*danza*) cérémoniel(le) ▷ *nm* cérémonial *m*
ceremonioso, -a *adj* cérémonieux(-euse)
cereza *nf* cerise *f*
cerilla *nf*, **cerillo** (*Am*) ▷ *nm* allumette *f*
cernerse *vpr*: **~ sobre** (*tempestad*) menacer; (*desgracia*) planer sur
cero *nm* zéro *m*; **8 grados bajo ~** 8 degrés au dessous de zéro; **15 a ~** 15 à zéro
cerrado, -a *adj* fermé(e); (*curva*) en épingle à cheveux; (*poco sociable*) renfermé(e); (*bruto*) borné(e); (*acento*) marqué(e), prononcé(e)
cerradura *nf* serrure *f*
cerrajero, -a *nm/f* serrurier *m*
cerrar *vt* fermer; (*paso, entrada*) barrer;

(*debate, plazo*) clore, clôturer; (*cuenta*) clore, fermer ▷ *vi* fermer; **cerrarse** *vpr* se fermer; **~ con llave** fermer à clef; **~ un trato** conclure un marché
cerro *nm* tertre *m*
cerrojo *nm* verrou *m*
certamen *nm* concours *msg*
certero, -a *adj* adroit(e)
certeza, certidumbre *nf* certitude *f*; **tener la ~ de que** avoir la certitude que
certificado, -a *adj* recommandé(e) ▷ *nm* certificat *m*; **certificado médico** certificat médical
certificar *vt* certifier; (*Correos*) envoyer en recommandé
cervatillo *nm* faon *m*
cervecería *nf* brasserie *f*
cerveza *nf* bière *f*
cesante *adj* en disponibilité; (*Am*) au chômage
cesar *vi* cesser; (*empleado*) se démettre de ses fonctions ▷ *vt* (*funcionario, ministro*) démettre de ses fonctions; **sin ~** sans cesse
cesárea *nf* césarienne *f*
cese *nm* fin *f*; (*despido*) révocation *f*
césped *nm* gazon *m*, pelouse *f*
cesta *nf* panier *m*
cesto *nm* panier *m*, corbeille *f*
cetro *nm* sceptre *m*
chabacano, -a *adj* vulgaire
chabola *nf* cabane *f*; **chabolas** *nfpl* (*zona*) bidonville *m*
chacal *nm* chacal *m*
chacha (*fam*) *nf* bonne *f*
cháchara *nf*: **estar de ~** parler à bâtons rompus
chacra (*And, CSur*) *nf* ferme *f*
chafar *vt* (*pelo*) aplatir; (*hierba*) coucher; (*ropa*) chiffonner; (*fig*: *planes*) bouleverser
chal *nm* châle *m*
chalado, -a (*fam*) *adj* taré(e); **estar ~ por algn** en pincer pour qn
chalé (*pl* **~s**) *nm* villa *f*; (*en la montaña*) chalet *m*
chaleco *nm* gilet *m*; **chaleco salvavidas** gilet de sauvetage
chalet (*pl* **~s**) *nm* = **chalé**
champán, champaña *nm* champagne *m*
champú (*pl* **~es, ~s**) *nm* shampooing *m*
chamuscar *vt* roussir
chance (*Am*) *nm o f* occasion *f*
chancho, -a (*Am*) *nm/f* porc *m*
chanchullo (*fam*) *nm* magouille *f*
chandal *nm* survêtement *m*
chantaje *nm* chantage *m*
chapa *nf* (*de metal, insignia*) plaque *f*; (*de madera*) planche *f*; (*de botella*) capsule *f*; (*Am*) serrure *f*; **de 3 ~s** (*madera*) en 3 épaisseurs; **chapa (de matrícula)** (*CSur*) plaque d'immatriculation
chaparrón *nm* averse *f*
chapotear *vi* patauger
chapucero, -a *nm/f* (*pey*): **ser (un) ~** bâcler son travail
chapurr(e)ar *vt* (*idioma*) baragouiner
chapuza *nf* bricole *f*; (*pey*) travail *m* bâclé
chapuzón *nm*: **darse un ~** faire trempette
chaqueta *nf* (*de lana*) gilet *m*; (*de traje*) veste *f*
chaquetón *nm* veste *f*
charca *nf* mare *f*
charco *nm* flaque *f*
charcutería *nf* charcuterie *f*
charla *nf* bavardage *m*; (*conferencia*) petit discours *msg*
charlar *vi* bavarder
charlatán, -ana *adj* bavard(e) ▷ *nm/f* bavard(e); (*estafador*) charlatan *m*
charol *nm* cuir *m* verni; (*Am*) plateau *m*; **de ~** verni(e)
chárter *adj inv*: **vuelo ~** vol *m* charter
chascarrillo *nm* histoire *f* drôle

chasco *nm* (*desengaño*) déception *f*; **me llevé un ~** ça m'a fait l'effet d'une douche froide
chasis *nm inv* châssis *msg*
chasquear *vt* faire claquer; **chasquido** *nm* claquement *m*; (*de madera*) craquement *m*
chat *nm* forum *m* de discussion
chatarra *nf* ferraille *f*
chato, -a *adj* (*persona*) au nez épaté; (*nariz*) épaté(e)
chaval, a *nm/f* gars *msg*, fille *f*
checo(e)slovaco, -a *adj* tchécoslovaque ▷ *nm/f* Tchécoslovaque *m/f*
Checo(e)slovaquia *nf* Tchécoslovaquie *f*
chepa *nf* bosse *f*
cheque *nm* chèque *m*; **cheque de viaje** chèque de voyage
chequeo *nm* (*Med*) bilan *m* de santé; (*Auto*) vérification *f*
chequera (*Am*) *nf* chéquier *m*
chica *ver* **chico**
chicano, -a *adj*, *nm/f* Chicano *m*
chícharo (*Méx*) *nm* (*guisante*) petit pois *msg*
chichón *nm* bosse *f* (à la tête)
chicle *nm* chewing-gum *m*
chico, -a *adj* (*esp Am*) petit(e) ▷ *nm/f* garçon/fille
chiflado, -a (*fam*) *adj* givré(e)
chiflar *vi* siffler; **le chiflan los helados** il raffole des glaces; **nos chifla montar en moto** on adore faire de la moto
Chile *nm* Chili *m*
chile *nm* piment *m* fort
chileno, -a *adj* chilien(ne) ▷ *nm/f* Chilien(ne)
chillar *vi* (*persona*) pousser des cris aigus; (*animal*) glapir
chillido *nm* (*de persona*) cri *m* aigu; (*de animal*) glapissement *m*
chillón, -ona *adj* (*niño*) brailleur(-euse); (*voz, color*) criard(e)
chimenea *nf* cheminée *f*
chimpancé (*pl* **~s**) *nm* chimpanzé *m*
China *nf*: **la ~** la Chine
china *nf* (*CSur: india*) indienne *f*; (*: criada*) domestique *f*
chinche *nm/f* punaise *f*; **morirse como ~s** tomber comme des mouches
chincheta *nf* punaise *f*
chino, -a *adj* chinois(e) ▷ *nm/f* Chinois(e) ▷ *nm* (*Ling*) chinois *msg*; (*And, CSur: indio*) indien *m*; (*: criado*) domestique *m*; (*Méx*) boucle *f*
chipirón *nm* petit calmar *m*
Chipre *nf* Chypre *f*; **chipriota** *adj* chypriote ▷ *nm/f* Chypriote *m/f*
chiquillo, -a (*fam*) *nm/f* môme *m/f*
chirimoya *nf* (*Bot*) anone *f*
chiringuito *nm* kiosque *m*
chiripa *nf*: **por** *o* **de ~** sur un coup de pot
chirriar *vi* (*goznes*) grincer
chirrido *nm* grincement *m*
chis *excl* chut
chisme *nm* ragot *m*; (*fam*) truc *m*
chismoso, -a *adj* cancanier(-ère) ▷ *nm/f* commère *f*
chispa *nf* étincelle *f*; **una ~** (*fam*) un tout petit peu
chispear *vi* étinceler; (*lloviznar*) pleuvoter
chisporrotear *vi* crépiter
chiste *nm* histoire *f* drôle
chistoso, -a *adj* (*situación*) comique; (*persona*) spirituel(le)
chivo, -a *nm/f* chevreau(-vrette); **chivo expiatorio** tête *f* de turc
chocante *adj* (*sorprendente*) choquant(e); (*gracioso*) drôle
chocar *vi* (*coches etc*) cogner; (*Mil, fig*) s'affronter; (*sorprender*) choquer; **~ con** rentrer dans; (*fig*) s'accrocher avec; **¡chócala!** (*fam*) tope là!
chochear *vi* devenir gâteux(-euse)
chocho, -a *adj* gâteux(-euse); **estar ~ por algn/algo** raffoler de qn/qch

chocolate *adj (Am)* chocolat *inv* ▷ *nm* chocolat *m*
chocolatina *nf* chocolat *m*
chofer, chófer *nm* chauffeur *m*
chollo *(fam) nm* bon plan *m*
choque *vb ver* **chocar** ▷ *nm* choc *m*; *(impacto)* impact *m*; *(fig: disputa)* heurt *m*
chorizo *nm* chorizo *m*; *(fam)* voyou *m*
chorrear *vt* dégouliner ▷ *vi* dégouliner; *(gotear)* goutter; **estar chorreando** être trempé(e)
chorro *nm (de líquido)* jet *m*; *(fig)* flot *m*; **salir a ~s** couler à flots
choza *nf* hutte *f*
chubasco *nm* bourrasque *f*
chubasquero *nm* ciré *m*
chuchería *nf* babiole *f*; *(para comer)* amuse-gueule *m inv*
chuleta *nf* côte *f*; *(Escol etc: fam)* pompe *f*
chulo, -a *adj (fam: bonito)* classe; *(Méx)* beau/belle; *(pey)* effronté(e) ▷ *nm* effronté *m*; *(matón)* frimeur *m*; *(tb:* **~ de putas***)* maquereau *m*; *(And)* vautour *m*
chupar *vt (líquido)* aspirer; *(caramelo)* sucer; *(absorber)* absorber; **chuparse** *vpr (dedo)* sucer; *(mano)* se lécher
chupete *nm* sucette *f*
chupito *nm (fam)* petit verre *m*; **un ~ de whisky por favor** un baby s'il vous plaît
churro *nm* ≈ beignet *m*

CHURROS

Les **churros**, ces longs beignets à base de farine et d'eau, sont très appréciés dans toute l'Espagne. On les déguste généralement au petit-déjeuner ou au goûter, en buvant du chocolat chaud épais. À Madrid, il en existe une variété plus grosse appelée "porra".

chusma *(pey) nf* foule *f*
chutar *vi (Deporte)* shooter
Cía *abr (= compañía)* Cie *(= compagnie)*
cianuro *nm (Quím)* cyanure *m*
cibercafé *nm* cybercafé *m*
cibernauta *nmf* cybernaute mf
cicatriz *nf* cicatrice *f*; **cicatrizar** *vt, vi* cicatriser; **cicatrizarse** *vpr* se cicatriser
ciclismo *nm* cyclisme *m*
ciclista *adj, nm/f* cycliste *m/f*; **vuelta ~** course *f* cycliste
ciclo *nm* cycle *m*
ciclomotor *nm* cyclomoteur *m*
ciclón *nm* cyclone *m*
cicloturismo *nm* cyclotourisme *m*
ciego, -a *vb ver* **cegar** ▷ *adj* aveugle ▷ *nm/f* aveugle *m/f*; **a ciegas** à l'aveuglette
cielo *nm* ciel *m*; *(Arq: tb:* **~ raso***)* faux-plafond *m*; **¡~s!** Mon Dieu!, juste ciel!
ciempiés *nm inv* mille-pattes *m inv*
cien *adj inv, nm inv* cent *m*
ciénaga *nf* marécage *m*
ciencia *nf* science *f*; **ciencia-ficción** *nf* science-fiction *f*
cieno *nm* vase *f*
científico, -a *adj, nm/f* scientifique *m/f*
ciento *adj, nm* cent *m*; **el diez por ~** dix pour cent
cierre *vb ver* **cerrar** ▷ *nm* fermeture *f*; *(pulsera)* fermoir *m*; **cierre de cremallera** fermeture éclair; **cierre relámpago** *(And, CSur)* fermeture éclair
cierto, -a *adj* certain(e); **~ hombre/día** un certain homme/jour; **ciertas personas** certaines personnes; **sí, es ~** oui, c'est certain; **por ~** à propos
ciervo *nm* cerf *m*
cifra *nf* chiffre *m*; **cifra global** chiffre global
cifrar *vt* coder; *(esperanzas, felicidad)* placer; **cifrarse** *vpr*: **~se en** s'élever à
cigala *nf* langoustine *f*

cigarra *nf* cigale *f*
cigarrillo *nm* cigarette *f*
cigarro *nm* cigarette *f*; (*puro*) cigare *m*
cigüeña *nf* cigogne *f*
cilíndrico, -a *adj* cylindrique
cilindro *nm* cylindre *m*
cima *nf* sommet *m*, cime *f*; (*de árbol*) cime; (*apogeo*) sommet
cimbrearse *vpr* se déhancher; (*ramas, tallos*) ployer
cimentar *vt* (*edificio*) jeter les fondations de; (*consolidar*) cimenter; **cimentarse** *vpr*: **~se en** se fonder sur
cimientos *nmpl* fondations *fpl*
cinc *nm* zinc *m*
cincel *nm* ciseau *m*; **cincelar** *vt* ciseler
cinco *adj inv, nm inv* cinq *m inv*; *ver tb* **seis**
cincuenta *adj inv, nm inv* cinquante *m inv*; *ver tb* **sesenta**
cine *nm* cinéma *m*
cineasta *nm/f* cinéaste *m/f*
cinematográfico, -a *adj* cinématographique
cínico, -a *adj, nm/f* cynique *m/f*; (*desvergonzado*) effronté(e)
cinismo *nm* (*ver adj*) cynisme *m*; effronterie *f*
cinta *nf* ruban *m*, bande *f*; **cinta adhesiva/aislante** ruban adhésif/isolant; **cinta de vídeo** cassette *f* vidéo; **cinta métrica** mètre *m* à ruban
cintura *nf* taille *f*
cinturón *nm* ceinture *f*; **cinturón de seguridad** ceinture de sécurité; **cinturón industrial** zone *f* industrielle
ciprés *nm* cyprès *m*
circo *nm* cirque *m*
circuito *nm* circuit *m*; **TV por ~ cerrado** télévision *f* en circuit fermé
circulación *nf* circulation *f*
circular *adj, nf* circulaire *f* ▷ *vi* circuler
círculo *nm* cercle *m*; **círculo vicioso** cercle vicieux
circundar *vt* entourer
circunferencia *nf* circonférence *f*
circunscribir; **circunscribirse** *vpr* se circonscrire; **~se a (hacer)** se limiter *o* s'en tenir à (faire)
circunscripción *nf* circonscription *f*
circunspecto, -a *adj* circonspect(e)
circunstancia *nf* circonstance *f*
circunvalación *nf ver* **carretera**
cirio *nm* cierge *m*
ciruela *nf* prune *f*; **ciruela claudia** reine *f* claude; **ciruela pasa** pruneau *m*
cirugía *nf* chirurgie *f*; **cirugía estética/plástica** chirurgie esthétique/plastique
cirujano, -a *nm/f* chirurgien(ne)
cisne *nm* cygne *m*
cisterna *nf* chasse *f* d'eau; (*depósito*) citerne *f*
cita *nf* rendez-vous *m inv*; (*referencia*) citation *f*
citación *nf* citation *f*
citar *vt* donner rendez-vous à; (*Jur*) citer; **citarse** *vpr*: **~se (con)** prendre rendez-vous (avec)
cítrico, -a *adj* citrique ▷ *nm*: **~s** agrumes *mpl*
ciudad *nf* ville *f*; **ciudad universitaria** cité *f* universitaire; **la Ciudad Condal** Barcelone; **Ciudad del Cabo** le Cap; **ciudad perdida** (*Méx*) bidonville *m*; **ciudadanía** *nf* citoyenneté *f*
ciudadano, -a *adj, nm/f* citadin(e)
cívico, -a *adj* civique; (*persona*) civil(e)
civil *adj* civil(e) ▷ *nm* civil *m*
civilización *nf* civilisation *f*
civilizar *vt* civiliser
civismo *nm* civisme *m*
cizaña *nf*: **meter/sembrar ~** mettre/semer la zizanie
cl. *abr* (= *centilitro(s)*) cl (= *centilitre(s)*)
clamar *vt* clamer ▷ *vi* crier
clamor *nm* clameur *f*

clandestino, -a *adj* clandestin(e)
clara *nf* (*de huevo*) blanc *m*
claraboya *nf* lucarne *f*
clarear *vi* (*el día*) se lever; (*el cielo*) s'éclaircir
clarete *nm* rosé *m*
claridad *nf* clarté *f*
clarificar *vt* éclaircir
clarinete *nm* clarinette *f*
clarividencia *nf* clairvoyance *f*
claro, -a *adj* clair(e) ▷ *nm* éclaircie *f* ▷ *adv* clairement ▷ *excl* bien sûr!; **estar ~** être clair(e); **~ que sí/no** bien sûr que oui/non
clase *nf* genre *m*, classe *f*; (*lección*) cours *msg*; **dar ~(s)** (*profesor*) faire cours, donner des cours; **tener ~** avoir de la classe; **clase alta/media/obrera/social** classe dominante/moyenne/ouvrière/sociale; **clases particulares** cours particuliers
clásico, -a *adj* classique
clasificación *nf* classement *m*; (*de cartas, líneas*) tri *m*
clasificar *vt* classer; (*cartas*) trier; **clasificarse** *vpr* se qualifier
claudicar *vi* céder
claustro *nm* cloître *m*; (*Univ, Escol*) conseil *m*; (*: junta*) assemblée *f*, réunion *f*
cláusula *nf* clause *f*; **~ de exclusión** clause d'exclusion
clausura *nf* clôture *f*; **de ~** (*Rel*) claustral; (*: monja*) cloîtré(e); **clausurar** *vt* clore; (*local*) fermer
clavar *vt* enfoncer; (*clavo*) clouer; (*alfiler*) épingler; (*mirada*) fixer; (*fam: cobrar caro*) arnaquer; **clavarse** *vpr* s'enfoncer
clave *nf* clef *f* ▷ *adj inv* clé; **en ~** (*mensaje*) codé(e)
clavel *nm* œillet *m*
clavícula *nf* clavicule *f*
clavija *nf* cheville *f*; (*Elec*) fiche *f*
clavo *nm* clou *m*; (*Bot, Culin*) clou de girofle; **dar en el ~** mettre dans le mille, faire mouche
claxon (*pl* **~s**) *nm* klaxon *m*
clemencia *nf* clémence *f*
cleptómano, -a *nm/f* cleptomane *m/f*
clérigo *nm* ecclésiastique *m*
clero *nm* clergé *m*
clic *nm* clic *m*; **hacer ~ en** cliquer sur; **clicar** *vi* cliquer
cliché *nm* cliché *m*
cliente, -a *nm/f* client(e)
clientela *nf* clientèle *f*
clima *nm* climat *m*
climatizado, -a *adj* climatisé(e)
clímax *nm inv* apogée *m*, point *m* culminant; (*sexual*) orgasme *m*
clínica *nf* clinique *f*
clínico, -a *adj* clinique
clip (*pl* **~s**) *nm* trombone *m*
clítoris *nm inv* clitoris *m inv*
cloaca *nf* égout *m*
cloro *nm* chlore *m*
club (*pl* **~s** *o* **~es**) *nm* club *m*
cm. *abr* (*= centímetro(s)*) cm *m* (*= centimètre(s)*)
C.N.T. *sigla f* (*Esp: = Confederación Nacional de Trabajo*) *syndicat*; (*Am: = Confederación Nacional de Trabajadores*) *syndicat*
coacción *nf* contrainte *f*
coaccionar *vt* contraindre
coagular *vt* coaguler; **coagularse** *vpr* se coaguler; **coágulo** *nm* caillot *m*
coalición *nf* coalition *f*
coartada *nf* alibi *m*
coba *nf*: **dar ~ a algn** passer de la pommade à qn
cobarde *adj* lâche ▷ *nm/f* lâche *m/f*, peureux(-euse); **cobardía** *nf* lâcheté *f*
cobaya *nm o f* cobaye *m*
cobertizo *nm* hangar *m*, remise *f*; (*de animal*) abri *m*
cobertura *nf* couverture *f*; **~ de dividendo** rapport *m* dividendes-résultat
cobija (*Am*) *nf* couverture *f*

cobijar *vt* héberger, loger; **cobijarse** *vpr*: **~se (de)** se protéger (de); **~ (de)** protéger (de); **cobijo** *nm* abri *m*
cobra *nf* cobra *m*
cobrador, a *nm/f* receveur(-euse)
cobrar *vt* (*cheque*) toucher, encaisser; (*sueldo*) toucher; (*precio*) faire payer; (*deuda, alquiler, gas*) encaisser ▷ *vi* toucher son salaire; **cóbrese** payez-vous; **a ~** à encaisser; **cantidades por ~** sommes *fpl* dues
cobre *nm* cuivre *m*; **cobres** *nmpl* (*Mús*) cuivres *mpl*; **sin un ~** (*Am: fam*) sans un sou
cobro *nm* (*de cheque*) encaissement *m*; (*pago*) paiement *m*; **presentar al ~** encaisser
cocaína *nf* cocaïne *f*
cocción *nf* cuisson *f*
cocear *vi* ruer
cocer *vt* (faire) cuire ▷ *vi* cuire; (*agua*) bouillir; **cocerse** *vpr* cuire
coche *nm* voiture *f*; (*para niños*) poussette *f*; **coche de bomberos** voiture des pompiers; **coche de carreras** voiture de course
coche-cama (*pl* **coches-cama**) *nm* wagon *m* lit
cochera *nf* garage *m*; (*de autobuses*) dépôt *m*
cochino, -a *adj* dégoûtant(e) ▷ *nm/f* cochon/truie; (*persona*) cochon(ne)
cocido, -a *adj* (*patatas*) bouilli(e); (*huevos*) dur(e) ▷ *nm* pot-au-feu *m inv*
cocina *nf* cuisine *f*; (*aparato*) cuisinière *f*; **~ eléctrica/de gas** cuisinière électrique/à gaz; **~ francesa** cuisine française; **cocinar** *vt, vi* cuisiner
cocinero, -a *nm/f* cuisinier(-ière)
coco *nm* noix *fsg* de coco
cocodrilo *nm* crocodile *m*; **cocotero** *nm* cocotier *m*
cóctel *nm* cocktail *m*; **cóctel molotov** cocktail Molotov
codazo *nm*: **dar un ~ a algn** donner un coup de coude à qn
codicia *nf* convoitise *f*; **codiciar** *vt* convoiter
codicioso, -a *adj* avide; (*expresión*) de convoitise
código *nm* code *m*; **código civil/postal** code civil/postal; **código de (la) circulación** code de la route
codillo *nm* (*Tec*) coude
codo *nm* coude *m*
codorniz *nf* caille *f*
coerción *nf* coercition *f*
coetáneo, -a *nm/f* contemporain(e)
coexistir *vi*: **~ (con)** coexister (avec)
cofradía *nf* confrérie *f*
cofre *nm* coffre *m*; (*de joyas*) coffret *m*
coger *vt* prendre; (*objeto caído*) ramasser; (*pelota*) attraper; (*frutas*) cueillir; (*sentido, indirecta*) comprendre, saisir; (*tomar prestado*) emprunter; (*Am: fam!*) baiser (*fam!*); **cogerse** *vpr* se prendre; **~ cariño a algn** prendre qn en affection; **~ celos de algn** être jaloux(-ouse) de qn; **~ manía a algn** prendre qn en grippe; **~se a** s'accrocher à, s'agripper à; **iban cogidos de la mano** ils se tenaient par la main
cogollo *nm* cœur *m*
cogote *nm* nuque *f*
cohecho *nm* subornation *f*
coherente *adj* cohérent(e)
cohesión *nf* cohésion *f*
cohete *nm* fusée *f*, pétard *m*; (*tb*: **~ espacial**) fusée
cohibido, -a *adj*: **estar/sentirse ~** être/se sentir gêné(e); (*tímido*) être/se sentir intimidé(e)
cohibir *vt* intimider; (*reprimir*) réprimer; **cohibirse** *vpr* se retenir
coincidencia *nf* coïncidence *f*
coincidir *vi* (*en lugar*) se rencontrer; **coincidimos en ideas** nous partageons les mêmes idées; **~ con** coïncider avec
coito *nm* coït *m*

cojear *vi* boiter; (*mueble*) être bancal(e)
cojera *nf* claudication *f*
cojín *nm* coussin *m*; **cojinete** *nm* palier *m*
cojo, -a *vb ver* **coger** ▷ *adj* boiteux(-euse); (*mueble*) bancal(e) ▷ *nm/f* (*persona*) boiteux(-euse)
cojón (*fam!*) *nm* couille *f* (*fam!*); **¡cojones!** putain! (*fam!*)
cojonudo, -a (*Esp: fam!*) *adj* super
col *nf* chou *m*; **coles de Bruselas** choux *mpl* de Bruxelles
cola *nf* queue *f*; (*para pegar*) colle *f*; **hacer ~** faire la queue
colaborador, a *nm/f* collaborateur(-trice)
colaborar *vi*: **~ con** collaborer avec
colada *nf*: **hacer la ~** faire la lessive
colador *nm* (*de té*) passoire *f*; (*para verduras*) écumoire *f*
colapso *nm* collapsus *msg*; (*de circulación*) embouteillage *m*; (*en producción*) effondrement *m*
colar *vt* filtrer ▷ *vi* (*mentira*) prendre, passer; **colarse** *vpr* (*en cola*) se glisser, se faufiler; (*viento, lluvia*) s'engouffrer; **~se en** (*concierto, cine*) se faufiler dans
colcha *nf* couvre-lit *m*
colchón *nm* matelas *m*; **colchón inflable/neumático** matelas gonflable/pneumatique
colchoneta *nf* tapis *msg*
colección *nf* collection *f*; **coleccionar** *vt* collectionner; **coleccionista** *nm/f* collectionneur(-euse)
colecta *nf* collecte *f*
colectivo, -a *adj* collectif(-ive) ▷ *nm* collectif *m*; (*Am*) autobus *msg*; (: *taxi*) taxi *m*
colega *nm/f* collègue *m/f*; (*Pol*) homologue *m*; (*amigo*) copain/copine
colegial, a *adj, nm/f* collégien(ne)
colegio *nm* collège *m*; (*de abogados, médicos*) ordre *m*; **ir al ~** aller à l'école *o* au collège; **colegio electoral** collège électoral; **colegio mayor** résidence *f* universitaire
colegir *vt* déduire
cólera *nf* colère *f* ▷ *nm* choléra *m*
colérico, -a *adj* colérique; (*persona*) coléreux(-euse)
colesterol *nm* cholestérol *m*
coleta *nf* queue *f*, couette *f*
colgante *adj* pendant(e), suspendu(e) ▷ *nm* pendentif *m*
colgar *vt* accrocher; (*teléfono*) raccrocher; (*ropa*) étendre; (*ahorcar*) pendre ▷ *vi* raccrocher; **~ de** pendre à, être suspendu(e) à
cólico *nm* colique *f*
coliflor *nf* chou *m* fleur
colilla *nf* mégot *m*
colina *nf* colline *f*
colirio *nm* collyre *m*
colisión *nf* collision *f*
collar *nm* collier *m*
colmar *vt* remplir à ras bord
colmena *nf* ruche *f*
colmillo *nm* canine *f*; (*de elefante*) défense *f*; (*de perro*) croc *m*
colmo *nm*: **ser el ~ de la locura/frescura/insolencia** être le comble de la folie/du toupet/de l'insolence; **para ~ (de desgracias)** pour comble (de malheurs)
colocación *nf* (*de piedra*) pose *f*; (*de persona*) placement *m*; (*empleo*) emploi *m*, travail *m*; (*disposición*) emplacement *m*
colocar *vt* (*piedra*) poser; (*cuadro*) accrocher; (*poner en empleo*) placer; **colocarse** *vpr* se placer; (*conseguir trabajo*): **~se (de)** trouver du travail (comme)
Colombia *nf* Colombie *f*
colombiano, -a *adj* colombien(ne) ▷ *nm/f* Colombien(ne)
colonia *nf* colonie *f*; (*tb*: **agua de ~**) eau *f* de cologne; (*Méx*) quartier *m*; **colonia proletaria** (*Méx*) bidonville *m*
colonización *nf* colonisation *f*

colonizador, -a *adj, nm/f* colonisateur(-trice)
colonizar *vt* coloniser
coloquial *adj* familier(-ière), parlé(e)
coloquio *nm* colloque *m*
color *nm* couleur *f*; **de ~** de couleur; **de ~ amarillo/azul/naranja** de couleur jaune/bleue/orange
colorado, -a *adj* rouge; (*Am: chiste*) grivois(e)
colorante *nm* colorant *m*
colorar, colorear *vt* colorer
colorete *nm* fard *m*
columna *nf* colonne *f*; **columna vertebral** colonne vertébrale
columpiar *vt* balancer; **columpiarse** *vpr* se balancer; **columpio** *nm* balançoire *f*
coma *nf* virgule *f* ▷ *nm* (*Med*) coma *m*
comadrona *nf* sage-femme *f*
comandancia *nf* (*mando*) commandement *m*; (*edificio*) commandement, commanderie *f*
comandante *nm* commandant *m*
comarca *nf* contrée *f*
comba *nf* corde *f*; **saltar a la ~** sauter à la corde; **no pierde ~** il n'en perd pas une
combar *vt* courber; **combarse** *vpr* se courber
combate *nm* combat *m*; **combatiente** *nm* combattant *m*
combatir *vt, vi* combattre
combinación *nf* combinaison *f*
combinar *vt* combiner; (*esfuerzos*) unir
combustible *adj, nm* combustible *m*
combustión *nf* combustion *f*
comedia *nf* comédie *f*
comediante *nm/f* comédien(ne)
comedido, -a *adj* modéré(e)
comedor *nm* salle *f* à manger; (*de colegio, hotel*) réfectoire *m*
comensal *nm/f* invité(e), convive *m/f*
comentar *vt* commenter
comentario *nm* commentaire *m*; **comentarios** *nmpl* (*chismes*) commentaires *mpl*; **dar lugar a ~s** donner lieu à des commentaires, prêter à commentaires
comentarista *nm/f* commentateur(-trice)
comenzar *vt, vi* commencer; **~ a/por hacer** commencer à/par faire
comer *vt* manger; (*Damas, Ajedrez*) souffler ▷ *vi* manger; (*almorzar*) manger, déjeuner; **comerse** *vpr* manger; **está para comérsela** elle est belle à croquer; **~ el coco a algn** (*fam*) bourrer le crâne à qn
comercial *adj* commercial(e)
comercializar *vt* commercialiser
comerciar *vi*: **~ en** faire le commerce de
comercio *nm* commerce *m*; **comercio autorizado** commerce autorisé; **comercio exterior/interior** commerce extérieur/intérieur; **comercio justo** commerce équitable
comestible *adj* comestible ▷ *nm*: **~s** aliments *mpl*
cometa *nm* comète *f* ▷ *nf* cerf-volant *m*
cometer *vt* commettre
cometido *nm* rôle *m*; (*deber*) devoir *m*
comezón *nf* démangeaison *f*
cómic *nm* bande *f* dessinée
comicios *nmpl* comices *mpl*
cómico, -a *adj* comique ▷ *nm/f* (*de TV, cabaret*) comique *m/f*; (*de teatro*) comédien(ne)
comida *nf* nourriture *f*; (*almuerzo*) repas *msg*; (*esp Am*) dîner *m*
comidilla *nf*: **ser la ~ del barrio** être sur toutes les lèvres
comienzo *vb ver* **comenzar** ▷ *nm* commencement *m*
comillas *nfpl* guillemets *mpl*
comilona (*fam*) *nf* gueuleton *m*
comino *nm* cumin *m*; **(no) me importa un ~** je m'en balance

comisaría *nf* (*tb*: **~ de Policía**) commissariat *m*
comisario *nm* commissaire *m*
comisión *nf* commission *f*; **comisión mixta/permanente** commission paritaire/permanente; **comisiones bancarias** commissions bancaires; **Comisiones Obreras** (*Esp*) *syndicat ouvrier*
comité (*pl* **~s**) *nm* comité *m*
comitiva *nf* suite *f*, cortège *m*
como *adv* comme; (*en calidad de*) en ▷ *conj* (*condición*) si; (*causa*) comme; **lo hace ~ yo** il le fait comme moi; **tan grande ~** aussi grand que; **~ si estuviese ciego** comme s'il était aveugle
cómo *adv* comment ▷ *excl* comment!; **¿~ (ha dicho)?** comment?, vous avez dit?; **¡~ no!** bien sûr!; (*esp Am*: *¡claro!*) pardi!; **¡~ corre!** comme il cavale!
cómoda *nf* commode *f*
comodidad *nf* confort *m*; (*conveniencia*) avantage *m*; **comodidades** *nfpl* aises *fpl*
comodín *nm* (*Naipes*) joker *m*; (*Inform*) caractère *m* de remplacement
cómodo, -a *adj* confortable; (*máquina, herramienta*) pratique; **estar/ponerse/sentirse ~** être/se mettre/se sentir à l'aise
compact disc *nm* C.D. *m*
compacto, -a *adj* compact(e)
compadecer *vt* plaindre; **compadecerse** *vpr*: **~se de** se plaindre de
compadre *nm* parrain *m*; (*en oración directa*) (mon) vieux
compañero, -a *nm/f* collègue *m/f*; (*en juego*) partenaire *m/f*; (*en estudios*) camarade *m/f*
compañía *nf* compagnie *f*; **en ~ de** en compagnie de; **hacer ~ a algn** tenir compagnie à qn; **compañía afiliada** filiale *f*; **compañía concesionaria/inversionista** compagnie concessionnaire/actionnaire; **compañía (no) cotizable** compagnie (non) cotée en Bourse
comparación *nf* comparaison *f*; **en ~ con** par comparaison à
comparar *vt*: **~ a/con** comparer à/avec
comparecer *vi* comparaître
comparsa *nm/f* (*Teatro, Cine*) figurant(e) ▷ *nf* (*de carnaval etc*) mascarade *f*
compartimento, compartimiento *nm* compartiment *m*
compartir *vt* partager
compás *nm* (*Mús*) rythme *m*; (*para dibujo*) compas *msg*; **al ~** au même rythme
compasión *nf* compassion *f*; **sin ~** sans pitié
compasivo, -a *adj* compatissant(e)
compatibilidad *nf* compatibilité *f*
compatible *adj*: **~ (con)** compatible (avec)
compatriota *nm/f* compatriote *m/f*
compendiar *vt* résumer; **compendio** *nm* abrégé *m*
compenetrarse *vpr* (*personas*) s'entendre sur tout
compensación *nf* compensation *f*, dédommagement *m*
compensar *vt* (*persona*) compenser; (*contrarrestar: pérdidas*) compenser, contrebalancer ▷ *vi* (*esfuerzos, trabajo*) récompenser
competencia *nf* compétition *f*, concurrence *f*; (*Jur, habilidad*) compétence *f*; **competencias** *nfpl* (*Pol*) compétences *fpl*; **la ~** (*Com*) la compétition *o* concurrence; **hacer la ~ a** faire concurrence à; **ser de la ~ de algn** être de la compétence de qn
competente *adj* compétent(e)
competición *nf* compétition *f*
competir *vi* concourir; **~ en** (*fig*) rivaliser en; **~ por** rivaliser pour;

(*Deporte*) être en compétition pour, concourir pour
compilar *vt* compiler
complacencia *nf* complaisance *f*
complacer *vt* faire plaisir à; **complacerse** *vpr*: **~se en (hacer)** se complaire à (faire)
complaciente *adj* complaisant(e); **ser ~ con** *o* **para con** montrer de la complaisance envers
complejo, -a *adj* complexe ▷ *nm* (*Psico*) complexe *m*; **complejo deportivo** cité *f* des sports; **complejo industrial** complexe industriel
complemento *nm* complément *m*
completar *vt* compléter
completo, -a *adj* complet(-ète); (*éxito, fracaso*) total(e); **al ~** au complet; **por ~** complètement
complicado, -a *adj* compliqué(e); **estar ~ en** être impliqué(e) dans
complicar *vt* compliquer; **complicarse** *vpr* se compliquer; **~ a algn en** impliquer qn dans
cómplice *nm/f* complice *m/f*
complot (*pl* **~s**) *nm* complot *m*
componer *vt* composer; (*algo roto*) réparer; **~se de** se composer de; **componérselas para hacer algo** s'arranger pour faire qch
comportamiento *nm* comportement *m*
comportar *vt* comporter; **comportarse** *vpr* se comporter
composición *nf* composition *f*
compositor, a *nm/f* (*Mús*) compositeur(-trice)
compostura *nf* tenue *f*, maintien *m*
compra *nf* achat *m*; **hacer/ir a la ~** faire/aller faire les courses; **ir de ~s** faire les magasins; **compra a plazos** achat à crédit
comprador, a *nm/f* acheteur(-euse)
comprar *vt* acheter; **comprarse** *vpr* s'acheter
comprender *vt* comprendre
comprensión *nf* compréhension *f*
comprensivo, -a *adj* compréhensif(-ive)
compresa *nf* (*tb*: **~ higiénica**) serviette *f* hygiénique
comprimido, -a *adj* comprimé(e) ▷ *nm* (*Med*) comprimé *m*, cachet *m*
comprimir *vt* comprimer
comprobante *nm* (*Com*) reçu *m*, récépissé *m*
comprobar *vt* vérifier
comprometer *vt* compromettre; **comprometerse** *vpr* se compromettre; **~ a algn a hacer** mettre qn dans l'obligation de faire; **~se a hacer** s'engager à faire
compromiso *nm* (*acuerdo*) compromis *msg*; (*situación difícil*) embarras *msg*
compuesto, -a *pp de* **componer** ▷ *adj* composé(e) ▷ *nm* composé *m*; **~ de** composé(e) de
computador *nm*, **computadora** *nf* ordinateur *m*; **~ central** ordinateur central
cómputo *nm* calcul *m*
comulgar *vi* (*Rel*) communier; **~ con** (*con ideas, valores*) partager
común *adj* commun(e); **en ~** en commun
comunicación *nf* communication *f*; **comunicaciones** *nfpl* (*transportes, Telec*) communications *fpl*
comunicado *nm* communiqué *m*; **comunicado de prensa** communiqué de presse
comunicar *vt* communiquer ▷ *vi* (*teléfono*) être occupé; **comunicarse** *vpr* communiquer; **~ con** communiquer avec; **está comunicando** (*Telec*) c'est occupé
comunidad *nf* communauté *f*; **comunidad autónoma** (*Pol*) communauté autonome; **comunidad de vecinos** copropriétaires *mpl*, association *f*

de copropriétaires; **Comunidad (Económica) Europea** Communauté (économique) européenne

comunión *nf* communion *f*

comunismo *nm* communisme *m*; **comunista** *adj, nm/f* communiste *m/f*

PALABRA CLAVE

con *prep* 1 *(medio, compañía, modo)* avec; **comer con cuchara** manger avec une cuillère; **café con leche** café au lait; **con habilidad** avec habileté

2 *(actitud, situación)*: **piensa con los ojos cerrados** il pense les yeux fermés; **estoy con un catarro** j'ai un rhume

3 *(a pesar de)*: **con todo, merece nuestros respetos** malgré tout, il mérite notre respect

4 *(relación, trato)*: **es muy bueno (para) con los niños** il sait s'y prendre avec les enfants

5 *(+ infin)*: **con llegar tan tarde se quedó sin comer** comme il est arrivé très tard, il n'a pas pu manger; **con estudiar un poco apruebas** en étudiant un peu tu y arriveras

6 *(queja)*: **¡con las ganas que tenía de hacerlo!** moi qui avais tellement envie de le faire!

▷ *conj* 1: **con que: será suficiente con que le escribas** il suffit que tu lui écrives

2: **con tal (de) que** du moment que

conato *nm* tentative *f*; *(de incendio)* début *m*

concebir *vt, vi* concevoir

conceder *vt* accorder; *(premio)* décerner

concejal, -a *nm/f* conseiller *m* municipal

concentración *nf* concentration *f*

concentrar *vt* concentrer; *(personas)* rassembler; **concentrarse** *vpr* se concentrer; **~se (en)** se concentrer (sur)

concepción *nf* conception *f*

concepto *nm* *(idea)* concept *m*; **tener buen/mal ~ de algn** avoir bonne/ mauvaise opinion de qn

concernir *vi* concerner; **en lo que concierne a** en ce qui concerne

concertar *vt* *(precio)* se mettre d'accord sur; *(entrevista)* fixer; *(tratado, paz)* conclure; *(esfuerzos)* associer; *(Mús)* accorder ▷ *vi* *(Mús)* être en harmonie

concesión *nf* *(Com: adjudicación)* concession *f*; **hacer concesiones** faire des concessions; **sin concesiones** sans concessions

concesionario, -a *nm/f* *(Com)* concessionnaire *m/f*

concha *nf* *(de molusco)* coquille *f*; *(de tortuga)* carapace *f*

conciencia *nf* conscience *f*; **hacer algo a ~** faire qch consciencieusement; **tener/tomar ~ de** avoir/prendre conscience de

concienciar *vt* faire prendre conscience à; **concienciarse** *vpr* prendre conscience

concienzudo, -a *adj* consciencieux(-euse)

concierto *nm* *(Mús: acto)* concert *m*; (: *obra*) concerto *m*; *(convenio)* accord *m*

conciliar *vt* concilier; **~ el sueño** trouver le sommeil

concilio *nm* concile *m*

conciso, -a *adj* concis(e)

concluir *vt* conclure ▷ *vi* (se) terminer

conclusión *nf* conclusion *f*

concluyente *adj* concluant(e)

concordia *nf* concorde *f*

concretar *vt* concrétiser; **concretarse** *vpr*: **~se a (hacer)** s'en tenir à (faire)

concreto, -a *adj* concret(-ète);

(*determinado*) précis(e) ▷ *nm* (*Am: hormigón*) béton *m*; **en ~** en somme; (*específicamente*) en particulier; **un día ~** un jour précis
concurrencia *nf* assistance *f*
concurrido, -a *adj* fréquenté(e)
concurrir *vi* (*sucesos*) coïncider; (*factores*) concourir; (*ríos*) confluer; (*avenidas*) converger
concursante *nm/f* concurrent(e)
concurso *nm* concours *m*
conde *nm* comte *m*
condecoración *nf* décoration *f*
condecorar *vt* décorer
condena *nf* condamnation *f*
condenar *vt* condamner; **condenarse** *vpr* (*Jur*) se reconnaître coupable; (*Rel*) se damner; **~ (a)** condamner (à)
condensar *vt* condenser; **condensarse** *vpr* se condenser
condesa *nf* comtesse *f*
condición *nf* condition *f*; (*modo de ser*) caractère *m*; (*estado*) état *m*; **condiciones** *nfpl* capacités *fpl*, aptitudes *fpl*; **a ~ de que ...** à condition que ...; **condicional** *adj* conditionnel(le); *ver* **libertad**
condicionar *vt* conditionner; **estar condicionado a** dépendre de
condimento *nm* condiment *m*
condolerse *vpr* compatir
condón *nm* préservatif *m*
conducir *vt* conduire; (*suj: camino, escalera, negocio*) conduire, mener ▷ *vi* conduire; **conducirse** *vpr* se conduire; **esto no conduce a nada/ninguna parte** cela ne mène à rien/nulle part
conducta *nf* conduite *f*
conducto *nm* conduit *m*; **por ~ oficial** par voie officielle
conductor, a *adj* (*Fís, Elec*) conducteur(-trice) ▷ *nm* conducteur *m* ▷ *nm/f* conducteur(-trice)
conduje *etc vb ver* **conducir**
conduzca *etc vb ver* **conducir**
conectar *vt* relier; (*tubos*) raccorder; (*enchufar*) connecter, brancher ▷ *vi*: **~ (con)** (*TV, Radio*) donner l'antenne (à)
conejillo *nm*: **~ de Indias** cochon *m* d'Inde; (*fig*) cobaye *m*
conejo *nm* lapin *m*
conexión *nf* connexion *f*
confección *nf* confection *f*
confeccionar *vt* confectionner
confederación *nf* confédération *f*
conferencia *nf* conférence *f*; (*Telec*) communication *f* interurbaine; **conferencia a cobro revertido** (*Telec*) appel *m* en PCV; **conferencia de prensa** conférence de presse
conferir *vt* conférer
confesar *vt* confesser, avouer ▷ *vi* (*Rel*) confesser; (*Jur*) avouer; **confesarse** *vpr* se confesser
confesión *nf* confession *f*, aveu *m*; (*Rel*) confession
confesionario *nm* (*Rel*) confessionnal *m*
confeti *nm* confetti *m*
confiado, -a *adj* confiant(e)
confianza *nf* confiance *f*; (*familiaridad*) familiarité *f*; **de ~** (*persona*) de confiance; (*alimento*) de qualité; **tener ~ con algn** être intime avec qn; **tomarse ~s con algn** (*pey*) se permettre des familiarités avec qn
confiar *vt* confier; **confiarse** *vpr* être confiant(e); **~ en** avoir confiance en; **~ en hacer/que** compter faire/que
confidencia *nf* confidence *f*
confidencial *adj* confidentiel(le); **"~"** (*en sobre*) "confidentiel"
confidente *nm/f* (*amigo*) confident(e); (*policial*) informateur(-trice), indicateur(-trice)
configurar *vt* façonner
confinar *vt* (*desterrar*) confiner
confirmar *vt* confirmer; **confirmarse** *vpr* se confirmer; (*Rel*) faire sa confirmation; **la excepción**

confirma la regla l'exception confirme la règle
confiscar *vt* confisquer
confitería *nf* (*tienda*) confiserie *f*; (*CSur: café*) café *m*
confitura *nf* confiture *f*
conflictivo, -a *adj* conflictuel(le); (*época*) de conflit
conflicto *nm* conflit *m*; (*fig: problema*) problème *m*
confluir *vi* (*ríos, personas*) confluer; (*carreteras*) se rejoindre
conformar *vt* (*carácter, paisaje*) façonner; **conformarse** *vpr*: **~se con** se contenter de; (*resignarse*) se résigner à; **~se con hacer** se contenter de faire
conforme *adj* conforme; (*de acuerdo*) d'accord; (*satisfecho*) content(e), satisfait(e) ▷ *conj* (*tal como*) tel que, comme; (*a medida que*) à mesure que ▷ *excl* d'accord ▷ *prep*: **~ a** conformément à; **~ con** content(e) *o* satisfait(e) de
conformidad *nf* conformité *f*; (*aprobación*) accord *m*, approbation *f*; **conformista** *adj, nm/f* conformiste *m/f*
confortable *adj* confortable
confortar *vt* réconforter
confrontar *vt* confronter; **confrontarse** *vpr* s'affronter; **~se con** affronter
confundir *vt* confondre; (*persona: embrollar*) embrouiller; (*: desconcertar*) confondre; **confundirse** *vpr* (*equivocarse*) se tromper; (*hacerse borroso*) se confondre; (*mezclarse*) se confondre; **~ algo/algn con** confondre qch/qn avec
confusión *nf* confusion *f*
confuso, -a *adj* confus(e)
congelado, -a *adj* (*carne, pescado*) congelé(e); **congelados** *nmpl* (*Culin*) surgelés *mpl*; **congelador** *nm* congélateur *m*
congelar *vt* congeler; (*Com, Fin*) geler; **congelarse** *vpr* se congeler; (*sangre, grasa*) se figer
congeniar *vi*: **~ (con)** s'entendre (avec)
congestión *nf* (*de tráfico*) encombrement *m*; (*Med*) congestion *f*
congestionar *vt* congestionner; **congestionarse** *vpr* se congestionner
congoja *nf* chagrin *m*
congraciarse *vpr*: **~ con** s'attirer les bonnes grâces de
congratular *vt* féliciter; **congratularse** *vpr*: **~se de** *o* **por** se féliciter de
congregación *nf* congrégation *f*
congregar *vt* réunir, rassembler; **congregarse** *vpr* se réunir, se rassembler
congreso *nm* congrès *m*
conjetura *nf* conjecture *f*; **sólo podemos hacer ~s** nous sommes réduits aux conjectures
conjugar *vt* conjuguer
conjunción *nf* (*Ling*) conjonction *f*
conjunto, -a *adj* commun(e) ▷ *nm* ensemble *m*; (*de circunstancias*) concours *msg*; (*de música pop*) groupe *m*; **de ~** (*visión, estudio*) d'ensemble; **en ~** dans l'ensemble
conjurar *vt, vi* conjurer; **conjurarse** *vpr* se conjurer
conmemoración *nf* commémoration *f*
conmemorar *vt* commémorer
conmigo *pron* avec moi
conmoción *nf* commotion *f*; (*en sociedad, costumbres*) bouleversement *m*; **~ cerebral** (*Med*) commotion cérébrale
conmovedor, a *adj* émouvant(e)
conmover *vt* émouvoir; (*suj: terremoto, estrépito*) ébranler; **conmoverse** *vpr* s'émouvoir

conmutador *nm* (*Am: Telec*) central *m* téléphonique
cono *nm* (*Geom*) cône *m*; **Cono Sur** (*Geo*) *Chili, Argentine, Uruguay*
conocedor, a *adj, nm/f* connaisseur(-euse)
conocer *vt* connaître; (*reconocer*) reconnaître; **conocerse** *vpr* se connaître; **se conoce que ...** il semble *o* paraît que ...
conocido, -a *adj* connu(e) ▷ *nm/f* (*persona*) connaissance *f*
conocimiento *nm* connaissance *f*; **conocimientos** *nmpl* (*saber*) connaissances *fpl*; **poner en ~ de algn** faire savoir à qn; **tener ~ de** avoir connaissance de
conozca *etc vb ver* **conocer**
conque *conj* ainsi donc, alors
conquista *nf* conquête *f*
conquistador, a *adj, nm/f* conquérant(e) ▷ *nm* (*de América*) conquistador *m*; (*seductor*) séducteur *m*
conquistar *vt* conquérir; (*puesto*) obtenir; (*simpatía, fama*) conquérir; (*enamorar*) conquérir, faire la conquête de
consagrar *vt* consacrer
consciente *adj* conscient(e); **estar ~** être conscient(e); **ser ~ de** être conscient(e) de
consecuencia *nf* conséquence *f*; **a ~ de** par suite de; **en ~** en conséquence
consecuente *adj*: **~ (con)** conséquent(e) (avec)
consecutivo, -a *adj* consécutif(-ive)
conseguir *vt* obtenir; (*sus fines*) parvenir à; **~ hacer** arriver à faire
consejero, -a *nm/f* (*persona*) conseiller(-ère); (*Pol*) *ministre dans une communauté autonome*
consejo *nm* conseil *m*; **consejo de administración** (*Com*) conseil d'administration; **consejo de guerra/de ministros** conseil de guerre/des ministres
consenso *nm* consensus *m*
consentimiento *nm* consentement *m*
consentir *vt* consentir; (*mimar*) gâter ▷ *vi*: **~ en hacer** consentir à faire; **~ a algn hacer algo/que algn haga algo** permettre à qn de faire qch/que qn fasse qch
conserje *nm* concierge *m*
conserva *nf* conserve *f*; **conservas** *nfpl* conserves *fpl*; **en ~** en conserve
conservación *nf* (*de paisaje, naturaleza*) conservation *f*; (*de especie*) protection *f*
conservador, a *adj, nm/f* conservateur(-trice)
conservante *nm* conservateur *m*
conservar *vt* (*gen*) conserver; (*costumbre, figura*) garder; **conservarse** *vpr*: **~se bien** (*comida etc*) bien se conserver; **~se joven** être bien conservé
conservatorio *nm* (*Mús*) conservatoire *m*
considerable *adj* (*importante*) important(e); (*grande*) considérable
consideración *nf* considération *f*
considerado, -a *adj* (*atento*) attentionné(e); (*respetado*) respecté(e)
considerar *vt* considérer
consigna *nf* consigne *f*
consigo *vb ver* **conseguir** ▷ *pron* (*m*) avec lui; (*f*) avec elle; (*usted(es)*) avec vous; **~ mismo** avec soi-même
consiguiendo *etc vb ver* **conseguir**
consiguiente *adj*: **el ~ susto/nerviosismo** la peur/nervosité qui en résulte; **por ~** par conséquent
consistente *adj* consistant(e); (*material, pared, teoría*) solide; **~ en** qui consiste en
consistir *vi*: **~ en** consister en
consolación *nf ver* **premio**
consolar *vt* consoler; **consolarse** *vpr*: **~se (con)** se consoler (avec)

consolidar *vt* consolider
consomé (*pl* **~s**) *nm* (*Culin*) consommé *m*
consonante *nf* consonne *f*
consorcio *nm* (*Com*) consortium *m*
conspiración *nf* conspiration *f*
conspirador, a *nm/f* conspirateur(-trice)
conspirar *vi* conspirer
constancia *nf* constance *f*; **dejar ~ de algo** faire état de qch
constante *adj* constant(e) ▷ *nf* (*Mat, fig*) constante *f*
constar *vi*: **~ (en)** figurer (dans); **~ de** se composer de; **me consta que ...** je suis conscient que ...; **(que) conste que lo hice por ti** n'oublie pas que c'est pour toi que je l'ai fait
constatar *vt* constater
consternación *nf* consternation *f*
constipado, -a *adj*: **estar ~** être enrhumé(e) ▷ *nm* rhume *m*
constitución *nf* constitution *f*; (*de tribunal, equipo etc*) composition *f*; **constitucional** *adj* constitutionnel(le)
constituir *vt* constituer
constituyente *adj* constituant(e)
constreñir *vt* (*limitar*) restreindre
construcción *nf* construction *f*
constructor, a *nm/f* constructeur(-trice) ▷ *nf* entrepreneur *m*
construir *vt* construire
construyendo *etc vb ver* **construir**
consuelo *vb ver* **consolar** ▷ *nm* consolation *f*
cónsul *nm* consul *m*; **consulado** *nm* consulat *m*
consulta *nf* consultation *f*; (*Med: consultorio*) cabinet *m*; **horas de ~** heures *fpl* de consultation
consultar *vt* consulter; **~ algo con algn** consulter qn au sujet de qch
consultorio *nm* (*Med*) cabinet *m*
consumar *vt* consommer
consumición *nf* consommation *f*; **~ mínima** prix *m* minimum de la consommation
consumidor, a *nm/f* consommateur(-trice)
consumir *vt* consommer; **consumirse** *vpr* se consumer; (*caldo*) réduire; **~se (de celos/de envidia/de rabia)** se consumer (de jalousie/d'envie/de rage)
consumismo *nm* (*Com*) surconsommation *f*
consumo *nm* consommation *f*; **bienes/sociedad de ~** biens *mpl*/société *mpl* de consommation
contabilidad *nf* comptabilité *f*; **contable** *nm/f* comptable *m/f*
contactar *vi*: **~ con algn** contacter qn
contacto *nm* contact *m*; **estar/ponerse en ~ con algn** être/se mettre en contact avec qn
contado, -a *adj*: **en casos ~s** dans de rares cas ▷ *nm*: **al ~** au comptant; **pagar al ~** payer comptant
contador, a *nm/f* (*Am: contable*) comptable *m/f* ▷ *nm* (*aparato*) compteur *m*
contagiar *vt* (*enfermedad*) passer; (*persona*) contaminer
contagio *nm* contagion *f*
contagioso, -a *adj* contagieux(-euse)
contaminación *nf* (*de alimentos*) contamination *f*; (*del agua, ambiente*) pollution *f*
contaminar *vt* (*aire, agua*) polluer
contante *adj*: **dinero ~** argent *m* comptant; **dinero ~ y sonante** espèces *fpl* sonnantes et trébuchantes
contar *vt* (*dinero etc*) compter; (*historia etc*) conter ▷ *vi* compter; **~ con** (*persona*) compter avec; (*disponer de: plazo etc*) disposer de; (*: habitantes*) compter
contemplación *nf* contemplation *f*;

contemplaciones *nfpl* (*miramientos*) égards *mpl*
contemplar *vt* contempler
contemporáneo, -a *adj, nm/f* contemporain(e)
contendiente *adj, nm/f* (*persona, país*) rival(e); (*Deporte*) adversaire *m/f*
contenedor *nm* conteneur *m*
contener *vt* contenir; (*risa, caballo etc*) retenir; **contenerse** *vpr* se retenir
contenido, -a *adj* contenu(e) ▷ *nm* contenu *m*
contentar *vt* faire plaisir à; **contentarse** *vpr*: **~se (con)** se contenter (de); **~se con hacer** se contenter de faire
contento, -a *adj*: **~ (con/de)** content(e) (de)
contestación *nf* réponse *f*
contestador *nm*: **~ automático** répondeur *m*
contestar *vt* répondre; (*Jur*) plaider ▷ *vi* répondre; **~ a una pregunta/a un saludo** répondre à une question/à un salut
contexto *nm* contexte *m*
contienda *nf* dispute *f*
contigo *pron* avec toi
contiguo, -a *adj*: **~ (a)** contigu(ë) (à)
continente *nm* continent *m*
contingencia *nf* (*posibilidad*) éventualité *f*; **contingente** *adj* contingent(e) ▷ *nm* (*Mil, Com*) contingent *m*
continuación *nf* (*de trabajo, estancia, obras*) poursuite *f*; (*de novela, película, calle*) suite *f*; **a ~** juste après
continuar *vt* continuer, poursuivre ▷ *vi* (*permanecer*) rester; (*mantenerse, prolongarse*) continuer; (*telenovela etc*) reprendre; **~ haciendo** continuer de *o* à faire; **~ siendo** être toujours
continuo, -a *adj* continu(e); (*llamadas, quejas*) continuel(le)
contorno *nm* (*silueta*) contours *mpl*; (*en dibujo*) contour *m*; **contornos** *nmpl* (*alrededores*) environs *mpl*
contorsión *nf* contorsion *f*
contra *prep* contre ▷ *adj* (*Nic*) contra ▷ *adv*: **en ~ (de)** contre ▷ *nm/f* contra *m/f* ▷ *nf*: **la C~ (nicaragüense)** les Contras *mpl* ▷ *nm ver* **pro**
contraataque *nm* contre-attaque *f*
contrabajo *nm* contrebasse *f*
contrabandista *nm/f* contrebandier(-ière)
contrabando *nm* contrebande *f*; **llevar/pasar algo de ~** passer qch en contrebande
contracción *nf* contraction *f*
contracorriente: **a ~** *adv* à contre-courant
contradecir *vt* contredire; **contradecirse** *vpr* se contredire; **esto se contradice con ...** ceci est en contradiction avec ...
contradicción *nf* contradiction *f*; **en ~ con** en contradiction avec
contradictorio, -a *adj* contradictoire
contraer *vt* contracter; **contraerse** *vpr* se contracter; **~ matrimonio con** épouser
contraluz *nm* (*Foto*) contre-jour *m*; **a ~** à contrejour
contrapelo: **a ~** *adv* à rebrousse-poil
contrapesar *vt* contrebalancer; **contrapeso** *nm* contrepoids *msg*
contraportada *nf* page *f* de garde
contraproducente *adj* qui n'a pas l'effet escompté
contrariar *vt* contrarier
contrariedad *nf* contretemps *msg*; (*disgusto*) contrariété *f*
contrario, -a *adj*: **~ (a)** opposé(e) (à); (*equipo etc*) adverse ▷ *nm/f* adversaire *m/f*; **al ~** au contraire; **por el ~** tout au contraire; **ser ~ a** être opposé(e) à; (*a intereses, opinión*) être contraire à; **llevar la contraria** contredire; **de lo ~** sinon

contrarrestar *vt* compenser
contraseña *nf* mot *m* de passe
contrastar *vi*: **~ (con)** trancher (avec) ▷ *vt*
contraste *nm* contraste *m*
contratar *vt* engager, recruter; (*servicios*) faire appel à
contratiempo *nm* contretemps *msg*
contratista *nm/f* entrepreneur(-euse)
contrato *nm* contrat *m*
contravenir *vt* contrevenir
contraventana *nf* volet *m*
contribución *nf* contribution *f*
contribuir *vi*: **~ (a)** contribuer (à); **~ con** participer à raison de
contribuyente *nm/f* contribuable *m/f*
contrincante *nm* concurrent(e)
control *nm* contrôle *m*; (*dominio: de nervios, impulsos*) maîtrise *f*; (*tb*: **~ de policía**) contrôle; **llevar el ~** (*de situación*) maîtriser; (*en asunto*) diriger; **perder el ~** perdre le contrôle; **control de (la) natalidad** contrôle des naissances; **control de pasaportes** contrôle des passeports
controlador, a *nm/f*: **~ aéreo** contrôleur *m* aérien
controlar *vt* contrôler; (*nervios, impulsos*) maîtriser; **controlarse** *vpr* se maîtriser
controversia *nf* controverse *f*
contundente *adj* (*prueba*) indiscutable; (*fig: argumento etc*) radical(e)
contusión *nf* contusion *f*
convalecencia *nf* convalescence *f*
convaleciente *adj, nm/f* convalescent(e)
convalidar *vt* valider
convencer *vt* convaincre; **convencerse** *vpr*: **~se (de)** se persuader (de); **~ a algn de (que haga) algo** convaincre qn de (faire) qch; **~ a algn para que haga** convaincre qn de faire; **esto no me convence (nada)** cela ne me convainc pas (du tout)
convencimiento *nm* certitude *f*
convención *nf* convention *f*
conveniencia *nf* (*oportunidad*) opportunité *f*; (*provecho*) intérêt *m*; (*utilidad*) avantage *m*; **conveniencias** *nfpl* (*tb*: **~s sociales**) convenances *fpl*
conveniente *adj* opportun(e); (*útil*) pratique
convenio *nm* accord *m*
convenir *vt* convenir de ▷ *vi* convenir; **no te conviene salir** tu ne devrais pas sortir
convento *nm* couvent *m*
convenza *etc vb ver* **convencer**
converger, convergir *vi* converger
conversación *nf* conversation *f*
conversar *vi* discuter
conversión *nf* transformation *f*
convertir *vt* transformer; (*Rel*): **~ a** convertir à
convicción *nf* conviction *f*; **convicciones** *nfpl* (*ideas*) convictions *fpl*
convicto, -a *adj* condamné(e)
convidado, -a *nm/f* convive *m/f*
convidar *vt*: **~ (a)** convier (à); **~ a algn a hacer** inviter qn à faire
convincente *adj* convaincant(e)
convite *nm* (*banquete*) banquet *m*; (*invitación*) invitation *f*
convivencia *nf* cohabitation *f*
convivir *vi* cohabiter
convocar *vt* convoquer; **~ (a)** (*personas*) convoquer (à); (*huelga*) appeler à
convocatoria *nf* convocation *f*; (*huelga*) appel *m*
convulsión *nf* (*Med*) convulsion *f*
conyugal *adj* conjugal(e); **vida ~** vie *f* conjugale; **cónyuge** *nm/f* conjoint(e)
coñac (*pl* **~s**) *nm* cognac *m*
coño (*fam!*) *nm* con *m* (*fam!*) ▷ *excl* merde! (*fam!*)

cooperación *nf* coopération *f*
cooperar *vi* coopérer
cooperativa *nf* coopérative *f*
coordinador, a *nm/f* coordinateur(-trice) ▷ *nf* bureau *m* de coordination
coordinar *vt* coordonner
copa *nf* (*recipiente*) verre *m* à pied; (*de champán, Deporte*) coupe *f*; (*de árbol*) cime *f*; **copas** *nfpl* (*Naipes*) *l'une des quatre couleurs du jeu de cartes espagnol*; **tomar una ~** prendre un verre *o* un pot
copia *nf* copie *f*; (*llave*) double *m*; **copia de respaldo** *o* **de seguridad** (*Inform*) sauvegarde *f*; **copiar** *vt* copier; (*Inform*) faire une copie de
copioso, -a *adj* abondant(e); (*comida*) copieux(-euse)
copla *nf* (*canción*) couplet *m*
copo *nm*: **~ de nieve** flocon *m* de neige; **~s de avena** flocons *mpl* d'avoine
coqueta *nf* (*mujer*) coquette *f*; (*mueble*) coiffeuse *f*; **coquetear** *vi* flirter
coraje *nm* courage *m*; (*esp Am*) colère *f*
coral *adj* (*Mús*) de chœur ▷ *nf* (*Mús*) chorale *f* ▷ *nm* (*Zool*) corail *m*; **de ~** en corail
coraza *nf* cuirasse *f*; (*Zool*) carapace *f*
corazón *nm* cœur *m*; (*Bot*) noyau *m*
corazonada *nf* pressentiment *m*
corbata *nf* cravate *f*
Córcega *nf* Corse *f*
corchete *nm* agrafe *f*
corcho *nm* liège *m*; (*Pesca, tapón*) bouchon *m*; **de ~** en liège
cordel *nm* corde *f*
cordero *nm* agneau *m*
cordial *adj* cordial(e); **cordialidad** *nf* cordialité *f*
cordillera *nf* cordillère *f*
Córdoba *n* Cordoue
córdoba *nm* (*Nic*) *monnaie du Nicaragua*
cordón *nm* (*cuerda*) ficelle *f*; (*de zapatos*) lacet *m*; (*Elec, policial*) cordon *m*; (*CSur*) bord *m* du trottoir; **cordón umbilical** cordon ombilical
cordura *nf* sagesse *f*; (*Med*) santé *f* mentale
córner (*pl* **~s**) *nm* (*Deporte*) corner *m*
corneta *nf* (*Mús*) cornet *m*; (*Mil*) clairon *m*
cornisa *nf* corniche *f*
coro *nm* chœur *m*
corona *nf* couronne *f*; **coronación** *nf* couronnement *m*; **coronar** *vt* couronner
coronel *nm* colonel *m*
coronilla *nf* sommet *m* du crâne; **estar hasta la ~ (de)** en avoir jusque-là (de)
corporación *nf* corporation *f*
corporal *adj* (*ejercicio*) physique; (*castigo, higiene*) corporel(le)
corpulento, -a *adj* (*persona*) corpulent(e); (*árbol, tronco*) énorme
corral *nm* (*de animales*) basse-cour *f*
correa *nf* courroie *f*; (*cinturón*) ceinture *f*; (*de perro*) laisse *f*; **correa del ventilador** (*Auto*) courroie du ventilateur
corrección *nf* correction *f*; **correccional** *nm* pénitencier *m*
correcto, -a *adj* correct(e)
corredor, a *nm/f* coureur(-euse) ▷ *nm* (*pasillo*) corridor *m*; (*balcón corrido*) galerie *f*; (*Com*) courtier *m*
corregir *vt* corriger; **corregirse** *vpr* se corriger; **se le ha corregido la miopía** on lui a corrigé sa myopie
correo *nm* courrier *m*; (*servicio*) poste *f*; **Correos** *nmpl* (*servicio*) la Poste, les PTT *fpl*; (*edificio*) la Poste; **a vuelta de ~** par retour de courrier; **echar al ~** mettre à la poste; **correo aéreo** courrier par avion; **correo electrónico** courrier électronique
correr *vt* (*mueble etc*) déplacer; (*riesgo*) courir; (*cortinas: cerrar*) fermer; (*: abrir*)

ouvrir; (*cerrojo*) tourner ▷ *vi* (*persona, rumor*) courir; (*coche, agua, viento*) aller vite; **correrse** *vpr* (*persona, terreno*) se déplacer; (*colores*) couler; **echar a ~ se** mettre à courir

correspondencia *nf* correspondance *f*

corresponder *vi* (*dinero, tarea*) revenir; (*en amor*) aimer en retour; **corresponderse** *vpr* (*amarse*) bien s'entendre; **~ a** (*invitación*) répondre à; (*convenir, ajustarse, pertenecer*) correspondre à; **al gobierno le corresponde ...** le gouvernement a pour tâche de ...; **~se con** correspondre à

correspondiente *adj* (*respectivo*) correspondant(e); **~ (a)** (*adecuado*) qui correspond (à)

corresponsal *nm/f* correspondant(e)

corrida *nf* corrida *f*; (*Chi*) file *f*

corrido, -a *adj, nm* (*Méx*) ballade *f*; **de ~** couramment

corriente *adj* courant(e); (*suceso, costumbre*) habituel(le); (*común*) commun(e) ▷ *nf* courant *m*; (*tb*: **~ de aire**) courant d'air ▷ *nm*: **el 16 del ~** le 16 courant; **estar al ~ de** être au courant de; **seguir la ~ a algn** ne pas contrarier qn; **poner/tener al ~** mettre/tenir au courant

corrija *etc vb ver* **corregir**

corrillo *nm* petit groupe *m*

corro *nm* cercle *m*; **jugar al ~** faire la ronde

corroborar *vt* corroborer

corroer *vt* corroder; (*suj*: *envidia*) ronger; **corroerse** *vpr* se désagréger

corromper *vt* pourrir; (*fig*: *costumbres, moral*) corrompre; (: *juez etc*) corrompre, soudoyer; **corromperse** *vpr* pourrir; (*costumbres*) se corrompre; (*persona, justicia*) se laisser soudoyer

corrosivo, -a *adj* corrosif(-ive)

corrupción *nf* putréfaction *f*; (*fig*) corruption *f*

corsé *nm* corset *m*

cortacésped *nm* tondeuse *f* (à gazon)

cortado, -a *adj* (*leche*) tourné(e); (*piel, labios*) craquelé(e) ▷ *nm* café *m* avec un nuage de lait; **estar ~** être coincé(e); **quedarse ~** rester sans voix

cortafuegos *nm inv* pare-feu *m*

cortar *vt* couper ▷ *vi* couper; (*viento*) être glacial(e); (*Am*: *Telec*) raccrocher; **cortarse** *vpr* se couper; (*turbarse*) se troubler; (*Telec*) s'interrompre; (*leche*) tourner; **~se el pelo** se (faire) couper les cheveux; **se le cortan los labios** ses lèvres se gercent

cortaúñas *nm inv* coupe-ongles *m inv*

corte *nm* coupure *f*; (*de pelo, vestido*) coupe *f* ▷ *nf* (*real*) cour *f*; **las C~s** *le parlement espagnol*

cortejar *vt* courtiser

cortejo *nm* cortège *m*; **cortejo fúnebre** cortège funèbre

cortés *adj* courtois(e), poli(e)

cortesía *nf* courtoisie *f*, politesse *f*

corteza *nf* (*de árbol*) écorce *f*; (*de pan, queso*) croûte *f*; (*de fruta*) peau *f*; **corteza terrestre** écorce *o* croûte terrestre

cortina *nf* rideau *m*

corto, -a *adj* court(e); (*tímido*) timide, timoré(e); (*tonto*) bouché(e) ▷ *nm* (*Cine*) court-métrage *m*; **~ de vista** myope; **quedarse ~** ne pas être à la hauteur; **cortocircuito** *nm* court-circuit *m*

cortometraje *nm* court-métrage *m*

cosa *nf* chose *f*; (*asunto*) affaire *f*; **es ~ de una hora** c'est l'affaire d'une heure; **eso es ~ mía** c'est mon affaire; **lo que son las ~s** c'est drôle, la vie; **las ~s como son** les choses étant ce qu'elles sont

coscorrón *nm* coup *m* sur la tête; **darse un ~** se cogner la tête

cosecha *nf* récolte *f*; (*de vino*) cru *m*
cosechar *vt* récolter ▷ *vi* faire la récolte
coser *vt* coudre; **~ algo a algo** coudre qch à qch
cosmético, -a *adj, nm* cosmétique *m* ▷ *nf* cosmétique *m*
cosquillas *nfpl*: **hacer ~** chatouiller; **tener ~** être chatouilleux(-euse)
costa *nf* (*Geo*) côte *f*; **a ~ de** aux dépens de; (*trabajo*) à force de; (*grandes esfuerzos*) au prix de; (*su vida*) au péril de; **a toda ~** coûte que coûte, à tout prix; **Costa Brava/del Sol** Costa Brava/del Sol; **Costa Azul/ Cantábrica/de Marfil** Côte d'Azur/ cantabrique/d'Ivoire
costado *nm* côté *m*; **de ~** (*dormir etc*) sur le côté
costar *vt, vi* coûter; **me cuesta hablarle** j'ai du mal à lui parler
costarricense, costarriqueño, -a *adj* costaricien(ne), de Costa Rica ▷ *nm/f* Costaricien(ne)
costear *vt* payer
costero, -a *adj* côtier(-ière)
costilla *nf* (*Anat*) côte *f*; (*Culin*) côtelette *f*
costo *nm* coût *m*, prix *msg*
costoso, -a *adj* coûteux(-euse); (*difícil*) difficile
costra *nf* (*de suciedad*) couche *f*; (*Med, de cal etc*) croûte *f*
costumbre *nf* coutume *f*, habitude *f*; (*tradición*) coutume
costura *nf* couture *f*
costurera *nf* couturière *f*
costurero *nm* boîte *f* à couture
cotejar *vt*: **~ (con)** comparer (à *o* avec)
cotidiano, -a *adj* quotidien(ne)
cotilla *nm/f* commère *f*
cotillear *vi* faire des commérages
cotización *nf* (*Com*) cours *m*; (*de club, del trabajador*) cotisation *f*
cotizar *vt* (*Com*) coter; (*pagar*) cotiser; **cotizarse** *vpr* (*fig*) être bien coté; **~se a** (*Com*) être coté à
coto *nm* (*tb*: **~ de caza**) réserve *f*; **poner ~ a** mettre fin à
cotorra *nf* (*loro*) perruche *f*; (*fam: persona*) pie *f*
COU (*Esp*) *sigla m* (= *Curso de Orientación Universitario*) *Terminale*
coyote *nm* coyote *m*
coyuntura *nf* articulation *f*, jointure *f*; (*fig*) conjoncture *f*, occasion *f*
coz *nf* ruade *f*
cráneo *nm* crâne *m*
cráter *nm* cratère *m*
creación *nf* création *f*
creador, a *adj, nm/f* créateur(-trice)
crear *vt* créer
creativo, -a *adj* créatif(-ive)
crecer *vi* grandir; (*pelo*) pousser; (*ciudad*) s'agrandir; (*río*) grossir
creces: **con ~** *adv* (*pagar*) au centuple
crecido, -a *adj*: **estar ~** avoir grandi; (*planta*) avoir poussé
creciente *adj* croissant(e); **cuarto ~** premier quartier *m*
crecimiento *nm* croissance *f*; (*de planta*) pousse *f*; (*de ciudad*) agrandissement *m*
credenciales *nfpl* lettres *fpl* de créance
crédito *nm* crédit *m*; **a ~** à crédit; **dar ~ a** accorder crédit à, croire
credo *nm* credo *m*
crédulo, -a *adj* crédule
creencia *nf* croyance *f*
creer *vt, vi* croire; **creerse** *vpr* (*considerarse*) se croire; (*aceptar*) croire; **~ en** croire en; **¡ya lo creo!** je crois *o* pense bien; **creo que no/sí** je crois que non/oui; **no se lo cree** il n'y croit pas
creíble *adj* croyable
creído, -a *adj* présomptueux(-euse)
crema *nf* crème *f*; (*para zapatos*) cirage *m*; **crema de afeitar** crème à raser; **crema de cacao** beurre *m* de cacao; **crema pastelera** crème pâtissière

cremallera *nf* fermeture *f* éclair®
crematorio *nm* (*tb*: **horno ~**) four *m* crématoire
crepitar *vi* crépiter
crepúsculo *nm* crépuscule *m*
cresta *nf* crête *f*
creyendo *etc vb ver* **creer**
creyente *nm/f* croyant(e)
creyó *etc vb ver* **creer**
crezca *etc vb ver* **crecer**
cría *vb ver* **criar** ▷ *nf* (*de animales*) élevage *m*; (*cachorro*) petit *m*; *ver tb* **crío**
criada *nf* bonne *f*; *ver tb* **criado**
criadero *nm* élevage *m*
criado, -a *nm/f* domestique *m/f*
crianza *nf* allaitement *m*; (*formación*) éducation *f*
criar *vt* allaiter, nourrir; (*educar*) éduquer, élever; (*animales*) élever ▷ *vi* avoir des petits
criatura *nf* créature *f*; (*niño*) gosse *m*
criba *nf* crible *m*; **cribar** *vt* cribler, tamiser
crimen *nm* crime *m*
criminal *adj* criminel(le) ▷ *nm/f* criminel(le)
crin *nf* (*tb*: **~es**) crinière *f*
crío, -a (*fam*) *nm/f* bébé *m*; (*más mayor*) marmot *m*
crisis *nf inv* crise *f*; **crisis nerviosa** dépression *f* nerveuse
crispar *vt* crisper; **crisparse** *vpr* se crisper; **ese ruido me crispa los nervios** ce bruit me porte sur les nerfs
cristal *nm* verre *m*; (*de ventana*) vitre *f*; **cristales** *nmpl* (*trozos rotos*) bouts *mpl* de verre; **de ~** en verre
cristalino, -a *adj* cristallin(e); **cristalizar** *vi* cristalliser; (*fig*) se cristalliser; **cristalizarse** *vpr* se cristalliser
cristiandad *nf* chrétienté *f*
cristianismo *nm* christianisme *m*
cristiano, -a *adj, nm/f* chrétien(ne)
Cristo *nm* le Christ; (*crucifijo*) crucifix *m*
criterio *nm* critère *m*; (*opinión*) avis *m*; (*discernimiento*) discernement *m*, jugement *m*
crítica *nf* critique *f*
criticar *vt* (*censurar*) critiquer; (*novela, película*) faire la critique de ▷ *vi* critiquer
crítico, -a *adj, nm/f* critique *m/f*
Croacia *n* Croatie *f*
croar *vi* coasser
cromo *nm* chrome *m*; (*para niños*) vignette *f*
crónica *nf* chronique *f*
crónico, -a *adj* chronique
cronómetro *nm* chronomètre *m*
croqueta *nf* croquette *f*
cruce *vb ver* **cruzar** ▷ *nm* croisement *m*; (*miradas*) rencontre *f*; (*de carreteras*) carrefour *m*; **cruce de peatones** passage *m* clouté
crucificar *vt* crucifier
crucifijo *nm* crucifix *msg*
crucigrama *nm* mots *mpl* croisés
crudo, -a *adj* cru(e); (*invierno etc*) rigoureux(-euse) ▷ *nm* pétrole *m* brut
cruel *adj* cruel(le); **crueldad** *nf* cruauté *f*
crujido *nm* craquement *m*
crujiente *adj* (*galleta*) croquant(e); (*pan*) croustillant(e)
crujir *vi* craquer; (*dientes*) grincer; (*nieve, arena*) crisser
cruz *nf* croix *fsg*; (*de moneda*) pile *f*; **cruz gamada** croix gammée; **Cruz Roja** Croix-Rouge *f*
cruzado, -a *adj* croisé(e); (*en calle, carretera*) de travers ▷ *nm* croisé *m*
cruzar *vt* croiser; (*calle, desierto*) traverser; **cruzarse** *vpr* se croiser; **~se con algn** croiser qn; **~se de brazos** se croiser les bras
cuaderno *nm* bloc *m* notes; (*de escuela*) cahier *m*
cuadra *nf* écurie *f*; (*Am*: *Arq*) pâté *m* de maisons

cuadrado, -a *adj* carré(e) ▷ *nm* (*Mat*) carré *m*; **metro/kilómetro ~** mètre *m*/kilomètre *m* carré
cuadrar *vt* (*Pe*) garer; **cuadrarse** *vpr* (*soldado*) se mettre au garde-à-vous; **~ (con)** (*informaciones*) correspondre (à); (*cuentas*) s'accorder (avec)
cuadrilátero *nm* (*Deporte*) ring *m*; (*Geom*) quadrilatère *m*
cuadrilla *nf* (*de obreros etc*) équipe *f*; (*de ladrones, amigos*) bande *f*
cuadro *nm* tableau *m*; (*cuadrado*) carré *m*; (*Deporte, Med*) équipe *f*; **a/de ~s** à carreaux
cuádruple *adj* quadruple
cuajar *vt* (*leche*) cailler; (*sangre*) coaguler; (*huevo*) faire durcir ▷ *vi* (*Culin, nieve*) prendre; (*fig: planes*) aboutir; (*: acuerdo*) marcher; (*: idea*) se réaliser; **cuajarse** *vpr* (*leche*) se cailler; **~ algo de** remplir qch de
cuajo *nm*: **de ~** (*arrancar etc*) à la racine
cual *adv* comme, tel que, tel un ▷ *pron*: **el/la ~** lequel/laquelle, qui; **los/las ~es** lesquels/lesquelles, qui; **lo ~** ce qui, ce que; **cada ~** chacun; **con** *o* **por lo ~** c'est pourquoi; **del ~** duquel, dont; **tal ~** tel quel
cuál *pron* (*interrogativo*) lequel, laquelle, lesquels, lesquelles
cualesquier(a) *pl de* **cualquier(a)**
cualidad *nf* qualité *f*
cualquier(a) (*pl* **cualesquiera**) *adj* (*indefinido*) n'importe quel(le); (*tras sustantivo*) quelconque ▷ *pron*: **cualquiera** quiconque, n'importe qui; (*a la hora de escoger*) n'importe lequel/laquelle; **cualquier día de estos** un de ces jours; **no es un hombre cualquiera** ce n'est pas n'importe qui; **eso cualquiera lo sabe hacer** ça, n'importe qui peut le faire; **es un cualquiera** c'est un pas-grand-chose
cuando *adv* quand ▷ *conj* quand, lorsque; (*puesto que*) puisque, du moment que; (*si*) si ▷ *prep*: **yo, ~ niño ...** moi, quand j'étais petit ...; **aun ~** même si, même quand; **~ más/menos** tout au plus/au moins; **de ~ en ~** de temps en temps, de temps à autre
cuándo *adv* quand, lorsque; **¿desde ~?, ¿de ~ acá?** depuis quand?
cuantioso, -a *adj* considérable

PALABRA CLAVE

cuanto, -a *adj* **1** (*todo*): **tiene todo cuanto desea** il a tout ce qu'il veut; **le daremos cuantos ejemplares necesite** nous vous donnerons autant d'exemplaires qu'il vous en faudra
2: **unos cuantos: había unos cuantos periodistas** il y avait quelques journalistes
3 (*+ más*): **cuanto más vino bebas peor te sentirás** plus tu boiras de vin plus tu te sentiras mal
▷ *pron* **1**: **tome cuanto/cuantos quiera** prends-en autant que tu voudras
2: **unos cuantos** quelques-uns
▷ *adv*: **en cuanto: en cuanto profesor es excelente** comme professeur, il est excellent; **en cuanto a mí** quant à moi; *ver tb* **antes**
▷ *conj* **1**: **cuanto más lo pienso menos me gusta** plus j'y pense moins ça ne me plaît
2: **en cuanto: en cuanto llegue/llegué** dès qu'il arrive/arriva

cuánto, -a *adj* (*exclamativo*) que de, quel(le); (*interrogativo*) combien de ▷ *pron, adv* combien; **¿~ cuesta?** combien ça coûte?; **¿a ~s estamos?** le combien sommes-nous?; **Señor no sé ~s** Monsieur Untel
cuarenta *adj inv, nm inv* quarante *m inv*; *ver tb* **sesenta**

cuarentena *nf* quarantaine *f*
cuaresma *nf* carême *m*
cuarta *nf* empan *m*; (*Mús*) quarte *f*; *ver tb* **cuarto**
cuartel *nm* caserne *f*; **cuartel general** quartier *m* général
cuarteto *nm* quatuor *m*
cuarto, -a *adj* quatrième ▷ *nm* (*Mat*) quart *m*; (*habitación*) chambre *f*, pièce *f*; (*Zool*) quartier *m*; **cuarto de baño/de estar** salle *f* de bains/de séjour; **cuartos de final** (*Deporte*) quarts *mpl* de finale; **cuarto de hora** quart d'heure; **cuarto de kilo** demi-livre *f*; *ver tb* **sexto**
cuarzo *nm* quartz *m*
cuatro *adj inv*, *nm inv* quatre *m inv*; *ver tb* **seis**
cuatrocientos, -as *adj* quatre cents; *ver tb* **seiscientos**
Cuba *nf* Cuba *m*
cuba *nf* cuve *f*, tonneau *m*; (*tina*) cuve
cubano, -a *adj* cubain(e) ▷ *nm/f* Cubain(e)
cúbico, -a *adj* cubique
cubierta *nf* couverture *f*; (*neumático*) pneu *m*; (*Náut*) pont *m*
cubierto, -a *pp de* **cubrir** ▷ *adj* couvert(e) ▷ *nm* couvert *m*; **~ de** couvert(e) de, recouvert(e) de; **a** *o* **bajo ~** à l'abri
cubilete *nm* gobelet *m*, cornet *m*
cubito *nm*: **~ de hielo** glaçon *m*
cubo *nm* (*Mat*, *Geom*) cube *m*; (*recipiente*) seau *m*; (*Tec*) tambour *m*; **cubo de la basura** poubelle *f*
cubrecama *nm* couvre-lit *m*, dessus *msg* de lit
cubrir *vt* couvrir; (*esconder*) cacher; (*polvo*, *nieve*) recouvrir, couvrir; **cubrirse** *vpr* se couvrir; **el agua casi me cubría** je n'avais presque pas pied; **~ de** couvrir de; **~se de** se couvrir de, se recouvrir de
cucaracha *nf* cafard *m*
cuchara *nf* cuiller *f* *o* cuillère *f*;
cucharada *nf* cuillerée *f*
cucharilla *nf* petite cuiller *f* *o* cuillère *f*
cucharón *nm* louche *f*
cuchichear *vi* chuchoter
cuchilla *nf* lame *f*
cuchillo *nm* couteau *m*
cuchitril (*pey*) *nm* taudis *msg*, bouge *m*
cuclillas *nfpl*: **en ~** accroupi(e)
cuco, -a *adj* (*astuto*) malin(-igne) ▷ *nm* coucou *m*
cucurucho *nm* cornet *m*
cuello *nm* cou *m*; (*de ropa*) col *m*; (*de botella*) goulot *m*
cuenca *nf* (*tb*: **~ del ojo**) orbite *f*; (*Geo*: *valle*) vallée *f*
cuenco *nm* bol *m*
cuenta *vb ver* **contar** ▷ *nf* compte *m*; (*en restaurante*) addition *f*; (*de collar*) grain *m*; **a fin de ~s** au bout du compte; **caer en la ~** y être; **darse ~ de algo** se rendre compte de qch; **echar ~s** faire le point; **perder la ~ de** ne pas se rappeler; **tener en ~** tenir compte de; **trabajar por su ~** travailler à son compte; **cuenta atrás** compte à rebours; **cuenta corriente** compte courant; **cuenta de ahorros** compte épargne; **cuentakilómetros** *nm inv* compteur *m* kilométrique; (*velocímetro*) compteur de vitesse
cuento *vb ver* **contar** ▷ *nm* conte *m*; (*patraña*) histoire *f*; **eso no viene a ~** ceci n'a rien à voir; **cuento chino** histoire à dormir debout; (*fam*) bobard *m*; **cuento de hadas** conte de fées
cuerda *nf* corde *f*; (*de reloj*) ressort *m*; **dar ~ a un reloj** remonter une montre; **cuerdas vocales** cordes vocales; *ver tb* **cuerdo**
cuerdo, -a *adj* sensé(e); (*prudente*) sage, prudent(e)
cuerno *nm* corne *f*
cuero *nm* cuir *m*; **en ~s** tout(e) nu(e);

C

cuero cabelludo cuir chevelu
cuerpo *nm* corps *msg*; **a ~** sans manteau
cuervo *nm* corbeau *m*
cuesta *vb ver* **costar** ▷ *nf* pente *f*; (*en camino etc*) côte *f*; **ir ~ arriba/abajo** monter/descendre; **a ~s** sur le dos
cuestión *nf* question *f*; **en ~ de** en matière de; **es ~ de** c'est une question de
cueva *nf* grotte *f*, caverne *f*
cuidado, -a *adj* soigné(e) ▷ *nm* précaution *f*; (*de los niños etc*) soin *m* ▷ *excl* attention!; **estar al ~ de** s'occuper de; **tener ~** faire attention
cuidadoso, -a *adj* soigneux(-euse); (*prudente*) prudent(e)
cuidar *vt* soigner; (*niños, casa*) s'occuper de ▷ *vi*: **~ de** prendre soin de; **cuidarse** *vpr* prendre soin de soi; **~se de hacer** prendre soin de faire
culata *nf* crosse *f*
culebra *nf* couleuvre *f*
culebrón *nm* (*fam*) série *f* télévisée
culinario, -a *adj* culinaire
culminación *nf* point *m* culminant
culo *nm* (*fam!*) cul *m* (*fam!*)
culpa *nf* faute *f*; (*Jur*) culpabilité *f*; **echar la ~ a algn** accuser qn; **por ~ de** à cause de; **tengo la ~** c'est de ma faute; **culpabilidad** *nf* culpabilité *f*; **culpable** *adj, nm/f* coupable *m/f*
culpar *vt* accuser
cultivar *vt* cultiver
cultivo *nm* culture *f*; (*cosecha*) récolte *f*
culto, -a *adj* cultivé(e); (*lenguaje*) choisi(e); (*palabra*) savant(e) ▷ *nm* culte *m*; **rendir ~ a** (*Rel, fig*) rendre un culte à
cultura *nf* culture *f*; **la ~** la culture
culturismo *nm* culturisme *m*
cumbre *nf* sommet *m*
cumpleaños *nm inv* anniversaire *m*; **¡feliz ~!** joyeux anniversaire!
cumplido, -a *adj* (*cortés*) poli(e); (*plazo*) échu(e) ▷ *nm* compliment *m*; **visita de ~** visite *f* de politesse
cumplimentar *vt* complimenter, adresser ses compliments à
cumplimiento *nm* accomplissement *m*; (*de norma*) respect *m*
cumplir *vt* accomplir; (*ley*) respecter; (*promesa*) tenir; (*años*) avoir; **cumplirse** *vpr* (*plazo*) expirer; (*plan, pronósticos*) se réaliser, s'accomplir; **~ con** (*deber*) faire, remplir; (*persona*) ne pas manquer à; **hoy cumple dieciocho años** aujourd'hui il a dix-huit ans
cúmulo *nm* tas *msg*
cuna *nf* berceau *m*
cundir *vi* (*rumor, pánico*) se répandre, se propager; (*trabajo*) avancer, progresser
cuneta *nf* fossé *m*
cuña *nf* (*Tec*) coin *m*
cuñado, -a *nm/f* beau-frère/belle-sœur
cuota *nf* quota *m*; (*parte proporcional*) quote-part *f*; (*de club etc*) cotisation *f*
cupo *vb ver* **caber** ▷ *nm* quote-part *f*
cupón *nm* billet *m*; (*de resguardo*) bon *m*
cúpula *nf* coupole *f*
cura *nf* guérison *f*; (*tratamiento*) soin *m* ▷ *nm* curé *m*
curación *nf* guérison *f*; (*tratamiento*) traitement *m*
curandero, -a *nm/f* guérisseur(-euse)
curar *vt* (*enfermo, enfermedad: herida*) guérir; (*: con apósitos*) panser; (*Culin*) faire sécher; (*cuero*) tanner; **curarse** *vpr* (*persona*) se rétablir; (*herida*) se guérir
curiosear *vt* fouiner dans ▷ *vi* fouiner
curiosidad *nf* curiosité *f*; **sentir** *o* **tener ~ por** *o* **de (hacer)** être curieux(-euse) de (faire)
curioso, -a *adj* curieux(-euse) ▷ *nm/f*

(*pey*) curieux(-euse)
currante *nm/f* (*fam*) bosseur(-euse)
currar, currelar *vi* (*fam*) bosser, trimer
currículo, currículum *nm* (*tb*: **~ vitae**) curriculum *m* (vitae); **curro** *nm* (*fam*) job *m*
cursi *adj* de mauvais goût; (*afectado*) maniéré(e)
cursillo *nm* cours *msg*; (*de reciclaje etc*) stage *m*
cursiva *nf* italiques *mpl*
curso *nm* cours *msg*; (*Escol, Univ*) année *f*; **en ~** (*año, proceso*) en cours; **en el ~ de** au cours de
cursor *nm* (*Inform*) curseur *m*
curtido, -a *adj* (*cara, cuero*) tanné(e)
curtir *vt* (*pieles*) tanner, corroyer; (*suj*: *sol, viento*) tanner
curva *nf* virage *m*, tournant *m*; (*Mat*) courbe *f*
cúspide *nf* sommet *m*; (*fig*) faîte *m*, comble *m*
custodia *nf* surveillance *f*; (*de hijos*) garde *f*; **custodiar** *vt* surveiller
cutis *nm inv* peau *f*
cutre (*fam*) *adj* minable
cuyo, -a *pron* (*complemento de sujeto*) dont le, dont la; (: *plural*) dont les; (*complemento de objeto*) dont; (*tras preposición*) de qui, duquel, de laquelle; (: *plural*) desquels, desquelles
C.V. *abr* (= *caballos de vapor*) CV (= *cheval vapeur*)

d

D. *abr* = *Don* (*con apellido*) Monsieur *m*; (*sólo con nombre*) Don *m*
Da. *abr* = *Doña* (*con apellido*) Madame *f*; (*sólo con nombre*) Doña *f*, ≈ Madame
dádiva *nf* (*regalo*) présent *m*
dado, -a *pp de* **dar** ▷ *adj*: **en un momento ~** à un moment donné ▷ *nm* (*para juego*) dé *m*; **dados** *nmpl* (*juego*) dés *mpl*; **~ que** étant donné que
daltónico, -a *adj, nm/f* daltonien(ne)
dama *nf* dame *f*; **damas** *nfpl* (*juego*) dames *fpl*; **dama de honor** (*de novia*) demoiselle *f* d'honneur
danés, -esa *adj* danois(e) ▷ *nm/f* Danois(e)
danza *nf* danse *f*
danzar *vt* danser ▷ *vi* danser
dañar *vt* (*mueble, cuadro, motor*) abîmer; (*cosecha*) endommager; (*salud, reputación*) nuire à; **dañarse** *vpr* (*cosecha*) se gâter
dañino, -a *adj* (*sustancia*) nocif(-ive);

(*animal*) nuisible
daño *nm* (*a mueble, máquina*) dommage *m*; (*a persona, animal*) mal *m*; **~s y perjuicios** (*Jur*) dommages *mpl* et intérêts *mpl*; **hacer ~** (*alimento*) ne pas réussir; **hacer ~ a algn** (*producir dolor*) faire mal à qn; (*fig: ofender*) blesser qn; **eso me hace ~** ça ne me réussit pas; **hacerse ~** se faire mal

PALABRA CLAVE

dar *vt* **1** donner; **dar algo a algn** donner qch à qn; **dar de beber a algn** donner à boire à qn
2 (*causar: alegría*) donner; (*: problemas*) causer; (*: susto*) faire
3 (*+ n = perífrasis de verbo*): **me da pena/asco** cela me désole/dégoûte; **da gusto escucharle** c'est bien agréable de l'écouter; *ver tb* **más**
4 (*dar a + infin*): **dar a conocer** faire connaître
▷ *vi* **1**: **dar a** (*ventana, habitación*) donner sur; (*botón etc*) appuyer sur
2: **dar con: dimos con él dos horas más tarde** nous l'avons rencontré deux heures plus tard; **al final di con la solución** finalement j'ai trouvé la solution
3: **dar en** (*blanco*) atteindre; **dar en el suelo** tomber par terre; **el sol me da en la cara** j'ai le soleil dans la figure
4: **dar de sí** (*zapatos, ropa*) s'élargir
darse *vpr* **1** se donner; **darse un baño** prendre un bain
2 (*ocurrir*): **se han dado muchos casos** il y a eu de nombreux cas
3: **darse a: darse a la bebida** s'adonner à la boisson
4: **darse por: darse por vencido** se déclarer vaincu; **darse por satisfecho** s'estimer satisfait
5: **se me dan bien/mal las ciencias** je suis bon/mauvais en sciences
6: **dárselas de: se las da de experto** il joue les experts

datar *vi*: **~ de** dater de
dátil *nm* datte *f*
dato *nm* (*detalle*) fait *m*; **datos** *nmpl* (*información, Inform*) données *fpl*; **~s personales** identité *fsg*
dcha. *abr* (*= derecha*) dr. (*= droite*)

PALABRA CLAVE

de (*de + el =* **del**) *prep*
1 (*gen: complemento de n*) de, d'; **la casa de Isabel/de mis padres/de los Alvarez** la maison d'Isabelle/de mes parents/des Alvarez; **una copa de vino** un verre de vin; **clases de inglés** cours *mpl* d'anglais
2 (*posesión: con ser*): **es de ellos** c'est à eux
3 (*origen, distancia*) de; **soy de Gijón** je suis de Gijón; **salir del cine/de la casa** sortir du cinéma/de la maison; **de lado** de côté; **de atrás/delante** de derrière/devant
4 (*materia*) en; **un abrigo de lana** un manteau en laine; **temblar de miedo/de frío** trembler de peur/de froid; **de un trago** d'un coup
5 (*condicional + infin*): **de no ser así** si ce n'était pas comme ça; **de ser posible** si c'est possible; **de no terminarlo hoy** si ce n'est pas fini aujourd'hui
6: **de no** (*Am: si no*) sinon; **¡hazlo, de no ...!** fais-le sinon ...!

dé *vb ver* **dar**
deambular *vi* (*persona*) déambuler; (*animal*) vagabonder
debajo *adv* dessous; **~ de** sous; **por ~ de** en dessous de
debate *nm* débat *m*; **debatir** *vt* débattre (de) ▷ *vi* débattre; **debatirse** *vpr* (*forcejear*) se débattre

d

deber *nm* (*obligación*) devoir *m* ▷ *vt* devoir; **deberes** *nmpl* (*Escol*) devoirs *mpl*; **deberse** *vpr*: **~se a** être dû/due à; **debo hacerlo** je dois le faire; **debe (de) ser canadiense** il doit être canadien
debido, -a *adj* (*cuidado, respeto*) dû/due; **~ a** en raison de; **a su ~ tiempo** en temps voulu; **como es ~** comme il convient
débil *adj* faible; **debilidad** *nf* faiblesse *f*; **tener debilidad por algn/algo** avoir un faible pour qn/qch
debilitar *vt* (*persona, resistencia*) affaiblir; (*cimientos*) ébranler; **debilitarse** *vpr* s'affaiblir
debutar *vi* (*en actuación*) débuter
década *nf* décennie *f*
decadencia *nf* (*de edificio*) délabrement *m*; (*de persona*) déchéance *f*; (*de sociedad*) décadence *f*
decaer *vi* (*espectáculo*) perdre de son attrait; (*negocio*) dépérir; (*éxito, afición, interés*) retomber; (*salud*) décliner
decaído, -a *adj*: **estar ~** (*desanimado*) être abattu(e)
decano, -a *nm/f* doyen(ne)
decapitar *vt* décapiter
decena *nf*: **una ~** une dizaine
decencia *nf* décence *f*
decente *adj* décent(e); (*honesto*) convenable
decepción *nf* déception *f*
decepcionar *vt* décevoir
decidir *vt* décider (de) ▷ *vi* décider; **decidirse** *vpr*: **~se (a hacer algo)** se décider (à faire qch)
décima *nf* (*Mat*) dixième *m*; **décimas** *nfpl* (*Med*) dixièmes *mpl* (de degré)
decimal *adj* décimal(e)
decímetro *nm* décimètre *m*
décimo, -a *adj, nm* dixième *m*; *ver tb* **sexto**
decir *vt* dire; **decirse** *vpr*: **se dice que ...** on dit que ...; **~ para sí** se dire; **querer ~** vouloir dire; **es ~** c'est-à-dire; **¡diga!, ¡dígame!** (*Telec*) allô!; **por no ~** pour ne pas dire; **¿cómo se dice "cursi" en francés?** comment dit-on "cursi" en français?
decisión *nf* décision *f*; **tomar una ~** prendre une décision
decisivo, -a *adj* décisif(-ive)
declaración *nf* déclaration *f*; (*Jur*) déposition *f*; **prestar ~** (*Jur*) faire une déposition; **declaración de la renta** déclaration de revenus; **declaración fiscal** déclaration d'impôts
declarar *vt* déclarer ▷ *vi* (*para la prensa, en público*) faire une déclaration; (*Jur*) faire une déposition; **declararse** *vpr* (*a una chica*) déclarer son amour; (*guerra, incendio*) se déclarer
declinar *vt* décliner ▷ *vi* (*poder*) décliner; (*fiebre*) baisser
declive *nm* pente *f*; (*fig*) déclin *m*
decoración *nf* décoration *f*
decorado *nm* décor *m*
decorar *vt* décorer
decorativo, -a *adj* décoratif(-ive)
decoro *nm* (*en comportamiento etc*) correction *f*
decoroso, -a *adj* correct(e); (*digno*) respectable
decrecer *vi* diminuer; (*nivel de agua*) baisser
decrépito, -a *adj* décrépit(e); (*sociedad*) en décrépitude
decretar *vt* décréter; **decreto** *nm* décret *m*
dedal *nm* (*para costura*) dé *m*
dedicación *nf* (*a trabajo etc*) engagement *m*; (*de persona*) dévouement *m*; **dedicar** *vt* dédicacer; (*tiempo, dinero, esfuerzo*) consacrer; **dedicarse** *vpr*: **dedicarse a** se consacrer à; **dedicatoria** *nf* dédicace *f*
dedo *nm* doigt *m*; **~ (del pie)** orteil *m*; **a ~** (*entrar, nombrar*) avec du piston; **hacer ~** (*fam*) faire du stop; **dedo**

anular annulaire *m*; **dedo corazón** majeur *m*; **dedo gordo** pouce *m*; (*en pie*) gros orteil; **dedo índice** index *msg*; **dedo meñique** auriculaire *m*
deducción *nf* déduction *f*
deducir *vt* déduire
defecto *nm* défaut *m*
defectuoso, -a *adj* défectueux(-euse)
defender *vt* défendre; **defenderse** *vpr*: **~se de algo** se défendre de qch; **~se contra algo/algn** se défendre contre qch/qn
defensa *nf* défense *f*; (*de tesis, ideas*) soutien *m* ▷ *nm* (*Deporte*) défense *f*
defensivo, -a *adj* (*movimiento, actitud*) de défense
defensor, a *adj* (*persona*) qui défend ▷ *nm/f* (*tb*: **abogado ~**) avocat(e) de la défense; (*protector*) défenseur *m*
deficiente *adj* (*trabajo*) insuffisant(e); (*salud*) déficient(e) ▷ *nm/f*: **ser un ~ mental/físico** être handicapé mental/physique
déficit (*pl* **~s**) *nm* déficit *m*
definición *nf* définition *f*
definir *vt* définir
definitivo, -a *adj* définitif(-ive); **en definitiva** définitivement; (*en conclusión, resumen*) en définitive
deformación *nf* déformation *f*
deformar *vt* déformer; **deformarse** *vpr* se déformer; **deforme** *adj* difforme
defraudar *vt* (*a personas*) tromper; (*a Hacienda*) frauder
defunción *nf* décès *m*
degeneración *nf* dégradation *f*
degenerar *vi* dégénérer
degollar *vt* égorger
degradar *vt* dégrader; **degradarse** *vpr* se dégrader
degustación *nf* dégustation *f*
dejadez *nf* laisser-aller *m*
dejar *vt* laisser; (*persona, empleo, pueblo*) quitter ▷ *vi*: **~ de** arrêter de; **~ a algn (hacer algo)** laisser qn (faire qch); **no dejes de visitarles** continue à leur rendre visite; **¡déjame en paz!** laisse-moi tranquille!; **~ atrás a algn** dépasser qn; **~ entrar/salir** laisser entrer/sortir; **~ pasar** laisser passer
deje, dejo *nm* accent *m*
del = **de + el**
delantal *nm* tablier *m*
delante *adv* devant ▷ *prep*: **~ de** devant; **por ~ (de)** par devant
delantera *nf* (*de vestido*) devant *m*; (*de coche*) avant *m*; (*Deporte*) avance *f*; **llevar la ~ (a algn)** mener (devant qn)
delantero, -a *adj* (*asiento, balcón*) avant; (*vagón*) de tête ▷ *nm* (*Deporte*) avant *m*
delatar *vt* dénoncer
delator, a *nm/f* dénonciateur(-trice)
delegación *nf* délégation *f*; (*Méx*: *comisaría*) commissariat *m*; (: *ayuntamiento*) mairie *f*
delegado, -a *nm/f* délégué(e)
delegar *vt*: **~ algo en algn** déléguer qch à qn
deletrear *vt* épeler
delfín *nm* dauphin *m*
delgadez *nf* maigreur *f*; (*fineza*) minceur *f*
delgado, -a *adj* maigre; (*fino*) mince
deliberación *nf* délibération *f*
deliberar *vi*: **~ (sobre)** délibérer (sur)
delicadeza *nf* délicatesse *f*
delicado, -a *adj* délicat(e)
delicia *nf* délice *m*
delicioso, -a *adj* délicieux(-euse)
delimitar *vt* délimiter
delincuencia *nf* délinquance *f*; **delincuencia juvenil** délinquance juvénile; **delincuente** *nm/f* délinquant(e)
delineante *nm/f* dessinateur(-trice)
delirar *vi* délirer
delirio *nm* délire *m*; **delirios de grandeza** folie *f* des grandeurs
delito *nm* délit *m*

delta *nm* delta *m*
demacrado, -a *adj* émacié(e)
demanda *nf* demande *f*; **en ~ de** pour demander
demandante *nm/f* (*Jur*) demandeur(-deresse)
demandar *vt* demander; (*Jur*) poursuivre
demarcación *nf* démarcation *f*; (*zona*) zone *f*; (*jurisdicción*) circonscription *f*
demás *adj*: **los ~ niños** les autres enfants *mpl* ▷ *pron*: **los/las ~** les autres; **lo ~** le reste; **por lo ~** à part cela
demasiado, -a *adj*: **~ vino** trop de vin ▷ *adv* trop; **~s libros** trop de livres; **¡es ~!** c'est trop!
demencia *nf* démence *f*; **demente** *adj, nm/f* dément(e)
democracia *nf* démocratie *f*
demócrata *adj, nm/f* démocrate *m/f*
democrático, -a *adj* démocratique
demolición *nf* démolition *f*
demonio *nm* démon *m*; **¡~s!** mince!
demora *nf* retard *m*; **demorar** *vt* retarder ▷ *vi*: **demorar en** (*Am*) mettre du temps à; **demorarse** *vpr* s'attarder
demos *vb ver* **dar**
demostración *nf* démonstration *f*; (*de sinceridad*) preuve *f*
demostrar *vt* (*sinceridad*) prouver; (*afecto, fuerza*) montrer; (*funcionamiento, aplicación*) démontrer
demudado, -a *adj*: **tener el rostro ~** avoir le visage pâle
den *vb ver* **dar**
denegar *vt* refuser
denigrar *vt* dénigrer

DENOMINACIÓN DE ORIGEN

La "Denominación de Origen" ou "D.O." est l'équivalent espagnol de l'appellation d'origine contrôlée. Ce label est attribué à des produits agricoles (vins, fromages, charcuterie) dont il garantit la qualité et la conformité aux caractéristiques d'une région donnée.

denotar *vt* dénoter
densidad *nf* densité *f*
denso, -a *adj* dense; (*humo, niebla*) épais(se)
dentadura *nf* denture *f*; **dentadura postiza** dentier *m*
dentera *nf* frisson *m*
dentífrico, -a *adj*: **crema** *o* **pasta dentífrica** pâte *f* dentifrice ▷ *nm* dentifrice *m*
dentista *nm/f* dentiste *m/f*
dentro *adv* dedans ▷ *prep*: **~ de** dans; **mirar por ~** regarder à l'intérieur; **~ de tres meses** dans trois mois
denuncia *nf* plainte *f*; **denunciar** *vt* (*en comisaría*) déposer une plainte contre; (*en prensa etc*) dénoncer
departamento *nm* département *m*; (*Am*) appartement *m*
dependencia *nf* dépendance *f*
depender *vi*: **~ de** dépendre de; **todo depende** tout dépend; **no depende de mí** cela ne dépend pas de moi; **depende de lo que haga él** cela dépend de ce qu'il fait
dependienta *nf* vendeuse *f*
dependiente *nm* vendeur *m*
depilar *vt* épiler; **depilarse** *vpr* s'épiler; **depilatorio, -a** *adj, nm* dépilatoire *m*
deplorable *adj* déplorable
deplorar *vt* déplorer
deponer *vt* (*rey, gobernante*) déposer; (*actitud*) laisser libre cours à; **~ las armas** déposer les armes
deportar *vt* déporter
deporte *nm* sport *m*; **deportista** *adj, nm/f* sportif(-ive)
deportivo, -a *adj* sportif(-ive) ▷ *nm*

voiture *f* de sport
depositar *vt* déposer; **depositarse** *vpr* se déposer
depositario, -a *nm/f*: **~ de** dépositaire *m/f* de
depósito *nm* dépôt *m*; (*de agua, gasolina etc*) réserve *f*; **depósito de cadáveres** morgue *f*
depreciar *vt* déprécier; **depreciarse** *vpr* se déprécier
depredador, a *adj* prédateur(-trice) ▷ *nm* prédateur *m*
depresión *nf* dépression *f*; **depresión nerviosa** dépression nerveuse
deprimido, -a *adj* déprimé(e)
deprimir *vt*, **deprimirse** *vpr* déprimer
deprisa *adv* vite
depuración *nf* épuration *f*; **depurar** *vt* épurer
derecha *nf* main *f* droite; (*Pol*) droite *f*; **a la ~** à droite
derecho, -a *adj* droit(e) ▷ *nm* droit *m*; (*lado*) côté *m* droit ▷ *adv* droit; **derechos** *nmpl* droits *mpl*; **a mano derecha** à droite; **Facultad de D~** Faculté *f* de Droit; **estudiante de D~** étudiant(e) en Droit; **¡no hay ~!** il n'y a pas de justice!; **tener ~ a algo** avoir droit à qch; **tener ~ a hacer algo** avoir le droit de faire qch; **derecho a voto** droit de vote; **derechos civiles** droits civiques; **derechos humanos/de autor** droits de l'homme/d'auteur
deriva *nf*: **ir/estar a la ~** aller/être à la dérive
derivado, -a *nm* dérivé *m*
derivar *vt* (*conclusión*) arriver à; (*conversación*) dévier ▷ *vi* dévier; **derivarse** *vpr*: **~se de** dériver de
derramamiento *nm*: **~ de sangre** épanchement *m* de sang
derramar *vt* (*verter*) verser; (*esparcir*) renverser; **derramarse** *vpr* se répandre; **~ lágrimas** verser *o* répandre des larmes
derrame *nm* écoulement *m*; (*Med*) épanchement *m*; **derrame cerebral** hémorragie *f* cérébrale
derretido, -a *adj* fondu(e)
derretir *vt* fondre; **derretirse** *vpr* fondre; **~se de calor** être en nage
derribar *vt* faire tomber; (*construcción*) abattre; (*gobierno, político*) renverser
derrocar *vt* (*gobierno*) renverser
derrochar *vt* dilapider; (*energía, salud*) déborder de; **derroche** *nm* gaspillage *m*; (*de salud, alegría*) débordement *m*
derrota *nf* déroute *f*; (*Deporte, Pol*) défaite *f*; **derrotar** *vt* vaincre; (*enemigo*) mettre en déroute; (*Deporte, Pol*) battre; **derrotero** *nm* cap *m*; **tomar otros derroteros** prendre une autre voie
derruir *vt* démolir
derrumbar *vt* démolir; **derrumbarse** *vpr* s'écrouler; (*esperanzas*) s'effondrer
derruyendo *etc vb ver* **derruir**
des *vb ver* **dar**
desabotonar *vt* déboutonner; **desabotonarse** *vpr* se déboutonner
desabrido, -a *adj* (*persona*) désagréable
desabrochar *vt* défaire; **desabrocharse** *vpr* (*cinturón*) défaire
desacato *nm* (*Jur*) outrage *m*
desacertado, -a *adj* erroné(e); (*inoportuno*) mal à propos
desacierto *nm* erreur *f*
desaconsejado, -a *adj*: **estar ~** être déconseillé(e)
desaconsejar *vt*: **~ algo a algn** déconseiller qch à qn
desacreditar *vt* discréditer
desacuerdo *nm* désaccord *m*; (*disconformidad*) contradiction *f*
desafiar *vt* affronter; **~ a algn a hacer** mettre qn au défi de faire

d

desafilado, -a *adj* émoussé(e)
desafinado, -a *adj*: **estar ~** être désaccordé(e)
desafinar *vi* détonner; **desafinarse** *vpr* se désaccorder
desafío *nm* défi *m*
desaforado, -a *adj* (*grito*) terrible; (*ambición*) démesuré(e)
desafortunadamente *adv* malheureusement
desafortunado, -a *adj* malheureux(-euse); (*inoportuno*) inopportun(e)
desagradable *adj* désagréable; **es ~ tener que hacerlo** il est désagréable d'avoir à le faire
desagradecido, -a *adj* ingrat(e)
desagrado *nm* mécontentement *m*; **con ~** de mauvaise grâce
desagraviar *vt* se racheter
desagüe *nm* écoulement *m*; (*de lavadora*) vidange *f*; **tubo de ~** tuyau *m* d'écoulement
desaguisado *nm* dommage *m*
desahogado, -a *adj* aisé(e); (*espacioso*) spacieux(-euse)
desahogar *vt* laisser libre cours à; **desahogarse** *vpr* se soulager
desahogo *nm* soulagement *m*; (*comodidad*) commodité *f*; **vivir con ~** vivre dans l'aisance
desahuciar *vt* (*enfermo*) condamner; (*inquilino*) expulser; **desahucio** *nm* expulsion *f*
desaire *nm* mépris *m*; **hacer un ~ a algn** faire un affront à qn
desajustar *vt* desserrer; **desajustarse** *vpr* se desserrer
desajuste *nm* (*de situación*) dérèglement *m*; (*desacuerdo*) désaccord *m*; **desajuste económico/de horarios** décalage *m* économique/horaire
desalentador, a *adj* décourageant(e)
desalentar *vt* décourager
desaliento *vb ver* **desalentar** ▷ *nm* découragement *m*
desaliño *nm* négligence *f*
desalmado, -a *adj* méchant(e), cruel(le)
desalojar *vt* (*salir de*) quitter; (*expulsar*) déloger
desamparado, -a *adj* (*persona*) désemparé(e); (*lugar: expuesto*) exposé(e); (*: desierto*) déserté(e)
desamparar *vt* abandonner
desandar *vt*: **~ lo andado** *o* **el camino** revenir sur ses pas
desangrar *vt* saigner; **desangrarse** *vpr* se vider de son sang; (*morir*) rendre l'âme
desanimado, -a *adj* déprimé(e)
desanimar *vt* décourager; (*deprimir*) déprimer; **desanimarse** *vpr* se décourager
desapacible *adj* orageux(-euse)
desaparecer *vi* disparaître ▷ *vt* (*Am: Pol*) faire disparaître
desaparecido, -a *adj* disparu(e) ▷ *nm/f* (*Am: Pol*) disparu(e); **desaparecidos** *nmpl* disparus *mpl*; **desaparición** *nf* disparition *f*
desapasionado, -a *adj* impartial(e)
desapego *nm* indifférence *f*; (*a dinero*) désintéressement *m*
desapercibido, -a *adj*: **pasar ~** passer inaperçu(e)
desaprensivo, -a *adj* sans scrupules
desaprobar *vt* désapprouver
desaprovechar *vt* (*oportunidad, tiempo*) perdre; (*comida, tela*) ne pas apprécier
desarmar *vt* désarmer; (*mueble, máquina*) démonter; **desarme** *nm* désarmement *m*
desarraigo *nm* déracinement *m*
desarreglo *nm* désordre *m*; **desarreglos** *nmpl* (*Med*) troubles *mpl*
desarrollar *vt* développer; (*planta, semilla*) faire pousser; (*plan etc*) mettre au point; **desarrollarse**

vpr se développer; (*hechos, reunión*) se dérouler; **desarrollo** *nm* développement *m*; (*de acontecimientos*) déroulement *m*; **país en vías de desarrollo** pays *msg* en voie de développement
desarticular *vt* (*mecanismo, bomba*) désamorcer; (*grupo terrorista*) démanteler
desasir *vt* (*soltar*) lâcher; **desasirse** *vpr*: **~se (de)** se défaire (de)
desasosegar *vt* inquiéter; **desasosegarse** *vpr* s'inquiéter
desasosiego *vb ver* **desasosegar** ▷ *nm* inquiétude *f*; (*Pol*) agitation *f*
desastrado, -a *adj* (*desaliñado*) négligé(e); (*descuidado*) négligent(e)
desastre *nm* désastre *m*; (*fam: persona*) catastrophe *f*
desastroso, -a *adj* désastreux(-euse)
desatado, -a *adj* furieux(-euse)
desatar *vt* (*nudo*) défaire; (*cordones, cuerda*) dénouer; (*perro, prisionero*) détacher; **desatarse** *vpr* se défaire; (*perro, prisionero*) se détacher; (*tormenta*) se déchaîner
desatascar *vt* (*cañería*) déboucher
desatender *vt* (*consejos, súplicas*) ignorer; (*trabajo, hijo*) négliger
desatento, -a *adj* impoli(e)
desatinado, -a *adj* immodéré(e); **desatino** *nm* folie *f*; **decir desatinos** raconter des bêtises
desatornillar *vt* (*tornillo*) dévisser; (*estructura*) démonter; **desatornillarse** *vpr* (*ver vt*) se dévisser; se démonter
desatrancar *vt* (*puerta*) débarrer; (*cañería*) déboucher
desautorizar *vt* (*oficial*) désavouer; (*informe, declaraciones*) désapprouver; (*huelga, manifestación*) interdire
desavenencia *nf* désaccord *m*; (*discordia*) conflit *m*
desayunar *vt*: **~ algo** prendre qch au petit déjeuner ▷ *vi* prendre le petit déjeuner; **desayuno** *nm* petit déjeuner *m*
desazón *nf* malaise *m*
desazonarse *vpr* se faire du souci
desbandarse *vpr* se débander
desbarajuste *nm* pagaille *f*
desbaratar *vt* déranger; (*plan*) bouleverser
desbloquear *vt* (*Com, negociaciones*) débloquer; (*tráfico*) rétablir
desbocado, -a *adj* (*caballo*) emballé(e); (*cuello*) détendu(e)
desbordar *vt* déborder; (*fig: paciencia, tolerancia*) pousser à bout; **desbordarse** *vpr*: **~se (de)** déborder (de)
descabalgar *vi*: **~ (de)** descendre (de)
descabellado, -a *adj* fantaisiste
descafeinado, -a *adj* décaféiné(e) ▷ *nm* décaféiné *m*
descalabro *nm* revers *msg*; (*daño*) coup *m*
descalificar *vt* (*Deporte*) disqualifier; (*desacreditar*) discréditer
descalzar *vt* déchausser; **descalzarse** *vpr* se déchausser
descalzo, -a *adj* (*persona*) pieds nus; **estar/ir (con los pies) ~(s)** être/aller pieds nus
descambiar *vt* (*Com*) échanger
descaminado, -a *adj*: **estar** *o* **ir ~** se leurrer
descampado *nm* terrain *m* vague
descansado, -a *adj* reposant(e); (*oficio, actividad*) facile; **estar/sentirse ~** être/se sentir reposé(e)
descansar *vt* reposer ▷ *vi* (*reposar*) se reposer; (*no trabajar*) faire une pause; (*dormir*) se coucher
descansillo *nm* palier *m*
descanso *nm* repos *msg*; (*en el trabajo*) pause *f*; (*alivio*) soulagement *m*; (*Teatro, Cine*) entracte *m*; (*Deporte*) mi-temps *fsg*
descapotable *nm* (*tb*: **coche ~**)

décapotable *f*
descarado, -a *adj* éhonté(e); (*insolente*) effronté(e)
descarga *nf* déchargement *m*; (*Mil*) décharge *f*
descargable *adj* téléchargeable
descargar *vt* décharger; (*golpe*) envoyer; (*Inform*) télécharger ▷ *vi* décharger; (*tormenta*) éclater; (*nube*) crever; **~ en** (*río*) se jeter dans; **descargarse** *vpr* se décharger; **descargo** *nm* (*de obligación*) libération *f*; (*Com*) crédit *m*; (*de conciencia*) soulagement *m*; (*Jur*) décharge *f*
descaro *nm* effronterie *f*; (*insolencia*) impudence *f*
descarriar *vt* (*fig*) dévergonder; **descarriarse** *vpr* se dévergonder
descarrilamiento *nm* déraillement *m*
descarrilar *vi* dérailler
descartar *vt* rejeter
descascarillado, -a *adj* écaillé(e)
descendencia *nf* (*hijos*) descendance *f*
descender *vt* descendre ▷ *vi* descendre; (*temperatura, nivel*) baisser; **~ de** descendre de; **~ de categoría** se déclasser
descendiente *nm/f* descendant(e)
descenso *nm* descente *f*; (*de temperatura, fiebre*) baisse *f*
descifrar *vt* déchiffrer
descolgar *vt* décrocher; **descolgarse** *vpr* se laisser glisser; (*lámpara, cortina*) se décrocher
descolorido, -a *adj* (*tela, cuadro*) passé(e); (*persona*) pâlot(te)
descomponer *vt* décomposer; (*desordenar*) déranger; (*estropear*) casser; (*facciones*) altérer; **descomponerse** *vpr* se décomposer; (*encolerizarse*) se mettre en colère; (*Méx*) se casser
descomposición *nf* décomposition *f*; **descomposición de vientre** diarrhée *f*
descompuesto, -a *pp de* **descomponer** ▷ *adj* (*alimento*) pourri(e); (*vino*) frelaté(e); (*persona, rostro*) décomposé(e); (*con diarrea*) dérangé(e)
descomunal *adj* énorme
desconcertado, -a *adj* déconcerté(e)
desconcertar *vt* déconcerter; **desconcertarse** *vpr* se déconcerter
desconcierto *vb ver* **desconcertar** ▷ *nm* désorientation *f*; (*confusión*) discorde *f*
desconectar *vt* déconnecter; (*desenchufar*) débrancher
desconfianza *nf* méfiance *f*
desconfiar *vi*: **~ de algn/algo** se méfier de qn/qch; **~ de que algn/algo haga algo** (*dudar*) craindre que qn/qch (ne) fasse qch
descongelar *vt* décongeler; (*Pol, Com*) dégeler; **descongelarse** *vpr* se décongeler; se dégeler
descongestionar *vt* décongestionner
desconocer *vt* (*dato*) ignorer; (*persona*) ne pas connaître
desconocido, -a *adj, nm/f* inconnu(e); **está ~** (*persona*) il est transformé; (*lugar*) c'est transformé
desconsiderado, -a *adj* irrespectueux(-euse)
desconsolar *vt* affliger; **desconsolarse** *vpr* s'affliger
desconsuelo *vb ver* **desconsolar** ▷ *nm* affliction *f*, chagrin *m*
descontado, -a *adj*: **por ~** c'est certain; **dar por ~ (que)** escompter (que)
descontar *vt* (*deducir*) déduire; (*rebajar*) faire une remise de
descontento, -a *adj* mécontent(e) ▷ *nm* mécontentement *m*

descorazonar *vt* décourager; **descorazonarse** *vpr* perdre courage
descorchar *vt* déboucher
descorrer *vt* (*cortina, cerrojo*) tirer
descortés *adj* discourtois(e); (*grosero*) grossier(-ière)
descoser *vt* découdre; **descoserse** *vpr* se découdre
descosido, -a *adj* décousu(e) ▷ *nm* (*en prenda*) trou *m*
descrédito *nm* discrédit *m*
descremado, -a *adj* écrémé(e)
describir *vt* décrire; **descripción** *nf* description *f*
descuartizar *vt* (*Culin: cerdo*) équarrir; (*: pollo*) dépecer
descubierto, -a *pp de* **descubrir** ▷ *adj* découvert(e); (*coche*) décapoté(e) ▷ *nm* (*Com: en el presupuesto*) déficit *m*; (*: bancario*) découvert *m*; **al ~** en plein air; **poner al ~** révéler
descubrimiento *nm* découverte *f*
descubrir *vt* découvrir; **descubrirse** *vpr* se découvrir; (*fig*) éclater
descuento *vb ver* **descontar** ▷ *nm* remise *f*
descuidado, -a *adj* négligé(e); (*desordenado*) négligent(e); **estar ~** être pris(e) au dépourvu; **coger** *o* **pillar a algn ~** prendre qn au dépourvu
descuidar *vt* négliger ▷ *vi* ne plus y penser; **descuidarse** *vpr* (*despistarse*) ne pas faire attention; **¡descuida!** n'y pense plus!; **descuido** *nm* négligence *f*; **al menor descuido** à la moindre négligence; **con descuido** sans faire attention; **en un descuido** dans un moment d'inattention; **por descuido** par inadvertance

PALABRA CLAVE

desde *prep* **1** (*lugar, posición*) depuis; **desde Burgos hasta mi casa hay 30 km** de Burgos à chez moi il y a 30 km; **hablaba desde el balcón** il parlait du balcon
2 (*tiempo*) depuis; **desde ahora** à partir de maintenant; **desde niño** depuis qu'il est tout petit; **nos conocemos desde 1987/desde hace 20 años** nous nous connaissons depuis 1987/depuis 20 ans; **no le veo desde 1992/desde hace 5 años** je ne le vois plus depuis 1992/depuis 5 ans
3 (*gama*): **desde los más lujosos hasta los más económicos** des plus luxueux aux plus avantageux
4: **desde luego (que no/sí)** bien sûr (que non/si)
▷ *conj*: **desde que, desde que recuerdo** aussi loin que je m'en souvienne; **desde que llegó no ha salido** depuis qu'il est rentré il n'est pas sorti

desdecirse *vpr*: **~ de** se dédire de
desdén *nm* dédain *m*
desdeñar *vt* dédaigner
desdicha *nf* malheur *m*
desdichado, -a *adj* (*sin suerte*) infortuné(e); (*infeliz*) malheureux(-euse) ▷ *nm/f* miséreux(-euse)
desdoblar *vt* (*extender*) déplier
desear *vt* désirer
desecar *vt* assécher; **desecarse** *vpr* se dessécher
desechar *vt* jeter; (*oferta*) rejeter
desecho *nm* déchet *m*; **desechos** *nmpl* ordures *fpl*; **de ~** (*materiales*) de rebut; (*ropa*) à jeter
desembalar *vt* déballer
desembarazar *vt* débarrasser; **desembarazarse** *vpr*: **~se de** se débarrasser de
desembarcar *vt* débarquer
desembocadura *nf* (*de río*) embouchure *f*
desembocar *vi*: **~ en** (*río*) se jeter

dans; (*fig*) déboucher sur
desembragar *vt, vi* débrayer
desembrollar *vt* débrouiller
desemejanza *nf* dissemblance *f*
desempaquetar *vt* déballer
desempatar *vi*: **volvieron a jugar para ~** ils ont joué à nouveau pour se départager; **desempate** *nm* (*Fútbol*) belle *f*; (*Tenis*) tie-break *m*
desempeñar *vt* (*cargo, función*) occuper; (*papel*) jouer; (*deber*) accomplir; (*lo empeñado*) dégager; **~ un papel** (*fig*) jouer un rôle
desempeño *nm* (*de cargo*) accomplissement *m*
desempleado, -a *adj* au chômage; **desempleo** *nm* chômage *m*
desempolvar *vt* dépoussiérer; (*recuerdos*) rassembler
desencadenar *vt* (*ira, conflicto*) déchaîner; (*guerra*) déclencher; **desencadenarse** *vpr* (*conflicto, tormenta*) se déchaîner; (*guerra*) se déclencher
desencajar *vt* (*mandíbula*) décrocher; (*hueso, pieza*) déboîter; **desencajarse** *vpr* se déboîter
desencanto *nm* désenchantement *m*
desenchufar *vt* débrancher
desenfadado, -a *adj* décontracté(e); **desenfado** *nm* décontraction *f*
desenfocado, -a *adj* (*Foto*) flou(e)
desenfrenado, -a *adj* (*pasión*) sans bornes; (*lenguaje, conducta*) débridé(e); **desenfreno** *nm* (*libertinaje*) libertinage *m*; (*falta de control*) déchaînement *m*
desengañar *vt* désillusionner; **desengañarse** *vpr*: **~se (de)** perdre ses illusions (sur); **¡desengáñate!** détrompe-toi!
desenganchar *vt* décrocher; **desengancharse** *vpr* (*fam*: *de drogas*) décrocher; **desengaño** *nm* désillusion *f*; **llevarse un desengaño (con algn)** être déçu(e) (par qn)
desenlace *nm* dénouement *m*
desenmarañar *vt* (*fig*) débrouiller
desenmascarar *vt* (*fig*) démasquer
desenredar *vt* débrouiller
desenroscar *vt* dévisser
desenterrar *vt* déterrer
desentonar *vi* détonner
desentrañar *vt* (*misterio*) percer; (*sentido*) éclaircir
desentumecer *vt* (*pierna*) dégourdir; (*Deporte*) échauffer; **desentumecerse** *vpr* se dégourdir
desenvoltura *nf* désinvolture *f*
desenvolver *vt* défaire; **desenvolverse** *vpr* se dérouler; **~se bien/mal** bien/mal se débrouiller; **~se en la vida** se débrouiller dans la vie
deseo *nm* désir *m*; **~ de (hacer)** désir de (faire)
deseoso, -a *adj*: **estar ~ de (hacer)** être désireux(-euse) de (faire)
desequilibrado, -a *adj, nm/f* déséquilibré(e)
desertar *vi* (*soldado*) déserter
desértico, -a *adj* désertique
desesperación *nf* désespoir *m*; (*irritación*) exaspération *f*
desesperar *vt* désespérer; (*exasperar*) exaspérer ▷ *vi*: **~ (de)** désespérer (de); **desesperarse** *vpr* perdre espoir
desestabilizar *vt* déstabiliser
desestimar *vt* (*menospreciar*) mésestimer; (*rechazar*) rejeter
desfachatez *nf* aplomb *m*; **tener la ~ de hacer** avoir l'aplomb de faire
desfalco *nm* détournement *m* de fonds
desfallecer *vi* défaillir
desfasado, -a *adj* déphasé(e); (*costumbres*) vieux jeu *inv*; **desfase** *nm* (*en mecanismo*) déphasage *m*; (*entre ideas, circunstancias*) décalage *m*
desfavorable *adj* défavorable

desfigurar *vt* défigurer
desfiladero *nm* défilé *m*
desfilar *vi* défiler; **desfile** *nm* défilé *m*; **desfile de modelos** défilé de mode
desfogarse *vpr* (*fig*) se défouler
desgajar *vt* arracher; **desgajarse** *vpr* (*rama*) s'arracher
desgana *nf* (*falta de apetito*) manque *m* d'appétit; (*falta de entusiasmo*) manque d'entrain
desganado, -a *adj*: **estar ~** (*sin apetito*) ne pas avoir d'appétit; (*sin entusiasmo*) manquer d'entrain
desgarrador, a *adj* déchirant(e)
desgarrar *vt* déchirer; (*carne*) déchiqueter; **desgarrarse** *vpr* (*prenda*) se déchirer; (*carne*) partir en lambeaux
desgastar *vt* user; **desgastarse** *vpr* s'user; **desgaste** *nm* usure *f*; **desgaste físico** déchéance *f* physique
desglosar *vt* disjoindre
desgracia *nf* malheur *m*; **por ~** malheureusement
desgraciado, -a *adj* malheureux(-euse); (*miserable*) infortuné(e); (*Am: fam*) infâme ▷ *nm/f* (*miserable*) infortuné(e); (*infeliz*) malheureux(-euse)
desgravación *nf* (*Com*): **~ fiscal** dégrèvement *m* fiscal
desgravar *vt* dégrever ▷ *vi* (*Fin*) détaxer
deshabitado, -a *adj* (*edificio*) inhabité(e); (*zona*) déserté(e)
deshacer *vt* défaire; (*Tec*) démonter; (*contrato*) annuler; (*disolverse*) se dissoudre; (*derretirse*) fondre; **~se de** se défaire de; **~se en cumplidos/atenciones/lágrimas** se répandre en compliments/être plein d'attentions/fondre en larmes
desharrapado, -a *adj* en haillons
deshecho, -a *pp de* **deshacer** ▷ *adj* défait(e); (*roto*) cassé(e); **estoy ~** (*cansado*) je suis mort(e) de fatigue; (*deprimido*) je suis abattu(e)
desheredar *vt* déshériter
deshidratar *vt* déshydrater; **deshidratarse** *vpr* se déshydrater
deshielo *nm* dégel *m*
deshonesto, -a *adj* malhonnête
deshonor *nm*, **deshonra** *nf* déshonneur *m*
deshora: **a ~(s)** *adv* (*llegar*) au mauvais moment; (*hablar*) quand il ne faut pas; (*acostarse, comer*) à des heures impossibles
deshuesar *vt* (*carne*) désosser; (*fruta*) dénoyauter
desierto, -a *adj* déserté(e) ▷ *nm* désert *m*; **declarar ~ un premio** ne pas décerner un prix (*à cause du niveau insuffisant des candidats*)
designar *vt* désigner; **~ (para)** (*nombrar*) désigner (pour)
designio *nm* dessein *m*
desigual *adj* inégal(e); (*tamaño, escritura*) irrégulier(-ière)
desilusión *nf* désillusion *f*; **desilusionar** *vt* désillusionner; (*decepcionar*) décevoir; **desilusionarse** *vpr* perdre ses illusions
desinfectar *vt* désinfecter
desinflar *vt* dégonfler; **desinflarse** *vpr* se dégonfler
desintegración *nf* désintégration *f*
desinterés *nm* (*altruismo*) désintéressement *m*; **~ por** (*familia, actividad*) désintérêt *m* pour
desintoxicarse *vpr* se désintoxiquer
desistir *vi* renoncer; **~ de (hacer)** renoncer à (faire)
desleal *adj* déloyal(e); **deslealtad** *nf* déloyauté *f*
desleír *vt* diluer
deslenguado, -a *adj* (*grosero*) fort(e) en gueule
desligar *vt* (*separar*) séparer
desliz *nm* (*fig*) impair *m*; **deslizar** *vt* glisser; **deslizarse** *vpr* glisser; (*aguas*

d

mansas, lágrimas) couler
deslucido, -a *adj* terne
deslumbrar *vt* éblouir
desmadrarse *(fam) vpr* se défouler
desmán *nm* abus *msg*
desmandarse *vpr (descontrolarse)* se rebeller
desmantelar *vt* démanteler; *(casa, fábrica)* vider
desmayarse *vpr* perdre connaissance; **desmayo** *nm (Med)* évanouissement *m*; *(desaliento)* découragement *m*
desmedido, -a *adj* démesuré(e)
desmejorar *vi (Med)* s'affaiblir
desmembrar *vt* démembrer; **desmembrarse** *vpr (imperio)* se morceler
desmemoriado, -a *adj* distrait(e)
desmentir *vt* démentir
desmenuzar *vt (pan)* émietter; *(roca)* effriter; *(carne)* couper en morceaux; *(asunto, teoría)* examiner en détail
desmerecer *vi (marca)* baisser; *(belleza)* se flétrir; **~ de** *(cosa)* ne pas être à la hauteur de; *(persona)* ne pas être digne de
desmesurado, -a *adj (ambición, egoísmo)* démesuré(e); *(habitación, gafas)* énorme
desmontable *adj (que se quita)* démontable; *(que se puede plegar)* pliable
desmontar *vt* démonter ▷ *vi (de caballería)* mettre pied à terre
desmoralizar *vt* démoraliser; **desmoralizarse** *vpr* se démoraliser
desmoronar *vt* saper; **desmoronarse** *vpr* s'écrouler; *(convicción, ilusión)* s'ébranler
desnatado, -a *adj* écrémé(e)
desnivel *nm (de terreno)* dénivellation *f*
desnudar *vt* dénuder; **desnudarse** *vpr* se dénuder
desnudo, -a *adj* nu(e); *(árbol)* dépouillé(e) ▷ *nm (Arte)* nu *m*
desnutrición *nf* malnutrition *f*
desnutrido, -a *adj* mal nourri(e)
desobedecer *vt, vi* désobéir
desobediente *adj* désobéissant(e)
desocupado, -a *adj (persona: ocioso)* désœuvré(e); *(asiento, servicios)* libre
desocupar *vt (vivienda)* libérer; *(local)* vider
desodorante *nm* déodorant *m*
desolación *nf* désolation *f*
desorbitado, -a *adj (deseos)* démesuré(e); *(precio)* exorbitant(e)
desorden *nm* désordre *m*; **desórdenes** *nmpl (Pol)* troubles *mpl*
desordenado, -a *adj (habitación, objetos)* en désordre; *(persona)* désordonné(e)
desorganización *nf* désorganisation *f*
desorganizar *vt* bouleverser
desorientado, -a *adj (extraviado)* égaré(e); *(confundido)* confus(e)
desorientar *vt (extraviar)* égarer; *(desconcertar)* désorienter; **desorientarse** *vpr* s'égarer
despabilado, -a *adj (despierto)* réveillé(e); *(fig)* éveillé(e)
despabilar *vt* réveiller ▷ *vi* se réveiller; *(fig)* s'éveiller; **despabilarse** *vpr* se réveiller; **¡despabílate!** *(date prisa)* réveille-toi!
despachar *vt (negocio)* expédier; *(correspondencia)* s'occuper de; *(en tienda: cliente)* servir; *(entradas)* distribuer; *(empleado)* se débarrasser de; *(visitas)* décliner; *(Arg: maletas)* enregistrer ▷ *vi (en tienda)* servir
despacho *nm* bureau *m*; *(envío)* dépêche *f*; *(Com: venta)* envoi *m*; *(comunicación oficial)* dépêche; **~ de billetes** *o* **boletos** *(Am)* bureau de tabac
despacio *adv* lentement; *(cuidadosamente, Am: en voz baja)* doucement

desparpajo *nm* (*desenvoltura*) aisance *f*; (*pey*) insolence *f*
desparramar *vt* répandre
despavorido, -a *adj* terrorisé(e)
despecho *nm* dépit *m*; **a ~ de** en dépit de
despectivo, -a *adj* (*tono, modo*) condescendant(e)
despedazar *vt* réduire en miettes
despedida *nf* (*adiós*) congé *m*; **regalo/cena de ~** cadeau *m*/dîner *m* d'adieu; **hacer su ~ de soltero/soltera** enterrer sa vie de garçon/jeune fille
despedir *vt* (*decir adiós a*) dire au revoir à; (*empleado*) renvoyer; (*olor, calor*) dégager; **despedirse** *vpr* quitter son emploi; **~se de algn** dire au revoir à qn; **ir a ~ a algn** aller prendre congé de qn
despegar *vt, vi* décoller; **despegarse** *vpr* se décoller; **despego** *nm* = **desapego**
despegue *vb ver* **despegar** ▷ *nm* décollage *m*
despejado, -a *adj* dégagé(e); (*persona*) réveillé(e)
despejar *vt* dégager; (*desalojar*) vider; (*misterio*) éclaircir; (*mente*) rafraîchir ▷ *vi* s'éclaircir; **despejarse** *vpr* s'éclaircir; (*persona*) émerger
despellejar *vt* (*animal*) écorcher
despensa *nf* armoire *f* à provisions
despeñadero *nm* précipice *m*
despeñarse *vpr* basculer
desperdiciar *vt* gaspiller; (*oportunidad*) manquer
desperdicio *nm* gaspillage *m*; **desperdicios** *nmpl* (*basura*) ordures *fpl*; (*residuos*) déchets *mpl*; **el libro no tiene ~** le livre est excellent du début à la fin
desperdigarse *vpr* se disperser; (*semillas etc*) s'éparpiller
desperezarse *vpr* s'étirer
desperfecto *nm* (*deterioro*) dommage *m*; (*defecto*) imperfection *f*
despertador *nm* réveil *m*
despertar *vt* réveiller; (*sospechas, admiración*) éveiller; (*apetito*) aiguiser ▷ *vi* se réveiller ▷ *nm* (*de persona*) réveil *m*; (*día, era*) aube *f*; **despertarse** *vpr* se réveiller
despiadado, -a *adj* impitoyable
despido *vb ver* **despedir** ▷ *nm* (*de trabajador*) licenciement *m*
despierto, -a *vb ver* **despertar** ▷ *adj* réveillé(e); (*fig*) éveillé(e)
despilfarro *nm* gaspillage *m*
despistado, -a *adj* (*distraído*) distrait(e)
despistar *vt* (*perseguidor*) semer; (*desorientar*) dérouter; **despistarse** *vpr* (*distraerse*) être distrait(e)
despiste *nm* distraction *f*
desplazamiento *nm* déplacement *m*; (*Inform*) défilement *m*; **~ hacia arriba/abajo** (*Inform*) déplacement vers le haut/bas; **gastos de ~** frais *mpl* de déplacement
desplazar *vt* déplacer; (*fig*) supplanter; (*Inform*) faire défiler; **desplazarse** *vpr* se déplacer
desplegar *vt* déployer; (*tela, papel*) déplier; **desplegarse** *vpr* (*Mil*) se déployer; **despliegue** *vb ver* **desplegar** ▷ *nm* déploiement *m*
desplomarse *vpr* s'écrouler
desplumar *vt* (*ave*) déplumer; (*fam*) plumer
despoblado, -a *adj* (*sin habitantes*) vide; (*con pocos habitantes*) dépeuplé(e) ▷ *nm* terrain *m* vague
despojar *vt* (*casa*) dépouiller; **~ de** (*persona: de sus bienes*) dépouiller de; (*: de título, derechos*) retirer; **despojarse** *vpr*: **~se de** (*ropa*) enlever
despojo *nm* (*de banquete*) reliefs *mpl*
desposado, -a *adj* tout juste marié(e)
desposar *vt* (*suj: sacerdote*) marier; **desposarse** *vpr* se marier

d

desposeer *vt*: **~ (de)** déposséder (de)
déspota *nm/f* despote *m*
despreciar *vt* mépriser; (*oferta, regalo*) dédaigner; **desprecio** *nm* dédain *m*; **un desprecio** un affront
desprender *vt* ôter; (*olor, calor*) dégager; **desprenderse** *vpr* se détacher; (*olor, perfume*) se dégager; **~ (de)** (*separar*) ôter (de); **~se de algo** se défaire de qch; **de ahí se desprende que** il en découle que
desprendimiento *nm* générosité *f*; **desprendimiento de retina** décollement *m* de la rétine; **desprendimiento de tierras** éboulement *m* de terrain
despreocupado, -a *adj*: **estar ~** (*sin preocupación*) ne pas s'inquiéter; **ser ~** être insouciant(e)
despreocuparse *vpr*: **~ (de)** (*dejar de inquietarse*) ne plus s'occuper (de); (*desentenderse*) se désintéresser (de)
desprestigiar *vt* discréditer; **desprestigiarse** *vpr* se discréditer
desprevenido, -a *adj* dépourvu(e); **coger** (*Esp*) *o* **agarrar** (*Am*) **a algn ~** prendre qn au dépourvu
desproporcionado, -a *adj* disproportionné(e)
desprovisto, -a *adj*: **~ de** dépourvu(e) de
después *adv* après; (*entonces*) alors ▷ *prep*: **~ de** après ▷ *conj*: **~ (de) que** après que; **un año ~** un an après; **~ de comer** après manger; **~ de todo** après tout
desquiciar *vt* (*puerta*) sortir de ses gonds; (*persona*) rendre fou/folle
desquite *nm*: **tomarse el ~ (de)** prendre sa revanche (sur)
destacar *vt* (*Arte*) mettre en relief; (*fig*) souligner; (*Mil*) détacher ▷ *vi* (*sobresalir: montaña, figura*) ressortir; (*: obra, persona*) se démarquer; **destacarse** *vpr* se démarquer
destajo *nm*: **trabajar a ~** (*por pieza*) travailler à la pièce; (*mucho*) travailler d'arrache-pied
destapar *vt* découvrir; (*botella*) déboucher; (*cacerola*) ôter le couvercle de; **destaparse** *vpr* (*botella*) se déboucher; (*en la cama*) se découvrir
destartalado, -a *adj* (*casa*) délabré(e); (*coche*) démantibulé(e)
destello *nm* (*de diamante, metal*) scintillement *m*; (*de estrella*) scintillation *f*; (*de faro*) lueur *f*
destemplado, -a *adj* (*Mús*) désaccordé(e); (*voz*) discordant(e); (*Meteorología*) mauvais(e); **estar/sentirse ~** (*Med*) être/se sentir indisposé(e)
desteñir *vt* (*sol, lejía*) passer ▷ *vi* (*tejido*) déteindre; **desteñirse** *vpr* déteindre; **esta tela no destiñe** cette toile ne déteint pas
desternillarse *vpr*: **~ de risa** se tordre de rire
desterrar *vt* exiler
destiempo: **a ~** *adv* mal à propos
destierro *vb ver* **desterrar** ▷ *nm* (*expulsión*) interdiction *f* de séjour; (*exilio*) exil *m*
destilar *vt, vi* distiller; **destilería** *nf* distillerie *f*
destinar *vt* (*funcionario, militar*) affecter; (*habitación, tarea*) assigner; **~ a** *o* **para** (*fondos*) destiner à
destinatario, -a *nm/f* destinataire *m/f*
destino *nm* (*suerte*) destin *m*; (*de viajero*) destination *f*; (*de funcionario, militar*) poste *m*; **con ~ a** à destination de
destituir *vt*: **~ (de)** destituer (de)
destornillador *nm* tournevis *msg*
destornillar *vt* = **desatornillar**
destreza *nf* dextérité *m*; (*maña*) adresse *f*
destrozar *vt* (*romper*) casser; (*planes, campaña, persona*) anéantir; (*nervios*) mettre à vif

destrozo *nm* destruction *f*; **destrozos** *nmpl* (*daños*) dégâts *mpl*
destrucción *nf* destruction *f*
destructivo, -a *adj* destructeur(-trice)
destruir *vt* détruire; (*persona*: *moralmente*) briser; (*negocio, comarca*) ruiner; (*político, competidor, ilusiones*) anéantir
desuso *nm* non utilisation *f*; **caer en ~** tomber en désuétude; **estar en ~** être inusité(e)
desvalido, -a *adj* déshérité(e)
desvalijar *vt* dévaliser; (*coche*) cambrioler
desván *nm* grenier *m*
desvanecerse *vpr* (*Med*) s'évanouir; (*fig*) se dissiper; (*borrarse*) s'effacer
desvanecimiento *nm* (*de contornos, colores*) effacement *m*; (*Med*) évanouissement *m*
desvariar *vi* délirer; **desvarío** *nm* délire *m*
desvelar *vt* (*suj*: *café, preocupación*) tenir éveillé(e); **desvelarse** *vpr* rester éveillé(e)
desvelos *nmpl* (*preocupación*) soucis *mpl*
desvencijado, -a *adj* (*silla*) branlant(e); (*máquina*) détraqué(e)
desventaja *nf* inconvénient *m*; **estar en** *o* **llevar ~** être désavantagé(e)
desventura *nf* malheur *m*
desvergonzado, -a *adj, nm/f* dévergondé(e); (*descarado*) effronté(e)
desvergüenza *nf* dévergondage *m*; (*descaro*) toupet *m*
desvestir *vt* déshabiller; **desvestirse** *vpr* se déshabiller
desviación *nf* (*de río*) détournement *m*; (*Auto*) déviation *f*; (*de la conducta*) écart *m*; **desviación de la columna** (*Med*) scoliose *f*
desviar *vt* dévier; (*río, mirada*) détourner; **desviarse** *vpr* (*apartarse del camino*) s'égarer; (*rumbo*) faire un détour
desvío *vb ver* **desviar** ▷ *nm* (*Auto*) détour *m*
desvirtuar *vt* (*actuación, labor*) nuire à; **desvirtuarse** *vpr* perdre sa signification première
desvivirse *vpr*: **~ por algo/algn** se mettre en quatre pour qch/qn; **~ por hacer** se tuer à faire
detalle *nm* détail *m*; (*delicadeza*) attention *f*; **¡qué ~!** comme c'est gentil!; **al ~** (*Com*) au détail
detallista *adj* méticuleux(-euse) ▷ *nm/f* (*Com*) détaillant(e)
detective *nm/f* détective *m*; **detective privado** détective privé
detener *vt* arrêter; **detenerse** *vpr* s'arrêter; (*demorarse*) s'attarder
detenido, -a *adj* arrêté(e); (*minucioso*) minutieux(-euse); (*preso*) détenu(e) ▷ *nm/f* détenu(e)
detenimiento *nm*: **con ~** avec soin
detergente *nm* détergent *m*
deteriorar *vt* détériorer; **deteriorarse** *vpr* se détériorer
determinación *nf* détermination *f*; (*decisión*) décision *f*
determinado, -a *adj* déterminé(e)
determinar *vt* déterminer; **determinarse** *vpr*: **~se a hacer** se déterminer à faire
detestar *vt* détester
detrás *adv* derrière; (*en sucesión*) après ▷ *prep*: **~ de** derrière; **~ mío/nuestro** (*esp CSur*) derrière moi/nous
detrimento *nm*: **en ~ de** au détriment de
deuda *nf* dette *f*; **estar en ~ con algn** (*fig*) avoir une dette envers qn; **deuda exterior/pública** dette extérieure/publique
devaluación *nf* dévaluation *f*
devaluar *vt* dévaluer
devastar *vt* dévaster
devoción *nf* dévotion *f*; **sentir ~ por algn/algo** avoir de la dévotion

d

pour qn/qch
devolución *nf* restitution *f*; (*de carta*) retour *m*; (*de dinero*) remboursement *m*
devolver *vt* rendre; (*a su sitio*) remettre; (*fam: vomitar*) rendre ▷ *vi* (*fam*) rendre; **devolverse** *vpr* (*Am*) revenir
devorar *vt* dévorer
devoto, -a *adj* (*Rel*) dévot(e) ▷ *nm/f* dévot(e); (*adepto*) adepte *m/f*
devuelto *pp de* **devolver**
devuelva *etc vb ver* **devolver**
di *vb ver* **dar; decir**
día *nm* (24 *horas*) journée *f*; (*lo que no es noche*) jour *m*; **¿qué ~ es?** quel jour est-on?; **estar/poner al ~** (*cuentas*) être/mettre à jour; (*persona*) être/mettre au courant; **el ~ de mañana** demain; **al ~ siguiente** le jour suivant; **vivir al ~** vivre au jour le jour; **es de ~** il fait jour; **en pleno ~** en plein jour; **¡buenos ~s!** bonjour!; **~ domingo/lunes** *etc* (*Am*) dimanche/lundi *etc*; **Día de Reyes** Epiphanie *f*; **día festivo** *o* **feriado** (*Am*) *o* **de fiesta** (*Am*) jour férié; **día laborable** jour de travail; **día lectivo/libre** jour de classe/de congé
diabetes *nf* diabète *m*
diabético, -a *nm/f* diabétique *m/f*
diablo *nm* diable *m*; **¿cómo/qué ~s ...?** comment/que diable ...?; **diablura** *nf* diablerie *f*
diadema *nf* diadème *m*
diafragma *nm* diaphragme *m*
diagnosis *nf inv* diagnostic *m*
diagnóstico *nm* diagnostic *m*
diagonal *adj* oblique ▷ *nf* diagonale *f*
diagrama *nm* diagramme *m*; **~ de flujo** (*Inform*) organigramme *m*
dial *nm* (*de radio*) bande *f* de fréquence
dialecto *nm* dialecte *m*
dialogar *vi* dialoguer; **~ con** (*Pol*) s'entretenir avec
diálogo *nm* dialogue *m*
diamante *nm* diamant *m*; **diamantes** *nmpl* (*Naipes*) carreau *msg*
diámetro *nm* diamètre *m*
diana *nf* (*Mil*) réveil *m*; (*de blanco*) mouche *f*
diapositiva *nf* (*Foto*) diapositive *f*
diario, -a *adj* quotidien(ne) ▷ *nm* quotidien *m*; (*para memorias*) journal *m*; (*Com*) livre *m* journal; **a ~** tous les jours; **de** *o* **para ~** de tous les jours
diarrea *nf* diarrhée *f*
dibujar *vt, vi* dessiner; **dibujo** *nm* dessin *m*; **dibujos animados** dessins *mpl* animés; **dibujo lineal/técnico** dessin industriel
diccionario *nm* dictionnaire *m*
dicho, -a *pp de* **decir** ▷ *adj*: **en ~s países** dans ces pays ▷ *nm* proverbe *m*
dichoso, -a *adj* heureux(-euse)
diciembre *nm* décembre *m*; *ver tb* **julio**
dictado *nm* dictée *f*
dictador *nm* dictateur *m*; **dictadura** *nf* dictature *f*
dictamen *nm* expertise *f*
dictar *vt* dicter; (*decreto*) prendre; (*ley*) édicter; (*Am: clase*) faire
didáctico, -a *adj* didactique; (*educativo*) éducatif(-ive)
diecinueve *adj inv, nm inv* dix-neuf *m inv*; *ver tb* **seis**
dieciocho *adj inv, nm inv* dix-huit *m inv*; *ver tb* **seis**
dieciséis *adj inv, nm inv* seize *m inv*; *ver tb* **seis**
diecisiete *adj inv, nm inv* dix-sept *m inv*; *ver tb* **seis**
diente *nm* dent *f*; **hablar entre ~s** parler entre ses dents; **diente de ajo** gousse *f* d'ail; **diente de león** pissenlit *m*
diera *etc vb ver* **dar**
diesel *adj*: **motor ~** (moteur *m*) diesel *m*
diestro, -a *adj* droit(e); (*hábil*)

adroit(e) ▷ *nm* (*Taur*) matador *m*
dieta *nf* régime *m*; **dietas** *nfpl* (*de viaje, hotel*) frais *mpl*; **estar a ~** être au régime
dietética *nf* diététique *f*
dietético *adj* diététique
diez *adj inv, nm inv* dix *m inv*; *ver tb* **seis**
diezmar *vt* décimer
difamar *vt* diffamer
diferencia *nf* différence *f*; **diferencias** *nfpl* (*desacuerdos*) différend *msg*; **a ~ de** à la différence de; **diferenciar** *vt*: **diferenciar (de)** distinguer (de) ▷ *vi*: **diferenciar entre A y B** distinguer A de B; **diferenciarse** *vpr*: **diferenciarse (de)** se distinguer (de)
diferente *adj* différent(e) ▷ *adv* différemment
diferido *nm*: **en ~** (*TV*) en différé
difícil *adj* difficile; **ser ~ de hacer/entender/explicar** être difficile à faire/comprendre/expliquer
dificultad *nf* difficulté *f*; **dificultades** *nfpl* (*problemas*) difficultés *fpl*; **poner ~es (a algn)** faire des difficultés (à qn)
dificultar *vt* (*explicación, labor*) rendre difficile; (*visibilidad*) brouiller
difteria *nf* diphtérie *f*
difundir *vt* (*calor, noticia*) diffuser; (*doctrina, rumores*) répandre; **difundirse** *vpr* se diffuser; (*doctrina*) se répandre
difunto, -a *adj, nm/f* défunt(e)
difusión *nf* diffusion *f*
diga *etc vb ver* **decir**
digerir *vt* digérer
digestión *nf* digestion *f*
digestivo, -a *adj* digestif(-ive)
digital *adj* digital(e)
dignarse *vpr*: **~ (a) hacer** daigner faire
dignatario, -a *nm/f* dignitaire *m/f*
dignidad *nf* dignité *f*
digno, -a *adj* (*sueldo, nivel de vida*) décent(e); (*comportamiento, actitud*) digne; **~ de** digne de
dije *vb ver* **decir**
dilapidar *vt* dilapider
dilatar *vt* dilater; (*prolongar, aplazar*) prolonger; **dilatarse** *vpr* se dilater
dilema *nm* dilemme *m*
diligencia *nf* diligence *f*; (*trámite*) acte *m* de procédure; **diligencias** *nfpl* (*Jur*) formalités *fpl*; **diligente** *adj* diligent(e)
diluir *vt* diluer
diluvio *nm* déluge *m*
dimensión *nf* dimension *f*; (*de catástrofe*) proportions *fpl*; **dimensiones** *nfpl* (*tamaño*) dimensions *fpl*
diminuto, -a *adj* tout(e) petit(e)
dimitir *vi*: **~ (de)** démissionner (de)
dimos *vb ver* **dar**
Dinamarca *nf* Danemark *m*
dinámico, -a *adj* dynamique
dinamita *nf* dynamite *f*
dinamo, dínamo *nf, nm en Am* dynamo *f*
dineral *nm* fortune *f*
dinero *nm* argent *m*; **dinero contante (y sonante)** espèces *fpl*; **dinero efectivo** *o* **en metálico** liquide *m*; **dinero suelto** menue monnaie *f*
dinosaurio *nm* dinosaure *m*
dio *vb ver* **dar**
diócesis *nf inv* diocèse *m*
Dios *nm* Dieu *m*; **¡d~ mío!** mon Dieu!; **¡por ~!** grand Dieu!; **si ~ quiere** si Dieu le veut
dios *nm* dieu *m*
diosa *nf* déesse *f*
diploma *nm* diplôme *m*
diplomacia *nf* diplomatie *f*
diplomado, -a *adj, nm/f* diplômé(e)
diplomático, -a *adj* diplomatique ▷ *nm/f* diplomate *m/f*
diptongo *nm* diphtongue *f*
diputación *nf* ≈ conseil *m* général
diputado, -a *nm/f* député *m*

d

dique *nm* digue *f*
diré *etc vb ver* **decir**
dirección *nf* direction *f*; (*señas*) adresse *f*; (*Cine, Teatro*) mise *f* en scène; **dirección prohibida/única** sens *m* interdit/unique
directa *nf* (*Auto*) quatrième *f*, cinquième *f*
directiva *nf* comité *m* directeur
directo, -a *adj* direct(e); **transmitir en ~** (*TV*) diffuser en direct
director, a *adj, nm/f* directeur(-trice); (*Cine, TV*) metteur *m* en scène; **director general** *o* **gerente** directeur général
dirigente *adj, nm/f* dirigeant(e)
dirigir *vt* diriger; (*carta, pregunta*) adresser; (*obra de teatro, film*) mettre en scène; (*esfuerzos*) concentrer; **dirigirse** *vpr*: **~se a** s'adresser à; **~ a** *o* **hacia** diriger vers; **no ~ la palabra a algn** ne pas adresser la parole à qn
dirija *etc vb ver* **dirigir**
discernir *vt* discerner
disciplina *nf* discipline *f*
discípulo, -a *nm/f* disciple *m*
disco *nm* disque *m*; (*Auto*) feu *m*; **disco compacto** disque compact; **disco de densidad doble/sencilla** disquette double densité/densité simple; **disco duro** *o* **rígido/flexible** *o* **floppy** disque dur/disquette
disconforme *adj* non conforme; **estar ~ (con)** ne pas être conforme (à)
discordia *nf* désaccord *m*
discoteca *nf* discothèque *f*
discreción *nf* discrétion *f*; (*prudencia*) prudence *f*; **comer/beber a ~** manger/boire à volonté; **discrecional** *adj* (*uso, poder*) discrétionnaire; (*servicio*) optionnel(le)
discrepancia *nf* différence *f*; (*desacuerdo*) différend *m*
discreto, -a *adj* discret(-ète); (*sensato*) judicieux(-euse)
discriminación *nf* discrimination *f*
disculpa *nf* excuse *f*; **pedir ~s a/por** demander pardon à/pour; **disculpar** *vt* pardonner; **disculparse** *vpr*: **disculparse (de/por)** s'excuser (de/pour)
discurrir *vt* échafauder ▷ *vi* réfléchir; (*el tiempo*) s'écouler; **~ (por)** (*gente, río*) passer (par)
discurso *nm* discours *msg*
discusión *nf* discussion *f*
discutir *vt* discuter ▷ *vi* discuter; (*disputar*): **~ (con)** se disputer (avec)
disecar *vt* (*animal*) empailler; (*planta*) sécher
diseminar *vt* éparpiller; (*fig*) répandre
diseñar *vt* créer
diseño *nm* (*Tec*) conception *f*; (*boceto*) ébauche *f*
disfraz *nm* déguisement *m*; **disfrazar** *vt* déguiser; **disfrazarse** *vpr* se déguiser; **disfrazarse de** se déguiser en
disfrutar *vt* jouir de ▷ *vi* prendre beaucoup de plaisir
disgregar *vt* (*manifestantes*) disperser; (*familia, imperio*) diviser; **disgregarse** *vpr* (*muchedumbre*) se disperser
disgustar *vt* déplaire à; **disgustarse** *vpr* être contrarié(e); (*dos personas*) s'accrocher
disgusto *nm* désagrément *m*; (*pesadumbre*) contrariété *f*; (*desgracia*) malheur *m*; (*riña*) accrochage *m*
disidente *adj, nm/f* dissident(e)
disimular *vt* dissimuler ▷ *vi* faire comme si de rien n'était
disipar *vt* dissiper; **disiparse** *vpr* se dissiper
dislocar *vt* (*articulación*) déboîter; **dislocarse** *vpr* se déboîter
disminución *nf* diminution *f*
disminuido, -a *nm/f*: **~ mental/físico** handicapé(e) mental/physique
disminuir *vt* (*gastos, cantidad,*

dolor) diminuer; (*temperatura, velocidad, población*) réduire ▷ *vi* (*días, población, número*) diminuer; (*precios, temperatura, memoria*) baisser; (*velocidad*) décroître
disociarse *vpr*: **~ (de)** se dissocier (de)
disolver *vt* dissoudre; (*manifestación*) disperser; (*contrato*) dénoncer; **disolverse** *vpr* se dissoudre; (*manifestantes*) se disperser
dispar *adj* (*distinto*) distinct(e)
disparar *vt, vi* tirer; **dispararse** *vpr* (*precios*) monter en flèche
disparate *nm* bêtise *f*; (*error*) absurdité *f*; **decir ~s** dire des bêtises
disparo *nm* tir *m*
dispensar *vt* dispenser; (*bienvenida*) souhaiter
dispersar *vt* éparpiller; (*manifestación, fig*) disperser; **dispersarse** *vpr* se disperser; (*luz*) se répandre
disponer *vt* disposer; (*mandar*) ordonner ▷ *vi*: **~ de** disposer de; **disponerse** *vpr*: **~se a** *o* **para hacer** se disposer à faire; **la ley dispone que ...** la loi stipule que ...; **no puede ~ de esos bienes** il ne peut disposer librement de ces biens
disponible *adj* disponible; **no estar ~** ne pas être disponible
disposición *nf* disposition *f*; **~ para** (*aptitud*) dispositions *fpl* pour; **a (la) ~ de** à (la) disposition de; **a su ~** à votre disposition
dispositivo *nm* dispositif *m*
dispuesto, -a *pp de* **disponer** ▷ *adj* (*preparado*) préparé(e); **estar ~/ poco ~ a hacer** être disposé(e)/peu disposé(e) à faire
disputar *vt* (*Deporte, premio, derecho*) disputer ▷ *vi* discuter; **disputarse** *vpr* se disputer; **~ por** disputer
disquetera *nf* (*Inform*) lecteur *m* de disquette
distancia *nf* distance *f*; (*en el tiempo*) écart *m*; **a ~** à distance
distanciar *vt* distancer; **distanciarse** *vpr* (*enemistarse*) se distancier; **~se (de)** (*alejarse*) s'éloigner (de)
distante *adj* distant(e)
distar *vi*: **dista 5 kms de aquí** c'est à 5 km d'ici
diste, disteis *vb ver* **dar**
distensión *nf* détente *f*
distinción *nf* distinction *f*; **sin ~ de** sans distinction de
distinguido, -a *adj* distingué(e)
distinguir *vt* distinguer; **distinguirse** *vpr* se distinguer; **~ X de Y** distinguer X de Y
distintivo, -a *adj* distinctif(-ive) ▷ *nm* (*insignia*) insigne *m*
distinto, -a *adj*: **~ (a** *o* **de)** distinct(e) (de); **distintos** (*varios*) plusieurs *mpl*
distracción *nf* distraction *f*
distraer *vt* distraire; **distraerse** *vpr* (*entretenerse*) se distraire; (*perder la concentración*) être distrait(e)
distraído, -a *adj* distrait(e); (*entretenido*) amusé(e)
distribuidor, a *nm/f* (*persona*) distributeur(-trice) ▷ *nf* (*Com*) concessionnaire *m*; (*Cine*) distributeur *m*
distribuir *vt* (*riqueza, beneficio*) répartir; (*cartas, trabajo*) distribuer
distrito *nm* district *m*; **distrito electoral** circonscription *f* électorale; **distrito postal** secteur *m* postal
disturbio *nm* troubles *mpl*; **disturbio de orden público** trouble *m* de l'ordre public
disuadir *vt*: **~ (de)** dissuader (de)
disuelto *pp de* **disolver**
disyuntiva *nf* alternative *f*
DIU *sigla m* (= *dispositivo intrauterino*) stérilet *m*
diurno, -a *adj* de jour
divagar *vi* divaguer
diván *nm* divan *m*

divergencia *nf* divergence *f*
diversidad *nf* diversité *f*
diversificar *vt* diversifier; **diversificarse** *vpr* se diversifier
diversión *nf* distraction *f*
diverso, -a *adj* (*variado*) varié(e) ▷ *nm*: **~s** (*Com*) articles *mpl* divers; **~s libros** plusieurs livres; **~s colores** couleurs *fpl* variées
divertido, -a *adj* amusant(e); (*fiesta*) réussi(e); (*película, libro*) divertissant(e)
divertir *vt* amuser; **divertirse** *vpr* s'amuser
dividendo *nm* (*Com*): **~s** dividendes *mpl*
dividir *vt* partager; (*separar*) séparer; (*partido, opinión pública*) diviser; (*Mat*): **~ (por** *o* **entre)** diviser (par)
divierta *etc vb ver* **divertir**
divino, -a *adj* (*Rel, fam*) divin(e)
divirtiendo *etc vb ver* **divertir**
divisa *nf* devise *f*; **divisas** *nfpl* (*Com*) devises *fpl*
divisar *vt* deviner
división *nf* division *f*; (*de herencia*) partage *m*
divorciar *vt* prononcer le divorce de; **divorciarse** *vpr*: **~se (de)** divorcer (de); **divorcio** *nm* divorce *m*
divulgar *vt* divulguer; (*popularizar*) vulgariser
DNI (*Esp*) *sigla m* (= *Documento Nacional de Identidad*) *ver* **documento**

DNI

Le **Documento Nacional de Identidad**, appelé également **DNI** ou "carnet de identidad" est la carte d'identité nationale espagnole, comportant la photographie, l'état civil et les empreintes digitales du titulaire. Comme en France, il faut toujours en être muni et le présenter à la police en cas de contrôle.

Dña. *abr* (= *Doña*) Mme (= *Madame*)
do *nm* (*Mús*) do *m*
dobladillo *nm* ourlet *m*
doblar *vt* plier; (*cantidad, Cine*) doubler; **doblarse** *vpr* se plier; **~ la esquina** tourner au coin de la rue; **~ a la derecha/izquierda** tourner à droite/gauche
doble *adj* double ▷ *nm*: **el ~** le double ▷ *nm/f* (*Teatro, Cine*) double *m*; **dobles** *nmpl* (*Deporte*): **partido de ~s** double *msg*; **con ~ sentido** à double sens
doblegar *vt* obliger; **doblegarse** *vpr* (*ceder*) se plier
doblez *nm* (*pliegue*) pli *m*
doce *adj inv, nm inv* douze *m inv*; *ver tb* **seis**; **docena** *nf* douzaine *f*
docente *adj*: **centro/personal ~** centre *m*/personnel *m* d'enseignement; **cuerpo ~** corps *msg* enseignant
dócil *adj* docile
doctor, a *nm/f* (*médico*) médecin *m*; (*Univ*) docteur *m*
doctorado *nm* doctorat *m*
doctrina *nf* doctrine *f*
documentación *nf* documentation *f*; **documental** *adj, nm* documentaire *m*
documento *nm* (*certificado*) justificatif *m*; (*histórico*) document *m*; (*fig*: *testimonio*) témoignage *m*; **documento nacional de identidad** carte *f* d'identité
dólar *nm* dollar *m*
doler *vi* faire mal; (*fig*) peiner; **dolerse** *vpr* se plaindre; **me duele el brazo** mon bras me fait mal
dolor *nm* douleur *f*; **dolor de cabeza** mal *m* de tête; **dolor de estómago** maux *mpl* d'estomac; **dolor de muelas** mal de dents
domar *vt* dompter; **domesticar** *vt*

domestiquer
doméstico, -a *adj, nm/f* domestique *m/f*; **economía doméstica** économie *f* domestique
domiciliación *nf*: **~ de pagos** virement *m* automatique
domicilio *nm* domicile *m*; **servicio a ~** service *m* à domicile; **sin ~ fijo** sans domicile fixe; **domicilio particular** domicile particulier; **domicilio social** (*Com*) siège *m* social
dominante *adj* dominant(e); (*persona*) dominateur(-trice)
dominar *vt* dominer; (*epidemia*) enrayer ▷ *vi* dominer; **dominarse** *vpr* se dominer
domingo *nm* dimanche *m*; **D~ de Ramos/de Resurrección** dimanche des Rameaux/de Pâques; *ver tb* **sábado**
dominicano, -a *adj* dominicain(e) ▷ *nm/f* Dominicain(e)
dominio *nm* domination *f*; (*de las pasiones, de idioma*) maîtrise *f*; **dominios** *nmpl* (*tierras*) domaine *msg*
dominó *nm* domino *m*; (*juego*) dominos *mpl*
don *nm* don *m*; (*tratamiento: con apellido*) Monsieur *m*; (*: sólo con nombre*) Don *m* ≈ Monsieur; **D~ Juan Gómez** Monsieur Juan Gómez; **tener ~ de gentes** savoir s'y prendre avec les gens; **un ~ de la naturaleza** un don de la nature; **tener un ~ para el dibujo/la música** être doué(e) pour le dessin/la musique

DON/DOÑA

Le titre **don/doña**, souvent abrégé en **D./Dña**, s'utilise en marque de respect lorsque l'on s'adresse à une personne plus âgée que soi ou à un supérieur hiérarchique. Il se place devant le prénom, par exemple Don Diego, Doña Inés. Cet usage, de plus en plus rare en Espagne, est maintenant surtout réservé à la correspondance et aux documents officiels. Dans ce cas, le titre précède les prénoms et noms de famille Sr. D. Pedro, Rodríguez Hernández, Sra. Dña. Inés Rodríguez Hernández.

donar *vt* faire un don de; (*sangre*) donner
donativo *nm* don *m*
doncella *nf* (*criada*) bonne *f*
donde *adv* où; (*fam*): **se fue ~ sus tíos** il est allé chez ses vieux; **por ~** par où
dónde *adv* où; **¿a ~ vas?** où vas-tu?; **¿de ~ vienes?** d'où viens-tu?; **¿por ~?** par où?
dondequiera *adv* n'importe où ▷ *conj*: **~ que** où que
doña *nf* (*tratamiento: con apellido*) Madame *f*; (*: sólo con nombre*) Doña *f*, ≈ Madame
dorado, -a *adj* doré(e) ▷ *nm* dorure *f*
dormir *vt* endormir ▷ *vi* dormir; **dormirse** *vpr* s'endormir; **~ la siesta** faire la sieste; **se me ha dormido el brazo/la pierna** j'ai eu des fourmis dans le bras/la jambe
dormitar *vi* somnoler
dormitorio *nm* chambre *f*; (*en una residencia*) dortoir *m*
dorsal *adj* dorsal(e) ▷ *nm* (*Deporte*) dossard *m*
dorso *nm* dos *m*
DOS *sigla m* (= *sistema operativo de disco*) DOS *msg*
dos *adj inv, nm inv* deux *inv*; **los ~** les deux; **de ~ en ~** deux par deux; *ver tb* **seis**
doscientos, -as *adj* deux cents; *ver tb* **seiscientos**
dosis *nf inv* dose *f*
dotado, -a *adj* doué(e); **~ de** doté(e) de
dotar *vt* équiper; **~ de** *o* **con**

d

(*proveer: de inteligencia, simpatía*) douer de; (*: de dinero*) allouer; (*: de personal, maquinaria*) doter de; **dote** *nf* dot *f*; **dotes** *nfpl* (*aptitudes*) dons *mpl*
doy *vb ver* **dar**
dragar *vt* draguer
drama *nm* drame *m*
dramático, -a *adj* dramatique
dramaturgo, -a *nm/f* dramaturge *m/f*
drástico, -a *adj* drastique
drenaje *nm* drainage *m*
droga *nf* drogue *f*
drogadicto, -a *nm/f* drogué(e)
drogarse *vr* se droguer
droguería *nf* droguerie *f*
ducha *nf* douche *f*
ducharse *vpr* se doucher
duda *nf* doute *m*; **sin ~** sans aucun doute; **no cabe ~** il n'y a pas de doute; **para salir de ~s** pour en avoir le cœur net; **dudar** *vt, vi* douter; **dudar (de)** douter (de); **dudó si comprarlo o no** il a hésité à l'acheter
dudoso, -a *adj* douteux(-euse)
duelo *vb ver* **doler** ▷ *nm* duel *m*
duende *nm* lutin *m*
dueño, -a *nm/f* (*propietario*) propriétaire *m/f*; (*empresario*) patron(ne)
duerma *etc vb ver* **dormir**
dulce *adj* doux/douce ▷ *nm* gourmandise *f*; (*pastel*) douceur *f*
dulzura *nf* douceur *f*
duna *nf* dune *f*
duplicar *vt* (*llave, documento*) faire un double de; (*cantidad*) doubler; **duplicarse** *vpr* se multiplier par deux
duque *nm* duc *m*; **duquesa** *nf* duchesse *f*
duración *nf* durée *f*; (*de máquina*) durée de vie
duradero, -a *adj* (*material*) résistant(e); (*fe, paz*) durable
durante *adv* pendant; **habló ~ una hora** il a parlé pendant une heure
durar *vi* durer; (*persona: en cargo*) rester
durazno (*Am*) *nm* pêche *f*; (*árbol*) pêcher *m*
durex® (*Am*) *nm* scotch® *m*
dureza *nf* dureté *f*; (*de clima*) rigueur *f*
duro, -a *adj* dur(e) ▷ *adv* dur ▷ *nm* pièce de cinq pesetas; **a duras penas** à grand-peine; **es ~ de pelar** il faut se le farcir
DVD *sigla m* (= *disco de vídeo digital*) DVD *m*

e

E *abr* (= *este*) E (= *est*)
e *conj* (*delante de i-, e hi-, pero no hie-*) et; *ver tb* **y**
ebanista *nm/f* ébéniste *m/f*
ébano *nm* ébène *m*
ebrio, -a *adj* ivre
ebullición *nf* ébullition *f*
eccema *nm* eczéma *m*
echar *vt* (*lanzar*) jeter; (*verter*) verser; (*gasolina, carta, freno*) mettre; (*expulsar*) mettre dehors; (*empleado*) renvoyer; (*hojas*) pousser; (*despedir: humo*) rejeter; (*: agua*) cracher; (*película*) passer ▷ *vi*: **~ a andar/volar/correr** se mettre à marcher/voler/courir; **echarse** *vpr* s'allonger; **~ a cara o cruz algo** jouer qch à pile ou face; **~ abajo** (*gobierno*) renverser; (*edificio*) abattre; **~ una carrera/una siesta** faire une course/une sieste; **~ un trago** avaler une gorgée; **~ de menos** regretter; **~se atrás** se pencher en arrière; (*fig*) se dédire; **~se a llorar/reír/temblar** se mettre à pleurer/rire/trembler
eclesiástico, -a *adj* ecclésiastique
eclipse *nm* éclipse *f*
eco *nm* écho *m*
ecología *nf* écologie *f*
ecológico, -a *adj* écologique
ecologista *adj, nm/f* écologiste *m/f*
economato *nm* économat *m*
economía *nf* économie *f*; (*de empresa*) situation *f* économique
económico, -a *adj* économique
economista *nm/f* économiste *m/f*
ecu *nm* écu *m*
ecuación *nf* équation *f*
ecuador *nm* équateur *m*; **(el) E~** (l')Équateur
ecuánime *adj* (*carácter*) juste; (*juicio*) impartial(e)
ecuatoriano, -a *adj* équatorien(ne) ▷ *nm/f* Équatorien(ne)
ecuestre *adj* équestre
eczema *nm* = **eccema**
edad *nf* âge *m*; **¿qué ~ tienes?** quel âge as-tu?; **tiene ocho años de ~** il a huit ans; **ser de mediana ~** être d'âge mûr; **ser de ~ avanzada** être âgé(e); **ser mayor/menor de ~** être majeur/mineur; **la E~ Media** le Moyen Âge; **tercera ~** troisième âge; **la ~ del pavo** l'âge ingrat
edición *nf* édition *f*
edificar *vt* édifier
edificio *nm* édifice *m*, bâtiment *m*
editar *vt* éditer; (*preparar textos*) mettre en page
editor, a *nm/f* éditeur(-trice); (*redactor*) rédacteur(-trice) ▷ *adj*: **casa ~a** maison d'édition; **editorial** *adj* éditorial(e) ▷ *nm* éditorial *m* ▷ *nf* (*tb*: **casa editorial**) maison *f* d'édition
edredón *nm* couette *f*
educación *nf* éducation *f*; **ser de buena/mala ~** être bien/mal élevé(e)
educar *vt* éduquer

EE.UU. *sigla mpl* (= *Estados Unidos*) EU *mpl* (= *États-Unis*)
efectista *adj* spectaculaire
efectivamente *adv* effectivement
efectivo, -a *adj* effectif(-ive) ▷ *nm*: **en ~** (*Com*) en espèces; **hacer ~ un cheque** encaisser un chèque
efecto *nm* effet *m*; **efectos** *nmpl* (*tb*: **~s personales**) effets *mpl*; (*Com*) actif *m*; **hacer** *o* **surtir ~** (*medida*) avoir de l'effet; (*medicamento*) faire de l'effet; **al** *o* **a tal ~** à cet effet; **en ~** en effet; **efectos especiales** effets spéciaux; **efectos secundarios** (*Med*) effets secondaires; (*Com*) retombées *fpl*; **efectos sonoros** effets de son
efectuar *vt* effectuer
eficacia *nf* efficacité *f*
eficaz *adj* efficace
eficiente *adj* efficace
efusivo, -a *adj* expansif(-ive)
EGB *sigla f* (*Esp*) (= *Educación General Básica*) *enseignement primaire et premier cycle de l'enseignement secondaire*
egipcio, -a *adj* égyptien(ne) ▷ *nm/f* Égyptien(ne)
Egipto *nm* Egypte *f*
egoísmo *nm* égoïsme *m*
egoísta *adj*, *nm/f* égoïste *m/f*
Eire *nm* Eire *f*
ej. *abr* (= *ejemplo*) ex. (= *exemple*)
eje *nm* axe *m*
ejecución *nf* exécution *f*
ejecutar *vt* exécuter
ejecutivo, -a *adj* exécutif(-ive) ▷ *nm/f* exécutif *m* ▷ *nf* comité *m* exécutif
ejemplar *adj* exemplaire ▷ *nm* (*Zool etc*) spécimen *m*; (*de libro, periódico*) exemplaire *m*
ejemplo *nm* exemple *m*; **por ~** par exemple; **dar ~** donner l'exemple
ejercer *vt* exercer ▷ *vi*: **~ de** exercer le métier de
ejercicio *nm* exercice *m*; **hacer ~** prendre de l'exercice; **ejercicio comercial** exercice
ejército *nm* armée *f*; **Ejército de Tierra/del Aire** armée de terre/ de l'air
ejote (*Am*) *nm* haricot *m* vert

PALABRA CLAVE

el (*f* **la**, *pl* **los** *o* **las**) *art def* **1** le, la, les; **el libro/la mesa/los estudiantes/las flores** le livre/la table/les étudiants/ les fleurs; **el amor/la juventud** l'amour/la jeunesse; **me gusta el fútbol** j'aime le football
2: **romperse el brazo** se casser le bras; **levantó la mano** il leva la main; **se puso el sombrero** il mit son chapeau
3 (*en descripción*): **tener la boca grande/los ojos azules** avoir une grande bouche/les yeux bleus
4 (*con días*): **me iré el viernes** je m'en irai vendredi; **los domingos suelo ir a nadar** le dimanche je vais nager
5 (*en exclamación*): **¡el susto que me diste!** tu m'as fait une de ces peurs!
▷ *pron demos*: **mi libro y el de usted** mon livre et le vôtre; **las de Pepe son mejores** celles de Pepe sont mieux; **no la(s) blanca(s) sino la(s) gris(es)** pas la(les) blanche(s), la(les) grise(s)
▷ *pron rel* **1**: **el/la/los/las + que** (*sujeto*) celui/celle/ceux/celles qui; (: *objeto*) celui/celle/ceux/celles que; **el/la que quiera que se vaya** que celui/celle qui le veut s'en aille; **el que sea** n'importe qui; **llévese el que más le guste** emportez celui que vous préférez; **el que compré ayer** celui que j'ai acheté hier; **la que está debajo** celle qui est dessous
2: **el/la/los/las + que** (*con preposición*) lequel/laquelle/lesquels/ lesquelles; **la persona con la que hablé** la personne avec laquelle j'ai parlé

▷ *conj*: **el que sea tan vago me molesta** ça m'ennuie qu'il soit si paresseux

él *pron pers* (*sujeto*) il; (*con preposición*) lui; **para ~** pour lui; **es ~** c'est lui
elaborar *vt* élaborer
elasticidad *nf* élasticité *f*
elástico, -a *adj, nm* élastique *m*
elección *nf* élection *f*; (*selección*) choix *m*; (*alternativa*) alternative *f*; **elecciones** *nfpl* élections *fpl*; **elecciones generales** élections
electorado *nm* électorat *m*
electricidad *nf* électricité *f*
electricista *nm/f* électricien(ne)
eléctrico, -a *adj* électrique
electro... *pref* électro...; **electrocardiograma** *nm* électrocardiogramme *m*; **electrocutar** *vt* électrocuter; **electrocutarse** *vpr* s'électrocuter; **electrodo** *nm* électrode *f*
electrodoméstico *nm* électroménager *m*
electromagnético, -a *adj* électromagnétique
electrónica *nf* électronique *f*
electrónico, -a *adj* électronique
elefante *nm* éléphant *m*
elegancia *nf* élégance *f*
elegante *adj* (*de buen gusto*) élégant(e); (*fino*) raffiné(e); **estar** *o* **ir ~** être élégant(e)
elegir *vt* choisir; (*por votación*) élire
elemental *adj* élémentaire
elemento *nm* élément *m*; **elementos** *nmpl* (*de una ciencia*) rudiments *mpl*; **estar en su ~** être dans son élément
elepé (*pl* **~s**) *nm* 33 tours *m inv*
elevación *nf* élévation *f*
elevar *vt* élever; **elevarse** *vpr* s'élever; **~se a** s'élever à
eligiendo *etc vb ver* **elegir**
elija *etc vb ver* **elegir**
eliminar *vt* éliminer
eliminatoria *nf* épreuve *f* éliminatoire; (*Deporte*) éliminatoires *mpl*
élite *nf* élite *f*
ella *pron* elle
ellas *pron ver* **ellos**
ello *pron* cela
ellos, -as *pron* ils/elles; (*después de prep*) eux/elles
elocuencia *nf* éloquence *f*
elogiar *vt* louer; **elogio** *nm* éloge *m*; **hacer elogios a** *o* **de** faire l'éloge de
elote (*Am*) *nm* épi *m* de maïs
eludir *vt* (*deber*) faillir à; (*responsabilidad*) rejeter; (*justicia*) se soustraire à; (*respuesta*) éluder
e-mail *nm* e-mail *m*; **enviar algo por ~** envoyer qch par e-mail
emanar *vi*: **~ de** émaner de; (*situación*) découler de
emancipar *vt* affranchir; **emanciparse** *vpr* s'émanciper; (*siervo*) s'affranchir
embadurnar *vt*: **~ (de)** badigeonner (de); **embadurnarse** *vpr*: **~se (de)** se badigeonner (de)
embajada *nf* ambassade *f*
embajador, a *nm/f* ambassadeur(-drice)
embaladura (*Am*) *nf*, **embalaje** ▷ *nm* emballage *m*
embalar *vt* emballer; **embalarse** *vpr* s'emballer
embalsamar *vt* embaumer
embalse *nm* réservoir *m*
embarazada *adj f* enceinte ▷ *nf* femme *f* enceinte
embarazo *nm* (*de mujer*) grossesse *f*
embarazoso, -a *adj* embarrassant(e)
embarcación *nf* embarcation *f*
embarcadero *nm* embarcadère *m*
embarcar *vt* embarquer; **embarcarse** *vpr* s'embarquer; **~(se) en** (*Am*: *tren, avión*) monter dans

embargar *vt* (*Jur*) saisir
embargo *nm* (*Jur*) saisie *f*; (*Com, Pol*) embargo *m*
embargue *etc vb ver* **embargar**
embarque *vb ver* **embarcar** ▷ *nm* embarquement *m*; **tarjeta/sala de ~** carte *f*/salle *f* d'embarquement
embaucar *vt* enjôler
embeber *vt* boire; **embeberse** *vpr*: **~se en** (*en libro, etc*) se plonger dans
embellecer *vt* embellir; **embellecerse** *vpr* embellir
embestida *nf* charge *f*; **embestir** *vt* charger ▷ *vi* charger; (*olas*) rugir
emblema *nm* emblème *m*
embobado, -a *adj* bouche bée
embolia *nf* embolie *f*
émbolo *nm* piston *m*
embolsarse *vpr* empocher
emborrachar *vt* soûler; **emborracharse** *vpr* se soûler
emboscada *nf* embuscade *f*
embotar *vt* (*sentidos*) émousser; (*facultades*) diminuer
embotellamiento *nm* embouteillage *m*
embotellar *vt* mettre en bouteille; **embotellarse** *vpr* être embouteillé(e)
embrague *nm* embrayage *m*
embriagar *vt* soûler; (*fig*) griser; **embriagarse** *vpr* se soûler
embrión *nm* embryon *m*
embrollar *vt* embrouiller; **embrollarse** *vpr* s'embrouiller
embrollo *nm* enchevêtrement *m*; (*fig: lío*) beaux draps *mpl*
embrujado, -a *adj* ensorcelé(e)
embrutecer *vt* abrutir; **embrutecerse** *vpr* s'abrutir
embudo *nm* entonnoir *m*
embuste *nm* mensonge *m*
embustero, -a *adj, nm/f* menteur(-euse)
embutido *nm* (*Culin*) charcuterie *f*
emergencia *nf* urgence *f*; (*surgimiento*) émergence *f*
emerger *vi* émerger
emigración *nf* (*de personas*) émigration *f*; (*de pájaros*) migration *f*
emigrante *adj* qui émigre ▷ *nm/f* émigrant(e)
emigrar *vi* (*personas*) émigrer; (*pájaros*) migrer
eminencia *nf*: **ser una ~ (en algo)** être un génie (en qch); **eminente** *adj* éminent(e)
emisario *nm* émissaire *m*
emisión *nf* émission *f*
emisor, a *nm* émetteur *m* ▷ *nf* station *f* d'émission
emitir *vt* émettre
emoción *nf* (*excitación*) excitation *f*; (*sentimiento*) émotion *f*
emocionante *adj* excitant(e); (*conmovedor*) émouvant(e)
emocionar *vt* exciter; (*conmover, impresionar*) émouvoir; **emocionarse** *vpr* s'émouvoir
emotivo, -a *adj* (*escena*) émouvant(e); (*persona*) émotif(-ive)
empadronarse *vpr* se faire recenser
empalagoso, -a *adj* (*alimento*) écœurant(e); (*fig: persona*) mielleux(-euse); (*: estilo*) à l'eau de rose
empalmar *vt* (*cable*) rallonger; (*carretera*) rejoindre ▷ *vi* (*dos caminos*) se rejoindre; **~ con** (*tren*) assurer la correspondance avec; **empalme** *nm* (*Tec*) jointure *f*; (*de carreteras*) croisement *m*; (*de trenes*) correspondance *f*
empanada *nf sorte de chausson salé fourré de tomates, viande etc*
empantanarse *vpr* être inondé(e); (*fig*) être dans une impasse
empañar *vt* embuer; **empañarse** *vpr* s'embuer
empapar *vt* mouiller; (*suj: toalla, esponja etc*) absorber; **empaparse**

vpr: **~se (de)** (*persona*) être trempé(e) (par); (*esponja*, *comida*) absorber
empapelar *vt* tapisser
empaquetar *vt* empaqueter
empastar *vt* plomber
empaste *nm* plombage *m*
empatar *vi* faire match nul; **~on a 1** il y a eu 1 partout; **empate** *nm* match *m* nul
empecé *etc*, **empecemos** *etc vb ver* **empezar**
empedernido, -a *adj* invétéré(e)
empedrado, -a *adj* pavé(e) ▷ *nm* (*pavimento*) pavement *m*
empeine *nm* (*de pie*) cou-de-pied *m*; (*de zapato*) empeigne *m*
empellón *nm* coup *m*; **dar empellones a algn** rouer qn de coups
empeñado, -a *adj* (*persona*) endetté(e); (*objeto*) mis(e) en gage; **~ en** (*obstinado*) déterminé(e) à
empeñar *vt* mettre en gage; **empeñarse** *vpr* s'endetter; **~se en hacer** s'acharner à faire
empeño *nm* acharnement *m*; (*cosa prendada*) gage *m*; **casa de ~s** établissement *m* de prêts sur gages, mont-de-piété *m*; **poner ~ en hacer algo** mettre de l'acharnement à faire qch; **tener ~ en hacer algo** être déterminé(e) à faire qch
empeorar *vt*, *vi* empirer
empequeñecer *vt* rapetisser; (*fig*) banaliser
emperador *nm* empereur *m*
emperatriz *nf* impératrice *f*
empezar *vt* commencer ▷ *vi* commencer; **~ a hacer** commencer à faire; **~ por (hacer)** commencer par (faire)
empiece *etc vb ver* **empezar**
empiezo *etc vb ver* **empezar**
empinar *vt* redresser; **empinarse** *vpr* (*persona*) se mettre sur la pointe des pieds; (*animal*) se mettre sur ses pattes de derrière

empírico, -a *adj* empirique
emplazamiento *nm* emplacement *m*; (*Jur*) citation *f*
emplazar *vt* construire; (*Jur*) citer à comparaître; (*citar*) citer
empleado, -a *adj*, *nm/f* employé(e); **le está bien ~** c'est bien fait pour lui
emplear *vt* employer; **emplearse** *vpr*: **~se de** *o* **como** trouver un emploi de, se faire embaucher comme
empleo *nm* emploi *m*
empobrecer *vt* appauvrir; **empobrecerse** *vpr* s'appauvrir
empollar *vt*, *vi* (*Zool*) couver; (*Escol*: *fam*) bûcher
empollón, -ona (*fam*) *nm/f* (*Escol*) bûcheur(-euse)
emporio *nm* centre *m* commercial; (*Am*) grand magasin *m*
empotrado, -a *adj ver* **armario**
emprender *vt* entreprendre
empresa *nf* entreprise *f*
empresario, -a *nm/f* (*Com*) chef *m* d'entreprise
empréstito *nm* emprunt *m*
empujar *vt* pousser; **~ a algn a hacer** pousser qn à faire; **empuje** *nm* poussée *f*; (*fig*) brio *m*
empujón *nm* coup *m*; **abrirse paso a empujones** se frayer un chemin à coups de coude
empuñar *vt* empoigner
emular *vt* imiter

PALABRA CLAVE

en *prep* **1** (*posición*) dans; (: *sobre*): **en la mesa** sur la table; (: *dentro*): **está en el cajón** c'est dans le tiroir; **en el periódico** dans le journal; **en el suelo** par terre; **en Argentina/Francia/España** en Argentine/France/Espagne; **en La Paz/París/Londres** à La Paz/Paris/Londres; **en la oficina/el colegio** au bureau/à l'école; **en el quinto piso** au cinquième étage

2 (*dirección*) dans; **entró en el aula** il est entré dans la salle de classe
3 (*tiempo*) en; **en 1605/invierno** en 1605/hiver; **en el mes de enero** au mois de janvier; **en aquella ocasión/época** à cette occasion/époque; **en tres semanas** dans trois semaines; **en la mañana** (*Am*) le matin
4 (*manera*): **en avión/autobús** en avion/autobus; **viajar en tren** voyager en train; **escrito en inglés** écrit en anglais
5 (*forma*): **en espiral** en spirale; **en punta** pointu
6 (*tema, ocupación*): **experto en la materia** expert en la matière; **trabaja en la construcción** il travaille dans la construction
7 (*precio*) pour; **lo vendió en 20 dólares** il l'a vendu pour 20 dollars
8 (*diferencia*) de; **reducir/aumentar en una tercera parte/en un 20 por ciento** diminuer/augmenter d'un tiers/de 20 pour cent
9 (*después de vb que indica gastar etc*) en; **se le va la mitad del sueldo en comida** il dépense la moitié de son salaire en nourriture
10 (*adj + en + infin*): **lento en reaccionar** lent à réagir; **¡en marcha!** en route!

enaguas (*Am*) *nfpl* combinaison *f*
enajenación *nf* aliénation *f*; (*tb*: **~ mental**) aliénation (mentale)
enajenar *vt* aliéner; (*fig*) déranger
enamorado, -a *adj, nm/f* amoureux(-euse); **estar ~ (de)** être amoureux(-euse) (de)
enamorar *vt* rendre amoureux(-euse); **enamorarse** *vpr*: **~se (de)** tomber amoureux(-euse) (de)
enano, -a *adj* nain(e) ▷ *nm/f* nain(e)
enardecer *vt* (*incitar*) inciter; (*entusiasmar*) enflammer; **enardecerse** *vpr* (*excitarse*) s'enhardir; (*exaltarse*) s'enflammer
encabezamiento *nm* en-tête *m*; (*de periódico*) titre *m*
encabezar *vt* (*movimiento*) prendre la tête de; (*lista*) être en tête de; (*carta, libro*) commencer
encadenar *vt* enchaîner; (*bicicleta*) attacher
encajar *vt* encastrer, emboîter; (*fam: golpe*) envoyer; (*: broma, mala noticia*) encaisser ▷ *vi* s'encastrer, s'emboîter; **encajarse** *vpr* (*mecanismo*) se coincer; (*un sombrero*) mettre; **~ con** (*fig*) cadrer avec
encaje *nm* encastrement *m*
encalar *vt* blanchir à la chaux
encallar *vi* (*Náut*) échouer
encaminar *vt*: **~ (a)** diriger (vers); **encaminarse** *vpr*: **~se a** *o* **hacia** se diriger vers
encantado, -a *adj* enchanté(e); **¡~!** enchanté(e)!; **estar ~ con algn/algo** être charmé(e) par qn/qch
encantador, a *adj, nm/f* charmeur(-euse)
encantar *vt* enchanter; **me encantan los animales** j'adore les animaux; **le encanta esquiar** il adore skier; **encanto** *nm* (*atractivo*) charme *m*; **como por encanto** comme par enchantement
encarcelar *vt* emprisonner
encarecer *vt* augmenter le prix de ▷ *vi* augmenter; **encarecerse** *vpr* augmenter
encarecimiento *nm* renchérissement *m*
encargado, -a *adj* chargé(e) ▷ *nm/f* (*gerente*) gérant(e); (*responsable*) responsable *m/f*
encargar *vt* charger; **encargarse** *vpr*: **~se de** se charger de; **~ a algn que haga algo** charger qn de faire qch
encargo *nm* requête *f*; (*Com*) commande *f*

encariñarse *vpr*: **~ con** se prendre d'affection pour
encarnizado, -a *adj* (*lucha*) sanglant(e)
encasillar *vt* (*Teatro*) attribuer une place à; (*pey*) caser
encauzar *vt* diriger; (*fig*) orienter
encendedor (*esp Am*) *nm* briquet *m*
encender *vt* allumer; **encenderse** *vpr* s'allumer
encendido, -a *adj* allumé(e) ▷ *nm* allumage *m*
encerado, -a *nm* (*Escol*) tableau *m*
encerar *vt* (*suelo*) cirer
encerrar *vt* (*persona, animal*) enfermer; (*libros, documentos*) serrer; (*fig*) renfermer; **encerrarse** *vpr* s'enfermer
encharcar *vt* détremper; **encharcarse** *vpr* être inondé(e)
enchufado, -a (*fam*) *nm/f* pistonné(e)
enchufar *vt* (*Elec*) brancher; (*Tec*) assembler; (*fam: persona*) pistonner; **enchufe** *nm* (*Elec: clavija*) prise *f* mâle; (*: toma*) prise femelle; (*Tec*) jointure *f*; (*fam: recomendación*) piston *m*; (*: puesto*) *poste obtenu par piston*
encía *nf* gencive *f*
enciclopedia *nf* encyclopédie *f*
encienda *etc vb ver* **encender**
encierro *vb ver* **encerrar** ▷ *nm* retraite *f*; (*Taur*) *lâchage des taureaux dans les rues avant une corrida*
encima *adv* (*en la parte de arriba*) en haut; (*además*) en plus; **~ de** (*sobre*) sur; (*además de*) en plus de; **por ~ de** plus haut que; **leer/mirar algo por ~** lire/regarder qch distraitement; **¿llevas dinero ~?** as-tu de l'argent sur toi?; **se me vino ~** il est venu me voir à l'improviste; **~ mío/nuestro** *etc* (*esp CSur: fam*) au-dessus de moi/nous *etc*
encina *nf* chêne *m* vert
encinta *adj f* enceinte
enclenque *adj* malingre
encoger *vt* (*ropa*) rétrécir; (*piernas*) étendre; (*músculos*) bander ▷ *vi* rétrécir; **encogerse** *vpr* rétrécir; (*fig*) être intimidé(e); **~se de hombros** hausser les épaules
encolar *vt* recoller
encolerizar *vt* mettre en colère; **encolerizarse** *vpr* se mettre en colère
encomendar *vt* remettre; **encomendarse** *vpr*: **~se a** s'en remettre à
encomiar *vt* faire l'éloge de
encomienda *vb ver* **encomendar** ▷ *nf* (*Am*) colis *m*; **~ postal** colis postal
encontrado, -a *adj* opposé(e)
encontrar *vt* trouver; **encontrarse** *vpr* (*reunirse*) se retrouver; (*estar*) se trouver; (*sentirse*) se sentir; **~se con algn/algo** tomber sur qn/qch; **~se bien (de salud)** aller bien
encrespar *vt* faire moutonner; **encresparse** *vpr* moutonner
encrucijada *nf* croisement *m*
encuadernación *nf* reliure *f*
encuadrar *vt* encadrer; (*Foto*) cadrer
encubrir *vt* cacher; (*Jur*) couvrir
encuentro *vb ver* **encontrar** ▷ *nm* rencontre *f*; **ir/salir al ~ de algn** aller/sortir à la rencontre de qn
encuesta *nf* sondage *m*; (*investigación*) enquête *f*; **encuesta de opinión** sondage d'opinion; **encuesta judicial** enquête judiciaire
endeble *adj* (*argumento*) mauvais(e); (*persona*) faible
endémico, -a *adj* endémique
endemoniado, -a *adj* démoniaque; (*fig: travieso*) vicieux(-euse)
enderezar *vt* redresser; **enderezarse** *vpr* se redresser
endeudarse *vpr* s'endetter
endiablado, -a *adj* (*hum: genio, carácter*) espiègle; (*: problema*) diabolique; (*: tiempo*) de chien
endiñar (*fam*) *vt* refiler
endosar *vt* endosser; **~ algo a algn**

(*fam*) refiler qch à qn
endulzar *vt* (*café*) sucrer; (*salsa, fig*) adoucir; **endulzarse** *vpr* (*ver vt*) sucrer; adoucir, s'adoucir
endurecer *vt* durcir; (*fig: persona*) endurcir; **endurecerse** *vpr* (*ver vt*) se durcir; s'endurcir
enema *nm* lavement *m*
enemigo, -a *adj, nm/f* ennemi(e)
enemistad *nf* aversion *f*
enemistar *vt* séparer; **enemistarse** *vpr*: **~se (con)** se fâcher (avec)
energía *nf* énergie *f*; **energía atómica/nuclear/solar** énergie atomique/nucléaire/solaire
enérgico, -a *adj* énergique
energúmeno, -a *nm/f* énergumène *m/f*
enero *nm* janvier *m*; *ver tb* **julio**
enfadado, -a *adj* en colère
enfadar *vt* fâcher; **enfadarse** *vpr* se fâcher
enfado *nm* colère *f*
énfasis *nm* emphase *f*; **con ~** avec emphase; **poner ~ en** mettre l'accent sur
enfático, -a *adj* emphatique
enfermar *vi* tomber malade; **enfermarse** *vpr* (*esp Am*) tomber malade
enfermedad *nf* maladie *f*
enfermería *nf* infirmerie *f*
enfermero, -a *nm/f* infirmier(-ère); **enfermera jefa** infirmière en chef
enfermizo, -a *adj* maladif(-ive)
enfermo, -a *adj* malade ▷ *nm/f* malade *m/f*; (*en hospital*) patient(e); **caer** *o* **ponerse ~** tomber malade
enflaquecer *vt* faire maigrir ▷ *vi* maigrir
enfocar *vt* (*luz, foco*) diriger; (*persona, objeto*) diriger le projecteur sur; (*Foto*) faire la mise au point sur; (*fig: problema*) envisager
enfoque *vb ver* **enfocar** ▷ *nm* (*Foto*) objectif *m*; (*fig*) point *m* de vue
enfrentar *vt* (*peligro*) affronter; (*contendientes*) confronter; **enfrentarse** *vpr* s'affronter; (*dos equipos*) se rencontrer; **~se a** *o* **con** (*problema*) se trouver face à; (*enemigo*) faire face à
enfrente *adv* en face; **~ de** devant; **la casa de ~** la maison d'en face; **~ mío/nuestro** *etc* (*esp CSur: fam*) devant moi/nous *etc*
enfriamiento *nm* rafraîchissement *m*; (*Med*) refroidissement *m*
enfriar *vt* (*algo caliente, amistad*) refroidir; (*habitación*) rafraîchir; **enfriarse** *vpr* se refroidir; (*habitación*) se rafraîchir; (*Med*) prendre froid
enfurecer *vt* rendre furieux(-euse); **enfurecerse** *vpr* devenir furieux(-euse); (*mar*) se déchaîner
engalanar *vt* (*persona*) habiller; (*ciudad, calle*) décorer; **engalanarse** *vpr* bien s'habiller
enganchar *vt* (*persona, dos vagones*) accrocher; (*teléfono, electricidad*) mettre; (*fam: persona*) mettre le grappin sur; (*pez*) ferrer; **engancharse** *vpr* (*Mil*) s'engager; **~se (en)** (*ropa*) s'accrocher (à); **se le enganchó la falda en el clavo** elle a accroché sa jupe au clou
enganche *nm* (*Tec*) crochet *m*; (*Ferro*) accrochage *m*; (*Méx: Com*) dépôt *m*
engañar *vt* tromper; (*estafar*) escroquer; **engañarse** *vpr* se tromper
engaño *nm* (*mentira*) mensonge *m*; (*trampa*) piège *m*; (*estafa*) escroquerie *f*; **estar en** *o* **padecer un ~** être trompé(e)
engañoso, -a *adj* trompeur(-euse)
engarzar *vt* (*joya*) sertir; (*cuentas*) enfiler
engatusar (*fam*) *vt* enjôler
engendrar *vt* procréer; (*fig*) engendrer; **engendro** (*pey*) *nm* monstre *m*; (*novela, cuadro etc*)

monstruosité *f*
englobar *vt* englober
engordar *vt* faire grossir ▷ *vi* grossir
engorroso, -a *adj* empoisonnant(e)
engranaje *nm* engrenage *m*
engrandecer *vt* (*ennoblecer*) ennoblir
engrasar *vt* graisser
engreído, -a *adj* suffisant(e)
engrosar *vt* (*manuscrito*) grossir; (*muro*) épaissir; (*capital, filas*) augmenter ▷ *vi* grossir
enhebrar *vt* enfiler
enhorabuena *nf*: **dar la ~ a algn** féliciter qn; **¡~!** félicitations!
enigma *nm* énigme *f*
enjabonar *vt* savonner; **enjabonarse** *vpr* se savonner; **~se la barba/las manos** se savonner la barbe/les mains
enjambre *nm* essaim *m*; (*fig*) meute *f*
enjaular *vt* mettre en taule; (*fam: persona*) mettre en tôle
enjuagar *vt* rincer; **enjuagarse** *vpr* se rincer
enjuague *vb ver* **enjuagar**
enjugar *vt* éponger; (*lágrimas*) essuyer; **enjugarse** *vpr*: **~se el sudor** s'éponger; **~se las lágrimas** essuyer ses larmes
enjuiciar *vt* (*Jur*) instruire; (*opinar sobre*) juger
enjuto, -a *adj* décharné(e)
enlace *vb ver* **enlazar** ▷ *nm* (*relación*) lien *m*; (*tb*: **~ matrimonial**) union *f*; (*de trenes*) liaison *f*; **enlace policial** contact *m*; **enlace sindical** délégué(e) syndical(e)
enlatado, -a *adj* (*comida*) en conserve
enlazar *vt* attacher; (*conceptos, organizaciones*) faire le lien entre; (*Am*) prendre au lasso ▷ *vi*: **~ con** faire le lien avec
enlodar *vt* tacher de boue
enloquecer *vt* rendre fou/folle ▷ *vi* devenir fou/folle; **me enloquece el chocolate** (*fig*) je raffole du chocolat
enlutado, -a *adj* en deuil
enmarañar *vt* emmêler; (*fig*) embrouiller; **enmarañarse** *vpr* s'embrouiller
enmarcar *vt* encadrer
enmascarar *vt* masquer; **enmascararse** *vpr* se mettre un masque
enmendar *vt* (*escrito*) modifier; (*constitución, ley*) amender; (*comportamiento*) améliorer; **enmendarse** *vpr* (*persona*) s'améliorer; **enmienda** *vb ver* **enmendar** ▷ *nf* amendement *m*
enmohecerse *vpr* (*metal*) s'oxyder; (*muro, plantas, alimentos*) moisir
enmudecer *vi* rester muet(te)
ennegrecer *vt* noircir; **ennegrecerse** *vpr* (se) noircir
ennoblecer *vt* faire honneur à
enojar *vt* mettre en colère; (*disgustar*) contrarier; **enojarse** *vpr* (*ver vt*) se mettre en colère; être contrarié(e)
enojoso, -a *adj* ennuyeux(-euse)
enorgullecer *vt* enorgueillir; **enorgullecerse** *vpr* s'enorgueillir
enorme *adj* énorme; **enormidad** *nf* énormité *f*
enrarecido, -a *adj* raréfié(e)
enredadera *nf* plante *f* grimpante
enredar *vt* emmêler; (*fig: asunto*) embrouiller ▷ *vi* (*molestar*) faire des bêtises; (*trastear*) tripoter; **enredarse** *vpr* s'emmêler; (*fig*) s'embrouiller; **~ a algn en** (*fig: implicar*) mêler qn à; **~se en** se prendre dans; (*fig*) se mêler à
enredo *nm* nœud *m*; (*fig: lío*) pétrin *m*
enrejado *nm* grille *f*
enrevesado, -a *adj* épineux(-euse)
enriquecer *vt* enrichir ▷ *vi* s'enrichir; **enriquecerse** *vpr* s'enrichir
enrojecer *vt, vi* rougir; **enrojecerse** *vpr* rougir
enrolar *vt* enrôler; **enrolarse** *vpr* s'enrôler

enrollar *vt* enrouler; **enrollarse** *vpr* (*fam: al hablar*) s'éterniser
enroscar *vt* (*tornillo, tuerca*) visser; **enroscarse** *vpr* (*serpiente*) se lover; (*planta*) se vriller
ensalada *nf* salade *f*; **ensaladilla** *nf* (*tb*: **ensaladilla rusa**) salade *f* russe
ensalzar *vt* encenser
ensamblaje *nm* assemblage *m*; (*Tec*) joint *m*
ensanchar *vt* élargir; **ensancharse** *vpr* s'élargir; (*fig: persona*) se rengorger; **ensanche** *nm* élargissement *m*; (*zona*) terrain *m* à lotir
ensangrentar *vt* ensanglanter
ensañarse *vpr*: ~ **con** tourmenter
ensartar *vt* enfiler
ensayar *vt* essayer; (*Teatro*) répéter ▷ *vi* répéter
ensayo *nm* essai *m*; (*Teatro, Mús*) répétition *f*; (*Escol*) dissertation *f*; ~ **general** répétition générale
enseguida *adv* = **en seguida**
ensenada *nf* crique *f*
enseñanza *nf* enseignement *m*; **enseñanza primaria/media/superior** enseignement primaire/secondaire/supérieur
enseñar *vt* enseigner; (*mostrar*) montrer; (*señalar*) signaler; ~ **a algn a hacer** montrer à qn comment faire
enseres *nmpl* effets *mpl*; (*útiles*) matériel *msg*
ensillar *vt* seller
ensimismarse *vpr* s'absorber; ~ **en** s'absorber dans
ensombrecer *vt* assombrir; **ensombrecerse** *vpr* (*fig: rostro*) s'assombrir
ensortijado, -a *adj* (*pelo*) frisé(e)
ensuciar *vt* salir; **ensuciarse** *vpr* se salir
ensueño *nm* rêve *m*; (*fantasía*) illusion *f*; **de** ~ de rêve
entablar *vt* (*Ajedrez, Damas*) disposer; (*conversación, lucha*) engager; (*pleito, negociaciones*) entamer
entablillar *vt* mettre une attelle à
entallar *vt* (*traje*) ajuster
ente *nm* entité *f*; (*ser*) être *m*
entender *vt, vi* comprendre; **entenderse** *vpr* (*a sí mismo*) se comprendre; (*2 personas*) s'entendre; ~ **de** s'y entendre en; ~ **algo de** avoir quelques notions de; ~ **por** entendre par; **dar a ~ que ...** donner à entendre que ...; **~se bien/mal (con algn)** s'entendre bien/mal (avec qn)
entendido, -a *adj* (*experto*) compétent(e); (*informado*) informé(e) ▷ *nm/f* connaisseur(-euse) ▷ *excl* entendu!; **entendimiento** *nm* entente *f*; (*inteligencia*) entendement *m*
enterado, -a *adj* informé(e); **estar ~ de** être au courant de
enteramente *adv* entièrement
enterarse *vpr*: ~ **(de)** apprendre
entereza *nf* droiture *f*; (*fortaleza*) courage *m*; (*integridad*) intégrité *f*; (*firmeza*) fermeté *f*
enternecer *vt* attendrir; **enternecerse** *vpr* s'attendrir
entero, -a *adj* (*íntegro*) au complet; (*no roto, fig*) entier(-ère); (*Com*) point *m*; (*Am*) versement *m*; (*Arg*) bleu *m* de travail; **por** ~ entièrement
enterrador *nm* fossoyeur *m*
enterrar *vt* enterrer
entibiar *vt* tiédir; **entibiarse** *vpr* tiédir
entidad *nf* (*empresa*) entreprise *f*; (*organismo, Filos*) entité *f*; (*sociedad*) société *f*
entienda *etc vb ver* **entender**
entierro *vb ver* **enterrar** ▷ *nm* enterrement *m*
entonación *nf* intonation *f*
entonar *vt* entonner; (*colores*) harmoniser; (*Med*) fortifier ▷ *vi* (*al cantar*) donner le ton; **entonarse** *vpr*

(*Med*) se fortifier; **~ con** (*colores*) se marier bien avec
entonces *adv* alors; **desde ~** depuis; **en aquel ~** en ce temps-là; **(pues) ~** (et) alors
entornar *vt* (*puerta, ventana*) entrebâiller; (*los ojos*) garder mi-clos
entorno *nm* environnement *m*
entorpecer *vt* gêner; (*mente, persona*) abrutir
entrada *nf* entrée *f*; (*ingreso, Com*) recette *f*; **entradas** *nfpl* (*Com*) recettes *fpl*; **~s y salidas** (*Com*) recettes et dépenses; **~ de aire** (*Tec*) entrée d'air; **de ~** d'entrée
entrado, -a *adj*: **~ en años** d'un âge avancé; **(una vez) ~ el verano** l'été venu
entramparse *vpr* s'endetter
entrante *adj* prochain(e) ▷ *nm* encaissement *m*; (*Culin*) entrée *f*
entrañable *adj* (*amigo*) cher(-ère); (*trato*) cordial(e)
entrañas *nfpl* entrailles *fpl*; **sin ~** (*fig*) sans merci
entrar *vt* mettre; (*Inform*) entrer ▷ *vi* entrer; (*caber: anillo, zapato*) aller; (*: tornillo, personas*) rentrer; (*en profesión etc*) entrer; **me entró sueño/frío** j'ai eu sommeil/froid; **~ en acción** entrer en action; (*entrar en funcionamiento*) commencer à fonctionner; **no me entra** je ne saisis pas; **~ a** (*Am*) entrer dans
entre *prep* (*dos cosas*) entre; (*más de dos cosas*) parmi; **lo haremos ~ todos** nous le ferons tous ensemble; **~ más estudia, más aprende** (*esp Am: fam*) plus il étudie, plus il apprend
entreabrir *vt* entrouvrir
entrecejo *nm*: **fruncir el ~** froncer les sourcils
entrecortado, -a *adj* entrecoupé(e)
entrega *nf* (*de mercancías*) livraison *f*; (*de premios*) remise *f*; (*de novela, serial*) épisode *m*
entregar *vt* livrer; (*dar*) remettre; **entregarse** *vpr* se livrer; **~se a** (*al trabajo*) se consacrer à; (*al vicio*) se livrer à
entrelazar *vt* entrelacer
entremeses *nmpl* entrées *fpl*
entremeterse *vpr* = **entrometerse**
entremetido, -a *adj* = **entrometido**
entremezclar *vt* mélanger; **entremezclarse** *vpr* se mélanger
entrenador, a *nm/f* entraîneur(-euse)
entrenar *vt* entraîner ▷ *vi* (*Deporte*) s'entraîner; **entrenarse** *vpr* s'entraîner
entrepierna *nf* entrejambes *msg*
entresacar *vt* (*árboles*) déboiser; (*pelo*) désépaissir
entresuelo *nm* entresol *m*
entretanto *adv* entre-temps
entretener *vt* amuser; (*retrasar*) retenir; (*distraer*) distraire; (*fig*) entretenir; **entretenerse** *vpr* s'amuser; (*retrasarse*) s'attarder; (*distraerse*) se distraire
entretenido, -a *adj* amusant(e); **entretenimiento** *nm* distraction *f*
entrever *vt* entrevoir
entrevista *nf* entrevue *f*; (*para periódico, TV*) interview *f*; **entrevistar** *vt* interviewer; **entrevistarse** *vpr*: **entrevistarse (con)** avoir une entrevue (avec)
entristecer *vt* attrister; **entristecerse** *vpr* s'attrister
entrometerse *vpr*: **~ (en)** se mêler de
entrometido, -a *adj, nm/f* indiscret(-ète)
entumecer *vt* engourdir; **entumecerse** *vpr* s'engourdir
entumecido, -a *adj* engourdi(e)
enturbiar *vt* (*agua*) troubler; (*alegría*) gâter; **enturbiarse** *vpr* (*ver vt*) se troubler; retomber
entusiasmar *vt* enthousiasmer; **entusiasmarse** *vpr*: **~se (con** *o* **por)**

s'enthousiasmer (pour)
entusiasmo *nm*: **~ (por)** enthousiasme *m* (pour); **con ~** avec enthousiasme
entusiasta *adj, nm/f* enthousiaste *m/f*; **~ de** enthousiaste de
enumerar *vt* énumérer
enunciación *nf* énonciation *f*
enunciado *nm* énoncé *m*
envainar *vt* rengainer
envalentonar *(pey) vt* stimuler; **envalentonarse** *vpr* se vanter
envanecer *vt* monter à la tête; **envanecerse** *vpr*: **~se de hacer/ de haber hecho** se vanter de faire/d'avoir fait
envasar *vt* conditionner
envase *nm (recipiente)* récipient *m*; *(botella)* bouteille *f*; *(lata)* boîte *f* de conserve; *(bolsa)* poche *f*; *(acción)* conditionnement *m*
envejecer *vt, vi* vieillir
envenenar *vt* empoisonner
envergadura *nf* envergure *f*
envés *nm* envers *m*
enviar *vt* envoyer; **~ a algn a hacer** envoyer qn faire
enviciarse *vpr*: **~ (con)** s'intoxiquer (avec)
envidia *nf* envie *f*; *(celos)* jalousie *f*; **envidiar** *vt* envier; *(tener celos de)* jalouser
envío *nm* envoi *m*
enviudar *vi* devenir veuf/veuve
envoltorio *nm* paquet *m*
envolver *vt* envelopper; *(enemigo)* encercler; **envolverse** *vpr*: **~se en** s'envelopper dans; **~ a algn en** *(implicar)* impliquer qn dans
envuelto *etc*, **envuelva** *etc vb ver* **envolver**
enyesar *vt* plâtrer
enzarzarse *vpr*: **~ en** se mêler à
épica *nf* poésie *f* épique
épico, -a *adj* épique
epidemia *nf* épidémie *f*
epilepsia *nf* épilepsie *f*
epílogo *nm* épilogue *m*
episodio *nm* épisode *m*
epístola *nf* lettre *f*
época *nf* époque *f*; **hacer ~** faire époque
equilibrar *vt* équilibrer; **equilibrio** *nm* équilibre *m*; **mantener/perder el equilibrio** garder/perdre l'équilibre; **equilibrista** *nm/f* équilibriste *m/f*
equipaje *nm* bagages *mpl*; **hacer el ~** faire ses bagages; **equipaje de mano** bagages à main
equipar *vt*: **~ (con** *o* **de)** équiper (de)
equiparar *vt*: **~ algo/a algn a** *o* **con** *(igualar)* mettre qch/qn sur un pied d'égalité avec; *(comparar)* comparer qch/qn à; **equipararse** *vpr*: **~se con** se comparer à
equipo *nm (grupo, Deporte)* équipe *f*; *(instrumentos)* matériel *m*, équipement *m*; **trabajo en ~** travail *m* d'équipe
equis *nf (letra)* X, x *m inv*
equitación *nf* équitation *f*
equitativo, -a *adj* équitable
equivalente *adj* équivalent(e) ▷ *nm* équivalent *m*
equivaler *vi*: **~ a (hacer)** équivaloir à (faire)
equivocación *nf* erreur *f*
equivocado, -a *adj (decisión, camino)* mauvais(e)
equivocarse *vpr* se tromper; **~ de camino/número** se tromper de chemin/numéro
equívoco, -a *adj* équivoque ▷ *nm (ambigüedad)* ambiguïté *f*; *(malentendido)* quiproquo *m*
era *vb ver* **ser** ▷ *nf* ère *f*
erais *vb ver* **ser**
éramos *vb ver* **ser**
eran *vb ver* **ser**
erario *nm* biens *mpl*
eras *vb ver* **ser**
erección *nf* érection *f*

eres *vb ver* **ser**
erguir *vt* (*alzar*) lever; (*poner derecho*) redresser; **erguirse** *vpr* se redresser
erigir *vt* ériger; **erigirse** *vpr*: **~se en** s'ériger en
erizarse *vpr* se hérisser
erizo *nm* hérisson *m*; (*tb*: **~ de mar**) oursin *m*
ermita *nf* ermitage *m*
ermitaño, -a *nm/f* ermite *m/f*
erosión *nf* érosion *f*
erosionar *vt* éroder
erótico, -a *adj* érotique; **erotismo** *nm* érotisme *m*
erradicar *vt* éradiquer
errar *vi* errer; (*equivocarse*) se tromper ▷ *vt*: **~ el camino** s'égarer; **~ el tiro** manquer son coup
errata *nf* errata *m inv*
erróneo, -a *adj* erroné(e)
error *nm* erreur *f*; **estar en un ~** être dans l'erreur; **error de imprenta** erreur d'impression; **error judicial** erreur judiciaire
eructar *vi* roter
erudito, -a *adj, nm/f* érudit(e); **los ~s en esta materia** les experts en la matière
erupción *nf* éruption *f*
es *vb ver* **ser**
esa *adj demos ver* **ese**
ésa *pron ver* **ése**
esbelto, -a *adj* svelte
esbozo *nm* ébauche *f*
escabeche *nm* escabèche *f*; **en ~** à l'escabèche
escabroso, -a *adj* (*accidentado*) accidenté(e); (*fig*: *complicado*) épineux(-euse); (: *atrevido*) scabreux(-euse)
escabullirse *vpr* s'esquiver; (*de entre los dedos*) filer
escafandra *nf* (*tb*: **~ autónoma**) scaphandre *m* (autonome); **escafandra espacial** scaphandre spatial
escala *nf* échelle *f*; (*tb*: **~ de cuerda**) échelle de corde; (*Aviat, Náut*) escale *f*; **en gran/pequeña ~** à grande/petite échelle; **hacer ~ en** faire escale à; **escala móvil** échelle mobile
escalafón *nm* (*en empresa*) échelle *f* des salaires; (*en organismo público*) échelons *mpl* de solde
escalar *vt* escalader; (*fig*) monter ▷ *vi* faire de l'escalade; (*fig*) monter en grade
escalera *nf* escalier *m*; (*tb*: **~ de mano**) marchepied *m*; (*Naipes*) suite *f*; **escalera de caracol/de incendios** escalier en colimaçon/de secours; **escalera de tijera** escabeau *m*; **escalera mecánica** escalier roulant
escalfar *vt* pocher
escalinata *nf* perron *m*;
escalofriante *adj* d'horreur
escalofrío *nm* frisson *m*; **escalofríos** *nmpl* (*fig*): **dar** *o* **producir ~s a algn** donner des frissons à qn
escalón *nm* marche *f*; (*de escalera de mano, fig*) échelon *m*
escalope *nm* escalope *f*
escama *nf* écaille *f*; (*de jabón*) paillette *f*
escamar *vt* (*producir recelo*) rendre soupçonneux(-euse)
escamotear *vt* (*sueldo*) subtiliser
escampar *vi* se dégager
escandalizar *vt* scandaliser; **escandalizarse** *vpr* se scandaliser
escándalo *nm* scandale *m*
escandaloso, -a *adj* scandaleux(-euse); (*niño*) turbulent(e)
escandinavo, -a *adj* scandinave ▷ *nm/f* Scandinave *m/f*
escaño *nm* siège *m*
escapar *vi*: **~ (de)** (*de encierro*) s'échapper (de); (*de peligro*) échapper à; (*Deporte*) faire une échappée; **escaparse** *vpr*: **~se (de)** s'échapper (de); (*agua, gas*) fuir; **se le escapó el secreto** il a vendu la mèche; **se le**

escapó la risa un rire lui a échappé
escaparate *nm* vitrine *f*
escape *nm* (*de agua, gas*) fuite *f*; (*tb*: **tubo de ~**) pot *m* d'échappement
escarabajo *nm* scarabée *m*
escaramuza *nf* escarmouche *f*
escarbar *vt* ratisser ▷ *vi* fouiller; **~ en** (*en asunto*) démêler
escarceos *nmpl* (*fig*) écarts *mpl*; **~ amorosos** ébats *mpl* amoureux
escarcha *nf* rosée *f*
escarchado, -a *adj* glacé(e)
escarlata *adj* écarlate; **escarlatina** *nf* scarlatine *f*
escarmentar *vt* punir ▷ *vi* comprendre la leçon
escarmiento *vb ver* **escarmentar** ▷ *nm* punition *f*; (*aviso*) leçon *f*
escarnio *nm* raillerie *f*; (*insulto*) quolibet *m*
escarola *nf* scarole *f*
escarpado, -a *adj* escarpé(e)
escasear *vi* être rare
escasez *nf* (*falta*) manque *m*; (*pobreza*) misère *f*
escaso, -a *adj* faible; (*posibilidades*) compté(e); (*recursos*) insuffisant(e); **estar ~ de algo** être à cours de qch
escatimar *vt* (*sueldo, tela*) lésiner sur; (*elogios, esfuerzos*) ménager
escayola *nf* plâtre *m*
escena *nf* scène *f*; **poner en ~** mettre en scène
escenario *nm* scène *f*; **escenografía** *nf* scénographie *f*
escepticismo *nm* scepticisme *m*
escéptico, -a *adj, nm/f* sceptique *m/f*
escisión *nf* (*de partido*) scission *f*
esclarecer *vt* éclaircir
esclavitud *nf* esclavage *m*
esclavizar *vt* asservir
esclavo, -a *adj, nm/f* esclave *m/f*
esclusa *nf* écluse *f*
escoba *nf* balai *m*
escobilla *nf* (*esp Am*) brosse *f*
escocer *vi* brûler; **escocerse** *vpr* s'irriter; **me escuece mucho la herida** ma blessure me brûle
escocés, -esa *adj* écossais(e) ▷ *nm/f* Écossais(e)
Escocia *nf* Écosse *f*
escoger *vt* choisir
escogido, -a *adj* choisi(e)
escolar *adj, nm/f* scolaire *m/f*
escollo *nm* écueil *m*
escolta *nf* escorte *f*; **escoltar** *vt* escorter
escombros *nmpl* décombres *mpl*
esconder *vt* cacher; **esconderse** *vpr* se cacher
escondidas *nfpl* (*Am*) cache-cache *m inv*; **a ~** en cachette; **escondite** *nm* cachette *f*; (*juego*) cache-cache *m inv*; **escondrijo** *nm* cachette *f*
escopeta *nf* fusil *m*; **escopeta de aire comprimido** fusil à air comprimé
escoria *nf* (*fig*) lie *f*
Escorpio *nm* (*Astrol*) Scorpion *m*; **ser ~** être (du) Scorpion
escorpión *nm* scorpion *m*
escotado, -a *adj* décolleté(e)
escote *nm* décolleté *m*; **pagar a ~** payer son écot
escotilla *nf* (*Náut*) écoutille *f*
escozor *nm* cuisson *f*
escribible *adj* (*CD/DVD*) gravable
escribir *vt, vi* écrire; **escribirse** *vpr* s'écrire; **~ a máquina** taper à la machine; **¿cómo se escribe?** comment ça s'écrit?
escrito, -a *pp de* **escribir** ▷ *adj* écrit(e) ▷ *nm* (*documento*) écrit *m*; (*manifiesto*) manifeste *m*; **por ~** par écrit
escritor, a *nm/f* écrivain *m/f*
escritorio *nm* (*mueble*) secrétaire *m*; (*oficina*) bureau *m*
escritura *nf* écriture *f*; (*Jur*) écrit *m*
escrúpulo *nm*: **me da ~ (hacer)** j'ai des scrupules (à faire); **escrúpulos** *nmpl* (*dudas*) scrupules *mpl*

escrupuloso, -a *adj* scrupuleux(-euse); (*aprensivo*) maniaque
escrutar *vt* scruter; (*votos*) dépouiller le scrutin
escrutinio *nm* examen *m* attentif; (*de votos*) scrutin *m*
escuadra *nf* équerre *f*; (*Mil*) escouade *f*; (*Náut*) escadre *f*; **escuadrilla** *nf* escadrille *f*
escuadrón *nm* escadron *m*
escuálido, -a *adj* efflanqué(e)
escuchar *vt* écouter ▷ *vi* écouter
escudo *nm* bouclier *m*; (*insignia*) écusson *m*
escudriñar *vt* scruter
escuela *nf* école *f*; **~ de arquitectura/Bellas Artes/idiomas** école d'architecture/des Beaux Arts/de langues; **escuela normal** école normale
escueto, -a *adj* (*estilo*) dépouillé(e); (*explicación*) concis(e)
escuincle (*Méx*: *fam*) *nm* gosse *m*
esculpir *vt* sculpter
escultor, a *nm/f* sculpteur *m*; **escultura** *nf* sculpture *f*
escupidera *nf* crachoir *m*; (*orinal*) pot *m* de chambre
escupir *vt, vi* cracher
escurreplatos *nm inv* égouttoir *m*
escurridizo, -a *adj* glissant(e)
escurridor *nm* essoreuse *f*
escurrir *vt* (*ropa*) essorer; (*verduras*) égoutter; (*platos*) laisser s'égoutter; (*líquidos*) verser la dernière goutte de ▷ *vi* (*ropa, botella*) goutter; (*líquidos*) couler; **escurrirse** *vpr* (*líquido*) s'écouler; (*ropa, platos*) s'égoutter; (*resbalarse*) glisser; (*escaparse*) s'esquiver
ese, esa, esos, esas *adj* (*demostrativo*: *sg*) ce/cette; (: *pl*) ces
ése, ésa, ésos, ésas *pron* (*sg*) celui-là/celle-là; (*pl*) ceux-là/celles-là; **~ ... éste ...** celui-ci ... celui-là ...
esencia *nf* essence *f*; (*de doctrina*) essentiel *m*; **esencial** *adj* essentiel(le)
esfera *nf* sphère *f*; (*de reloj*) cadran *m*
esférico, -a *adj* sphérique
esforzarse *vpr* s'efforcer; **~ por hacer** s'efforcer de faire
esfuerzo *vb ver* **esforzarse** ▷ *nm* effort *m*; **hacer un ~ (para hacer)** faire un effort (pour faire); **con/sin ~** avec/sans effort
esfumarse *vpr* (*persona*) s'évanouir dans la nature; (*esperanzas*) partir en fumée
esgrima *nf* escrime *f*
esgrimir *vt* (*arma*) manier; (*argumento*) déployer
esguince *nm* entorse *f*
eslabón *nm* maillon *m*
eslavo, -a *adj* slave ▷ *nm/f* Slave *m/f* ▷ *nm* (*Ling*) langue *f* slave
eslip *nm* slip *m*
eslovaco, -a *adj* slovaque ▷ *nm/f* Slovaque *m/f* ▷ *nm* (*Ling*) slovaque *m*
Eslovaquia *nf* Slovaquie *f*
esmaltar *vt* émailler; **esmalte** *nm* émail *m*; **esmalte de uñas** vernis *m* à ongles
esmerado, -a *adj* soigné(e)
esmeralda *nf* émeraude *f*
esmerarse *vpr*: **~ (en)** se donner du mal (pour)
esmero *nm* soin *m*; **con ~** avec soin
esnob *adj inv, nm/f* snob *m/f*; **esnobismo** *nm* snobisme *m*
eso *pron* ce, cela; **~ de su coche** cette histoire avec sa voiture; **~ de ir al cine** cette histoire d'aller au cinéma; **a ~ de las cinco** vers cinq heures; **por ~** c'est pour ça; **~ es** c'est cela; **~ mismo** cela-même; **y ~ que llovía** pourtant il pleuvait!
esos *adj demos ver* **ese**
ésos *pron ver* **ése**
espabilar *vt* = **despabilar**
espacial *adj* spatial(e)
espaciar *vt* espacer

espacio *nm* espace *m*; **el ~** l'espace; **espacio aéreo/exterior** espace aérien/extérieur
espacioso, -a *adj* spacieux(-euse)
espada *nf* épée *f*; **espadas** *nfpl* (*Naipes*) l'une des quatre couleurs du jeu de cartes espagnol
espaguetis *nmpl* spaghettis *mpl*
espalda *nf* dos *msg*; **a ~s de algn** dans le dos de qn; **estar de ~s** être de dos; **por la ~** (*atacar*) par derrière; (*disparar*) dans le dos; **tenderse de ~s** s'allonger sur le dos; **volver la ~ a algn** tourner le dos à qn
espantajo *nm*, **espantapájaros** *nm inv* épouvantail *m*
espantar *vt* (*persona*) effrayer; (*animal*) faire fuir; **espantarse** *vpr* s'effrayer; (*ahuyentar*) déguerpir; (*fig*) se dissiper
espanto *nm* frayeur *f*; (*terror*) panique *f*
espantoso, -a *adj* effrayant(e); (*fam*: *desmesurado*) terrible; (: *feísimo*) repoussant(e)
España *nf* Espagne *f*
español, a *adj* espagnol(e) ▷ *nm/f* Espagnol(e) ▷ *nm* (*Ling*) espagnol *m*
esparadrapo *nm* sparadrap *m*
esparcimiento *nm* (*fig*) divertissement *m*
esparcir *vt* (*objetos*) éparpiller; (*semillas*) semer; (*líquido, noticia*) répandre; **esparcirse** *vpr* s'éparpiller; (*noticia*) se répandre
espárrago *nm* asperge *f*
esparto *nm* alfa *m*
espasmo *nm* spasme *m*
espátula *nf* spatule *f*
especia *nf* condiment *m*
especial *adj* spécial(e); **especialidad** *nf* spécialité *f*; (*Escol*) spécialisation *f*
especialista *nm/f* spécialiste *m/f*
especialmente *adv* spécialement
especie *nf* espèce *f*; **una ~ de** une espèce de; **pagar en ~** payer en espèces
especificar *vt* spécifier
específico, -a *adj* spécifique
espécimen (*pl* **especímenes**) *nm* spécimen *m*; (*muestra*) échantillon *m*
espectáculo *nm* spectacle *m*
espectador, a *nm/f* spectateur(-trice); (*de incidente*) badaud *m*; **los ~es** (*Teatro*) les spectateurs
espectro *nm* spectre *m*
especular *vi* (*meditar*): **~ sobre** spéculer sur; **~ (en)** (*Com*) spéculer (en)
espejismo *nm* mirage *m*
espejo *nm* miroir *m*; **mirarse al ~** se regarder dans la glace; **espejo retrovisor** rétroviseur *m*
espeluznante *adj* à faire dresser les cheveux sur la tête
espera *nf* attente *f*; **a la** *o* **en ~ de** dans l'attente de
esperanza *nf* espoir *m*; **hay pocas ~s de que venga** il y a peu de chances pour qu'il vienne; **esperanza de vida** espérance *f* de vie
esperar *vt* attendre; (*desear, confiar*) espérer ▷ *vi* attendre; **~ un bebé** attendre un enfant; **es de ~ que** il faut espérer que
esperma *nm* sperme *m*
espesar *vt* épaissir; **espesarse** *vpr* s'épaissir
espeso, -a *adj* épais(se); **espesor** *nm* épaisseur *f*; (*densidad*) densité *f*
espía *nm/f* espion(ne); **espiar** *vt* espionner ▷ *vi*: **espiar para** être un espion à la solde de
espiga *nf* épi *m*
espigón *nm* (*Bot*) piquant *m*; (*Náut*) digue *f*
espina *nf* (*Bot*) épine *f*; (*de pez*) arête *f*; **espina dorsal** épine dorsale
espinaca *nf* (*Bot*) épinard *m*; **~s** (*Culin*) épinards *mpl*
espinazo *nm* épine *f* dorsale

espinilla *nf* (*Anat*) tibia *m*; (*Med*) point *m* noir
espinoso, -a *adj* épineux(euse)
espionaje *nm* espionnage *m*
espiral *adj* en spirale ▷ *nf* spirale *f*; (*anticonceptivo*) stérilet *m*
espirar *vt, vi* expirer
espíritu *nm* esprit *m*; **espíritu de cuerpo/de equipo** esprit de corps/d'équipe; **espíritu de lucha** naturel *m* bagarreur; **Espíritu Santo** Saint-Esprit *m*; **espiritual** *adj* spirituel(le)
espita *nf* robinet *m*
espléndido, -a *adj* (*magnífico*) splendide; (*generoso*) généreux(-euse)
esplendor *nm* splendeur *f*
espolear *vt* (*fig: persona*) tanner
espoleta *nf* goupille *f*
espolón *nm* (*de ave*) ergot *m*; (*malecón*) jetée *f*
espolvorear *vt* saupoudrer
esponja *nf* éponge *f*; **esponja de baño** éponge de toilette
esponjoso, -a *adj* spongieux(-euse); (*bizcocho*) imbibé(e)
espontaneidad *nf* spontanéité *f*
espontáneo, -a *adj* spontané(e)
esposar *vt* passer les menottes à
esposo, -a *nm/f* époux(-ouse); **esposas** *nfpl* (*para detenidos*) menottes *fpl*
espray *nm* aérosol *m*
espuela *nf* éperon *m*
espuma *nf* mousse *f*; (*sobre olas*) écume *f*; **espuma de afeitar** mousse à raser
espumadera *nf* écumoire *f*
espumoso, -a *adj* moussant(e)
esqueleto *nm* squelette *m*
esquema *nm* schéma *m*; (*guión*) plan *m*
esquí (*pl* **~s**) *nm* ski *m*; **esquí acuático** ski nautique; **esquiar** *vi* skier
esquilar *vt* tondre
esquimal *adj* esquimau(de) ▷ *nm/f* Esquimau(de)
esquina *nf* coin *m*; **doblar la ~** tourner au coin de la rue
esquinazo *nm*: **dar ~ a algn** planter là qn
esquirol *nm* briseur *m* de grève
esquivar *vt* esquiver
esquivo, -a *adj* (*huraño*) asocial(e); (*desdeñoso*) dédaigneux(-euse)
esta *adj ver* **este²**
está *vb ver* **estar**
ésta *pron ver* **éste**
estabilidad *nf* stabilité *f*; **estable** *adj* stable
establecer *vt* établir; **establecerse** *vpr* s'établir; **establecimiento** *nm* établissement *m*
establo *nm* étable *f*
estaca *nf* (*palo*) piquet *m*; (*con punta*) pieu *m*
estación *nf* gare *f*; (*del año*) saison *f*; **estación de autobuses** gare routière; **estación de radio** station d'émission; **estación de servicio** station-service *f*; **estación meteorológica** station météorologique
estacionamiento *nm* stationnement *m*
estacionar *vt* (*Aut*) garer; **estacionarse** *vpr* (*Aut*) se garer; (*Med*) se stabiliser
estacionario, -a *adj* (*estado*) stationnaire; (*mercado*) calme
estadio *nm* stade *m*
estadista *nm* (*Pol*) homme *m* d'Etat
estadística *nf* statistique *f*
estado *nm* état *m*; **el E~** l'Etat; **estar en ~ (de buena esperanza)** attendre un heureux événement; **estado civil** état civil; **estado de ánimo** état d'âme; **estado de cuenta(s)** relevé *m* de compte; **estado de emergencia o excepción** état d'urgence; **estado de sitio** état de siège; **estado mayor** (*Mil*) état-major *m*; **Estados Unidos**

Etats-Unis
estadounidense *adj* américain(e) ▷ *nm/f* Américain(e)
estafa *nf* escroquerie *f*; **estafar** *vt* escroquer; **les estafaron 8 millones** ils les ont escroqués de 8 millions
estafeta *nf* bureau *m* de poste
estáis *vb ver* **estar**
estallar *vi* (*bomba*) exploser; **estallido** *nm* explosion *f*; (*fig: de guerra*) déclenchement *m*
estampa *nf* estampe *f*; (*porte*) allure *f*
estampado, -a *adj* imprimé(e) ▷ *nm* (*dibujo*) imprimé *m*
estampar *vt* imprimer
estampida (*esp Am*) *nf* débandade *f*
estampido *nm* détonation *f*
están *vb ver* **estar**
estancado, -a *adj* stagnant(e)
estancar *vt* stagner; **estancarse** *vpr* stagner; (*fig: progreso*) piétiner; (*persona*): **~se en** s'enliser dans
estancia *nf* séjour *m*; (*sala*) salle *f*; (*Am*) ferme *f* d'élevage; **estanciero** (*Am*) *nm* (*Agr*) éleveur *m*
estanco, -a *nm* bureau *m* de tabac

ESTANCO

L'**estanco** est l'équivalent espagnol du bureau de tabac: on y achète cigarettes, tabac, timbres et timbres fiscaux. On trouve également des cigarettes et du tabac dans les bars et les "quioscos", mais ils y sont généralement vendus plus chers.

estándar *adj* normal(e); (*medio*) standard ▷ *nm* standard *m*; **estandarizar** *vt* standardiser; **estandarizarse** *vpr* se standardiser
estandarte *nm* étendard *m*
estanque *vb ver* **estancar** ▷ *nm* bassin *m*
estanquero, -a *nm/f* buraliste *m/f*
estante *nm* (*de mueble*) rayonnage *m*; (*adosado*) étagère *f*; (*Am: soporte*) étai *m*; **estantería** *nf* rayonnage *m*
estaño *nm* étain *m*

PALABRA CLAVE

estar *vi* **1** (*posición*) être; **está en la Plaza Mayor** il est sur la Plaza Mayor; **¿está Juan?** (est-ce que) Juan est là?; **estamos a 30 km de Junín** nous sommes à 30 km de Junín
2 (*+ adj o adv: estado*) être; **estar enfermo** être malade; **estar lejos** être loin; **está muy elegante** il est très élégant; **¿cómo estás?** comment vas-tu?; *ver tb* **bien**
3 (*+ gerundio*) être en train de; **estoy leyendo** je suis en train de lire
4 (*uso pasivo*): **está condenado a muerte** il est condamné à mort; **está envasado en ...** c'est enveloppé dans ...
5 (*tiempo*): **estamos en octubre/1994** nous sommes en octobre/1994
6 (*estar listo*): **¿está la comida?** le repas est prêt?; **¿estará para mañana?** ce sera prêt pour demain?; **ya está** ça y est
7 (*sentar*) aller; **el traje le está bien** le costume lui va bien
8: **estar a** (*con fechas*): **¿a cuántos estamos?** nous sommes le combien?; **estamos a 5 de mayo** nous sommes le 5 mai; (*con precios*): **las manzanas están a 1,50 euros** les pommes sont à 1,50 euros; (*con grados*): **estamos a 25°** il fait 25°
9: **estar de** (*ocupación*): **estar de vacaciones/viaje** être en vacances/voyage; (*trabajo*): **está de camarero** il travaille comme garçon de café
10: **estar en** (*consistir*) résider dans
11: **estar para** (*a punto de*): **está para salir** il est prêt à sortir; (*con humor de*): **no estoy para bromas** je ne suis

pas d'humeur à plaisanter
12: **estar por** (*a favor de*) être pour; **estoy por dejarlo** je suis pour le laisser tomber; (*sin hacer*): **está por limpiar** ça reste à nettoyer
13: **estar que: ¡está que trina!** il en est fumasse!
14: **estar sin: estar sin dinero** ne pas avoir d'argent; **la casa está sin terminar** la maison n'est pas finie
15 (*locuciones*): **¡ya estuvo!** (*Am: fam*) ça suffit!; **¿estamos?** (*¿de acuerdo?*) d'accord?; **¡ya está bien!** bon, ça va!
estarse *vpr*: **se estuvo en la cama toda la tarde** il est resté au lit tout l'après-midi

estas *adj demos ver* **este**
éstas *pron ver* **éste**
estatal *adj* (*política*) gouvernemental(e); (*enseñanza*) public(-ique)
estático, -a *adj* statique
estatua *nf* statue *f*
estatura *nf* stature *f*
estatuto *nm* statut *m*
este[1] *adj, nm* est *m*
este[2]**, esta, estos, estas** *adj* (*demostrativo: sg*) ce/cette; (*: pl*) ces ▷ *excl* (*Am: fam: esto*) euh!
esté *vb ver* **estar**
éste, ésta, éstos, éstas *pron* (*sg*) celui-ci/celle-ci; (*pl*) ceux-ci/celles-ci; **ése ... ~ ...** celui-ci ... celui-là ...
estelar *adj* (*Astron*) stellaire; (*actuación*) de star; (*reparto*) prestigieux(-euse)
estén *vb ver* **estar**
estepa *nf* steppe *f*
estera *nf* sparterie *f*
estéreo *adj inv, nm* stéréo *f*;
estereotipo (*pey*) *nm* stéréotype *m*
estéril *adj* stérile
esterilizar *vt* stériliser
esterlina *adj*: **libra ~** livre *f* sterling
estés *vb ver* **estar**
estética *nf* esthétique *f*
estético, -a *adj* esthétique
estibador *nm* docker *m*
estiércol *nm* fumier *m*
estilarse *vpr* être en vogue
estilo *nm* style *m*; (*Natación*) nage *f*; **por el ~** de ce genre
estima *nf* estime *f*; **le tiene en mucha ~** il a beaucoup d'estime pour lui
estimación *nf* (*valoración*) estimation *f*; (*estima*) estime *f*
estimar *vt* estimer; **~ algo en** (*valorar*) estimer qch à
estimulante *adj* stimulant(e) ▷ *nm* stimulant *m*
estimular *vt* stimuler
estímulo *nm* stimulation *f*
estipulación *nf* stipulation *f*;
estipular *vt* stipuler
estirado, -a *adj* tendu(e); (*engreído*) infatué(e)
estirar *vt* étirer; (*brazo, pierna*) tendre; (*fig: dinero*) faire durer ▷ *vi* tirer;
estirarse *vpr* s'étirer; **~ las piernas** (*fig*) se dégourdir les jambes
estirón *nm* étirement *m*; **dar** *o* **pegar un ~** pousser comme une asperge
estirpe *nf* souche *f*
estival *adj* estival(e)
esto *pron* cela, ça, c' ▷ *excl* (*fam*) euh!; **~ de la boda** cette affaire de la noce; **por ~** c'est pour ça
Estocolmo *n* Stockolm
estofado, -a *adj* cuit(e) à l'étouffée ▷ *nm* estouffade *f*
estofar *vt* cuire à l'étouffée
estómago *nm* estomac *m*
estorbar *vt* gêner ▷ *vi* gêner;
estorbo *nm* gêne *f*
estornudar *vi* éternuer
estos *adj ver* **este**[2]
éstos *pron ver* **éste**
estoy *vb ver* **estar**
estrado *nm* estrade *f*
estrafalario, -a *adj* extravagant(e)

estrago *nm*: **hacer** *o* **causar ~s en** faire des ravages parmi
estragón *nm* estragon *m*
estrambótico, -a *adj* extravagant(e)
estrangular *vt* étrangler
Estrasburgo *n* Strasbourg
estratagema *nf* stratagème *m*
estrategia *nf* stratégie *f*
estratégico, -a *adj* stratégique
estrato *nm* strate *f*; **estrato social** couche *f* sociale
estrechamente *adv* (*íntimamente*) étroitement; (*pobremente*) à l'étroit
estrechar *vt* rétrécir; (*persona*) serrer; (*lazos de amistad*) resserrer; **estrecharse** *vpr* se rétrécir; (*dos personas*) se rapprocher; **~ la mano** serrer la main
estrechez *nf* étroitesse *f*; **estrecheces** *nfpl* (*apuros*) difficultés *fpl* financières
estrecho, -a *adj* étroit(e); (*amistad*) intime ▷ *nm* détroit *m*; **~ de miras** borné(e); **estar/ir muy ~s** être très serrés
estrella *nf* étoile *f*; (*Cine etc*) star *f*; **ver las ~s** (*fam*) voir trente-six chandelles; **estrella de mar** étoile de mer; **estrella fugaz** étoile filante
estrellado, -a *adj* en forme d'étoile; (*cielo*) étoilé(e)
estrellar *vt* briser en mille morceaux; (*huevos*) faire cuire sur le plat; **estrellarse** *vpr* se briser en mille morceaux; (*coche*) s'écraser; (*fracasar*) échouer
estremecer *vt* bouleverser; (*suj: miedo, frío*) faire frissonner; **estremecerse** *vpr* frissonner; (*edificio*) trembler; **~se de** frissonner de; **estremecimiento** *nm* frisson *m*
estrenar *vt* (*vestido*) étrenner; (*casa*) pendre la crémaillère; (*película, obra de teatro*) donner la première de; **estrenarse** *vpr*: **~se como** (*persona*) faire ses débuts de; **estreno** *nm* inauguration *f*; (*Cine, Teatro*) première *f*
estreñido, -a *adj* constipé(e)
estreñimiento *nm* constipation *f*
estrépito *nm* fracas *msg*
estrepitoso, -a *adj* (*caída*) spectaculaire; (*gritos*) perçant(e); (*fracaso, victoria*) fracassant(e); **aplausos ~s** un tonnerre d'applaudissements
estrés *nm* stress *m*
estría *nf* (*en tronco*) strie *f*; (*columna*) striure *f*; **~s** (*en la piel*) vergetures *fpl*
estribación *nf* (*Geo, frec pl*) contrefort *m*
estribar *vi*: **~ en** reposer sur
estribillo *nm* refrain *m*
estribo *nm* (*de jinete*) étrier *m*; (*de tren*) marchepied *m*; (*de puente, cordillera*) contrefort *m*; **perder los ~s** (*fig*) monter sur ses grands chevaux
estribor *nm* (*Náut*) tribord *m*
estricto, -a *adj* strict(e)
estridente *adj* (*color*) criard(e); (*voz*) strident(e)
estropajo *nm* lavette *f*
estropear *vt* (*material*) abîmer; (*máquina, coche*) casser; (*planes*) détruire; (*cosecha*) gâter; (*persona*) ravager; **estropearse** *vpr* tomber en panne; (*envejecer*) vieillir
estructura *nf* structure *f*
estruendo *nm* vacarme *m*
estrujar *vt* (*limón*) presser; (*bayeta, papel*) tordre; (*persona*) serrer; **estrujarse** *vpr* (*personas*) se serrer
estuario *nm* estuaire *m*
estuche *nm* trousse *f*
estudiante *nm/f* étudiant(e); **estudiantil** *adj* estudiantin(e)
estudiar *vt* étudier; (*carrera*) faire des études de ▷ *vi* étudier
estudio *nm* étude *f*; (*piso*) atelier *m*; (*Radio, TV etc: local*) studio *m*; **estudios** *nmpl* études *fpl*

estudioso, -a *adj* studieux(-euse) ▷ *nm/f*: **~ de** spécialiste *m/f* de
estufa *nf* radiateur *m*
estupefaciente *adj* stupéfiant(e) ▷ *nm* stupéfiant *m*
estupefacto, -a *adj*: **quedarse ~** être stupéfait(e); **me dejó ~** il m'a laissé stupéfait; **me miró ~** il m'a regardé avec stupéfaction
estupendo, -a *adj* formidable; **¡~!** super!
estupidez *nf* stupidité *f*
estúpido, -a *adj* stupide
estupor *nm* stupeur *f*
estuve *etc vb ver* **estar**
esvástica *nf* croix *f* gammée
ETA *sigla f* (*Pol*) (= *Euskadi Ta Askatasuna*) ETA *m*
etapa *nf* étape *f*; **por ~s** par étapes
etarra *adj*, *nm/f* membre *m/f* de l'ETA
etc. *abr* (= *etcétera*) etc. (= *et c(a)etera*)
etcétera *adv* et cetera
eternidad *nf* éternité *f*
eterno, -a *adj* éternel(le); (*fam*: *larguísimo*) à n'en plus finir
ética *nf* éthique *f*; **ética profesional** éthique professionnelle
ético, -a *adj* éthique
Etiopía *nf* Ethiopie *f*
etiqueta *nf* étiquette *f*; **traje de ~** tenue *f* de soirée
étnico, -a *adj* ethnique
Eucaristía *nf* Eucharistie *f*
eufemismo *nm* euphémisme *m*
euforia *nf* euphorie *f*
euro *nm* (*moneda*) euro *m*
eurodiputado, -a *nm/f* député(e) européen(ne)
Europa *nf* Europe *f*
europeo, -a *adj* européen(ne) ▷ *nm/f* Européen(ne)
Euskadi *nm* pays *m* basque
euskera *nm* basque *m*
eutanasia *nf* euthanasie *f*
evacuación *nf* évacuation *f*
evadir *vt* éviter; (*impuesto*) frauder; **evadirse** *vpr* s'évader
evaluar *vt* (*valorar*) évaluer; (*calificar*) noter
evangelio *nm* Évangile *m*
evaporar *vt* faire évaporer; **evaporarse** *vpr* s'évaporer; (*fam*: *persona*) se volatiliser
evasión *nf* évasion *f*; **de ~** (*novela*, *película*) d'évasion; **evasión de capitales** évasion des capitaux
evasiva *nf* réponse *f* évasive
evasivo, -a *adj* évasif(-ive)
evento *nm* événement *m*
eventual *adj* (*circunstancias*) éventuel(le); (*trabajo*) temporaire
evidencia *nf* évidence *f*; **poner en ~** (*a algn*) tourner en ridicule; (*algo*) mettre en évidence; **evidenciar** *vt* rendre évident(e); **evidenciarse** *vpr* être manifeste
evidente *adj* évident(e)
evitar *vt* éviter; **~ hacer** éviter de faire
evocar *vt* évoquer
evolución *nf* évolution *f*; **evolucionar** *vi* évoluer
ex *prep* ex; **el ~ ministro** l'ex-ministre
exacerbar *vt* exacerber; (*persona*) exaspérer
exactamente *adv* exactement
exactitud *nf* exactitude *f*; (*fidelidad*) fidélité *f*
exacto, -a *adj* exact(e); **¡~!** exactement!
exageración *nf* exagération *f*; **exagerar** *vt*, *vi* exagérer
exaltado, -a *adj*, *nm/f* exalté(e)
exaltar *vt* exalter; **exaltarse** *vpr* s'exalter
examen *nm* examen *m*; **examen de conducir** épreuve *f* de conduite; **examen de ingreso** examen d'entrée; **examen final** examen final
examinar *vt* examiner; (*Escol*) faire passer un examen à; **examinarse** *vpr*: **~se (de)** passer un examen (de)
exasperar *vt* exaspérer;

exasperarse *vpr* s'irriter
Exc. *abr* = **Excelencia**
excavador, a *nm/f* (*persona*) mineur *m* ▷ *nf* (*Tec*) excavateur *m*, excavatrice *f*
excavar *vt, vi* excaver
excedencia *nf*: **estar en ~** être en congé sabbatique; **pedir** *o* **solicitar la ~** demander *o* solliciter un congé sabbatique
excedente *adj* (*producto, dinero*) excédentaire; (*funcionario*) en disponibilité ▷ *nm* excédent *m*; **excedente de cupo** exempté *m* de service militaire
exceder *vt* surpasser; **excederse** *vpr* dépasser; **~se en gastos** faire trop de dépenses; **~se en sus funciones** outrepasser ses pouvoirs
excelencia *nf* excellence *f*; **E~** (*tratamiento*) Excellence; **por ~** par excellence; **excelente** *adj* excellent(e)
excentricidad *nf* excentricité *f*
excéntrico, -a *adj, nm/f* excentrique *m/f*
excepción *nf*: **ser/hacer una ~** être/faire une exception; **a** *o* **con ~ de** à l'exception de; **sin ~** sans exception; **excepcional** *adj* exceptionnel(le)
excepto *adv* excepté
exceptuar *vt* excepter
excesivo, -a *adj* excessif(-ive)
exceso *nm* excès *msg*; (*Com*) excédent *m*; **excesos** *nmpl* (*desórdenes*) excès *mpl*; **con** *o* **en ~** à l'excès; **exceso de equipaje/peso** excédent de bagages/poids; **exceso de velocidad** excès de vitesse
excitación *nf* excitation *f*
excitar *vt* exciter; **excitarse** *vpr* s'exciter
exclamación *nf* exclamation *f*; **exclamar** *vt, vi* s'exclamer
excluir *vt* (*descartar*) exclure; (*no incluir*): **~ (de)** exclure (de); **exclusión** *nf* exclusion *f*; **con exclusión de** à l'exclusion de
exclusiva *nf* exclusivité *f*; **modelo en ~** modèle *m* exclusif
exclusivo, -a *adj* exclusif(-ive); **derecho ~** droit *m* exclusif
Excmo. *abr* (= *Excelentísimo*) *titre de courtoisie*
excomulgar *vt* excommunier
excomunión *nf* excommunication *f*
excursión *nf* (*por el campo*) randonnée *f*; (*viaje*) excursion *f*; **ir de ~** faire une excursion; **excursionista** *nm/f* (*por campo*) randonneur(-euse)
excusa *nf* excuse *f*
excusar *vt* excuser; **excusarse** *vpr* s'excuser; **~ (de hacer)** (*eximir*) excuser (de faire)
exhalar *vt* exhaler
exhaustivo, -a *adj* exhaustif(-ive)
exhausto, -a *adj* épuisé(e)
exhibición *nf* exhibition *f*
exhibir *vt* exhiber; **exhibirse** *vpr* s'exhiber
exhortar *vt*: **~ a** exhorter à
exigencia *nf* exigence *f*; **~s del trabajo/de la situación** exigences du travail/de la situation; **exigente** *adj* exigeant(e)
exigir *vt* (*reclamar*) exiger; (*necesitar*) demander ▷ *vi* être exigeant(e)
exiliado, -a *adj, nm/f* exilé(e)
exilio *nm* exil *m*
eximir *vt*: **~ a algn (de)** exempter qn (de)
existencia *nf* existence *f*; **existencias** *nfpl* (*artículos*) stock *m*; **en ~** (*Com*) en stock
existir *vi* exister
éxito *nm* succès *m*; **tener ~** avoir du succès
exonerar *vt*: **~ de** (*de cargo*) destituer de; (*de obligación*) dispenser de
exorbitante *adj* exorbitant(e)
exorcizar *vt* exorciser
exótico, -a *adj* exotique

expandirse *vpr* se dilater; se répandre
expansión *nf* expansion *f*; (*diversión*) distraction *f*; **expansión económica** expansion économique
expansivo, -a *adj* (*onda*) de propagation; (*carácter*) expansif(-ive)
expatriarse *vpr* s'expatrier
expectativa *nf* expectative *f*; (*perspectiva*) perspective *f*
expedición *nf* expédition *f*
expediente *nm* (*Jur: procedimiento*) procédure *f*; (: *papeles*) démarches *fpl*; (*Escol: tb:* **~ académico**) dossier *m* scolaire; **abrir/formar ~ a algn** ouvrir un dossier au nom de qn/instruire le dossier de qn
expedir *vt* (*carta, mercancías*) expédier; (*documento*) délivrer
expendedor, a *nm/f* vendeur(-euse) ▷ *nm* (*tb:* **~ automático**) guichet *m* automatique; **expendedor de cigarrillos** distributeur *m* de cigarettes
expensas *nfpl* (*Jur*) frais *mpl*; **a ~ de** aux frais de
experiencia *nf* expérience *f*
experimentado, -a *adj* expérimenté(e)
experimentar *vt* (*en laboratorio*) expérimenter; (*deterioro, aumento*) connaître; (*sensación*) ressentir; **experimento** *nm* expérience *f*
experto, -a *adj, nm/f* expert(e)
expiar *vt* expier
expirar *vi* expirer
explanada *nf* esplanade *f*
explayarse *vpr* s'étendre; **~ con algn** se confier à qn
explicación *nf* explication *f*; **explicar** *vt* expliquer; **explicarse** *vpr* s'expliquer; **explicarse algo** s'expliquer qch
explícito, -a *adj* explicite
explique *etc vb ver* **explicar**
explorador, a *nm/f* explorateur(-trice); (*Mil*) éclaireur(-euse)
explorar *vt* explorer
explosión *nf* explosion *f*
explosivo, -a *adj* explosif(-ive) ▷ *nm* explosif *m*
explotación *nf* exploitation *f*
explotar *vt* exploiter ▷ *vi* exploser
exponer *vt* exposer; **exponerse** *vpr*: **~se a (hacer) algo** s'exposer à (faire) qch
exportación *nf* exportation *f*; **exportar** *vt* exporter
exposición *nf* exposition *f*; **Exposición Universal** exposition universelle
exprés *adj inv* (*café*) express
expresamente *adv* (*decir*) expressément; (*ir*) exprès
expresar *vt* exprimer; **expresarse** *vpr* s'exprimer; **expresión** *nf* expression *f*
expresivo, -a *adj* (*vivo*) expressif(-ive); (*cariñoso*) expansif(-ive)
expreso, -a *adj* (*explícito*) exprès(-esse); (*claro*) explicite; (*tren*) express ▷ *nm* (*Ferro*) express *msg*
exprimidor *nm* presse-citrons *msg*
exprimir *vt* presser
expropiar *vt* exproprier
expuesto, -a *pp de* **exponer** ▷ *adj* exposé(e)
expulsar *vt* expulser; (*humo*) cracher; **expulsión** *nf* expulsion *f*; (*de humo*) émission *f*
exquisito, -a *adj* exquis(e)
éxtasis *nm* extase *f*
extender *vt* étendre; (*mantequilla, pintura*) étaler; (*certificado, documento*) délivrer; (*cheque, recibo*) établir; **extenderse** *vpr* s'étendre
extendido, -a *adj* étendu(e); (*costumbre, creencia*) répandu(e)
extensión *nf* étendue *f*; (*Telec*) poste *m*; **por ~** par extension

extenso, -a *adj* étendu(e)
extenuar *vt* exténuer
exterior *adj* extérieur(e) ▷ *nm* extérieur *m*; (*países extranjeros*) étranger *m*; **al ~** à l'extérieur; **en el ~** en extérieur
exterminar *vt* exterminer; **exterminio** *nm* extermination *f*
externo, -a *adj* externe; (*culto*) extérieur(e) ▷ *nm/f* externe *m/f*; **de uso ~** (*Med*) à usage externe
extinguir *vt* (*fuego*) éteindre; (*raza*) provoquer l'extinction de; **extinguirse** *vpr* s'éteindre
extinto, -a *adj* disparu(e)
extintor *nm* (*tb*: **~ de incendios**) extincteur *m*
extirpar *vt* (*mal*) déraciner; (*Med*) extirper
extorsión *nf* extorsion *f*; (*molestia*) gêne *f*
extra *adj inv* (*tiempo, paga*) supplémentaire; (*chocolate*) extra; (*calidad*) super ▷ *nm/f* (*Cine*) figurant(e) ▷ *nm* (*bono*) bonus *m inv*; (*de menú, cuenta*) supplément *m*
extracción *nf* extraction *f*
extracto *nm* résumé *m*; (*de café, hierbas*) extrait *m*
extradición *nf* extradition *f*
extraer *vt* extraire
extraescolar *adj*: **actividad ~** activité *f* extrascolaire
extralimitarse *vpr*: **~ (en)** dépasser les limites (de)
extranjero, -a *adj*, *nm/f* étranger(-ère) ▷ *nm* étranger *m*; **en el ~** à l'étranger
extrañar *vt* étonner; (*Am: echar de menos*) regretter; (*algo nuevo*) ne pas reconnaître; **extrañarse** *vpr*: **~se (de)** s'étonner (de); **te extraño mucho** tu me manques beaucoup
extrañeza *nf* (*rareza*) singularité *f*; (*asombro*) étonnement *m*
extraño, -a *adj* étranger(-ère); (*raro*) bizarre ▷ *nm/f* étranger(-ère); **... lo que por ~ que parezca** ... ce qui, aussi bizarre que cela puisse paraître
extraordinario, -a *adj* extraordinaire; (*edición*) spécial(e) ▷ *nm* (*de periódico*) numéro *m* spécial; **horas extraordinarias** heures *fpl* supplémentaires
extrarradio *nm* banlieue *f*
extravagancia *nf* extravagance *f*; **extravagante** *adj* extravagant(e)
extraviar *vt* (*objeto*) égarer; **extraviarse** *vpr* s'égarer; **extravío** *nm* objet *m* perdu
extremar *vt* pousser à l'extrême
extremaunción *nf* extrême-onction *f*
extremeño, -a *adj* d'Estrémadure
extremidad *nf* extrémité *f*; **extremidades** *nfpl* (*Anat*) extrémités *fpl*
extremo, -a *adj* extrême ▷ *nm* (*punta*) extrémité *f*; (*fig*) extrême *m*; **en último ~** en dernière extrémité; **Extremo Oriente** Extrême-Orient *m*
extrovertido, -a *adj*, *nm/f* extraverti(e)
exuberancia *nf* exubérance *f*; **exuberante** *adj* exubérant(e)
eyacular *vi* éjaculer

f

fa *nm* fa *m*
fábrica *nf* usine *f*; **de ~** (*Arq*) en brique; **marca/precio de ~** marque *f*/prix *f* de fabrique
fabricación *nf* fabrication *f*; **de ~ casera** fait(e) maison; **fabricación en serie** fabrication en série
fabricante *nm/f* fabricant(e)
fabricar *vt* fabriquer
fábula *nf* (*tb chisme, mentira*) fable *f*
fabuloso, -a *adj* fabuleux(-euse)
facción *nf* (*Pol*) faction *f*; **facciones** *nfpl* (*del rostro*) traits *mpl*
faceta *nf* facette *f*
facha (*fam*) *adj, nm/f* (*pey*) facho *m/f* ▷ *nf* (*aspecto*) aspect *m*; **estar hecho una ~** ressembler à un épouvantail
fachada *nf* façade *f*
fácil *adj* facile; **es ~ que venga** il est probable qu'il vienne
facilidad *nf* facilité *f*; **facilidades** *nfpl* (*condiciones favorables*) facilités *fpl*; **facilidad de palabra** facilité d'élocution
facilitar *vt* faciliter; (*proporcionar*) fournir
fácilmente *adv* facilement
facsímil *nm* fac-similé *m*
factible *adj* faisable
factor *nm* facteur *m*
factoría *nf* (*fábrica*) fabrique *f*
factura *nf* facture *f*
facturación *nf* (*Com*) facturation *f*; **facturación de equipajes** enregistrement *m* des bagages; **facturar** *vt* (*Com*) facturer; (*equipaje*) enregistrer
facultad *nf* faculté *f*
faena *nf* tâche *f*; **~s domésticas** tâches *fpl* domestiques; **hacerle una ~ a algn** (*fam*) ficher la frousse à qn
faisán *nm* faisan *m*
faja *nf* (*para la cintura*) ceinture *f*; (*de mujer*) gaine *f*; (*de tierra, libro etc*) bande *f*
fajo *nm* liasse *f*
falacia *nf* fausseté *f*
falda *nf* jupe *f*; (*Geo*) versant *m*; **falda pantalón** jupe-culotte *f*
falla *nf* (*Geo*) faille *f*
fallar *vt* (*Jur*) prononcer ▷ *vi* échouer; (*cuerda, rama*) céder; (*motor*) tomber en panne; (*frenos*) lâcher; **le falló la memoria** il a eu un trou de mémoire; **le ~on las piernas** les jambes lui ont manqué; **sin ~** sans faute

FALLAS

Les **Fallas** ou fêtes de la Saint-Joseph, en l'honneur du saint patron de la ville, ont lieu chaque année à Valence, la semaine du 19 mars. Le terme **fallas** désigne les grandes figures en papier mâché et en bois, à l'effigie d'hommes politiques et de personnalités connues, qui sont réalisées pendant l'année par les différentes équipes en compétition. Ces figures sont ensuite examinées par un jury et brûlées dans des feux de joie. Seules les meilleures échappent aux flammes.

fallecer *vi* décéder; **fallecimiento** *nm* décès *m*
fallido, -a *adj* avorté(e)
fallo *nm* (*Jur*) jugement *m*; (*defecto, Inform*) défaut *m*; (*error*) erreur *f*; **fallo cardíaco** crise *f* cardiaque
falsedad *nf* fausseté *f*; (*mentira*) mensonge *m*
falsificar *vt* falsifier
falso, -a *adj* faux/fausse; **declarar en ~** faire une fausse déclaration
falta *nf* (*carencia*) manque *m*; (*defecto, en comportamiento*) défaut *m*; (*ausencia*) absence *f*; (*en examen, ejercicio, Deporte*) faute *f*; **echar en ~** (*persona, clima*) regretter; **hace ~ hacerlo** il faut le faire; **me hace ~ un lápiz** j'ai besoin d'un crayon; **a/por ~ de** faute de; **falta de educación** manque d'éducation; **falta de ortografía** faute d'orthographe
faltar *vi* manquer; (*escasear*) se faire rare; **faltan 2 horas para llegar** il reste encore 2 heures avant que l'on arrive; **¡no faltaba** *o* **~ía más!** (*naturalmente*) mais comment donc!; (*¡ni hablar!*) pas question!
falto, -a *adj*: **está ~ de** il/elle manque de
fama *nf* (*celebridad*) célébrité *f*; (*reputación*) réputation *f*; **tener ~ de** avoir la réputation de
famélico, -a *adj* famélique
familia *nf* famille *f*
familiar *adj* familial(e); (*conocido, informal*) familier(-ère) ▷ *nm/f* parent(e); **familiaridad** *nf* familiarité *f*; **familiaridades** *nfpl* (*pey*) familiarités *fpl*
familiarizarse *vpr*: **~ con** se familiariser avec
famoso, -a *adj* célèbre
fanático, -a *adj, nm/f* fanatique *m/f*; **ser un ~ de** être un fanatique de; **fanatismo** *nm* fanatisme *m*
fanfarrón, -ona *adj, nm/f* fanfaron(ne)
fango *nm* fange *f*
fangoso, -a *adj* fangeux(-euse); (*consistencia*) visqueux(-euse)
fantasía *nf* fantaisie *f*; **fantasías** *nfpl* (*ilusiones*) illusions *fpl*; **joyas de ~** bijoux *mpl* fantaisie
fantasma *nm* fantôme *m*
fantástico, -a *adj* fantastique
farmacéutico, -a *adj* pharmaceutique ▷ *nm/f* pharmacien(ne)
farmacia *nf* pharmacie *f*; **farmacia de guardia** pharmacie de garde
fármaco *nm* médicament *m*
faro *nm* (*Náut, Auto*) phare *m*; **faros antiniebla/delanteros/traseros** feux *mpl* antibrouillard/avant/arrière
farol *nm* lanterne *f*; **echarse** *o* **tirarse un ~** (*fam*) frimer
farola *nf* réverbère *m*
farsa *nf* farce *f*; **¡es una ~!** (*fig*) quelle farce!
farsante *nm/f* farceur(-euse)
fascículo *nm* fascicule *m*
fascinar *vt* fasciner
fascismo *nm* fascisme *m*; **fascista** *adj, nm/f* fasciste *m/f*
fase *nf* phase *f*
fastidiar *vt* (*molestar*) ennuyer; (*estropear*) gâcher; **fastidiarse** *vpr* prendre sur soi
fastidio *nm* ennui *m*; **¡qué ~!** c'est trop bête!
fastidioso, -a *adj* fastidieux(-euse)
fastuoso, -a *adj* fastueux(-euse)
fatal *adj* fatal(e); (*fam*: *malo*) dur(e) ▷ *adv* très mal; **fatalidad** *nf* fatalité *f*
fatiga *nf* fatigue *f*

fatigar *vt* fatiguer; **fatigarse** *vpr* se fatiguer
fatigoso, -a *adj* (*tarea*) pénible; (*respiración*) difficile
favor *nm* faveur *f*; **haga el ~ de ...** faites-moi le plaisir de ...; **por ~** s'il vous plaît; **a ~ de** en faveur de; **favorable** *adj* favorable; **ser favorable a algo** être favorable à qch
favorecer *vt* favoriser; (*suj*: *vestido, peinado*) avantager
favorito, -a *adj, nm/f* favori(te)
fax *nm* fax *m*
fe *nf* foi *f*; **de buena/mala ~** de bonne/mauvaise foi; **dar ~ de** faire foi de; **tener ~ en algo/algn** avoir foi en qch/qn; **fe de bautismo/de vida** certificat *m* de baptême/de vie
fealdad *nf* laideur *f*
febrero *nm* février *m*; *ver tb* **julio**
febril *adj* fiévreux(-euse); (*fig*) fébrile
fecha *nf* date *f*; **en ~ próxima** prochainement; **hasta la ~** jusqu'à aujourd'hui; **fecha de caducidad** (*de alimentos*) date limite de consommation; **fecha de nacimiento** date de naissance; **fecha límite** *o* **tope** date limite; **fechar** *vt* dater
fecundar *vt* féconder
fecundo, -a *adj* (*mujer, fig*) fécond(e); (*tierra*) fertile
federación *nf* fédération *f*
federal *adj* fédéral(e)
felicidad *nf* bonheur *m*; (*dicha*) félicité *f*; **~es** tous mes *etc* vœux
felicitación *nf* (*enhorabuena*) vœux *mpl*; (*tarjeta*) carte *f* de vœux
felicitar *vt*: **~ (por)** féliciter (pour); **me felicitó por mi cumpleaños** il me souhaita un bon anniversaire
feligrés, -esa *nm/f* fidèle *m/f*
feliz *adj* heureux(-euse)
felpudo *nm* paillasson *m*
femenino, -a *adj* féminin(e); (*Zool, Bio*) femelle ▷ *nm* (*Ling*) féminin *m*
feminista *adj, nm/f* féministe *m/f*
fenomenal *adj* (*fam*: *enorme*) phénoménal(e); (: *estupendo*) sensationnel(le) ▷ *adv* vachement bien
fenómeno *nm* phénomène *m* ▷ *adv*: **lo pasamos ~** on s'est vachement bien amusé ▷ *excl* super!
feo, -a *adj* laid(e); **esto se está poniendo ~** ça va mal tourner
féretro *nm* cercueil *m*
feria *nf* foire *f*; (*Am*: *mercado de pueblo*) marché *m*; (*Méx*: *cambio*) monnaie *f*; **ferias** *nfpl* (*fiestas*) fêtes *fpl*
fermentar *vi* fermenter
ferocidad *nf* férocité *f*
feroz *adj* féroce
férreo, -a *adj* ferreux(-euse); (*fig*) de fer
ferretería *nf* ferronnerie *f*
ferrocarril *nm* chemin *m* de fer
ferroviario, -a *adj* ferroviaire
fértil *adj* (*tierra, fig*) fertile; (*persona*) fécond(e)
ferviente *adj* fervent(e)
fervor *nm* ferveur *f*
fervoroso, -a *adj* = **ferviente**
festejar *vt* fêter; **festejo** *nm* fête *f*; **festejos** *nmpl* (*fiestas*) festivités *fpl*
festín *nm* festin *m*
festival *nm* festival *m*
festividad *nf* festivité *f*
festivo, -a *adj* festif(-ive); (*alegre*) joyeux(-euse); **día ~** jour *m* de fête
fétido, -a *adj* fétide
feto *nm* fœtus *msg*
fiable *adj* (*persona*) digne de confiance; (*máquina*) fiable; (*criterio, versión*) valable
fiador, a *nm/f* garant(e)
fiambre *adj* (*Culin*) froid(e) ▷ *nm* (*Culin*) charcuterie *f*
fianza *nf* caution *f*; **libertad bajo ~** (*Jur*) liberté *f* sous caution
fiar *vt* vendre à crédit ▷ *vi* vendre à crédit; **fiarse** *vpr*: **~se de algn/algo**

f

avoir confiance en qn/qch; **es de ~** on peut se fier à lui
fibra *nf* fibre *f*; **fibra de vidrio** fibre de verre; **fibra óptica** (*Inform*) fibre optique
ficción *nf* fiction *f*; **literatura/obra de ~** littérature *f*/œuvre *f* de fiction
ficha *nf* fiche *f*; (*en juegos, casino*) jeton *m*; **fichar** *vt* ficher; (*Deporte*) recruter; (*fig*) classer; (*trabajador*) pointer; **estar fichado** être fiché; **fichero** *nm* fichier *m*
ficticio, -a *adj* (*imaginario*) fictif(-ive); (*falso*) simulé(e)
fidelidad *nf* fidélité *f*; **alta ~** haute fidélité
fideos *nmpl* vermicelles *mpl*
fiebre *nf* fièvre *f*; **tener ~** avoir de la fièvre; **fiebre amarilla** fièvre jaune; **fiebre del heno** rhume *m* des foins; **fiebre palúdica** paludisme *m*
fiel *adj* fidèle; **los ~es** (*Rel*) les fidèles *mpl*
fieltro *nm* feutre *m*
fiera *nf* bête *f* féroce
fiero, -a *adj* féroce
fiesta *nf* fête *f*; (*vacaciones*: *tb*: **~s**) fêtes *fpl*; **hoy/mañana es ~** aujourd'hui/demain c'est fête; **fiesta de guardar** (*Rel*) Fête d'obligation

FIESTAS

Les **Fiestas** correspondent à des fêtes légales ou à des jours fériés institués par chaque région autonome. Elles coïncident souvent avec des fêtes religieuses. De nombreuses **fiestas** sont également organisées dans toute l'Espagne en l'honneur de la Sainte Vierge ou du saint patron de la ville ou du village. Les festivités, qui durent généralement plusieurs jours, peuvent comporter des processions, des défilés de carnaval, des courses de taureaux et des bals.

figura *nf* figure *f*
figurar *vt, vi* figurer; **figurarse** *vpr* se figurer; **¡figúrate!** figure-toi!
fijador *nm* fixateur *m*
fijar *vt* fixer; (*sellos*) coller; (*cartel*) afficher; **fijarse** *vpr*: **~se (en)** observer; **~ algo a** attacher qch à; **¡fíjate!** figure-toi!
fijo, -a *adj* fixe; (*sujeto*): **~ (a)** fixé(e) (à) ▷ *adv*: **mirar ~** regarder fixement; **de ~** assurément
fila *nf* file *f*; (*Deporte, Teatro*) rang *m*; **filas** *nfpl* (*Mil*) service *m* militaire; **ponerse en ~** se mettre en file; **fila india** file indienne
filántropo, -a *nm/f* philanthrope *m/f*
filatelia *nf* philatélie *f*
filete *nm* filet *m*
filial *adj* filial(e) ▷ *nf* filiale *f*
Filipinas *nfpl*: **las (Islas) ~** les (îles) Philippines *fpl*
filipino, -a *adj* philippin(e) ▷ *nm/f* Philippin(e)
filmar *vt* filmer
filo *nm* fil *m*; **sacar ~ a** aiguiser; **arma de doble ~** (*fig*) arme *f* à double tranchant
filón *nm* filon *m*
filosofía *nf* philosophie *f*
filósofo, -a *nm/f* philosophe *m/f*
filtrar *vt* filtrer ▷ *vi* s'infiltrer; **filtrarse** *vpr* (*líquido*) s'infiltrer; (*luz, noticia*) filtrer; **filtro** *nm* filtre *m*; (*papel*) buvard *m*; **filtro de aceite** (*Auto*) filtre à huile
fin *nm* fin *f*; **al ~** à la fin; **al ~ y al cabo** finalement; **a ~ de (que)** afin que; **a ~es de** à la fin de; **por/en ~** enfin; **fin de archivo** (*Inform*) fin de fichier; **fin de semana** fin de semaine
final *adj* final(e) ▷ *nm* (*de partido, tarde*) fin *f*; (*de calle, novela*) bout *m* ▷ *nf* (*Deporte*) finale *f*; **al ~** à la fin;

finalidad *nf* finalité *f*; **finalista** *nm/f* finaliste *m/f*; **finalizar** *vt* terminer ▷ *vi* toucher à sa fin
financiar *vt* financer
financiero, -a *adj* financier(-ère) ▷ *nm/f* financier *m*
finca *nf* (*rústica*) ferme *f*; (*urbana*) propriété *f*
fingir *vt* feindre ▷ *vi* mentir; **fingirse** *vpr*: **~se dormido** faire semblant de dormir; **~se un sabio** se donner des airs de savant
finlandés, -esa *adj* finlandais(e) ▷ *nm/f* Finlandais(e) ▷ *nm* (*Ling*) finnois *m*
Finlandia *nf* Finlande *f*
fino, -a *adj* fin(e); (*de buenas maneras*) délicat(e)
firma *nf* signature *f*; (*Com*) firme *f*
firmamento *nm* firmament *m*;
firmar *vt, vi* signer
firme *adj* solide; (*fig*) ferme ▷ *nm* chaussée *f*; **mantenerse ~** (*fig*) tenir ferme; **firmemente** *adv* fermement; **firmeza** *nf* fermeté *f*; (*solidez*) solidité *f*; (*perseverancia*) persévérance *f*
fiscal *adj* fiscal(e) ▷ *nm* (*Jur*) avocat *m* général
fisco *nm* fisc *m*
fisgar *vt* fouiner dans ▷ *vi* fouiner
fisgonear *vt* fureter dans ▷ *vi* fureter
física *nf* physique *f*; *ver tb* **físico**
físico, -a *adj* physique ▷ *nm* physique *m* ▷ *nm/f* physicien(ne)
fisura *nf* fissure *f*; (*Med*) fracture *f*
flác(c)ido, -a *adj* flasque
flaco, -a *adj* (*delgado*) maigre; **punto ~** point *m* faible
flagrante *adj* flagrant(e); **en ~ delito** en flagrant délit
flamante (*fam*) *adj* (*vistoso*) voyant(e); (*nuevo*) flambant neuf/neuve
flamenco, -a *adj* (*de Flandes*) flamand(e); (*baile, música*) flamenco ▷ *nm* flamenco *m*
flan *nm* flan *m* au caramel
flaqueza *nf* faiblesse *f*
flash (*pl* **~es**) *nm* (*Foto*) flash *m*
flauta *nf* flûte *f*
flecha *nf* flèche *f*
flechazo *nm* (*enamoramiento*) coup *m* de foudre
fleco *nm* frange *f*
flema *nm* flegme *m*
flequillo *nm* frange *f*
flexible *adj* (*material*) souple; (*fig*) flexible
flexión *nf* flexion *f*
flexo *nm* lampe *f* de bureau
flojera *nf* défaillance *f*; (*Am*) paresse *f*; **me da ~ (hacer)** j'ai la flemme de (faire)
flojo, -a *adj* (*cuerda, nudo*) lâche; (*persona, Com: sin fuerzas*) faible; (*perezoso: esp Am*) paresseux(-euse); (*viento, vino, trabajo*) léger(-ère)
flor *nf* fleur *f*; **en ~** en fleur; **en la ~ de la vida** dans la fleur de l'âge; **florecer** *vi* fleurir; **floreciente** *adj* fleurissant(e); **florero** *nm* pot *m* de fleurs
floristería *nf* fleuriste *m*
flota *nf* flotte *f*
flotador *nm* flotteur *m*; (*para nadar*) bouée *f*
flotar *vi* flotter; **flote** *nm*: **a flote** à flot
fluctuar *vi* fluctuer
fluidez *nf* fluidité *f*; **con ~** avec fluidité
fluido, -a *adj, nm* fluide *m*
fluir *vi* couler
flujo *nm* flux *m*; **~ y re~** flux et reflux
fluvial *adj* fluvial(e)
fobia *nf* phobie *m*
foca *nf* phoque *m*
foco *nm* foyer *m*
fofo, -a *adj* (*esponjoso*) mou/molle; (*carnes*) flasque
fogata *nf* feu *m* de bois
fogón *nm* (*de cocina*) plaque *f*
fogoso, -a *adj* fougueux(-euse)

f

folio *nm* feuille *f* de papier
folklore *nm* folklore *m*
follaje *nm* feuillage *m*
folletín *nm* feuilleton *m*; (*fig*) mélodrame *m*
folleto *nm* (*de propaganda*) prospectus *msg*
follón (*fam*) *nm* bordel *m*; **armar un ~** faire du bordel
fomentar *vt* promouvoir; (*odio, envidia*) fomenter; **fomento** *nm* promotion *f*
fonda *nf* auberge *f*
fondo *nm* fond *m*; **fondos** *nmpl* (*Com, de museo, biblioteca*) fonds *msg*; **a/de ~** à/de fond; **en el ~** au fond; **fondo común** fonds *msg* commun; **fondo del mar** fond de la mer
fontanería *nf* plomberie *f*
fontanero *nm* plombier *m*
footing *nm* footing *m*; **hacer ~** faire du footing
forastero, -a *nm/f* étranger(-ère)
forcejear *vi* lutter
forense *nm/f* (*tb*: **médico ~**) médecin *m* légiste
forjar *vt* forger; (*imperio, fortuna*) bâtir
forma *nf* forme *f*; (*manera*) façon *f*, manière *f*; **en (plena) ~** en (pleine) forme; **guardar las ~s** se tenir convenablement; **de todas ~s** de toute façon
formación *nf* formation *f*; **formación profesional** formation professionnelle
formal *adj* (*defecto*) de forme; (*requisito, promesa*) formel(le); (*persona: de fiar*) sérieux(-euse); **formalidad** *nf* sérieux *m*; (*trámite*) formalité *f*; **formalizar** *vt* officialiser; **formalizarse** *vpr* se ranger
formar *vt* former; (*hacer*) faire; **formarse** *vpr* se former; **~ parte de** faire partie de
formatear *vt* (*Inform*) formater
formativo, -a *adj* formateur(-trice)
formato *nm* format *m*
formidable *adj* formidable
fórmula *nf* formule *f*; (*fig: método*) solution *f*; **fórmula de cortesía** formule de courtoisie; **fórmula uno** (*Auto*) formule un
formular *vt* formuler; (*idea*) émettre
formulario *nm* formulaire *m*
fornido, -a *adj* corpulent(e)
forrar *vt* (*abrigo*) doubler; (*libro, sofá*) recouvrir; **forrarse** *vpr* (*fam*) amasser une petite fortune; **forro** *nm* (*de abrigo*) doublure *f*; (*de libro*) couverture *f*; (*de sofá*) tissu *m*
fortalecer *vt* fortifier; (*músculos*) endurcir
fortaleza *nf* (*Mil*) forteresse *f*; (*fuerza*) force *f*
fortuito, -a *adj* fortuit(e)
fortuna *nf* fortune *f*; **por ~** par hasard
forzar *vt* forcer; (*proceso*) accélérer; **~ a algn a hacer algo** forcer qn à faire qch
forzoso, -a *adj* forcé(e)
fosa *nf* fosse *f*; **fosas nasales** fosses *fpl* nasales
fósforo *nm* phosphore *m*; (*Am: cerilla*) allumette *f*
fósil *adj, nm* fossile *m*
foso *nm* (*hoyo, Auto*) fosse *f*; (*Teatro*) fosse d'orchestre; (*de castillo*) douves *fpl*
foto *nf* photo *f*; **sacar** *o* **hacer una ~** faire une photo; **foto de carné** photo d'identité
fotocopia *nf* photocopie *f*; **fotocopiadora** *nf* photocopieuse *f*; **fotocopiar** *vt* photocopier
fotografía *nf* photographie *f*
fotógrafo, -a *nm/f* photographe *m/f*
fracasar *vi* échouer
fracaso *nm* échec *m*; (*desastre*) catastrophe *f*
fracción *nf* fraction *f*; (*Pol*) scission *f*; **fraccionamiento** (*Am*) *nm* lotissement *m*

fractura *nf* fracture *f*; (*grieta*) cassure *f*
fragancia *nf* parfum *m*
frágil *adj* fragile
fragmento *nm* fragment *m*; (*Mús*) morceau *m* choisi
fragua *nf* forge *f*; **fraguar** *vt* forger ▷ *vi* prendre
fraile *nm* moine *m*
frambuesa *nf* framboise *f*
francamente *adv* franchement
francés, -esa *adj* français(e) ▷ *nm/f* Français(e) ▷ *nm* (*Ling*) français *m*
Francia *nf* France *f*
franco, -a *adj* franc(he) ▷ *nm* franc *m*; **de ~** (*CSur*) en permission
francotirador, a *nm/f* franc-tireur *m*
franela *nf* flanelle *f*
franja *nf* (*en vestido, bandera*) frange *f*; (*de tierra, luz*) bande *f*
franquear *vt* (*paso, entrada*) débarrasser; (*carta etc*) affranchir; (*obstáculo*) franchir
franqueo *nm* affranchissement *m*
franqueza *nf* franchise *f*; **con ~** avec franchise
frasco *nm* flacon *m*
frase *nf* phrase *f*; (*locución*) expression *f*; **frase hecha** expression *f* figée; (*despectivo*) cliché *m*
fraterno, -a *adj* fraternel(le)
fraude *nm* fraude *f*
fraudulento, -a *adj* frauduleux(-euse)
frazada (*Am*) *nf* couvre-lit *m*
frecuencia *nf* fréquence *f*; **con ~** fréquemment
frecuentar *vt* fréquenter
frecuente *adj* fréquent(e); (*habitual*) habituel(le)
fregadero *nm* lave-vaisselle *m*
fregado, -a (*fam*) *adj* (*Am: molesto*) embêtant(e) ▷ *nm* dispute *f*
fregar *vt* laver; (*Am: fam*) énerver
fregona *nf* serpillière *f*; (*pey: sirvienta*) boniche *f*
freír *vt* frire
frenar *vt, vi* freiner
frenazo *nm* coup *m* de frein
frenético, -a *adj* frénétique; (*persona*) hors de soi
freno *nm* frein *m*; (*de cabalgadura*) mors *m*; **freno de mano** frein à main
frente *nm* front *m* ▷ *nf* front ▷ *adv* (*esp CSur: fam*): **~ mío/nuestro** *etc* en face de moi/nous *etc*; **~ a** en face de; (*en comparación con*) par rapport à; **chocar de ~** se heurter de front; **hacer ~ a** faire face à; **ir/ponerse al ~ de** être/se mettre à la tête de
fresa *nf* (*Esp*) fraise *f*
fresco, -a *adj* frais/fraîche; (*ropa*) léger(-ère); (*descarado*) insolent(e) ▷ *nm* (*aire*) frais *m*; (*Arte*) fresque *f*; (*Am*) boisson *f* fraîche ▷ *nm/f* (*fam: descarado*) insolent(e); (*: desvergonzado*) effronté(e); **hace ~** il fait frais; **estar/quedarse tan ~** demeurer imperturbable; **tomar el ~** prendre le frais; **frescura** *nf* fraîcheur *f*; (*descaro*) insolence *f*
frialdad *nf* froideur *f*; (*indiferencia*) froideur glaciale
fricción *nf* friction *f*
frigidez *nf* frigidité *f*
frigorífico, -a *adj* frigorifique ▷ *nm* réfrigérateur *m*; **camión ~** camion *m* frigorifique
frijol (*Am*) *nm* haricot *m* sec; (*verde*) haricot vert
frío, -a *adj* froid(e); (*fig: poco entusiasta*) pas très chaud(e); (*relaciones*) tendu(e) ▷ *nm* froid *m*; **tener ~** avoir froid; **hace ~** il fait froid
frito, -a *pp de* **freír** ▷ *adj* (*Culin*) frit(e) ▷ *nm*: **~s** (*Culin*) friture *f*; **me tiene** *o* **trae ~ ese hombre** (*fam*) ce type est barbant
frívolo, -a *adj* frivole
frontal *adj* frontal(e); (*choque*) de front
frontera *nf* frontière *f*; **sin ~s** sans limite

fronterizo, -a *adj* (*pueblo, paso*) frontalier(-ère)
frontón *nm* (*cancha*) fronton *m*; (*juego*) pelote *f* basque
frotar *vt, vi* frotter; **frotarse** *vpr*: **~se las manos** se frotter les mains
fructífero, -a *adj* fructueux(-euse)
fruncir *vt* froncer
frustrar *vt* frustrer
fruta *nf* fruit *m*; **frutería** *nf* boutique *f* de fruits et légumes
frutero, -a *adj* fruitier(-ère) ▷ *nm/f* marchand(e) de fruits et légumes ▷ *nm* compotier *m*
frutilla (*And, CSur*) *nf* fraise *f*
fruto *nm* fruit *m*; **frutos secos** fruits *mpl* secs
fue *vb ver* **ser; ir**
fuego *nm* feu *m*; **prender ~ a** mettre le feu à; **¿tienes ~?** t'as du feu?; **fuegos artificiales** *o* **de artificio** feux *mpl* d'artifice
fuente *nf* fontaine *f*; (*bandeja*) plateau *m*; (*fig*) source *f*; **fuente de soda** (*Am*) buvette *f*
fuera *vb ver* **ser; ir** ▷ *adv* dehors; (*de viaje*) en voyage ▷ *prep*: **~ de** hors de; (*fig*) sauf; **¡~!** dehors!; **por ~** au dehors
fuera-borda *nm inv* hors-bord *m*
fuerte *adj* fort(e); (*resistente*) solide ▷ *adv* (*sujetar*) solidement; (*golpear*) violemment; (*llover*) à verse; (*gritar*) fort
fuerza *vb ver* **forzar** ▷ *nf* force *f*; (*Mil*: *tb*: **~s**) forces *fpl*; **a ~ de** à force de; **cobrar ~s** prendre des forces; **tener ~** avoir de la force; **tener ~s para hacer** avoir la force de faire; **a** *o* **por la ~** de force; **por ~** forcément; **fuerzas aéreas/armadas** forces aériennes/armées; **fuerza de voluntad** volonté *f*
fuga *nf* fugue *f*; (*de gas, agua*) fuite *f*
fugarse *vpr* s'enfuir; (*amantes*) faire une fugue
fugaz *adj* fugitif(-ive)
fugitivo, -a *adj* en fuite ▷ *nm/f* fugitif(-ive)
fui *etc vb ver* **ser; ir**
fulano, -a *nm/f* un(e) tel(le)
fulminante *adj* explosif(-ive); (*Med, fig*) foudroyant(e); (*fam*: *éxito*) fulgurant(e)
fumador, a *nm/f* fumeur(-euse)
fumar *vt, vi* fumer; **fumarse** *vpr* fumer; (*fam*: *herencia*) manger; (: *clases, trabajo*) manquer; **~ en pipa** fumer la pipe
función *nf* fonction *f*; (*Teatro etc*) représentation *f*; **entrar en funciones** entrer en fonction; **~ de tarde/de noche** matinée *f*/soirée *f*; **en ~ de** en fonction de; **presidente/director en funciones** président/directeur par intérim
funcional *adj* fonctionnel(le)
funcionar *vi* fonctionner; **"no funciona"** "en panne"
funcionario, -a *nm/f* fonctionnaire *m/f*
funda *nf* étui *m*; (*de almohada*) taie *f*
fundación *nf* fondation *f*
fundamental *adj* fondamental(e)
fundamentar *vt* (*fig*): **~ (en)** fonder (sur); **fundamento** *nm* fondement *m*
fundar *vt* fonder; (*fig*: *basar*): **~ en** fonder sur; **fundarse** *vpr*: **~se en** se fonder sur
fundición *nf* (*fábrica*) fonderie *f*
fundir *vt* fondre; (*Com, fig*) fusionner; (*Elec, nieve, mantequilla*) fondre; (*fig*) fusionner
fúnebre *adj* funèbre
funeral *nm* funérailles *fpl*
funeraria *nf* pompes *fpl* funèbres
funesto, -a *adj* funeste
furgón *nm* (*camión*) camion *m*; (*Ferro*) wagon *m*; **furgoneta** *nf* fourgonnette *f*
furia *nf* furie *f*
furibundo, -a *adj* furibond(e)
furioso, -a *adj* furieux(-euse); **furor**

nm fureur *f*
furtivo, -a *adj* furtif(-ive); (*cazador*) braconnier *m*
fusible *nm* fusible *m*
fusil *nm* fusil *m*; **fusilar** *vt* fusiller
fusión *nf* fusion *f*
fútbol *nm* football *m*; **futbolista** *nm/f* footballeur(-euse)
futuro, -a *adj* futur(e) ▷ *nm* avenir *m*; **futura madre** future maman *f*

g

gabardina *nf* imperméable *m*; (*tela*) gabardine *f*
gabinete *nm* cabinet *m*; (*de abogados*) étude *f*
gaceta *nf* gazette *f*
gachas *nfpl.* polenta *f*
gafas *nfpl* lunettes *fpl*; **gafas de sol** lunettes de soleil
gafe *adj*: **ser ~** porter la poisse
gaita *nf* cornemuse *f*
gajes *nmpl*: **~ del oficio** aléas *mpl* du métier
gajo *nm* (*de naranja*) quartier *m*
gala *nf* gala *m*; **galas** *nfpl* (*atuendo*) atours *mpl*; **de ~** de gala; **vestir de ~** mettre sa tenue de gala; **hacer ~ de** se targuer de
galante *adj* galant(e); **galantería** *nf* galanterie *f*; (*cumplido*) courtoisie *f*
galápago *nm* tortue *f* marine
galaxia *nf* galaxie *f*
galera *nf* (*nave*) galère *f*

galería *nf* galerie *f*; **galería comercial** galerie commerciale

Gales *nm*: **(el País de) ~** le pays de Galles

galés, -esa *adj* gallois(e) ▷ *nm/f* Gallois(e) ▷ *nm* gallois *msg*

galgo, -a *nm/f* lévrier/levrette

Galicia *nf* Galice *f*, Galicie *f*

galimatías *nm inv* galimatias *msg*

gallardía *nf* (*en aspecto*) grâce *f*; (*al actuar*) vaillance *f*

gallego, -a *adj* galicien(ne) ▷ *nm/f* Galicien(ne) ▷ *nm* (*Ling*) galicien *m*

galleta *nf* galette *f*

gallina *nf* poule *f* ▷ *nm* (*fam*) poule mouillée; **carne de ~** chair *f* de poule

gallinero *nm* poulailler *m*

gallo *nm* coq *m*; (*pescado*) raie *f*

galón *nm* galon *m*

galopar *vi* galoper

gamba *nf* crevette *f*

gamberro, -a *nm/f* vandale *m/f*, voyou *m*

gamuza *nf* (*bayeta*) peau *f* de chamois

gana *nf* (*deseo*) envie *f*; (*apetito*) faim *f*; **de buena/mala ~** volontiers/à contrecœur; **me dan ~s de hacer** ça me donne envie de faire; **tener ~s de (hacer)** avoir envie de (faire); **no me da la (real) ~** je n'en ai pas (vraiment) envie

ganadería *nf* bétail *m*; (*cría*) élevage *m*; (*comercio*) commerce *m* du bétail

ganado *nm* bétail *m*; **ganado bovino** *o* **vacuno** bovins *mpl*

ganador, a *adj*, *nm/f* gagnant(e)

ganancia *nf* gain *m*; **ganancias** *nfpl* (*ingresos*) revenus *mpl*; (*beneficios*) gains *mpl*

ganar *vt* gagner; (*fama, experiencia*) acquérir; (*premio*) remporter ▷ *vi* (*Deporte*) gagner; **ganarse** *vpr*: **~se la vida** gagner sa vie; **le gana en simpatía** il est plus sympathique

ganchillo *nm* crochet *m*; **hacer ~** faire du crochet

gancho *nm* crochet *m*

gandul, a *adj*, *nm/f* feignant(e)

ganga *nf* (*Com*) affaire *f*

gangrena *nf* gangrène *f*

gángster (*pl* **~s**) *nm* gangster *m*

ganso, -a *nm/f* jars/oie; (*fam*) tarte *f*

ganzúa *nf* crochet *m*

garabatear *vt* griffonner ▷ *vi* avoir une écriture de chat

garabato *nm* gribouillage *m*; **garabatos** *nmpl* (*escritura*) pattes *fpl* de mouche

garaje *nm* garage *m*

garante *adj*, *nm/f* garant(e)

garantía *nf* garantie *f*

garantizar *vt* garantir

garbanzo *nm* pois *msg* chiche

garbo *nm* allure *f*

garfio *nm* (*Tec*) crochet *m*

garganta *nf* gorge *f*; **gargantilla** *nf* collier *m*

gárgara *nf* gargarisme *m*; **hacer ~s** faire des gargarismes

garita *nf* guérite *f*

garra *nf* griffe *f*; (*de ave*) serre *f*; **caer en las ~s de algn** tomber entre les griffes de qn

garrafa *nf* carafe *f*

garrapata *nf* puce *f*

garrote *nm* (*palo*) gourdin *m*; (*porra*) massue *f*; (*ejecución*) garrot *m*

garza *nf* héron *m*

gas *nm* gaz *m*; **gases** *nmpl* (*Med*) gaz *mpl*; **a todo ~** plein gaz; **gases lacrimógenos** gaz *mpl* lacrymogènes

gasa *nf* gaze *f*; (*de pañal*) couche *f*

gaseosa *nf* limonade *f*

gaseoso, -a *adj* gazeux(-euse)

gasoil, gasóleo *nm* gas-oil *m*

gasolina *nf* essence *f*; **gasolinera** *nf* station-service *f*

gastado, -a *adj* (*ropa*) usé(e); (*mechero*) fini(e); (*bolígrafo*) qui n'a plus d'encre

gastar *vt* dépenser; (*malgastar*) perdre; (*desgastar*) user; **gastarse** *vpr*

s'user; **~ bromas** faire des blagues; **¿qué número gastas?** quelle est ta pointure?
gasto *nm* dépense *f*; **gastos** *nmpl* (*desembolsos*) dépenses *fpl*
gastritis *nf* gastrite *f*
gastronomía *nf* gastronomie *f*
gata *nf ver* **gato**
gatear *vi* marcher à quatre pattes
gatillo *nm* gâchette *f*
gato, -a *nm/f* chat(te) ▷ *nm* (*Tec*) cric *m*; **andar a gatas** marcher à quatre pattes; **dar a algn ~ por liebre** rouler qn
gaviota *nf* mouette *f*
gay *adj, nm* homo *m*
gazpacho *nm* gaspacho *m* (*soupe froide espagnole*)
gel *nm* (*de ducha*) gel *m*; (*de baño*) bain *m* moussant
gelatina *nf* gélatine *f*
gema *nf* gène *m*
gemelo, -a *adj, nm/f* jumeau(-elle); **gemelos** *nmpl* (*de camisa*) boutons *mpl* de manchette; (*anteojos*) jumelles *fpl*; **gemelos de campo/de teatro** jumelles de campagne/de spectacle
gemido *nm* gémissement *m*
Géminis *nm* (*Astrol*) Gémeaux *mpl*; **ser ~** être (des) Gémeaux
gemir *vi* gémir; (*animal*) geindre
gen *nm* gène *m*
generación *nf* génération *f*
general *adj* général(e) ▷ *nm* général *m*; **en** *o* **por lo ~** en général; **Generalitat** *nf gouvernement catalan*; **generalizar** *vt, vi* généraliser; **generalizarse** *vpr* se généraliser; **generalmente** *adv* généralement
generar *vt* (*energía*) générer
género *nm* genre *m*; (*Com*) article *m*; **géneros** *nmpl* (*productos*) articles *mpl*; **géneros de punto** tricots *mpl*; **género humano** genre humain
generosidad *nf* générosité *f*
generoso, -a *adj* généreux(-euse)
genial *adj* (*artista, obra*) de génie; (*fam: idea*) génial(e)
genio *nm* tempérament *m*; (*mal carácter*) mauvais caractère *m*; **tener mal ~** être soupe au lait *inv*, être emporté(e)
genital *adj* génital(e) ▷ *nm*: **~es** organes *mpl* génitaux
gente *nf* gens *mpl*; (*fam: familia*) petite famille *f*; **gente de la calle** gens comme vous et moi; **gente menuda** les tout petits
gentileza *nf*: **tener la ~ de hacer** avoir la gentillesse de faire; **por ~ de** avec l'aimable autorisation de
gentío *nm* foule *f*
genuino, -a *adj* authentique
geografía *nf* géographie *f*
geología *nf* géologie *f*
geometría *nf* géométrie *f*
geranio *nm* géranium *m*
gerencia *nf* direction *f*; **gerente** *nm/f* (*supervisor*) gérant(e); (*jefe*) directeur(-trice)
geriatría *nf* gériatrie *f*
germen *nm* germe *m*
germinar *vi* germer
gesticular *vi* gesticuler; (*hacer muecas*) faire des grimaces
gestión *nf* gestion *f*; (*trámite*) démarche *f*; **gestionar** *vt* s'occuper de
gesto *nm* geste *m*; (*mueca*) grimace *f*
Gibraltar *nm* Gibraltar *m*
gibraltareño, -a *adj* de Gibraltar ▷ *nm/f* natif(-ive) *o* habitant(e) de Gibraltar
gigante *adj* géant(e) ▷ *nm/f* géant(e); (*fig*) génie *m*
gigantesco, -a *adj* gigantesque
gilipollas (*fam!*) *adj inv, nm/f inv* con(ne) (*fam!*)
gimnasia *nf* gymnastique *f*; **gimnasio** *nm* gymnase *m*; **gimnasta** *nm/f* gymnaste *m/f*
gimotear *vi* pleurnicher

ginebra *nf* genièvre *m*
ginecólogo, -a *nm/f* gynécologue *m/f*
gira *nf* excursion *f*; (*de grupo*) tournée *f*
girar *vt* (*hacer girar*) faire tourner; (*dar la vuelta*) tourner; (*giro postal, letra de cambio*) virer ▷ *vi* tourner; **~ (a/ hacia)** (*torcer*) virer (à); **~ en torno a** (*conversación*) s'orienter vers
girasol *nm* tournesol *m*
giratorio, -a *adj* tournant(e)
giro *nm* tour *m*; (*Com*) virement *m*; (*tb*: **~ postal**) mandat (postal) *m*; **dar un ~** tourner; **giro bancario** virement bancaire
gis (*Méx*) *nm* craie *f*
gitano, -a *adj* gitan(e) ▷ *nm/f* Gitan(e)
glacial *adj* (*zona*) glaciaire; (*frío, fig*) glacial(e)
glaciar *nm* glacier *m*
glándula *nf* glande *f*
global *adj* global(e)
globalización *nf* mondialisation *f*
globo *nm* globe *m*; (*para volar, juguete*) ballon *m*; **globo terráqueo** *o* **terrestre** globe terrestre
glóbulo *nm*: **~ blanco/rojo** globule *m* blanc/rouge
gloria *nf* gloire *f*; (*Rel*) paradis *m*; **estar en la ~** être aux anges; **es una ~** (*fam*) quel délice
glorieta *nf* (*de jardín*) tonnelle *f*; (*Auto, plaza*) rond-point *m*
glorificar *vt* glorifier
glorioso, -a *adj* glorieux(-euse)
glosario *nm* glossaire *m*
glotón, -ona *adj, nm/f* glouton(ne)
glucosa *nf* glucose *m*
gobernador, a *nm/f* gouverneur *m*; **Gobernador civil** *représentant du gouvernement au niveau local*; **Gobernador militar** gouverneur militaire
gobernante *adj* gouvernant(e) ▷ *nm* gouvernant *m*
gobernar *vt* gouverner; (*nave*) piloter ▷ *vi* gouverner; (*Náut*) piloter
gobierno *vb ver* **gobernar** ▷ *nm* gouvernement *m*; (*Náut*) pilotage *m*
goce *vb ver* **gozar**
gol *nm* but *m*; **meter un ~** marquer un but
golf *nm* golf *m*
golfa (*fam*) *nf* pute *f*
golfo[1] *nm* golfe *m*
golfo[2] *nm* voyou *m*; (*gamberro*) casse-pieds *m inv*; (*hum*: *pillo*) radin *m*
golondrina *nf* hirondelle *f*
golosina *nf* gourmandise *f*
goloso, -a *adj* gourmand(e)
golpe *nm* coup *m*; **no dar ~** ne pas en ficher une rame; **de un ~** en un clin d'œil; **golpear** *vt* frapper, heurter ▷ *vi* cogner; (*lluvia*) tomber dru; (*puerta*) battre
goma *nf* gomme *f*; (*gomita, Costura*) élastique *m*; **goma de pegar** colle *f*
gordo, -a *adj* gros(se); (*libro, árbol, tela*) épais(se); (*fam*: *problema*) de taille; (*accidente*) catastrophique ▷ *nm/f* gros homme/grosse femme ▷ *nm* (*tb*: **premio ~**) gros lot *m*; (*de la carne*) gras *msg*; **ese tipo me cae ~** ce type ne me revient pas

EL GORDO

El Gordo désigne le gros lot attribué au tirage de la loterie nationale espagnole "Lotería Nacional", en particulier à Noël. Le tirage au sort exceptionnel "Sorteo Extraordinario de Navidad" du 22 décembre atteint une valeur de plusieurs millions d'euros. Étant donné le coût élevé des billets, les Espagnols jouent souvent en groupe et se partagent ensuite les gains.

gordura *nf* obésité *f*

gorila *nm* gorille *m*; (*CSur: fam: jefe militar*) chef *m*
gorjear *vi* triller
gorra *nf* casquette *f*, béret *m*; (*de niño*) bonnet *m*; **de ~** (*sin pagar*) à l'œil
gorrión *nm* moineau *m*
gorro *nm* bonnet *m*
gorrón, -ona *nm/f* parasite *m/f*
gota *nf* goutte *f*; **gotear** *vi* goutter; (*lloviznar*) pleuvoter; **gotera** *nf* gouttière *f*; (*mancha*) tache *f* d'humidité
gozar *vi* jouir; **~ de** jouir de
gozne *nm* gond *m*
gozo *nm* (*alegría*) plaisir *m*; (*placer*) jouissance *f*
gr. *abr* (= *gramo(s)*) g (= *gramme(s)*)
grabación *nf* enregistrement *m*
grabado, -a *adj* (*Mús*) enregistré(e) ▷ *nm* gravure *f*
grabadora *nf* magnétophone *m*; **grabadora de CD/DVD** graveur *m* de CD/DVD
grabar *vt* (*en piedra, Arte*) graver; (*discos, en video, Inform*) enregistrer
gracia *nf* grâce *f*; (*humor*) humour *m*; **¡muchas ~s!** merci beaucoup!; **~s a** grâce à; **tener ~** (*chiste etc*) être amusant(e); (*irónico*) être très amusant(e); **no me hace ~ (hacer)** ça ne m'amuse pas (de faire); **dar las ~s a algn por algo** remercier qn de *o* pour qch
gracioso, -a *adj* amusant(e)
grada *nf* marche *f*; **gradas** *nfpl* (*de estadio*) gradins *mpl*
gradería *nf* gradins *mpl*; **gradería cubierta** stade *m* couvert
grado *nm* degré *m*; (*Escol*) classe *f*; (*Univ*) titre *m*; (*Mil*) grade *m*; **de buen ~** de bon gré; **grado centígrado/ Fahrenheit** degré centigrade/ Fahrenheit
graduación *nf* (*del alcohol*) degré *m*; (*Mil*) grade *m*
graduado, -a *adj* gradué(e) ▷ *nm/f* (*Univ*) diplômé(e) ▷ *nm*: **~ escolar** ≈ brevet *m* des collèges; **graduado social** ≈ B.T.S. *m* d'assistance sociale
gradual *adj* progressif(-ive)
graduar *vt* graduer; (*volumen*) mesurer; (*Mil*): **~ a algn de** conférer à qn le grade de; **graduarse** *vpr* (*Univ*) être diplômé(e); (*Mil*): **~se (de)** obtenir son grade (de); **~se la vista** se faire vérifier la vue
gráfica *nf* courbe *f*
gráfico, -a *adj* graphique; (*revista*) d'art ▷ *nm* graphique *m*; **gráficos** *nmpl* graphiques *mpl*; **gráfico de barras** (*Com*) graphique à barres
gragea *nf* (*Med*) pilule *f*
grajo *nm* corbeau *m*
Gral. *abr* (*Mil*) (= *General*) g[al] (= *Général*)
gramática *nf* grammaire *f*; *ver tb* **gramático**
gramatical *adj* grammatical(e)
gramático, -a *nm/f* grammairien(ne)
gramo *nm* gramme *m*
gran *adj ver* **grande**
granada *nf* grenade *f*; **granada de mano** grenade à main
granate *adj* grenat *adj inv* ▷ *nm* grenat *m*
Gran Bretaña *nf* Grande-Bretagne *f*
grande *adj* grand(e) ▷ *nm* grand *m*; **gran miedo** grand peur; **los zapatos le están** *o* **quedan ~s** ces chaussures sont trop grandes pour lui; **grandeza** *nf* grandeur *f*
grandioso, -a *adj* grandiose
granel *nm*: **a ~** (*Com*) en vrac
granero *nm* grenier *m*
granito *nm* granit *m*
granizado *nm* jus *m* de fruit glacé
granizar *vi* grêler; **granizo** *nm* grêlon *m*
granja *nf* ferme *f*; **granja avícola** ferme avicole
granjear *vt* (*amistad, simpatía*)

g

gagner; **granjearse** *vpr* gagner
granjero, -a *nm/f* fermier(-ère)
grano *nm* grain *m*; (*Med*) bouton *m*
granuja *nm* (*bribón*) fripouille *f*; (*golfillo*) filou *m*
grapa *nf* agrafe *f*
grapadora *nf* agrafeuse *f*
grasa *nf* graisse *f*; (*sebo*) gras *m*
grasiento, -a *adj* gras(se); (*sucio*) graisseux(-euse)
graso, -a *adj* gras(se)
gratificación *nf* gratification *f*; **gratificar** *vt* (*recompensar*) gratifier
gratis *adj inv, adv* gratis *inv*
gratitud *nf* gratitude *f*
grato, -a *adj* agréable
gratuito, -a *adj* gratuit(e)
gravamen *nm* (*carga*) poids *msg*; (*impuesto*) servitude *f*, hypothèques *f*
gravar *vt* (*Jur: propiedad*) grever; **~ (con impuesto)** (*producto*) imposer
grave *adj* grave; **gravedad** *nf* gravité *f*
gravilla *nf* gravillon *m*
gravitar *vi* graviter
graznar *vi* (*cuervo*) croasser; (*pato*) cancaner
Grecia *nf* Grèce *f*
gremio *nm* corporation *f*
greña *nf* (*tb*: **~s**) tignasse *f*
gresca *nf* altercation *f*
griego, -a *adj* grec(que) ▹ *nm/f* Grec(que)
grieta *nf* (*en pared, madera*) fente *f*; (*en terreno, Med*) crevasse *f*
grifo *nm* robinet *m*; (*And*) station-service *f*
grilletes *nmpl* fers *mpl*
grillo *nm* grillon *m*
gripe *nf* grippe *f*; **gripe aviar** grippe *f* aviaire
gris *adj* gris(e) ▹ *nm* gris *msg*
gritar *vt, vi* crier; **grito** *nm* cri *m*; **a gritos** en criant; **dar gritos** pousser des cris
grosella *nf* groseille *f*; **grosella negra** cassis *msg*
grosería *nf* grossièreté *f*
grosero, -a *adj* grossier(-ère)
grosor *nm* grosseur *f*
grotesco, -a *adj* grotesque
grúa *nf* grue *f*
grueso, -a *adj* épais(se); (*persona*) corpulent(e) ▹ *nm* grosseur *f*; **el ~ de** le gros de
grulla *nf* grue *f*
grumo *nm* grumeau *m*
gruñido *nm* grognement *m*
grupa *nf* (*Zool*) croupe *f*
grupo *nm* groupe *m*; **grupo de presión** groupe de pression; **grupo sanguíneo** groupe sanguin
gruta *nf* grotte *f*
guadaña *nf* serpe *f*
guagua *nf* (*Ant, Canarias*) autobus *msg*; (*And, CSur*) bébé *m*
guante *nm* gant *m*; **guantes de goma** gants de caoutchouc
guantera *nf* (*Auto*) boîte *f* à gants
guapo, -a *adj* beau/belle ▹ *nm* (*And: fam*) beau gosse *m*; **estar ~** être beau
guarda *nm/f* gardien(ne); **guarda forestal** garde *m* forestier; **guarda jurado** vigile *m*; **guardabosques** *nm/f inv* garde *m* forestier; **guardacostas** *nm inv* garde *m* côte; **guardaespaldas** *nm/f inv* garde *m/f* du corps; **guardameta** *nm* gardien *m* de but; **guardar** *vt* garder; (*poner: en su sitio*) mettre; (*: en sitio seguro*) ranger; **guardarse** *vpr* garder; (*ocultar*) garder (pour soi); **guardar cama/silencio** garder le lit/le silence; **guardarse de** (*evitar*) se garder de; **guardarse de hacer** (*abstenerse*) se garder de faire; **se la tengo guardada** il me le paiera; **guardarropa** *nm* (*en establecimiento público*) vestiaire *m*
guardería *nf* garderie *f*
guardia *nf* garde *f* ▹ *nm/f* (*de tráfico, municipal etc*) agent *m*; (*policía*)

policier/femme policier; **estar de ~** être de garde; **estar/ponerse en ~** être sur ses gardes/se mettre en garde; **montar ~** monter la garde; **la Guardia Civil** *la Garde Civile espagnole*; **un guardia civil** ≈ un gendarme; **Guardia Nacional** (*Nic, Pan*) ≈ gendarmerie *f* nationale
guardián, -ana *nm/f* gardien(ne)
guarecer *vt* héberger; **guarecerse** *vpr*: **~se (de)** s'abriter (de)
guarida *nf* abri *m*
guarnecer *vt* garnir; (*Tec*) revêtir; **guarnición** *nf* (*de vestimenta*) ornement *m*; (*de piedra preciosa*) chaton *m*; (*Culin*) garniture *f*; (*Mil*) garnison *f*
guarro, -a *adj* (*fam*) sale ▷ *nm/f* cochon/truie; (*fam*: *persona*) cochon(ne)
guasa *nf* blague *f*; **con** *o* **de ~** pour rire
guasón, -ona *adj, nm/f* blagueur(-euse)
Guatemala *nf* Guatemala *m*
gubernativo, -a *adj* du gouvernement
guerra *nf* guerre *f*; **Primera/Segunda G~ Mundial** Première/Deuxième Guerre mondiale; **dar ~** donner du fil à retordre; **guerra atómica/bacteriológica/nuclear/psicológica** guerre atomique/bactériologique/nucléaire/psychologique; **guerra civil/fría** guerre civile/froide; **guerrear** *vi* guerroyer
guerrero, -a *adj* de guerre; (*carácter*) guerrier(-ère) ▷ *nm/f* guerrier(-ère)
guerrilla *nf* guérilla *f*
guerrillero, -a *nm/f* guérillero *m*
guía *vb ver* **guiar** ▷ *nm/f* (*persona*) guide *m/f* ▷ *nf* (*libro*) guide *m*; **guía de ferrocarriles** horaire *m* des trains; **guía telefónica** annuaire *m*
guiar *vt* guider; (*Auto*) diriger; **guiarse** *vpr*: **~se por** suivre
guijarro *nm* caillou *m*
guillotina *nf* guillotine *f*; (*para papel*) coupe-papier *m inv*
guinda *nf* griotte *f*
guindilla *nf* piment *m*
guiñapo *nm* (*harapo*) haillon *m*; (*persona*) chiffe *f* molle
guiñar *vt* cligner de
guión *nm* (*Ling*) tiret *m*; (*esquema*) plan *m*; (*Cine*) scénario *m*; **guionista** *nm/f* scénariste *m/f*
guirnalda *nf* guirlande *f*
guisado *nm* ragoût *m*
guisante *nm* petit pois *msg*
guisar *vt, vi* faire cuire; (*fig*) tramer; **guiso** *nm* plat *m*
guitarra *nf* guitare *f*
gula *nf* gloutonnerie *f*
gusano *nm* vers *msg*; (*de mariposa, pey*) larve *f*
gustar *vt* goûter ▷ *vi* plaire; **~ de hacer** prendre plaisir à faire; **me gustan las uvas** j'aime le raisin; **le gusta nadar** il aime nager; **me gusta ese chico/esa chica** j'aime bien ce garçon/cette fille
gusto *nm* goût *m*; (*afición*) intérêt *m*; **a su** *etc* **~** à votre *etc* aise; **dar ~ a algn** faire plaisir à qn; **de buen/mal ~** de bon/mauvais goût; **estar/sentirse a ~** être/se sentir à l'aise; **¡mucho** *o* **tanto ~ (en conocerle)!** enchanté(e) *o* ravi(e) de faire votre connaissance!; **coger** *o* **tomar ~ a algo** prendre goût à qch
gustoso, -a *adj* savoureux(-euse); **aceptar ~** accepter avec joie

h

ha *vb ver* **haber**
haba *nf* fève *f*
Habana *nf*: **la ~** la Havane
habano *nm* havane *m*
habéis *vb ver* **haber**

PALABRA CLAVE

haber *vb aux* 1 (*tiempos compuestos*) avoir; (*con verbos pronominales y de movimiento*) être; **he/había comido** j'ai/j'avais mangé; **antes/después de haberlo visto** avant/après l'avoir vu
2 **haber de** (+ *infin*): **he de hacerlo** je dois le faire; **ha de llegar mañana** il doit arriver demain; **no ha de tardar** (*Am*) il arrivera bientôt; **has de estar loco** (*Am*) tu dois être tombé sur la tête
▷ *vb impers* 1 (*existencia*) avoir; **hay un hermano/dos hermanos** il y a un frère/deux frères; **¿cuánto hay de aquí a Sucre?** il y a combien d'ici à Sucre?
2 (*tener lugar*): **¿hay partido mañana?** il y a un match demain?
3: **¡no hay de** *o* **por** (*Am*) **qué!** il n'y a pas de quoi!
4: **¿qué hay?** (*¿qué pasa?*) qu'est-ce qu'il y a?; (*¿qué tal?*) ça va?; **¡qué hubo!, ¡qué húbole!** (*esp Méx, Chi*: *fam*) salut!
5 (*haber que + infin*): **hay que apuntarlo para acordarse** il faut le marquer pour s'en souvenir; **¡habrá que decírselo!** il faudra le lui dire!
6: **¡hay que ver!** il faut voir!
7: **he aquí las pruebas** voici les preuves
8: **¡hubiera visto ...!** (*Méx*: *si hubiera visto*) si vous aviez vu ...!
haberse *vpr*: **voy a habérmelas con él** je vais m'expliquer avec lui
▷ *nm* 1 (*Com*) crédit *m*; **¿cuánto tengo en el haber?** j'ai combien sur mon compte?; **tiene varias novelas en su haber** il a plusieurs romans à son actif
2: **haberes** *nmpl* avoirs *mpl*

habichuela *nf* haricot *m*
hábil *adj* habile; **día ~** jour *m* ouvrable;
habilidad *nf* habileté *f*
habilitar *vt*: **~ (para)** (*casa, local*) aménager (pour); **~ a algn para hacer** habiliter qn à faire
hábilmente *adv* habilement
habitación *nf* pièce *f*; (*dormitorio*) chambre *f*; **habitación doble** *o* **de matrimonio** chambre double; **habitación sencilla** *o* **individual** chambre simple
habitante *nm/f* habitant(e)
habitar *vt, vi* habiter
hábito *nm* (*costumbre*) habitude *f*; (*traje*) habit *m*
habitual *adj* habituel(le)
habituar *vt*: **~ a algn a (hacer)** habituer qn à (faire); **habituarse**

vpr: **~se a (hacer)** s'habituer à (faire)

habla *nf* (*capacidad de hablar*) parole *f*; (*forma de hablar*) langage *m*; (*dialecto*) parler *m*; **perder el ~** perdre l'usage de la parole; **de ~ francesa/española** de langue française/espagnole; **estar/ponerse al ~** être en train de parler/se mettre à parler; **estar al ~** (*Telec*) être à l'appareil; **¡González al ~!** (*Telec*) González à l'appareil!

hablador, a *adj, nm/f* bavard(e)

habladuría *nf* commérage *m*; **habladurías** *nfpl* (*chismes*) commérages *mpl*

hablante *nm/f* (*Ling*) locuteur(-trice); **los ~s de catalán** les personnes parlant catalan

hablar *vt, vi* parler; **hablarse** *vpr* se parler; **~ con** parler avec; **¡ni ~!** pas question!; **~ de** parler de; **"se habla francés"** "on parle français"; **no se hablan** ils ne se parlent plus; **no me hablo con mi hermana** je ne parle plus à ma sœur

habré *etc vb ver* **haber**

hacendoso, -a *adj* travailleur(-euse)

PALABRA CLAVE

hacer *vt* **1** (*producir, ejecutar*) faire; **hacer una película/un ruido** faire un film/un bruit; **hacer la compra** faire les courses; **hacer la comida** faire à manger; **hacer la cama** faire le lit

2 (*obrar*) faire; **¿qué haces?** qu'est-ce que tu fais?; **eso no se hace** ça ne se fait pas; **¡bien hecho!** bravo!

3 (*dedicarse a*) faire de; **hacer español/económicas** faire de l'espagnol/de l'économie; **hacer yoga/gimnasia/deporte** faire du yoga/de la gym/du sport

4 (*causar*): **hacer ilusión** faire plaisir; **hacer gracia** faire rire

5 (*conseguir*): **hacer amigos** se faire des amis; **hacer una fortuna** faire une fortune

6 (*dar aspecto de*): **ese peinado te hace más joven** cette coiffure te rajeunit

7 (*cálculo*): **esto hace 100** et voilà 100

8 (*como sustituto de vb*) faire; **él bebió y yo hice lo mismo** il a bu et j'ai fait la même chose

9 (*+ inf, + que*): **les hice venir** je les ai fait venir; **hacer trabajar a los demás** faire travailler les autres; **aquello me hizo comprender** cela m'a fait comprendre; **hacer reparar algo** faire réparer qch; **esto nos hará ganar tiempo** ça nous fera gagner du temps

▷ *vi* **1**: **no le hace** (*Am: no importa*) ça ne fait rien

2: **haz como que no lo sabes** fais comme si tu ne savais rien

3: **hacer de** (*objeto*) servir de; **la tabla hace de mesa** la planche sert de table; **hacer de madre** jouer le rôle de mère; (*pey*) jouer les mères poules; (*Teatro*): **hacer de Otelo** jouer Othello

▷ *vb impers* **1**: **hace calor/frío** il fait chaud/froid; *ver tb* **bueno, sol, tiempo**

2 (*tiempo*): **hace 3 años** il y a 3 ans; **hace un mes que voy/no voy** cela fait un mois que j'y vais/je n'y vais plus

hacerse *vpr* **1** (*volverse*) se faire; **hacerse viejo** se faire vieux; **se hicieron amigos** ils sont devenus amis

2 (*resultar*): **se me hizo muy duro el viaje** j'ai trouvé le voyage très pénible

3 (*acostumbrarse*): **hacerse a** se faire à

4 (*obtener*): **hacerse de** *o* **con algo** obtenir qch

5 (*fingir*): **hacerse el sordo** *o* **el sueco** faire la sourde oreille

6: **hacerse idea de algo** se faire une idée de qch

7: **se me hace que** (*Am*: *me parece que*) il me semble que

hacha *nf* hache *f*
hachís *nm* haschich *m*
hacia *prep* vers; (*actitud*) envers; **~ adelante/atrás/dentro/fuera** devant/derrière/dedans/dehors; **~ abajo/arriba** en bas/haut; **mira ~ acá** regarde par ici; **~ mediodía/finales de mayo** vers midi/la fin mai
hacienda *nf* (*propiedad*) propriété *f*; (*finca*) ferme *f*; (*Am*) hacienda *f*; **(Ministerio de) H~** (ministère *m* des) Finances *m*; **hacienda pública** trésor *m* public
hada *nf* fée *f*
haga *etc vb ver* **hacer**
Haití *nm* Haïti *f*
halagar *vt* flatter; (*agradar*) réjouir
halago *nm* flatterie *f*
halagüeño, -a *adj* réjouissant(e); (*lisonjero*) flatteur(-euse)
halcón *nm* faucon *m*
hallar *vt* trouver; **hallarse** *vpr* se trouver; **hallazgo** *nm* trouvaille *f*
halterofilia *nf* haltérophilie *f*
hamaca *nf* hamac *m*; (*asiento*) chaise *f* longue
hambre *nf* faim *f*; **tener ~** avoir faim
hambriento, -a *adj, nm/f* affamé(e)
hamburguesa *nf* hamburger *m*
hamburguesería *nf* sandwicherie *f*
han *vb ver* **haber**
harapiento, -a *adj* en haillons
harapos *nmpl* haillons *mpl*
haré *etc vb ver* **hacer**
harina *nf* farine *f*; **harina de maíz/de trigo** farine de maïs/de blé
hartar *vt* (*de comida*) gaver; (*fastidiar*) fatiguer; **hartarse** *vpr* (*cansarse*) se lasser; (*de comida*): **~se (de)** se gaver (de); **~se de leer/reír** se lasser de lire/rire; **hartazgo** *nm*: **darse un hartazgo (de)** avoir son content (de)
harto, -a *adj*: **~ (de)** rassasié(e) (de); (*cansado*) fatigué(e) (de); **estar ~ de hacer/algn** en avoir marre de faire/qn; **¡estoy ~ de decírtelo!** je te l'ai assez dit!
has *vb ver* **haber**
hasta *adv* même, voire ▷ *prep* jusqu'à ▷ *conj*: **~ que** jusqu'à ce que; (*CAm, Col, Méx*: *no … hasta*): **viene ~ las cuatro** il ne vient pas avant quatre heures; **~ luego** *o* **ahora** (*fam*), **~ siempre** (*Arg*) salut!; **~ mañana/el sábado** à demain/samedi; **¿~ qué punto?** à quel point?; **~ tal punto que …** à tel point que …; **~ ayer empezó** (*Am*) cela n'a commencé qu'hier
hastiar *vt* fatiguer; **hastiarse** *vpr*: **~se de (hacer)** se lasser de (faire); **hastío** *nm* ennui *m*
hatillo *nm* affaires *fpl*
hay *vb ver* **haber**
Haya *nf*: **la ~** La Haye
haya *vb ver* **haber** ▷ *nf* hêtre *m*
haz *vb ver* **hacer** ▷ *nm* botte *f*; (*de luz*) faisceau *m*
hazaña *nf* exploit *m*
hazmerreír *nm inv*: **ser/convertirse en el ~ de** être/devenir la risée de
he *vb ver* **haber**
hebilla *nf* boucle *f*
hebra *nf* fil *m*
hebreo, -a *adj* hébreu (*sólo m*), hébraïque ▷ *nm/f* Hébreu *m* ▷ *nm* (*Ling*) hébreu *m*
hechizar *vt* ensorceler
hechizo *nm* sorcellerie *f*; (*encantamiento*) enchantement *m*
hecho, -a *pp de* **hacer** ▷ *adj* fait(e); (*hombre, mujer*) mûr(e); (*vino*) arrivé(e) à maturation; (*ropa*) de prêt-à-porter ▷ *nm* fait *m*; (*factor*) facteur *m* ▷ *excl* c'est fait!; **¡bien ~!** bravo!, bien joué!; **muy/poco ~** (*Culin*) très/peu cuit(e); **bien/mal ~** bien/mal fait(e); **de ~** de fait; **el ~ es que …** le fait est que …
hechura *nf* (*confección*) confection *f*; (*corte, forma*) coupe *f*

hectárea *nf* hectare *m*
heder *vi* puer
hediondo, -a *adj* puant(e); (*fig*) dégoûtant(e)
hedor *nm* puanteur *f*
helada *nf* gelée *f*
heladera (CSur) *nf* réfrigérateur *m*
helado, -a *adj* congelé(e); (*muy frío*) gelé(e) ▷ *nm* glace *f*; **quedarse ~** être abasourdi(e)
helar *vt* congeler; (*Bot*) geler; (*dejar atónito*) abasourdir ▷ *vi* geler; **helarse** *vpr* geler; **~se de frío** mourir de froid
helecho *nm* fougère *f*
hélice *nf* hélice *f*
helicóptero *nm* hélicoptère *m*
hembra *nf* femelle *f*; (*mujer*) femme *f*
hemorragia *nf* hémorragie *f*; **hemorragia nasal** saignement *m* de nez
hemorroides *nfpl* hémorroïdes *fpl*
hemos *vb ver* **haber**
hendidura *nf* fente *f*; (*Geo*) faille *f*
heno *nm* foin *m*
herbicida *nm* herbicide *m*
heredad *nf* domaine *m*
heredar *vt* hériter
heredero, -a *nm/f* héritier(-ère)
hereje *nm/f* hérésiarque *m/f*
herencia *nf* héritage *m*; (*Bio*) hérédité *f*
herida *nf* blessure *f*; *ver tb* **herido**
herido, -a *adj, nm/f* blessé(e)
herir *vt* blesser
hermana *nf* sœur *f*; **hermana política** belle-sœur
hermanastro, -a *nm/f* demi-frère/demi-sœur
hermandad *nf* congrégation *f*
hermano *nm* frère *m*; **hermano político** beau-frère
hermético, -a *adj* hermétique
hermoso, -a *adj* beau/belle; (*espacioso*) spacieux(-euse); **hermosura** *nf* beauté *f*
hernia *nf* hernie *f*; **hernia discal** hernie discale
héroe *nm* héros *msg*
heroína *nf* (*mujer, droga*) héroïne *f*
heroísmo *nm* héroïsme *m*
herradura *nf* fer *m* à cheval
herramienta *nf* outil *m*
herrero *nm* forgeron *m*
herrumbre *nf* rouille *f*
hervidero *nm* (*fig*: *de personas*) foule *f*; (: *de animales*) troupeau *m*; (: *de pasiones*) déchaînement *m*
hervir *vt* (faire) bouillir ▷ *vi* bouillir; (*fig*): **~ de** bouillir de; **hervor** *nm*: **dar un hervor a** faire bouillir
heterosexual *adj, nm/f* heterosexuel(le) *m/f*
hice *etc vb ver* **hacer**
hidratante *adj*: **crema ~** crème *f* hydratante
hidratar *vt* hydrater
hidrato *nm*: **~s de carbono** hydrates *mpl* de carbone
hidráulica *nf* hydraulique *f*
hidráulico, -a *adj* hydraulique
hidroeléctrico, -a *adj* hydroélectrique
hidrofobia *nf* hydrophobie *f*
hidrógeno *nm* hydrogène *m*
hiedra *nf* lierre *m*
hiel *nf* bile *f*
hielo *vb ver* **helar** ▷ *nm* glace *f*; **hielos** *nmpl* (*escarcha*) gelées *fpl*
hiena *nf* hyène *f*
hierba *nf* herbe *f*; **mala ~** mauvaise herbe; **hierbabuena** *nf* menthe *f*
hierro *nm* fer *m*; (*trozo, pieza*) bout *m* de fer; **de ~** en fer; (*fig*: *persona*) fort(e) comme un bœuf; (: *voluntad, salud*) de fer
hígado *nm* foie *m*
higiene *nf* hygiène *f*
higiénico, -a *adj* hygiénique
higo *nm* figue *f*; **higo seco** figue sèche; **higuera** *nf* figuier *m*
hija *nf* fille *f*; **hija política** belle-fille
hijastro, -a *nm/f* beau-fils/belle-

h

fille; **~s** beaux-enfants *mpl*
hijo *nm* (*retoño*) fils *msg*; **hijos** *nmpl* (*hijos e hijas*) enfants *mpl*; **hijo adoptivo** fils adoptif; **hijo de mamá/papá** fils à maman/papa; **hijo de puta** (*fam!*) fils de pute (*fam!*); **hijo político** gendre *m*
hilar *vt* filer
hilera *nf* rangée *f*
hilo *nm* fil *m*; (*de metal*) filon *m*; (*de agua, luz, voz*) filet *m*; **perder/seguir el ~** (*de relato, pensamientos*) perdre/suivre le fil
hilvanar *vt* (*Costura*) ourler
himno *nm* hymne *m*; **himno nacional** hymne national
hincapié *nm*: **hacer ~ en** mettre l'accent sur
hincar *vt* planter; **hincarse** *vpr* s'enfoncer; **~le el diente a** (*comida*) mordre à belles dents dans; (*fig: asunto*) s'attaquer à; **~se de rodillas** s'agenouiller
hincha *nm/f* (*fam: Deporte*) fan *m/f*
hinchado, -a *adj* (*Med*) enflammé(e); (*inflado*) enflé(e)
hinchar *vt* gonfler; (*fig*) exagérer; **hincharse** *vpr* (*Med*) s'enflammer; **~se de (hacer)** en avoir marre de (faire); **hinchazón** *nf* inflammation *f*
hinojo *nm* fenouil *m*
hipermercado *nm* hypermarché *m*
hipervínculo *nm* hyperlien *m*
hípico, -a *adj* (*concurso*) hippique; (*carrera*) de chevaux
hipnotismo *nm* hypnotisme *m*; **hipnotizar** *vt* hypnotiser
hipo *nm* hoquet *m*; **me ha entrado ~** j'ai le hoquet; **tener ~** avoir le hoquet
hipocresía *nf* hypocrisie *f*; **hipócrita** *adj, nm/f* hypocrite *m/f*
hipódromo *nm* hippodrome *m*
hipopótamo *nm* hippopotame *m*
hipoteca *nf* hypothèque *f*; **pagar la ~** rembourser l'hypothèque
hipótesis *nf inv* hypothèse *f*
hiriente *adj* blessant(e)
hispánico, -a *adj* hispanique
hispano, -a *adj* espagnol(e); (*en EEUU*) hispano-américain(e) ▷ *nm/f* Espagnol(e); (*en EEUU*) Hispano-Américain(e); **Hispanoamérica** *nf* Amérique *f* latine
hispanoamericano, -a *adj* hispano-américain(e) ▷ *nm/f* Hispano-Américain(e)
histeria *nf* hystérie *f*
historia *nf* histoire *f*; **historias** *nfpl* (*chismes*) histoires *fpl* drôles; **déjate de ~s** ne me raconte pas d'histoires; **pasar a la ~** passer à la postérité
historiador, a *nm/f* historien(ne)
historial *nm* (*profesional*) curriculum vitae *m inv*; (*Med*) antécédents *mpl*
histórico, -a *adj* historique; (*estudios*) d'histoire
historieta *nf* bande *f* dessinée
hito *nm* (*fig*) fait *m* historique
hizo *vb ver* **hacer**
Hno(s). *abr* (= *Hermano(s)*) Fre(s) (= *frère(s)*)
hocico *nm* museau *m*
hockey *nm* hockey *m*; **hockey sobre hielo/patines** hockey sur glace/patins
hogar *nm* foyer *m*
hogareño, -a *adj* (*ambiente*) familial(e); (*escena*) de famille; (*persona*) casanier(-ère)
hoguera *nf* feu *m* de bois
hoja *nf* feuille *f*; (*de cuchillo*) lame *f*; **hoja de afeitar** lame de rasoir; **hoja de pedido** bon *m* de commande; **hoja de servicios** états *mpl* de service; **hoja electrónica** feuille de calcul (électronique); **hoja informativa** circulaire *f*
hojalata *nf* fer *m* blanc
hojaldre *nm* pâte *f* feuilletée
hojear *vt* feuilleter
hola *excl* salut!
Holanda *nf* Hollande *f*

holandés, -esa *adj* hollandais(e) ▷ *nm/f* Hollandais(e) ▷ *nm* (*Ling*) hollandais *msg*
holgado, -a *adj* (*prenda*) ample; (*situación*) aisé(e); **iban muy ~s en el coche** ils étaient au large dans la voiture
holgar *vi*: **huelga decir que** inutile de dire que
holgazán, -ana *adj, nm/f* paresseux(-euse)
holgura *nf* ampleur *f*; (*Tec*) jeu *m*; **vivir con ~** vivre dans l'aisance
hollín *nm* suie *f*
hombre *nm* homme *m*; (*raza humana*): **el ~** l'homme ▷ *excl* dis donc!; **buen ~** bon gars *msg*; **pobre ~** pauvre homme; **¡sí, ~!** mais si!; **hombre de mundo** homme du monde; **hombre de negocios** homme d'affaires; **hombre-rana** (*pl* **hombres-rana**) homme-grenouille *m*
hombrera *nf* épaulette *f*
hombro *nm* épaule *f*; **al ~** sur l'épaule; **encogerse de ~s** hausser les épaules; **llevar/traer a ~s** porter sur les épaules
hombruno, -a *adj* hommasse
homenaje *nm* hommage *m*
homicida *adj* (*arma*) du crime; (*carácter*) meurtrier(-ère) ▷ *nm/f* meurtrier(-ère); **homicidio** *nm* homicide *m*
homologar *vt* homologuer
homólogo, -a *nm/f*: **su** *etc* **~** son *etc* homologue
homosexual *adj, nm/f* homosexuel(le)
hondo, -a *adj* profond(e); **en lo ~ de** au fin fond de; **hondonada** *nf* creux *msg*
Honduras *nf* Honduras *m*
hondureño, -a *adj* du Honduras ▷ *nm/f* natif(-ive) *o* habitant(e) du Honduras
honestidad *nf* honnêteté *f*
honesto, -a *adj* honnête
hongo *nm* champignon *m*; **hongos** *nmpl* (*Med*) champignons *mpl*, mycose *f*
honor *nm* honneur *m*; **en ~ a la verdad ...** la vérité est que ...; **en ~ de algn** en l'honneur de qn; **honorable** *adj* honorable
honorario, -a *adj* honoraire ▷ *nm*: **~s** honoraires *mpl*
honra *nf* honneur *m*; **honras fúnebres** honneurs funèbres; **honradez** *nf* honnêteté *f*; (*de mujer*) vertu *f*
honrado, -a *adj* honnête
honrar *vt* honorer
honroso, -a *adj* (*que da honra*) tout à l'honneur de qn; (*decoroso*) pour sauver l'honneur
hora *nf* heure *f*; **¿qué ~ es?** quelle heure est-il?; **¿a qué ~?** à quelle heure?; **media ~** une demi-heure; **a la ~ de comer/del recreo** à l'heure du repas/de la récréation; **a primera/última ~** à la première/dernière heure; **~ tras ~** heure après heure; **a altas ~s (de la noche)** à des heures tardives; **entre ~s** (*comer*) entre les repas; **a todas ~s** à toute heure; **en mala ~** par malchance; **me han dado ~ para mañana** ils m'ont fixé rendez-vous pour demain; **dar la ~** donner l'heure; **pedir ~** demander un rendez-vous; **poner el reloj en ~** mettre sa montre à l'heure; **horas de oficina/de trabajo/de visita** heures de bureau/de travail/de visite; **horas extraordinarias** heures supplémentaires
horadar *vt* forer
horario, -a *adj, nm* horaire *m*; **horario comercial** heures *fpl* ouvrables
horca *nf* potence *f*
horcajadas: **a ~** *adv* à califourchon
horchata *nf* ≈ sirop *m* d'orgeat

horizontal *adj* horizontal(e)
horizonte *nm* horizon *m*
horma *nf* forme *f*
hormiga *nf* fourmi *f*
hormigón *nm* béton *m*; **~ armado** béton armé
hormigueo *nm* fourmis *fpl*; (*fig*) agitation *f*
hormona *nf* hormone *f*
hornada *nf* fournée *f*
hornillo *nm* réchaud *m*; **hornillo de gas** réchaud à gaz
horno *nm* four *m*; (*Culin*) four, fourneau *m*; **alto(s) ~(s)** haut(s) fourneau(x); **horno crematorio** four crématoire; **horno microondas** four à micro-ondes
horóscopo *nm* horoscope *m*
horquilla *nf* peigne *m*; (*Agr*) fourche *f*
horrendo, -a *adj* affreux(-euse)
horrible *adj* horrible
horripilante *adj* horripilant(e)
horror *nm* horreur *f*; **horrores** *nmpl* (*atrocidades*) horreurs *fpl*; **¡qué ~!** (*fam*) quelle horreur!; **me da ~** cela me fait horreur; **tener ~ a (hacer)** avoir horreur de (faire); **horrorizar** *vt* horrifier; **horrorizarse** *vpr*: **se horrorizó de pensarlo** il a été horrifié à cette idée
horroroso, -a *adj* affreux(-euse); (*hambre, sueño*) terrible
hortaliza *nf* légume *m*
hortelano, -a *nm/f* maraîcher(-ère)
hortera (*fam*) *adj, nm/f* plouc *m/f*
hosco, -a *adj* (*persona*) antipathique
hospedar *vt* loger; **hospedarse** *vpr* se loger
hospital *nm* hôpital *m*
hospitalario, -a *adj* hospitalier(-ère); **hospitalidad** *nf* hospitalité *f*
hostal *nm* pension *f*
hostelería *nf* hôtellerie *f*
hostia *nf* (*Rel*) hostie *f*; (*fam!*) beigne *f* (*fam!*) ▷ *excl*: **¡~(s)!** (*fam!*) putain! (*fam!*)
hostigar *vt* (*Mil, fig*) harceler; (*caballería*) cravacher
hostil *adj* hostile; **hostilidad** *nf* hostilité *f*
hotel *nm* hôtel *m*

HOTEL

Il existe en Espagne différents types d'hébergement dont le prix est fonction des services offerts aux voyageurs. Les voici, par ordre décroissant de prix: l'**hotel** (du 5 étoiles au 1 étoile), l'**hostal**, la **pensión**, la **casa de huéspedes** et la **fonda**. L'État gère également un réseau d'hôtels de luxe, appelés "paradores", généralement situés dans des lieux à caractère historique ou installés dans des monuments historiques.

hotelero, -a *adj, nm/f* hôtelier(-ère)
hoy *adv* aujourd'hui; **de ~ en adelante** dorénavant
hoyo *nm* fosse *f*; **hoyuelo** *nm* fossette *f*
hoz *nf* faux *fsg*
hube *etc vb ver* **haber**
hucha *nf* tirelire *f*
hueco, -a *adj* creux(-euse) ▷ *nm* creux *msg*; (*espacio*) place *f*; **hacerle (un) ~ a algn** faire une place à qn; **hueco de la escalera/del ascensor** cage *f* d'escalier/d'ascenseur
huela *etc vb ver* **oler**
huelga *vb ver* **holgar** ▷ *nf* grève *f*; **declararse/estar en ~** se mettre/être en grève; **huelga de brazos caídos** grève sur le tas; **huelga de celo** grève du zèle; **huelga de hambre** grève de la faim; **huelga general** grève générale
huelguista *nm/f* gréviste *m/f*
huella *nf* trace *f*; **huella dactilar**

trace de doigt; **huella digital** empreinte *f* digitale
huérfano, -a *adj*: **~ (de)** orphelin(e) (de) ▷ *nm/f* orphelin(e); **quedar(se) ~** devenir orphelin(e)
huerta *nf* verger *m*; (*en Murcia, Valencia*) huerta *f*
huerto *nm* (*de verduras*) jardin *m* potager; (*de árboles frutales*) verger *m*
hueso *nm* os *msg*; (*de fruta*) noyau *m*; (*Méx: fam*) sinécure *f*
huésped, a *nm/f* hôte *m/f*; (*en hotel*) client(e)
huesudo, -a *adj* osseux(-euse)
huevas *nfpl* œufs *mpl* de poisson
huevera *nf* (*para servir*) coquetier *m*; (*para transportar*) boîte *f* à œufs
huevo *nm* œuf *m*; **huevo duro/escalfado/frito** œuf dur/poché/au plat; **huevo estrellado** œuf sur le plat; **huevos revueltos** œufs *mpl* brouillés; **huevo pasado por agua** *o* (*Am*) **tibio** *o* (*And, CSur*) **a la copa** œuf à la coque
huida *nf* fuite *f*
huidizo, -a *adj* (*tímido*) farouche; (*mirada, frente*) fuyant(e)
huir *vt, vi* fuir; **~ de** fuir
hule *nm* toile *f* cirée
humanidad *nf* humanité *f*
humanitario, -a *adj* humanitaire
humano, -a *adj* humain(e) ▷ *nm* humain *m*; **ser ~** être humain
humareda *nf* nuage *m* de fumée
humedad *nf* humidité *f*; **a prueba de ~** résiste à l'humidité; **humedecer** *vt* humidifier; **humedecerse** *vpr* s'humidifier
húmedo, -a *adj* humide
humildad *nf* humilité *f*; **humilde** *adj* humble
humillación *nf* humiliation *f*
humillar *vt* humilier; **humillarse** *vpr*: **~se (ante)** s'humilier (devant)
humo *nm* fumée *f*; **humos** *nmpl* (*fig: altivez*) air *m* hautain; **echar ~** fumer; **bajar los ~s a algn** rabattre son caquet à qn
humor *nm* humeur *f*; **de buen/mal ~** de bonne/mauvaise humeur; **humorista** *nm/f* humoriste *m/f*
humorístico, -a *adj* humoristique
hundimiento *nm* (*de barco*) naufrage *m*; (*de edificio*) écroulement *m*; (*de tierra*) éboulement *m*
hundir *vt* (*barco, negocio*) couler; (*edificio*) raser; (*fig: persona*) abattre; **hundirse** *vpr* (*barco, negocio*) couler; (*edificio*) s'écrouler
húngaro, -a *adj* hongrois(e) ▷ *nm/f* Hongrois(e)
Hungría *nf* Hongrie *f*
huracán *nm* ouragan *m*
huraño, -a *adj* désagréable; (*poco sociable*) peu sociable
hurgar *vt* remuer ▷ *vi*: **~ (en)** fouiner (dans); **hurgarse** *vpr*: **~se (las narices)** se curer (le nez)
hurón *nm* furet *m*
hurtadillas: **a ~** *adv* à la dérobée
hurtar *vt* dérober; **hurto** *nm* vol *m*
husmear *vt* humer ▷ *vi* fouiner; **~ en** (*fam*) se mêler de
huyendo *etc vb ver* **huir**

I

iba *etc vb ver* **ir**
ibérico, -a *adj* ibérique
iberoamericano, -a *adj* latino-américain(e) ▷ *nm/f* Latino-américain(e)
Ibiza *nf* Ibiza *f*
iceberg (*pl* **~s**) *nm* iceberg *m*
icono *nm* icône *f*
iconoclasta *adj, nm/f* iconoclaste *m/f*
ictericia *nf* jaunisse *f*
ida *nf* aller *m*; **~ y vuelta** aller et retour
idea *nf* idée *f*; (*propósito*) intention *f*; **no tengo la menor ~** je n'en ai pas la moindre idée; **cambiar de ~** changer d'idée; **¡ni ~!** aucune idée!
ideal *adj* idéal(e) ▷ *nm* idéal *m*; **idealista** *adj, nm/f* idéaliste *m/f*; **idealizar** *vt* idéaliser
idear *vt* concevoir
ídem *pron* idem
idéntico, -a *adj*: **~ (a)** identique (à)
identidad *nf* identité *f*
identificación *nf* identification *f*
identificar *vt* identifier; **identificarse** *vpr*: **~se (con)** s'identifier (à)
ideología *nf* idéologie *f*
idilio *nm* idylle *f*
idioma *nm* langue *f*
idiota *adj, nm/f* idiot(e); **idiotez** *nf* idiotie *f*
ídolo *nm* idole *f*
idóneo, -a *adj* idéal(e)
iglesia *nf* église *f*
ignorancia *nf* ignorance *f*; **ignorante** *adj, nm/f* ignorant(e)
ignorar *vt* ignorer

PALABRA CLAVE

igual *adj* **1** (*idéntico*) pareil(le); **Pedro es igual que tú** Pedro est comme toi; **X es igual a Y** (*Mat*) X est égal à Y; **son iguales** ils sont pareils; **van iguales** (*en carrera, competición*) ils sont à égalité; **él, igual que tú, está convencido de que ...** comme toi, il est convaincu que ...; **¡es igual!** (*no importa*) ça ne fait rien!; **me da igual** ça m'est égal
2 (*liso: terreno, superficie*) égal(e)
▷ *nm/f* (*persona*) égal(e); **sin igual** sans égal
▷ *adv* **1** (*de la misma manera*) de la même façon, pareil (*fam*); **visten igual** ils s'habillent de la même façon
2 (*fam: a lo mejor*) peut-être que; **igual no lo saben todavía** peut-être qu'ils ne le savent pas encore
3 (*esp CSur: fam: a pesar de todo*) quand même; **era inocente pero me expulsaron igual** j'étais innocent mais ils m'ont renvoyé quand même

igualar *vt* égaliser; **igualarse** *vpr* (*diferencias*) s'aplanir; **~se (con)** (*compararse*) se comparer (avec)

igualdad *nf* égalité *f*; **en ~ de condiciones** dans les mêmes conditions
igualmente *adv*: **¡felices vacaciones! – ~** bonnes vacances! – à toi aussi
ilegal *adj* illégal(e)
ilegible *adj* illisible
ilegítimo, -a *adj* illégitime
ileso, -a *adj*: **resultar** *o* **salir ~ (de)** sortir indemne (de), sortir sain(e) et sauf/sauve (de)
ilícito, -a *adj* illicite
ilimitado, -a *adj* illimité(e)
ilógico, -a *adj* illogique
iluminación *nf* illumination *f*, éclairage *m*; (*de local, habitación*) éclairage
iluminar *vt* illuminer, éclairer; (*adornar con luces*) illuminer; (*colorear: ilustración*) enluminer
ilusión *nf* illusion *f*; (*alegría*) joie *f*; (*esperanza*) espoir *m*; **hacerle ~ a algn** faire plaisir à qn; **hacerse ilusiones** se faire des illusions
ilusionado, -a *adj*: **estar ~ (con)** se réjouir (de)
ilusionar *vt* réjouir; **ilusionarse** *vpr*: **~se (con)** se réjouir (de)
ilusionista *nm/f* illusionniste *m/f*
iluso, -a *adj* naïf(-ïve) ▷ *nm/f* rêveur(-euse)
ilusorio, -a *adj* illusoire
ilustración *nf* illustration *f*; (*cultura*) instruction *f*, culture *f*; **la I~** le Siècle des lumières
ilustrado, -a *adj* illustré(e); (*persona*) cultivé(e), instruit(e)
ilustrar *vt* illustrer
ilustre *adj* illustre, célèbre
imagen *nf* image *f*
imaginación *nf* imagination *f*; **imaginaciones** *nfpl* (*suposiciones*) idées *fpl*
imaginar *vt* imaginer; (*idear*) imaginer, concevoir; **imaginarse** *vpr* s'imaginer; **~ que ...** (*suponer*) imaginer que ...
imaginario, -a *adj* imaginaire
imaginativo, -a *adj* imaginatif(-ive)
imán *nm* aimant *m*
imbécil *adj, nm/f* imbécile *m/f*
imitación *nf* imitation *f*; (*parodia*) imitation, pastiche *m*; **de ~** en imitation
imitar *vt* imiter; (*parodiar*) imiter, pasticher
impaciencia *nf* impatience *f*; **impaciente** *adj* impatient(e); **estar impaciente** se tracasser; (*deseoso*) être impatient; **estar impaciente (por hacer)** être impatient (de faire), avoir hâte (de faire)
impacto *nm* impact *m*; (*esp Am: fig*) impression *f*; **impacto ecológico** empreinte *f* écologique
impar *adj* impair(e)
imparcial *adj* impartial(e)
impartir *vt* (*clases*) donner; (*orden*) intimer
impasible *adj* impassible
impecable *adj* impeccable
impedimento *nm* empêchement *m*, obstacle *m*
impedir *vt* (*imposibilitar*) empêcher; (*estorbar*) gêner; **~ a algn hacer** *o* **que haga algo** empêcher qn de faire qch
impenetrable *adj* impénétrable
imperar *vi* régner
imperativo, -a *adj* impératif(-ive); **imperativos** *nmpl* (*exigencias*) impératifs *mpl*
imperceptible *adj* imperceptible
imperdible *nm* épingle *f* à nourrice
imperdonable *adj* impardonnable
imperfección *nf* (*en prenda, joya, vasija*) défaut *m*; (*de persona*) imperfection *f*
imperfecto, -a *adj* défectueux(-euse); (*tarea, Ling*) imparfait(e)
imperial *adj* impérial(e);

imperialismo *nm* impérialisme *m*
imperio *nm* empire *m*
imperioso, -a *adj* impérieux(-euse)
impermeable *adj, nm* imperméable *m*
impersonal *adj* impersonnel(le)
impertinencia *nf* impertinence *f*;
impertinente *adj* impertinent(e)
imperturbable *adj* imperturbable
ímpetu *nm* (*violencia*) violence *f*; (*energía*) énergie *f*
impetuoso, -a *adj* impétueux(-euse); (*paso, ritmo*) soutenu(e)
impío, -a *adj* (*sin fe*) impie; (*irreverente*) irrévérencieux(-euse)
implacable *adj* implacable
implantar *vt* implanter;
implantarse *vpr* s'implanter
implicar *vt* impliquer; **~ a algn en algo** impliquer qn dans qch
implícito, -a *adj* (*tácito*) tacite; (*sobreentendido*) implicite; **llevar ~** comporter implicitement
implorar *vt* implorer
imponente *adj* imposant(e); (*fam*) sensationnel(le)
imponer *vt* imposer; (*respeto*) inspirer; **imponerse** *vpr* (*moda, costumbre*) s'imposer; (*razón, equipo*) l'emporter; **~se (a)** s'imposer (à); **~se (hacer)** s'imposer (de faire);
imponible *adj* (*Com*) imposable
impopular *adj* impopulaire
importación *nf* importation *f*
importancia *nf* importance *f*; **darse ~** faire l'important; **sin ~** sans importance; **importante** *adj* important(e)
importar *vt* importer; (*ascender a: cantidad*) se monter à, coûter ▷ *vi* importer; **me importa un bledo** *o* **rábano** je m'en fiche pas mal; **¿le importa que fume?** ça vous ennuie si je fume?; **¿y a ti qué te importa?** qu'est-ce que ça peut (bien) te faire?; **no importa** ce n'est pas grave, ça ne fait rien
importe *nm* (*coste*) coût *m*; (*total*) montant *m*
importunar *vt* importuner
imposibilidad *nf* impossibilité *f*;
imposibilitar *vt* rendre impossible; (*impedir*) empêcher
imposible *adj*: **hacer lo ~ por** faire l'impossible pour
imposición *nf* (*de moda*) introduction *f*; (*sanción, condena*) application *f*; (*mandato*) ordre *m*; (*Com: impuesto*) imposition *f*; (*: depósito*) dépôt *m*
impostor, a *nm/f* imposteur *m*
impotencia *nf* impuissance *f*;
impotente *adj* impuissant(e) ▷ *nm* impuissant *m*
impracticable *adj* (*camino*) impraticable
impreciso, -a *adj* imprécis(e)
impregnar *vt* imprégner;
impregnarse *vpr* s'imprégner
imprenta *nf* (*aparato*) presse *f*; **letra de ~** caractère *m* d'imprimerie
imprescindible *adj* indispensable
impresión *nf* impression *f*
impresionable *adj* impressionnable
impresionante *adj* impressionnant(e)
impresionar *vt* impressionner; (*conmover*) bouleverser, toucher;
impresionarse *vpr* être impressionné(e); **se impresiona con facilidad** il ne faut pas grand-chose pour l'impressionner
impreso, -a *pp de* **imprimir** ▷ *adj* imprimé(e) ▷ *nm* (*solicitud*) imprimé *m*, formulaire *m*; **impresos** *nmpl* (*material impreso*) imprimés *mpl*;
impresora *nf* (*Inform*) imprimante *f*
imprevisto, -a *adj* imprévu(e) ▷ *nm* imprévu *m*
imprimir *vt* imprimer
improbable *adj* improbable
improcedente *adj* inopportun(e)

improductivo, -a *adj* improductif(-ive)
improperio *nm* insulte *f*, injure *f*
impropio, -a *adj* impropre; **~ de** *o* **para** peu approprié(e) à
improvisado, -a *adj* improvisé(e)
improvisar *vt, vi* improviser
improviso *adv*: **de ~** à l'improviste
imprudencia *nf* imprudence *f*; (*indiscreción*) indiscrétion *f*; **imprudente** *adj* imprudent(e); (*indiscreto*) indiscret(-ète)
impúdico, -a *adj* impudique, indécent(e)
impuesto, -a *pp de* **imponer** ▷ *nm* impôt *m*; **libre de ~s** exonéré(e) d'impôt; **impuesto directo/indirecto** impôt direct/indirect; **impuesto sobre el valor añadido** *o* **agregado** (*Am*) taxe à la valeur ajoutée; **impuesto sobre la renta/sobre la renta de las personas físicas** impôt sur le revenu/sur le revenu des personnes physiques
impugnar *vt* contester; (*refutar*) réfuter
impulsar *vt* propulser; (*economía*) stimuler; **él me impulsó a hacerlo** *o* **a que lo hiciera** il m'a poussé à le faire
impulsivo, -a *adj* impulsif(-ive)
impulso *nm* impulsion *f*; (*fuerza*) élan *m*; **dar ~ a** donner une impulsion à
impune *adj* impuni(e)
impureza *nf* impureté *f*; **impurezas** *nfpl* (*de agua, aire*) impuretés *fpl*
impuro, -a *adj* impur(e)
imputar *vt* imputer
inacabable *adj* interminable
inaccesible *adj* inaccessible
inacción *nf* inaction *f*
inaceptable *adj* inacceptable
inactividad *nf* inactivité *f*
inactivo, -a *adj* inactif(-ive)
inadecuado, -a *adj* inadéquat(e)
inadmisible *adj* inadmissible
inadvertido, -a *adj*: **pasar ~** passer inaperçu(e)
inagotable *adj* inépuisable, intarissable
inaguantable *adj* insupportable
inalterable *adj* inaltérable; (*persona*) entier(-ère)
inanición *nf* inanition *f*
inanimado, -a *adj* inanimé(e)
inapreciable *adj* (*poco importante*) insignifiant(e); (*de gran valor*) inestimable
inaudito, -a *adj* inouï(e)
inauguración *nf* inauguration *f*; **inaugurar** *vt* inaugurer
inca *adj* inca *inv* ▷ *nm/f* Inca *m/f*
incalculable *adj* incalculable
incandescente *adj* incandescent(e)
incansable *adj* infatigable
incapacidad *nf* incapacité *f*; **incapacidad física** incapacité physique
incapacitar *vt*: **~ (para)** (*inhabilitar*) rendre inapte (à); (*descalificar*) déclarer inapte (à)
incapaz *adj* incapable
incautación *nf* saisie *f*
incautarse *vpr*: **~ de** s'emparer de
incauto, -a *adj* (*imprudente*) imprudent(e)
incendiar *vt* incendier; **incendiarse** *vpr* prendre feu, brûler
incendio *nm* incendie *m*
incentivo *nm* stimulation *f*, aiguillon *m*
incertidumbre *nf* incertitude *f*
incesante *adj* incessant(e)
incesto *nm* inceste *m*
incidencia *nf* (*repercusión*) incidence *f*
incidente *nm* incident *m*
incidir *vi*: **~ en** affecter; **~ en un error** tomber dans l'erreur
incienso *nm* encens *msg*
incineración *nf* incinération *f*
incinerar *vt* incinérer
incipiente *adj* naissant(e)
incisión *nf* incision *f*

incisivo, -a *adj* (*fig*) incisif(-ive) ▷ *nm* incisive *f*
incitar *vt* inciter
inclemencia *nf* sévérité *f*; **inclemencias** *nfpl* (*del tiempo*) rigueurs *fpl*
inclinación *nf* inclinaison *f*; (*fig*) inclination *f*, penchant *m*; **tener ~ por algn/algo** avoir un penchant pour qn/qch
inclinar *vt* incliner; (*cabeza, cuerpo*) incliner, pencher; **inclinarse** *vpr* pencher; (*persona*) se pencher; **me inclino a pensar que ...** j'incline à penser que ...
incluir *vt* (*abarcar*) comprendre; (*meter*) inclure
inclusive *adv* (*incluido*) inclus, y compris; (*incluso*) même
incluso, -a *adv, prep* même
incógnito: **de ~** *adv* incognito
incoherente *adj* incohérent(e)
incomodar *vt* incommoder; **incomodarse** *vpr* se fâcher
incomodidad *nf* ennui *m*; (*de vivienda, asiento*) manque *m* de confort
incómodo, -a *adj* (*vivienda*) inconfortable; (*asiento*) peu confortable; (*molesto*) incommodant(e); **sentirse ~** se sentir mal à l'aise
incomparable *adj* incomparable
incompatible *adj*: **~ (con)** incompatible (avec)
incompetencia *nf* incompétence *f*; **incompetente** *adj* incompétent(e)
incompleto, -a *adj* incomplet(-ète)
incomprensible *adj* incompréhensible
incomunicado, -a *adj* (*aislado: persona*) isolé(e); (*: pueblo*) coupé(e) de tout; (*preso*) mis(e) au régime cellulaire
inconcebible *adj* inconcevable
incondicional *adj* inconditionnel(le)
inconexo, -a *adj* décousu(e)
inconfundible *adj* caractéristique
incongruente *adj* incongru(e); **~ (con)** (*actitud*) en désaccord (avec)
inconsciencia *nf* inconscience *f*; **inconsciente** *adj* inconscient(e); **inconsciente de** inconscient(e) de
inconsecuente *adj*: **~ (con)** inconséquent(e) (avec)
inconsiderado, -a *adj* inconsidéré(e)
inconsistente *adj* inconsistant(e)
inconstancia *nf* inconstance *f*; **inconstante** *adj* inconstant(e)
incontable *adj* innombrable, incalculable
incontestable *adj* incontestable
incontinencia *nf* incontinence *f*
inconveniencia *nf* inconvenance *f*; **inconveniente** *adj* déplacé(e) ▷ *nm* inconvénient *m*; **el inconveniente es que ...** l'inconvénient, c'est que ...
incordiar (*fam*) *vt* emmerder (*fam!*)
incorporación *nf* incorporation *f*
incorporar *vt* incorporer; (*enderezar*) lever; **incorporarse** *vpr* se lever; **~se a** (*puesto*) se présenter à
incorrección *nf* incorrection *f*
incorrecto, -a *adj* incorrect(e)
incorregible *adj* incorrigible
incredulidad *nf* incrédulité *f*
incrédulo, -a *adj* incrédule
increíble *adj* incroyable
incremento *nm* augmentation *f*
increpar *vt* admonester
incubar *vt* couver
inculcar *vt* inculquer
inculpar *vt* inculper
inculto, -a *adj* inculte ▷ *nm/f* ignorant(e)
incumplimiento *nm* (*de promesa*) manquement *m*; **incumplimiento de contrato** rupture de contrat
incurrir *vi*: **~ en** (*error*) tomber dans; (*crimen*) en arriver à
indagación *nf* recherche *f*
indagar *vt* rechercher

indecente *adj* indécent(e)
indecible *adj* indicible
indeciso, -a *adj* indécis(e)
indefenso, -a *adj* (*animal, persona*) sans défense
indefinido, -a *adj* (*indeterminado*) indéfini(e); (*ilimitado*) indéterminé(e)
indeleble *adj* indélébile
indemne *adj*: **salir ~ de** sortir indemne de
indemnizar *vt*: **~ (de)** indemniser (de)
independencia *nf* indépendance *f*
independiente *adj* indépendant(e)
indeterminado, -a *adj* indéterminé(e)
India *nf*: **la ~** l'Inde *f*
indicación *nf* indication *f*; (*señal: de persona*) signe *m*; **indicaciones** *nfpl* (*instrucciones*) indications *fpl*
indicador *nm* indicateur *m*; (*Auto*) panneau *m* de signalisation
indicar *vt* indiquer
índice *nm* index *m*; **índice de materias** table *f* des matières
indicio *nm* indice *m*
indiferencia *nf* indifférence *f*; **indiferente** *adj*: **indiferente (a)** indifférent(e) (à); **me es indiferente hacerlo hoy o mañana** cela m'est égal de le faire aujourd'hui ou demain; **a Alfonso le era indiferente Carmen** Carmen laissait Alfonso indifférent
indígena *adj, nm/f* indigène *m/f*
indigencia *nf* indigence *f*
indigestión *nf* indigestion *f*
indigesto, -a *adj* indigeste; (*persona*) insupportable
indignación *nf* indignation *f*
indignar *vt* indigner; **indignarse** *vpr*: **~se (por)** s'indigner (de)
indigno, -a *adj*: **~ (de)** indigne (de)
indio, -a *adj* indien(ne) ▷ *nm/f* Indien(ne); **hacer el ~** faire l'imbécile
indirecta *nf* allusion *f*
indirecto, -a *adj* indirect(e)
indiscreción *nf* indiscrétion *f*
indiscreto, -a *adj* indiscret(-ète)
indiscriminado, -a *adj* (*golpes*) distribué(e) au hasard; **de un modo ~** sans discrimination
indiscutible *adj* indiscutable
indispensable *adj* indispensable
indisponer *vt* indisposer; **indisponerse** *vpr* (*Med*) se sentir indisposé(e); **~se con** *o* **contra algn** se brouiller avec qn
indisposición *nf* indisposition *f*
indistinto, -a *adj* indistinct(e)
individual *adj* individuel(le); (*habitación, cama*) simple ▷ *nm* (*Deporte*) simple *m*
individuo *nm* individu *m*
índole *nf* (*naturaleza*) nature *f*; (*clase*) caractère *m*
indómito, -a *adj* indomptable
inducir *vt* induire; **~ a algn a hacer** inciter qn à faire
indudable *adj* indubitable
indulgencia *nf* indulgence *f*
indultar *vt* gracier; **indulto** *nm* grâce *f*
industria *nf* industrie *f*; **industrial** *adj* industriel(le)
inédito, -a *adj* inédit(e)
inefable *adj* ineffable
ineficaz *adj* (*medida, medicamento*) inefficace; (*persona*) peu efficace
inepto, -a *adj* inepte ▷ *nm/f* incapable *m/f*
inequívoco, -a *adj* clair(e)
inercia *nf* inertie *f*
inerme *adj* (*sin armas*) désarmé(e); (*indefenso*) sans défense
inerte *adj* inerte
inesperado, -a *adj* inattendu(e)
inestable *adj* instable
inevitable *adj* inévitable
inexactitud *nf* inexactitude *f*
inexacto, -a *adj* inexact(e)
inexperto, -a *adj* inexpérimenté(e)

infalible *adj* infaillible
infame *adj* infâme
infancia *nf* enfance *f*
infantería *nf* infanterie *f*
infantil *adj* (*programa, juego*) pour les enfants; (*población*) enfantin(e); (*pey*) puéril(e)
infarto *nm* (*tb*: **~ de miocardio**) infarctus *msg*
infatigable *adj* infatigable
infección *nf* infection *f*
infeccioso, -a *adj* (*Med*) infectieux(-euse)
infectar *vt* infecter; **infectarse** *vpr* s'infecter
infeliz *adj, nm/f* malheureux(-euse)
inferior *adj, nm/f* inférieur(e); **~ (a)** inférieur(e) (à)
inferir *vt* inférer
infestar *vt* infester
infidelidad *nf* infidélité *f*; **infidelidad conyugal** infidélité conjugale
infiel *adj, nm/f* infidèle *m/f*
infierno *nm* (*Rel*) enfer *m*
infiltrarse *vpr* s'infiltrer
ínfimo, -a *adj* infime
infinidad *nf*: **una ~ de** une infinité de
infinito, -a *adj* infini(e) ▷ *nm* infini *m*
inflación *nf* (*Econ*) inflation *f*
inflacionario, -a *adj* inflationniste
inflamar *vt* enflammer; **inflamarse** *vpr* s'enflammer; (*hincharse*) s'enfler
inflar *vt* gonfler; (*fig*) exagérer; **inflarse** *vpr* s'enfler; **~se de** (*chocolate etc*) se bourrer de
inflexible *adj* (*material*) indéformable; (*persona*) inflexible
infligir *vt* infliger
influencia *nf* influence *f*; **influenciar** *vt* influencer
influir *vt* influencer ▷ *vi* agir; **~ en** *o* **sobre** influer sur, influencer
influjo *nm* influence *f*
influyendo *etc vb ver* **influir**
influyente *adj* influent(e)
información *nf* (*sobre un asunto, Inform*) information *f*; (*noticias, informe*) informations *fpl*; **I~** (*oficina, Telec*) Renseignements *mpl*; (*mostrador*) Information
informal *adj* (*persona*) peu sérieux(-euse); (*estilo, lenguaje*) informel(le)
informar *vt* informer ▷ *vi* (*dar cuenta de*): **~ de/sobre** informer de/sur; **informarse** *vpr*: **~se (de)** s'informer (de); **(les) informó que ...** il (les) a informé(s) que ...
informática *nf* informatique *f*
informe *adj* informe ▷ *nm* rapport *m*
infortunio *nm* infortune *f*
infracción *nf* infraction *f*
infranqueable *adj* infranchissable
infringir *vt* transgresser
infructuoso, -a *adj* infructueux(-euse)
infundado, -a *adj* peu fondé(e)
infundir *vt*: **~ ánimo** *o* **valor** insuffler du courage; **~ respeto** inspirer le respect; **~ miedo** inspirer de la crainte
infusión *nf* infusion *f*
ingeniar *vt* inventer; **ingeniarse** *vpr*: **~se** *o* **ingeniárselas para hacer** se débrouiller pour faire
ingeniería *nf* ingénierie *f*
ingeniero, -a *nm/f* ingénieur *m*; (*esp Méx: título de cortesía: tb*: **I~**) Monsieur/Madame; **ingeniero de caminos** ingénieur des travaux publics; **ingeniero de sonido** ingénieur du son
ingenio *nm* génie *m*
ingenioso, -a *adj* (*hábil*) ingénieux(-euse); (*divertido*) spirituel(le)
ingenuidad *nf* ingénuité *f*
ingenuo, -a *adj* ingénu(e)
ingerir *vt* ingérer
Inglaterra *nf* Angleterre *f*
ingle *nf* aine *f*
inglés, -esa *adj* anglais(e) ▷ *nm/f*

Anglais(e) ▷ *nm* (*Ling*) anglais *msg*
ingratitud *nf* ingratitude *f*
ingrato, -a *adj* ingrat(e)
ingrediente *nm* ingrédient *m*
ingresar *vt* (*dinero*) déposer; (*enfermo*) faire entrer ▷ *vi*: **~ (en)** (*en facultad, escuela*) être admis(e) (à); (*en club etc*) s'inscrire (à); (*en ejército*) entrer (dans); (*en hospital*) entrer (à)
ingreso *nm* admission *f*; **ingresos** *nmpl* (*dinero*) revenus *mpl*; (: *Com*) recettes *fpl*
inhabitable *adj* inhabitable
inhalar *vt* inhaler
inherente *adj*: **~ a** inhérent(e) à
inhibir *vt* (*Med*) inhiber; **inhibirse** *vpr*: **~se (de hacer)** s'abstenir (de faire)
inhóspito, -a *adj* inhospitalier(-ère)
inhumano, -a *adj* inhumain(e)
inicial *adj* initial(e); (*letra*) premier(-ère) ▷ *nf* initiale *f*
iniciar *vt* commencer; **~ (en)** (*persona*) initier (à)
iniciativa *nf* initiative *f*; **la ~ privada** l'initiative privée; **tomar la ~** prendre l'initiative
inicio *nm* début *m*
internauta *nmf* internaute mf
ininterrumpido, -a *adj* ininterrompu(e)
injerencia *nf* ingérence *f*
injertar *vt* greffer
injuria *nf* injure *f*; **injuriar** *vt* injurier
injurioso, -a *adj* injurieux(-euse)
injusticia *nf* injustice *f*
injusto, -a *adj* injuste
inmadurez *nf* immaturité *f*
inmediaciones *nfpl* environs *mpl*
inmediato, -a *adj* immédiat(e); (*contiguo*) contigu(ë); **~ a** contigu(ë) à; **de ~** (*esp Am*) tout de suite
inmejorable *adj* excellent(e)
inmenso, -a *adj* immense
inmerecido, -a *adj* (*críticas*) injustifié(e)
inmigración *nf* immigration *f*
inmigrante *adj, nm/f* immigrant(e)
inmiscuirse *vpr*: **~ (en)** s'immiscer (dans)
inmobiliaria *nf* (*tb*: **agencia ~**) agence *f* immobilière
inmobiliario, -a *adj* immobilier(-ère)
inmoral *adj* immoral(e)
inmortal *adj* immortel(le); **inmortalizar** *vt* immortaliser
inmóvil *adj* immobile
inmueble *adj*: **bienes ~s** biens *mpl* immeubles ▷ *nm* immeuble *m*
inmundicia *nf* saleté *f*
inmundo, -a *adj* (*lugar*) immonde
inmune *adj*: **~ (a)** immunisé(e) (contre)
inmunidad *nf* immunité *f*
inmutarse *vpr* se troubler
innato, -a *adj* inné(e)
innecesario, -a *adj* pas nécessaire
innoble *adj* ignoble
innovación *nf* innovation *f*
inocencia *nf* innocence *f*
inocentada *nf* (*broma*) ≈ poisson *m* d'avril
inocente *adj, nm/f* innocent(e)

DÍA DE LOS SANTOS INOCENTES

Le 28 décembre, jour des saints Innocents, l'Église commémore le massacre des enfants de Judée ordonné par Hérode. Cette journée est l'occasion pour les Espagnols de se faire des plaisanteries et de se jouer des tours appelés **inocentadas**, un peu comme lors du premier avril en France.

inocuo, -a *adj* inoffensif(-ive)
inodoro, -a *adj* inodore ▷ *nm* cabinet *m*
inofensivo, -a *adj* inoffensif(-ive)
inolvidable *adj* inoubliable

inopinado, -a *adj* inopiné(e)
inoportuno, -a *adj* inopportun(e)
inoxidable *adj* inoxydable; **acero ~** acier *m* inoxydable
inquebrantable *adj* (*fe*) inébranlable; (*promesa*) solennel(le)
inquietar *vt* inquiéter; **inquietarse** *vpr* s'inquiéter
inquieto, -a *adj* inquiet(-ète); (*niño*) turbulent(e); **inquietud** *nf* inquiétude *f*; (*agitación*) dissipation *f*
inquilino, -a *nm/f* locataire *m/f*
inquirir *vt* s'enquérir de
insalubre *adj* insalubre
inscribir *vt* inscrire; **inscribirse** *vpr* (*Escol etc*) s'inscrire
inscripción *nf* inscription *f*
insecticida *nm* insecticide *m*
insecto *nm* insecte *m*
inseguridad *nf* insécurité *f*; (*inestabilidad*) instabilité *f*; (*de carácter*) manque *m* de confiance; (*indecisión*) indécision *f*; **inseguridad ciudadana** insécurité urbaine
inseguro, -a *adj* incertain(e); (*persona*) pas sûr(e) de soi; (*lugar*) peu sûr(e); (*terreno*) instable; (*escalera*) branlant(e); **sentirse ~** ne pas se sentir en sécurité
insensato, -a *adj* insensé(e)
insensibilidad *nf* insensibilité *f*
insensible *adj* insensible
insertar *vt* insérer
inservible *adj* inutilisable
insidioso, -a *adj* insidieux(-euse)
insignia *nf* (*emblema*) insigne *m*; (*estandarte*) enseigne *f*; **buque ~** vaisseau *m* amiral
insignificante *adj* insignifiant(e)
insinuar *vt* insinuer
insípido, -a *adj* insipide
insistencia *nf* insistance *f*; **con ~** avec insistance
insistir *vi*: **~ (en)** insister (sur)
insolación *nf* insolation *f*
insolencia *nf* insolence *f*; **insolente** *adj* insolent(e)
insólito, -a *adj* insolite
insoluble *adj* (*problema*) insoluble; **~ (en)** (*sustancia*) insoluble (dans)
insolvencia *nf* (*Com*) insolvabilité *f*
insomnio *nm* insomnie *f*
insondable *adj* insondable
insonorizar *vt* insonoriser
insoportable *adj* insupportable
insospechado, -a *adj* insoupçonné(e)
inspección *nf* inspection *f*; **inspeccionar** *vt* inspecter
inspector, a *nm/f* inspecteur(-trice)
inspiración *nf* inspiration *f*
inspirar *vt* inspirer; **inspirarse** *vpr*: **~se en** s'inspirer de
instalación *nf* installation *f*; **instalaciones** *nfpl* (*de centro deportivo, hotel*) installations *fpl*; **instalación eléctrica** installation électrique
instalar *vt* installer; **instalarse** *vpr* s'installer
instancia *nf* instance *f*; **en última ~** en dernier ressort
instantánea *nf* instantané *m*
instantáneo, -a *adj* instantané(e); **café ~** café *m* instantané
instante *nm* instant *m*; **a cada ~** à tout instant; **al ~** à l'instant
instar *vt*: **~ a algn a hacer** *o* **para que haga** prier instamment qn de faire
instaurar *vt* instaurer
instigar *vt*: **~ a algn a (hacer)** inciter qn à (faire)
instinto *nm* instinct *m*; **por ~** d'instinct
institución *nf* institution *f*; **instituciones** *nfpl* (*de un país*) institutions *fpl*
instituir *vt* instituer; **instituto** *nm* (*Escol*) lycée *m*; (*de investigación, cultural etc*) institut *m*; **Instituto de Bachillerato** (*Esp*) lycée
institutriz *nf* préceptrice *f*

instrucción *nf* instruction *f*; **instrucciones** *nfpl* (*normas de uso, órdenes*) instructions *fpl*; **instrucción del sumario** (*Jur*) instruction
instructivo, -a *adj* instructif(-ive)
instruir *vt* (*Jur*) instruire
instrumento *nm* instrument *m*
insubordinarse *vpr*: **~ (contra)** se rebeller (contre)
insuficiencia *nf* insuffisance *f*; **insuficiente** *adj* insuffisant(e) ▷ *nm* (*Escol*) note *f* inférieure à la moyenne
insufrible *adj* = **insoportable**
insular *adj* insulaire
insultar *vt* insulter; **insulto** *nm* insulte *f*
insuperable *adj* (*excelente*) incomparable; (*invencible*) insurmontable
insurgente *adj, nm/f* insurgé(e)
insurrección *nf* insurrection *f*
intachable *adj* irréprochable
intacto, -a *adj* intact(e)
integral *adj* intégral(e); (*idiota*) parfait(e); **pan ~** pain *m* complet
integrar *vt* composer; **integrarse** *vpr* s'intégrer
integridad *nf* intégrité *f*
íntegro, -a *adj* intègre
intelectual *adj, nm/f* intellectuel(le)
inteligencia *nf* intelligence *f*; **inteligente** *adj* intelligent(e)
inteligible *adj* intelligible
intemperie *nf* intempérie *f*; **a la ~** sans abri
intempestivo, -a *adj* intempestif(-ive)
intención *nf* intention *f*; **con segundas intenciones** avec des intentions cachées; **buena/mala ~** bonne/mauvaise intention; **de buena/mala ~** bien/mal intentionné(e)
intencionado, -a *adj* intentionnel(le); **bien/mal ~** bien/mal intentionné(e)
intensidad *nf* intensité *f*; **llover con ~** pleuvoir dru
intenso, -a *adj* intense
intentar *vt*: **~ (hacer)** essayer *o* tenter de (faire); **intento** *nm* essai *m*, tentative *f*
intercalar *vt* intercaler
intercambio *nm* échange *m*
interceder *vi*: **~ (por)** intercéder (en faveur de)
interceptar *vt* intercepter
intercesión *nf* intercession *f*
interés *nm* intérêt *m*; **intereses** *nmpl* (*dividendos, aspiraciones*) intérêts *mpl*; **sentir/tener ~ en** éprouver/avoir de l'intérêt pour; **tipo de ~** (*Com*) taux *msg* d'intérêt; **intereses creados** coalition *f* d'intérêts; **interés propio** intérêt personnel
interesado, -a *adj, nm/f* intéressé(e); **~ en/por** intéressé(e) par
interesante *adj* intéressant(e)
interesar *vt* intéresser ▷ *vi* être intéressant(e); **interesarse** *vpr*: **~se en** *o* **por** s'intéresser à; **no me interesan los toros** les courses de taureaux ne m'intéressent pas
interferencia *nf* (*Radio, TV, Telec*) interférence *f*; **~ (en)** (*injerencia*) ingérence *f* (dans)
interferir *vt* (*Telec*) brouiller ▷ *vi* (*persona*): **~ (en)** s'immiscer (dans)
interfono *nm* interphone *m*
interino, -a *adj* intérimaire ▷ *nm/f* intérimaire *m/f*; (*Med*) remplaçant(e)
interior *adj* intérieur(e) ▷ *nm* intérieur *m*; **Ministerio del I~** ministère *m* de l'Intérieur; **ropa ~** linge *m* de corps
interjección *nf* interjection *f*
interlocutor, a *nm/f* interlocuteur(-trice)
intermediario, -a *adj, nm/f* intermédiaire *m/f*
intermedio, -a *adj* intermédiaire

▷ *nm* (*Teatro, Cine*) intervalle *m*
interminable *adj* interminable
intermitente *adj* intermittent(e) ▷ *nm* (*Auto*) clignotant *m*
internacional *adj* international(e)
internado *nm* internat *m*
internar *vt* interner; **internarse** *vpr* (*penetrar*): **~se en** pénétrer dans
internauta *nm/f* internaute *m/f*
Internet *nm* Internet *m*
interno, -a *adj* interne; (*Pol etc*) intérieur(e) ▷ *nm/f* (*alumno*) interne *m/f*
interponer *vt* interposer; (*Jur: apelación*) interjeter; **interponerse** *vpr* s'interposer; **~ (entre)** interposer (entre)
interpretación *nf* interprétation *f*
interpretar *vt* interpréter; **~ mal** mal interpréter; **intérprete** *nm/f* interprète *m/f*
interrogación *nf* interrogation *f*; (*tb*: **signo de ~**) point *m* d'interrogation
interrogar *vt* interroger
interrumpir *vt* interrompre
interrupción *nf* interruption *f*
interruptor *nm* (*Elec*) interrupteur *m*
intersección *nf* intersection *f*
interurbano, -a *adj* interurbain(e)
intervalo *nm* intervalle *m*; **a ~s** à intervalles
intervención *nf* intervention *f*
intervenir *vt* (*Med*) pratiquer une intervention sur; (*suj: policía*) saisir; (*teléfono*) placer sous écoute téléphonique; (*cuenta bancaria*) bloquer ▷ *vi* intervenir
interventor, a *nm/f* (*en elecciones*) inspecteur(-trice); (*Com*) audit *m/f*
interviú *nf* interview *f*
intestino *nm* intestin *m*
intimar *vt*: **~ a algn a que ...** intimer à qn de ... ▷ *vi* se lier d'amitié
intimidad *nf* intimité *f*; (*amistad*) amitié *f*; **en la ~** dans l'intimité
íntimo, -a *adj* intime
intolerable *adj* intolérable
intoxicación *nf* intoxication *f*; **intoxicación alimenticia** intoxication alimentaire
intranquilizarse *vpr* s'inquiéter
intranquilo, -a *adj* inquiet(-ète)
intransigente *adj* intransigeant(e)
intransitable *adj* impraticable
intrépido, -a *adj* intrépide
intriga *nf* intrigue *f*; **intrigar** *vt, vi* intriguer
intrincado, -a *adj* (*camino*) embrouillé(e); (*bosque*) impénétrable; (*problema, asunto*) inextricable
intrínseco, -a *adj* intrinsèque
introducción *nf* introduction *f*
introducir *vt* introduire; **introducirse** *vpr* s'introduire
intromisión *nf* intromission *f*
introvertido, -a *adj, nm/f* introverti(e)
intruso, -a *nm/f* intrus(e)
intuición *nf* intuition *f*
inundación *nf* inondation *f*; **inundar** *vt* inonder; **inundarse** *vpr* s'inonder
inusitado, -a *adj* (*espectáculo*) insolite; (*hora, calor*) inhabituel(le)
inútil *adj* (*herramienta*) inutilisable; (*esfuerzo*) inutile; (*persona: minusválido*) handicapé(e); (*: pey*) bon(ne) à rien, inepte; **inutilidad** *nf* inutilité *f*; (*ineptitud*) ineptie *f*
inutilizar *vt* rendre inutilisable
invadir *vt* envahir
inválido, -a *adj* invalide ▷ *nm/f* handicapé(e)
invariable *adj* invariable
invasión *nf* invasion *f*
invasor, a *adj* envahissant(e) ▷ *nm/f* envahisseur *m*
invención *nf* invention *f*
inventar *vt* inventer
inventario *nm* inventaire *m*
inventiva *nf* inventivité *f*

invento *nm* invention *f*
inventor, a *nm/f* inventeur(-trice)
invernadero *nm* serre *f*
inverosímil *adj* invraisemblable
inversión *nf* (*Com*) investissement *m*
inverso, -a *adj* inverse; **en orden ~** dans l'ordre inverse; **a la inversa** à l'inverse
inversor, a *nm/f* investisseur *m*
invertir *vt* (*Com*) investir; (*poner del revés*) intervertir; (*tiempo*) consacrer
investigación *nf* recherche *f*; **investigación del mercado** étude *f* de marché
investigar *vt* (*indagar*) chercher; (*estudiar*) faire des recherches en
invierno *nm* hiver *m*
invisible *adj* invisible
invitación *nf* invitation *f*
invitado, -a *nm/f* invité(e)
invitar *vt* inviter; **~ a algn a hacer algo** inviter qn à faire qch
invocar *vt* invoquer
involucrar *vt*: **~ a algn en** impliquer qn dans; **involucrarse** *vpr*: **~se en** s'impliquer dans
involuntario, -a *adj* involontaire
inyección *nf* piqûre *f*, injection *f*; **ponerse una ~** se faire une piqûre
inyectar *vt* (*Med*) injecter
iPod® *sm* iPod®

PALABRA CLAVE

ir *vi* 1 aller; **ir andando** marcher; **fui en tren** j'y suis allé en train; **¡(ahora) voy!** j'y vais!
2: **ir (a) por: ir (a) por el médico** aller chercher le docteur
3 (*progresar*) aller; **el trabajo va muy bien** le travail marche très bien; **¿cómo te va?** tu t'y fais?; **me va muy bien** ça va très bien; **le fue fatal** ça n'a pas du tout été
4 (*funcionar*): **el coche no va muy bien** la voiture ne marche pas très bien
5 (*sentar*): **me va estupendamente** (*ropa, color*) cela me va à merveille; (*medicamento*) c'est exactement ce qu'il me fallait
6 (*aspecto*): **ir con zapatos negros** porter des chaussures noires; **iba muy bien vestido** il était très bien habillé
7 (*combinar*): **ir con algo** aller avec qch
8 (*excl*): **¡que va!** (*no*) mais non!; **vamos, no llores** allons, ne pleure pas; **vamos a ver** voyons voir; **¡vaya coche!** (*admiración*) quelle super voiture!; (*desprecio*) quelle voiture minable!; **que le vaya bien** (*esp Am: despedida*) salut!; **¡vete a saber!** allez savoir!
9: **no vaya a ser: tienes que correr, no vaya a ser que pierdas el tren** il faut que tu te dépêches, sinon tu vas rater ton train
▷ *vb aux* 1: **ir a, voy/iba a hacerlo hoy** je vais/j'allais le faire aujourd'hui
2 (*+ gerundio*): **iba anocheciendo** il commençait à faire nuit; **todo se me iba aclarando** tout devenait clair pour moi
3 (*+ pp = pasivo*): **van vendidos 300 ejemplares** 300 exemplaires ont déjà été vendus
irse *vpr* 1: **¿por dónde se va al parque?** comment va-t-on au parc?
2: **irse (de)** (*marcharse*) s'en aller (de); **ya se habrán ido** ils doivent être déjà partis; **¡vámonos!** allons-y!, on y va!

ira *nf* colère *f*
Irak *nm* = **Iraq**
Irán *nm* Iran *m*; **iraní** *adj* iranien(ne) ▷ *nm/f* Iranien(ne)
Iraq *nm* Irak *m*; **iraquí** *adj* irakien(ne), iraquien(ne) ▷ *nm/f* Irakien(ne), Iraquien(ne)
iris *nm inv* (*Anat*) iris *msg*

Irlanda *nf* Irlande *f*; **~ del Norte** Irlande du Nord
irlandés, -esa *adj* irlandais(e) ▷ *nm/f* Irlandais(e)
ironía *nf* ironie *f*
irónico, -a *adj* ironique
IRPF (*Esp*) *sigla m* (= *Impuesto sobre la Renta de las Personas Físicas*) ≈ IRPP *m* (= *impôt sur le revenu des personnes physiques*)
irracional *adj* irrationnel(le)
irreal *adj* irréel(le)
irrecuperable *adj* irrécupérable
irreflexión *nf* irréflexion *f*
irregular *adj* irrégulier(-ère)
irremediable *adj* irrémédiable
irreparable *adj* irréparable
irresoluto, -a *adj* irrésolu(e)
irrespetuoso, -a *adj* irrespectueux(-euse)
irresponsable *adj* irresponsable
irreversible *adj* irréversible
irrigar *vt* irriguer
irrisorio, -a *adj* dérisoire
irritación *nf* irritation *f*
irritar *vt* irriter; **irritarse** *vpr* s'irriter
irrupción *nf* irruption *f*
isla *nf* île *f*
Islam *nm* Islam *m*
islandés, -esa *adj* islandais(e) ▷ *nm/f* Islandais(e)
Islandia *nf* Islande *f*
isleño, -a *adj, nm/f* insulaire *m/f*
Israel *nm* Israël *m*; **israelí** *adj* israélien(ne) ▷ *nm/f* Israélite *m/f*
istmo *nm* isthme *m*
Italia *nf* Italie *f*
italiano, -a *adj* italien(ne) ▷ *nm/f* Italien(ne)
itinerario *nm* itinéraire *m*
IVA (*Esp*) *sigla m* (*Com*) (= *Impuesto sobre el Valor Añadido*) TVA *f* (= *taxe à la valeur ajoutée*)
izar *vt* hisser
izdo. *abr* (= *izquierdo*) g (= *gauche*)
izquierda *nf* gauche *f*; (*lado izquierdo*) côté *m* gauche; **a la ~** à gauche
izquierdista *adj* (*Pol*) de gauche ▷ *nm/f* gauchiste *m/f*
izquierdo, -a *adj* gauche

J

jabalí *nm* sanglier *m*
jabalina *nf* javelot *m*
jabón *nm* savon *m*; **jabón en polvo** savon en poudre; **jabonar** *vt* savonner; **jabonarse** *vpr* se savonner
jaca *nf* bidet *m*
jacinto *nm* jacinthe *f*
jactarse *vpr*: **~ (de)** se vanter (de)
jadear *vi* haleter; **jadeo** *nm* halètement *m*
jaguar *nm* jaguar *m*
jalea *nf* gelée *f*
jaleo *nm* (*barullo*) tapage *m*; (*riña*) grabuge *m*; **armar un ~** faire (toute) une histoire
jalón *nm* (*Am: estirón*) coup *m*
jamás *adv* jamais
jamón *nm* jambon *m*; **jamón serrano/de York** jambon cru/cuit
Japón *nm* Japon *m*
japonés, -esa *adj* japonais(e) ▹ *nm/f* Japonais(e)
jaque *nm* (*Ajedrez*) échec *m*; **jaque mate** échec et mat
jaqueca *nf* migraine *f*
jarabe *nm* sirop *m*
jarcia *nf* (*Náut*) cordage *m*
jardín *nm* jardin *m*; **~ de (la) infancia** *o* **de infantes** (*Am*) jardin d'enfants; **jardinería** *nf* jardinage *m*
jardinero, -a *nm/f* jardinier(-ère)
jarra *nf* jarre *f*
jarro *nm* broc *m*
jaula *nf* cage *f*
jauría *nf* meute *f*
jazmín *nm* jasmin *m*
jefa *nf ver* **jefe**
jefatura *nf* (*liderato*) commandement *m*; (*sede*) direction *f*; **jefatura de policía** préfecture *f* de police
jefe, -a *nm/f* chef *m*; **ser el ~** (*fig*) être le chef; **comandante en ~** commandant *m* en chef; **jefe de estación** chef de gare; **jefe de estado** chef d'état; **jefe de estudios** surveillant *m* général; **jefe de gobierno** chef de gouvernement
jeque *nm* cheik *m*
jerarquía *nf* hiérarchie *f*
jerárquico, -a *adj* hiérarchique
jerez *nm* xérès *msg*, jerez *msg*
jerga *nf* jargon *m*
jeringa *nf* seringue *f*; (*esp Am: fam*) ennui *m*
jeringuilla *nf* seringue *f*
jeroglífico *nm* hiéroglyphe *m*; (*pasatiempo*) rébus *m*
jersey (*pl* **~s** *o* **jerséis**) *nm* pull-over *m*
Jerusalén *n* Jérusalem
Jesucristo *nm* Jésus-Christ *m*
jesuita *adj, nm* jésuite *m*
Jesús *nm* Jésus *m*; **¡~!** mon Dieu!; (*al estornudar*) à tes *o* vos souhaits!
jinete *nm* cavalier *m*
jipijapa (*Am*) *nm* panama *m*
jirafa *nf* girafe *f*
jirón *nm* lambeau *m*; (*Pe: calle*) rue *f*
jocoso, -a *adj* cocasse

joder (*fam!*) *excl* merde! (*fam!*)
jofaina *nf* cuvette *f*
jornada *nf* journée *f*; **(trabajar a) ~ intensiva/partida** (faire la) journée continue/discontinue
jornal *nm* journée *f*; **jornalero** *nm* journalier *m*
joroba *nf* bosse *f*
jorobado, -a *adj, nm/f* bossu(e)
jota *nf* (*letra*) j *m inv*; (*danza*) jota *f*; **no entiendo ni ~** je n'y pige rien; **no sabe ni ~** il n'en sait rien; **no veo ni ~** je n'y vois rien
joven *adj* jeune ▷ *nm* jeune homme *m*; (*Méx: señor*) monsieur *m* ▷ *nf* jeune fille *f*; **¡oiga, ~!** eh, jeune homme!
jovial *adj* jovial(e)
joya *nf* bijou *m*; (*persona*) perle *f*; **joyas de fantasía** bijoux *mpl* fantaisie; **joyería** *nf* bijouterie *f*; **joyero** *nm* bijoutier *m*; (*caja*) coffret *m* à bijoux
juanete *nm* (*del pie*) oignon *m*
jubilación *nf* retraite *f*
jubilado, -a *adj, nm/f* retraité(e)
jubilar *vt* mettre à la retraite; (*fam: algo viejo*) mettre au rancart; **jubilarse** *vpr* prendre sa retraite
júbilo *nm* joie *f*
judía *nf* haricot *m*; **judía verde** haricot vert; **judía blanca** flageolet *m*; *ver tb* **judío**
judicial *adj* judiciaire
judío, -a *adj, nm/f* juif(-ive)
judo *nm* judo *m*
juego *vb ver* **jugar** ▷ *nm* jeu *m*; **fuera de ~** hors-jeu; **hacer ~ con** aller avec, faire pendant à; **juego de palabras** jeu de mots; **Juegos Olímpicos** Jeux olympiques
juerga *nf* fête *f*
jueves *nm inv* jeudi *m*; *ver tb* **sábado**
juez *nm/f* (*f tb: jueza*) juge *m*; **juez de instrucción** juge d'instruction; **juez de línea** juge de touche; **juez de salida** starter *m*
jugada *nf* (*en juego*) coup *m*; (*fig*) mauvais tour *m*
jugador, a *nm/f* joueur(-euse)
jugar *vt, vi* jouer; **jugarse** *vpr* (*partido*) se jouer; (*lotería*) être tiré(e); (*vida, puesto, futuro*) jouer; **~ a** jouer à
jugo *nm* jus *msg*; **jugo de naranja/de piña** jus d'orange/d'ananas
jugoso, -a *adj* juteux(-euse); (*fig*) savoureux(-euse)
juguete *nm* jouet *m*; **juguetear** *vi* jouer; **juguetería** *nf* magasin *m* de jouets
juguetón, -ona *adj* joueur(-euse)
juicio *nm* jugement *m*; (*sensatez*) esprit *m*; (*opinión*) avis *msg*; (*Jur*) procès *msg*; **a mi** *etc* **~** à mon *etc* avis; **estar fuera de ~** avoir perdu l'esprit; **perder el ~** perdre la tête
juicioso, -a *adj* sage
julio *nm* juillet *m*; **el uno de ~** le premier juillet; **el dos/once de ~** le deux/onze juillet; **a primeros/finales de ~** début/fin juillet
junco *nm* jonc *m*
jungla *nf* jungle *f*
junio *nm* juin *m*; *ver tb* **julio**
junta *nf* comité *m*; (*organismo*) assemblée *f*, conseil *m*; (*Tec: punto de unión*) joint *m*; **junta de culata** (*Auto*) joint de culasse; **junta directiva** équipe *f* de direction
juntar *vt* (*grupo, dinero*) rassembler; (*rodillas, pies*) joindre; **juntarse** *vpr* (*ríos, carreteras*) se rejoindre; (*personas*) se rassembler; (*: citarse*) se voir; (*: acercarse*) se rapprocher; (*: vivir juntos*) vivre à la colle; **~se a** *o* **con algn** rejoindre qn
junto, -a *adj* ensemble ▷ *adv*: **todo ~** tout ensemble; **~ a** (*cerca de*) à côté de; **~ con** ci-joint; **~s** ensemble; (*próximos*) rapprochés; (*en contacto*) joints
jurado *nm* jury *m*; (*individuo: Jur*) juré *m*; (*: de concurso*) membre *m* du jury
juramento *nm* serment *m*; (*maldición*) juron *m*; **prestar ~** prêter serment;

tomar ~ a faire prêter serment de

jurar *vt, vi* jurer; **~ en falso** se parjurer; **jurársela(s) a algn** garder un chien de sa chienne à qn

jurídico, -a *adj* juridique

jurisdicción *nf* juridiction *f*

jurisprudencia *nf* jurisprudence *f*

jurista *nm/f* juriste *m/f*

justamente *adv* justement

justicia *nf* justice *f*; **en ~** en toute justice; **hacer ~** rendre la justice

justiciero, -a *adj* justicier(-ère)

justificación *nf* justification *f*; **justificar** *vt* justifier; **justificarse** *vpr* se justifier

justo, -a *adj* juste; (*preciso*) précis(e) ▷ *adv* précisément; **venir muy ~** (*dinero, comida*) être (tout) juste suffisant

juvenil *adj* juvénile; (*equipo*) junior; (*moda, club*) de jeunes; (*aspecto*) jeune

juventud *nf* jeunesse *f*; (*jóvenes*) jeunes *mpl*

juzgado *nm* tribunal *m*

juzgar *vt* juger; (*opinar*) penser; **a ~ por ...** à en juger par ...; **lo juzgo mi deber** j'estime que c'est mon devoir

k

karate, kárate *nm* karaté *m*

Kg., kg. *abr* (= *kilogramo(s)*) kg, K (= *kilogramme(s)*)

kilo *nm* kilo *m*

kilogramo *nm* kilogramme *m*; **kilometraje** *nm* kilométrage *m*; **kilómetro** *nm* kilomètre *m*; **kilómetro cuadrado** kilomètre carré; **kilovatio** *nm* kilowatt *m*

kiosco *nm* = **quiosco**

km *abr* (= *kilómetro(s)*) km (= *kilomètre(s)*)

kv *abr* (= *kilovatio(s)*) kW (= *kilowatt*)

l

l. *abr* (= *litro(s)*) l (= *litre(s)*); (*Jur*) = **ley**
la *art def* la ▷ *pron* (*a ella*) la, l'; (*usted*) vous; (*cosa*) la ▷ *nm* (*Mús*) la *m inv*; **~ del sombrero rojo** celle qui porte un chapeau rouge
laberinto *nm* labyrinthe *m*
labia *nf* (*locuacidad*) volubilité *f*; (*pey*) bagout *m*
labio *nm* lèvre *f*
labor *nf* travail *m*, labeur *m*; (*Agr*) labour *m*; (*obra*) travail; (*Costura, de punto*) ouvrage *m*; **labor de equipo** travail d'équipe; **labor de ganchillo** ouvrage au crochet; **labores domésticas** *o* **del hogar** tâches *fpl* domestiques; **laborable** *adj* (*Agr*) labourable; **día laborable** jour *m* ouvrable
laboral *adj* du travail
laboratorio *nm* laboratoire *m*
laborioso, -a *adj* (*persona*) travailleur(-euse); (*negociaciones, trabajo*) laborieux(-euse)
labrado, -a *adj* (*campo*) labouré(e); (*madera*) travaillé(e); (*metal, cristal*) ciselé(e)
labrador, a *nm/f* cultivateur(-trice)
labrar *vt* (*tierra*) labourer; (*madera, cuero*) travailler; (*metal, cristal*) ciseler; (*porvenir, ruina*) courir à
labriego, -a *nm/f* paysan(ne)
laca *nf* laque *f*
lacayo *nm* laquais *msg*
lacio, -a *adj* raide
lacónico, -a *adj* laconique
lacra *nf* (*fig*) fléau *m*; **lacra social** fléau de la société
lacrar *vt* cacheter; **lacre** *nm* cire *f* (à cacheter)
lactancia *nf* allaitement *m*
lácteo, -a *adj*: **productos ~s** produits *mpl* laitiers
ladear *vt* pencher; **ladearse** *vpr* se pencher
ladera *nf* versant *m*
lado *nm* côté *m*; (*de cuerpo, Mil*) flanc *m*; **al ~ (de)** à côté (de); **poner de ~** mettre *o* placer de côté; **por un ~ ..., por otro ~ ...** d'un côté ..., d'un autre côté ...
ladrar *vi* aboyer; **ladrido** *nm* aboiement *m*
ladrillo *nm* brique *f*
ladrón, -ona *nm/f* voleur(-euse) ▷ *nm* (*Elec*) prise *f* multiple
lagartija *nf* lézard *m*
lagarto *nm* lézard *m*; (*Am: caimán*) caïman *m*
lago *nm* lac *m*
lágrima *nf* larme *f*
laguna *nf* lagune *f*
laico, -a *adj, nm/f* laïque *m/f*
lamentable *adj* (*desastroso*) déplorable; (*lastimoso*) lamentable
lamentar *vt* (*desgracia, pérdida*) pleurer; **lamentarse** *vpr*: **~se (de)** se lamenter (sur); **lamento tener que decirle ...** je regrette d'avoir à vous

dire ...; **lo lamento mucho** je regrette beaucoup; **lamento** *nm* plainte *f*
lamer *vt* lécher
lámina *nf* (*de metal, papel*) feuille *f*; (*ilustración, de madera*) planche *f*
lámpara *nf* lampe *f*; (*mancha*) tache *f*; **lámpara de alcohol/de gas** lampe à alcool/à gaz; **lámpara de pie** lampe de chevet
lana *nf* laine *f*
lancha *nf* canot *m*, vedette *f*; **lancha de socorro** canot de sauvetage; **lancha motora** canot à moteur
langosta *nf* (*insecto*) sauterelle *f*; (*crustáceo*) langouste *f*; **langostino** *nm* langoustine *f*
languidecer *vi* languir; **languidez** *nf* langueur *f*
lánguido, -a *adj* languissant(e)
lanza *nf* lance *f*
lanzamiento *nm* lancer *m*; (*de cohete, Com*) lancement *m*; **lanzamiento de pesos** lancer du poids
lanzar *vt* lancer; **lanzarse** *vpr*: **~se a** se jeter à; (*al vacío*) se jeter dans; (*fig*) se lancer à; **~se contra algn/algo** se lancer contre qn/qch
lapa *nf* bernicle *f*, bernique *f*
lapicero *nm* crayon *m*; (*Am: bolígrafo*) stylo *m*
lápida *nf* pierre *f* tombale; **lápida conmemorativa** plaque *f* commémorative
lapidario, -a *adj, nm* lapidaire *m*
lápiz *nm* crayon *m* (à papier); **lápiz de color** crayon de couleur; **lápiz de labios/de ojos** rouge *m* à lèvres/crayon pour les yeux
lapón, -ona *adj* lapon(e) ▷ *nm/f* Lapon(e)
lapso *nm* (*tb*: **~ de tiempo**) laps *msg* de temps; (*error*) lapsus *msg*
lapsus *nm inv* lapsus *msg*
largar *vt* (*Náut: cable*) larguer; (*fam: dinero, bofetada*) allonger; (*: discurso*) infliger; (*Am*) lancer ▷ *vi* (*fam: hablar*) causer; **largarse** *vpr* (*fam*) se casser; **~se a** (*Am*) se mettre à
largo, -a *adj* long/longue ▷ *nm* longueur *f*; **dos horas largas** deux bonnes heures; **tiene 9 metros de ~** il fait 9 mètres de long; **~ y tendido** (*hablar*) en long et en large; **a lo ~ de** (*espacio*) le long de; (*tiempo*) pendant; **a la larga** à la fin
largometraje *nm* long métrage *m*
laringe *nf* larynx *msg*; **laringitis** *nf* laryngite *f*
larva *nf* larve *f*
las *art def, pron* les; **~ que cantan** celles qui chantent
lascivo, -a *adj* lascif(-ive)
láser *nm* laser *m*
lástima *nf* pitié *f*; **dar ~** faire pitié; **es una ~ que** quel dommage que; **¡qué ~!** quel dommage!; **estar hecho una ~** faire pitié à voir
lastimar *vt* (*herir*) blesser; **lastimarse** *vpr* se blesser
lastimero, -a *adj* navrant(e)
lastre *nm* (*Tec, Náut*) leste *m*; (*fig*) poids *msg* mort
lata *nf* (*metal*) fer *m* blanc; (*envase*) boîte *f* de conserve; (*fam*) plaie *f*; **en ~** en conserve; **dar la ~** enquiquiner
latente *adj* latent(e)
lateral *adj* latéral(e) ▷ *nm* (*de iglesia, camino*) côté *m*; (*Deporte*) aile *f*
latido *nm* (*del corazón*) battement *m*
latifundio *nm* latifundio *m*, latifundium *m*; **latifundista** *nm/f* propriétaire *m/f* d'un latifundio
latigazo *nm* coup *m* de fouet
látigo *nm* fouet *m*
latín *nm* (*Ling*) latin *m*
latino, -a *adj* latin(e)
Latinoamérica *nf* Amérique *f* latine
latinoamericano, -a *adj* latino-américain(e) ▷ *nm/f* Latino-américain(e)
latir *vi* battre
latitud *nf* latitude *f*; **latitudes** *nfpl*

(*región*) latitudes *fpl*
latón *nm* laiton *m*
latoso, -a *adj* enquiquinant(e)
laúd *nm* (*Mús*) luth *m*
laurel *nm* laurier *m*
lava *nf* lave *f*
lavabo *nm* lavabo *m*; (*servicio*) toilettes *fpl*
lavado *nm* nettoyage *m*; (*de cuerpo*) toilette *f*; **lavado de cerebro** lavage *m* de cerveau
lavadora *nf* machine *f* à laver
lavanda *nf* lavande *f*
lavandería *nf* blanchisserie *f*; **lavandería automática** laverie *f* automatique
lavaplatos *nm inv* lave-vaisselle *m inv*
lavar *vt* laver; **lavarse** *vpr* se laver; **~ y marcar** (*pelo*) faire un shampooing et une mise en plis; **~ en seco** nettoyer *m* à sec; **~se las manos** se laver les mains
lavavajillas *nm inv* = **lavaplatos**
laxante *nm* laxatif *m*
lazada *nf* nœud *m*
lazarillo *nm*: **perro ~** chien *m* d'aveugle
lazo *nm* nœud *m*; (*para animales*) lasso *m*; (*trampa*) piège *m*; (*vínculo*) lien *m*
le *pron* (*directo*) le; (: *usted*) vous; (*indirecto*) lui; (: *usted*) vous
leal *adj* loyal(e); **lealtad** *nf* loyauté *f*
lección *nf* leçon *f*
leche *nf* lait *m*; **tener** *o* **estar de mala ~** (*fam*) être de mauvais poil; **leche condensada/descremada** *o* **desnatada** lait condensé/écrémé; **leche en polvo** lait en poudre; **lechera** *nf* (*recipiente*) pot *m* à lait; *ver tb* **lechero**
lechero, -a *adj, nm/f* laitier(-ère)
lecho *nm* lit *m*, couche *f*; **lecho de río** lit de la rivière
lechón *nm* cochon *m* de lait
lechoso, -a *adj* laiteux(-euse)
lechuga *nf* laitue *f*
lechuza *nf* chouette *f*
lector, a *nm/f* lecteur(-trice)
lectura *nf* lecture *f*
leer *vt* lire
legado *nm* (*Jur, fig*) legs *msg*; (*enviado*) légat *m*
legajo *nm* dossier *m*
legal *adj* légal(e); **legalidad** *nf* légalité *f*; (*normas*) législation *f*; **legalizar** *vt* légaliser
legaña *nf* chassie *f*
legar *vt* (*Jur, fig*) léguer
legendario, -a *adj* légendaire
legión *nf* (*Mil, fig*) légion *f*
legionario *nm* légionnaire *m*
legislación *nf* législation *f*; **legislar** *vi* légiférer
legislatura *nf* législature *f*
legitimar *vt* légitimer
legítimo, -a *adj* (*genuino*) véritable; (*legal*) légitime
lego, -a *adj* (*Rel*) séculaire; (*ignorante*) profane
legua *nf* lieue *f*
legumbres *nfpl* légumes *mpl*
leído, -a *adj* instruit(e)
lejanía *nf* éloignement *m*
lejano, -a *adj* éloigné(e); **Lejano Oriente** Extrême-Orient *m*
lejía *nf* lessive *f*
lejos *adv* loin; **a lo ~** au loin; **de** *o* **desde ~** de loin; **~ de** loin de
lelo, -a *adj* bébête
lema *nm* devise *f*; (*Pol*) slogan *m*
lencería *nf* (*ropa interior*) lingerie *f*
lengua *nf* langue *f*; **morderse la ~** (*fig*) se mordre les doigts; **lenguas clásicas** langues mortes
lenguado *nm* sole *f*
lenguaje *nm* langage *m*; **en ~ llano** simplement; **lenguaje comercial** langage commercial; **lenguaje de programación** (*Inform*) langage de programmation; **lenguaje**

ensamblador *o* **de bajo nivel** (*Inform*) assembleur *m*; **lenguaje máquina** (*Inform*) langage machine; **lenguaje periodístico** langage journalistique
lengüeta *nf* (*de zapatos, Mús*) languette *f*
lente *nf* lentille *f*; **lentes** *nmpl* (*gafas*) lorgnon *m*; **lentes de contacto** lentilles de contact
lenteja *nf* lentille *f*; **lentejuela** *nf* paillette *f*
lentilla *nf* lentille *f*
lentitud *nf* lenteur *f*; **con ~** avec lenteur
lento, -a *adj* lent(e)
leña *nf* (*para el fuego*) bois *msg*
leñador, a *nm/f* bûcheron(ne)
leño *nm* tronc *m*
Leo *nm* (*Astrol*) Lion *m*; **ser ~** être (du) Lion
león *nm* lion *m*; **león marino** otarie *f*
leopardo *nm* léopard *m*
leotardos *nmpl* collants *mpl*
lepra *nf* lèpre *f*
leproso, -a *nm/f* lépreux(-euse)
lerdo, -a *adj* lent(e)
les *pron* (*directo*) les; (*: ustedes*) vous; (*indirecto*) leur; (*: ustedes*) vous
lesbiana *nf* lesbienne *f*
lesión *nf* lésion *f*
lesionado, -a *adj* blessé(e)
letal *adj* létal(e)
letanía *nf* (*Rel*) litanie *f*
letargo *nm* léthargie *f*
letra *nf* lettre *f*; (*escritura*) écriture *f*; (*Com*) traite *f*; (*Mús: de canción*) paroles *fpl*; **Letras** *nfpl* (*Univ, Escol*) Lettres *fpl*; **letra de cambio** (*Com*) lettre de change; **letra de imprenta** *o* **de molde** caractère *m* d'imprimerie
letrado, -a *adj* instruit(e) ▷ *nm/f* avocat(e); **letrero** *nm* panneau *m*; (*anuncio*) écriteau *m*
letrina *nf* latrines *fpl*
leucemia *nf* leucémie *f*
levadizo, -a *adj*: **puente ~** pont *m* basculant; (*Hist*) pont-levis *m*
levadura *nf* levure *f*; **levadura de cerveza** levure de bière
levantamiento *nm* soulèvement *m*; (*de castigo, orden*) levée *f*; **levantamiento de pesos** haltérophilie *f*
levantar *vt* lever; (*velo, telón*) relever; (*paquete, niño*) soulever; (*construir*) élever; **levantarse** *vpr* se lever; **~ el ánimo** ranimer les esprits
levante *nm* (*Geo*) levant *m*; **el L~** le Levant
levar *vt*: **~ anclas** lever l'ancre
leve *adj* léger(-ère); **levedad** *nf* légèreté *f*; (*de herida*) caractère *m* bénin
levita *nf* redingote *f*
léxico, -a *adj* lexical(e) ▷ *nm* lexique *m*
ley *nf* loi *f*; (*de sociedad*) règlement *m*; **de ~** (*oro, plata*) au titre
leyenda *nf* légende *f*
leyendo *etc vb ver* **leer**
liar *vt* (*atar*) lier; (*enredar*) embrouiller; (*cigarrillo*) rouler; (*envolver*) enrouler; **liarse** *vpr* (*fam*) s'embrouiller; **~se a palos** se taper dessus
Líbano *nm*: **el ~** le Liban
libelo *nm* libelle *m*
libélula *nf* libellule *f*
liberación *nf* libération *f*
liberal *adj, nm/f* (*Pol, Econ*) libéral(e); **liberalidad** *nf* libéralité *f*
liberar *vt* libérer
libertad *nf* liberté *f*; **libertades** *nfpl* libertés *fpl*; **libertad bajo fianza/ bajo palabra** liberté sous caution/ sur parole; **libertad condicional** liberté conditionnelle; **libertad de comercio** libre-échange *m*; **libertad de culto/de expresión/de prensa** liberté du culte/d'expression/de presse

libertar *vt* (*preso*) délivrer
libertino, -a *adj, nm/f* libertin(e)
libra *nf* livre *f*; **L~** (*Astrol*) Balance *f*; **ser L~** être (de la) Balance; **libra esterlina** livre sterling
librar *vt* (*de castigo, obligación*) soustraire; (*de peligro*) sauver; (*batalla*) livrer; (*cheque*) virer; (*Jur*) exempter ▷ *vi* avoir un jour de congé; **librarse** *vpr*: **~se de algn/algo** échapper à qn/qch
libre *adj* libre; **~ de impuestos** exonéré(e) d'impôts; **tiro ~** coup *m* franc; **los 100 metros ~s** le 100 mètres nage libre; **al aire ~** à l'air libre
librería *nf* librairie *f*
librero, -a *nm/f* libraire *m/f* ▷ *nm* (*Méx*) librairie *f*
libreta *nf* cahier *m*; **libreta de ahorros** livret *m* de caisse d'épargne
libro *nm* livre *m*; **libro de bolsillo** livre de poche; **libro de caja/de caja auxiliar** (*Com*) livre de caisse/de petite caisse; **libro de texto** manuel *m*
licencia *nf* (*Admin, Jur*) licence *f*, autorisation *f*; **licencia de armas/de caza** permis *msg* de port d'arme/de chasse; **licencia fiscal** patente *f*
licenciado, -a *adj* (*soldado*) libéré(e); (*Univ*) titulaire d'une maîtrise ▷ *nm/f* titulaire *m/f* d'une maîtrise; **L~** (*abogado*) Maître; **licenciar** *vt* (*soldado*) libérer; **licenciarse** *vpr* terminer son service militaire; (*Univ*) passer sa maîtrise
licencioso, -a *adj* licencieux(-euse)
licitar *vt* faire une enchère sur
lícito, -a *adj* (*legal*) licite; (*justo*) juste; (*permisible*) permis(e)
licor *nm* liqueur *f*
licuadora *nf* mixeur *m*
licuar *vt* passer au mixeur
lid *nf* lutte *f*; **lides** *nfpl* matière *f*
líder *nm/f* leader *m*
liderazgo *nm* leadership *m*
lidia *nf* (*Taur*) combat *m*; (: *una lidia*) corrida *f*; **toros de ~** taureaux *mpl* de combat; **lidiar** *vt* combattre ▷ *vi*: **lidiar con** (*dificultades, enemigos*) batailler avec
liebre *nf* lièvre *m*; (*Chi*: *microbús*) minibus *msg*
lienzo *nm* toile *f*
liga *nf* (*de medias*) porte-jarretelles *m inv*; (*Deporte*) compétition *f*; (*Pol*) ligue *f*
ligadura *nf* ligature *f*
ligamento *nm* ligament *m*
ligar *vt* lier; (*Med*) ligaturer ▷ *vi* (*fam*: *persona*) draguer; **ligarse** *vpr* (*fig*) se lier
ligereza *nf* légèreté *f*
ligero, -a *adj* léger(-ère) ▷ *adv* (*andar*) d'un pas léger; (*moverse*) avec légèreté; **a la ligera** à la légère
liguero *nm* porte-jarretelles *m inv*
lija *nf* (*pez*) roussette *f*; (*tb*: **papel de ~**) papier *m* de verre
lila *nf* (*Bot*) lilas *msg*
lima *nf* (*herramienta, Bot*) lime *f*; **lima de uñas** lime à ongles; **limar** *vt* limer
limitación *nf* limitation *f*; **limitaciones** *nfpl* (*carencias*) limites *fpl*; **limitación de velocidad** limitation de vitesse
limitar *vt* limiter; (*terreno, tiempo*) délimiter ▷ *vi*: **~ con** (*Geo*) faire frontière avec; **limitarse** *vpr*: **~se a (hacer)** se limiter à (faire)
límite *nm* limite *f*; **límites** *nmpl* (*de finca, país*) limites *fpl*; **fecha ~** date *f* limite; **límite de velocidad** limitation *f* de vitesse
limítrofe *adj* limitrophe
limón *nm* citron *m* ▷ *adj*: **amarillo ~** jaune citron *inv*; **limonada** *nf* limonade *f*
limosna *nf* aumône *f*
limpiaparabrisas *nm inv* essuie-glace *m*

limpiar *vt* nettoyer
limpieza *nf* propreté *f*; (*acto, Policía*) nettoyage *m*; (*habilidad*) adresse *f*; **operación de ~** (*Mil*) opération *f* de nettoyage; **limpieza en seco** nettoyage à sec; **limpieza étnica** purification *f* ethnique
limpio, -a *adj* propre; (*conducta, negocio*) net(te) ▷ *adv*: **jugar ~** (*fig*) jouer franc jeu; **pasar a ~** mettre au propre
linaje *nm* lignée *f*
lince *nm* lynx *msg*
linchar *vt* lyncher
lindar *vi*: **~ con** border; **linde** *nm o f* (*de bosque, terreno*) limite *f*
lindero *nm* = **linde**
lindo, -a *adj* joli(e) ▷ *adv* (*Am*) bien; **canta muy ~** (*Am*) il chante très bien; **de lo ~** (*fam: muy bien*) vachement
línea *nf* ligne *f*; **en ~** (*Inform*) en ligne; **línea aérea** ligne aérienne; **línea de meta** (*Deporte*) ligne de touche; (*: de carrera*) ligne d'arrivée; **línea discontinua** (*Auto*) ligne discontinue; **línea recta** ligne droite
lingote *nm* lingot *m*
lingüística *nf* linguistique *f*
lino *nm* lin *m*
linóleo *nm* linoléum *m*
linterna *nf* lampe *f* de poche
lío *nm* paquet *m*; (*desorden*) fatras *msg*; (*fam: follón*) bordel *m*; **hacerse un ~** s'emmêler les pédales
liquen *nm* lichen *m*
liquidación *nf* (*de empresa*) dépôt *m* de bilan; (*de salario*) prime *f*; (*de existencias, cuenta, deuda*) liquidation *f*
liquidar *vt* liquider
líquido, -a *adj* liquide; (*ganancia*) net(te) ▷ *nm* liquide *m*
lira *nf* (*Mús*) lyre *f*; (*moneda*) lire *f*
lírico, -a *adj* lyrique
lirio *nm* iris *msg*
lirón *nm* loir *m*
Lisboa *n* Lisbonne
lisiado, -a *adj, nm/f* estropié(e)
lisiar *vt* estropier
liso, -a *adj* (*superficie, cabello*) lisse; (*tela, color*) uni(e)
lisonja *nf* flatterie *f*
lista *nf* liste *f*; (*franja*) rayure *f*; **pasar ~** faire la liste; **tela a ~s** tissu *m* rayé; **lista de correos** poste *f* restante; **lista de espera** liste d'attente; **lista de precios** tarif *m*
listo, -a *adj* intelligent(e); (*preparado*) prêt(e)
listón *nm* planche *f*
litera *nf* (*en barco, tren*) couchette *f*; (*en dormitorio*) lit *m* superposé
literal *adj* littéral(e)
literario, -a *adj* littéraire
literatura *nf* littérature *f*
litigar *vi* (*Jur*) plaider
litigio *nm* (*Jur, fig*) litige *m*
litografía *nf* lithographie *f*
litoral *adj* littoral(e) ▷ *nm* littoral *m*
litro *nm* litre *m*
lívido, -a *adj* livide
llaga *nf* plaie *f*
llama *nf* flamme *f*; (*Zool*) lama *m*
llamada *nf* (*telefónica*) appel *m*; **llamada a cobro revertido** appel en PCV; **llamada al orden** *o* **de atención** rappel *m* à l'ordre
llamado (*Am*) *nm* appel *m*
llamamiento *nm* appel *m*
llamar *vt* appeler
llamarada *nf* flambée *f*
llamativo, -a *adj* voyant(e); (*color*) criard(e)
llano, -a *adj* (*superficie*) plat(e); (*persona, estilo*) simple ▷ *nm* plaine *f*; **Los L~s** (*Ven*) les Plaines
llanta *nf* jante *f*; (*Am: cámara*) chambre *f* à air
llanto *nm* pleurs *mpl*, larmes *fpl*
llanura *nf* plaine *f*
llave *nf* clé *f*, clef *f*; (*Mec*) clé; (*de la luz*)

interrupteur *m*; **cerrar con ~ o echar la ~** fermer à clé; **llave de contacto** (*Auto*) clé de contact; **llave de judo** prise *f* de judo; **llave de paso** robinet d'arrêt; **llave inglesa** clé anglaise; **llave maestra** passe-partout *m inv*; **llavero** *nm* porte-clefs *msg*

llegada *nf* arrivée *f*

llegar *vi* arriver; (*ruido*) parvenir; (*bastar*) suffire; **llegarse** *vpr*: **~se a** aller à; **~ a** arriver à; **~ a saber** finir par savoir; **~ a (ser) famoso/jefe** devenir célèbre/le patron

llenar *vt* remplir; (*satisfacer*) combler ▷ *vi* rassasier; **llenarse** *vpr*: **~se (de)** se remplir (de); (*al comer*) se rassasier (de)

lleno, -a *adj* plein(e), rempli(e); (*persona: de comida*) rassasié(e) ▷ *nm* (*Teatro*) salle *f* comble; **~ de polvo/de gente/de errores** rempli(e) de poussière/de gens/d'erreurs

llevar *vt* porter; (*en coche*) emmener; (*transportar*) transporter; (*dinero*) avoir sur soi; **llevarse** *vpr* (*estar de moda*) se porter beaucoup; **me llevó una hora hacerlo** j'ai mis une heure à le faire; **llevamos dos días aquí** nous sommes ici depuis deux jours; **llevo un año estudiando** cela fait un an que j'étudie; **~ hecho/vendido/estudiado** avoir fait/vendu/étudié; **~ los libros** (*Com*) tenir les registres; **~se un susto/disgusto/sorpresa** être effrayé(e)/mécontent(e)/surpris(e); **~se bien/mal (con algn)** bien/ne pas s'entendre (avec qn)

llorar *vt, vi* pleurer; **~ de risa** pleurer de rire

lloriquear *vi* pleurnicher

lloro *nm* pleur *m*

llorón, -ona *adj, nm/f* pleurnichard(e)

lloroso, -a *adj* (*ojos*) gonflé(e) par les larmes; (*persona*) qui a pleuré

llover *vi* pleuvoir

llovizna *nf* bruine *f*; **lloviznar** *vi* pleuvoter

llueve *etc vb ver* **llover**

lluvia *nf* pluie *f*; **lluvia radioactiva** pluie radioactive

lluvioso, -a *adj* pluvieux(-euse)

PALABRA CLAVE

lo *art def* 1: **lo bueno/caro** ce qui est bon/cher; **lo mejor/peor** le mieux/pire; **lo mío** ce qui est à moi; **olvidaste lo esencial** tu as oublié l'essentiel

2: **lo + de** (*pron dem*): **¿sabes lo del presidente?** tu es au courant pour le président?

3: **lo que** (*pron rel*): **lo que yo pienso** ce que je pense; **lo que más me gusta** ce que j'aime le plus; **lo que pasa es que ...** ce qu'il y a, c'est que ...; **lo que quieras** ce que tu veux *o* voudras; **lo que sea** quoi que ce soit; **(a) lo que** (*Am: en cuanto*) dès que

4: **lo cual: lo cual es lógico** ce qui est logique

▷ *pron pers* 1 (*a él*) le, l'; **lo han despedido** ils l'ont renvoyé; **no lo conozco** je ne le connais pas

2 (*a usted*) vous; **lo escucho señor** je vous écoute, monsieur

3 (*cosa, animal*) le, l'; **te lo doy** je te le donne

4 (*concepto*) le, l'; **no lo sabía** je ne le savais pas; **voy a pensarlo** je vais y réfléchir

loable *adj* louable

loar *vt* louer

lobo *nm* loup *m*; **lobo de mar** (*fig*) loup de mer

lóbrego, -a *adj* sombre

lóbulo *nm* lobe *m*

local *adj* local(e) ▷ *nm* local *m*;

(*bar*) bar *m*; **localidad** *nf* localité *f*; (*Teatro*) place *f*; **localizar** *vt* localiser; **localizarse** *vpr* (*dolor*) être localisé(e)
loción *nf* lotion *f*
loco, -a *adj, nm/f* (*Med*) fou/folle; **estar ~ con algo/por algn** être fou/folle de qch/de qn; **me vuelve ~** (*me gusta mucho*) j'en suis fou/folle; (*me marea*) il me rend fou/folle
locomotora *nf* locomotive *f*
locuaz *adj* loquace
locución *nf* (*Ling*) locution *f*
locura *nf* folie *f*; **con ~** follement
locutor, a *nm/f* (*Radio, TV*) speaker(ine)
locutorio *nm* cabine *f* téléphonique
lodo *nm* boue *f*
lógica *nf* logique *f*
lógico, -a *adj* logique; **es ~ que ...** il est logique que ...
logística *nf* logistique *f*
logotipo *nm* logo *m*
logrado, -a *adj* réussi(e)
lograr *vt* réussir; (*victoria*) remporter; **~ hacer algo** réussir à faire qch; **~ que algn venga** réussir à faire venir qn
logro *nm* réussite *f*
loma *nf* colline *f*
lombriz *nf* (*Zool*) ver *m* de terre; (*Med*) ver
lomo *nm* (*de animal*) dos *msg*, échine *f*; (*Culin: de cerdo*) épaule *f*; (*: de vaca*) entrecôte *f*; (*de libro*) dos
lona *nf* toile *f* cirée
loncha *nf* tranche *f*
lonche (*Am*) *nm* petit-déjeuner *m*; **lonchería** (*Am*) *nf* cafétéria *f*
Londres *n* Londres
longaniza *nf* *sorte de merguez*
longitud *nf* longueur *f*; (*Geo*) longitude *f*; **tener 3 metros de ~** faire 3 mètres de long; **longitud de onda** (*Fís*) longueur d'onde
lonja *nf* (*edificio*) halle *f*; (*de jamón, embutido*) tranche *f*; **lonja de pescado** halle *f* au poisson
loro *nm* perroquet *m*
los *art def* les ▷ *pron* les; (*ustedes*) vous; **mis libros y ~ de usted** mes livres et les vôtres
losa *nf* dalle *f*; **losa sepulcral** pierre *f* tombale
lote *nm* (*de libros, Com, Inform*) lot *m*; (*de comida*) portion *f*
lotería *nf* loterie *f*

LOTERÍA

D'importantes sommes d'argent sont dépensées chaque année en Espagne à ce jeu de hasard. L'État a institué deux loteries, dont il perçoit directement les gains: la **Lotería Primitiva** et la **Lotería Nacional**. Une des loteries les plus célèbres est organisée par l'influente et prospère association d'aide aux aveugles, "la ONCE".

loza *nf* (*material*) faïence *f*; (*vajilla*) vaisselle *f*
lozano, -a *adj* vigoureux(-euse)
lubricante *adj* lubrifiant(e) ▷ *nm* lubrifiant *m*
lubricar *vt* lubrifier
luces *nfpl de* **luz**
lucha *nf* lutte *f*; **~ contra/por** lutte contre/pour; **lucha de clases** lutte des classes; **lucha libre** lutte libre; **luchar** *vi* lutter; **luchar contra/por** (*problema*) lutter contre/pour
lucidez *nf* lucidité *f*
lúcido, -a *adj* lucide; **estar ~** être lucide
luciérnaga *nf* ver *m* luisant
lucir *vt* (*vestido, coche*) étrenner; (*conocimientos*) étaler; (*habilidades*) exhiber ▷ *vi* briller; (*Am: parecer*) sembler; **lucirse** *vpr* (*presumir*)

se montrer; **¡te has lucido!** (*irónico*) bien joué!; **la casa luce limpia** (*Am*) la maison a l'air très propre
lucro (*pey*) *nm* lucre *m*
lúdico, -a *adj* ludique
luego *adv* (*después*) après; (*más tarde*) puis; (*Am: fam: en seguida*) tout de suite ▷ *conj* (*consecuencia*) donc; **desde ~** évidemment; **¡hasta ~!** à plus tard!, salut!; **~ ~** (*esp Méx*) dare-dare
lugar *nm* lieu *m*, endroit *m*; (*en lista*) place *f*; **en ~ de** au lieu de; **dar ~ a** donner lieu à; **fuera de ~** (*comentario, comportamiento*) déplacé(e); **tener ~** avoir lieu; **lugar común** lieu commun
lugareño, -a *nm/f* villageois(e)
lugarteniente *nm* remplaçant *m*
lúgubre *adj* lugubre
lujo *nm* luxe *m*; **de ~** de luxe
lujoso, -a *adj* luxueux(-euse)
lujuria *nf* luxure *f*
lumbre *nf* feu *m* (de bois)
lumbrera *nf* (*genio*) lumière *f*
luminoso, -a *adj* lumineux(-euse)
luna *nf* lune *f*; (*vidrio*) glace *f*; **estar en la ~** être dans la lune; **luna de miel** lune de miel; **luna llena/nueva** pleine/nouvelle lune
lunar *adj* lunaire ▷ *nm* grain *m* de beauté; (*diseño*) pois *msg*; **tela de ~es** tissu *m* à pois
lunes *nm inv* lundi *m*; *ver tb* **sábado**
lupa *nf* loupe *f*
lustrar *vt* lustrer; (*Am: zapatos*) cirer; **lustre** *nm* lustre *m*; **dar lustre a algo** faire briller qch
lustroso, -a *adj* brillant(e)
luto *nm* deuil *m*; **ir** *o* **vestirse de ~** porter des habits de deuil
Luxemburgo *nm* Luxembourg *m*
luz (*pl* **luces**) *nf* lumière *f*; **dar a ~ un niño** mettre un enfant au monde; **dar la ~** donner de la lumière; **encender** *Esp o* **prender** *esp Am* **/apagar la ~** allumer/éteindre la lumière; **a todas luces** de toute évidence; **se hizo la ~ sobre ...** la lumière se fit sur ...; **sacar a la ~** tirer au clair; **tener pocas luces** ne pas être une lumière

m

m. *abr* (= *metro(s)*) m (= *mètre(s)*); (= *minuto(s)*) min. (= *minute(s)*); (= *masculino*) m (= *masculin*)
macarrones *nmpl* (*Culin*) macarons *mpl*
macedonia *nf*: **~ de frutas** macédoine *f* de fruits
macerar *vt* macérer
maceta *nf* pot *m* de fleurs
machacar *vt* (*ajos*) réduire en purée ▹ *vi* insister
machete *nm* machette *f*
machismo *nm* machisme *m*
machista *adj, nm/f* machiste *m/f*
macho *adj* (*Bot, Zool*) mâle; (*fam*) macho ▹ *nm* mâle *m*
macizo, -a *adj* massif(-ive) ▹ *nm* (*Geo, de flores*) massif *m*
madeja *nf* (*de lana*) écheveau *m*
madera *nf* bois *msg*; **una ~** un morceau de bois; **tiene ~ de profesor** il a l'étoffe d'un professeur
madero *nm* madrier *m*
madrastra *nf* belle-mère *f*
madre *adj* (*lengua*) maternel(le); (*acequia*) maîtresse ▹ *nf* mère *f*
Madrid *n* Madrid
madriguera *nf* terrier *m*
madrileño, -a *adj* madrilène ▹ *nm/f* Madrilène *m/f*
madrina *nf* marraine *f*; **~ de boda** demoiselle *f* d'honneur
madrugada *nf* aube *f*
madrugador, a *adj* lève-tôt *inv*
madrugar *vi* se lever tôt
madurar *vt, vi* mûrir; **madurez** *nf* maturité *f*
maduro, -a *adj* mûr(e); (*hombre, mujer*) d'âge mûr
maestra *nf ver* **maestro**
maestría *nf* maestria *f*
maestro, -a *adj, nm/f* (*de escuela*) maître(sse) (d'école), instituteur(-trice); (*en la vida*) maître *m* ▹ *nm* maître *m*; (*Mús*) maestro *m*; **~ albañil** maître maçon *m*
magdalena *nf* madeleine *f*
magia *nf* magie *f*
mágico, -a *adj* magique
magisterio *nm* (*enseñanza*) études *fpl* d'instituteur(-trice); (*profesión*) métier *m* d'instituteur(-trice)
magistrado *nm* (*Jur*) magistrat *m*; **primer M~** (*Am*) président *m*
magnánimo, -a *adj* magnanime
magnate *nm* magnat *m*
magnético, -a *adj* magnétique; **magnetizar** *vt* magnétiser
magnetofón *nm* magnétophone *m*
magnetofónico, -a *adj*: **cinta magnetofónica** bande *f* magnétique
magnetófono *nm* = **magnetofón**
magnífico, -a *adj* magnifique; (*carácter*) exceptionnel(le)
magnitud *nf* (*física*) grandeur *f*; (*de problema etc*) ampleur *f*
mago, -a *nm/f* mage *m*; **los Reyes M~s** les Rois *mpl* Mages
magro, -a *adj, nm* maigre *m*

maguey *nm* (*Bot*) agave *m*
magullar *vt* contusionner; (*lastimar*) abîmer
mahometano, -a *adj* mahométan(e) ▷ *nm/f* Mahométan(e)
mahonesa *nf* = **mayonesa**
maíz *nm* maïs *msg*
majadero, -a *adj* imbécile
majestad *nf*: **Su M~** Sa Majesté
majestuoso, -a *adj* majestueux(-euse)
majo, -a *adj* beau/belle; (*persona, apelativo*) mignon(ne)
mal *adv* mal; (*oler, saber*) mauvais ▷ *adj* = **malo** ▷ *nm*: **el ~** le mal; **me entendió ~** il m'a mal compris; **haces ~ en callarte** tu as tort de te taire; **¡menos ~!** heureusement!
malabarismo *nm* jonglerie *f*; **malabarista** *nm/f* jongleur(-euse)
malaria *nf* malaria *f*
malcriado, -a *adj* mal élevé(e)
maldad *nf* méchanceté *f*
maldecir *vt*: **~ de** maudire
maldición *nf* malédiction *f*
maldito, -a *adj* maudit(e); **¡~ sea!** (*fam*) maudit(e) soit ...!
maleante *nm/f* malfaiteur *m*, criminel(le)
maledicencia *nf* médisance *f*
maleducado, -a *adj* mal élevé(e)
malentendido *nm* malentendu *m*
malestar *nm* malaise *m*
maleta *nf* valise *f*; **hacer la ~** faire sa valise; **maletera** (*Am*) *nf*, **maletero** *nm* (*Auto*) coffre *m*; **maletín** *nm* (*de uso profesional*) serviette *f*; (*de viaje*) mallette *f*
maleza *nf* (*arbustos*) fourré *m*
malgastar *vt* gaspiller; (*oportunidades*) laisser passer
malhechor, a *nm/f* malfaiteur *m*
malhumorado, -a *adj* de mauvaise humeur
malicia *nf* méchanceté *f*; (*de niño*) malice *f*
malicioso, -a *adj* malicieux(-euse); (*con mala intención*) méchant(e); (*de malpensado*) mauvais(e)
maligno, -a *adj* (*Med*) malin/maligne; (*ser*) méchant(e)
malla *nf* (*esp Am*) maillot *m* de bain; (*tb*: **~s**) collants *mpl*
Mallorca *nf* Majorque *f*
malo, -a *adj* (*antes de nmsg*: **mal**) mauvais(e); **estar ~** (*persona*) être malade; (*comida*) être mauvais(e); **lo ~ es que ...** le problème, c'est que ...; **por las malas** de force
malograrse *vpr* (*plan*) tomber à l'eau; (*cosecha*) être gâché(e); (*carrera profesional*) se briser; (*Pe*: *fam*) s'abîmer; **el malogrado actor** l'acteur mort prématurément
malparado, -a *adj*: **salir ~** s'en tirer mal
malpensado, -a *adj* malveillant(e)
malsano, -a *adj* malsain(e)
maltratar *vt* maltraiter
maltrecho, -a *adj* en mauvais état
malvado, -a *adj* méchant(e)
malversar *vt* détourner
Malvinas *nfpl*: **las (Islas) ~** les (îles) Malouines *fpl*
malvivir *vi* vivre à l'étroit
mama *nf* mamelle *f*
mamá *nf* (*fam*) maman *f*; (*CAm, Carib, Méx*: *cortesía*) mère *f*
mamar *vt, vi* téter; **dar de ~** allaiter
mamarracho *nm* (*persona despreciable*) rien-du-tout *m/f inv*
mamífero, -a *adj, nm* mammifère *m*
mampara *nf* (*entre habitaciones*) cloison *f*; (*biombo*) écran *m*
mampostería *nf* maçonnerie *f*
manada *nf* (*de leones, lobos*) horde *f*; (*de búfalos, elefantes*) troupeau *m*
manantial *nm* source *f*
manar *vt* laisser couler ▷ *vi* jaillir
mancha *nf* tache *f*; **manchar** *vt, vi* tacher; **mancharse** *vpr* se tacher

manchego, -a *adj* de la Manche
manco, -a *adj* manchot(e)
mancomunar *vt* mettre en commun; (*Jur*) rendre solidaires; **mancomunidad** *nf* (*de bienes*) copropriété *f*; (*de personas, Jur*) association *f*; (*de municipios*) syndicat *m*
mandamiento *nm* (*Rel*) commandement *m*; **mandamiento judicial** mandat *m* d'arrêt
mandar *vt* ordonner; (*Mil*) commander; (*enviar*) envoyer ▷ *vi* commander; **~ hacer un traje** se faire faire un costume
mandarina *nf* mandarine *f*
mandato *nm* (*orden*) ordre *m*; (*Pol*) mandat *m*; (*Inform*) commande *f*; **mandato judicial** mandat d'arrêt
mandíbula *nf* mandibule *f*
mandil *nm* tablier *m*
mando *nm* (*Mil*) commandement *m*; (*de organización, país*) direction *f*; (*Tec*) commande *f*; **al ~ (de)** sous la responsabilité (de); **mando a distancia** télécommande *f*
manejable *adj* maniable; (*libro*) peu encombrant(e)
manejar *vt* manier; (*máquina*) manœuvrer; (*pey: a personas*) manœuvrer; (*casa, negocio*) mener; (*dinero, números*) brasser; (*idioma*) maîtriser; (*Am: Auto*) conduire; **manejarse** *vpr* se débrouiller; **manejo** *nm* maniement *m*; (*de máquinas*) manœuvre *f*; (*Am: de negocio*) conduite *f*; **manejos** *nmpl* (*pey*) manœuvres *fpl*
manera *nf* manière *f*, façon *f*; **maneras** *nfpl* (*modales*) manières *fpl*; **¡de ninguna ~!** en aucun cas!; **de otra ~** autrement; **de todas ~s** de toute manière; **no hay ~ de persuadirle** il n'y a pas moyen de le persuader
manga *nf* manche *f*; **manga de riego** tuyau d'irrigation
mangar (*fam*) *vt* piquer
mango *nm* manche *m*; (*Bot*) mangue *f*
mangonear (*pey*) *vt* commander ▷ *vi* se mêler de tout
manguera *nf* lance *f* d'arrosage
manía *nf* manie *f*; **tener ~ a algn/algo** avoir de l'antipathie pour qn/qch
maníaco, -a *adj, nm/f* maniaque *m/f*
maniatar *vt* ligoter
maniático, -a *adj, nm/f* maniaque *m/f*
manicomio *nm* asile *m* (de fous)
manifestación *nf* manifestation *f*
manifestar *vt* manifester; (*declarar*) déclarer; **manifestarse** *vpr* (*Pol*) manifester
manifiesto, -a *pp de* **manifestar** ▷ *adj* manifeste ▷ *nm* (*Arte, Pol*) manifeste *m*
manillar *nm* guidon *m*
maniobra *nf* manœuvre *f*; **maniobras** *nfpl* (*Mil, pey*) manœuvres *fpl*; **maniobrar** *vi* manœuvrer; (*Mil*) faire des manœuvres
manipulación *nf* manipulation *f*; **manipular** *vt* manipuler
maniquí *nm/f* mannequin *m/f* ▷ *nm* (*de escaparate*) mannequin *m*
manirroto, -a *adj, nm/f* dépensier(-ère)
manivela *nf* manivelle *f*
manjar *nm* mets *msg*
mano *nf* main *f*; (*de pintura*) couche *f* ▷ *nm* (*Méx: fam*) copain *m*; **a ~** à la main; **estar/tener algo a ~** être/avoir qch à portée de la main; **a ~ derecha/izquierda** à (main) droite/gauche; **de segunda ~** d'occasion; **darse la(s) ~(s)** se donner la main; **echar una ~** donner un coup de main; **mano de obra** main-d'œuvre *f*; **manos libres** *adj inv* (*teléfono, dispositivo*) mains-libres *inv* ▷ *nm inv* kit *m* mains-libres
manojo *nm* (*de hierbas*) brassée *f*; (*de*

m

llaves) trousseau *m*
manopla *nf* moufle *f*
manoseado, -a *adj* (*tema*) rebattu(e); (*papel*) manipulé(e); **manosear** *vt* (*libro*) manipuler; (*flores*) écraser; (*tema, asunto*) rebattre; (*fam: una persona*) tripoter
manotazo *nm* gifle *f*
mansalva: **a ~** *adv* sans risque
mansedumbre *nf* (*de persona*) douceur *f*; (*de animal*) docilité *f*
mansión *nf* demeure *f*
manso, -a *adj* (*persona*) doux/douce; (*animal*) apprivoisé(e)
manta *nf* couvre-lit *m*; (*Am*) poncho *m*
manteca *nf* (*de cerdo*) saindoux *m*; (*de cacao, Am*) beurre *m*
mantel *nm* nappe *f*
mantendré *etc vb ver* **mantener**
mantener *vt* maintenir; (*familia*) subvenir aux besoins de; (*Tec*) assurer la maintenance (de); (*actividad*) conserver; (*edificio*) soutenir; **mantenerse** *vpr* (*edificio*) être soutenu(e); (*no ceder*) se maintenir; **~ el equilibrio** garder l'équilibre; **~se (de** *o* **con)** vivre (de); **~se en pie** rester debout; **~se firme** rester ferme; **mantenimiento** *nm* (*Tec*) maintenance *f*; (*de orden, relaciones*) maintien *m*; (*sustento*) subsistance *f*
mantequilla *nf* beurre *m*
manto *nm* cape *f*
mantuve *etc vb ver* **mantener**
manual *adj* manuel(le) ▷ *nm* manuel *m*
manufactura *nf* manufacture *f*
manufacturado, -a *adj* manufacturé(e)
manuscrito, -a *nm* manuscrit *m*
manutención *nf* (*de persona*) subsistance *f*; (*de alimentos, dinero*) conservation *f*
manzana *nf* pomme *f*; (*de edificios*) pâté *m*
manzanilla *nf* camomille *f*
manzano *nm* pommier *m*
maña *nf* adresse *f*; **mañas** *nfpl* (*artimañas*) ruses *fpl*
mañana *adv* demain ▷ *nm*: **(el) ~** (le) lendemain ▷ *nf* matin *m*; **de** *o* **por la ~** le matin; **¡hasta ~!** à demain!; **~ por la ~** demain matin
mañoso, -a *adj* adroit(e)
mapa *nm* carte *f*
maqueta *nf* maquette *f*
maquillaje *nm* maquillage *m*
maquillar *vt* maquiller; **maquillarse** *vpr* se maquiller
máquina *nf* machine *f*; (*de tren*) locomotive *f*; (*CAm, Cu*) voiture *f*; **escrito a ~** tapé à la machine; **máquina de coser/de escribir/de vapor** machine à coudre/à écrire/à vapeur
maquinación *nf* machination *f*
maquinal *adj* machinal(e)
maquinaria *nf* machinerie *f*
maquinilla *nf* (*tb*: **~ de afeitar**) rasoir *m*
maquinista *nm* mécanicien *m*
mar *nm o f* mer *f*; **~ adentro** au large; **en alta ~** en haute mer; **es la ~ de guapa** elle est très jolie; **el M~ Negro/Báltico** la Mer Noire/Baltique
maraña *nf* enchevêtrement *m*
maratón *nm* marathon *m*
maravilla *nf* merveille *f*; **maravillar** *vt* émerveiller; **maravillarse** *vpr*: **maravillarse (de)** s'émerveiller (de)
maravilloso, -a *adj* merveilleux(-euse)
marca *nf* marque *f*; (*Deporte*) record *m*; **de ~** (*Com*) de marque; **marca de fábrica** marque
marcador *nm* (*Deporte*) tableau *m*
marcapasos *nm inv* stimulateur *m* cardiaque
marcar *vt* marquer; (*número de teléfono*) composer ▷ *vi* (*Deporte*) marquer; (*Telec*) composer le numéro

marcha *nf* marche *f*; (*Auto*) vitesse *f*; (*fam*: *animación*) fête *f*; **dar ~ atrás** (*Auto, fig*) faire marche arrière; **estar en ~** être en marche; (*negocio*) marcher; **poner en ~** faire démarrer
marchar *vi* marcher; (*ir*) partir; **marcharse** *vpr* s'en aller
marchitarse *vpr* se faner
marcial *adj* martial(e)
marco *nm* cadre *m*; (*moneda*) Mark *m*
marea *nf* marée *f*; **marea negra** marée noire
marear *vt* (*Med*) donner mal au cœur à; (*fam*) harceler; **marearse** *vpr* avoir le mal de mer; (*desmayarse*) s'évanouir; (*estar aturdido*) être abruti(e)
maremoto *nm* raz-de-marée *m inv*
mareo *nm* mal *m* au cœur; (*en barco*) mal de mer; (*en avión*) mal de l'air; (*en coche*) des transports; (*desmayo*) évanouissement *m*; (*aturdimiento*) abrutissement *m*
marfil *nm* ivoire *m*
margarina *nf* margarine *f*
margarita *nf* marguerite *f*
margen *nm o f* (*de río, camino*) bord *m*; (*de página*) marge *f* ▷ *nm* marge; **dar ~ para** donner l'occasion de; **dejar a algn al ~** laisser qn en plan; **mantenerse al ~** rester en marge
marginar *vt* (*socialmente*) marginaliser
marica *nm* (*fam!*: *homosexual*) pédé *m* (*fam!*); (: *cobarde*) poule *f* mouillée
maricón *nm* (*fam!*: *homosexual*) pédé *m* (*fam!*); (: *insulto*) connard *m* (*fam!*)
marido *nm* mari *m*
marihuana *nf* marijuana *f*
marina *nf* (*Mil*) marine *f*; **~ mercante** marine marchande
marinero, -a *adj* marin(e) ▷ *nm* marin *m*
marino, -a *adj* marin(e) ▷ *nm* marin *m*
marioneta *nf* marionnette *f*
mariposa *nf* papillon *m*
mariquita *nf* coccinelle *f*
marisco *nm* fruit *m* de mer
marítimo, -a *adj* maritime
mármol *nm* marbre *m*
marqués, -esa *nm/f* marquis(e)
marrón *adj* marron
marroquí *adj* marocain(e) ▷ *nm/f* Marocain(e) ▷ *nm* (*cuero*) maroquin *m*
Marruecos *nm* Maroc *m*
martes *nm inv* mardi *m*; *ver tb* **sábado**

MARTES Y TRECE

En Espagne, selon une superstition, le mardi, et en particulier le mardi 13, est un jour qui porte malheur.

martillo *nm* marteau *m*
mártir *nm/f* martyr(e); **martirio** *nm* martyre *m*
marxismo *nm* marxisme *m*; **marxista** *adj, nm/f* marxiste *m/f*
marzo *nm* mars *msg*; *ver tb* **julio**
mas *conj* mais

PALABRA CLAVE

más *adv* 1 (*compar*) plus; **más grande/inteligente** plus grand/intelligent; **trabaja más (que yo)** il travaille plus (que moi); **más de mil** plus de mille; **más de lo que yo creía** plus que je ne croyais
2 (+ *sustantivo*) plus de; **más libros** plus de livres; **más tiempo** plus longtemps
3 (*tras sustantivo*) en plus, de plus; **3 personas más (que ayer)** 3 personnes de plus (qu'hier)
4 (*superl*): **el más ...** le plus ...; **el más inteligente (de)** le plus intelligent (de); **el coche más grande** la voiture la plus grande; **el que más corre** le plus rapide
5 (*adicional*): **deme una más** donnez m'en encore une; **un poco más**

m

encore un peu; **¿qué más?** quoi d'autre?, quoi encore?; **¿quién más?** qui d'autre?; **¿quieres más?** en veux-tu plus *o* davantage?
6 (*negativo*): **no tengo más dinero** je n'ai plus d'argent; **no viene más por aquí** il ne vient plus par ici; **no sé más** je n'en sais pas plus *o* davantage; **nunca más** plus jamais; **no hace más que hablar** il ne fait que parler; **no lo sabe nadie más que él** il n'y a que lui qui le sache
7 (*+ adj: valor intensivo*): **¡qué perro más sucio!** comme ce chien est sale!; **¡es más tonto!** qu'est-ce qu'il est bête!
8 (*locuciones*): **más o menos** plus ou moins; **los más** la plupart; **es más, acabamos pegándonos** on a même fini par se battre; **más aún** mieux encore; **más bien** plutôt; *ver tb* **cada**
9: **de más: veo que aquí estoy de más** je vois que je suis de trop ici; **tenemos uno de más** nous en avons un de trop
10 (*Am*): **no más** seulement; **así no más** comme ça; **ayer no más** pas plus tard qu'hier
11: **por más: por más que lo intento** j'ai beau essayer; **por más que quisiera ...** j'ai beau vouloir ...
12 (*Mat*): **2 más 2 son 4** 2 plus 2 font 4 ▷ *nm* (*Mat: signo*) signe *m* plus; **este trabajo tiene sus más y sus menos** ce travail a de bons et de mauvais côtés

masa *nf* masse *f*; **las masas** *nmpl* (*Pol*) les masses *fpl*; **en ~** en masse
masacre *nf* massacre *m*
masaje *nm* massage *m*
máscara *nf* masque *m*; **máscara antigás/de oxígeno** masque à gaz/à oxygène; **mascarilla** *nf* (*Med, en cosmética*) masque *m*
masculino, -a *adj* masculin(e); (*Bio*) masculin(e), mâle ▷ *nm* (*Ling*) masculin *m*
masificación *nf* encombrement *m*
masivo, -a *adj* massif(-ive)
masón *nm* franc-maçon *m*
masoquista *adj, nm/f* masochiste *m/f*
máster *nm* (*Escol*) mastère *m*
masticar *vt, vi* mastiquer
mástil *nm* mât *m*; (*de guitarra*) manche *m*
mastín *nm* mâtin *m*
masturbación *nf* masturbation *f*
masturbarse *vpr* se masturber
mata *nf* (*esp Am*) arbuste *m*; (*de espinas*) brassée *f*; (*de perejil*) bouquet *m*
matadero *nm* abattoir *m*
matador *nm* (*Taur*) matador *m*
matamoscas *nm inv* tue-mouches *m inv*
matanza *nf* (*de gente*) massacre *m*; (*de cerdo: acción*) abattage *m* du cochon
matar *vt* tuer; (*hambre, sed*) apaiser; **matarse** *vpr* se tuer
matasellos *nm inv* cachet *m* de la poste
mate *adj* mat(e); (*And, CSur: hierba, infusión*) maté *m*, thé *m* des Jésuites; (*: vasija*) récipient *m* pour le maté; **mate de coca/de menta** thé à la coca/à la menthe
matemáticas *nfpl* mathématiques *fpl*, maths *fpl*; *ver tb* **matemático**
matemático, -a *adj* mathématique ▷ *nm/f* mathématicien(ne)
materia *nf* matière *f*; **en ~ de** en matière de; **materia prima** matière première; **material** *adj* matériel(le) ▷ *nm* matière *f*, matériau *m*; (*dotación*) matériel *m*; (*cuero*) peau *f*; **materialista** *adj* matérialiste; **materialmente** *adv*: **es materialmente imposible** c'est matériellement impossible
maternal *adj* maternel(le)

maternidad *nf* maternité *f*
materno, -a *adj* maternel(le)
matinal *adj* matinal(e)
matiz *nm* nuance *f*; **matizar** *vt, vi* préciser
matón *nm* dur *m*
matorral *nm* buisson *m*
matraca *nf* matraque *f*
matrícula *nf* (*Escol*) inscription *f*; (*Auto*) immatriculation *f*; (: *placa*) plaque *f* d'immatriculation; **matrícula de honor** ≈ mention *f* très bien; **matricular** *vt* (*coche*) immatriculer; (*alumno*) inscrire; **matricularse** *vpr* s'inscrire
matrimonial *adj* (*contrato*) de mariage; (*vida*) conjugal(e)
matrimonio *nm* (*pareja*) couple *m*; (*boda*) mariage *m*
matriz *nf* (*Anat*) utérus *msg*; (*Tec, Mat*) matrice *f*
maullar *vi* miauler
máxime *adv* particulièrement
máximo, -a *adj* maximal(e), maximum; (*longitud, altitud*) maximal(e) ▷ *nm* maximum *m*; **al ~** au maximum
mayo *nm* mai *m*; *ver tb* **julio**
mayonesa *nf* mayonnaise *f*
mayor *adj* (*adulto*) adulte; (*de edad avanzada*) âgé(e); (*Mús, fig*) majeur(e); (*compar: de tamaño*) plus grand(e); (: *de edad*) plus âgé(e); (*superl: ver compar*) très grand(e); très âgé(e); **mayores** *nmpl* adultes *mpl*; **al por ~** en gros; **mayor de edad** majeur(e)
mayordomo *nm* majordome *m*
mayoría *nf* majorité *f*
mayorista *nm/f* grossiste *m/f*
mayúscula *nf* (*tb*: **letra ~**) majuscule *f*
mayúsculo, -a *adj* (*susto*) terrible; (*error*) magistral(e)
mazapán *nm* pâte *f* d'amande
mazo *nm* maillet *m*
me *pron* me; (*en imperativo*) moi; **¡dá~lo!** donne-le-moi!
mear (*fam*) *vt, vi* pisser
mecánica *nf* mécanique *f*
mecánico, -a *adj* mécanique ▷ *nm/f* mécanicien(ne)
mecanismo *nm* mécanisme *m*
mecanografía *nf* dactylographie *f*
mecanógrafo, -a *nm/f* dactylo(graphe) *m/f*
mecate (*Am*) *nm* corde *f*
mecedor (*Am*) *nm*, **mecedora** ▷ *nf* fauteuil *m* à bascule
mecer *vt* balancer; **mecerse** *vpr* se balancer
mecha *nf* mèche *f*; **mechas** *nfpl* (*en el pelo*) mèches *fpl*
mechero *nm* briquet *m*
mechón *nm* (*de pelo*) mèche *f*
medalla *nf* médaille *f*
media *nf* moyenne *f*; (*prenda de vestir*) bas *msg*; (*Am*) chaussette *f*
mediano, -a *adj* moyen(ne); **el ~** celui du milieu
medianoche *nf* minuit *m*
mediante *adv* grâce à
mediar *vi* servir d'intermédiaire; (*problema: interponerse*) s'interposer; **~ por algn** intercéder en faveur de qn
medias *nfpl* (*ropa interior*) collant *m*
medicación *nf* (*acción*) prise *f* de médicaments; (*medicamentos*) médicaments *mpl*
medicamento *nm* médicament *m*
medicina *nf* (*ciencia*) médecine *f*; (*medicamento*) médicament *m*
medición *nf* mesure *f*
médico, -a *adj* médical(e) ▷ *nm/f* médecin *m/f*
medida *nf* mesure *f*; **medidas** *nfpl* (*de persona*) mesures *fpl*; **en cierta ~** dans une certaine mesure; **en gran ~** en grande partie; **un traje a la ~** un costume sur mesure; **~ de cuello** encolure *f*; **a ~ de mi** *etc* **capacidad/necesidad** dans la mesure de mes *etc* possibilités/besoins; **a ~ que ...** à

m

mesure que ...
medio, -a *adj* moyen(ne) ▷ *adv* à moitié ▷ *nm* milieu *m*; (*método*) moyen *m*; **medios** *nmpl* moyens *mpl*; **a medias** à moitié; **~ litro** un demi-litre; **media hora/docena/manzana** une demi-heure/douzaine/pomme; **las tres y media** trois heures et demie; **~ dormido/enojado** à moitié endormi/fâché; **en ~, entre medias** au milieu; **por ~ de** au moyen de; **medio ambiente** environnement *m*; **medios de comunicación/transporte** moyens de communication/transport
medioambiental *adj* (*efectos*) sur l'environnement; (*política*) écologique
mediocre (*pey*) *adj* médiocre
mediodía *nm* midi *m*; **a ~** à midi
medir *vt* mesurer; **¿cuánto mides? – mido 1.50 m** tu mesures combien? – je mesure 1 m 50
meditar *vt* méditer ▷ *vi*: **~ (sobre)** méditer (sur)
mediterráneo, -a *adj* méditerranéen(ne) ▷ *nm*: **el (mar) M~** la (Mer) Méditerranée
médula *nf* moelle *f*; **médula espinal** moelle épinière
medusa (*Esp*) *nf* méduse *f*
megafonía *nf* sono *f*; (*técnica*) sonorisation *f*
megáfono *nm* porte-voix *m inv*
megalómano, -a *nm/f* mégalomane *m/f*
mejicano, -a (*Esp*) *adj* mexicain(e) ▷ *nm/f* Mexicain(e)
Méjico (*Esp*) *nm* Mexique *m*
mejilla *nf* joue *f*
mejillón *nm* moule *f*
mejor *adj* meilleur(e) ▷ *adv* mieux; **será ~ que vayas** il vaut mieux que tu t'en ailles; **a lo ~** peut-être; **~ dicho** plutôt; **¡(tanto) ~!** tant mieux!; **~ vámonos** (*espAm*: *fam*) allons-y; **tu, ~ te callas** (*espAm*: *fam*) toi, tu ferais mieux de te taire
mejora *nf* amélioration *f*; **mejorar** *vt* améliorer ▷ *vi* s'améliorer; (*enfermo*) se rétablir
mejoría *nf* (*de enfermo*) rétablissement *m*; (*del tiempo*) amélioration *f*
melancólico, -a *adj* mélancolique
melena *nf* (*de persona*) chevelure *f*; (*de león*) crinière *f*
mellizo, -a *adj*, *nm/f* jumeau(-elle); **mellizos** *nmpl* (*Am*) jumelles *fpl*; (*de ropa*) boutons *mpl* de manchette
melocotón (*Esp*) *nm* pêche *f*
melodía *nf* mélodie *f*
melodrama *nm* mélodrame *m*
melón *nm* melon *m*
membrete *nm* en-tête *m*
membrillo *nm* (*fruto*) coing *m*; (*tb*: **carne de ~**) confiture *f* de coings
memorable *adj* mémorable
memoria *nf* mémoire *f*; **memorias** *nfpl* (*de autor*) mémoires *fpl*; **aprender/saber/recitar algo de ~** apprendre/savoir/réciter qch par cœur; **memorizar** *vt* mémoriser
menaje *nm* (*de cocina*) ustensiles *mpl* de cuisine; (*del hogar*) ustensiles de ménage
mencionar *vt* mentionner
mendigar *vt*, *vi* mendier
mendigo, -a *nm/f* mendiant(e)
mendrugo *nm* quignon *m*
menear *vt* remuer; (*cadera*) balancer; **menearse** *vpr* remuer
menester *nm*: **es ~ hacer algo** il faut faire qch; **menesteres** *nmpl* devoirs *mpl*
menestra *nf*: **~ de verduras** macédoine *f* de légumes (*parfois avec des morceaux de viande*)
menguante *adj* décroissant(e); **menguar** *vt* diminuer ▷ *vi* décroître; (*número*) réduire; (*días*) diminuer
meningitis *nf* méningite *f*
menopausia *nf* ménopause *f*

menor *adj* (*más pequeño: compar*) plus petit(e); (*número: superl*) moindre; (*más joven*) plus jeune; (*Mús*) mineur(e) ▷ *nm/f* (*tb*: **~ de edad**) mineur(e); **no tengo la ~ idea** je n'en ai pas la moindre idée; **al por ~** au détail

Menorca *nf* Minorque *f*

PALABRA CLAVE

menos *adv* 1 (*compar*) moins; **me gusta menos (que el otro)** je l'aime moins (que l'autre); **menos de 50** moins de 50; **menos de lo que esperaba** moins que je n'en attendais
2 (*+ sustantivo*) moins de; **menos gente** moins de gens; **menos coches** moins de voitures
3 (*tras sustantivo*) de moins; **3 libros menos (que ayer)** 3 livres de moins (qu'hier)
4 (*superl*): **es la menos lista (de su clase)** c'est la moins intelligente (de sa classe); **el libro menos vendido** le livre le moins vendu; **de todas ellas es la que menos me agrada** c'est celle qui me plaît le moins parmi elles; **es el que menos culpa tiene** c'est celui qui est le moins coupable; **lo menos que ...** le moins que ...
5 (*locuciones*): **no quiero verle y menos visitarle** je ne veux pas le voir, encore moins lui rendre visite; **menos aun cuando ...** d'autant moins que ...; **¡menos mal (que ...)!** heureusement (que ...)!; **al** *o* **por lo menos** (tout) au moins; **si al menos ...** si seulement ...
6 (*Mat*): **5 menos 2** 5 moins 2
▷ *prep* (*excepto*) sauf; **todos menos él** tous sauf lui
▷ *conj*: **a menos que: a menos que venga mañana** à moins qu'il ne vienne demain

menospreciar *vt* sous-estimer

mensaje *nm* message *m*

mensajero, -a *nm/f* messager(-ère)

menstruación *nf* menstruation *f*

mensual *adj* mensuel(elle); **mensualidad** *nf* mensualité *f*

menta *nf* menthe *f*

mental *adj* mental(e); **mentalidad** *nf* mentalité *f*

mentalizar *vt* faire prendre conscience à; **mentalizarse** *vpr*: **~se (de/de que)** se faire à l'idée (de/que)

mentar *vt* mentionner

mente *nf* esprit *m*; **tener en ~ (hacer)** avoir dans l'idée (de faire)

mentir *vi* mentir

mentira *nf* mensonge *m*; **parece ~ que ...** on ne dirait vraiment pas que ...; (*como reproche*) cela paraît incroyable que ...

mentiroso, -a *adj, nm/f* menteur(-euse)

menú *nm* menu *m*

menudo, -a *adj* (*muy pequeño*) menu(e); **¡~ negocio!** drôle d'affaire!; **¡~ chaparrón/lío!** quelle engueulade/histoire!; **¡~ sitio/actor!** (*pey*) drôle d'endroit/d'acteur!; **a ~** souvent

meñique *nm* (*tb*: **dedo ~**) auriculaire *m*

meollo *nm*: **el ~ del asunto** le fond du problème

mercado *nm* marché *m*; **Mercado Común** marché commun

mercancía *nf* marchandise *f*

mercantil *adj* commercial(e)

mercenario, -a *adj, nm* mercenaire *m*

mercería *nf* mercerie *f*; **artículos/sección de ~** mercerie

mercurio *nm* mercure *m*

merecer *vt* mériter; **merece la pena** ça vaut la peine

merecido, -a *adj* mérité(e); **recibir su ~** en prendre pour son grade

merendar *vt* prendre pour son

goûter ▷ *vi* prendre son goûter
merengue *nm* meringue *f*
meridiano *nm* méridien *m*
merienda *vb ver* **merendar** ▷ *nf* goûter *m*; (*en el campo*) pique-nique *m*
mérito *nm* mérite *m*
merluza *nf* colin *m*
merma *nf* perte *f*; **mermar** *vt* diminuer ▷ *vi* (*comida*) réduire; (*fortuna*) diminuer
mermelada *nf* confiture *f*
mero, -a *adj* simple; (*CAm, Méx: fam: verdadero*) vrai(e); (*: principal*) principal(e); (*: exacto*) précis(e)
merodear *vi*: **~ por (un lugar)** rôder dans (un endroit)
mes *nm* mois *msg*
mesa *nf* table *f*; **poner/quitar la ~** mettre/débarrasser la table; **mesa electoral** bureau *m* de vote; **mesa redonda** table ronde
mesero, -a (*esp Méx*) *nm/f* garçon/ serveuse
meseta *nf* plateau *m*
mesilla *nf* (*tb*: **~ de noche**) table *f* de nuit
mesón *nm* restaurant *m*
mestizo, -a *adj, nm/f* métis(-isse)
mesura *nf* (*moderación*) mesure *f*
meta *nf* but *m*
metabolismo *nm* métabolisme *m*
metáfora *nf* métaphore *f*
metal *nm* métal *m*; (*Mús*) cuivres *mpl*
metálico, -a *adj* métallique ▷ *nm*: **en ~** en espèces
metalurgia *nf* métallurgie *f*
meteoro *nm* météore *m*
meteorología *nf* météorologie *f*
meter *vt* mettre; (*involucrar*) mêler; (*Costura*) raccourcir; (*miedo*) faire; (*paliza*) flanquer; **meterse** *vpr*: **~se en** (*un lugar*) entrer dans; (*negocios, política*) se lancer dans; (*entrometerse*) se mêler de; **~ algo en** *o* **a** (*esp Am*) mettre qch dans; **~se a escritor** se lancer dans la littérature; **~se con algn** s'en prendre à qn; (*en broma*) taquiner qn
meticuloso, -a *adj* méticuleux(-euse)
metódico, -a *adj* méthodique
método *nm* méthode *f*; **con ~** avec méthode
metodología *nf* méthodologie *f*
metralleta *nf* mitraillette *f*
metro *nm* mètre *m*; (*tren*: *tb*: **~politano**) métro *m*
mexicano, -a (*Am*) *adj* mexicain(e) ▷ *nm/f* Mexicain(e)
México (*Am*) *nm* Mexique *m*; **Ciudad de ~** Mexico
mezcla *nf* mélange *m*; **mezclar** *vt* mélanger; (*cosas, ideas dispares*) mêler; **mezclarse** *vpr* se mélanger; **mezclar a algn en** (*pey*) mêler qn à; **mezclarse en algo** (*pey*) se mêler de qch
mezquino, -a *adj* mesquin(e)
mezquita *nf* mosquée *f*
mg. *abr* (= *miligramo(s)*) mg (= *milligramme(s)*)
mi *adj* mon/ma ▷ *nm* (*Mús*) mi *m*; **~ hijo** mon fils; **~s hijos** mes enfants
mí *pron* moi
michelín *nm* bourrelet *m*
micro *nm* micro *m*; (*Am: microordenador*) micro-ordinateur *m*; (*: microbús*) minibus *msg*
microbio *nm* microbe *m*
micrófono *nm* microphone *m*
microondas *nm inv* (*tb*: **horno ~**) four *m* à micro-ondes
microscopio *nm* microscope *m*
miedo *nm* peur *f*; **tener ~** avoir peur; **tener ~ de que** avoir peur que
miedoso, -a *adj* peureux(-euse)
miel *nf* miel *m*
miembro *nm* membre *m*; **miembro viril** membre viril
mientras *conj* pendant que ▷ *adv* en attendant; **~ viva/pueda** tant que je vivrai/pourrai; **~ que** tandis que; **~ tanto** entre-temps

miércoles *nm inv* mercredi *m*; *ver tb* **sábado**
mierda (*fam!*) *nf* merde *f* (*fam!*)
miga *nf* mie *f*; (*una miga*) miette *f*; **hacer buenas ~s** (*fam*) faire bon ménage
migración *nf* migration *f*
mil *adj, nm* mille *m*; **dos ~ libras** deux milles livres
milagro *nm* miracle *m*; **de ~** par miracle
milagroso, -a *adj* miraculeux(-euse)
milésimo, -a *adj, nm/f* millième *m*
mili *nf*: **la ~** (*fam*) le service (militaire)
milicia *nf* milice *f*
milímetro *nm* millimètre *m*
militante *adj, nm/f* militant(e)
militar *adj, nm/f* militaire *m* ▷ *vi*: **~ en** (*Pol*) militer dans
millar *nm* millier *m*
millón *nm* million *m*
millonario, -a *adj, nm/f* millionnaire *m/f*
mimar *vt* gâter
mimbre *nm o f* osier *m*
mímica *nf* mimique *f*
mimo *nm* (*gesto cariñoso*) mamours *mpl*; (*en trato con niños: pey*) indulgence *f*; (*Teatro*) mime *m*
mina *nf* mine *f*; **minar** *vt* miner
mineral *adj* minéral(e) ▷ *nm* minéral *m*
minero, -a *adj* minier(-ière) ▷ *nm/f* mineur *m*
miniatura *nf* miniature *f*; **en ~** en miniature
minifalda *nf* mini-jupe *f*
mínimo, -a *adj* (*temperatura, salario*) minimal(e); (*detalle, esfuerzo*) minime ▷ *nm* minimum *m*
ministerio *nm* ministère *m*
ministro, -a *nm/f* ministre *m*
minoría *nf* minorité *f*
minucioso, -a *adj* minutieux(-euse)
minúscula *nf* minuscule *f*
minusválido, -a *adj, nm/f* handicapé(e)
minuta *nf* (*de abogado etc*) minute *f*
minutero *nm* aiguille *f* des minutes
minuto *nm* minute *f*
mío, -a *adj* mien(-enne) ▷ *pron* le mien/la mienne; **un amigo ~** un de mes amis
miope *adj* myope
mira *nf* (*de arma*) viseur *m*; **con la ~ de (hacer)** dans le but de (faire); **con ~s a (hacer)** en vue de (faire)
mirada *nf* regard *m*; (*momentánea*) coup *m* d'œil; **echar una ~ a** jeter un coup d'œil à
mirado, -a *adj* réservé(e); **estar bien/mal ~** être bien/mal vu(e)
mirador *nm* mirador *m*
mirar *vt* regarder; (*considerar*) penser à ▷ *vi* regarder; (*suj: ventana etc*) donner sur; **mirarse** *vpr* se regarder; **~ (hacia/por)** regarder (vers/par); **~ (en/por)** veiller (à); **~ bien/mal a algn** apprécier/ne pas apprécier qn; **~ por algn/algo** veiller sur qn/qch
mirilla *nf* judas *msg*
mirlo *nm* merle *m*
misa *nf* messe *f*
miserable *adj, nm/f* misérable *m/f*
miseria *nf* misère *f*; **una ~** (*muy poco*) une misère
misericordia *nf* miséricorde *f*
misil *nm* missile *m*
misión *nf* mission *f*; **misiones** *nfpl* (*Rel*) missions *fpl*
misionero, -a *nm/f* missionnaire *m/f*
mismo, -a *adj*: **el ~ libro/apellido** le même livre/nom de famille; (*con pron personal*): **mi** *etc* **~** moi *etc* même ▷ *adv*: **aquí/hoy ~** (*dando énfasis*) ici/aujourd'hui même; (*por ejemplo*) par exemple ici/aujourd'hui; **ayer ~** pas plus tard qu'hier ▷ *conj*: **lo ~ que** de même que; **el ~ color** la même couleur; **ahora ~** à l'instant; **yo ~ lo vi** je l'ai vu de mes propres yeux; **quiero lo ~** je veux la même chose; **es** *o* **da**

m

lo ~ peu importe; **~ que** (*Méx: esp en prensa*) qui
misterio *nm* mystère *m*; **hacer algo con (mucho) ~** faire qch en (grand) secret
misterioso, -a *adj* mystérieux(-euse)
mitad *nf* moitié *f*; (*centro*) milieu *m*; **a ~ de precio** à moitié prix; **en** *o* **a ~ del camino** à mi-chemin; **cortar por la ~** partager en deux
mitigar *vt* atténuer
mitin *nm* (*esp Pol*) meeting *m*
mito *nm* mythe *m*
mixto, -a *adj* mixte; (*ensalada*) composé(e)
mobiliario *nm* mobilier *m*
mochila *nf* sac *m* à dos
moción *nf* motion *f*
moco *nm* morve *f*
moda *nf* mode *f*; **estar de ~** être à la mode; **pasado de ~** démodé(e)
modales *nmpl* manières *fpl*
modalidad *nf* modalité *f*
modelar *vt* modeler
modelo *adj inv* modèle ▷ *nm/f* modèle *m*; (*en moda, publicitario*) mannequin *m* ▷ *nm* (*a imitar*) modèle
moderado, -a *adj* modéré(e)
moderar *vt* modérer; **moderarse** *vpr*: **~se (en)** se modérer (dans)
modernizar *vt* moderniser
moderno, -a *adj* moderne
modestia *nf* modestie *f*
modesto, -a *adj* modeste
módico, -a *adj* modique
modificar *vt* modifier
modisto, -a *nm/f* couturier(-ère)
modo *nm* (*manera*) manière *f*; **modos** *nmpl* (*modales*): **buenos/malos ~s** bonnes/mauvaises manières; **"~ de empleo"** "mode d'emploi"; **de ningún ~** en aucune façon; **de todos ~s** de toute manière
modorra *nf* léthargie *f*
mofa *nf*: **hacer ~ de algn** se moquer de qn
mofarse *vpr*: **~ de** se moquer de
moho *nm* (*en pan etc*) moisi *m*
mojar *vt* mouiller
mojón *nm* borne *f*
molde *nm* moule *m*
mole *nf* masse *f* ▷ *nm* (*Méx*) (sorte *f* de viande en) daube *f*
moler *vt* moudre
molestar *vt* (*suj: olor, ruido*) gêner; (*: visitas, niño*) déranger; (*: zapato, herida*) faire mal à; (*: comentario, actitud*) vexer ▷ *vi* (*visitas, niño*) déranger; **molestarse** *vpr* se déranger; (*ofenderse*) se vexer; **~se (en)** prendre la peine (de)
molestia *nf* gêne *f*; (*Med*) douleur *f*; **tomarse la ~ de** prendre la peine de; **no es ninguna ~** cela ne me dérange pas du tout, je vous en prie; **"perdonen las ~s"** "veuillez nous excuser pour le désagrément"
molesto, -a *adj* gênant(e), désagréable; **estar ~** (*Med*) se sentir mal; (*enfadado*) être fâché(e); **estar ~ con algn** ne pas être à l'aise avec qn
molido, -a *adj*: **estar ~** être crevé(e)
molinillo *nm*: **~ de café** moulin *m* à café
molino *nm* moulin *m*
momentáneo, -a *adj* momentané(e)
momento *nm* moment *m*; **es el/no es el ~ de (hacer)** c'est/ce n'est pas le moment de (faire); **de ~** pour le moment
momia *nf* momie *f*
monarca *nm* monarque *m*; **monarquía** *nf* monarchie *f*
monárquico, -a *adj* monarchique ▷ *nm/f* monarchiste *m/f*
monasterio *nm* monastère *m*

LA MONCLOA

Le palais de la Moncloa à Madrid est la résidence officielle du chef du gouvernement espagnol. Par extension, la Moncloa désigne souvent le chef du gouvernement et ses collaborateurs.

mondar *vt* éplucher; **mondarse** *vpr*: **~se de risa** (*fam*) se tordre de rire
moneda *nf* (*unidad monetaria*) monnaie *f*; (*pieza*) pièce *f* de monnaie; **monedero** *nm* porte-monnaie *m inv*
monetario, -a *adj* monétaire
monitor, a *nm/f* moniteur(-trice) ▷ *nm* (*TV, Inform*) moniteur *m*
monja *nf* religieuse *f*
monje *nm* moine *m*
mono, -a *adj* beau/belle ▷ *nm/f* singe/guenon ▷ *nm* (*prenda: entera*) bleu *m* de travail
monólogo *nm* monologue *m*
monopolio *nm* monopole *m*; **monopolizar** *vt* monopoliser
monotonía *nf* monotonie *f*
monótono, -a *adj* monotone
monstruo *nm* monstre *m*
monstruoso, -a *adj* monstrueux(-euse)
montaje *nm* montage *m*
montaña *nf* montagne *f*; **montaña rusa** montagne russe
montar *vt, vi* monter; **~ a caballo** monter à cheval; **botas de ~** bottes *fpl* d'équitation; **~ en cólera** se mettre en colère
monte *nm* mont *m*; (*área sin cultivar*) bois *msg*; **monte de piedad** mont de piété
montón *nm* tas *msg*; (*de gente, dinero*) flopée *f*
monumento *nm* monument *m*
moño *nm* chignon *m*
moqueta *nf* moquette *f*
mora *nf* (*Bot*) mûre *f*
morada *nf* demeure *f*
morado, -a *adj* violet(-ette) ▷ *nm* violet *m*
moral *adj* moral(e) ▷ *nf* morale *f*; (*ánimo*) moral *m* ▷ *nm* (*Bot*) mûrier *m*
moraleja *nf* morale *f*
moralidad *nf* moralité *f*
morboso, -a *adj* morbide
morcilla *nf* (*Culin*) ≈ boudin *m* noir
mordaz *adj* (*crítica*) sévère
mordaza *nf* bâillon *m*
morder *vt*; **mordisco** *nm* petite morsure *f*
moreno, -a *adj* brun(e); (*de pelo*) mat(e); **estar ~** être bronzé(e); **ponerse ~** se bronzer
morfina *nf* morphine *f*
moribundo, -a *adj, nm/f* moribond(e)
morir *vi* mourir; **morirse** *vpr* mourir; **fue muerto a tiros/en un accidente** il a été tué par balles/dans un accident; **~se de envidia/de ganas/de vergüenza** mourir de jalousie/d'envie/de honte
moro, -a *adj* maure/mauresque ▷ *nm/f* Maure/Mauresque
moroso, -a *adj* retardataire ▷ *nm* (*Com*) mauvais payeur *m*
morral *nm* musette *f*
morro *nm* museau *m*; (*Auto, Aviat*) devant *m*; **beber a ~** boire au goulot; **estar de ~s (con algn)** faire la gueule (à qn); **tener mucho ~** (*fam*) avoir du toupet
mortadela *nf* mortadelle *f*
mortaja *nf* linceul *m*
mortal *adj, nm/f* mortel(-elle); **mortalidad** *nf* mortalité *f*
mortero *nm* mortier *m*
mortífero, -a *adj* meurtrier(-ère)
mortificar *vt* mortifier
mosca *nf* mouche *f*
Moscú *n* Moscou
mosquear (*fam*) *vt* (*hacer sospechar*) faire soupçonner; (*fastidiar*) agacer; **mosquearse** (*fam*) *vpr* se vexer
mosquitero *nm* moustiquaire *f*
mosquito *nm* moustique *m*

mostaza *nf* moutarde *f*
mostrador *nm* comptoir *m*
mostrar *vt* montrer; (*el camino*) montrer, indiquer; (*explicar*) expliquer; **mostrarse** *vpr*: **~se amable** se montrer aimable
mota *nf* poussière *f*; (*en tela: dibujo*) nœud *m*
mote *nm* surnom *m*
motín *nm* mutinerie *f*
motivar *vt* motiver, encourager, stimuler; **motivo** *nm* motif *m*
moto, motocicleta *nf* moto *f*
motociclista *nm/f* motocycliste *m/f*
motor, a *adj* moteur(-trice) ▷ *nm* moteur *m*; **~ a** *o* **de reacción/de explosión** moteur à réaction/à explosion
motora *nf* canot *m*
movedizo, -a *adj*: **arenas movedizas** sables *mpl* mouvants
mover *vt* bouger; (*máquina*) mettre en marche; **moverse** *vpr* se déplacer; (*tierra*) glisser; **~ a algn a hacer** (*inducir*) pousser qn à faire; **~ la cabeza** (*para negar*) hocher la tête de droite à gauche
móvil *adj* mobile; (*pieza de máquina*) roulant(e) ▷ *nm* (*de crimen*) mobile *m*; (*teléfono*) portable *m*; **movilidad** *nf* mobilité *f*; **movilizar** *vt* mobiliser
movimiento *nm* mouvement *m*
moza *nf* jeune fille *f*
mozo *nm* jeune homme *m*; (*en hotel*) groom *m*; (*camarero*) garçon *m*; (*Mil*) conscrit *m*
muchacha *nf* fille *f*; (*criada*) domestique *f*
muchacho *nm* garçon *m*
muchedumbre *nf* foule *f*

PALABRA CLAVE

mucho, -a *adj* **1** (*cantidad, número*) beaucoup de; **mucha gente** beaucoup de monde; **mucho dinero** beaucoup d'argent; **hace mucho calor** il fait très chaud; **muchas amigas** beaucoup d'amies
2 (*sg: fam: grande*): **ésta es mucha casa para él** cette maison est bien trop grande pour lui
3 (*sg: demasiados*): **hay mucho gamberro aquí** il y a beaucoup de voyous par ici
▷ *pron*: **tengo mucho que hacer** j'ai beaucoup (de choses) à faire; **muchos dicen que ...** beaucoup de gens disent que ...; *ver tb* **tener**
▷ *adv* **1**: **te quiero mucho** je t'aime beaucoup; **lo siento mucho** je regrette beaucoup, je suis vraiment désolé; **mucho antes/mejor** bien avant/meilleur; **come mucho** il mange beaucoup; **¿te vas a quedar mucho?** tu vas rester longtemps?
2 (*respuesta*) très; **¿estás cansado? - ¡mucho!** tu es fatigué? - très!
3 (*locuciones*): **leo como mucho un libro al mes** je lis au maximum un livre par mois; **el mejor con mucho** de loin le meilleur; **¡ni mucho menos!** loin de là!; **él no es ni mucho menos trabajador** il est loin d'être travailleur
4: **por mucho que: por mucho que le quieras** tu as beau l'aimer

muda *nf* (*de ropa*) linge *m* de rechange
mudanza *nf* déménagement *m*; **camión/casa de ~s** camion *m*/ entreprise *m* de déménagement
mudar *vt* changer; (*Zool*) muer; **mudarse** *vpr*: **~se (de ropa)** se changer; **~ de** (*opinión, color*) changer de; **~se (de casa)** déménager; **la voz le está mudando** il est en train de muer
mudo, -a *adj* muet(te); (*callado*) silencieux(-euse)
mueble *nm* meuble *m*
mueca *nf* grimace *f*

muela *vb ver* **moler** ▷ *nf (diente de atrás)* molaire *f*; **muela del juicio** dent *f* de sagesse
muelle *nm* ressort *m*; *(Náut)* quai *m*
muera *etc vb ver* **morir**
muerte *nf* mort *f*; **dar ~ a** donner la mort à
muerto, -a *pp de* **morir** ▷ *adj* mort(e) ▷ *nm/f* mort(e)
muestra *vb ver* **mostrar** ▷ *nf (Com, Costura)* échantillon *m*; *(de sangre)* prélèvement *m*; *(en estadística)* échantillonnage *m*; *(señal)* preuve *f*
muestreo *nm (estadístico)* échantillonnage *m*
mueva *etc vb ver* **mover**
mugir *vi* mugir
mugre *nf (suciedad)* crasse *f*; *(: grasienta)* cambouis *msg*
mugriento, -a *adj* crasseux(-euse)
mujer *nf* femme *f*; **mujeriego** *adj, nm* coureur *m*
mula *nf* mule *f*
muleta *nf (para andar)* béquille *f*; *(Taur)* muleta *f*
mullido, -a *adj* moelleux(-euse)
multa *nf* amende *f*; **multar** *vt* condamner à une amende
multicines *nmpl* cinéma *m* multisalle
multinacional *adj* multinational(e) ▷ *nf* multinationale *f*
múltiple *adj* multiple
multiplicar *vt* multiplier; **multiplicarse** *vpr* se multiplier; *(para hacer algo)* se démener, se mettre en quatre
multitud *nf* foule *f*; **~ de** multitude de
mundano, -a *adj* mondain(e)
mundial *adj* mondial(e)
mundo *nm* monde *m*; **todo el ~** tout le monde; **tiene ~** il sait comment se comporter en société
munición *nf* munition *f*
municipal *adj* municipal(e) ▷ *nm/f (tb:* **policía ~***)* agent *m* de police
municipio *nm* municipalité *f*
muñeca *nf (Anat)* poignet *m*; *(juguete, mujer)* poupée *f*; *(And, CSur: fam)* prise *f* de courant
muñeco *nm (juguete)* baigneur *m*; *(marioneta, fig)* pantin *m*
mural *nm* peinture *f* murale
muralla *nf* muraille *f*
murciélago *nm* chauve-souris *fsg*
murmullo *nm* murmure *m*
murmuración *nf* médisance *f*; **murmurar** *vt, vi* murmurer; **murmurar (de)** *(criticar)* dire du mal (de)
muro *nm* mur *m*
muscular *adj* musculaire
músculo *nm* muscle *m*
museo *nm* musée *m*
musgo *nm* mousse *f*
música *nf* musique *f*; *ver tb* **músico**
musical *adj* musical(e)
músico, -a *nm/f* musicien(ne)
muslo *nm* cuisse *f*
mustio, -a *adj (planta)* flétri(e)
musulmán, -ana *adj, nm/f* musulman(e)
mutación *nf* mutation *f*
mutilar *vt* mutiler
mutismo *nm* mutisme *m*
mutuo, -a *adj* mutuel(-elle)
muy *adv* très; **M~ Señor mío/Señora mía** cher Monsieur/chère Madame; **~ de noche** tard dans la nuit

n

N *abr* (= *norte*) N (= *nord*)
N. *sigla f* (= *carretera nacional*) RN *f* (= *route nationale*)
n. *abr* (= *nacido, a*) né(e)
nabo *nm* navet *m*
nácar *nm* nacre *f*
nacer *vi* naître; (*vegetal, barba, vello*) pousser; (*río*) prendre sa source; (*columna, calle*) commencer
nacido, -a *adj*: **~ en** né(e) en; **naciente** *adj* naissant(e); **el sol naciente** le soleil levant; **nacimiento** *nm* naissance *f*; (*de Navidad*) crèche *f*; (*de río*) source *f*
nación *nf* nation *f*; **nacional** *adj* national(e)
nacionalidad *nf* nationalité *f*; **nacionalismo** *nm* nationalisme *m*; **nacionalista** *adj, nm/f* nationaliste *m/f*; **nacionalizar** *vt* nationaliser; **nacionalizarse** *vpr* se faire naturaliser
nada *pron, adv* rien; **no decir ~** ne rien dire; **de ~** de rien; **por ~** pour rien
nadador, a *nm/f* nageur(-euse)
nadar *vi* nager
nadie *pron* personne; **~ habló** personne n'a parlé; **no había ~** il n'y avait personne
nado *adv*: **a ~** à la nage
nafta (CSur) *nf* (*gasolina*) essence *f*
naipe *nm* carte *f*
nalgas *nfpl* fesses *fpl*
nana *nf* berceuse *f*
naranja *adj inv* orange ▷ *nm* (*color*) orange *m* ▷ *nf* (*fruta*) orange *f*; **media ~** (*fam*) moitié *f*; **naranjada** *nf* orangeade *f*; **naranjo** *nm* oranger *m*
narciso *nm* narcisse *m*
narcótico, -a *adj, nm* narcotique *m*; **narcotizar** *vt* administrer des narcotiques à
nardo *nm* nard *m*
narigón, -ona, narigudo, -a *adj*: **un tipo ~** un type au grand nez
nariz *nf* nez *m*; **narices** *nfpl* narines *fpl*; **delante de las narices de algn** au nez de qn; **nariz chata/respingona** nez épaté/en trompette
narración *nf* narration *f*
narrador, a *nm/f* narrateur(-trice)
narrar *vt* raconter; **narrativa** *nf* genre *m* narratif
nata *nf* crème *f*
natación *nf* natation *f*
natal *adj* natal(e); **natalidad** *nf* natalité *f*; **control de natalidad** contrôle *m* des naissances
natillas *nfpl* crème *f* renversée
nativo, -a *adj* (*costumbres*) local(e), du pays; (*lengua*) maternel(le); (*país*) natal(e) ▷ *nm/f* natif(-ive)
nato, -a *adj*: **un actor/pintor/ músico ~** un acteur/peintre/ musicien né
natural *adj* naturel(le); (*luz*) du jour; (*flor, fruta*) vrai(e); **~ de** natif(-ive) de
naturaleza *nf* nature *f*

naturalidad *nf* naturel *m*
naturalmente *adv* naturellement; **¡~!** naturellement!
naufragar *vi* faire naufrage; **naufragio** *nm* naufrage *m*
náufrago, -a *nm/f* naufragé(e)
náuseas *nfpl* nausées *fpl*; **me da ~** ça me donne la nausée
náutico, -a *adj* nautique
navaja *nf* couteau *m* (de poche); **~ (de afeitar)** rasoir *m* à main
naval *adj* naval(e)
Navarra *nf* Navarre *f*
nave *nf* (*barco*) navire *m*; (*Arq*) nef *f*; **nave espacial** vaisseau *m* spatial; **nave industrial** atelier *m*
navegación *nf* navigation *f*; (*viaje*) voyage *m* en mer; **navegación aérea/costera/fluvial** navigation aérienne/côtière/fluviale; **navegante** *nm/f* navigateur(-trice); **navegar** *vi* naviguer
navidad *nf* (*tb*: **~es**) fêtes *fpl* de Noël; (*tb*: **día de ~**) la Noël; (*Rel*) Noël *m*
navideño, -a *adj* de Noël
navío *nm* navire *m*
nazca *etc vb ver* **nacer**
nazi *adj* nazi(e) ▷ *nm/f* Nazi(e)
NE *abr* (= *nor(d)este*) N.-E. (= *nord-est*)
neblina *nf* brume *f*
nebulosa *nf* nébuleuse *f*
necesario, -a *adj*: **~ (para)** nécessaire (pour); **(no) es ~ que** il (n')est (pas) nécessaire que
neceser *nm* nécessaire *m*
necesidad *nf* besoin *m*; (*cosa necesaria*) nécessité *f*; (*miseria*) pauvreté *f*; **en caso de ~** en cas de besoin; **hacer sus ~es** faire ses besoins
necesitado, -a *adj* nécessiteux(-euse); **estar ~ de** avoir grand besoin de
necesitar *vt*: **~ (hacer)** avoir besoin de (faire) ▷ *vi*: **~ de** avoir besoin de
necio, -a *adj, nm/f* idiot(e)
néctar *nm* nectar *m*
nectarina *nf* nectarine *f*
nefasto, -a *adj* néfaste
negación *nf* négation *f*
negar *vt* (*hechos*) nier; (*permiso, acceso*) refuser; **negarse** *vpr*: **~se a hacer algo** se refuser à faire qch
negativa *nf* négative *f*; (*rechazo*) refus *msg*
negativo, -a *adj* négatif(-ive) ▷ *nm* (*Foto*) négatif *m*
negligencia *nf* négligence *f*; **negligente** *adj* négligent(e)
negociado *nm* bureau *m*
negociante *nm/f* (*Com*) négociant(e); (*pey*) trafiquant(e)
negociar *vt* négocier ▷ *vi*: **~ en** *o* **con** (*Com*) faire le commerce de *o* du commerce avec
negocio *nm* affaire *f*; (*tienda*) commerce *m*; **los ~s** les affaires *fpl*; **hacer ~** faire des affaires; **¡eso es un ~!** ça rapporte!; **~ sucio** affaire *f* louche; **¡mal ~!** (*fam*) ça va mal!
negra *nf* (*Mús*) noire *f*
negro, -a *adj* noir(e) ▷ *nm* (*color*) noir *m* ▷ *nf*: **la negra** la poisse ▷ *nm/f* (*persona*) noir(e); (*Am: fam*) chéri(e)
nene, -a *nm/f* petit(e)
nenúfar *nm* nénuphar *m*
neón *nm*: **luz** *o* **lámpara de ~** néon *m*
neoyorquino, -a *adj* new-yorkais(e)
nervio *nm* nerf *m*; (*Bot, Arq*) nervure *f*; **nerviosismo** *nm* état *m* d'agitation, nervosité *f*
nervioso, -a *adj* nerveux(-euse)
neto, -a *adj* net/nette
neumático *nm* pneu *m*; **neumático de recambio** roue *f* de secours
neurona *nf* neurone *m*
neutral *adj* neutre; **neutralizar** *vt* neutraliser
neutro, -a *adj* neutre; (*Bio*) asexué(e)
neutrón *nm* neutron *m*
nevada *nf* chute *f* de neige
nevar *vi* neiger

nevera *(Esp) nf* réfrigérateur *m*
nexo *nm* lien *m*
ni *conj* ni; *(tb:* **~ siquiera**) même pas; **~ aunque** même si; **~ blanco ~ negro** ni blanc ni noir
Nicaragua *nf* Nicaragua *m*; **nicaragüense** *adj* nicaraguayen(ne) ▷ *nm/f* Nicaraguayen(ne)
nicho *nm* niche *f*
nicotina *nf* nicotine *f*
nido *nm* nid *m*
niebla *nf* brouillard *m*
niego *etc*, **niegue** *etc vb ver* **negar**
nieto, -a *nm/f* petit-fils/petite-fille; **los nietos** *nmpl* les petits-enfants
nieve *vb ver* **nevar** ▷ *nf* neige *f*; *(Am: helado)* glace *f*
NIF *nm abr (= Número de Identificación Fiscal) matricule fiscal utilisé dans l'administration*
Nilo *nm*: **el (Río) ~** le Nil
nimiedad *nf* bagatelle *f*
nimio, -a *adj* insignifiant(e), sans importance
ninfa *nf* nymphe *f*
ningún *adj ver* **ninguno**
ninguno, -a *adj* aucun(e) ▷ *pron* personne; **de ninguna manera** en aucune manière
niña *nf* (petite) fille *f*; *(del ojo)* pupille *f*
niñera *nf* nourrice *f*; **niñería** *(pey) nf* enfantillage *m*
niñez *nf* enfance *f*
niño, -a *adj* jeune; *(pey)* puéril(e) ▷ *nm* enfant *m*; *(chico)* (petit) garçon *m*; *(bebé)* petit enfant *m*
nipón, -ona *adj* nippon(e o ne)
níquel *nm* nickel *m*; **niquelar** *vt* nickeler
níspero *nm* néflier *m*
nitidez *nf (de imagen)* netteté *f*; *(de atmósfera)* pureté *f*
nítido, -a *adj (imagen)* net(te); *(cielo)* dégagé(e); *(atmósfera)* pur(e)
nitrato *nm* nitrate *m*
nitrógeno *nm* azote *m*
nivel *nm* niveau *m*; **nivel del aceite** niveau d'huile; **nivel de vida** niveau de vie; **nivelar** *vt* niveler; *(ingresos, categorías)* égaliser
NN. UU. *abr (= Naciones Unidas)* NU *(= Nations unies)*
NO *abr (= noroeste)* N.-O. *(= nord-ouest)*

PALABRA CLAVE

no *adv* **1**: **¡no!** *(en respuesta)* non!; **ahora no** pas maintenant; **no mucho** pas tellement, pas beaucoup; **¡cómo no!** bien sûr!
2 *(con verbo)* ne ... pas; **no viene** il ne vient pas; **no es el mío** ce n'est pas le mien
3 *(no + sustantivo)*: **pacto de no agresión** pacte *m* de non-agression; **los paises no alineados** les pays non-alignés
4: **no sea que haga frío** au cas où il ferait froid
5: **no bien hubo terminado se marchó** à peine eut-il terminé qu'il s'en alla
6: **¡a que no lo sabes!** je parie que tu ne le sais pas!

noble *adj, nm/f* noble *m/f*; **nobleza** *nf* noblesse *f*; **la nobleza** la noblesse
noche *nf* nuit *f*; *(la tarde)* soir *m*; **de ~, por la ~** le soir; *(de madrugada)* la nuit; **se hace de ~** la nuit tombe; **es de ~** il fait nuit

NOCHE DE SAN JUAN

La fête de la **Noche de San Juan** a lieu le 24 juin. Cette fête, qui coïncide avec le solstice d'été, a remplacé d'anciennes fêtes païennes. Durant les festivités, où selon la tradition le feu joue un rôle important, on danse autour de feux de joie dans les villes et les villages.

Nochebuena *nf* nuit *f* de Noël

NOCHEBUENA

Dans les pays de langue espagnole, comme en France, on fête Noël la nuit du 24 décembre; c'est **Nochebuena**. Les familles se réunissent autour d'un grand repas et les plus pieux assistent à la messe de minuit. Bien que la tradition veuille que les cadeaux soient apportés par les Rois mages le 6 janvier, il est de plus en plus fréquent de s'offrir des cadeaux la veille de Noël.

Nochevieja *nf* nuit *f* de la Saint Sylvestre

NOCHEVIEJA

En Espagne, "las campanadas", les douze coups de l'horloge de la "Puerta del Sol" à Madrid, qui sont retransmis en direct pour marquer le début de chaque nouvelle année, représentent le temps fort du réveillon de la Saint-Sylvestre **Nochevieja**. Lorsque minuit sonne, la tradition connue sous le nom de "las uvas de la suerte" ou "las doce uvas", veut que l'on mange douze grains de raisin, un pour chaque coup.

noción *nf* notion *f*
nocivo, -a *adj* nocif(-ive)
noctámbulo, -a *adj, nm/f* noctambule *m/f*
nocturno, -a *adj* nocturne; (*club*) de nuit; (*clases*) du soir ▷ *nm* (*Mús*) nocturne *m*
nodriza *nf* nourrice *f*; **buque/nave ~** bateau *m*/navire *m* de ravitaillement
nogal *nm* noyer *m*
nómada *adj, nm/f* nomade *m/f*
nombramiento *nm* nomination *f*
nombrar *vt* nommer
nombre *nm* nom *m*; (*tb:* **~ completo**) nom (et prénoms); **~ y apellidos** nom et prénoms; **nombre común** nom commun; **nombre de pila** prénom *m*; **nombre de soltera** nom de jeune fille; **nombre de usuario** (*Inform*) identifiant *m*; **nombre propio** nom propre
nómina *nf* (*de personal*) liste *f*; (*hoja de sueldo*) feuille *f* de paie
nominal *adj* nominal(e)
nominar *vt* nommer
nominativo, -a *adj* (*Ling*) nominatif(-ive); **un cheque ~ a X** un chèque à l'ordre de X
nordeste *adj* nord-est ▷ *nm* nord-est *m*
nórdico, -a *adj* (*zona*) nord; (*escandinavo*) nordique
noreste *adj, nm* = **nordeste**
noria *nf* (*Agr*) noria *f*; (*de feria*) grande roue *f*
normal *adj* normal(e); **normalidad** *nf* normalité *f*; **restablecer la normalidad** rétablir l'ordre; **normalizar** *vt* normaliser; (*gastos*) régulariser; **normalizarse** *vpr* se normaliser
normando, -a *adj* normand(e) ▷ *nm/f* Normand(e)
normativa *nf* réglementation *f*
noroeste *adj* nord-ouest ▷ *nm* nord-ouest *m*
norte *adj* nord ▷ *nm* nord *m*
norteamericano, -a *adj* américain(e) ▷ *nm/f* Américain(e)
Noruega *nf* Norvège *f*
noruego, -a *adj* norvégien(ne) ▷ *nm/f* Norvégien(ne)
nos *pron* nous; **~ levantamos a las 7** nous nous levons à 7 heures
nosotros, -as *pron* nous
nostalgia *nf* nostalgie *f*

nota *nf* note *f*; **notas** *nfpl* (*apuntes*) notes *fpl*; (*Escol*) résultats *mpl*
notar *vt* (*darse cuenta de*) remarquer; (*frío, calor*) sentir; **notarse** *vpr* (*efectos, cambio*) se faire sentir; (*mancha*) se voir; **se nota que ...** on voit que ...
notarial *adj* notarial(e); **acta ~** acte *m* notarié
notario *nm* notaire *m*
noticia *nf* nouvelle *f*; **las ~s** (*TV*) les informations; **tener ~s de algn** avoir des nouvelles de qn
noticiero *nm* journal *m*
notificación *nf* notification *f*; **notificar** *vt* notifier
notoriedad *nf* notoriété *f*
notorio, -a *adj* notoire
novato, -a *adj, nm/f* nouveau(-velle)
novecientos, -as *adj* neuf cents; *ver tb* **seiscientos**
novedad *nf* nouveauté *f*; (*noticia*) nouvelle *f*
novel *adj* débutant(e)
novela *nf* roman *m*
noveno, -a *adj, nm/f* neuvième *m/f*; *ver tb* **sexto**
noventa *adj inv, nm inv* quatre-vingt-dix *m inv*; *ver tb* **sesenta**
novia *nf ver* **novio**
noviazgo *nm* fiançailles *fpl*
novicio, -a *adj* (*Rel*) novice ▷ *nm/f* (*Rel*) novice *m/f*
noviembre *nm* novembre *m*; *ver tb* **julio**
novillada *nf course de jeunes taureaux*
novillero *nm torero combattant de jeunes taureaux*
novillo *nm* jeune taureau *m*; **hacer ~s** (*fam*) faire l'école buissonnière
novio, -a *nm/f* (*amigo íntimo*) petit(e) ami(e); (*prometido*) fiancé(e); (*en boda*) marié(e); **los ~s** les fiancés *mpl*; (*en boda*) les mariés *mpl*
nubarrón *nm* gros nuage *m*
nube *nf* nuage *m*; (*de mosquitos*) nuée *f*; (*Med: ocular*) taie *f*
nublado, -a *adj* nuageux(-euse); (*día*) gris(e)
nubosidad *nf* nuages *mpl*; **había mucha ~** il y avait beaucoup de nuages
nuca *nf* nuque *f*
nuclear *adj* nucléaire
núcleo *nm* noyau *m*; **núcleo de población** agglomération *f*; **núcleo urbano** centre *m* urbain
nudillo *nm* jointure *f*
nudista *adj, nm/f* nudiste *m/f*
nudo *nm* nœud *m*; **nudo de carreteras** nœud routier; **nudo de comunicaciones** nœud de communications
nudoso, -a *adj* noueux(-euse)
nuera *nf* belle-fille *f*
nuestro, -a *adj* à nous ▷ *pron* notre; **~ padre** notre père; **un amigo ~** un de nos amis; **es el ~** c'est le nôtre
nueva *nf* nouvelle *f*
nuevamente *adv* à nouveau; **Nueva York** *n* New York
Nueva Zelanda *nf* Nouvelle-Zélande *f*; **Nueva Zelandia** (*Am*) *nf* = **Nueva Zelanda**
nueve *adj inv, nm inv* neuf *m inv*; *ver tb* **seis**
nuevo, -a *adj* nouveau(-velle); (*no usado*) neuf/neuve; **de ~** de nouveau
nuez (*pl* **nueces**) *nf* noix *fsg*; **nuez (de Adán)** pomme *f* d'Adam; **nuez moscada** noix muscade
nulidad *nf* nullité *f*; **es una ~** (*pey*) il est nul
nulo, -a *adj* nul(le); **soy ~ para la música** je suis nul(le) en musique
núm. *abr* (= *número*) n° (= *numéro*)
numeración *nf* (*de calle, páginas*) numérotation *f*; (*sistema*) chiffres *mpl*
numeral *nm* numéral *m*
numerar *vt* numéroter
número *nm* nombre *m*; (*de zapato*) pointure *f*; (*Teatro, de publicación,*

de lotería) numéro *m*; **estar en ~s rojos** être à découvert; **número atrasado** vieux numéro; **número de matrícula/de teléfono** numéro d'immatriculation/de téléphone; **número decimal/impar/par** nombre décimal/impair/pair; **número romano** chiffre romain

numeroso, -a *adj* nombreux(-euse); *ver tb* **familia**

nunca *adv* jamais

nupcias *nfpl*: **en segundas ~** en secondes noces

nutria *nf* loutre *f*

nutrición *nf* nutrition *f*

nutrido, -a *adj* nourri(e); (*grupo, representación*) dense; **bien/mal ~** bien/mal nourri(e)

nutrir *vt* nourrir; **nutrirse** *vpr*: **~se de** se nourrir de

nutritivo, -a *adj* nutritif(-ive)

nylon *nm* nylon *m*

ñ

ñato, -a (*CSur*) *adj* (*de nariz chata*) camus(e)

ñoñería *nf* (*de persona sosa*) fadeur *f*; (*de persona melindrosa*) pudibonderie *f*; (*una ñoñería*) niaiserie *f*

ñoño, -a *adj* (*soso*) fadasse (*fam*); (*melindroso*) pudibond(e)

O

O *abr* (= *oeste*) O (= *ouest*)
o *conj* ou
o/ *nm* (= *orden*) commande *f*
oasis *nm inv* oasis *msg o fsg*
obedecer *vt* obéir à ▷ *vi* obéir; **~ a** (*Med, fig*) succomber à; **obediencia** *nf* obéissance *f*; **obediente** *adj* obéissant(e)
obertura *nf* (*Mús*) ouverture *f*
obesidad *nf* obésité *f*
obeso, -a *adj* obèse
obispo *nm* évêque *m*
objeción *nf* objection *f*
objetar *vt*: **~ que** objecter que ▷ *vi* être objecteur de conscience
objetivo, -a *adj* objectif(-ive) ▷ *nm* objectif *m*
objeto *nm* objet *m*; (*finalidad*) objet, but *m*; **ser ~ de algo** être l'objet de qch
objetor *nm* (*tb*: **~ de conciencia**) objecteur *m* de conscience
oblicuo, -a *adj* oblique
obligación *nf* obligation *f*; **obligaciones** *nfpl* obligations *fpl*; **cumplir con mi** *etc* **~** remplir mon *etc* devoir
obligar *vt* obliger
obligatorio, -a *adj* obligatoire
oboe *nm* hautbois *msg*
obra *nf* œuvre *f*; (*tb*: **~ dramática** *o* **de teatro**) pièce *f*; **obras** *nfpl* travaux *mpl*; **ser ~ de algn** être l'œuvre de qn; **por ~ de** à cause de; **obra maestra** chef-d'œuvre *m*; **obras públicas** travaux publics; **obrar** *vi* agir
obrero, -a *adj* ouvrier(-ère) ▷ *nm/f* ouvrier(-ère); (*del campo*) ouvrier(-ère) (agricole); **clase obrera** classe *f* ouvrière
obscenidad *nf* obscénité *f*
obsceno, -a *adj* obscène
obscu... = **oscu...**
obsequiar *vt*: **~ a algn con algo** faire cadeau de qch à qn; **obsequio** *nm* (*regalo*) présent *m*
observación *nf* observation *f*
observador, a *adj* observateur(-trice) ▷ *nm/f* observateur *m*
observar *vt* observer
obsesión *nf* obsession *f*
obsesivo, -a *adj* obsessionnel(le)
obsoleto, -a *adj* (*máquina*) obsolète; (*ideas*) désuet(te)
obstáculo *nm* obstacle *m*
obstante *adv*: **no ~** cependant
obstinado, -a *adj* obstiné(e)
obstinarse *vpr* s'obstiner; **~ en** s'obstiner à
obstrucción *nf* obstruction *f*; **obstruir** *vt* obstruer; (*plan, labor, proceso*) faire obstacle à
obtener *vt* obtenir
obturador *nm* obturateur *m*
obvio, -a *adj* évident(e)
ocasión *nf* occasion *f*; **¡~!** (*Com*) offre spéciale; **de ~** (*libro*) d'occasion; **ocasionar** *vt* occasionner

ocaso *nm* (*puesta de sol*) coucher *m* du soleil
occidente *nm* occident *m*; **el O~** l'Occident *m*
O.C.D.E. *sigla f* (= *Organización para la Cooperación y el Desarrollo Económico*) OCDE *f* (= *Organisation de coopération et de développement économique*)
océano *nm* océan *m*
ochenta *adj inv, nm inv* quatre-vingts *m inv*; *ver tb* **sesenta**
ocho *adj inv, nm inv* huit *m inv*; *ver tb* **seis**
ochocientos, -as *adj* huit cents; *ver tb* **seiscientos**
ocio *nm* (*tiempo*) loisir *m*
ocioso, -a *adj*: **estar ~** être oisif(-ive)
octavilla *nm* (*esp Pol*) tract *m*
octavo, -a *adj, nm/f* huitième *m/f*; *ver tb* **sexto**
octubre *nm* octobre *m*; *ver tb* **julio**
ocular *adj* (*inspección*) des yeux; **testigo ~** témoin *m* oculaire
oculista *nm/f* oculiste *m/f*
ocultar *vt* cacher
oculto, -a *adj* (*puerta, persona*) dissimulé(e); (*razón*) caché(e)
ocupación *nf* occupation *f*
ocupado, -a *adj* occupé(e); **ocupar** *vt* occuper; **ocuparse** *vpr*: **ocuparse de** s'occuper de
ocurrencia *nf* (*idea*) idée *f*; (*: graciosa*) trait *m* d'esprit; **¡qué ~!** (*pey*) quelle drôle d'idée!
ocurrir *vi* (*suceso*) se produire, se passer; **ocurrirse** *vpr*: **se me ha ocurrido que ...** il m'est venu à l'esprit que ...; **¿qué te ocurre?** qu'est-ce que tu as?; **¡qué cosas se te ocurren!** tu as de ces idées!
odiar *vt* (*a algn*) haïr; **odio** *nm* haine *f*
odioso, -a *adj* (*persona*) odieux(-euse); (*tiempo*) exécrable; (*trabajo, tema*) insupportable
odontólogo, -a *nm/f* odontologiste *m/f*
O.E.A. *sigla f* (= *Organización de Estados Americanos*) OEA *f* (= *Organisation des États américains*)
oeste *nm* ouest *m*; **película del ~** western *m*; *ver tb* **norte**
ofender *vt* offenser; **ofenderse** *vpr* s'offenser; **ofensa** *nf* offense *f*
ofensiva *nf* offensive *f*
ofensivo, -a *adj* (*palabra etc*) offensant(e); (*Mil*) offensif(-ive)
oferta *nf* offre *f*; (*Com: de bajo precio*) promotion *f*; **la ~ y la demanda** l'offre et la demande; **artículos de** *o* **en ~** articles *mpl* en promotion
oficial *adj* officiel(le) ▷ *nm/f* (*Mil*) officier *m*; (*en un trabajo*) ouvrier(-ère) qualifié(e)
oficina *nf* bureau *m*; **oficina de información** bureau d'information; **oficina de turismo** office *m* du tourisme; **oficinista** *nm/f* employé(e) de bureau
oficio *nm* travail *m*
oficioso, -a *adj* officieux(-euse)
ofrecer *vt* offrir; **ofrecerse** *vpr*: **~se a** *o* **para hacer algo** s'offrir pour faire qch; **¿qué se le ofrece?, ¿se le ofrece algo?** puis-je vous aider?; **~se de** s'offrir comme
ofrecimiento *nm* offre *f*
oftalmólogo, -a *nm/f* ophtalmologue *m/f*
ofuscar *vt* aveugler; **ofuscarse** *vpr* se troubler
oída *nf*: **de ~s** par ouï-dire
oído *nm* (*Anat*) oreille *f*; (*sentido*) ouïe *f*
oiga *etc vb ver* **oír**
oír *vt* entendre; (*atender a, esp Am*) écouter; **¡oye!, ¡oiga!** écoute!, écoutez!
O.I.T. *sigla f* (= *Organización Internacional del Trabajo*) OIT *f* (= *Organisation internationale du travail*)
ojal *nm* boutonnière *f*
ojalá *excl* si seulement!, espérons! ▷ *conj* (*tb*: **~ que**) si seulement,

espérons que; **~ (que) venga hoy** espérons qu'il viendra aujourd'hui
ojeada *nf* coup *m* d'œil
ojera *nf* cerne *m*; **tener ~s** avoir les yeux cernés
ojeriza *nf*: **tener ~ a** prendre en grippe
ojeroso, -a *adj* (*cara, aspecto*) fatigué(e); (*ojos*) cerné(e)
ojo *nm* œil *m*; (*de puente*) arche *f*; (*de cerradura*) trou *m*; (*de aguja*) chas *msg* ▷ *excl* attention!; **tener ~ para** avoir l'œil pour
okupa *nm/f* (*fam*) squatteur(-euse) *mf*
ola *nf* vague *f*
olé *excl* olé!
oleada *nf* vague *f*
oleaje *nm* vagues *fpl*
óleo *nm*: **un ~** une peinture à l'huile; **al ~** à l'huile; **oleoducto** *nm* oléoduc *m*
oler *vt* sentir ▷ *vi* (*despedir olor*) sentir; **huele a tabaco** ça sent le tabac
olfatear *vt* renifler; (*con el hocico*) flairer; **olfato** *nm* odorat *m*
oligarquía *nf* oligarchie *f*
olimpíada *nf* olympiade *f*; **olimpíadas** *nfpl* jeux *mpl* olympiques
oliva *nf* olive *f*; **aceite de ~** huile *f* d'olive; **olivo** *nm* olivier *m*
olla *nf* marmite *f*; (*comida*) ragoût *m*; **~ a presión** cocotte-minute *f*
olmo *nm* orme *m*
olor *nm* odeur *f*
oloroso, -a *adj* odorant(e)
olvidar *vt* oublier; **olvidarse** *vpr*: **~se (de)** oublier (de); **~ hacer algo** oublier de faire qch; **se me olvidó (hacerlo)** j'ai oublié (de le faire)
olvido *nm* oubli *m*
ombligo *nm* nombril *m*
omiso, -a *adj*: **hacer caso ~ de** passer outre à
omitir *vt* omettre
omnipotente *adj* omnipotent(e)
omoplato *nm* omoplate *f*
OMS *sigla f* (= *Organización Mundial de la Salud*) OMS *f* (= *Organisation mondiale de la santé*)
ONCE *sigla f* (= *Organización Nacional de Ciegos Españoles*) *entreprise et organisme d'aide aux aveugles*
once *adj inv, nm inv* onze *m inv* ▷ *nf* (*Am: refrigerio, merienda*): **la ~, las ~s** le goûter, le thé; *ver tb* **seis**
onda *nf* (*Fís*) onde *f*; **onda corta/larga/media** onde courte/grande/moyenne; **ondear** *vi* onduler
ondular *vt, vi* onduler; **ondularse** *vpr* onduler
ONG *sigla f* (= *Organización no gubernamental*) ONG *f*
ONU *sigla f* (= *Organización de las Naciones Unidas*) ONU *f* (= *Organisation des Nations unies*)
opaco, -a *adj* opaque
opción *nf* (*elección*) choix *m*; (*una opción*) option *f*; (*derecho*): **~ a** choix entre
opcional *adj* facultatif(-ive)
O.P.E.P. *sigla f* (= *Organización de Países Exportadores del Petróleo*) OPEP *f* (= *Organisation des pays exportateurs de pétrole*)
ópera *nf* opéra *m*
operación *nf* opération *f*
operar *vt* opérer ▷ *vi* opérer; (*Com*) faire des transactions; **operarse** *vpr* (*cambio*) s'opérer; **~se (de)** être opéré(e) (de)
opereta *nf* opérette *f*
opinar *vt* penser ▷ *vi*: **~ (de** *o* **sobre)** donner son avis (sur); **opinión** *nf* opinion *f*, avis *msg*; **cambiar de opinión** changer d'avis
opio *nm* opium *m*
oponente *nm/f* adversaire *m/f*
oponer *vt* opposer; **oponerse** *vpr*: **~se (a)** s'opposer (à); **¡me opongo!** je m'y oppose!
oportunidad *nf* (*ocasión*) occasion *f*; (*posibilidad*) opportunité *f*; **oportunidades** *nfpl* (*Com*) promotions *fpl*

oportuno, -a *adj* opportun(e); (*persona*) judicieux(-euse); **en el momento ~** au moment opportun
oposición *nf* opposition *f*; **oposiciones** *nfpl* (*Esp*) concours *msg*; **la ~** (*Pol*) l'opposition
opresivo, -a *adj* (*régimen*) oppressif(-ive); (*medidas*) de répression
opresor, a *nm/f* oppresseur *m*
oprimir *vt* (*botón*) presser; (*suj: cinturón, ropa*) serrer; (*obrero, campesino*) opprimer
optar *vi*: **~ por** opter pour; **~ a** aspirer à
optativo, -a *adj* (*asignatura*) facultatif(-ive)
óptica *nf* (*tienda*) opticien *m*; (*Fís, Tec*) optique *f*
óptico, -a *adj* optique ▷ *nm/f* opticien(ne)
optimismo *nm* optimisme *m*; **optimista** *adj, nm/f* optimiste *m/f*
óptimo, -a *adj* optimal(e)
opuesto, -a *pp de* **oponer** ▷ *adj* opposé(e)
opulencia *nf* opulence *f*
opulento, -a *adj* opulent(e)
oración *nf* (*Rel*) prière *f*; (*Ling*) énoncé *m*
orador, a *nm/f* orateur(-trice)
oral *adj* oral(e)
orangután *nm* orang-outang *m*
orar *vi* prier
oratoria *nf* éloquence *f*, bagou *m*
órbita *nf* orbite *f*
orden *nm* ordre *m* ▷ *nf* (*mandato, Rel*) ordre *m*; **por ~** par ordre; **de primer ~** de premier ordre; **orden del día** ordre du jour
ordenado, -a *adj* ordonné(e)
ordenador *nm* (*Inform*) ordinateur *m*
ordenanza *nf* (*militar, municipal*) ordonnance *f*
ordenar *vt* (*mandar*) ordonner; (*papeles, juguetes*) ranger; (*habitación, ideas*) mettre de l'ordre (dans); **ordenarse** *vpr* (*Rel*) être ordonné(e)
ordeñar *vt* traire
ordinario, -a *adj* ordinaire; (*pey*) grossier(-ère)
orégano *nm* origan *m*
oreja *nf* oreille *f*
orfanato *nm* orphelinat *m*
orfandad *nf* *fait d'être orphelin*
orfebrería *nf* orfèvrerie *f*
orgánico, -a *adj* organique; (*todo*) organisé(e)
organigrama *nm* organigramme *m*
organismo *nm* organisme *m*
organización *nf* organisation *f*; **organizar** *vt* organiser; (*crear*) fonder; **organizarse** *vpr* s'organiser; (*escándalo*) se produire
órgano *nm* organe *m*; (*Mús*) orgue *m*
orgasmo *nm* orgasme *m*
orgía *nf* orgie *f*
orgullo *nm* orgueil *m*
orgulloso, -a *adj* orgueilleux(-euse)
orientación *nf* orientation *f*
orientar *vt* orienter; (*esfuerzos*) diriger; **orientarse** *vpr* s'orienter; **~se (en, sobre)** s'orienter (vers, d'après)
oriente *nm* orient *m*; **O~ Medio/Próximo** Moyen-/Proche-Orient; **Lejano O~** Extrême-Orient
origen *nm* origine *f*; **de ~ español** d'origine espagnole; **de ~ humilde** d'origine modeste
original *adj* original(e); (*relativo al origen*) originel(le); **originalidad** *nf* originalité *f*
originar *vt* causer, provoquer; **originarse** *vpr*: **~se (en)** trouver son origine (dans)
originario, -a *adj* originaire; **~ de** originaire de
orilla *nf* bord *m*
orina *nf* urine *f*; **orinal** *nm* pot *m* de chambre; **orinar** *vi* uriner; **orinarse** *vpr* faire pipi; **orines** *nmpl* urines *fpl*

oriundo, -a *adj*: **~ de** originaire de
ornitología *nf* ornithologie *f*
oro *nm* or *m*; *ver tb* **oros**
oropel *nm* oripeau *m*
oros *nmpl* (*Naipes*) *l'une des quatre couleurs d'un jeu de cartes espagnol*
orquesta *nf* orchestre *m*
orquídea *nf* orchidée *f*
ortiga *nf* ortie *f*
ortodoxo, -a *adj* orthodoxe
ortografía *nf* orthographe *f*
ortopedia *nf* orthopédie *f*
ortopédico, -a *adj* orthopédique
oruga *nf* chenille *f*
orzuelo *nm* orgelet *m*
os *pron* vous
osa *nf* ourse *f*
osadía *nf* audace *f*
osar *vi* oser
oscilación *nf* oscillation *f*
oscilar *vi* osciller; (*precio, temperatura*) fluctuer
oscurecer *vt* obscurcir ▷ *vi* commencer à faire nuit; **oscurecerse** *vpr* s'obscurcir
oscuridad *nf* obscurité *f*
oscuro, -a *adj* obscur(e); (*color etc*) foncé(e); (*día, cielo*) sombre; **a oscuras** dans l'obscurité
óseo, -a *adj* osseux(-euse)
oso *nm* ours *msg*; **oso de peluche** ours en peluche; **oso hormiguero** tamanoir *m*
ostentación *nf* ostentation *f*
ostentar *vt* arborer; (*cargo, título, récord*) posséder
ostra *nf* huître *f*
OTAN *sigla f* (= *Organización del Tratado del Atlántico Norte*) OTAN *f* (= *Organisation du traité de l'Atlantique Nord*)
otear *vt* scruter
otitis *nf* otite *f*
otoñal *adj* automnal(e)
otoño *nm* automne *m*
otorgar *vt* octroyer, concéder; (*perdón*) accorder
otorrinolaringólogo, -a *nm/f* oto-rhino(-laryngologiste) *m/f*

PALABRA CLAVE

otro, -a *adj* **1** (*distinto*: *sg*) un(e) autre; (: *pl*) d'autres; **otra persona** une autre personne; **con otros amigos** avec d'autres amis
2 (*adicional*): **tráigame otro café (más), por favor** apportez-moi un autre café, s'il vous plaît; **otros 10 días más** encore 10 jours; **otros 3** 3 autres; **otra vez** encore une fois
3 (*un nuevo*): **es otro Mozart** c'est un nouveau Mozart
4: **otro tanto: comer otro tanto** manger autant; **recibió una decena de telegramas y otras tantas llamadas** il a reçu une dizaine de télégrammes et autant de coups de téléphone
▷ *pron* **1**: **el otro/la otra** l'autre; **otros/otras** d'autres; **los otros/las otras** les autres; **no cojas esa gabardina, que es de otro** ne prends pas cet imperméable, il est à quelqu'un d'autre; **que lo haga otro** que quelqu'un d'autre le fasse
2 (*recíproco*): **se odian (la) una a (la) otra** elles se détestent l'une l'autre; **unos y otros** les uns et les autres

ovación *nf* ovation *f*
ovalado, -a *adj* ovale
óvalo *nm* ovale *m*
ovario *nm* ovaire *m*
oveja *nf* brebis *fsg*
overol (*Am*) *nm* salopette *f*
ovillo *nm* pelote *f*; **hacerse un ~** se pelotonner
OVNI *sigla m* (= *objeto volante (o volador) no identificado*) OVNI *m* (= *objet volant non identifié*)
ovulación *nf* ovulation *f*; **óvulo** *nm*

ovule *m*
oxidar *vt* oxyder, rouiller; **oxidarse** *vpr* s'oxyder, se rouiller
óxido *nm* oxyde *m*; (*sobre metal*) rouille *f*
oxigenado, -a *adj* (*agua*) oxygéné(e)
oxígeno *nm* oxygène *m*
oyendo *etc vb ver* **oír**
oyente *nm/f* auditeur(-trice)

P

P *abr* (*Rel*) (= *Padre*) P (= *Père*); = **Papa**; (= *pregunta*) Q. (= *question*)
pabellón *nm* pavillon *m*
pacer *vi* paître
paciencia *nf* patience *f*
paciente *adj, nm/f* patient(e)
pacificar *vt* pacifier
pacífico, -a *adj* pacifique; **el (Océano) P~** le (*o* l'océan) Pacifique
pacifismo *nm* pacifisme *m*; **pacifista** *nm/f* pacifiste *m/f*
pacotilla *nf*: **de ~** de pacotille
pactar *vt, vi* pactiser
pacto *nm* pacte *m*
padecer *vt* (*dolor, enfermedad*) souffrir de; (*injusticia*) pâtir de; (*consecuencias, sequía*) subir ▷ *vi*: **~ de** souffrir de; **padecimiento** *nm* souffrance *f*
padrastro *nm* beau-père *m*
padre *nm* père *m* ▷ *adj* (*fam*): **una juerga ~** une bringue à tout casser; **padres** *nmpl* (*padre y madre*) parents

mpl; **padre político** beau-père *m*
padrino *nm* parrain *m*; **padrinos** *nmpl* le parrain et la marraine; **~ de boda** témoin *m* de mariage
padrón *nm* recensement *m*
paella *nf* paella *f*
paga *nf* paie *f*, paye *f*

PAGA EXTRAORDINARIA

En Espagne, la plupart des contrats de travail à durée indéterminée ou de longue durée stipulent un treizième et quatorzième mois de salaire. En juin et en décembre, la majorité des salariés reçoivent donc un mois double, appelé **paga extraordinaria** ou **paga extra**.

pagano, -a *adj, nm/f* païen(ne)
pagar *vt, vi* payer
pagaré *nm* billet *m* à ordre
página *nf* page *f*; **página de inicio** page d'accueil; **página web** page Web
pago *nm* paiement *m*; **~(s)** (*esp And, CSur*) région *fsg*; **pago a cuenta** acompte *m*
pág(s). *abr* (= *página(s)*) pp (= *page(s)*)
pague *etc vb ver* **pagar**
país *nm* pays *msg*; **los P~es Bajos** les Pays Bas; **el P~ Vasco** le Pays Basque
paisaje *nm* paysage *m*
paisano, -a *nm/f* compatriote *m/f*; (*esp CSur*) paysan(ne) ▷ *adj* (*esp CSur*) paysan(ne); **vestir de ~** être en civil
paja *nf* paille *f*; (*fig*) remplissage *m*
pajarita *nf* nœud *m* papillon
pájaro *nm* oiseau *m*
pajita *nf* paille *f*
pala *nf* pelle *f*; (*de pingpong, frontón*) raquette *f*
palabra *nf* mot *m*; (*promesa, facultad, en asamblea*) parole *f*; **faltar a su ~** manquer à sa parole; **no encuentro ~s para expresar ...** je ne trouve pas les mots pour exprimer ...
palabrota *nf* gros mot *m*
palacio *nm* palais *msg*; **palacio de justicia** palais de justice
paladar *nm* (*tb fig*) palais *msg*; **paladear** *vt* savourer
palanca *nf* levier *m*; **palanca de cambio/mando** levier de changement de vitesse/de commande
palangana *nf* cuvette *f*
palco *nm* (*Teatro*) loge *f*
Palestina *nf* Palestine *f*
palestino, -a *adj* palestinien(ne) ▷ *nm/f* Palestinien(ne)
paleta *nf* (*de albañil*) truelle *f*; (*Arte*) palette *f*; (*Am*) esquimau *m*; *ver tb* **paleto**
paleto, -a *adj, nm/f* péquenaud(e)
paliar *vt* pallier; **paliativo** *nm* palliatif *m*
palidecer *vi* pâlir; **palidez** *nf* pâleur *f*
pálido, -a *adj* pâle
palillo *nm* cure-dents *msg*; **palillos** *nmpl* (*para comer*: *tb*: **~s chinos**) baguettes *fpl*
paliza *nf* raclée *f*; **dar una ~ a algn** flanquer une raclée à qn
palma *nf* (*de mano*) paume *f*; (*árbol*) palmier *m*; **batir** *o* **dar ~s** battre des mains; **palmada** *nf* tape *f*; **palmadas** *nfpl* (*aplauso*) applaudissements *mpl*; (*en música*) battements *mpl* de mains
palmar (*fam*) *vi* (*tb*: **~la**) clamser
palmear *vi* applaudir
palmera *nf* palmier *m*
palmo *nm* empan *m*; (*fig*) pied *m*; **~ a ~** (*recorrer*) d'un bout à l'autre; (*registrar*) de fond en comble
palo *nm* (*de madera*) bâton *m*; (*poste*) piquet *m*; (*mango*) manche *m*; (*golpe*) coup *m*; (*de golf*) club *m*; (*Náut*) mât *m*; (*Naipes*) couleur *f*
paloma *nf* pigeon *m*; **la ~ de la paz** la colombe de la paix
palomitas *nfpl* (*tb*: **~ de maíz**)

pop-corn *msg*
palpar *vt* palper
palpitación *nf* palpitation *f*
palpitante *adj* palpitant(e); (*fig*) brûlant(e)
palpitar *vi* palpiter
palta (*And, CSur*) *nf* avocat *m*
paludismo *nm* paludisme *m*
pamela *nf* capeline *f*
pampa (*Am*) *nf* pampa *f*
pan *nm* pain *m*; **un ~** un pain; **barra de ~** baguette *f*, flûte *f*; **pan de molde** pain de mie; **pan integral** pain complet; **pan rallado** chapelure *f*
pana *nf* velours *msg* côtelé
panadería *nf* boulangerie *f*
Panamá *nm* Panama *m*
panameño, -a *adj* panaméen(ne) ▷ *nm/f* Panaméen(ne)
pancarta *nf* pancarte *f*
panda *nm* panda *m*
pandereta *nf* tambourin *m*
pandilla *nf* bande *f*
panel *nm* panneau *m*
panfleto *nm* pamphlet *m*
pánico *nm* panique *f*
panorama *nm* panorama *m*
pantalla *nf* écran *m*; (*de lámpara*) abat-jour *m*
pantalón *nm*, **pantalones** ▷ *nmpl* pantalon *msg*
pantano *nm* (*ciénaga*) marécage *m*; (*embalse*) barrage *m*
panteón *nm*: **~ familiar** caveau *m* de famille
pantera *nf* panthère *f*
pantis *nmpl* collant *msg*
pantomima *nf* pantomime *f*
pantorrilla *nf* mollet *m*
panty(s) *nm(pl)* collant *msg*
panza *nf* panse *f*
pañal *nm* lange *m*
paño *nm* (*tela*) étoffe *f*; (*trapo*) torchon *m*; **en ~s menores** en petite tenue
pañuelo *nm* (*para la nariz*) mouchoir *m*; (*para la cabeza*) foulard *m*
Papa *nm* Pape *m*
papa (*Am*) *nf* pomme de terre *f*
papá (*fam*) *nm* papa *m*; **papás** *nmpl* (*padre y madre*) parents *mpl*
papada *nf* double menton *m*
papagayo *nm* perroquet *m*
paparrucha *nf* (*tontería*) bourde *f*; (*rumor falso*) bobard *m*
papaya *nf* papaye *f*
papel *nm* papier *m*; (*Teatro, fig*) rôle *m*; **papel carbón** papier carbone; **papel de aluminio** papier aluminium; **papel de calco/de lija** papier calque/de verre; **papel de envolver** papier d'emballage; **papel de estaño** *o* **plata** papier aluminium; **papel higiénico** *o* (*Méx*) **sanitario/secante** papier hygiénique/buvard; **papel moneda** papier-monnaie *m*
papeleo *nm* paperasserie *f*
papelera *nf* corbeille *f* à papiers; (*en la calle*) poubelle *f*; **papelera de reciclaje** (*Inform*) corbeille *f*
papelería *nf* papeterie *f*
papeleta *nf* (*de rifa*) billet *m*; (*Pol*) bulletin *m*; (*Escol: calificación*) relevé *m* de notes
paperas *nfpl* oreillons *mpl*
papilla *nf* bouillie *f*
paquete *nm* paquet *m*; (*esp Am: fam*) ennui *m*; **paquetes postales** colis *mpl* postaux
par *adj* pair(e) ▷ *nm* (*de guantes, calcetines*) paire *f*; (*de veces, días*) deux; (*pocos*) deux ou trois; **abrir de ~ en ~** ouvrir tout grand; **sin ~** unique
para *prep* pour; **decir ~ sí** se dire; **¿~ qué?** pourquoi faire?; **¿~ qué lo quieres?** que veux-tu en faire?; **~ entonces** à ce moment-là; **estará listo ~ mañana** ça sera prêt demain; **ir ~ casa** aller chez soi; **tengo bastante ~ vivir** j'ai de quoi vivre; **~ el caso que me haces** vu l'intérêt que tu me portes
parábola *nf* parabole *f*

P

parabólica *nf* (*tb*: **antena ~**) antenne *f* parabolique
parabrisas *nm inv* pare-brise *m inv*
paracaídas *nm inv* parachute *m*; **paracaidista** *nm/f* parachutiste *m/f*
parachoques *nm inv* pare-chocs *m inv*
parada *nf* arrêt *m*; **parada de autobús/de taxis** arrêt d'autobus/ station *f* de taxis
paradero *nm* endroit *m*; (*And, CSur*) halte *f*
parado, -a *adj* arrêté(e); (*sin empleo*) au chômage; (*Am*) debout ▷ *nm/f* chômeur(-euse)
paradoja *nf* paradoxe *m*
parador *nm* (*tb*: **~ de turismo**) parador *m* (*hôtel de première catégorie géré par l'état*)

PARADOR NACIONAL

Le réseau des **paradores** a été mis en place par le gouvernement dans les années 50, au début de l'essor du tourisme en Espagne. Il s'agit d'hôtels de première catégorie, dans des sites uniques ou des lieux à caractère historique, souvent établis dans d'anciens châteaux et monastères. Il existe actuellement 93 paradores, tous classés trois-étoiles ou plus, offrant des prestations de qualité ainsi qu'un large éventail de spécialités locales.

paráfrasis *nf inv* paraphrase *f*
paraguas *nm inv* parapluie *m*
Paraguay *nm* Paraguay *m*
paraguayo, -a *adj* paraguayen(ne) ▷ *nm/f* Paraguayen(ne)
paraíso *nm* paradis *msg*
paraje *nm* parage *m*
paralelo, -a *adj, nm* parallèle *m*
parálisis *nf inv* paralysie *f*
paralítico, -a *adj, nm/f* paralytique *m/f*
paralizar *vt* paralyser; **paralizarse** *vpr* être paralysé(e)
paramilitar *adj* paramilitaire
páramo *nm* plateau *m* nu
parangón *nm*: **sin ~** sans égal(e)
paranoico, -a *adj* paranoïaque ▷ *nm/f* paranoïaque *m/f*; (*fig*) maniaque, obsédé(e)
parar *vt* arrêter ▷ *vi* s'arrêter; **pararse** *vpr* s'arrêter; (*Am*) se lever; **sin ~** sans arrêt; **ha parado de llover** il ne pleut plus; **fue a ~ a la comisaría** il a atterri au commissariat
pararrayos *nm inv* paratonnerre *m*
parásito, -a *adj, nm* parasite *m*
parcela *nf* parcelle *f*
parche *nm* (*de rueda*) rustine *f*; (*de ropa*) pièce *f*
parcial *adj* (*pago, eclipse*) partiel(le); (*juicio*) partial(e); **parcialidad** *nf* partialité *f*
pardillo, -a *adj, nm/f* péquenaud(e) (*fam*) ▷ *nm* (*Zool*) bouvreuil *m*
parecer *nm* opinion *f* ▷ *vi* sembler; (*asemejarse a*) ressembler à; **parecerse** *vpr* se ressembler; **~se a** ressembler à; **al ~** à ce qu'il paraît; **me parece bien/importante que ...** je trouve que c'est bien/qu'il est important que ...
parecido, -a *adj* semblable ▷ *nm* ressemblance *f*; **un hombre bien ~** un bel homme
pared *nf* mur *m*
pareja *nf* paire *f*; (*hombre y mujer*) couple *m*; (*persona*) partenaire *m/f*; **una ~ de guardias** deux gendarmes
parentela *nf* parenté *f*
parentesco *nm* parenté *f*
paréntesis *nm inv* parenthèse *f*
parezca *etc vb ver* **parecer**
pariente, -a *nm/f* parent(e)
parir *vt* (*hijo*) accoucher de; (*animal*) mettre bas ▷ *vi* (*mujer*) accoucher; (*animal*) mettre bas

París *n* Paris
parisiense, parisino, -a *adj* parisien(ne) ▷ *nm/f* Parisien(ne)
parking *nm* parking *m*
parlamentario, -a *adj, nm/f* parlementaire *m/f*
parlamento *nm* parlement *m*; **Parlamento Europeo** Parlement européen
parlanchín, -ina *adj, nm/f* bavard(e)
paro *nm* (*huelga*) arrêt *m*; (*desempleo, subsidio*) chômage *m*; **estar en ~** être au chômage; **paro cardíaco** arrêt cardiaque
parodia *nf* parodie *f*; **parodiar** *vt* parodier
parpadear *vi* clignoter
párpado *nm* paupière *f*
parque *nm* parc *m*; **parque de atracciones** parc d'attractions; **parque de bomberos** caserne *f* de pompiers; **parque temático** parc à thème
parquímetro *nm* parcmètre *m*, parcmètre *m*
parra *nf* treille *f*
párrafo *nm* paragraphe *m*
parrilla *nf* grill *m*; **carne a la ~** viande *f* grillée; **parrillada** *nf* grillade *f*
párroco *nm* curé *m*
parroquia *nf* paroisse *f*
parsimonia *nf* parcimonie *f*
parte *nm* rapport *m* ▷ *nf* partie *f*; (*lado*) côté *m*; (*lugar, de reparto*) part *f*; **en alguna ~ de Europa** quelque part en Europe; **por todas ~s** partout; **en (gran) ~** en (grande) partie; **la mayor ~ de los españoles** la plupart des Espagnols; **de ~ de algn** de la part de qn; **¿de ~ de quién?** (*Telec*) de la part de qui?; **por ~ de** de la part de; **yo por mi ~** en ce qui me concerne, quant à moi; **por una ~ ... por otra ~** d'une part ... d'autre part; **dar ~ a algn** communiquer à qn; **formar ~ de** faire partie de; **tomar ~ (en)** prendre part (à); **parte meteorológico** bulletin *m* météorologique
partición *nf* partage *m*
participación *nf* participation *f*; (*de lotería*) tranche *f*
participante *nm/f* participant(e)
participar *vt* communiquer ▷ *vi*: **~ (en)** participer (à)
partícipe *nm/f*: **hacer ~ a algn de algo** faire part à qn de qch
particular *adj* particulier(-ière) ▷ *nm* (*punto, asunto*) sujet *m*, chapitre *m*; (*individuo*) particulier *m*; **clases ~es** cours *mpl* particuliers; **en ~** en particulier
partida *nf* départ *m*; (*Com: de mercancía*) lot *m*; (*: de cuenta, factura*) entrée *f*; (*: de presupuesto*) chapitre *m*; (*juego*) partie *f*; **partida de defunción/de matrimonio** extrait *m* d'acte de décès/de mariage; **partida de nacimiento** extrait de naissance
partidario, -a *adj*: **ser ~ de** être partisan(e) de ▷ *nm/f* (*seguidor*) partisan(e)
partido *nm* parti *m*; (*Deporte*) match *m*; **sacar ~ de** tirer parti de; **tomar ~** prendre parti; **partido judicial** arrondissement *m*
partir *vt* (*dividir*) partager; (*romper*) casser; (*rebanada, trozo*) couper ▷ *vi* partir; **partirse** *vpr* se casser; **a ~ de** à partir de, à compter de; **~ de** partir de
partitura *nf* partition *f*
parto *nm* (*de una mujer*) accouchement *m*; (*de un animal*) mise bas *f*; **estar de ~** être en couches
parvulario *nm* école *f* maternelle
pasa *nf* raisin *m* sec
pasada *nf* (*con trapo, escoba*) coup *m*; **de ~** (*leer, decir*) au passage; **mala ~** mauvais tour *m*
pasadizo *nm* passage *m*
pasado, -a *adj* passé(e); (*muy hecho*) trop cuit(e) ▷ *nm* passé *m*; **~ mañana** après-demain; **el mes ~** le mois

dernier; **~ de moda** démodé(e)
pasador *nm* verrou *m*; (*de pelo*) barrette *f*; (*de corbata*) épingle *f*
pasaje *nm* passage *m*; (*de barco, avión*) billet *m*; (*los pasajeros*) passagers *mpl*
pasajero, -a *adj, nm/f* passager(-ère)
pasamontañas *nm inv* passe-montagne *m*
pasaporte *nm* passeport *m*
pasar *vt* passer; (*barrera, meta*) franchir; (*frío, calor, hambre*) avoir; (*: con énfasis*) souffrir de ▷ *vi* passer; (*ocurrir*) se passer; (*entrar*) entrer; **pasarse** *vpr* se passer; (*excederse*) exagérer; **~ a (hacer)** en venir à (faire); **~ de** dépasser de; **~ de (hacer) algo** (*fam*) se ficher de (faire) qch; **¡pase!** entrez!; **~ por un sitio/una calle** passer par un endroit/une rue; **~ por alto** faire fi de, passer sous silence; **~ sin algo** se passer de qch; **~lo bien** s'amuser; **¿qué te pasa?** que t'arrive-t-il?; **pase lo que pase** quoi qu'il en soit, advienne que pourra; **se hace ~ por médico** il se fait passer pour médecin; **pásate por casa/ la oficina** passe chez moi/par mon bureau; **~se al enemigo** passer à l'ennemi; **me lo pasé bien/mal** cela s'est bien/mal passé; **se me pasó** j'ai complètement oublié
pasarela *nf* passerelle *f*; (*de modas*) podium *m*
pasatiempo *nm* passe-temps *msg*; **pasatiempos** *nmpl* (*en revista*) jeux *mpl*
Pascua, pascua *nf* (*tb*: **~ de Resurrección**) Pâques *fpl*; **Pascuas** *nfpl* Noël *msg*; **¡felices ~s!** joyeux Noël!; **de ~s a Ramos** tous les trente-six du mois
pase *nm* passe *m*; (*Com*) passavant *m*; (*Cine*) projection *f*
pasear *vt, vi* promener; **pasearse** *vpr* se promener; **paseo** *nm* promenade *f*; (*distancia corta*) pas *msg*; **dar un paseo** faire une promenade; **paseo marítimo** front *m* de mer
pasillo *nm* couloir *m*
pasión *nf* passion *f*
pasivo, -a *adj* passif(-ive) ▷ *nm* (*Com*) passif *m*
pasmar *vt* ébahir; **pasmo** *nm* stupéfaction *f*
paso, -a *adj, nm* passage *m*; (*pisada, de baile*) pas *msg*; (*modo de andar*) pas, allure *f*; (*Telec*) unité *f*; **a ese ~** à cette allure; **salir al ~ de** répliquer à; **salir al ~** passer à la contre-offensive; **de ~, ...** au passage, ...; **estar de ~** être de passage; **prohibido el ~** passage interdit; **ceda el ~** céder le passage, priorité; **paso a nivel** passage à niveau; **paso de peatones/de cebra** passage pour piétons/clouté; **paso elevado** saut-de-mouton *m*; **paso subterráneo** passage souterrain
pasota (*fam*) *adj, nm/f* je-m'en-foutiste *m/f*
pasta *nf* pâte *f*; (*tb*: **~ de té**) petit four *m*; (*fam: dinero*) fric *m*; (*encuadernación*) reliure *f*; **pasta dentífrica** *o* **de dientes** dentifrice *m*
pastar *vi* paître
pastel *nm* gâteau *m*; (*de carne*) friand *m*; (*Arte*) pastel *m*; **pastelería** *nf* pâtisserie *f*
pasteurizado, -a *adj* pasteurisé(e)
pastilla *nf* (*de jabón*) savonnette *f*; (*de chocolate*) tablette *f*; (*Med*) comprimé *m*, cachet *m*
pastillero, a *nm/f* (*fam*) accro *mf* aux petites pilules
pasto *nm* pâture *f*
pastor, a *nm/f* berger(-ère) ▷ *nm* (*Rel*) pasteur *m*; **pastor alemán** berger allemand
pata *nf* patte *f*; (*pie*) pied *m*; **~s arriba** (*caer*) les quatre fers en l'air; (*revuelto*) sens dessus dessous; **meter la ~** mettre les pieds dans le plat; **tener mala ~** ne pas avoir de chance; **pata**

de cabra (*Tec*) pince *f* à levier; **pata de gallo** pied-de-poule; **patada** *nf* coup *m* de pied
patalear *vi* trépigner
patata *nf* pomme *f* de terre; **~s fritas** frites *fpl*; (*en rebanadas*) chips *fpl*
paté *nm* pâté *m*
patear *vt* piétiner ▷ *vi* trépigner
patentar *vt* breveter
patente *adj* manifeste ▷ *nf* patente *f*, brevet *m*; (*CSur*) immatriculation *f*
paternal *adj* paternel(le)
paterno, -a *adj* paternel(le)
patético, -a *adj* pathétique
patilla *nf* (*de gafas*) branche *f*; **patillas** *nfpl* (*de la barba*) favoris *mpl*
patín *nm* patin *m*; **patinaje** *nm* patinage *m*; **patinar** *vi* patiner; (*fam: equivocarse*) se gourer
patio *nm* cour *f*; **patio de butacas** (*Cine, Teatro*) orchestre *m*; **patio de recreo** cour de récréation
pato *nm* canard *m*; **pagar el ~** (*fam*) payer les pots cassés
patológico, -a *adj* pathologique
patoso, -a *adj* lourdaud(e)
patraña *nf* mensonge *m*
patria *nf* patrie *f*
patrimonio *nm* patrimoine *m*
patriota *nm/f* patriote *m/f*; **patriotismo** *nm* patriotisme *m*
patrocinar *vt* (*sufragar*) sponsoriser, parrainer; (*apoyar*) appuyer, parrainer; **patrocinio** *nm* parrainage *m*
patrón, -ona *nm/f* patron(ne); (*de pensión*) hôte/hôtesse ▷ *nm* patron *m*
patronal *adj*: **la clase ~** la classe patronale ▷ *nf* patronat *m*
patrulla *nf* patrouille *f*
pausa *nf* pause *f*
pausado, -a *adj* posé(e)
pauta *nf* modèle *m*
pavimento *nm* pavement *m*
pavo *nm* dindon *m*; **pavo real** paon *m*
pavor *nm* frayeur *f*
payaso, -a *nm/f* clown *m*
payo, -a *nm/f* gadjo *m/f*
paz (*pl* **paces**) *nf* paix *f*; (*tranquilidad*) calme *m*; **hacer las paces** faire la paix
P.D. *abr* (= *posdata*) P.S. (= *post-scriptum*)
peaje *nm* péage *m*
peatón *nm* piéton *m*
peca *nf* tache *f* de rousseur
pecado *nm* péché *m*
pecador, a *adj, nm/f* pécheur(-eresse)
pecar *vi* pécher; **~ de generoso** pécher par excès de générosité
pecho *nm* poitrine *f*; (*fig*) cœur *m*; **dar el ~ a** donner le sein à; **tomar algo a ~** prendre qch à cœur
pechuga *nf* (*de ave*) blanc *m*
peculiar *adj* caractéristique; (*particular*) particulier(-ère); **peculiaridad** *nf* particularité *f*
pedal *nm* pédale *f*; **pedalear** *vi* pédaler
pedante *adj, nm/f* pédant(e); **pedantería** *nf* pédanterie *f*
pedazo *nm* morceau *m*; **hacer algo ~s** réduire qch en mille morceaux; **hacer ~s a algn** mettre qn en bouillie; **caerse algo a ~s** tomber en ruine; **ser un ~ de pan** (*fig*) avoir un cœur d'or
pediatra *nm/f* pédiatre *m/f*
pedido *nm* commande *f*
pedir *vt* demander; (*Com*) commander ▷ *vi* mendier; **~ disculpas** demander des excuses; **~ prestado** emprunter; **¿cuánto piden por el coche?** combien demande-t-on pour cette voiture?
pedo (*fam!*) *adj inv, nm* (*ventosidad*) pet *m*
pega *nf* (*obstáculo*) problème *m*; (*fam: pregunta*) colle *f*; **de ~** à la gomme, de pacotille; **nadie me** *etc* **puso ~s** personne n'a trouvé à redire
pegadizo, -a *adj* (*canción*) entraînant(e)
pegajoso, -a *adj* collant(e)
pegamento *nm* colle *f*

P

pegar *vt* coller; (*enfermedad, costumbre*) passer; (*golpear*) frapper ▷ *vi* (*adherirse*) se coller; (*armonizar*) aller bien; (*el sol*) taper; **pegarse** *vpr* se coller; (*costumbre, enfermedad*) s'attraper; (*dos personas*) se frapper; **~ un grito** pousser un cri; **~ un salto** faire un saut; **~ en** toucher; **~se un tiro** se tirer une balle dans la tête
pegatina *nf* adhésif *m*
pegote (*fam*) *nm* emplâtre *m*; **tirarse un ~** (*fam*) s'envoyer des fleurs
peinado *nm* coupe *f*
peinar *vt* peigner; **peinarse** *vpr* se peigner
peine *nm* peigne *m*; **peineta** *nf* grand peigne *m*
p.ej. *abr* (= *por ejemplo*) p. ex. (= *par exemple*)
Pekín *n* Pékin
pelado, -a *adj* pelé(e); (*cabeza*) tondu(e); (*fam*) fauché(e)
pelaje *nm* pelage *m*
pelar *vt* (*fruta, animal*) peler; (*patatas, marisco*) éplucher; (*cortar el pelo*) couper; **pelarse** *vpr* (*la piel*) peler
peldaño *nm* marche *f*
pelea *nf* (*lucha*) lutte *f*; (*discusión*) discussion *f*
peleado, -a *adj*: **estar ~ (con algn)** être brouillé(e) (avec qn)
pelear *vi* se battre; (*discutir*) se disputer; **pelearse** *vpr* se battre; se disputer; (*enemistarse*) se brouiller
peletería *nf* pelleterie *f*
pelícano *nm* pélican *m*
película *nf* film *m*; (*capa fina, Foto*) pellicule *f*; **de ~** (*fam*) sensass; **película de dibujos (animados)** dessin *m* animé; **película del oeste** western *m*; **película muda** film muet
peligro *nm* danger *m*; **correr ~ de** courir le risque de
peligroso, -a *adj* dangereux(-euse)
pelirrojo, -a *adj* roux/rousse, rouquin(e) ▷ *nm/f* rouquin(e)
pellejo *nm* peau *f*
pellizcar *vt* pincer
pellizco *nm* pincement *m*; (*pizca*) pincée *f*
pelma, pelmazo, -a (*fam*) *nm/f* casse-pieds *m/fsg*
pelo *nm* cheveux *mpl*; (*un pelo*) cheveu *m*; (: *en el cuerpo*) poil *m*; **a ~** (*sin abrigo*) peu couvert(e); **venir al ~** tomber à pic; **por los ~s** de justesse; **con ~s y señales** en long et en large; **no tener ~s en la lengua** ne pas mâcher ses mots; **tomar el ~ a algn** se payer la tête de qn
pelota *nf* pelote *f*; (*tb*: **~ vasca**) pelote; **en ~(s)** (*fam*) à poil; **hacer la ~ (a algn)** lécher les bottes (à qn)
pelotón *nm* peloton *m*
peluca *nf* perruque *f*
peluche *nm*: **muñeco de ~** peluche *f*
peludo, -a *adj* (*cabeza*) chevelu(e); (*persona, perro*) poilu(e)
peluquería *nf* salon *m* de coiffure
peluquero, -a *nm/f* coiffeur(-euse)
pelusa *nf* (*Bot*) duvet *m*; (*de tela*) peluche *f*; (*de polvo*) mouton *m*
pelvis *nf* bassin *m*
pena *nf* peine *f*; (*Am*) honte *f*; **penas** *nfpl* pénalités *fpl*; **merecer/valer la ~** valoir la peine; **a duras ~s** à grand-peine; **me da ~** cela me fait de la peine; **¡qué ~!** quel dommage!; **pena de muerte** peine de mort
penal *adj* pénal; **antecedentes ~es** casier *msg* judiciaire
penalidades *nfpl* souffrances *fpl*
penalti, penalty *nm* penalty *m*
pendiente *adj* (*asunto*) en suspens; (*asignatura*) à repasser; (*terreno*) en pente ▷ *nm* boucle *f* d'oreille ▷ *nf* pente *f*; **estar ~ de algo/algn** (*vigilar*) garder un œil sur qch/qn; **estar ~ de los labios/de las palabras de algn** être pendu(e) aux lèvres de qn/boire les paroles de qn
pene *nm* pénis *msg*

penetración *nf* pénétration *f*
penetrante *adj* pénétrant(e)
penetrar *vt, vi* pénétrer
penicilina *nf* pénicilline *f*
península *nf* péninsule *f*; **peninsular** *adj* péninsulaire
penique *nm* penny *m*
penitencia *nf* pénitence *f*
penoso, -a *adj* pénible
pensador, -a *nm/f* penseur(-euse)
pensamiento *nm* pensée *f*
pensar *vt, vi* penser; **~ (hacer)** penser (faire); **~ en** penser à; **he pensado que** j'ai pensé que; **~ mal de algn** avoir une mauvaise opinion de qn
pensativo, -a *adj* pensif(-ive)
pensión *nf* pension *f*; **media ~** (*en hotel*) demi-pension *f*; **~ completa** pension complète; **pensionista** *nm/f* (*jubilado*) pensionné(e)
penúltimo, -a *adj, nm/f* avant-dernier(-ière)
penumbra *nf* pénombre *f*
penuria *nf* pénurie *f*
peña *nf* rocher *m*; (*grupo*) amicale *f*
peñasco *nm* rocher *m*
peñón *nm* piton *m*; **el P~** Gibraltar
peón *nm* manœuvre *m*, ouvrier *m*; (*esp Am*) ouvrier agricole; (*Ajedrez*) pion *m*
peor *adj* (*compar*) moins bon, pire; (*superl*) pire ▷ *adv* (*compar*) moins bien, pire; (*superl*) moins bien; **de mal en ~** de mal en pis
pepinillo *nm* cornichon *m*
pepino *nm* concombre *m*; **(no) me importa un ~** je m'en fiche complètement
pepita *nf* pépin *m*; (*de mineral*) pépite *f*
pequeñez *nf* petitesse *f*
pequeño, -a *adj, nm/f* petit(e)
pera *adj inv* (*fam*) ≈ BCBG *inv* ▷ *nf* poire *f*
percance *nm* contretemps *msg*
percatarse *vpr*: **~ de** se rendre compte de
percepción *nf* perception *f*
percha *nf* cintre *m*; (*en la pared*) portemanteau *m*
percibir *vt* percevoir
percusión *nf* percussion *f*
perdedor, a *adj, nm/f* perdant(e)
perder *vt* perdre; (*tren*) rater ▷ *vi* perdre; **perderse** *vpr* se perdre; **echar a ~** (*comida*) gâcher, gâter
perdición *nf* perdition *f*
pérdida *nf* perte *f*; **pérdidas** *nfpl* (*Com*) pertes *fpl*; **una ~ de tiempo** une perte de temps
perdido, -a *adj* perdu(e); **tonto ~** (*fam*) bête à manger du foin, bête comme ses pieds
perdiz *nf* perdrix *f*
perdón *nm* pardon *m*; **¡~!** pardon!; **perdonar** *vt* pardonner; (*la vida*) gracier; (*eximir*) dispenser, exempter ▷ *vi* pardonner; **¡perdone (usted)!** pardon!
perdurar *vi* perdurer; (*continuar*) durer
perecedero, -a *adj* périssable
perecer *vi* périr
peregrino, -a *adj* (*idea*) curieux(-euse), bizarre ▷ *nm/f* pèlerin(e)
perejil *nm* persil *m*
perenne *adj*: **hoja ~** feuille persistante
pereza *nf* paresse *f*
perezoso, -a *adj* paresseux(-euse)
perfección *nf* perfection *f*; **perfeccionar** *vt* perfectionner
perfectamente *adv* parfaitement; **¡~!** parfaitement!, certainement!
perfecto, -a *adj* parfait(e)
perfil *nm* profil *m*; **perfiles** *nmpl* (*de figura*) contours *mpl*; **de ~** de profil; **perfilar** *vt* profiler
perforación *nf* perforation *f*
perforar *vt* perforer
perfume *nm* parfum *m*
pericia *nf* adresse *f*
periferia *nf* périphérie *f*

P

periférico, -a *adj* périphérique ▷ *nm* (*Am: Auto*) (boulevard *m*) périphérique *m*
perímetro *nm* périmètre *m*
periódico, -a *adj* périodique ▷ *nm* journal *m*
periodismo *nm* journalisme *m*; **periodista** *nm/f* journaliste *m/f*
periodo, período *nm* période *f*; (*menstruación*) règles *fpl*
perito, -a *nm/f* expert(e); (*técnico*) technicien(ne)
perjudicar *vt* nuire à, porter préjudice à; **perjudicial** *adj* néfaste, préjudiciable; **perjuicio** *nm* préjudice *m*
perla *nf* perle *f*; **me viene de ~s** ça tombe à pic
permanecer *vi* séjourner, rester; (*seguir*) rester
permanencia *nf* (*estancia*) séjour *m*
permanente *adj* permanent(e) ▷ *nf* permanente *f*
permiso *nm* permission *f*; (*licencia*) licence *f*, permis *msg*; **con ~** avec votre permission; **estar de ~** être en permission; **permiso de conducir** permis de conduire
permitir *vt* permettre
pernicioso, -a *adj* pernicieux(-euse)
pero *conj* mais ▷ *nm* objection *m*; **¡~ bueno!** mais (enfin) bon!
perpendicular *adj* perpendiculaire
perpetrar *vt* perpétrer
perpetuar *vt* perpétuer
perpetuo, -a *adj* perpétuel(le)
perplejo, -a *adj* perplexe
perra *nf* chienne *f*
perrera *nf* chenil *m*
perrito *nm*: **~ caliente** hot-dog *m*
perro *nm* chien *m*
persa *adj* persan(e) ▷ *nm/f* Persan(e)
persecución *nf* poursuite *f*; (*Rel, Pol*) persécution *f*
perseguir *vt* poursuivre; (*atosigar, Rel, Pol*) persécuter
perseverante *adj* persévérant(e)
perseverar *vi* persévérer; **~ en** persévérer dans
persiana *nf* persienne *f*
persignarse *vpr* se signer
persistente *adj* persistant(e)
persistir *vi*: **~ (en)** persister (dans)
persona *nf* personne *f*; **persona jurídica** personne morale
personaje *nm* personnage *m*
personal *adj* personnel(le); (*aseo*) intime ▷ *nm* personnel *m*; **personalidad** *nf* personnalité *f*
personarse *vpr*: **~ (en)** se présenter (à)
personificar *vt* personnifier
perspectiva *nf* perspective *f*; **perspectivas** *nfpl* (*de futuro*) perspectives *fpl*
perspicacia *nf* perspicacité *f*
perspicaz *adj* perspicace
persuadir *vt* persuader; **persuadirse** *vpr* se persuader; **persuasión** *nf* persuasion *f*
persuasivo, -a *adj* persuasif(-ive)
pertenecer *vi*: **~ a** appartenir à; **perteneciente** *adj*: **ser perteneciente a** appartenir à; **pertenencia** *nf* possession *f*; (*a organización, club*) affiliation *f*; **pertenencias** *nfpl* (*posesiones*) biens *mpl*
pertenezca *etc vb ver* **pertenecer**
pértiga *nf* perche *f*; **salto de ~** saut *m* à la perche
pertinente *adj* pertinent(e); (*momento etc*) approprié(e)
perturbado, -a *adj* troublé(e) ▷ *nm/f* (*tb*: **~ mental**) malade *m/f* mental(e)
perturbar *vt* perturber, troubler; (*Med*) troubler
Perú *nm* Pérou *m*
peruano, -a *adj* péruvien(ne) ▷ *nm/f* Péruvien(ne)
perversión *nf* perversion *f*

perverso, -a *adj* pervers(e)
pervertido, -a *adj, nm/f* pervers(e)
pervertir *vt* pervertir; **pervertirse** *vpr* se pervertir
pesa *nf* poids *msg*; (*Deporte*) haltère *m*; **hacer ~s** faire des haltères
pesadez *nf* lourdeur *f*; (*fastidio*) ennui *m*
pesadilla *nf* cauchemar *m*
pesado, -a *adj* lourd(e); (*difícil, duro*) pénible; (*aburrido*) ennuyeux(-euse) ▷ *nm/f* enquiquineur(-euse)
pésame *nm* condoléances *fpl*; **dar el ~** présenter ses condoléances
pesar *vt* peser ▷ *vi* peser; (*fig: opinión*) compter ▷ *nm* (*remordimiento*) remords *msg*; (*pena*) chagrin *m*; **a ~ de** en dépit de; **a ~ de que** bien que; **(no) me pesa haberlo hecho** je (ne) regrette (pas) de l'avoir fait
pesca *nf* pêche *f*; **ir de ~** aller à la pêche
pescadería *nf* poissonnerie *f*
pescadilla *nf* merlan *m*
pescado *nm* poisson *m*
pescador, a *nm/f* pêcheur(-euse)
pescar *vt* pêcher; (*fam*) choper; (*novio*) se dénicher; (*delincuente*) cueillir ▷ *vi* pêcher
pescuezo *nm* cou *m*
peseta *nf* peseta *f*
pesimista *adj, nm/f* pessimiste *m/f*
pésimo, -a *adj* lamentable
peso *nm* poids *msg*; (*balanza*) balance *f*; (*Am: moneda*) peso *m*; **vender a ~** vendre au poids; **peso bruto** poids brut; **peso neto** poids net; **peso pesado/pluma** (*Boxeo*) poids lourd/plume
pesquero, -a *adj* (*industria*) de la pêche; (*barco*) de pêche
pesquisa *nf* recherche *f*
pestaña *nf* cil *m*; (*borde*) bord *m*; **pestañear** *vi* cligner des yeux
peste *nf* peste *f*; (*mal olor*) puanteur *f*
pesticida *nm* pesticide *m*
pestillo *nm* verrou *m*; (*picaporte*) poignée *f*
petaca *nf* (*para cigarros*) porte-cigarettes *m inv*; (*para tabaco*) tabatière *f*; (*para beber*) flasque *f*
pétalo *nm* pétale *m*
petardo *nm* pétard *m*
petición *nf* demande *f*; (*Jur*) requête *f*
petrificar *vt* pétrifier
petróleo *nm* pétrole *m*
petrolero, -a *adj* pétrolier(-ère) ▷ *nm* pétrolier *m*
peyorativo, -a *adj* péjoratif(-ive)
pez *nm* poisson *m*; **pez espada** poisson-épée *m*; **pez gordo** (*fig*) grosse légume *f*
pezón *nm* mamelon *m*
pezuña *nf* (*de animal*) sabot *m*
piadoso, -a *adj* pieux(-euse)
pianista *nm/f* pianiste *m/f*
piano *nm* piano *m*
piar *vi* piailler
pibe, -a (*Am*) *nm/f* gosse *m/f*
picadillo *nm* hachis *msg*
picado, -a *adj* haché(e); (*hielo*) pilé(e); (*mar*) agité(e); (*diente*) gâté(e); (*tabaco*) découpé(e); (*enfadado*) piqué(e) ▷ *nm*: **en ~** en piqué
picador *nm* (*Taur*) picador *m*; (*minero*) piqueur *m*
picadura *nf* piqûre *f*; (*tabaco picado*) tabac *m* gris
picante *adj* épicé(e); (*comentario, chiste*) piquant(e)
picaporte *nm* poignée *f*
picar *vt* piquer; (*ave*) picoter; (*Culin*) hacher ▷ *vi* piquer; (*el sol*) brûler; (*pez*) mordre; **picarse** *vpr* (*vino*) se piquer; (*muela*) se gâter; (*ofenderse*) prendre la mouche; **me pica el brazo** mon bras me démange
picardía *nf* sournoiserie *f*; (*astucia*) astuce *f*; (*travesura*) espièglerie *f*
pícaro, -a *adj* astucieux(-euse); (*travieso*) espiègle ▷ *nm* canaille *f*; (*Lit*) picaro *m*

pichón, -ona *nm/f* pigeon *m*
pico *nm* bec *m*; (*de mesa, ventana*) coin *m*; (*Geo, herramienta*) pic *m*
picotear *vt, vi* (*fam*) grignoter ▷ *vi* (*ave*) picorer
picudo, -a *adj* au bec pointu; (*zapato, tejado*) pointu(e)
pidiendo *etc vb ver* **pedir**
pie *nm* pied *m*; (*de página*) bas *msg*; **ir a ~** aller à pied; **al ~ de** au pied de; **estar de ~** être debout; **ponerse de ~** se mettre debout; **al ~ de la letra** au pied de la lettre; **en ~ de igualdad** sur un pied d'égalité; **dar ~ a** donner prise à; **hacer ~** (*en el agua*) avoir pied
piedad *nf* pitié *f*
piedra *nf* pierre *f*; **piedra preciosa** pierre précieuse
piel *nf* peau *f*; (*de animal, abrigo*) fourrure *f*
pienso *vb ver* **pensar** ▷ *nm* (*Agr*) tourteau *m*
pierda *etc vb ver* **perder**
pierna *nf* jambe *f*; (*de cordero*) gigot *m*
pieza *nf* pièce *f*; **pieza de recambio** *o* **de repuesto** pièce de rechange
pigmeo, -a *adj* pygmée
pijama *nm* pyjama *m*
pila *nf* pile *f*; (*fregadero*) évier *m*; (*lavabo*) lavabo *m*
píldora *nf* pilule *f*; **la ~ (anticonceptiva)** la pilule (contraceptive)
pileta (*esp CSur*) *nf* évier *m*; (*piscina*) piscine *f*
pillaje *nm* pillage *m*
pillar *vt* coincer; (*fam: coger, sorprender*) pincer; (*: conseguir*) se dégotter; (*: atropellar*) faucher; (*: alcanzar*) attraper; **me pilla cerca/ lejos** c'est près/loin de chez moi; **~ una borrachera** (*fam*) prendre une cuite; **~ un resfriado** (*fam*) choper un rhume
pillo, -a *adj* malin(-igne), coquin(e) ▷ *nm/f* fripouille *f*
piloto *nm/f* pilote *m* ▷ *nm* (*Arg*) imperméable *m*; **piloto automático** pilote automatique
pimentón *nm* piment *m* doux
pimienta *nf* poivre *m*
pimiento *nm* poivron *m*
pinacoteca *nf* galerie *f* de peintures
pinar *nm* pinède *f*
pincel *nm* pinceau *m*
pinchar *vt* piquer; (*neumático*) crever; (*teléfono*) mettre sur (table d')écoute; **pincharse** *vpr* se piquer
pinchazo *nm* piqûre *f*; (*de llanta*) crevaison *f*; **pinchazo telefónico** écoute *f* téléphonique
pincho *nm* pointe *f*; (*de planta*) épine *f*; (*Culin*) amuse-gueule *m inv*; **pincho moruno** (chiche-)kebab *m*
pingüino *nm* pingouin *m*
pino *nm* pin *m*
pinta *nf* (*mota*) tache *f*; (*aspecto*) mine *f*
pintar *vt* peindre; (*con lápices de colores*) colorier; (*fig*) dépeindre ▷ *vi* peindre; (*fam*) compter; **pintarse** *vpr* se maquiller; (*uñas*) se faire
pintor, a *nm/f* peintre *m/f*
pintoresco, -a *adj* pittoresque
pintura *nf* peinture *f*; **pintura a la acuarela** aquarelle *f*; **pintura al óleo** peinture à l'huile
pinza *nf* pince *f*; (*para colgar ropa*) pince à linge; **pinzas** *nfpl* pinces *fpl*; (*para depilar*) pince à épiler
piña *nf* (*fruto del pino*) pomme *f* de pin; (*fruta*) ananas *msg*
piñón *nm* pignon *m*
piojo *nm* pou *m*
pionero, -a *adj, nm/f* pionnier(-ère)
pipa *nf* pipe *f*; (*Bot*) pépin *m*; **pipas** *nfpl* (*de girasol*) graines *fpl* (de tournesol); **pasarlo ~** (*fam*) bien s'amuser
pique *vb ver* **picar** ▷ *nm* brouille *f*; (*rivalidad*) compétition *f*; **irse a ~** couler à pic; (*familia, negocio*) aller à la dérive
piquete *nm* piquet *m*

piragua *nf* pirogue *f*; (*Deporte*) canoë *m*; **piragüismo** *nm* canoë-kayak *m*
pirámide *nf* pyramide *f*
pirata *adj*: **edición/disco ~** édition *f*/ disque *f* pirate ▷ *nm* pirate *m*; **pirata informático** pirate informatique
piratear *vi* (*Inform*) pirater
piratería *nf* (*Inform*) piratage *m*
Pirineo(s) *nm(pl)* Pyrénées *fpl*
pirómano, -a *nm/f* pyromane *m/f*
piropo *nm* compliment *m*
pis (*fam*) *nm* pipi *m*, pisse *f*; **hacer ~** pisser
pisada *nf* pas *msg*
pisar *vt* fouler, marcher sur; (*apretar con el pie, fig*) écraser; (*idea, puesto*) piquer ▷ *vi* marcher; **me has pisado** tu m'as marché dessus
piscina *nf* piscine *f*
Piscis *nm* (*Astrol*) Poissons *mpl*; **ser ~** être Poissons
piso *nm* (*planta*) étage *m*; (*apartamento*) appartement *m*; (*suelo*) sol *m*; **primer ~** premier étage; (*Am: de edificio*) rez-de-chaussée *m inv*
pista *nf* piste *f*; **pista de aterrizaje** piste d'atterrissage; **pista de baile** piste de danse; **pista de carreras** champ *m* de courses; **pista de hielo** patinoire *f*; **pista de tenis** court *m* de tennis
pistola *nf* pistolet *m*
pistolero *nm* gangster *m*
pistón *nm* piston *m*
pitar *vt* siffler; (*Auto*) klaxonner ▷ *vi* siffler; (*Auto*) klaxonner; (*fam*) gazer; (*Am*) fumer
pitillo *nm* (*fam*) sèche *f*
pito *nm* sifflement *m*; (*silbato*) sifflet *m*; (*de coche*) klaxon *m*
pitón *nm* python *m*
pitorreo *nm* moquerie *f*; **estar de ~** se payer la tête des gens
pizarra *nf* ardoise *f*; (*encerado*) tableau *m* (noir)
pizca *nf* pincée *f*; (*de pan*) miette *f*; (*fig*) petit morceau *m*; **ni ~** pas une miette
pizza *nf* pizza *f*
placa *nf* plaque *f*; **placa de matrícula** plaque d'immatriculation
placentero, -a *adj* agréable
placer *nm* plaisir *m*
plácido, -a *adj* placide; (*día, mar*) calme
plaga *nf* fléau *m*; **plagar** *vt* infester
plagio *nm* plagiat *m*; (*Am*) kidnapping *m*
plan *nm* plan *m*, projet *m*; (*idea*) idée *f*; **en ~ económico** (*fam*) pour pas cher; **vamos en ~ de turismo** on y va en touristes; **si te pones en ese ~ ...** si tu le vois comme ça ...
plana *nf* page *f*; **a toda ~** sur toute une page; **la primera ~** la une; **plana mayor** (*Mil*) état-major *m*
plancha *nf* (*para planchar*) fer *m* (à repasser); (*de metal, madera, Tip*) planche *f*; **pescado a la ~** poisson *m* grillé; **planchado, -a** *adj* repassé(e) ▷ *nm* repassage *m*; **planchar** *vt, vi* repasser
planeador *nm* planeur *m*
planear *vt* planifier ▷ *vi* planer
planeta *nm* planète *f*
planicie *nf* plaine *f*
planificación *nf* planification *f*; **planificación familiar** planning familial
plano, -a *adj* plat(e) ▷ *nm* plan *m*; **primer ~** (*Cine*) premier plan; **caer de ~** tomber de tout son long
planta *nf* plante *f*; (*Tec*) usine *f*; (*piso*) étage *m*; **planta baja** rez-de-chaussée *m inv*
plantación *nf* plantation *f*
plantar *vt* planter; (*novio, trabajo*) laisser tomber; **plantarse** *vpr* se planter
plantear *vt* exposer; (*problema*) poser; (*proponer*) proposer; **plantearse** *vpr* envisager
plantilla *nf* (*de zapato*) semelle *f*;

(*personal*) personnel *m*; **estar en ~** faire partie du personnel
plasmar *vt* (*representar*) reproduire; **plasmarse** *vpr*: **~se en** se concrétiser
plástico, -a *adj* plastique ▷ *nm* plastique *m*
plastilina® *nf* pâte *f* à modeler
plata *nf* (*metal, dinero*) argent *m*; (*cosas de plata*) argenterie *f*
plataforma *nf* plate-forme *f*; (*tribuna*) estrade *f*; **plataforma de lanzamiento** rampe *f* de lancement; **plataforma petrolera/de perforación** plate-forme pétrolière/de forage
plátano *nm* banane *f*; (*árbol*) bananier *m*
platea *nf* orchestre *m*
plateado, -a *adj* argenté(e); (*Tec*) plaqué(e) argent
platillo *nm* soucoupe *f*; **platillo volante** soucoupe volante
platino *nm* platine *m*; **platinos** *nmpl* (*Auto*) vis *fpl* platinées
plato *nm* assiette *f*; **plato combinado** menu *m* express
playa *nf* plage *f*; **~ de estacionamiento** (*Am*) place *f* de stationnement
playera *nf* (*Am*) T-shirt *m*; **playeras** *nfpl* chaussures *fpl* en toile
plaza *nf* place *f*; (*mercado*) place du marché; **plaza de toros** arène *f*
plazo *nm* délai *m*; (*pago parcial*) terme *m*; **a corto/largo ~** à court/long terme; **comprar a ~s** acheter à tempérament
pleamar *nf* pleine mer *f*
plebe (*pey*) *nf* plèbe *f*
plebiscito *nm* plébiscite *m*
plegable *adj* pliable
plegar *vt* plier; **plegarse** *vpr* se plier
pleito *nm* procès *msg*; (*fig*) conflit *m*
pleno, -a *adj* plein(e) ▷ *nm* plenum *m*; **en ~ día/verano** en plein jour/été; **en plena cara** en plein visage
pliego *vb ver* **plegar** ▷ *nm* (*hoja*) feuille *f* (de papier); **pliego de cargos** charges *fpl* produites contre l'accusé; **pliego de condiciones** cahier *m* des charges; **pliego de descargo** témoignages *mpl* à la décharge de l'accusé
pliegue *vb ver* **plegar** ▷ *nm* pli *m*
plomero (*Am*) *nm* plombier *m*
plomo *nm* plomb *m*; **plomos** *nmpl* (*Elec*) plombs *mpl*; **(gasolina) sin ~** (essence) sans plomb
pluma *nf* plume *f*; **pluma (estilográfica)** stylo-plume *m*; **pluma fuente** (*Am*) stylo-plume *m*
plumón *nm* (*Am*) stylo-feutre *m*
plural *adj* pluriel(le) ▷ *nm* pluriel *m*; **pluralidad** *nf* pluralité *f*
pluriempleo *nm* cumul *m* d'emplois
plusvalía *nf* (*Com*) plus-value *f*
población *nf* population *f*; (*pueblo, ciudad*) peuplement *m*
poblado, -a *adj* peuplé(e) ▷ *nm* hameau *m*; **densamente ~** densément peuplé(e)
poblar *vt* peupler; **poblarse** *vpr*: **~se de** se peupler de
pobre *adj, nm/f* pauvre *m/f*; **los ~s** les pauvres *mpl*; **pobreza** *nf* pauvreté *f*
pocilga *nf* porcherie *f*

PALABRA CLAVE

poco, -a *adj* **1** (*sg*) peu de; **poco tiempo** peu de temps; **de poco interés** peu intéressant; **poca cosa** peu de chose
2 (*pl*) peu de; **pocas personas lo saben** peu de gens le savent; **unos pocos libros** quelques livres
▷ *adv* (*comer, trabajar*) peu; **poco amable/inteligente** peu aimable/intelligent; **cuesta poco** cela ne coûte pas cher; **a poco que se interese ...** pour peu qu'il montre de l'intérêt ...

▷ *pron* 1: **unos/as pocos/as** quelques-uns/unes
2 (*casi*): **por poco me caigo** j'ai failli tomber
3 (*locuciones de tiempo*): **a poco de haberse casado** peu après s'être marié; **poco después** peu après
4: **poco a poco** peu à peu
▷ *nm*: **un poco** un peu; **un poco triste** un peu triste; **un poco de dinero** un peu d'argent

podar *vt* élaguer
podcast *nm* podcast *m*
podcastear *vi* podcaster

PALABRA CLAVE

poder *vb aux* (*capacidad, posibilidad, permiso*) pouvoir; **no puedo hacerlo** je ne peux pas le faire; **puede llegar mañana** il peut arriver demain; **pudiste haberte hecho daño** tu aurais pu te faire mal; **no se puede fumar en este hospital** on n'a pas le droit de fumer dans cet hôpital; **podías habérmelo dicho** tu aurais pu me le dire
▷ *vi* 1 pouvoir; **¿se puede?** on peut entrer?; **¡no puedo más!** je n'en peux plus!; **¡es tonto a más no poder!** il est on ne peut plus idiot!
2: **¿puedes con eso?** tu peux y arriver?; **no puedo con este crío** je n'arrive pas à venir à bout de cet enfant
3: **A le puede a B** (*fam*) A est plus fort que B
▷ *vb impers*: **¡puede (ser)!** cela se peut!; **¡no puede ser!** ce n'est pas possible!; **puede que llueva** il pourrait pleuvoir
▷ *nm* pouvoir *m*; **ocupar el poder** détenir le pouvoir; **detentar el poder** s'emparer du pouvoir; **estar en el poder** être au pouvoir; **en mi/tu** *etc* **poder** (*posesión*) en ma/ta *etc* possession; **en poder de** entre les mains de; **por poderes** (*Jur*) par procuration; **poder adquisitivo** pouvoir d'achat; **poder ejecutivo/legislativo/judicial** (*Pol*) pouvoir exécutif/législatif/judiciaire

poderoso, -a *adj* puissant(e)
podio, podium *nm* podium *m*
podrido, -a *adj* pourri(e); (*fig*) corrompu(e)
podrir *vt* = **pudrir**
poema *nm* poème *m*
poesía *nf* poésie *f*
poeta *nm/f* poète *m*
póker *nm* poker *m*
polaco, -a *adj* polonais(e) ▷ *nm/f* Polonais(e)
polar *adj* polaire; **polaridad** *nf* polarité *f*
polarizar *vt* polariser; **polarizarse** *vpr* se polariser
polea *nf* poulie *f*
polémica *nf* polémique *f*
polémico, -a *adj* controversé(e)
polen *nm* pollen *m*
policía *nm/f* policier(-ière), agent *m/f* (de police) ▷ *nf* police *f*
policíaco, -a, policial *adj* policier(-ière)
polideportivo *nm* complexe *m* omnisports
poligamia *nf* polygamie *f*
polilla *nf* mite *f*
polio *nf* polio *f*
política *nf* politique *f*; **política agraria** politique agricole; **política económica** politique économique
político, -a *adj* politique ▷ *nm/f* homme/femme politique; **padre/hermano ~** beau-père/-frère *m*; **madre política** belle-mère *f*
póliza *nf* police *f*; (*sello*) timbre *m* fiscal; **póliza de seguro(s)** police d'assurance

P

polizón *nm* passager(-ère) clandestin(e)
pollera (*Am*) *nf* jupe *f*
pollería *nf* marchand *m* de volailles
pollo *nm* poulet *m*
polo *nm* pôle *m*; (*helado*) glace *f*; (*Deporte, suéter*) polo *m*; **Polo Norte/Sur** Pôle Nord/Sud
Polonia *nf* Pologne *f*
poltrona (*esp Am*) *nf* fauteuil *m*
polvo *nm* poussière *f*; **polvos** *nmpl* (*en cosmética etc*) poudre *fsg*; **en ~** en poudre; **estar hecho ~** (*fam*) être fichu; (*: persona*) être crevé
pólvora *nf* poudre *f*
polvoriento, -a *adj* poussiéreux(-euse)
pomada *nf* pommade *f*
pomelo *nm* pomélo *m*
pomo *nm* poignée *f*
pompa *nf* bulle *f*; (*ostentación*) pompe *f*
pomposo, -a (*pey*) *adj* prétentieux(-euse); (*lenguaje, estilo*) pompeux(-euse)
pómulo *nm* pommette *f*
pon *vb ver* **poner**
ponche *nm* punch *m*
poncho (*Am*) *nm* poncho *m*
ponderar *vt* soupeser; (*elogiar*) porter aux nues
pondré *etc vb ver* **poner**

PALABRA CLAVE

poner *vt* 1 (*colocar*) mettre, poser; (*ropa, mesa*) mettre
2 (*imponer: tarea*) donner; (*multa*) condamner à
3 (*obra de teatro, película*) passer; **¿qué ponen en el Excelsior?** qu'est-ce qui passe à l'Excelsior?; (*instalar: gas etc*) (faire) mettre
4 (*radio, TV*) mettre; **ponlo más alto** mets-le plus fort
5 (*suponer*): **pongamos que ...** mettons que ...
6 (*contribuir*): **el gobierno ha puesto un millón** le gouvernement a mis un million
7 (+ *adj*) rendre; **me estás poniendo nerviosa** tu commences à m'énerver
8 (*dar nombre*): **al hijo le pusieron Diego** ils ont appelé leur fils Diego
9 (*huevos*) pondre
▷ *vi* (*gallina*) pondre
ponerse *vpr* 1 (*colocarse*): **se puso a mi lado** il s'est mis à côté de moi; **ponte en esa silla** mets-toi sur cette chaise
2 (*vestido, cosméticos*) mettre; **¿por qué no te pones el vestido nuevo?** pourquoi ne mets-tu pas ta nouvelle robe?
3 (*sol*) se coucher
4 (+ *adj*) devenir; **se puso muy serio** il a pris un air très sérieux

poniente *nm* couchant *m*
pontífice *nm* pontife *m*
popa *nf* poupe *f*
popular *adj* populaire; **popularidad** *nf* popularité *f*
popularizar *vt* populariser; **popularizarse** *vpr* se populariser

PALABRA CLAVE

por *prep* 1 (*objetivo, en favor de*) pour; **luchar por la patria** combattre pour la patrie; **hazlo por mí** fais-le pour moi
2 (+ *infin*) pour; **por no llegar tarde** pour ne pas arriver tard; **por citar unos ejemplos** pour citer quelques exemples
3 (*causa, agente*) par; **por escasez de fondos** par manque de fonds; **le castigaron por desobedecer** il a été puni pour avoir désobéi; **por eso** c'est pourquoi; **escrito por él** écrit par lui
4 (*tiempo*): **por la mañana/Navidad** le matin/vers Noël

5 (*duración*): **se queda por una semana** il reste une semaine; **se fue por 3 días** il est parti pour 3 jours
6 (*lugar*): **pasar por Madrid** passer par Madrid; **ir a Guayaquil por Quito** aller à Guayaquil via Quito; **caminar por la calle/por las Ramblas** déambuler dans la rue/sur les Rambles; **por fuera/dentro** par dehors/dedans; **vive por aquí** il habite par ici; *ver tb* **todo**
7 (*cambio, precio*): **te doy uno nuevo por el que tienes** je t'en donne un neuf contre le tien; **lo vendo por 50 euros** je le vends pour 50 euros
8 (*valor distributivo*): **diez euros por hora/cabeza** dix euros de l'heure/par tête; **100km por hora** 100 km à l'heure; **veinte por ciento** vingt pour cent
9 (*modo, medio*) par; **por avión/correo** par avion/la poste; **caso por caso** cas par cas; **por tamaños** par ordre de taille
10: **25 por 4 son 100** 4 fois 25 font 100
11: **ir/venir por algo/algn** aller/venir chercher qch/qn; **estar/quedar por hacer** être/rester à faire
12 (*evidencia*): **por lo que dicen** d'après ce qu'ils disent
13: **por si (acaso)** au cas où
14: **¿por qué?** pourquoi?; **¿por qué no?** pourquoi pas?

porcelana *nf* porcelaine *f*
porcentaje *nm* pourcentage *m*
porción *nf* portion *f*
pordiosero, -a *nm/f* mendiant(e)
pormenor *nm* détail *m*
pornografía *nf* pornographie *f*
poro *nm* pore *m*
poroso, -a *adj* poreux(-euse)
porque *conj* parce que
porqué *nm* pourquoi *m*
porquería *nf* cochonnerie *f*, saleté *f*; (*algo sin valor*) cochonnerie;
porquerías *nfpl* (*comida*) cochonneries *fpl*
porra *nf* matraque *f*; **¡vete a la ~!** va te faire voir!
porrazo *nm* coup *m*
porrón *nm* gourde *f*
portada *nf* couverture *f*
portador, -a *nm/f* porteur(-euse); (*Com*) porteur *m*
portaequipajes *nm inv* (*maletero*) coffre *m*; (*baca*) porte-bagages *m inv*
portal *nm* (*entrada*) vestibule *m*; (*puerta*) porte *f*
portamaletas *nm inv* = **portaequipajes**
portarse *vpr* se comporter; **~ bien/mal** bien/mal se comporter
portátil *adj* portatif(-ive); (*ordenador*) portable
portavoz *nm/f* porte-parole *m inv*
portazo *nm*: **dar un ~** claquer la porte
porte *nm* (*Com*) port *m*
portento *nm* prodige *m*
porteño, -a *adj* de Buenos Aires
portería *nf* loge *f* (*de concierge*); (*Deporte*) but *m*
portero, -a *nm/f* concierge *m/f*; (*de club*) portier *m*; (*Deporte*) gardien(ne) de but; **portero automático** interphone *m*
pórtico *nm* portique *m*
portorriqueño, -a *adj* portoricain(e)
Portugal *nm* Portugal *m*
portugués, -esa *adj* portugais(e) ▷ *nm/f* Portugais(e) ▷ *nm* (*Ling*) portugais *msg*
porvenir *nm* avenir *m*
pos: **en ~ de** *prep* après, en quête de
posada *nf* auberge *f*; **dar ~ a** héberger
posar *vt, vi* poser; **posarse** *vpr* se poser; (*polvo*) se déposer
posavasos *nm inv* sous-verre *m*
posdata *nf* post-scriptum *m inv*
pose *nf* pose *f*
poseedor, a *nm/f* possesseur *m*

poseer *vt* posséder; (*conocimientos, belleza*) avoir; (*récord, título*) détenir
posesión *nf* possession *f*
posesivo, -a *adj* possessif(-ive)
posgrado *nm* = **postgrado**
posibilidad *nf* possibilité *f*
posible *adj* possible; **es ~ que** il est possible que
posición *nf* position *f*
positivo, -a *adj* positif(-ive) ▷ *nf* (*Foto*) cliché *m*
poso *nm* (*de café*) marc *m*; (*de vino*) lie *f*
posponer *vt* subordonner; (*aplazar*) ajourner
posta *nf*: **a ~** exprès
postal *adj* postal(e) ▷ *nf* carte *f* postale
poste *nm* poteau *m*
póster *nm* poster *m*
postergar *vt* reléguer; (*esp Am: aplazar*) retarder
posteridad *nf* postérité *f*
posterior *adj* de derrière; (*parte*) postérieur(e); (*en el tiempo*) ultérieur(e); **posterioridad** *nf*: **con posterioridad** par la suite
postgrado *nm* troisième cycle *m*
postizo, -a *adj* faux/fausse, postiche ▷ *nm* postiche *m*
postor, a *nm/f* offrant *m*
postre *nm* dessert *m*
postrero, -a *adj* dernier(-ière)
postulado *nm* postulat *m*
póstumo, -a *adj* posthume
postura *nf* position *f*, posture *f*; (*ante hecho, idea*) position
potable *adj* potable
potaje *nm* potage *m*
pote *nm* pot *m*
potencia *nf* puissance *f*; **en ~** en puissance
potencial *adj* potentiel(le) ▷ *nm* potentiel *m*; **potenciar** *vt* promouvoir
potente *adj* puissant(e)
potro *nm* poulain *m*; (*Deporte*) cheval *m* d'arçon
pozo *nm* puits *msg*; (*de río*) *endroit le plus profond*
p.p. *abr* (= *por poderes*) p.p. (= *par procuration*)
práctica *nf* pratique *f*; **prácticas** *nfpl* (*Escol*) travaux *mpl* pratiques; (*Mil*) entraînement *m*; **en la ~** dans la pratique
practicante *adj* (*Rel*) pratiquant(e) ▷ *nm/f* (*Med*) aide-soignant(e)
practicar *vt, vi* pratiquer
práctico, -a *adj* pratique
practique *etc vb ver* **practicar**
pradera *nf* prairie *f*
prado *nm* pré *m*; (*Am*) gazon *m*
Praga *n* Prague
pragmático, -a *adj* pragmatique
preámbulo *nm* préambule *m*
precario, -a *adj* précaire
precaución *nf* précaution *f*
precaverse *vpr*: **~ de** *o* **contra algo** se prémunir contre qch
precavido, -a *adj* prévoyant(e)
precedente *adj* précédent(e) ▷ *nm* précédent *m*
preceder *vt* précéder
precepto *nm* précepte *m*
preciado, -a *adj* précieux(-euse)
preciarse *vpr* se vanter; **~ de** se vanter de
precinto *nm* (*Com: tb:* **~ de garantía**) cachet *m*
precio *nm* prix *msg*; **a ~ de saldo** en réclame; **precio al detalle** prix de détail; **precio al por menor** prix de détail; **precio de ocasión** prix avantageux; **precio de venta al público** prix de vente conseillé
preciosidad *nf* (*cosa bonita*) merveille *f*; **es una ~** c'est une merveille
precioso, -a *adj* (*hermoso*) beau/belle; (*de mucho valor*) précieux(-euse)
precipicio *nm* précipice *m*
precipitación *nf* précipitation *f*
precipitado, -a *adj* précipité(e)

precipitar *vt* précipiter; **precipitarse** *vpr* se précipiter
precisamente *adv* précisément
precisar *vt* (*necesitar*) avoir besoin de; (*determinar, especificar*) préciser
precisión *nf* précision *f*; **de ~** de précision
preciso, -a *adj* précis(e); (*necesario*) nécessaire
preconcebido, -a *adj* préconçu(e)
precoz *adj* précoce
precursor, a *nm/f* précurseur *m*
predecir *vt* prédire
predestinado, -a *adj* prédestiné(e)
predicar *vt, vi* prêcher
predicción *nf* prédiction *f*
predilecto, -a *adj* préféré(e)
predisponer *vt* prédisposer; **predisposición** *nf* prédisposition *f*
predominante *adj* prédominant(e)
predominar *vi* prédominer; **predominio** *nm* prédominance *f*
preescolar *adj* préscolaire
prefabricado, -a *adj* préfabriqué(e)
prefacio *nm* préface *f*
preferencia *nf* (*predilección*) préférence *f*; (*Auto, ventaja*) priorité *f*
preferible *adj* préférable
preferir *vt* préférer; **~ hacer/que** préférer faire/que
prefiera *etc vb ver* **preferir**
prefijo *nm* (*Telec*) indicatif *m*
pregonar *vt* crier
pregunta *nf* question *f*; **hacer una ~** poser une question
preguntar *vt, vi* demander; **preguntarse** *vpr* se demander; **~ por algn** demander qn
prehistórico, -a *adj* préhistorique
prejuicio *nm* préjugé *m*
preliminar *adj, nm* préliminaire *m*
preludio *nm* prélude *m*
premeditación *nf* préméditation *f*
premiar *vt* récompenser; (*en un concurso*) décerner un prix à
premio *nm* récompense *f*; (*de concurso etc*) prix *msg*
premonición *nf* prémonition *f*
prenatal *adj* prénatal(e)
prenda *nf* (*ropa*) vêtement *m*; (*garantía*) gage *m*
prendedor *nm* broche *f*
prender *vt* (*sujetar*) attacher; (*delincuente*) arrêter; (*esp Am: encender*) allumer ▷ *vi* (*idea, miedo*) s'enraciner; (*planta, fuego*) prendre; **prenderse** *vpr* prendre feu; (*esp Am: encenderse*) s'allumer; **~ fuego a algo** mettre le feu à qch
prendido, -a (*Am*) *adj* (*luz etc*) allumé(e)
prensa *nf* presse *f*; **prensar** *vt* (*papel, uva*) presser
preñado, -a *adj* (*mujer*) enceinte; **~ de** chargé(e) de
preocupación *nf* souci *m*
preocupado, -a *adj* soucieux(-euse)
preocupar *vt* préoccuper; **preocuparse** *vpr* (*inquietarse*) se soucier; **~se de algo** (*hacerse cargo*) s'occuper de qch
preparación *nf* préparation *f*
preparado, -a *adj* (*dispuesto*) prêt(e); (*platos, estudiante etc*) préparé(e) ▷ *nm* (*Med*) préparation *f*
preparar *vt* préparer; **prepararse** *vpr* se préparer; **~se para hacer algo** se préparer à faire qch; **preparativos** *nmpl* préparatifs *mpl*
preparatoria (*Am*) *nf* terminale *f*
prerrogativa *nf* prérogative *f*
presa *nf* (*de animal*) proie *f*; (*de agua*) barrage *m*
presagio *nm* présage *m*
prescindir *vi*: **~ de** (*privarse de*) se passer de; (*descartar*) faire abstraction de
prescribir *vt* prescrire; **prescripción** *nf* prescription *f*
presencia *nf* présence *f*; **presencial** *adj*: **testigo presencial** témoin *m* oculaire; **presenciar** *vt* (*accidente,*

P

discusión) être témoin de; (*ceremonia etc*) assister à
presentación *nf* présentation *f*
presentador, a *nm/f* présentateur(-trice)
presentar *vt* présenter; (*Jur: pruebas, documentos*) produire; **presentarse** *vpr* se présenter
presente *adj* présent(e) ▷ *nm* présent *m*; **tener ~** se souvenir de
presentimiento *nm* pressentiment *m*
presentir *vt* pressentir; **~ que** pressentir que
preservativo *nm* préservatif *m*
presidencia *nf* présidence *f*
presidente *nm/f* président(e)
presidiario *nm* forçat *m*
presidio *nm* prison *f*
presidir *vt* (*reunión*) présider
presión *nf* pression *f*; **cerrar a ~** fermer avec des pressions; **presión atmosférica** pression atmosphérique; **presionar** *vt* (*coaccionar*) faire pression sur ▷ *vi*: **presionar para** *o* **por** faire pression pour
preso, -a *adj*: **~ de terror/pánico** pris(e) de terreur/panique ▷ *nm/f* (*en la cárcel*) prisonnier(-ière)
prestación *nf* (*Admin*) prestation *f*; **prestaciones** *nfpl* (*Tec, Auto*) performances *fpl*
prestado, -a *adj* emprunté(e); **pedir ~** emprunter
préstamo *nm* prêt *m*; **préstamo hipotecario** prêt hypothécaire
prestar *vt* prêter
presteza *nf* promptitude *f*
prestigio *nm* prestige *m*
presumido, -a *adj, nm/f* prétentieux(-euse); (*preocupado de su aspecto*) coquet(te)
presumir *vt* présumer ▷ *vi* (*tener aires*) s'afficher; **~ de listo** se croire fin; **presunción** *nf* présomption *f*
presunto, -a *adj* présumé(e); (*heredero*) présomptif(-ive)
presuntuoso, -a *adj* présomptueux(-euse)
presuponer *vt* présupposer
presupuesto *pp de* **presuponer** ▷ *nm* (*Fin*) budget *m*; (*de costo, obra*) devis *msg*
pretencioso, -a *adj* prétentieux(-euse)
pretender *vt* prétendre; **~ que** prétendre que; **pretendiente, -a** *nm/f* prétendant(e); **pretensión** *nf* prétention *f*; **pretensiones** *nfpl* (*pey*) prétentions *fpl*
pretexto *nm* (*excusa*) prétexte *m*
prevalecer *vi* prévaloir
prevención *nf* prévention *f*
prevenido, -a *adj*: **(estar) ~** (*preparado*) (être) prévenu(e); **(ser) ~** (*cuidadoso*) (être) averti(e)
prevenir *vt* prévenir; **prevenirse** *vpr* se préparer; **~ (en) contra (de)/a favor de** prévenir contre/en faveur de; **~se contra** se prémunir contre
preventivo, -a *adj* préventif(-ive)
prever *vt* prévoir
previo, -a *adj* (*anterior*) préalable; **~ pago de los derechos** moyennant l'acquittement préalable des droits
previsión *nf* prévision *f*; **en ~ de** en prévision de
prima *nf* prime *f*; *ver tb* **primo**
primacía *nf* primauté *f*
primario, -a *adj* primaire
primavera *nf* printemps *m*
primera *nf* première *f*; **a la ~** du premier coup
primero, -a *adj* (*delante de nmsg:* **primer**) premier(-ière) ▷ *adv* (*en primer lugar*) d'abord; (*más bien*) plutôt ▷ *nm*: **ser/llegar el ~** être/arriver le premier
primicia *nf* primeur *f*
primitivo, -a *adj* primitif(-ive)
primo, -a *adj* (*Mat*) premier(-ière)

▷ *nm/f* cousin(e); (*fam*) idiot(e); **materias primas** matières *fpl* premières; **primo hermano** cousin *m* germain
primogénito, -a *adj* aîné(e)
primordial *adj* primordial(e)
princesa *nf* princesse *f*
principal *adj* principal(e)
príncipe *nm* prince *m*
principiante *nm/f* débutant(e)
principio *nm* (*comienzo*) début *m*; (*fundamento, moral, tb Quím*) principe *m*; **en ~** en principe
pringoso, -a *adj* gras(se)
pringue *nm* (*grasa*) graisse *f*
prioridad *nf* priorité *f*
prisa *nf* hâte *f*; (*rapidez*) rapidité *f*; **correr ~** être urgent(e); **darse ~** se presser; **tener ~** être pressé(e)
prisión *nf* prison *f*
prisionero, -a *nm/f* prisonnier(-ière)
prismáticos *nmpl* jumelles *fpl*
privación *nf* privation *f*
privado, -a *adj* privé(e)
privar *vt* (*despojar*) priver; **privarse** *vpr*: **~se de** (*abstenerse*) se priver de
privilegiado, -a *adj, nm/f* privilégié(e)
privilegio *nm* privilège *m*
pro *nm* profit *m* ▷ *prep*: **asociación ~ ciegos** association *f* au profit des aveugles ▷ *pref*: **~ soviético/ americano** pro-soviétique/ américain; **en ~ de** en faveur de; **los ~s y los contras** le pour et le contre
proa *nf* (*Náut*) proue *f*
probabilidad *nf* probabilité *f*; **probabilidades** *nfpl* (*perspectivas*) chances *fpl*; **probable** *adj* probable
probador *nm* cabine *f* d'essayage
probar *vt* essayer; (*demostrar*) prouver; (*comida*) goûter ▷ *vi* essayer; **probarse** *vpr*: **~se un traje** essayer un costume
probeta *nf* éprouvette *f*; **bebé-~** bébé *m* éprouvette
problema *nm* problème *m*
proceder *vi* (*actuar*) procéder; (*ser correcto*) convenir ▷ *nm* (*comportamiento*) procédé *m*; **~ a** procéder à; **~ de** provenir de; **procedimiento** *nm* (*Jur, Admin*) procédure *f*; (*proceso*) processus *msg*; (*método*) procédé *m*
procesado, -a *nm/f* (*Jur*) prévenu(e)
procesador *nm*: **~ de textos** (*Inform*) machine *f* de traitement de texte
procesar *vt* (*Jur*) accuser
procesión *nf* procession *f*
proceso *nm* (*desarrollo, procedimiento*) processus *msg*; (*Jur*) procès *msg*
proclamar *vt* proclamer
procreación *nf* procréation *f*
procrear *vt, vi* procréer
procurador, a *nm/f* (*Jur*) avoué *m*; (*Pol*) député *m*
procurar *vt* (*intentar*) essayer de; (*proporcionar*) procurer; **procurarse** *vpr* se procurer
prodigio *nm* prodige *m*
prodigioso, -a *adj* prodigieux(-euse)
producción *nf* production *f*; **~ en serie** production en série
producir *vt* produire; **producirse** *vpr* se produire
productividad *nf* productivité *f*
productivo, -a *adj* productif(-ive)
producto *nm* produit *m*
productor, a *adj, nm/f* producteur(-trice)
proeza *nf* prouesse *f*
profanar *vt* profaner
profano, -a *adj, nm/f* profane *m/f*
profecía *nf* prophétie *f*
proferir *vt* proférer
profesión *nf* profession *f*; **profesional** *adj, nm/f* professionnel(le)
profesor, a *nm/f* professeur *m*
profeta *nm* prophète *m*; **profetizar** *vt, vi* prophétiser
prófugo, -a *nm/f* fugitif(-ive) ▷ *nm*

(*Mil*) insoumis *msg*
profundidad *nf* profondeur *f*; **profundidades** *nfpl* (*de océano etc*) profondeurs *fpl*; **profundizar** *vi*: **profundizar en** (*fig*) approfondir
profundo, -a *adj* profond(e)
programa *nm* programme *m*; **programa de estudios** programme; **programación** *nf* programmation *f*
programador, a *nm/f* programmeur(-euse) ▷ *nm* programmateur *m*; **programar** *vt* programmer
progresar *vi* progresser; **progresista** *adj, nm/f* progressiste *m/f*
progresivo, -a *adj* progressif(-ive); **progreso** *nm* (*avance*) progrès *msg*; **el progreso** le progrès
prohibición *nf* interdiction *f*; (*Admin, Jur*) prohibition *f*
prohibir *vt* interdire; (*Admin, Jur*) prohiber; **"prohibido fumar"** "défense de fumer"; **"prohibida la entrada"** "entrée interdite"
prójimo *nm* prochain *m*
proletariado *nm* prolétariat *m*
proletario, -a *adj, nm/f* prolétaire *m/f*
proliferación *nf* prolifération *f*
proliferar *vi* proliférer
prolífico, -a *adj* prolifique
prólogo *nm* prologue *m*
prolongación *nf* prolongation *f*
prolongado, -a *adj* (*largo*) prolongé(e); (*alargado*) allongé(e)
prolongar *vt* prolonger; **prolongarse** *vpr* se prolonger
promedio *nm* moyenne *f*
promesa *nf* promesse *f*
prometer *vt*: **~ hacer algo** promettre de faire qch ▷ *vi* promettre; **prometerse** *vpr* (*dos personas*) se fiancer
prometido, -a *adj* promis(e) ▷ *nm/f* promis(e), fiancé(e)
prominente *adj* proéminent(e); (*artista*) en vue; (*político*) important(e)
promiscuo, -a (*pey*) *adj* (*persona*) de mœurs légères
promoción *nf* promotion *f*
promotor, a *nm/f* promoteur(-trice)
promover *vt* promouvoir; (*escándalo, juicio*) provoquer
promulgar *vt* promulguer
pronombre *nm* pronom *m*
pronosticar *vt* pronostiquer; **pronóstico** *nm* pronostic *m*; **pronóstico del tiempo** prévisions *fpl* météorologiques
pronto, -a *adj* (*rápido*) rapide ▷ *adv* rapidement; (*dentro de poco*) bientôt; (*temprano*) tôt ▷ *nm* (*impulso*) élan *m*; (*: de ira*) accès *msg*; **de ~** tout à coup; **por lo ~** pour l'instant
pronunciación *nf* (*Ling*) prononciation *f*
pronunciar *vt* prononcer; **pronunciarse** *vpr* (*Mil*) se soulever; (*declararse*) se prononcer
propaganda *nf* propagande *f*
propagar *vt* propager; **propagarse** *vpr* se propager
propenso, -a *adj*: **~ a** enclin(e) à; **ser ~ a hacer algo** être enclin(e) à faire qch
propicio, -a *adj* propice
propiedad *nf* propriété *f*; **propiedad particular** propriété privée
propietario, -a *nm/f* propriétaire *m*
propina *nf* pourboire *m*
propio, -a *adj* propre; (*mismo*) en personne; **el ~ ministro** le ministre en personne; **¿tienes casa propia?** as-tu une maison à toi?
proponer *vt* proposer; **proponerse** *vpr*: **~se hacer** se proposer de faire
proporción *nf* proportion *f*; **proporciones** *nfpl* (*dimensiones, tb fig*) proportions *fpl*
proporcionado, -a *adj* proportionné(e); **proporcionar** *vt* offrir; (*Com*) fournir

proposición *nf* proposition *f*
propósito *nm* intention *f* ▷ *adv*: **a ~** à propos; **a ~ de** à propos de
propuesta *nf* proposition *f*
propulsar *vt* (*impulsar*) propulser; **propulsión** *nf* propulsion *f*
prórroga *nf* (*de plazo*) prorogation *f*; (*Deporte*) prolongations *fpl*; (*Mil*) sursis *msg*; **prorrogar** *vt* (*plazo*) proroger; (*decisión*) différer
prorrumpir *vi*: **~ en lágrimas/carcajadas** éclater en sanglots/de rire; **el público prorrumpió en aplausos** les applaudissements ont fusé dans le public
prosa *nf* (*Lit*) prose *f*
proscrito, -a *adj*, *nm/f* proscrit(e)
proseguir *vt* poursuivre ▷ *vi* poursuivre; (*discusiones etc*) se poursuivre
prospección *nf* prospection *f*
prospecto *nm* (*Med*) notice *f*
prosperar *vi* prospérer; **prosperidad** *nf* prospérité *f*
próspero, -a *adj* prospère; **~ año nuevo** bonne année!
prostíbulo *nm* bordel *m*
prostitución *nf* prostitution *f*
prostituir *vt* prostituer; **prostituirse** *vpr* se prostituer
prostituta *nf* prostituée *f*
protagonista *nm/f* protagoniste *m/f*
protagonizar *vt* (*película, suceso*) être le/la protagoniste de
protección *nf* protection *f*
protector, a *adj* (*barrera, gafas, crema*) de protection ▷ *nm/f* protecteur(-trice)
proteger *vt* protéger; **protegerse** *vpr*: **~se (de)** se protéger (de)
proteína *nf* protéine *f*
protesta *nf* protestation *f*
protestante *adj* protestant(e)
protestar *vt* (*cheque*) protester ▷ *vi* protester
protocolo *nm* protocole *m*
prototipo *nm* prototype *m*
prov. *abr* = **provincia**
provecho *nm* profit *m*; **¡buen ~!** bon appétit!; **en ~ de** au profit de; **sacar ~ de** tirer profit de
proveer *vt* (*suministrar*) fournir
provenir *vi* provenir
proverbio *nm* proverbe *m*
providencia *nf* providence *f*
provincia *nf* province *f*; (*Admin*) ≈ département *m*
provinciano, -a (*pey*) *adj* provincial(e)
provisión *nf* (*abastecimiento*) provision *f*; **provisiones** *nfpl* (*víveres*) provisions *fpl*
provisional *adj* provisoire
provocación *nf* provocation *f*
provocar *vt* provoquer; (*Am*): **¿te provoca un café?** ça te dit, un café?
provocativo, -a *adj* provocant(e)
próximamente *adv* prochainement
proximidad *nf* proximité *f*; **proximidades** *nfpl* (*cercanías*) proximité *fsg*
próximo, -a *adj* (*cercano*) proche; (*parada, año*) prochain(e)
proyectar *vt* projeter
proyectil *nm* projectile *m*
proyecto *nm* projet *m*
proyector *nm* projecteur *m*
prudencia *nf* prudence *f*; **prudente** *adj* prudent(e)
prueba *vb ver* **probar** ▷ *nf* (*gen*) épreuve *f*; (*testimonio*) témoignage *m*; (*Jur*) preuve *f*; (*de ropa*) essayage *m*; **a ~** à l'épreuve; **a ~ de** à l'épreuve de; **a ~ de agua/fuego** étanche/à l'épreuve du feu; **poner/someter a ~** mettre/soumettre à l'épreuve
prurito *nm* démangeaison *f*
psico... *pref* psycho...; **psicoanálisis** *nm* psychanalyse *f*; **psicología** *nf* psychologie *f*; **psicológico, -a** *adj* psychologique; **psicólogo, -a** *nm/f*

psychologue *m/f*; **psicópata** *nm/f* psychopathe *m/f*; **psicosis** *nf inv* psychose *f*
psiquiatra *nm/f* psychiatre *m/f*
psiquiátrico, -a *adj* psychiatrique
psíquico, -a *adj* psychique
PSOE *sigla m* = *Partido Socialista Obrero Español*
pta(s). *abr* = **peseta(s)**
pts. *abr* = **pesetas**
púa *nf* (*de planta*) piquant *m*; (*para guitarra*) médiator *m*; **alambre de ~s** fil *m* de fer barbelé
pubertad *nf* puberté *f*
publicación *nf* publication *f*
publicar *vt* publier
publicidad *nf* publicité *f*
publicitario, -a *adj* publicitaire
público, -a *adj* public(-ique) ▷ *nm* public *m*; **en ~** en public
puchero *nm* (*Culin*: *olla*) marmite *f*; (: *guiso*) pot-au-feu *m*; **hacer ~s** bouder
púdico, -a *adj* pudique
pudiendo *etc vb ver* **poder**
pudor *nm* pudeur *f*
pudrir *vt* pourrir; **pudrirse** *vpr* pourrir
pueblo *vb ver* **poblar** ▷ *nm* peuple *m*; (*población pequeña*) village *m*; **pueblo joven** (*Pe*) quartier *m* de bidonvilles
pueda *etc vb ver* **poder**
puente *nm* (*gen*) pont *m*; **hacer ~** (*fam*) faire le pont; **puente aéreo/colgante** pont aérien/suspendu; **puente levadizo** pont-levis *m*
puerco, -a *adj* cochon(ne) ▷ *nm/f* (*Zool*) porc/truie; (*fam*) porc/cochonne
pueril *adj* puéril(e)
puerro *nm* poireau *m*
puerta *nf* porte *f*; (*de coche*) portière *f*; (*de jardín*) portail *m*, porte *f*; (*portería*: *Deporte*) but *m*; **a ~ cerrada** à huis clos; **puerta giratoria** tourniquet *m*, porte à tambour
puerto *nm* port *m*; (*de montaña*) col *m*
puertorriqueño, -a *adj* portoricain(e) ▷ *nm/f* Portoricain(e)
pues *conj* (*en tal caso*) donc; (*puesto que*) car ▷ *adv* (*así que*) donc; **¡~ claro!** bien sûr!; **~ ... no sé** eh bien ... je ne sais pas; **puesta** *nf*: **puesta al día/a punto** mise *f* à jour/au point; **puesta del sol** coucher *m* du soleil; **puesta en marcha** mise en marche
puesto, -a *pp de* **poner** ▷ *adj*: **ir bien/muy ~** être bien habillé/tiré à quatre épingles ▷ *nm* poste *m*; (*Mil*: *en clasificación*) rang *m*; (*tb*: **~ de trabajo**) poste; (*Com*: *en mercado*) étal *m*, éventaire *m*; (: *de flores, periódicos*) kiosque *m* ▷ *conj*: **~ que** puisque
pugna *nf* lutte *f*; **pugnar** *vi*: **pugnar por** lutter pour
pujar *vi* (*en subasta*) surenchérir
pulcro, -a *adj* propre
pulga *nf* puce *f*
pulgada *nf* (*medida*) pouce *m*
pulgar *nm* pouce *m*
pulir *vt* polir
pulla *nf* (*broma*) pique *f*
pulmón *nm* poumon *m*; **pulmonía** *nf* pneumonie *f*
pulpa *nf* pulpe *f*
pulpería (*Am*) *nf* épicerie *f*
púlpito *nm* (*Rel*) chaire *f*
pulpo *nm* poulpe *m*
pulsación *nf* pulsation *f*
pulsar *vt* (*tecla*) frapper; (*botón*) appuyer sur
pulsera *nf* bracelet *m*
pulso *nm* (*Med*) pouls *msg*; **a ~** (*tb fig*) à la force du poignet
pulverizador *nm* pulvérisateur *m*
pulverizar *vt* pulvériser
puna (*And, CSur*) *nf* (*Med*) puna *f*
punitivo, -a *adj* punitif(-ive)
punta *nf* pointe *f*; (*de lengua, dedo*) bout *m*; **horas ~** heures *fpl* de pointe; **sacar ~ a** (*lápiz*) tailler
puntada *nf* (*Costura*) point *m*

puntal *nm* étai *m*
puntapié (*pl* **~s**) *nm* coup *m* de pied
puntear *vt* (*dibujar*) pointiller
puntería *nf* (*de arma*) visée *f*; (*destreza*) précision *f*
puntero, -a *adj* (*industria, país*) de pointe ▷ *nm* (*vara*) baguette *f*
puntiagudo, -a *adj* pointu(e)
puntilla *nf* (*Costura*) dentelle *f* fine; **(andar) de ~s** (marcher) sur la pointe des pieds
punto *nm* point *m*; **a ~** (*listo*) au point; **estar a ~ de** être sur le point de; **dos ~s** (*Tip*) deux points; **de ~** tricoté(e); **en ~** (*horas*) pile; **estar en su ~** (*Culin*) être à point; **hacer ~** tricoter; **punto acápite** (*Am*) point, à la ligne; **punto de vista** point de vue; **punto muerto** point mort; **punto y coma** point-virgule *m*
puntocom *nf inv, adj inv* point com *m*
puntuación *nf* (*signos*) ponctuation *f*; (*puntos*) points *mpl*
puntual *adj* ponctuel(le); **puntualidad** *nf* ponctualité *f*; **puntualizar** *vt* préciser
puntuar *vt* (*Ling, Tip*) ponctuer ▷ *vi* (*Deporte*) compter
punzada *nf* (*puntura*) piqûre *f*
punzante *adj* (*dolor*) aigu(ë), lancinant(e); (*herramienta*) pointu(e); **punzar** *vt* (*pinchar*) piquer
puñado *nm* poignée *f*
puñal *nm* poignard *m*; **puñalada** *nf* coup *m* de poignard
puñetazo *nm* coup *m* de poing
puño *nm* (*Anat*) poing *m*; (*de ropa*) poignet *m*; (*de herramienta*) manche *m*
pupila *nf* (*Anat*) pupille *f*
pupitre *nm* pupitre *m*
puré *nm* (*Culin*) purée *f*; **puré de patatas/de verduras** purée de pommes de terre/de légumes
pureza *nf* pureté *f*
purga *nf* purge *f*; **purgante** *adj* purgatif(-ive) ▷ *nm* purgatif *m*; **purgar** *vt* purger
purgatorio *nm* purgatoire *m*
purificar *vt* purifier
puritano, -a *adj, nm/f* puritain(e)
puro, -a *adj* pur(e); (*esp Méx*) même ▷ *nm* (*tabaco*) cigare *m* ▷ *adv* (*esp Méx*) uniquement; **de ~ cansado** à force de fatigue; **por pura casualidad/curiosidad** par pur hasard/pure curiosité
púrpura *nf* pourpre *f*
purpúreo, -a *adj* pourpré(e)
pus *nm* pus *msg*
puse *etc vb ver* **poner**
pústula *nf* pustule *f*
puta (*fam!*) *nf* putain *f*, pute *f* (*fam!*)
putrefacción *nf* putréfaction *f*
PVP (*Esp*) *sigla m* = *Precio de Venta al Público*

q

PALABRA CLAVE

que *pron rel* 1 (*sujeto*) qui; **el hombre que vino ayer** l'homme qui est venu hier
2 (*objeto*) que; **el sombrero que te compraste** le chapeau que tu t'es acheté; **la chica que invité** la fille que j'ai invitée
3 (*circunstancial, con prep*): **el día que yo llegué** le jour où je suis arrivé; **el piano con que toca** le piano sur lequel il joue; **el libro del que te hablé** le livre dont je t'ai parlé; **la cama en que dormí** le lit dans lequel j'ai dormi; *ver tb* **el**
▷ *conj* 1 (*con oración subordinada*) que; **dijo que vendría** il a dit qu'il viendrait; **espero que lo encuentres** j'espère que tu le retrouveras; *ver tb* **el**
2 (*con verbo de mandato*): **dile que me llame** dis-lui de m'appeler
3 (*en oración independiente*): **¡que entre!** qu'il/elle entre!; **¡que se mejore tu padre!** j'espère que ton père ira mieux!; **que lo haga él** qu'il le fasse, lui; **que yo sepa** que je sache
4 (*enfático*): **¿me quieres? – ¡que sí!** tu m'aimes? – oh oui!
5 (*consecutivo*) que; **es tan grande que no lo puedo levantar** c'est si gros que je ne peux pas le soulever
6 (*en comparaciones*) que; **es más alto que tú** il est plus grand que toi; **ese libro es igual que el otro** ce livre est pareil que l'autre; *ver tb* **más, menos, mismo**
7 (*porque*): **no puedo, que tengo que quedarme en casa** je ne peux pas, je dois rester à la maison
8 (*valor condicional*): **que no puedes, no lo haces** si tu ne peux pas, ne le fais pas
9 (*valor final*): **sal a que te vea** sors pour que je te voie
10: **todo el día toca que toca** il joue toute la sainte journée

qué *adj* quel(le) ▷ *pron* que, quoi; **¿~ edad tienes?** quel âge as-tu?; **¡~ divertido/asco!** comme c'est drôle/dégoûtant!; **¡~ día más espléndido!** quelle journée splendide!; **¿~?** quoi?; **¿~ quieres?** qu'est-ce que tu veux?; **¿de ~ me hablas?** de quoi me parles-tu?; **¿~ tal?** (comment) ça va?; **¿~ más?** autre chose?; **no sé ~ quiere hacer** je ne sais pas ce qu'il veut faire; **¡y ~!** et alors!

quebradizo, -a *adj* cassant(e); (*persona, salud*) fragile

quebrado, -a *adj* (*roto*) cassé(e); (*línea*) brisé(e) ▷ *nm* (*Mat*) fraction *f*

quebrantar *vt* (*moral*) casser; (*ley, secreto, promesa*) violer; (*salud*) affaiblir; **quebrantarse** *vpr* (*persona, fuerzas*) s'affaiblir

quebranto *nm* (*en salud*) affaiblissement *m*; (*en fortuna*) perte *f*
quebrar *vt* casser ▷ *vi* faire faillite; **quebrarse** *vpr* se casser; (*línea, cordillera*) se briser; (*Med: herniarse*) se faire une hernie
quedar *vi* rester; (*encontrarse*) se donner rendez-vous; **quedarse** *vpr* rester; **~ en** convenir de; **~ en nada** ne pas aboutir; **~ por hacer** rester à faire; **no te queda bien ese vestido** cette robe ne te va pas bien; **quedamos allí** on se retrouve là; **quedamos a las seis** (*en pasado*) on a dit 6 heures; (*en presente*) on se voit à 6 heures; **eso queda muy lejos** c'est très loin; **quedan dos horas** il reste deux heures; **~se ciego/mudo** devenir aveugle/muet; **~se (con) algo** garder qch
quedo, -a *adj* (*voz*) bas/basse; (*pasos*) feutré(e) ▷ *adv* (*hablar*) doucement; (*andar*) à pas feutrés
quehacer *nm* tâche *f*; **~es (domésticos)** tâches *fpl* (domestiques)
queja *nf* plainte *f*
quejarse *vpr* se plaindre; **~ de que ...** se plaindre que ...; **quejido** *nm* gémissement *m*, plainte *f*
quemado, -a *adj* brûlé(e) ▷ *nm*: **oler a ~** sentir le brûlé; **estar ~** (*fam: irritado*) être en pétard; (*: político, actor*) être fini
quemadura *nf* brûlure *f*
quemar *vt* brûler; (*fig: malgastar*) gâcher; (*: deteriorar: imagen, persona*) détruire ▷ *vi* brûler; **quemarse** *vpr* (*consumirse*) brûler; (*del sol*) attraper un (des) coup(s) de soleil
quemarropa: **a ~** *adv* (*disparar*) à bout portant; (*preguntar*) à brûle-pourpoint
quepo *etc vb ver* **caber**
querella *nf* (*Jur*) plainte *f*; (*disputa*) querelle *f*
querellarse *vpr* porter plainte

PALABRA CLAVE

querer *vt* 1 (*desear*) vouloir; **quiero más dinero** je veux plus d'argent; **quisiera** *o* **querría un té** je voudrais un thé; **sin querer** sans le vouloir
2 (*+ vb dependiente*): **quiero ayudar/que vayas** je veux aider/que tu t'en ailles; **¿qué quieres decir?** que veux-tu dire?
3 (*para pedir algo*): **¿quiere abrir la ventana?** vous voulez bien ouvrir la fenêtre?
4 (*amar*) aimer; (*amigo, perro*) aimer bien; **te quiero** je t'aime; **quiere mucho a sus hijos** elle aime beaucoup ses enfants
5 (*requerir*): **esta planta quiere más luz** cette plante a besoin de plus de lumière

querido, -a *adj* (*mujer, hijo*) chéri(e); (*tierra, amigo, en carta*) cher/chère ▷ *nm/f* amant(e); **¡sí, ~!** oui, chéri!
queso *nm* fromage *m*; **queso cremoso** fromage crémeux
quicio *nm* gond *m*; **sacar a algn de ~** mettre qn hors de soi
quiebra *nf* effondrement *m*; (*Com*) faillite *f*
quiebro *vb ver* **quebrar**
quien *pron* (*relativo: sujeto*) qui; (*: complemento*) qui, que; **la persona a ~ quiero** la personne que j'aime; **~ dice eso es tonto** (*indefinido*) celui qui dit cela est un idiot; **hay ~ piensa que** il y a des gens qui pensent que; **no hay ~ lo haga** il n'y a personne qui le fasse
quién *pron* (*interrogativo*) qui; **¿~ es?** qui est-ce?
quienquiera (*pl* **quienesquiera**) *pron* quiconque
quiera *etc vb ver* **querer**

quieto, -a *adj* (*manos, cuerpo*) immobile; **quietud** *nf* (*inmovilidad*) immobilité *f*
quilate *nm* carat *m*
quilla *nf* quille *f*
quimera *nf* chimère *f*
química *nf* chimie *f*
químico, -a *adj* chimique ▷ *nm/f* chimiste *m/f*
quince *adj inv, nm inv* quinze *m inv*; *ver tb* **seis**
quinceañero, -a *adj, nm/f* adolescent(e); **quincena** *nf* quinzaine *f*; **quincenal** *adj* (*pago, reunión*) bimensuel(le)
quiniela *nf* (*impreso*) grille *f* o feuille *f* de paris; **quinielas** ≈ Loto *msg* sportif; **quiniela hípica** ≈ tiercé *m*
quinientos, -as *adj* cinq cents; *ver tb* **seiscientos**
quinina *nf* quinine *f*
quinto, -a *adj* cinquième; *ver tb* **sexto**
quiosco *nm* kiosque *m*
quirófano *nm* salle *f* d'opération
quirúrgico, -a *adj* chirurgical
quise *etc vb ver* **querer**
quisquilloso, -a *adj* (*susceptible*) chatouilleux(-euse); (*meticuloso*) pointilleux(-euse)
quiste *nm* kyste *m*
quitaesmalte *nm* dissolvant *m*
quitamanchas *nm inv* détachant *m*
quitanieves *nm inv* chasse-neige *m inv*
quitar *vt* enlever; (*ropa*) enlever, ôter; (*dolor*) éliminer ▷ *vi*: **¡quita de ahí!** hors d'ici!; **quitarse** *vpr* (*mancha*) partir; (*ropa*) ôter; (*vida*) se donner la mort; **quítalo de ahí** enlève ça de là; **se quitó el sombrero** il ôta son chapeau; **~se de** renoncer à
quite *nm* (*Taur*) *action de détourner l'attention du taureau*
Quito *n* Quito
quizá(s) *adv* peut-être

r

rábano *nm* radis *msg*; **me importa un ~** je m'en moque comme de l'an quarante
rabia *nf* rage *f*; **rabiar** *vi* (*Med*) avoir la rage; **rabiar por hacer algo** mourir d'envie de faire qch
rabieta *nf* crise *f* de colère
rabino *nm* rabbin *m*
rabioso, a *adj* (*perro*) enragé(e); (*dolor, ganas*) fou/folle
rabo *nm* queue *f*
racha *nf* (*de viento*) rafale *f*; **buena/mala ~** bonne/mauvaise passe *f*
racial *adj* racial(e)
racimo *nm* grappe *f*
raciocinio *nm* raisonnement *m*
ración *nf* ration *f*; (*en bar*) portion *f*
racional *adj* rationnel(le); **animal ~** être *m* doué de raison; **racionalizar** *vt* rationaliser
racionar *vt* rationner
racismo *nm* racisme *m*; **racista** *adj*,

nm/f raciste *m/f*
radar *nm* radar *m*
radiactivo, -a *adj* = **radioactivo**
radiador *nm* radiateur *m*
radiante *adj* radieux(-euse)
radical *adj* radical(e)
radicar *vi*: ~ **en** (*consistir*) résider en; (*estar situado*) être basé à; **radicarse** *vpr* s'établir
radio *nf* (*Am: a veces nm*) radio *f* ▷ *nm* rayon *m*; **por ~** à la radio
radioactividad *nf* radioactivité *f*
radioactivo, -a *adj* radioactif(-ive)
radiocasete *nm* radio-cassette *m*; **radiodifusión** *nf* radio-diffusion *f*; **radioemisora** *nf* station *f* (de radio); **radiografía** *nf* radiographie *f*; **radioterapia** *nf* radiothérapie *f*; **radioyente** *nm/f* auditeur(-trice)
ráfaga *nf* rafale *f*; (*de luz*) jet *m*
raído, -a *adj* (*ropa*) râpé(e)
raigambre *nf* racines *fpl*
raíz (*pl* **raíces**) *nf* racine *f*; ~ **cuadrada** racine carrée; **a ~ de** (*como consecuencia de*) à la suite de
raja *nf* (*de melón, limón*) tranche *f*; (*en muro, madera*) fissure *f*; **rajar** *vt* (*tela*) couper; (*madera*) fendre; (*fam: herir*) entailler; **rajarse** *vpr* se fendre; (*fam*) se dégonfler
rajatabla: **a ~** *adv* à la lettre
rallador *nm* râpe *f*
rallar *vt* râper
rama *nf* branche *f*; **andarse** *o* **irse por las ~s** (*fig, fam*) tourner autour du pot; **ramaje** *nm* ramage *m*; **ramal** *nm* (*Ferro*) embranchement *m*; (*Auto*) bretelle *f*
rambla *nf* rambla *f*
ramificación *nf* ramification *f*
ramificarse *vpr* se ramifier
ramillete *nm* bouquet *m*
ramo *nm* bouquet *m*; (*de industria*) branche *f*
rampa *nf* rampe *f*; **rampa de acceso** rampe d'accès
ramplón, -ona *adj* vulgaire
rana *nf* grenouille *f*
ranchero *nm* (*Am*) fermier *m*
rancho *nm* (*comida*) popote *f*; (*Am*) ranch *m*; (*: pequeño*) petite ferme *f*; (*choza*) cabane *f*
rancio, -a *adj* rance; (*vino, fig*) vieux/vieille
rango *nm* rang *m*
ranura *nf* rainure *f*; (*de teléfono*) fente *f*
rapar *vt* raser
rapaz *adj* (*ave*) de proie ▷ *nf* rapace *m* ▷ *nm* gamin *m*
rape *nm* (*pez*) baudroie *f*; **al ~** ras *inv*
rapé *nm* chique *f*
rapidez *nf* rapidité *f*
rápido, -a *adj* rapide ▷ *adv* rapidement ▷ *nm* (*Ferro*) rapide *m*; **rápidos** *nmpl* (*de río*) rapides *mpl*
rapiña *nm* rapine *f*; **ave de ~** oiseau *m* de proie
raptar *vt* enlever; **rapto** *nm* rapt *m*, enlèvement *m*
raqueta *nf* raquette *f*
raquítico, -a *adj* rachitique; **raquitismo** *nm* rachitisme *m*
rareza *nf* rareté *f*; (*fig*) manie *f*
raro, -a *adj* rare; (*extraño*) curieux(-euse)
ras *nm*: **a ~ de tierra/del suelo** à ras de terre/au ras du sol
rascacielos *nm inv* gratte-ciel *m inv*
rascar *vt* gratter; (*raspar*) racler; **rascarse** *vpr* se gratter
rasgar *vt* déchirer
rasgo *nm* trait *m*; **rasgos** *nmpl* (*de rostro*) traits *mpl*; **a grandes ~s** à grands traits
rasguñar *vt* égratigner; **rasguñarse** *vpr* s'égratigner; **rasguño** *nm* égratignure *f*
raso, -a *adj* ras(e) ▷ *nm* satin *m*; **cielo ~** ciel *m* dégagé
raspadura *nf* (*marca*) rayure *f*; **raspaduras** *nfpl* (*restos*) restes *mpl*
raspar *vt* gratter; (*arañar*) rayer;

(*limar*) râper
rastra *nf*: **a ~s** en traînant; (*fig*) à contrecœur
rastreador, a *nm* (*de huellas, pistas*) pisteur *m*; **rastreador de minas** dragueur *m* de mines
rastrear *vt* (*pista*) suivre
rastrero, -a *adj* (*Bot*) grimpant(e); (*Zool, fig*) rampant(e)
rastro *nm* trace *f*; (*mercado*) marché *m* aux puces
rastrojo *nm* chaume *m*
rasurarse (*Am*) *vpr* se raser
rata *nf* rat *m*
ratear *vt* voler
ratero, -a *nm/f* voleur(-euse); (*Am*: *de casas*) cambrioleur(-euse)
ratificar *vt* ratifier; **ratificarse** *vpr*: **~se en algo** réaffirmer qch
rato *nm* moment *m*; **a ~s** par moments; **al poco ~** peu après; **hay para ~** il y en a pour un bon bout de temps; **pasar el ~** passer le temps; **pasar un buen/mal ~** passer un bon/mauvais moment
ratón *nm* souris *fsg*; **ratonera** *nf* souricière *f*
raudal *nm* torrent *m*; **a ~es** à flots
raya *nf* raie *f*; (*en tela*) rayure *f*; (*Tip*) tiret *m*; **a ~s** à rayures; **pasarse de la ~** dépasser les bornes; **tener a ~** tenir en respect; **rayar** *vt* rayer ▷ *vi*: **rayar en** *o* **con** confiner à *o* avec; (*parecerse a*) friser; **raya en la cincuentena** il frise la cinquantaine
rayo *nm* rayon *m*; (*en una tormenta*) foudre *f*; **ser un ~** (*fig*) être très vif/vive; **rayos X** rayons X
raza *nf* race *f*; **raza humana** race humaine
razón *nf* raison *f*; (*Mat*) relation *f*; **a ~ de 10 cada día** à raison de 10 par jour; **"~: aquí"** "s'adresser ici"; **en ~ de** en raison de; **dar la ~ a algn** donner raison à qn; **tener/no tener ~** avoir/ne pas avoir raison; **~ directa/inversa** relation directe/indirecte; **~ de ser** raison d'être; **razonable** *adj* raisonnable; **razonamiento** *nm* raisonnement *m*; **razonar** *vt* raisonner; (*Com*: *cuenta*) détailler ▷ *vi* raisonner
reacción *nf* réaction *f*; **avión a ~** avion *m* à réaction; **reaccionar** *vi* réagir
reaccionario, -a *adj, nm/f* réactionnaire *m/f*
reacio, -a *adj* réticent(e)
reactivar *vt* (*economía, negociaciones*) relancer; **reactivarse** *vpr* reprendre
reactor *nm* réacteur *m*
readaptación *nf*: **~ profesional** réadaptation *f* professionnelle
reajuste *nm* réajustement *m*; **reajuste ministerial** remaniement *m* ministériel
real *adj* (*verdadero*) réel(le); (*del rey, fig*) royal(e)

REAL ACADEMIA ESPAÑOLA

La **Real Academia Española** ou **RAE** a été créée en 1713 et approuvée par le roi Philippe V en 1714 sous la devise "limpia, fija y da esplendor" dans le but de protéger la pureté de la langue espagnole. Les 46 membres de cette institution, nommés à vie, comptent parmi les plus grands écrivains et linguistes d'Espagne. Le premier dictionnaire, "Diccionario de Autoridades" en six volumes, a été publié entre 1726 et 1739. Depuis la version condensée en un volume parue en 1780, plus d'une vingtaine de nouvelles éditions ont été publiées.

realce *vb ver* **realzar** ▷ *nm* relief *m*; **poner de ~** mettre en relief; **dar ~ a algo** (*fig*) mettre qch en relief
realidad *nf* réalité *f*

realista *adj* réaliste ▷ *nm/f* réaliste *m/f*
realización *nf* réalisation *f*
realizador, -a *nm/f* (*TV, Cine*) réalisateur(-trice)
realizar *vt* réaliser; **realizarse** *vpr* se réaliser
realmente *adv* réellement; (*con adjetivo*) vraiment; **es ~ apasionante** c'est vraiment passion
realquilar *vt* (*subarrendar*) sous-louer
realzar *vt* (*Tec*) surélever; (*belleza*) rehausser, mettre en valeur; (*importancia*) augmenter
reanimar *vt* ranimer; **reanimarse** *vpr* se ranimer
reanudar *vt* renouer; (*historia, viaje*) reprendre
reaparición *nf* réapparition *f*
rearme *nm* réarmement *m*
rebaja *nf* solde *m*; **rebajar** *vt* rabaisser
rebanada *nf* tranche *f*
rebañar *vt* racler
rebaño *nm* troupeau *m*
rebasar *vt* dépasser
rebatir *vt* réfuter
rebeca *nf* cardigan *m*
rebelarse *vpr* se rebeller
rebelde *adj* rebelle ▷ *nm/f* (*Pol*) rebelle *m/f*; (*Jur*) accusé(e) défaillant(e); **rebeldía** *nf* rébellion *f*; (*Jur*) contumace *f*
rebelión *nf* rébellion *f*
reblandecer *vt* ramollir
rebobinar *vt* rembobiner
rebosante *adj*: **~ de** (*fig*) débordant(e) de
rebosar *vt, vi* déborder
rebotar *vi* rebondir; **rebote** *nm* rebondissement *m*; **de rebote** (*fig*) par ricochet
rebozado, -a *adj* enrobé(e) de pâte à frire
rebozar *vt* enrober de pâte à frire
rebuscado, -a *adj* recherché(e)
rebuscar *vt* rechercher ▷ *vi*: **~ (en** *o* **por)** chercher (dans)
rebuznar *vi* braire
recado *nm* course *f*; (*mensaje*) message *m*
recaer *vi* rechuter; **~ en** (*responsabilidad*) retomber sur
recalcar *vt* (*fig*) souligner
recalcitrante *adj* récalcitrant(e)
recámara *nf* (*habitación*) dressing-room *m*; (*de arma*) magasin *m*; (*Am*) chambre *f*
recambio *nm* (*de pieza*) pièce *f* détachée; (*de pluma*) recharge *f*
recapacitar *vi* réfléchir
recargado, -a *adj* surchargé(e)
recargar *vt* recharger; (*pago*) alourdir; **recargo** *nm* majoration *f* de prix; (*aumento*) augmentation *f*
recatado, -a *adj* réservé(e)
recato *nm* réserve *f*
recaudación *nf* recette *f*; (*acción*) perception *f*
recaudador, a *nm/f* (*tb*: **~ de impuestos**) percepteur(-trice)
recelar *vt*: **~ que** (*sospechar*) soupçonner que; (*temer*) craindre que ▷ *vi* se méfier; **recelarse** *vpr* se méfier; **recelo** *nm* (*desconfianza*) méfiance *f*; (*temor*) crainte *f*
receloso, -a *adj* (*suspicaz*) méfiant(e); (*temeroso*) craintif(-ive)
recepción *nf* réception *f*; **recepcionista** *nm/f* réceptionniste *m/f*
receptáculo *nm* réceptacle *m*
receptivo, -a *adj* réceptif(-ive)
receptor, a *nm/f* réceptionnaire *m/f* ▷ *nm* (*Telec, radio*) récepteur *m*
recesión *nf* récession *f*
receta *nf* (*Culin*) recette *f*; (*Med*) ordonnance *f*
rechazar *vt* (*ataque, oferta*) repousser; (*idea, acusación*) rejeter
rechazo *nm* rejet *m*; (*sentimiento*) refoulement *m*

rechinar *vi* grincer
rechistar *vi*: **sin ~** sans rechigner
rechoncho, -a (*fam*) *adj* trapu(e)
rechupete: **de ~** *adj* à s'en lécher les babines *o* doigts
recibidor *nm* vestibule *m*
recibimiento *nm* accueil *m*
recibir *vt, vi* recevoir; **recibirse** *vpr* (*Am: Escol*): **~se de** obtenir le diplôme de; **recibo** *nm* reçu *m*
reciclaje *nm* recyclage *m*
reciclar *vt* recycler
recién *adv* récemment; (*Am: sólo*) seulement; **~ casado** jeune marié; **el ~ llegado/nacido** le nouveau venu/-né; **~ a las seis me enteré** (*Am*) je ne l'ai appris qu'à six heures
reciente *adj* récent(e); (*pan, herida*) frais/fraîche; **recientemente** *adv* récemment
recinto *nm* enceinte *f*
recio, -a *adj* résistant(e); (*voz*) fort(e) ▷ *adv* fortement
recipiente *nm* (*objeto*) récipient *m*
reciprocidad *nf* réciprocité *f*
recíproco, -a *adj* réciproque
recital *nm* récital *m*
recitar *vt* réciter
reclamación *nf* réclamation *f*
reclamar *vt, vi* réclamer; **reclamo** *nm* (*en caza*) appeau *m*; (*incentivo*) appât *m*; **reclamo publicitario** réclame *f*
reclinar *vt* incliner; **reclinarse** *vpr* s'incliner
recluir *vt* enfermer; **recluirse** *vpr* vivre en reclus; **~ en su casa** s'enfermer chez soi
reclusión *nf* réclusion *f*; (*voluntario*) retraite *f*
recluta *nm/f* recrue *f* ▷ *nf* recrutement *m*
reclutar *vt* recruter
recobrar *vt* récupérer; **recobrarse** *vpr*: **~se (de)** se remettre (de); **~ el sentido** reprendre connaissance
recodo *nm* coude *m*
recogedor *nm* pelle *f*
recoger *vt* (*firmas, dinero*) recueillir; (*fruta*) cueillir; (*del suelo*) ramasser; (*ordenar*) ranger; (*juntar*) rassembler; (*pasar a buscar*) prendre; (*dar asilo*) recueillir; (*polvo*) prendre; **recogerse** *vpr* se retirer; (*pelo*) se ramasser
recogida *nf* (*Agr*) cueillette *f*; (*de basura*) ramassage *m*; (*de cartas*) levée *f*
recogido, -a *adj* (*lugar*) retiré(e); (*pequeño*) petit(e)
recolección *nf* (*Agr*) récolte *f*; (*de datos, dinero*) collecte *f*
recomendación *nf* recommandation *f*
recomendar *vt* recommander
recompensa *nf* récompense *f*; **recompensar** *vt* récompenser
recomponer *vt* réparer
reconciliación *nf* réconciliation *f*
reconciliar *vt* réconcilier; **reconciliarse** *vpr* se réconcilier
recóndito, -a *adj* (*lugar*) retiré(e)
reconfortar *vt* réconforter
reconocer *vt* reconnaître
reconocido, -a *adj* reconnu(e); **reconocimiento** *nm* reconnaissance *f*
reconquista *nf* reconquête *f*
reconstituyente *nm* reconstituant *m*
reconstruir *vt* reconstruire; (*suceso*) reconstituer
reconversión *nf* reconversion *f*
recopilación *nf* (*resumen*) résumé *m*; (*colección*) recueil *m*, compilation *f*; **recopilar** *vt* compiler
récord (*pl* **records** *o* **~s**) *adj inv* record ▷ *nm* record *m*
recordar *vt* se rappeler ▷ *vi* (*acordarse de*) se rappeler; **~ algo a algn** rappeler qch à qn
recorrer *vt* parcourir; **recorrido** *nm* parcours *msg*; **tren de largo recorrido** train *m* de grandes lignes
recortado, -a *adj* découpé(e); (*barba*)

taillé(e)
recortar *vt* découper; (*presupuesto, gasto*) réduire; **recorte** *nm* (*de telas, chapas: acto*) coupe *f*; (*: fragmento*) découpure *f*; (*de prensa*) coupure *f*; (*de presupuestos, gastos*) compression *f*
recostado, -a *adj* penché(e); **estar ~** être allongé(e)
recostar *vt* appuyer; **recostarse** *vpr* s'appuyer
recoveco *nm* (*de camino, río*) coude *m*; (*en casa*) coin *m*
recreación *nf* récréation *f*
recrear *vt* recréer; **recrearse** *vpr*: **~se con/en** prendre plaisir à
recreativo, -a *adj* récréatif(-ive); **sala recreativa** salle *f* de jeux; **recreo** *nm* récréation *f*
recriminar *vt* reprocher ▷ *vi* récriminer
recrudecer *vi* redoubler d'intensité; **recrudecerse** *vpr* redoubler d'intensité
recrudecimiento *nm* recrudescence *f*
recta *nf* ligne *f* droite
rectángulo, -a *adj, nm* rectangle *m*
rectificar *vt* rectifier ▷ *vi* se corriger
rectitud *nf* rectitude *f*
recto, -a *adj* droit(e) ▷ *nm* (*Anat*) rectum *m*
rector, a *adj, nm/f* recteur(-trice)
recuadro *nm* case *f*; (*Tip*) entrefilet *m*
recubrir *vt*: **~ (con)** recouvrir (de)
recuento *nm* décompte *m*; **hacer el ~ de** faire le décompte de
recuerdo *vb ver* **recordar** ▷ *nm* souvenir *m*; **¡~s a tu madre!** amitiés à ta mère!
recuperable *adj* récupérable
recuperación *nf* récupération *f*; (*de enfermo*) rétablissement *m*; (*Escol*) rattrapage *m*
recuperar *vt* récupérer; **recuperarse** *vpr* se récupérer; **~ fuerzas** reprendre ses forces
recurrir *vi* (*Jur*) faire appel; **~ a algo/a algn** recourir à qch/à qn; **recurso** *nm* recours *msg*
recusar *vt* récuser
red *nf* (*tejido, trampa*) filet *m*; (*organización*) réseau *m*; **la R~** (*Internet*) le Net
redacción *nf* rédaction *f*
redactar *vt* rédiger
redactor, a *nm/f* rédacteur(-trice)
redada *nf* (*tb*: **~ policial**) descente *f*
redicho, -a *adj* maniéré(e)
redil *nm* bercail *m*
redimir *vt* racheter
rédito *nm* (*Econ*) intérêt *m*
redoblar *vt* redoubler ▷ *vi* battre le tambour
redomado, -a *adj* (*astuto*) rusé(e); **sinvergüenza ~** fieffée canaille
redonda *nf* (*Mús*) ronde *f*; **a la ~** à la ronde
redondear *vt* (*negocio, velada*) conclure; (*cifra, objeto*) arrondir
redondel *nm* cercle *m*
redondo, -a *adj* rond(e); (*completo*) bon(ne); **en números ~s** en chiffres ronds
reducción *nf* réduction *f*
reducido, -a *adj* réduit(e)
reducir *vt* réduire; **reducirse** *vpr* se réduire; **~se a** (*fig*) se réduire à
redundancia *nf* redondance *f*
reembolsar *vt* rembourser; **reembolso** *nm* remboursement *m*
reemplazar *vt* remplacer; **reemplazo** *nm* remplacement *m*; **de reemplazo** (*Mil*) du contingent
reencuentro *nm* rencontre *f*
reescribible *adj* réinscriptible
referencia *nf* référence *f*; **referencias** *nfpl* (*de trabajo*) références *fpl*; **con ~ a** en ce qui concerne
referéndum (*pl* **~s**) *nm* référendum *m*
referente *adj*: **~ a** relatif(-ive) à
referir *vt* rapporter; **referirse**

vpr: **~se a** se référer à
refilón: **de ~** *adv* en passant
refinado, -a *adj* raffiné(e)
refinamiento *nm* raffinement *m*
refinar *vt* (*petróleo, azúcar*) raffiner; (*modales*) affiner; **refinería** *nf* raffinerie *f*
reflejar *vt* refléter
reflejo, -a *adj* réflexe ▷ *nm* reflet *m*; (*Anat*) réflexe *m*; **reflejos** *nmpl* (*en el pelo*) reflets *mpl*
reflexión *nf* réflexion *f*; **reflexionar** *vi* réfléchir; **reflexionar sobre** réfléchir sur
reflexivo, -a *adj* (*carácter*) réflexif(-ive); (*Ling*) réfléchi(e)
reflujo *nm* reflux *m*
reforma *nf* réforme *f*; **reformas** *nfpl* (*obras*) transformations *fpl*
reformar *vt* réformer; (*Arq*) transformer; **reformarse** *vpr* se réformer
reformatorio *nm* (*tb*: **~ de menores**) maison *f* de redressement *o* correction
reforzar *vt* renforcer
refractario, -a *adj* réfractaire
refrán *nm* proverbe *m*
refregar *vt* frotter
refrenar *vt* (*deseos*) refréner
refrendar *vt* ratifier
refrescante *adj* rafraîchissant(e)
refrescar *vt* rafraîchir ▷ *vi* se rafraîchir; **refrescarse** *vpr* se rafraîchir
refresco *nm* rafraîchissement *m*
refriega *vb ver* **refregar** ▷ *nf* bagarre *f*
refrigeración *nf* réfrigération *f*
refrigerador (*esp Am*) *nm*, **refrigeradora** (*Am*) ▷ *nf* réfrigérateur *m*
refrigerar *vt* réfrigérer
refuerce *vb ver* **reforzar**
refuerzo *nm* renfort *m*; **refuerzos** *nmpl* (*Mil*) renforts *mpl*
refugiado, -a *nm/f* réfugié(e)
refugiarse *vpr* se réfugier
refugio *nm* refuge *m*
refunfuñar *vi* ronchonner
refutar *vt* réfuter
regadera *nf* arrosoir *m*; (*Méx: ducha*) douche *f*
regadío *nm* irrigation *f*; **tierras de ~** terres irriguées
regalado, -a *adj* (*gratis*) gratis; (*vida*) de château
regalar *vt* offrir; (*mimar*) cajoler
regaliz *nm* réglisse *m o f*
regalo *nm* cadeau *m*; (*gusto*) régal *m*; (*comodidad*) aisance *f*
regañadientes: **a ~** *adv* en rechignant
regañar *vt* gronder ▷ *vi* se fâcher; (*dos personas*) se disputer
regar *vt* arroser; (*fig*) semer
regatear *vt* marchander ▷ *vi* (*Com*) marchander; **regateo** *nm* (*Com*) marchandage *m*
regazo *nm* giron *m*
regeneración *nf* régénération *f*
regenerar *vt* régénérer
regentar *vt* (*empresa, negocio*) régenter; (*local, bar*) tenir; **regente, -a** *nm/f* (*Com*) gérant(e); (*Pol*) régent(e); (*Méx: alcalde*) maire *m*
régimen (*pl* **regímenes**) *nm* régime *m*
regimiento *nm* régiment *m*
regio, -a *adj* royal(e); (*Am: fam*) formidable
región *nf* région *f*
regir *vt* (*Econ, Jur, Ling*) régir ▷ *vi* (*ley*) être en vigueur
registrar *vt* fouiller; (*anotar*) enregistrer; **registrarse** *vpr* (*inscribirse*) s'inscrire; (*ocurrir*) avoir lieu
registro *nm* registre *m*; (*inspección*) fouille *f*; (*de datos*) enregistrement *m*; **registro civil** état *m* civil
regla *nf* règle *f*; **en ~** en règle
reglamentar *vt* réglementer
reglamentario, -a *adj*

réglementaire; **reglamento** *nm* règlement *m*
regocijarse *vpr*: **~ de** *o* **por** se réjouir de; **regocijo** *nm* réjouissance *f*
regodearse *vpr*: **~ con** *o* **en algo** se délecter de qch; (*pey*) se réjouir de qch; **regodeo** *nm* délectation *f*
regresar *vi* retourner; **regresarse** *vpr* (*Am*) retourner
regresivo, -a *adj* régressif(-ive); **regreso** *nm* retour *m*
reguero *nm* traînée *f*
regulador, a *adj* régulateur(-trice) ▷ *nm* régulateur *m*
regular *adj* régulier(-ière); (*mediano*) moyen(ne); (*fam: no bueno*) médiocre ▷ *vt* régler; (*normas, salarios*) contrôler; **por lo ~** en général; **regularidad** *nf* régularité *f*; **regularizar** *vt* régulariser
regusto *nm* arrière-goût *m*
rehabilitación *nf* (*de drogadicto*) rééducation *f*; (*Arq, de memoria*) réhabilitation *f*
rehabilitar *vt* (*drogadicto*) rééduquer; (*Arq, memoria*) réhabiliter
rehacer *vt* refaire; **rehacerse** *vpr* se rétablir
rehén *nm* otage *m*
rehuir *vt* fuir
rehusar *vt, vi* refuser
reina *nf* reine *f*; **~ de (la) belleza/de las fiestas** reine de beauté/de la fête; **prueba ~** épreuve *f* phare; **reinado** *nm* règne *m*
reinante *adj* régnant(e)
reinar *vi* régner
reincidir *vi* (*Jur*) récidiver; **~ (en)** (*recaer*) retomber (dans)
reincorporarse *vpr*: **~ a** réintégrer; (*Mil*) être réincorporé dans
reino *nm* royaume *m*; **reino animal/vegetal** règne *m* animal/végétal; **el Reino Unido** le Royaume-Uni
reintegrar *vt* réintégrer; **reintegrarse** *vpr*: **~se a** réintégrer
reír *vi* rire; **reírse** *vpr* rire; **~se de** rire de
reiterar *vt* réitérer
reivindicación *nf* revendication *f*
reivindicar *vt* revendiquer
reja *nf* grille *f*
rejilla *nf* grillage *m*; (*en muebles*) cannage *m*; (*en hornillo, de ventilación*) grille *f*; (*para equipaje*) filet *m*
rejuvenecer *vt, vi* rajeunir
relación *nf* relation *f*; (*narración*) récit *m*; **con ~ a, en ~ con** par rapport à; **relaciones públicas** relations publiques; **relacionar** *vt* mettre en rapport; **relacionarse** *vpr* fréquenter
relajación *nf* relaxation *f*
relajado, -a *adj* (*costumbres, moral*) relâché(e); (*persona*) détendu(e)
relajar *vt* (*mente, cuerpo*) décontracter; (*disciplina, moral*) relâcher; **relajarse** *vpr* (*distraerse*) se détendre
relamerse *vpr* se pourlécher
relamido, -a (*pey*) *adj* (*pulcro*) bichonné(e); (*afectado*) collet monté *inv*
relámpago *adj inv*: **visita/huelga ~** visite *f*/grève *f* éclair ▷ *nm* éclair *m*
relatar *vt* relater
relativo, -a *adj* relatif(-ive); **en lo ~ a** en ce qui concerne
relato *nm* récit *m*
relegar *vt* reléguer
relevante *adj* remarquable
relevar *vt* relever; **relevarse** *vpr* se relayer; **~ a algn de su cargo** relever qn de ses fonctions
relevo *nm* relève *f*; **carrera de ~s** course *f* de relais
relieve *nm* relief *m*; **bajo ~** bas-relief *m*; **poner de ~** mettre en relief
religión *nf* religion *f*
religioso, -a *adj, nm/f* religieux(-euse)
relinchar *vi* hennir; **relincho** *nm* hennissement *m*

r

reliquia *nf* relique *f*
rellano *nm* (*Arq*) palier *m*
rellenar *vt* remplir; (*Culin*) farcir
relleno, -a *adj* plein(e) ▷ *nm* (*Culin*) farce *f*; (*de cojín*) rembourrage *m*
reloj *nm* montre *f*; **reloj (de pulsera)** montre; **reloj despertador** réveille-matin *m inv*; **reloj digital** montre à affichage numérique
relojero, -a *nm/f* horloger(-ère)
reluciente *adj* reluisant(e)
relucir *vi* reluire; **sacar algo a ~** remettre qch sur le tapis
relumbrar *vi* reluire
remachar *vt* river; (*fig*) insister sur; **remache** *nm* rivet *m*
remanente *nm* (*Com*) surplus *msg*; (*de producto*) excédent *m*
remangarse *vpr* retrousser ses manches
remanso *nm* (*de río*) bras *msg* mort
remar *vi* ramer
rematar *vt* achever; (*trabajo*) parfaire; (*Com*) liquider ▷ *vi* (*en fútbol*) tirer; **~ de cabeza** faire une tête
remate *nm* fin *f*; (*extremo*) couronnement *m*; (*Deporte*) tir *m*; (*Arq*) sommet *m*; (*Com*) liquidation *f*; **de ~** (*tonto*) complètement; **para ~** pour couronner le tout
remediar *vt* remédier à; (*evitar*) éviter
remedio *nm* remède *m*; (*Jur*) secours *msg*; **poner ~ a** remédier à; **no tener más ~** ne pas avoir le choix; **¡qué ~!** c'est comme ça!, qu'y faire!; **sin ~** sans rémission
remendar *vt* raccommoder; (*con parche*) rapiécer
remesa *nf* envoi *m*
remiendo *vb ver* **remendar** ▷ *nm* raccommodage *m*; (*con parche*) rapiéçage *m*
remilgado, -a *adj* (*melindroso*) minaudier(-ière); (*afectado*) maniéré(e)
remilgo *nm* (*melindre*) minauderie *f*; (*afectación*) manière *f*
reminiscencia *nf* réminiscence *f*
remite *nm* expéditeur *m*; **remitente** *nm/f* expéditeur(-trice)
remitir *vt* envoyer ▷ *vi* (*tempestad*) se calmer; (*fiebre*) baisser; **remitirse** *vpr*: **~se a** s'en remettre à
remo *nm* rame *f*
remojar *vt* laisser tremper
remojo *nm*: **dejar la ropa en ~** laisser tremper le linge
remolacha *nf* betterave *f*
remolcador *nm* remorqueur *m*
remolcar *vt* remorquer
remolino *nm* remous *msg*
remolque *vb ver* **remolcar** ▷ *nm* remorque *f*; (*cuerda*) câble *m* de remorquage; **llevar a ~** prendre en remorque
remontar *vt* remonter; **remontarse** *vpr* s'élever; **~se a** (*Com*) s'élever à; **~ el vuelo** monter en flèche
remorder *vt* causer du remords à; **me remuerde la conciencia** j'ai des remords; **remordimiento** *nm* remords *msg*
remoto, -a *adj* éloigné(e)
remover *vt* remuer
remozar *vt* (*Arq*) rafraîchir
remuneración *nf* rémunération *f*
remunerar *vt* rémunérer
renacer *vi* renaître; **renacimiento** *nm* renaissance *f*; **el Renacimiento** la Renaissance
renacuajo *nm* têtard *m*
renal *adj* rénal(e)
rencilla *nf* querelle *f*
rencor *nm* (*resentimiento*) rancœur *f*
rencoroso, -a *adj* rancunier(-ière)
rendición *nf* reddition *f*
rendido, -a *adj* épuisé(e); **su ~ admirador** votre admirateur passionné
rendija *nf* fente *f*
rendimiento *nm* rendement *m*
rendir *vt* rapporter; (*agotar*) épuiser

▷ *vi* (*Com*) rapporter; **rendirse** *vpr* (*cansarse*) se rendre; **~ homenaje/culto a** rendre hommage/un culte à; **~ cuentas a algn** rendre des comptes à qn
renegar *vi* renier; (*quejarse*) grommeler; (*con imprecaciones*) blasphémer
RENFE, Renfe *sigla f* (*Ferro*) (= *Red Nacional de los Ferrocarriles Españoles*) *société nationale des chemins de fer espagnols*
renglón *nm* ligne *f*; (*Com*) chapitre *m*; **a ~ seguido** à la ligne
renombrado, -a *adj* renommé(e)
renombre *nm* renom *m*; **de ~** de renom
renovable *adj* (*energía*) renouvelable
renovación *nf* (*de contrato, sistema*) renouvellement *m*; (*Arq*) rénovation *f*
renovar *vt* renouveler; (*Arq*) rénover
renta *nf* revenu *m*; (*esp Am: alquiler*) loyer *m*; **renta disponible** revenu (individuel) disponible; **renta nacional (bruta)** revenu national (brut); **rentable** *adj* rentable; **rentar** *vt* rapporter
renuncia *nf* renonciation *f*
renunciar *vi* renoncer
reñido, -a *adj* (*batalla, debate, votación*) serré(e); **estar ~ con algn** être brouillé(e) avec qn
reñir *vt* gronder ▷ *vi* (*pareja, amigos*) se disputer; (*físicamente*) se battre
reo *nm/f* (*Jur*) accusé(e); **~ de muerto** condamné à mort
reojo: **de ~** *adv* (*mirar*) à la dérobée
reparación *nf* réparation *f*
reparar *vt* réparer ▷ *vi*: **~ en** (*darse cuenta de*) s'apercevoir de; (*poner atención en*) remarquer
reparo *nm* (*duda*) doute *m*; (*inconveniente*) obstacle *m*; **poner ~s** formuler des objections; **poner ~s a algo** contester qch
repartición *nf* répartition *f*
repartidor, a *nm/f* livreur(-euse)
repartir *vt* distribuer; (*Com*) livrer; **reparto** *nm* (*de dinero, poder*) répartition *f*; (*Cine, Correos*) distribution *f*
repasar *vt* réviser; **repaso** *nm* révision *f*
repatriar *vt* rapatrier
repelente *adj* repoussant(e)
repensar *vt* reconsidérer
repente *nm*: **de ~** soudain; **repente de ira** accès de colère
repentino, -a *adj* (*súbito*) subit(e)
repercusión *nf* répercussion *f*
repercutir *vi* répercuter; **~ en** (*fig*) répercuter sur
repertorio *nm* répertoire *m*
repetición *nf* répétition *f*
repetir *vt* répéter; (*Escol*) redoubler; (*plato, Teatro*) reprendre ▷ *vi* (*Escol*) redoubler; (*sabor*) revenir; (*en comida*) en reprendre; **repetirse** *vpr* se répéter
repicar *vi* (*campanas*) sonner, carillonner
repique *vb ver* **repicar** ▷ *nm* (*de campanas*) volée *f*; **repiqueteo** *nm* (*de campanas*) volée *f*
repisa *nf* étagère *f*; (*Arq*) console *f*; (*de chimenea*) dessus *msg*; (*de ventana*) rebord *m*
repitiendo *etc vb ver* **repetir**
replantear *vt* reconsidérer
replegarse *vpr* se replier
repleto, -a *adj* plein(e)
réplica *nf* réplique *f*
replicar *vt, vi* répliquer; **¡no repliques!** et pas de discussion!
repliegue *vb ver* **replegarse** ▷ *nm* (*Mil*) repli *m*
repoblación *nf* repeuplement *m*; **repoblación forestal** reboisement *m*
repoblar *vt* repeupler
repollo *nm* chou *m*
reponer *vt* (*volver a poner*) réinstaller; (*Teatro*) reprendre; **reponerse** *vpr* se

remettre; **~ que** répondre que
reportaje *nm* reportage *m*
reportero, -a *nm/f* reporter *m*
reposacabezas *nm inv* appui-tête *m*
reposado, -a *adj* reposé(e); (*tranquilo*) calme
reposar *vi* reposer
reposición *nf* (*de dinero*) réinvestissement *m*; (*maquinaria*) remplacement *m*; (*Cine, Teatro*) reprise *f*
reposo *nm* repos *msg*
repostar *vt* se ravitailler en ▷ *vi* se ravitailler; (*Auto*) se ravitailler en carburant
repostería *nf* pâtisserie *f*
repostero, -a *nm/f* pâtissier(-ière)
reprender *vt* (*persona*) réprimander; (*comportamiento*) blâmer
represa *nf* barrage *m*
represalia *nf* représailles *fpl*
representación *nf* représentation *f*; **en ~ de** en représentation de; **representante** *nm/f* (*Pol, Com*) représentant(e); **representante diplomático** (*Pol*) représentant diplomatique
representar *vt* représenter; (*significar*) signifier; **representarse** *vpr* se représenter
representativo, -a *adj* représentatif(-ive)
represión *nf* répression *f*
reprimenda *nf* réprimande *f*
reprimir *vt* réprimer
reprobar *vt* réprouver
reprochar *vt* reprocher; **reproche** *nm* reproche *m*
reproducción *nf* reproduction *f*
reproducir *vt* reproduire; **reproducirse** *vpr* se reproduire
reproductor, a *adj* reproducteur(-trice) ▷ *nm* lecteur *m*; **reproductor (de) MP3** lecteur MP3
reptil *nm* reptile *m*
república *nf* république *f*
republicano, -a *adj, nm/f* républicain(e)
repudiar *vt* répudier
repuesto *pp de* **reponer** ▷ *nm* (*pieza de recambio*) pièce *f* de rechange; (*abastecimiento*) ravitaillement *m*; **rueda de ~** roue *f* de secours
repugnancia *nf* répugnance *f*; **repugnante** *adj* répugnant(e)
repugnar *vt, vi* répugner
repulsa *nf* condamnation *f*
repulsión *nf* répulsion *f*
repulsivo, -a *adj* répulsif(-ive)
reputación *nf* réputation *f*
requemado, -a *adj* brûlé(e)
requerimiento *nm* requête *f*; (*Jur*) mise *f* en demeure
requerir *vt* requérir
requesón *nm* fromage *m* blanc
requete... *pref* très
réquiem *nm* requiem *m*
requisito *nm* condition *f* requise
res *nf* bête *f*
resaca *nf* (*en el mar*) ressac *m*; (*de alcohol*) gueule *f* de bois
resaltar *vt* détacher ▷ *vi* se détacher
resarcir *vt* (*reparar*) dédommager; **resarcirse** *vpr* se rattraper
resbaladizo, -a *adj* glissant(e)
resbalar *vi* glisser; (*gotas*) couler; **resbalarse** *vpr* glisser; **resbalón** *nm* glissade *f*; (*fig*) faux-pas *msg*
rescatar *vt* sauver; (*pagando rescate*) payer la rançon de; (*objeto*) récupérer
rescate *nm* sauvetage *m*; (*dinero*) rançon *f*; (*de objeto*) récupération *f*; **pagar un ~** payer une rançon
rescindir *vt* résilier
rescisión *nf* résiliation *f*
rescoldo *nm* braises *fpl*
resecar *vt* dessécher; (*Med*) disséquer; **resecarse** *vpr* se dessécher
reseco, -a *adj* desséché(e)
resentido, -a *adj* (*envidioso*) jaloux(-ouse); (*dolido*) aigri(e)

resentimiento *nm* ressentiment *m*
resentirse *vpr*: **~ de** *o* **con** se ressentir de; **su salud se resiente** sa santé s'en ressent
reseña *nf* (*descripción*) description *f*; (*informe, Lit*) compte *m* rendu
reseñar *vt* décrire; (*Lit*) faire le compte rendu de
reserva *nf* réserve *f*; (*de entradas*) réservation *f*, location *f*; **a ~ de que …** (*Am*) sous réserve que …; **con ~** (*con cautela*) sous toutes réserves; (*con condiciones*) sous réserve; **gran ~** (*vino*) grand cru *m*
reservado, -a *adj* réservé(e) ▷ *nm* cabinet *m* particulier
reservar *vt* réserver; (*Teatro*) réserver, louer; **reservarse** *vpr* se réserver
resfriado *nm* rhume *m*
resfriarse *vpr* s'enrhumer
resfrío (*espAm*) *nm* rhume *m*
resguardar *vt* protéger; **resguardarse** *vpr*: **~se de** se protéger de; **resguardo** *nm* abri *m*; (*justificante, recibo*) reçu *m*
residencia *nf* résidence *f*; **residencia de ancianos** maison *f* de retraite; **residencial** *adj* résidentiel(le); (*And, Chi*) hôtel *m* modeste
residente *adj, nm/f* résident(e)
residir *vi* résider; **~ en** (*habitar en: cuidad*) résider à; (*: país*) résider en *o* à
residuo *nm* (*sobrante*) résidu *m*; (*desperdicios*) résidus *mpl*
resignación *nf* résignation *f*
resignarse *vpr*: **~ a** se résigner à
resina *nf* résine *f*
resistencia *nf* résistance *f*; **no ofrece ~** il n'offre pas de résistance; **resistente** *adj* résistant(e)
resistir *vt* résister à; (*peso, calor, persona*) supporter ▷ *vi* résister; **resistirse** *vpr* résister; **~se a** (*decir, salir*) refuser de; (*cambio, ataque*) résister à
resolución *nf* résolution *f*; (*arrojo*) détermination *f*
resolver *vt* résoudre; **resolverse** *vpr* se résoudre
resonancia *nf* résonance *f*; (*fig*) retentissement *m*
resonar *vi* résonner
resoplar *vi* haleter; **resoplido** *nm* halètement *m*
resorte *nm* (*Tec, fig*) ressort *m*
respaldar *vt* appuyer; **respaldarse** *vpr* (*en asiento*) s'adosser; **~se en** (*fig*) s'appuyer sur; **respaldo** *nm* (*de sillón*) dossier *m*; (*fig*) appui *m*
respectivamente *adv* respectivement
respectivo, -a *adj* respectif(-ive); **en lo ~ a** en ce qui concerne
respecto *nm*: **al ~** à ce sujet; **con ~ a** en ce qui concerne; **~ de** par rapport à
respetable *adj* respectable
respetar *vt* respecter; **respeto** *nm* respect *m*; **respetos** *nmpl* respects *mpl*
respetuoso, -a *adj* respectueux(-euse)
respingo *nm*: **dar** *o* **pegar un ~** sursauter
respiración *nf* respiration *f*; **respiración asistida** respiration assistée
respirar *vt, vi* respirer
respiratorio, -a *adj* respiratoire; **respiro** *nm* répit *m*
resplandecer *vi* resplendir; (*belleza*) resplendir, rayonner; **resplandeciente** *adj* resplendissant(e); **resplandor** *nm* éclat *m*
responder *vt* répondre ▷ *vi* répondre; **~ de** *o* **por** répondre de *o* pour
respondón, -ona *adj* effronté(e); **¡no seas~!** ne réponds pas!
responsabilidad *nf* responsabilité *f*
responsabilizar *vt*

r

responsabiliser, rendre responsable; **responsabilizarse** *vpr*: **~se de** (*atentado*) revendiquer; (*crisis, accidente*) assumer la responsabilité de

responsable *adj, nm/f* responsable *m/f*

respuesta *nf* réponse *f*

resquebrajar *vt* fendiller, fissurer; **resquebrajarse** *vpr* s'écailler

resquicio *nm* fente *f*; (*fig*) possibilité *f*, rayon *m*

resta *nf* soustraction *f*

restablecer *vt* rétablir; **restablecerse** *vpr* se rétablir

restallar *vi* claquer

restante *adj* restant(e); **lo ~** le reste, ce qui reste

restar *vt* (*Mat*) soustraire; (*fig*) ôter ▹ *vi* rester

restauración *nf* restauration *f*

restaurante *nm* restaurant *m*

restaurar *vt* restaurer

restitución *nf* restitution *f*

restituir *vt* restituer

resto *nm* reste *m*; **restos** *nmpl* (*Culin, de civilización etc*) restes *mpl*; **echar el ~** jouer le tout pour le tout

restregar *vt* frotter

restricción *nf* restriction *f*

restrictivo, -a *adj* restrictif(-ive)

restringir *vt* restreindre

resucitar *vt, vi* ressusciter

resuello *nm* (*aliento*) souffle *m*

resuelto, -a *pp de* **resolver** ▹ *adj* résolu(e)

resultado *nm* résultat *m*; **resultante** *adj* résultant(e)

resultar *vi* (*ser*) être; (*llegar a ser*) finir par être; (*salir bien*) réussir; (*ser consecuencia*) résulter; **~ de** résulter de; **resulta que ...** il se trouve que ...; **el conductor resultó muerto** le chauffeur est mort; **no resultó** cela n'a pas réussi; **me resulta difícil hacerlo** il m'est difficile de le faire

resumen *nm* résumé *m*; **en ~** en résumé

resumir *vt* résumer

resurgir *vi* ressurgir

resurrección *nf* résurrection *f*

retablo *nm* retable *m*

retaguardia *nf* arrière-garde *f*

retahíla *nf* chapelet *m*

retal *nm* coupon *m*

retar *vt* défier

retardar *vt* (*demorar*) retarder; (*hacer más lento*) ralentir

retazo *nm* coupon *m*

retención *nf* retenue *f*; (*Med*) rétention *f*; **retención de tráfico** embouteillage *m*, bouchon *m*; **retención fiscal** prélèvement *m* fiscal

retener *vt* retenir; (*suj*: *policía*) garder à vue; (*impuestos, sueldo*) prélever

retina *nf* rétine *f*

retintín *nm*: **decir algo con ~** dire qch. d'un ton malicieux

retirada *nf* (*Mil*) retraite *f*; (*de dinero*) retrait *m*; **batirse en ~** battre en retraite

retirado, -a *adj* (*lugar*) retiré(e); (*vida*) calme; (*jubilado*) retraité(e) ▹ *nm/f* retraité(e)

retirar *vt* retirer; (*jubilar*) mettre à la retraite; **retirarse** *vpr* se retirer; **retiro** *nm* retraite *f*; (*Deporte*) abandon *m*

reto *nm* défi *m*

retocar *vt* retoucher

retoño *nm* rejeton *m*

retoque *vb ver* **retocar** ▹ *nm* retouche *f*

retorcer *vt* (*tela*) essorer; (*brazo*) tordre; **retorcerse** *vpr* se tortiller; (*persona*) se contorsionner

retorcido, -a *adj* (*tronco*) tordu(e); (*columna*) tors(e); (*personalidad*) retors(e); (*mente*) mal tourné(e)

retórica *nf* rhétorique *f*

retórico, -a *adj* rhétorique

retornar *vt* (*cartas*) renvoyer; (*dinero*)

rendre ▷ *vi*: **~ (a)** retourner (à);
retorno *nm* retour *m*
retortijón *nm* (*tb*: **~ de tripas**) crampe *f* (d'estomac)
retozar *vi* folâtrer
retozón, -ona *adj* folâtre
retracción *nf* rétraction *f*
retractarse *vpr* se rétracter; **me retracto** je me rétracte
retraer *vt* (*antena*) rentrer; (*órgano*) rétracter; **retraerse** *vpr*: **~se (de)** se retirer (de)
retraído, -a *adj* renfermé(e)
retraimiento *nm* (*timidez*) réserve *f*
retransmisión *nf* retransmission *f*
retransmitir *vt* retransmettre
retrasado, -a *adj* en retard; (*Med*: *tb*: **~ mental**) attardé(e); **estar ~** (*reloj*) être en retard, retarder
retrasar *vt, vi* retarder; **retrasarse** *vpr* (*persona, tren*) être en retard; (*reloj*) retarder; (*quedarse atrás*) s'attarder
retraso *nm* retard *m*; **retrasos** *nmpl* (*Com*) arriérés *mpl*; **llegar con ~** arriver en retard; **retraso mental** déficience *f* mentale
retratar *vt* (*Arte*) faire le portrait de; (*Foto*) photographier; (*fig*) décrire; **retratarse** *vpr* se faire faire son portrait; (*fig*) se révéler; **retrato** *nm* portrait *m*; **ser el vivo retrato de** être tout le portrait de; **retrato-robot** (*pl* **retratos-robot**) *nm* portrait-robot *m*
retreta *nf* (*Mil*) retraite *f*
retrete *nm* toilettes *fpl*
retribución *nf* rétribution *f*
retribuir *vt* rétribuer
retro... *pref* rétro...
retroactivo, -a *adj* rétroactif(-ive)
retroceder *vi* reculer; **la policía hizo ~ a la multitud** la police a fait reculer la foule
retroceso *nm* recul *m*
retrógrado, -a *adj* rétrograde
retrospectivo, -a *adj* rétrospectif(-ive)
retrovisor *nm* rétroviseur *m*
retumbar *vi* retentir
reuma, reúma *nm* rhumatisme *m*
reumatismo *nm* rhumatisme *m*
reunificar *vt* réunifier
reunión *nf* réunion *f*
reunir *vt* réunir; (*recoger*) rassembler, réunir; (*personas*) rassembler; **reunirse** *vpr* se réunir
revalidar *vt* (*título*) confirmer
revancha *nf* revanche *f*
revelación *nf* révélation *f*
revelado *nm* développement *m*
revelar *vt* révéler; (*Foto*) développer
reventa *nf* revente *f*
reventar *vt* (*globo*) faire éclater; (*presa*) céder ▷ *vi* éclater
reventón *nm* crevaison *f*
reverencia *nf* révérence *f*; **reverenciar** *vt* révérer
reverendo, -a *adj* révérend(e)
reverente *adj* révérencieux(-euse)
reversible *adj* réversible
reverso *nm* revers *msg*
revertir *vi* revenir
revés *nm* envers *msg*; (*fig, Tenis*) revers *msg*; **al ~** à l'envers; **volver algo al** *o* **del ~** retourner qch
revestir *vt* revêtir; **~se con** *o* **de** s'armer de
revisar *vt* réviser; **revisión** *nf* révision *f*; **revisión salarial** révision des salaires
revisor, a *nm/f* contrôleur(-euse)
revista *vb ver* **revestir** ▷ *nf* revue *f*, magazine *m*; **pasar ~ a** passer en revue; **revista literaria** revue littéraire; **revistas del corazón** presse *f* du cœur
revivir *vt, vi* revivre
revocación *nf* révocation *f*
revocar *vt* révoquer
revolcarse *vpr* se vautrer
revolotear *vi* voltiger
revoltijo *nm* embrouillamini *m*
revoltoso, -a *adj* turbulent(e)

revolución *nf* révolution *f*; (*Tec*) tour *m*; **revolucionar** *vt* révolutionner
revolucionario, -a *adj, nm/f* révolutionnaire *m/f*
revolver *vt* remuer; (*casa*) mettre sens dessus dessous; (*mezclar*) remuer, agiter; (*Pol*) soulever ▷ *vi*: **~ en** fouiller dans; **~se contra** se retourner contre
revólver *nm* revolver *m*
revuelo *nm* vol *m*; (*fig*) trouble *m*
revuelta *nf* révolte *f*; (*pelea*) bagarre *f*
revuelto, -a *pp de* **revolver** ▷ *adj* (*desordenado*) sens dessus dessous
rey *nm* roi *m*; **el deporte ~** le sport roi

REYES MAGOS

Selon la tradition espagnole, les Rois mages apportent des cadeaux aux enfants pendant la nuit qui précède l'Épiphanie. Le lendemain soir, le 6 janvier, les Rois mages arrivent dans la ville par mer ou par terre, et participent à une procession connue sous le nom de **cabalgatas**, à la plus grande joie des enfants.

reyerta *nf* rixe *f*
rezagado, -a *adj*: **quedar ~** être en retard
rezagar *vt* retarder; **rezagarse** *vpr* traîner
rezar *vi* prier; **~ con** (*fam*) aller avec; **rezo** *nm* prière *f*
rezongar *vi* ronchonner
rezumar *vt* laisser couler ▷ *vi* suinter
ría *nf* ria *f*
riada *nf* crue *f*, inondation *f*
ribera *nf* rive *f*, berge *f*; (*área*) rivage *m*, littoral *m*
ribete *nm* (*de vestido*) liseré *m*; **ribetes** *nmpl* (*atisbos*) côtés *mpl*; **muestra ~s de filósofo** il a un côté philosophe
ricino *nm*: **aceite de ~** huile *f* de ricin
rico, -a *adj* riche; (*comida*) délicieux(-euse); (*niño*) gentil(le) ▷ *nm/f* riche *m/f*; **~ en** riche en
rictus *nm* rictus *msg*
ridiculez *nf* ridicule *m*; (*nimiedad*) insignifiance *f*
ridiculizar *vt* ridiculiser
ridículo, -a *adj* ridicule; **hacer el ~** se couvrir de ridicule; **poner a algn en ~** tourner qn en ridicule
riego *vb ver* **regar** ▷ *nm* arrosage *m*; **riego sanguíneo** irrigation *f*
riel *nm* (*Ferro*) rail *m*; (*de cortina*) tringle *f*
rienda *nf* rêne *f*; **dar ~ suelta a** donner libre cours à
riesgo *nm* risque *m*; **correr el ~ de** courir le risque de
rifa *nf* tombola *f*; **rifar** *vt* tirer au sort; **rifarse** *vpr* se disputer
rifle *nm* rifle *m*
rigidez *nf* rigidité *f*
rígido, -a *adj* rigide
rigor *nm* rigueur *f*; **de ~** de rigueur
riguroso, -a *adj* rigoureux(-euse)
rima *nf* rime *f*; **rimas** *nfpl* (*composición*) rimes *fpl*
rimbombante *adj* (*fig*) ronflant(e)
rímel *nm* rimmel *m*
rímmel *nm* = **rímel**
rincón *nm* coin *m*
rinoceronte *nm* rhinocéros *msg*
riña *nf* (*disputa*) dispute *f*; (*pelea*) bagarre *f*
riñón *nm* (*Anat*) rein *m*; (*Culin*) rognon *m*
río *vb ver* **reír** ▷ *nm* (*que desemboca en otro río*) rivière *f*; (*que desemboca en el mar*) fleuve *m*; (*fig*) flot *m*; **~ abajo/arriba** en aval/amont
Río de la Plata *n* Rio de la Plata
rioja *nf* rioja *m*
rioplatense *adj* de Rio de la Plata
riqueza *nf* richesse *f*
risa *nf* rire *m*; **¡qué ~!** que c'est drôle!
risco *nm* rocher *m* escarpé
risotada *nf* éclat *m* de rire

ristra *nf* chapelet *m*
risueño, -a *adj* souriant(e)
ritmo *nm* rythme *m*; **a ~ lento** au ralenti; **trabajar a ~ lento** travailler au ralenti; **ritmo de vida** rythme de vie
rito *nm* rite *m*
ritual *adj* rituel(le) ▷ *nm* rituel *m*
rival *adj, nm/f* rival(e); **rivalidad** *nf* rivalité *f*; **rivalizar** *vi* rivaliser
rizado, -a *adj* (*pelo*) frisé(e) ▷ *nm* frisure *f*
rizar *vt* friser; **rizarse** *vpr* (*el pelo*) se friser; (*agua, mar*) moutonner; **rizo** *nm* boucle *f*
RNE *abr* = *Radio Nacional de España*
robar *vt* voler
roble *nm* chêne *m*
robo *nm* vol *m*
robot (*pl* **~s**) *adj, nm* robot *m*; **robot de cocina** robot
robustecer *vt* fortifier
robusto, -a *adj* robuste
roca *nf* roche *f*
roce *vb ver* **rozar** ▷ *nm* frottement *m*; (*caricia*) frôlement *m*; (*Tec*) friction *f*; (*señal*) éraflure *f*; (*: en la piel*) égratignure *f*; **tener un ~ con** s'accrocher avec, avoir une prise de bec avec
rociar *vt* arroser
rocín *nm* rosse *f*
rocío *nm* rosée *f*
rock *adj, nm* (*Mús*) rock *m*
rocoso, -a *adj* rocailleux(-euse)
rodado, -a *adj*: **tráfico ~** circulation froutière
rodaja *nf* tranche *f*
rodaje *nm* (*Cine*) tournage *m*; **en ~** (*Auto*) en rodage
rodar *vt* (*vehículo*) roder; (*película*) tourner ▷ *vi* rouler; (*Cine*) tourner
rodear *vt* entourer; **rodearse** *vpr*: **~se de amigos** s'entourer d'amis
rodeo *nm* détour *m*; (*Am: Deporte*) rodéo *m*; **hablar sin ~s** parler sans détours
rodilla *nf* genou *m*; **de ~s** à genoux
rodillo *nm* rouleau *m*
roedor, a *adj* rongeur(-euse) ▷ *nm* rongeur *m*
roer *vt* ronger
rogar *vt, vi* prier; **se ruega no fumar** prière de ne pas fumer
rojizo, -a *adj* rougeâtre
rojo, -a *adj* rouge ▷ *nm* rouge *m*; **al ~ (vivo)** (*metal*) rouge; (*fig*) chauffé(e) à blanc
rol *nm* rôle *m*
rollizo, -a *adj* rondelet(te)
rollo, -a *adj, nm* rouleau *m*; (*fam: película*) navet *m*; (*libro*) ouvrage *m* de bas étage; **¡qué ~!** quelle barbe!, quelle scie!
Roma *n* Rome
romance *nm* (*Ling*) roman *m*; (*relación*) idylle *f*
romanticismo *nm* romantisme *m*
romántico, -a *adj* romantique
rombo *nm* losange *m*
romería *nf* (*Rel*) fête *f* patronale ≈ pardon *m*; (*excursión*) pèlerinage *m*

ROMERÍA

À l'origine un pèlerinage vers un lieu saint ou une église, en l'honneur de la Sainte Vierge ou du saint local, la **romería** donne également lieu de nos jours à une fête populaire. Les participants, parfois venus de loin, apportent à boire et à manger, et les festivités durent toute une journée.

romero, -a *nm/f* pèlerin *m* ▷ *nm* (*Bot*) romarin *m*
romo, -a *adj* émoussé(e)
rompecabezas *nm inv* casse-tête *m inv*
rompeolas *nm inv* brise-lames *m inv*
romper *vt* casser; (*papel, tela*)

déchirer; (*contrato*) rompre ▷ *vi* (*olas*) briser; (*diente*) casser; **romperse** *vpr* se casser; **~ el día** commencer à faire jour; **~ a** se mettre à; **~ a llorar** éclater en sanglots; **~ con algn** rompre avec qn
ron *nm* rhum *m*
roncar *vi* ronfler
ronco, -a *adj* rauque
ronda *nf* (*de bebidas, negociaciones*) tournée *f*; (*patrulla*) ronde *f*; **hacer la ~** (*Mil*) faire sa ronde; **rondar** *vt* (*vigilar*) surveiller ▷ *vi* faire une ronde; (*fig*) rôder; **la cifra ronda el millón** le chiffre frise le million
ronquido *nm* ronflement *m*
ronronear *vi* ronronner; **ronroneo** *nm* ronronnement *m*
roña *nf* (*Veterinaria*) gale *f*; (*mugre*) crasse *f*; (*óxido*) rouille *f*
roñoso, -a *adj* (*mugriento*) crasseux(-euse); (*tacaño*) radin(e)
ropa *nf* vêtements *mpl*; **ropa blanca/de casa** linge *m* blanc/de maison; **ropa de cama** literie *f*; **ropa interior** *o* **íntima** linge de corps; **ropaje** *nm* vêtements *mpl*
ropero *nm* (*de ropa de cama*) armoire *f* (à linge); (*guardarropa*) garde-robe *f*
rosa *adj inv* rose ▷ *nf* (*Bot*) rose *f* ▷ *nm* (*color*) rose *m*; **rosa de los vientos** rose *f* des vents
rosado, -a *adj* rose ▷ *nm* rosé *m*
rosal *nm* rosier *m*
rosario *nm* chapelet *m*; (*oraciones*) rosaire *m*
rosca *nf* pas *msg*; (*pan*) couronne *f*
rosetón *nm* (*Arq*) rosace *f*
rosquilla *nf beignet à pâte dure en forme d'anneau*
rostro *nm* visage *m*; **tener mucho ~** (*fam*) avoir un sacré culot *o* toupet
rotación *nf* rotation *f*; **rotación de cultivos** rotation des cultures
rotativo *nm* journal *m*
roto, -a *pp de* **romper** ▷ *adj* cassé(e); (*tela, papel*) déchiré(e); (*Chi: de clase obrera*) ouvrier(-ière) ▷ *nm/f* (*Chi*) ouvrier(-ière) ▷ *nm* (*en vestido*) accroc *m*
rotonda *nf* rotonde *f*
rótula *nf* rotule *f*
rotulador *nm* crayon *m* feutre
rotular *vt* (*carta, documento*) légender; **rótulo** *nm* (*título*) enseigne *f*; (*letrero*) écriteau *m*
rotundamente *adv* catégoriquement
rotundo, -a *adj* catégorique
rotura *nf* rupture *f*; (*Med*) fracture *f*
roturar *vt* défricher
rozadura *nf* (*huella*) éraflure *f*; (*herida*) écorchure *f*
rozar *vt* frôler; (*tocar ligeramente, fig*) effleurer; **rozarse** *vpr* se frôler; **~se (con)** (*tratar*) se frotter (à)
Rte. *abr* (= *remite, remitente*) exp. (= *expéditeur*)
RTVE *sigla f* = *Radiotelevisión Española*
rubí *nm* rubis *msg*
rubio, -a *adj, nm/f* blond(e); **tabaco ~** tabac *m* blond
rubor *nm* (*sonrojo*) rougeur *f*; (*vergüenza*) honte *f*
ruborizarse *vpr* rougir
rúbrica *nf* (*de firma*) paraphe *m*, parafe *m*; **rubricar** *vt* (*firmar*) parapher *o* parafer; (*concluir*) couronner
rudimentario, -a *adj* rudimentaire
rudimentos *nmpl* rudiments *mpl*
rudo, -a *adj* (*material*) rude; (*modales, persona*) grossier(-ière)
rueda *nf* roue *f*; (*corro*) ronde *f*; **rueda de prensa** conférence *f* de presse; **rueda de recambio** *o* **de repuesto** roue de secours; **rueda delantera/trasera** roue avant/arrière
ruedo *vb ver* **rodar** (*Taur*) arène *f*; (*corro*) ronde *f*
ruego *vb ver* **rogar** ▷ *nm* prière *f*
rufián *nm* ruffian *m*
rugby *nm* rugby *m*

rugido *nm* rugissement *m*
rugir *vi* rugir
rugoso, -a *adj* rugueux(-euse)
ruido *nm* bruit *m*; (*alboroto*) bruit, grabuge *m*
ruidoso, -a *adj* bruyant(e); (*fig*) tapageur(-euse)
ruin *adj* (*vil*) vil(e); (*tacaño*) pingre
ruina *nf* ruine *f*; **ruinas** *nfpl* ruines *fpl*
ruindad *nf* mesquinerie *f*; (*acto*) bassesse *f*
ruinoso, -a *adj* ruineux(-euse)
ruiseñor *nm* rossignol *m*
ruleta *nf* roulette *f*
rulo *nm* rouleau *m*
Rumania, Rumanía *nf* Roumanie *f*
rumba *nf* rumba *f*
rumbo *nm* (*ruta*) cap *m*; (*ángulo de dirección*) rumb *m*, rhumb *m*; (*fig*) direction *f*; **poner ~ a** mettre le cap sur; **sin ~ fijo** au hasard
rumboso, -a (*fam*) *adj* généreux(-euse)
rumiante *nm* ruminant *m*
rumiar *vt, vi* ruminer
rumor *nm* (*ruido sordo*) rumeur *f*; (*chisme*) bruit *m*
rumorearse *vpr*: **se rumorea que** le bruit court que
runrún *nm* rumeur *f*; (*fig*) rengaine *f*
rupestre *adj*: **pintura ~** peinture *f* rupestre
ruptura *nf* rupture *f*
rural *adj* rural(e)
Rusia *nf* Russie *f*
ruso, -a *adj* russe ▷ *nm/f* Russe *m/f*
rústica *nf*: **libro en ~** livre *m* broché
rústico, -a *adj* (*del campo*) rustique; (*ordinario*) rustre
ruta *nf* route *f*
rutina *nf* routine *f*
rutinario, -a *adj* routinier(-ière)

S

S *abr* (= *sur*) S (= *sud*)
S. *abr* (= *san*) S (= *Saint*)
s. *abr* = **siglo; siguiente**
S.A. *abr* (*Com*) (= *Sociedad Anónima*) SA *f* (= *société anonyme*); (= *Su Alteza*) SA (= *Son Altesse*)
sábado *nm* samedi *m*
sábana *nf* drap *m*
sabandija *nf* (*Zool*) bestiole *f*
sabañón *nm* engelure *f*

PALABRA CLAVE

saber *vt* savoir; **a saber** à savoir; **no lo supe hasta ayer** je ne l'ai appris qu'hier; **¿sabes conducir/nadar?** sais-tu conduire/nager?; **¿sabes francés?** sais-tu parler français?; **saber de memoria** savoir *o* connaître par cœur; **lo sé** je (le) sais; **hacer saber** faire savoir; **que yo sepa** que je sache; **¡vete a saber!** va savoir!;

¿sabes? tu vois?
▷ *vi*: **saber a** avoir le goût de; **sabe a fresa** ça a un goût de fraise; **saber mal/bien** (*comida, bebida*) avoir bon/ mauvais goût; **le sabe mal que otro saque a bailar a su mujer** ça ne lui plaît pas que d'autres gens invitent sa femme à danser
saberse *vpr*: **se sabe que ...** on sait que ...; **no se sabe todavía** on ne sait toujours pas

sabiduría *nf* savoir *m*; (*buen juicio*) sagesse *f*
sabiendas: **a ~** *adv* en connaissance de cause
sabio, -a *adj* savant(e); (*prudente*) sage ▷ *nm/f* savant(e)
sabor *nm* goût *m*, saveur *f*; **saborear** *vt* savourer
sabotaje *nm* sabotage *m*
saboteador, a *nm/f* saboteur(-euse)
sabotear *vt* saboter
sabré *etc vb ver* **saber**
sabroso, -a *adj* savoureux(-euse); (*salado*) salé(e)
sacacorchos *nm inv* tire-bouchon *m*
sacapuntas *nm inv* taille-crayon *m*
sacar *vt* sortir; (*dinero, entradas*) retirer; (*beneficios*) tirer; (*premio*) remporter; (*datos*) extraire; (*conclusión*) arriver à; (*esp Am: ropa*) enlever; **~ adelante** (*hijos*) élever; (*negocio*) faire démarrer; **~ una foto** faire une photo; **~ la lengua** tirer la langue; **~ buenas/malas notas** avoir de bonnes/mauvaises notes
sacarina *nf* saccharine *f*
sacerdote *nm* prêtre *m*
saciar *vt* assouvir; **saciarse** *vpr* se rassasier
saco *nm* sac *m*; (*Am: chaqueta*) veste *f*; **saco de dormir** sac de couchage
sacramento *nm* sacrement *m*
sacrificar *vt* sacrifier; **sacrificarse** *vpr*: **~se por** se sacrifier pour; **sacrificio** *nm* sacrifice *m*
sacrilegio *nm* sacrilège *m*
sacristía *nf* sacristie *f*
sacudida *nf* secousse *f*; **sacudida eléctrica** décharge *f* électrique
sacudir *vt* secouer
sádico, -a *adj, nm/f* sadique *m/f*; **sadismo** *nm* sadisme *m*
saeta *nf* flèche *f*
sagacidad *nf* sagacité *f*; **sagaz** *adj* sagace
Sagitario *nm* (*Astrol*) Sagittaire *m*; **ser ~** être (du) Sagittaire
sagrado, -a *adj* sacré(e)
Sáhara *nm*: **el ~** le Sahara
sal *vb ver* **salir** ▷ *nf* sel *m*; (*encanto*) grâce *f*; **sales de baño** sels de bain
sala *nf* salle *f*; (*sala de estar*) salle de séjour; (*Jur*) tribunal *m*; **sala de espera** salle d'attente; **sala de fiestas** salle des fêtes
salado, -a *adj* salé(e); (*fig*) piquant(e); **agua salada** eau *f* salée
salar *vt* saler
salarial *adj* (*aumento*) de salaire; (*revisión*) salarial(e)
salario *nm* salaire *m*
salchicha *nf* saucisse *f*; **salchichón** *nm* saucisson *m*
saldar *vt* solder; (*deuda, diferencias*) régler; **saldo** *nm* solde *m*; (*de deuda*) règlement *m*
saldré *etc vb ver* **salir**
salero *nm* (*Culin*) salière *f*
salga *etc vb ver* **salir**
salida *nf* sortie *f*; (*de tren, Aviat, Deporte*) départ *m*; (*puerta*) sortie, issue *f*; (*fig*) issue; (*: de estudios*) débouché *m*; **calle sin ~** voie *f* sans issue; **a la ~ del teatro** à la sortie du théâtre; **salida de emergencia/de incendios** sortie de secours
saliente *nm* saillie *f*

PALABRA CLAVE

salir *vi* 1 (*ir afuera*) sortir; (*tren, avión*) partir; **salir de** sortir de; **Juan ha salido** Juan est sorti; **salió de la cocina** il est sorti de la cuisine
2 (*aparecer: sol*) se lever; (*flor, pelo, dientes*) pousser; (*disco, libro*) sortir; **anoche salió el reportaje en la tele** le reportage est passé hier soir à la télé; **su foto salió en todos los periódicos** sa photo est parue dans tous les journaux
3 (*resultar*): **salir bien/mal** réussir/rater; **el niño nos ha salido muy estudioso** notre fils se révèle très studieux; **la comida te ha salido exquisita** ton repas est très réussi; **sale muy caro** c'est très cher
4 (*mancha*) partir; (*tapón*) s'enlever
5: **le salió un trabajo** il a trouvé du travail
6: **salir adelante** s'en sortir; **no sé como haré para salir adelante** je ne sais pas comment faire pour m'en sortir
salirse *vpr* (*líquido*) se renverser; (*animal*) sortir; (*de la carretera*) quitter; (*persona: de asociación*) quitter

saliva *nf* salive *f*
salmo *nm* psaume *m*
salmón *nm* saumon *m*
salmuera *nf* saumure *f*
salón *nm* salon *m*; **salón de belleza** institut *m* de beauté
salpicadero *nm* (*Auto*) tableau *m* de bord
salpicar *vt* éclabousser; (*esparcir*) parsemer
salsa *nf* (*Culin, Mús*) sauce *f*
saltamontes *nm inv* sauterelle *f*
saltar *vt* sauter ▷ *vi* sauter; (*al agua*) plonger; (*quebrarse: cristal*) se briser; (*explotar: persona*) exploser; **saltarse** *vpr* sauter; **~se un semáforo** brûler un feu
salto *nm* saut *m*; (*al agua*) plongeon *m*; **salto de agua** chute *f* d'eau; **salto de altura/de longitud** saut en hauteur/en longueur; **salto mortal** saut périlleux
saltón, -ona *adj* (*ojos*) globuleux(-euse); (*dientes*) en avant
salud *nf* santé *f*; **¡(a su) ~!** (à votre) santé!; **saludable** *adj* sain(e)
saludar *vt* saluer; **salude de mi parte a X** saluez X de ma part; **saludo** *nm* salut *m*; **saludos** *nmpl* (*en carta*) salutations *fpl*
salva *nf* (*Mil*) salve *f*; **una ~ de aplausos** une salve d'applaudissements
salvación *nf* sauvetage *m*; (*Rel*) salut *m*
salvado *nm* (*Agr*) son *m*
salvador *nm* sauveur *m*; **El S~** (*Geo*) El Salvador; **San S~** San Salvador
salvaguardar *vt* sauvegarder
salvajada *nf* sauvagerie *f*
salvaje *adj, nm/f* sauvage *m/f*
salvamento *nm* sauvetage *m*
salvar *vt* sauver; (*obstáculo, distancias*) franchir; (*exceptuar*) excepter; **salvarse** *vpr*: **~se (de)** se sauver (de)
salvavidas *adj inv*: **bote/chaleco/cinturón ~** canot *m*/gilet *m*/bouée *m* de sauvetage
salvo, -a *adj*: **a ~** en lieu sûr ▷ *adv* sauf; **~ que** sauf que; **salvoconducto** *nm* sauf-conduit *m*
san *nm* saint *m*; **~ Juan** Saint Jean
sanar *vt, vi* guérir
sanatorio *nm* sanatorium *m*
sanción *nf* sanction *f*; (*aprobación*) approbation *f*; **sancionar** *vt* sanctionner; (*aprobar*) approuver
sandalia *nf* sandale *f*
sandía *nf* pastèque *f*
sandwich (*pl* **~s** *o* **~es**) *nm* sandwich *m*
saneamiento *nm* assainissement *m*

S

sanear *vt* assainir

SANFERMINES

Les Sanfermines de Pampelune sont un festival d'une semaine, rendu célèbre par Hemingway. À partir du 7 juillet, fête patronale de "San Fermín", les habitants de la ville, principalement les jeunes, se rassemblent dans les rues pour chanter, boire et danser. Tôt le matin, on lâche des taureaux dans les rues étroites qui conduisent à l'arène. Selon une coutume répandue dans de nombreux villages espagnols, des jeunes gens font acte de courage en s'élançant devant les taureaux, au risque de leur vie.

sangrar *vt* saigner ▷ *vi* saigner; **sangre** *nf* sang *m*
sangría *nf* (*Med*) saignée *f*; (*Culin*) sangria *f*
sangriento, -a *adj* sanglant(e)
sanguijuela *nf* sangsue *f*
sanguinario, -a *adj* sanguinaire
sanguíneo, -a *adj* sanguin(e)
sanidad *nf* (*Admin*) santé *f*; (*de ciudad, clima*) salubrité *f*; **sanidad pública** santé publique

SAN ISIDRO

San Isidro, saint patron de Madrid, donne son nom à des festivités d'une semaine qui ont lieu aux alentours du 15 mai. Foire Au XVIIIe siècle, la fête de San Isidro consiste de nos jours en diverses manifestations, telles que bals, musique, spectacles, courses de taureaux et une célèbre **romería**.

sanitario, -a *adj* sanitaire ▷ *nm*: **~s** sanitaires *mpl*
sano, -a *adj* sain(e); (*sin daños*) intact(e); **~ y salvo** sain et sauf
Santiago *n*: **~ (de Chile)** Santiago (du Chili)
santiamén *nm*: **en un ~** en un clin d'œil
santidad *nf* sainteté *f*
santiguarse *vpr* se signer
santo, -a *adj* saint(e) ▷ *nm/f* (*Rel*) Saint(e) ▷ *nm* fête *f*; **~ y seña** mot *m* de passe
santuario *nm* sanctuaire *m*
saña *nf* (*crueldad*) sauvagerie *f*; (*furor*) fureur *f*
sapo *nm* crapaud *m*
saque *vb ver* **sacar** ▷ *nm* (*Tenis*) service *m*; (*Fútbol*) remise *f* en jeu; **saque de esquina** corner *m*
saquear *vt* piller; **saqueo** *nm* pillage *m*
sarampión *nm* rougeole *f*
sarcasmo *nm* sarcasme *m*
sarcástico, -a *adj* sarcastique
sardina *nf* sardine *f*
sargento *nm* (*Mil*) sergent *m*
sarmiento *nm* sarment *m*
sarna *nf* (*Med, Zool*) gale *f*
sarpullido *nm* (*Med*) éruption *f* (prurigineuse)
sarro *nm* tartre *m*
sartén *nf o* (*Am*) *m* (*Culin*) poêle *f* (à frire)
sastre *nm* tailleur *m*
Satanás *nm* Satan *m*
satélite *nm* satellite *m*
sátira *nf* satire *f*
satisfacción *nf* satisfaction *f*
satisfacer *vt* satisfaire; **satisfacerse** *vpr* se satisfaire
satisfecho, -a *pp de* **satisfacer** ▷ *adj* satisfait(e)
saturar *vt* saturer; **saturarse** *vpr* être saturé(e)
sauce *nm* saule *m*; **sauce llorón** saule pleureur

sauna *nf* sauna *m*
savia *nf* sève *f*
saxofón *nm* saxophone *m*
sazonar *vt* mûrir; (*Culin*) relever

PALABRA CLAVE

se *pron* 1 (*reflexivo*) se, s'; (: *de Vd, Vds*) vous; **se divierte** il s'amuse; **lavarse** se laver
2 (*con complemento directo: sg*) lui; (*pl*) leur; (*Vd, Vds*) vous; **se lo dije** (*a él*) je le lui ai dit; (*a ellos*) je le leur ai dit; (*a usted(es)*) je vous l'ai dit; **se compró un sombrero** il s'est acheté un chapeau; **se rompió la pierna** il s'est cassé la jambe
3 (*uso recíproco*) se; (: *Vds*) vous; **se miraron (el uno al otro)** ils se sont regardés (l'un l'autre); **cuando (ustedes) se conocieron** quand vous vous êtes connus
4 (*en oraciones pasivas*): **se han vendido muchos libros** beaucoup de livres ont été vendus
5 (*impersonal*): **se dice que ...** on dit que ...; **allí se come muy bien** on y mange très bien; **se ruega no fumar** prière de ne pas fumer

sé *vb ver* **saber; ser**
sea *etc vb ver* **ser**
sebo *nm* sébum *m*
secador *nm* (*tb*: **~ de pelo**) sèche-cheveux *m inv*
secadora *nf* sèche-linge *m inv*
secar *vt* sécher; **secarse** *vpr* sécher; (*persona*) se sécher
sección *nf* section *f*
seco, -a *adj* sec/sèche; **Juan, a secas** Juan tout court; **parar/frenar en ~** s'arrêter/freiner brusquement
secretaría *nf* secrétariat *m*
secretario, -a *nm/f* secrétaire *m/f*
secreto, -a *adj* secret(-ète) ▷ *nm* secret *m*
secta *nf* secte *f*
sectario, -a *adj* sectaire
sector *nm* secteur *m*; **sector terciario** secteur tertiaire
secuela *nf* séquelle *f*
secuencia *nf* séquence *f*
secuestrar *vt* séquestrer; (*avión*) détourner; (*publicación*) retirer de la circulation; (*bienes: Jur*) séquestrer, mettre sous séquestre; **secuestro** *nm* (*de persona*) séquestration *f*; (*de avión*) détournement *m*
secular *adj* séculaire
secundar *vt* seconder
secundario, -a *adj* secondaire; (*Inform*) d'arrière-plan
sed *nf* soif *f*; **tener ~** avoir soif
seda *nf* soie *f*
sedal *nm* ligne *f*
sedante *nm* sédatif *m*
sede *nf* siège *m*; **Santa S~** Saint Siège
sedentario, -a *adj* sédentaire
sediento, -a *adj* assoiffé(e)
sedimento *nm* sédiment *m*
sedoso, -a *adj* soyeux(-euse)
seducción *nf* séduction *f*
seducir *vt* séduire
seductor, a *adj* séducteur(-trice); (*personalidad, idea*) séduisant(e) ▷ *nm/f* séducteur(-trice)
segar *vt* (*mies*) moissonner; (*hierba*) faucher; (*vidas*) briser
seglar *adj* séculier(-ière)
segregación *nf* ségrégation *f*; **segregación racial** ségrégation raciale
segregar *vt* ségréguer; (*líquido*) sécréter
seguida *nf*: **en ~** tout de suite
seguido, -a *adj* (*semana*) continu(e) ▷ *adv* (*derecho*) tout droit; (*Am: a menudo*) souvent; **5 días ~s** 5 jours de suite
seguimiento *nm* suivi *m*
seguir *vt* suivre ▷ *vi* (*venir después*) suivre; (*continuar*) poursuivre;

S

seguirse *vpr*: **~se (de)** résulter (de); **sigo sin comprender** je ne comprends toujours pas; **sigue lloviendo** il continue de pleuvoir; **¡siga!** (*Am*) allez-y!
según *prep* d'après ▷ *adv* (*tal como*) tel(le) que; (*depende (de)*) selon; (*a medida que*) à mesure que; **~ esté el tiempo** selon le temps qu'il fera; **está ~ lo dejaste** c'est resté tel que tu l'avais laissé
segundo, -a *adj* deuxième, second(e) ▷ *nm* seconde *f* ▷ *nm/f* deuxième *m/f*, second(e); **segunda (clase)** (*Ferro*) seconde (classe) *f*; **segunda (marcha)** (*Auto*) seconde; **con segundas (intenciones)** avec une arrière-pensée; **de segunda mano** d'occasion; *ver tb* **sexto**
seguramente *adv* sûrement
seguridad *nf* sécurité *f*; (*certeza*) certitude *f*; (*confianza*) confiance *f*; **seguridad social** sécurité sociale
seguro, -a *adj* sûr(e) ▷ *adv* sûr ▷ *nm* sécurité *f*; (*Com*) assurance *f*; (*CAm, Méx*) épingle *f* à nourrice; **seguro a todo riesgo/contra terceros** assurance tous risques/au tiers
seis *adj inv, nm inv* six *m inv*; **el ~ de abril** le six avril
seiscientos, -as *adj* six cents; **~ veinticinco** six cent vingt-cinq
seísmo *nm* séisme *m*
selección *nf* sélection *f*; **seleccionar** *vt* sélectionner
selectividad *nf* (*Univ*) sélection *f*
selecto, -a *adj* sélect(e)
sellar *vt* sceller; (*pasaporte*) tamponner
sello *nm* (*de correos*) timbre *m*; (*para estampar*) tampon *m*; (*precinto*) sceau *m*
selva *nf* (*bosque*) forêt *f*; (*jungla*) jungle *f*
semáforo *nm* (*Auto*) feu *m* rouge *o* de circulation
semana *nf* semaine *f*; **Semana Santa** semaine sainte

SEMANA SANTA

Les célébrations de la semaine sainte en Espagne sont souvent grandioses. "Viernes Santo" (le Vendredi saint), "Sábado Santo" (le Samedi saint) et "Domingo de Resurrección" (le dimanche de Pâques) sont des fêtes légales auxquelles s'ajoutent d'autres jours fériés dans chaque région. Dans tout le pays, les membres des "cofradías" (confréries), vêtus de cagoules, avancent en processions dans les rues, précédant leurs "pasos", des chars richement décorés sur lesquels se dressent des statues religieuses. Les processions de la semaine sainte à Séville sont particulièrement renommées.

semanal *adj* hebdomadaire
semblante *nm* (traits *mpl* du) visage *mpl*
sembrar *vt* semer
semejante *adj, nm* semblable *m*; **semejanza** *nf* ressemblance *f*
semen *nm* sperme *m*, semence *f*
semestral *adj* semestriel(le)
semi... *pref* semi...
semicírculo *nm* demi-cercle *m*
semidesnatado, -a *adj* demi-écrémé(e)
semifinal *nf* demi-finale *f*
semilla *nf* graine *f*, semence *f*
seminario *nm* (*Rel*) séminaire *m*; (*Escol*) séance *f* de T.P.
sémola *nf* semoule *f*
Sena *nm*: **el ~** la Seine
senado *nm* sénat *m*
senador, a *nm/f* sénateur(-trice)
sencillez *nf* simplicité *f*
sencillo, -a *adj* simple

senda *nf* sentier *m*
sendero *nm* sentier *m*; **Sendero Luminoso** (*Pe: Pol*) Sentier lumineux
senil *adj* sénile
seno *nm* sein *m*; (*Mat*) sinus *m*; **~ materno** sein maternel
sensación *nf* sensation *f*; **sensacional** *adj* sensationnel(le)
sensato, -a *adj* sensé(e)
sensible *adj* sensible
sensorial *adj* sensoriel(le)
sensual *adj* sensuel(le)
sentada *nf* (*protesta*) sit-in *m*
sentado, -a *adj*: **estar ~** être assis(e); **dar por ~** considérer comme réglé(e)
sentar *vt* asseoir; (*noticia, hecho, palabras*) établir ▷ *vi* (*vestido, color*) aller; **sentarse** *vpr* s'asseoir; **~ bien** (*ropa*) aller bien; (*comida*) faire du bien; (*vacaciones*) réussir; **me ha sentado mal** (*comida*) je ne l'ai pas digéré; (*comentario*) cela m'a blessé
sentencia *nf* sentence *f*; **sentenciar** *vt* (*Jur*) condamner
sentido, -a *adj* (*pérdida*) regretté(e) ▷ *nm* sens *msg*; **mi más ~ pésame** mes plus sincères condoléances; **con ~ doble** à double sens; **tener ~** avoir de sens; **sentido común** bon sens; **sentido del humor** sens de l'humour; **sentido único** (*Auto*) sens unique
sentimental *adj* sentimental(e); **vida ~** vie *f* sentimentale
sentimiento *nm* sentiment *m*
sentir *nm* opinion *f* ▷ *vt* sentir; (*lamentar*) regretter; (*esp Am*) entendre ▷ *vi* sentir; **sentirse** *vpr* se sentir; **lo siento (mucho)** je suis désolé(e); **~se bien/mal** se sentir bien/mal
seña *nf* signe *m*; (*Mil*) mot *m* de passe; **señas** *nfpl* (*dirección*) adresse *f*; **señas personales** (*descripción*) caractéristiques *fpl* physiques
señal *nf* signal *m*; (*síntoma*) signe *m*; (*marca, Inform*) marque *f*; (*Com*) arrhes *fpl*; **en ~ de** en signe de; **señalar** *vt* signaler; (*poner marcas*) marquer; (*con el dedo*) montrer du doigt; (*hora*) donner; (*fijar*) déterminer
señor, a *adj* (*fam*) classe ▷ *nm* monsieur *m*; (*hombre*) homme *m*; (*trato*) monsieur; **Muy ~ mío** cher Monsieur
señora *nf* madame *f*; (*dama*) dame *f*; (*mujer*) femme *f*; **Nuestra S~** (*Rel*) Notre-Dame
señorita *nf* (*tratamiento*) mademoiselle *f*; (*mujer joven*) demoiselle *f*, jeune fille *f*
señorito *nm* (*pey*) fils *msg* à papa
señuelo *nm* leurre *m*
sepa *etc vb ver* **saber**
separación *nf* séparation *f*; (*división*) partage *m*; (*distancia*) distance *f*
separar *vt* séparer; (*dividir*) diviser; **separarse** *vpr* se séparer; (*partes*) se détacher; **~se de** (*persona: de un lugar*) s'éloigner de; (*: de asociación*) quitter
sepia *nf* (*Culin*) seiche *f*
septiembre *nm* septembre *m*; *ver tb* **julio**
séptimo, -a *adj, nm/f* septième *m/f*; *ver tb* **sexto**
sepulcro *nm* sépulcre *m*
sepultar *vt* inhumer; (*suj: aguas, escombros*) ensevelir; **sepultura** *nf* (*entierro*) inhumation *f*; (*tumba*) sépulture *f*
sequedad *nf* sécheresse *f*
sequía *nf* sécheresse *f*
séquito *nm* (*de rey*) cour *f*
SER *sigla f* (*Radio*) (= *Sociedad Española de Radiodifusión*) *société privée de radiodiffusion*

PALABRA CLAVE

ser *vi* **1** (*descripción, identidad*) être; **es médico/muy alto** il est docteur/très grand; **soy Pepe** (*Telec*) c'est Pepe (à l'appareil)
2 (*suceder*): **¿qué ha sido eso?**

S

qu'est-ce que c'était?; **la fiesta es en casa** la fête a lieu chez nous
3 (*ser + de: posesión*): **es de Joaquín** c'est à Joaquín; (*origen*): **ella es de Cuzco** elle est de Cuzco; (*sustancia*): **es de piedra** c'est en pierre; **¿qué va a ser de nosotros?** qu'allons nous devenir?
4 (*horas, fechas, números*): **es la una** il est une heure; **son las seis y media** il est six heures et demi; **es el 1 de junio** c'est le 1er juin; **somos/son seis** nous sommes/ils sont six; **2 y 2 son 4** 2 et 2 font 4
5 (*valer*): **¿cuánto es?** c'est combien?
6 (*+ para*): **es para pintar** c'est pour peindre
7 (*en oraciones pasivas*): **ya ha sido descubierto** ça a déjà été découvert; **fue construido** ça a été construit
8 (*ser + de + vb*): **es de esperar que ...** il faut s'attendre à ce que ...
9 (*+ que*): **es que no puedo** c'est que je ne peux pas; **¿cómo es que no lo sabes?** comment se fait-il que tu ne le saches pas?
10 (*locuciones: con subjun*): **o sea** c'est-à-dire; **sea él, sea su hermana** soit lui, soit sa sœur
11 (*con infinitivo*): **a no ser ...** si ce n'est ...; **a no ser que salga mañana** à moins qu'il ne sorte demain; **de no ser así** si ce n'était pas le cas
12: **"érase una vez ..."** "il était une fois ..."
▷ *nm* (*ente*) être *m*; **ser humano/vivo** être humain/vivant

serenarse *vpr* s'apaiser
sereno, -a *adj* serein(e); (*tiempo*) calme ▷ *nm* veilleur *m* de nuit
serie *nf* série *f*; (*TV: por capítulos*) feuilleton *m*; **fuera de ~** (*Com*) hors série; (*fig*) hors norme; **fabricación en ~** fabrication *f* en série
seriedad *nf* sérieux *msg*; (*de crisis*) gravité *f*
serio, -a *adj* sérieux(-ieuse); **en ~** sérieusement
sermón *nm* sermon *m*
seropositivo, -a *adj* séropositif(-ive)
serpiente *nf* serpent *m*; **serpiente de cascabel** serpent à sonnettes
serranía *nf* zone *f* montagneuse
serrar *vt* scier
serrín *nm* sciure *f* (de bois)
serrucho *nm* scie *f* égoïne
servicio *nm* service *m*; **servicios** *nmpl* (*wáter*) toilettes *fpl*; (*Econ: sector*) services *mpl*; **servicio incluido** service compris; **servicio militar** service militaire
servil (*pey*) *adj* servile
servilleta *nf* serviette *f*
servir *vt, vi* servir; **servirse** *vpr* se servir; **~ (para)** servir (à); **~se de algo** se servir de qch; **sírvase pasar** veuillez entrer
sesenta *adj inv, nm inv* soixante *m inv*
sesgo *nm* tournure *f*; **al ~** (*Costura*) en biais
sesión *nf* séance *f*
seso *nm* cerveau *m*
seta *nf* champignon *m*; **seta venenosa** champignon vénéneux
setecientos, -as *adj* sept cents; *ver tb* **seiscientos**
setenta *adj inv, nm inv* soixante-dix *m inv*; *ver tb* **sesenta**
seudónimo *nm* pseudonyme *m*
severidad *nf* sévérité *f*
severo, -a *adj* sévère
Sevilla *n* Séville
sevillano, -a *adj* sévillan(e) ▷ *nm/f* Sévillan(e)
sexo *nm* sexe *m*
sexto, -a *adj, nm/f* sixième *m/f*
sexual *adj* sexuel(le)
si *conj* si ▷ *nm* (*Mús*) si *m inv*; **me pregunto ~ ...** je me demande si ...
sí *adv* oui; (*tras frase negativa*) si; **él no quiere pero yo ~** il ne veut pas

mais moi oui; **ella ~ vendrá** elle, elle viendra; **claro que ~** bien sûr que oui/si; **creo que ~** je crois que oui/si; **porque ~** (*porque lo digo yo*) parce que; **¡~ que lo es!** bien sûr que si!; **¡eso ~ que no!** alors là, non! ▷ *nm* (*consentimiento*) oui *m* ▷ *pron* (*uso impersonal*) soi; (*sg: m*) lui; (*: f*) elle; (*: de cosa*) lui/elle; (*pl*) eux; **por ~ solo/solos** à lui seul/eux seuls; **volver en ~** revenir à soi; **~ mismo/misma** lui-/elle-même; **se ríe de ~ misma** elle rit d'elle-même; **hablaban entre ~** ils parlaient entre eux; **de por ~** en soi-même *etc*

siamés, -esa *adj, nm/f* siamois(e)

SIDA, sida *sigla m* (= *síndrome de inmuno-deficiencia adquirida*) SIDA *m*, sida *m* (= *syndrome immunodéficitaire acquis*)

sida *nm* sida *m*

siderúrgico, -a *adj* sidérurgique

sidra *nf* cidre *m*

siembra *vb ver* **sembrar** ▷ *nf* (*Agr*) semence *f*

siempre *adv* toujours ▷ *conj*: **~ que ...** (*cada vez que*) chaque fois que ...; (*a condición de que*) seulement si; **como ~** comme toujours; **para ~** pour toujours; **~ me voy mañana** (*Am*) de toute façon, je pars demain

sien *nf* tempe *f*

siento *vb ver* **sentar; sentir**

sierra *vb ver* **serrar** ▷ *nf* (*Tec*) scie *f*; (*Geo*) chaîne *f* de montagnes; **Sierra Leona** Sierra *f* Leone

siervo, -a *nm/f* serf/serve

siesta *nf* sieste *f*; **dormir la** *o* **echarse una ~** faire une (petite) sieste

siete *adj inv, nm inv* sept *m inv* ▷ *excl* (*Am: fam*): **¡la gran ~!** punaise!; **se armó un follón de la gran ~** ça a fait un raffut de tous les diables; **hijo de la gran ~** (*fam!*) fils *msg* de pute; *ver tb* **seis**

sífilis *nf* syphilis *fsg*

sifón *nm* siphon *m*

siga *etc vb ver* **seguir**

sigla *nf* sigle *m*

siglo *nm* siècle *m*

significación *nf* signification *f*

significado *nm* signification *f*

significar *vt* signifier

significativo, -a *adj* significatif(-ive)

signo *nm* signe *m*; **signo de admiración** point *m* d'exclamation; **signo de interrogación** point d'interrogation

siguiendo *etc vb ver* **seguir**

siguiente *adj* suivant(e); **¡el ~!** au suivant!

sílaba *nf* syllabe *f*

silbar *vt, vi* siffler; **silbato** *nm* sifflet *m*; **silbido, silbo** *nm* sifflement *m*

silenciador *nm* silencieux *msg*

silenciar *vt* (*Am: persona*) faire taire; **silencio** *nm* silence *m*

silencioso, -a *adj* silencieux(-ieuse)

silla *nf* chaise *f*; (*tb*: **~ de montar**) selle *f*; **silla de ruedas** chaise roulante

sillón *nm* fauteuil *m*

silueta *nf* silhouette *f*

silvestre *adj* (*Bot*) sauvage

simbólico, -a *adj* symbolique

simbolizar *vt* symboliser

símbolo *nm* symbole *m*

simetría *nf* symétrie *f*

simiente *nf* graine *f*

similar *adj* similaire

simio *nm* singe *m*

simpatía *nf* sympathie *f*

simpático, -a *adj* (*persona*) sympathique

simpatizante *nm/f* sympathisant(e)

simpatizar *vi*: **~ con** sympathiser avec

simple *adj* simple ▷ *nm/f* (*pey*) simplet(te); **simplificar** *vt* simplifier

simposio *nm* symposium *m*

simular *vt* simuler

simultáneo, -a *adj* simultané(e)

sin *prep* sans ▷ *conj*: **~ que** (+*subjun*) sans que +*subjun*; **la ropa está ~ lavar** le linge n'est pas lavé; **~ embargo** cependant
sinagoga *nf* synagogue *f*
sinceridad *nf* sincérité *f*
sincero, -a *adj* sincère
sincronizar *vt* synchroniser
sindical *adj* syndical(e); **central ~** centrale *f* syndicale; **sindicalista** *adj, nm/f* syndicaliste *m/f*
sindicato *nm* syndicat *m*
síndrome *nm* syndrome *m*; **síndrome de abstinencia** symptômes *mpl* de la privation
sinfín *nm*: **un ~ de** une infinité de
sinfonía *nf* symphonie *f*
singular *adj* singulier(-ière); **singularidad** *nf* singularité *f*; **singularizar** *vt* singulariser; **singularizarse** *vpr* se singulariser
siniestro, -a *adj* sinistre ▷ *nm* sinistre *m*; (*en carretera*) accident *m*
sinnúmero *nm* = **sinfín**
sino *nm* destin *m* ▷ *conj* sinon
sinónimo, -a *adj, nm* synonyme *m*
síntesis *nf inv* synthèse *f*
sintético, -a *adj* (*material*) synthétique; (*producto*) de synthèse
sintetizar *vt* synthétiser
sintiendo *etc vb ver* **sentir**
síntoma *nm* symptôme *m*
sintonía *nf* (*Radio*) réglage *m*; (*melodía*) indicatif *m* (musical)
sintonizar *vt* (*Radio*) régler ▷ *vi*: **~ con** régler sur
sinvergüenza *adj, nm/f* canaille *f*; (*descarado*) effronté(e)
siquiera *conj* même si ▷ *adv* au moins; **ni ~** pas même; **~ bebe algo** bois au moins qch
sirena *nf* sirène *f*
Siria *nf* Syrie *f*
sirviendo *etc vb ver* **servir**
sirviente, -a *nm/f* domestique *m/f*
sisear *vi* dire "chut"
sistema *nm* système *m*

SISTEMA EDUCATIVO

La réforme du système scolaire espagnol (sistema educativo) date du début des années 90. Les cycles EGB, BUP et COU ont été remplacés respectivement par la "Primaria", cycle obligatoire de 6 ans, la "Secundaria", cycle obligatoire de 4 ans et le "Bachillerato", cycle facultatif de 2 ans dans le secondaire, indispensable à la poursuite d'études supérieures.

sistemático, -a *adj* systématique
sitiar *vt* assiéger
sitio *nm* endroit *m*, site *m*; (*espacio*) place *f*; (*Mil*) siège *m*
situación *nf* situation *f*
situado, -a *adj* situé(e)
situar *vt* situer; (*socioeconómicamente*) placer; **situarse** *vpr* se situer; (*socioeconómicamente*) réussir (dans la vie)
slip (*pl* **~s**) *nm* slip *m*
SME *sigla m* (= *Sistema Monetario Europeo*) SME *m* (= *Système monétaire européen*)
smoking (*pl* **~s**) *nm* smoking *m*
SMS *sigla m* minimessage *m*
snob *nm* = **esnob**
SO *abr* (= *suroeste*) S.-O. (= *sud-ouest*)
sobaco *nm* aisselle *f*
sobar *vt* tripoter
soberanía *nf* souveraineté *f*
soberano, -a *adj* souverain(e) ▷ *nm/f* souverain(e)
soberbia *nf* superbe *f*, orgueil *m*
soberbio, -a *adj* (*persona*) orgueilleux(-euse); (*palacio, ejemplar*) superbe
sobornar *vt* acheter, soudoyer; **soborno** *nm* (*un soborno*) pot-de-vin *m*; (*el soborno*) corruption *f*

sobra *nf* excès *msg*; **sobras** *nfpl* (*restos*) restes *mpl*; **de ~** en trop; **tengo de ~** j'en ai plus qu'assez; **sobrante** *adj* restant(e) ▷ *nm* restant *m*
sobrar *vi* (*quedar*) rester
sobre *prep* sur; (*por encima de*) au-dessus de; (*aproximadamente*) environ ▷ *nm* enveloppe *f*; **~ todo** surtout
sobredosis *nf inv* overdose *f*
sobreentender *vt* sous-entendre; **sobreentenderse** *vpr*: **se sobreentiende (que)** il est sous-entendu (que)
sobrehumano, -a *adj* surhumain(e)
sobrellevar *vt* supporter
sobremesa *nf*: **de ~** (*ordenador*) de bureau; (*programación*) de l'après-midi; **en la ~** après manger
sobrenatural *adj* surnaturel(le)
sobrentender *vt* = **sobreentender**
sobrepasar *vt* dépasser
sobreponerse *vpr*: **~ a algo** surmonter qch
sobresaliente *adj* extraordinaire ▷ *nm* (*Escol*) ≈ mention *f* "très bien"
sobresalir *vi* (*punta*) saillir; (*cabeza*) dépasser; (*fig*) se distinguer
sobresaltar *vt* faire sursauter; **sobresaltarse** *vpr* sursauter
sobrevenir *vi* survenir
sobreviviente *adj, nm/f* survivant(e)
sobrevolar *vt* survoler
sobriedad *nf* sobriété *f*
sobrino, -a *nm/f* neveu/nièce
sobrio, -a *adj* sobre
socarrón, -ona *adj* narquois(e)
socavar *vt* saper
socavón *nm* (*en calle*) trou *m*
sociable *adj* sociable
social *adj* social(e)
socialdemócrata *adj, nm/f* social-démocrate *m/f*
socialista *adj, nm/f* socialiste *m/f*
sociedad *nf* société *f*; **sociedad anónima** société anonyme
socio, -a *nm/f* membre *m/f*; (*Com*) associé(e)
sociología *nf* sociologie *f*
sociólogo, -a *nm/f* sociologue *m/f*
socorrer *vt* secourir; **socorrista** *nm/f* secouriste *m/f*; **socorro** *nm* secours *msg*; (*Mil*) secours *mpl*; **¡socorro!** au secours!
soda *nf* soda *m*
sofá *nm* canapé *m*; **sofá-cama** *nm* canapé-lit *m*
sofocar *vt* suffoquer, étouffer; (*incendio, rebelión*) étouffer; **sofocarse** *vpr* étouffer; (*fig*) suffoquer; **sofoco** *nm* suffocation *f*
soga *nf* cordage *m*
sois *vb ver* **ser**
soja *nf* soja *m*
sol *nm* soleil *m*; **hace ~** il fait soleil; **tomar el ~** prendre le soleil
solamente *adv* seulement
solapa *nf* (*de chaqueta*) revers *msg*; (*de libro*) rabat *m*
solar *adj* solaire ▷ *nm* terrain *m* vague
solaz *nm* distraction *f*
solazarse *vpr* se distraire
soldado *nm* soldat *m*; **soldado raso** simple soldat
soldador, a *nm/f* soudeur(-euse) ▷ *nm* machine *f* à souder
soldar *vt* souder
soleado, -a *adj* ensoleillé(e)
soledad *nf* solitude *f*
solemne *adj* solennel(le); **solemnidad** *nf* solennité *f*
soler *vi*: **~ hacer algo** avoir l'habitude de faire qch; **suele salir a las ocho** d'ordinaire, il sort à 8 heures; **solíamos ir todos los años** nous y allions tous les ans
solicitar *vt* solliciter
solicitud *nf* sollicitation *f*
solidaridad *nf* solidarité *f*
solidario, -a *adj* solidaire
solidez *nf* solidité *f*
sólido, -a *adj* solide
soliloquio *nm* soliloque *m*

solista *nm/f* soliste *m/f*
solitario, -a *adj, nm/f* solitaire *m/f* ▷ *nm* (*Naipes*) réussite *f*
sollozar *vi* sangloter; **sollozo** *nm* sanglot *m*
solo, -a *adj* (*único*) seul(e) (et unique); (*sin compañía*) seul(e); **hay una sola dificultad** il y a une seule difficulté; **a solas** tout(e) seul(e); (*dos personas*) seul à seul
sólo *adv* seulement
solomillo *nm* aloyau *m*
soltar *vt* lâcher; (*preso*) relâcher; (*pelo*) détacher; (*nudo*) défaire; (*estornudo, carcajada*) laisser échapper; **soltarse** *vpr* se détacher; (*adquirir destreza*) se débrouiller
soltero, -a *adj, nm/f* célibataire *m/f*
solterón, -ona *nm/f* vieux garçon/vieille fille
soltura *nf* (*al hablar, escribir*) facilité *f*; (*agilidad*) adresse *f*
soluble *adj* soluble
solución *nf* solution *f*; **solucionar** *vt* résoudre
solventar *vt* (*deudas*) régler; (*conflicto*) résoudre
solvente *adj* (*Com*) solvable
sombra *nf* ombre *f*; **tener buena/mala ~** (*suerte*) avoir de la/pas de chance
sombrero *nm* chapeau *m*
sombrilla *nf* ombrelle *f*
sombrío, -a *adj* sombre
somero, -a *adj* sommaire
someter *vt* soumettre; (*alumnos, familia*) faire obéir; **someterse** *vpr* se soumettre; **~ algo/a algn a** soumettre qch/qn à; **~se a** (*mayoría, opinión*) se soumettre à; (*tratamiento*) subir
somnífero *nm* somnifère *m*
somnolencia *nf* somnolence *f*
somos *vb ver* **ser**
son *vb ver* **ser** ▷ *nm* son *m*; **en ~ de paz** en signe de paix
sonajero *nm* hochet *m*
sonámbulo, -a *nm/f* somnambule *m/f*
sonar *vi* sonner; (*música, voz*) retentir; (*Ling*) être prononcé(e); (*resultar conocido*) dire qch; **sonarse** *vpr*: **~se (la nariz)** renifler; **me suena ese nombre/esa cara** ce nom/ce visage me dit quelque chose
sonda *nf* sonde *f*
sondear *vt* (*Med*) examiner à la sonde; **sondeo** *nm* sondage *m*; (*Med*) examen *m* à la sonde
sonido *nm* son *m*
sonoro, -a *adj* sonore
sonreír *vi* sourire; **sonreírse** *vpr* sourire; **sonriente** *adj* souriant(e); **sonrisa** *nf* sourire *m*
sonrojarse *vpr* rougir
soñar *vt, vi* rêver; **~ con algn/algo** rêver de qn/qch
soñoliento, -a *adj* somnolent(e)
sopa *nf* soupe *f*
sopesar *vt* peser
soplar *vt* souffler ▷ *vi* souffler; **soplo** *nm* souffle *m*
sopor *nm* somnolence *f*
soporífero, -a *adj* soporifique
soportar *vt* supporter; **soporte** *nm* support *m*
soprano *nm/f* soprano *m/f*
sorber *vt* (*sopa*) avaler; (*refresco*) siroter; (*absorber*) absorber
sorbo *nm* gorgée *f*
sordera *nf* surdité *f*
sórdido, -a *adj* sordide
sordo, -a *adj, nm/f* sourd(e)
sordomudo, -a *adj, nm/f* sourd-muet/sourde-muette
soroche (*Am*) *nm* mal *m* des montagnes
sorprendente *adj* surprenant(e)
sorprender *vt* surprendre; **sorprenderse** *vpr*: **~se (de)** être surpris(e) (de); **sorpresa** *nf* surprise *f*
sortear *vt* tirer (au sort); (*dificultad*)

déjouer; **sorteo** *nm* tirage *m* (au sort)
sortija *nf* bague *f*
sosegado, -a *adj* paisible
sosegar *vt* apaiser; **sosegarse** *vpr* s'apaiser; **sosiego** *vb ver* **sosegar** ▷ *nm* calme *m*
soslayo: **de ~** *adv* (*mirar*) de côté; (*pasar*) sans s'arrêter
soso, -a *adj* insipide
sospecha *nf* soupçon *m*; **sospechar** *vt*: **sospechar (que)** soupçonner (que) ▷ *vi*: **sospechar de algn** soupçonner qn
sospechoso, -a *adj, nm/f* suspect(e)
sostén *nm* soutien *m*
sostener *vt* soutenir; (*alimentar*) faire vivre; **sostenerse** *vpr* (*en pie*) rester; (*económicamente*) survivre; (*seguir*) se maintenir
sotana *nf* soutane *f*
sótano *nm* sous-sol *m*
soviético, -a *adj* soviétique ▷ *nm/f* Soviétique *m/f*
soy *vb ver* **ser**
Sr. *abr* (= *Señor*) M. (= *Monsieur*)
Sra. *abr* (= *Señora*) Mme (= *Madame*)
S.R.C. *abr* (= *se ruega contestación*) RSVP (= *répondez s'il vous plaît*)
Sres. *abr* (= *Señores*) MM (= *Messieurs*)
Srta. *abr* (= *Señorita*) Mlle (= *Mademoiselle*)
Sta. *abr* (= *Santa*) Ste (= *Sainte*)
status *nm inv* statut *m*
Sto. *abr* (= *Santo*) St (= *Saint*)
su *adj* (*de él, ella, una cosa*) son/sa; (*de ellos, ellas*) leur; (*de usted, ustedes*) votre; **~s** (*de él, ella, una cosa*) ses; (*de ellos, ellas*) leurs; (*de usted, ustedes*) vos
suave *adj* doux/douce; **suavidad** *nf* douceur *f*; **suavizar** *vt* adoucir; **suavizarse** *vpr* s'adoucir
subalimentado, -a *adj* sous-alimenté(e)
subasta *nf* vente *f* aux enchères; (*de obras, servicios*) appel *m* d'offre; **subastar** *vt* vendre aux enchères
subcampeón, -ona *nm/f* second(e)
subconsciente *adj* subconscient(e) ▷ *nm* subconscient *m*
subdesarrollado, -a *adj* sous-développé(e)
subdesarrollo *nm* sous-développement *m*
subdirector, a *nm/f* sous-directeur(-trice)
súbdito, -a *nm/f* sujet *m*
subestimar *vt* sous-estimer
subida *nf* montée *f*
subir *vt* (*mueble, niño*) soulever; (*cabeza*) lever; (*volumen*) augmenter; (*calle*) remonter; (*montaña, escalera*) monter, gravir; (*precio*) augmenter; (*producto*) augmenter le prix de ▷ *vi* monter; (*precio, temperatura, calidad*) augmenter; **subirse** *vpr*: **~se a** monter dans
súbito, -a *adj* subit(e), soudain(e)
subjetivo, -a *adj* subjectif(-ive)
sublevación *nf* soulèvement *m*
sublevar *vt* soulever; **sublevarse** *vpr* se soulever
sublime *adj* sublime
submarinismo *nm* plongée *f* sous-marine
submarino, -a *adj* sous-marin(e) ▷ *nm* sous-marin *m*
subnormal *adj* anormal(e) ▷ *nm/f* handicapé(e) mental(e)
subordinado, -a *adj, nm/f* subordonné(e)
subrayar *vt* souligner
subsanar *vt* pallier
subscribir *vt* = **suscribir**
subsidio *nm* (*de enfermedad, paro, etc*) allocation *f*
subsistencia *nf* subsistance *f*
subsistir *vi* subsister
subterráneo, -a *adj* souterrain(e) ▷ *nm* souterrain *m*
subtítulo *nm* sous-titre *m*
suburbano, -a *adj* de banlieue ▷ *nm* train *m* de banlieue

suburbio *nm* banlieue *f*
subvención *nf* subvention *f*
subvencionar *vt* subventionner
subversión *nf* subversion *f*
subversivo, -a *adj* subversif(-ive)
subyugar *vt* opprimer
sucedáneo *nm* ersatz *m*
suceder *vi* se passer; **~ a** succéder à; **lo que sucede es que ...** ce que se passe, c'est que ...; **sucesión** *nf* succession *f*
sucesivamente *adv*: **y así ~** et ainsi de suite
sucesivo, -a *adj* successif(-ive); **en lo ~** à l'avenir
suceso *nm* événement *m*
suciedad *nf* saleté *f*
sucinto, -a *adj* succinct(e)
sucio, -a *adj* sale; (*negocio*) malhonnête
suculento, -a *adj* succulent(e)
sucumbir *vi* succomber
sucursal *nf* succursale *f*
Sudáfrica *nf* Afrique *f* du Sud
Sudamérica *nf* Amérique *f* du Sud
sudamericano, -a *adj* sud-américain(e) ▷ *nm/f* Sud-Américain(e)
sudar *vi* suer
sudeste *adj* sud-est *inv* ▷ *nm* sud-est *m*
sudoeste *adj* sud-ouest *inv* ▷ *nm* sud-ouest *m*
sudor *nm* sueur *f*
Suecia *nf* Suède *f*
sueco, -a *adj* suédois(e) ▷ *nm/f* Suédois(e)
suegro, -a *nm/f* beau-père/belle-mère
suela *nf* semelle *f*
sueldo *vb ver* **soldar** ▷ *nm* salaire *m*
suelo *vb ver* **soler** ▷ *nm* sol *m*; **caerse al ~** tomber par terre
suelto, -a *vb ver* **soltar** ▷ *adj* (*hojas*) volant(e); (*pelo, pieza*) détaché(e); (*preso*) libéré(e); (*por separado: ejemplar*) séparé(e) ▷ *nm* monnaie *f*; **dinero ~** (petite) monnaie
sueño *vb ver* **soñar** ▷ *nm* sommeil *m*; (*lo soñado, fig*) rêve *m*; **descabezar o echarse un ~** faire un somme; **tener ~** avoir sommeil
suero *nm* (*Med*) sérum *m*; (*de leche*) petit-lait *m*
suerte *nf* (*fortuna*) chance *f*; (*azar*) hasard *m*; (*destino*) destin *m*; **lo echaron a ~s** ils ont tiré au sort; **tener ~** avoir de la chance; **tener mala ~** ne pas avoir de chance
suéter (*pl* **~s**) *nm* pull *m*
suficiente *adj* suffisant(e)
sufrimiento *nm* souffrance *f*
sufrir *vt* souffrir de; (*malos tratos, cambios*) subir; (*fam: soportar*) sentir ▷ *vi* souffrir
sugerencia *nf* suggestion *f*
sugerir *vt* suggérer
sugestión *nf* suggestion *f*; **sugestionar** *vt* influencer; **sugestionarse** *vpr* se faire des idées
sugestivo, -a *adj* suggestif(-ive); (*idea*) séduisant(e)
suicida *adj* suicidaire ▷ *nm/f* (*que se mata*) suicidé(e)
suicidarse *vpr* se suicider; **suicidio** *nm* suicide *m*
Suiza *nf* Suisse *f*
suizo, -a *adj* suisse ▷ *nm/f* Suisse *m/f*
sujeción *nf* assujettissement *m*
sujetador *nm* soutien-gorge *m*
sujetar *vt* attacher; **sujetarse** *vpr* s'attacher; (*someterse*) se soumettre
sujeto, -a *adj* attaché(e) ▷ *nm* sujet *m*; **~ a cambios** susceptible d'être modifié
suma *nf* somme *f*; (*operación*) addition *f*; **en ~** en somme
sumamente *adv*: **~ agradecido/ necesario** extrêmement reconnaissant/absolument nécessaire
sumar *vt* additionner ▷ *vi* faire

une addition; **sumarse** *vpr:* **~se (a)** s'additionner (à)
sumario, -a *adj* sommaire ▷ *nm (Jur)* mise *f* en accusation
sumergir *vt* submerger; **sumergirse** *vpr* plonger
suministrar *vt* fournir; **suministro** *nm* approvisionnement *m*; **suministros** *nmpl (provisiones)* provisions *fpl*
sumir *vt* submerger; *(fig)* plonger; **sumirse** *vpr:* **~se en** se plonger dans
sumisión *nf* soumission *f*
sumiso, -a *adj* soumis(e)
sumo, -a *adj (cuidado)* extrême; *(grado)* supérieur(e)
suntuoso, -a *adj* somptueux(-euse)
supe *etc vb ver* **saber**
supeditar *vt:* **~ algo a algo** faire passer qch avant qch; **supeditarse** *vpr:* **~se a** se plier à
super *(fam) adv* hyper ▷ *adj inv* super-; **~ caro** hyper cher; **~ oferta** offre *f* exceptionnelle
super... *pref* super...; *(fam: +adjetivo)* hyper; *(: +adverbio)* super-
superar *vt* surpasser; *(crisis, prueba)* surmonter; **superarse** *vpr* se surpasser
superávit *(pl* **~s**) *nm (Econ)* excédent *m*
superficial *adj* superficiel(le)
superficie *nf* surface *f*; *(área)* superficie *f*
superfluo, -a *adj* superflu(e)
superior *adj, nm/f* supérieur(e); **superioridad** *nf* supériorité *f*
supermercado *nm* supermarché *m*
superponer *vt* superposer
supersónico, -a *adj* supersonique
superstición *nf* superstition *f*
supersticioso, -a *adj* superstitieux(-ieuse)
supervisar *vt* superviser
supervivencia *nf* survie *f*
superviviente *adj, nm/f* survivant(e)
suplantar *vt* supplanter
suplemento *nm* supplément *m*
suplente *adj* remplaçant(e) ▷ *nm/f* remplaçant(e); *(actor)* doublure *f*
supletorio, -a *adj* supplémentaire ▷ *nm (tb:* **teléfono ~**) second poste *m*
súplica *nf* supplication *f*; *(Jur)* placet *m*
suplicar *vt* supplier
suplicio *nm* supplice *m*
suplir *vt* suppléer; *(objeto)* remplacer
supo *etc vb ver* **saber**
suponer *vt* supposer; **suposición** *nf* supposition *f*
supremacía *nf* suprématie *f*
supremo, -a *adj* suprême
supresión *nf* suppression *f*
suprimir *vt* supprimer
supuesto, -a *pp de* **suponer** ▷ *adj* supposé(e) ▷ *nm* supposition *f*; **¡por ~!** évidemment!
sur *adj* sud ▷ *nm* Sud *m*
surcar *vt* sillonner; **surco** *nm* sillon *m*
surgir *vi* surgir
surtido, -a *adj (galletas)* assorti(e) ▷ *nm* assortiment *m*
surtir *vt* fournir; *(efecto)* produire
susceptible *adj* susceptible; **~ de** susceptible de
suscitar *vt* susciter
suscribir *vt (firmar)* souscrire; *(respaldar)* approuver; **suscribirse** *vpr:* **~se (a)** souscrire (à); *(a periódico etc)* s'abonner (à); **suscripción** *nf* souscription *f*; *(a periódico etc)* abonnement *m*
susodicho, -a *adj* susdit(e), susmentionné(e)
suspender *vt* suspendre; *(Escol)* recaler ▷ *vi (Escol)* échouer, être recalé(e); **suspensión** *nf* suspension *f*; *(de empleo, garantías)* suppression *f*
suspenso, -a *adj (Escol: asignatura)* pas passé(e); *(: alumno)* recalé(e) ▷ *nm (Escol)* échec *m*; **quedar** *o* **estar en ~**

rester en suspens
suspicacia *nf* suspicion *f*; **suspicaz** *adj* suspicieux(-ieuse)
suspirar *vi* soupirer; **suspiro** *nm* soupir *m*
sustancia *nf* substance *f*
sustentar *vt* (*familia*) faire vivre; (*idea, moral*) soutenir; **sustento** *nm* (*alimento*) subsistance *f*
sustituir *vt* substituer; (*temporalmente*) remplacer; **~ A por B** substituer B à A, remplacer A par B
susto *nm* peur *f*
sustraer *vt* subtiliser; (*Mat*) soustraire
susurrar *vi* susurrer; **susurro** *nm* susurrement *m*
sutil *adj* subtil(e); **sutileza** *nf* subtilité *f*
suyo, -a *adj* (*después del verbo ser: de él, ella*) le sien/la sienne, à lui/à elle; (*: de ellos, ellas*) le(-la) leur, à eux/à elles; (*: de usted, ustedes*) le(-la) vôtre, à vous ▷ *pron*: **el ~/la suya** (*de él, ella*) le sien/la sienne; (*de ellos, ellas*) le/la leur; (*de usted, ustedes*) le/la vôtre

t

Tabacalera *nf* ≈ SEITA *f*
tabaco *nm* tabac *m*
taberna *nf* taverne *f*
tabique *nm* cloison *f*
tabla *nf* (*de madera*) planche *f*; (*de falda*) pli *m*; (*Arte*) panneau *m*; **tablas** *nfpl* (*Teatro*) planches *fpl*; **tablado** *nm* plancher *m*, estrade *f*; (*Teatro*) scène *f*
tablao *nm* (*tb*: **~ flamenco**) *bar où l'on donne des représentations de flamenco*
tablero *nm* planche *f*; (*de ajedrez, damas*) damier *m*; **tablero de anuncios** panneau *m* d'affichage; **tablero de mandos** (*Auto, Aviat*) tableau de bord
tableta *nf* (*Med*) comprimé *m*; (*de chocolate*) tablette *f*
tablón *nm* (*de suelo*) planche *f*; (*de techo*) poutre *f*; **tablón de anuncios** panneau *m* d'affichage
tabú *nm* tabou *m*
tabular *vt* (*Tip*) mettre en colonnes

taburete *nm* tabouret *m*
tacaño, -a *adj* radin(e)
tacha *nf* défaut *m*; (*Tec*) clou *m* (à grosse tête), broquette *f*; **tachar** *vt* rayer; **le tachan de irresponsable** ils l'accusent d'être irresponsable
tácito, -a *adj* tacite
taciturno, -a *adj* taciturne, morose
taco *nm* (*tarugo*) cheville *f*, taquet *m*; (*libro de entradas*) carnet *m*; (*Am*: *tacón*) talon *m*; (*tb*: **~ de billar**) queue *f*; (: *palabrota*) grossièreté *f*, gros mot *m*; (*CAm, Méx*) *crêpe de maïs fourrée*
tacón *nm* talon *m*; **de ~ alto** à talons hauts; **taconeo** *nm* bruit *m* des talons sur le sol
táctica *nf* tactique *f*
táctico, -a *adj* tactique
tacto *nm* toucher *m*; (*fig*) tact *m*
taimado, -a *adj* rusé(e), sournois(e)
tajada *nf* tranche *f*
tajante *adj* catégorique; (*persona*) abrupt(e)
tajo *nm* (*corte*) coupure *f*; (*Geo*) gorge *f*
tal *adj* tel/telle; (*semejante*) un(e) tel/telle, pareil(le) ▷ *pron* (*persona*) un(e) tel/telle; (*cosa*) une telle chose ▷ *adv*: **~ como** (*igual*) tel/telle que ▷ *conj*: **con ~ (de) que** pourvu que, du moment que; **~ día a ~ hora** tel jour à telle heure; **jamás vi ~ desvergüenza** je n'ai jamais vu une telle effronterie *o* une effronterie pareille; **~es cosas** de telles choses; **el ~ cura** le curé en question; **un ~ García** un certain García; **~es como** tels/telles que; **son ~ para cual** les deux font la paire; **hablábamos de que si ~ que si cual** nous parlions de choses et d'autres; **fuimos al cine y ~** nous avons été au ciné et tout ça; **~ cual** (*como es*) tel/telle quel/quelle; **~ como lo dejé** tel que je l'ai laissé; **¿qué ~?** ça va?; **¿qué ~ has comido?** tu as bien mangé?; **con ~ de llamar la atención** du moment qu'il *etc* attire l'attention
taladrar *vt* percer; **taladro** *nm* perceuse *f*; (*hoyo*) trou *m* (fait à la perceuse)
talante *nm* humeur *f*
talar *vt* abattre
talco *nm* (*tb*: **polvos de ~**) talc *m*
talego *nm* sac *m*
talento *nm* talent *m*; (*capacidad, don*) don *m*
Talgo *sigla m* (*Ferro*) (= *tren articulado ligero Goicoechea-Oriol*) train rapide
talismán *nm* talisman *m*
talla *nf* taille *f*; (*fig*) envergure *f*; (*figura*) sculpture *f*
tallado, -a *adj* taillé(e), sculpté(e) ▷ *nm* sculpture *f*
tallar *vt* tailler, sculpter; (*medir*) toiser
tallarines *nmpl* nouilles *fpl*
talle *nm* taille *f*
taller *nm* atelier *m*
tallo *nm* (*de planta*) tige *f*; (*de hierba*) brin *m*
talón *nm* talon *m*; (*Com*) chèque *m*
talonario *nm* carnet *m*; (*de cheques*) carnet de chèques
tamaño, -a *adj* tel/telle ▷ *nm* taille *f*; **de ~ natural** grandeur *f* nature; **de ~ grande/pequeño** de grande/petite taille
tamarindo *nm* tamarinier *m*
tambalearse *vpr* chanceler; (*vehículo*) bringuebaler
también *adv* aussi; (*además*) de plus
tambor *nm* tambour *m*; (*Anat*) tympan *m*; **tambor del freno/de lavadora** tambour de frein/de machine à laver
tamiz *nm* tamis *msg*; **tamizar** *vt* tamiser
tampoco *adv* non plus; **yo ~ lo compré** je ne l'ai pas acheté non plus
tampón *nm* tampon *m*
tan *adv* si; **~ ... como** aussi ... que; **¡qué cosa ~ rara!** comme c'est bizarre!; **no es una idea ~ buena** ce n'est pas une si bonne idée

t

tanda *nf* série *f*; (*de personas*) équipe *f*
tangente *nf* tangente *f*
Tánger *n* Tanger
tangible *adj* tangible
tanque *nm* (*Mil*) char *m* d'assaut; (*depósito*: *Auto*) citerne *f*; (: *Náut*) tanker *m*; (: *de agua*) réservoir *m*
tantear *vt* jauger; (*probar*) essayer ▷ *vi* (*Deporte*) compter les points; **tanteo** *nm* (*cálculo*) calcul *m* approximatif; (*prueba*) essai *m*; (*Deporte*) score *m*
tanto, -a *adj* (*cantidad*) tant de, tellement de; (*en comparaciones*) autant de ▷ *adv* tant, autant; (*tiempo*) si longtemps ▷ *nm* (*suma*) quantité *f*; (*proporción*) tant *m*; (*punto*) point *m*; (*gol*) but *m* ▷ *pron*: **cada uno paga ~** chacun paie tant ▷ *suf*: **veinti~s** vingt et quelques; **tiene ~s amigos** il a tellement *o* tant d'amis; **~ dinero como tú** autant d'argent que toi; **~ gusto** (*al ser presentado*) enchanté(e); **~ que** tellement que; **~ como él** autant que lui; **~ como eso** pas tant que ça; **~ es así que ...** c'est si vrai que ...; **~ más cuanto que ...** d'autant plus que ...; **~ mejor/peor** tant mieux/pis; **~ quejarse para nada** tant de plaintes pour rien; **~ tú como yo** toi autant que moi; **me he vuelto ronco de** *o* **con ~ hablar** je me suis enroué à force de parler; **no quiero ~** je n'en veux pas autant; **gasta ~ que ...** il dépense tellement que ...; **viene ~** il vient si souvent; **ni ~ así** (*fam*) pas une miette; **ni ~ ni tan clavo** n'exagérons rien; **¡no es para ~!** ce n'est pas si grave!; **¡y ~!** je ne vous *o* te le fais pas dire!; **en ~ que** pendant que; **entre ~** entre-temps; **por ~, por lo ~** donc, par conséquent; **~ alzado** forfait *m*; **~ por ciento** tant pour cent; **estar al ~** être au courant; **estar al ~ de los acontecimientos** être au courant des événements; **un ~ perezoso** un rien paresseux; **uno de ~s** un parmi d'autres; **he visto ~** j'en ai tellement vu; **a ~s de agosto** tel jour *o* telle date en août; **cuarenta y ~s** quarante et quelques; **se quedó en el bar hasta las tantas** il est resté au café jusqu'à une heure impossible
tapa *nf* couvercle *m*; (*de libro*) couverture *f*; (*comida*) amuse-gueule *m inv*, tapa *f*
tapadera *nf* couvercle *m*
tapar *vt* couvrir; (*hueco, ventana*) fermer, boucher; (*ocultar*) dissimuler; (*vista*) boucher; (*Am*: *dientes*) plomber; **taparse** *vpr* se couvrir
tapete *nm* tapis *msg*
tapia *nf* mur *m* de pisé; **tapiar** *vt* murer
tapicería *nf* (*para muebles*) tissu *m* d'ameublement; (*para coches*) garniture *f*
tapiz *nm* tapisserie *f*; **tapizar** *vt* (*muebles*) recouvrir
tapón *nm* bouchon *m*; (*Tec*) bonde *f*; (*Med*: *de cera*) bouchon de cire; **~ de rosca** *o* **de tuerca** bouchon à vis
taquigrafía *nf* sténographie *f*
taquígrafo, -a *nm/f* sténo *m/f*
taquilla *nf* guichet *m*; (*suma recogida*) recette *f*
taquillero, -a *adj*: **función taquillera** spectacle *m* qui fait recette ▷ *nm/f* guichetier(-ère)
tara *nf* tare *f*
tarántula *nf* tarentule *f*
tararear *vt* fredonner
tardar *vi* (*tomar tiempo*) mettre longtemps, tarder; (*llegar tarde*) être en retard; **¿tarda mucho el tren?** le train arrive bientôt?; **a más ~** au plus tard; **~ en hacer algo** mettre longtemps *o* tarder à faire qch; **no tardes en venir** ne tarde pas en chemin
tarde *adv* tard ▷ *nf* (*de día*) après-midi *m o f inv*; (*de noche*) soir *m*; **de ~ en ~** de

temps en temps; **¡buenas ~s!** (*de día*) bonjour!; (*de noche*) bonsoir!; **a** *o* **por la ~** l'après-midi *o* le soir
tardío, -a *adj* tardif(-ive)
tarea *nf* travail *m*, tâche *f*
tarifa *nf* tarif *m*
tarima *nf* plate-forme *f*
tarjeta *nf* carte *f*; (*Deporte*) carton *m*; **tarjeta de crédito/de embarque/de transporte** carte de crédit/d'embarquement/de transport; **tarjeta de débito** carte Bleue®; **tarjeta de identificación fiscal** *carte d'immatriculation fiscale*; **tarjeta de memoria** carte d'extension mémoire; **tarjeta de teléfono** carte téléphonique; **tarjeta postal/de Navidad** carte postale/de Noël; **tarjeta prepago** (*Tel*) carte prépayée; **tarjeta SIM** carte SIM; **tarjeta verde** (*Méx*) permis *m* de travail
tarro *nm* pot *m*
tarta *nf* tarte *f*
tartamudear *vi* bégayer
tartamudo, -a *adj, nm/f* bègue
tártaro, -a *adj* tartare ▷ *nm/f* Tartare *m/f*
tasa *nf* (*valoración*) évaluation *f*; (*precio*) taxe *f*; (*índice*) taux *msg*; (*medida*) mesure *f*, règle *f*; **tasa de cambio/de interés** taux de change/d'intérêt; **tasación** *nf* taxation *f*
tasador, a *nm/f* taxateur *m*
tasar *vt* (*fijar el precio*) taxer; (*valorar*) évaluer
tasca (*fam*) *nf* bistro(t) *m*
tatarabuelo, -a *nm/f* trisaïeul(e)
tatuaje *nm* tatouage *m*
tatuar *vt* tatouer
taurino, -a *adj* taurin(e)
Tauro *nm* (*Astrol*) Taureau *m*; **ser ~** être (du) Taureau
tauromaquia *nf* tauromachie *f*
taxi *nm* taxi *m*
taxista *nm/f* chauffeur *m* de taxi
taza *nf* tasse *f*; (*fam: de retrete*) cuvette *f*; **~ de/para café** tasse de/à café; **tazón** *nm* bol *m*
te *pron* te; (*delante de vocal*) t'; (*con imperativo*) toi; **¿~ duele mucho el brazo?** ton bras te fait très mal?, tu as très mal au bras?; **~ equivocas** tu te trompes; **¡cálma~!** calme-toi!
té *nm* thé *m*
teatral *adj* théâtral(e)
teatro *nm* théâtre *m*; **teatro de la ópera** opéra *m*
tebeo *nm* bande *f* dessinée, BD *f*
techo *nm* plafond *m*; (*tejado*) toit *m*
tecla *nf* (*Inform, Mús, Tip*) touche *f*; **teclado** *nm* clavier *m*; **teclear** *vi* (*Mús: fam*) pianoter; (*Inform, Tip*) taper
técnica *nf* technique *f*
técnico, -a *adj* technique ▷ *nm/f* technicien(ne)
tecnología *nf* technologie *f*
tecnológico, -a *adj* technologique
tedio *nm* ennui *m*
tedioso, -a *adj* ennuyeux(-euse)
teja *nf* tuile *f*; **tejado** *nm* toit *m*
tejemaneje *nm* (*intriga*) manigances *fpl*
tejer *vt* tisser; (*fig*) ourdir; **tejido** *nm* tissu *m*
tel. *abr* (= *teléfono*) tél. (= *téléphone*)
tela *nf* toile *f*; **tela de araña** toile d'araignée; **telar** *nm* (*máquina*) métier *m* à tisser; **telares** *nmpl* (*fábrica*) usine *f* textile
telaraña *nf* toile *f* d'araignée
tele (*fam*) *nf* télé *f*
tele... *pref* télé...; **telecomunicación** *nf* télécommunication *f*; **telecontrol** *nm* télécommande *f*; **telediario** *nm* journal *m* télévisé; **teledifusión** *nf* télédiffusion *f*
teledirigido, -a *adj* téléguidé(e)
teléf. *abr* (= *teléfono*) tél. (= *téléphone*)
teleférico *nm* téléphérique *m*
telefonear *vt, vi* téléphoner
telefónico, -a *adj* téléphonique
telefonillo *nm* interphone *m*

t

telefonista *nm/f* standardiste *m/f*
teléfono *nm* téléphone *m*; **está hablando por ~** il est au téléphone; **teléfono con cámara** portable *m* appareil photo; **teléfono móvil** téléphone portable
telegrafía *nf* télégraphie *f*
telégrafo *nm* télégraphe *m*
telegrama *nm* télégramme *m*; **teleimpresor** *nm* téléimprimeur *m*
telenovela *nf* feuilleton *m* télévisé
telepatía *nf* télépathie *f*
telerrealidad *nf* téléréalité *f*
telescópico, -a *adj* télescopique; **telescopio** *nm* télescope *m*; **telesilla** *nm* télésiège *m*
telespectador, a *nm/f* téléspectateur(-trice); **telesquí** *nm* téléski *m*; **teletipo** *nm* téléimprimeur *m*
televidente *nm/f* téléspectateur(-trice)
televisar *vt* téléviser
televisión *nf* télévision *f*; **televisión en blanco y negro/en color** télévision en noir et blanc/en couleurs
televisor *nm* téléviseur *m*
télex *nm* télex *m*
telón *nm* rideau *m*; **telón de acero** rideau de fer; **telón de fondo** toile *f* de fond
tema *nm* thème *m*, sujet *m*; (*Mús*) thème
temática *nf* thématique *f*
temático, -a *adj* thématique
temblar *vi* trembler
temblón, -ona *adj* tremblotant(e); **temblor** *nm* tremblement *m*; **temblor de tierra** tremblement de terre
tembloroso, -a *adj* tremblant(e)
temer *vt* craindre, avoir peur de ▷ *vi* avoir peur; **temo que Juan llegue tarde** je crains que Juan n'arrive tard; **~ por** avoir peur pour
temerario, -a *adj* téméraire; **temeridad** *nf* témérité *f*; (*una temeridad*) acte *m* irréfléchi
temeroso, -a *adj* craintif(-ive), peureux(-euse)
temible *adj* redoutable
temor *nm* crainte *f*, peur *f*
témpano *nm* (*tb*: **~ de hielo**) banquise *f*
temperamento *nm* tempérament *m*
temperatura *nf* température *f*
tempestad *nf* tempête *f*
tempestuoso, -a *adj* orageux(-euse)
templado, -a *adj* tempéré(e); (*en el comer, beber*) modéré(e); (*agua*) tiède; (*nervios*) solide, bien trempé(e); **templanza** *nf* tempérance *f*
templar *vt* tempérer, modérer; (*agua, brisa*) tiédir; (*Mús*) accorder; (*acero*) tremper; **temple** *nm* (*serenidad, Tec*) trempe *f*; (*Mús*) accord *m*; (*pintura*) détrempe *f*
templo *nm* temple *m*; (*iglesia*) église *f*
temporada *nf* période *f*; **de ~** saisonnier(-ière)
temporal *adj* temporaire; (*Rel*) temporel(le) ▷ *nm* tempête *f*
tempranero, -a *adj* (*Bot*) précoce; (*persona*) matinal(e)
temprano, -a *adj* précoce ▷ *adv* tôt; (*demasiado pronto*) trop tôt
ten *vb ver* **tener**
tenacidad *nf* ténacité *f*
tenacillas *nfpl* pincettes *fpl*
tenaz *adj* résistant(e)
tenaza(s) *nf(pl)* pince(s) *f(pl)*
tendedero *nm* séchoir *m* à linge; (*cuerda*) corde *f* à linge
tendencia *nf* tendance *f*
tendencioso, -a *adj* tendancieux(-euse)
tender *vt* étendre; (*vía férrea, cable*) poser; (*cuerda, trampa*) tendre ▷ *vi*: **~ a** tendre à; **tenderse** *vpr* s'étendre,

s'allonger; **~ la cama** (*Am*) faire le lit; **~ la mesa** (*Am*) mettre la table; **~ la mano** tendre la main

tenderete *nm* (*puesto*) étalage *m*

tendero, -a *nm/f* commerçant(e)

tendido, -a *adj* étendu(e), allongé(e); (*colgado*) accroché(e), pendu(e) ▷ *nm* (*Taur*) gradins *mpl*; **a galope ~** au triple galop

tendón *nm* tendon *m*

tendré *etc vb ver* **tener**

tenebroso, -a *adj* sombre

tenedor, a *nm/f* détenteur(-trice) ▷ *nm* fourchette *f*; **tenedor de libros** comptable *m/f*

tenencia *nf* (*de propiedad*) possession *f*

PALABRA CLAVE

tener *vt* **1** avoir; (*sostener*) tenir; **¿tienes un boli?** tu as un stylo?; **¿dónde tienes el libro?** où as-tu mis le livre?; **va a tener un niño** elle va avoir un enfant; **¡ten!, ¡aquí tienes!** tiens!, voilà!; **¡tenga!, ¡aquí tiene!** tenez!, voilà!

2 (*edad*) avoir; (*medidas*) faire; **tiene 7 años** il a 7 ans; **tiene 15 cm de largo** cela fait 15 cm de long; *ver tb* **calor, hambre** *etc*

3 (*sentimiento, dolor*) avoir; **tener admiración/cariño** avoir de l'admiration/l'affection; **tener miedo** avoir peur; **¿qué tienes, estás enfermo?** qu'est-ce que tu as, tu es malade?

4 (*considerar*): **lo tengo por brillante** je le considère comme quelqu'un de brillant; **tener en mucho/poco a algn** avoir beaucoup/peu d'estime pour qn

5: **tengo/tenemos que acabar este trabajo hoy** il faut que je finisse/nous finissions ce travail aujourd'hui

6 (*+ pp = pretérito*): **tengo terminada ya la mitad del trabajo** j'ai déjà fait la moitié du travail

7 (*+ adj, + gerundio*): **nos tiene muy contentos/hartos** nous sommes très satisfaits de lui/en avons assez de lui; **me ha tenido tres horas esperando** il m'a fait attendre pendant trois heures

8: **las tiene todas consigo** il a tout pour lui

tenerse *vpr* **1**: **tenerse en pie** se tenir debout

2: **tenerse por** se croire; **se tiene por muy listo** il se croit très intelligent

tenga *etc vb ver* **tener**

tenia *nf* ténia *m*

teniente *nm* lieutenant *m*

tenis *nm* tennis *msg*; **tenis de mesa** tennis de table, ping-pong *m*; **tenista** *nm/f* joueur(-euse) de tennis

tenor *nm* (*Mús*) ténor *m*; **a ~ de** d'après

tensar *vt* tendre; (*arco*) bander

tensión *nf* tension *f*; **de alta ~** (*Elec*) haute tension; **tener la ~ alta** avoir de la tension; **tensión arterial** tension artérielle

tenso, -a *adj* tendu(e)

tentación *nf* tentation *f*

tentáculo *nm* tentacule *m*

tentador, a *adj* tentant(e); (*gesto*) tentateur(-trice) ▷ *nm/f* tentateur(-trice)

tentar *vt* tenter; (*palpar, Med*) tâter; (*incitar*) inciter; **tentativa** *nf* tentative *f*; **tentativa de asesinato** tentative d'assassinat

tentempié (*fam*) *nm* casse-croûte *m inv*

tenue *adj* (*hilo*) mince; (*neblina*) léger(-ère)

teñir *vt* teindre; (*fig*) teinter; **~se el pelo** se (faire) teindre les cheveux

teología *nf* théologie *f*

teorema *nm* théorème *m*

teoría *nf* théorie *f*; **en ~** en principe;

teóricamente *adv* théoriquement
teórico, -a *adj* théorique ▷ *nm/f* théoricien(ne); **teorizar** *vi* théoriser
tequila *nf* tequila *f*
terapéutico, -a *adj* thérapeutique
terapia *nf* thérapie *f*
tercer *adj ver* **tercero**
tercermundista *adj* tiers-mondiste
tercero, -a *adj* (*delante de nmsg:* **tercer**) troisième ▷ *nm* (*Jur*) tiers; *ver tb* **sexto**
terceto *nm* (*Mús*) trio *m*
terciar *vt* (*bolsa etc*) mettre en bandoulière ▷ *vi* intervenir; **terciarse** *vpr* se présenter; **si se tercia** à l'occasion
terciario, -a *adj* tertiaire
tercio *nm* tiers *msg*
terciopelo *nm* velours *msg*
terco, -a *adj* têtu(e)
tergal® *nm* tergal® *m*
tergiversar *vt* déformer
termal *adj* thermal(e)
termas *nfpl* thermes *mpl*
terminación *nf* extrémité *f*; (*finalización*) achèvement *m*
terminal *adj* terminal(e); (*enfermo*) en phase terminale ▷ *nm* (*Elec*) borne *f*; (*Inform*) terminal *m* ▷ *nf* (*Aviat*) aérogare *f*; (*Ferro*) terminus *msg*
terminante *adj* catégorique; (*decisión*) final(e)
terminantemente *adv* catégoriquement
terminar *vt* finir, terminer ▷ *vi* finir; **terminarse** *vpr* finir; **~ por hacer algo** finir par faire qch
término *nm* terme *m*, fin *f*; (*parada*) terminus *msg*; (*límite: de espacio*) bout *m*; **términos** *nmpl* (*Com*) termes *mpl*; **~ medio** moyenne *f*; **en ~s de** en termes de
terminología *nf* terminologie *f*
termo® *nm* thermos® *m o f*
termodinámico, -a *adj* thermodynamique
termómetro *nm* thermomètre *m*
termonuclear *adj* thermonucléaire
termos® *nm* thermos® *m o f*
termostato *nm* thermostat *m*
ternero, -a *nm/f* veau/génisse
ternura *nf* tendresse *f*
terquedad *nf* entêtement *m*
terrado *nm* terrasse *f*
terraplén *nm* terre-plein *m*; (*cuesta*) renflement *m*
terrateniente *nm* propriétaire *m* terrien
terraza *nf* terrasse *f*
terremoto *nm* tremblement *m* de terre
terrenal *adj* terrestre
terreno *nm* terrain *m*
terrestre *adj* terrestre; (*ruta*) intérieur(e)
terrible *adj* terrible
territorio *nm* territoire *m*
terrón *nm* (*de azúcar*) morceau *m*; (*de tierra*) motte *f*
terror *nm* terreur *f*
terrorífico, -a *adj* terrifiant(e)
terrorismo *nm* terrorisme *m*; **terrorista** *adj, nm/f* terroriste *m/f*; **terrorista suicida** kamikaze *m/f*
terso, -a *adj* lisse; **tersura** *nf* douceur *f*
tertulia *nf* cercle *m*
tesis *nf inv* thèse *f*
tesón *nm* (*firmeza*) acharnement *m*; (*tenacidad*) persévérance *f*
tesorero, -a *nm/f* trésorier(-ière)
tesoro *nm* trésor *m*
test *nm* test *m*
testaferro *nm* prête-nom *m*
testamentario, -a *adj* testamentaire ▷ *nm/f* (*Jur*) exécuteur(-trice) testamentaire
testamento *nm* testament *m*; **Nuevo/Antiguo T~** Nouveau/Ancien Testament
testar *vi* tester, faire son testament
testarudo, -a *adj* entêté(e)

testículo *nm* testicule *m*
testificar *vt, vi* témoigner
testigo *nm/f* témoin *m*; **testigo de cargo/de descargo** témoin à charge/à décharge; **testigo ocular** témoin oculaire
testimoniar *vt* témoigner de; **testimonio** *nm* témoignage *m*
teta *nf* (*fam*) téton *m*, nichon *m*; **niño de ~** nourrisson *m*
tétanos *nmsg* tétanos *msg*
tetera *nf* théière *f*
tétrico, -a *adj* sombre
textil *adj* textile; **textiles** *nmpl* textiles *mpl*
texto *nm* texte *m*; **textual** *adj* textuel(le)
textura *nf* (*de tejido*) tissage *m*; (*estructura*) texture *f*
tez *nf* (*cutis*) peau *f*; (*color*) teint *m*
ti *pron* toi
tía *nf* tante *f*; (*fam*) bonne femme *f*, nana *f*
tibieza *nf* tiédeur *f*
tibio, -a *adj* tiède
tiburón *nm* requin *m*
tic *nm* tic *m*
tictac *nm* tic-tac *m inv*
tiempo *nm* temps *msg*; **a ~** à temps; **a un** *o* **al mismo ~** en même temps; **al poco ~** peu après; **hace buen/mal ~** il fait beau/mauvais temps; **hace ~** il y a quelque temps; **hacer ~** passer le temps; **motor de 2 ~s** moteur *m* deux temps
tienda *vb ver* **tender** ▷ *nf* magasin *m*; **tienda de campaña** tente *f*
tiene *etc vb ver* **tener**
tienta *nf*: **andar a ~s** avancer à tâtons
tiento *vb ver* **tentar** ▷ *nm* tact *m*; (*precaución*) prudence *f*
tierno, -a *adj* tendre
tierra *nf* terre *f*; (*país*) pays *msg*; **~ adentro** à l'intérieur des terres; **tierra firme** terre ferme
tieso, -a *adj* (*rígido*) raide; (*erguido*) droit(e); (*fam: orgulloso*) fier(-ère); **dejar ~ a algn** (*fam: matar*) refroidir qn; (*: sorprender*) laisser qn pantois(e)
tiesto *nm* pot *m* de fleurs
tifoidea *nf* typhoïde *f*
tifón *nm* typhon *m*
tifus *nm* typhus *msg*
tigre *nm* tigre *m*; (*Am*) jaguar *m*
tijera *nf* (*tb*: **~s**) ciseaux *mpl*; (*: para plantas*) sécateur *m*
tijeretear *vt* découper
tildar *vt*: **~ de** traiter de
tilde *nf* (*Tip*) tilde *m*
tilín *nm* drelin *m*
timar *vt* (*dinero*) escroquer
timbal *nm* (*Mús*) timbale *f*
timbrar *vt* timbrer
timbre *nm* (*Mús, sello*) timbre *m*; (*de estampar*) cachet *m*; (*de puerta*) sonnette *f*; (*tono*) sonnerie *f*
timidez *nf* timidité *f*
tímido, -a *adj* timide
timo *nm* escroquerie *f*
timón *nm* (*Náut*) gouvernail *m*; (*Am: Auto*) volant *m*; **timonel** *nm* (*Náut*) timonier *m*
tímpano *nm* (*Anat*) tympan *m*; (*Mús*) tympanon *m*
tina *nf* cuve *f*; (*Am*) baignoire *f*; **tinaja** *nf* jarre *f*
tinglado *nm* (*fig*) ruse *f*
tinieblas *nfpl* ténèbres *fpl*; **estar en ~** (*fig*) être dans le brouillard
tino *nm* adresse *f*; (*juicio*) doigté *m*
tinta *nf* encre *f*; (*Tec*) teinture *f*; (*Arte*) couleur *f*; **sudar ~** trimer, suer sang et eau; **(re)cargar las ~s** en rajouter
tinte *nm* teinture *f*; (*tintorería*) teinturerie *f*
tintero *nm* encrier *m*
tintinear *vi* (*cascabel*) tintinnabuler; (*campana*) tinter
tinto *nm* rouge *m*; (*Col*) café *m* noir
tintorería *nf* teinturerie *f*
tintura *nf* teinture *f*
tío *nm* oncle *m*; (*fam: viejo*) père *m*;

(: *individuo*) type *m*, mec *m*
tiovivo *nm* manège *m*, chevaux *mpl* de bois
típico, -a *adj* typique; (*traje*) régional
tipo *nm* type *m*; (*Anat*) physique *m*; (: *de mujer*) silhouette *f*; (*Tip*) caractère *m*; **tipo bancario/de cambio/de descuento/de interés** taux *msg* bancaire/de change/d'escompte/ d'intérêt
tipografía *nf* typographie *f*; (*lugar*) imprimerie *f*
tipográfico, -a *adj* typographique
tique *nm*, **tíquet** (*pl* **~s**) *nm* ticket *m*; (*en tienda*) ticket *m* de caisse
tira *nf* (*cinta*) bande *f* ▷ *nm*: **~ y afloja** tiraillements *mpl*
tirabuzón *nm* (*rizo*) boucle *f*
tirachinas *nm inv* lance-pierre *m*
tirada *nf* lancer *m*, jet *m*; (*distancia*) trotte *f*; (*Tip*) tirage *m*; **de una ~** d'une traite
tirado, -a *adj* (*fam*: *barato*) bon marché; (: *fácil*) facile
tirador, a *nm/f* tireur(-euse) ▷ *nm* (*mango*) poignée *f*
tiralíneas *nm inv* tire-ligne *m*
tiranía *nf* tyrannie *f*
tirano, -a *nm/f* tyran *m*
tirante *adj* tendu(e); **tirantes** *nmpl* bretelles *fpl*; **tirantez** *nf* tension *f*
tirar *vt* jeter, lancer; (*volcar*) renverser; (*derribar*) abattre, démolir; (*desechar*) jeter; (*dinero*) dilapider; (*imprimir, tirador*) tirer; (*golpe*) décocher ▷ *vi* tirer; (*fig*) attirer; (*fam*: *andar*) aller; (*tender*) tendre; **tirarse** *vpr* (*abalanzarse*) se lancer; (*tumbarse*) se jeter; **~ abajo** descendre; **tira a su padre** il tient de son père; **ir tirando** aller comme ci comme ça; **se tiró toda la mañana hablando** il a passé toute la matinée à parler
tirita *nf* pansement *m* (adhésif)
tiritar *vi* grelotter
tiro *nm* tir *m*; (*Tenis, Golf*) drive *m*; (*alcance*) portée *f*; (*de chimenea*) tirage *m*; **caballo de ~** cheval *m* de trait; **andar de ~s largos** être tiré(e) à quatre épingles; **al ~** (*Chi*) tout de suite
tirón *nm* coup *m*; (*muscular*) crampe *f*; **de un ~** d'un trait
tiroteo *nm* (*disparos*) fusillade *f*
tísico, -a *adj*, *nm/f* phtisique *m/f*
tisis *nf* phtisie *f*
títere *nm* marionnette *f*
titiritero, -a *nm/f* marionnettiste *m/f*
titubeante *adj* (*indeciso*) hésitant(e)
titubear *vi* (*dudar*) hésiter; (*moverse*) vaciller; **titubeo** *nm* hésitation *f*
titulado, -a *pp de* **titular** ▷ *nm/f* diplômé(e)
titular *adj* titulaire ▷ *nm/f* (*de cargo*) titulaire *m/f* ▷ *nm* titre *m* ▷ *vt* intituler; **titularse** *vpr* s'intituler; (*Univ*) obtenir son diplôme; **título** *nm* titre *m*; (*Com*) valeur *f*; (*Escol*) diplôme *m*; **a título de** à titre de
tiza *nf* craie *f*
tiznar *vt* souiller
tizo, tizón *nm* tison *m*
toalla *nf* serviette *f*; **arrojar la ~** baisser les bras
tobillo *nm* cheville *f*
tobogán *nm* (*rampa*) toboggan *m*
tocadiscos *nm inv* tourne-disques *m inv*
tocado, -a *adj* (*fruta*) abîmé(e) ▷ *nm* coiffure *f*
tocador *nm* (*mueble*) coiffeuse *f*
tocante: **~ a** *prep* touchant à
tocar *vt* toucher; (*timbre*) tirer; (*Mús*) jouer de; (*topar con*) heurter; (*referirse a*) aborder ▷ *vi* (*a la puerta*) frapper; (*ser de turno*) être le tour de; (*atañer*) concerner; **tocarse** *vpr* se toucher; (*cubrirse la cabeza*) se coiffer; **por lo que a mí me toca** en ce qui me concerne
tocayo, -a *nm/f* homonyme *m/f*

tocino *nm* lard *m*
todavía *adv* encore; (*en frases afirmativas o con énfasis*) toujours; **~ más** encore plus; **~ no** pas encore

PALABRA CLAVE

todo, -a *adj* **1** (*sg*) tout(e); **toda la noche** toute la nuit; **todo el libro** tout le livre; **toda una botella** toute une bouteille; **todo lo contrario** tout le contraire; **está toda sucia** elle est toute sale; **a todo esto** (*mientras tanto*) pendant ce temps-là; (*a propósito*) à propos
2 (*pl*) tous/toutes; **todos vosotros** vous tous; **todos los libros** tous les livres; **todas las noches** toutes les nuits; **todos los que quieran salir** tous ceux qui veulent sortir
▷ *pron* **1** tout; **todos/as** tous/toutes; **lo sabemos todo** nous savons tout; **todos querían ir** ils voulaient tous s'en aller; **nos marchamos todos** nous partons tous; **arriba del todo** tout en haut; **no me agrada del todo** ça ne me satisfait pas entièrement
2: **con todo: con todo, él me sigue gustando** malgré tout, il me plaît toujours
▷ *adv* tout; **vaya todo seguido** allez tout droit
▷ *nm*: **como un todo** comme un tout

todopoderoso, -a *adj* tout(e)-puissant(e)
todoterreno *nm inv* véhicule *m* tout-terrain
toga *nf* robe *f*
Tokio *n* Tokyo
toldo *nm* (*para el sol*) parasol *m*; (*tienda*) marquise *f*
tolerancia *nf* tolérance *f*
tolerar *vt* tolérer
toma *nf* prise *f*; **toma de tierra** (*Aviat*) atterrissage *m*
tomar *vt* prendre ▷ *vi* prendre; **tomarse** *vpr* prendre; **~ el sol** prendre le soleil; **tome la calle de la derecha** prenez la rue de droite; **~ a bien/a mal** prendre bien/mal; **~ en serio** prendre au sérieux; **~ el pelo a algn** taquiner qn; **~la con algn** s'en prendre à qn; **~se por** se prendre pour
tomate *nm* tomate *f*
tomavistas *nm inv* caméra *f*
tomillo *nm* thym *m*
tomo *nm* tome *m*
ton *abr* (= *tonelada*) t (= *tonne*)
tonada *nf* air *m*
tonalidad *nf* tonalité *f*
tonel *nm* tonneau *m*
tonelada *nf* tonne *f*; **tonelaje** *nm* tonnage *m*
tónica *nf* (*bebida*) tonic *m*; (*tendencia*) tendance *f*
tónico, -a *adj* tonique ▷ *nm* (*Med*) remontant *m*
tonificar *vt* tonifier
tono *nm* ton *m*; **fuera de ~** hors de propos; **darse ~** se donner de grands airs; **tono de llamada** sonnerie *f*
tontería *nf* sottise *f*, bêtise *f*
tonto, -a *adj* bête, idiot(e) ▷ *nm/f* idiot(e), sot/sotte; (*payaso*) idiot(e)
topar *vi*: **~ con** tomber sur; **toparse** *vpr*: **~se con** tomber sur; **~ contra** *o* **en** buter contre
tope *adj* limite ▷ *nm* limite *f*; (*obstáculo*) difficulté *f*; (*de puerta*) butoir *m*; (*Ferro*) tampon *m*
tópico, -a *adj* rebattu(e); (*Med*) externe ▷ *nm* (*pey*) cliché *m*
topo *nm* taupe *f*
topografía *nf* topographie *f*
topógrafo, -a *nm/f* topographe *m/f*
toque *vb ver* **tocar** ▷ *nm* (*de mano, pincel*) coup *m*; (*matiz*) touche *f*; **dar un ~ a** passer un coup de fil à; (*advertir*) donner un avertissement à; **toque de diana** sonnerie de clairon; **toque de queda** couvre-feu *m*; **toquetear**

vt tripoter
toquilla *nf* châle *m*
tórax *nm* thorax *msg*
torbellino *nm* tourbillon *m*; (*fig*) tornade *f*
torcedura *nf* torsion *f*
torcer *vt* tordre; (*inclinar*) pencher ▷ *vi* (*cambiar de dirección*) tourner; **torcerse** *vpr* se tordre; (*inclinarse*) pencher; (*desviarse*) dévier; (*fracasar*) se gâter; **~ la esquina** tourner au coin de la rue
torcido, -a *adj* tordu(e); (*cuadro*) penché(e)
tordo, -a *nm* étourneau *m*
torear *vt* (*toro*) combattre; (*evitar*) esquiver ▷ *vi* toréer; **toreo** *nm* tauromachie *f*
torero, -a *nm/f* torero *m*
tormenta *nf* tempête *f*, orage *m*; (*fig*) orage; **una ~ en un vaso de agua** une tempête dans un verre d'eau
tormento *nm* torture *f*; (*fig*) tourment *m*
tornado *nm* tornade *f*
tornar *vt* (*devolver*) rendre; (*transformar*) transformer ▷ *vi* revenir; **tornarse** *vpr* (*ponerse*) devenir
tornasolado, -a *adj* (*tela*) chatoyant(e); (*mar, superficie*) irisé(e)
torneo *nm* tournoi *m*
tornillo *nm* vis *fsg*
torniquete *nm* tourniquet *m*
torno *nm* (*Tec: grúa*) treuil *m*; (*: de carpintero, alfarero*) tour *m*; **en ~ a** autour de
toro *nm* taureau *m*; (*fam*) malabar *m*; **los toros** *nmpl* (*fiesta*) la corrida
toronja *nf* pamplemousse *m*
torpe *adj* maladroit(e); (*necio*) abruti(e); (*lento*) lent(e)
torpedo *nm* torpille *f*
torpeza *nf* maladresse *f*; (*lentitud*) lenteur *f*
torre *nf* tour *f*; **torre de perforación** foreuse *f*
torrefacto, -a *adj*: **café ~** café *m* torréfié
torrente *nm* torrent *m*
tórrido, -a *adj* torride
torrija *nf* pain *m* perdu
torsión *nf* torsion *f*
torso *nm* torse *m*
torta *nf* tarte *f*; (*Méx*) omelette *f*; (*fam*) baffe *f*
tortícolis *nf o nm inv* torticolis *msg*
tortilla *nf* omelette *f*; (*Am*) crêpe *f* de maïs; **tortilla española/francesa** tortilla *f*/omelette
tórtola *nf* tourterelle *f*
tortuga *nf* tortue *f*
tortuoso, -a *adj* tortueux(-ueuse)
tortura *nf* torture *f*; **torturar** *vt* torturer; **torturarse** *vpr* se torturer
tos *nf* toux *fsg*; **tos ferina** coqueluche *f*
tosco, -a *adj* (*material*) brut(e); (*artesanía*) grossier(-ière); (*sin refinar*) rustre, grossier(-ière)
toser *vi* tousser
tostada *nf* pain *m* grillé, toast *m*
tostado, -a *adj* grillé(e); (*por el sol*) bronzé(e)
tostador *nm* grille-pain *m inv*
tostar *vt* (*pan*) faire griller; (*café*) torréfier; (*al sol*) dorer; **tostarse** *vpr* (*al sol*) se dorer
total *adj* total(e) ▷ *adv* au total ▷ *nm* total *m*; **en ~** au total; **~ que** bref, somme toute
totalidad *nf* totalité *f*
totalitario, -a *adj* totalitaire
totalmente *adv* entièrement; (*antes de adjetivo*) complètement
tóxico, -a *adj* toxique ▷ *nm* produit *m* toxique
toxicómano, -a *nm/f* toxicomane *m/f*
toxina *nf* toxine *f*
tozudo, -a *adj* têtu(e)
traba *nf* entrave *f*; (*de rueda*) rayon *m*
trabajador, a *adj, nm/f*

travailleur(-euse); **trabajador autónomo** *o* **por cuenta propia** travailleur indépendant, free-lance *m/f*

trabajar *vt* travailler; (*intentar conseguir*) s'occuper de ▷ *vi* travailler; **~ de** travailler comme; **trabajo** *nm* travail *m*; (*fig*) difficultés *fpl*; **tomarse el trabajo de** se donner la peine de; **trabajo por turnos/a destajo** travail par roulement/à la pièce; **trabajo a tiempo parcial** travail à temps partiel; **trabajos forzados** travaux forcés

trabajoso, -a *adj* laborieux(-ieuse)

trabalenguas *nm inv* phrase *f* difficile à prononcer

trabar *vt* joindre; (*puerta*) coincer; (*amistad, conversación*) nouer; **trabarse** *vpr* bafouiller; **se le traba la lengua** il bafouille

tracción *nf* traction *f*; **~ delantera/trasera** traction avant/arrière

tractor *nm* tracteur *m*

tradición *nf* tradition *f*; **tradicional** *adj* traditionnel(le)

traducción *nf* traduction *f*

traducir *vt* traduire

traductor, a *nm/f* traducteur(-trice)

traer *vt* apporter; (*llevar: ropa*) porter; (*incluir*) impliquer; (*ocasionar*) apporter, causer; **traerse** *vpr*: **~se algo** tramer qch

traficar *vi*: **~ con** faire du trafic de

tráfico *nm* (*Auto*) trafic *m*, circulation *f*; (*: pey*) trafic

tragaluz *nm* vasistas *msg*

tragaperras *nf inv* machine *f* à sous

tragar *vt* avaler; (*devorar*) dévorer; (*suj: mar, tierra*) engloutir; **tragarse** *vpr* avaler; (*devorar*) dévorer; (*desprecio, insulto*) ravaler; (*discurso, rollo*) se farcir

tragedia *nf* tragédie *f*

trágico, -a *adj* tragique

trago *nm* gorgée *f*; (*fam: bebida*) verre *m*; (*desgracia*) moment *m* difficile

traición *nf* trahison *f*; **alta ~** haute trahison; **a ~** en traître; **traicionar** *vt* trahir

traicionero, -a *adj, nm/f* traître/traîtresse

traidor, a *adj, nm/f* traître/traîtresse

traiga *etc vb ver* **traer**

traje *vb ver* **traer** ▷ *nm* (*de hombre, de época*) costume *m*; **traje de baño** maillot *m* de bain; **traje de chaqueta** tailleur *m*; **traje de luces** habit *m* de lumière

trajera *etc vb ver* **traer**

trajín *nm* agitation *f*; (*fam*) va-et-vient *m inv*; **trajinar** *vi* s'affairer

trama *nf* (*de tejido*) trame *f*; (*de obra*) intrigue *f*; (*intriga*) machination *f*; **tramar** *vt* tramer, ourdir

tramitar *vt* (*suj: departamento, comisaría*) s'occuper de; (*: individuo*) faire des démarches pour obtenir

trámite *nm* démarche *f*; **trámites** *nmpl* (*burocracia*) formalités *fpl*; (*Jur*) mesures *fpl*

tramo *nm* (*de escalera*) volée *f*; (*de vía*) tronçon *m*

tramoya *nf* (*Teatro*) machinerie *f*; **tramoyista** *nm/f* machiniste *m*

trampa *nf* piège *m*; (*en el suelo*) trappe *f*; (*fam: deuda*) dette *f*

trampolín *nm* tremplin *m*

tramposo, -a *adj, nm/f* tricheur(-euse)

tranca *nf* (*palo*) trique *f*; (*de puerta, ventana*) barre *f*; **trancar** *vt* barrer

trance *nm* (*crítico*) moment *m* critique; (*estado hipnótico*) transe *f*

tranquilidad *nf* tranquillité *f*

tranquilizar *vt* tranquilliser

tranquilo, -a *adj* calme; (*apacible*) tranquille

Trans. *abr* = **transferencia**

trans... *pref* trans...; *ver tb* **tras...**

transacción *nf* transaction *f*

transbordador *nm* transbordeur *m*, bac *m*

transbordar *vt* transborder ▷ *vi* changer de train; **transbordo** *nm* transbordement *m*; **hacer transbordo** changer
transcurrir *vi* (*tiempo*) passer; (*hecho, reunión*) se dérouler
transcurso *nm* (*de tiempo*) cours *msg*; (*de hecho*) déroulement *m*
transeúnte *nm/f* passant(e)
transferencia *nf* transfert *m*; (*Com*) virement *m*
transferir *vt* transférer; (*dinero*) virer
transformador *nm* transformateur *m*
transformar *vt* transformer; **~ en** transformer en
tránsfuga *nm/f* transfuge *m*
transfusión *nf* (*tb*: **~ de sangre**) transfusion *f* (sanguine)
transgénico *adj* transgénique
transgredir *vt* transgresser
transición *nf* transition *f*
transigir *vi* transiger
transistor *nm* transistor *m*
transitar *vi*: **~ (por)** circuler (sur); **tránsito** *nm* passage *m*; (*Auto*) transit *m*
transitorio, -a *adj* transitoire
transmisión *nf* transmission *f*; (*Radio, TV*) diffusion *f*; **transmisión en directo** diffusion en direct; **transmisión exterior** émission tournée en extérieur
transmitir *vt* transmettre; (*aburrimiento, esperanza*) communiquer; (*Radio, TV*) diffuser
transparencia *nf* transparence *f*; (*foto*) transparent *m*
transparentar *vt* (*figura*) révéler ▷ *vi* être transparent(e); **transparentarse** *vpr* être transparent(e); **transparente** *adj* transparent(e)
transpirar *vi* (*sudar*) transpirer
transportar *vt* transporter; **transporte** *nm* transport *m*
transversal *adj* transversal(e)
tranvía *nm* tramway *m*
trapecio *nm* trapèze *m*; **trapecista** *nm/f* trapéziste *m/f*
trapero, -a *nm/f* chiffonnier(-ière)
trapicheos (*fam*) *nmpl* stratagèmes *mpl*, machinations *fpl*
trapo *nm* chiffon *m*; (*de cocina*) torchon *m*
tráquea *nf* trachée *f*
traqueteo *nm* cahot *m*
tras *prep* (*detrás*) derrière; (*después*) après; **~ de** en plus de
tras... *pref* trans...; *ver tb* **trans...**
trasatlántico, -a *adj, nm* transatlantique *m*
trascendencia *nf* importance *f*
trascendental *adj* capital(e)
trascender *vi* (*noticias*) filtrer, transpirer; **~ de** dépasser
trasero, -a *adj* arrière ▷ *nm* (*Anat*) postérieur *m*
trasfondo *nm* fond *m*
trashumante *adj* transhumant(e)
trasladar *vt* déplacer; (*empleado, prisionero*) transférer; (*fecha*) reporter; **trasladarse** *vpr* (*mudarse*) déménager; (*desplazarse*) se déplacer; **traslado** *nm* déplacement *m*; (*mudanza*) déménagement *m*; (*de empleado, prisionero*) transfert *m*
traslucir *vt* laisser entrevoir; **traslucirse** *vpr* (*cristal*) être translucide; (*figura, color*) se voir au travers; (*fig*) apparaître, se révéler
trasluz *nm* lumière *f* tamisée; **al ~** à la lumière
trasnochar *vi* se coucher tard; (*no dormir*) passer une nuit blanche
traspapelar *vt* égarer
traspasar *vt* transpercer; (*propiedad, derechos*) céder; (*empleado, jugador*) transférer; (*límites*) dépasser; (*ley*) transgresser; **traspaso** *nm* (*de negocio, jugador*) cession *f*, vente *f*
traspié *nm* (*fig*) faux pas, gaffe *f*

trasplantar *vt* transplanter
trasplante *nm* transplant *m*
traste *nm* (*Mús*) touche *f*; **dar al ~ con algo** en finir avec qch
trastero *nm* débarras *msg*
trastienda *nf* arrière-boutique *f*
trasto *nm* (*pey*: *cosa*) saleté *f*; (: *persona*) propre *m* à rien
trastornado, -a *adj* (*loco*) détraqué(e)
trastornar *vt* déranger; (*persona*) troubler; (: *enamorar*) envoûter; (: *enloquecer*) rendre fou/folle; **trastornarse** *vpr* (*plan*) échouer; (*persona*) devenir fou/folle; **trastorno** *nm* dérangement *m*; (*confusión*) désordre *m*
tratado *nm* traité *m*
tratamiento *nm* traitement *m*
tratar *vt* traiter; (*dirigirse a*) adresser; (*tener contacto*) fréquenter ▷ *vi*: **~ de** (*hablar sobre*) traiter de; (*intentar*) essayer de; **tratarse** *vpr*: **~se de** s'agir de; **~ con** traiter avec; **~ en** (*Com*) être négociant en; **¿de qué se trata?** de quoi s'agit-il?; **trato** *nm* traitement *m*; (*relaciones*) rapport *m*; (*manera de ser*) manières *fpl*; (*Com*, *Jur*) marché *m*; (*título*) titre *m*
trauma *nm* trauma *m*
través *nm*: **al ~** en travers; **a ~ de** à travers, en travers de; (*radio*, *teléfono*, *organismo*) par, par l'intermédiaire de
travesaño *nm* (*Arq*) traverse *f*; (*Deporte*) barre *f* transversale
travesía *nf* (*calle*) passage *m*; (*Náut*) traversée *f*
travesura *nf* diablerie *f*
traviesa *nf* (*Ferro*) traverse *f*
travieso, -a *adj* (*niño*) espiègle, polisson(ne)
trayecto *nm* trajet *m*, chemin *m*; (*tramo*) section *f*; **trayectoria** *nf* trajectoire *f*
traza *nf* (*aspecto*) allure *f*; **trazado** *nm* (*Arq*) plan *m*; (*fig*) grandes lignes *fpl*
trazar *vt* tracer; (*plan*) tirer; **trazo** *nm* (*línea*) trait *m*; (*bosquejo*) ébauche *f*
trébol *nm* trèfle *m*
trece *adj inv*, *nm inv* treize *m inv*; *ver tb* **seis**
trecho *nm* (*distancia*) distance *f*; (*de tiempo*) moment *m*; **de ~ en ~** de temps en temps
tregua *nf* trêve *f*
treinta *adj inv*, *nm inv* trente *m inv*; *ver tb* **sesenta**
tremendo, -a *adj* (*terrible*) impressionnant(e); (*imponente*) terrible, impressionnant(e); (*fam*) terrible
trémulo, -a *adj* tremblant(e)
tren *nm* train *m*; **tren de aterrizaje** train d'atterrissage
trenza *nf* tresse *f*; **trenzar** *vt* tresser; **trenzarse** (*Am*: *fam*) *vpr* se mêler à une querelle
trepador, a *adj* (*planta*) grimpant(e) ▷ *nm/f* arriviste *m/f* ▷ *nf* (*planta*) plante *f* grimpante
trepar *vi* grimper
trepidante *adj* trépidant(e); (*ruido*) accablant(e)
tres *adj inv*, *nm inv* trois *m inv*; *ver tb* **seis**
trescientos, -as *adj* trois cents; *ver tb* **seiscientos**
tresillo *nm* salon *m* (*comprenant un canapé et deux fauteuils*); (*Mús*) triolet *m*
treta *nf* machination *f*
triángulo *nm* triangle *m*
tribal *adj* tribal(e)
tribu *nf* tribu *f*
tribuna *nf* tribune *f*
tribunal *nm* (*Jur*) tribunal *m*
tributar *vt* payer; **tributo** *nm* tribut *m*, impôt *m*
tricotar *vt*, *vi* tricoter
trigal *nm* champ *m* de blé
trigo *nm* blé *m*
trigueño, -a *adj* (*pelo*) châtain-clair *inv*; (*piel*) basané(e)

trillado, -a *adj* (*Agr*) battu(e); (*fig*) rebattu(e); **trilladora** *nf* batteuse *f*
trillar *vt* battre
trimestral *adj* trimestriel(le)
trimestre *nm* trimestre *m*
trinar *vi* (*ave*) gazouiller
trinchar *vt* découper
trinchera *nf* (*Mil*) tranchée *f*
trineo *nm* traîneau *m*
trinidad *nf*: **la T~** la Trinité
trino *nm* gazouillement *m*
tripa *nf* (*Anat*) intestin *m*; **tripas** *nfpl* (*Anat*) intestins *mpl*; (*Culin, fig*) tripes *fpl*
triple *adj, nm* triple *m*
triplicado, -a *adj*: **por ~** en trois exemplaires
tripulación *nf* équipage *m*
tripulante *nm/f* membre *m* de l'équipage
tripular *vt* former l'équipage de; **nave espacial tripulada** vaisseau *m* spatial habité
tris *nm*: **estar en un ~ de hacer algo** être sur le point de faire qch
triste *adj* triste; **tristeza** *nf* tristesse *f*
triturar *vt* triturer, broyer; (*mascar*) mâcher
triunfar *vi* triompher, gagner; **triunfo** *nm* triomphe *m*
trivial *adj* banal(e), sans importance; **trivializar** *vt* minimiser, banaliser
triza *nf* morceau *m*, lambeau *m*; **hacer algo ~s** réduire qch en miettes
trocar *vt* (*Com*) troquer; **trocarse** *vpr* se changer; **~ (en)** changer (en); **~se (en)** se changer (en)
trocear *vt* couper en morceaux
trocha (*Am*) *nf* sentier *m*
troche: **a ~ y moche** *adv* à tort et à travers
trofeo *nm* trophée *m*
tromba *nf* trombe *f*
trombón *nm* trombone *m*
trombosis *nf inv* thrombose *f*
trompa *nf* (*Mús*) cor *m*; (*de elefante, insecto, fam*) trompe *f*; **cogerse una ~** (*fam*) prendre une cuite
trompada *nf*, **trompazo** ▷ *nm* coup *m*; (*puñetazo*) coup de poing; **darse un ~** se donner un coup
trompeta *nf* trompette *f* ▷ *nm/f* trompettiste *m/f*
trompicón: **a trompicones** *adv* par à-coups
trompo *nm* toupie *f*
tronar *vt* (*CAm, Méx: fam*) tuer ▷ *vi* (*Meteorología*) tonner
tronchar *vt* (*árbol*) abattre; (*vida, esperanza*) briser, détruire; **troncharse** *vpr* se fendre, tomber
tronco *nm* tronc *m*
trono *nm* trône *m*
tropa *nf* troupe *f*
tropel *nm* (*desorden*) cohue *f*
tropezar *vi* trébucher; **~ con** (*fig*) tomber sur; **tropezón** *nm* faux pas *msg*
tropical *adj* tropical(e)
trópico *nm* tropique *m*
tropiezo *vb ver* **tropezar** ▷ *nm* (*error*) erreur *f*, bévue *f*; (*obstáculo*) difficulté *f*
trotamundos (*fam*) *nm/f inv* globe-trotter *m/f*
trotar *vi* trotter; **trote** *nm* trot *m*; (*fam*) activité *f*; **de mucho trote** solide, résistant(e)
trozo *nm* morceau *m*
trucha *nf* truite *f*
truco *nm* truc *m*
trueno *vb ver* **tronar** ▷ *nm* tonnerre *m*; (*estampido*) détonation *f*
trueque *vb ver* **trocar** ▷ *nm* échange *m*; (*Com*) troc *m*
trufa *nf* truffe *f*
truhán, -ana *nm/f* truand(e)
truncar *vt* tronquer; (*vida*) abréger; (*desarrollo*) retarder; (*esperanzas*) briser
tu *adj* ton/ta; **~s hijos** tes enfants
tú *pron* tu
tubérculo *nm* tubercule *m*
tuberculosis *nf* tuberculose *f*

tubería *nf* tuyau *m*; (*sistema*) tuyauterie *f*
tubo *nm* tube *m*; **tubo de ensayo** éprouvette *f*, tube à essai; **tubo de escape** pot *m* d'échappement
tuerca *nf* écrou *m*
tuerto, -a *adj, nm/f* borgne *m/f*
tuerza *etc vb ver* **torcer**
tuétano *nm* moelle *f*
tufo (*pey*) *nm* relent *m*
tul *nm* tulle *m*
tulipán *nm* tulipe *f*
tullido, -a *adj* estropié(e)
tumba *nf* tombe *f*
tumbar *vt* (*extender en el suelo*) allonger; (: *en examen*) recaler, coller; (: *en competición*) battre; **tumbarse** *vpr* s'allonger; (*extenderse*) s'étendre
tumbo *nm* chute *f*; (*de vehículo*) cahot *m*
tumbona *nf* chaise *f* longue
tumor *nm* tumeur *f*
tumulto *nm* tumulte *m*
tuna *nf* petit orchestre *m* d'étudiants; *ver tb* **tuno**

TUNA

Une **tuna** est un groupe musical constitué d'étudiants ou d'anciens étudiants qui portent les costumes de l'" Edad de Oro", l'âge d'or espagnol. Ces groupes se promènent dans les rues en jouant de la guitare, du luth et du tambourin. Ils chantent des sérénades aux étudiantes dans les résidences universitaires et font des apparitions improvisées dans les mariages et les soirées, où pour un peu d'argent, ils chantent des airs traditionnels espagnols.

tunante *adj* coquin(e) ▷ *nm/f* coquin(e), garnement *m*; **¡~!** garnement!, vilain(e)!
tunda *nf* raclée *f*
túnel *nm* tunnel *m*
Túnez *n* Tunis
tuno *nm* membre *m* d'un orchestre d'étudiants
tupido, -a *adj* (*niebla, bosque*) épais(se); (*tela*) serré(e)
turba *nf* (*muchedumbre*) foule *f*
turbar *vt* (*paz, sueño*) troubler; (*preocupar*) inquiéter, troubler; (: *azorar*) gêner; **turbarse** *vpr* être gêné(e)
turbina *nf* turbine *f*
turbio, -a *adj, adv* trouble
turbulencia *nf* agitation *f*; (*fig*) turbulence *f*, agitation
turbulento, -a *adj* agité(e); (*fig*) agité(e), turbulent(e)
turco, -a *adj* turc/turque ▷ *nm/f* Turc/Turque
turismo *nm* tourisme *m*; (*coche*) voiture *f* (particulière); **turista** *nm/f* touriste *m/f*
turístico, -a *adj* touristique
turnar *vi* alterner; **turnarse** *vpr* se relever; **turno** *nm* tour *m*
turquesa *adj, nf* turquoise *f*
Turquía *nf* Turquie *f*
turrón *nm* touron *m* (*sorte de nougat*)

TURRÓN

Le **Turrón** est une sorte de nougat, d'origine orientale, fait avec du miel, des blancs d'oeufs et des noisettes. On le consomme pendant la période de Noël. Il peut être dur et contenir des amandes entières (Alicante), ou tendre, à base d'amandes pilées (Jijona).

tutear *vt* tutoyer; **tutearse** *vpr* se tutoyer
tutela *nf* tutelle *f*; **tutelar** *adj* tutélaire ▷ *vt* avoir la tutelle de
tutor, a *nm/f* tuteur(-trice); (*Escol*)

professeur *m* particulier
tuve *etc vb ver* **tener**
tuyo, -a *adj* ton/ta ▷ *pron*: **el ~/la tuya** le tien/la tienne; **es ~** c'est à toi; **los ~s** (*fam*) les tiens
TV *sigla f = televisión*
TVE *sigla f = Televisión Española*

u

u *conj* ou
ubicar (*esp Am*) *vt* situer; (*encontrar*) trouver; **ubicarse** *vpr* se trouver
ubre *nf* mamelle *f*
Ud(s) *abr* (= *usted(es)*) *ver* **usted**
UE *sigla f* (= *Unión Europea*) UE *f*
ufano, -a *adj* (*arrogante*) suffisant(e); (*satisfecho*) satisfait(e)
UGT *sigla f* (= *Unión General de Trabajadores*) *syndicat*
ujier *nm* (*Jur*) huissier *m*
úlcera *nf* ulcère *m*
ulcerar *vt* ulcérer; **ulcerarse** *vpr* s'irriter
últimamente *adv* dernièrement
ultimar *vt* finaliser; (*preparativos*) mettre la dernière main à; (*Am*: *asesinar*) abattre
ultimátum (*pl* **~s**) *nm* ultimatum *m*
último, -a *adj* dernier(-ière); **a la última** (*en moda*) à la dernière mode; (*en conocimientos*) au goût du jour; **el**

~ le dernier; **en las últimas** (*enfermo*) à l'article de la mort; (*sin dinero, provisiones*) démuni(e); **por ~** enfin, en dernier lieu
ultra *adj, nm/f* (*Pol*) ultra *m/f*
ultrajar *vt* outrager; **ultraje** *nm* outrage *m*
ultramar *nm*: **de ~** d'outre-mer
ultranza: **a ~** *adv* à outrance
ultrasónico, -a *adj* hypersonique
ultratumba *nf* outre-tombe *f*
ultravioleta *adj inv* ultraviolet(te), ultra-violet(te)
umbral *nm* seuil *m*

PALABRA CLAVE

un, una *art indef* **1** (*sg*) un(e); **una naranja** une orange; **un arma blanca** une arme blanche
2 (*pl*) des; **hay unos regalos para ti** il y a des cadeaux pour toi; **hay unas cervezas en la nevera** il y a des bières dans le frigo
3 (*enfático*): **¡hace un frío!** il fait un de ces froids!

unánime *adj* unanime; **unanimidad** *nf* unanimité *f*
undécimo, -a *adj, nm/f* onzième *m/f*; *ver tb* **sexto**
ungir *vt* oindre
ungüento *nm* onguent *m*
únicamente *adv* uniquement
único, -a *adj* unique
unidad *nf* unité *f*
unido, -a *adj* uni(e)
unificar *vt* unifier
uniformar *vt* uniformiser
uniforme *adj* uniforme; (*color*) uni(e) ▷ *nm* uniforme *m*; **uniformidad** *nf* uniformité *f*
unilateral *adj* unilatéral(e)
unión *nf* union *f*; (*Tec*) jointure *f*; **la U~ Soviética** l'Union Soviétique
unir *vt* (*piezas*) assembler; (*cuerdas*) nouer; (*tierras, habitaciones*) relier; (*esfuerzos, familia*) unir; (*empresas*) fusionner; **unirse** *vpr* (*personas*) s'unir; (*empresas*) fusionner; **~se a** se joindre à
unísono *nm*: **al ~** à l'unisson
universal *adj* universel(le)
universidad *nf* université *f*
universitario, -a *adj* universitaire ▷ *nm/f* étudiant(e)
universo *nm* univers *msg*

PALABRA CLAVE

uno, -a *adj* un(e); **unos pocos** quelques uns; **unos cien** une centaine; **el día uno** le premier
▷ *pron* **1** un(e); **quiero uno solo** je m'en veux qu'un; **uno de ellos** l'un d'eux; **uno mismo** soi-même; **de uno en uno** un à un
2 (*alguien*) quelqu'un; **conozco a uno que se te parece** je connais quelqu'un qui te ressemble; **unos querían quedarse** quelques-uns voulaient rester
3: **(los) unos ... (los) otros ...** certains *o* les uns ... les autres *o* d'autres; **se miraron el uno al otro** il se sont regardés l'un l'autre; **se pegan unos a otros** ils se battent entre eux
4 (*enfático*): **¡se montó una ...!** il y a eu une de ces pagailles!
▷ *nf* (*hora*): **es la una** il est une heure
▷ *nm* (*número*) un *m*

untar *vt* (*con aceite, pomada*) enduire; (*en salsa, café*) tremper; (*fig, fam*) graisser la patte à
uña *nf* (*Anat*) ongle *m*; (*de felino*) griffe *f*
uranio *nm* uranium *m*
urbanidad *nf* courtoisie *f*
urbanismo *nm* urbanisme *m*
urbanización *nf* lotissement *m*
urbanizar *vt* urbaniser
urbano, -a *adj* urbain(e)

urbe *nf* grande ville *f*
urdimbre *nf* (*de tejido*) chaîne *f*
urdir *vt* ourdir
urgencia *nf* urgence *f*; **urgencias** *nfpl* (*Med*) urgences *fpl*; **urgente** *adj* urgent(e)
urgir *vi* être urgent(e); **me urge** j'en ai besoin rapidement
urinario, -a *nm* urinoir *m*
urna *nf* urne *f*; (*de cristal*) vitrine *f*
urraca *nf* pie *f*
Uruguay *nm* Uruguay *m*
uruguayo, -a *adj* uruguayen(ne) ▷ *nm/f* Uruguayen(ne)
usado, -a *adj* usagé(e); (*ropa etc*) usé(e), usagé(e)
usar *vt* utiliser; (*ropa*) porter; (*derecho etc*) user de; **usarse** *vpr* s'utiliser; **uso** *nm* usage *m*; (*aplicación: de objeto, herramienta*) utilisation *f*
usted *pron* (*sg: abr Ud (esp Am) o Vd: formal*) vous; **~es** (*pl: abr Uds (esp Am) o Vds: formal*) vous
usual *adj* habituel(-le)
usuario, -a *nm/f* usager *m*; (*Inform*) utilisateur(-trice)
usura (*pey*) *nf* usure *f*
usurero, -a *nm/f* usurier(-ère)
usurpar *vt* usurper
utensilio *nm* instrument *m*; (*de cocina*) ustensile *m*
útero *nm* utérus *msg*
útil *adj* utile; **útiles** *nmpl* outils *mpl*; **utilidad** *nf* utilité *f*; (*provecho*) avantage *m*; (*Com*) bénéfice *m*; **utilizar** *vt* utiliser
utopía *nf* utopie *f*
utópico, -a *adj* utopique
uva *nf* raisin *m*

V

v. *abr* (*Elec*) (= *voltio*) V (= *volt*)
va *vb ver* **ir**
vaca *nf* vache *f*; (*carne*) bœuf *m*
vacaciones *nfpl* vacances *fpl*
vacante *adj* vacant(e) ▷ *nf* poste *m* vacant
vaciar *vt* vider; (*Arte*) mouler; **vaciarse** *vpr* se vider
vacilante *adj* vacillant(e); (*dudoso*) hésitant(e)
vacilar *vi* hésiter; (*mueble, lámpara*) chanceler; (*luz, persona*) vaciller; (*fam: bromear*) plaisanter
vacío, -a *adj* vide; (*puesto*) libre ▷ *nm* vide *m*
vacuna *nf* vaccin *m*; **vacunar** *vt* vacciner; **vacunarse** *vpr* se faire vacciner
vacuno, -a *adj* bovin(e)
vacuo, -a *adj* vide
vadear *vt* passer à gué; **vado** *nm* gué *m*

vagabundo, -a *adj* vagabond(e); (*perro*) errant(e) ▷ *nm/f* vagabond(e)
vagamente *adv* vaguement
vagancia *nf* paresse *f*
vagar *vi* errer, vagabonder
vagina *nf* vagin *m*
vago, -a *adj* vague; (*perezoso*) fainéant(e) ▷ *nm/f* fainéant(e)
vagón *nm* wagon *m*
vaguedad *nf* vague *m*, manque *m* de précision; **vaguedades** *nfpl*: **decir ~es** rester dans le vague
vaho *nm* vapeur *f*; (*aliento*) buée *f*
vaina *nf* (*de espada*) fourreau *m*; (*de guisantes, judías*) cosse *f*
vainilla *nf* vanille *f*
vainita (*Am*) *nf* haricot *m* vert
vais *vb ver* **ir**
vaivén *nm* va-et-vient *m inv*; **vaivenes** *nmpl* (*fig: de la vida*) vicissitudes *fpl*
vajilla *nf* vaisselle *f*
val *etc*, **valdré** *etc vb ver* **valer**
vale *nm* bon *m*; (*recibo*) reçu *m*; (*pagaré*) billet *m* à ordre
valedero, -a *adj* valable
valenciano, -a *adj* valencien(ne) ▷ *nm/f* Valencien(ne)
valentía *nf* bravoure *f*
valer *vt* valoir ▷ *vi* servir; (*ser válido*) être valable; (*estar permitido*) être permis(e); (*tener mérito*) avoir du mérite; **valerse** *vpr*: **~se de** (*hacer valer*) faire valoir; (*servirse de*) se servir de; **~ la pena** valoir la peine; **~ (para)** servir (à); **¡vale!** d'accord!; **más vale (hacer/que)** mieux vaut (faire/que)
valga *etc vb ver* **valer**
valía *nf* valeur *f*
validez *nf* validité *f*
válido, -a *adj* valable
valiente *adj* (*soldado*) brave, courageux(-euse); (*niño, decisión*) courageux(-euse) ▷ *nm/f* brave *m/f*
valioso, -a *adj* de valeur
valla *nf* clôture *f*; (*Deporte*) haie *f*; **valla publicitaria** panneau *m* publicitaire; **vallar** *vt* clôturer
valle *nm* vallée *f*; **valle de lágrimas** vallée de larmes
valor *nm* valeur *f*; (*valentía*) courage *m*; **valores** *nmpl* (*Econ, Com*) valeurs *fpl*, titres *mpl*; (*morales*) valeurs; **valorar** *vt* évaluer, estimer
vals *nm* valse *f*
válvula *nf* valve *f*
vamos *vb ver* **ir**
vampiro *nm* vampire *m*
van *vb ver* **ir**
vanagloriarse *vpr*: **~ (de)** se glorifier (de); **vandalismo** *nm* vandalisme *m*
vándalo, -a *nm/f* (*pey*) vandale *m/f*
vanguardia *nf* avant-garde *f*
vanidad *nf* vanité *f*
vanidoso, -a *adj* vaniteux(-euse)
vano, -a *adj* vain(e) ▷ *nm* (*Arq*) embrasure *f*; **en ~** en vain
vapor *nm* vapeur *f*; (*tb*: **barco de ~**) (bateau *m* à) vapeur *m*; **al ~** (*Culin*) à la vapeur; **vapor de agua** vapeur d'eau
vaporoso, -a *adj* vaporeux(-euse)
vapulear *vt* fustiger; (*reprender*) houspiller
vaquero *nm* (*Cine*) cow-boy *m*; (*Agr*) vacher *m*; **vaqueros** *nmpl* (*pantalones*) jeans *mpl*
vaquilla *nf* (*Am*) génisse *f*
vara *nf* perche *f*; (*de mando*) bâton *m*
variable *adj, nf* variable *f*
variación *nf* changement *m*
variar *vt* (*cambiar*) changer; (*poner variedad*) varier ▷ *vi* varier
varices *nfpl* varices *fpl*
variedad *nf* variété *f*; **variedades** *nfpl* (*espectáculo*) variétés *fpl*
varilla *nf* baguette *f*; (*de paraguas, abanico*) baleine *f*
vario, -a *adj* divers(e); **~s** plusieurs
varita *nf*: **~ mágica** baguette *f* magique
varón *nm* homme *m*; **hijo ~** enfant *m* mâle; **varonil** *adj* viril(e)

V

Varsovia *n* Varsovie
vas *vb ver* **ir**
vasco, -a *adj* basque ▷ *nm/f* Basque *m/f* ▷ *nm* (*Ling*) basque *m*
vascongadas *nfpl*: **las V~** les provinces *fpl* basques
vaselina *nf* vaseline *f*
vasija *nf* pot *m*, récipient *m*
vaso *nm* verre *m*; (*Anat*) vaisseau *m*
vástago *nm* (*Bot*) rejeton *m*; (*Tec*) tige *f*; (*de familia*) descendant *m*
vasto, -a *adj* vaste
Vaticano *nm* Vatican *m*
vatio *nm* watt *m*
vaya *vb ver* **ir** ▷ *excl* (*fastidio*) mince!, zut!; (*sorpresa*) eh bien!, tiens!; **¿qué tal? - ¡~!** ça va? – on fait aller!; **¡~ tontería!** quelle idiotie!; **¡~ mansión!** quelle maison!
Vd(s) *abr* (= *usted(es)*) *ver* **usted**
ve *vb ver* **ir; ver**
vecindad *nf* voisinage *m*
vecindario *nm* voisinage *m*, quartier *m*
vecino, -a *adj* voisin(e) ▷ *nm/f* voisin(e); (*residente: de pueblo*) habitant(e)
veda *nf* (*de pesca, caza*) défense *f*, interdiction *f*
vedar *vt* interdire, défendre; (*caza, pesca*) interdire
vegetación *nf* végétation *f*
vegetal *adj* végétal(e) ▷ *nm* végétal *m*
vehemencia *nf* impétuosité *f*; (*apasionamiento*) véhémence *f*; **vehemente** *adj* impétueux(-euse); (*apasionado*) véhément(e)
vehículo *nm* véhicule *m*
veinte *adj inv*, *nm inv* vingt *m inv*; *ver tb* **seis**
vejación *nf* brimade *f*
vejez *nf* vieillesse *f*
vejiga *nf* vessie *f*
vela *nf* bougie *f*; (*Náut*) voile *f*; **en ~** éveillé(e); (*velando*) à veiller
velar *vt* veiller; (*Foto, cubrir*) voiler ▷ *vi* veiller; **velarse** *vpr* (*Foto*) se voiler; **~ por** veiller à
velatorio *nm* veillée *f*
veleidad *nf* inconstance *f*
velero *nm* (*Náut*) voilier *m*; (*Aviat*) planeur *m*
veleta *nm/f* (*pey*) girouette *f* ▷ *nf* (*para el viento*) girouette
veliz (*Méx*) *nm* valise *f*
vello *nm* duvet *m*
velo *nm* voile *m*
velocidad *nf* vitesse *f*; (*rapidez*) rapidité *f*
velocímetro *nm* compteur *m* de vitesse
veloz *adj* rapide
ven *vb ver* **venir**
vena *nf* veine *f*
venado *nm* grand gibier *m*
vencedor, a *adj* victorieux(-euse) ▷ *nm/f* vainqueur *m*
vencer *vt* vaincre; (*obstáculos*) surmonter ▷ *vi* vaincre; (*plazo*) expirer
vencido, -a *adj* vaincu(e); (*Com: letra*) arrivé(e) à échéance ▷ *adv*: **pagar ~** payer après échéance; **vencimiento** *nm* échéance *f*
venda *nf* pansement *m*; **vendar** *vt* bander
vendaval *nm* vent *m* violent
vendedor, a *nm/f* vendeur(-euse)
vender *vt* vendre; **~ al contado/al por mayor/al por menor/a plazos** vendre au comptant/en gros/au détail/à crédit; **"se vende"** "à vendre"
vendimia *nf* vendange *f*
vendré *etc vb ver* **venir**
veneno *nm* poison *m*
venenoso, -a *adj* (*seta*) vénéneux(-euse); (*producto*) toxique
venerable *adj* vénérable; **venerar** *vt* vénérer
venéreo, -a *adj* vénérien(ne)
venezolano, -a *adj* vénézuélien(ne)

▷ *nm/f* Vénézuélien(ne)
Venezuela *nf* Venezuela *m*
venga *etc vb ver* **venir**
venganza *nf* vengeance *f*; **vengar** *vt* venger; **vengarse** *vpr* se venger
vengativo, -a *adj* vindicatif(-ive)
venia *nf* permission *f*
venial *adj* véniel(le)
venida *nf* venue *f*
venidero, -a *adj* futur(e), à venir
venir *vi* venir; (*en periódico, texto*) être; (*llegar, ocurrir*) arriver; **venirse** *vpr*: **~se abajo** s'écrouler; (*persona*) s'effondrer; **~ de** venir de; **~ bien/mal** convenir/ne pas convenir; **el año que viene** l'année prochaine
venta *nf* vente *f*; **estar a la/en ~** être à la/en vente; **venta al contado** vente au comptant; **venta al detalle** vente au détail; **venta a plazos** vente à crédit; **venta al por mayor** vente en gros; **venta al por menor** vente au détail
ventaja *nf* avantage *m*
ventajoso, -a *adj* avantageux(-euse)
ventana *nf* fenêtre *f*; **ventanilla** *nf* guichet *m*
ventilación *nf* ventilation *f*, aération *f*; **ventilar** *vt* ventiler, aérer; (*ropa*) aérer; (*fig*) divulguer; (*: resolver*) éclaircir; **ventilarse** *vpr* s'aérer
ventisca *nf*, **ventisquero** *nm* bourrasque *f* de neige
ventrílocuo, -a *adj, nm/f* ventriloque *m/f*
ventura *nf* félicité *f*; (*suerte, destino*) fortune *f*; **a la (buena) ~** à l'aventure
ver *vt* voir; (*televisión, partido*) regarder; (*esp Am: mirar*) regarder ▷ *vi* voir; **verse** *vpr* se voir; (*hallarse*) se trouver; (*Am: fam*) avoir l'air; **(voy) a ~ que hay** je vais voir ce qu'il y a; **a ~** voyons voir; **no tener que ~ con** n'avoir rien à voir avec; **¡viera(n) qué casa!** (*Méx: fam*) tu verrais la maison!; **¡hubiera(n) visto qué casa!** (*Méx: fam*) si tu avais vu la maison!; **(ya) se ve que ...** on voit bien que ...; **te ves divina** (*Am*) tu es divine
vera *nf*: **a la ~ de** (*del camino*) au bord de; (*de algn*) auprès de
veracidad *nf* véracité *f*
veranear *vi* passer ses vacances d'été; **veraneo** *nm*: **ir de veraneo** partir en vacances d'été
veraniego, -a *adj* estival(e)
verano *nm* été *m*
veras *nfpl*: **de ~** vraiment
veraz *adj* véridique
verbal *adj* verbal(e)
verbena *nf* kermesse *f*
verbo *nm* verbe *m*
verdad *nf* vérité *f*; **¿~?** n'est-ce pas?; **de ~** vraiment; **¡es ~!** c'est vrai!; **la ~ es que ...** en fait ...
verdadero, -a *adj* véridique; (*antes del nombre*) vrai(e), véritable
verde *adj* (*tb Pol*) vert(e); (*chiste*) cochon(ne) ▷ *nm* vert *m*; (*hierba*) verdure *f*; **viejo ~** vieux cochon *m*; **verdear, verdecer** *vi* verdir; **verdor** *nm* (*color*) couleur *f* verte, vert *m*
verdugo *nm* bourreau *m*
verdura(s) *nf(pl)* légumes *mpl*
vereda *nf* sentier *m*; (*Am*) trottoir *m*
veredicto *nm* verdict *m*
vergonzoso, -a *adj* (*persona*) timide; (*acto, comportamiento*) honteux(-euse)
vergüenza *nf* honte *f*; **me da ~ decírselo** j'ai honte de le lui dire; **¡qué ~!** quelle honte!
verídico, -a *adj* véridique
verificar *vt* vérifier
verja *nf* grille *f*
vermut (*pl* **~s**) *nm* vermouth *m*; (*esp And, CSur: Cine*) matinée *f*
verosímil *adj* vraisemblable
verruga *nf* (*Med*) verrue *f*
versado, -a *adj*: **~ en** versé(e) en
versátil *adj* (*material*) polyvalent(e); (*persona*) versatile
versión *nf* version *f*; **en ~ original** en

V

version originale
verso *nm* vers *msg*
vértebra *nf* vertèbre *f*
verter *vt* verser; (*derramar*) répandre
vertical *adj* vertical(e); (*postura, piano*) droit(e)
vértice *nm* sommet *m*
vertiente *nf* versant *m*
vertiginoso, -a *adj* vertigineux(-euse)
vértigo *nm* vertige *m*
vesícula *nf* vésicule *f*
vestíbulo *nm* vestibule *m*; (*de teatro*) foyer *m*
vestido *nm* (*de mujer*) robe *f*
vestigio *nm* vestige *m*
vestimenta *nf* habillement *m*
vestir *vt* habiller; (*llevar puesto*) porter ▷ *vi* s'habiller; (*ser elegante*) habiller; **vestirse** *vpr* s'habiller; **ropa de ~** vêtements *mpl* habillés
vestuario *nm* garde-robe *f*; (*Teatro, Cine*) costumes *mpl*; (*local: Teatro*) loge *f*; **vestuarios** *nmpl* (*Deportes*) vestiaires *mpl*
veta *nf* (*de mineral*) veine *f*, filon *m*; (*en piedra, madera*) veine
vetar *vt* mettre son veto à
veterano, -a *adj* ancien(ne) ▷ *nm/f* vétéran *m*
veterinaria *nf* médecine *f* vétérinaire
veterinario, -a *nm/f* vétérinaire *m/f*
veto *nm* veto *m*
vez *nf* fois *fsg*; (*turno*) tour *m*; **a la ~** en même temps; **a su ~** à son tour; **una ~** une fois; **en ~ de** au lieu de; **a veces/ algunas veces** parfois; **otra ~** encore (une fois); **una y otra ~** à maintes reprises; **de ~ en cuando** de temps en temps; **hacer las veces de** tenir lieu de, faire office de; **tal ~** peut-être
vía *nf* voie *f*; **por ~ judicial** par voie de droit; **por ~ oficial** par la voie officielle; **en ~s de** en voie de; **Madrid-Berlín ~ París** Madrid-Berlin via Paris; **vías aéreas** voies *fpl* aériennes; **Vía Láctea** Voie lactée; **vía pública** voie publique
viable *adj* viable
viaducto *nm* viaduc *m*
viajar *vi* voyager; **viaje** *nm* voyage *m*; **estar de viaje** être en voyage; **viaje de ida y vuelta** voyage aller-retour; **viaje de novios** voyage de noces
viajero, -a *adj, nm/f* voyageur(-euse)
vial *adj* (*Auto: seguridad*) routier(-ière); (*marca*) au sol
víbora *nf* vipère *f*
vibración *nf* vibration *f*
vibrar *vi* vibrer
vicario *nm* vicaire *m*
vicepresidente *nm/f* vice-président(e)
viceversa *adv*: **y ~** et vice versa
viciado, -a *adj* (*corrompido*) dépravé(e); (*postura*) gauchi(e); (*aire, atmósfera*) vicié(e); **viciar** *vt* (*persona, costumbres*) pervertir; (*Jur, aire*) vicier; (*objeto, postura*) déformer; (*mecanismo, dicción*) fausser; (*deformarse*) se déformer; **viciarse con** (*persona*) devenir mordu(e) de
vicio *nm* vice *m*; (*mala costumbre*) mauvaise habitude *f*, défaut *m*
vicioso, -a *adj, nm/f* vicieux(-euse)
vicisitud *nf* vicissitude *f*
víctima *nf* victime *f*
victoria *nf* victoire *f*
victorioso, -a *adj* victorieux(-ieuse)
vid *nf* vigne *f*
vida *nf* vie *f*; **de por ~** de (toute) ma *etc* vie; **en la/mi** *etc* **~** (*nunca*) de la/ma *etc* vie; **estar con ~** être en vie; **ganarse la ~** gagner sa vie; **de ~ o muerte** de vie ou de mort
vídeo *nm* vidéo *f*; (*aparato*) magnétoscope *m*
videocámara *nf* caméra *f* vidéo
videocas(s)et(t)e *nm* vidéocassette *f*
videoclub *nm* club *m* vidéo

videojuego *nm* jeu *m* vidéo
videoteléfono *nm* visiophone *m*
vidrio *nm* verre *m*; **vidrios** *nmpl* (*objetos*) objets *mpl* en verre; **pagar los ~s rotos** payer les pots cassés
viejo, -a *adj* vieux/vieille; (*tiempos*) ancien(ne) ▷ *nm/f* vieux/vieille; **hacerse** *o* **ponerse ~** se faire vieux/vieille
Viena *n* Vienne
viene *etc vb ver* **venir**
vienés, -esa *adj* viennois(e) ▷ *nm/f* Viennois(e)
viento *nm* vent *m*
vientre *nm* ventre *m*
viernes *nm inv* vendredi *m*; **Viernes Santo** vendredi saint; *ver tb* **sábado**
Vietnam *nm* Vietnam *m*; **vietnamita** *adj* vietnamien(ne) ▷ *nm/f* Vietnamien(ne)
viga *nf* poutre *f*
vigencia *nf* (*de ley, contrato*) validité *f*; **estar/entrar en ~** être/entrer en vigueur; **vigente** *adj* (*ley etc*) en vigueur
vigésimo, -a *adj, nm/f* vingtième *m/f*
vigía *nm/f* guetteur(-euse)
vigilancia *nf* surveillance *f*
vigilante *adj* vigilant(e) ▷ *nm* gardien *m*
vigilar *vt* surveiller
vigilia *nf* veille *f*; (*Rel*) vigile *f*
vigor *nm* vigueur *f*; **en ~** en vigueur; **entrar en ~** entrer en vigueur
vigoroso, -a *adj* vigoureux(-euse)
vil *adj* vil(e); **vileza** *nf* vilenie *f*
villa *nf* villa *f*; (*población*) ville *f*; **villa miseria** (*CSur*) bidonville *m*
villancico *nm* chant *m* de Noël
vilo: **en ~** *adv* (*sostener, levantar*) en l'air; **estar en ~** (*fig*) être sur des charbons ardents
vinagre *nm* vinaigre *m*
vinagreta *nf* vinaigrette *f*
vincular *vt* rapprocher; (*por contrato, obligación*) lier; **vincularse** *vpr*: **~se (a)** se rapprocher (de); **vínculo** *nm* lien *m*
vinicultura *nf* viticulture *f*
vino *vb ver* **venir** ▷ *nm* vin *m*; **vino blanco** vin blanc; **vino tinto** vin rouge
viña *nf* vigne *f*
viñedo *nm* vignoble *m*
violación *nf* (*de una persona*) viol *m*; (*de derecho, ley*) violation *f*
violar *vt* violer
violencia *nf* violence *f*; **violentar** *vt* forcer; (*persona*) violenter
violento, -a *adj* violent(e); (*embarazoso*) embarrassant(e); (*incómodo*) mal à l'aise *inv*
violeta *adj* violet(te) ▷ *nf* (*Bot*) violette *f* ▷ *nm* (*color*) violet *m*
violín *nm* violon *m*
viraje *nm* virage *m*
virgen *adj* vierge; **la (Santísima) V~** la (Sainte) Vierge
Virgo *nm* (*Astrol*) la Vierge; **ser ~** être (de la) Vierge
viril *adj* viril(e); **virilidad** *nf* virilité *f*
virtud *nf* vertu *f*; **en ~ de** en vertu de
virtuoso, -a *adj* vertueux(-euse) ▷ *nm/f* (*Mús*) virtuose *m/f*
viruela *nf* variole *f*
virulento, -a *adj* virulent(e)
virus *nm inv* virus *msg*
visa (*Am*) *nf*, **visado** *nm* visa *m*
víscera *nf* viscère *m*; **vísceras** *nfpl* viscères *mpl*
visceral *adj* viscéral(e)
viscoso, -a *adj* visqueux(-euse)
visera *nf* visière *f*; (*gorra*) casquette *f* à visière
visibilidad *nf* visibilité *f*; **visible** *adj* visible
visillo *nm* rideau *m*
visión *nf* vision *f*
visita *nf* visite *f*; **hacer una ~** rendre *o* faire une visite
visitar *vt* (*familia etc*) rendre visite à; (*ciudad, museo*) visiter

vislumbrar *vt* apercevoir, distinguer
viso *nm* (*de metal*) éclat *m*; (*de tela*) lustre *m*; (*aspecto*) luisant *m*
visón *nm* vison *m*
visor *nm* (*Foto*) viseur *m*
víspera *nf* veille *f*; **la ~** *o* **en ~s de** (à) la veille de
vista *nf* vue *f*; **a primera** *o* **simple ~** à première vue, au premier abord; **hacer la ~ gorda** fermer les yeux; **está** *o* **salta a la ~ que** il saute aux yeux que; **conocer a algn de ~** connaître qn de vue; **en ~ de ...** vu ...; **en ~ de que** vu que; **¡hasta la ~!** à bientôt!; **con ~s a** (*al mar*) avec vue sur; (*al futuro, a mejorar*) dans le but de; **vistazo** *nm* coup *m* d'œil; **dar** *o* **echar un vistazo a** donner *o* jeter un coup d'œil à
visto, -a *vb ver* **vestir** ▷ *pp de* **ver** ▷ *adj*: **estar muy ~** être très en vue ▷ *nm*: **~ bueno** autorisation *f*; **está ~ que** il est clair que; **está bien/mal ~** c'est bien/mal vu; **~ que** vu que; **por lo ~** apparemment
vistoso, -a *adj* voyant(e)
visual *adj* visuel(le)
vital *adj* vital(e); (*persona*) plein(e) de vitalité
vitalicio, -a *adj* viager(-ère); (*cargo*) à vie
vitalidad *nf* vitalité *f*
vitamina *nf* vitamine *f*
viticultor, a *nm/f* viticulteur(-trice); **viticultura** *nf* viticulture *f*
vitorear *vt* acclamer
vitrina *nf* vitrine *f*; **viudez** *nf* veuvage *m*
viudo, -a *adj, nm/f* veuf/veuve
viva *excl* vivat!; **¡~ el rey!** vive le roi!
vivacidad *nf* vivacité *f*
vivaracho, -a *adj* vivant(e)
vivaz *adj* vivace
víveres *nmpl* vivres *mpl*
vivero *nm* (*Horticultura*) pépinière *f*; (*criadero*) vivier *m*
vivienda *nf* logement *m*, habitation *f*
viviente *adj* vivant(e)
vivir *vt, vi* vivre
vivo, -a *adj* vif/vive; (*ser, recuerdo, planta*) vivant(e); **en ~** (*TV, Mús*) en direct
vocablo *nm* mot *m*
vocabulario *nm* vocabulaire *m*
vocación *nf* vocation *f*; **vocacional** (*Méx*) *nf* (*Escol*) collège *m* technique
vocal *adj* vocal(e) ▷ *nm/f* membre *m* ▷ *nf* (*Ling*) voyelle *f*; **vocalizar** *vt* prononcer ▷ *vi* vocaliser
vocear *vi* vociférer; **vocerío** *nm* clameur *f*
vocero, -a (*Am*) *nm/f* porte-parole *m inv*
voces *pl de* **voz**
vociferar *vi* vociférer
vodka *nm* vodka *f*
vol *abr* (= *volumen*) vol. (= *volume*)
volandas: **en ~** *adv* en volant
volante *nm* volant *m*; (*Med: de aviso*) convocation *f*
volar *vt* faire exploser ▷ *vi* voler
volátil *adj* volatile
volcán *nm* volcan *m*
volcánico, -a *adj* volcanique
volcar *vt* (*recipiente*) vider; (*contenido*) verser; (*vehículo*) renverser; (*barco*) faire chavirer ▷ *vi* (*vehículo*) capoter; (*barco*) chavirer; **volcarse** *vpr* (*recipiente*) se renverser; (*esforzarse*): **~se para hacer algo/con algn** se donner beaucoup de mal pour faire qch/avec qn
voleibol *nm* volley-ball *m*
volqué *etc*, **volquemos** *etc vb ver* **volcar**
voltaje *nm* voltage *m*
voltear *vt* faire tourner; (*persona: en el aire*) faire sauter en l'air; (*Am*) tourner; (: *volcar*) verser; **voltearse** *vpr* (*Am*) se retourner; **~ a hacer algo** (*Am*) recommencer (à faire) qch
voltereta *nf* (*rodada*) culbute *f*

voltio *nm* volt *m*
voluble *adj* volubile
volumen *nm* volume *m*; (*Com*) volume, chiffre *m*
voluminoso, -a *adj* volumineux(-euse)
voluntad *nf* volonté *f*
voluntario, -a *adj, nm/f* volontaire *m/f*
voluntarioso, -a *adj* volontaire
voluptuoso, -a *adj* voluptueux(-euse)
volver *vt* tourner; (*de atrás adelante*) ramener; (*transformar en: persona*) rendre ▷ *vi* (*regresar*) revenir; (*ir de nuevo*) retourner; **volverse** *vpr* (*girar*) se retourner; (*convertirse en*) devenir; **~ la espalda** tourner le dos; **~ a hacer algo** recommencer (à faire) qch; **~ en sí** revenir à soi; **~se loco/insociable** devenir fou/asocial
vomitar *vt* vomir ▷ *vi* vomir; **vómito** *nm* vomissement *m*; (*lo vomitado*) vomi *m*
voraz *adj* vorace; (*hambre*) dévorant(e)
vos (*Am*) *pron* vous; (*esp CSur*) tu
vosotros, -as *pron* vous; **entre ~** parmi vous
votación *nf* vote *m*; **por ~** par vote
votar *vt, vi* voter; **voto** *nm* vote *m*; (*Rel*) vœu *m*; **hacer votos por** faire des vœux pour
voy *vb ver* **ir**
voz *nf* voix *fsg*; (*grito*) cri *m*; (*rumor*) bruit *m*; **dar voces** pousser des cris; **llamar a algn/hablar a voces** appeler qn en criant/crier; **a media ~** à mi-voix; **de viva ~** de vive voix; **en ~ alta/baja** à voix haute/basse; **voz de mando** ton *m* de commandement
vuelco *vb ver* **volcar** ▷ *nm* culbute *f*, chute *f*; (*de coche*) tonneau *m*, capotage *m*
vuelo *vb ver* **volar** ▷ *nm* vol *m*; (*de falda, vestido*) ampleur *f*; **cazar** *o* **coger al ~** attraper au vol; **vuelo chárter** vol charter; **vuelo libre** vol libre; **vuelo regular** vol régulier
vuelque *etc vb ver* **volcar**
vuelta *nf* tour *m*; (*regreso*) retour *m*; (*en carreras, circuito*) virage *m*; (*de camino, río*) méandre *m*; (*de papel*) verso *m*; (*de pantalón, tela, fig*) revers *msg*; (*dinero*) monnaie *f*; **a la ~** (*Esp*) au retour; **a la ~ (de la esquina)** au coin (de la rue); **a ~ de correo** par retour du courrier; **dar(se) la ~** (*coche*) faire demi-tour; (*persona*) se retourner; **dar la ~ a algo** retourner qch; (*de atrás adelante*) ramener qch; **dar ~s** tourner; **dar ~s a algo** (*comida*) remuer qch; (*manivela*) tourner qch; **dar ~s a una idea** tourner et retourner une idée dans sa tête; **dar una ~** faire un tour; **vuelta ciclista** tour *f* (cycliste)
vuelto *pp de* **volver** ▷ *nm* (*Am*) monnaie *f*
vuelva *etc vb ver* **volver**
vuestro, -a *adj* votre ▷ *pron*: **el ~/la vuestra** le/la vôtre; **los ~s, las vuestras** les vôtres; **un amigo ~** un de vos amis; **¿son ~s?** c'est à vous?
vulgar *adj* (*pey*) vulgaire; (*no refinado*) grossier(-ière); (*gustos, uso*) commun(e); **vulgaridad** *nf* vulgarité *f*; (*de gustos, rasgos*) banalité *f*; (*grosería*) grossièreté *f*; **vulgarizar** *vt* vulgariser
vulgo *nm*: **el ~** (*pey*) le commun des mortels
vulnerable *adj* vulnérable; (*punto, zona*) sensible
vulnerar *vt* (*ley, acuerdo*) transgresser; (*derechos, reputación*) bafouer; (*intimidad*) violer

W X

wáter *nm* waters *mpl*
web *nm* (*página*) page *f* Web; (*red*) Web *m*
whisky *nm* whisky *m*
Wi-Fi, wifi *nm* wifi *m*
windsurf *nm* windsurf *m*, planche *f* à voile

xenofobia *nf* xénophobie *f*
xilófono *nm* xylophone *m*

y

y *conj* et
ya *adv* déjà; (*con presente: ahora*) maintenant; (*: en seguida*) tout de suite; (*con futuro: pronto*) bientôt ▷ *excl* OK! ▷ *conj* déjà; **~ que** puisque; **~ no vamos** nous ne partons plus; **~ lo sé** je sais; **~ veremos** on verra bien; **que ~, ~** mais oui, c'est ça; **¡~ voy!** j'arrive!, j'y vais!; **~ mismo** (*esp CSur*) tout de suite; **desde ~** (*CSur*) tout de suite; (*: claro*) évidemment; **~ vale (de hacer), ~ está bien** ça suffit
yacer *vi* gésir; **aquí yace** ci-gît
yacimiento *nm* gisement *m*
yanqui *adj* yankee ▷ *nm/f* Yankee *m/f*
yate *nm* yacht *m*
yazca *etc vb ver* **yacer**
yedra *nf* lierre *m*
yegua *nf* jument *f*
yema *nf* (*del huevo*) jaune *m*; (*Bot*) bourgeon *m*; **yema del dedo** bout *m* du doigt
yerga *etc*, **yergue** *etc vb ver* **erguir**
yermo, -a *adj* (*no cultivado*) inculte
yerno *nm* gendre *m*
yerre *etc vb ver* **errar**
yeso *nm* (*Arq*) plâtre *m*
yo *pron* (*personal*) je; **soy ~** c'est moi
yodo *nm* iode *m*
yoga *nm* yoga *m*
yogur(t) *nm* yaourt *m*, yogourt *m*
yudo *nm* judo *m*
yugo *nm* joug *m*
Yugoslavia *nf* Yougoslavie *f*
yugular *adj*, *nf* jugulaire *f*
yunque *nm* enclume *f*
yunta *nf* attelage *m*
yuxtaponer *vt* juxtaposer; **yuxtaposición** *nf* juxtaposition *f*

Z

zafarse *vpr*: **~ de** se libérer de
zafio, -a *adj* rustre
zafiro *nm* saphir *m*
zaga *nf*: **a la ~** à la traîne
zaguán *nm* vestibule *m*
zaherir *vt* mortifier
zalamería *nf* cajolerie *f*
zalamero, -a *adj* cajoleur(-euse)
zamarra *nf* veste *f* en cuir
zambullirse *vpr* plonger
zampar (*fam*) *vt* engouffrer
zanahoria *nf* carotte *f*
zancada *nf* enjambée *f*
zancadilla *nf* croc-en-jambe *m*; **echar** *o* **poner la ~ a algn** barrer la route à qn
zanco *nm* échasse *f*
zancudo, -a *adj*: **ave ~** oiseau *m* aux longues pattes ▷ *nm* (*Am*) moustique *m*
zángano *nm* (*Zool*) faux bourdon *m*
zanja *nf* fossé *m*; **zanjar** *vt* trancher
zapata *nf* patin *m*
zapatear *vi* (*bailar*) danser le zapatéado
zapatería *nf* (*tienda*) magasin *m* de chaussures; (*oficio*) cordonnerie *f*
zapatero, -a *nm/f* cordonnier(-ière)
zapatilla *nf* (*para casa, ballet*) chausson *m*; (*para la calle*) chaussure *f* légère; **zapatilla de deporte** chaussure *f* de sport
zapato *nm* chaussure *f*
zapping *nm* zapping *m*; **hacer ~** zapper
zarandear *vt* secouer
zarpa *nf* griffe *f*
zarpar *vi* lever l'ancre
zarza *nf* ronce *f*; **zarzal** *nm* fourré *m*
zarzamora *nf* (*fruto*) mûre *f*; (*planta*) mûrier *m*
zarzuela *nf* zarzuela *f*
zigzag *nm* zigzag *m*; **zigzaguear** *vi* zigzaguer
zinc *nm* zinc *m*
zócalo *nm* soubassement *m*
zodíaco *nm* zodiaque *m*
zona *nf* zone *f*
zoo *nm* zoo *m*
zoología *nf* zoologie *f*
zoológico, -a *adj* zoologique ▷ *nm* (*tb*: **parque ~**) zoo *m*
zoólogo, -a *nm/f* zoologue *m*
zoom *nm* zoom *m*
zopilote (*Am*) *nm* vautour *m*
zoquete (*fam*) *adj, nm/f* abruti(e)
zorro, -a *adj* rusé(e) ▷ *nm/f* renard(e)
zozobra *nf* angoisse *f*; **zozobrar** *vi* (*barco*) couler; (*fig*: *plan*) échouer
zueco *nm* sabot *m*
zumbar *vi* (*abeja*) bourdonner; (*motor*) vrombir; **zumbido** *nm* (*de abejas*) bourdonnement *m*; (*de motor*) vrombissement *m*
zumo *nm* jus *msg*
zurcir *vt* (*Costura*) raccommoder
zurdo, -a *adj* (*persona*) gaucher(-ère); (*mano*) gauche
zurrar *vt* (*fam*: *pegar*) tabasser

Votre **mini grammaire** pour **s'exprimer sans fautes**

4,90€
Prix éditeur France

- Des fiches simples et pratiques sur les règles essentielles spécialement conçues pour les francophones
- Une grammaire par l'exemple qui vous signale les erreurs courantes et les pièges à éviter
- INCLUS : des exercices pour consolider vos acquis

Existe aussi en anglais et en allemand

Retrouvez tous nos ouvrages, logiciels et applications sur
www.lerobert.com